RUTH RENDELL

1

RUTH

RENDELL

1

LES WEXFORD
1964-1972

RUTH RENDELL
ou
LES PÉRILS DE L'AMOUR

par
François Rivière

« L'enfant qui dormait tandis que j'étais en train d'écrire ce premier livre m'a dit beaucoup plus tard : "Maman, te rends-tu compte que Wexford est ton père ?" »

Ruth Rendell, 1988

L'œuvre de la romancière anglaise Ruth Rendell offre aux yeux du lecteur l'avantage considérable d'être devenue, en l'espace de quelques années, celle d'un authentique auteur « classique » du genre policier — même si cette œuvre ambitieuse excède à présent le champ de la fiction policière. Mais en même temps, cet écrivain extrêmement prolifique poursuit avec une invention constante l'exploration de son univers personnel, celui d'un monde fictionnel à la fois très familier et fantasmatique en diable, vision crue et neuve de cette Angleterre contemporaine très mal connue de ce côté du Channel dont Rendell s'est faite le peintre exemplaire.

Appliquée sans cesse à sonder de la manière la plus attachante la part d'ombre de l'âme humaine, déroutante parfois, parce que profondément originale, éprise de culture classique — comme son héros l'Inspecteur-Chef Reginald Wexford —, Ruth Rendell s'est d'abord imposée auprès d'un très grand nombre de lecteurs — elle est traduite en seize langues — grâce à la quinzaine d'enquêtes du plus célèbre policier de romans après Maigret. Elle a aussi largement contribué à donner ses lettres de noblesse à la littérature d'introspection criminelle avec une série de livres — dont *L'Analphabète* — d'une grande intensité d'analyse. Plus récemment, sous le pseudonyme de Barbara Vine, elle a encore approfondi sa démarche et levé quelques voiles sur ses motivations les plus secrètes.

Membre de la *Royal Society of Literature*, titulaire d'un doctorat honoraire de l'Université d'Essex, Ruth Rendell est l'auteur de fiction policière britannique sans doute le plus couronné par ses pairs. À quatre reprises, la *Crime Writers Association* lui a décerné sa prestigieuse Dague d'Or. Les *Mystery Writers of America* lui ont également attribué à plusieurs reprises leur *Edgar*, qu'elle a même reçu deux fois en 1987, pour un roman signé Ruth Rendell et un autre signé Barbara Vine... En 1981, elle a été lauréate du *Arts Council National Book Award* et, en 1990, elle s'est vue récompensée par le Prix d'Excellence Littéraire du *Sunday Times*.

Les pages qui suivent vont s'efforcer de retracer l'itinéraire de Ruth Rendell à l'intérieur de son labyrinthe de fiction, avant que ne s'engage un examen plus précis de chacun des six romans qui mettent en scène Wexford au fil de ce premier volume des *Intégrales Ruth Rendell*.

Au fil des siècles, les profondeurs verdâtres de la Forêt d'Epping, au nord-est de Londres, furent le théâtre de scènes diurnes ou nocturnes, avouables ou secrètes, de la vie des hommes vivant dans ces parages. Puis, un jour de l'année 1930 — le 17 février précisément — naquit dans le proche faubourg de Woodford, une enfant baptisée Ruth sur le berceau de laquelle se penchèrent des fées très littéraires. Arthur et Ebba Elise Grasemann, les parents de Ruth, étaient tous deux professeurs. « Mon père, dit-elle, avait connu des débuts difficiles, ayant quitté l'école à quatorze ans pour travailler comme docker dans le port de Plymouth. Aidé par sa mère, une femme sûrement remarquable, il put tout de même fréquenter l'Université et enseigner, plus tard, les sciences et les mathématiques. » Née en Suède, la mère de Ruth avait été élevée au Danemark, pays qu'elle quitta ensuite pour l'Angleterre où elle rencontra son futur époux. Les Grasemann s'établirent dans cette partie de Londres qui n'est déjà plus la ville labyrinthique aux maisons de brique noircie, ni encore tout à fait la campagne et que Ruth Rendell, avec un sens inné de la précision, nomme « metropolitan Essex ». C'est là que grandit une petite fille déjà très éprise de lecture — et déjà comblée. « Je devais avoir sept ou huit ans lorsque mon père, me prenant sur ses genoux, me lisait durant des heures les romans de Thomas Hardy... » Un acte d'amour mais un remède aussi, sans doute, pour cet homme blessé par son mariage malheureux. « À ma naissance, ma mère souffrait déjà de sclérose en plaques, un mal incurable et, dans mon souvenir, elle demeure comme une femme étrange, vague, indéchiffrable. Elle était sûrement incomprise — comme la maladie dont elle était atteinte. Je pense que c'est pour cette raison que, dès mon plus jeune âge, je fus habitée par un sens aigu de la morbidité. »

Les premiers raids aériens de l'aviation allemande, en 1939, seront à l'origine du départ de Ruth pour une petite ville du Sussex, Midhurst, dont le souvenir restera imprimé en elle jusqu'au jour où — nous le verrons — ce décor sera requis pour les besoins de la fiction. Telle Faith, la narratrice de *Vera va mourir*, ou l'héroïne de la nouvelle intitulée *Les Fleurs du verger*, Ruth découvre une autre vie et les acteurs de drames secrets qu'elle confronte à ceux des livres qu'elle dévore. « Je lisais tout, dit-elle. Anthony Trollope fut une grande découverte, mais aussi Somerset Maugham qui, à quinze-seize ans, m'obséda littéralement. » Elle adore aussi se faire peur. Elle se plonge avec délices dans les histoires de fantômes de Montague Rhode James. « J'ai commencé à lire ses contes à l'âge de quinze ans et je les ai souvent relus depuis lors. »

À dix-huit ans, elle termine ses études secondaires à la *High School* de Loughton — une commune voisine de Woodford — et débute dans le journalisme. Elle est engagée comme reporter par deux magazines de l'Essex, l'*Express* et l'*Independant*. Elle va même fonder un journal, le *Chigwell Times*, qu'elle dirigera quelque temps. C'est durant cette période que Ruth Grasemann va faire la connaissance d'un jeune journaliste, Donald Rendell, qui travaille pour le *Daily Mail*. Elle l'épouse en 1950. Simon, l'unique enfant du couple, naîtra un peu plus tard et Ruth abandonne alors ce métier qu'elle prétend aujourd'hui n'avoir jamais aimé. « Je pense avoir été une bonne journaliste, dit-elle, mais les *faits* n'étaient pas suffisants pour moi. J'avais envie de les améliorer ! » Des faits à la fiction, l'attrait était trop fort et Ruth commence alors à rédiger des nouvelles. Elle les envoie à divers magazines qui les refusent avec une unanimité qui, cependant, ne la décourage pas. Farouchement, elle s'obstine. Délaissant la forme de la nouvelle, elle s'essaie au roman.

« J'ai donc écrit mon grand roman juif — bien que je ne sois pas juive —, une sorte d'effusion autobiographique assimilable à la forme romanesque traditionnelle, puis un roman historique tournant autour du Mouvement d'Oxford. » Elle ajoute avec un mélange d'effronterie et d'amertume qui la caractérise assez : « J'ai sans doute écrit davantage de romans restés dans mes tiroirs que beaucoup de mes confrères n'en publient parfois de leur vivant. » Ces manuscrits feront plus tard les frais d'une inondation, dans la maison de Highgate où vécut la romancière dans les années 70. Les deux manuscrits ayant échappé à ce désastre seront ceux d'une comédie de mœurs et d'un roman policier. Ce dernier a été écrit dans le seul but d'essayer « quelque chose d'autre ». Pendant son adolescence, Ruth a lu beaucoup de *detective novels*. « J'aimais surtout Dorothy Sayers, pour son écriture et Agatha Christie pour ses intrigues. Je persiste à croire que *Les Neuf Tailleurs* de Sayers est un livre remarquable. » En ce qui concerne Christie, le jugement de Ruth Rendell est nettement plus sévère. On peut même dire qu'il a évolué en intransigeance au cours de sa carrière. Cette romancière à laquelle elle n'a cessé d'être comparée, pour des raisons de facilité journalistique, incarne aux yeux de Rendell l'auteur soumis aux clichés d'une psychologie sommaire. « Je suis sûre qu'elle n'a jamais pris le temps de se pencher sur l'époque à laquelle elle vivait et ses romans sont remplis de personnages stéréotypés. C'est la raison pour laquelle je pense qu'elle est superficielle et que je ne le suis pas. »

La jeune femme qui, en cette fin des années 50, est bien loin de s'imaginer dans la peau d'une future « reine du crime » — une appellation qui, aujourd'hui, la fait frémir — considère la fiction policière comme un « amusement », un pur divertissement de l'esprit, car son ambition littéraire se situe hors des stéréotypes du genre qu'elle connaît et dont elle apprécie les roueries structurelles. Son père l'a depuis longtemps initiée aux arcanes des mots croisés — on en retrouvera la trace dans un roman de 1971, *Morts croisées* — et Rendell, en abordant le genre, a déjà une idée très précise de la façon dont elle entend « brouiller les pistes ». Le roman qu'elle a composé n'est pas un *detective novel* traditionnel. Il s'apparenterait plutôt à la production d'un auteur qu'elle vénère, Georges Simenon. Elle aime l'atmosphère dépressive des enquêtes du commissaire

Maigret, encore qu'elle avouera plus tard avoir encore plus de goût pour les « romans durs » de Simenon, récits empreints d'une noire psychologie. L'auteur modèle est le romancier Hillary Waugh et son policier Fred Fellows.

À présent séparée de son mari, Ruth s'est lancée dans la rédaction de son histoire policière au retour de longues vacances passées avec Simon en Irlande, dans le comté de Wexford. Le nom du héros de son « police procedural » provincial a donc jailli spontanément, tout comme le prénom de cet homme de forte stature, cultivé et taciturne : Reginald — choisi en hommage à un oncle que Ruth aime particulièrement. Sous la pression de l'imaginaire, ressurgit du passé Midhurst, la ville du Sussex où elle avait séjourné petite fille et qu'elle rebaptise Kingsmarkham : Markham est le surnom d'un camarade d'école de Simon...

Les éditeurs refusent le premier manuscrit, celui de la « comédie de mœurs » que Ruth leur a soumis. Mais l'un d'eux, qui n'est pas resté indifférent au talent de la jeune femme, lui demande si elle n'a pas « autre chose » dans ses tiroirs. Don Rendell joue alors le rôle de *go between*, et c'est donc lui qui remet aussitôt à Harold Harris, directeur littéraire de la firme Hutchinson, le manuscrit à simple interlignage de *From Doon with death* (Un amour importun). La réponse ne se fera pas attendre : moyennant quelques retouches, le livre est accepté. Ceci se passe en 1963. Le destin a donc voulu que Ruth Rendell — car c'est sous son nom de femme mariée qu'elle désire se faire connaître du public — fasse son entrée en littérature par la porte du roman de « genre », et singulièrement de fiction policière.

En 1964, le roman policier anglais laisse derrière lui l'Âge d'or du roman d'énigme. Agatha Christie a soixante-treize ans et tandis que, sur les écrans, la comédienne Margaret Rutherford caricature à l'extrême sa Miss Marple, ses plus récents romans — *Le miroir se brisa* et *Le major parlait trop* — ne sont plus que l'ombre de sa production des décennies précédentes. Dorothy Sayers est morte et Margery Allingham n'écrit plus. John Creasey, prolifique et inégal, a du mal à imposer la figure de son inspecteur West. John Bingham et, surtout, le tout jeune Nicolas Freeling, avec son Van der Valk (*L'Amour à Amsterdam* date de 1962), sont très à l'aise dans le « police procedural » où excelle déjà Hillary Waugh. La télévision anglaise a diffusé de 1962 à 63 les premiers épisodes d'une série très remarquée, *Dixon of Dock Green*, bientôt suivie, sur une autre chaîne, par *Z-Cars*, série policière dont le héros, joué par le débonnaire Stratford Johns, est un Detective Chief Superintendant auquel fait penser le Wexford surgi sous la plume de miss Rendell. Mais qu'on ne s'y méprenne pas. Celle-ci n'entend pas suivre les sentiers battus du *crime novel* nouvelle manière. Son propos évoquerait plutôt celui, démystificateur, d'une autre débutante, P. D. James, dont le premier roman, *À visage couvert*, a paru deux ans plus tôt et dont les suivants seront très remarqués. *From Doon with death* a pour héros un inspecteur de police du C.I.D. et pour cadre une petite ville archétypique de l'Angleterre travailliste — un pays où la tradition est à peine entamée par ce modernisme dont se plaignent alors, de manière un peu grotesque, les personnages de Christie. Mais une fois le décor planté, commence le travail souterrain de la romancière.

À y regarder de près, Reginald Wexford n'est pas un policier ordinaire. Cet homme de forte stature, à l'apparence sévère, est un amoureux des livres. Il est tout le contraire de ces inspecteurs bornés, incultes et sentencieux que les auteurs de romans policiers opposent dans un but dialectique aux détectives amateurs esthètes et sophistiqués, ou à des personnages secondaires destinés à attirer la sympathie du lecteur. Non, Wexford est — comme le dit Rendell — « un policier de *fiction* dans un monde de *fiction* ». Elle ajoute — mais ces propos sont de vingt ans postérieurs à la publication de son premier roman — qu'elle s'est efforcée d'écarter « l'inévitable confrontation avec la réalité du monde policier » en inscrivant Wexford en dehors des normes traditionnelles. « On n'écrit vraiment (confiera-t-elle plus tard à son confrère John Mortimer, l'auteur de *Rumpole*) qu'à partir des choses que l'on connaît bien. » Aussi, dès sa première enquête, l'inspecteur-chef de la police de Kingsmarkham est-il plongé dans le passé d'une morte inextricablement reliée à d'autres existences, qui s'enroulent autour d'une mystérieuse rêverie littéraire. Le roman s'organise lui-même à partir d'une série de citations extraites d'un livre, l'*Oxford Book of Victorian Verse*, anthologie de poésie qui constitue l'une des pièces à conviction de l'enquête. Lancé à la poursuite d'un mystérieux personnage baptisé *Doon*, Wexford entre dans le labyrinthe d'une sorte de fiction dans la fiction, et la surprise finale éclairante — et l'une des chutes les plus ingénieuses de l'histoire du roman de suspense — confère à ce livre toute sa force subversive.

À sa sortie en 1964, sous le label *John Long* de l'éditeur Hutchinson, *Un amour importun* ne passe pas inaperçu de la critique. Julian Symons écrit : « La forme en est celle d'un puzzle classique, mais l'écriture intelligente et réaliste de Mrs Rendell élève le livre bien au-dessus du simple genre d'énigme. » Les droits du livre sont aussitôt acquis par un éditeur américain et, l'année suivante, Ruth Rendell publie simultanément deux romans dans lesquels, au risque de décevoir les premiers fidèles de Wexford, celui-ci n'apparaît pas. *La Danse de Salomé* et *Fantasmes* sont des romans de pur suspense psychologique, dans une veine alors exploitée admirablement par deux Américaines dont la renommée auprès des amateurs n'est plus à faire : Patricia Highsmith et Margaret Millar. Mais, semble-t-il, Rendell n'a de leçon à recevoir de personne, car son ton propre a été trouvé, sous-jacent au premier Wexford, et que la construction originale de ces deux nouvelles fictions autorise de façon encore plus obsessionnelle. Il s'agit d'abord d'une tension psychologique extrême qui noue les acteurs d'une tragi-comédie de mœurs, devenue la forme privilégiée par la romancière. Le cadre, ensuite, dans lequel se profilent les personnages, est celui de la province proche de Londres, avec ses lotissements pour nouveaux riches — le décor idéal pour les êtres déchirés, en rupture, que Rendell met en mouvement. L'héroïne de *Fantasmes* évoque « une peur soudaine, la terreur de quelque chose d'imminent », tandis qu'elle recherche dans l'indifférence de tous et sous une pluie obsédante, une amie fugueuse. Les personnages de *La Danse de Salomé* sont eux aussi en proie à une sorte de malaise, à la fois psychologique et social, un mal d'être qui les ronge et qui, on le sent bien, prédispose à tous les crimes.

En 1967, Wexford revient dans *Le Pasteur détective*. Son personnage perd un peu de ce flou artistique dont il était nimbé pour acquérir des contours plus précis. L'auteur le définit dans ses rapports avec son adjoint direct, Mike Burden : « Depuis cinq ans qu'il était le bras droit de l'inspecteur-chef, Burden s'était habitué aux plaisanteries de cet homme ascétique de cinquante-six ans. (...) Cependant, le jeune inspecteur manquait un peu de personnalité et son supérieur, qui en avait à revendre, l'écrasait par la sienne. » L'un et l'autre sont mariés, ce qui est naturel puisque l'auteur de leur jours a voulu faire d'eux autre chose que ces froides mécaniques du *detective novel* ordinaire. Ils sont tellement immergés dans le fleuve de la vie de leurs semblables — victimes, suspects et coupables — que leur propre existence ne peut décemment apparaître artificielle. Mike Burden est l'époux d'une certaine Jean, et il est père de deux très jeunes enfants. Quant à Wexford, nous n'apprendrons que dans le roman suivant, *La police conduit le deuil* (publié lui aussi en 1967) le nom de son épouse, Dora, et celui d'une de ses filles, Sheila, encore adolescente.

Wexford est à présent campé avec plus d'assurance. Il y a quelque chose de Maigret en lui mais, nous l'apprendrons plus tard, le véritable modèle de Wexford n'est autre que le propre père de l'auteur. « Il est vrai, dit-elle, que mon héros lui doit beaucoup, mais il doit aussi à tous les hommes remarquables que j'ai connus. Il est un amalgame de leurs différentes formes d'humour, il a leur honnêteté et leur rectitude, une certaine verdeur de langage aussi et le dégoût de l'hypocrisie. Il me ressemble également et j'ai souvent fait de lui mon porte-parole. »

Wexford cite sans cesse les auteurs classiques, pour le plus grand égarement de son adjoint qui, lui, représente le type de l'anglais moyen, candide, xénophobe et foncièrement réactionnaire. Peu sensible aux subtilités de la psychologie humaine, ce Watson moderne sert un peu de repoussoir au disciple de Montaigne qu'incarne finalement Wexford. Burden a la retenue puritaine et le machisme primaire dont ne peut, bien sûr, que s'amuser l'ironiste-né qui lui fait face. De la confrontation de deux tempéraments si différents procède néanmoins le tableau d'une belle amitié. Soudés l'un à l'autre dans leur combat contre l'ignominie du monde, Wexford et Burden échangent des propos qui, tout en exaspérant leurs différences, ne cessent de tisser des liens très forts. On sent que Rendell accorde une importance extrême à l'évaluation de ces liens d'amitié, qu'elle les compare sans cesse à ceux, beaucoup plus tendus mais parfois jamais aussi forts, de l'amour. Ainsi, insensiblement, la romancière va-t-elle faire de cette relation d'amitié qui n'est pas sans évoquer, parfois, les dialogues du théâtre antique — même si leur cadre est, le plus souvent, celui d'un petit restaurant de Kingsmarkham baptisé *Olive and Dove* (L'olivier et la colombe) — l'épine dorsale de la série.

En 1968 paraît *La Maison de la mort*, roman de suspense dans lequel, pour la première fois dans l'œuvre de Rendell, le foisonnement habituel des personnages laisse la place à une sorte d'épure du sujet. Et à un duo de personnages, une mère et son jeune fils, figures récurrentes qui alimenteront de façon plus ou moins dramatique *(Le Petit Été de la Saint-Luc, Un enfant pour un autre)* d'autres intrigues. On peut se risquer à dire que la biographie de l'auteur affleure dans l'histoire de Susan Townsend, « assise tous les après-midi devant sa machine à écrire », seule avec le petit Paul (5 ans) qu'elle élève stoïquement dans une maison désertée par le père de l'enfant. Mais sans en tirer de conclusion. Néanmoins, c'est la première fois que Rendell livre un portrait de femme tout en nuances. Cette Susan, qui gagne sa vie en dactylographiant les romans des autres, quelque part dans la grande banlieue de Londres, est une femme seule et sans illusions. L'émergence de cette silhouette à la fois forte et fragile, qui sans cesse lutte contre le désespoir et une sorte de violence qui se réveille en elle sous le coup de la terreur, marque le premier grand trait d'originalité de l'œuvre de Ruth Rendell. Du coup, la fiction policière — comme ce fut le cas aussi chez Patricia Highsmith — se met docilement au service d'une forme littéraire qui ne doit plus à aucun des poncifs du genre. La vision du monde de Susan Townsend, héroïne de fiction, est devenue celle de Ruth Rendell, écrivain. La psychologie de Susan nous émeut et certaines notations résonnent en nous de façon particulière. Après l'amitié virile entre Wexford et Burden, élevée au rang d'éthique fictionnelle — avec tout l'humour sous-jacent que cela suppose —, Rendell s'intéresse à l'amour. *La Maison de la mort* — dont l'exergue emprunte à Shakespeare des vers à vous glacer le sang — parle de l'amour absent. Il en sera ainsi dans beaucoup d'autres livres de l'auteur, déjà digne à ce moment de certaines de ses consœurs considérées comme plus « littéraires », mais que le snobisme critique bien connu enferme dans le genre qu'elle a choisi, de bon ou de mauvais gré.

Le Meilleur des témoins, en 1969, traite à la fois d'amour et d'amitié. Rendell y évoque même sans ambages, dès les premières pages, l'amour qui n'ose pas dire son nom, pour reprendre la formule qu'emprunterait volontiers Burden-lepuritain. Charlie Hatton et Jack Pertwee sont nés dans un quartier populaire et ont grandi comme des frères, ou plus précisément, « comme David et Jonathan ». Et, ajoute l'auteur, « si quelqu'un s'était avisé d'en faire la remarque, Jack lui aurait cassé la figure ». Cette nouvelle enquête de l'inspecteur-chef nous met enfin en présence de Dora Wexford, son épouse, et de leurs deux filles, Sylvia, l'aînée — mariée et mère de famille — et Sheila, la plus jeune, comédienne rendue populaire par le rôle qu'elle joue dans un feuilleton de télévision.

Dora possède « une jolie silhouette et un profil romain, bien que n'étant pas de celles qui remportent les concours de beauté ». Sheila, elle, est une jeune femme ravissante. « Le plus curieux était qu'elle ressemblait à son père. La première fois que Wexford le remarqua — elle devait avoir six ans — il faillit éclater de rire tellement était grotesque l'idée d'une ressemblance entre cette exquise petite poupée et son grossier géniteur. » Les quelques pages d'amour familial que nous livre ensuite l'auteur définissent les rapports intimes de cette famille nullement excentrique, où les tensions ne relèvent que de la plus naturelle émulation. Rendell semble, à travers cette digression qui en engendrera bien d'autres au fil des romans de la série, calmer quelque secrète blessure. Et cette familiarité même, qui fait de Wexford, historiquement, le premier *cocooning detective* (à l'exception peut-être des flics du 87è District d'Ed McBain), crée avec le lecteur un rapport d'intimité rassurant, attachant au possible.

Rendell publiera un autre roman en 1970, *Et tout ça en famille*, dont l'épigraphe, signée Wordsworth, donne la couleur d'un nouveau détour par les profondeurs de la psychologie :

Ces forts instincts devant lesquels toute nature mortelle
Tremble comme prise en faute
Ces premières affections
Ces souvenirs lointains
Qui, aussi troubles soient-ils
Sont cependant la fontaine lumineuse de nos jours...

Ces vers résument au reste assez précisément l'un des ressorts secrets de l'œuvre en plein épanouissement. Rendell, avec l'air de ne pas y toucher, fait le tour de l'humaine nature, de ses exigences affectives et des méfaits qu'elle engendre. Ancrée dans l'évocation obsessionnelle de la vie familiale, elle fera du livre suivant, *Morts croisées* (1971), le tableau en huis-clos d'un drame implacable. Trois êtres déchirés, Stanley, Versa et sa marâtre Maud, gens de la classe moyenne, se déchirent dans le cadre d'une maison de la banlieue nord de Londres. Maud, surtout, émerge de ce triple portrait au vitriol : « Maud était une vieille femme à la tension trop élevée qui avait déjà eu une petite attaque mais conservait néanmoins toute sa tête. L'idée que son gendre était capable de la faire passer de vie à trépas n'était pas le fruit d'une imagination sénile, mais de la conception qu'elle s'était faite, dès son adolescence, de l'humanité. Dans cette phrase typiquement « rendellienne », on retrouve ce sens de la catastrophe imminente qui animait l'héroïne de *Fantasmes* ou Susan Townsend. On est en présence d'une comédie noire parfaitement réglée : tandis que l'acariâtre et quasi-monstrueuse Maud tente d'arracher sa fille à l'emprise de son gendre, Vera — ce prénom sera, plus tard, celui de la plus impressionnante héroïne de Rendell — Vera s'acharne à préserver son mariage. « J'ai épousé Stanley et tu m'as toujours dit qu'un mariage, ça ne se rompt pas. » Un subtil et pathétique conflit de générations impose sa rigueur à l'intrigue du roman, celle-ci bientôt submergée par la personnalité de ces êtres auxquels la romancière donne une dimension assez rare, il faut le reconnaître, dans le genre policier. Et le récit, lugubre, s'enroule autour d'une obsession lexicale parfaitement avouable, puisqu'il s'agit de celle que partagent Stanley, le mari de Vera, et l'auteur : la résolution des grilles de mots croisés du *Daily Telegraph*...

1972. Ruth publie coup sur coup deux Wexford, *Le Petit Été de la Saint-Luc* et *Une fille dans un caveau*. À cette époque, la jeune femme vit en bordure de la Forêt d'Epping et a tout lieu d'être satisfaite du succès que rencontrent ses livres. Ceux-ci sont à présent publiés dans la collection de poche *Panther* et leurs couvertures s'ornent d'une photographie qui nous montre la romancière sous l'apparence d'une jeune femme moderne et décidée. *Une fille dans un caveau* transporte l'inspecteur-chef jusqu'à Londres en compagnie de sa femme. Et l'enquête qu'il mène en compagnie d'un jeune cousin lui aussi policier, va l'amener à sonder quelques-uns des mystères de cette ville immense qu'il ne connaît pour ainsi dire pas. La science immense de Rendell, en matière de topographie londonienne, vient à point nommé au secours de son héros.

Dans ses confidences à John Mortimer, elle précise qu'elle connaît dans les recoins un très grand nombre de quartiers de Londres. « Je n'ai jamais cessé, dit-elle, de marcher à travers la ville et d'y rencontrer des gens de toutes sortes. Je ne fréquente pas seulement ceux de ma classe sociale, mais des individus de milieux très divers, certains parfois très singuliers. Cela s'est notamment produit dans des meublés où j'ai vécu brièvement. J'ai fait énormément de rencontres vers la fin des années 60 — amis ou relations d'amis, ces derniers parfois très excentriques. » Le mot est lâché : l'excentricité, ce caractère typiquement anglais fait d'une grande liberté de pensée, de goûts (raffinés) et de mœurs, semble constituer, au regard plus intrigué qu'intolérant de Wexford, la matière première du plus intense mystère psychologique. Rendell l'intégrera toujours de façon très habile à sa fiction, avec une sorte de nostalgie très personnelle qui pourrait bien être celle de la romancière populaire née loin des cercles littéraires les plus « fashionables » du West End londonien. On songe alors aux premiers essais littéraires de l'auteur — notamment son roman sur le « mouvement d'Oxford » — et au sacrifice que Rendell a peut-être fait d'une forme de fiction supposée noble au profit d'un art plus « grand public » qu'elle commence à honorer, déjà, d'une manière très personnelle.

Wexford va découvrir, au fil d'*Une fille dans le caveau*, un quartier situé à l'ouest de la capitale mais que l'on chercherait en vain dans le guide *A to Z* : Kenbourne Vale. Symboliquement, ce lieu mythologique — qui reviendra souvent dans l'œuvre de Rendell — confronte d'abord le policier au spectacle d'un cimetière qui ressemble beaucoup à celui de Highgate, nécropole victorienne établie au flanc d'une colline surplombant Londres. « Je ne déteste pas (dit-elle) me rappeler que nous sommes tous mortels et je puis vous assurer que tous les cimetières de Londres me sont familiers. » Cette grande familiarité de l'auteur se retrouve non seulement dans les lieux mais chez les personnages évoqués. La faune cosmopolite de Kenbourne Vale où se côtoient artistes marginaux, jeunes filles célibataires (ou filles-mères) partageant des appartements sordides et personnages à la sexualité mal définie, anticipe sur d'autres mises en scène de Rendell, d'autres plongées dans un univers psychologique des plus sombre.

Le Petit Été... nous ramène à Kingsmarkham et oublie

quelque peu Wexford pour nous confronter à un drame à deux personnages dont le moindre n'est pas Burden. L'adjoint de l'inspecteur-chef se voit, à son corps défendant, contraint de contempler sa propre frustration sexuelle. Le jeune inspecteur est à présent veuf avec deux enfants à charge et l'affaire qui lui est confiée le met en présence d'une jeune femme étrange dont le garçonnet de cinq ans a mystérieusement disparu. À vrai dire, la personnalité de Gemma Lawrence trouble ce puritain engoncé dans son récent veuvage et, à mesure que le roman progresse, nous le voyons résister de façon de plus en plus pitoyable à l'attrait de la chair. Rendell, diaboliquement, fait de cette évocation une peinture originale du combat d'un être emmuré dans ses principes face à l'image de la féminité la plus troublante. Gemma n'est pas du tout l'incarnation de la mère-modèle, mais une créature en marge de la société, qui, à la fin du livre, retourne à Londres et à ce microcosme d'excentricité — celui évoqué dans le précédent roman de Ruth — auquel elle appartient corps et âme.

Dans *Reviens-moi* (1973), la romancière imagine une situation propre à déstabiliser à la fois Wexford et son adjoint : la tenue, à Kingsmarkham, d'un concert rock dont la vedette est le célébrissime Zeno Vedast. Cet événement, qui rassemble — au grand dam de la police locale — plus de 80 000 jeunes, se déroule dans le parc d'une propriété qui sera aussi le théâtre d'une macabre découverte. Afin de donner à la fiction toute sa vraisemblance, Rendell a fait composer — par un de ses cousins, Michael Richards, auquel le livre est d'ailleurs dédié ainsi qu'à son propre fils Simon — le plus récent tube de Zeno Vedast, « Let-me-believe »... Ce roman ressemble à une sorte d'investigation, mi-amusée, mi-fascinée, du monde du show-business anglais, sous le regard halluciné de deux flics de province. Rendell n'y sacrifie à aucune mode. Tout au contraire, cette fiction semble faire progresser sa propre investigation de la marginalité. Et *Reviens-moi* apparaît comme une métaphore très réussie du combat que mène la sévère morale anglaise avec l'évolution des mœurs. Le thème de l'amour y tient une place plus que jamais prépondérante, Wexford s'interrogeant par exemple sur les sentiments qui unissent parents et enfants en ces temps où la musique pop, la drogue et un certain dérèglement de la sexualité battent en brèche les plus élémentaires règles de la vie sociale.

Contrastant de façon doucement ironique avec la « chanson » placée en exergue du précédent livre, le poème de Rupert Brooke ouvrant *Le Jeune homme et la mort* (1974) cerne une thématique propre au projet romanesque de Rendell. « Le pauvre amour du fou qui t'a aimé était un amour aveugle/ Car, fou ou aimant, c'est un pauvre fou qui t'a aimé... » Ces mots s'appliquent au sombre pathos nimbant la personnalité de Graham Lanceton, un jeune écrivain que le succès de son premier livre — *Le Vin de l'étonnement* — n'a pas grisé et qui se retrouve, vivant comme un clochard, dans une petite maison de la Forêt d'Epping. L'anecdote est troublante à plus d'un titre, puisque Rendell y met en scène, pour la première fois, un écrivain. Graham est une image en creux et en détresse de la jeune romancière qu'elle fut, un être dévoré par un amour fou, anesthésié pourrait-on dire par sa liaison avec une femme mariée qui tente de faire de lui, au prix d'un odieux chantage, l'assassin de son mari. Drusilla Janus a littéralement fait du pauvre garçon une sorte d'excentrique contrarié, du fait même de son origine petite-bourgeoise. Graham occupe ses journées à lire et sa biographe nous renseigne sur la nature des livres qu'il emprunte à la bibliothèque la plus proche : morceaux de bravoure classiques (Gibbon, *L'Histoire de Rome* de Mommsen), ou textes modernes (*La Chronique des Herries* de Walpole, les histoires de fantômes de M.R. James, *Autant en emporte le vent*, etc.) et des romans policiers — Conan Doyle et les enquêtes du Dr Thorndyke d'Austin Freeman... La romancière reviendra souvent sur les lectures abondantes de Graham et cette insistance qui pourrait, de prime abord, ressembler à un clin d'œil — car il s'agit pour la plupart de textes qu'elle-même vénère au point, comme c'est le cas de Montague Rhode James, d'avoir écrit sur eux —, mais son habileté de créatrice en fait bien autre chose. Les livres, nous dit cette magicienne, sont le début et la fin de toutes choses. Ils sont le miroir des « forts instincts devant lesquels notre mortelle nature tremble comme prise en faute » (Wordsworth), et c'est leur fréquentation qui ouvre la boîte de Pandore du mal. La terrible aventure de Graham Lanceton, égaré dès le premier carrefour d'une vie qu'il entend consacrer à l'écriture, évoque celle d'une créature de la mythologie perdue dans le labyrinthe de la vie — au cœur de la forêt originelle.

Du coup, le rôle initiatique de Wexford revêt une sorte

d'importance accrue, dès le livre suivant, *Meurtre indexé* (1974). Surgit une nouvelle figure de mère, Mrs Hathall, que l'inspecteur-chef compare in petto à « ces mères spartiates qui préfèrent voir leurs fils ramenés morts plutôt que de les savoir prisonniers ». (Comme un écho, lui répondra le singulier duo mère-fils d'un roman ultérieur, *Les Désarrois du Pr. Sanders.*) Pour mener son enquête, Wexford plonge à nouveau vers Kenbourne Vale — vers les racines du mal. C'est comme une attraction fatale de l'esprit, un voyage au cœur du labyrinthe londonien travesti de noms nouveaux mais repérable aisément pour n'importe quel observateur. « Chasseur traquant sa proie » au long d'interminables heures de guet, Wexford devient bientôt incollable en matière de stations du métropolitain. Par osmose, il commence à partager la sombre passion de sa créatrice pour cette ville qui eût du être la sienne si Ruth ne l'avait pas étourdiment fait apparaître au cœur du Sussex. Il n'empêche que les incessants va-et-vient du policier de Londres à la « country », revêtent, sous la plume de la romancière, une signification secrète assez intéressante à observer. Une fois encore, sans vouloir à tout prix enquêter sur la vie privée de Ruth Rendell, on ne peut que constater les faits. Résidant à présent au nord de Londres, très précisément dans Shepherd's Close, à Highgate, elle a fait l'acquisition d'une ravissante chaumière *(The Cobblers)* à Polstead, un village du Suffolk proche de Colchester. Les familiers de l'histoire du crime — ce que les Anglo-Saxons qui s'en délectent appellent le « true crime » — savent tous que Polstead fut le théâtre, au début du XIXe siècle, de l'affaire du « crime de la grange rouge ». L'histoire de Maria Marten, la fille d'un paysan de la région, et de son amant, de quelques années plus âgé, William Corder, aurait pu s'inspirer par anticipation — la réalité copiant la fiction — d'une histoire de Rendell. Maria s'éprit en 1826 du ténébreux William et se retrouva bientôt enceinte de ses œuvres. L'enfant mourut à la naissance et c'est alors seulement que Corder accepta d'épouser la jeune femme éplorée. Ils se rendirent tous deux à Ipswich. On perdit ensuite toutes traces de la malheureuse. William disparut dans les rues tortueuses de Londres, tandis que les parents de Maria commençaient à s'inquiéter pour de bon. Entre-temps, William écrivit à sa propre famille pour dire qu'il venait d'épouser Maria. Puis survint le rêve étrange que fit la mère de Maria : elle vit en songe le corps de sa fille, enfoui sous le sol de la "grange rouge" des Corder à Polstead ! Le 18 avril 1828, le corps de la jeune fille était retrouvé à l'endroit précis « rêvé » par sa mère et, le 11 août, William Corder était pendu à Bury St Edmunds. « On prétend — raconte Ruth Rendell — que l'église de Polstead est l'une des plus hantées d'Angleterre et que le fantôme de William Corder est l'hôte assidu de la "grange rouge". Je ne l'ai jamais rencontré, mais je ne puis m'empêcher de penser que tout cela est très étrange. » Ainsi, tandis que, dans sa vie personnelle, elle prend du recul par rapport à cette ville où elle a, selon ses dires, beaucoup vécu et beaucoup marché, avec une prédilection pour le nord et l'ouest, Rendell semble, en tant que romancière, de plus en plus impliquée dans l'exploration méthodique de Londres, de ses mystères et des fantasmes qui en surgissent à la lumière de son œuvre. *L'Enveloppe mauve* (1976) a pour cadre West Kenbourne (Londres, W15 6 HD), un compartiment de l'espace aménagé spécialement pour faire vivre aux protagonistes un drame particulièrement sournois. L'auteur joue sur les coïncidences : au 142, Trinity Road, vivent deux locataires, Arthur Johnson — un dangereux psychopathe — et Anthony Johnson, un garçon cultivé qui suit des cours de psychologie à la faculté Radclyffe (!) toute proche. « L'idée de ce livre m'est venue alors que je partageais l'appartement de mon cousin Michael Richards. Un autre Richards vivait dans le même immeuble, situé à Hampstead. Il arrivait que leurs courriers se mélangent... Mon imagination a fait le reste. » Pour la première fois, Ruth s'attelle à l'étude précise d'un cas de psychopathie et son fils, Simon, qui fait alors des études pour devenir assistant social, va s'occuper de sa documentation. Le personnage d'Arthur Johnson est confondant. C'est un maître du faux-semblant, un de ces êtres maléfiques soigneusement et — du point de vue de la création artistique — ironiquement infiltrés au cœur de l'humanité banale comme des bombes humaines à retardement. Rendell déploie ici une habileté analogue à celle d'Alfred Hitchcock dont elle partage le goût pour l'humour le plus noir, le plus dévastateur sous des airs matois et policés.

Un penchant certain pour la farce macabre, version plus corsée de la tragédie de mœurs dont je parlais plus haut, anime à présent la plume de Rendell. Ce talent hitchcockien s'exerce depuis quelque temps dans l'écriture de nouvelles. (Longtemps échaudée par les refus essuyés lorsqu'elle envoyait des nouvelles aux magazines, Rendell a d'abord renoncé à en écrire, puis, au fil des années, elle est revenue à cette pratique, pour, dit-elle, « se forcer à l'économie ».) Un recueil de contes paraît en 1976 sous le titre *Ces choses-là ne se font pas* — la dernière réplique d'*Hedda Gabler*, qui devient la première phrase d'une histoire de trio chargée d'ironie acerbe. Rendell affectionne l'art de la chute et la pratique avec une grande maîtrise. Le recueil contient un certain nombre de réussites exemplaires, mais la nouvelle la plus inquiétante est sans aucun doute *Le Voile noir* — qui valut à son auteur, lors de sa parution dans la revue *Ellery Queen Mystery Magazine* en 1974, un Edgar décerné par la vénérable institution des *Mystery Writers of America*. Dans cette histoire, l'homosexualité du protagoniste est mise en scène au comble d'une ambiguïté qui provoque tout autant le malaise que l'émotion du lecteur. Les échos amplifiés de ce texte étrange se retrouveront, plus tard, dans un roman intitulé *La Gueule du loup*.

En 1977, Ruth épouse pour la seconde fois Don Rendell — et refusera toujours de s'épancher sur cet épisode de sa vie. Aussi devons-nous sans hésiter considérer comme le véritable événement de cette année la parution d'un livre qui constitue à ce moment son chef-d'œuvre et l'une des plus belles épures du roman de psychologie criminelle : *L'Analphabète*. Le roman s'ouvre sur cette phrase : « C'est parce qu'elle ne savait ni lire ni écrire qu'Eunice Parchman tua les Coverdale. » Tout est là : l'audace de l'auteur qui, faussement ingénue, nous dévoile son projet, mais aussi l'horreur absolue du propre projet d'Eunice. Celle-ci, déjà meurtrière de son père, devient l'héroïne d'un effroyable ballet mortel auquel se mêlent les références constantes — de la part de Rendell — au *Don Giovanni* de Mozart et à son intrigue qui, depuis toujours, fascine ce grand amateur d'opéra qu'est la romancière. Le monde ténébreux du prolétariat, plongé dans un néant culturel qui semble terrifier plus que tout l'écrivain, s'oppose avec une violence extrême à celui d'une bourgeoisie aisée, souvent hypocrite et méprisante, qui ne semble pas non plus fasciner celle qui en décrit sans indulgence, dans ce livre comme dans d'autres, les roueries et les compromissions.

La clarté limpide de ce livre dans son déroulement, mais aussi la complexité d'une vision du monde exigeante qui en émane, amorcent en leur subtile alliance, ce qu'on pourrait nommer le second souffle d'une carrière exigeante. Rendell n'a pas pour intention de renouveler sa manière, car celle-ci s'inscrit plus que jamais dans un décryptage obstiné de la nature réelle du comportement criminel. Elle lit beaucoup d'ouvrages de psychologie mais elle n'entend pas pour autant faire de sa fiction le prolongement de ses recherches. Elle est avant tout écrivain et s'applique à peindre des drames surgis de son univers intérieur tout en mêlant celui-ci de façon obsessionnelle aux agissements de personnages de fiction. Ainsi, dans *Étrange Créature*, qu'elle publie en 1978, le décor à présent mythique de Kenbourne Vale voit l'inspecteur Wexford se lancer dans la reconstitution du passé d'une singulière figure féminine. Rhonda Comfort, retrouvée morte dans les environs de Kingsmarkham, est un exemple parfait de « femme masquée ». Plus encore que dans *Fantasmes*, et moins sans doute que dans certains livres de la décennie suivante, Rendell nous confronte au lent dévoilement d'une personnalité hors du commun, sur la scène d'une sorte de théâtre très littéraire — les références abondent — dont on pressent qu'il est celui de son moi le plus intime...

La spectaculaire chute du livre invite à penser que les intentions de l'auteur, au-delà de la simple anecdote policière, recoupent celles qui présidèrent quelques années plus tôt à l'invention de l'intrigue d'*Un amour importun*.

La tentation est parfois grande, à la lecture des romans de Rendell, de se laisser aller à une tentative de décryptage, non seulement des intrigues toujours porteuses du projet psychologique de l'auteur, mais aussi de ces « phrases », au sens anglais de citations, qui jalonnent sa fiction comme autant d'inscriptions révélatrices. Cet amateur de mots croisés, une passion transmise par son père, a plus d'un tour dans son sac et comme écrivain, elle possède un pouvoir hypnotique dont nous devons très amicalement nous défier. Car c'est à un jeu qu'elle nous invite, un jeu raffiné que cette prêtresse du mystère, en cela très différente de la plupart de ses consœurs, instaure avec une jubilation qu'on devine...

« Est-il vrai que vous connaissiez par cœur tous les *Sonnets* de Shakespeare ? », demande un protagoniste de *La banque ferme à midi* (1979). Le même Alan Groombridge (bridegroom, en anglais, veut dire marié) vit dans un monde imaginaire fait d'incessantes références aux grands dramaturges. Ce père tranquille, banquier dans une petite ville du Suffolk, se lance dans une aventure échevelée défiant la logique petite-bourgeoise : profitant du cambriolage de sa banque par deux jeunes voyous, il prend la fuite et se retrouve à Londres, pris d'un vertige qui le fait douter de sa personnalité. Ce roman n'est sans doute pas le plus achevé de Rendell, mais il est un des plus ironiques et il renforce, de façon obsessionnelle, le goût de l'écrivain pour des intrigues suggérant l'oppression des âmes et des cœurs, dans le milieu petit-bourgeois qu'elle ne se lasse pas de raconter.

La mythologie Wexford continue de se développer. C'est ainsi qu'au détour du recueil intitulé *L'Inspecteur Wexford* (1979), l'adjoint de celui-ci, Burden, convole en secondes noces avec une certaine Jenny, de sept ans plus jeune que lui. Les cinq nouvelles rassemblées dans cet ouvrage affirment la volonté d'économie déjà évoquée, qui fait de la plupart de ces textes des condensés de romans, à la manière des *little novels* de Wilkie Collins. L'un d'eux, *Pas de fumée sans feu*, évoque le problème des personnes âgées — elle porte peut-être un écho de la mort du père de l'auteur —, une autre, *Le Cercle de craie de Kingsmarkham*, s'organise autour d'une substitution de bébé, un thème que nous verrons plus tard revenir en force.

Le Lac des ténèbres (1980), dont le titre est emprunté au *Roi Lear* de Shakespeare, a pour cadre un quartier de Londres proche de Highgate où vit alors la romancière. Le héros, Finn, est un marginal, cultivé et attachant, qui flirte avec la sorcellerie. Rendell prétend avoir voulu mettre un peu « d'ambiance à la Alistair Crowley » dans ce livre qui témoigne d'un penchant certain de l'auteur pour le fantastique. Mais, simultanément, son projet a quelque chose d'éminemment social, puisqu'elle entend aussi s'intéresser au scandale immobilier du rachat des vieilles maisons de Hampstead par des spéculateurs. Superstition et réalisme se côtoient en un subtil crescendo et Finn vivra dans l'acte meurtrier son baptême du feu, sous l'œil fasciné de sa créatrice...

Si nous prenons en compte, par anticipation, un certain nombre d'autres textes de Rendell, il est clair que la notion même de fantastique apparaît comme un nouveau ressort de son œuvre. Cette veine entre, pourrait-on dire, en conflit avec un projet réaliste et crée pour cette raison même comme une nuance nouvelle à la nostalgie profonde qui émane déjà de son univers de fiction. Le fantastique selon Rendell est avant tout psychologique, il n'est jamais considéré comme un artifice : l'essentiel de sa fiction reste toujours ancré dans le réel et dans la peinture du monde contemporain. Mais cette lectrice assidue de M.R. James, Le Fanu et Poe, doublée d'une psychologue avisée, sait bien que la *fuite* dans l'irréel est un remède à la douleur, parfois, des réprouvés de ce monde. Les êtres nés sous sa plume sont de cette sorte, aussi n'y a-t-il rien de surprenant à ce que la lecture des « livres de magie » d'Alistair Crowley, par exemple, devienne une sorte de baume au cœur et à l'âme de certains d'entre eux. Par ailleurs, l'attention toute particulière que l'auteur attache aux lieux qui servent de décor à l'action de ses histoires est de celles qui confinent de manière irrépressible à une interprétation fantasmatique. Les années passant, Ruth Rendell ne réfrène plus cette sombre poésie qui fait de son écriture même une sorte de drogue opiacée, et de sa manière une forme d'hypnose à laquelle le lecteur succombe sans retenue.

C'est au cours de l'année 1981 que le regard de la critique commence à envisager l'œuvre de Rendell avec, semble-t-il, un peu plus d'acuité. Vingt-deux livres publiés au cours des dix-huit années écoulées : ce beau score place Rendell dans le peloton de tête des auteurs anglais de roman policier. La disparition d'Agatha Christie, en 1976, a laissé le champ libre à un nouveau partage du Royaume du Crime. En juin, le très sérieux supplément littéraire du *Times* publie un important dossier sur la fiction policière. P.D. James y est très nettement placée en tête, reconnue pour ce qui semble être alors ses principaux mérites : la critique sociale sous-jacente aux enquêtes de son détective Adam Dalgliesh et la parenté qu'on lui reconnaît avec Dorothy L. Sayers. Francis Wyndham — un éminent critique et le seul journaliste à avoir pu, autrefois, réaliser un long entretien avec Agatha Christie — consacre un article enthousiaste à Rendell. Il écrit : « Combinant une grande maîtrise des intrigues à un réel don d'observation, le remarquable talent de Ruth Rendell a su s'accommoder des règles strictes du récit d'énigme rassurant (où une logique de surface recouvre une base irréaliste) comme du thriller psychologique (où une apparence cauchemardesque dissimule un scrupuleux réalisme.) »

En juillet de la même année, j'ai eu la chance de rencontrer pour la première fois l'auteur de *L'Analphabète* dans sa maison au toit de chaume de Polstead. Le cadre pittoresque de la Vieille Angleterre dont se réclame assez peu sa fiction, l'apparence affable et policée d'une femme qui semble vouloir échapper aux stéréotypes de l'auteur de romans policiers, brouillent les pistes. Interrogée sur le rôle qu'elle entend jouer dans le champ du *crime novel* anglais de l'après-Christie, Ruth Rendell insiste sur le réalisme de sa manière, le peu de cas qu'elle fait du *whodunit*. Mais, surtout, elle entend se démarquer de « ces femmes des années 30 qui vivaient dans le cocon de la bonne bourgeoisie et ne cherchaient pas à s'intéresser à leur époque ». La cible est nette : Christie, Margery Allingham, Patricia Wentworth et quelques autres, hormis Dorothy Sayers que Rendell considère comme une authentique féministe. Elle-même se définit comme un écrivain féministe. Mais en ce qui concerne l'évolution de son œuvre, elle demeure encore réticente sur une stratégie qui ne va cependant pas tarder à se dévoiler, même si les livres qu'elle publie en 1982 et 1983 poursuivent le double cheminement si bien défini par John Wyndham.

Ainsi, elle met à profit un récent séjour aux États-Unis pour nouer l'intrigue assez complexe de son nouveau Wexford, *La fille qui revenait de loin*. L'inspecteur et son épouse se rendent en Californie, à la recherche de la fille d'un grand flûtiste mort noyé. Le livre est un hymne aux coïncidences et au hasard. C'est en voyant une affiche dans une vitrine d'une agence de voyage que Wexford a l'idée de partir pour les U.S.A. Et c'est au moment où Dora et lui, bredouilles, vont reprendre l'avion, qu'un caprice du destin les fait buter sur l'indice majeur de l'affaire.

Le roman suivant est superlativement anglais. *Le Maître de la lande* (1982) se situe dans une région imaginaire du centre de l'Angleterre, « fabriquée » à partir de la connaissance que l'auteur possède de la lande de Dartmoor — elle a rêvé naguère de posséder une maison dans le Devon — et des étendues désolées du Yorkshire, rendues fameuses par la famille Brontë.

Ruth Rendell voyage décidément beaucoup : c'est en Chine que nous retrouvons Wexford dans *Qui ne tuerait le mandarin ?* publié en 1983 et dont l'intrigue, pétrie comme toujours d'éléments très culturels, s'accommode d'une certaine routine.

L'auteur y fait référence, lorsque Wexford est sujet à des « hallucinations » dues à l'absorption de thé vert, au victorien Sheridan Le Fanu.

Les nouvelles contenues dans le recueil intitulé *La Fièvre dans le sang* sont infiniment plus surprenantes et dignes du talent inventif de Rendell. Sanglant exotisme, fascination pour les cimetières, évocation esthétique de la peur (« faire peur aux gens est une expérience délectable »), et toujours l'ironie qui semble à présent indissociable de la manière Rendell et force notre connivence.

Depuis quelques mois, la romancière s'est attelée à un roman plus ambitieux, composé à partir d'une ébauche ancienne. Elle l'intitule *Un enfant pour un autre* et il paraît en 1984, la même année qu'un autre roman, plus traditionnel mais tout aussi réussi, *Son Âme au diable*. Dans celui-ci, la lectrice d'Alistair Crowley revient à la charge, et, comme dans *Le Lac des ténèbres*, situe l'action du récit dans le périmètre londonien où elle vit elle-même. (On pourrait gloser sur la manière fascinante dont elle nimbe d'une aura maléfique les parages de sa propre existence urbaine et comparer cette activité à ce qu'elle fera plus tard de la région du Suffolk où elle vit à présent.) Un tunnel ferroviaire désaffecté de la ligne menant jadis au Parc Alexandra est le lieu clef de cette histoire méphitique, flirtant avec les forces occultes mais superbement maîtrisée. Le portrait de Dolly, la jeune banlieusarde solitaire et complexée par l'horrible tache de vin qui la défigure, est particulièrement obsédant.

Un enfant pour un autre réunit géographiquement un lieu très précis de Hampstead où vécut jadis la romancière — le *Vale of Health*, rebaptisé *Vale of Peace*, une enclave boisée du Londres chic où le romancier Wilkie Collins rencontra sa fameuse « femme en blanc » — et Kenbourne Vale, ce quartier imaginaire à présent bien connu des lecteurs. À Hampstead vit une femme encore très jeune, divorcée et mère d'un petit garçon de cinq ans, James. Benet Archdale est l'auteur d'un premier roman, *Les Liens du mariage* (!), devenu très vite un best-seller dont les droits d'auteur lui ont permis d'acheter sa belle demeure victorienne. À Kenbourne, de l'autre côté du miroir, vit une jeune femme aux mœurs légères, mère d'un petit Jason du même âge que James et né de père inconnu.

Ce livre témoigne de la volonté, à présent avouée, de la

romancière à radicaliser sa manière. Jusqu'à ce livre — plus long que les précédents —, Rendell, telle l'héroïne de *She Stoops To Conqueer*, la célèbre pièce de Goldsmith, s'était résignée à emprunter les chemins apparemment conventionnels du roman de psychologie criminelle, avec de notables exceptions comme *Le Jeune homme et la mort* ou *L'Analphabète*, par lesquelles l'écrivain singulier montrait déjà le bout de l'oreille. Cette fois, avec une ampleur de ton impressionnante, elle impose un nouveau tour d'écrou à sa manière. Le thème d'*Un enfant pour un autre* reviendra en écho, encore plus douloureux, dans *L'Été de Trapellune*.

Une nouvelle rencontre avec Ruth Rendell m'apportera la confirmation de cette volonté déterminée. « J'ai besoin de faire quelque chose d'autre à présent, déclare-t-elle en 1984, et c'est pourquoi j'ai décidé de publier des romans sous un pseudonyme. » Ce nom de plume, elle ne le choisit pas au hasard. Elle a d'abord songé à Emma Vine, le nom de jeune fille de sa grand-mère paternelle. Consulté, son agent s'inquiète de ce que cette signature fait un peu trop songer à un auteur de romans sentimentaux. Alors, elle opte pour son second prénom, Barbara. Barbara Vine, le double littéraire de Ruth Rendell, est né. Le premier produit de cette manière « différente » et faussement masquée — puisque la couverture du livre mentionnera également le patronyme de l'auteur — s'intitule *Vera va mourir*. Il naît dans la jubilation et, selon la romancière, au prix d'un dur labeur car, dit-elle, « c'était la première fois que je situais une fiction dans le passé, cinquante ans en arrière. »

Tandis qu'elle travaille à *Vera*, elle publie coup sur coup, en 1985, un nouveau Wexford et un recueil de nouvelles. *Les Corbeaux entre eux* noue d'étranges et ironiques rapports entre l'inspecteur-chef Wexford et une bande de jeunes féministes particulièrement inquiétantes. Le malaise qui se dégage de cette histoire tient à l'inadéquation croissante du monde intime de Wexford aux thèmes que sa créatrice soumet à sa réflexion de policier. Le recueil de nouvelles, *Une fille qui vous veut du bien*, contient en revanche quelques réussites absolues. Rendell y déploie un talent comparable à celui d'un Ambrose Bierce ou d'un Stanley Ellin, avec en prime un zeste d'observation sociologique. Ces contes sont sculptés à même la peur, sous ses formes les plus diverses. « Avant même d'avoir publié quoi que ce soit, dit Rendell, j'adorais raconter des histoires à mes amis, en camping ou autour d'un feu les soirs d'hiver. J'aimais sentir la peur monter en eux. J'ai appris à effrayer les lecteurs grâce à cette excellente méthode qui consiste à lire et à étudier des écrivains plus grands que moi et que je considère comme des maîtres du récit de terreur. » Le recueil contient une nouvelle dont Ruth pense qu'elle est sa meilleure réussite dans le genre : *Fen Hall*. Le décor de cette évocation nostalgique d'un crime odieux, perpétré sous le regard innocent d'un jeune garçon, est celui d'une demeure pareille à celle que les Rendell viennent d'acquérir à Polstead, une ferme du XVIe siècle aux bâtiments peints en rose et aux hautes cheminées qui pourraient être celles d'un manoir. Nussteads est un lieu plein de charme et de mystère. Une allée touffue, semblable à un tunnel de verdure, mène à la vaste clairière où le logis et ses dépendances sont blottis, près d'un étang bordé de saules. La fin des années 80 va voir la romancière quitter le plus souvent Londres pour se consacrer à son activité double — car Barbara Vine n'empêchera pas Ruth Rendell de continuer à publier, sous son nom, un livre par an. « Mes éditeurs ont prétendu que la qualité pouvait souffrir de cette production abondante. Je ne le pense pas, car j'ai besoin d'écrire beaucoup... »

1986 sera prolifique : Barbara publie son premier roman tandis que Ruth sort un nouveau *crime novel*, *L'Homme à la tortue* et une *novella*, *Douces Morts violentes*. Mais l'événement est bien sûr *Vera va mourir*.

La narratrice, Faith — une femme un peu plus âgée que l'auteur — est la nièce de Vera Hillyard, l'une des dernières Anglaises à avoir été pendues, avec Ruth Ellis et Edith Thompson. Le roman s'enroule autour d'incessants flashes-back de la vie de Faith et de Vera, la plupart ayant pour cadre la maison de Vera à Great Sindon, quelque part dans ce Metropolitan Essex que Rendell connaît si bien. Adolescente durant la guerre, Faith est envoyée chez sa tante et nous décrit ce personnage à la fois effrayant et fascinant qu'est la future « meurtrière ». Une parenté de structure unit *Vera va mourir* à *L'Analphabète*, en ce sens que les deux romans sont bâtis à la façon de rapports sur de sanglants faits divers et développent, en un lent crescendo d'horreur suspendue, l'historique du drame irrépressible. Mais cette fois, Ruth puise — semble-t-il — dans ses souvenirs personnels, astucieusement brouillés et forcément travestis, la matière de cette histoire d'une force romanesque accrue. L'impérieuse Vera est une femme pathétique, non pas inhumaine mais trop humaine, nerveusement détraquée, luttant contre le chaos intérieur qui va faire d'elle, socialement, un monstre. L'art de Rendell est de rendre crédible au-delà des artifices romanesques conventionnels cette femme à la noire psyché, de se prendre pour elle d'une sorte de pitié nullement mièvre, que nous avons déjà partagée pour d'autres héros ou héroïnes de ses livres — et jusqu'à la moins récupérable, Eunice Pachman, victime de son milieu et d'une nature irrépressible.

La narratrice lutte elle-même avec l'âpreté de ses souvenirs, en rassemblant les pièces d'un puzzle complexe, éparpillées dans divers compartiments de l'espace et du temps. La vie de famille, plus que jamais, est le matériau de base du drame criminel, mais qu'il n'est plus vraiment permis de qualifier de « policier ». Le ton Barbara Vine est donné : il sera celui de fictions plus élaborées, ne reposant plus sur le seul accomplissement d'une intrigue linéaire, sournoisement ourdie par la romancière pour servir un « genre » auquel est désormais lié le nom de Ruth Rendell. Si on compare *Vera* au Rendell de l'année, *L'Homme à la tortue*, celui-ci apparaît sans doute plus traditionnel, même si son héros psychopathe ne paraît pas avoir été plus hâtivement campé que Vera Hillyard. C'est dans le ton, peut-être, mais plus encore dans les intentions cachées de l'auteur que réside la « différence » suggérée par la signature Barbara Vine. C'est dans une sorte de dialogue intérieur, névrotique, et raffiné, que la romancière entretient avec cette part d'elle-même qui décide des intentions de sa fiction, que s'établit la nuance. La nuance est si subtile que, des années plus tard, certains critiques — parmi ceux qui ont toujours soutenu Rendell — se demanderont pour quelle raison véritable ce nom de plume a été choisi ?

Paradoxalement, c'est à la lecture du court roman intitulé *Douces Morts violentes* — paru également en 1986 — que le lecteur attentif en vient à soupçonner une rupture de ton, une exigence littéraire accrue, dans ce texte finalement très différent de tout ce que Ruth Rendell a écrit jusque-là. Composée à l'origine pour une revue à tirage confidentiel, cette longue histoire mi-réaliste, mi-fantastique a ensuite été réclamée par l'éditeur américain de l'auteur, et enfin publiée par Hutchinson, à Londres, dans une collection littéraire, ce qui n'était encore jamais arrivé à Ruth Rendell. Le titre original, *Heartstones*, n'a pas la connotation policière de celui qu'on a donné en France à ce texte et l'édition originale est ornée de sobres illustrations soigneusement sélectionnées par l'auteur.

Une adolescente prénommée Elvira, nimbée d'une aura maléfique, raconte une histoire sulfureuse, avec des références explicites au roman gothique. Elle nous parle de son père, Luke Zoffany, veuf depuis peu et professeur à l'université d'une ville jamais nommée, aux rues pavées de galets en forme de cœurs. Luke est l'objet d'une admiration excessive de la part d'Elvira, qui refuse bientôt de le voir se remarier avec une certaine Mary Leonard. La narratrice est jalouse à en mourir et ce n'est que dans l'écriture que lui vient un semblant de repos. Cette héroïne est digne de la Carmilla de Sheridan Le Fanu, un des auteurs fétiches de Rendell. (Ne dit-elle pas : « L'un de mes rêves serait de découvrir un roman de Le Fanu que je n'ai pas encore lu » ?) Toutefois, un souffle féministe ravageur traverse ce personnage en vérité très moderne, pétri d'une sexualité dangereuse, vénéneuse et difficilement contrôlable. C'est une descente aux enfers.

À partir de 1987, Ruth Rendell passe désormais le plus clair de son temps dans le Suffolk. À Nussteads, la vie s'écoule paisiblement, efficace et sereine. Les Rendell, entourés de leurs chats — Sukey, Percy, Bunbury et Blanche — emploient une femme de charge et un jardinier. Mais la simplicité de leur mode de vie demeure exemplaire du peu de cas que l'écrivain fait de sa notoriété à présent bien établie. Chaque matin, elle se lève à sept heures, sans l'aide d'un réveil, prend un breakfast frugal puis se met au travail. Elle écrit jusqu'à treize heures, puis déjeune sobrement — elle est devenue végétarienne depuis le jour où, dit-elle, « la vision d'un étal de boucherie m'a donné la nausée ». Ensuite, elle part pour une longue promenade à travers la campagne accidentée, si souvent peinte par Constable. « C'est le moment où je pense à mon travail, où les idées me viennent, non pas le matériau que j'utiliserai en rentrant mais celui que j'exploiterai plus tard. » Elle répond ensuite à son courrier, consciencieusement, sans oublier personne. Le soir, Don et elle vont dîner dans l'un des pubs de Stoke-on-

Nayland ou d'autres petites villes de la région. « Le jour où P.D. James est venue me rendre visite, nous nous sommes efforcées de trouver le restaurant le moins fréquenté, car je pense que cela aurait troublé les gens de nous voir ensemble. »

Ruth Rendell ne mène pas une vie solitaire. Elle peut même prétendre avoir participé, à sa façon, à la vie du roman anglais contemporain. C'est en effet à Polstead, dans un cottage satellite de sa grande maison, que Julian Barnes — un ami très cher et le mari de son agent, Pat Kavanagh — a écrit *Le Perroquet de Flaubert*. Le même cottage a été le théâtre des premiers essais littéraires de Juliette Winterson, qui a dédié aux Rendell son livre *Sexing the cherry*.

C'est en 1987 que sera diffusé sur la chaîne de télévision ITV le premier épisode des *Ruth Rendell Mysteries*, l'adaptation de *La police conduit le deuil*. C'est le comédien George Baker qui y incarne Wexford, de manière plutôt convaincante si l'on en juge par ces propos de la créatrice de l'inspecteur-chef : « Lorsque j'écrivais, je n'étais jamais parvenue à le visualiser. Il a fallu que George Baker le joue à la télévision pour que je puisse lui donner un visage. Maintenant, lorsque je le fais bouger, parler, que je décris ce qu'il fait, c'est George que je vois. »

En 1987, encore, Ruth réalise un vieux rêve : faire de la critique littéraire. Elle devient une collaboratrice assez régulière du *Daily* et du *Sunday Telegraph*, où l'on pourra désormais lire sous sa signature des commentaires très vivants de romans contemporains, de biographies ou de documentaires sur des affaires criminelles. Cette lectrice infatigable — cinq livres par semaine en moyenne — n'en oublie pas pour autant ses amours littéraires de jeunesse. C'est ainsi qu'elle sélectionne et préface, chez Hutchinson, un ensemble de nouvelles fantastiques de M.R. James dont elle prétend que lorsqu'elle le lit, seule chez elle, elle a besoin « d'allumer toutes les lumières et de s'asseoir le dos au mur ». M.R. James est, à l'évidence, l'un de ces « auteurs plus grands qu'elle » dont elle n'a jamais cessé d'étudier la méthode et les procédés narratifs.

Le Ruth Rendell de l'année est *La Gueule du loup*, un livre dont les héros sont des adolescents, cousins modernes et encore plus pervers des protagonistes de *Sa Majesté des mouches*.

Le Barbara Vine cru 87 est *L'Été de Trapellune*, le livre le plus nostalgique, le plus émouvant de la romancière. Il a pour cadre le Suffolk et une maison bourgeoise, qui n'est pas la demeure des Rendell à l'orée d'un village qui pourrait être Polstead. Wyvis Hall est un lieu chargé d'une sorte de malédiction remontant à l'été 1976, celui de la grande canicule au cours de laquelle s'y réunirent plusieurs jeunes gens, après que l'un d'eux eut hérité de cette demeure. Quelque peu déséquilibrés, ces garçons et ces filles aux origines sociales diverses se livrent à toutes sortes d'actes peu recommandables, jusqu'à ce qu'un drame éclate — reprenant en écho mineur celui, majeur, d'*Un enfant pour un autre*.

Ce second Barbara Vine, salué par la critique et par un certain nombre d'écrivains anglais extérieurs au champ de la fiction policière, comme un chef-d'œuvre, renforce l'identité de cette « autre » romancière qu'a voulu être Ruth Rendell. Son nom est encore mentionné sur la quatrième de couverture — il ne le sera plus sur le livre suivant.

Mais pendant ce temps, les fans de l'inspecteur-chef Wexford, — qui se comptent à présent par millions, dans les seize langues dans lesquelles est traduite Ruth —, réclament leur policier préféré rendu de plus en plus familier grâce à la télévision. Rendell avoue ses réticences à poursuivre les enquêtes de Wexford, mais ce personnage demeure sa marque de fabrique et reste aussi, pour parler de façon plus « matter of fact », l'épine dorsale de la « Kingsmarkham Enterprises », la société qui gère ses droits et que dirige Don Rendell, à présent retiré du cabinet de relations publiques qu'il dirigeait à Londres.

Alors, 1988 verra la publication des *Désarrois du Professeur Sanders*, dans lequel Burden et son supérieur sont confrontés à un très curieux et très « rendellien » duo mère-fils. Une bibliothécaire canadienne, rencontrée au cours d'une tournée de promotion par la romancière, a fourni l'un des éléments de l'intrigue, mais ce qui retient l'attention, c'est un extraordinaire — et très humoristique — échange entre Burden et le jeune Sanders, suspecté de meurtre, le policier se changeant à son corps défendant en psychanalyste amateur... La critique ne sera pas tendre à l'égard de ce livre dans lequel elle croit déceler une « faille » entre la structure classique, obligée, du *police procedural* et la manière plus approfondie psychologiquement qui est celle de la maturité de la romancière.

La Maison aux escaliers (1988), le troisième Barbara Vine, offre la particularité intéressante d'apparaître comme le reflet tardif, quoique toujours aussi opérant, du monde de la fiction des sixties, celui par exemple d'Elizabeth Taylor, l'auteur de *Mrs Palfrey* ou *Noces de faïence* pour l'acuité des portraits, celui des premiers romans de Margaret Drabble, comme *Une volière en été*, ou bien encore le Kingsley Amis d'*Une fille comme toi*. On ne peut s'empêcher de penser que sa mise au monde a subi la pression d'un souvenir lancinant du propre passé de son auteur, cette femme exigeante qui n'a jamais oublié « des gens rencontrés à la fin des années 60... dont certains étaient des personnages vraiment singuliers ».

La narratrice, Elizabeth Vetch, est une jeune femme dont le nom n'a pas été choisi par hasard : il est celui de plusieurs personnages des romans d'Henry James — notamment dans *Les Dépouilles de Poynton*. Quant au destin d'Elizabeth, il présente de fâcheuses analogies avec celui de l'héroïne des *Ailes de la colombe*, du même James à qui le livre, entre autres choses, rend un hommage appuyé. Le personnage central est une femme mûre, inspirée, dit Rendell, d'une femme qu'elle a connue et à présent disparue. Cette Cosette, veuve et très riche, a pris sous son aile Elizabeth, sa jeune cousine désargentée et dévorée par le démon de l'écriture. Avec une superbe ironie, Rendell fait de cette jeune femme qui lui ressemble forcément un peu, l'auteur de romances insipides, forgées selon les recettes du roman de gare. Entendez par là : tout le contraire de ce que, depuis toujours, elle s'est elle-même efforcée de faire. Elizabeth suit Cosette dans une grande maison de Notting Hill, où la veuve a convié plusieurs brebis égarées du Londres des Sixties. Cette demeure à l'imposante cage d'escalier se met à vivre sous nos yeux de façon maléfique, accompagnant chacun des épisodes de cette histoire immobile. L'une des locataires de Cosette est une fille longue et brune prénommée Bell. Elizabeth va se prendre pour elle d'une passion dévorante, vécue difficilement face à l'indifférence de Bell. Une aura noire entoure cette inconnue, mythomane à l'évidence et qui ensorcelle littéralement la maison et ses habitants. La personnalité d'Elizabeth est captivante, car elle condense un certain nombre de traits de caractère de personnages

— hommes ou femmes — déjà campés dans les livres de Rendell, et en précise d'autres, qui en découlent naturellement. Une malédiction pèse sur la jeune romancière : celle d'une maladie incurable et transmissible dont sa propre mère mourut encore jeune, la Chorée de Huntington. Alors, Elizabeth guette, jour après jour, le moindre signe annonciateur de la maladie dont la hantise se mêle à cet autre mal — le mal d'amour. *La Maison aux escaliers* joue subtilement avec d'audacieuses réminiscences tournant autour d'une idée de fiction qui n'est peut-être rien d'autre que celle du roman que Ruth aurait pu écrire, dans la fièvre de ses trente ans, au cœur du Londres où elle fit ses premiers pas d'écrivain.

L'amour charnel et ses figures obsédantes, ses images irrépressibles et ses rites, très souvent liés, dans l'œuvre qui nous occupe, à ceux de la mort violente, cet amour absolu est au centre du roman signé Rendell qui voit le jour en 1989 sous le titre *La Demoiselle d'honneur*. Le titre désigne d'abord une statuette de jardin rapportée de leur voyage de noces par les parents du jeune héros, Philip. (L'Italie, déjà évoquée à plusieurs reprises dans l'histoire d'Elizabeth Vetch, semble devenir peu à peu une référence de l'auteur à son « discours fictionnel amoureux ».) Mais la demoiselle d'honneur, c'est aussi Senta, une étrange jeune fille dont Philip va s'éprendre d'un amour dévastateur. Senta et Philip s'engagent, à travers les actes d'une sexualité débridée, sur la voie d'une « catastrophe imminente » dont la romancière retarde bien sûr l'avènement de la manière la plus retorse. Lorsque Julian Symons lui fera remarquer que ce livre est sans doute le « plus explicitement sexuel qu'elle ait écrit », Ruth s'indignera : « Je ne pense pas que cela soit plus explicite que dans *L'Homme à la tortue* ou dans *L'Été de Trapellune*. Si ce roman paraît d'une grande sensualité, c'est sans doute parce que je venais de me dire qu'il était temps que j'écrive un livre sur les rapports de la jeunesse et du sexe. Vous me dites que l'appartement de Senta a quelque chose de répugnant, je vous réponds que beaucoup de jeunes vivent aujourd'hui dans des squatts, de la même manière que mes héros. » Rendell replace ainsi sa fiction dans l'axe de la critique sociale dont elle a toujours voulu faire l'une des constantes de son travail, même lorsque ce travail confine à la plus grande ambiguïté. Mais cette ambiguïté n'est-elle pas la clef de voûte de son œuvre, la clef de son mystère soigneusement travesti ?

Toujours en 1989, Ruth publie un livre qui, pour la première fois, n'est pas une œuvre de fiction, mais un texte sur le Suffolk, accompagné de nombreuses photographies en couleurs de Paul Bowden. Dans l'introduction, elle tient à préciser que cette région n'est sienne que par adoption et qu'elle « a choisi d'y vivre pour des raisons fort peu romantiques et de prudence ». Elle rappelle la présence, dans les parages, de la fameuse « grange rouge » où fut assassinée Maria Marten et s'étonne de voir des gens penser que c'est la raison pour laquelle elle est venue s'établir à Polstead. Rappelons, quant à nous, que Ruth Rendell est à présent devenue l'un des auteurs les plus célèbres de Grande-Bretagne. Les huit années écoulées depuis la parution d'un article enthousiaste, quoique fort discret, dans le supplément littéraire du *Times*, ont été celles de son accession à la notoriété. P.D. James et elle sont considérées comme les « nouvelles reines du crime » et régulièrement encensées dans la presse nationale. Injustement à mon sens, Miss James paraît retenir davantage l'attention de la critique la plus traditionnelle, qui trouve peut-être plus difficile à appréhender une forme de fiction, celle de Rendell, fondée — à première vue — sur la mise en action d'êtres profondément détraqués, aux pulsions criminelles. (Il en va pourtant de même dans les livres de P.D. James, mais ceux-ci offrent une apparence plus retenue et leur écriture souvent sentencieuse et moraliste n'effarouche pas le public puritain.) C'est sans doute la modernité de Rendell qui effraie encore certains lecteurs, et aussi sa fécondité qui, n'en déplaise aux esprits chagrins, ne se démentira pas au cours de l'année suivante.

Le premier roman de 1990, *Ravissements*, est signé Barbara Vine et il peut se lire, en filigrane, comme une sorte de récit de chevalerie moderne. C'est l'odyssée de deux jeunes gens, qui complotent le kidnapping d'une jeune femme ravissante. L'originalité de l'intrigue est que celle-ci sera le remake du premier enlèvement de la trop belle Nina, survenu en Italie quelques années plus tôt. Le duo Sandor-Little Joe est digne d'intérêt : l'aîné des garçons est un fils à sa mère, instable, violent et d'une fascinante beauté à laquelle ne résiste pas Joe, adolescent inhibé, suicidaire et d'un romantisme émouvant. Leur aventure a pour cadre le Suffolk que Rendell décrit avec précision, et une nette prédilection pour les contrastes. Rien d'idyllique dans sa peinture des paysages campagnards dont cette citadine fait surgir les zones d'ombre, les ambiances dépressives. De façon encore plus saisissante, elle fait de la superbe propriété où vit Nina, transformée en forteresse par un mari vieux et jaloux, le château d'une belle au bois dormant de l'ère technologique. *Ravissements* est une fable, comme le Rendell 90, *Going Wrong* — le Rendell de l'année —, est une épure de conte cruel. C'est en plein cœur de Londres, que s'affrontent deux personnages que relient une enfance commune, marginale, et un amour impossible. Guy Curran, un homme enrichi par le trafic de drogue n'a jamais renoncé à sa passion dévorante pour Leonora, intellectuelle au comportement assez hypocrite. L'auteur, d'emblée, prend le parti du garçon prisonnier de sa névrose obsessionnelle, décrite avec un luxe de détails et une véracité fascinante. « Guy, dit-elle, est un innocent... Il est amoureux mais il ignore tout de l'amour. Ce nouveau-riche, habillé comme les mannequins des magazines, réactionnaire et macho, croit qu'on peut s'offrir une femme grâce à une belle maison et une carte American Express. » Ironie de la part d'un écrivain qui s'est toujours défini comme féministe, ou bel exemple de « compréhension » pour l'un de ces individus que les beaux esprits rejettent — comme la société bourgeoise, corsetée dans sa bienséance, rejette les analphabètes et les meurtriers ?

Il semble bien qu'à présent, l'art de Rendell consiste à ne plus se servir des armes du récit de suspense, dont elle connaît à l'évidence tous les raffinements, pour imposer sa vision du monde, originale, impitoyable et finalement très réaliste. Les exigeances du *crime novel* n'ont plus de prise sur elle, on dirait même que, d'un geste souverain, elle a écarté de sa fiction les détours complexes dont ses premiers livres étaient prolixes pour ne conserver que l'essentiel.

Un troisième texte de fiction signé Rendell voit le jour à la fin de 1990, *L'Arbousier*, une *novella* publiée sous la même couverture qu'un autre roman court d'Helen Simpson, une jeune romancière anglaise dont Ruth se sent très proche. *L'Arbousier* reconstitue magnifiquement, à travers le récit d'une femme vieillissante, les singuliers événements vécus au cours d'un été aux Îles Baléares, par une bande de jeunes enfants, dont deux ont mystérieusement disparu. L'ambiance rappelle un peu celle de *L'Été de Trapellune*, mais cette fois la densité du récit donne à celui-ci l'apparence d'une fable, très nostalgique et très amère, sur le mirage de la vie. On retrouve dans plusieurs des textes brefs rassemblés, au printemps 1991, sous le titre *The copper peacock and other stories*, des considérations parallèles sur les erreurs de jugement, la vilenie des hommes à l'égard des animaux et l'incompréhension qui régit la plupart des rapports humains, à commencer par l'amour.

Les deux plus récents livres, à ce jour, de Ruth Rendell, sont l'un et l'autre exemplaires de l'accomplissement de leur auteur, mais aussi d'une certaine ambiguïté où la confinent une partie de la critique et certains de ses lecteurs.

Kissing the Gunner's Daughter est le dernier en date des Wexford. (L'ultime, ont prétendu certains critiques anglais influencés par des déclarations de la romancière, qui se dit lasse d'un personnage dont elle ne connaît que trop les limites.) C'est aussi le plus dense et, à mon sens, le plus accompli. Assez curieusement, il commence à la manière des plus stricts *detective novel* de l'Âge d'or du genre. Tancred House, une propriété des environs de Kingsmarkham, est le théâtre d'une tuerie qui pourrait être la version inversée du coup de « folie à deux » de *L'Analphabète*. L'une des victimes de ce bain de sang est un écrivain très connu et sa petite-fille Daisy, rescapée par miracle, devient très vite, pour Wexford, l'objet d'une sorte de fascination. Le livre, mené lentement, avec un luxe de détails, se scinde en deux mouvements parallèles : le lent dévoilement de la vérité et le discours très caustique de la romancière sur quelques points de la vie en société qui lui tiennent particulièrement à cœur. Avec une cruauté presque féline, elle s'acharne sur le dernier en date des amants de Sheila Wexford, Gus Casey, un jeune romancier prétentieux et vain dont le nouveau livre figure dans la sélection du célèbre *Booker Prize*... Au fil de la reconstitution de ce qui s'avère bientôt être le crime par amour le plus saisissant qu'elle ait jamais conçu et mis en scène, Rendell nous implique dans sa propre réflexion d'écrivain, face aux répercussions du succès. Sa voix prend une ampleur inattendue — mais peut-on véritablement être surpris de voir s'interroger celle qui, en privé, se plaint avec humour de ceux qui voudraient faire d'elle « une célébrité à plein temps » ?

Le quatrième Barbara Vine a été annoncé, à la rentrée littéraire de septembre 1991, comme une œuvre majeure. *Le Tapis du Roi Salomon* est le roman le plus long et — de son propre aveu — le plus ambitieux de Rendell. Lors d'une rencontre à Polstead, quelques mois plus tôt, celle-ci m'avait précisé avec quel soin elle s'était livrée aux repérages de cette histoire qui a pour cadre le métro de Londres, le *Tube*. « J'ai toujours été attirée par les tunnels — singulier fantasme pour une femme, n'est-ce pas ? J'ai parcouru le *Tube* en compagnie de ceux qui en ont la charge et j'en connais à présent tous les secrets. » Alors, avec l'assurance de ses confrères victoriens du roman de mystère, Wilkie Collins surtout, Rendell a peu à peu semé la peur devant les pas d'une série de personnages qu'associe de manière hypnotique le grand réseau souterrain. Le premier d'entre eux, propriétaire d'une ancienne école de style néo-gothique perchée sur les hauteurs de Hampstead, a entrepris symboliquement d'écrire une « Histoire des transports londoniens ». Ce Jarvis recueille sur sa route — à la manière de Cosette, dans *La Maison aux escaliers* — les brebis égarées à travers le réseau souterrain qu'il connaît lui aussi comme sa poche.

Une jeune femme en dépression postnatale qui fuit son mari et son bébé pour aller jouer du violon dans les couloirs de la station *Green Park*, une écervelée qui — comme la mère de Jason, dans *Un enfant pour un autre* — ne sait plus qui est le père de ses enfants, une bande de gosses qui jouent à un jeu très dangereux dans les wagons du *Tube*, et un jeune homme étrange, « pareil à un moine peint par le Greco », tels sont quelques-uns des protagonistes de cette romance de ténèbres parcourue, çà et là, d'éclairs d'espoir. L'humanité selon Rendell-Vine mérite d'échapper au sort kafkaïen que lui assigne la vie quotidienne, piège ignoble que des générations ont forgé avant nous. Dans *Le Tapis du Roi Salomon*, comme une image dans le canevas, se dessine le message d'une délivrance au cœur même des terreurs qu'engendre l'amour, possible ou impossible. Ruth Rendell, paradoxalement, a dû endosser l'uniforme d'auteur de romans policiers (« C'est vous qui écrivez des romans-qui-tuent ? » lui demanda un jour un enfant) pour mieux conjurer ses propres peurs et nous aider à mieux comprendre les nôtres. « Mon enfance fut désastreuse, dit-elle, car mes parents se querellaient sans cesse devant moi. »

Ruth a trouvé dans la lecture, puis dans l'écriture, le chemin de la rédemption. « L'écriture, dit-elle ailleurs, est devenue pour moi la chose la plus importante au monde. »

Alors, loin de la Forêt d'Epping, dans sa maison rose du Suffolk, la romancière se lève chaque jour de bonne heure et prend place devant sa machine à traitement de texte dont l'écran devient l'ardoise magique de Schéhérazade. Ses histoires la ramènent encore et encore dans le grand labyrinthe de Londres dont elle n'a jamais voulu s'échapper tout à fait. Et, tandis qu'elle écrit, nous ne devons pas oublier que là où bat le cœur de Londres s'élève, figée dans son geste malicieux et séculaire, la statue d'Éros.

1964

UN AMOUR IMPORTUN

Traduit de l'anglais par
Laurence Delacroix

Ce roman a paru sous le titre original :
FROM DOON WITH DEATH

Pour Don

*Les vers en épigraphes ainsi que les dédicaces des livres de Minna proviennent tous de l'*Oxford Book of Victorian Verse.

« Tu m'as brisé le cœur. Enfin, je l'ai écrit. Non pour que tu le lises, Minna, car jamais tu ne recevras cette lettre, qui jamais ne se recroquevillera pour se flétrir sous le rire de tes petites lèvres pincées, ce rire comme la musique d'un tympanon...

Te parlerai-je de la Muse qui m'attendait ? J'aurais tant aimé que tu pénètres à mes côtés sous les voûtes de son sanctuaire, là où jaillissaient les sources d'Hélicon ! Je t'aurais fait don de la nourriture de l'âme, du pain qui est prose et du vin qui est poésie. Ah, le vin, Minna... Le vin est le sang du troubadour, cramoisi comme la rose.

Mais jamais je n'accomplirai ce voyage, Minna, car lorsque je t'ai offert le vin, tu ne m'as donné en retour que l'eau de l'indifférence. J'avais enveloppé le pain dans de l'or, mais tu l'as caché dans la jatte du mépris.

En vérité, tu m'as brisé le cœur et tu as fracassé la coupe de vin contre le mur... »

1

Appelez encore une fois,
D'une voix qu'elle reconnaîtra,
« Margaret, Margaret ! »
Matthew Arnold,
The Forsaken Merman.

— Je crois que vous vous inquiétez un peu vite, Mr Parsons, affirma Burden.

Il était fatigué et s'était apprêté à emmener sa femme au cinéma. En outre, il avait immédiatement remarqué en entrant les livres sur l'étagère près de la cheminée. Rien que les titres avaient de quoi flanquer le frisson à l'homme le plus équilibré, et angoisser n'importe qui sans raison valable : *Palmer l'empoisonneur, Le Procès de Madeleine Smith, La noyade des trois mariées, Célèbres procès, Quelques fameux procès anglais.*

— Vous ne croyez pas que vos lectures ont attisé votre imagination ?

— Je m'intéresse au crime, répondit Parsons. C'est un de mes passe-temps favoris.

— Je vois ça, dit Burden en songeant qu'il éviterait de s'asseoir s'il le pouvait. Écoutez, vous ne pouvez pas vraiment dire que votre femme ait disparu. Vous êtes rentré depuis une heure et demie et elle n'est toujours pas là. C'est tout. Elle est probablement allée au cinéma. D'ailleurs, j'y vais avec ma femme. Je parie qu'on va la rencontrer.

— Margaret ne ferait jamais une chose pareille, Mr Burden. Vous ne la connaissez pas, moi si. Depuis bientôt six ans que nous sommes mariés, je ne suis jamais rentré dans une maison vide.

— Si vous voulez, je repasse en sortant du cinéma. Et je vous fiche mon billet qu'elle sera rentrée. (Il se dirigea vers la porte.) Écoutez, allez jusqu'au poste si vous y tenez. Cela n'engage à rien.

— Non, c'est juste que comme vous habitez à côté et que vous êtes inspecteur...

« Et pas en service », pensa Burden. « Si j'étais médecin, je pourrais me faire en plus une clientèle privée, mais je parie que mes services l'intéresseraient moins s'il était question d'argent. »

Assis dans la salle de cinéma obscure et à moitié vide, Burden réfléchit : « Tout de même, c'est curieux. Une épouse ordinaire, banale et aussi conventionnelle que Mrs Parsons, qui prépare toujours le dîner de son mari pour 18 heures tapantes, ne disparaît pas d'un seul coup sans laisser un mot. »

— Je croyais que tu avais dit que c'était un bon film, murmura-t-il à sa femme.

— Les critiques étaient bonnes.

— Oh, les critiques !

Un autre homme, peut-être ? Mrs Parsons, vraiment ? Ou alors, elle avait eu un accident. Il s'était montré un peu négligent en n'engageant pas Parsons à téléphoner au poste immédiatement.

— Écoute, chérie, dit-il, j'en ai marre. Tu restes voir la fin. Moi, il faut que je retourne chez Parsons.

— J'aurais dû épouser ce reporter qui m'appréciait tellement.

— Tu plaisantes, rétorqua Burden, il serait resté au bureau toute la nuit pour coucher son article... Ou coucher avec la secrétaire du patron.

Il remonta Tabard Road à toute allure, puis se força à adopter un pas nonchalant en atteignant la maison victorienne des Parsons. La maison était plongée dans l'obscurité, et les rideaux de la large baie du rez-de-chaussée n'étaient pas tirés. L'escalier avait été blanchi et la bordure en cuivre astiquée. Mrs Parsons avait dû être une femme d'intérieur très méticuleuse. « Avait dû » ? Pourquoi pas « devait être » ?

Parsons ouvrit la porte avant que Burden ait eu le temps de

frapper. Il était toujours aussi soigné, dans son impeccable complet vieillot et sa cravate nouée bien serrée. Mais son visage avait pris une teinte vert-de-gris, qui rappela à Burden un noyé qu'il avait vu une fois sur la table d'autopsie à la morgue. Ils avaient dû lui remettre ses lunettes, sur son nez gorgé d'eau, pour que la jeune fille venue l'identifier puisse le reconnaître.

— Elle n'est toujours pas rentrée, annonça-t-il.

Il avait la voix rauque, comme s'il était sur le point d'attraper un rhume, mais ce n'était sans doute que la peur.

— Si vous faisiez un peu de thé, suggéra Burden. On va prendre une tasse de thé et discuter.

— Je n'arrête pas de penser à ce qui a pu lui arriver. Cet endroit est tellement exposé. Mais je suppose que c'est normal, c'est la campagne.

— Ce sont tous ces livres, estima Burden, ce n'est pas très sain.

Il regarda à nouveau les titres qui se détachaient en lettres brillantes sur les couvertures des livres de poche. L'une d'elles représentait un enchevêtrement d'armes à feu et de poignards sur un fond rouge sang.

— Ce n'est pas pour un profane, remarqua-t-il. Permettez que j'utilise votre téléphone ?

— Il est dans le salon.

— Je vais appeler le poste de police. Il y aura peut-être quelque chose du côté des hôpitaux.

On aurait dit que personne ne s'asseyait jamais dans cette pièce. Il remarqua avec un certain désarroi la pauvreté qui se cachait derrière une propreté impeccable. Jusqu'à présent, il n'avait pas vu un seul meuble datant de moins de cinquante ans. Burden avait l'habitude de se rendre dans toutes sortes de maisons et il savait reconnaître un mobilier ancien lorsqu'il en voyait un. Mais celui-ci n'était pas ancien et n'aurait pu être choisi pour sa beauté ou sa valeur. Il était seulement vieux. « Assez vieux pour être bon marché », songeait Burden, « mais quand même assez récent pour ne pas être trop cher ». La bouilloire se mit à siffler et il entendit tinter la vaisselle à la cuisine. Une tasse se fracassa sur le sol. Au bruit qu'elle fit en se brisant, on aurait dit qu'ils avaient gardé le vieux sol en ciment. Burden pensa à nouveau qu'il n'en fallait pas plus pour donner la chair de poule : ces pièces à hauts plafonds, ces craquements inexplicables et inexpliqués provenant des escaliers et du placard, ces livres sur de sordides histoires de poison, de pendaison et de sang.

— J'ai signalé la disparition de votre femme, indiqua-t-il à Parsons. Il n'y a rien dans les hôpitaux.

Parsons alluma la lumière dans la pièce du fond et Burden le suivit. « Une ampoule de soixante watts », pensa Burden. L'abat-jour en parchemin accroché au centre du plafond éclairait faiblement. Il repoussait toute la lumière vers le sol, laissant dans l'ombre les bulbeux fruits de plâtre du plafond dont les coins étaient entachés d'une obscurité plus grande encore. Parsons posa les tasses sur le buffet, un énorme bahut en acajou qui ressemblait plus à une invraisemblable maison de bois qu'à un meuble, avec ses différents niveaux, ses galeries et ses étagères sculptées semblables à des balcons. Burden s'assit dans un fauteuil à accoudoirs de bois et siège de velours brun. Le sol en lino résonnait de façon inquiétante sous les épaisses semelles de ses chaussures.

— Vous n'avez aucune idée de l'endroit où votre femme a pu se rendre ?

— J'ai essayé d'y réfléchir. Je n'ai pas arrêté de me creuser la tête, mais je ne vois vraiment pas où elle peut être.

— Vous avez pensé à ses amis ? À sa mère ?

— Sa mère est morte. Nous n'avons pas d'amis ici. Nous ne sommes là que depuis six mois.

Burden remua son thé. Dehors, l'atmosphère avait été lourde et humide toute la journée. Dans cette maison sombre aux murs épais, il imaginait qu'on devait avoir l'impression d'être toujours en hiver.

— Écoutez, je n'aime pas dire ça, mais il faut bien que quelqu'un vous le demande. Autant que ce soit moi. Est-ce qu'elle aurait pu sortir avec un autre homme ? Je suis désolé mais il faut que je sache.

— Bien sûr, je comprends. Je sais comment ça se passe, répondit-il en tapotant sur la bibliothèque. Une simple enquête de routine, n'est-ce pas ? Mais vous avez tort. Pas Margaret. C'est risible. (Il se tut un instant mais ne rit pas.) Margaret est une honnête femme. Elle enseigne le catéchisme au temple protestant en bas de la rue.

« Inutile d'insister », pensa Burden. Si elle n'était pas encore rentrée par le dernier train ou le dernier bus en gare de Kingsmarkham, d'autres que lui se chargeraient alors de poser des questions, de fouiller dans sa vie, que cela lui plaise ou non.

— J'imagine que vous avez inspecté toute la maison? demanda-t-il.

Il passait en voiture deux fois par jour dans cette rue mais il n'arrivait pas à se souvenir si la maison avait deux ou trois étages. Son cerveau de policier essayait de reconstituer l'image rétinienne sur son œil de policier. « Une baie vitrée en bas, deux fenêtres fixes à guillotine à l'étage — et... oui, deux autres plus petites au-dessus, juste sous le toit en ardoise. Une vilaine maison », conclut-il, « vilaine et menaçante ».

— J'ai regardé dans les chambres, dit Parsons.

Il cessa d'arpenter la pièce et pendant un instant l'espoir redonna couleur à ses joues que la peur fit pâlir à nouveau lorsqu'il demanda :

— Vous croyez qu'elle pourrait être là-haut dans le grenier? Évanouie peut-être?

« Elle n'y serait certainement plus si elle avait eu un simple malaise », pensa Burden. « Une hémorragie cérébrale, oui, ou un accident de ce genre. »

— Nous devrions aller voir, dit-il à voix haute. Je pensais que vous aviez regardé.

— J'ai appelé. On monte rarement là-haut. On n'utilise pas les pièces.

— Venez, ordonna Burden.

La lumière dans l'entrée était encore plus faible que celle de la salle à manger. La petite ampoule projetait une pâle lueur sur la trame rosâtre du chemin d'escalier et sur le faux parquet en lino marron imitant des lattes de plancher. Parsons s'engagea dans les escaliers raides, suivi de Burden. La maison était plutôt imposante mais les matériaux utilisés étaient de médiocre qualité et l'exécution malhabile. Quatre portes s'ouvraient sur le palier du premier étage ; elles étaient lambrissées mais dépourvues de baguettes décoratives, ce qui leur donnait un aspect fragile. Les minces rectangles de contreplaqué dans leur encadrement lui faisaient penser aux fenêtres condamnées et aveugles qu'on voit parfois sur les côtés des vieilles maisons.

— Je viens de regarder dans les chambres, annonça Parsons. Juste ciel, elle est peut-être étendue là-haut sans pouvoir bouger !

Il fit un geste pour indiquer l'étroit escalier sans tapis et Burden ne put s'empêcher de remarquer qu'il s'était exclamé « juste ciel ! », alors que d'autres auraient probablement dit plus simplement « Seigneur ! » ou « mon dieu ! ».

— Je viens juste de me rappeler qu'il n'y a pas d'ampoule dans les lampes du grenier. (Parsons alla dans la chambre de devant et dévissa l'ampoule du plafonnier.) Attention où vous mettez les pieds, prévint-il.

Il faisait noir comme dans un four dans les escaliers. Burden ouvrit en grand la porte qui se trouvait en face de lui. À ce moment-là, il s'attendait à la trouver étendue par terre et il voulait en finir le plus vite possible avec cette triste découverte. Pendant qu'il montait les escaliers, il imaginait l'expression de Wexford lorsqu'il lui annoncerait qu'elle avait été là pendant tout ce temps.

Un souffle glacial et humide s'échappa du grenier, un air froid où se mêlait une odeur de camphre. La pièce était en partie meublée. Burden parvint seulement à deviner la forme d'un lit vers lequel Parsons se dirigea d'un pas hésitant. Il monta sur le jeté de lit en coton pour visser l'ampoule dans la douille de la lampe. Pareille à celles de l'étage inférieur, elle ne donna qu'un pauvre éclairage. La lumière s'échappait faiblement d'un abat-jour perforé d'un tas de trous minuscules qui dessinaient des milliers de points jaunâtres sur le plafond et sur les murs suintant d'humidité. Il n'y avait pas de rideaux à la fenêtre. La lumière vive et froide de la lune plongea dans le rectangle sombre puis disparut aussi vite sous les indentations d'un nuage.

— Elle n'est pas là, dit Parsons.

Ses chaussures avaient laissé des traces poussiéreuses sur l'étoffe blanche qui recouvrait le bois de lit comme un linceul.

Burden souleva l'un des coins et regarda sous le lit, l'unique meuble de la pièce.

— Allons voir dans l'autre mansarde, suggéra-t-il.

Une fois encore Parsons accomplit avec une lenteur exaspérante les gestes laborieux pour retirer l'ampoule électrique. Désormais, seule la lueur froide provenant de la fenêtre éclairait le passage vers le deuxième grenier. Quoique plus petit, il était plus encombré. Burden ouvrit un placard et souleva le couvercle de deux malles. Il voyait Parsons qui le fixait, imaginant peut-être tout ce qu'une malle était susceptible de renfermer. Mais celles-ci ne contenaient que des livres, de vieux livres comme ceux qu'on trouve parfois sur les éventaires extérieurs des librairies d'occasion.

Le placard était vide et le papier qui recouvrait le mur à l'intérieur était en lambeaux, mais il n'y avait pas d'araignées. Mrs Parsons était vraiment une parfaite femme d'intérieur.

— Il est 22 heures 30, indiqua Burden, lorgnant vers sa montre. Le dernier train n'arrive pas avant 1 heure du matin. Elle pourrait être dans celui-là.

— Elle n'irait nulle part en train, affirma Parsons obstinément.

Ils redescendirent, s'arrêtant dans la chambre pour remettre l'ampoule électrique en place. Il y avait quelque chose de sinistre et d'inquiétant dans cette montée d'escaliers, et Burden songeait que cette sensation aurait très bien pu être dissipée grâce à une couche de peinture blanche et à un meilleur éclairage. En descendant, il pensa un instant à cette femme et à la vie qu'elle menait ici, s'affairant à ses tâches ménagères, essayant d'apporter un peu d'élégance dans ce décor en bois couleur de boue et ce hideux linoléum à rayures.

— Je ne sais pas quoi faire, dit Parsons.

Burden n'avait aucune envie de retourner dans la petite salle de séjour à l'imposant mobilier et où un peu de thé refroidissait au fond des deux tasses. À cette heure, sa femme Jean devait être rentrée du cinéma.

— Vous devriez essayer d'appeler ses amis de la paroisse, conseilla-t-il en se dirigeant vers la porte.

Si seulement Parsons savait le nombre de femmes dont on signalait la disparition à la police et le pourcentage infime d'entre elles que l'on retrouvait mortes dans un champ ou découpées en morceaux dans une malle...

— À cette heure de la nuit ?

Parsons avait l'air presque choqué, comme si les habitudes d'une vie ne devaient jamais être changées, la règle de ne déranger personne après 21 heures, jamais transgressée, même en cas de problème.

— Prenez deux aspirines et essayez de dormir un peu, suggéra Burden. S'il y a quoi que ce soit, vous pouvez me passer un coup de fil. Le poste de police est averti ; on ne peut rien faire de plus. Dès qu'il y a du nouveau, on vous appelle.

— Et demain matin ?

« S'il était une femme, ce serait le genre à me supplier de rester, pensa Burden. Il s'accrocherait à moi en gémissant : “Ne m'abandonnez pas !” »

— Je passerai en allant au poste.

Parsons ne referma sa porte que lorsque Burden eut parcouru la moitié de la rue. Celui-ci se retourna un instant et vit le visage pâle et décomposé de Parsons dans la faible lueur que projetait la lumière de l'entrée sur l'escalier en cuivre. Désolé de n'avoir pu lui apporter aucun réconfort, il lui fit un petit signe de la main.

Les rues étaient désertes, si calmes dans le silence presque palpable des nuits à la campagne. Peut-être était-elle à la gare à présent, traversant précipitamment le quai, descendant vivement les escaliers de bois, rassemblant dans son esprit les bribes d'alibi qu'elle avait concoctées. « Il avait intérêt à être bon », songea Burden, en se souvenant de cet homme assis sur des charbons ardents, attendant de basculer dans l'espoir ou dans l'angoisse.

Il fit un détour et marcha jusqu'au coin de Tabard Road pour regarder dans High Street. De là, il pouvait voir le début de Stowerton Road où les dernières voitures quittaient la cour d'entrée de l'*Olive and Dove*. La place du marché était déserte ; seul un couple d'amoureux se tenait sur le pont de Kingsbrook. Il vit le bus de Stowerton apparaître à l'horizon entre les pins écossais, puis disparaître à nouveau dans une déclivité de la route après le pont. Main dans la main, les amoureux se mirent à courir jusqu'à l'arrêt de bus au centre de la place du marché, lorsqu'ils virent le car se ranger le long des parcs à bestiaux délabrés. Personne n'en descendit. Burden soupira et rentra chez lui.

— Elle n'est pas rentrée, dit-il à sa femme.

— C'est vraiment curieux, tu sais, Mike. J'aurais juré qu'elle était la dernière personne à s'enfuir avec un homme.

— Pas terrible à regarder ?

— Ça n'est pas vraiment ça, rectifia Jean. Elle avait l'air si — euh, respectable. Des chaussures à talons plats, pas de maquillage, une permanente bien sage avec des pinces dans les cheveux. Tu vois ce que je veux dire. Tu l'as sûrement déjà vue.

— C'est possible. Je ne m'en souviens pas.

— Mais je ne dirais pas qu'elle est quelconque. Elle a un drôle de visage un peu désuet, le genre de visage qu'on voit dans les vieux albums de famille. Tu ne la trouverais peut-être pas belle, Mike, mais tu n'oublierais pas son visage.

— Pourtant, je l'ai oublié, répondit-il.

Il cessa de penser à Mrs Parsons et demanda à sa femme de lui raconter la fin du film.

2

Et un matin l'oiselle ne se blottit pas dans son nid,
Ne revint pas l'après-midi, ni le lendemain,
Et ne réapparut plus jamais.

Walt Whitman,
The Brown Bird

Burden avait l'habitude de ce genre de crise et cela ne l'empêchait jamais de s'endormir. En déménageant de Brighton pour venir s'installer dans cette petite ville commerçante, il avait eu peur de s'ennuyer ; mais même ici les inspecteurs restaient rarement oisifs.

Il fut réveillé par le téléphone à 7 heures.

— Ronald Parsons à l'appareil. Elle n'est pas rentrée. Et puis, Mr Burden — elle n'a pas pris de manteau.

C'était la fin d'un mois de mai qui avait été traversé de bourrasques de vent froid. Un air vif agita les rideaux de sa chambre. Il se redressa dans son lit.

— Vous êtes sûr ?

— Je ne pouvais pas dormir alors j'ai commencé à passer en revue ses vêtements et je suis certain qu'elle n'a pas pris de manteau. Elle n'en a que trois : un imperméable, un manteau d'hiver et un vieux pardessus qu'elle met pour faire le jardin.

Burden lui demanda si elle n'avait pas mis un tailleur.

— Elle ne possède qu'une seule tenue. (Ce mot un peu désuet convenait bien dans la bouche de Parsons.) Elle est dans sa penderie. Je crois qu'elle a dû mettre sa nouvelle robe en coton. (Il se tut un instant pour s'éclaircir la gorge avant d'ajouter :) Elle vient juste de la finir.

— J'enfile un pantalon et je passe vous prendre dans une demi-heure. Nous irons ensemble au poste de police.

Parsons était rasé et habillé, ses petits yeux agrandis par la peur. Les tasses qu'ils avaient utilisées le soir précédent venaient d'être lavées et séchaient sur un égouttoir bricolé avec un assemblage de baguettes de bois. Burden s'étonnait de cette tenace habitude de la respectabilité qui, à un moment critique de sa vie, poussait cet homme à se faire beau et à tenir sa maison impeccable.

Burden ne pouvait s'empêcher de balayer du regard cette petite cuisine minable, avec son évier en pierre dans le coin, sa vieille cuisinière à gaz sur pieds et la table où des pinces maintenaient une nappe de coton vert. Il n'y avait ni machine à laver ni réfrigérateur. Sur le mur, une rouille brune rongeait inéluctablement la peinture qui s'écaillait et donnait une impression de saleté. Ce n'est qu'en scrutant attentivement autour de lui, lorsqu'il sentit que les yeux de Parsons ne le fixaient plus, que Burden se rendit compte que tout était fanatiquement, pathétiquement propre.

— Vous êtes prêt ? demanda-t-il.

Parsons ferma la porte de derrière avec une énorme clef. Il se cogna la main contre des carreaux tachetés et tout craquelés.

— Vous avez la photo ?

— Dans ma poche.

En traversant la salle à manger, il remarqua à nouveau les livres. Les titres des couvertures rouges, jaunes et noires l'agressèrent. À présent que le soleil s'était levé et que Mrs Parsons n'avait toujours pas reparu, Burden commençait à fabuler et à se demander si Tabard Road n'allait pas rejoindre Hilldrop Crescent et Rillington Place dans la chronique des rues mal famées.

Retrouverait-on un jour le récit de la disparition de Margaret Parsons sous une autre de ces couvertures de roman où le visage scrutateur de son compagnon émergerait du frontispice ? Le visage d'un meurtrier est celui d'un homme ordinaire, mais cela serait tellement moins terrifiant si le tueur exhibait à la face du monde le signe de Caïn ! Et Parsons ? Il aurait pu la tuer, il avait été à bonne école. Ses lectures en témoignaient. Burden songea toutefois qu'il y avait un abîme entre la théorie et la pratique. Il écarta ces pensées fantaisistes et suivit Parsons vers la porte.

Kingsmarkham était réveillée et commençait à s'affairer. Les magasins n'étaient pas encore ouverts mais les bus circulaient depuis déjà deux heures. Par instants, le soleil projetait ses rayons en un scintillement aquatique, puis disparaissait à nouveau derrière d'épais nuages blancs ou d'autres bleuâtres gonflés de pluie. La file d'attente à l'arrêt d'autobus s'étirait presque jusqu'au pont ; des hommes se pressaient vers la gare, seuls ou par deux, coiffés de chapeaux melon et prudemment armés de parapluies, imperturbables à l'idée de l'heure de trajet inéluctable qui les attendait.

Burden s'arrêta au carrefour et attendit qu'un tracteur orange eût traversé la rue principale.

— La vie continue comme si de rien n'était, soupira Parsons.

— C'est aussi bien, assura Burden en tournant à gauche, ça aide à dédramatiser.

Le poste de police se dressait, comme il convient, aux abords de la ville, tel un bastion ou un avertissement. Il était flambant neuf, tout blanc et carré comme une boîte de chocolats, et Burden se disait, fort peu à propos d'ailleurs, qu'il avait vraiment l'air bien emballé dans ses couleurs de papier cadeaux. Adossé à la voûte gigantesque des ormes centenaires, à quelques pas seulement de la dernière maison Régency, il exhibait sa blancheur et son éclat, objet voyant et de mauvais goût dans un décor pastoral.

L'achèvement du bâtiment avait coïncidé avec la mutation de Burden à Kingsmarkham, mais le policier n'avait jamais vraiment réussi à s'y faire. Il guetta la réaction de Parsons en franchissant l'entrée. Allait-il manifester de la peur ou seulement la prudence d'un citoyen ordinaire ? En fait, il avait l'air simplement intimidé.

Ce n'était pas la première fois que cet endroit agaçait Burden. Les gens s'attendaient à un intérieur en pitchpin et lino, à un épais revêtement mural et des couloirs qui résonnent. Ce qui était à la fois plus impressionnant pour le criminel et plus réconfortant pour l'innocent. Ici au contraire, le marbre et le carrelage, dont les motifs irréguliers ressemblaient à des giclées de pétrole, le tableau d'affichage pour les notes de service, le comptoir noir qui traversait la moitié du hall en une immense parabole, suggéraient que l'ordre et l'harmonie des motifs devaient régner par-dessus tout. On aurait dit que le destin individuel des hommes et des femmes qui passaient les portes battantes avait moins d'importance que les dossiers impeccables de l'inspecteur-chef Wexford.

Il laissa Parsons hébété entre un immense caoutchouc et un fauteuil en forme de cuillère, au siège spongieux et rouge comme du sirop. « C'est idiot », pensa-t-il en frappant à la porte de Wexford, « de construire une pareille boîte à malice en béton au milieu des calmes résidences de High Street ». Wexford lui cria d'entrer et il ouvrit la porte.

— Mr Parsons est là, monsieur.

— Parfait, faites-le entrer, dit Wexford en regardant sa montre.

Il était plus grand que Burden, costaud sans être gros, cinquante-deux ans, le type même de l'acteur dans le rôle d'un fonctionnaire de police. Il était né dans les hauts quartiers de Pomfret et avait vécu la plus grande partie de sa vie dans ce coin du Sussex ; à ce titre, il connaissait et la plupart des gens et le district suffisamment bien pour que la carte épinglée sur le mur jaune bouton-d'or ne serve plus que de simple décoration. Parsons était nerveux en entrant. Il avait un air sournois et circonspect, un peu méfiant, comme s'il savait que sa fierté allait être blessée et qu'il allait devoir la défendre.

— Je comprends que vous soyez inquiet, dit Wexford. (Il parlait sans accentuer aucun mot en particulier, la voix égale et assurée.) L'inspecteur Burden me dit que vous n'avez pas vu votre femme depuis hier matin.

— C'est exact. (Il sortit la photo de sa femme de sa poche et la posa sur le bureau de Wexford.) C'est elle, c'est Margaret. (Il désigna Burden d'un signe de tête.) Il m'a dit que vous voudriez la voir.

La jeune femme de la photo portait un chemisier de coton et une jupe ample ; elle se tenait toute droite, les bras raides de chaque côté du corps, dans le jardin des Parsons. Le visage en plein soleil, elle arborait un large sourire forcé ; elle avait l'air agité, ou plutôt essoufflé, comme si elle avait été tirée de quelque banale tâche ménagère — la lessive peut-être —, avait jeté son tablier, essuyé ses mains et descendu le chemin en courant vers son mari qui l'attendait avec son appareil photo.

Elle plissait les yeux et avait des joues replètes ; elle était peut-être vraiment en train de dire « Cheese ! ». Il n'y avait là rien qui rappelât le camée délicat que la description de Jean avait suggéré.

Wexford la regarda et demanda :

— C'est la meilleure que vous ayez ?

Parsons couvrit l'image de sa main comme si elle avait été désacralisée.

On eût dit qu'il allait exploser de colère, mais se contenta de dire :

— Nous n'avons pas l'habitude de nous faire photographier.

— Pas de passeport ?

— Je n'ai pas les moyens de voyager à l'étranger.

Parsons avait parlé avec amertume. Il jeta un regard rapide sur les stores vénitiens, sur le minuscule bout de tapis de corde et le fauteuil en tweed mauve de Wexford, comme si ces objets étaient le signe d'une fortune personnelle plutôt que le mobilier fourni par l'administration compétente.

— J'aimerais que vous me décriviez votre femme, Mr Parsons, demanda Wexford. Voulez-vous vous asseoir ?

Burden appela le jeune Gates pour qu'il tape la déposition de Parsons sur la petite machine à écrire grise.

Parsons s'assit. Il commença à parler lentement, honteusement, comme si on lui avait demandé de dévoiler la nudité de sa femme.

— Elle a les cheveux blonds. Des cheveux blonds bouclés et des yeux bleu très clair. Elle est jolie. (Il regarda Wexford avec une expression de défi et Burden se demanda s'il s'était rendu compte que la photo donnait l'image de quelqu'un de mal fagoté.) Moi, je la trouve jolie. Elle a le front haut. (Il toucha son propre front qu'il avait bas et étroit.) Elle n'est pas très grande, environ un mètre cinquante-cinq, cinquante-six.

Wexford continuait de regarder la photo.

— Mince ? Bien faite ?

Parsons s'agita sur sa chaise.

— Bien faite, je suppose. (Une rougeur de gêne vint colorer la pâleur de son visage.) Elle a trente ans. Elle les a eus il y a quelques mois, en mars.

— Comment était-elle habillée ?

— Une robe verte et blanche. C'est-à-dire, blanche avec des fleurs vertes imprimées, et un gilet jaune. Oh, et des sandales. Elle ne porte jamais de bas en été.

— Un sac à main?

— Elle ne prend jamais de sac à main. Elle ne fume pas et ne se maquille pas, vous savez. Cela ne lui servirait à rien d'avoir un sac. Elle n'a que son porte-monnaie et sa clef.

— Aucun signe particulier?

— Cicatrice de l'appendicite, répondit Parsons en rougissant de nouveau.

Gates retira la feuille de la machine à écrire et Wexford la regarda un instant avant de demander:

— Parlez-moi d'hier matin, Mr Parsons. Comment vous a semblé votre femme? Énervée? Inquiète?

Parsons laissa retomber ses mains sur ses genoux écartés en un geste de désespoir; de désespoir et d'exaspération.

— Elle était comme d'habitude, affirma-t-il. Je n'ai rien remarqué. Vous savez, ce n'était pas une femme émotive. (Il regarda ses chaussures et répéta:) Elle était comme d'habitude.

— De quoi avez-vous parlé?

— Je ne sais pas. Du temps. On ne parlait pas beaucoup. Je dois partir travailler à 8 h30 — je travaille à la Compagnie des Eaux du Sud à Stowerton. J'ai dit que c'était une belle journée et elle a répondu qu'il faisait trop clair, qu'il allait pleuvoir; trop beau pour durer. Et elle avait raison. Il a plu; il est tombé des cordes toute la matinée.

— Et vous êtes allé travailler. Comment? En bus, en train, en voiture?

— Je n'ai pas de voiture...

On eût dit qu'il allait énumérer toutes les autres choses qu'il n'avait pas. Wexford reprit vivement:

— En bus, alors?

— Je prends toujours celui de 8 h 37 sur la place du marché. Je lui ai dit au revoir. Elle ne m'a pas accompagné à la porte. Mais ça ne veut rien dire. D'ailleurs, elle ne le fait jamais. Elle faisait la vaisselle.

— Est-ce qu'elle vous a dit ce qu'elle avait l'intention de faire de sa journée?

— Les choses habituelles, je suppose; les courses, le ménage. Vous voyez bien, le genre de choses que font les femmes. (Il se tut un instant puis reprit soudain:) Écoutez, ce n'est pas le genre à se suicider. Ne vous mettez pas ça en tête. Margaret ne ferait jamais ça. Elle est croyante.

— D'accord, Mr Parsons. Calmez-vous et ne vous inquiétez pas. Nous ferons tout notre possible pour la retrouver.

Wexford réfléchissait ; le mécontentement se lisait sur son visage et Parsons eut l'air d'interpréter cela en conséquence. Il se leva d'un bond en tremblant.

— Je sais ce que vous pensez, cria-t-il. Vous croyez que je me suis débarrassé d'elle. Je sais bien comment vous fonctionnez. J'ai tout lu là-dessus.

Burden s'empressa d'intervenir pour tenter de calmer les choses.

— Mr Parsons étudie le crime, monsieur.

— Le crime ? s'étonna Wexford en levant les sourcils. Quel crime ?

— Une voiture va vous reconduire chez vous, dit Burden. À votre place, je prendrais ma journée. Demandez à votre médecin qu'il vous donne quelque chose pour dormir.

Parsons sortit d'un pas saccadé, marchant comme un paraplégique, et Burden le regarda par la fenêtre monter dans la voiture à côté de Gates. Les magasins commençaient à ouvrir et le marchand de fruits de l'autre côté de la rue était en train de baisser ses stores en prévision d'une journée ensoleillée. Si cela avait été un mercredi ordinaire, pensait Burden, Margaret Parsons serait peut-être en ce moment agenouillée sous le soleil en train d'astiquer cet escalier étincelant devant sa maison, ou d'ouvrir les fenêtres pour aérer un peu ces pièces qui sentaient le renfermé. Où était-elle ? En train de se promener au bras de son amant ou étendue dans un repos plus éternel ?

— Elle a filé, Mike, dit Wexford. C'est ce que disait mon vieux père quand une femme quittait le domicile conjugal. Une fugueuse, voilà ce qu'elle est. Enfin, mieux vaut faire une enquête de routine. Vous pouvez vous en charger vous-même puisque vous la connaissiez de vue.

Burden ramassa la photographie et la mit dans sa poche. Il alla d'abord à la gare, mais le contrôleur et les employés des guichets assurèrent qu'ils n'avaient pas vu Mrs Parsons. En revanche, la femme qui tenait la maison de la presse la reconnut sans hésiter d'après la photo.

— C'est drôle, dit-elle, Mrs Parsons vient toujours payer ses journaux le mardi. Hier, on était mardi, mais je suis sûre que je ne l'ai pas vue. Attendez une minute, c'est mon mari qui était là l'après-midi. Georges, viens voir une seconde !

Le propriétaire de la boutique arriva du côté qui donnait sur la rue. Il ouvrit son livre de commandes et parcourut d'un doigt l'une des pages.

— Non, dit-il, elle n'est pas venue. La dernière note n'a pas encore été payée. (Il observa Burden avec curiosité, avide d'explications.) C'est curieux ça, d'ailleurs, elle paie toujours rubis sur l'ongle.

Burden retourna dans High Street afin de commencer son enquête par les magasins. Il entra au supermarché et se dirigea droit vers une caissière nonchalamment appuyée sur sa caisse, bercée par une musique de fond aseptisée. À la vue de la photo que lui montrait Burden, elle sembla revenir soudain à la réalité.

En effet, elle connaissait Mrs Parsons de nom et de vue ; c'était une bonne cliente et elle était venue la veille, comme d'habitude.

— Il était environ 10 h 30, assura-t-elle. Toujours à la même heure.

— Est-ce qu'elle vous a parlé ? Pouvez-vous vous rappeler ce qu'elle a dit ?

— Là, vous en demandez beaucoup. Attendez une minute, c'est en train de me revenir. J'ai dit que c'était un problème, qu'on savait jamais quoi leur donner à manger, et elle a dit que c'était bien vrai, qu'on pouvait pas se contenter de salade quand il pleuvait. Elle a dit qu'elle avait des côtelettes et qu'elle allait les faire panées, et quand j'ai fait mine de regarder dans son panier elle a dit qu'elle les avait achetées lundi.

— Est-ce que vous vous souvenez de ce qu'elle portait ? Une robe verte en coton, un gilet jaune ?

— Oh non, pas du tout. Tous les clients avaient des imperméables hier matin. Tiens, ça me rappelle quelque chose. Elle a dit : « Mince, il pleut à verse. » Je m'en souviens à cause de sa façon de dire « mince », comme une gamine. Elle a dit : « Il va falloir que je trouve quelque chose à me mettre sur la tête », alors j'ai dit : « on a des capuches en promotion si vous voulez ? » Elle a dit qu'elle trouvait ça malheureux de devoir acheter une capuche en plein mois de mai. Finalement elle en a pris une. J'en suis sûre parce que j'ai dû l'enregistrer séparément. J'avais déjà encaissé ses courses.

Elle quitta sa caisse pour aller montrer à Burden un tas de foulards transparents en vrac, roses, bleus, abricot et blancs.

— Ils ne protègent pas vraiment de la pluie, confia-t-elle, pas quand il tombe des cordes en tout cas. Mais c'est plus joli qu'une capuche en plastique. Plus séduisant. Elle en a pris un rose. Je lui ai fait remarquer qu'il allait très bien avec son pull rose.

— Merci beaucoup de votre aide, la remercia Burden.

Il se rendit ensuite dans les magasins situés entre le supermarché et Tabard Road, mais personne ne se souvenait avoir vu Mrs Parsons. Ses voisins avaient l'air surpris et désemparés. Mrs Johnson l'avait vue sortir peu après 10 h et rentrer à 10 h 45. Puis vers midi environ, elle était dans sa cuisine et avait vu Mrs Parsons sortir dans le jardin pour accrocher deux paires de chaussettes sur le fil. Une demi-heure plus tard, elle avait entendu la porte des Parsons s'ouvrir puis se refermer doucement. Mais cela ne voulait rien dire. Le laitier passait toujours tard, ils s'en étaient plaints d'ailleurs, et il est possible qu'elle ait tout simplement passé la main sous le porche pour récupérer les bouteilles de lait.

Cet après-midi-là, il y avait eu une vente aux enchères à la salle des ventes située au coin de Tabard Road. Burden jura en son for intérieur car cela signifiait que les voitures avaient stationné en double file dans toute la rue. Quiconque aurait regardé depuis ses fenêtres du rez-de-chaussée au cours de l'après-midi n'aurait pu voir de l'autre côté de la rue que cette rangée de voitures garées pare-chocs contre pare-chocs.

Il tenta sa chance à la gare des bus, se renseigna frénétiquement dans les sociétés de location de voitures et finit par revenir complètement bredouille. Animé d'un mauvais pressentiment, il retourna lentement au poste de police. La thèse du suicide semblait devoir être définitivement écartée. On ne bavarde pas gaiement des côtelettes que l'on va préparer à son mari pour le dîner quand on a l'intention de se suicider, et on ne s'enfuit pas non plus pour retrouver son amant, sans manteau ni sac à main.

Pendant ce temps, Wexford avait fouillé la maison des Parsons de fond en comble, depuis la hideuse petite cuisine jusqu'aux deux mansardes. Dans l'un des tiroirs de la commode de Mrs Parsons, il avait trouvé deux chemises de nuit en dentelle, vieillottes et passées mais soigneusement pliées, une autre en coton imprimé et dans le lit conjugal, sous l'oreiller qui se trouvait le plus près du mur, une quatrième, froissée, et qui n'avait probablement été portée que deux nuits. Parsons affirma que sa femme n'avait pas d'autre chemise de nuit, et sa robe de chambre, faite d'un doux tissu bleu rehaussé d'un galon bleu plus foncé, pendait toujours à un crochet fixé à la porte de la chambre. Elle n'avait pas de peignoir d'été et Wexford trouva la seule paire de pantoufles qu'elle possédait soigneusement emballée dans un placard de la salle à manger.

Il semblait que Parsons avait eu raison au sujet du porte-monnaie et de la clef. On ne les trouvait nulle part. En hiver, la maison n'était chauffée que par les deux cheminées et l'eau par un chauffe-eau électrique. Wexford demanda à Gates d'examiner le foyer des cheminées et de fouiller dans la poubelle, vidée le lundi par le service de nettoyage municipal de Kingsmarkham, mais il ne trouva aucune trace de cendres. Dans la salle à manger, l'âtre était recouvert d'une feuille de papier journal légèrement salie de suie qui portait la date du 15 avril.

Parsons déclara avoir donné à sa femme cinq livres sterling pour les courses le jeudi précédent. D'après lui, elle n'avait fait aucune économie sur l'argent des autres semaines. En fouinant dans le placard de la cuisine, Gates découvrit deux billets roulés dans une boîte de cacao vide posée sur l'une des étagères. Si Mrs Parsons n'avait touché que cinq livres jeudi et avait fait des courses, sur cet argent, pour quatre ou cinq jours laissant deux livres pour le reste de la semaine, il était évident que la bourse manquante devait contenir quelques shillings tout au plus.

Wexford avait espéré trouver un journal intime, un carnet d'adresses ou une lettre qui aurait pu l'aider. Un porte-lettres en cuivre fixé au mur de la salle à manger à côté de la cheminée ne contenait qu'une facture de charbon, une publicité pour l'installation du chauffage central (après tout, Mrs Parsons avait peut-être ses rêves à elle ?), deux bons de réduction pour du savon et un devis pour la réfection d'une partie du mur de la cuisine rongé par l'humidité.

— Votre femme n'avait aucune famille, Mr Parsons ? demanda Wexford.

— Seulement moi. Nous nous suffisions à nous-mêmes,

Margaret ne se liait pas... ne se lie pas facilement. J'ai été élevé dans un orphelinat, et quand elle a perdu sa mère, Margaret est venue vivre chez une tante qui est morte alors qu'on était fiancés.

— Où était-ce, Mr Parsons ? Je veux dire, l'endroit où vous vous êtes rencontrés.

— À Londres, Balham. Margaret enseignait dans une école primaire et je louais une chambre dans la maison de sa tante.

Wexford soupira. Balham ! Le filet s'élargissait encore. Tout de même, on ne fait pas plus de soixante kilomètres sans manteau ou sac à main. Il décida d'oublier Balham pour l'instant.

— Je présume que personne n'a appelé votre femme lundi soir ? Est-ce qu'elle a reçu du courrier hier matin ?

— Personne n'a téléphoné, personne n'est venu et il n'y avait pas de courrier. (Parsons avait l'air fier du vide de son existence, comme si cela constituait la preuve de sa respectabilité.) Nous étions assis là à bavarder. Margaret tricotait et moi je crois que je faisais des mots croisés, pendant ce temps. (Il ouvrit le placard où se trouvaient les pantoufles et prit sur l'étagère du haut un tricot bleu monté sur quatre aiguilles.) Je me demande s'il sera jamais fini, ajouta-t-il.

Ses doigts se crispèrent sur la pelote de laine, et il serra les aiguilles dans la paume de sa main.

— Soyez sans crainte, assura Wexford qui essayait de se montrer cordial et optimiste, on va la retrouver.

— Si vous en avez fini avec les chambres, je crois que je vais retourner m'étendre. Le docteur m'a donné quelque chose pour me faire dormir.

Wexford envoya tous ses hommes disponibles inspecter les maisons vides de Kingsmarkham et ses environs, les champs encore vierges qui s'étendaient entre High Street et Kingsbrook Road, et comme l'après-midi arrivait, ils finirent à Kingsbrook même. Ils attendirent la fermeture des magasins pour effectuer les opérations de draguage afin que les gens soient rentrés chez eux, mais une foule se rassembla malgré tout sur le pont pour scruter depuis le parapet les hommes qui sondaient le fleuve. Wexford haïssait ce genre de curiosité morbide, cette attirance pour les visions d'horreur à peine masquée sous une expression de compassion choquée ; il les foudroyait du regard et les exhortait de quitter le pont, mais ils semblaient inexorablement attirés et revenaient par groupes de deux ou trois. Enfin, au crépuscule, lorsque les hommes eurent exploré le fleuve loin vers le nord et vers le sud de la ville, il ordonna la fin des recherches.

Pendant ce temps, Ronald Parsons, abruti par les somnifères, s'était endormi sur son matelas défoncé. Pour la première fois en six mois, la poussière avait commencé à s'installer sur la coiffeuse, sur la tablette en fer de la cheminée et sur le sol en lino.

3

Là ses membres froids
Se raidissent,
Doucement, avec bonté,
Disposez-les,
Et ses yeux,
fixes et aveugles,
Fermez-les !

Thomas Hood,
The Bridge of Sighs.

Le jeudi matin, le livreur inexpérimenté d'un boulanger passa à la ferme d'un certain Prewett, sur la route principale qui mène de Kingsmarkham à Pomfret. Comme il n'y avait personne alentour, il laissa un gros pain blanc et un pain bis plus petit sur le rebord d'une fenêtre avant de retourner à sa camionnette, laissant la grille ouverte derrière lui.

À ce moment-là, une vache donna un coup de tête dans la barrière qui s'ouvrit en grand. Le reste du troupeau, environ une douzaine de bêtes, suivit le mouvement et se mit à vagabonder le long du chemin. Heureusement pour Mr Prewett (car la route vers laquelle elles se dirigeaient était sans limitation de vitesse), leur attention fut distraite par quelques massifs de chardons qui bordaient un petit bois. Elles piétinèrent pesamment, l'une après l'autre, l'herbe du bas-côté, broutant les chardons au passage, et, peu à peu, pénétrèrent dans les bosquets. Les ronces étaient denses et le bois sombre. À cet endroit, les chardons et la délicieuse herbe humide avaient disparu. Prisonnières et effrayées, les vaches restèrent immobiles à meugler désespérément.

Ce fut dans ce bois que le vacher de Prewett les trouva à 13 h 30, à côté du corps de Mrs Parsons.

À 14 h, Wexford et Burden étaient arrivés dans la voiture de ce dernier, tandis que Bryant et Gates amenaient le Dr Crocker, accompagné de deux hommes munis d'appareils-photos. Prewett et son employé Bysouth, tout à fait au courant de l'attitude à adopter grâce aux séries télévisées, n'avaient touché à rien, et Margaret Parsons gisait telle que Bysouth l'avait trouvée, informe et trempée, un gilet jaune recouvrant sa tête.

Burden écarta les branches pour se frayer un passage et il s'avança avec Wexford jusque près du corps. Mrs Parsons était étendue contre le tronc d'une aubépine qui faisait près de deux mètres cinquante de haut. Les branches poussaient vers le bas, semblables à des baleines de parapluie, et formaient un abri naturel presque totalement clos qui ressemblait à un igloo.

Wexford se pencha et souleva doucement le gilet. L'encolure de la robe était plus échancrée dans le dos. Un cercle violet dessinait sur sa peau comme un mince ruban noué autour de son cou. Burden observait le visage, dont les yeux bleus semblaient le regarder fixement. Un visage désuet, avait dit Jean, un visage qu'on n'oubliait pas. Mais il finirait par oublier, comme il les oubliait tous. Personne ne dit rien. Le corps fut photographié sous plusieurs angles et le médecin examina le cou et le visage enflé. Puis il lui ferma les yeux et Margaret Parsons cessa de les regarder.

— Eh bien, dit Wexford en secouant la tête lentement.

Après tout, il n'y avait rien d'autre à dire.

Au bout d'un moment, il s'agenouilla et fouilla dans les feuilles mortes. L'espace sous la voûte de fines branches recourbées était étroit et désagréable mais sans aucune odeur. Wexford souleva le corps par les bras et le retourna, à la recherche d'un porte-monnaie et d'une clef. Burden vit qu'il ramassait quelque chose. C'était une allumette à moitié consumée.

Ils sortirent de la tente d'aubépine pour retrouver un jour relativement clair et Wexford demanda à Bysouth :

— Depuis combien de temps est-ce que les vaches sont là ?

— Ça fait ben trois heures, m'sieur, si c'est pas plus.

Wexford regarda Burden d'un air entendu. La terre du sous-bois était complètement piétinée et les quelques endroits épargnés étaient couverts de bouse de vache. Si un match de catch s'était déroulé dans ce bois avant le petit déjeuner, il n'en restait aucune trace à l'heure du déjeuner après le passage des vaches de Prewett ; un match de catch ou une lutte entre un assassin et une femme terrifiée. Wexford chargea Bryant et Gates d'explorer le fouillis de ronces envahies de moucherons tandis que lui et Burden retournaient à la voiture avec le fermier.

Mr Prewett était ce qu'on peut appeler un « gentleman farmer » et ses bottes de cheval bien cirées, désormais quelque peu éclaboussées, ne servaient qu'à faire état de son occupation. Les pièces de cuir aux coudes de sa veste cintrée couleur tabac avaient visiblement été cousues par un tailleur à façon.

— Qui utilise ce chemin, monsieur ?

— J'ai un troupeau de vaches jersiaises dans le pré de l'autre côté de la route de Pomfret, répondit Prewett avec un accent plutôt aristocratique que campagnard. Bysouth les emmène le matin et les ramène le soir par ce chemin. Et puis il arrive que le tracteur y passe aussi.

— Et pas de couples en train de flirter ?

— Une voiture de temps en temps, admit Prewett d'un air dégoûté. Bien sûr, c'est une voie privée. Tout aussi privée en fait que votre propre allée de garage, inspecteur-chef, mais personne ne respecte la propriété privée de nos jours. Je ne pense pas que les jeunes de la région viennent ici à pied avec leurs copines. Les champs sont beaucoup plus... disons, recommandables ? Il est certain que des voitures viennent ici. Une voiture garée sous ces branches pendantes peut demeurer complètement inaperçue la nuit même si quelqu'un passe juste à côté.

— Je me demandais si vous aviez remarqué des traces de pneus inhabituelles entre aujourd'hui et mardi ?

— Oh, voyons ! (Prewett, d'une main peu calleuse pour un homme de la terre, fit un geste en direction de l'entrée du chemin et Burden comprit ce qu'il voulait dire. Le chemin était couvert de traces de pneus ; c'était eux, en fait, qui avaient creusé une route.) Les tracteurs entrent et sortent par là, le bétail le piétine...

— Mais enfin, vous avez une voiture, vous aussi. Avec toutes ces allées et venues, c'est curieux que personne n'ait rien vu de bizarre.

— N'oubliez pas qu'on ne fait que passer sur ce chemin. Personne ne s'éternise dans le coin. Mes employés ont tous un travail à faire. Ce sont de bons gars qui font bien leur boulot. Quoi qu'il en soit, il faudra pas compter sans ma femme et moi-même : nous étions à Londres depuis lundi jusqu'à ce matin, et de toute façon, nous utilisons l'entrée principale la plupart du temps. Ce chemin est un raccourci, inspecteur-chef. C'est bien pour les tracteurs, mais ma voiture s'embourbe ici. (Il se tut puis ajouta sèchement :) Lorsque je suis en ville, je n'aime pas être pris pour un paysan aux mains calleuses.

Wexford examina lui-même le chemin et n'y trouva qu'un marécage de fossés profondément creusés où zigzaguaient des empreintes de tracteurs et de profonds trous ronds formés par les sabots des vaches. Il décida d'attendre que l'heure de la mort de Mrs Parsons ait été déterminée pour interroger les quatre employés de Prewett et l'étudiante en agronomie.

Burden retourna à Kingsmarkham pour annoncer la nouvelle à Parsons, puisqu'il le connaissait. Celui-ci ouvrit la porte dans une sorte de torpeur, avec des gestes de somnambule. Lorsque Burden lui dit, il se tenait debout, rigide, au milieu de la salle à manger où se trouvaient les épouvantables livres ; il ne dit rien mais ferma les yeux et vacilla sur ses jambes.

— Je vais aller chercher Mrs Johnson, dit Burden. Je vais lui demander de vous faire du thé.

Parsons se contenta d'acquiescer de la tête. Il tourna le dos et regarda fixement par la fenêtre. Burden vit avec horreur les deux paires de chaussettes toujours accrochées au fil.

— J'aimerais être seul un instant.

— Comme vous voudrez ; je lui dirai qu'elle vienne plus tard.

Le veuf piétina sur place dans ses chaussons kaki.

— Très bien, articula-t-il. Et merci. Vous êtes très gentil.

De retour au poste de police, Burden trouva Wexford assis à son bureau en train d'observer l'allumette brûlée. Celui-ci dit d'un air songeur :

— Vous savez, Mike, on dirait que quelqu'un l'a grattée

pour mieux voir le corps. Cela signifie que la nuit était tombée. Quelqu'un l'a tenue jusqu'à ce qu'elle lui brûle les doigts.

— Bysouth ?

Wexford secoua la tête.

— Il faisait clair, suffisamment clair pour... tout voir. Non, la personne qui a gratté cette allumette voulait s'assurer qu'elle n'avait rien laissé de compromettant derrière elle. (Il fit glisser le petit morceau de bois carbonisé dans une enveloppe.) Comment Parsons a-t-il pris la chose ?

— Difficile à dire. C'est toujours un choc, même quand on s'y attend. Il est tellement abruti par ce que lui a donné le médecin qu'il n'a pas eu l'air de vraiment comprendre.

— Crocker est en train de faire l'autopsie. Enquête samedi à 10 h.

— Est-ce que Crocker a pu déterminer l'heure de la mort ?

— Elle remonte à mardi. Mais ça, j'aurais pu lui dire. Elle a dû être tuée entre 12 h 30 et... à quelle heure avez-vous dit que Parsons vous avait appelé mardi soir ?

— À 19 h 30 précises. On s'apprêtait à aller au cinéma et je gardais l'œil sur ma montre.

— Entre 12 h 30 et 19 h 30, donc.

— J'ai une théorie là-dessus, si vous le permettez.

— Dites toujours. Moi, je n'en ai pas.

— Parsons a dit qu'il était rentré chez lui à 18 h mais personne ne l'a vu. La première personne à apprendre qu'il était à la maison, c'est moi quand il m'a téléphoné à 19 h 30...

— Je vous écoute, mais demandez à Martin de nous apporter du thé avant de continuer.

Burden passa la tête par la porte, cria qu'on leur apporte du thé et reprit :

— Bon, supposons que Parsons soit le meurtrier. Pour autant que l'on sache, elle ne connaissait personne dans le coin et, comme vous dites toujours, le mari est le premier suspect. Supposons que Parsons ait donné rendez-vous à sa femme à la gare routière de Kingsmarkham.

— Pour quelle raison ?

— Il a pu lui dire qu'ils iraient dîner quelque part à Pomfret, ou faire un tour, ou en pique-nique... n'importe quoi !

— Vous avez pensé aux côtelettes, Mike ? Elle n'avait aucun

rendez-vous quand elle parlait avec la caissière du supermarché.

— Il a pu lui téléphoner pendant son heure de déjeuner — le temps commençait à s'éclaircir à ce moment-là — et lui demander de prendre le bus de 17 h 50 pour aller dîner à Pomfret. Après tout, ils avaient peut-être l'habitude de manger à l'extérieur, contrairement à ce qu'il a affirmé.

Martin entra avec le thé et Wexford alla près de la fenêtre, sa tasse à la main, pour regarder dans High Street. La lumière vive du soleil lui fit plisser les yeux et il tira la cordelette du store, fermant à moitié les lamelles.

— Le bus de Stowerton ne va pas à Pomfret, objecta-t-il. Pas celui de 17 h 35. Kingsmarkham est le terminus.

Burden sortit une feuille de papier de sa poche.

— En effet, mais celui de 17 h 32 y va. De Stowerton à Pomfret, via Forby et Kingsmarkham. (Il se concentra sur les chiffres qu'il venait d'inscrire.) Voilà mon idée : Parsons téléphone à sa femme à l'heure du déjeuner et lui demande de prendre le bus de Stowerton qui arrive à Kingsmarkham à 17 h 50, deux minutes avant l'autre bus qui rentre au garage. Et il aurait pu prendre ce bus-là s'il avait quitté son travail une minute ou deux plus tôt.

— Vous allez devoir vérifier cela, Mike.

— En tout cas, Mrs Parsons attrape son bus. Il passe à Forby à 18 h 01 et arrive à Pomfret à 18 h 30. Lorsqu'ils arrivent près de l'arrêt de bus le plus proche du bois qui borde la ferme de Prewett, Parsons dit que c'est une belle soirée et suggère de descendre et de faire le reste du chemin à pied...

— Il y a presque deux kilomètres de là à Pomfret. Mais peut-être qu'ils aiment les promenades dans la campagne.

— Parsons dit qu'il connaît un raccourci par les champs...

— À travers un bois sombre et pratiquement impénétrable, des buissons de ronces et de l'herbe haute et mouillée ?

— Je sais, monsieur. Cette partie de l'histoire ne me satisfait guère non plus. Mais ils ont peut-être vu quelque chose dans le bois, un cerf ou un lapin, je ne sais pas moi. En tout cas, d'une façon ou d'une autre, Parsons l'emmène dans le bois et il l'étrangle.

— Oh, merveilleux ! Mrs Parsons sort dîner dans une auberge à la mode, mais ça ne la dérange pas de s'enfoncer au milieu d'un bois sale et humide pour courir après un lapin. Et qu'est-ce qu'elle en fait une fois qu'elle l'a attrapé, elle le mange? Son bonhomme la suit et quand elle est à l'endroit le plus touffu, il dit : « Arrête de bouger une minute, chérie, le temps que je prenne un morceau de corde dans ma poche et que je t'étrangle ! » Doux Jésus !

— Il l'a peut-être tuée sur le chemin, puis a traîné son corps dans les buissons. Il y fait sombre et jamais personne ne se promène sur la route de Pomfret. Il a pu la porter — c'est un type costaud et on ne verrait pas les traces après le passage des vaches.

— Exact.

— Le bus repart de Pomfret à 18 h 41, arrive à Forby à 19 h 09 et à Kingsmarkham à 19 h 20. Ça lui donne environ quinze minutes pour tuer sa femme et retourner à l'arrêt d'autobus de l'autre côté de la route, où le bus passe vers 18 h 46. Arrivé à Kingsmarkham, il remonte Tabard Road en courant et arrive chez lui en cinq minutes, juste à temps pour m'appeler à 19 h 30.

Wexford retourna s'asseoir dans le fauteuil pivotant au coussin mauve.

— Il prenait un risque terrible, Mike. Il aurait très bien pu être vu. Il va falloir vérifier avec les gens du bus. Il ne doit pas y avoir beaucoup de monde qui monte à l'arrêt près de la ferme de Prewett. Qu'est-ce qu'il a fait de son porte-monnaie et de sa clef?

— Il les a balancés dans les buissons. Il n'avait aucune raison de les cacher, de toute façon. L'ennui, c'est que je ne vois pas de mobile.

— Oh, le mobile, fit Wexford. Tous les maris ont un mobile.

— Pas moi, rétorqua Burden outré.

On frappa à la porte et Bryant entra.

— J'ai trouvé ça à la lisière du bois, sur le côté du chemin, annonça-t-il en tendant un petit cylindre doré entre ses doigts gantés.

— Un tube de rouge à lèvres, dit Wexford. (Il le prit des mains de Bryant avec un mouchoir et le retourna pour lire l'étiquette ronde collée dessous.) « Martre polaire », lut-il, et quelque chose qui ressemble à un huit et un six écrits à l'encre violette. Rien d'autre?

— Non, monsieur, rien d'autre.

— Très bien, Bryant. Allez avec Gates à la Compagnie des Eaux du Sud à Stowerton. Je veux savoir exactement — à la minute près — l'heure à laquelle Parsons a quitté son travail mardi soir.

» Avec tout ça, votre théorie a l'air sacrément idiote, Mike, dit-il lorsque Bryant fut sorti. On va mettre les gars des empreintes digitales sur le coup, mais vous croyez vraiment que ce sont celles de Mrs Parsons ? Elle ne prend jamais de sac à main, ne se maquille pas et elle est fauchée comme les blés — un dîner à Pomfret, tu parles ! — mais elle prend un rouge à lèvres qu'elle met dans son porte-monnaie ou qu'elle fourre dans son soutien-gorge — un rouge à lèvres à quatre-vingt-six pence, je vous prie — et quand ils arrivent dans les bois, elle voit un lapin. Elle ouvre son porte-monnaie pour prendre son revolver je suppose, balance le rouge à lèvres dans le fossé, court après le lapin, en grattant une allumette pour voir où elle met les pieds, et quand elle est en plein milieu des bois, elle s'assied et laisse son bonhomme l'étrangler !

— Pourtant, vous avez envoyé Bryant à Stowerton.

— Il a du temps devant lui. (Wexford se tut un instant, le regard fixé sur le tube de rouge à lèvres, puis reprit :) Au fait, j'ai vérifié l'alibi des Prewett. Ils étaient bien à Londres. La mère de Mrs Prewett est gravement malade et d'après le University College Hospital, ils sont restés à son chevet pratiquement tout le temps depuis avant l'heure du déjeuner jusque tard dans la nuit, et de façon intermittente au cours de la journée d'hier. La santé de la bonne vieille s'est un peu améliorée la nuit dernière, alors ils ont quitté leur hôtel de Tottenham Court Road ce matin après le petit déjeuner. Ils sont hors du coup.

Il ramassa la feuille de papier sur laquelle il avait posé le rouge à lèvres Martre polaire et le montra à Burden. Les empreintes étaient barbouillées, à part une que l'on distinguait nettement sur le dessus bombé.

— Le tube est neuf, dit Wexford, il a à peine servi. Je veux trouver la propriétaire de ce rouge à lèvres, Mike. On va retourner chez Prewett et dire deux mots à cette fille de ferme.

4

Tu as la beauté radieuse et pure,
L'allure libre et noble,
Et le souci n'a jamais assombri ton regard;
Que te demander de plus?

Bryan Waller Procter,
Hesurione

Lorsque l'on eut certifié à Wexford que les emprcintes sur le tube de rouge à lèvres n'appartenaient pas à Mrs Parsons, il retourna à la ferme en compagnie de Burden où ils interrogèrent séparément chaque employé et la fille de ferme, comme l'appelait Wexford. Tous sauf un avaient été occupés mardi après-midi et dans un état d'excitation qui n'avait rien de criminel.

Prewett avait chargé John Draycott, son administrateur, de s'occuper de la ferme en son absence et mardi matin celui-ci était allé au marché de Stowerton accompagné d'un certain Edwards. Ils étaient sortis en camion par l'entrée principale de la ferme. Cela leur faisait faire un grand détour, mais qui était préférable au chemin menant à la route de Pomfret, étroit, boueux et où le camion s'était embourbé la semaine précédente dans les ornières.

Miss Sweeting, la « fille de ferme », ayant son mardi de libre pour suivre un cours à l'école d'agriculture de Sewingbury, Bysouth et Traynor, l'employé qui s'occupait des cochons, étaient restés seuls à la ferme. À 12 h 30, ils avaient pris leur repas à la cuisine, préparé comme d'habitude par Mrs Creavey, qui montait chaque jour à la ferme depuis Flagford pour cuisiner et faire le ménage. Après le déjeuner, à 13 h 15, Traynor avait emmené Bysouth voir une truie qui était sur le point de mettre bas.

À 15 h, Draycott et Edwards étaient de retour et l'administrateur commença immédiatement à faire les comptes. Le jardinage faisant partie de ses attributions, Edwards alla tondre la pelouse de devant. Draycott expliqua à Wexford qu'il ne l'avait pas eu tout le temps sous les yeux mais qu'il avait entendu pendant une heure le bruit de la tondeuse électrique. Vers 15 h 30, Draycott fut interrompu par Traynor qui vint lui faire part de son inquiétude sur l'état de la truie.

Cinq porcelets étaient nés mais la mère semblait avoir des problèmes et il voulait l'autorisation de l'administrateur pour appeler le vétérinaire. Draycott s'était rendu à la porcherie, avait regardé la truie et parlé quelques secondes avec Bysouth, assis près d'elle sur un tabouret, avant d'aller lui-même téléphoner au vétérinaire. Ce dernier était arrivé vers 16 h, et de ce moment-là jusqu'à 17 h 30, Draycott, Edwards et Traynor ne s'étaient pas quittés. Au cours de cette heure et demie, d'après Traynor, Bysouth était allé chercher les vaches au pré et les avait conduites dans l'étable pour la traite. Pour cela, il avait dû traverser le bois par deux fois. Malgré un interrogatoire minutieux de Wexford, il affirma qu'il n'avait rien vu hors du chemin. Il n'avait entendu aucun bruit intempestif ni vu aucune voiture dans le chemin ou garée sur la route de Pomfret. Les trois autres hommes estimèrent qu'il avait été plus rapide que d'habitude, hâte qu'ils mirent sur le compte de son empressement à connaître le résultat de la mise bas.

Il fallut attendre 18 h 30 pour que toute la portée de porcelets naisse. Le vétérinaire était allé se laver les mains dans la cuisine et ils avaient tous pris une tasse de thé. À 19 h, il était parti en repassant par l'entrée principale et avait déposé Edwards, Traynor et Bysouth, qui habitaient tous dans des pavillons d'ouvriers agricoles à Clusterwell, un hameau à quelque trois kilomètres de l'autre côté de Flagford. Pendant l'absence des Prewett, Mrs Creavey passait la nuit à la ferme. L'administrateur effectua son dernier tour à 20 h et rentra chez lui, une maison située à environ cinquante mètres en contrebas de la route de Clusterwell.

Wexford vérifia ces déclarations en interrogeant le vétérinaire et conclut que personne, sauf dans les miraculeux romans à énigme, n'aurait eu le temps d'assassiner Mrs Parsons et de cacher son corps dans les bois. Bysouth était le seul à avoir utilisé le chemin du bois, mais à moins qu'il n'ait dangereusement abandonné ses vaches aux abords d'une route sans limitation de vitesse, il était hors de tout soupçon. Évidemment, il y avait Mrs Creavey ; elle était restée seule et loin des regards de 15 h 30 à 18 h 30, mais âgée d'au moins soixante ans, elle était grosse et notoirement arthritique.

Wexford essaya de déterminer l'heure à laquelle Bysouth était passé sur le chemin à l'aller et au retour, mais le vacher ne portait pas de montre et il semblait vivre à l'heure du soleil. Il protesta avec véhémence et affirma qu'il ne faisait que penser au travail de la truie et qu'il n'avait vu personne sur le sentier, ni dans le bois, ou marcher dans les champs.

Dorothy Sweeting était la seule dont on pouvait éventuellement supposer que le rouge à lèvres Martre polaire lui appartenait. Mais le visage d'une femme qui a l'habitude de se maquiller a l'air particulièrement pâle et nu quand il ne l'est pas. Or, le visage de Dorothy Sweeting était hâlé et brillant, comme si elle n'avait jamais utilisé de crème pour le protéger des intempéries. Les hommes se montrèrent presque ironiques lorsque Wexford leur demanda s'ils l'avaient déjà vue avec du rouge sur les lèvres.

— Vous n'êtes pas allée à la ferme de toute la journée, miss Sweeting?

Cela fit beaucoup rire Dorothy Sweeting. Elle riait vraiment de bon cœur. On aurait dit que l'interrogatoire n'était pour elle qu'une histoire sortie tout droit d'une série télévisée ou d'un roman policier.

— Pas à la ferme, mais tout près, précisa-t-elle. Coupable, Votre Honneur!

Comme Wexford ne souriait pas, elle poursuivit:

— Je suis allée voir ma tatie à Sewingbury après le cours et il faisait tellement beau que je suis descendue à deux kilomètres après Pomfret pour faire le reste du chemin à pied. Le vieux Bysouth rentrait les vaches et je me suis arrêtée pour causer avec lui.

— Et quelle heure il pouvait être?

— Dans les 5 heures. C'était le bus de 16 h 10 que j'ai pris à Sewingbury.

— Très bien, miss Sweeting. Vos empreintes seront détruites lorsque la vérification aura été faite.

Cette dernière remarque la fit hurler de rire. Burden regarda ses mains larges et fortes, ses avant-bras aussi costauds que ceux du forgeron du village, et il se demanda ce qu'elle avait l'intention de faire dans la vie une fois qu'elle aurait son diplôme pour exercer il ne savait trop quel genre de métier bucolique.

— Non, gardez-les, je vous en prie, dit-elle, j'aimerais bien avoir une place dans le fichier des malfaiteurs.

Ils rentrèrent à Kingsmarkham sur une route calme et peu

fréquentée. L'affluence du soir ne commençait que dans une heure. Le soleil avait décliné et le ciel pommelé s'était alourdi jusqu'à ne plus ressembler qu'à du lait caillé. Les haies d'aubépine qui bordaient la route étaient toujours en fleurs mais commençaient à se piquer de taches brunes comme si elles avaient été légèrement roussies par le passage d'une flamme.

Wexford emmena miss Sweeting au poste de police où ses empreintes furent comparées avec celles du tube de rouge à lèvres, et, comme il s'y attendait, ne correspondaient pas. Les gros doigts larges de l'apprentie étaient plutôt masculins.

— Je veux trouver la propriétaire de ce rouge à lèvres, Mike, répéta-t-il. Je veux que toutes les parfumeries de la ville soient passées au peigne fin. Et je vous conseille de le faire vous-même parce que ça ne va pas être facile.

— Est-ce qu'il a forcément un lien avec Mrs Parsons? Est-ce qu'il n'aurait pas pu être perdu par quelqu'un passant sur le chemin?

— Écoutez, Mike, ce rouge à lèvres n'était pas près de la route. Il était juste au bord du bois. Hormis le fait que la petite Sweeting et Mrs Creavey n'utilisent pas ce chemin, elles ne mettent pas de rouge, et même si c'était le cas, elles ne prendraient sûrement pas une teinte bizarre comme ce brun rosé. Vous le savez aussi bien que moi, quand une femme se met du rouge à lèvres seulement dans les grandes occasions ou les jours de fêtes, pour une raison que j'ignore, probablement pour montrer un brin d'audace, elle choisit toujours un rouge vif. Ce Martre polaire est une couleur abominable, le genre de truc qu'une femme riche pourrait acheter si elle avait déjà une douzaine de rouges à lèvres et qu'elle veuille la dernière teinte à la mode pour faire original.

Burden connaissait bien Kingsmarkham, mais il regarda quand même dans les pages jaunes de la région et trouva sept parfumeries dans High Street, trois dans des rues transversales et une dans un village qui était devenu une banlieue de Kingsmarkham. Songeant à ce que Wexford lui avait dit sur les femmes riches, il commença par High Street.

Le rayon des cosmétiques du supermarché n'avait qu'un stock limité des marques les plus chères. La vendeuse connaissait Mrs Parsons de nom, mais elle se souvenait aussi de l'avoir déjà vue et sa disparition, qu'elle avait apprise par les journaux, l'avait beaucoup émue. Burden se garda de lui dire que son corps avait été retrouvé et ne perdit pas de temps à poser d'autres questions lorsqu'il sut que Mrs Parsons, pour autant que la jeune femme pouvait se rappeler, n'avait acheté qu'un flacon de talc à bon marché au cours du mois précédent.

— C'est une nouvelle ligne, déclara la vendeuse dans le magasin suivant. Ça vient juste de sortir. Il fait partie d'une ligne aux teintes chaudes, douces et soyeuses comme de la fourrure, mais on n'en garde pas en réserve. On n'arriverait pas à en vendre suffisamment, vous comprenez.

Il marcha en direction du pont de Kingsbrook, passa devant la maison géorgienne qui était maintenant l'Agence pour l'emploi des jeunes, puis devant la maison Queen Anne, devenue une étude de notaire, et entra dans un magasin qui venait d'ouvrir au rez-de-chaussée d'un immeuble d'appartements en duplex. Il était clair et luisant de propreté, exposant toutes sortes de pots, de flacons et de bouteilles de parfum. On lui répondit qu'ils en possédaient beaucoup de cette marque mais que les teintes aux noms de fourrures n'avaient toujours pas été livrées.

Les eaux de la rivière s'étaient apaisées et étaient devenues limpides. Burden pouvait voir les pierres rondes et plates posées au fond. Il se pencha par-dessus le parapet et vit un poisson sauter. Puis il poursuivit sa route, se frayant un chemin entre les groupes d'écoliers, les lycéennes coiffées de chapeaux et de blazers rouges, évitant les landaux et les paniers sur roulettes des ménagères. Il avait fait quatre magasins avant d'en trouver un qui eût cette gamme de teintes soyeuses. Mais ils n'en avaient vendu qu'un dans une couleur appelée Vison et ils n'inscrivaient pas les prix sur leurs articles. Dans le cinquième magasin, une créature de rêve à la chevelure relevée en forme d'ananas et légère comme de la barbe à papa dit qu'elle-même portait Martre polaire. Elle vivait dans un appartement au-dessus du magasin et elle monta chercher le tube de rouge à lèvres. C'était le même que celui trouvé dans le bois mais aucun prix n'était inscrit dessous.

— C'est une teinte difficile à porter, dit-elle. Nous en avons vendu quelques-uns dans d'autres couleurs mais ce genre de brun rebute les clientes.

Il ne restait à présent plus de magasins de ce côté-ci de High Street, seulement quelques grandes maisons, l'église méthodiste — l'église de Mrs Parsons — en retrait de la rue derrière une étendue de graviers, et une rangée de villas au-delà desquelles commençaient les champs.

Il traversa la rue au niveau du pub, l'*Olive and Dove*, et pénétra dans une parfumerie située entre un fleuriste et une agence immobilière. Burden avait plusieurs fois acheté de la mousse à raser dans ce magasin, et il connaissait l'homme qui émergea de l'arrière-boutique. Celui-ci secoua la tête sans hésiter : ils n'avaient aucun cosmétique dans cette gamme.

Il n'en restait plus que deux : une petite boutique exiguë et sombre dont la vitrine était encombrée de pots de crème pour cheveux et de brosses à dents, et un immense magasin, élégant, où l'on accédait par deux entrées donnant sur la rue, une porte au-dessus de quelques marches ou une baie vitrée. Le vendeur de crèmes capillaires ne savait même pas que Martre polaire existait. Il grimpa sur un escabeau et prit sur une étagère une boîte en carton remplie de petits cylindres de plastique vert.

— Je n'ai pas vendu un seul rouge à lèvres depuis une semaine, affirma-t-il.

Burden ouvrit la porte du magasin à double entrée et se retrouva sur une moquette couleur lie-de-vin. On aurait dit que tous les parfums de l'Orient étaient réunis sur les comptoirs et les tables dorées. Ses narines furent assaillies par des odeurs de musc, d'ambre gris et de foin coupé. Disparaissant derrière une pyramide de boîtes incrustées de paillettes et fermées par du ruban, il aperçut la nuque d'une jeune fille aux boucles blondes, vêtue d'un pull jaune pâle. Il toussa pour attirer l'attention et lorsqu'elle se retourna il constata que la jeune fille était un jeune homme.

— N'est-ce pas une couleur ravissante ? dit-il. Si jeune, fraîche et innocente. Oh oui, aucun doute, cela vient de chez nous. J'inscris tout avec ça, dit-il en sortant un stylo à bille à encre violette de derrière la caisse.

— Je suppose que vous ne sauriez pas me dire à qui vous avez vendu celui-ci.

— Mais j'adore faire le détective ! Soyons extrêmement rigoureux et menons une véritable enquête.

Il ouvrit un tiroir à poignée de verre taillé et en sortit un plateau de tubes de rouge à lèvres dorés rangés par couleur dans des compartiments différents.

— Voyons, fit-il. Vison, trois vendus. J'ai commencé par

une douzaine de chaque teinte. Tigre de Trinidad — juste ciel, neuf vendus ! Un rouge plutôt commun, celui-là. Voilà, Martre polaire, quatre vendus. Maintenant, creusons-nous les méninges.

Pour l'encourager, Burden lui dit que son aide était précieuse.

— Nous avons une clientèle fidèle, essentiellement des gens aisés, comme on dit. Je ne voudrais pas avoir l'air snob, mais j'évite de préférence les gammes de produits bon marché. Je me souviens maintenant que miss Clement, de l'agencc immobilière, en a acheté un. Non, deux en fait, un pour elle et l'autre pour faire un cadeau d'anniversaire. Mrs Darrell en a pris un. Je m'en souviens parce qu'elle avait d'abord choisi Vison, puis elle a changé d'avis au dernier moment. Pendant qu'elle réfléchissait, quelqu'un est venu me demander un rouge à lèvres rose pâle. Mais oui ! C'était Mrs Missal ! Elle a vu Mrs Darrell qui essayait la couleur sur sa main et elle s'est écriée : « C'est exactement ce qu'il me faut ! » Mrs Missal a un goût exquis : quoi que vous en disiez, Martre polaire est vraiment fait pour les rousses comme elle.

— Quand était-ce ? demanda Burden. Quand avez-vous reçu cette gamme de tons de fourrures ?

— Un instant. (Il consulta un carnet de commandes.) Jeudi dernier, il y a juste une semaine. J'ai vendu les deux premiers à miss Clement... le vendredi, je dirais. Je n'étais pas là samedi et le lundi est un jour creux. Jour de lessive je suppose. On ferme tôt le mardi et je suis sûr de ne pas en avoir vendu hier. C'est donc probablement mardi matin que j'ai vendu le quatrième.

— Vous m'avez beaucoup aidé, remercia Burden.

— Je vous en prie. Vous avez mis un peu de piment dans ma routine. Au fait, Mrs Missal habite dans cette adorable maison de poupée en face de l'*Olive and Dove*, et Mrs Darrell vit dans un duplex aux rideaux roses dans le nouvel immeuble de Queen Street.

Par chance, miss Clement avait les deux tubes dans son sac à main, le sien dont elle s'était déjà servie et celui qu'elle voulait offrir toujours enveloppé de papier cellophane. En quittant l'agence immobilière, Burden jeta un coup d'œil à sa montre. Il était 17 h 30 et il avait réussi à voir tous les magasins avant la fermeture. Il alla débusquer Mrs Darrell dans l'appartement à côté de chez elle, où elle prenait le thé avec une amie. Elle se montra très coopérative et redescendit l'escalier en colimaçon derrière l'immeuble, remonta chez elle puis revint cinq minutes plus tard avec le rouge à lèvres Martre polaire encore inutilisé et marqué des chiffres 86 à l'encre violette sur l'étiquette.

Au moment où il tournait à l'angle de Queen Street et traversait la cour de l'*Olive and Dove*, le bus Stowerton-Pomfret arrivait en haut de la pente. Il consulta sa montre et vit qu'il était plus de 17 h 50. Peut-être avait-il quitté Stowerton en retard, et peut-être cela était-il fréquent. « Au diable ces sacrées bonnes femmes et leurs rouges à lèvres », pensa-t-il. « C'est Parsons qui a fait le coup. »

L'adorable maison de poupée était de style Queen Anne, complètement restaurée avec force peinture blanche, fer forgé et jardinières de fleurs. La porte d'entrée était jaune, flanquée de lis bleu dans des auges en pierres. Burden cogna sur une cloche de bateau avec un battant en cuivre qui pendait au bout d'une corde. Mais personne ne vint, comme il s'y attendait. Une ancienne remise à calèches transformée en garage était vide et les portes étaient restées grandes ouvertes. Il redescendit les escaliers, traversa la rue et marcha jusqu'au poste de police en se demandant comment Bryant s'en était sorti à la Compagnie des Eaux du Sud.

Wexford avait l'air satisfait du résultat de l'enquête sur le rouge à lèvres. Ils attendirent le retour de Bryant de Stowerton pour aller dîner ensemble à l'*Olive and Dove*.

— On dirait que cela blanchit Parsons, estima Wexford. Il a quitté la Compagnie à 17 h 30 ou peu après. Certainement pas avant. Il n'aurait pas pu prendre le bus de 17 h 32.

— Non, en effet, reconnut Burden à contrecœur, et il n'y en a pas d'autre avant 18 h 02.

Ils entrèrent dans la salle de restaurant de l'*Olive and Dove* et Wexford demanda une table près de la fenêtre afin de pouvoir surveiller la maison de Mrs Missal.

Ils avaient terminé le gigot d'agneau et en étaient à la tarte aux myrtilles, mais les portes du garage étaient toujours ouvertes et personne n'était entré ou sorti de la maison. Burden resta à table pendant que Wexford alla payer l'addition et juste au moment où il se levait pour le suivre, il vit une jeune fille blonde en robe de coton arriver dans High Street par

Sewingbury Road. Elle passa devant l'église méthodiste, longea la rangée de villas et monta en courant les escaliers de la maison de Mrs Missal, où elle entra.

— Allons-y, Mike, ordonna Wexford.

Il frappa la cloche avec le battant.

— Regardez ce sacré machin, fit-il. Je déteste ce genre de truc.

Ils patientèrent quelques secondes, puis la jeune fille blonde ouvrit la porte.

— Mrs Missal ?

— Mrs Missal, Mr Missal, les enfants, tous sortis, répondit-elle avec un fort accent étranger. Ils sont tous à la mer.

— Nous sommes officiers de police, dit Wexford. Quand Mrs Missal doit-elle rentrer ?

— Maintenant c'est 19 h, dit-elle après avoir jeté un œil sur une horloge noire ancienne. 19 h 30, 20 h. Je ne sais pas. Vous revenez dans un petit moment. Puis elle vient.

— Nous allons attendre, si vous le permettez, insista Wexford.

Ils franchirent le seuil et se retrouvèrent dans une entrée carrée recouverte de moquette bleue veloutée d'où s'élançait au centre un escalier qui se partageait en deux au niveau de la dixième marche. Par une ouverture cintrée située à droite de l'escalier, Burden remarqua une salle à manger dont le parquet ciré était partiellement recouvert de tapis indiens aux couleurs pâles. Au fond de la pièce, des portes-fenêtres ouvertes donnaient sur un immense jardin. L'entrée était fraîche et exhalait un parfum léger de fleurs rares et subtiles.

— Auriez-vous l'obligeance de me dire votre nom, miss, et ce que vous faites ici ? demanda Wexford.

— Inge Wolff. Je suis jeune fille « au pair » pour Dymphna et Priscilla.

« Dymphna ! » songea Burden en levant les yeux au ciel. Ses enfants à lui s'appelaient John et Pat.

— Fort bien, miss Wolff. Soyez gentille de nous indiquer où nous pouvons nous asseoir, et vous pourrez retourner à votre travail.

Elle ouvrit une porte à gauche de l'entrée et Wexford et Burden se retrouvèrent dans un grand salon dont les baies vitrées donnaient sur la rue. Les fauteuils et l'imposant canapé en toile de lin représentant des rhododendrons roses et blancs sur fond vert trônaient sur une moquette verte. De véritables rhododendrons, dont les fleurs au bout de leurs longues tiges étaient aussi larges que des soucoupes, formaient d'énormes bouquets dans deux vases blancs. Burden avait l'impression qu'une fois la saison des rhododendrons finie, Mrs Missal remplirait les vases de delphiniums et choisirait un nouveau tissu d'ameublement en harmonie.

— Pas de problème de fric, remarqua Wexford laconique, lorsque la jeune fille fut sortie. C'est le genre d'intérieur que j'imaginais quand je disais qu'une femme pourrait acheter un rouge à lèvres dans le ton Martre polaire pour faire original.

— Une cigarette, monsieur?

— Vous êtes devenu complètement fou, Burden? Vous voudriez peut-être aussi enlever votre cravate. On est dans le Sussex, pas au Mexique.

Burden rangea son paquet et ils demeurèrent silencieux pendant dix minutes. Puis il dit:

— Je parie qu'elle a ce rouge à lèvres dans son sac.

— Écoutez, Mike, quatre ont été vendus avec leur prix marqué à l'encre violette, d'accord? Miss Clement en possède deux, Mrs Darrell en a un. C'est moi qui ai le quatrième.

— Il pourrait y avoir une parfumerie à Stowerton, Pomfret ou Sewingbury qui marque le prix de ses articles à l'encre violette.

— C'est exact, Mike. Et si Mrs Missal peut me montrer le sien, vous allez tout droit à Stowerton demain à la première heure et vous faites tous les magasins là-bas.

Mais Burden n'écoutait plus. Son fauteuil était en face de la fenêtre et il tendait le cou pour mieux voir.

— Une voiture arrive, annonça-t-il. Mercedes vert olive, 1962. Immatriculation XPQ189Q.

— OK Mike, je n'ai pas l'intention de l'acheter.

Lorsque le gravier crissa sous les roues et que quelqu'un ouvrit l'une des portières, Burden se retira vivement.

— Mince, s'exclama-t-il, c'est un morceau de roi.

Une femme en pantalon blanc sortit de la voiture et se dirigea avec nonchalance vers les escaliers. L'écharpe de soie à motifs bleu martin-pêcheur et bleu plus foncé qui retenait sa chevelure rousse en arrière était faite de la même étoffe que son chemisier. Burden la trouva superbe, bien que son visage fût dur, comme si la peau bronzée était tendue sur un masque de fer. Toutefois, il n'était pas payé pour admirer mais pour observer. Et il remarqua immédiatement que ses lèvres n'étaient pas peintes en brun rosé mais en orange clair. Il se détourna de la fenêtre et l'entendit se plaindre à voix haute :

— J'en ai par-dessus la tête de ces enfants qui s'écorchent sans cesse ! Je parie ce que tu veux, Pete, que cette petite garce d'Inge n'est pas encore rentrée.

Une clef tourna dans la serrure de la porte d'entrée et Burden entendit Inge Wolff accourir pour accueillir ses patrons. L'un des enfants pleurnichait.

— Des policiers ? Combien de policiers ? Oh, qu'est-ce que c'est que cette histoire, Inge, où est leur voiture ?

— Je suppose que c'est pour moi, Helen. Tu sais bien que je gare toujours la Mercedes n'importe où.

Dans le salon, Wexford eut un large sourire.

La porte s'ouvrit avec violence, et rebondit contre l'un des vases comme si on avait donné un furieux coup de pied dedans. La femme aux cheveux roux entra la première. Elle portait des lunettes de soleil à monture de strass qu'elle ne prit pas la peine d'ôter malgré l'absence de soleil et la faible luminosité de la pièce. Son mari était grand et fort, le visage bouffi et déjà traversé de veines violettes. Les longs pans de sa chemise pendaient sur son ventre comme une robe de grossesse. Burden grimaça à la vue du motif : bouteilles, verres et assiettes disposés anarchiquement sur un échiquier rouge et blanc.

Les deux policiers se levèrent.

— Mrs Missal ?

— Oui, je suis Helen Missal. Qu'est-ce que vous voulez ?

— Nous sommes officiers de police, Mrs Missal, et nous enquêtons sur la disparition de Mrs Margaret Parsons.

Missal dévisageait Wexford. Ses grosses lèvres étaient pourtant humides, mais il les humecta.

— Voulez-vous vous asseoir, proposa-t-il. Je ne comprends pas pourquoi vous voulez parler à ma femme.

— Moi non plus, assura Helen Missal. C'est quoi, la loi martiale ?

— Je vais vous le dire, Mrs Missal. Vous avez acheté un nouveau rouge à lèvres mardi matin, je crois ?

— Et alors ? C'est un crime ?

— Si vous pouviez me montrer ce rouge à lèvres, madame, je serais tout à fait satisfait et nous n'abuserions plus de votre temps. J'imagine que vous devez être fatiguée après une journée au bord de la mer.

— Et comment ! lança-t-elle en souriant. (Burden sentit qu'elle était soudain sur ses gardes tout en étant plus aimable.) Vous êtes-vous déjà assis sur une glace à la menthe ? (Elle gloussa en montrant une très légère tache verdâtre au fond de son pantalon.) Dieu merci, Inge est là ! Je ne veux plus voir ces petits saligauds de toute la soirée.

— Helen, protesta Missal.

— Le rouge à lèvres, Mrs Missal.

— Ah, oui, le rouge à lèvres. Effectivement, j'en ai acheté un, une horrible couleur appelée Martre quelque chose, mais je l'ai perdu au cinéma hier.

— Êtes-vous certaine que c'est au cinéma que vous l'avez perdu ? Est-ce que vous avez essayé de le retrouver ? De demander au directeur, par exemple ?

— Quoi, pour un bâton de rouge de quatre-vingt-six pence ? J'ai l'air si pauvre ? Je suis allée au cinéma et...

— Seule, madame ?

— Bien sûr, seule. (Burden la sentit sur la défensive mais ses yeux étaient dissimulés par ses lunettes.) Je suis allée au cinéma et je me suis aperçue en rentrant que le tube n'était plus dans mon sac.

— C'est celui-ci ? (Wexford tenait le rouge à lèvres dans la paume de sa main, et Mrs Missal tendit de longs doigts aux ongles laqués d'un gris métallique.) Je suis navré mais je dois vous prier de me suivre au poste de police afin de prendre vos empreintes.

— Helen, qu'est-ce que ça veut dire ? (Missal posa sa main sur le bras de sa femme, qui se dégagea brusquement comme si ses doigts l'avaient salie.) Je ne comprends pas, Helen. Quelqu'un t'a fauché ton rouge à lèvres, quelqu'un qui a un lien avec cette femme ?

Elle ne détachait pas son regard du rouge à lèvres qu'elle tenait dans la main. Burden se demandait si elle s'était rendu compte qu'elle venait de couvrir le tube de ses empreintes.

— Je suppose que c'est le mien, articula-t-elle lentement. Très bien, admettons que ce soit le mien. Où l'avez-vous trouvé, au cinéma ?

— Non, Mrs Missal. On l'a trouvé à la lisière d'un bois près de la route de Pomfret.

— Quoi ? s'écria Missal en sursautant. (Il dévisagea Wexford d'un air ahuri, puis tourna son regard vers sa femme.) Enlève ces sacrées lunettes ! cria-t-il en les lui arrachant.

Burden remarqua qu'elle avait les yeux verts, un vert clair tirant sur le bleu et pailleté d'or. L'espace d'une seconde, il y décela une expression de panique ; puis elle baissa les paupières, derniers boucliers contre le regard des autres, et fixa obstinément le sol.

— Tu m'as dit que tu étais allée au cinéma, continua Missal. Qu'est-ce que c'est que cette histoire de bois au bord de la route de Pomfret. Qu'est-ce qui se passe, bon dieu ?

Helen Missal répondit très lentement, comme si elle était en train d'inventer une histoire :

— Quelqu'un a dû trouver mon rouge à lèvres dans le cinéma. Puis il l'aura laissé tomber. C'est ça. C'est très simple. Je ne comprends pas pourquoi on en fait toute une histoire.

— Il se trouve que Mrs Parsons a été découverte étranglée dans ce bois à 13 h 30 aujourd'hui, déclara Wexford.

Elle frissonna et agrippa le bras de son fauteuil. Burden pensa qu'elle faisait un suprême effort pour ne pas hurler. Elle finit par articuler :

— C'est clair, n'est-ce pas ? Votre meurtrier, qui que ce soit, a piqué mon tube de rouge et l'a perdu sur... sur le lieu du crime.

— Le seul problème, précisa Wexford, c'est que Mrs Parsons est morte mardi. Je ne vous retiendrai pas plus longtemps, madame. Pas pour le moment. Encore une chose, toutefois ; avez-vous votre propre voiture ?

— Oui, en effet, une Dauphine rouge. Je la range dans l'autre garage, dont l'entrée donne sur Kingsbrook Road. Pourquoi ?

— Oui, pourquoi ? demanda Missal. Pourquoi toutes ces questions ? On ne connaissait même pas cette Mrs Parsons. Vous ne voulez pas dire que ma femme... ? Seigneur, j'aimerais bien qu'on m'explique !

Le regard de Wexford alla de l'un à l'autre, puis il se leva.

— J'aimerais juste jeter un œil sur les pneus, monsieur.

Tandis qu'il parlait, on aurait dit que la lumière se faisait soudain dans l'esprit de Missal. Il rougit violemment, son visage virant au rouge brique foncé et se tordant comme celui d'un bébé sur le point de pleurer. C'était l'expression même du désespoir, un désespoir et une sorte de douleur dont Burden sentait qu'il n'avait pas le droit de les regarder. Puis Missal eut l'air de se ressaisir. Il déclara d'une voix calme et contenue qui semblait cacher une multitude de questions et d'accusations non formulées :

— Je n'ai pas d'objection à ce que vous examiniez la voiture de ma femme mais je ne comprends pas ce qu'elle a à voir avec cette personne.

— Moi non plus, monsieur, répliqua Wexford d'un ton enjoué. C'est ce que nous voudrions découvrir. Je suis dans le noir, tout autant que vous.

— Donne-lui la clef du garage, Pete, dit-elle. Je vous assure que je n'en sais pas davantage. Ce n'est pas de ma faute si on m'a volé mon rouge à lèvres.

— J'aurais donné beaucoup pour pouvoir me cacher derrière ces rhododendrons et entendre ce qu'il est en train de lui dire, soupira Wexford en remontant Kingsbrook Road vers le garage d'Helen Missal.

— Et ce qu'elle est en train de répondre, ajouta Burden. Vous pensez qu'on peut les laisser pour cette nuit ? Elle a forcément un passeport valide.

Wexford rétorqua d'un air innocent :

— Je pensais bien que cela vous tourmenterait, Mike, alors je vais aller louer une chambre pour la nuit à l'*Olive and Dove*. Un petit travail pour Martin. Le pauvre va devoir rester assis devant sa fenêtre toute la nuit. Ça me fend le cœur.

Les Missal avaient un grand jardin qui avait vaguement la forme d'un diamant. En haut, du côté où un diamant était taillé en oblique, le jardin était bordé par la rivière Kingsbrook, et de l'autre une haie de tamaris l'isolait de Kingsbrook Road. Burden ouvrit la barrière en bois de cèdre du garage et nota soigneusement le numéro d'immatriculation de la voiture d'Helen Missal. Un bébé tigre en peluche encombrait presque toute la plage arrière.

— Je veux un relevé de ces pneus, Mike, ordonna Wexford. On comparera avec les empreintes relevées dans le chemin de la ferme de Prewett. C'est quand même une chance pour nous que le sol soit recouvert de bouse de vache pratiquement solide.

— Mince alors, commenta Burden qui fit une grimace de

dégoût en se relevant. (Il referma la porte à clef derrière lui.) C'est vraiment la rue des huppés.

Il mit la boue sèche dans une enveloppe et montra du doigt les maisons situées de l'autre côté de la rue : un hôtel particulier flanqué de tourelles, un bungalow bâti dans le style d'un ranch avec deux doubles garages, et une maison neuve construite sur le modèle d'un chalet orné de balcons en bois sombre sculptés.

— C'est agréable quand on peut se le permettre, reconnut Wexford. Venez, je vais chercher la voiture et retourner voir Prewett. Par la même occasion, je vais aller dire un mot au directeur du cinéma. Si vous pouviez juste rendre la clef à cette Inge, ou je ne sais comment, avant de rentrer chez vous. Je crois que je vais avoir une conversation avec cette petite dès demain.

— Quand allez-vous retourner voir Mrs Missal ?

— À moins que je ne me trompe complètement, dit Wexford, c'est elle qui viendra me voir avant que j'aie besoin d'aller vers elle.

5

Et si elle te répond, « Non »,
T'inclineras-tu,
Et la laisseras-tu partir ?

W. J. Linton,
Faint Heart

Le sergent Camb était au téléphone lorsque Wexford arriva au poste le lendemain matin. Il couvrit le récepteur de sa main pour parler à l'inspecteur :

— Une certaine Mrs Missal pour vous, chef. C'est la troisième fois qu'elle appelle.

— Qu'est-ce qu'elle veut ?

— Elle insiste pour vous voir. Elle dit que c'est très urgent. (Camb avait l'air gêné.) Elle veut savoir si vous pouvez aller jusqu'à chez elle.

— Ah vraiment ! Dites-lui que si elle tient tant à me voir, il faudra qu'elle vienne ici. (Il ouvrit la porte de son bureau.) Oh, sergent Camb, dites-lui aussi que je ne serai plus là à partir de 9 h 30.

Lorsqu'il eut ouvert la fenêtre et organisé un désordre étudié sur son bureau, il passa la tête par la porte et demanda du thé.

— Où est Martin ?

— Toujours à l'*Olive and Dove*, chef.

— Dieu tout-puissant ! Il se croit en vacances ? Appelez-le et dites-lui de rentrer chez lui.

C'était une belle matinée d'un mois de juin arrivant tout en douceur, et de son bureau, Wexford pouvait voir les jardins de Bury Street et les jardinières de la Midland Bank débordantes de magnifiques tulipes. Les fleurs estivales n'étaient pas encore en boutons — sauf les rhododendrons. Les premiers sons de cloche du lycée commençaient à carillonner dans le lointain lorsque le sergent Camb apporta le thé — et Mrs Missal.

— Donnez-nous une autre tasse, je vous prie.

Elle s'était coiffée, ce matin, et avait dédaigné ses lunettes de soleil. Son chemisier d'organdi et sa jupe plissée lui donnaient une allure étonnamment sage, et Wexford se demanda si son hostilité avait été abandonnée en même temps que le pantalon et le chemisier un peu osés qu'elle portait la veille.

— Je crains de m'être montrée plutôt stupide, inspecteur-chef, admit-elle sur le ton de la confidence.

Wexford tira une feuille de papier de son tiroir et se mit à écrire d'un air très occupé. Il essayait de trouver quelque chose de pertinent à rédiger mais puisqu'elle ne pouvait pas voir le papier d'où elle était assise, il se contenta de gribouiller : « Missal, Parsons ; Parsons, Missal. »

— Voyez-vous, je ne vous ai pas dit toute la vérité.

— Ah non ?

— Je ne vous ai pas vraiment dit de mensonges non plus. J'ai seulement omis certains détails.

— Ah oui ?

— Eh bien, voilà, en fait, je ne suis pas allée seule au cinéma. J'étais avec un ami. (Elle sourit comme si elle voulait dire « entre gens raffinés, on se comprend ».) Il n'y a absolument rien entre nous, mais vous savez comme les maris sont embêtants.

— Je devrais, rétorqua Wexford, j'en suis un.

— Bref, quand je suis rentrée à la maison je me suis aperçue que j'avais perdu mon nouveau tube de rouge à lèvres et je pense l'avoir laissé tomber dans la voiture de cet ami. Oh, du thé, comme c'est gentil !

On frappa à la porte et Burden entra.

— Mrs Missal était justement en train de me parler de sa sortie au cinéma de mercredi soir, l'informa Wexford tout en continuant d'écrire.

La moitié de la page était déjà remplie.

— C'était un bon film, n'est-ce pas, Mrs Missal ? Malheureusement, j'ai dû partir en plein milieu. (Burden chercha une troisième tasse.) Qu'est-il arrivé à cet agent secret ? Il a fini par épouser la blonde ou l'autre ?

— L'autre, répondit Helen Missal sans hésiter. Celle qui joue du violon. Elle rédige un message en code musical et quand ils sont de retour à Londres, elle le joue au M.I.S.

— Qu'est-ce qu'ils ne vont pas inventer ! commenta Burden.

— Bien, je ne vous retiendrai pas plus longtemps, Mrs Missal...

— Merci, je dois me sauver, j'ai rendez-vous chez le coiffeur.

— Si vous voulez bien me dire le nom de cet ami avec qui vous êtes allée au cinéma...

Le regard d'Helen Missal alla de Wexford à Burden, puis de Burden à Wexford. L'inspecteur froissa la feuille de papier et la jeta dans la corbeille.

— Oh, mais c'est impossible ! Enfin... je ne veux pas qu'il soit mêlé à tout ça.

— À votre place, je réfléchirais, madame. Pensez-y pendant que vous êtes chez le coiffeur.

Burden lui ouvrit la porte et elle sortit rapidement sans se retourner.

— Je viens de parler avec une de mes voisines, dit-il à Wexford, Mrs Jones, 9 Tabard Road. Vous savez, c'est elle qui nous a parlé des voitures garées dans la rue mardi après-midi. Eh bien, je lui ai demandé si elle pouvait se souvenir des marques ou des couleurs, et elle s'est rappelé une voiture rouge vif avec un tigre en peluche à l'arrière. Elle n'a pas pu voir la plaque minéralogique tellement elles étaient serrées les unes contre les autres.

— Et elle est restée là combien de temps ?

— Mrs Jones n'a pas pu me le dire. Elle sait seulement qu'il était environ 15 h quand elle l'a remarquée pour la première fois et qu'elle était toujours là quand les enfants sont rentrés de l'école. Bien sûr, elle ne sait pas si elle est restée là tout le temps.

— Je vais aller bavarder un peu avec Inge pendant que Mrs Missal est chez le coiffeur, annonça Wexford. Dieu merci, Inge est là ! comme dirait Mrs Missal.

Une boîte de cirage et quelques chiffons traînaient sur le parquet de la salle à manger et les tapis indiens étaient étendus sur l'incroyable dallage de la terrasse donnant sur le jardin. Apparemment, Inge Wolff avait d'autres tâches en plus que de s'occuper de Dymphna et Priscilla.

— Tout ce que je sais, je vous le dis, déclama-t-elle. Qu'est-ce que ça fait si je suis virée ? De toute façon, je retourne chez moi à Hanovre la semaine prochaine.

« Peut-être », pensa Wexford, « ou peut-être pas ». Au train où allaient les choses, il se pouvait bien qu'Inge Wolff dût rester en Angleterre encore quelques mois.

— Lundi, Mrs Missal toute la journée est à la maison. Juste pour faire les courses le matin elle sort. Mardi aussi le matin elle sort faire les courses, car l'après-midi c'est fermeture de tous les magasins.

— Et mardi après-midi, miss Wolff ?

— Ah, mardi après-midi elle sort. D'abord nous avons notre déjeuner, à 13 h. Moi et Mrs Missal et les enfants. Ah ! la semaine prochaine, plus d'enfants ! Après déjeuner la vaisselle je fais et dans sa chambre pour se reposer elle monte. Quand elle descend, elle dit : « Inge, je sors avec la voiture », et elle prend la clef et traverse le jardin pour aller au garage.

— Vers quelle heure à peu près, miss Wolff ?

— 15 h, 14 h 30, je ne sais pas, fit-elle en haussant les épaules. Puis elle revient, 17 h, 18 h peut-être.

— Et mercredi ?

— Ah, mercredi, j'ai une demi-journée de libre. Très bon ça. Dymphna rentre déjeuner à la maison, retourne à l'école et moi je sors. Mrs Missal avec Priscilla reste à la maison. Et vers le soir elle sort, 19 h, 19 h 30. Je ne sais pas. Dans cette maison c'est toujours des allées et venues. C'est comme un jeu.

Wexford lui montra la photo de Mrs Parsons.

— Avez-vous déjà vu cette femme, miss Wolff ? Est-elle déjà venue ici ?

— Des centaines de femmes pareilles à Kingsmarkham. Toutes se ressemblent, sauf les riches. Celles qui viennent ici elles ne sont pas comme ça. (Elle eut un rire moqueur.) Oh non, trop drôle. Je ris de voir ça. Aucune comme elle vient ici.

Lorsque Wexford rentra au poste, Helen Missal était assise dans le hall d'entrée, ses cheveux roux remontés en un chignon élaboré sur le dessus de la tête.

— Vous avez réfléchi, Mrs Missal ? demanda-t-il en la faisant entrer dans son bureau.

— Au sujet de mercredi soir...

— Franchement, Mrs Missal, ce n'est pas mercredi soir qui m'intéresse, mais mardi après-midi...

— Pourquoi mardi après-midi ?

Wexford posa la photographie de Mrs Parsons bien en vue sur son bureau et y laissa négligemment tomber le tube de rouge à lèvres. Le petit cylindre doré roula sur le papier brillant du cliché puis s'arrêta.

— C'est mardi après-midi que Mrs Parsons a été tuée, expliqua-t-il patiemment, et on a trouvé votre rouge à lèvres à quelques mètres de son corps. Alors, voyez-vous, ce que vous avez fait mercredi soir ne m'intéresse pas.

— Vous ne croyez tout de même pas... Oh mon Dieu ! Écoutez, inspecteur-chef, j'étais ici mardi après-midi. Je suis allée au cinéma.

— Vous aidez à la sauvegarde de ce lieu, chère madame. Quel dommage que vous n'habitiez pas Pomfret ! Le cinéma a dû fermer par manque de spectateurs.

Helen Missal retint son souffle un instant puis laissa échapper un profond soupir. Elle enroula ses jambes autour des pieds métalliques de la chaise.

— Je suppose que je vais devoir vous la dire. Je veux dire, la vérité.

Elle parla comme si c'était une chose désagréable à laquelle elle devait se résigner et non pas une obligation morale.

— Cela vaudrait peut-être mieux, madame.

— Bon, j'ai dit que j'étais allée au cinéma mercredi soir seulement pour avoir un alibi. En fait, je suis sortie avec un ami. (Elle sourit d'un air triomphant.) Qui restera anonyme.

— Pour le moment, concéda Wexford qui ne s'avouait pas vaincu.

— Je devais voir cet ami mercredi soir, mais je ne pouvais pas vraiment en informer mon mari, n'est-ce pas ? Alors j'ai dit que j'allais au cinéma. En fait, nous avons juste fait un tour en voiture. Mais il fallait bien que je voie ce film ! Vous savez, mon mari me demande toujours... enfin, il m'en aurait sûrement parlé. C'est pour cela que je suis allée le voir mardi après-midi.

— Avec votre voiture, Mrs Missal ? Vous habitez pourtant à cent mètres du cinéma.

— Je vois que vous avez parlé à cette petite garce d'Inge. Il fallait que je prenne la voiture pour lui faire croire que j'allais loin. Je ne pouvais pas prétendre aller faire les magasins puisqu'ils ferment tôt ce jour-là, et elle sait que je ne vais jamais nulle part à pied. J'ai pensé que si elle me voyait sortir sans la voiture, elle devinerait que j'allais au cinéma et elle trouverait drôle que j'y retourne le lendemain.

— Les domestiques ne sont plus ce qu'ils étaient, ironisa Wexford.

— À qui le dites-vous ! Eh bien, voilà, c'est tout. J'ai pris la voiture et je l'ai collée dans Tabard Road... Oh mon Dieu, mais c'est là que cette femme habitait, n'est-ce pas ? Mais je ne pouvais pas la laisser dans High Street à cause... (Elle essaya encore de l'attendrir d'un sourire), à cause de votre règlement ridicule sur le stationnement.

Wexford répliqua brusquement d'un ton mordant :

— Connaissiez-vous cette femme, madame ?

Helen Missal sursauta :

— Oh, vous m'avez fait peur ! Laissez-moi réfléchir. Non, je ne crois pas. Ce n'est pas le genre de personne que j'ai l'habitude de fréquenter, inspecteur-chef.

— Avec qui êtes-vous sortie mercredi soir quand vous avez perdu votre rouge à lèvres, Mrs Missal ?

Ses sourires et ses airs de petite fille n'avaient pas marché. Elle repoussa sa chaise violemment et lui répondit en criant :

— Je ne vous le dirai pas ! Vous ne pouvez pas m'y obliger ! Vous n'avez pas le droit de me garder ici.

— C'est vous qui êtes venue, chère madame, rétorqua Wexford.

Il ouvrit la porte en grand et lui décocha un sourire affable.

— Je viendrai vous voir ce soir lorsque votre mari sera rentré ; nous essaierons d'éclaircir tout cela.

Le pasteur méthodiste n'avait pas beaucoup aidé Burden. Il n'avait pas vu Mrs Parsons depuis dimanche et avait été surpris qu'elle ne vienne pas à la réunion de mardi. Il ne lui connaissait pas d'amis proches à la paroisse et il ne se souvenait pas avoir jamais entendu quelqu'un l'appeler par son prénom.

Burden vérifia les horaires des bus à la gare routière et apprit que le 17 h 32 avait quitté Stowerton pile à l'heure. De plus, la conductrice du bus de Kingsmarkham, celui partant de Stowerton à 17 h 35, se souvint d'avoir vu Parsons. Il n'avait qu'un billet de dix shillings et ils étaient presque arrivés à Kingsmarkham quand elle avait enfin réussi à lui faire de la monnaie.

— Elle m'en a fait voir de toutes les couleurs, cette fichue Mrs Missal ! dit Wexford quand Burden entra dans son bureau. Elle fait partie de ces femmes qui mentent comme elles respirent, c'est une seconde nature.

— Quel est le mobile, chef?

— Si je le savais ! Peut-être qu'elle avait une liaison avec Parsons : elle va le prendre à la sortie de son bureau mardi après-midi après avoir corrompu tous les employés de la Compagnie des Eaux pour qu'ils affirment ne pas l'avoir vu partir avant 17 h 30 ; ou alors elle a un autre amant avec qui elle sort les mercredis, un pour chaque jour de la semaine ; autre hypothèse, elle, Parsons et Mr X, qui doit rester anonyme (Doux Jésus !), sont des agents soviétiques et Mrs Parsons est passée à l'Ouest. Tout ceci est complètement farfelu, Mike, et ça me donne envie de vomir !

— On n'a même pas retrouvé l'objet qui a servi à l'étrangler, renchérit Burden d'un air sinistre. Est-ce qu'une femme aurait pu faire le coup?

— Crocker a l'air de le croire. À condition que ce soit une jeune femme solide et bien nourrie qui passe sa vie dans un fauteuil.

— Comme Mrs Missal...

— On va retourner là-bas ce soir, Mike, et tout reprendre depuis le début devant son bonhomme. Mais pas avant ce soir. J'ai bien l'intention de la laisser mariner toute la journée. Le rapport du laboratoire indique qu'il n'y a pas de trace de bouse de vache sur les pneus de Mrs Missal. Mais elle n'a pas forcément utilisé sa propre voiture. Son mari est concessionnaire, il a un garage à Stowerton. Ces gens n'arrêtent pas de changer de voiture. Il va falloir vérifier ça aussi. L'enquête judiciaire est pour demain, et je veux avoir d'autres cartes en mains d'ici là.

Burden alla à Stowerton avec sa voiture personnelle et se gara dans la cour du garage de Missal. Un homme en bleu de travail sortit de la cage en verre coincée entre les pistes de pompes à essence.

— Le plein, s'il vous plaît, demanda Burden. Mr Missal n'est pas là ?

— Il est sorti avec un client.

— Dommage. Je suis déjà passé mardi après-midi et il n'était pas là...

— Il est toujours à droite, à gauche. Je vais passer un coup sur votre pare-brise.

— Et Mrs Missal ?

— Ça fait trois mois que je l'ai pas vue. La dernière fois c'était en mars. Elle était venue emprunter la Mercedes et elle a défoncé la grille. Les femmes au volant !

— Elle a dû se faire engueuler, non ? comme je connais Pete.

— Ça, c'est sûr. Il a dit, terminé ; ni la Mercedes ni une autre voiture.

— Je vois, fit Burden en lui tendant un pourboire raisonnable pour que cela ne paraisse pas suspect. Le mariage devient un calvaire quand la lune de miel est finie.

— Je lui dirai que vous êtes passé.

Burden mit le contact et passa la première.

— Pas la peine, je le vois ce soir.

Il se dirigea vers la sortie et freina brutalement pour éviter une décapotable jaune qui débouchait à toute allure de Maryfield Road. Un homme d'un certain âge était au volant, et Peter Missal était à la place du passager.

— Le voilà, ne le ratez pas ! cria le pompiste.

Burden gara sa voiture et poussa les portes battantes du magasin où il attendit à côté d'une Austin-Mini tournoyant lentement sur son présentoir écarlate. Il voyait Missal discutant dehors avec le conducteur de la décapotable.

Apparemment, l'affaire ne fut pas conclue, car l'homme partit à pied et Missal rentra au magasin.

— Qu'est-ce qu'il y a encore? demanda-t-il à Burden. Je n'aime pas être poursuivi jusque sur mon lieu de travail.

— Je ne vous retiendrai pas longtemps, assura Burden. Je dois simplement vérifier votre emploi du temps de mardi après-midi. Je suppose que vous étiez ici toute la journée. Enfin, ici et sur la route.

— C'est pas vos oignons, aboya Missal en enlevant d'une chiquenaude, au passage, un grain de poussière posé sur l'aile de l'Austin. Je suis allé à Kingsmarkham voir un client. Et c'est tout ce que j'ai à vous dire. Je respecte la vie privée des gens et vous feriez bien d'en faire autant.

— Dans une affaire de meurtre, la vie privée ne peut pas toujours rester aussi privée qu'on le souhaiterait. On dirait que votre femme n'a pas compris cela, elle non plus.

Il se dirigea vers la porte.

— Ma femme... (Missal le suivit et, regardant autour de lui pour s'assurer qu'on ne pouvait pas l'entendre, siffla entre ses dents d'un ton furieux :) Enlevez ce tas de ferraille du chemin. Il gêne le passage.

6

Qui était son père?
Qui était sa mère?
Avait-elle une sœur?
Avait-elle un frère?
Ou bien y avait-il
Quelqu'un de plus proche
Et de plus cher encore
Que tous les autres?

Thomas Hood,
The Bridge of Sighs

Les histoires d'affaires criminelles avaient été retirées de la bibliothèque et la dernière étagère était demeurée vide. Si Parsons était innocent, un mari réellement affligé de la mort de sa femme, Burden imaginait à quel point les épouvantables couvertures de ces livres avaient dû le bouleverser lorsqu'il était entré dans la misérable salle de séjour ce matin-là. À moins qu'il ne les ait enlevés parce qu'ils avaient rempli leur office et avaient cessé d'être utiles ?

— Inspecteur-chef, dit Parsons, il faut que je sache. Est-ce qu'on l'a... ? Est-ce qu'elle a... ? Est-ce qu'elle a juste été étranglée ou est-ce qu'il y a eu autre chose ?

Il semblait avoir considérablement vieilli au cours des derniers jours, ou alors c'était un excellent acteur.

— Soyez tranquille à ce sujet, répondit vivement Wexford, votre femme a effectivement été étranglée mais je peux vous assurer qu'on ne lui a rien fait subir d'autre.

Il regarda les tristes rideaux verts, le lino usé sur les bords, et dit d'une voix neutre :

— Il n'y a pas eu d'agression sexuelle.

— Dieu merci ! s'exclama Parsons comme s'il croyait qu'il pût encore exister un Dieu dans quelque paradis non conformiste et comme s'il Le remerciait véritablement. Je n'aurais pas pu supporter ça. Je n'aurais pas pu continuer de vivre en sachant ça. Il valait mieux que Margaret soit morte plutôt que...

Il réalisa soudain ce qu'il venait de dire et se prit la tête entre les mains.

Wexford attendit que les mains retombent et que les yeux secs fixent à nouveau les siens.

— Mr Parsons, apparemment, il n'y a pas de traces de lutte. On aurait dit que votre femme dormait juste avant d'avoir été tuée. Il semblerait qu'il n'y ait eu qu'un choc momentané, juste une seconde de douleur — puis plus rien.

Parsons marmonna entre ses dents, détournant son visage de telle sorte qu'ils ne purent saisir que les derniers mots :

— « ...Car bien qu'ils soient punis au regard des hommes, leur espoir demeure pourtant en l'immortalité. »

Wexford se leva et se dirigea vers la bibliothèque. Il ne fit aucune remarque au sujet des livres manquants ; il se contenta de prendre un volume sur l'une des étagères du bas.

— C'est un guide du district de Kingsmarkham, à ce que je vois. (Il l'ouvrit et Burden aperçut une photo en couleur de la place du marché.) Ce n'est pas un livre neuf.

— Ma femme a vécu ici — enfin, pas vraiment ici, à Flagford exactement — pendant environ deux ans après la fin de la guerre. Son oncle faisait partie de la R.A.F. et était cantonné à Flagford, et sa tante avait une maison au village.

— Parlez-moi un peu de la vie de votre femme.

— Elle est née à Balham, commença Parsons en refoulant un sanglot et évitant soigneusement de prononcer son nom. Ses parents sont morts quand elle était petite et elle est allée vivre avec cette tante. À l'âge de seize ans environ, elle est venue habiter Flagford, mais cela ne lui plaisait pas. Son oncle est mort — c'est pas qu'il ait été tué, lui —, il est mort d'une crise cardiaque, et sa tante est retournée à Balham. Ma femme est entrée à l'université à Londres et après elle a commencé à enseigner. Puis on s'est marié. C'est tout.

— Mr Parsons, vous m'avez dit mercredi que votre femme aurait pris sa clef de la porte d'entrée ; combien y avait-il de clefs en tout ?

— Seulement deux. (Parsons exhiba une banale clef de verrou de sa poche et la tendit à Wexford.) La mienne et — et celle de Margaret. Elle avait mis la sienne à un anneau attaché à une chaîne en argent avec au bout un fer à cheval comme porte-bonheur. (Il ajouta simplement, d'une voix tranquille :) C'est moi qui lui avais offert quand on est arrivés ici. Son porte-monnaie est marron ; en plastique marron avec un fermoir doré.

— J'aimerais savoir si votre femme avait l'habitude d'aller du côté de la ferme des Prewett. Est-ce que vous les connaissiez, eux ou leurs employés ? Il y a une jeune fille là-bas qui s'appelle Dorothy Sweeting ; vous avez déjà entendu votre épouse prononcer ce nom ?

Mais Parsons n'avait même jamais entendu parler de cette ferme avant qu'on y découvre le corps de sa femme. Celle-ci n'aimait pas spécialement la campagne ni les promenades et le nom de Sweeting ne lui disait rien.

— Est-ce que le nom de Missal vous dit quelque chose ?

— Missal ? Non, je ne vois pas.

— Une belle femme, grande, aux cheveux roux, qui habite une maison en face de l'*Olive and Dove*. Son mari vend des voitures. Un type costaud qui a une grosse voiture verte.

— On ne connaît... on ne connaissait pas de gens de ce genre. (Son visage se crispa et il leva une main pour cacher ses yeux.) Il y a beaucoup de gens snobs par ici. On n'était pas du même monde ; on n'aurait jamais dû venir ici. (Sa voix n'était plus qu'un murmure lorsqu'il dit :) Si on était restés à Londres, elle serait peut-être encore en vie.

— Mais pourquoi êtes-vous venus, Mr Parsons ?

— La vie est moins chère à la campagne, ou du moins c'est ce qu'on croit tant qu'on n'a pas essayé.

— Vous voulez dire que le fait que votre femme ait vécu à Flagford n'avait rien à voir avec votre décision de venir vous y installer.

— Margaret ne voulait pas, mais on m'a proposé un travail, alors... vous savez, quand on n'a pas d'argent, on ne choisit pas. Elle devait travailler quand on habitait Londres. Je pensais qu'elle serait plus tranquille ici. (Il toussa et sa toux se transforma en sanglot.) Mais j'avais tort, n'est-ce pas ?

— Je crois que vous avez pas mal de livres dans le grenier, Mr Parsons. J'aimerais bien les regarder d'un peu plus près.

— Je vous les donne. Je ne veux plus voir un seul livre de toute ma vie. Mais vous ne trouverez rien, elle ne les ouvrait jamais.

Les sombres escaliers devenaient plus familiers et perdaient ainsi l'aspect sinistre qui avait frappé Burden la première fois. Le soleil dévoilait une légère poussière récente et dans sa douce lumière la maison ne ressemblait plus du tout au lieu d'un crime mais seulement à une misérable relique. Il y avait une épouvantable odeur de renfermé, et Wexford ouvrit la fenêtre du grenier. Il souffla sur la mince pellicule de poussière qui recouvrait la malle puis en souleva le couvercle. Elle était bourrée de livres ; il en retira ceux de dessus. C'était des romans ; il en compta deux de Rhoda Broughton, *Evelina* en édition de poche et *John Halifax, Gentleman* de Mrs Craik. Il les retourna et les secoua mais leurs feuillets ne détenaient aucun secret. Dans le fond, il trouva deux paquets de romans pour adolescents, parmi lesquels figurait l'œuvre complète d'Angela Brazil. Wexford les empila par terre et retira une pile de volumes plus luxueux, certains reliés en daim, d'autres en cuir odorant ou en soie lavée.

Il ouvrit d'abord un volume relié en daim vert pâle aux pages dorées sur tranche. Sur la page de garde, quelqu'un avait écrit soigneusement à l'encre :

« *Si l'amour était semblable à la rose*
Et si j'étais sa feuille,

Nos vies s'écouleraient en symbiose
Dans la joie comme dans le deuil... »

Et juste en dessous :

Plutôt sentimental, n'est-ce pas, Minna, mais tu comprends ce que je veux dire. Très, très bon anniversaire. Avec tout mon amour, Doon. 21 mars 1950.

Burden regardait par-dessus l'épaule de Wexford.

— Qui est Minna ?

— Il va falloir demander à Parsons, répondit Wexford. C'est peut-être un livre d'occasion. Il a l'air de coûter cher. Je me demande pourquoi elle ne l'avait pas mis dans la bibliothèque. Mon Dieu, cet endroit supporterait un peu de lumière.

— Et qui est Doon ? insista Burden.

— Vous êtes détective, non, alors détectez !

Il reposa le livre par terre et en prit un autre. C'était l'*Oxford Book of English Verse*, toujours recouvert de sa jaquette noire et gris perle ; Doon avait inscrit un autre message à l'intérieur. Wexford le lut à voix haute sans la moindre émotion.

Je sais combien tu avais envie de cet ouvrage, Minna. Imagine mon bonheur lorsque je l'ai trouvé chez Foyle's, qui m'attendait. Joyeux Noël. Doon, décembre 1950.

Le livre qu'il regarda ensuite était encore plus magnifique dans sa reliure de soie lavée rouge et de cuir noir.

— Voyons le troisième, dit Wexford. *The poems of Christina Rossetti*, très beau bouquin, lettres dorées et tout. Je me demande ce que Doon a écrit cette fois. *Un cadeau qui n'est pas d'anniversaire, Minna chérie, de la part de Doon qui te souhaite d'être heureuse à jamais. Juin 1950.* Je me demande si cette Minna a bradé tout le lot à Mrs Parsons.

— Je suppose que Minna pourrait être Mrs Parsons, un surnom peut-être.

— J'y avais pensé, figurez-vous, rétorqua Wexford d'un ton sarcastique. Ce sont de très bons livres, Mike, pas le genre de bouquins qu'on peut trouver à une vente de charité, et ce serait pourtant bien le genre de Mrs Parsons. Regardez ça : *Omar Khayyam, Leaves of Grass* de Walt Whitman, William Morris. Si je ne me trompe, cet Omar Khayyam devait bien valoir dans les trois ou quatre livres. Et cet autre là, *Verses of Walter Savage Landor*. C'est un ouvrage ancien et les feuilles n'ont même pas été coupées.

Il lut à voix haute l'inscription figurant sur la page de garde :

Je promets de rapporter avec moi
Ce qu'avec transport tu recevras,
Le seul présent digne de toi,
Que nul mortel ne te ravira.

Plutôt de circonstance, tu ne trouves pas, Minna ? Avec tout mon amour, Doon. 21 mars 1951.

— Ce n'était pas vraiment de circonstance, on dirait ! Et Minna, qui que ce soit, ne l'a pas reçu avec transport. Elle n'a même pas coupé les pages. Je vais aller en toucher deux mots à Parsons, puis on fera emmener tous ces livres au poste. Ce grenier me donne la chair de poule.

Mais Parsons ne savait pas qui était Minna et il eut l'air surpris lorsque Wexford mentionna la date du 21 mars.

— Je n'ai jamais entendu personne l'appeler Minna, assura-t-il avec dégoût, comme si ce nom était une insulte à sa mémoire. Ma femme ne m'a jamais parlé d'un ami du nom de Doon. Je n'ai même jamais vraiment bien regardé ces livres. Margaret et moi vivions dans la maison que sa tante lui a léguée jusqu'à ce qu'on vienne s'installer ici, et ces livres ont toujours été dans cette malle. On les a transportés avec le reste du mobilier. Je ne comprends pas ce que cela veut dire — cette date, le 21 mars, c'est l'anniversaire de Margaret.

— Cela peut ne rien vouloir dire, mais cela peut aussi tout expliquer, dit Wexford lorsqu'ils furent dans la voiture. Doon parle de la librairie Foyle's et Foyle's qui, au cas où vous ne le sauriez pas, mon cher ami provincial, se trouve à Londres dans Charing Cross Road.

— Mais Mrs Parsons avait seize ans en 1949, et elle est restée deux ans à Flagford. Elle ne devait vivre qu'à quelques kilomètres d'ici quand Doon lui offrait ces livres.

— Exact. Il aurait pu vivre ici également et aller à Londres pour la journée. Je me demande pourquoi les dédicaces étaient écrites en caractères d'imprimerie, Mike. Pourquoi ne les a-t-il pas écrites normalement ? Et pourquoi Mrs Parsons cachait-elle ces livres comme si elle en avait honte ?

— Ils feraient pourtant une meilleure impression dans la bibliothèque que *Les mariées dans le bain* ou je ne sais quoi de ce genre, remarqua Burden. Ce Doon était probablement fou d'elle.

Wexford sortit la photographie de Mrs Parsons de sa poche.

— Incroyable que cette femme ait jamais pu inspirer de la passion, ou de tels vers enflammés !

» “Heureuse à jamais”, murmura-t-il. Mais l’amour n’est pas semblable à la rose. Je me demande si l’amour pourrait être un bois sombre et épais, une corde serrée étroitement autour d’un cou fragile ?

— Une corde ? demanda Burden. Pourquoi pas une écharpe, ce truc rose en nylon ? Il n’est pas dans la maison.

— C’est possible. Je vous parie ce que vous voulez que ce foulard est avec la clef et le porte-monnaie. Beaucoup de femmes ont été étranglées avec un bas en nylon, Mike. Pourquoi pas avec un foulard en nylon ?

Il avait pris avec lui le Swinburne et le Christina Rossetti. C’était tout de même peu de chose, réfléchissait Burden, une pile de vieux bouquins et un jeune homme évasif. Doon... Doon. Si Minna était un surnom, Doon devait également être un pseudonyme. Maintenant, Doon devait être un homme de trente ou trente-cinq ans, peut-être marié avec des enfants, et qui avait tout oublié de son amour de jeunesse. Burden se demandait où Doon était à présent. Disparu, absorbé sans doute par le gigantesque labyrinthe londonien, ou alors vivant toujours à un ou deux kilomètres de là... Il eut un coup au cœur en se souvenant de la nouvelle zone industrielle de Stowerton, le dédale de ruelles de Pomfret avec une maison solitaire tous les deux cents mètres, et au nord, Sewingbury, où les routes se peuplaient de pavillons d’après-guerre qui se construisaient en étoile à partir du centre de la vieille ville et mangeaient peu à peu la campagne. À part cela, il y avait Kingsmarkham et les villages environnants, Flagford, Forby...

— Je suppose que ce Missal ne pourrait pas être Doon, dit-il avec espoir.

— Si c’est lui, répondit Wexford, il a sacrément changé.

Le fleuve léthargique de ma vie, Minna, s'est écoulé paresseusement vers une mer pacifique. Moi qui désirais si ardemment me laisser emporter par un torrent déchaîné ! C'était il y a bien longtemps.

Puis hier, Minna, hier au soir, je t'ai vue. Pas en rêve comme cela m'est si souvent arrivé, mais en réalité. Je t'ai suivie, cherchant des lys sous tes pas... J'ai vu l'anneau d'or à ton doigt, l'entrave d'un amour importun, et j'ai hurlé, dans le silence de mon cœur, oui moi, moi aussi, j'ai connu les frayeurs nocturnes !

Mais depuis toujours, mon festin a été le festin de l'esprit, et pour cet être qui partage ma vie, ma chair est demeurée pareille à une chandelle sans flamme dans un coffret scellé. La lumière de mon âme a vacillé, faiblissant dans le vent âpre. Le coffret ne pourra jamais être ouvert ni la flamme ranimée, et pourtant la mèche de l'esprit implore avec ardeur les mains qui tiennent le cierge capable de chasser l'ombre de la solitude, la torche d'une douce intimité, l'étincelle d'une amitié retrouvée.

Je te verrai demain et nous parcourrons ensemble les chemins dorés de notre jeunesse. Sois sans crainte, la raison sera mon guide et une tendre modération saura retenir les rênes de mon transport. Tout ne sera-t-il pas merveilleux, Minna, charmant comme un rayon de soleil sur des visages d'enfants ?

7

Et lorsqu'elle démêlera
Toutes les séductions
Qu'elle a tissées autour de moi...
Francis Thompson,
The Mistress of Vision.

Une Jaguar noire, déjà ancienne mais bien entretenue, était garée devant la maison des Missal lorsque Wexford et Burden passèrent les grilles à 19 h. Seules les roues étaient sales, les enjoliveurs éclaboussés de boue séchée.

— Je connais cette voiture, affirma Wexford. Je la connais mais je n'arrive pas à la situer. Je dois me faire vieux.

— Un cocktail, juste avec quelques amis, lança Burden d'un air solennel.

— Des mondanités dont je m'accommoderais bien de temps en temps, grommela Wexford en cognant sur la cloche de bateau.

Mrs Missal avait peut-être oublié qu'ils devaient passer, à moins que Inge n'ait pas été mise au courant, car la jeune fille eut l'air surpris et pourtant animé d'une joie mauvaise. Elle avait remonté ses cheveux sur le dessus de sa tête, à l'image d'Helen Missal mais avec moins de succès. Elle tenait un flacon de paprika dans la main gauche.

— Tous sont là, dit-elle. Deux sont venus dîner. Quel homme ! Franchement, c'est du gâchis de voir un homme comme lui s'enterrer dans la campagne anglaise. Mrs Missal dit : « Inge, vous ferez des lasagnes. » Tout sera italien, le paprika, la pâte, les piments... Ach, ce n'est qu'un jeu !

— Très bien, miss Wolff. Nous aimerions parler à Mrs Missal.

— Je vous montre. (Elle gloussa, ouvrit la porte du salon et annonça, comme si elle leur faisait une bonne surprise :) Voici les policiers !

Quatre personnes étaient assises dans les fauteuils aux rhododendrons et quatre verres de xérès étaient posés sur la table basse. Il se fit un silence pesant et Helen Missal rougit violemment. Puis elle se tourna vers l'homme assis entre elle et son mari, entrouvrit les lèvres comme si elle allait dire quelque chose, puis les serra à nouveau sans prononcer un mot.

Ainsi c'était lui dont Inge faisait si grand cas, pensa Burden. Quadrant ! Pas étonnant que Wexford ait reconnu la voiture.

— Bonsoir, Mr Quadrant, dit Wexford en laissant percer, par une légère inflexion de voix, sa surprise de le trouver en telle compagnie.

— Bonsoir, inspecteur-chef. Inspecteur Burden.

Burden connaissait depuis longtemps cet avocat qu'il avait souvent vu au tribunal de Kingsmarkham et toujours détesté sans savoir pourquoi. Il fit un signe de tête en direction de Quadrant et de la personne qui occupait le quatrième fauteuil et qui était probablement sa femme. Ils se ressemblaient un peu ; ils étaient tous les deux minces et bronzés, avec le même nez droit et les mêmes lèvres rouges bien dessinées. Quadrant avait l'allure d'un Grand d'Espagne sorti d'un tableau du Greco, ou peut-être d'un moine, mais d'après ce que savait Burden, il était anglais. Ces traits méridionaux étaient peut-être issus d'une ville de Cornouailles et peut-être Quadrant était-il le descendant d'un officier de marine de la Grande Armada. Sa femme avait l'élégance négligée des gens riches. Burden trouvait qu'à côté d'elle, la robe bleue d'Helen Missal avait l'air de provenir d'un supermarché. Ses doigts étaient chargés de bagues, et cela aurait pu être vulgaire si les pierres avaient été fausses, mais Burden était certain qu'elles ne l'étaient pas.

— Désolé de vous déranger encore, Mr Missal, dit Wexford, le regard attardé sur Quadrant. J'aimerais juste dire un mot à votre femme, si vous le permettez.

Missal se leva, le visage déformé par une colère impuissante. Il avait l'air plus gras que jamais, boudiné dans son costume de lin gris. Puis Quadrant fit une chose curieuse : il prit une cigarette dans la boîte sur la table, la porta à ses lèvres et l'alluma du côté du filtre. Fasciné, Burden le regarda s'étouffer et jeter la cigarette dans le cendrier.

— J'en ai par-dessus la tête de tout cela, cria Missal. On ne peut même pas passer une soirée tranquille avec des amis sans être poursuivi jusque chez soi. J'en ai assez. Ma femme vous a déjà répondu, cela devrait vous suffire.

— Il s'agit d'un meurtre, monsieur, précisa Wexford.

— Nous allions dîner, fit Helen Missal d'un ton boudeur en lissant sa robe bleue et en tripotant nerveusement son collier de perles. Nous serions peut-être mieux dans ton bureau, Pete. Inge doit préparer la salle à manger. Mon Dieu ! Vous ne pouvez donc pas me laisser tranquille ! (Puis elle se tourna vers la femme de Quadrant et dit :) Veux-tu m'excuser un instant, Fabia chérie ? Si tu peux supporter l'idée de rester dîner chez des criminels, bien sûr.

— Tu es sûre que tu ne veux pas que Douglas t'accompagne ? En temps qu'avocat, je veux dire, intervint Fabia Quadrant d'un ton amusé.

Burden se demanda si les Missal ne les avaient pas prévenus de leur visite imminente en évoquant un prétendu problème de stationnement interdit. Mais Wexford avait parlé de meurtre, et Quadrant était visiblement effrayé lorsqu'il avait allumé sa cigarette à l'envers.

— Soyez bref, dit Missal.

Ils entrèrent dans le bureau et Wexford ferma la porte derrière lui.

— Je veux que vous me rendiez mon rouge à lèvres, et je vous interdis de gâcher mon dîner, intima Helen Missal.

Imperturbable, Wexford lui lança :

— Et moi je veux savoir avec qui vous étiez lorsque vous avez perdu votre rouge à lèvres, madame.

— C'était juste un ami, répondit-elle. (Elle leva les yeux avec coquetterie vers Wexford et minauda comme une petite fille qui demande la permission d'inviter sa copine pour le goûter.) N'ai-je pas le droit d'avoir des amis ?

— Mrs Missal, si vous vous obstinez à refuser de me donner le nom de cet homme, je me verrai dans l'obligation d'interroger votre mari.

Burden commençait à avoir l'habitude de ses changements

d'humeur, mais il fut tout de même surpris par la violence de sa colère.

— Vous n'êtes qu'un ignoble salaud ! cria-t-elle.

— Ce genre d'insulte ne me touche guère, madame. Vous savez, j'ai l'habitude de fréquenter des milieux où ce langage est très courant. Son nom, je vous prie. C'est une enquête sur un meurtre.

— C'était Douglas Quadrant, si vous voulez savoir !

« Cela expliquerait l'incident de la cigarette », pensa Burden.

— Inspecteur Burden, dit Wexford, voulez-vous emmener Mr Quadrant dans la salle à manger — le dîner de miss Wolff attendra — et lui demander ce qu'il a fait mercredi soir ? À moins que ce ne soit mardi après-midi, Mrs Missal ?

Burden sortit et Wexford soupira légèrement :

— Très bien, madame, maintenant vous allez tout recommencer depuis le début et me raconter ce que vous avez fait mercredi soir.

— Qu'est-ce que ce type va dire devant mon mari ?

— Rassurez-vous, l'inspecteur Burden est quelqu'un de très discret. En admettant que votre version des faits me donne entière satisfaction, je suis certain que vous saurez convaincre votre mari que Mr Quadrant n'était consulté qu'en sa qualité d'avocat.

Ce fut l'attitude adoptée par Burden en rentrant dans le salon.

— Y a-t-il un problème avec Mrs Missal, inspecteur ? demanda Fabia Quadrant, sur le même ton qu'elle aurait pu avoir en demandant à un domestique s'il avait satisfait les désirs d'un invité. J'imagine que mon mari peut régler cela.

Quadrant se leva avec nonchalance. Burden fut surpris qu'il n'offre aucune résistance. Ils entrèrent dans la salle à manger et Burden tira deux chaises de la table, mise avec un set de table sous chaque assiette, de hauts verres fumés violets, des couverts en argent et des serviettes pliées en forme de nénuphars.

— Un homme est un homme, répondit Quadrant sans la moindre gêne quand Burden le questionna sur sa promenade en voiture avec Helen Missal. Mrs Missal est parfaitement heureuse dans son ménage et moi également. Nous aimons simplement vivre un peu dangereusement tous les deux de temps en temps. Faire une promenade, aller prendre un verre...

On ne fait pas de mal et tout le monde n'en est que plus heureux.

Il se montrait déconcertant à force de franchise. Burden se demanda pourquoi. Cela ne concordait pas avec sa première réaction. Tout le monde n'en était que plus heureux? Missal n'avait pas l'air si heureux que cela... et la femme aux bagues? Elle avait toujours l'argent pour se consoler. Mais qu'est-ce que tout cela avait à voir avec Mrs Parsons?

— Nous sommes allés dans le chemin, dit Quadrant. Nous avons garé la voiture et sommes restés à la lisière du bois pour fumer une cigarette. Vous savez comme c'est désagréable de fumer dans une voiture, inspecteur. (Quadrant s'adressait à Burden comme à un autre homme du monde.) J'ai peur de ne pas pouvoir vous aider au sujet du rouge à lèvres. Mrs Missal est quelqu'un de plutôt insouciant. Elle a tendance à être négligente lorsqu'il s'agit de choses sans importance. (Il sourit.) C'est peut-être ce qui me plaît chez elle.

Burden avait vu Quadrant ce jour-là mais il ne l'avait pas eu sous les yeux toute la journée.

— Je suppose que tout ceci a eu lieu mercredi, dit Burden, pas mardi après-midi par hasard?

— Allons, inspecteur. J'étais au tribunal mardi toute la journée. Vous m'y avez vu vous-même.

— Nous aimerions regarder vos pneus de voiture, monsieur.

En disant cela, Burden savait que c'était inutile. Quadrant avait déjà reconnu être allé sur le sentier mercredi.

Dans le bureau, Helen Missal racontait pratiquement la même histoire à Wexford.

— Nous ne sommes pas entrés dans le bois, disait-elle. Nous sommes restés sous les arbres. J'avais pris mon sac avec moi parce que j'avais pas mal d'argent dedans et je pense que j'ai dû laisser tomber mon tube de rouge quand j'ai ouvert mon sac pour prendre un mouchoir.

— Vous n'avez jamais perdu la voiture des yeux?

Le piège était tendu et elle tomba dedans:

— Non, nous sommes restés tout le temps à proximité, à bavarder sous les arbres, répondit-elle.

— Vous devez être une personne très nerveuse, Mrs Missal, nerveuse et extrêmement prudente. Mr Quadrant était avec vous, la voiture était en vue, mais vous aviez peur que quelqu'un n'essaie de voler votre sac sous vos yeux.

Elle avait peur, maintenant, et Wexford était convaincu qu'elle ne lui avait pas tout dit.

— Écoutez, c'est ainsi que cela s'est passé. Je ne peux tout de même pas justifier tout ce que je fais.

— J'ai bien peur que si, madame. Je suppose que vous avez conservé votre ticket de cinéma ?

— Oh, Seigneur ! Vous ne pouvez pas me laisser tranquille ? Bien sûr que je ne garde pas les tickets de cinéma.

— Vous ne prenez pas beaucoup de précautions, madame. Il aurait été prudent de le garder au cas où votre mari vous aurait demandé de lui montrer. Ayez l'amabilité de rechercher ce ticket et de me l'apporter au poste quand vous l'aurez trouvé. Son numéro permettra de savoir si vous êtes allée au cinéma mardi ou mercredi.

Quadrant l'attendait dans la salle à manger, debout près du buffet à présent, occupé à lire les étiquettes de deux bouteilles de vin blanc. Burden était toujours assis à la table.

— Ah, inspecteur-chef, « quelle toile enchevêtrée nous tissons lorsque nous nous exerçons au mensonge ! », dit Quadrant de cette voix qu'il utilisait pour attendrir le cœur de juges inexpérimentés.

— J'aimerais que vous puissiez convaincre Mrs Missal de la vérité de cette maxime, cher monsieur. Il est très dommage pour vous que vous ayez choisi ce chemin pour... bavarder avec elle mercredi soir.

— Permettez-moi de vous assurer, inspecteur-chef, que ce n'était qu'une fâcheuse coïncidence. (Il regardait toujours les bouteilles de Barsac embuées et glacées.) Si j'avais découvert le corps de Mrs Parsons dans le bois, il est évident que je serais venu vous prévenir immédiatement. Dans ma position, je veux dire dans ma position particulière, j'estime tout à fait normal de vous apporter toute l'aide possible, à vous les défenseurs de l'ordre.

— C'est une position particulière, en effet. Ce que j'appellerais un mauvais coup du sort.

Au salon, Missal et Fabia Quadrant restaient silencieux. Burden trouva qu'ils avaient l'air d'avoir peu de chose en commun. Helen Missal et l'avocat entrèrent en souriant gaiement, comme s'ils s'étaient adonnés à un jeu de société. La charade avait été posée et les mots découverts ; maintenant tout le monde pouvait aller dîner.

— On peut peut-être dîner, maintenant, suggéra d'ailleurs Missal.

Wexford le regarda.

— Je crois que vous étiez à Kingsmarkham mardi après-midi, Mr Missal ? Auriez-vous l'obligeance de me dire où vous étiez exactement, et si l'on vous a vu ?

— Non, il n'en est pas question, répliqua Missal, sûrement pas. Vous avez envoyé votre larbin...

— Oh, Peter, l'interrompit Fabia Quadrant, larbin ! Quel vocabulaire.

Burden resta de marbre, impassible. Missal reprit :

— Vous avez envoyé votre sous-fifre m'interroger devant mes clients et mon personnel. Vous persécutez ma femme. Pas question que je vous donne mon emploi du temps détaillé !

— Moi, j'ai dû le faire, dit Helen Missal qui semblait contente d'elle, ravie de voir le centre d'attention se déplacer sur son mari.

— J'aimerais prélever un échantillon sur les pneus de votre voiture, dit Wexford, et Burden se demanda avec désespoir s'ils allaient devoir gratter la boue des roues de toutes les voitures de Kingsmarkham.

— La Mercedes est dans le garage, indiqua Missal. Faites comme chez vous. D'ailleurs, c'est ce que vous faites à l'intérieur, pourquoi ne pas en faire autant dehors ? Vous voudriez peut-être louer la pelouse pour en faire un terrain de sport de la police.

Fabia Quadrant sourit légèrement, son mari pinça les lèvres et regarda par terre. Mais Helen Missal ne riait pas. Elle lança un rapide coup d'œil à Quadrant et Burden crut déceler un imperceptible frisson. Puis elle leva son verre et avala le xérès d'un seul trait.

Wexford était assis à son bureau, griffonnant distraitement sur un morceau de papier. L'heure de fermeture des bureaux était passée depuis longtemps mais ils devaient encore passer en revue les événements de la journée, les remarques en apparence anodines, les réponses évasives, et en discuter. Burden constata que l'inspecteur-chef écrivait, apparemment sans comprendre, les deux noms qu'il avait gribouillés le matin où Mrs Missal était venue le trouver pour la première fois : « Missal, Parsons ; Parsons, Missal ».

— Mais quel est le lien, Mike ? Il doit bien y avoir un rapport. (Wexford soupira et barra les noms d'une épaisse ligne noire.) Vous savez, parfois j'aimerais bien que ce soit le Mexique. On pourrait avoir un flacon de gnôle dans le placard. De la téquila ou un tord-boyaux de ce genre. Cet éternel thé me donne envie de vomir.

— Quadrant et Mrs Missal... commença lentement Burden.

— Ça a l'air de rudement bien rouler entre eux, l'interrompit Wexford ; je parie qu'ils s'envoient en l'air sur la banquette arrière de la Jag !

Burden fut choqué.

— Une femme comme elle ? Pourquoi n'iraient-ils pas dans un hôtel ?

— La meilleure chambre de l'*Olive and Dove* ? Vous n'y êtes plus. Il ne peut pas aller près de chez elle à cause d'Inge et elle ne peut pas aller chez lui à cause de sa femme.

— Où est-ce qu'il habite ?

— Vous voyez où Mrs Missal range sa voiture ? Eh bien, en haut de la rue, sur le trottoir d'en face, au coin de ce que nos collègues en uniforme appellent la « jonction » avec Upper Kingsbrook Road. Cette maison avec les tourelles. Elle ne pourrait pas y aller à cause de « Fabia chérie ». J'ai idée qu'ils sont allés dans le chemin parce que Dougie Quadrant le connaît bien, parce qu'il y emmène tous ses coups. C'est tranquille, c'est sombre et c'est moche. Juste ce qu'il leur faut, à lui et à Mrs Missal. Quand ils ont terminé leurs petits jeux à l'arrière de la voiture, ils vont faire un tour dans le bois...

— Mrs Missal a peut-être vu un lapin, monsieur, dit Burden innocemment.

— Au nom du ciel, Mike ! rugit Wexford. Je ne sais pas pourquoi ils sont allés dans le bois ; peut-être que Mrs Missal espérait remettre ça dans les buissons sous la protection de Mère Nature. Ils ont peut-être vu le corps...

— Quadrant serait venu nous trouver.

— Pas si Mrs Missal l'a persuadé de n'en rien faire sous prétexte que leurs conjoints respectifs risquaient de découvrir leur liaison. Elle a sûrement cherché à le convaincre et notre courtois Dougie, qu'aucune femme jamais n'entendit prononcer le mot « non » — je sais lire, Mike — notre courtois Dougie a accepté de ne rien dire.

Burden avait l'air perplexe. Il dit enfin :

— Quadrant était terrifié, chef. Il est resté pétrifié de trouille quand on est entrés.

— J'imagine qu'il a compris que cela finirait par se savoir. Sa femme était là. C'est tout à fait naturel.

— Justement, vous n'auriez pas trouvé plus naturel qu'il essaie de nous cacher cela ? Au contraire, il s'est montré presque trop franc.

— Peut-être n'avait-il pas peur qu'on l'interroge à ce sujet, dit Wexford, mais plutôt peur de ce qu'on allait lui demander.

— Ou de ce que Mrs Missal pourrait dire.

— Quoi qu'il en soit, nous n'avons pas posé la bonne question, ou alors elle a donné la bonne réponse. La bonne réponse de son point de vue à lui, bien sûr.

— Je lui ai demandé ce qu'il avait fait mardi. Il a répondu qu'il était au tribunal toute la journée et que moi-même je l'y avais vu. Ce qui est vrai, à plusieurs reprises.

Wexford bougonna :

— Moi aussi. Je l'ai vu, mais je ne l'ai pas surveillé, ce qui fait une sacrée différence. J'étais en haut dans la salle d'audience n° 1, pendant qu'il plaidait en bas cette affaire de conduite en état d'ivresse. Laissez-moi réfléchir. La séance a été ajournée à 13 h et a repris à 14 h.

— Nous sommes allés au *Carousel* pour déjeuner.

— Lui aussi, je l'ai vu. Mais nous sommes montés à l'étage, Mike. Il en a peut-être fait autant mais je n'en sais rien. Il était de retour au tribunal pour 14 h mais sans sa voiture. Il vient à pied lorsqu'il est si près de chez lui.

— Missal devrait bien en faire autant, remarqua Burden ; ça ne lui ferait pas de mal de perdre un peu de lard, à cette espèce de gros tas. Larbin ! ajouta-t-il d'un air dégoûté.

— Sous-fifre, Mike, rectifia Wexford en souriant.

— Je me demande pourquoi il refuse de nous dire où il était mardi ?

— Dieu seul le sait ; mais les pneus de sa voiture étaient propres comme un sou neuf.

— Il aurait pu la laisser sur la route de Pomfret.

— Exact.

— J'imagine que Mrs Missal aurait pu se mettre dans l'idée que Quadrant avait une liaison avec Mrs Parsons.

Depuis quelques instants, Wexford commençait à s'agiter.

— Soyons sérieux, Mike. Dougie Quadrant et Mrs Parsons ? Cela fait des années qu'il trompe sa femme. C'est de notoriété publique. Mais vous avez vu le genre de minette qu'il tombe ? High Street le samedi matin est jonchée des restes de celles qu'il a larguées et qui se consolent de leur virginité perdue et de leur mariage brisé en exhibant leur nouvelle petite voiture. Mrs Parsons n'était pas son genre. De toute manière, Mrs Missal n'aurait pas tué pour lui. C'était pour elle une façon de se divertir des habituelles soirées mornes en compagnie de son mari ; juste un peu plus marrant que la télé.

Burden était toujours frappé par les accès de franc-parler de son chef. Wexford était intuitif, parfois même lyrique, mais il savait aussi être vulgaire.

— Je croyais que c'était seulement les hommes qui voyaient les choses de cette manière. Elle risquait gros pour une simple aventure.

— Il faut vous mettre à la page, Mike, dit Wexford d'un ton cinglant. L'*Oxford Book of Victorian Verse* est exactement ce qu'il vous faut. Je vais vous le prêter, faites-en votre livre de chevet.

Burden prit le livre et le feuilleta : Walter Savage Landor, Coventry Patmore, Caroline Elizabeth Sarah Norton... autant de poètes aux noms poussiéreux qui semblaient émerger d'un lointain passé. Quel lien pouvaient-ils avoir avec Minna l'étranglée et avec les hystériques Missal ? Amour, péché, douleur étaient les mots qui surgissaient presque à chaque vers. Ils résonnaient comme de ridicules anachronismes en comparaison de la désinvolture de Quadrant.

— Un lien, Mike, fit Wexford. C'est ça qui nous manque, un lien.

Mais ils ne devaient rien découvrir ce soir-là. Wexford s'empara de deux autres ouvrages :

— Juste au cas où notre Mr Doon ait souligné quelques mots ou inscrit quelques remarques fantaisistes.

Puis ils sortirent dans la fraîcheur du soir. De l'autre côté du pont, la voiture de Quadrant était toujours là.

8

Une de mes cousines il y a bien longtemps,
Une petite chose que nous a confiée le miroir...

James Thomson,
In the Room.

Un oiseau chantait sous la fenêtre du bureau de Wexford ; « Probablement un merle », pensa Burden. Il avait toujours aimé l'écouter jusqu'au jour où Wexford lui avait appris qu'il sifflait les premières mesures de la « Polka du tonnerre et des éclairs » ; depuis lors, cette rengaine quotidienne l'ennuyait. Il aurait aimé que l'oiseau chantât la suite de la mélodie, ou au moins y apportât quelques variantes. D'ailleurs, ce matin-là, il en avait assez des merles, alouettes et autres rossignols, assez des jeunes filles qui, emprisonnées dans de lugubres châteaux, mouraient à la fleur de l'âge en écoutant leurs anémiques soupirants leur donner la sérénade en s'accompagnant d'un luth et d'un tambourin. Il était resté la moitié de la nuit à lire l'*Oxford Book* et était loin d'être convaincu qu'il pût y avoir un quelconque rapport avec la mort de Mrs Parsons.

La journée s'annonçait belle, trop belle pour mener une enquête. Lorsque Burden entra, Wexford était déjà à son bureau en train de tourner les pages du volume relié daim de Swinburne. Les autres livres de Doon avaient été déménagés de la maison de Tabard Road et empilés sur le classeur de Wexford.

— Vous avez trouvé quelque chose, monsieur ?

— Absolument rien, mais il m'est venu une idée. Je vous en parlerai lorsque nous aurons lu le rapport de Balham. Il vient juste de me parvenir.

Le rapport était tapé sur deux feuilles de papier ministre. Burden s'installa et commença à le parcourir :

« Margaret Iris Parsons, née Godfrey, au 213 Holderness Road, Balham, le 21 mars 1933, était la fille d'Arthur Godfrey, infirmier, et de sa femme Iris Drusilla Godfrey. De 1938 à 1940, Margaret Godfrey fréquenta l'école primaire d'Holderness Road, puis le collège voisin, de 1940 à 1944. Ses parents ayant été tués dans le bombardement de Balham en 1942, Margaret alla vivre au 42 St John's Road, Balham, chez sa tante et tutrice légale, Mrs Ethel Mary Ives, épouse du soldat Geoffrey Ives, membre de l'Armée de l'air régulière. À cette époque, la famille comptait aussi Anne Mary Ives, leur fille, née le 21 février 1932 à Balham.

» Le soldat Ives fut muté à Flagford, Sussex, à la caserne de la Royal Air Force en septembre 1949 (date exacte inconnue). Mrs Ives loua sa maison et tout le monde quitta Balham pour aller s'installer à Flagford.

» À la mort de Geoffrey Ives, terrassé par une thrombose coronaire (Hôpital de la Royal Air Force de Sewingbury, juillet 1951), Mrs Ives, sa fille et Margaret Godfrey retournèrent vivre ensemble au 42 St John's Road à Balham.

» De septembre 1951 à juillet 1953, Margaret Godfrey fut étudiante à l'université de jeunes filles Albert Lake de Stoke Newington à Londres.

» Le 15 août 1952, Anne Ives épousa le soldat Wilbur Stobart Katz, de l'Armée américaine, à la chapelle méthodiste de Balham, et partit pour les États-Unis avec son mari en octobre 1952 (date exacte inconnue).

» Margaret Godfrey rejoignit l'équipe d'instituteurs de l'école primaire d'Holderness Road à Balham en septembre 1953.

» Ronald Parsons (employé de bureau) loua une chambre au 42 St John's Road en avril 1954 à l'âge de 27 ans. Mai 1957, décès de Mrs Ethel Ives d'un cancer (Guy's Hospital de Londres), enregistré à Balham par Margaret Godfrey. Margaret Godfrey et Ronald Parsons se marièrent à la chapelle méthodiste de Balham en août 1957 et s'installèrent au 42 St John's Road, la maison ayant été léguée conjointement à Mrs Parsons et à Mrs Wilbur Katz, selon la volonté de Mrs Ives.

» Le 42 St John's Road fut acheté d'office par le conseil municipal de Balham en novembre 1962, obligeant Mr et Mrs Parsons à déménager à Kingsmarkham, Sussex, après que Mrs Parsons eut démissionné de son poste à l'école d'Holderness Road.

(Sources : Officier de l'état civil de Balham ; Révérend Albert Derwent, pasteur de la chapelle méthodiste de Balham ; archives de la Royal Air Force ; archives de la U.S. Air Force ; rectorat de Londres ; Guy's Hospital ; conseil municipal de Balham.) »

— Je me demande où est Mrs Wilbur Katz, à présent? fit Burden.

— Vous avez des cousins aux États-Unis, Mike? demanda Wexford d'un ton calme, faussement affable.

— Je crois que oui.

— Moi aussi, et c'est le cas de la moitié des gens que je connais. Mais en fait, personne ne sait où ils sont ni même s'ils sont encore en vie.

— Vous disiez que vous aviez peut-être une idée, chef?

Wexford saisit le rapport et frappa le second paragraphe de son gros index.

— Cela m'est venu cette nuit, commença-t-il, entre deux poèmes de Whitman et Rossetti — tiens, on dirait des noms de gangsters, vous ne trouvez pas? Bon sang, Mike, j'aurais dû y penser plus tôt! Même quand Parsons m'a dit que sa femme avait vécu ici lorsqu'elle avait seize ans, cela n'a pas fait tilt. Le pauvre flic de campagne que je suis a cru que Mrs Parsons avait quitté l'école à l'époque. Mais elle était enseignante, Mike, elle a été formée à l'université. Elle a bien dû aller à l'école quand elle était à Flagford! Je suppose qu'ils sont venus à Flagford juste après qu'elle a commencé de suivre ses cours pour devenir institutrice, peu importe comment on appelait ça à l'époque, et quand elle est arrivée, elle est retournée tout droit à l'école.

— Il n'y a que deux écoles de filles dans le coin, affirma Burden. Le lycée de Kingsmarkham et cette espèce de couvent à Sewingbury; l'Institut Ste Catherine.

— Elle ne serait sûrement pas allée chez les bonnes sœurs, elle est méthodiste; sa tante aussi d'après ce que l'on sait: sa fille s'est mariée dans une église méthodiste en tout cas. On n'a pas de veine: c'est samedi, aujourd'hui, l'école est fermée.

»Je veux que vous me dénichiez la directrice — vous pouvez vous dispenser de venir à l'enquête, j'y serai. C'est une certaine miss Fowler, elle habite York Road. Voyez ce que vous pouvez en tirer. Ils doivent bien conserver des archives. Ce qu'il nous faut, c'est une liste des jeunes filles qui étaient dans la classe de Margaret Godfrey entre septembre 1949 et juillet 1951.

— Ça va être un sacré boulot pour les retrouver, monsieur.

— Je sais, Mike, mais c'est tout ce qu'on a. Et il se pourrait bien que ce soit la bonne piste. On connaît tout de la vie de

Margaret Parsons à Balham, et ça n'est pas la peine d'être sorcier pour voir qu'elle était plutôt morne. D'après ce qu'on sait, seulement deux choses extraordinaires lui sont arrivées. L'amour et la mort, Mike, l'amour et la mort. Et toutes les deux ont eu lieu dans mon secteur. Quelqu'un l'a aimée ici et lorsqu'elle est revenue, c'est ici que ce quelqu'un l'a tuée. Il est possible que l'une de ces jeunes filles se souvienne de son petit ami, un ami possessif et doté d'une excellente mémoire.

— Si seulement un citoyen à l'esprit civique et aimant les flics pouvait entrer ici, soupira Burden, et juste nous dire qu'il connaissait Mrs Parsons, ou simplement qu'il était sorti avec elle en 1950 ou même seulement qu'il l'a vue dans un magasin la semaine dernière. (Son visage s'assombrit un instant en pensant au rapport.) Plutôt en mauvaise santé, tous ces gens, non ? Cancer, thrombose coronaire...

Wexford articula lentement :

— Lorsque Parsons nous a raconté sommairement la vie de sa femme, je me suis demandé pourquoi il avait dit : « Son oncle est mort, c'est pas qu'il ait été tué, lui. » Ce n'est qu'un détail, mais je comprends maintenant. Les parents de Mrs Parsons furent effectivement tués, mais pas dans le sens où nous autres flics l'entendons.

Burden sortit, traversa le tribunal derrière le poste de police et téléphona à miss Fowler. Une voix grave et raffinée répondit en se présentant. Avant que Burden ait pu terminer ses explications, miss Fowler l'interrompit et affirma que Margaret avait bien été dans son lycée mais qu'elle ne se souvenait pas très bien d'elle depuis tout ce temps. Toutefois, elle l'avait revue récemment à Kingsmarkham et l'avait reconnue sur la photo du journal après son assassinat.

— Franchement, inspecteur, ajouta-t-elle, quelle horrible chose !

« Elle s'exprimait comme si le meurtre l'avait offensée plutôt qu'affligée », songea Burden, « ou comme s'il était impensable que l'éducation dispensée dans son école ait pu faire d'une seule de ses élèves la victime d'un meurtrier ».

Il s'excusa de la déranger et lui demanda si elle pouvait lui fournir la liste que voulait Wexford.

— Je vais passer un coup de fil à Mrs Mortlock, notre secrétaire, répondit miss Fowler. Je vais lui demander de faire un saut à l'école et de regarder dans les anciens dossiers.

Pourriez-vous me rappeler vers l'heure du déjeuner, inspecteur ?

Burden la remercia de son aide.

— Je vous en prie. Cela ne me dérange pas, franchement, assura-t-elle.

L'enquête judiciaire ne dura qu'une demi-heure et la déposition du Dr Crocker prit dix minutes à elle seule. Il déclara que la mort avait été causée par étranglement au moyen d'un foulard ou autre morceau de tissu. Le corps de Mrs Parsons ne portait aucune autre blessure et n'avait pas subi d'agression sexuelle. Elle avait été une femme en excellente santé, légèrement trop forte pour sa taille. Dans sa déposition, Wexford estima qu'il était impossible de déterminer s'il y avait eu une lutte dans la mesure où le bois avait été complètement piétiné par les vaches de Prewett. On appela à nouveau le médecin qui déclara avoir trouvé quelques égratignures superficielles sur les jambes de la morte, mais si légères qu'il ne pouvait déterminer si elles avaient été faites avant ou après la mort.

Le verdict conclut au meurtre par une ou plusieurs personnes inconnues.

Ronald Parsons était tranquillement resté à sa place pendant toute la séance, se contentant de tortiller un mouchoir entre ses doigts. Il garda la tête baissée lorsque le coroner vint lui témoigner quelques marques formelles de sympathie auxquelles il se contenta de répondre par un léger signe de tête. Il avait l'air si accablé de chagrin que Wexford fut surpris quand il le rattrapa et lui posa la main sur le bras alors qu'il traversait la cour pavée du tribunal.

Sans préambule, Parsons annonça :

— Une lettre est arrivée ce matin pour Margaret.

— Comment ça, une lettre ? dit Wexford en s'arrêtant net.

Il avait vu en quoi consistait le courrier de Mrs Parsons : de la publicité et des notes de chauffage.

— De sa cousine des États-Unis, précisa Parsons.

Il respira profondément et frissonna malgré la chaleur du soleil.

En l'observant d'un peu plus près, Wexford se rendit compte qu'il n'était plus hagard. Une amertume nouvelle semblait l'habiter.

— Je l'ai ouverte.

Il dit cela d'un air coupable. Elle était morte et l'on avait pillé ses biens. Même ses lettres maintenant, des lettres reçues de façon posthume, allaient être examinées, leurs mots disséqués aussi méticuleusement que l'avait été son propre corps dévoilé.

— Je ne sais pas... commença-t-il, je ne comprends pas, mais il y a une allusion à quelqu'un appelé Doon.

— Vous l'avez sur vous ? demanda brusquement Wexford.

— Dans ma poche.

— Allons dans mon bureau.

Si Parsons remarqua les livres de sa femme étalés dans toute la pièce, il n'en laissa rien paraître. Il s'assit et tendit une enveloppe à Wexford. Une adresse était écrite à la main au dos, juste au-dessous de la déchirure que Parsons avait faite en l'ouvrant : « Mrs Wilbur S. Katz, 1183 Sunflower Park, Slake City, Colorado, USA. »

— Je suppose qu'il s'agit de miss Anne Ives, fit Wexford. Est-ce que votre femme entretenait une correspondance régulière avec elle ?

Parsons eut l'air surpris d'entendre prononcer ce nom.

— Je ne dirais pas régulière. Elle écrivait une ou deux fois par an. Je n'ai jamais rencontré Mrs Katz.

— Votre femme lui a-t-elle écrit récemment, disons depuis votre arrivée ici ?

— Je n'en sais rien, inspecteur-chef. À vrai dire, ce que je savais de Mrs Katz ne m'intéressait pas. Quand elle écrivait, c'était pour raconter à Margaret tout ce qu'elle possédait — des voitures, des machines à laver, ce genre de choses... Je ne sais pas si cela affectait Margaret. Elle aimait beaucoup sa cousine et elle ne lui a jamais reproché de parler de ces choses. Mais moi, je lui ai bien fait comprendre ce que j'en pensais et elle a cessé de me montrer les lettres.

— Si j'ai bien compris, la maison avait été léguée conjointement à votre femme et à Mrs Katz. Sans doute... ?

Parsons l'interrompit amèrement :

— Nous lui avons racheté sa part, inspecteur-chef. Jusqu'au dernier penny des sept cents livres que cela nous a coûté — nous sommes passés par une banque de Londres. Ma femme a dû travailler à plein temps pour qu'on puisse y arriver, et quand on a enfin eu terminé de tout rembourser, le conseil municipal nous l'a rachetée pour neuf cents livres. Ils avaient une sorte d'ordre.

— Je vois, fit Wexford, un ordre d'expropriation.

Il passa la tête par la porte et ordonna d'une voix tonitruante :

— Sergent Camb ! Du thé, s'il vous plaît, et une autre tasse. (Puis il se tourna vers Parsons.) J'aimerais lire cette lettre, si vous le permettez, Mr Parsons.

Elle était écrite sur du fin papier bleu et Mrs Katz avait trouvé plein de choses à raconter à sa cousine. Les deux premières pages étaient entièrement consacrées au récit de vacances en Floride avec son mari et ses trois enfants, à sa nouvelle voiture, au barbecue que son mari venait de lui acheter. Mr et Mrs Parsons étaient invités à venir passer des vacances à Slate City. Wexford commençait à comprendre ce que Parsons avait voulu dire.

La dernière page était beaucoup plus intéressante.

« *J'ai été drôlement surprise d'apprendre que Ron et toi aviez déménagé à Kingsmarkham. Je parie que c'était son idée, pas la tienne. Ainsi, tu as revu Doon, n'est-ce pas ? Je donnerais cher pour savoir qui c'est. Il faut que tu me le dises et que tu cesses de parler par énigmes.*

»*De toute façon, je ne vois vraiment pas pourquoi tu devrais avoir peur de Doon. Peur de quoi, grands dieux ? Il n'y a jamais rien eu de sérieux. (Tu vois ce que je veux dire, Maggie.) Je ne peux pas croire que Doon ait gardé les mêmes sentiments après tout ce temps. Tu as toujours été si soupçonneuse ! ! ! Mais si revoir Doon signifie des balades en voiture et quelques invitations au restaurant, tu aurais tort de t'en priver.*

»*Au fait, quand allez-vous vous décider à acheter une voiture ? Wil me dit toujours qu'il ne comprend pas comment vous pouvez vous en passer...* »

Il s'ensuivait quelques remarques du même genre, ponctuées de points d'exclamation et de mots doublement soulignés. La lettre s'achevait sur ces mots :

« ... *Mes amitiés à Ron et rappelle-lui que vous êtes toujours les bienvenus à Sunflower Park dès qu'il vous prend l'envie de venir dans le Colorado. Je t'embrasse bien fort. Greg, Joanna et Kim envoient de gros baisers à leur chère tante Maggie.* »

— Cela peut être très important Mr Parsons, constata Wexford. J'aimerais conserver cette lettre.

Parsons se leva sans avoir touché à sa tasse de thé et dit :

— J'aurais voulu que cette lettre n'arrive jamais. Je voulais me souvenir de Margaret telle que je la connaissais. Je croyais qu'elle était différente. Maintenant, je sais qu'elle ne valait pas mieux que les autres et qu'elle sortait avec un autre homme pour avoir ce que je ne pouvais pas lui offrir.

Wexford repartit tranquillement :

— J'en ai bien peur, en effet. Mais dites-moi, vous n'aviez aucun soupçon ? On dirait que Doon la connaissait déjà quand elle vivait à Flagford et l'a revue lorsqu'elle est revenue ici. Elle a dû aller à l'école ici, Mr Parsons. Vous ne le saviez pas ?

Parsons eut-il l'air sournois d'un seul coup, ou était-ce juste le désir de se rattacher à certains vestiges de sa vie privée, ou son mariage brisé à la fois par l'infidélité et la mort, qui le fit rougir et s'impatienter ?

— Elle n'était pas heureuse à Flagford. Elle ne voulait pas en parler alors j'ai cessé de lui poser des questions. J'imagine qu'elle a souffert de tous ces snobs. Je respectais sa réticence, inspecteur.

— Vous parlait-elle de ses anciens amis ?

— Ce chapitre était clos, assura Parsons, pour tous les deux. Je ne voulais pas savoir, vous comprenez. (Il alla jusqu'à la fenêtre et scruta la rue comme s'il faisait nuit alors qu'on était en plein jour.) Nous n'étions pas du genre à avoir des liaisons. (Le souvenir de la lettre le fit taire un instant.) Je ne peux pas y croire. Je ne peux pas croire ça de Margaret. C'était une épouse dévouée, inspecteur. Une épouse dévouée et aimante. Je ne peux pas m'empêcher de penser que cette Mrs Katz a inventé cela de toutes pièces.

— Nous en saurons un peu plus lorsque la dernière lettre que votre femme lui a écrite arrivera au Colorado, affirma Wexford. J'espère pouvoir la récupérer ; il n'y a pas de raison qu'elle ne puisse pas être mise à votre disposition.

— Merci infiniment, murmura Parsons.

Il hésita un instant, caressa furtivement la couverture verte qui abritait les vers de Swinburne et sortit rapidement du bureau.

Wexford comprit qu'il tenait enfin une piste. Il décrocha le téléphone et demanda à la standardiste de lui composer un numéro aux États-Unis. En attendant, il réfléchit que Margaret Parsons avait été une femme étrange et secrète qui menait une double vie. Aux yeux de son mari et d'une société peu perspicace, elle avait été une petite femme d'intérieur raisonnable et avisée, portant sandales et robe de coton, une maîtresse d'école qui astiquait son escalier en cuivre et participait aux réunions de l'église. Pourtant, quelqu'un de généreux, romantique et passionné avait été fasciné par elle, et avait souffert à cause d'elle pendant douze longues années.

9

Quelquefois un groupe de damoiselles heureuses...
Tennyson,
The Lady of Shalott

L'appartement dépourvu de livres de miss Fowler n'était pas celui d'une enseignante. Burden, parfaitement conscient de sa tendance à cataloguer les gens, avait essayé de ne pas s'attendre à trouver une vieille fille. Ce fut pourtant une vieille fille qui vint lui ouvrir. La pièce dans laquelle elle l'introduisit était remplie d'objets faits main. Les housses des coussins avaient été soigneusement brodées, les aquarelles d'amateur peintes avec une patience évidente, les céramiques exécutées avec une pointe d'audace. Miss Fowler semblait incapable de se séparer des cadeaux de ses anciennes élèves. Malheureusement, la collection de ces chefs-d'œuvre n'offrait aucun plaisir esthétique ni même une sensation reposante pour le regard.

— Pauvre, pauvre Margaret, soupira-t-elle.

Burden s'assit et miss Fowler s'installa en face de lui dans un rocking-chair, ses pieds reposant sur un tabouret bas.

— Quelle histoire épouvantable ! Et ce pauvre Mr Parsons... Voici la liste que vous m'avez demandée, inspecteur.

Burden regarda les rangées de noms proprement tapées à la machine.

— Parlez-moi d'elle, demanda Burden.

Miss Fowler laissa échapper un rire étudié, puis réalisant qu'il n'était guère de circonstance, se mordit la lèvre et répondit :

— Franchement, inspecteur, je ne me souviens pas d'elle.

Vous savez, je vois défiler tellement de jeunes filles... Bien sûr, on ne les oublie pas toutes. Mais naturellement, on se souvient surtout de celles qui parviennent à quelque chose, qui réussissent à faire carrière. La promotion de Margaret n'était pas extraordinaire. Certaines promettaient beaucoup, mais elles ne firent rien de vraiment intéressant. Je l'ai revue, vous savez, depuis qu'elle est revenue.

— Ici ? À Kingsmarkham ?

— Oui, il y a environ un mois.

Elle prit un paquet de cigarettes sur la tablette de la cheminée, en offrit une à Burden et tira bravement sur la sienne quand il lui offrit du feu. « Elles ne grandissent jamais vraiment », songea Burden.

— C'était dans High Street, poursuivit-elle, juste après la classe. Elle sortait d'un magasin et me dit : « Bonjour, miss Fowler. » Franchement, je ne voyais absolument pas qui cela pouvait être jusqu'à ce qu'elle m'ait dit être Margaret Godfrey. Vous savez, inspecteur, elles s'attendent toutes à ce que je les reconnaisse.

— Alors comment avez-vous... ?

— Comment ai-je fait le rapprochement avec Mrs Parsons ? Quand j'ai vu la photo dans le journal. Vous savez, j'ai regretté de ne pas avoir bavardé avec elle, mais je rencontre souvent d'anciennes élèves et, franchement, je serais bien incapable de leur donner un nom et un âge. Elles pourraient avoir tout aussi bien dix-huit ans que trente... Vous savez ce que c'est, inspecteur, on ne peut pas donner d'âge aux gens plus jeunes que soi. (Elle leva les yeux vers Burden et dit en souriant :) Mais vous aussi, inspecteur, vous avez l'air si jeune.

Il se pencha à nouveau sur la liste des noms classés par ordre alphabétique et les lut lentement à voix haute, guettant les réactions de miss Fowler.

« Lyn Annesley, Joan Bertram, Clare Clarke, Wendy Ditcham, Margaret Dolan, Margaret Godfrey, Mary Henshaw, Jillian Ingram, Anne Kelly, Helen Laird, Marjorie Miller, Hilda Pensteman, Janet Probyn, Fabia Rogers, Deirdre Sachs, Diana Stevens, Winifred Thomas, Gwen Williams, Yvonne Young. »

En bas de la liste, Mrs Mortlock avait écrit d'un geste triomphant : « Miss Clare Clarke fait partie de l'équipe de professeurs du lycée ! ! ! »

— J'aimerais parler à miss Clarke, dit Burden.

— Elle habite Villa Nectarine, premier chemin à gauche de Stowerton Road, l'informa miss Fowler.

Burden ajouta lentement :

— Fabia n'est pas un prénom très ordinaire.

Miss Fowler haussa les épaules et tapota ses cheveux gris plaqués en de rigides ondulations.

— Cette jeune personne n'avait rien de particulièrement remarquable, fit-elle d'un ton un peu pincé. Elle faisait partie de ces jeunes filles pleines de promesses dont je vous parlais et qui n'ont pas fait grand-chose. Elle vit par ici. Elle et son mari sont très connus dans ce qu'on appelle, il me semble, la haute société. Helen Laird était aussi une de celles-là ; très jolie, très sûre d'elle. Toujours empêtrée dans d'incroyables situations. À cause des garçons évidemment. Franchement, cela est si ridicule ! Je croyais qu'elle deviendrait actrice, mais elle a laissé tomber et s'est mariée, tout bêtement. Et bien sûr, miss Clarke...

Burden crut un instant que miss Fowler allait ajouter miss Clarke aux échecs qu'elle venait d'énumérer, mais sa loyauté envers son équipe de professeurs l'en empêcha. Il n'insista pas. Elle venait de le mettre sur une piste bien plus troublante.

— Vous parliez d'Helen Laird, savez-vous ce qu'elle est devenue ?

— Je n'en sais vraiment rien, inspecteur. Mrs Mortlock m'a vaguement parlé de son mariage avec un vendeur de voitures. Quel gâchis !

Elle écrasa sa cigarette dans un cendrier en terre cuite enduit de gouache, visiblement un cadeau d'élève. Lorsqu'elle reprit, sa voix semblait légèrement empreinte de tristesse.

— Elles partent, voyez-vous, et nous les oublions. Puis un jour, quinze ans plus tard, une petite gamine entre en classe préparatoire et vous avez l'impression d'avoir déjà vu cette frimousse quelque part ! Mais bien sûr... c'était sa mère !

« Dymphna et Priscilla, à coup sûr », pensa Burden. Dans peu de temps, le visage de Dymphna, et peut-être la même chevelure rousse, ranimeraient quelques lointains souvenirs enfouis dans la mémoire de miss Fowler.

— Mais les meilleures choses ont une fin, soupira-t-elle, comme si elle avait lu dans ses pensées. Et je prends ma retraite dans deux ans.

Il la remercia pour la liste et la quitta. Dès son retour au poste, Wexford lui montra la lettre de Mrs Katz.

— Tout indique que c'est Doon le meurtrier, assura Burden. Il s'agit de savoir qui c'est. Qu'est-ce qu'on fait maintenant, on attend des nouvelles du Colorado ?

— Non, Mike, il faut qu'on avance. Il est clair que Mrs Katz ignore qui est Doon, et la seule chose qu'on puisse espérer, c'est obtenir des renseignements sur le passé de Margaret Parsons ainsi que la dernière lettre qu'elle lui a envoyée avant de mourir. Il y a de grandes chances pour que Doon s'avère être un ancien petit ami de Mrs Parsons, lorsqu'elle était à l'école ici. Espérons qu'ils n'ont pas été trop nombreux !

— Je me suis posé la question, et franchement — comme dirait miss Fowler — les dédicaces des livres de Minna ne ressemblent pas à une plume de jeune homme, ou alors, il était très mûr pour son âge. Ces vers sont trop raffinés, trop harmonieux. Doon était peut-être un homme plus âgé qui s'est amouraché d'elle.

— J'y ai pensé, répliqua Wexford, et j'ai même vérifié le passé de Prewett et de ses employés. Prewett a acheté sa ferme en 1949 alors qu'il avait vingt-huit ans. C'est un homme cultivé tout à fait capable d'écrire ce genre de choses... mais il était à Londres mardi dernier. Cela ne fait aucun doute, à moins qu'il n'ait monté une conspiration impliquant deux médecins, un éminent spécialiste du cœur, une bonne sœur, et Dieu sait combien d'infirmières, sans compter sa propre femme !

»Draycott n'est dans le secteur que depuis deux ans et il a vécu en Australie de 1947 à 1953. Bysouth est tout juste capable d'écrire son nom, quant à construire des morceaux de poésie qui tiennent debout pour les envoyer à sa bien-aimée, n'en parlons pas. Et c'est à peu près le même cas de figure en ce qui concerne Traynor. Edwards était dans l'armée de 1950 à 1951, et Dorothy Sweeting ne peut raisonnablement savoir ce qui se passait dans la vie sentimentale de Minna il y a douze ans ; elle n'en avait que sept à l'époque.

— Bon, apparemment, il ne nous reste plus que la liste de miss Fowler pour débusquer le lièvre, remarqua Burden. Je crois que certains noms vont vous intéresser, chef.

Wexford saisit la liste et lorsqu'il lut les noms d'Helen Laird et Fabia Rogers, il jura férocement. Burden avait ajouté au crayon de papier sous chaque nom ceux de « Missal » et « Quadrant », suivis de points d'interrogation.

— Quelqu'un essaie de jouer au plus fin avec moi, se fâcha Wexford, on se moque de moi ! Rogers. Ses parents sont les Rogers de Pomfret Hall. Ils passent pour être pleins aux as. Elle n'avait aucune raison de nous dire qu'elle connaissait Mrs Parsons, d'ailleurs on ne le lui a pas demandé ; et quand nous avons parlé avec ce cher Dougie, le fameux Doon ne semblait pas avoir autant d'importance. Mais que Mrs Missal affirme ne pas connaître Mrs Parsons, vraiment ! Alors qu'elles étaient dans la même classe !

Il était devenu violet de rage. Burden savait à quel point Wexford détestait qu'on le mène en bateau.

— J'ai failli laisser tomber cette histoire de ticket de cinéma, Mike, mais je n'en suis plus si sûr à présent. Je vais de ce pas retourner voir Mrs Missal et tout recommencer depuis le début, annonça-t-il en frappant sur la liste. Pendant mon absence, commencez à contacter ces dames.

— Il fallait que ce soit une école de filles, bougonna Burden. Les femmes changent de nom en se mariant, pas les hommes.

— On n'y peut rien, rétorqua Wexford sèchement. Mr Griswold est déjà venu me casser les pieds deux fois depuis l'enquête.

Griswold était le chef de la police du district. Burden comprit ce que Wexford voulait dire.

— Vous le connaissez, Mike. À la moindre difficulté, il appelle le Yard au secours, ironisa Wexford.

Il sortit et abandonna Burden avec la liste et la lettre.

Avant de se lancer à la poursuite des femmes, Burden relut la lettre. Son contenu l'étonnait parce qu'il révélait un nouvel aspect de la personnalité de Mrs Parsons, qu'il n'avait pas entrevu jusqu'alors. Elle s'avérait être beaucoup moins innocente qu'elle ne paraissait.

« *... Si revoir Doon signifie des balades en voiture et quelques invitations au restaurant, tu aurais tort de t'en priver* », écrivait Mrs Katz. Mais d'un autre côté, elle ignorait qui était Doon. Mrs Parsons avait été étrangement secrète, énigmatique, cachant l'identité de son petit ami à une cousine qui avait aussi été une amie intime.

« Quelle femme étrange », pensa Burden, « et quel étrange soupirant. Elle avait eu une drôle de relation avec Doon.

Mrs Katz disait *"Je ne vois vraiment pas pourquoi tu devrais avoir peur"*, et plus loin *"il n'y a jamais rien eu de sérieux"*. Qu'est-ce qu'elle voulait dire par là ? Mais Mrs Parsons avait peur. De quoi, d'avances sexuelles ? Mrs Katz lui reprochait d'être soupçonneuse. Mais cela se comprend. » Burden réfléchissait toujours. « N'importe quelle femme vertueuse aurait peur et se méfierait d'un homme qui lui témoignerait un peu trop d'intérêt. En revanche, il n'y avait jamais rien eu de sérieux... et Mrs Parsons aurait tort de s'en priver... »

Burden se triturait l'esprit en vain. La lettre demeurait aussi énigmatique que le personnage dont il était question. Il la reposa et se tourna vers le téléphone. Il n'avait que deux certitudes : Doon ne lui avait pas fait d'avances ; il voulait autre chose, quelque chose qui effrayait Mrs Parsons mais qui semblait tellement inoffensif aux yeux de sa cousine que c'était montrer une méfiance excessive que de s'en priver. Burden restait perplexe devant la complexité de cette énigme. Il secoua la tête comme pour chasser ces questions obsessionnelles et décrocha le téléphone.

Le nom d'Annesley, et incidemment ceux de Pensteman et Sachs, ne figuraient pas dans l'annuaire. Il commença par appeler le numéro de Bertram mais il apprit que Mr Bertram avait plus de quatre-vingts ans et était célibataire. Il composa ensuite celui des seuls Ditcham qu'il trouva mais il eut beau écouter la sonnerie obsédante résonner à l'autre bout du fil au-delà du temps raisonnable, personne ne décrocha.

Le numéro de Mrs Dolan était occupé. Il attendit cinq minutes avant d'essayer à nouveau. Cette fois elle répondit et déclara être effectivement la mère de Margaret Dolan, qui était maintenant Mrs Heath et vivait à Edimbourg. En tout cas, sa fille ne lui avait jamais présenté quelqu'un qui répondait au nom de Godfrey. Ses amies intimes étaient Janet Probyn et Deirdre Sachs, et Mrs Dolan se souvenait qu'elles formaient un petit groupe très fermé. La mère de Mary Henshaw était morte. Burden parla à son père, qui déclara que sa fille vivait toujours à Kingsmarkham. Lorsque Burden lui demanda si elle était mariée, Mr Henshaw rugit d'un rire gras qui laissa Burden un peu interloqué. Il attendit aussi patiemment qu'il put. Mr Henshaw reprit son sérieux et lui annonça que sa fille était mariée à Mr Hedley et qu'elle se trouvait à l'hôpital.

— J'aimerais lui parler, insista Burden.

— Impossible, répliqua Henshaw, visiblement fort amusé. Sauf si vous passez une blouse blanche. Elle est en train d'accoucher d'un quatrième bébé. Je croyais que c'était l'hôpital qui m'appelait pour m'annoncer l'heureuse nouvelle.

Mrs Ingram lui donna le numéro de sa fille Jillian, devenue Mrs Bloomfield. Mais elle ne savait rien de Margaret Parsons, elle se souvenait seulement d'une jeune fille jolie et convenable, plutôt timide, qui adorait lire.

— Jolie, avez-vous dit ?

— Oui, elle était jolie, elle avait un certain charme. Oh, je sais, j'ai vu les journaux. Vous savez, les gens changent.

Burden savait, mais il fut tout de même surpris.

Anne Kelly avait émigré en Australie, quant à Marjorie Miller...

— Ma fille s'est tuée dans un accident de voiture, répondit une voix âpre, que le souvenir du drame rendait douloureuse. J'aurais cru que la police serait la mieux placée pour le savoir.

Burden soupira. Pensteman, Probyn, Rogers, Sachs... il n'avait oublié personne. Mais l'annuaire de la région ne contenait pas moins de vingt-six Stevens, quarante Thomas, cinquante-deux Williams et douze Young.

Les rechercher tous prendrait tout l'après-midi et une bonne partie de la soirée. Clare Clarke pourrait peut-être l'aider. Il ferma l'annuaire et se rendit à la Villa Nectarine.

Les portes-fenêtres étaient ouvertes lorsque Inge Wolff fit entrer Wexford, et il entendit les cris des enfants qui se chamaillaient. Il traversa la pelouse à sa suite et ne vit d'abord personne d'autre que les deux petites filles : la première, avec ses yeux verts et ses cheveux roux, était l'exact portrait de sa mère en miniature ; la plus jeune était blonde, plus grassouillette et avait le visage parsemé de taches de rousseur. Elles se battaient pour la possession d'un bateau à bascule rouge et jaune dont la figure de proue était un lapin.

Inge se précipita vers elles en criant.

— Est-ce que les vraies petites filles jouent ainsi ou les garçons manqués ? Voilà un policier qui va vous mettre en prison si vous continuez.

Mais les fillettes redoublèrent de vigueur et Dymphna

commença à donner des coups de pied à sa petite sœur en s'écriant :

— Si c'est un vrai policier, pourquoi il a pas d'uniforme ?

Quelqu'un éclata de rire et Wexford se retourna brusquement. Helen Missal était langoureusement allongée dans un hamac accroché entre un cerisier et le mur d'un pavillon de jardin, et sirotait du thé glacé dans un grand verre.

Il n'aperçut tout d'abord que son visage et un bras doré comme le miel qui pendait nonchalamment. En s'approchant, il constata qu'elle ne portait qu'un maillot de bain. Un simple bikini triangulaire et un huit d'un blanc neigeux cachant sa poitrine dévoilaient son joli corps bronzé. Wexford se sentit terriblement embarrassé, et sa gêne ne fit qu'accroître une colère qui se transforma rapidement en fureur.

— Encore vous ! soupira-t-elle. Je comprends maintenant ce que doit ressentir un renard à la vue du chasseur. Il ne doit pas trouver cela drôle.

Missal n'était pas en vue, mais Wexford entendait le ronronnement assourdi d'une tondeuse à gazon derrière une haie sombre.

— Pouvons-nous rentrer à l'intérieur, Mrs Missal ?

Elle hésita un instant. Wexford crut qu'elle était aux aguets, écoutant peut-être le bruit continu de l'autre côté de la haie. Elle sembla retenir son souffle lorsque le moteur se tut, puis se détendre quand il redémarra. Elle sauta lestement du hamac et Wexford remarqua qu'elle portait une fine chaîne en or autour de la cheville gauche.

— Ai-je vraiment le choix, inspecteur ?

Sans attendre la réponse, elle le précéda dans la maison, traversa la salle à manger où Quadrant avait eu l'air si absorbé dans la contemplation des bouteilles de vin, et entra dans le salon aux rhododendrons. Elle s'assit et dit :

— Bien, de quoi s'agit-il ?

Il y avait quelque chose d'à la fois provocant et hostile dans sa façon s'exhiber sa nudité sur le chintz rose et vert. Wexford détourna les yeux. Elle était chez elle et il pouvait difficilement lui dire d'aller s'habiller. Il se contenta de sortir la photo de sa poche et lui tendit.

— Pourquoi avez-vous nié connaître cette femme ?

Une immense surprise chassa la peur de son regard.

— Mais je ne la connais pas, affirma-t-elle.

— Vous étiez à l'école avec elle, Mrs Missal, répliqua Wexford en essayant de se contenir.

Elle saisit vivement la photo et la regarda attentivement.

— Je vous assure que non. (Sa belle chevelure cuivrée tomba sur ses épaules.) Du moins, je ne crois pas. En tout cas, elle avait l'air bien plus âgée que moi. Elle devait être déjà au lycée quand j'étais encore à l'école primaire. Comment voulez-vous que je me souvienne ?

Wexford répondit durement :

— Mrs Parsons avait trente ans. Comme vous. Son nom de jeune fille était Godfrey.

— « Nom de jeune fille », j'adore cette expression, ironisa-t-elle. C'est une façon si délicate d'exprimer les choses n'est-ce pas ? En effet, inspecteur, je me souviens maintenant. Mais elle fait vieille, elle a l'air si différente...

Un sourire lumineux éclaira soudain son visage, un admirable sourire de triomphe, et Wexford s'étonna qu'elle eût en effet le même âge que cette pathétique femme retrouvée morte dans le bois.

— Il est très fâcheux que vous n'ayez pas pu vous en souvenir jeudi soir, Mrs Missal. Cela vous fait paraître sous un jour fort déplaisant : d'abord en mentant délibérément à l'inspecteur Burden et à moi-même, puis en cachant des faits d'une grande importance. Mr Quadrant pourra vous confirmer que je suis tout à fait en droit de vous faire inculper de complicité...

Helen Missal l'interrompit d'un ton boudeur :

— Pourquoi vous en prendre à moi ? Fabia aussi la connaissait... et puis sûrement des tas d'autres gens.

— C'est à vous que je pose la question, insista Wexford. Parlez-moi d'elle.

— Si je réponds, minauda-t-elle, vous me promettez de partir et de ne plus revenir ?

— Dites-moi seulement la vérité, madame, et je serai très heureux de partir. Je suis un homme très occupé.

Elle croisa les jambes et caressa ses genoux. Les genoux d'Helen Missal étaient ceux d'une petite fille, une petite fille qui n'avait jamais grimpé à un arbre ni jamais manqué l'heure du bain.

— Je n'aimais pas l'école, confia-t-elle. C'était tellement contraignant, si vous voyez ce que je veux dire. J'ai supplié papa sans relâche pour qu'il me retire du lycée à la fin du premier trimestre quand j'étais en seconde...

— Margaret Godfrey, Mrs Missal, rappela Wexford.

— Ah oui, Margaret Godfrey. C'était une espèce de nullité — n'est-ce pas un joli mot? J'ai trouvé l'expression dans un livre. Elle n'avait vraiment rien pour elle, la pauvre: pas très intelligente, ni très jolie... une nullité, quoi. (Elle regarda à nouveau la photographie.) Margaret Godfrey. Vous savez, j'ai du mal à y croire. J'aurais juré que c'était la dernière personne à se faire assassiner.

— Et qui aurait pu être la première, Mrs Missal? lança Wexford.

— Quelqu'un comme moi, repartit-elle en gloussant.

— Qui étaient ses amis, les gens qu'elle fréquentait?

— Laissez-moi réfléchir. Il y avait Anne Kelly, une petite idiote pleine de boutons, Bertram je crois, et une Diana quelque chose...

— Sans doute Diana Stevens.

— Seigneur! Vous connaissez leurs noms par cœur?

— Je voulais parler d'amis masculins.

— Je ne saurais vous dire. J'étais moi-même plutôt occupée de ce côté-là.

Elle le regarda en faisant une moue provocante et Wexford se demanda, animé soudain d'un léger sentiment de pitié à son égard, si sa coquetterie augmenterait à mesure que sa beauté déclinerait, jusqu'à ce que la vieillesse la rende grotesque.

— Anne Kelly, reprit Wexford, Diana Stevens, une fille nommée Bertram. Et Clare Clarke, et Mrs Quadrant? Croyez-vous qu'elles se souviendraient?

Elle avait dit détester l'école, mais quand elle commença à parler, Wexford remarqua que le son de sa voix se faisait soudain plus doux et son expression presque tendre. Pendant un instant sa colère s'évanouit, il oublia les mensonges et la tenue provocante de la jeune femme, et l'écouta parler.

— C'est drôle, mais le fait d'évoquer tous ces noms semble faire revivre le passé. Nous avions l'habitude d'aller nous asseoir dans une espèce de jardin; un vieil endroit mal entretenu. Il y avait Fabia, une fille qui s'appelait Clarke — je la croise de temps en temps — Jill Ingram, cette Kelly dont j'oublie le prénom et moi-même... et — et Margaret Godfrey.

Nous étions censées travailler mais on ne faisait pas grand-chose. Nous parlions surtout, de... Oh, je ne sais plus...

— De vos petits amis, Mrs Missal ?

Mais Wexford se rendit compte qu'il se montrait obtus et regretta aussitôt ses paroles.

— Oh non, répondit-elle sèchement. Vous vous trompez. Le jardin n'était pas le lieu pour cela. C'était un endroit sauvage, envahi de buissons, avec un banc au bord d'un vieil étang marécageux.

Elle se tut et Wexford eut soudain la vision d'un endroit de verdure à l'abandon où des jeunes filles chargées de livres laissaient éclater leurs rires juvéniles et s'étourdissaient en parlant de leurs espoirs secrets. Puis il faillit sursauter en entendant le brusque changement de ton de sa voix. Elle murmura farouchement, comme si elle avait oublié sa présence :

— Je voulais faire du théâtre ! Mais mon père et ma mère s'y sont opposés. Ils m'ont empêchée de partir. Et tous mes désirs ont été réduits à néant.

Elle rejeta sa chevelure en arrière d'un mouvement de la tête et lissa du bout des doigts les rides qui étaient apparues entre ses sourcils.

— J'ai rencontré Pete, soupira-t-elle, et je me suis mariée. (Elle fronça le nez et conclut :) Voilà l'histoire de ma vie.

— On ne peut pas tout avoir, fit Wexford.

— En effet, admit-elle, et je n'étais pas la seule...

Elle hésita et Wexford retint son souffle. Il eut l'intime conviction qu'il allait entendre quelque chose d'une extrême importance, quelque chose de décisif qui allait éclaircir cette affaire et lui permettre d'en offrir la conclusion à Griswold sur un plateau d'argent. Les yeux verts s'agrandirent et brillèrent un instant ; puis soudain la flamme mourut et ils devinrent presque opaques. Le parquet de l'entrée laissa échapper un craquement et Wexford reconnut le bruit mou des chaussures à semelles de crêpe étouffé par l'épaisse moquette. Le visage d'Helen Missal devint livide.

— Oh, mon Dieu ! Je vous en prie, chuchota-t-elle, je vous en supplie, ne me posez pas de question sur le ticket de cinéma. Je vous en prie.

Wexford jura intérieurement lorsque la porte s'ouvrit et que Missal entra. Il transpirait abondamment et des marques de sueur tachaient les aisselles de son maillot de corps. Il regarda sa femme et dans ses yeux brilla un curieux mélange de dégoût et de concupiscence.

— Habille-toi, hurla-t-il, va mettre quelque chose.

Elle se leva maladroitement et Wexford eut la désagréable illusion que les mots de son mari s'inscrivaient sur son corps comme des graffiti obscènes griffonnés à la hâte sur une photo de pin-up.

— Je me faisais bronzer, murmura-t-elle.

Missal se retourna tout d'une pièce vers Wexford et l'apostropha, le visage cramoisi par l'effort et la jalousie :

— Alors, on est venu se rincer l'œil, hein ? Ça vous plaît au moins, poulet ?

Wexford aurait voulu être en colère, de façon à réagir à la fureur de l'autre par la colère froide qui le caractérisait habituellement, mais il ne ressentait que de la pitié, et il se contenta de dire :

— Mrs Missal m'a été d'une aide précieuse.

— Ça, j'en doute pas ! éructa Missal en tenant la porte ouverte et en poussant presque sa femme dehors. Bien gentille, non ? Pour ça, elle s'y connaît, être gentille avec Pierre, Paul, Jacques et les autres. (Ses doigts parcouraient son maillot trempé comme si son propre corps le dégoûtait.) Allez-y, continua-t-il, vous gênez pas, c'est mon tour maintenant. Que faisiez-vous à Kingsmarkham mardi après-midi, Mr Missal ? Le nom de votre client, Mr Missal ? Votre voiture a été vue dans Kingsbrook Road, Mr Missal. Eh bien, allez-y, qu'est-ce que vous attendez ? Vous n'avez donc pas envie de savoir ?

Wexford se leva et fit quelques pas en direction de la porte. Les lourdes fleurs de rhododendrons roses et blanches effleurèrent ses jambes. Missal le regardait, fasciné, comme un chien suralimenté et oisif, qui n'attend depuis longtemps que le moment de pousser un hurlement libérateur.

— Vous ne voulez pas savoir ! Personne ne m'a vu. J'aurais très bien pu étrangler cette femme. Ça ne vous intéresse pas de savoir où j'étais, hein ?

Wexford ne le regarda pas. Il avait déjà vu trop d'hommes profondément malheureux pour se complaire devant le spectacle d'une âme écorchée vive.

— Je sais ce que vous faisiez, dit-il calmement en prenant

soin d'éviter de prononcer le « Mr Missal ». Vous venez de me le dire juste à l'instant.

Il ouvrit la porte et sortit.

La maison de Douglas Quadrant était beaucoup plus grande et beaucoup moins agréable à l'œil que celle des Missal. Elle s'élevait sur une hauteur, au milieu d'arbustes, à une cinquantaine de mètres en retrait de la rue. Un immense cèdre atténuait quelque peu son aspect austère, mais à mi-chemin de l'allée, Wexford se souvint avoir vu des maisons semblables dans le nord de l'Écosse, construites en granit dans un style vaguement gothique et flanquées de chaque côté de tourelles aux toits extrêmement pointus.

Le jardin avait quelque chose de curieux, mais il lui fallut quelques minutes avant de réaliser en quoi consistait son étrangeté. Les pelouses étaient bien tondues, les arbustes savamment choisis, mais l'ensemble dégageait une impression lugubre. Il n'y avait aucune fleur. Le jardin de Douglas Quadrant figurait un paysage à la Monet, peint en gris, brun et nombreux dégradés de verts.

Après les lis bleus de Mrs Missal, les vrais et les faux rhododendrons de son salon, cette simplicité imposante aurait dû être apaisante. Elle était au contraire horriblement déprimante. Aucune fleur ne risquait de pousser pour la bonne raison qu'aucune n'avait été plantée, mais cela donnait plutôt l'impression que le sol était infertile ou l'air inclément.

Wexford gravit les marches larges et étroites qui se déployaient sous les yeux aveugles des fenêtres aux rideaux vert olive, bordeaux et gris pigeon. Il sonna à la porte qui fut ouverte presque instantanément par une femme d'environ soixante-dix ans vêtue de façon ahurissante d'une robe marron et d'un bonnet et tablier beiges. Elle était ce qu'on aurait appelé autrefois une « honorable vieille dame ». Il était certain de ne trouver ici aucune blonde et frivole Teutonne.

Elle le regarda à son tour comme s'il n'était qu'un vulgaire intrus, une créature peu éloignée de ces représentants de commerce qui avaient l'audace de se présenter à l'entrée principale au lieu de sonner à l'office. Wexford demanda à parler à Mrs Quadrant et lui tendit sa carte.

— Madame est en train de prendre le thé, déclara-t-elle, pas le moins du monde impressionnée par la stature de Wexford ni par son air d'être la Justice en personne. Je vais voir si elle peut vous recevoir.

— Dites-lui seulement que l'inspecteur-chef Wexford aimerait lui parler. (L'atmosphère du lieu déteignant sur lui, il ajouta :) Je vous prie.

Il entra. Le hall était une véritable pièce dont les tapisseries, représentant des scènes de chasse, couvraient les murs sans pourtant donner l'impression de la rétrécir. Il retrouva cette même absence de couleur qui caractérisait le jardin. Seules les tapisseries offraient quelques touches vives. Dans les tenues des chasseurs et les palefrois de leurs montures, Wexford aperçut l'éclat terne d'un fil d'or usé, la tache rouge sang-de-bœuf d'une veste et une pointe de bleu héraldique.

La vieille dame le défia du regard comme si elle s'apprêtait à le dissuader d'entrer mais il refermait la porte derrière lui d'un geste autoritaire lorsqu'une voix s'exclama :

— Qui est-ce, Nanny ?

Il reconnut celle de Mrs Quadrant et se souvint comme la veille au soir elle avait souri de la plaisanterie oiseuse de Missal.

Nanny atteignit les doubles portes du salon avant lui. Elle les ouvrit cérémonieusement, comme Wexford ne l'avait encore jamais vu faire qu'au cinéma. Apparut alors sous ses yeux le tableau incongru, grotesque et tout à fait risible d'une scène digne des Marx Brothers. La vision s'évanouit et il pénétra dans la pièce.

Douglas et Fabia Quadrant étaient assis chacun à un bout d'une longue table basse recouverte d'une nappe en dentelle. Le thé venait apparemment à peine d'être servi car le livre que lisait Mrs Quadrant reposait ouvert, la couverture vers le haut, sur le bras de son fauteuil. La théière, le pot à lait et le sucrier en argent étaient si bien astiqués que ses longues mains s'y reflétaient nettement sur le fond sombre de la pièce. Cela faisait quarante ans que Wexford n'avait pas vu une bouilloire en cuivre comme celle qui chauffait doucement sur le réchaud à alcool.

Quadrant était en train de beurrer une simple petite tranche de pain — mais sans croûte et aussi mince qu'une ostie. Il reposa sa tasse sur la table presque élégamment et fit signe à Wexford de s'asseoir.

— Vous connaissez ma femme, bien sûr ?

Il avait l'air d'un chat, un chat agile et indifférent qui ronronnait le jour et se promenait la nuit sur les toits. Et au milieu de cette pièce, de l'argenterie, la porcelaine, les lourds rideaux lie-de-vin semblables à du sang transmué en tissu de velours, trônait dans son élégante robe noire la brune Mrs Quadrant qui donnait du lait à son chat de mari. Mais lorsque les lampes s'allumeraient, il se retirerait dans l'obscurité rampant à la recherche de plaisirs félins.

— Du thé, inspecteur? demanda-t-elle en versant un filet d'eau bouillante dans la théière.

— Non, je vous remercie.

Wexford songea qu'elle avait fait du chemin depuis l'époque du jardin abandonné, à moins que même alors ses vêtements n'aient été d'une marque chère et ses cheveux mieux coupés que ceux de la plupart des autres jeunes filles. Il la trouva belle, mais l'air beaucoup plus âgé qu'Helen Missal. Pas d'enfant, beaucoup d'argent, rien à faire de toute la journée à part nourrir un chat errant. Souffrait-elle de son infidélité, le savait-elle seulement? Wexford se demanda curieusement si la jalousie qui faisait rougir Missal avait inversement fait pâlir et vieillir Fabia Quadrant.

— Et que puis-je faire pour vous? demanda Quadrant. Je m'attendais un peu à votre visite. D'après ce que disent les journaux, vous ne semblez guère avancer. (Puis se rangeant du côté de la loi, il ajouta :) L'assassin est insaisissable, cette fois, n'est-ce pas?

— Les choses commencent à s'éclaircir, articula pesamment Wexford. En fait, c'est à votre femme que j'aimerais parler.

— À moi? s'étonna Fabia Quadrant, qui se mit à jouer avec ses boucles d'oreilles en platine, et Wexford remarqua que ses poignets étaient très minces et ses bras déjà plissés de rides comme ceux d'une femme beaucoup plus mûre. Oh, je vois. Je suppose que c'est parce que je connaissais Margaret. Mais nous n'avons jamais été très proches, inspecteur. Il y a des dizaines de gens qui pourraient sans doute vous parler beaucoup mieux d'elle que je ne saurais le faire.

« C'est bien possible », pensa Wexford, « si seulement je savais où les trouver ».

— Je ne l'avais pas revue du tout depuis que sa famille avait quitté Flagford, jusqu'à il y a quelques semaines. Nous nous sommes rencontrées dans la rue et sommes allées prendre un café ensemble. Nous nous sommes rendu compte que nous avions évolué chacune à notre façon et... voilà !

« Ça, c'est le moins qu'on puisse dire », se dit Wexford en pensant au contraste entre cette maison et celle de Tabard Road. Pendant une seconde, son imagination lui fit apparaître un film intérieur lui projetant l'image de Mrs Quadrant, avec ses bagues, son élégante coupe de cheveux, et Margaret Parsons si gauche dans son gilet et ses sandales, qui avaient dû être si confortables jusqu'à sa rencontre avec son ancien ami. Qu'avaient-elles en commun et de quoi avaient-elle parlé ?

— De quoi avez-vous parlé, Mrs Quadrant ?

— Eh bien, des changements dans la ville, de gens que nous avions connus à l'école, ce genre de choses.

La gouvernante et la Dame du manoir. Wexford soupira intérieurement.

— Avez-vous connu une certaine Anne Ives ?

— Vous voulez parler de la cousine de Margaret ? Non, je ne l'ai jamais rencontrée. Elle n'était pas à l'école avec nous. Elle était dactylo ou employée de bureau, quelque chose comme ça.

« Elle faisait partie du commun des mortels », songea Wexford, « des soixante-quinze pour cent de plébéiens seulement dignes de mépris ».

Confortablement assis dans son fauteuil, Quadrant écoutait en balançant élégamment la jambe. La condescendance de sa femme semblait l'amuser. Il termina sa tasse de thé, froissa sa serviette et prit une cigarette. Wexford le regarda prendre une boîte d'allumettes dans sa poche et en gratter une. Des allumettes ! Voilà qui était curieux. Si Quadrant avait été logique avec lui-même, il aurait certainement utilisé un briquet, un de ces énormes briquets de table qui ressemblaient à des samovars. L'imagination de Wexford était en éveil. On avait trouvé une seule allumette à moitié consumée près du cadavre de Mrs Parsons...

— Vous souvenez-vous des amis masculins de Margaret Parsons, Mrs Quadrant ? Y en avait-il un en particulier ?

Il se pencha en avant comme pour signifier l'importance de sa question. Une brève lueur de malice, ou peut-être simplement le souvenir de quelque chose, étincela dans ses yeux un court instant. Quadrant expira profondément.

— Je me souviens d'un jeune homme, dit-elle.

— Essayez encore, Mrs Quadrant.

— Je vais y arriver, assura-t-elle, et Wexford fut certain qu'elle le faisait languir exprès pour mieux savourer son effet. C'était un nom de théâtre londonien.

— Palladium, Globe, Haymarket, Prince of Wales ? énuméra Quadrant qui trouvait cela fort divertissant.

Fabia Quadrant eut un petit gloussement complice envers son mari et légèrement hostile à l'égard de l'inspecteur. Wexford devina que, malgré son infidélité chronique, Quadrant partageait avec sa femme quelque chose de plus fort que la confiance conjugale ordinaire :

— Je sais, c'était Drury. Dudley Drury. Il habitait Flagford à l'époque.

— Merci, Mrs Quadrant. Mais je viens de penser que votre mari l'avait peut-être connue.

— Moi ?

Quadrant prononça ce mot avec une telle incrédulité que sa voix en fut presque hystérique. Puis il éclata de rire en se rejetant en arrière. C'était une hilarité féroce et silencieuse qui sembla souffler un vent malsain dans toute la pièce. Wexford sentit le mépris surgir de ce rire comme un animal sauvage de son repaire, le mépris et la colère aussi, cet ultime péché.

— Si moi, je l'ai connue ! Dans le sens où vous l'entendez ? Je suis absolument catégorique, cher inspecteur, je vous assure que je ne l'ai jamais connue !

Écœuré, Wexford se détourna. Mrs Quadrant fixait ses genoux. Elle semblait plus effacée, presque honteuse.

— Ce Drury, savez-vous si elle l'appelait Doon ?

Était-ce son imagination ou une simple coïncidence ? Toujours est-il que le rire de Quadrant cessa brutalement comme un robinet que l'on coupe.

— Doon ? dit Fabia Quadrant. Non, je ne l'ai jamais entendue prononcer ce nom.

Elle ne se leva pas lorsque Wexford quitta la pièce, mais lui fit un signe de tête et reprit le livre qu'elle était en train de lire. Quadrant se hâta de le raccompagner et ferma la porte brusquement derrière lui avant qu'il n'ait atteint le bas des escaliers, comme s'il était venu vendre des aspirateurs ou relever les compteurs. Dougie Quadrant ! Si quelqu'un était bien capable d'étrangler une femme à un endroit et faire l'amour à une autre dix mètres plus loin... Mais pourquoi ?

Plongé dans ses pensées, il descendit Kingsbrook Road, traversa la rue et serait passé devant le garage d'Helen Missal sans la voir si elle ne l'avait interpellé.

— Vous avez vu Douglas ?

Sa voix était mélancolique mais elle s'était ressaisie depuis sa dernière visite. Elle avait troqué son bikini contre une robe en soie imprimée, des escarpins et un large chapeau.

La question n'était pas digne de Wexford ; il répondit seulement :

— Mrs Quadrant m'a aidé à combler certaines lacunes.

— Fabia ? Vous m'étonnez ! Elle est si discrète. Heureusement d'ailleurs, Douglas étant ce qu'il est. (Pendant un instant, son visage sembla regorger de sensualité.) Il est magnifique, n'est-ce pas ? Absolument superbe !

Elle en frissonna et se passa une main sur le visage ; lorsqu'elle la retira, Wexford constata que toute trace de désir avait été effacée.

— Mon Dieu, fit-elle, redevenue joyeuse et provocante, il y a des gens qui ne connaissent pas leur bonheur !

Elle ouvrit la porte du garage et sortit une paire de souliers plats du coffre de la Dauphine rouge.

— J'ai eu l'impression que vous vouliez me dire autre chose (Wexford se tut un instant puis ajouta :) lorsque votre mari nous a interrompus.

— Peut-être que oui, ou peut-être que non. En tout cas plus maintenant.

Elle changea de chaussures, tournoya légèrement autour de la voiture d'un pas dansant et ouvrit la portière en grand.

— Vous allez au cinéma ? ironisa Wexford.

Elle claqua la portière et mit le contact.

— Allez au diable ! lui cria-t-elle par-dessus le rugissement du moteur.

10

Nous étions jeunes et joyeux,
Nous étions très très sages
Et à notre banquet,
La porte était ouverte...
Mary Coleridge,
Unwelcome.

La villa Nectarine se dressait dans une cuvette humide envahie par les ronces en contrebas de Stowerton Road. La descente par un sentier sinueux était périlleuse et miss Clarke mettait en garde les visiteurs. Les petites notes écrites sur du papier brouillon qui jalonnaient le chemin à intervalles réguliers accueillirent Burden. La première était accrochée à la grille extérieure et recommandait : « Lever la barrière et pousser fort » ; la seconde, quelque dix mètres plus bas, avertissait : « Attention au fil barbelé ». À cet endroit, les ronces s'écartaient pour faire place à quelques parcelles de terre cultivées. C'était un petit jardin potager mal entretenu où poussaient vaille que vaille quelques tristes rangées de choux au milieu des mauvaises herbes ainsi qu'une superbe courge protégée des chardons grâce à une cloche de fabrication artisanale. Sur le dessus, un troisième avertissement était épinglé et exhortait le visiteur à « Ne pas enlever le verre ». De toute évidence, miss Clarke avait des amis maladroits ou était victime d'intrus. Cela, Burden pouvait parfaitement le comprendre car rien n'indiquait que l'endroit était habité à part les légumes et les mots, et il ne vit la maison que lorsqu'il se trouva pratiquement devant, au bout du chemin. Des gloussements en cascade s'échappèrent de la porte laissée grande ouverte. L'espace d'une seconde, Burden crut qu'il s'était trompé de maison, bien qu'il n'y eût pas d'autre habitation dans le sentier. Lorsqu'il frappa à la porte, les rires redoublèrent et quelqu'un cria :

— C'est toi, Dodo ? On ne t'attendait plus.

« Dodo » pouvait être aussi bien un homme qu'une femme, mais plus probablement une femme. Burden s'appliqua à tousser de façon très masculine.

— Oh mince ! fit la voix plus bas. À mon avis, Di, c'est le flic de la vieille Fanny Fowler ; un flic qui tousse.

Burden se sentit particulièrement ridicule. La voix semblait provenir de derrière une porte fermée au bout du couloir. Il cria d'une voix forte :

— Inspecteur Burden, madame !

La porte s'ouvrit immédiatement et une femme vêtue comme une paysanne tyrolienne apparut. Ses cheveux blonds étaient tirés en arrière, avec deux longues nattes enroulées autour de sa tête.

— Oh mince ! répéta-t-elle. Je n'avais pas réalisé que la porte de devant était restée ouverte. Je plaisantais en parlant du flic de miss Fowler. Elle avait appelé pour m'avertir de votre éventuelle visite.

— Miss Clarke, je présume ?

— Qui d'autre voulez-vous que ce soit ? (Burden lui trouva une curieuse allure : celle d'une femme adulte habillée comme une écolière.) Venez donc vous goinfrer avec Di et moi dans ce cachot, dit-elle.

Burden la suivit dans la cuisine. « Attention aux marches » disait un autre avertissement punaisé sur la porte et que Burden vit juste à temps pour ne pas dévaler les trois hautes marches et s'étaler sur le carrelage. La cuisine était encore plus sinistre que celle de Mrs Parsons et beaucoup moins propre. Mais le soleil brillait par la fenêtre et une rose rouge était appuyée contre les carreaux.

La femme que miss Clarke avait appelée Di n'avait rien d'extraordinaire. Elle aurait même pu être le sosie de Mrs Parsons, assise là à manger des toasts, à part qu'elle était brune et portait des lunettes.

Clare Clarke fit les présentations :

— Di Plunkett ; inspecteur Burden. Asseyez-vous inspecteur — non, pas ce tabouret, il est plein de graisse —, voulez-vous une tasse de thé ?

Burden refusa le thé et s'assit sur une chaise en bois qui avait l'air à peu près propre.

— Cela ne me dérange pas que vous parliez pendant que je mange, fit miss Clarke en pouffant de rire une fois de plus. (Elle regarda attentivement un pot de confiture et déclara avec colère à son amie :) Quelle barbe ! Fabriquée en Afrique du Sud. Je ne l'aimerai plus autant maintenant, c'est sûr ! (Elle fit la moue et déclama :) Promis, juré !

Mais Burden constata qu'elle se servit généreusement et

étala la confiture sur une épaisse tartine de pain. La bouche pleine, elle lui dit :

— Ouvrez le feu. Je suis tout ouïe !

— En fait, j'aimerais simplement savoir si vous vous souvenez des amis masculins de Mrs Parsons lorsqu'elle était Margaret Godfrey, à l'époque où vous la connaissiez.

Miss Clarke se lécha les lèvres avant de répondre :

— Vous avez frappé à la bonne porte. J'ai une mémoire d'éléphant.

— Ça, tu peux le dire, intervint Di Plunkett, et pas que la mémoire.

Elles éclatèrent de rire toutes les deux, miss Clarke prenant la plaisanterie avec beaucoup d'humour.

— Je me souviens parfaitement de Margaret Godfrey. Intelligence moyenne, physique anémique, personnalité à la fois guindée et effacée. Cela dit, paix à son âme. Bousille-moi cette mouche, Di. Il y a une bombe insecticide sur l'étagère derrière ton gros derrière. Pas très sociable, la petite Margaret, aucun esprit de groupe. Elle sortait avec une dénommée Bertram, à présent disparue dans le brouillard de l'oubli. Tu l'as eue, Di ! Elle a aussi été copine avec une certaine Fabia Rogers pendant un moment.

— Fabia, vraiment !

— Sans parler de Diana Stevens de triste mémoire...

Miss ou Mrs Plunkett se mit à hurler de rire et, brandissant la bombe anti-mouches, fit mine de vouloir asperger son amie d'insecticide. Burden tira prudemment sa chaise hors de portée. Clare Clarke baissa la tête en riant sottement et poursuivit :

— ... connue aujourd'hui dans la commune de Stowerton sous le nom de Mrs William Plunkett, l'une des plus illustres figures de ce trou paumé !

— Tu es impayable, Clare ! suffoqua Mrs Plunkett. Franchement, j'envie les heureux membres de la haute. Quand je pense à cę que nous avons dû supporter...

— Et ses amis, miss Clarke ?

— Cherchez l'homme, hein ? Je vous l'ai dit, vous avez frappé à la bonne porte. Tu te souviens, Di, quand elle est sortie avec lui pour la première fois, on était derrière eux au cinéma ? Bon sang, je m'en souviendrai jusqu'à mon dernier souffle.

— L'autre qui se pâmait, précisa Mrs Plunkett. « Cela ne vous ennuie pas que je vous prenne la main, Margaret ? » J'ai cru que tu allais te faire péter un vaisseau sanguin, Clare !

— Comment s'appelait-il ?

Burden ressentait à la fois de l'ennui et de la colère. Il croyait s'être endurci avec l'âge, mais l'image du pauvre être inerte dans le bois revint brutalement devant ses yeux, ainsi que le visage blême de Parsons. Il réalisa soudain que parmi tous les gens qu'il avait interrogés, aucun ne lui avait plu. N'y avait-il donc aucune pitié en eux, aucune compassion ?

— Comment s'appelait-il ? demanda-t-il à nouveau avec lassitude.

— Dudley Drury. Parole d'honneur, c'était son nom.

— Tu parles d'un nom à coucher dehors, fit Mrs Plunkett.

Clare Clarke lui chuchota à l'oreille, mais suffisamment haut pour que Burden entende :

— Sûrement pas avec elle en tout cas !

Mrs Plunkett surprit l'expression de l'inspecteur et se sentit un peu honteuse. Dans une volonté un peu tardive de lui venir en aide, elle déclara, sur la défensive :

— Il est toujours dans la région si vous souhaitez le retrouver. Il habite près de la gare de Stowerton. Vous ne croyez tout de même pas qu'il ait pu tuer Maggie Godfrey ?

Clare Clarke intervint brusquement :

— Elle était très jolie, vous savez. Il l'aimait beaucoup. À l'époque, elle ne ressemblait pas du tout à cette effrayante caricature parue dans les journaux. Je crois que j'ai une photo de classe quelque part.

Burden avait ce qu'il voulait. À présent, il désirait seulement s'en aller. Il trouvait la journée trop avancée pour regarder des photos de famille. Il lui eût été plus utile d'en voir une dès jeudi, maintenant, il était trop tard.

— Je vous remercie, miss Clarke. Bonsoir, Mrs Plunkett.

— Bon, salut. Ravie de vous avoir rencontré. (Elle ne put s'empêcher de ricaner.) C'est pas si souvent qu'on voit un homme par ici, pas vrai, Di ?

À mi-chemin du sentier touffu, il s'arrêta net. Une femme en jodhpurs et chemise à col ouvert descendait vers la villa en sifflant. C'était Dorothy Sweeting.

« Dodo », pensa-t-il. Bien sûr, elles l'avaient pris pour Dodo lorsqu'il avait frappé à la porte, et voilà qui était la fameuse

Dodo. Une longue expérience avait appris à Burden que, contrairement à ce qu'on racontait dans les romans policiers, le hasard est beaucoup plus fréquent dans la vie que le complot.

— Bonjour, miss Sweeting.

Elle lui sourit avec une joyeuse innocence.

— Salut, c'est marrant de vous voir ici. Je reviens juste de la ferme. Il y a autant de monde dans ce bois qu'à un championnat de football. Si vous les voyiez !

Burden soupira ; il n'avait jamais pu se faire à la curiosité inhumaine des gens.

— Vous savez, ce buisson où on l'a trouvée ? continua Dorothy Sweeting tout excitée, eh bien, Jimmy Traynor est en train d'en vendre des brindilles pour quelques pennies pièce. J'ai dit à Mr Prewett qu'il devrait faire payer une demi-couronne à l'entrée.

— J'espère bien qu'il n'a pas l'intention de suivre votre conseil, miss, rétorqua Burden d'une voix sévère.

— Il n'y a pas de mal à ça. J'ai connu un type... un avion s'était écrasé sur ses terres, alors il a transformé tout un champ en parking tellement il avait de visiteurs.

Burden s'effaça pour la laisser passer.

— Votre thé va refroidir, miss Sweeting, conclut-il.

— Jusqu'où cela ira-t-il ? s'exclama Wexford. Si on ne fait pas attention, ils vont rafler toutes les branches de ce bois pour les emporter comme souvenirs.

— Dois-je envoyer deux gars là-bas, monsieur ? demanda Burden.

— Parfaitement, et allez me chercher l'annuaire. Nous allons rendre une petite visite à ce Drury, tous les deux.

— Vous n'attendez donc pas d'avoir des nouvelles du Colorado ?

— Drury est une piste très sérieuse, Mike. Il pourrait fort bien être Doon. Quoi que dise Parsons sur la chasteté de sa femme, je ne peux m'empêcher de penser que, quand elle est revenue ici, elle a revu Doon et succombé à ses charmes. Quant au mobile du crime — tout ce que je peux dire, c'est qu'il existe des hommes qui étranglent leurs maîtresses ; et Mrs Parsons avait peut-être accepté les promenades en voiture et les déjeuners au restaurant sans pour autant être prête à payer la note.

» Je vois les choses comme ça, Mike : Doon avait parlé avec Mrs Parsons et lui avait donné rendez-vous pour mardi après-midi avec l'arrière-pensée de la convaincre de devenir sa maîtresse. Cela aurait été trop risqué pour eux de se voir chez elle, alors il avait décidé de passer la prendre sur Pomfret Road. Elle prit le capuchon acheté le matin parce que le temps avait été pluvieux et qu'elle ne pensait pas rester tout le temps dans la voiture. Même si elle ne voulait pas de Doon pour amant, elle n'aurait pas voulu qu'il la voie avec les cheveux mouillés.

Le facteur temps tracassait Burden et il en fit la remarque à Wexford :

— Si elle a été tuée au début de l'après-midi, chef, pourquoi Doon aurait-il gratté une allumette pour la regarder ?

» Et si elle a été assassinée plus tard, pourquoi n'a-t-elle pas réglé ses factures avant de sortir et pourquoi n'a-t-elle pas prévenu son mari qu'elle rentrerait tard ?

Wexford haussa les épaules et répondit :

— Si je le savais. Dougie Quadrant se sert d'allumettes, il en a une boîte dans la poche. Comme la plupart des hommes d'ailleurs. Mais son comportement est très curieux, Mike. Il se montre parfois coopératif, et parfois franchement hostile. On n'en a pas encore terminé avec lui. Et Mrs Missal en sait plus qu'elle n'en dit.

— Dans ce cas, il y a aussi Missal, l'interrompit Burden.

Wexford prit un air pensif. Il se frotta le menton et répliqua :

— Je ne crois pas qu'il y ait de mystère sur ce qu'il faisait mardi. Il est d'une effroyable jalousie envers sa femme et pas sans raison, à ce qu'on sait. Je suis prêt à parier qu'il la tient à l'œil quand il peut. Il doit avoir des doutes sur Quadrant et quand elle lui a dit qu'elle sortait mardi après-midi, il a fait un saut jusqu'à Kingsmarkham, à tout hasard. Il l'a regardée partir, s'est assuré qu'elle n'allait pas au bureau de Quadrant et est retourné à Stowerton. Il sait qu'elle se mettrait sur son trente-et-un si elle devait voir Dougie. Quand il l'a vue sortir en voiture dans Kingsbrook Road, habillée de la même façon que le matin, il s'est dit qu'elle allait faire les magasins à Pomfret — qui ne ferment pas le mardi, contrairement à ceux de

Kingsmarkham — et cela l'a calmé. Je suis persuadé que c'est ainsi que les choses se sont passées.

— Ça colle avec le personnage, en tout cas, acquiesça Burden. Est-ce que Quadrant habitait déjà là il y a douze ans ?

— Oh oui. Il a vécu ici toute sa vie, à l'exception de trois ans passés à Cambridge. Mais de toute façon, il était là en 1949. En tout cas, Mrs Parsons n'était pas son genre. Quand je lui ai demandé s'il la connaissait, il s'est contenté de rire, mais d'un rire tellement effroyable. Vraiment, Mike, ça m'a glacé le sang.

Burden regarda son chef avec respect, car il en fallait beaucoup pour impressionner Wexford.

— Les autres auraient pu être seulement, euh... des jouets, et Mrs Parsons l'amour de sa vie.

— Seigneur ! rugit Wexford. Je n'aurais jamais dû vous laisser lire ce livre. Des jouets, l'amour de sa vie ! Vous me donnez envie de vomir. Au nom du ciel, trouvez-moi où crèche ce Drury et allons-y.

L'annuaire indiquait que Mr Drury Dudley Junior et Mrs Drury Kathleen vivaient au 14 Sparta Grove à Stowerton. Burden se souvenait d'une rue bâtie de minuscules maisons jumelées d'après-guerre, non loin du garage de Missal. Il n'avait pas imaginé le fameux Doon dans un pareil décor. Il alla avec Wexford au *Carousel* où ils dînèrent d'un sandwich et arrivèrent à Stowerton vers 19 h.

La maison de Drury surprenait par la couleur jaune vif de sa porte d'entrée surmontée d'un porche où une multitude de roses grimpantes étaient soigneusement attachées au treillis tout autour. Au beau milieu de la pelouse trônait un petit bassin en plastique qui figurait sans doute un étang et au bord duquel était fièrement planté un nain en caoutchouc tenant une canne à pêche. Il était évident que quelqu'un avait astiqué la Ford garée dans l'allée du garage. Pour des promenades clandestines, c'était une voiture que Mrs Katz aurait certainement dédaignée, mais elle brillait sûrement assez pour avoir épaté Margaret Parsons.

Le heurtoir représentait une tête de lion en fonte tenant un lourd anneau dans la gueule. Wexford le souleva et le laissa retomber. Comme personne ne répondait, il poussa la porte et les deux inspecteurs entrèrent dans le jardin de derrière. Dans le coin des cultures potagères, près de la barrière du fond, un homme ramassait des pommes de terre.

Wexford toussa et l'homme se retourna. Son visage était rouge et luisant de sueur, et malgré la chaleur, les manches de sa chemise étaient bien boutonnées aux poignets. Ses cheveux clairs et la blancheur de sa peau confirmèrent l'impression de Wexford sur sa sensibilité aux coups de soleil. Burden songea que ce n'était pas vraiment le genre d'homme à apprécier la poésie et à envoyer des bribes de poèmes à sa dulcinée, et certainement pas le genre d'homme à acheter des livres luxueux et inscrire de spirituelles dédicaces sur la page de garde.

— Mr Drury ? demanda Wexford posément.

Drury eut l'air interloqué, presque effrayé, mais cela pouvait être simplement dû à l'inquiétude de trouver deux intrus dans son jardin. De la sueur perlait au-dessus de sa lèvre supérieure, probablement en raison du travail manuel qu'il effectuait.

— Qui êtes-vous ? demanda-t-il d'une voix de fausset, comme si elle avait brutalement cessé de muer au moment de la puberté.

— Police, monsieur. Inspecteur-chef Wexford, et voici l'inspecteur Burden.

Visiblement, Drury avait travaillé dans son jardin pendant un certain temps. À l'exception des quelques mètres carrés d'où les pommes de terre avaient été arrachées, la terre avait été fraîchement retournée en plusieurs endroits dans les parterres de fleurs. Il planta les dents de la fourche dans le sol et s'essuya les mains sur son pantalon.

— Vous venez me voir au sujet de Margaret ?

— Je pense que nous ferions mieux d'aller à l'intérieur, Mr Drury.

Ils entrèrent par une porte-fenêtre beaucoup moins élégante que celle de Mrs Missal, et se retrouvèrent dans une pièce minuscule encombrée d'un mobilier d'après-guerre strictement utilitaire.

Les reliefs d'un repas solitaire jonchaient la table, encore recouverte d'une nappe et d'assiettes sales empilées.

— Ma femme est absente, expliqua Drury. Elle a emmené les enfants à la mer ce matin. Que puis-je faire pour vous ?

Il s'assit sur une chaise, en offrit une à Burden et laissa poliment le seul fauteuil de la pièce à Wexford.

— Pourquoi avez-vous demandé si c'était au sujet de Margaret, Mr Drury ?

— J'ai reconnu sa photo dans les journaux. Ça m'a fichu un sacré coup. Hier soir, à la chapelle, ils parlaient tous de cela. Je peux vous dire que je me suis senti tout bizarre à l'idée de retrouver Margaret dans de pareilles circonstances.

Burden réfléchit qu'il devait s'agir de l'église méthodiste de Flagford. Il se souvenait d'une espèce de hutte peinte en marron avec un toit en tôle, à l'angle nord de la place du village.

Drury n'avait plus l'air effrayé mais seulement triste. Burden fut frappé par sa ressemblance avec Ronald Parsons, et pas uniquement une ressemblance physique. Ils avaient certes les mêmes traits indistincts, de fins cheveux clairs, mais aussi la même attitude défensive, la même façon monotone de parler. Un muscle tressaillit au coin de la bouche de Drury. Il eût été difficile d'imaginer quelqu'un d'encore plus dissemblable de Douglas Quadrant.

— Parlez-moi de votre liaison avec Margaret Godfrey, demanda Wexford.

Drury eut l'air surpris.

— Ce n'était pas une liaison, assura-t-il.

Burden se demandait de quoi il se sentait accusé.

— C'était une de mes amies. Elle était très jeune. Je l'ai rencontrée à l'église et nous sommes sortis ensemble peut-être... une dizaine de fois.

— Quand l'avez-vous invitée à sortir pour la première fois, Mr Drury ?

— Cela fait tellement longtemps. Douze ou treize ans... je ne sais plus. (Il regarda la terre qui séchait sur ses mains.) Excusez-moi, j'aimerais me laver les mains.

Il quitta la pièce. À travers le passe-plats aménagé dans la porte de la cuisine, Burden le vit ouvrir le robinet d'eau chaude et se laver abondamment les mains. Wexford sortit du champ de vision de Drury et se dirigea vers la bibliothèque. Au milieu des livres de poche et de quelques *Reader's Digest*, trônait un volume relié en daim bleu marine. Wexford le saisit vivement, l'ouvrit à la page de garde où il trouva une dédicace et le tendit à Burden.

C'était le même caractère et le même style passionné. Au-dessus du titre, *Le portrait de Dorian Gray*, Burden lut :

L'homme ne peut vivre que de vin, Minna, mais voici pourtant la meilleure nourriture. Adieu. Doon, juillet 1951.

11

Ils l'ont empêché de parler, l'ont hué, déchiré
Des supérieurs se sont ainsi conduits devant lui

Matthew Arnold,
The Last Word.

Drury réapparut, un sourire prudent sur les lèvres. Il avait roulé les manches de sa chemise et ses mains étaient rougies par le soleil. Lorsqu'il vit le livre que Wexford tenait à la main, son sourire s'effaça et il dit avec agressivité :

— Surtout, ne vous gênez pas.

— D'où tenez-vous ce livre, Mr Drury ?

Drury jeta un coup d'œil sur l'inscription, regarda Wexford et rougit violemment. Le tic au coin des lèvres agita son menton à nouveau.

— Oh mon Dieu, soupira-t-il. C'est elle qui me l'a donné. J'avais oublié que je l'avais.

Wexford était devenu grave. Sa lèvre inférieure, charnue, saillait, lui donnant un air prognathe.

— Écoutez, reprit Drury, elle m'a offert ce livre quand on sortait ensemble. C'est écrit juillet là-dessus, alors c'est ça, c'était sûrement en juillet. (La rougeur disparut de son visage et il devint très pâle. Il se laissa tomber sur une chaise.) Vous ne me croyez pas, n'est-ce pas ? Ma femme pourra vous le confirmer. Ce livre est là depuis que nous sommes mariés.

— Pourquoi Mrs Parsons vous l'a-t-elle donné, Mr Drury ?

— Cela faisait des semaines que je l'invitais à sortir. (Il regardait Wexford avec des yeux semblables à ceux d'un lièvre hypnotisé par les phares d'une voiture.) C'était en été — je ne sais plus. Qu'est-ce qui est écrit ? Cinquante et un. Il y avait un paquet pour Margaret. Quand elle l'a ouvert, elle avait l'air furieuse et elle a jeté le livre par terre, violemment, alors je l'ai ramassé. J'en avais entendu parler et je pensais... que c'était un livre cochon, si vous voulez tout savoir, et je voulais le lire. Elle m'a dit : « Je te le donne, si tu veux », ou quelque chose comme ça. Je ne me souviens plus très bien. Cela fait si longtemps. Minna en avait assez de ce Doon et je pensais qu'elle avait un peu honte de lui...

— Minna ? intervint Wexford.

— J'ai commencé à l'appeler Minna quand j'ai vu le nom écrit dans le livre. Qu'est-ce que j'ai dit ? Au nom du ciel, ne me regardez pas comme ça !

Wexford fourra le livre dans sa poche.

— Quand l'avez-vous vue pour la dernière fois ?

Drury tripotait la cordelette qui attachait le coussin à la chaise. Il en tiraillait nerveusement de petits fils de coton rouge. Au bout d'un long moment, il répondit :

— Elle est partie en août. Son oncle était mort.

— Non, je veux dire récemment, rectifia Wexford.

— Je l'ai rencontrée la semaine dernière. Ce n'est tout de même pas un crime de revoir quelqu'un qu'on connaissait ? Je l'ai reconnue en passant en voiture dans High Street, à Kingsmarkham. Je me suis arrêté un moment et je lui ai demandé comment elle allait, ce genre de choses...

— Continuez. Je veux tous les détails.

— Elle m'a dit qu'elle était mariée, qu'elle était venue vivre dans Tabard Road ; j'ai dit que j'étais marié aussi et qu'il faudrait qu'on se voie un de ces jours avec son mari et Kathleen, ma femme, et que de toute façon je l'appellerais ; voilà, c'est tout.

— Elle vous a dit son nom de femme ?

— Bien sûr. Pourquoi ne l'aurait-elle pas fait ?

— Mr Drury, vous avez dit que vous aviez reconnu la photographie. Vous n'avez donc pas reconnu son nom ?

— Son nom, son visage, quelle importance ? Je ne suis pas au tribunal. Je ne peux pas faire attention à tous les mots que je prononce.

— Dites seulement la vérité et vous n'aurez pas à vous surveiller. L'avez-vous appelée ?

— Bien sûr que non. J'en avais l'intention, mais j'ai lu dans les journaux qu'elle était morte.

— Où étiez-vous, mardi entre 12 h 30 et 19 h ?

— Je travaillais ; je suis employé chez mon oncle, il tient une quincaillerie à Pomfret. Demandez-lui, il vous dira que j'étais là toute la journée.

— À quelle heure ferme le magasin ?

— 17 h 30, mais le mardi j'essaie toujours de sortir tôt... De toute façon, vous n'allez pas me croire.

— Essayez toujours, Mr Drury.

— Je sais que vous n'allez pas me croire, mais ma femme pourra vous le dire, et mon oncle aussi. Je vais à Flagford tous les mardis pour prendre la commande de légumes de Kathleen. Il y a une pépinière dans Clusterwell Road. Il faut y arriver avant 17 h 30 sinon c'est fermé. Et j'ai été retenu au magasin mardi dernier, ce qui fait que je n'ai pas pu partir avant 17 h 15 et quand je suis arrivé chez Spellman, il n'y avait plus personne. J'ai fait le tour derrière les serres et j'ai appelé, mais tout le monde était parti.

— Alors vous êtes rentré sans vos légumes ?

— Non. Enfin, oui, mais pas directement. J'avais eu une dure journée et j'étais énervé d'avoir trouvé l'endroit fermé, alors je suis allé au *Swan* boire une bière. C'est une fille qui m'a servi. Je ne l'avais jamais vue avant. Écoutez, c'est peut-être pas utile que ma femme le sache ? Je suis méthodiste, vous comprenez ; membre de l'église. Je ne devrais pas boire.

Burden inspira profondément. Un meurtre avait été commis et lui s'inquiétait pour une bière clandestine !

— Vous êtes allé à Flagford par la grande route de Pomfret ?

— Oui. Je suis passé juste devant le bois où on l'a trouvée. (Drury se leva et fouilla en vain sur la tablette de la cheminée pour trouver des cigarettes.) Mais je ne me suis pas arrêté avant Flagford. Je me dépêchais pour aller chercher la commande... Écoutez, inspecteur, je n'aurais jamais rien fait contre Minna. C'était une gentille petite. Je l'aimais beaucoup. Jamais je ne ferais une chose pareille, tuer quelqu'un !

— Qui d'autre que vous l'appelait Minna ?

— Seulement ce Doon, pour autant que je sache. Elle ne m'a jamais dit son vrai nom. J'avais l'impression qu'elle avait plutôt honte de lui. Dieu sait pourquoi. Il était riche et en plus intelligent. En tout cas, c'est ce qu'elle disait. (Il se redressa et regarda les deux inspecteurs avec agressivité.) C'est moi qu'elle préférait, affirma-t-il.

Il se leva brusquement et regarda fixement la chaise qu'il

avait maltraitée. Au milieu des assiettes sales qui encombraient la table, se dressait une bouteille de lait à moitié vide, des croûtes jaunes collant autour du goulot. Il s'en versa dans une tasse qu'il but aussitôt, renversant une petite flaque dans la soucoupe.

— Je vous conseille de rester assis, lui intima Wexford.

Il alla dans l'entrée et fit signe à Burden. Ils se tenaient l'un à côté de l'autre dans l'étroit corridor. La moquette était usée à l'endroit où la porte de la cuisine frottait et l'un des enfants avait gribouillé sur le papier mural avec un crayon bleu.

— Appelez au *Swan*, Mike, demanda Wexford.

Il crut entendre la chaise de Drury bouger et, se souvenant des portes-fenêtres ouvertes, se retourna tout d'une pièce. Mais Drury était toujours assis à la table, la tête enfouie dans ses mains.

Il entendit la voix de Burden provenant du salon à travers les minces cloisons, puis la brève sonnerie d'un téléphone que l'on décroche. Le bruit sourd des pas de Burden traversa la pièce, pénétra dans l'entrée et s'arrêta. Un terrible silence se fit, et Wexford passa la tête dans l'encadrement de la porte tout en gardant un œil sur Drury.

Burden se tenait près de la porte d'entrée. Au pied du mur de l'étroit escalier, était posé un portemanteau aux curieux entrelacs de fer forgé avec des poignées aux couleurs criardes, au lieu de crochets, pour pendre les vêtements. Un blouson d'homme et un imperméable d'enfant en plastique y étaient suspendus, ainsi qu'une capuche en nylon rose transparent.

— Les empreintes ne marquent pas là-dessus, fit Wexford. Reprenez le téléphone, Mike. Je vais avoir besoin d'aide ; demandez à Bryant et à Gates de venir tout de suite.

Il traversa la minuscule entrée en trois enjambées, décrocha la capuche et la montra à Drury :

— Où avez-vous trouvé cela, Mr Drury ?

— C'est sans doute à ma femme, répondit-il. (Puis, avec une soudaine assurance, il ajouta avec défi :) Ça ne vous regarde pas !

— Mrs Parsons a acheté une capuche semblable à celle-ci mardi matin. (Wexford l'observa se recroqueviller une fois de plus dans un effroyable désespoir.) Je veux votre autorisation de fouiller cette maison, Drury. Ne vous y trompez pas, je peux obtenir un mandat de perquisition ; ça prendra juste un peu plus de temps.

On eût dit que Drury allait se mettre à pleurer.

— Oh, faites ce que vous voulez. J'aimerais seulement fumer une cigarette. J'ai oublié mon paquet à la cuisine.

— L'inspecteur Burden va vous l'apporter dès qu'il aura fini de téléphoner.

Ils commencèrent à fouiller la maison et furent rejoints une demi-heure plus tard par Gates et Bryant. Puis Wexford demanda à Burden de contacter l'oncle de Drury à Pomfret, la pépinière de Spellman, et le directeur du supermarché.

— La serveuse du *Swan* ne travaille pas ce soir, fit Burden, mais elle habite au 3 Cross Roads Cottages à Flagford. Pas de téléphone. Elle s'appelle Janet Tipping.

— Bon, envoyez Martin là-bas immédiatement. Essayez d'obtenir de Drury un numéro de téléphone où on peut joindre sa femme. Si elle n'est pas trop loin — Brighton ou Eastbourne — vous pouvez y être cette nuit. Dès que j'aurai retourné cette maison de fond en comble, j'irai reprendre une petite conversation avec Mrs Quadrant. Elle reconnaît qu'elle avait une relation « amicale » avec Mrs Parsons, et elle est pratiquement la seule, à part notre ami dans la pièce à côté.

Burden étira le capuchon rose pour en tester la solidité.

— Vous croyez vraiment que c'est lui, Doon ? interrogea-t-il, incrédule.

Wexford continuait d'ouvrir les tiroirs et de farfouiller dans un fouillis de crayons de couleur, cartes à jouer, bobines de fil et bouts de papier couvert de gribouillis d'enfants. Mrs Drury n'était pas une maîtresse de maison très rangée : tous les placards et les tiroirs montraient le même désordre.

— Je ne sais pas, répondit-il enfin. Pour l'instant, on dirait bien que c'est lui, mais il reste un sacré nombre de choses qui ne collent pas. Cela ne correspond pas du tout à ce que j'imaginais, Mike ; mais puisqu'on ne peut pas se permettre d'imaginer...

Il feuilleta tous les livres de la maison mais n'en trouva aucun autre offert par Doon à Minna. Il n'y avait d'ailleurs pas plus d'une trentaine de volumes : aucun poème victorien et les seuls romans, à l'exception du *Portrait de Dorian Gray*, étaient des romans policiers.

Dans le placard de la cuisine, Bryant trouva un trousseau de clefs pendu à un crochet. Il y avait la clef de la porte d'entrée, celle du coffre-fort dans la chambre de Drury, deux autres correspondaient aux portes de la salle à manger et du salon, et la cinquième était celle du garage. Les clefs de contact de la voiture de Drury étaient dans la poche de son blouson suspendu au portemanteau et la clef de la porte de derrière était dans la serrure. Wexford, à la recherche d'un porte-monnaie, n'en trouva qu'un en plastique vert et blanc en forme de tête de chat. Il était vide et portait à l'intérieur une étiquette au nom de « Susan Mary Drury ». La fille de Drury avait emporté ses économies au bord de la mer.

On accédait au grenier par une trappe dans le plafond. Bryant alla chercher l'escabeau de Drury dans le garage et explora l'endroit. Gates resta en bas avec Drury, et Wexford sortit et alla à sa voiture. Au passage, il gratta un peu de poussière sur les pneus de la Ford bleue.

Une pluie fine tombait. Il était 22 h et il faisait très sombre pour une nuit d'été. Si Drury l'avait tuée à 17 h 30, il faisait encore grand jour et la lumière d'une allumette aurait été parfaitement inutile. C'était donc un pur hasard. Il est vrai qu'une allumette était bien la trace la moins compromettante qui soit ! Mais pourquoi n'avait-elle pas réglé les factures, qu'avait-elle fait au cours de ces longues heures, entre le moment où elle avait quitté la maison et celui où elle avait rencontré Doon ? D'un autre côté, Drury avait terriblement peur... Wexford aussi avait remarqué sa ressemblance avec Ronald Parsons. On pouvait donc imaginer que c'était le genre de personnalité qui attirait Margaret Parsons et qu'elle avait choisi son mari parce qu'il lui rappelait son ancien amant.

Il alluma ses phares, mit les essuie-glaces et reprit le chemin de Kingsmarkham.

12

Vous ai-je rencontrés à dîner la semaine dernière,
Elle et toi, aux yeux et à la chevelure
Aussi noirs que ceux de Ptolémée ?

Sir Edwin Arnold,
To a pair of egyptian slippers.

De nuit, la maison était encore moins accueillante. Éclairé par les phares de la voiture de Wexford, le rude granit gris scintillait et les feuilles de l'aubépine sans fleurs qui s'y accrochait prenaient une pâle couleur vert jaunâtre.

Les Quadrant avaient des invités à dîner. Wexford se rangea à côté de la Daimler noire et monta les escaliers. Il sonna plusieurs fois avant que la porte d'entrée ne lui fût ouverte, doucement, d'une lenteur presque alarmante, par Quadrant lui-même.

Lorsqu'il dînait avec Helen Missal, il portait une tenue de ville. Chez lui, en présence de sa femme et de ses invités, il allait jusqu'à revêtir un smoking. Mais il n'y avait pas une once de vulgarité chez lui, pas de gilet excentrique ni la moindre trace de ce bleu nuit de si mauvais goût. Son smoking était noir et d'une coupe impeccable, sa chemise — Wexford adorait se remémorer une citation appropriée à chaque fois qu'il le pouvait — « plus blanche que la neige fraîchement tombée sur les ailes d'un corbeau ».

Quadrant ne prononça pas une parole mais eut l'air de fixer, à travers Wexford, le jardin obscur. Il dégageait une sorte de majesté insolente accentuée par les tapisseries dont il était entouré. Mais Wexford se fit sévèrement remarquer qu'après tout, cet homme n'était qu'un avocat de province.

— J'aimerais parler avec votre femme, Mr Quadrant.

— À cette heure ?

Wexford regarda sa montre ; simultanément, Quadrant releva sa manche — dont les boutons de manchette en argent et onyx brillèrent dans la lumière tamisée — et leva des sourcils interrogateurs en regardant le cadran de platine de son bracelet-montre.

— C'est extrêmement ennuyeux, remarqua-t-il sans esquisser le moindre geste pour laisser entrer Wexford. Ma femme n'est pas quelqu'un de très solide et il se trouve que mes beaux-parents dînent avec nous...

« Le vieux Rogers et sa bonne femme, de Pomfret Hall », pensa Wexford vulgairement. Il demeura imperturbable, sans l'ombre d'un sourire.

— Très bien, dit Quadrant, mais soyez bref, voulez-vous ?

Un léger mouvement se fit entendre dans le hall derrière lui. Une robe marron, une mince silhouette couleur café, passa un instant devant les arbres brodés des tapisseries, puis la gouvernante de Mrs Quadrant s'évapora.

— Veuillez entrer dans la bibliothèque. (Quadrant l'introduisit dans une pièce meublée de fauteuils en cuir bleu.) Je ne vous offre pas un verre puisque vous êtes en service. (Les mots étaient prononcés avec une pointe d'agressivité mais adoucis aussitôt par son rapide sourire félin.) Excusez-moi, je vais chercher ma femme.

Il se retourna d'un mouvement lent et gracieux de danseur, s'arrêta un instant puis ferma la porte derrière lui, enfermant Wexford à l'écart.

Ainsi, pensa celui-ci, il ne le laisserait pas débarquer en pleine réunion de famille. L'homme était nerveux mais cachait une peur trouble à la façon des gens de sa classe, sous une extrême maîtrise de soi.

En attendant, il laissa errer son regard sur les livres qui l'entouraient. Il y en avait des centaines sur des étagères entières, qui couvraient les quatre murs. Nombreux étaient les volumes de poésie ou de romans victoriens, mais la littérature des XVIIe et XVIIIe siècles était aussi bien représentée. Wexford haussa les épaules. Kingsmarkham était remplie de maisons de ce genre, un bastion d'abondance, des maisons avec des bibliothèques, des bibliothèques remplies de livres...

Fabia Quadrant entra presque sans bruit. Sa robe longue était noire et il se souvint que le noir n'était pas une couleur mais seulement un prisme de lumière. Son visage était animé, un peu agité, et elle l'accueillit avec bonne humeur.

— Re-bonjour, inspecteur.

— Je ne vous retiendrai pas longtemps, Mrs Quadrant.

— Voulez-vous vous asseoir ?

— Merci. Un instant seulement.

Il la regarda s'asseoir et croiser les mains sur ses genoux. Le diamant qu'elle portait à la main gauche scintillait sur l'écrin noir de sa robe.

— Je veux que vous me disiez tout ce dont vous pouvez vous souvenir au sujet de Dudley Drury.

— Eh bien, c'était mon dernier trimestre à l'école, répondit-elle. Margaret m'avait dit qu'elle avait un petit ami — le premier peut-être. Je ne sais pas. C'était il y a douze ans seulement, inspecteur, mais nous étions différentes des adolescentes d'aujourd'hui. Il n'y avait rien d'extraordinaire à ne pas avoir de copain à dix-huit ans ; vous comprenez ?

Elle articulait chaque mot lentement comme si elle faisait la leçon à un enfant. Quelque chose dans son attitude agaçait Wexford et il se demanda si elle avait jamais dû se presser dans la vie, si elle avait jamais avalé un repas debout en vitesse ou couru pour attraper un train.

— C'était peut-être un peu inhabituel, mais certainement pas curieux. Margaret ne me l'a jamais présenté mais je me souviens de son nom parce qu'il me faisait penser à Drury Lane à Londres.

Wexford essayait de contenir son impatience.

— Que vous a-t-elle dit à son sujet, Mrs Quadrant ?

— Très peu de choses. (Elle s'interrompit et le regarda comme si elle était attentive à ne pas compromettre un homme en danger.) Elle ne lui reprochait qu'une seule chose : sa jalousie. Elle disait qu'il était fanatiquement jaloux.

— Je vois.

— Il ne voulait pas qu'elle ait d'autres amis. J'avais l'impression qu'il était très émotif et très possessif.

« Des sentiments qui vous sont plutôt étrangers, n'est-ce pas ? » songea Wexford. Pourtant, il se posait des questions en pensant à l'inconstance de Quadrant. Il fut tiré de sa rêverie par une voix inhabituellement cassante et impérieuse.

— Il était bouleversé qu'elle retourne à Londres. Margaret disait qu'il était dans un état épouvantable, que la vie n'avait plus de sens sans elle. Vous imaginez le genre de choses.

— Mais il ne la connaissait que depuis quelques semaines.

— Je me contente de vous rapporter ce qu'elle disait, inspecteur. (Elle sourit comme si elle était à une incroyable distance de Drury et Margaret Godfrey, à des années-lumières.) Elle avait l'air de s'en moquer. Margaret n'était pas quelqu'un de sentimental.

On entendit un léger bruit de pas dans le hall et la porte s'ouvrit derrière Wexford.

— Oh, te voilà, dit Fabia Quadrant. L'inspecteur et moi étions en train de parler d'amours de jeunesse. Tout cela ressemble plus à mes yeux à une « dépense de l'esprit dans un désert de honte ».

« Mais ce n'était pas un amour de jeunesse », pensait Wexford en tentant vainement de replacer la citation. Cela ressemblait plus à ce qu'il avait vu sur le visage d'Helen Missal cet après-midi.

— Encore une petite chose, Mrs Quadrant. Mrs Parsons avait l'air de s'intéresser à la poésie victorienne, au cours des deux années passées à Flagford. Je me demandais s'il y avait une raison particulière à cela.

— Rien de morbide, si c'est ce que vous voulez dire, répondit-elle. La poésie du XIXe siècle faisait partie du programme du Certificat de fin d'études secondaires en 1951.

Quadrant fit alors quelque chose de curieux. Il traversa la bibliothèque et saisit un livre sur une étagère sans la moindre hésitation. Wexford eut l'impression qu'il aurait pu mettre la main dessus les yeux bandés, ou dans la plus complète obscurité.

— Oh, Douglas, réagit sa femme, monsieur ne tient sans doute pas à voir cela.

— Regardez, fit Quadrant.

Wexford lut une inscription gravée dans la couverture du livre :

« Offert à Fabia Rogers pour ses brillants résultats au Certificat de fin d'études secondaires, 1951. »

Dans son travail, Wexford ne pouvait se permettre d'être à court de mots, mais à ce moment précis, il ne pouvait trouver aucune formule pour encourager la fierté qui illuminait le visage bronzé de Quadrant, ou atténuer la gêne qui se lisait sur celui de sa femme.

— Je dois partir, maintenant, dit-il enfin.

Quadrant remit vivement le livre à sa place et prit sa femme par le bras. Elle posa ses doigts fermement sur la manche de sa veste. Ils avaient soudain l'air très proches, mais, malgré tout, cela semblait une étrange et chaste communion, comme des frère et sœur, Ptolémée et Cléopâtre.

— Bonne nuit, Mrs Quadrant. Merci de votre aide. Je m'excuse de vous avoir dérangée... (Il regarda à nouveau sa montre) à cette heure, acheva-t-il en savourant l'hostilité de Quadrant.

— Pas du tout, inspecteur, répliqua-t-elle avec un rire confiant, comme si elle était réellement l'heureuse femme d'un mari dévoué.

Ils le raccompagnèrent ensemble. Quadrant se montrait sociable et toujours courtois, mais sous la manche sur laquelle s'appuyaient les doigts de sa femme, sa main était crispée et ses phalanges pâles comme de la cire sous la peau brune.

Une bicyclette était appuyée contre le mur du poste de police, une bicyclette munie d'un panier accroché sur le porte-bagages, équipée de phares et d'une sacoche à outils pleine à craquer. Wexford entra dans le hall et faillit renverser une jeune femme blonde et grassouillette vêtue d'une veste en cuir sur une jupe plissée.

— Je vous demande pardon.

— Il n'y a pas de mal, dit-elle. Rien de cassé. Ce ne serait pas vous par hasard, le grand chef?

Derrière le comptoir, le sergent esquissa un léger sourire vite transformé en toux et dissimulé derrière sa main.

— Je suis l'inspecteur-chef Wexford. Puis-je vous aider?

Elle tira quelque chose de son sac en bandoulière.

— En fait, c'est moi qui suis censée vous aider. Un de vos copains est venu chez moi...

— Miss Clarke, devina Wexford, voulez-vous passer dans mon bureau?

Il devint soudain considérablement optimiste. Cela changeait de voir enfin quelqu'un venir à lui. Mais ses espoirs retombèrent tout aussi vite lorsqu'il vit ce qu'elle tenait à la main: une autre photographie.

— Je l'ai trouvée au milieu d'un tas de vieilleries. Si vous devez remuer ciel et terre pour trouver des gens qui ont connu Margaret, ça peut vous aider.

C'était un agrandissement représentant une douzaine de jeunes filles sur deux rangs. De toute évidence, la photographie était un travail d'amateur.

— C'est Di qui l'a prise, confirma miss Clarke. Di Stevens. Presque toute la classe de terminale est là. (Elle le regarda comme si elle craignait, en l'apportant, d'avoir fait quelque chose de stupide.) Vous pouvez la garder si vous voulez.

Wexford la mit dans sa poche avec l'intention de la regarder plus tard, quoiqu'il doutât désormais de son utilité. En raccompagnant miss Clarke, il tomba sur le sergent Martin qui revenait de son entretien avec le directeur du supermarché. Il était impossible de déterminer le nombre de capuches vendues par couleur au cours de la semaine mais seulement la vente globale. Le stock était arrivé mardi, et, samedi soir, vingt-six capuches avaient été vendues. Le directeur estimait qu'environ un quart de la commande était rose et évaluait très approximativement la vente à six articles dans cette couleur.

Wexford envoya sur-le-champ Martin à Flagford à la recherche de Janet Tipping. Puis il composa le numéro de Drury, mais ce fut Burden qui répondit. Ils n'avaient rien trouvé dans la maison. Mrs Drury était chez sa sœur à Hastings mais elle n'avait pas de téléphone.

— Martin va devoir aller là-bas, fit Wexford. Je ne peux pas me passer de vous ici. Qu'a dit Spellman ?

— Ils ont fermé à 17 h 30 tapantes mardi dernier. Drury est allé chercher ses légumes le lendemain.

— Pourquoi est-ce qu'il achète ses légumes, d'ailleurs ? Il en fait pousser dans son jardin.

— La commande était pour des tomates, un concombre et des courgettes, chef.

— En parlant de jardinage, je vais vous envoyer des lampes pour que vous puissiez commencer à creuser. Il se pourrait bien que la clef et le porte-monnaie soient enterrés avec les pommes de terre.

Dudley Drury était dans un état pitoyable lorsque Wexford revint à Sparta Grove. Il marchait de long en large mais n'avait pas l'air très solide sur ses jambes.

— Il a été malade, monsieur, dit Gates.

— Que voulez-vous que j'y fasse, grogna Wexford, je ne suis pas infirmière !

La fouille de la maison était terminée et tout avait l'air beaucoup mieux rangé qu'avant le passage des policiers. Quand l'équipement d'éclairage fut arrivé, Bryant et Gates commencèrent à creuser le carré de pommes de terre. Livide, Drury observait depuis la fenêtre de la salle à manger les gestes des inspecteurs en train de retourner les mottes de terre.

Wexford réfléchissait que cet homme avait autrefois déclaré que la vie serait insupportable sans Margaret Parsons. Mais voulait-il vraiment dire qu'elle aurait été insupportable si un autre que lui possédait sa bien-aimée ?

— J'aimerais que vous me suiviez au poste à présent, Drury.

— Vous allez m'arrêter ?

— Je voudrais seulement vous poser quelques questions supplémentaires, précisa Wexford.

Pendant ce temps, Burden était allé à Pomfret, avait réveillé le quincaillier et vérifié l'alibi du neveu.

— Dud quitte toujours le magasin tôt le mardi, grogna-t-il. De plus en plus tôt chaque semaine, d'ailleurs. Plutôt 17 h que 17 h 15.

— Alors vous diriez qu'il est parti vers 17 h mardi dernier ?

— Non, pas exactement. Plutôt 17 h 10, 15. J'étais occupé au magasin. Il est venu et m'a dit « Je m'en vais, mon oncle. » Je n'avais aucune raison de vérifier l'heure, vous ne croyez pas ?

— Donc il pouvait être environ 17 h 10 ou 15 ?

— Il pouvait aussi bien être 20, je peux pas vous dire.

Une pluie fine continuait de tomber. La route principale était noire et scintillait comme une matière visqueuse. Le chemin et le bois étaient déserts à présent. Les branches des arbres s'agitaient dans le vent. Burden ralentit, pensant qu'il était bien étrange qu'un coin de campagne aussi dépourvu d'intérêt devînt soudain, en raison du drame qui s'y était déroulé, une cachette sinistre et effrayante, le point de convergence de tous les regards curieux et peut-être, pour les années à venir, un but de visite de la moitié des touristes de la région. Dès lors, le château de Flagford passerait au second rang derrière le bois de Prewett dans le guide des endroits macabres.

Dans la cour du poste de police, il rencontra Martin, qui lui annonça que Janet Tipping était introuvable. Elle était sortie avec son copain comme tous les samedis soir et sa mère avait précisé à Martin avec une indifférence agressive qu'il n'y avait aucun problème à ce qu'elle rentre vers une ou deux heures du matin. La maison était sale et la mère une souillon. Elle ne savait pas où était sa fille mais supposait qu'elle était allée faire un tour sur la côte en moto avec son ami.

Burden frappa à la porte de Wexford, qui lui cria d'entrer.

Drury et Wexford étaient assis l'un en face de l'autre.

— Reprenons, disait l'inspecteur-chef, qu'avez-vous fait mardi soir ?

Burden alla discrètement s'asseoir sur l'une des chaises en métal et tweed. L'horloge, accrochée au mur entre le classeur où les livres de Doon étaient toujours empilés et la carte de Kingsmarkham, indiquait qu'il ne manquait plus que dix minutes pour que sonne minuit.

— J'ai quitté le magasin à 17 h 15 et roulé sans arrêt jusqu'à Flagford. Quand je suis arrivé chez Spellman, la boutique était fermée alors j'ai fait le tour et je suis allé voir près des serres. J'ai appelé une ou deux fois mais tout le monde était parti. Écoutez, je vous ai déjà raconté tout cela.

Impassible, Wexford rétorqua :

— Très bien, disons que j'ai une mauvaise mémoire.

La voix de Drury était devenue suraiguë et très tendue. Il sortit son mouchoir et s'épongea le front.

— J'ai regardé aux alentours pour voir si la commande avait été préparée et laissée quelque part, mais il n'y avait rien. (Il s'éclaircit la gorge.) J'étais agacé parce que ma femme voulait les légumes avant le dîner. J'ai traversé le village en roulant lentement au cas où j'apercevrais Mr Spellman, mais je ne l'ai pas vu.

— Avez-vous vu quelqu'un que vous connaissez, ou que vous connaissiez quand vous habitiez Flagford ?

— Il y avait des gamins, répondit Drury, mais je ne sais pas qui c'était. Écoutez, je vous ai déjà raconté le reste. Je suis entré au *Swan* et cette fille m'a servi...

— Qu'avez-vous bu ?

— Un demi. (Il rougit. « De son mensonge », se demanda Burden, « ou de son péché contre la foi ? ») L'endroit était désert. J'ai toussé pour attirer l'attention et au bout d'un moment une fille est entrée dans la salle. J'ai commandé un demi et je l'ai payé. Elle doit s'en souvenir.

— Ne vous inquiétez pas. On va lui demander.

— Elle n'est pas restée au bar. J'étais tout seul. Quand j'ai eu fini ma bière, je suis retourné chez Spellman et comme il n'y avait toujours personne, je suis rentré chez moi.

Drury se leva de sa chaise et agrippa le bord du bureau. Les papiers de Wexford frissonnèrent et le combiné racla sur le téléphone.

— Écoutez, hurla-t-il, je vous l'ai dit. Jamais je n'aurais levé la main sur Margaret.

— Asseyez-vous, ordonna Wexford.

Drury s'affaissa de nouveau sur son siège, le visage envahi de tics.

— Vous étiez extrêmement jaloux, non ? (Il parlait désormais sur le ton de la conversation, d'une voix compréhensive.) Vous ne vouliez pas qu'elle ait d'autres amis que vous.

— C'est faux. (Il essaya de crier, mais ne maîtrisait plus sa voix.) C'était juste une amie. Je ne comprends pas ce que vous voulez dire par jaloux. Bien sûr, je ne voulais pas qu'elle sorte avec d'autres garçons quand elle était avec moi.

— Étiez-vous son amant, Drury ?

— Pas du tout. (Il rougit violemment devant l'affront.) Vous n'avez pas le droit de me poser de pareilles questions. Je n'avais que dix-huit ans.

— Vous lui avez offert beaucoup de livres, non ?

— C'est Doon qui les lui a offerts, pas moi. Et c'était fini entre eux quand elle sortait avec moi. Je ne lui ai jamais rien donné. J'en avais pas les moyens.

— Où se trouve Foyle's, Drury ?

— À Londres. C'est une librairie.

— Y avez-vous acheté des livres que vous avez donnés à Margaret Godfrey ?

— Je vous ai déjà dit que je ne lui en ai jamais offert.

— Et *Le portrait de Dorian Gray* ? Celui-là vous l'avez gardé, pourquoi ? Vous pensiez que cela la choquerait ?

Drury se contenta de répondre d'un ton morne :

— Je vous ai donné un exemple de mon écriture.

— Une écriture change beaucoup en douze ans. Parlez-moi de ce livre.

— Encore une fois, on était dans la maison de sa tante quand le livre est arrivé dans un paquet. Quand elle a vu, en l'ouvrant, qui lui avait envoyé, elle m'a dit que je pouvais le prendre.

Ils le laissèrent enfin tranquille sous la surveillance silencieuse du sergent et sortirent.

— J'ai envoyé un exemple de l'écriture de Drury à ce

spécialiste de St Mary's Road, annonça Wexford. Mais l'écriture, Mike, en douze ans ! On dirait que ces dédicaces ont été écrites en caractères d'imprimerie par quelqu'un dont l'écriture était trop laide ou trop difficile à lire. Celle de Drury est très ronde et tout à fait lisible. J'ai l'impression qu'il n'écrit pas beaucoup et que son écriture n'a jamais évolué.

— De tous les gens à qui j'ai parlé, c'est le seul qui appelait Mrs Parsons Minna, constata Burden, et qui connaissait l'existence de Doon. De plus, il avait une de ces capuches chez lui ; c'est peut-être l'une des cinq autres vendues, mais c'est peut-être aussi celle de Mrs Parsons. S'il a quitté son oncle à 17 h 10 ou 15, il pouvait tout à fait être chez Prewett à 17 h 20 et à cette heure, les vaches de Bysouth étaient dans le pré depuis presque une demi-heure.

Les téléphones étaient demeurés silencieux depuis un long moment, un temps inhabituellement long pour ce commissariat toujours très sollicité. Qu'était-il advenu du coup de fil qu'ils attendaient depuis le déjeuner? Comme s'il avait été doué d'un mystérieux pouvoir de médium, Wexford déclara :

— On devrait avoir des nouvelles du Colorado dans peu de temps. En estimant qu'ils ont à peu près sept heures de décalage sur nous et en supposant que Mrs Katz était sortie pour la journée, elle ne devrait pas tarder de rentrer. Il est minuit et demi ici, ce qui fait 17 ou 18 h sur la côte Ouest des États-Unis. Elle a des enfants en bas âge. J'imagine que si elle était sortie, elle ne va pas trop tarder.

Burden bondit en entendant le téléphone sonner. Il décrocha et tendit le récepteur à Wexford. Mais dès que celui-ci eut parlé, Burden comprit que ce n'était qu'un échec de plus.

— Oui, disait Wexford, oui ; merci beaucoup. Je vois. Tant pis... Parfait, bonne nuit. (Il se tourna vers Burden.)

— C'était Egham, le graphologue. Il dit que Drury aurait pu écrire ces inscriptions. Il est impossible que cette écriture ait été falsifiée, mais d'après lui, elle était très mûre pour un garçon de dix-huit ans et si c'était celle de Drury, on aurait pu s'attendre à une évolution beaucoup plus importante que ce que montre l'exemplaire de son écriture actuelle.

»En plus, il y a autre chose qui joue en sa faveur. J'ai prélevé un échantillon des crénelures de ses pneus. Au labo, ils n'ont pas encore terminé, mais ils sont quasiment sûrs que cette voiture n'a jamais été garée dans un chemin boueux depuis sa sortie d'usine. Il n'y avait pratiquement que du sable et de la poussière. Prenons une tasse de thé, Mike.

Burden indiqua la porte d'un geste du pouce.

— Une tasse pour lui aussi, chef?

— Mon Dieu, oui! fit Wexford, exaspéré. Combien de fois faudra-t-il que je vous le répète? On n'est pas au Mexique!

13

Quelquefois je suis fière,
Et quelquefois humble,
Et quelquefois je me souviens des jours anciens...

Christina Rossetti,
Aloof.

Margaret Godfrey était l'une des cinq jeunes filles assises sur le banc en pierre, au milieu du premier rang. Celles qui se tenaient debout derrière avaient une main posée sur l'épaule de celles de devant. Wexford dénombra douze visages. Le cliché pris par Diana Stevens était très précis et très net, et les ressemblances étaient frappantes, même après si longtemps. Il se remémora le visage qu'il avait vu posé sur la terre humide, puis observa avec un regain de curiosité celui de la photographie en plein soleil.

Margaret Godfrey avait une expression sereine mais ne souriait pas, contrairement à toutes les autres jeunes filles. Elle avait un haut front pâle, de grands yeux inexpressifs et des lèvres closes dont les coins esquissaient un imperceptible mouvement ascendant. Elle regardait l'objectif de la même façon que La Joconde avait regardé Léonard de Vinci. Ces traits sereins dégageaient une expression à la fois mystérieuse et indéfinissable. « Cette fille a l'air d'avoir vécu une expérience que la plupart de ses compagnes n'auraient jamais soupçonnée », songea Wexford, et qui l'avait marquée; ce n'était toutefois ni de la souffrance ni de la honte qui transparaissait, mais simplement une tranquillité hautaine.

La tenue de sport qu'elle portait était tout à fait incongrue. On l'aurait mieux imaginée dans une robe à col montant et à manches bouffantes. Ses cheveux n'étaient alors pas encore crêpés ni permanentés, mais lisses et brillants; ils effleuraient ses pommettes et formaient deux arcs de chaque côté de ses tempes.

Wexford lança un regard sur un Drury silencieux, assis désormais à cinq mètres de lui. Puis il regarda à nouveau longuement la photographie qu'il tenait entre les mains. Lorsque Burden entra, il était toujours en train de la fixer et son thé avait refroidi.

Il était près de 3 h du matin.

— Miss Tipping est là, annonça-t-il.

Wexford quitta le jardin ensoleillé et cacha le cliché sous un dossier.

— Faisons-la entrer, alors.

Janet Tipping était une jeune fille grassouillette et vigoureuse, les cheveux remontés en haut chignon laqué au-dessus d'un visage stupide et méfiant. En voyant Drury, son expression vive et incompréhensive demeura inchangée.

— Eh bien, je n'en sais rien, fit-elle. Enfin, ça fait longtemps.

« Pas douze ans », pensa Burden, « seulement quatre jours ».

— C'est bien possible que je l'aie servi. Vous savez, je sers de la bière à des centaines de types... (Drury la fixait, les yeux exorbités, comme s'il essayait de réveiller sa mémoire floue et fatiguée.) Écoutez, je tiens pas à ce qu'on pende quelqu'un à cause de moi.

Elle s'approcha, scruta son visage comme s'il était une bête curieuse dans un zoo, puis se recula en secouant la tête.

— Il faut que vous vous souveniez de moi, cria Drury. Il le faut ! Je ferai n'importe quoi. Je vous donnerai ce que vous voulez mais rappelez-vous. Vous ne vous rendez pas compte, c'est capital...

— Oh, je vous en prie, gémit-elle, effrayée. J'ai beau me creuser les méninges, je ne me rappelle pas. (Elle regarda Wexford et ajouta :) Je peux partir maintenant ?

Le téléphone sonna au moment où Burden la raccompagnait. Il décrocha et tendit le récepteur à Wexford.

— Oui... oui, bien sûr qu'elle doit rentrer, dit-il. C'était Martin, précisa-t-il en se tournant vers Burden. Mrs Drury affirme avoir acheté cette capuche mardi après-midi.

— Ça ne veut pas forcément dire que... commença Burden.

— Non, l'interrompit Wexford, et Drury est rentré après 18 h 30 mardi. Elle s'en souvient parce qu'elle attendait les tomates pour préparer une salade pour le dîner. S'il n'était pas en train de tuer Mrs Parsons, Mike, il a mis rudement longtemps à avaler sa bière. Et pour un innocent, il est pratiquement fou de terreur.

Burden fit une nouvelle tentative :

— Cela ne veut pas forcément dire que...

— Je sais, je sais, l'interrompit encore Wexford. Mrs Parsons les aimait jeunes et un peu niais, non ?

— Je suppose qu'on n'a rien trouvé dans le jardin, chef ?

— Cinq clous, environ cinquante kilos de briques cassées et une Rolls-Royce en plastique, énuméra Wexford. Il devrait nous remercier. Ça va lui éviter de bêcher son jardin à l'automne. (Il se tut un instant puis ajouta :) S'il est toujours là à l'automne.

Ils retournèrent dans le bureau. Drury était totalement immobile sur sa chaise, le visage couleur de cire.

— Vous avez mis un sacré bout de temps à boire votre bière, Drury, fit Wexford. Vous n'êtes pas rentré chez vous avant 18 h 30.

Drury marmonna entre ses dents :

— Je voulais cette commande alors je suis resté dans le coin. Il y a de la circulation à 18 h. Je n'ai pas l'habitude de boire et je voulais attendre un peu avant de prendre le volant. Et puis je voulais trouver Mr Spellman.

« Un demi », pensa Burden, « et il n'osait pas conduire ? »

— Quand avez-vous repris pour la première fois votre liaison avec Mrs Parsons ?

— Puisque je vous dis que ce n'était pas une liaison. Je ne l'avais jamais revue au cours de ces douze années. Et un jour, je l'ai aperçue en passant en voiture dans High Street, alors je me suis arrêté et je lui ai parlé...

— Vous étiez jaloux de Mr Parsons, non ?

— Je n'ai jamais rencontré ce Parsons.

— Vous auriez été jaloux de n'importe qui du moment que c'était le mari de Margaret Godfrey. J'imagine que vous avez revu Mrs Parsons et que vous l'avez promenée en voiture. Elle en a eu marre et a menacé de le dire à votre femme.

— Demandez à ma femme. Elle vous dira que je ne l'ai jamais trompée. Je suis heureux avec elle.

— Elle est en route, Drury. Nous allons lui demander.

Drury avait jusqu'alors sursauté à chaque sonnerie du téléphone ; quand il résonna à nouveau après un long silence, un grand frisson le secoua et il eut un faible gémissement. Wexford, qui était depuis des heures sur des charbons ardents, se contenta de faire signe à Burden :

— Je le prends à côté.

La sténographie de Bryant couvrait peu à peu la feuille de papier de hiéroglyphes hésitants. Wexford venait de parler avec le chef de la police du Colorado, mais maintenant qu'il se tenait debout derrière Bryant, il n'entendait plus l'épais accent traînant dans l'appareil et se contentait de regarder les mots tomber sur le papier sous forme d'un enchevêtrement de signes mystérieux.

Vers 4 heures du matin, le texte était transcrit. Le visage toujours détendu mais éclairé d'une excitation latente, Wexford lut à nouveau la lettre. Les mots inanimés, tapés de façon impersonnelle sur du papier officiel, semblaient reprendre vie sous l'impulsion de la narration. Dans les profondeurs de la nuit, au milieu de ce mobilier de bureau et des classeurs en métal vert, Mrs Parsons fut un moment — l'un des rares instants de toute l'affaire — ressuscitée. Il n'y avait rien de dramatique dans ce qu'elle écrivait, le simple murmure d'une petite tragédie, mais à cause de son destin, la lettre devenait un terrible document, le seul témoignage tangible d'un fragment de sa vie intime :

Chère Nan,

J'imagine ta surprise quand tu liras ma nouvelle adresse. Oui, nous sommes revenus ici et habitons à deux pas de l'école et à quelques kilomètres seulement de notre chère vieille maison. Nous avons dû la vendre et avons perdu beaucoup d'argent dans cette affaire, alors quand Ron s'est vu proposer un emploi ici, nous avons cru que cela pourrait être la solution. La vie est censée être moins chère à la campagne, mais je t'assure que je n'ai pas encore remarqué la différence.

Malgré ce que vous pensiez tous, j'aimais vraiment vivre à Flagford. C'est seulement ce que tu sais qui m'en a empêchée. Crois-moi Nan, cette histoire avec Doon me faisait réellement peur, alors tu peux imaginer que cela ne m'a pas vraiment fait plaisir de rencontrer Doon à peine quinze jours après notre arrivée. J'ai douze ans de plus aujourd'hui, mais je suis toujours aussi effrayée et un peu dégoûtée. Je lui ai dit qu'il vaudrait mieux en rester là, mais Doon ne l'entend pas de cette oreille. J'admets que c'est plutôt agréable de se promener dans une belle voiture confortable et de se faire inviter à déjeuner dans des hôtels.

Crois-moi, Nan, il n'y a rien de plus qu'avant, juste de l'amitié. Lorsque Doon et moi étions plus jeunes, je pense sincèrement que nous ne savions pas qu'il pouvait y avoir autre chose. Du moins, moi, je ne le savais pas. D'ailleurs, cette seule pensée me révulse. Doon ne recherche que de la compagnie, mais c'est tout de même un peu angoissant.

Ainsi, tu vas avoir une nouvelle voiture. J'aimerais bien qu'on puisse se le permettre, nous aussi, mais pour l'instant cela ne fait même pas partie de nos rêves les plus fous. J'ai été désolée d'apprendre que Kim avait eu la varicelle si peu de temps après la rougeole. Je suppose qu'avoir une famille comporte des inconvénients et apporte autant d'inquiétudes que de joies. Je n'ai pas l'impression que Ron et moi allons avoir cette angoisse ou ce bonheur, vu que je n'ai même pas eu de fausse alerte depuis deux ans.

Mais je dis toujours que lorsqu'un mariage est vraiment aussi heureux que le nôtre, on ne devrait pas avoir besoin d'enfants pour le faire tenir. Mais ce n'est peut-être que du dépit. En tout cas, nous sommes réellement heureux, et Ron a l'air beaucoup plus détendu depuis que nous avons quitté Londres. Je n'arriverai jamais à comprendre, Nan, pourquoi des gens comme Doon ne savent pas se contenter de ce qu'ils ont et n'ont de cesse de demander la lune.

Bien, je dois te quitter à présent. Cette maison est très grande et pas vraiment tout confort ! Mon meilleur souvenir à Wil et à ta progéniture. Amitiés de Ron.

Je t'embrasse, Maggie.

Un mariage heureux ? Un mariage pouvait-il être heureux alors qu'il reposait sur les bases mouvantes du mensonge et du subterfuge ? Burden posa la lettre, puis la reprit pour la relire encore. Wexford lui fit part de sa conversation avec le chef de la police du Colorado et son visage s'éclaira un peu.

— On ne pourra jamais le prouver, dit Burden.

— Encore une chose, allez dire à Drury que Gates va le reconduire chez lui. S'il veut nous poursuivre en justice, j'imagine que Dougie Quadrant se fera un plaisir de lui filer un coup de main. Mais ne lui dites pas, évidemment. Et que je ne le voie plus. Il me rend malade.

Il commençait à faire jour. Le ciel était gris et brumeux, et les rues séchaient peu à peu. Wexford, raide et courbatu d'être resté assis aussi longtemps, décida de laisser sa voiture et de rentrer chez lui à pied.

Il aimait l'aube mais n'avait généralement pas suffisamment de volonté pour attendre cet instant à moins d'y être obligé. Cela l'aidait à réfléchir. Les rues étaient désertes. La place du marché semblait beaucoup plus grande que dans la journée et une petite flaque luisait dans le caniveau là où les bus s'arrêtaient. Sur le pont, il rencontra un chien qui se dirigeait avec assurance vers ses mystérieuses activités de chien, alerte, la tête haute, comme s'il avait un but très précis. Wexford s'arrêta un moment et regarda le fleuve. L'immense silhouette grise semblait lui rendre son regard, puis le vent froissa la surface de l'eau et brisa l'image reflétée.

Il laissa derrière lui la maison des Missal, puis les villas... Il était presque arrivé. Sur le tableau d'affichage de l'église méthodiste, il pouvait à peine déchiffrer, dans la lumière grandissante, les lettres peintes en rouge : « Dieu a besoin de votre amitié. » Wexford s'approcha et lut une note épinglée au-dessus : « Mr Ronald Parsons invite tous les membres de l'église ainsi que ses amis à assister à un service en mémoire de sa femme Margaret, décédée si tragiquement cette semaine, et qui se tiendra ici même dimanche à 10 h. »

Ainsi, aujourd'hui, pour la première fois depuis sa mort, la maison de Tabard Road serait vide... « Non », pensa Wexford, « pas la première fois, puisque Parsons était au tribunal le matin même ». Mais alors... Il passa en revue certains événements de l'après-midi, un rire brutalement interrompu, un livre, une émotion violemment réprimée, une femme habillée pour se rendre à un rendez-vous.

« On ne pourra jamais le prouver », avait dit Burden.

Mais ils pouvaient toujours aller à Tabard Road dans la matinée et essayer.

Je demandais si peu, Minna. Seulement quelques heures volées aux dizaines d'heures qui font une semaine, quelques instants infimes arrachés à l'éternité.

Je voulais parler, Minna, étaler à tes pieds les peines et les chagrins, l'angoisse d'une décennie de désespoir. Je croyais que le temps, ce temps qui érode les dures aspérités de la cruauté, émousse la lame tranchante du mépris, taille la frange effilochée de la critique, que ce temps aurait adouci ton regard et attendri ton oreille.

C'était un bois si tranquille, un chemin que nous avions foulé il y a bien longtemps, mais tu avais oublié le parfum des fleurs que nous avions cueillies.

Je parlais doucement, pensant que tu méditais. Tout le temps, j'ai cru que tu écoutais, puis j'ai enfin cessé de parler, avide de ton aimable éloge, de ton amour enfin. Oui, Minna, de ton amour. Est-ce donc si mal, dès lors qu'il revêt les purs atours de la camaraderie ?

Je t'ai contemplée, j'ai touché tes cheveux. Tes yeux étaient fermés car tu avais trouvé le morne sommeil plus salutaire que mes paroles et j'ai su alors qu'il était trop tard. Trop tard pour l'amour, trop tard pour l'amitié, trop tard pour tout ; il ne restait plus que la mort...

14

Tant de placards à fouiller,
Tant d'alcôves à déranger.
Robert Browing,
Love in a life.

Parsons était vêtu d'un complet foncé. Sa cravate noire avait visiblement déjà été portée, peut-être à l'occasion d'autres deuils, et on voyait les traces brillantes laissées par un fer à repasser trop chaud et maladroitement manié. Une bande de tissu noir rectangulaire était cousue à sa manche gauche.

— Nous aimerions revoir la maison, dit Burden, si vous voulez bien me laisser la clef.

— Vous pouvez faire ce que vous voulez, ça m'est égal, répondit Parsons. Le pasteur m'a invité à déjeuner. Je ne rentrerai pas avant cet après-midi.

Il se mit à enlever les éléments du petit déjeuner qui encombraient la table, rangeant soigneusement la théière et le pot de confiture aux endroits prévus par la défunte. Burden le regarda ramasser le journal du dimanche resté plié, et pousser les miettes de pain dessus avant de les jeter dans une poubelle sous l'évier.

— Je vais vendre cette maison dès que possible, ajouta-t-il.

— Ma femme assistera sans doute au service, lui dit Burden.

Parsons garda le dos tourné. Il fit couler l'eau d'une bouilloire sur l'unique tasse, la soucoupe et l'assiette.

— J'en suis heureux, dit-il. Je me suis dit que les gens qui ne pourront pas aller aux obsèques demain aimeraient venir aujourd'hui.

Des traînées brunes salissaient l'évier ; des croûtes de pain et des feuilles de thé collaient sur les bords graisseux.

— Je suppose que vous n'avez pas encore de piste ? Sur le tueur, je veux dire.

C'était grotesque. Puis Burden se souvint de ce que cet homme lisait pendant que sa femme tricotait.

— Pas encore.

Il essuya la vaisselle puis se sécha les mains avec le torchon.

— Ça n'a pas d'importance, dit-il avec lassitude. Cela ne la ramènera pas.

La journée allait être chaude, la première journée réellement chaude de l'été. Dans High Street, la chaleur créait déjà des flaques d'eau illusoires, des nappes scintillantes qui disparaissaient dès que Burden approchait ; là où il y avait eu effectivement de l'eau la nuit précédente, une pellicule d'humidité brillait sur le goudron.

Les voitures commençaient leur pèlerinage vers la côte, pare-chocs contre pare-chocs, et Gates, en manches de chemise bleue, réglait la circulation au carrefour, les bras battant l'air. Burden commençait à souffrir du poids de sa propre veste.

Wexford l'attendait dans son bureau. Malgré les fenêtres ouvertes, il n'y avait pas un souffle d'air.

— L'air conditionné est plus efficace les fenêtres fermées, suggéra Burden.

Wexford marchait de long en large, humant le soleil.

— On est mieux comme ça, affirma-t-il. On va attendre 11 heures avant d'y aller.

Ils trouvèrent la voiture que Wexford espérait bien voir, garée discrètement dans une petite rue perpendiculaire à Kingsbrook Road, près du croisement avec Tabard Road.

— Merci mon Dieu, dit Wexford presque religieusement. Jusqu'ici tout va bien.

Parsons leur avait donné la clef de la porte de derrière et ils pénétrèrent sans bruit dans la cuisine. Burden avait cru que cette maison serait toujours froide, mais à présent, dans la chaleur du jour, elle était étouffante et sentait la nourriture avariée et le linge sale.

Le silence était absolu. Wexford passa dans l'entrée, suivi de Burden. Ils avançaient prudemment de peur que le vieux parquet ne les trahisse. La veste et l'imperméable de Parsons étaient suspendus au portemanteau, et sur la petite table carrée, au milieu d'un tas de prospectus, un mouchoir sale et une pile de courrier décacheté, quelque chose brillait. Burden s'approcha et regarda sans rien toucher. Il écarta les autres objets et ils virent tous les deux une clef et un fer à cheval porte-bonheur au bout d'une chaînette en argent.

— Par ici, dit Wexford dans un souffle.

Le salon de Mrs Parsons était chaud et poussiéreux, mais rien n'avait été déplacé. Les hommes de Wexford avaient tout remis en place, jusqu'au vase de roses en plastique qui masquait le foyer de la cheminée. Une myriade de particules de poussière dansait dans les rayons du soleil qui pénétrait à flots à travers les vitres fermées. Tout le reste était immobile.

Wexford et Burden restèrent derrière la porte. Il leur sembla attendre une éternité avant qu'il se passât quelque chose. Puis, lorsque cela arriva, Burden eut du mal à en croire ses yeux.

Par la baie vitrée, on pouvait voir une portion de la rue déserte, d'un gris éclatant dans la forte luminosité et nettement striée par les ombres courtes des arbres des jardins d'en face. Il n'y avait d'autres couleurs que ce gris et ce vert lumineux. Soudain, comme sur le tournage d'une scène de film, une femme surgit du côté droit, marchant d'un pas vif. Elle était vêtue de couleurs aussi criardes que le plumage d'un martin-pêcheur, telle une star du technicolor drapée en orange et vert jade. Sa chevelure, légèrement plus foncée que son chemisier, se balançait contre son visage comme une lourde tenture. Elle poussa la barrière, ses ongles pareils à dix grenats incrustés dans le bois écaillé, et s'éloigna précipitamment vers la porte de derrière. Helen Missal était enfin venue dans la maison de sa camarade de classe.

Wexford mit inutilement un doigt sur ses lèvres. Il leva les yeux vers le plafond décoré. Loin au-dessus de leurs têtes, un léger bruit de pas vint perturber le silence. Quelqu'un d'autre avait entendu claquer les talons de leur intruse.

À travers une fente d'à peine un centimètre entre la porte et son encadrement, Burden pouvait entrevoir une bande d'escalier mince comme le plat d'un couteau, vide jusqu'à présent, ne laissant apparaître qu'une ligne verticale de papier mural au-dessus de la rampe en bois. Il commençait à transpirer sous les bras. Une marche craqua et au même moment la porte de derrière grinça légèrement sur ses gonds en s'ouvrant en grand.

Burden avait les yeux rivés sur la bande de lumière en forme d'épée. Il se raidit, osant à peine respirer lorsque la ligne du mur fut obscurcie une seconde par une chevelure noire, un profil bronzé et une chemise blanche ombrée de bleu. Puis plus rien. Il ne savait même pas exactement où les deux personnes s'étaient retrouvées, mais c'était tout près de l'endroit où il se tenait, et il sentit plutôt qu'il n'entendit leur rencontre, tant le silence était devenu lourd et désespéré.

Quatre personnes seules dans la chaleur. Burden se surprit à prier le ciel de pouvoir rester à la fois aussi immobile et aussi attentif que Wexford. Enfin les talons résonnèrent à nouveau. Ils étaient entrés dans la salle à manger.

Ce fut l'homme qui parla le premier, et Burden dut tendre l'oreille pour comprendre ce qu'il disait. Il parlait d'une voix basse et tendue mais maîtrisée.

— Tu n'aurais jamais dû venir ici, disait Douglas Quadrant.

— Il fallait que je te voie. (Helen Missal parlait fort et d'un ton précipité.) On devait se voir hier, mais tu n'es pas venu. Tu aurais pu pourtant, Douglas.

— Il m'était impossible de m'échapper. Je comptais venir quand Wexford est arrivé...

Sa voix s'amenuisa et le reste de la phrase se perdit.

— Après, tu pouvais. Je le sais, je l'ai rencontré.

Dans le salon, Wexford esquissa un petit mouvement de satisfaction : une pièce venait d'être ajoutée au puzzle.

— J'ai cru que... commença-t-elle avec un rire nerveux. J'ai cru que j'en avais trop dit...

— Tu n'aurais rien dû dire du tout.

— Je n'ai rien dit. Je me suis arrêtée. Douglas, tu me fais mal !

Sa réponse avait quelque chose de sauvage mais ils ne purent l'entendre.

Helen Missal ne prenait même pas la peine de parler à voix basse, et Burden se demanda pourquoi l'un d'eux prenait autant de précautions et l'autre pratiquement aucune.

— Pourquoi es-tu venue ici ? Qu'est-ce que tu cherches ?

— Tu savais que je viendrais. Quand tu m'as appelée la nuit dernière et que tu m'as dit que Parsons serait absent, tu le savais...

Ils entendirent marcher à travers la pièce et Burden imaginait le petit nez droit se plisser de dégoût, les doigts étendus sur les minables coussins, dessinant des lignes dans la poussière du buffet. Son rire, méprisant et dépourvu d'humour, était surprenant.

— As-tu déjà vu une maison aussi affreuse ? Imagine, elle

vivait ici. C'est vraiment ici qu'habitait la petite Maggie Godfrey...

C'est alors qu'il explosa, et oublieux de toute prudence, hurla :

— Je la haïssais ! Mon Dieu, Helen, si tu savais comme je la haïssais ! Je ne l'avais jamais vue avant cette semaine et pourtant c'est elle qui avait fait de ma vie ce qu'elle était. (Les bibelots posés sur les étagères du vaisselier vibrèrent et Burden supposa que Quadrant était appuyé sur le buffet, assez proche de lui pour le toucher s'il n'y avait eu le mur.) Je ne souhaitais pas sa mort, mais maintenant j'en suis heureux !

— Chéri ! (Ils n'entendirent rien mais Burden devina qu'elle était pendue à Quadrant, les bras autour de son cou.) Allons-nous-en maintenant, je t'en prie. Il n'y a rien pour toi ici.

Il l'avait violemment repoussée. Ils le comprirent au petit cri qu'elle poussa ainsi qu'au glissement d'une chaise dérapant sur le lino.

— Je retourne là-haut, chuchota Quadrant, et toi tu dois partir. Écoute, Helen. Tu es aussi voyante dans cette tenue que... (Ils remarquèrent qu'il s'était interrompu, cherchant une métaphore) ... qu'un perroquet dans un pigeonnier.

On eût dit qu'elle sortait en chancelant, rendue infirme à la fois par ses hauts talons et le rejet de Quadrant. Burden, apercevant l'espace d'un instant un éclair orange et bleu à travers la fente de la porte, fit un léger mouvement, mais les doigts de Wexford se refermèrent sur son bras. Au-dessus d'eux, dans la maison silencieuse, quelqu'un s'impatientait. Le bruit de livres tombant sur le plancher deux étages plus haut résonna comme un coup de tonnerre lorsque l'orage est juste au-dessus de soi.

Douglas Quadrant l'entendit aussi. Il bondit vers les escaliers, mais Wexford les atteignit avant lui, et ils se retrouvèrent face à face dans le hall. Helen Missal eut un cri et leva un bras devant sa bouche.

— Oh mon Dieu ! s'écria-t-elle, pourquoi n'es-tu pas venu quand je te l'ai dit ?

— Personne n'ira nulle part, Mrs Missal, assura Wexford, sauf là-haut.

Il ramassa la clef avec son mouchoir.

Quadrant demeurait pétrifié, un bras levé, et Burden trouvait qu'il ressemblait tout à fait à un escrimeur, dans sa chemise blanche, à un chasseur chassé et pris au piège. Son visage était totalement inexpressif. Il fixa Wexford pendant un moment puis ferma les yeux.

Enfin, il dit d'une voix blanche :

— Eh bien, allons-y.

Ils montèrent lentement, Wexford en tête. Burden fermait la marche et songeait que c'était une bien ridicule procession. Tranquillement, les mains posées sur la rampe d'escalier, ils ressemblaient à un groupe de gens à la recherche d'une maison et munis d'un permis de visite ou à des parents conviés à se rendre au chevet d'un malade.

Sur le palier du premier étage, Wexford précisa :

— Je crois que nous allons tous monter dans la pièce où Minna rangeait ses livres, les livres que Doon lui avait donnés. L'affaire a commencé ici, dans cette maison, et il y aura peut-être une certaine justice poétique à la conclure au même endroit. Mais les livres de poésie ont disparu, Mr Quadrant. Comme vous le disait Mrs Missal, il n'y a rien pour vous ici.

Il n'ajouta rien d'autre, mais les bruits dans le grenier s'étaient intensifiés. Puis, au moment où Wexford posait la main sur la porte de la petite mansarde où Burden et lui avaient lu à haute voix quelques poésies, un léger soupir se fit entendre de l'autre côté.

Le sol du grenier était jonché de livres, certains ouverts et jetés ainsi par terre, d'autres sur la tranche, pages ouvertes en éventail et couvertures arrachées. Un des livres avait visiblement été lancé à travers la pièce et stoppé par le mur contre lequel il reposait, ouvert sur une illustration représentant une petite fille avec des nattes et tenant une crosse de hockey à la main. La femme de Quadrant était agenouillée au milieu de ce désordre, serrant une poignée de feuilles de couleurs froissées.

Lorsque la porte s'ouvrit et qu'elle vit Wexford, elle sembla faire un effort surhumain pour se comporter comme si elle était chez elle, fouinant dans son propre grenier, et eux des visiteurs inattendus.

L'espace d'une seconde, Burden eut l'invraisemblable impression qu'elle allait tenter de leur serrer la main. Mais aucune parole ne fut prononcée, et ses mains semblaient paralysées. Lentement, elle se releva et se mit à reculer vers la fenêtre, levant les bras peu à peu et enfin pressant ses doigts chargés de bagues contre ses joues. En se déplaçant, ses talons se prirent dans un des livres étalés, un album de petite fille ; elle trébucha et faillit tomber à la renverse de l'autre côté de la plus grosse des deux malles. Une empreinte en forme d'étoile marquait sa pommette à l'endroit où une bague s'était enfoncée dans la chair.

Elle resta où elle était tombée jusqu'à ce que Quadrant s'avance et la relève contre lui. Elle se mit alors à gémir, et cacha son visage dans le creux de l'épaule de son mari.

Dans l'encadrement de la porte, Helen Missal tapa du pied capricieusement et s'écria :

— Je veux rentrer chez moi !

— Voulez-vous fermer la porte, inspecteur Burden? demanda Wexford en se dirigeant vers la minuscule fenêtre qu'il ouvrit aussi calmement que s'il avait été dans son bureau. Je crois qu'on a besoin d'air.

C'était une petite pièce — et de la même couleur kaki que l'intérieur d'une boîte à chaussures. Il n'y avait pas un souffle de vent, mais la lucarne s'ouvrit en grand pour laisser entrer une chaleur plus saine.

— Je crains qu'il n'y ait guère de place, s'excusa Wexford comme s'il était l'hôte de ces lieux. L'inspecteur Burden et moi-même resterons debout ; quant à vous, Mrs Missal, vous pouvez vous asseoir sur l'autre malle.

À la grande surprise de Burden, elle s'exécuta. Il remarqua qu'elle gardait les yeux rivés sur l'inspecteur-chef comme un sujet sous hypnose. Elle était devenue extrêmement pâle, et faisait soudain beaucoup plus que son âge. La chevelure rousse avait pris l'allure d'une perruque sur une femme d'âge mûr.

Quadrant, demeuré silencieux jusqu'alors, berçant sa femme comme une enfant pleurnicheuse, retrouva son dédain habituel et lança avec ironie :

— On applique les méthodes de la Sûreté, inspecteur? Comme tout cela est mélodramatique !

Wexford l'ignora. Il restait debout, imperturbable, près de la fenêtre, le visage se dessinant à contre-jour sur le bleu clair du ciel.

— Je vais vous raconter une histoire d'amour, annonça-t-il, l'histoire de Doon et Minna.

Personne ne bougea, sauf Quadrant, qui attrapa sa veste

posée sur la malle où était assise Helen Missal, tira un étui en or de l'une des poches et alluma une cigarette avec une allumette.

— Quand Margaret Godfrey vint ici pour la première fois, elle avait seize ans, commença Wexford. Élevée par des gens vieux jeu, elle avait l'air guindé et capable de se choquer facilement. Loin d'être la Londonienne venue épater les provinciaux, elle était une orpheline des faubourgs propulsée dans un monde sophistiqué. Qu'en pensez-vous, Mrs Missal ?

— Vous pouvez l'exprimer comme ça si ça vous chante.

— Afin de dissimuler sa gaucherie, elle affecta une curieuse attitude, se composa une personnalité faite de mystère, de réserve et de pruderie. Voilà un mélange qui ne peut que fasciner quelqu'un d'amoureux. Et il fascina Doon.

» Doon avait la fortune, l'intelligence et la beauté. Et je ne doute pas qu'au début Minna — c'est le nom que Doon lui avait donné et c'est ainsi que je l'appellerai désormais — Minna fut émerveillée. Doon pouvait lui donner des choses qu'elle n'aurait jamais pu s'offrir, alors, pendant un certain temps, Doon acheta son amour, ou plutôt sa compagnie ; car c'était un amour purement spirituel, où rien de physique n'intervenait.

Quadrant fumait furieusement. Il inspirait profondément, faisant rougeoyer le bout de sa cigarette.

— J'ai évoqué l'intelligence de Doon, poursuivit Wexford. Peut-être devrais-je ajouter qu'une brillante intelligence ne va pas forcément de pair avec un caractère indépendant. Il en était ainsi pour Doon. Dans son cas, le succès, l'épanouissement de l'ambition et la véritable réussite dépendaient d'une relation étroite avec l'élue — en l'occurrence, Minna. Mais Minna ne faisait qu'attendre son heure. Parce que, vous voyez... (Il regarda les trois personnes lentement et durement) vous *savez* que Doon, malgré sa fortune, son intelligence et sa beauté, présentait un handicap insurmontable, un handicap plus grand encore qu'une quelconque infirmité, surtout pour une femme venant du milieu de Minna, un handicap que le temps ou les circonstances ne pouvaient en aucun cas atténuer.

Helen Missal acquiesça vivement de la tête, les yeux éclairés par le souvenir. Appuyée contre son mari, Fabia Quadrant pleurait doucement.

— Alors, quand Dudley Drury est arrivé, elle a laissé tomber Doon sans un regard en arrière. Elle a caché dans une malle tous les livres luxueux offerts par Doon et ne les a plus jamais ouverts. Drury était terne et insignifiant — un blanc-bec, n'est-ce pas, Mrs Quadrant ? Pas passionné ou possessif. Ces adjectifs-là, c'est à Doon que je les appliquerais. Mais Drury n'avait pas le désavantage de Doon, alors Drury a gagné.

« C'est moi qu'elle préférait ! » Burden se souvenait de l'exclamation emphatique de Drury en plein milieu de son interrogatoire.

Wexford poursuivit :

— Quand Minna retira son amour, ou sa complaisance à se laisser aimer, si vous préférez, la vie de Doon fut brisée. Tout le monde avait cru qu'il ne s'agissait que d'un amour adolescent, mais c'était bien plus grave que cela. À dater de juillet 1951, s'est installée une névrose, restée latente pendant des années, mais qui se réveilla avec le retour de Minna. Doon se reprit à espérer. Les enfants étaient devenus des adultes, Minna allait peut-être enfin l'écouter et lui donner son amitié. Mais ce ne fut pas le cas, alors elle devait mourir.

Wexford fit un pas en avant, s'approchant de l'homme assis.

— Et nous en arrivons à vous, Mr Quadrant.

— Si votre démonstration ne bouleversait pas ma femme, je dirais que c'est une façon magnifique de tromper l'ennui d'un dimanche matin. (Sa voix était enjouée et hautaine, mais il lança sa cigarette nerveusement à travers la pièce par la fenêtre ouverte, frôlant l'oreille de Burden.) Continuez, je vous prie.

— Quand nous avons découvert la disparition de Minna — vous l'avez su tout de suite. Votre bureau donne sur le pont et vous avez dû nous voir draguer le fleuve — c'est à ce moment-là que vous avez compris que l'on pourrait trouver la terre de ce chemin collée à vos pneus de voiture. Afin de vous couvrir, car grâce à votre « position particulière » — je cite — vous connaissiez nos méthodes, il vous fallait donc retourner dans ce chemin avec votre voiture sous un prétexte valable. Il n'aurait pas été très sûr d'y retourner de jour, mais ce soir-là vous aviez rendez-vous avec Mrs Missal...

Helen Missal bondit et s'exclama :

— Non, c'est faux !

— Asseyez-vous, ordonna Wexford. Vous croyez vraiment qu'elle ne le sait pas ? Vous pensez qu'elle n'était pas au courant pour vous et toutes les autres ? (Il se tourna à nouveau vers Quadrant.) Vous êtes un homme arrogant, Mr Quadrant, et vous vous moquiez éperdument que nous apprenions votre liaison avec Mrs Missal. Si nous parvenions à établir un lien entre ce crime et vous, et si nous examinions votre voiture, vous pouviez vous fâcher un peu, mais il était tellement évident que votre raison de venir dans ce sentier était illégitime, que vos réponses évasives ou vos mensonges seraient imputés à celle-ci.

» Mais quand vous êtes arrivé dans le bois, il a fallu que vous alliez voir, vous vouliez être certain. Je ne sais pas quelle excuse vous avez inventée pour entrer dans ce bois...

— Il a dit qu'il avait vu un voyeur, déclara Helen Missal d'un ton amer.

— ... mais vous y êtes entré, et comme il faisait nuit vous avez gratté une allumette afin de voir le corps de plus près. Vous étiez tellement fasciné que vous avez tenu l'allumette entre vos doigts jusqu'à ce qu'elle soit entièrement consumée et que Mrs Missal vous appelle.

» Puis vous êtes rentré chez vous. Vous aviez fait ce que vous étiez venu faire et il y avait peu de chance que quelqu'un fasse le rapprochement entre vous et Mrs Parsons. Mais plus tard, lorsque j'ai mentionné le nom de Doon — c'était hier après-midi, si je ne m'abuse ? — vous vous êtes souvenu des livres. Peut-être même y avait-il des lettres — c'était il y a si longtemps. Dès que vous avez su que Parsons serait sorti de chez lui, vous avez utilisé la clef de Mrs Parsons, qui avait disparu, pour y pénétrer, et c'est ainsi que nous vous avons trouvé en train de fouiller pour essayer de trouver ce que Doon aurait bien pu laisser traîner.

— Tout ceci est très plausible, reconnut Quadrant. (Il lissa les cheveux en désordre de sa femme et resserra son étreinte.) Évidemment, vous n'avez pas la moindre chance d'obtenir une condamnation avec cette seule présomption, mais on peut toujours essayer si vous y tenez.

Il parlait comme s'il s'agissait d'imaginer un petit stratagème, un moyen de les ramener chez eux après une panne de voiture, ou une manière élégante de s'éclipser d'une réception sans froisser personne.

— Non, Mr Quadrant, rétorqua Wexford, nous ne perdrons pas notre temps à cela. Vous pouvez partir si vous voulez, mais je préférerais que vous restiez. Voyez-vous, Doon aimait Minna ; et s'il y a peut-être eu un sentiment de haine dans cet amour, il n'y aura jamais eu de mépris. Hier après-midi, quand je vous ai demandé si vous l'aviez connue, vous avez ri. Ce rire était l'une des rares réponses sincères que j'ai obtenues de votre part, et j'ai su alors que Doon aurait pu tuer Minna mais que sa passion ne se serait jamais muée en moquerie.

»De plus, à 4 h ce matin j'ai appris autre chose. J'ai lu une lettre et j'ai su alors que vous ne pouviez pas être Doon, pas plus que Drury. J'ai compris quelle était la nature exacte du handicap de Doon.

Burden savait ce qui allait suivre, mais il ne put s'empêcher de retenir son souffle.

— Doon est une femme, dit Wexford.

15

N'aimez pas, n'aimez pas !
L'objet de votre amour peut changer,
La lèvre rouge cesser de vous sourire
Le regard affectueux et rayonnant
Se changer en un œil froid et inconnu ;
Le cœur peut battre encore avec chaleur,
Mais ne plus être fidèle.

Caroline Norton,
Love Not.

Quadrant se serait laissé arrêter, les aurait suivis docilement, pensa Burden. Maintenant qu'il était certain de son immunité, son assurance avait fait place à la panique, la dernière émotion que Burden aurait cru voir dans les yeux de cet homme.

Sa femme s'écarta de lui et s'assit. Pendant le long discours de Wexford, elle n'avait cessé de sangloter ; ses lèvres et ses paupières étaient gonflées. Ses larmes, peut-être parce que pleurer est une faiblesse de la jeunesse, lui donnaient l'air d'une petite fille. Elle portait une robe jaune confectionnée dans un tissu onéreux infroissable qui avait un tombé à la fois impeccable et fluide. Jusqu'alors, elle s'était tue. À présent, elle avait l'air d'exulter, le souffle coupé par les mots qu'elle n'avait pas prononcés.

— Quand j'ai su que Doon était une femme, reprit Wexford, presque tout s'est mis en place. Cela expliquait l'extrême discrétion de Mrs Parsons : pourquoi elle trompait son mari et n'avait pourtant pas l'impression de le tromper ; pourquoi Drury pensait qu'elle avait honte de Doon ; pourquoi son dégoût d'elle-même lui avait fait cacher les livres...

« Et pourquoi Mrs Katz, connaissant le sexe de Doon mais pas son nom, était si curieuse », pensa Burden. Cela expliquait la lettre qui les avait tant intrigués la veille. « Je ne vois vraiment pas pourquoi tu devrais avoir peur. Pas de quoi, grands dieux ?... » La cousine, la confidente, avait toujours su. Ce n'était pas un secret pour elle mais quelque chose qu'elle savait depuis longtemps et qu'elle n'avait pas cru nécessaire de préciser au chef de la police du Colorado. Il avait fallu qu'il mène un interrogatoire au cours duquel la révélation avait enfin eu lieu, comme un post-scriptum naturel à l'entretien.

— Mais dites donc, avait-il lancé à Wexford. Vous aviez cru que c'était un type ?

Helen Missal s'était reculée dans l'ombre. La malle sur laquelle elle était assise se trouvait contre le mur et le soleil éclaboussait sa jupe bleu clair, laissant son visage dans la pénombre. Ses mains se tordaient sur ses genoux et la fenêtre se reflétait en dix exemplaires dans ses ongles brillants comme des miroirs.

— Votre comportement était étrange, Mrs Missal, continua Wexford. D'abord, vous m'avez menti en affirmant ne pas connaître Mrs Parsons. Peut-être ne l'aviez-vous réellement pas reconnue sur la photographie. Mais avec des gens de votre espèce, il est si difficile de faire la part des choses. Vous vous récriez si souvent qu'à la fin on ne peut savoir la vérité qu'à travers la conversation des autres ou les bribes que vous laissez échapper accidentellement.

Elle lui lança un regard farouche.

— Pour l'amour du ciel, Douglas, passe-moi une cigarette, dit-elle.

— J'avais fini par croire que vous n'aviez rien à voir dans cette affaire, poursuivit Wexford, jusqu'à ce que quelque chose se produise jeudi soir. Je suis entré dans votre salon et j'ai dit à votre mari que je voulais parler à sa femme. Vous étiez seulement ennuyée, mais Mr Quadrant était terrifié. Il a eu un geste très curieux qui trahissait sa nervosité. J'ai d'abord supposé, quand vous m'avez avoué que vous étiez en sa compagnie, qu'il ne voulait pas qu'on l'apprenne. Mais ce n'était pas cela du tout. Nous étions presque gênés de le trouver aussi communicatif.

» Alors j'y ai pensé et repensé sans cesse, et j'ai finalement réalisé que j'avais observé cette petite scène de vaudeville à l'envers. Je me suis rappelé les mots exacts que j'avais prononcés et qui j'avais regardé... mais laissons cela de côté pour le moment.

» Cette brave directrice d'école se souvenait de vous, Mrs Missal. Selon elle, tout le monde pensait que vous deviendriez comédienne. Et vous m'avez dit la même chose : « Je voulais faire du théâtre ! » Vous ne mentiez pas alors. C'était en 1951, l'année où Minna a plaqué Doon pour Drury. J'étais parti sur l'idée que Doon était ambitieuse et que sa séparation d'avec Minna avait frustré cette ambition. Si c'est une vie gâchée que je cherchais, je n'avais pas besoin d'aller voir plus loin.

» À la sortie de l'adolescence, Doon s'était transformée : la jeune fille intelligente, passionnée et pleine d'espoir était devenue amère et désabusée. Vous correspondiez tout à fait au personnage. Votre gaieté était vraiment très crispée. Oh bien sûr, vous aviez des aventures, mais cela n'était-il pas également logique ? N'était-ce pas une façon de vous consoler de quelque chose de réel et de vrai que vous ne pouviez avoir ?

Elle l'interrompit et s'écria avec défi :

— Et alors ? (Elle se leva et donna un coup de pied dans un des livres qui glissa sur le sol et acheva sa course brutalement contre le mur aux pieds de Wexford.) Vous devez être fou si vous croyez que c'est moi Doon. Je ne pourrais pas avoir un sentiment aussi dégoûtant... aussi révoltant, pour une autre femme ! (Rejetant les épaules en arrière, exhibant sa féminité, elle reniait cette sorte de perversion comme si on lui reprochait une difformité physique.) Je hais ce genre de choses. Ça me rend malade ! Déjà à l'école, cela me dégoûtait. J'ai eu cela sous les yeux tout le temps, depuis le début je savais...

Wexford ramassa le livre qui avait atterri à ses pieds et en sortit un autre de sa poche. La fleur gravée dans le daim vert pâle avait l'air d'un tas de poussière.

— C'était de l'amour, dit-il doucement. (Helen Missal respira profondément.) Ce n'était pas dégoûtant, ni révoltant. Pour Doon, c'était merveilleux. Minna n'avait qu'à écouter et être tendre, être seulement gentille. (Il regarda par la fenêtre, comme si son attention était soudain captivée par un vol d'oiseaux déployés en une formation semblable à une feuille.) Doon ne demandait à Minna que de sortir avec elle, de déjeuner ensemble parfois, de passer en voiture dans les ruelles où elles s'étaient promenées à pied autrefois, d'écouter Doon parler de ses rêves jamais réalisés. Écoutez, voilà de quoi il s'agissait.

Le livre était fermé sur son index qui marquait la page. Il l'ouvrit et commença à lire :

Si l'amour était pareil à la rose,
Et si j'étais sa feuille,
Nos vies s'écouleraient en symbiose
Dans la joie comme dans le deuil...

Fabia Quadrant bougea et se mit à parler. Sa voix semblait venir de très loin, continuant le poème du fond de sa mémoire :

— *Champs en fleurs ou fleurs des chemins,*
Vert plaisir ou gris chagrin...

C'était les premières paroles qu'elle prononçait. Son mari lui saisit le poignet, resserrant ses doigts autour des maigres os. Burden pensa que s'il avait osé, Quadrant lui aurait couvert la bouche de sa main. Elle continua :

— *Si l'amour était pareil à la rose*
Et si j'étais sa feuille...

Elle acheva sur une note aiguë, une enfant attendant l'éloge qu'elle aurait dû recevoir douze ans auparavant et qui ne viendrait jamais plus. Wexford avait écouté, s'éventant avec le livre d'un geste régulier. Il la tira gentiment de son rêve en disant :

— Mais Minna n'écoutait pas. Elle s'ennuyait. (Il se tourna vers la jeune femme qui avait récité la fin du poème et lui dit avec ferveur :) Elle n'était plus la Minna que vous aviez connue, vous comprenez. C'était une ménagère, une ancienne institutrice qui aurait aimé parler de cuisine et de tricot en compagnie de quelqu'un comme elle.

» Je suis sûr que vous vous rappelez, continua-t-il sur le ton de la conversation, comme la fin approchait mardi après-midi. Il devait faire très chaud dans la voiture. Doon et Minna avaient déjeuné, Minna avait mangé beaucoup plus que si elle avait été chez elle... Elle s'ennuyait et s'est endormie. (Il éleva la voix mais sans colère.) Je ne dis pas qu'elle méritait sa mort alors, mais elle l'a bien cherchée !

Fabia Quadrant se dégagea de l'étreinte de son mari et se dirigea vers Wexford. Elle s'avançait avec dignité vers le seul qui l'ait jamais comprise. Son mari l'avait protégée, songea Burden, ses amis s'étaient éloignés, celle qu'elle aimait n'avait éprouvé que de l'ennui. Sans rire et sans sourciller, un policier de campagne avait compris.

— Elle méritait de mourir ! Elle le méritait ! (Elle saisit les revers du veston de Wexford et se mit à les caresser.) Je l'aimais tant. Puis-je vous le dire, à vous, puisque vous comprenez ? Vous savez, je n'avais plus que mes lettres. (Son visage avait pris une expression pensive, sa voix était devenue douce et tremblante.) Plus de livres à écrire.

Elle secoua la tête lentement, une enfant s'opposant à une leçon trop difficile.

— Plus de poèmes. Mais Douglas m'a laissée écrire des lettres, n'est-ce pas Douglas ? Il avait si peur... (L'émotion monta par vagues sur son visage, jusqu'à brûler ses joues, et la chaleur entrant par la fenêtre faisait perler la sueur sur son front.)

» Il n'y avait pourtant pas de quoi avoir peur ! (Les mots étaient prononcés sur des notes de plus en plus aiguës, dont la dernière fut criée.) Si seulement ils m'avaient laissé l'aimer... l'aimer, l'aimer... (Elle se prit la tête entre les mains et se mit à triturer ses cheveux en psalmodiant :) L'aimer, l'aimer...

— Oh, mon Dieu, murmura Quadrant en se recroquevillant sur la malle. Mon Dieu !

— L'aimer, l'aimer... Vert plaisir et gris chagrin...

Elle s'appuya contre Wexford et éclata en sanglots contre son épaule. Oubliant le règlement, il la serra contre lui et referma la fenêtre.

L'étreignant toujours, il s'adressa à Burden :

— Vous pouvez reconduire Mrs Missal à présent. Veillez à ce qu'elle rentre chez elle.

Helen Missal baissait la tête, comme une fleur fanée. Elle

garda les yeux baissés quand Burden l'entraîna hors de la pièce et descendit avec elle l'escalier sombre et étouffant. Il savait que ce n'était pas le moment, mais que Wexford allait devoir tout de même prononcer la phrase rituelle :

— Fabia Quadrant, je dois vous avertir que vous n'êtes pas obligée de répondre aux accusations portées contre vous mais que tout ce que vous direz pourra être retenu contre vous...

L'histoire d'amour était terminée, et le dernier vers du poème avait été récité.

16

Belle est la vérité,
Et elle triomphera.

Coventry Patmore,
Magna est Veritas.

Doon avait écrit exactement cent trente-quatre lettres à Minna. Pas une n'avait été envoyée et n'avait quitté la bibliothèque de Quadrant, où Wexford les découvrit dans le tiroir d'un bureau ce dimanche après-midi. Elles étaient enveloppées dans une capuche en nylon rose à côté d'un porte-monnaie marron à fermoir doré. La veille au soir, il s'était tenu au même endroit, ignorant que sa main était à quelques centimètres des objets recherchés.

En les parcourant rapidement, Burden comprit pourquoi Doon avait écrit ses dédicaces à Minna en caractères d'imprimerie. L'écriture en pattes de mouche était difficile à déchiffrer.

— Mieux vaut les emporter, suggéra-t-il. Est-ce qu'on va devoir toutes les lire, monsieur ?

Wexford les avait regardées d'un peu plus près et avait extrait du paquet celles qui semblaient les plus délirantes.

— Seulement la première et les deux dernières, je pense. Pauvre Quadrant. Quelle vie ! Nous allons emmener le paquet au bureau, Mike. J'ai la désagréable impression que Nanny est en train d'écouter derrière la porte.

Dehors, la chaleur et l'intensité de la lumière avaient ôté à la maison tout son caractère. Elle ressemblait à une gravure sur métal. Qui voudrait l'acheter en sachant ce qu'elle avait abrité ? « Elle pourrait être transformée en école », imaginait Burden, « en hôtel ou en maison de retraite ». Cela ne dérangerait peut-être pas les personnes âgées plus occupées à bavarder, à évoquer leurs propres souvenirs ou à regarder la télévision dans la pièce où Fabia Quadrant avait écrit ses lettres passionnées à la femme qu'elle avait fini par tuer.

Ils traversèrent la pelouse qui menait à leur voiture.

— *Vert plaisir et gris chagrin*, cita Wexford. Voilà qui résume bien cet endroit.

Il s'installa sur le siège du passager et ils s'en allèrent.

Au poste de police, tous les policiers traînaient dans le foyer et ne parlaient plus que de l'affaire. L'excitation qui régnait venait à point nommé pour les tirer de l'ennui et leur fournir un autre sujet de conversation que la vague de chaleur dont ils souffraient. Une femme assassinée par une autre femme... Dans une ville comme Brighton, passe encore, pensa Burden, mais ici ! Le sergent Camb supportait soudain beaucoup mieux le fait d'être de service un dimanche, et le jeune Gates, qui avait envisagé de démissionner, se mit à réfléchir et à trouver finalement de bonnes raisons de rester.

Quand Wexford entra, les portes battant derrière lui et créant un appel d'air rafraîchissant dans l'atmosphère suffocante, tout le monde se dispersa comme si chacun avait été soudain sollicité par une tâche urgente.

— Alors, on a trop chaud? aboya Wexford en pénétrant dans son bureau avec brusquerie.

Les fenêtres étaient restées ouvertes mais pas un papier ne s'était envolé du bureau.

— Les stores, Mike. Baissez les stores ! (Wexford jeta sa veste sur une chaise.) Qui a laissé ces sacrées fenêtres ouvertes ? Ça dérègle l'air conditionné.

Burden haussa les épaules et descendit les stores jaunes. Il remarqua que ce bavardage, que lui-même détestait, avait mis Wexford hors de lui. Le lendemain, toute la ville serait en effervescence, bruyante de commérages et confortée dans sa propre sagesse après un tel événement. D'une manière ou d'une autre, ils allaient devoir faire venir Fabia Quadrant dans la matinée devant le juge d'instruction... Mais c'était son jour de congé et il se réjouit à l'idée qu'il allait emmener sa femme Jean au bord de la mer.

Wexford s'était assis et avait posé sur son bureau le paquet de lettres, aussi épais que le manuscrit d'un long roman ou d'une autobiographie, l'autobiographie de Doon. Le bureau était désormais plongé dans la pénombre, seuls de minces rais de lumière se glissaient au travers des stores.

— Vous croyez qu'il le savait quand il l'a épousée ? demanda Burden.

Il commença à feuilleter les lettres, s'arrêtant ici et là sur une phrase lisible. Il lut avec une sorte d'étonnement gêné, « En vérité, tu m'as brisé le cœur, et tu as fracassé la coupe de vin contre le mur... »

La colère de Wexford semblait avoir baissé en même temps que la température ; il fit pivoter son fauteuil mauve et répondit :

— Dieu seul le sait. J'imagine qu'il croyait être un don du ciel pour toutes les femmes et qu'en l'épousant, il lui ferait bien oublier Minna. (Il frappa une des lettres de son index.) Je me demande même si le mariage a jamais été consommé. (Burden eut l'air un peu écœuré, mais Wexford continua.) « Et pour cet être qui partage ma vie, ma chair est demeurée pareille à une chandelle sans flamme... » (Il regarda Burden.) Et caetera, et caetera. D'accord, Mike, c'est un peu répugnant. (S'il s'était senti moins écrasé par la chaleur, il aurait sans doute assené un grand coup de poing sur le bureau. Il ajouta d'un ton hargneux :) Ils vont se marrer aux Assises.

— Ça a dû être terrible pour Quadrant, dit Burden, compatissant. Cela explique Mrs Missal et compagnie.

— Je me suis trompé sur son compte. Sur Mrs Missal, je veux dire. Elle était vraiment amoureuse de Quadrant, folle de lui. Quand elle a réalisé qui était Mrs Parsons, elle s'est souvenue de ce qui se passait à l'école et elle a cru que c'était Quadrant qui l'avait tuée. C'est à ce moment-là qu'elle a fait le rapprochement avec ce qui s'était passé dans le bois. Pouvez-vous l'imaginer, Mike... (Wexford était tendu et pourtant il semblait pensif.) Imaginez-vous la rapidité avec laquelle elle a dû réfléchir quand je lui ai dit qui était Mrs Parsons ? Elle a dû se rappeler l'insistance de Quadrant pour aller dans ce chemin, qu'il l'avait laissée dans la voiture et qu'au bout d'un long moment elle était allée à sa recherche, avait vu la flamme de l'allumette à travers les buissons, l'avait peut-être appelé. Je parie qu'il était blanc comme un linge en retournant près d'elle.

» Mais quand je suis allé la voir hier, je l'ai prise au dépourvu. L'espace d'une seconde, j'ai bien cru qu'elle allait me parler de Fabia, de ses ambitions réduites à néant. Elle m'aurait parlé de tout cela si Missal n'était entré à ce moment-là. Elle a téléphoné à Quadrant au cours des cinq minutes qu'il m'a fallu pour arriver chez lui et elle est sortie pour aller le retrouver. Je lui ai demandé si elle allait au cinéma ! Mais il ne s'est pas montré ; trop occupé avec Fabia, je suppose. Elle lui a téléphoné à nouveau dans la soirée et lui a dit qu'elle savait que Fabia était Doon, et qu'elle avait eu un béguin d'adolescente à cause de Mrs Parsons. Il a dû lui avouer alors qu'il voulait pénétrer chez Parsons afin de récupérer les fameux livres, juste au cas où il nous viendrait l'idée d'aller les examiner d'un peu trop près. Souvenez-vous qu'il ne les avait jamais vus — il ne savait pas ce qu'ils contenaient. Mrs Missal avait vu la note sur le tableau de l'église. C'est juste à côté de chez elle. Elle a appris à Quadrant que Parsons serait absent le lendemain...

— Et Fabia possédait la deuxième clef de la maison, évidemment, résuma Burden, celle que Mrs Parsons avait laissée dans la voiture avant de se faire tuer.

— Quadrant devait protéger Fabia, poursuivit Wexford. Il ne pouvait être son mari mais il pouvait être son protecteur. Il devait s'assurer que personne ne découvrirait la véritable nature de ses relations avec sa femme. Elle était folle, Mike, vraiment cinglée, et si cela s'était su, son statut social, ses moyens d'existence, tout serait parti en fumée. En plus, c'est à elle qu'appartient l'argent. Ce qu'il gagne en tant qu'avocat, c'est de la roupie de sansonnet, comparé à sa fortune à elle.

» En tout cas, pas étonnant qu'il se soit échappé tous les soirs. Hormis le fait que c'est un chaud lapin, tout devait être préférable aux interminables histoires sur Minna. Ça devait être pratiquement intolérable.

Il se tut un instant, se remémorant ses deux visites chez Quadrant. Depuis combien de temps étaient-ils mariés ? Neuf ans, dix ans ? Il imagina au début les allusions et les excuses ; puis les orages de la passion, les souvenirs qui refusaient d'être étouffés, l'amertume d'un engouement accidentel qui avait perverti une vie entière.

Avec une effrayante subtilité, pire que la maladresse, Quadrant avait dû essayer de rompre le charme. Wexford s'efforça d'éloigner ses pensées de ces tentatives, mais il ne parvenait pas à oublier l'agitation de la jeune femme dans le grenier, les battements désordonnés de son cœur lorsqu'elle s'était appuyée contre sa poitrine.

Burden, qui connaissait les Quadrant de façon moins personnelle, sentit Wexford se replier sur lui-même. Il tenta de le ramener à des pensées plus terre à terre :

— Puis Minna est revenue sous les traits de Mrs Parsons, Fabia l'a rencontrée et elles sont allées se promener dans la voiture de Quadrant. Ce n'est pas lui qui l'avait mardi, mais sa femme. Quand elle est rentrée mardi soir, Fabia lui a avoué avoir tué Mrs Parsons. Ce qu'il avait toujours redouté, que son état mental ne l'entraîne à la violence, venait d'arriver. Sa première pensée a dû être de la tenir à l'écart de tout cela. Elle lui a dit où se trouvait le corps et il a tout de suite pensé aux pneus de la voiture.

— Exactement, reprit Wexford, de nouveau intéressé par les détails pratiques de l'affaire. Tout ce que je lui ai dit dans le grenier de Parsons était rigoureusement vrai. Il est allé rouler dans la boue fraîche avec sa voiture et regarder le cadavre. Pas par curiosité ou sadisme — pourtant, il a dû ressentir des pulsions sadiques à l'égard de Mrs Parsons, et de la curiosité aussi, c'est sûr ! — mais simplement pour s'assurer qu'elle était bien là. Il était bien placé pour savoir que Fabia n'était pas toujours très lucide. Malheureusement, c'est là que Mrs Missal a perdu son rouge à lèvres. Comme dirait Quadrant, c'est une jeune femme insouciante et c'était juste de la négligence.

» Il espérait qu'on n'en arriverait pas à questionner Fabia, du moins pas avant un certain temps. Quand je suis entré dans le salon de Mrs Missal jeudi soir...

— C'est à Missal que vous vous adressiez, l'interrompit Burden, mais c'est Quadrant que vous regardiez parce que nous avons été surpris tous les deux de le trouver là. Vous avez dit : « J'aimerais parler à votre femme », et Quadrant a cru que c'était à lui que vous parliez.

— Je l'ai soupçonné jusqu'à hier après-midi, reprit Wexford. Mais quand je lui ai demandé s'il connaissait Mrs Parsons et qu'il a éclaté de rire, là j'ai su qu'il n'était pas Doon. Je vous ai dit que son rire m'avait donné froid dans le dos ; pas étonnant. Ce rire dissimulait beaucoup de choses, Mike. Il avait vu Mrs Parsons morte et reconnu sa photo dans les journaux. Il a dû ressentir une grande amertume à l'idée de ce qui avait conduit sa femme à la névrose et brisé son mariage.

— Il a déclaré ne l'avoir jamais rencontrée, intervint Burden. Je me demande pourquoi il n'a jamais essayé de lui parler ?

Wexford réfléchissait. Il plia la capuche et la rangea avec le porte-monnaie et la clef. Dans le tiroir, ses doigts rencontrèrent un objet lisse et brillant.

— Peut-être n'a-t-il pas osé, dit-il, songeur, peut-être avait-il peur de ce qu'il pourrait faire...

Il sortit la photographie, mais Burden, visiblement préoccupé, en regardait une autre, celle que Parsons leur avait donnée de sa femme.

— On dit que l'amour est aveugle, insista Burden, mais qu'est-ce que Fabia pouvait bien lui trouver ?

— Elle n'a pas toujours été ainsi, assura Wexford. Ne pouvez-vous donc imaginer qu'une jeune fille riche, intelligente et belle comme Fabia ait pu trouver en elle le repoussoir idéal... ? (Il échangea les photographies, rajeunissant soudain Margaret Godfrey de douze ans.) Votre copine, miss Clarke, m'a apporté ceci. Cela m'a donné quelques idées avant qu'on ne reçoive ce coup de fil du Colorado.

Margaret Godfrey était l'une des cinq jeunes filles assises sur le banc en pierre, au milieu du premier rang. Celles qui se tenaient debout derrière avaient une main posée sur l'épaule de celles de devant. Burden dénombra douze visages. Elles souriaient toutes sauf elle, le visage détendu. Elle avait un haut front pâle, de grands yeux inexpressifs, et les lèvres closes dont les coins esquissaient un imperceptible mouvement ascendant. Elle regardait l'objectif de la même façon que La Joconde avait regardé Léonard de Vinci...

Burden repéra Helen Missal avec ses boucles démodées et Clare Clarke et scs nattes. Toutes, sauf Fabia Quadrant, regardaient l'objectif. Elle se tenait derrière la jeune fille qu'elle avait aimée, les yeux baissés sur une paume retournée, une main pendante qui s'était retirée de la sienne. Elle aussi souriait mais elle fronçait les sourcils et sa main, qui avait tenu et caressé, pendait, vide, contre la manche de son amie. Burden ne pouvait détacher ses yeux de ce portrait, conscient que le hasard leur avait offert un souvenir visuel du premier nuage sur le visage de l'amour.

— Une dernière chose, dit-il. Quand vous avez vu Mrs Quadrant hier, vous disiez qu'elle lisait. Je me demandais si... je me demandais de quel livre il s'agissait.

Wexford sourit, brisant le charme.

— De la science-fiction. Les gens sont inconséquents.

Puis ils rapprochèrent leurs chaises du bureau, étalèrent les lettres devant eux et commencèrent à lire.

Postface

Le premier roman publié de Ruth Rendell est un mélodrame victorien, traité sur le mode elliptique du récit de procédure policière par un jeune écrivain en possession, déjà, de tous ses moyens.

À l'époque où elle en conçut le projet, l'année 1963, Ruth vivait à Loughton, en bordure de la Forêt d'Epping. « Je marchais — dit-elle — au bord d'une route à la lisière de ce bois par un bel après-midi, lorsque j'aperçus deux écolières devant moi. Elles marchaient en se tenant étroitement enlacées. C'est ce qui m'a donné l'idée de ce roman. »

L'action, concentrée sur les quelques jours que dure l'enquête faussement nonchalante de l'inspecteur-chef Wexford et de son adjoint Burden , dans le cadre encore flou de Kingsmarkham, fait sans cesse référence au passé des principaux protagonistes de l'histoire.

La figure qui émerge est, bien sûr, celle de la victime, la singulière Margaret Parsons. « Il s'agit — précise la romancière — d'une femme au comportement d'un autre âge. Même en 63, Margaret Parsons était d'un autre âge. Je la voyais comme le genre de personne susceptible de succomber au charme de la poésie victorienne, une chose qui ne pouvait que séduire Doon par l'atmosphère de morbidité qui émane de ce genre de lecture, par l'absence également de toute implication sexuelle. »

La tragique histoire de Margaret aborde en effet, avec une infinie pudeur, le thème de l'homosexualité. L'amour qui, naguère, a uni les deux adolescentes n'a jamais cessé d'être platonique. Mais si, plus tard, Margaret a décidé de mettre un terme à cette passion en sacrifiant aux rites d'une vie bourgeoise que Rendell, tout au long de son œuvre, jugera toujours avec assez *de sévérité, Fabia, elle, n'a jamais cessé de rêver. Son mariage n'a été qu'une étape qu'on pourrait qualifier de « sociale ». Et c'est la méditation littéraire orchestrée de façon quasi obsessionnelle par — et à travers — l'*Anthologie d'Oxford de la Poésie Victorienne *qui l'a provisoirement délivrée du malheur. Imaginées de manière plus optimiste et, finalement, moins réaliste, les retrouvailles de Minna et Doon auraient pu, déboucher sur un véritable scandale. Mais Mrs Parsons en a décidé autrement — ou plutôt, la vie, la réalité de la vie avec son cortège de renoncements aux plus beaux rêves. Minna n'avait rien à perdre, Doon avait tout à perdre. Et la grande force de la fiction de Rendell aura sans doute été, dès ce coup d'essai changé aussitôt en coup de maître, d'avoir brodé sur le canevas victorien, avec autant d'ironie que d'astuce, une fiction résolument moderne.*

« Je n'ai pas, dit-elle encore, souvenir d'avoir été critiquée lors de la parution du livre, pour le choix que j'avais fait d'un thème homosexuel. Mais vous ne devez pas perdre de vue qu'à cette époque, je n'étais l'objet que d'une attention fort réduite de la part de la critique. Seul Julian Symons, dans le Sunday Times, *me gratifia d'un bon article. » Et elle conclut avec un certain à propos : « S'il avait fait mention du rôle joué par l'homosexualité dans mon roman, il en aurait du même coup révélé ma chute. »*

1967

LE PASTEUR DÉTECTIVE

Traduit de l'anglais par
Annie Hamel

Ce roman a paru sous le titre original :
A NEW LEASE OF DEATH

Pour mon père et Simon

1

Les lois du Royaume peuvent pousser le chrétien de mort pour des crimes odieux et haïssables.
Les Trente-neufs Articles de la Foi.

Il était 5 heures du matin. L'inspecteur Burden avait vu l'aube se lever plus souvent que bien des gens, mais il ne s'en était jamais lassé. Il aimait le calme de cette petite ville de campagne dans sa lumière bleu cru, de la même intensité, de la même qualité d'ombre que le crépuscule, la note mélancolique en moins.

Les deux hommes qu'ils avaient interrogés sur la bagarre de la veille au soir dans un café de Kingsmarkham, avaient avoué, chacun de leur côté, et presque simultanément, il y avait un quart d'heure de ça. Et maintenant ils étaient bouclés dans deux cellules blanches et austères, au rez-de-chaussée de ce poste de police absurdement moderne. Burden était debout à la fenêtre, dans le bureau de Wexford. Il regardait le ciel, qui avait cette nuance verte, particulière à l'aigue-marine. Une volée d'oiseaux en formation serrée traversa le ciel. Et soudain Burden pensa à son enfance, quand tout était plus grand, plus clair, plus chargé de sens. Fatigué, et légèrement nauséeux, il ouvrit la fenêtre pour se débarrasser de la fumée de cigarette et de l'odeur de sueur laissée par les jeunes, qui portaient des blousons de cuir au plus fort de l'été.

Dans le couloir, il entendit Wexford dire bonsoir — ou bonjour — au colonel Griswold, le chef de la police. Le colonel Griswold, qui était là depuis la veille au soir 10 heures, ne s'était sûrement pas douté, au moment où il était arrivé avec sa tirade sur la délinquance, qu'il en aurait pour la nuit. Voilà ce que c'est que de se mêler de ce qui ne vous regarde pas, pensa Burden, plutôt injustement.

La lourde porte d'entrée se referma bruyamment et la voiture de Griswold démarra. Burden le regarda sortir de la cour, passer devant les grandes vasques en pierre pleines de géraniums roses, et s'engager dans la rue principale de Kingsmarkham. Burden constata, avec une espèce de contentement un peu mesquin, que Griswold roula à quarante-cinq jusqu'au moment où il atteignit le panneau de fin de limitation de vitesse. Après quoi il y eut une accélération subite, et la voiture disparut comme une flèche sur la route de campagne déserte qui menait à Pomfret.

Burden entendit Wexford entrer et se retourna. Le visage gris et massif de l'inspecteur-chef était un peu plus gris que d'habitude, mais Wexford ne montrait pas d'autre signe de fatigue, et ses yeux, sombres et durs comme du basalte, brillaient d'une lueur de triomphe.

C'était un homme imposant, avec des traits épais et une grosse voix intimidante. Son costume gris — l'un des exemplaires d'une longue série de modèles croisés et boutonnés bas — paraissait plus râpé et froissé que jamais. Mais il lui allait bien, il était comme une extension de sa peau pachydermique sillonnée de rides.

— Voilà une bonne chose de faite, s'exclama-t-il, comme disait l'avorteuse en essuyant son aiguille à tricoter.

Burden supportait stoïquement ces plaisanteries macabres faites pour l'horrifier. Ce qui marchait chaque fois. Ses lèvres minces s'étirèrent en un sourire crispé. Wexford lui tendit une enveloppe bleue, et Burden la prit, ce qui fut pour lui l'occasion de masquer son embarras.

— Griswold vient juste de me donner ça, dit Wexford. À 5 heures du matin. Il sait vraiment pas choisir son moment, celui-là.

Burden jeta un coup d'œil au cachet de la poste : la lettre venait de l'Essex.

— C'est l'homme dont il parlait tout à l'heure, monsieur ?

— Mike, est-ce que j'ai l'habitude de recevoir des lettres d'admirateurs de Thringford, village typique de la vieille Angleterre ? Bien. Il s'agit du pasteur Archery qui met à contribution l'un de ses vieux copains.

Wexford se posa sur l'une des chaises un peu trop légères qui parsemaient son bureau, et celle-ci émit le craquement de protestation habituel. Wexford avait ce que son subordonné appelait une relation d'amour-haine avec ces chaises, de même qu'avec le reste du mobilier résolument moderne de son bureau. Le parquet brillant, le tapis carré en nylon, les chaises aux pieds chromés, les stores vénitiens jaune poussin, tout cela n'était pas « fonctionnel », selon Wexford, mais simplement pièges à poussière et « chi chi ». En même temps, il en tirait une certaine fierté, ce qu'il ne s'avouait qu'à moitié. Ce mobilier faisait son effet. Il servait à impressionner les visiteurs, tel l'auteur de cette lettre.

Wexford la sortit de son enveloppe.

La lettre était écrite sur le même papier bleu épais que celui de l'enveloppe. Sur un ton « upper class » terriblement juste, l'inspecteur-chef déclara :

— Je ferais aussi bien de m'adresser directement au chef de la police du Mid-Sussex, très cher. Nous étions à Oxford ensemble. Tu ne savais pas ? (Wexford tordit la bouche en une espèce de rictus hargneux.) Ah ! lorsque nous devisions à l'ombre des collèges... Je déteste ce genre de trucs.

— Ils y étaient vraiment ?

— Où ça ?

— Ensemble à Oxford ?

— Je ne sais pas. Mais c'est quelque chose de ce genre-là. C'était peut-être le terrain de cricket d'Eton. Tout ce qu'a dit Griswold, c'est : « Maintenant qu'on a bouclé ces voyous, je voudrais que vous jetiez un coup d'œil à la lettre d'un très bon ami à moi, un nommé Archery. Un type très bien, vraiment. J'aimerais que vous lui apportiez toute l'aide nécessaire. J'ai idée que ça a quelque chose à voir avec cette brute de Painter. »

— Qui est Painter ?

— Un criminel pendu il y a quinze ou seize ans, dit Wexford, laconique. Voyons ce que raconte ce pasteur.

Burden lut par-dessus l'épaule de Wexford. La lettre était à l'en-tête du presbytère de Sainte-Colombe, à Thringford, dans l'Essex. Wexford lut à haute voix :

— « Cher monsieur, j'espère que vous me pardonnerez d'user de votre temps précieux... » Je n'ai pas vraiment le choix, je crois « ... mais je considère cette affaire comme étant d'une certaine importance. Le colonel Griswold, chef de la police de bla-bla-bla, et ainsi de suite, m'a très aimablement dit que vous étiez l'homme qui pourrait m'assister en cette affaire, aussi je prends la liberté, l'ayant consulté, de vous écrire. » (Wexford se racla la gorge et desserra sa cravate grise froisée.) Il lui faut un sacré bout de temps pour en arriver au fait. Ah ! nous y voilà. « ... Vous vous souvenez sans doute de l'affaire Herbert Arthur Painter... » Sans aucun doute, oui. « ... J'ai cru comprendre que c'est vous qui aviez été chargé de cette affaire. Aussi ai-je pensé qu'il serait préférable que je vienne vous voir avant de poursuivre certaines recherches que, tout fait contre mon gré, je me vois contraint d'entreprendre. »

— Contraint ?

— C'est ce qu'il dit. Mais il ne dit pas pourquoi. Après, il y a toute une série de compliments, et puis il peut venir me voir demain — non, aujourd'hui. Il va téléphoner ce matin, mais « il se permet de croire que je voudrais bien le recevoir ». (Il jeta un coup d'œil par la fenêtre, où l'on pouvait voir le soleil se lever sur York Street, et fit l'une de ses citations revues et corrigées : « Je suppose qu'il dort dans les verts pâturages du Seigneur, au milieu des moutons, ou en tout cas là où dorment les pasteurs. »

— Qu'est-ce que c'est que cette histoire ?

— Oh, bon Dieu Mike, c'est évident, non ? Vous n'allez pas prendre au sérieux son baratin comme quoi il est « contraint », il agit « contre sa volonté ». Je suppose que son traitement ne doit pas être bien conséquent. Alors il écrit des histoires de crimes célèbres entre la première et la dernière messe. Il faut qu'il soit vraiment fauché, pour espérer ranimer l'appétit morbide des masses en ressuscitant Painter.

Burden dit, pensif :

— Je crois que je me souviens de l'affaire. Je venais juste de quitter l'école.

— Et ça vous a inspiré le choix d'une carrière, c'est ça ? se moqua Wexford. Qu'est-ce que tu vas faire dans la vie, mon fils ? Je vais être inspecteur de police, Papa.

Depuis cinq ans qu'il était le bras droit de Wexford, Burden s'était peu à peu immunisé contre ses plaisanteries. Il savait qu'il faisait office de soupape de sûreté, qu'il était une espèce de tête de Turc sur laquelle Wexford pouvait user de son violent, et parfois choquant sens de l'humour. Il fallait ménager les habitants de cette petite ville, que Wexford appelait, sans exception, « nos clients », à moins qu'ils ne soient suspectés d'avoir commis un quelconque forfait. Burden était là pour permettre à son chef d'épancher son trop-plein de rage et de moquerie. Et là, il jouait le rôle de l'éponge, absorbant le mépris destiné à Griswold et à son ami.

Burden eut un coup d'œil malicieux à l'adresse de Wexford. Après une journée et une nuit pénibles, cette lettre était la goutte d'eau qui faisait déborder le vase. Wexford était soudain tendu, irrité, sa peau encore plus ridée que d'habitude, tous ses muscles crispés par cette colère qui lui ôtait toute indulgence envers les imbéciles. Il fallait que cette tension tombe.

— Cette affaire Painter, dit Burden avec astuce, et en se glissant dans son rôle de thérapeute, elle était plutôt banale, non ? J'ai suivi l'histoire dans la presse, parce que ça a fait sensation dans la région. Mais sinon, cette histoire n'avait rien d'exceptionnel.

Wexford remit la lettre dans l'enveloppe et la rangea dans un tiroir. Malgré des gestes précis, il se contrôlait difficilement. Un mot de travers, pensa Burden, et Wexford aurait déchiré la lettre, balancé les morceaux par terre, abandonné le tout à la femme de ménage. Burden avait apparemment employé les mots qu'il fallait, car Wexford lui dit, d'une voix froide et tranchante :

— Pour moi cette affaire était exceptionnelle.

— Parce que vous vous en êtes occupé ?

— Parce que c'était la première affaire criminelle dont j'étais chargé. Et elle a sûrement été exceptionnelle pour Painter, car il a été pendu, et sans doute aussi pour sa veuve. J'imagine que ça a dû la secouer, si tant est que quoi que ce fût, pût secouer cette fille.

Inquiet, Burden le regarda observer un trou de cigarette sur le cuir jaune citron d'une chaise, œuvre de l'un des voyous durant son interrogatoire. Burden attendit l'explosion. Mais Wexford dit simplement, l'air indifférent :

— Vous n'avez donc plus de maison que vous restiez là ?

— Il est trop tard, dit Burden, étouffant un bâillement. En plus, ma femme est partie au bord de la mer.

Extrêmement attaché à sa femme, sa maison lui faisait l'effet d'une morgue quand Jean et les enfants étaient absents. C'était un aspect de son caractère qui prêtait le flanc aux piques et remarques sarcastiques de Wexford, cela ajouté à sa jeunesse relative, son éternelle impassibilité et son côté collet monté. Mais là Wexford se contenta de lui dire : « J'avais oublié. »

Burden était un bon flic. L'affreux gros homme le respectait pour ça. Bien qu'il eût pu se moquer, Wexford appréciait cet adjoint à l'air grave qui plaisait aux femmes. Assises en face de ce visage ascétique mais beau, réconfortées par une compassion que Wexford taxait de « mièvrerie », elles avaient tendance à ouvrir plus facilement leur cœur que face à un auguste poids lourd de cinquante-cinq ans. Cela dit, Burden n'avait pas une forte personnalité et il était facilement éclipsé par son supérieur. Et à présent, pour canaliser cette vitalité tranchante, il allait prendre le risque de se faire rembarrer.

— Si vous devez discuter le coup avec cet Archery, on pourrait peut-être en profiter pour faire un petit récapitulatif des faits ?

— On ?

— Eh bien, vous, alors, monsieur. Vous ne devez plus avoir cette affaire très fraîche à la mémoire, après si longtemps.

L'explosion se fit, dans un torrent de rire sous-jacent.

— Dieu tout puissant ! Vous croyez que je ne vous vois pas venir ? Quand j'aurai besoin d'un psychiatre, j'en prendrai un vrai. (Il se tut et son rire se mua en sourire crispé.) O.K. Ça pourrait m'aider... (Mais Burden avait eu le tort de baisser trop vite sa garde) ... à exposer les faits à ce maudit Archery, je veux dire, dit Wexford d'un ton sec. Mais il n'y a aucun mystère, vous savez, il n'y pas de petits trucs pas clairs. Le coupable, c'était Painter.

Il tendit le doigt vers la fenêtre, vers l'est. Le grand ciel du Sussex s'éclairait de rose et d'or, traversé de longues bandes de beige rosé, comme des coups de pinceau à l'aquarelle.

— Aussi sûr que le soleil est en train de se lever, là. Il n'y a jamais eu le moindre doute. Herbert Arthur Painter a tué sa patronne de quatre-vingt-dix ans en lui assenant un coup de hache sur la tête, et il a fait ça pour deux cents livres. C'était un sauvage, une brute, un imbécile. J'ai lu l'autre jour dans le journal que les Russes appelaient les êtres asociaux des « non-personnes », ce qui pourrait tout à fait s'appliquer à lui.

Étrange qu'un pasteur prenne fait et cause pour un personnage comme ça.

— Si toutefois c'est le cas.

— On verra, dit Wexford.

Ils étaient debout devant la carte, accrochée au mur recouvert de papier peint jaune, façon « glace craquelée ».

— Elle a été assassinée chez elle, n'est-ce pas? demanda Burden. Dans l'une de ces grandes maisons derrière Stowerton Road?

La carte représentait ce district rural plutôt calme dans son entier. Kingsmarkham, petite ville de douze mille habitants, était au centre de la carte, ses rues colorées en marron et en blanc, ses environs champêtres semés de taches vert foncé pour les bois. Des routes partaient de Kingsmarkham, comme du cœur d'une toile d'araignée, l'une allant à Pomfret, au sud, une autre à Sewingbury, au nord-est. Les villages éparpillés çà et là : Flagford, Clusterwell et Forby, n'étaient que des mouches minuscules dans cette toile d'araignée.

— La maison s'appelle *La Parcelle du Vainqueur*, dit Wexford. Un drôle de nom. C'est un général qui se l'est fait construire, après les guerres Ashanti.

— Et c'est à peu près ici.

Burden mit son doigt sur un fil vertical de la toile d'araignée qui allait de Kingsmarkham à Stowerton, tout droit vers le nord. Il réfléchit et brusquement il se souvint.

— Je crois que je la connais, dit-il. Une horrible baraque avec des colombages verts. C'était une maison de retraite jusqu'à l'année dernière. J'imagine qu'ils vont la démolir.

— Sans doute, oui. Il y a un hectare de terrain autour. Bref, puisque vous voyez où c'est, vous feriez aussi bien de vous asseoir.

Burden avait mis sa chaise près de la fenêtre. Cela avait quelque chose de réconfortant et de régénérant que d'assister au déploiement progressif de ce qui allait être une très belle journée. Dans les champs, les ombres des arbres étaient longues et d'un bleu très dense, et une lumière brillante et nouvellement née étincelait sur les toits d'ardoise des maisons anciennes. Dommage qu'il n'ait pas pu partir avec Jean. Le soleil, l'air frais et grisant, l'incitaient à penser aux vacances, et l'empêchaient de se souvenir des détails de cette affaire qui avaient choqué tout Kingsmarkham il y avait bien longtemps. Burden fouilla sa mémoire et s'aperçut à sa grande honte, qu'il n'arrivait même pas à se souvenir du nom de la femme assassinée.

— Comment s'appelait-elle? demanda-t-il à Wexford. Un nom étranger, n'est-ce pas? Porto, ou Primo quelque chose?

— Primero. Rose Isabel Primero. C'était son nom d'épouse. Loin d'être étrangère, elle avait grandi ici, à Forby Hall. Ses parents étaient en quelque sorte les châtelains de Forby.

Burden connaissait bien Forby. Le peu de touristes qu'il y avait dans cette région agricole sans bord de mer ni dunes, sans châteaux ni cathédrales, allaient tous à Forby. Les guides touristiques en faisaient absurdement le cinquième plus joli village d'Angleterre. Burden lui-même avait une certaine affection pour Forby, car ses habitants s'étaient révélés être presque totalement dénués de tendances criminelles.

— Cet Archery pourrait être un parent, suggéra-t-il. Peut-être qu'il veut des précisions généalogiques pour ses archives de famille.

— J'en doute, dit Wexford, jouissant du soleil comme un énorme chat gris. La seule famille qu'elle avait, c'était ses trois petits-enfants. Roger Primero, le petit-fils, vit à Forby Hall. Mais il n'en a pas hérité. Il a dû l'acheter. J'ignore les détails.

— Il y avait une famille Kynaston à Forby Hall, en tout cas c'est ce que dit la mère de Jean. Remarquez, c'était il y a des années.

— C'est exact, dit Wexford, avec un soupçon d'agacement dans sa voix de basse grondante. Mrs Primero était née Kynaston, et elle allait sur ses quarante ans quand elle a épousé le Docteur Ralph Primero. J'imagine que ses parents n'ont pas vraiment approuvé — n'oubliez pas que c'était au début du siècle.

— Il était quoi, médecin généraliste?

— Un genre de spécialiste, je crois. Ils sont venus vivre à *La Parcelle du Vainqueur* quand il a pris sa retraite. Ils n'étaient pas si aisés que ça, remarquez. Quand le docteur est mort, dans les années trente, Mrs Primero s'est retrouvée avec un revenu annuel de dix mille livres. Ils avaient eu un fils, mais il est mort peu de temps après son père.

— Vous voulez dire qu'elle vivait seule dans cette grande maison? À son âge?

Wexford tordit la bouche, essayant de se souvenir. Burden connaissait la mémoire presque surnaturelle de son chef. Quand une chose l'intéressait suffisamment, il en gardait un souvenir parfait.

— Elle avait une bonne, dit Wexford. Elle s'appelait — elle s'appelle, elle est toujours vivante — Alice Flower. Elle était bien plus jeune que sa maîtresse, soixante-dix et quelques, et elle était avec Mrs Primero depuis à peu près cinquante ans. Une vraie servante de la vieille école. À vivre comme ça, on aurait pu penser qu'elles seraient devenues amies plutôt que servante et maîtresse, mais Alice restait à sa place, et elles ont été « Madame » et « Alice » l'une pour l'autre jusqu'à la mort de Mrs Primero. Je connaissais Alice de vue. C'était un personnage, en ville. Elle venait faire ses courses dans la Daimler de Mrs Primero, conduite par Painter.

» Vous vous souvenez comment s'habillaient les bonnes d'enfants ? Non, vous ne pouvez pas. Vous êtes trop jeune. Eh bien Alice portait toujours un long manteau bleu marine et un feutre bleu. Elle et Painter avaient beau être des domestiques tous les deux, Alice se considérait comme nettement supérieure à lui. Et elle le lui montrait, elle lui donnait des ordres, exactement comme Mrs Primero. Pour sa femme et ses copains il était Bert, mais Alice l'appelait « la Bête ». Pas en face, remarquez. Elle n'aurait tout de même pas osé faire ça.

— Vous voulez dire qu'elle avait peur de lui ?

— D'une certaine façon, oui. Elle le haïssait, et elle supportait pas qu'il travaille là. Je me demande si j'ai toujours cette coupure de journal.

Wexford ouvrit le tiroir du bas de son bureau, celui dans lequel il gardait des choses personnelles, à moitié officielles ou franchement saugrenues qui l'avaient intéressé. Il n'avait pas beaucoup d'espoir de trouver ce qu'il cherchait. À l'époque du meurtre de Mrs Primero, la police de Kingsmarkham était installée dans un vieil immeuble en brique, dans le centre ville. Il avait été démoli quatre ou cinq ans auparavant, et remplacé par cet ahurissant Lego, construit à la périphérie de la ville. La coupure de journal s'était très probablement perdue lors de l'abandon du haut pupitre en pin pour ce bureau-là, en bois de rose laqué. Wexford fouilla parmi des notes, des lettres, d'étranges petits souvenirs, et se redressa finalement, triomphant.

— Voilà. La « non-personne » elle-même, beau garçon, si on aime ce genre-là. Herbert Arthur Painter, ancien soldat du quatorzième bataillon de Birmanie. Vingt-cinq ans, engagé par Mrs Primero en qualité de chauffeur, jardinier, homme à tout faire.

C'était un article du *Sunday Planet*, plusieurs colonnes de texte autour d'une photo. Une photo tout à fait nette, sur laquelle Painter fixait l'objectif.

— C'est marrant, ça, dit Wexford. Il vous regardait toujours droit dans les yeux. Ce qui est un signe d'honnêteté, paraît-il. Quelle idiotie !

Burden avait déjà dû voir cette photo, mais il n'en gardait aucun souvenir. C'était un visage large, à l'ossature régulière, avec un nez droit mais charnu, et de grosses narines. Painter avait des lèvres pleines, aux coins recourbés ce qui chez un homme n'est qu'une parodie grossière d'une bouche de femme, l'arcade sourcilière haute et plate, les cheveux courts et crêpelés, si crêpelés qu'ils avaient l'air de lui tirer la peau et de lui faire mal au cuir chevelu.

— Il était grand et bien bâti, poursuivit Wexford. Et il avait une tête de bouledogue, un assez beau bouledogue d'ailleurs. Il était allé en Extrême-Orient pendant la guerre, mais si la chaleur et les privations l'avaient usé, il n'en gardait aucun stigmate. Il avait cette espèce de bonne santé rayonnante propre au cheval de trait. Désolé d'employer toutes ces métaphores animales, mais Painter était une espèce de bête.

— Comment se fait-il que Mrs Primero l'ait engagé ?

Wexford lui reprit la coupure de journal, la regarda un moment, puis la plia.

— Depuis l'époque de la mort du docteur, jusqu'en 1947, dit-il, Mrs Primero et Alice Flower se sont démenées pour entretenir les lieux, arrachant quelques mauvaises herbes de-ci de-là, faisant venir un homme quand elles avaient besoin de poser une étagère. Vous pouvez facilement imaginer. Elles ont eu toute une série de femmes de ménage, qui ont toutes fini par les quitter pour aller travailler en usine. L'endroit a commencé à tomber en ruines. Ce n'est pas étonnant, quand on pense qu'à la fin de la guerre, Mrs Primero avait quatre-vingt-cinq ans et Alice presque soixante-dix. En outre, et sans parler de son âge, Mrs Primero ne faisait jamais le ménage. Question d'éducation. Elle n'aurait pas su faire la différence entre un chiffon à épousseter et une têtière.

— Elle était assez difficile comme femme, non?

— Elle était ce que Dieu et ses origines avaient fait d'elle, dit gravement Wexford, vaguement ironique, cependant. Je ne l'ai vue que morte. Elle était entêtée, assez près de ses sous, ce qu'on appellerait aujourd'hui une réactionnaire. Et plutôt despote. Je vais vous donner deux exemples. Quand son fils est mort, il a laissé sa femme et ses enfants dans une situation financière très difficile. J'ignore les tenants et les aboutissants de l'histoire, toujours est-il que Mrs Primero voulait vraiment les aider, à condition que ce fût selon ses termes. Il fallait que la famille vienne vivre avec elle, etc. Cela dit, j'imagine qu'elle ne pouvait pas se permettre d'entretenir deux maisons. La deuxième chose, c'est qu'elle était une fervente pratiquante. Quand elle est devenue trop vieille pour aller à l'église, elle a insisté pour qu'Alice y aille à sa place. Comme une espèce de bouc émissaire. Mais elle pouvait aussi s'attacher aux gens. Elle adorait son petit-fils, Roger, et elle avait une amie très proche. Mais nous y reviendrons.

» Comme vous le savez, poursuivit Wexford, il y avait une grave crise du logement après la guerre, et c'était également difficile de trouver des domestiques. Mrs Primero était une vieille dame intelligente et elle en vint à se dire qu'elle pourrait tirer parti du premier problème pour résoudre le deuxième. Dans le parc de *La Parcelle du Vainqueur*, il y avait une ancienne remise pour attelages, avec une espèce de grenier au-dessus. Dans le garage, il y avait la Daimler, dont j'ai déjà parlé. Personne ne l'avait conduite depuis la mort du docteur. Mrs Primero ne savait pas conduire, Alice non plus. L'essence était rationnée, mais ça suffisait pour aller faire les courses, et emmener deux vieilles dames se balader sur les petites routes une fois par semaine.

— Alice était donc si intime que ça avec Mrs Primero? demanda Burden.

Wexford dit solennellement:

— Une dame peut être accompagnée par sa bonne quand elle sort en voiture. Quoi qu'il en soit, Mrs Primero a passé une annonce dans le *Chronicle* de Kingsmarkham pour trouver un jeune homme robuste, prêt à faire du jardinage, des petits travaux, entretenir et conduire la voiture, en échange de quoi il aurait un appartement et trois livres par semaine.

— Trois livres ?

Burden était non fumeur et n'avait pas particulièrement le goût du luxe, mais il faisait les courses le week-end, et il savait qu'on n'allait pas loin avec trois livres.

— Vous savez, ça valait beaucoup plus en ce temps-là Mike, dit Wexford, s'excusant presque. Mrs Primero fit repeindre le grenier, poser des cloisons pour en faire trois pièces, et installer les tuyaux pour la plomberie. Ce n'était pas Buckingham Palace, mais enfin les gens étaient bien contents quand ils pouvaient trouver une chambre, en 1947 ! Elle reçut de nombreuses réponses, mais pour quelqu'obscure raison — Dieu seul sait « quelle » raison —, elle choisit Painter. Au tribunal, Alice dit que le fait qu'il eût une femme et une toute petite fille était une garantie de stabilité. Mais tout dépend ce qu'on entend par stabilité, hein ?

Burden déplaça sa chaise pour ne plus être dans le soleil.

— La femme était-elle également au service de Mrs Primero ?

— Non, seulement Painter. Elle avait cette petite fille, qui n'avait que deux ans quand ils sont arrivés. Si elle avait servi dans la maison, elle aurait dû emmener l'enfant avec elle. Mrs Primero n'aurait jamais supporté ça. En ce qui la concernait, il y avait un fossé entre les Painter et elle. J'ai cru comprendre que tout le temps que Painter a été là, elle n'a jamais échangé plus de quelques mots avec Mrs Painter. Quant à la petite fille — je crois qu'elle s'appellait Theresa —, elle était à peine consciente de son existence.

— Elle ne donne pas l'impression d'avoir été une femme très sympathique, dit Burden, d'un air de doute.

— Elle était typique de son âge et de sa classe, dit Wexford, tolérant. N'oubliez pas qu'elle était la fille du châtelain, à une époque où les châtelains avaient encore une certaine importance. Pour elle, Mrs Painter était un peu comme la femme d'un métayer. Mais je suis sûr que si Mrs Painter avait été malade, elle lui aurait envoyé la vieille Alice, avec un bol de soupe et des couvertures. Par ailleurs, Mrs Painter était très discrète. Elle était très jolie, très calme, mais d'une respectabilité glaçante. Elle avait un peu peur de Painter, ce qui n'était pas difficile à comprendre. Quand je l'ai interrogée, après le meurtre, j'ai vu qu'elle avait des bleus sur le bras, trop de bleus pour qu'elle se les soit faits en se cognant, et ça ne m'étonnerait pas que son mari l'ait battue.

— Alors, en fait, dit Burden, ils formaient deux groupes complètement séparés. Mrs Primero et sa bonne vivant à *La Parcelle du Vainqueur*, la famille Painter habitant sa propre maison, au fond du jardin.

— « Au fond du jardin », je ne sais pas. Le garage était à environ trente mètres de la porte de derrière la maison. Et Painter y allait seulement pour apporter le charbon et prendre ses instructions.

— Ah oui, dit Burden, je crois me souvenir qu'il y a eu une histoire compliquée à propos du charbon. N'était-ce pas plus ou moins le nœud de l'affaire ?

— Painter était censé couper le bois et apporter le charbon, poursuivit Wexford. Alice n'était plus capable de porter le charbon, et Painter était censé en apporter un seau à midi — elles ne faisaient jamais de feu avant — et un seau le soir, à 6 heures et demie. Il n'a jamais rechigné à faire du jardinage, ni à s'occuper de la voiture, mais pour quelque raison, il ne supportait pas de devoir apporter le charbon. Il le faisait — hormis de fréquents oublis — mais toujours en râlant. Le seau de midi l'obligeait à interrompre son déjeuner, disait-il, et il n'aimait pas sortir les soirs d'hiver. Ne pouvait-il apporter deux seaux à 11 heures ? Non, Mrs Primero n'était pas d'accord. Elle ne voulait pas voir son salon transformé en voie de chemin de fer.

Burden sourit. Sa fatigue avait presque disparu. Quand il aurait pris un petit déjeuner, une douche, et qu'il se serait rasé, il serait un autre homme. Il jeta un coup d'œil à sa montre, puis en face, sur High Street, au café *Carousel* dont on était en train de remonter les stores.

— Je boirais bien une tasse de café.

— Transmission de pensée. Trouvez quelqu'un qui aille nous en chercher.

Wexford se leva, s'étira, resserra sa cravate, et repoussa en arrière des cheveux trop clairsemés pour qu'ils puissent jamais être ébouriffés. Le café arriva dans des tasses en carton paraffiné, avec des cuillères en plastique et des petits cubes de sucre enveloppés dans du papier.

— Ça va mieux, dit Wexford. Vous voulez que je continue ?

Burden acquiesça d'un hochement de tête.

— En septembre 1950, cela faisait trois ans que Painter travaillait pour Mrs Primero. Et les choses se passaient apparemment bien, excepté les difficultés que faisait Painter au sujet du charbon. Jamais il ne l'apportait sans se plaindre, et il n'arrêtait pas de demander une augmentation.

— Je suppose qu'il pensait qu'elle roulait sur l'or ?

— Il ne pouvait pas savoir, bien sûr, ce qu'elle avait à la banque, ou en actions, ou quoi que ce fût. En revanche, ce n'était un secret pour personne qu'elle avait de l'argent chez elle.

— Vous voulez dire dans un coffre ?

— Jamais de la vie. Vous connaissez ces vieilles filles. Il y en avait une partie tassée dans des sacs en papier, au fond de ses tiroirs et une partie dans des vieux sacs à main.

Grâce à un effort de mémoire, Burden dit soudain :

— Et dans l'un de ces sacs à main, il y avait « les » deux cents livres ?

— Effectivement, dit Wexford, d'un air mécontent. Mrs Primero refusait d'augmenter les gages de Painter, qu'elle ait eu ou pas les moyens de le faire. Si cet arrangement ne lui convenait pas il pouvait partir, mais cela impliquait de laisser l'appartement.

» Étant une très vieille dame, Mrs Primero était très sensible au froid, et elle aimait se faire du feu dès septembre. Painter jugeait que ce n'était pas nécessaire, et il a râlé comme d'habitude à ce propos.

Wexford s'interrompit quand le téléphone sonna et il répondit lui-même. Burden n'avait aucune idée, d'après les « Oui, oui, ... d'accord » réitérés de Wexford, de qui ça pouvait être. Il finit son café avec un vague dégoût. Le bord de la tasse en carton paraffiné était devenu tout mou. Wexford laissa tomber le combiné sur son support.

— Ma femme, dit-il. Est-ce que je suis mort ? Est-ce que j'ai oublié que j'avais une maison ? Elle n'a plus d'argent pour les courses et elle n'arrive pas à trouver le chéquier. (Il rit, tâta à l'intérieur de sa poche et en sortit le chéquier.) Il va falloir que je passe à la maison en coup de vent. (Et il ajouta, avec une certaine gentillesse.) Rentrez chez vous et faites donc un petit somme, ça vous fera du bien.

— Je n'aime pas qu'on me laisse en haleine, comme ça, grommela Burden. Maintenant je sais ce que ressentent mes enfants quand je m'arrête au milieu d'une histoire, le soir.

Wexford commença à mettre des choses dans sa serviette.

— Si on laisse de côté tout ce qui n'a pas été prouvé, dit-il, il n'y a pas grand-chose de plus à raconter. C'est très simple, je vous l'ai dit. C'est arrivé le soir du 24 septembre, un dimanche froid et humide. Mrs Primero avait envoyé Alice à l'église. Alice est partie vers 6 heures et quart. Painter devait venir vers 6 heures et demie avec le charbon. Il l'a effectivement apporté, mais il est reparti avec deux cents livres.

— J'aimerais bien que vous parliez de ce qui n'a pas été prouvé, dit Burden.

Wexford était dans l'embrasure de la porte, à présent.

— La suite au prochain numéro, dit-il, en souriant. Allez, vous ne pouvez pas dire que je vous laisse sur votre faim. (Son sourire disparut et son visage se durcit.) C'est à 7 heures qu'on a trouvé Mrs Primero. Elle était dans le salon, étendue par terre, près de la cheminée, dans une gigantesque mare de sang. Il y avait du sang sur les murs et sur son fauteuil. Et dans l'âtre, une hache ensanglantée.

2

Du jugement, qu'il sorte coupable,
Que sa prière soit tenue pour péché !...
que ses enfants deviennent orphelins,
et sa femme, une veuve !

Psaume 109.

Le petit somme que lui avait prescrit Wexford aurait été tentant par un jour sombre, mais pas là, pas avec ce ciel bleu et ce soleil qui promettait une chaleur tropicale dès la mi-journée. Et puis Burden se souvint qu'il n'avait pas fait son lit depuis trois jours. Mieux valait donc prendre cette douche et se raser, plutôt que de dormir.

Après avoir avalé un solide petit déjeuner à la cantine, composé de deux œufs et de son bacon préféré, Burden avait décidé de ce qu'il allait faire. Il avait une heure devant lui. Il prit la direction du nord, sur High Street, toutes vitres ouvertes, passa devant les boutiques, devant l'*Olive and Dove*, puis il laissa la ville derrière lui et prit la route de Stowerton. Hormis une maison neuve ici et là, un supermarché sur l'emplacement de l'ancien poste de police, et des panneaux indicateurs aux couleurs agressives un peu partout, les choses n'avaient pas beaucoup changé en seize ans. Les prairies, les grands arbres chargés de leur lourd feuillage de juillet, les petites maisons en bois, tout cela était très semblable à ce que voyait Alice Flower quand elle allait faire ses courses dans la Daimler. Mais il y avait moins de circulation, alors, pensa-t-il. Il freina, braqua, et eut un haussement de sourcils à l'adresse du jeune motard, qui en sens inverse, l'avait raté d'un cheveu en doublant.

La petite route de *La Parcelle du Vainqueur* devait se trouver quelque part par là. Qu'étaient donc ces choses qu'on n'avait pu prouver et que Wexford ne lui avait pas encore dites ? Oui. Il y avait une cabine téléphonique et un arrêt de bus au bout de la route. Et étaient-ce là les champs que Painter avait traversés, pressé de cacher un tas de vêtements tachés de sang ?

Arrivé à la cabine téléphonique, Burden mit son clignotant gauche et tourna doucement sur la petite route.

Elle était pavée sur une courte distance, puis elle rétrécissait, devenait un chemin de terre, et se terminait par une grille. Il n'y avait que trois maisons : deux maisons jumelles en plâtre blanc, et en face, l'édifice fin de siècle qu'il avait appelé « l'horrible baraque »

Il ne s'en était encore jamais approché d'aussi près, mais il ne vit rien qui pût le faire changer d'opinion. Le toit d'ardoise grise avait été conçu — ou plutôt torturé — avec des pignons escarpés. Deux d'entre eux dominaient la façade de la maison, mais il y en avait un troisième sur la droite, duquel émergeait un quatrième, plus petit, qui semblait surplomber l'arrière du bâtiment. Sur chaque pignon il y avait des colombages entrecroisés, dont certains étaient maladroitement sculptés en chevrons, et qui tous étaient d'un affreux vert bouteille. En certains endroits, le plâtre s'était effrité entre les chevrons, laissant à nu la brique rosâtre à gros grain. Du lierre vert sombre étendait ses feuilles plates et ses vrilles grises depuis les fenêtres du rez-de-chaussée jusqu'au plus haut pignon, où une fenêtre treillissée battait au vent. Là le lierre s'était infiltré, s'était creusé un chemin dans le mur farineux, écartant le châssis de la fenêtre du mur de brique.

Burden observa le jardin avec l'œil d'un homme de la campagne. Il n'avait jamais vu un aussi bel échantillonnage de mauvaises herbes. Le sol noir et fertile, cultivé et soigné pendant de nombreuses années, nourrissait désormais des patiences, aux feuilles aussi épaisses et brillantes que des feuilles d'hévéa, des chardons, et des orties de quatre pieds de haut. L'herbe, et le séneçon mildiousé, avaient envahi les allées de gravier. Seuls la clarté de l'air et le tendre éclat de la lumière empêchaient cet endroit d'être vraiment sinistre.

La porte d'entrée était fermée à clé. La fenêtre qu'il y avait à côté était sans aucun doute l'une des fenêtres du salon. Burden ne put s'empêcher de se demander, avec un humour désabusé, quel curateur insensible avait décrété que le lieu du meurtre d'une vieille dame serait pendant des années la maison — et même le dernier refuge — d'autres vieilles dames. Mais à présent elles étaient parties. L'endroit avait l'air d'être inhabité depuis des années.

Par la fenêtre, il pouvait voir une grande pièce sombre. Dans la cheminée en marbre ambré, quelqu'un avait placé du papier journal froissé pour recueillir les retombées de suie.

Wexford avait dit qu'il y avait eu du sang partout sur la cheminée. C'était là, près de la plaque de cuivre qu'il y avait devant l'âtre, qu'on avait dû retrouver le corps.

Burden contourna la maison en se frayant un passage à travers des arbustes parmi lesquels des sureaux et des petits bouleaux vigoureux menaçaient d'évincer le lilas. Les carreaux des fenêtres de la cuisine étaient opacifiés par la saleté, et il n'y avait qu'une porte de service qui donnait apparemment au bout du couloir. Les Victoriens, pensa Burden, n'étaient pas très férus en architecture intérieure ! Les courants d'air devaient être effroyables.

Il était maintenant dans le jardin derrière la maison, mais il ne voyait littéralement pas le bois des arbres. La nature était devenue folle à *La Parcelle du Vainqueur*, et le garage lui-même avait presque entièrement disparu sous les plantes grimpantes. Burden se promena sur ce terrain à la végétation dégénérée, rendu frais par l'ombre portée des hauts murs de la maison, et il se retrouva en train de longer une serre, attenante à une pièce ressemblant à un petit salon. Il y avait une vigne à l'intérieur, depuis longtemps morte et sans feuilles.

Alors, c'était ça *La Parcelle du Vainqueur*. Burden n'arrivait pas à éprouver de la pitié, mais il faudrait, de toute façon, qu'il revienne. Par habitude — et en partie pour donner l'exemple — , il fermait toujours les vitres de sa voiture, et verrouillait les portières. À l'intérieur, il faisait chaud comme dans un four. Il repassa par le portail cassé, reprit la petite route, puis se fondit dans le flot de la circulation sur la route de Stowerton.

Difficile d'imaginer un contraste plus grand que celui existant entre le bâtiment qu'il venait de quitter, et celui dans lequel il entrait à présent. Le beau temps allait bien au nouveau poste de police de Kingsmarkham. Wexford disait parfois que l'architecte avait dû dessiner ce bâtiment durant des vacances dans le sud de la France. Car il était blanc, inutilement grand, et orné çà et là de fresques qui devaient quelque chose aux sculptures du Parthénon.

En ce matin de juillet, sa blancheur était éblouissante. Mais si sa façade semblait jouir du soleil et s'y exposer avec bonheur, ce n'était pas le cas de ses occupants. Il y avait beaucoup trop de verre. Parfait, disait Wexford, pour des plantes ou des poissons tropicaux, mais pas formidable pour un policier anglo-saxon assez âgé, dont la tension artérielle était élevée, et la résistance à la chaleur plutôt faible. Le combiné du téléphone glissait dans sa grande main, et quand il eut fini de parler avec Henry Archery, Wexford baissa les stores vénitiens.

— Je sens arriver une vague de chaleur, dit-il à Burden. J'ai l'impression que votre femme a choisi la bonne semaine.

Burden leva les yeux de la déposition qu'il avait commencé à lire. Maigre comme un lévrier, le visage fin et aiguisé, il avait souvent l'instinct du chien pour flairer l'inhabituel, instinct doublé d'une imagination vive.

— On dirait que c'est toujours pendant les vagues de chaleur que les choses arrivent, dit-il. Les choses qui nous intéressent, je veux dire.

— Allons, dit Wexford. Il arrive tout le temps quelque

chose, ici. (Il haussa ses sourcils en épi.) Et ce qui arrive aujourd'hui, dit-il, c'est Archery. À 2 heures.

— Il a dit pourquoi il venait?

— Il garde ça pour cet après-midi. Il est très chichiteux. Tout ça fait partie du style comment être un parfait gentleman avec un salaire de misère, vous voyez? Mais enfin, il a une transcription du procès, et ça m'évitera déjà de devoir tout lui réexpliquer.

— Ça a dû lui coûter cher. Cette histoire doit vraiment l'intéresser.

Wexford regarda sa montre et se leva.

— Il faut que j'aille au tribunal, dit-il. Qu'on en finisse avec ces malfrats qui m'ont coûté une nuit de sommeil. Écoutez Mike, je crois qu'on mérite de se faire plaisir, et je n'ai pas envie de la tourte à la viande du *Carousel*. Si vous passiez à l'*Olive* et que vous nous réserviez une table pour 1 heure précise?

Burden sourit. Cela lui allait tout à fait. Une fois tous les trente-six du mois, Wexford insistait pour qu'ils déjeunent ou même qu'ils dînent dans un luxe relatif.

— Ce sera fait, dit-il.

L'*Olive and Dove* est la meilleure hostellerie de Kingsmarkham, et le seul endroit qui mérite le nom d'hôtel. En se forçant un peu, on pourrait dire que le *Queen's Head* est une auberge, mais le *Dragon* et le *Crusader*, ne sont vraiment rien d'autre que des pubs. L'*Olive*, comme l'appellent les gens de la région, se trouve sur High Street, à la limite de Kingsmarkham et de Stowerton, face à l'exquise résidence géorgienne de Mr Missal, le concessionnaire automobile de Stowerton. L'*Olive* est également d'architecture en partie classique, mais c'est une structure hybride, avec des restes visibles de style Tudor, et une aile qui se vante d'être pré-Tudor. C'est tout à fait ce que les gens bien de la middle-class appellent un « bon hôtel ». Il y a toujours trois serveurs, les femmes de chambre sont collet monté et souvent assez âgées, l'eau du bain est chaude, la nourriture aussi bonne qu'on est en droit de s'y attendre, et le guide Michelin lui a donné deux étoiles.

Burden avait réservé une table par téléphone. Et quand il pénétra dans la salle à manger, juste avant 1 heure, il constata avec satisfaction qu'on l'avait placé près de la fenêtre donnant sur High Street. Là, ils étaient à l'abri du soleil, et les géraniums dans la jardinière avaient l'air frais et même humides de rosée. Des jeunes filles, qui attendaient de l'autre côté de la rue le bus pour Pomfret, portaient des robes en coton et des sandales.

Wexford arriva à 1 heure cinq, l'air furieux.

— Je ne sais pas pourquoi il ne clôt pas la séance à midi et demie, comme ils le font à Sewingbury, grommela-t-il. (« Il », Burden le savait, c'était le président du tribunal de Kingsmarkham.) Mon Dieu qu'il faisait chaud dans cette salle de tribunal ! Qu'est-ce qu'on va manger ?

— Du canard rôti, dit fermement Burden.

— D'accord, si vous insistez. Tant qu'ils n'y ajoutent pas un tas de saloperies. Vous voyez ce que je veux dire, du maïs et des bananes. (Il prit le menu, et fit la grimace.) Regardez-moi ça, poulet polynésien. Pour qui ils nous prennent, des aborigènes ?

— Je suis allé faire un tour à *La Parcelle du Vainqueur*, ce matin, dit Burden, alors qu'ils attendaient que le canard arrive.

— Vraiment. J'ai vu que c'était à vendre. Il y a une annonce dans la vitrine de l'agent immobilier, avec une photo très loin de la réalité. Ils en demandent six mille livres. Un peu excessif, quand on pense que Roger Primero en a tiré moins de deux mille en 1951.

— J'imagine que la propriété a changé de mains plusieurs fois depuis ?

— Une ou deux fois avant que les vieilles gens s'installent. Merci, dit-il au serveur. Non, nous ne voulons pas de vin. Deux demis, s'il vous plaît.

Wexford étala sa serviette sur ses larges cuisses, et aspergea généreusement de poivre son aile de canard et sa sauce à l'orange, ce qui dégoûta Burden, mais il ne le montra pas.

— Roger Primero était l'héritier ?

— L'un des héritiers. Mrs Primero est morte intestat. Souvenez-vous qu'elle devait vivre sur un capital de dix mille livres, qui a été divisé entre Roger et ses deux plus jeunes sœurs. C'est un homme riche à présent, mais quelle que soit la façon dont il est devenu riche, ce n'est pas grâce à sa grand-mère. Il a des intérêts partout : dans le pétrole, l'immobilier, le transport maritime. C'est un homme d'affaires important.

— J'ai déjà dû le voir, je pense.

— Sans doute. Et il est tout à fait conscient de son statut de propriétaire terrien depuis qu'il a acheté Forby Hall. Il sort avec les huiles de Pomfret, et tout ça.

— Quel âge a-t-il ?

— Eh bien, il avait vingt-deux ans quand sa grand-mère a été assassinée. Ça doit lui faire dans les trente-huit ans, maintenant. Ses sœurs étaient beaucoup plus jeunes. Angela avait dix ans, et Isabel neuf ans.

— Je crois me souvenir qu'il a témoigné au procès.

Wexford repoussa son assiette, eut un geste impérieux pour appeler le serveur, et commanda deux tartes aux pommes. Burden savait que son chef avait une notion plutôt limitée des bonnes manières.

— Roger Primero avait rendu visite à sa grand-mère ce dimanche-là, dit Wexford. À l'époque, il travaillait dans un cabinet d'avocat à Sewingbury, et il avait l'habitude d'aller prendre le thé à *La Parcelle du Vainqueur* tous les dimanches. Peut-être espérait-il toucher une part du fric au moment où Mrs Primero est morte — Dieu sait qu'il n'avait pas un radis à l'époque — mais il semblait sincèrement l'aimer. Et d'ailleurs après que nous avions vu le corps et que nous avions envoyé chercher Primero à Sewingbury — il était le parent le plus proche — nous avons dû l'empêcher par la force de s'en prendre physiquement à Painter. J'imagine que sa grand-mère et Alice faisaient grand cas de lui, qu'elles étaient aux petits soins pour lui. Je vous ai dit que Mrs Primero pouvait s'attacher aux gens. Il y avait eu une brouille dans la famille, mais apparemment, on avait laissé les petits-enfants en dehors. Une ou deux fois, Roger avait emmené ses petites sœurs à *La Parcelle du Vainqueur*, et tout le monde s'était très bien entendu.

— Les vieilles gens s'entendent généralement très bien avec les enfants.

— Mais il n'aurait pas fallu que ce soit n'importe quels enfants, Mike. Angela et Isabel, oui. Et puis elle avait un faible pour la jeune Liz Crilling.

Burden posa sa cuillère et regarda fixement l'inspecteur-chef.

— Je croyais que vous m'aviez dit que vous aviez lu tout ça à l'époque ? dit Wexford, d'un air suspicieux. Et ne me dites pas que c'était il y a longtemps. C'est toujours ce que me disent mes clients, et ça me fait voir rouge. Si vous avez lu le compte rendu de ce procès, vous devez vous souvenir que c'est Elisabeth Crilling, qui avait juste cinq ans à l'époque, qui a découvert le corps.

— Je vous assure que je ne me souvenais pas de ça, monsieur.

Ça avait dû paraître le jour où il n'avait pas acheté les journaux, perturbé à l'idée d'un interrogatoire auquel il devait procéder.

— Mais on ne l'a pas vue au procès, bien sûr ?

— Non, pas à cet âge-là — il y a des limites. En outre, bien qu'elle eût vraiment été la première personne à pénétrer dans le salon et à découvrir le corps, sa mère était avec elle.

— Pour faire une petite digression, dit Burden, je ne comprends pas bien cette histoire d'enfants. Mrs Crilling vit là, sur Glebe Road.

Burden se tourna vers la fenêtre et fit un geste de la main en direction de la partie la moins attrayante de Kingsmarkham : de longues rues bordées d'affreuses maisons marron collées les unes aux autres, des maisons brusquement sorties de terre entre les deux guerres.

— Elle et sa fille partagent une petite maison avec d'autres locataires, poursuivit Burden. Elles n'ont pas un penny devant elles...

— Leur niveau de vie a beaucoup baissé, dit Wexford. En septembre 1950, Crilling était encore vivant — il est mort peu après de la tuberculose —, et ils habitaient en face de *La Parcelle du Vainqueur*.

— Dans l'une de ces maisons jumelles blanches ?

— Oui. Une Mrs White et son fils vivaient à côté. Mrs Crilling avait environ trente ans à l'époque, peut-être un peu plus.

— Vous plaisantez, dit Burden, d'un ton moqueur. Ça voudrait dire qu'elle n'aurait même pas la cinquantaine.

— Vous savez Mike, on peut dire ce qu'on veut sur le dur labeur, les grossesses à répétition et tout ça. Mais croyez-moi, il n'y a rien de pire qu'une maladie mentale pour vieillir prématurément une femme. Et vous savez aussi bien que moi que Mrs Crilling fait des séjours en hôpital psychiatrique depuis des années.

Il s'interrompit car leur café arrivait, et il eut une moue critique à la vue de ce liquide marron anémique.

— Vous avez bien dit noir, Monsieur? demanda le serveur.

Wexford émit une espèce de grognement. L'horloge de l'église sonna le troisième quart de l'heure. Tandis que la vibration du carillon s'estompait, il demanda à Burden :

— Est-ce que je fais attendre le pasteur dix minutes?

Burden dit, très neutre :

— C'est vous qui décidez, monsieur. Vous étiez sur le point de me raconter comment Mrs Primero et la femme Crilling étaient devenues amies. Car je suppose qu'elles étaient amies ?

— Sans aucun doute. Mrs Crilling était assez distinguée en ce temps-là, et elle savait s'y prendre avec les gens, dans le style lèche-botte, vous voyez ce que je veux dire. En outre, Crilling avait été comptable ou quelque chose comme ça. Enfin il avait eu une profession suffisamment prestigieuse aux yeux de Mrs Primero pour faire de sa femme une dame. Mrs Crilling passait sans arrêt dire bonjour à *La Parcelle du Vainqueur*, et elle emmenait toujours sa fille. Elles devaient être très proches. Elisabeth appelait Mrs Primero « Granny Rose » comme Roger et ses sœurs.

— Ainsi donc elle est « passée » ce dimanche-là et elle a trouvé Granny Rose morte? risqua Burden.

— Ça ne s'est pas passé aussi simplement que ça. Mrs Crilling avait fait une robe à sa fille. Elle l'avait finie à 6 heures, et l'avait mise à Elisabeth, dans l'intention de l'emmener chez Mrs Primero pour la lui montrer. Avec ça, Mrs Crilling et Alice Flower étaient à couteaux tirés. C'était de la jalousie, une histoire de pouvoir. Aussi Mrs Crilling a-t-elle attendu qu'Alice soit partie pour l'église, et y est-elle allée, seule d'abord, dans l'intention d'amener l'enfant avec elle si Mrs Primero était réveillée — la vieille dame sommeillait une bonne partie de la journée.

» Cette première fois, poursuivit Wexford, — il était environ 6 heures 20 —, Mrs Primero était endormie, et Mrs Crilling n'entra pas. Elle donna juste un petit coup sur la fenêtre du salon. Et comme la vieille dame ne bougea pas, Mrs Crilling retourna chez elle et revint plus tard. Par ailleurs, en regardant dans le salon, elle vit que le seau était vide, et comprit donc que Painter n'était pas encore venu avec le charbon.

— Vous voulez dire que Painter est venu et a commis son forfait entre les deux visites de Mrs Crilling? demanda Burden.

— Elle n'y est pas retournée avant 7 heures. La porte de derrière n'était jamais fermée à clé, pour que Painter puisse entrer, alors elle et sa fille sont arrivées, ont crié « ouh ! ouh ! » ou quelque chose comme ça, puis, n'obtenant pas de réponse, elles sont allées au salon. Elisabeth y est entrée la première — hélas — et voilà.

— Bon sang, la pauvre petite !

— Oui, murmura Wexford, oui... C'est sûr que je préfèrerais passer l'après-midi à évoquer tout ça avec vous, mais il faut vraiment que je voie ce pasteur.

Ils se levèrent de concert. Wexford paya l'addition, et laissa un pourboire de dix pour cent juste, avec une évidente ostentation.

— Je ne vois toujours pas ce que vient faire le pasteur dans tout ça, dit Burden, quand ils furent dans la voiture.

— Ça ne peut pas être un abolitionniste, parce qu'ils ont aboli la peine de mort. Comme je vous l'ai dit, il écrit un livre, il espère en faire un événement, et voilà pourquoi il a dépensé son argent pour s'offrir la transcription du procès.

— Ou bien c'est un acheteur potentiel de *La Parcelle du Vainqueur*. Un type qui achète et revend des maisons hantées.

Une voiture inconnue était garée devant le poste de police. Le numéro d'immatriculation n'était pas de la région, et à côté il y avait une petite plaque en métal sur laquelle était écrit Essex et où étaient frappées les armoiries du pays : trois cimeterres sur fond rouge.

— On va bientôt le savoir, dit Wexford.

3

De faux témoins se dressent contre moi
et disent des mensonges.
Psaume 27.

Dans l'ensemble, Wexford détestait le clergé. Pour lui, le col d'ecclésiastique était comme une auréole qui aurait glissé, dénotant la fausse sainteté, une hypocrisie plus que probable, et une estime de soi éhontée. Selon lui, les pasteurs ne se contentaient pas d'être les délégués de Dieu : la plupart d'entre eux s'attendaient à ce que vous les adoriez comme Dieu lui-même.

Dans son esprit, ils n'étaient pas associés au charme, ni à la beauté. Par conséquent, Henry Archery le surprit. Il ne pouvait pas être beaucoup plus jeune que lui, mais il était resté mince et beau, il portait un costume normal de couleur claire, il avait un col normal, et une cravate. Ses cheveux étaient suffisamment épais et suffisamment blonds pour qu'on ne voie pas ses cheveux blancs, il était bronzé, et ses traits avaient comme une espèce de pureté dans leur régularité.

Pendant les présentations, Wexford remarqua qu'il avait une très belle voix. C'était sans doute un plaisir que de l'entendre lire tout haut. Et tout en lui faisant signe de s'asseoir et en s'asseyant en face de lui, Wexford ricana intérieurement. Il imaginait très bien un groupe de paroissiennes fanées, faisant du zèle pour obtenir en retour — et quelle pitoyable récompense — un sourire de cet homme-là. Mais Archery ne souriait pas et il avait l'air de tout, sauf d'un homme détendu.

— Je connais l'affaire, monsieur l'inspecteur-chef, dit-il. J'ai lu la transcription officielle du procès et j'ai discuté de tout cela avec le colonel Griswold.

— Alors que voulez-vous savoir exactement ? demanda Wexford, abrupt.

Archery prit une profonde inspiration et dit un peu trop vite :

— Je veux que vous disiez que quelque part en vous, il y a un tout petit doute, l'ombre d'un doute, quant à la culpabilité de Painter.

C'était donc ça. Burden, avec ces théories comme quoi le pasteur était un parent des Primero ou cherchait à acheter la maison, n'aurait pu se tromper davantage. Cet homme, quoi que fût le saint pour lequel il prêchât était résolu à blanchir Painter.

Wexford fronça les sourcils, et finit par déclarer :

— Je ne peux pas. C'était Painter, le coupable. (Il serra les mâchoires d'un air buté.) Si vous voulez me citer dans votre livre, ce sera avec plaisir. Vous pourrez dire que seize ans après, Wexford est toujours sûr que Painter était coupable, et cela sans l'ombre d'un doute.

— De quel livre parlez-vous ?

Archery inclina sa jolie tête avec courtoisie. Il avait des yeux marron, et l'air abasourdi. Puis il rit. C'était un rire agréable, et c'était la première fois que Wexford l'entendait.

— Je n'écris pas de livres, dit-il. Enfin, j'ai écrit une fois un chapitre, dans un ouvrage sur les chats abyssins, mais cela ne peut..

Les chats abyssins. Ces horribles chats roux géants, pensa Wexford. Qu'est-ce qu'il va encore me sortir ?

— Pourquoi vous intéressez-vous à Painter, Mr Archery ?

Archery hésita. Le soleil fit apparaître sur son visage des rides que Wexford n'avaient pas vues jusque-là. C'est étrange, songea-t-il, alors que les brunes vieillissent moins vite que les blondes, pour les hommes, c'est le contraire.

— Mes raisons sont tout à fait personnelles, inspecteur. Je ne pense pas qu'elles vous intéresseraient. Mais je puis vous assurer qu'il n'y a aucune chance que ce que vous me dites soit publié.

Bon, il avait promis à Griswold — et en ce sens, il n'avait pas vraiment le choix. De toute façon, ne s'était-il pas déjà résigné à consacrer la majeure partie de l'après-midi à ce pasteur ? La fatigue commençait à se faire sentir. Il aurait dû être capable de raconter l'affaire dans ses moindres détails ; mais en cet après-midi de grande chaleur, il n'était plus capable de rien d'astreignant. Quant aux raisons personnelles — et il s'avoua qu'il avait pour elles une espèce de curiosité puérile — elles apparaîtraient en temps voulu. Le visage de son visiteur avait quelque chose de franc et d'enfantin, le visage de quelqu'un qui ne savait pas garder très longtemps ses secrets.

— Que voulez-vous savoir ? demanda-t-il.

— Pourquoi vous êtes si sûr que Painter était coupable. Évidemment, je suis profane en ce domaine, mais il me semble qu'il y a un certain nombre de points non élucidés en cette affaire. D'autres personnes y étaient impliquées, des personnes qui avaient intérêt à ce que Mrs Primero meure.

Wexford dit, froidement :

— Je suis tout à fait prêt à revoir n'importe quel point avec vous, monsieur.

— Maintenant ?

— Mais certainement. Avez-vous la transcription avec vous ?

Archery sortit le document d'une serviette en cuir toute bosselée. Ses mains étaient longues et fines, mais pas féminines. Elles rappelaient à Wexford les mains des saints, dans ce qu'il appelait les peintures d'église. Pendant à peu près cinq minutes, Wexford parcourut les papiers des yeux, se rafraîchissant la mémoire sur des petits points précis. Puis il les posa sur son bureau et regarda Archery.

— Il faut que nous revenions à ce samedi 23 septembre, dit-il, la veille du meurtre. Painter n'apporta pas le charbon ce soir-là. Les deux vieilles femmes attendirent jusqu'à 8 heures, heure à laquelle le feu était pratiquement éteint. Mrs Primero dit qu'elle allait se coucher. Alice Flower, outrée qu'on ne leur ait pas apporté de charbon, sortit en chercher quelques morceaux.

— C'est là qu'elle s'est blessée à la jambe, dit Archery, avec ardeur.

— Ça n'a pas été une blessure bien grave, mais ça a mis Mrs Primero en colère, et elle l'a reproché à Painter. À 10 heures le lendemain matin, elle a envoyé Alice au garage, dire à Painter qu'elle voulait le voir à 11 heures et demie précises. Il est arrivé dix minutes en retard, Alice l'a introduit au salon, après quoi elle l'a entendu se disputer avec Mrs Primero.

— Cela nous amène au premier point que je désire éclaircir, dit Archery. (Il feuilleta la transcription, et, mettant son doigt au début d'un paragraphe, passa le document à Wexford.) Ceci, comme vous le savez, est la déposition de Painter. Il ne nie pas qu'ils se soient disputés. Il admet que Mrs Primero l'a menacé de le renvoyer. Il dit également ici que Mrs Primero a fini par admettre son point de vue. Elle a refusé de lui donner une augmentation car cela lui mettrait des idées en tête, a-t-elle dit, et il en demanderait une autre d'ici quelques mois. À la place, elle lui a donné ce qu'elle a appelé un bonus.

— Je me souviens parfaitement de tout ça, dit Wexford, avec impatience. Il a dit qu'elle lui avait demandé de monter au premier, et d'aller dans sa chambre chercher son sac, qui était dans la penderie. Il devait lui rapporter ce sac, ce qu'il a fait, a-t-il dit. Il y avait environ deux cents livres dedans, et il aurait effectivement pu prendre cet argent, le considérant comme un bonus, dans la mesure où à partir de ce jour, il apporterait le charbon à l'heure. (Wexford toussa). Mais je n'en ai jamais cru un mot, pas plus que le jury.

— Et pourquoi ? demanda calmement Archery.

Mon Dieu, pensa Wexford, cela risque de durer un certain temps.

— Tout d'abord parce que les escaliers, à *La Parcelle du Vainqueur*, se trouvent entre la cuisine et le salon. Alice Flower était dans la cuisine, en train de préparer le déjeuner. Elle avait l'ouïe particulièrement fine pour son âge, et elle n'a jamais entendu Painter monter ces escaliers. Et croyez-moi, cette brute était lourde. (À ces mots, Archery tressaillit légèrement, mais Wexford continua.) Deuxièmement, jamais Mrs Primero n'aurait envoyé le jardinier à l'étage, fouiller dans sa chambre. À moins que je ne me sois complètement trompé sur elle. Elle aurait envoyé Alice chercher l'argent, sous un prétexte ou sous un autre.

— Elle aurait pu ne pas vouloir qu'Alice fût au courant.

— C'est certain, rétorqua Wexford, sur un ton tranchant. Certain qu'elle n'aurait pas voulu. J'ai dit sous un prétexte ou sous un autre. (Cela fit diminuer d'ardeur le pasteur. Et Wexford poursuivit, sur un ton très confidentiel.) Troisièmement, Mrs Primero avait la réputation d'être assez mesquine. Alice travaillait pour elle depuis un demi-siècle, mais elle ne lui avait jamais rien donné d'autre que ses gages et une livre de plus à Noël. (Il planta son doigt sur la page.) Regardez, elle le dit ici noir sur blanc. Nous savons que Painter voulait de l'argent. La veille au soir, quand il n'avait pas apporté le charbon, il était allé boire avec un copain au *Dragon*. Cet ami avait une moto et il avait proposé à Painter de la lui vendre, pour un peu moins de deux cents livres. Et Painter, qui logiquement n'avait pas la moindre chance d'avoir jamais cet argent, demanda à son copain de garder la moto deux jours, et lui dit qu'il le contacterait dès qu'il se passerait quelque chose. Vous dites qu'il a eu l'argent avant midi, le dimanche. Moi je dis qu'il l'a volé après avoir sauvagement assassiné sa patronne dans la soirée. Si votre version est la bonne, alors pourquoi n'a-t-il pas contacté son ami le dimanche après-midi ? Il y a une cabine téléphonique au bout du chemin. Nous avons interrogé son ami : il n'est pas sorti de chez lui de la journée, et le téléphone n'a pas sonné une seule fois.

Il s'agissait là d'un fait indiscutable, et Archery capitula, ou sembla capituler à son énoncé. Il dit seulement :

— Vous dites, je crois, que Painter est allé fouiller dans la penderie après avoir tué Mrs Primero dans la soirée. Mais il n'y avait pas de sang dans la penderie.

— Pour commencer, il portait des gants en caoutchouc. De toute façon, le dossier de l'accusation stipule qu'il l'a assommée avec le plat de la lame de la hache, qu'il a pris l'argent, qu'il est redescendu et qu'il l'a achevée dans un moment de panique.

Archery eut un léger frisson.

— Ça ne vous a pas paru étrange, dit-il, en admettant que Painter ait pris l'argent, qu'il l'ait avoué aussi facilement ?

— Parfois ils font ça. Ils sont stupides, vous savez, dit Wexford sur un ton moqueur. (Il ne savait toujours pas pourquoi Archery s'intéressait à Painter, mais qu'il fût pro-Painter était évident.) Stupides, répéta-t-il, avec l'intention de piquer le pasteur au vif. (Il fut récompensé par un nouveau tressaillement d'Archery.) Ils pensent que vous allez les croire. Tout ce qu'ils trouvent à dire c'est : « Ça doit être un vagabond, ou un voleur », et ils pensent que vous allez vous en contenter. Painter a raconté ça. Le bon vieux truc du vagabond. Quand est-ce que vous avez vu un vagabond pour la dernière fois ? Il y a plus de seize ans, je parie.

— Revenons au meurtre, dit calmement Archery.

— Mais bien sûr. (Wexford prit à nouveau la transcription, localisant en un clin d'œil l'information dont il avait besoin.) Donc, commença-t-il, Painter a dit qu'il était allé porter le charbon à 6 heures et demie. Il s'est souvenu de l'heure — il avait quitté le garage à 6 heures 25, car sa femme lui avait dit qu'il ne restait que cinq minutes avant qu'elle ne couche la petite fille. Mais l'heure ce n'est pas très important, de toute façon. Nous savons que Mrs Primero a été tuée entre 6 heures vingt et 7 heures. Painter y est allé, il a coupé du bois, et il s'est coupé le doigt. C'est en tout cas ce qu'il a prétendu. Et il s'est sûrement coupé le doigt, mais délibérément.

Archery ignora cette dernière remarque.

— Mrs Primero et lui avaient le même groupe sanguin, dit-il.

— Ils étaient tous les deux du groupe O, dit Wexford. Mais il y a seize ans, on n'était pas aussi précis que maintenant pour déterminer les groupes sanguins. Et ça c'était bien pour Painter. Mais ça ne l'a pas du tout servi.

Le pasteur croisa les jambes et s'appuya à nouveau contre le dossier de sa chaise. Wexford voyait bien qu'il essayait de paraître détendu, et qu'il n'y arrivait pas.

— Je pense que vous êtes allé interroger Painter vous-même, après que le crime eut été découvert ? demanda-t-il.

— Nous étions chez Painter à 8 heures moins le quart. Il était sorti. J'ai demandé à Mrs Painter où il était et elle m'a dit qu'il était revenu de la grande maison aux alentours de 6 heures et demie, qu'il s'était lavé les mains, et qu'il était ressorti aussitôt après. Il lui avait dit qu'il allait voir son ami à Stowerton. Nous n'étions là que depuis dix minutes quand il est arrivé. Son histoire ne tenait pas, il y avait beaucoup trop de sang partout pour que ça puisse venir d'une coupure au doigt — et vous savez la suite. Tout est là. Je l'ai inculpé sur le champ.

La transcription bougeait un peu dans les mains d'Archery. Il n'arrivait pas à garder ses doigts dessus au même endroit.

— Dans sa déposition, dit-il, parlant lentement et d'une voix égale, Painter a dit qu'il n'était pas allé à Stowerton. « J'ai attendu le car au bout du chemin, mais il n'est pas passé. J'ai vu les voitures de police tourner dans le chemin et je me suis demandé ce qu'il y avait. À ce moment-là, je me sentais un peu faible, car mon doigt saignait beaucoup. Je suis revenu chez moi. J'ai pensé que ma femme saurait ce qui se passait. » (Après un moment de silence, il ajouta, avec une espèce d'ardeur plaintive.) Cela ne ressemble pas à la parfaite brute que vous me présentez.

Wexford lui répondit avec patience, comme s'il s'adressait à un adolescent précoce.

— Ils récrivent ces choses, Mr Archery. Ils les condensent, ils en font des récits cohérents. Croyez-moi. Vous n'étiez pas au tribunal, mais moi j'y étais. Quant à la véracité de ses dires, j'étais dans l'une de ces voitures de police. Nous avons doublé le car de Stowerton, puis nous avons tourné dans le chemin. Il n'y avait personne qui attendait le car.

— Vous voulez dire, j'imagine, qu'au lieu d'être à l'arrêt du car, il était en fait en train de cacher des vêtements.

— Évidemment qu'il était en train de cacher ses vêtements ! Quand il travaillait, il portait généralement un imperméable. Vous pourrez vérifier, dans les dépositions de Mrs Crilling et d'Alice. Parfois il était accroché dans le garage, et d'autres fois à une patère, derrière la porte de *La Parcelle du Vainqueur*. Painter a dit qu'il portait son imperméable ce soir-là, et qu'il l'avait laissé accroché à la patère. Mais on n'a jamais pu trouver cet imper. Alice et Roger Primero ont dit qu'ils se souvenaient l'avoir vu accroché à la patère cet après-midi-là, mais Mrs Crilling a affirmé qu'il n'y était pas quand elle a amené Elisabeth à 7 heures.

— Vous avez finalement retrouvé l'imper roulé en boule sous une haie, deux champs plus loin que l'arrêt de car.

— L'imperméable, et un pull-over, répliqua Wexford, plus une paire de gants en caoutchouc. Le tout trempé de sang.

— Mais n'importe qui aurait pu porter cet imper, et vous n'avez jamais pu savoir à qui appartenait le pull-over.

— Alice Flower a tout de même dit qu'il ressemblait à un pull que portait parfois Painter.

Archery poussa un profond soupir. Pendant un moment, il avait bombardé Wexford de questions et d'affirmations, mais maintenant il était silencieux. Son visage exprimait un peu plus que de l'indécision. Wexford attendait. Archery en était enfin arrivé au point, se dit l'inspecteur, où il allait devenir nécessaire de révéler ses « raisons personnelles. » Un combat se livrait en lui et il dit, sur un ton affecté :

— Et la femme de Painter ?

— On ne peut pas forcer une femme à déposer contre son mari. Comme vous le savez, elle n'est pas venue au procès. Elle est partie avec son enfant, et deux ans plus tard, j'ai entendu dire qu'elle s'était remariée.

Il regarda fixement Archery, en haussant les sourcils. Quelque chose dans ce qu'il avait dit avait décidé le pasteur. Une légère rougeur était apparue sous le bronzage régulier d'Archery. Les yeux marron étaient très brillants quand il se pencha en avant, à nouveau tendu :

— Cette enfant...

— Eh bien quoi ? Elle dormait dans son petit lit, quand nous avons fouillé dans la chambre de Painter, et c'est la seule fois où je l'ai vue. Elle avait quatre ou cinq ans.

Archery dit, d'une voix saccadée :

— Elle en a vingt et un maintenant, et c'est une très belle jeune fille.

— Ça ne m'étonne pas. Painter était assez beau garçon, dans le genre, et Mrs Painter était jolie.

Wexford s'interrompit. Archery était pasteur. La fille de Painter aurait-elle hérité de son père, serait-elle devenue délinquante, et le pasteur s'en occuperait-il d'une manière ou d'une autre ? Archery pouvait très bien faire des visites dans les prisons, c'était tout à fait son genre, songea Wexford, avec déplaisir. Il sentit la colère monter en lui et il se demanda si Archery n'avait pas manigancé cette espèce de joute oratoire, simplement parce qu'il avait besoin de son aide dans la juste approche psychologique d'une femme reconnue coupable de vol ou d'escroquerie.

— Pourquoi parlez-vous d'elle? dit Wexford d'un ton sec. (Que Griswold aille au diable !) Maintenant expliquez-vous, monsieur. Vous feriez mieux de tout me dire, qu'on en finisse.

— J'ai un fils, inspecteur, un fils unique. Il a également vingt et un ans...

— Eh bien?

Visiblement, le pasteur avait du mal à construire ses phrases. Il hésitait, pressait ses longues mains l'une contre l'autre. Finalement il dit, tout bas, et avec timidité :

— Il désire épouser miss Painter. (Comme Wexford allait parler et le regardait fixement, il ajouta :) Ou miss Kershaw, ce qui est désormais son nom légal.

Wexford nageait complètement. Il était ahuri, ce qui lui arrivait rarement, et il ressentait une vive excitation. Mais il avait montré toute la surprise qu'il pouvait se permettre de montrer en tant que flic.

— Il faut que vous m'excusiez, Mr Archery, mais je ne vois pas comment votre fils, le fils d'un pasteur anglican, a pu être amené à rencontrer une fille de la condition de miss Painter — euh, miss Kershaw.

— Ils se sont rencontrés à Oxford, dit-il, très naturellement.

— À l'université ?

— Parfaitement. Miss Kershaw est une jeune fille très intelligente. Elle étudie les *Classiques Modernes*. (Archery eut un léger sourire.) Elle a toutes les chances d'avoir sa licence, à ce qu'on m'a dit.

4

Si quelqu'un d'entre vous connaît un obstacle ou une juste cause qui empêche d'unir ces deux personnes par les liens du mariage, qu'il parle.

Les Bans du Mariage.

Si on lui avait demandé de prédire l'avenir de Theresa Painter, qu'aurait-il dit ? Les enfants comme elle, songea Wexford, après avoir surmonté le choc, commencent leur vie avec un handicap, une tache. Le parent qui reste, les membres d'une famille bien intentionnée, et des camarades de classe cruels, rendent souvent la situation bien pire encore. Jusqu'ici, Wexford n'avait jamais pensé au destin de cette enfant. À présent, en y réfléchissant, il se dit qu'il l'aurait déjà jugée heureuse d'être devenue ouvrière, avec peut-être un léger casier judiciaire.

Mais au lieu de ça, Theresa Painter avait apparemment bénéficié de tous les bienfaits de la civilisation : l'intelligence, une éducation supérieure, la beauté, l'amitié de gens tels que ce pasteur, la promesse d'épouser son fils.

Wexford repensa à la première de ses trois rencontres avec Mrs Painter, ce dimanche de septembre, à 9 heures moins le quart. Accompagné d'un sergent, il avait frappé à la porte, au pied de l'escalier du garage, et Mrs Painter était descendue leur ouvrir. Quelle qu'ait pu être la coiffure à la mode à Londres à cette époque, les jeunes femmes de Kingsmarkham avaient encore un chignon au-dessus du front et des boucles serrées tombant sur les épaules. Mrs Painter n'était pas une exception. Ses cheveux étaient blonds, et c'était leur couleur naturelle. Son visage était poudré, elle avait un peu de rouge à lèvres. En province, en 1950, les mères de famille respectables ne se maquillaient pas encore les yeux, et Mrs Painter était avant tout respectable. C'était d'ailleurs son seul trait distinctif. Sur sa peau sèche et fine, des rides avaient déjà commencé à se former, de très légers sillons trahissant le fait qu'elle avait l'habitude de pincer les lèvres avec pruderie, et une façon d'avancer le menton avec un mouvement vif et outré.

Avec la police, elle avait l'attitude que d'autres auraient eu avec des insectes ou des souris. Elle ne cessa de leur dire, entre chacune de ses réponses à leurs questions, que c'était une honte que les avoir chez elle. Jamais Wexford n'avait vu un regard bleu plus inexpressif et plus borné. À aucun moment, même quand ils furent sur le point d'emmener Painter, elle ne montra une once de pitié ni d'horreur, mais toujours cette fixation épouvantée : qu'allaient penser les gens quand ils sauraient que la police avait interrogé son mari ?

Peut-être n'était-elle pas aussi stupide qu'il l'avait cru. Quelque part dans cette jolie et respectable petite souris et dans ce monstrueux échantillon de sous-humanité — son mari —, avait dû se cacher la source où leur fille avait puisé son intelligence. « Une fille très intelligente », avait dit Archery, avec désinvolture. Mon Dieu, pensa Wexford, en se souvenant comme il avait fanfaronné quand sa fille avait eu son bac. Mon Dieu ! Qu'étaient les *Classiques modernes*, de toute façon ? Wexford avait idée qu'il s'agissait là du nom ésotérique et délibérément trompeur de la philosophie et de l'économie politique. Mais il ne laisserait rien soupçonner de son ignorance à Archery. La philosophie ! Il faillit siffler. La fille de Painter étudiant — oui, c'était le mot, étudiant — la philosophie ! Ça faisait réfléchir. Ça faisait même douter...

— Mr Archery, dit-il, êtes-vous tout à fait sûr qu'il s'agisse de la fille de Painter ?

— Bien entendu, inspecteur. Elle me l'a dit. (Il regarda Wexford d'un air de défi. Peut-être pensait-il que le policier allait rire de ce qu'il allait dire.) Elle est aussi bonne que belle, dit-il. (Wexford demeura impassible). Elle est venue nous voir à Whitsun. C'était la première fois qu'on la voyait, bien que notre fils nous ait parlé d'elle dans ses lettres. Elle nous a plu tout de suite.

» Inspecteur, poursuivit le pasteur, les temps ont changé depuis l'époque où j'allais à l'université. Je devais envisager le fait que mon fils pouvait rencontrer une fille à Oxford et vouloir l'épouser, à un âge où moi je me considérais encore comme un gamin et où j'étais loin de rentrer dans les ordres. J'ai vu les enfants de mes amis se marier à vingt et un ans, et j'étais prêt à l'aider à s'installer. Tout ce que j'espérais, c'était que la jeune fille serait quelqu'un que nous pourrions aimer et comprendre.

» Miss Kershaw, dit-il, — j'utiliserai ce nom si ça ne vous ennuie pas — est exactement la femme que j'aurais choisie pour moi : belle, gracieuse, bien élevée, intéressante. Cela dit, elle ne fait rien pour se mettre en valeur, avec ses cheveux longs et emmêlés, son jean, son grand duffel-coat noir. Enfin, l'uniforme des jeunes d'aujourd'hui, quoi. Eh bien même comme ça, elle est belle. Ma femme, dit-il, est assez impulsive. Et elle parlait de ce mariage avant même que Theresa ne vienne nous voir. Moi, je trouvais ça étrange que les jeunes n'en parlent pas. Les lettres de Charles n'étaient que louanges, et je voyais bien qu'ils étaient profondément épris. Puis elle nous l'a dit, et d'une manière assez abrupte. Elle a dit, je me souviens exactement des mots qu'elle a employés : « Je pense qu'il y a quelque chose que vous devez savoir me concernant, Mr Archery. Mon père s'appelait Painter et il a été pendu pour avoir tué une vieille dame. »

» Tout d'abord, ma femme ne l'a pas crue. Elle a pensé qu'il s'agissait d'une espèce de jeu, poursuivit le pasteur. Puis Charles a dit : "C'est vrai. Et ça n'a pas d'importance. Les gens sont ce qu'ils sont, pas ce que leurs parents ont fait." Alors Theresa — nous l'appelons Tess — a dit : « Cela aurait de l'importance s'il était coupable. Mais il ne l'est pas. Je vous ai dit pourquoi il avait été pendu. Je ne voulais pas dire qu'il était coupable. » Puis elle s'est mise à pleurer.

— Pourquoi se fait-elle appeler Kershaw ?

— C'est le nom de son beau-père. Qui doit être un homme tout à fait remarquable, inspecteur. Il est ingénieur en électronique, mais... (Vous auriez pu m'épargner ces détails techniques, pensa Wexford, avec humeur.) ... c'est sans doute quelqu'un d'intelligent, de fin, et de gentil. Les Kershaw ont deux enfants à eux, mais d'après ce que j'ai cru comprenne, Mr Kershaw a aimé Tess comme sa propre fille... Elle dit que c'est son amour qui l'a aidée à supporter le poids du crime de son père. Il a suivi ses progrès scolaires et il l'a encouragée à obtenir une bourse pour entrer à l'université.

— Vous avez parlé du « poids du crime de son père ». Pourtant elle le croit innocent.

— Mon cher inspecteur, elle « sait » qu'il est innocent.

Alors Wexford déclara, posément :

— Mr Archery, je n'ai pas besoin de préciser à un homme comme vous que si quelqu'un dit « je le sais », cela signifie qu'il s'agit d'un fait. Un fait que tout le monde connaît.

» Or moi, poursuivit-il, les juges siégeant à la Chambre des Lords et les archives officielles, savons, sans l'ombre d'un doute, que Painter a vraiment tué Mrs Rose Primero. (Wexford haussa les sourcils et sourit.) Les gens croient ce qu'ils ont envie de croire. La mère a pensé que c'était mieux ainsi pour sa fille. Si j'avais été à sa place, j'imagine que j'aurais fait pareil.

— Je ne crois pas que ce soit ça, dit Archery, avec entêtement. Tess dit que sa mère n'est pas du tout une femme émotive. Elle ne parle jamais de Painter. Elle dit seulement, avec un grand calme : « Ton père n'a jamais tué personne. » Mais elle ne dit jamais rien de plus.

— Parce qu'elle ne peut rien dire d'autre. Écoutez, monsieur, je crois que vous avez une vision plutôt romantique des choses. Vous voyez les Painter comme un couple de gens dévoués l'un à l'autre, comme des paysans, toujours de bonne humeur, une chaumière, un cœur... Mais ce n'était pas ça du tout. Croyez-moi, Painter n'a pas été une grande perte pour sa femme. Je suis certain qu'il la battait. Pour lui, elle n'était que sa femme, donc quelqu'un qui faisait la cuisine, la lessive, et puis, ajouta-t-il sans ménagement, quelqu'un avec qui il couchait.

Archery dit, froidement :

— Je ne vois rien là-dedans qui constitue une preuve matérielle.

— Vous ne voyez rien ? Vous imaginez une espèce de déclaration d'innocence, étayée par une preuve indéniable, faite à la personne qu'il aimait ? Pardonnez-moi, mais c'est vraiment n'importe quoi. Hormis les quelques minutes durant lesquelles il est revenu chez lui pour se laver les mains — et incidemment pour cacher l'argent —, il ne s'est jamais trouvé seul avec elle. Et puis il n'aurait pas pu le lui dire pendant ces quelques minutes. Il n'était pas censé le savoir. Vous me suivez ? Il aurait pu lui dire qu'il avait tué, mais il n'aurait pas pu lui dire qu'il n'avait *pas* tué.

» Puis nous sommes arrivés, poursuivit Wexford. Nous avons trouvé des toutes petites taches de sang dans l'évier, de légères traces rougeâtres sur le mur de la cuisine, à l'endroit où il avait enlevé ce pull-over. Dès qu'il est revenu, il a enlevé le bandage de sa main pour nous montrer la coupure, puis il l'a donné à sa femme, sans un mot, sans même chercher le moindre réconfort auprès d'elle. Il n'a fait référence à elle qu'une fois...

— Oui ?

— Nous avons trouvé le sac sous le matelas, avec l'argent dedans. Pourquoi Painter n'avait-il rien dit à sa femme si on lui avait donné cet argent le matin ? C'est là, regardez dans votre transcription. « Je savais que ma femme voudrait mettre la main dessus. Elle n'arrêtait pas de me harceler pour que j'achète des choses pour la maison. » C'est tout ce qu'il a dit, et il ne l'a même pas regardée. Nous l'avons inculpé et il a dit : « O.K., mais vous faites une grosse erreur. C'est un vagabond qui a fait ça. » Puis il a descendu l'escalier avec nous, directement. Il n'a pas embrassé sa femme, ni demandé à voir son enfant.

— Elle a dû aller le voir en prison ?

— Oui, mais en présence d'un gardien. Écoutez, monsieur, vous paraissez sûr de vous, nous aussi. Et c'est là le plus important. Maintenant vous m'excuserez, mais je ne peux me ranger à votre avis.

Sans rien dire, Archery sortit une photo de son portefeuille et la posa sur la table. Wexford la prit. Apparemment, cette photo avait été prise dans le jardin du presbytère. Il y avait un grand magnolia en arrière plan, aussi haut que la maison, qu'il cachait partiellement. Il était couvert de fleurs d'un blanc cireux, qui ressemblaient à des tulipes. Sous le magnolia se tenaient un garçon et fille, enlacés. Le garçon était grand et blond, le fils d'Archery manifestement. Mais il n'intéressait pas particulièrement Wexford.

La jeune fille avait un visage serein et un peu triste. Elle fixait l'objectif d'un regard franc. Ses cheveux étaient clairs, avec une frange, et retombaient sur les épaules de la robe-chemisier typique de l'étudiante : délavée, serrée à la taille, froissée. Elle avait la taille fine et le buste opulent. Wexford revit la mère, sauf que cette fille tenait la main d'un garçon au lieu d'un chiffon sanglant.

— Tout à fait charmant, dit-il, très sèchement. J'espère qu'elle rendra votre fils heureux. (Il rendit la photo à Archery.) Il n'y a aucune raison pour qu'elle ne le rende pas heureux.

Un mélange d'émotions : colère, douleur, ressentiment, traversèrent le regard du pasteur. Wexford le regarda, intéressé.

— Je ne sais pas quoi, ni qui croire, dit Archery, l'air malheureux. Et tant que je resterai dans l'incertitude, inspecteur, je ne pourrai me prononcer en faveur de ce mariage. Non, c'est exprimer les choses d'une manière trop tiède. (Il secoua la tête avec véhémence.) Je suis contre, en fait je suis farouchement contre.

— Et la jeune fille, la fille de Painter ?

— Elle croit en l'innocence de son père, ou du moins elle accepte l'idée qu'il est innocent, mais elle comprend que d'autres pensent le contraire. Et je ne crois pas qu'elle épousera mon fils tant que ma femme et moi serons dans cet état d'esprit.

— De quoi avez-vous peur, Mr Archery ?

— De l'hérédité.

— C'est un risque l'hérédité, certes.

— Vous avez des enfants, inspecteur ?

— J'ai deux filles.

— Elles sont mariées ?

— L'une des deux, oui.

— Et que fait son beau-père ?

Pour la première fois, Wexford se sentit supérieur à ce pasteur. Une espèce de joie le posséda.

— Il est architecte, conseiller municipal conservateur, ici, à Kingsmarkham.

— Je vois. (Archery inclina la tête.) Et vos petits-enfants font déjà des maisons avec des briques en bois ?

Wexford ne répondit pas. Le seul indice de l'existence de son premier petit-enfant, c'était le mal de cœur qu'avait sa mère, le matin.

— Moi, il faudra que je surveille les miens dès le berceau, m'attendant à ce qu'ils soient attirés par les objets tranchants.

— Vous disiez que si vous étiez contre, elle ne l'épouserait pas.

— Ils sont amoureux l'un de l'autre. Je ne peux pas...

— Qui le saura ? Vous n'aurez qu'à dire que Kershaw est son père.

— Moi je le saurai, dit Archery. Déjà, quand je la regarde, je vois Painter. Au lieu de voir la bouche et les yeux de Tess, ce sont les lèvres épaisses de Painter qui m'apparaissent, et sa soif de sang. C'est le même sang, inspecteur, le sang qui s'est mêlé à celui de Mrs Primero sur le sol, les vêtements, les tuyaux. Et ce sang-là coulera dans les veines de mes petits-enfants.

Il sembla s'apercevoir qu'il s'était laissé emporter, car il s'arrêta brusquement, rougit, et ferma brièvement les yeux, comme s'il tressaillait à la vue de ce qu'il avait décrit.

Wexford lui dit, gentiment :

— Je voudrais pouvoir vous aider, Mr Archery, mais l'affaire est classée, finie, terminée. Je ne peux rien faire de plus.

Archery haussa les épaules, et cita tout bas : « Il a pris de l'eau et s'est lavé les mains devant la foule, en disant : Je suis innocent, ce n'est pas moi qui ai fait couler le sang de ce juste... » Sur ce Archery se leva d'un bond, l'air soudain contrit.

— Pardonnez-moi, inspecteur. C'était affreux de dire ça. Puis-je vous dire ce que j'ai l'intention de faire ?

— Voilà, Ponce Pilate, c'est moi, dit Wexford. Aussi voyez à me témoigner plus de respect à l'avenir.

Burden sourit.

— Qu'est-ce qu'il voulait exactement, monsieur ?

— Tout d'abord que je lui dise que Painter avait été injustement exécuté, ce que je ne peux pas faire. Bon Dieu, ça reviendrait à dire que je ne connaissais pas mon métier. Ç'a été ma première affaire criminelle, Mike, et une chance pour moi que ç'ait été aussi simple. Archery veut faire sa petite enquête. C'est sans espoir après seize ans, mais ça ne sert à rien de le lui dire. Et puis il voulait mon accord pour retrouver tous les témoins. Et mon soutien, si jamais ils viennent se plaindre ici.

— Et la seule chose sur laquelle il puisse s'appuyer, dit Burden, pensif, c'est la conviction romantique qu'a Mrs Painter de l'innocence de son mari.

— Oh, ça ne compte pas, ça ! Ce n'est rien que des bêtises. Si on vous pendait, est-ce que Jean ne dirait pas à John et à Pat que vous étiez innocent ? Et ma femme ne le dirait-elle pas aux filles ? C'est normal. Painter n'a fait aucun aveu de dernière minute, et vous savez combien les autorités pénitentiaires sont attentives à ce genre de choses. Non, elle s'est simplement convaincue qu'il était innocent.

— Archery l'a-t-il déjà rencontrée ?

— Pas encore, non, mais il va y aller. Elle vit à Purley, avec son deuxième mari, et Archery s'est fait inviter pour le thé.

— Vous dites que la jeune fille lui a avoué tout ça à Whitsun. Alors pourquoi a-t-il attendu si longtemps ? Ça doit faire au moins deux trois mois.

— Je lui ai posé la question. Il a dit que pendant les deux premières semaines, ils ont laissé courir, avec sa femme. Ils pensaient que leur fils se ferait une raison. Mais il n'a rien voulu savoir. Il a insisté pour que son père se procure une copie de la transcription du procès, et il l'a harcelé pour qu'il convainque Griswold de l'aider. Bien entendu c'est un enfant unique, et il est trop gâté. Le résultat, c'est qu'Archery lui a promis d'aller faire sa petite enquête dès qu'il serait en vacances.

— Alors il va revenir ?

— Ça dépendra de Mrs Painter, dit Wexford.

5

... Qu'ils puissent voir leurs enfants élevés dans la vertu de la foi chrétienne.

La Consécration du Mariage.

La maison de Kershaw était à un peu plus d'un kilomètre du centre ville, séparée des magasins, de la station-service, du cinéma et des églises par des milliers d'autres grandes villas de banlieue. Car la maison du 20, Craig Hill, était grande, de style classique sans conviction, en brique rouge fraise. Dans le jardin il y avait des plantes à floraison annuelle, sur la pelouse il n'y avait pas de trèfles, et sur les rosiers, on avait coupé les boutons morts. Dans l'allée bétonnée, un garçon d'une douzaine d'années était en train de laver une grosse Ford blanche.

Archery gara sa voiture au bord du trottoir. Contrairement à Wexford, il n'avait pas encore vu le garage de *La Parcelle du Vainqueur*, mais il en avait lu la description, et il lui sembla que Mrs Kershaw s'était plutôt élevée dans l'échelle sociale. En sortant de la voiture, il sentit de la sueur sur son front et sur sa lèvre supérieure. Il se dit qu'il faisait anormalement chaud et qu'il avait toujours été sensible à la chaleur.

— C'est bien la maison de Mr Kershaw? demanda-t-il au garçon.

— Oui.

Il ressemblait beaucoup à Tess, mais ses cheveux étaient plus clairs et son nez constellé de taches de rousseur.

— La porte est ouverte, dit-il. Vous voulez que je l'appelle?

— Mon nom est Archery, dit le pasteur, et il tendit la main au garçon.

Celui-ci s'essuya les mains sur son jean.

— Bonjour, dit-il.

Un petit homme tout maigre descendit les marches du perron. L'air chaud et lumineux semblait être suspendu entre eux. Archery s'efforça de ne pas se sentir déçu. À quoi s'était-il attendu? Certainement pas à quelqu'un d'aussi petit, d'aussi desséché, d'aussi inachevé que cette créature efflanquée en pantalon de flanelle, en chemise, et sans cravate. Puis Kershaw sourit et les années volèrent en éclats. Ses yeux étaient d'un bleu infiniment lumineux et ses dents inégales, blanches et bien brossées.

— Enchanté.

— De même, Mr Archery. Je suis très heureux de faire votre connaissance. En fait, j'étais assis près de la fenêtre, et je guettais votre arrivée.

En présence de cet homme, il était impossible de ne pas ressentir de l'espoir, presque de la joie. Archery détecta d'emblée une qualité rare chez lui, une qualité sur laquelle il n'était tombé que cinq ou six fois dans sa vie : cet homme s'intéressait à tout. Cet homme rayonnait d'enthousiasme et d'énergie. Un jour d'hiver, il aurait réchauffé l'air. Et par cette chaleur, sa vitalité était inchangée.

— Entrez, que je vous présente ma femme.

Sa voix était un souffle chaud, une voix à l'accent cockney qui évoquait les « fish and chips » et les pubs de l'East End. Tout en le suivant dans le vestibule lambrissé, Archery se demanda quel âge il pouvait bien avoir. Peut-être pas plus de quarante-cinq ans. Son dynamisme, sa passion de la vie, et le manque de sommeil car le sommeil c'était du temps perdu, pouvaient lui avoir enlevé sa jeunesse en un rien de temps.

— Nous voilà au salon, dit-il, en ouvrant une porte vitrée. C'est ce que j'aime, les jours comme aujourd'hui : m'asseoir près des portes-fenêtres quand je rentre de travailler, et regarder le jardin. Là, on comprend que le lent travail de l'hiver n'était pas inutile.

— « S'asseoir à l'ombre et admirer la verdure ? »

À peine Archery avait-il prononcé ces mots qu'il le regretta. Il ne voulait pas mettre cet ingénieur de banlieue mal à l'aise.

Kershaw lui lança un rapide coup d'œil. Puis il sourit et dit, tranquillement :

— Miss Austen savait vraiment de quoi elle parlait, n'est-ce pas ?

Archery en resta sans voix. Il entra dans la pièce et tendit la main à la femmc qui venait de se lever d'un fauteuil.

— Ma femme. C'est Mr Archery, Renee.

— Enchanté.

Irene Kershaw ne répondit rien. Elle tendit la main à Archery, et eut un sourire réservé. Son visage était celui qu'aurait Tess quand le temps l'aurait durci et lui aurait tout ravi. Dans sa jeunesse, elle avait été blonde. Et maintenant ses cheveux, qu'elle avait de toute évidence arrangés aujourd'hui — peut-être en son honneur — étaient teints en brun terne, et figés en petites mèches ressemblant à des plumes, sur le front et autour des oreilles.

— Asseyez-vous, Mr Archery, dit Kershaw. Le thé sera bientôt prêt. La bouilloire est sur le feu, n'est-ce pas, Renee ?

Archery s'assit dans un fauteuil, près de la fenêtre. Le jardin de Kershaw était rempli de roses écloses sur des pergolas, d'éruptions de rocailles et de pierres où trônaient des géraniums. Il jeta un rapide coup d'œil dans la pièce, impeccablement entretenue, malgré le nombre considérable de choses qu'elle contenait. Les livres abondaient : des dizaines de numéros du *Reader's Digest*, des encyclopédies, des dictionnaires, des ouvrages sur l'astronomie, la pêche sous-marine, l'histoire. Il y avait un aquarium avec des poissons tropicaux sur une table d'angle, plusieurs modèles réduits d'avions sur le dessus de la cheminée. Des piles de partitions recouvraient le grand piano, et sur un chevalet, on pouvait voir le portrait inachevé d'une jeune fille. C'était une grande pièce, meublée d'une manière conventionnelle : tapis Wilton, canapés en chintz, mais elle reflétait la personnalité du maître de maison.

— Nous avons eu le plaisir de rencontrer votre Charlie, dit Kershaw. Un gentil garçon sans prétention. Il m'a bien plu, Charlie !

Archery demeura parfaitement immobile, essayant de ne pas se sentir offensé. Après tout, cela ne remettait nullement en question le fait qu'il soit un bon parti ou non.

Et brusquement Renee Kershaw parla :

— Nous l'aimons tous beaucoup, dit-elle. (Elle avait exactement le même accent que Wexford.) Mais je ne sais pas comment ils ont l'intention de faire, pour s'installer, tout est si cher, et Charles n'a même pas un travail en vue...

Archery était stupéfait. S'inquiétait-elle vraiment de ce genre de détails sans intérêt ? Il commençait à se demander comment il allait aborder le sujet qui l'avait fait venir à Purley.

— Je veux dire, où vont-ils vivre ? dit-elle l'air compassé. Ce ne sont encore que des bébés. Je veux dire, il vous faut une maison à vous, non ? Il faut que vous obteniez un crédit et...

— Je crois que j'entends la bouilloire, Renee, dit son mari.

Elle se leva, en appuyant sur sa jupe pour cacher ses genoux. C'était une jupe très province, une jupe aux plis définitifs, avec des bandes de bleu muet et de rose éteint, une jupe d'une respectabilité asexuée et sans vie. Avec, elle portait un pull-over rose sans manches, et autour du cou, un unique rang de perles de culture. Si « de culture » signifiait entretenues et soignées, alors Archery n'avait jamais vu des perles aussi ostensiblement « de culture ». Il aurait juré qu'elle les enveloppait, dans un tissu chaque soir, puis qu'elle les mettait à l'abri dans le noir. Mrs Kershaw sentait le talc, il en restait d'ailleurs un peu dans les rides de son cou.

— C'est peut-être un peu prématuré de parler de crédit, dit Kershaw, quand elle fut partie. (Archery eut un sourire désabusé.) Je sais bien, Mr Archery, que vous n'êtes pas venu ici juste pour faire connaissance autour d'une tasse de thé.

— Je ne pensais pas que ce serait si difficile.

Kershaw ricana.

— Je l'imagine, oui. Je peux vous dire tout ce que vous voulez sur le père de Tess, des choses qui n'ont pas été dites au procès, et qui n'étaient pas dans les journaux de l'époque.

— Mais sa mère?

— Vous pouvez essayer. Dans des périodes comme celle-ci, les femmes voient tout à travers un nuage de fleurs d'orangers. L'idée que Tess suive des études ne l'a jamais enthousiasmée. Elle veut la voir mariée, et elle fera de son mieux pour que rien ne l'en empêche.

— Et vous, qu'est-ce que vous voulez?

— Moi? Je veux la voir heureuse. Et le bonheur ne commence pas nécessairement devant l'autel. (Soudain il était emporté et direct.) Très franchement, Mr Archery, je ne suis pas sûr qu'elle puisse être heureuse avec un homme qui la soupçonne d'avoir des tendances criminelles avant même qu'elle lui soit fiancée.

— Mais ce n'est pas du tout ça! (Archery ne s'était pas attendu à ce que son interlocuteur l'oblige à se justifier.) Mon fils trouve votre belle-fille parfaite. Je fais une enquête Mr Kershaw, c'est tout. Mon fils le sait, et il m'approuve, mais il ne sait pas que je suis ici. Mettez-vous à ma place...

— Mais j'ai été votre place. Tess n'avait que six ans, quand j'ai épousé sa mère. (Il jeta un rapide coup d'œil vers la porte, puis se pencha vers Archery.) Vous croyez que je ne l'ai pas épiée, que je n'ai pas guetté l'attitude suspecte? Quand ma propre fille est née, Tess était très jalouse. Elle détestait le bébé, et un jour je l'ai trouvée penchée sur le berceau de Jill, en train de la frapper à la tête avec un jouet en celluloïd. Heureusement que c'était un jouet en celluloïd.

— Mon Dieu... ! (Archery se sentit pâlir.)

— Que pouvais-je faire? Il fallait que j'aille travailler et que je laisse les enfants. Je devais faire confiance à ma femme. Puis nous avons eu un fils, vous l'avez vu, je crois, en arrivant, et Jill l'a détesté exactement de la même façon et avec la même violence. Tous les enfants sont comme ça, c'est normal.

— Vous n'avez jamais plus repéré ces tendances euh...

— Des tendances? Ce n'est pas l'hérédité qui forge une personnalité Mr Archery, mais le milieu. J'ai voulu que Tess ait le meilleur environnement possible, et je crois que je peux dire, sans manquer de modestie, qu'elle l'a eu.

Le jardin miroitait dans la brume de chaleur. Archery vit des choses qu'il n'avait pas remarquées tout de suite : des lignes de craie sur la pelouse délimitant un court de tennis, un fourbi de clapiers accrochés au mur du garage, une vieille balançoire. Derrière lui, sur le dessus de la cheminée, il vit deux invitations à des soirées, debout contre des bibelots. Et sur une photo encadrée, trois enfants vautrés sur une meule de foin. Oui, ç'avait été là le meilleur environnement possible pour la fille de l'assassin.

La porte s'ouvrit, et la fille du portrait entra en poussant une table roulante avec le thé. Archery, qui avait trop chaud et qui était trop perturbé pour avoir faim, vit avec consternation qu'il y avait des gâteaux faits maison et des fraises dans des coupes en verre. La jeune fille devait avoir dans les quatorze ans. Elle n'était pas aussi belle que Tess. Elle portait l'uniforme de son école — une robe chasuble. Elle irradiait la vie, comme son père.

— C'est Jill, ma fille.

Jill s'affala sur une chaise, exposant l'essentiel de ses longues jambes.

— Assieds-toi correctement, chérie, dit Mrs Kershaw d'un ton sec.

Elle lança un regard sévère à sa fille et commença à servir le thé.

— Elles ne se rendent pas compte qu'aujourd'hui, à treize ans, elles sont des femmes, Mr Archery. (Archery était gêné, mais l'adolescente avait l'air parfaitement au-dessus de tout ça. Il faut que vous preniez un gâteau. C'est Jill qui les a faits. (À contrecœur, il prit une pâtisserie.) Vous savez, j'ai toujours dit à mes filles qu'évidemment les études c'est bien, mais l'algèbre ça ne sert plus à grand-chose quand il s'agit de préparer le dîner. Tess et Jill sont toutes les deux des filles très simples en fait, d'excellentes cuisinières, de...

— Maman ! Je ne suis pas une fille très simple. Et Tess non plus.

— Tu sais très bien ce que je veux dire. Et arrête de me reprendre tout le temps. Quand elles se marieront, leur mari pourra inviter qui il veut à dîner.

— Voici mon patron, chérie, dit Jill, avec effronterie, veux-tu en couper une tranche et la mettre sur le gril ?

Kershaw éclata de sire. Puis il prit la main de sa femme.

— Laisse donc Maman tranquille.

Cette gaieté et cette intimité familiale rendaient Archery nerveux. Il se força à sourire et sentit que ce sourire n'avait pas l'air sincère.

— Ce que je voulais dire, poursuivit Mrs Kershaw avec sérieux, c'est que même si votre Charlie et ma Tessie ont du mal à joindre les deux bouts dans les premiers temps, Tess saura très bien se passer du superflu.

— Mais j'en suis sûr.

Archery fixait en vain la jeune fille vautrée sur sa chaise, en train de dévorer des fraises, visiblement indélogeable.

— Mrs Kershaw, je ne doute pas que Tess fera une très bonne épouse... (Mais non ! C'était justement ce dont il doutait ! Décidément, il pataugeait.) Je voulais vous parler de...

Kershaw allait forcément l'aider, non ? Les sourcils de Jill se rapprochèrent en un petit froncement et ses yeux gris étaient braqués sur lui. Désespérément il dit :

— Je voulais vous parler seul à seule.

Irene Kershaw sembla rapetisser. Elle reposa sa tasse, mit délicatement son couteau en travers de son assiette, puis elle baissa les yeux sur ses mains, qu'elle tenait l'une dans l'autre sur ses genoux. C'étaient de pauvres mains usées aux doigts boudinés, sur lesquels il n'y avait qu'un seul bijou : l'alliance de son deuxième mariage.

— Tu n'avais pas des devoirs, Jill ? demanda-t-elle, dans un murmure.

Kershaw se leva, essuyant sa bouche.

— Je peux les faire dans le train, dit Jill.

Archery s'était mis à détester Kershaw, mais il ne put s'empêcher de l'admirer.

— Jill, dit Kershaw, tu sais pour Tess, ce qui est arrivé quand elle était petite ? Eh bien, il faut que Maman en parle avec Mr Archery. Mais sans nous. Nous devons les laisser, car bien que ça nous concerne, cela ne nous regarde pas vraiment. Tu comprends ?

— Oui, dit Jill.

Son père mit son bras autour de ses épaules et l'emmena avec lui dans le jardin.

Il fallait qu'il commence, mais son embarras lui donnait chaud et le crispait. Dans le jardin, Jill avait trouvé une raquette de tennis, et faisait des balles contre le mur du garage. Mrs Kershaw prit sa serviette et se tamponna les coins de la bouche. Elle leva les yeux. Leurs regards se croisèrent, puis elle détourna les yeux. Archery eut soudain l'impression qu'ils n'étaient pas seuls, que leurs pensées se concentraient sur le passé et avaient convoqué hors de sa tombe une présence toute de force brutale qui se tenait derrière eux, avait posé une main sanglante sur leur épaule, et écoutait le jugement.

— Tess dit que vous avez quelque chose à me dire, déclara-t-il, calmement. À propos de votre premier mari. (Elle roulait la serviette à présent, elle la serra jusqu'à ce qu'elle ressemble à une balle de golf.) Mrs Kershaw, je crois que vous devriez me le dire.

La boule de papier fut jetée sans bruit dans une assiette vide. Elle porta la main à ses perles.

— Je ne parle jamais de lui, Mr Archery. Je préfère que le passé reste le passé.

— Je sais que c'est pénible. Mais si nous pouvions en parler aujourd'hui, rien que cette fois, je vous promets de ne plus jamais évoquer le sujet.

Il s'aperçut qu'il parlait comme s'ils étaient appelés à se

revoir souvent, comme s'ils étaient déjà liés par ce mariage. Il parlait également comme s'il accordait déjà foi à ce qu'elle allait lui dire.

— Je suis allé à Kingsmarkham aujourd'hui et...

Elle serra sa paille.

— J'imagine qu'ils ont construit partout et que ça n'a plus aucun cachet.

— Je ne dirais pas ça, non. (Surtout ne la laisse pas partir dans des digressions !)

— Je suis née tout près de Kingsmarkham, dit-elle. (Il essaya de réprimer un soupir.) C'était un endroit très calme, mon petit village. Je crois que je pensais que j'y passerais ma vie. On ne peut jamais savoir ce que la vie nous réserve, n'est-ce pas ?

— Parlez-moi du père de Tess.

Elle arrêta de tripoter son collier et mit ses mains sur sa respectable jupe bleue. Quand elle se tourna vers lui son visage était grave, elle était presque ridiculement guindée. Ç'aurait pu être une mairesse, s'éclaircissant la voix avant de s'adresser à ses concitoyennes dans quelque réunion paroissiale. « Madame la présidente, mesdames... », elle aurait pu commencer ainsi. Mais à la place elle dit :

— Le passé est le passé, Mr Archery. (Il sut alors que c'était sans espoir.) Je comprends votre problème, mais je ne peux vraiment pas en parler. Ce n'était pas un assassin, je vous en donne ma parole. C'était un homme très gentil qui n'aurait pas fait de mal à une mouche.

Archery attendit, puis il explosa :

— Mais comment pouvez-vous en être sûre ? Mrs Kershaw, avez-vous vu, ou entendu quelque chose... ?

Entre-temps son collier était arrivé jusqu'à sa bouche et ses dents se refermèrent sur le fil. Le collier cassa net, et les perles jaillirent dans toutes les directions, sur ses genoux, parmi la vaisselle du thé, sur le tapis. Elle eut un petit rire d'excuse, raffiné mais contrarié.

— Regardez cc que j'ai fait là !

En deux secondes elle fut à genoux, en train de ramasser les perles éparpillées sur le tapis, les mettant dans une soucoupe.

— Je tiens vraiment à un mariage en blanc.

Son visage apparut brusquement de derrière la table

roulante. La politesse voulait que lui aussi se mît à genoux et l'aidât dans cette chasse aux perles.

— Demandez à votre femme de me donner raison, voulez-vous ? Oh, merci beaucoup. Regardez, il y en a encore une là, juste à côté de votre pied gauche. (Il avança tant bien que mal derrière elle, à quatre pattes.) Ma Tess est parfaitement capable de se marier en jean si l'envie lui en prend. Et est-ce que ça vous ennuierait si la réception avait lieu ici ? C'est une si belle pièce.

Archery se releva et lui tendit encore trois perles. Il sursauta, quand la balle de tennis frappa la fenêtre. On aurait dit un coup de feu.

— Maintenant ça suffit, Jill, dit Mrs Kershaw d'un ton sec. (Tenant toujours la soucoupe pleine de perles à la main, elle ouvrit la fenêtre.) Je te l'ai dit cent fois, je ne veux plus de carreaux cassés.

Archery la regarda. Elle était agacée, elle se sentait offensée, et même légèrement outragée. Il se demanda soudain si elle avait eu cet air-là, ce dimanche soir, il y avait bien longtemps, quand la police avait envahi son domaine, dans le garage. Était-elle capable d' émotions plus nobles que celle-là, faite seulement d'irritation à la suite d'une perturbation de sa tranquillité personnelle ?

— On ne peut vraiment pas avoir une conversation tranquille avec les enfants n'est-ce pas ? dit-elle.

Et en deux secondes, comme à un signal donné, toute la famille se retrouva autour d'eux, Jill, agressive et sur la défensive, le garçon qu'il avait rencontré en arrivant, qui réclamait à présent du thé, et Kershaw lui-même, vibrant comme toujours, son petit visage ridé exprimant une espèce de perspicacité mordante.

— Tu vas aller tout de suite dans la cuisine et m'aider à laver tout ça, Jill.

La soucoupe fut transférée sur le dessus de la cheminée, et se retrouva coincée entre un tronc d'aluminium et un carton d'invitation à un petit déjeuner au bénéfice d'une organisation de lutte contre le cancer.

— Je vais vous dire au revoir, maintenant, Mr Archery. (Elle lui tendit la main.) Vous avez une longue route à faire, et j'imagine que vous ne voulez pas vous attarder. (C'était presque impoli, et pourtant cette déclaration avait quelque chose de royal.) Si jamais nous ne nous revoyons pas avant le grand jour, eh bien, nous nous verrons à l'église.

La porte se referma. Archery resta planté là.

— Qu'est-ce que je vais faire? dit-il simplement.

— Vous vous attendiez à quoi? lui rétorqua Kershaw. À quelque preuve imparable, à un alibi qu'elle seule peut prouver?

— Et vous, vous la croyez?

— Ah, c'est un autre problème. Je m'en fiche, vous voyez. Je m'en fiche complètement. C'est si facile de ne « pas » poser de questions, Mr Archery, de ne rien faire et d'accepter.

— Mais moi je ne m'en fiche pas, dit Archery. Si Charles épouse votre belle-fille, je serais obligé de quitter l'église. Je ne crois pas que vous réalisiez bien dans quel genre d'endroit je vis, quel genre de gens je...

— Ah! (Kershaw eut un rictus de mépris et un geste d'agacement.) Qu'est-ce que c'est que ces considérations désuètes? Qui peut le savoir? tout le monde ici pense que Tess est ma fille.

— Moi, je le saurai.

— Mais pourquoi a-t-il fallu qu'elle vous le dise? Elle aurait mieux fait de se taire.

— Vous lui reprochez son honnêteté, Kershaw?

— Mais oui, par Dieu!

Archery tressaillit à ce juron, et ferma les yeux à cause du soleil. Il vit un brouillard rouge. Ce n'était que la membrane de sa paupière, mais ça lui apparut comme un lac de sang.

— Il s'agit de discrétion, pas d'honnêteté. La discrétion est encore la meilleure politique. Mais qu'est-ce qui vous inquiète, de toute façon? Vous savez fichtrement bien qu'elle ne l'épousera pas si vous n'êtes pas d'accord.

Archery lui rétorqua d'un ton sec:

— Et quel genre de relations aurais-je avec mon fils après ça? (Il se maîtrisa, adoucit son expression et le ton de sa voix.) Il va falloir que je trouve un moyen. Votre femme est vraiment sûre de ce qu'elle affirme?

— Elle cst toujours restée inébranlable.

— Alors il faut que je retourne à Kingsmarkham. Mais il y a peu d'espoir, n'est-ce pas? (Et il ajouta, de façon absurde, il s'en rendit compte après l'avoir dit.) Merci d'avoir essayé de m'aider. Et merci pour cet excellent thé.

6

Alors, puisque de toute évidence, le moment de sa dissolution approche, préparez-le... à l'heure de sa mort.
La Visitation des Malades.

L'homme était étendu sur le dos, au milieu du passage pour piétons. L'inspecteur Burden, en sortant de la voiture de police, n'eut pas besoin de demander qu'on l'emmène sur les lieux de l'accident. Il l'avait là, sous les yeux, telle une horrible image de la prévention routière, le genre de choses qui font frissonner les femmes et les font aussitôt changer de chaîne.

Une ambulance attendait, mais personne n'essayait de bouger l'homme. Inexorablement, et avec une espèce d'indifférence, les gyrophares de l'ambulance clignotaient toujours sur le même rythme. Il y avait une Austin Mini blanche, légèrement inclinée sur le côté, et dont le nez tronqué avait enfoncé la partie supérieure d'une borne en béton.

— Vous n'emmenez pas le blessé ? demanda Burden.

Le médecin fut laconique.

— C'est fini. (Il s'agenouilla, tâta le poignet gauche, puis se releva, essuyant le sang sur ses doigts.) À mon avis, la colonne vertébrale est brisée et il a le foie éclaté. Le problème c'est qu'il est encore plus ou moins conscient, et il souffrirait le martyre si on essayait de le bouger.

— Pauvre diable. Que s'est-il passé ? Est-ce que quelqu'un a vu l'accident ?

Il parcourut des yeux le groupe des badauds : des dames entre deux âges et en robes de coton, des banlieusards qui s'étaient arrêtés alors qu'ils rentraient chez eux tardivement, des couples d'amoureux stoppés net dans leur promenade du soir. Les derniers rayons du soleil éclairaient leurs visages d'une douce lumière, et donnaient une couleur dorée au sang versé sur le passage protégé. Burden connaissait cette Mini. Il connaissait l'autocollant stupide qu'il y avait sur la vitre arrière et qui représentait une tête de mort avec ces mots : « Vous avez été Minés. » Ça n'avait jamais été drôle, et maintenant c'était franchement scandaleux, et cruel, car ce jeu de mots avait l'air de se moquer de l'homme agonisant sur la route.

Une jeune fille était affalée sur le volant. Ses cheveux étaient courts, noirs, hérissés. Elle avait glissé ses doigts dedans, en signe de désespoir ou de remords. Ses ongles rouges et longs en sortaient comme des plumes brillantes.

— Ne vous en faites pas pour elle, dit le médecin avec mépris. Elle n'a rien.

— Vous, madame.. (Parmi les gens massés là, Burden avait choisi la personne qui lui avait paru la plus calme.) Avez-vous vu l'accident ?

— Oh, c'était affreux ! Elle roulait comme une folle, la petite salope. Elle allait au moins à cent cinquante.

J'ai été bien inspiré, pensa Burden. Il se tourna vers un homme blême, qui tenait un cocker en laisse.

— Vous pouvez peut-être m'aider, monsieur ?

La laisse fut tirée, et le cocker s'assit sur le trottoir.

— Ce monsieur... (Blêmissant de plus belle, il désigna du doigt la pauvre chose tout abîmée gisant sur les bandes blanches.) Il a regardé à gauche et à droite, comme on est censé le faire. Et il n'y avait pas de voiture. Mais on ne peut pas voir très loin, avec le pont.

— Oui, oui, j'imagine la scène.

— Il a commencé à traverser quand cette voiture blanche a surgi de nulle part. Elle roulait comme une cinglée. Peut-être pas à cent cinquante, mais sûrement quatre-vingts. Ces Minis peuvent rouler à une vitesse folle, quand leurs moteurs sont gonflés. Il a eu comme un instant d'hésitation, puis il a essayé de revenir en arrière. Vous savez, ça s'est passé en un rien de temps. Je ne peux pas vraiment vous donner de détails.

— C'est très bien comme ça. Ne vous inquiétez pas.

— Puis la voiture lui est rentré dedans. Oh ! la conductrice a freiné autant qu'elle a pu. Je n'oublierai jamais le bruit, jusqu'à ma mort, les freins qui hurlaient et lui qui hurlait aussi, et puis il a levé les bras en l'air et il est tombé comme une mouche.

Burden demanda à un agent de prendre les noms et les adresses des témoins, tourna les talons et fit un pas en direction de la voiture blanche. Une femme lui toucha le bras.

— Écoutez, dit-elle, il réclame un prêtre. Il n'arrêtait pas de le demander avant que vous arriviez. Allez me chercher le Père Chiverton, il dit, comme s'il sentait qu'il s'en allait.

— C'est vrai ? demanda Burden au docteur Crocker, d'un ton sec.

Crocker acquiesça d'un hochement de tête. On avait couvert le mourant. Il avait un imper plié sous la tête et deux vestes de policiers sur lui.

— Père Chiverton, c'est ce qu'il disait. Mais franchement je me préoccupais davantage de son état physique que du salut de son âme.

— C'est un catholique ?

— Mon Dieu non. Vous n'êtes qu'une bande d'athées, vous autres, les flics. Chiverton est le nouveau pasteur. Vous ne lisez jamais le journal local ?

— « Père » ?

— Il est très strict. Génuflexion, chants eucharistiques, et tout le cirque. (Crocker toussota.) Je suis moi-même congrégationaliste.

Burden alla voir le blessé. Le visage de l'homme était d'une vilaine teinte ivoirine, mais ses yeux étaient ouverts et fixaient le policier. Celui-ci venait de réaliser, avec un petit frisson, que cet homme était jeune, qu'il n'avait sans doute pas plus de vingt ans.

— Vous voulez quelque chose, mon petit ?

Burden savait que le médecin lui avait fait une piqûre pour calmer la douleur. Penché sur lui, il le protégeait des regards indiscrets.

— On va vous emmener dans une minute, dit-il, commettant là un pieux mensonge. Est-ce qu'il y a quelque chose qui vous ferait plaisir ?

— Père Chiverton... (C'était un murmure atone, aussi léger, aussi peu humain qu'un souffle de vent.) Père Chiverton... expier... épargne ceux qui sont repentants.

— Ah, cette fichue religion, dit le médecin. Ils peuvent même pas laisser mourir un homme en paix.

— Vous êtes une valeur sûre, pour les congrégationalistes, dit Burden, d'un ton sec. (Il se leva en soupirant.) Il veut se confesser, c'est évident. Je suppose qu'ils pratiquent la confession, dans l'Église d'Angleterre ?

— Vous pouvez vous confesser si vous voulez, oui, mais vous n'êtes pas obligé. C'est toute la beauté de l'Église d'Angleterre. (Comme Burden lui lançait un regard assassin, il ajouta :) Ne me regardez pas comme ça. On a envoyé quelqu'un chez Chiverton, mais lui et son vicaire sont partis à une conférence.

— Agent Gates ! (Avec impatience, Burden fit signe à l'homme qui notait les noms et les adresses.) Foncez à Stowerton, et trouvez-moi un... un pasteur.

— On a déjà essayé Stowerton, monsieur.

— Oh mon Dieu, dit calmement Burden.

— Excusez-moi, monsieur, mais il y a un pasteur qui est en rendez-vous avec l'inspecteur-chef, là, en ce moment. Je pourrais aller au poste de police et...

Burden haussa les sourcils. Le poste de police de Kingsmarkham était devenu le quartier général du clergé ?

— Allez-y, et vite...

Burden murmura quelque chose au garçon, quelque chose qui ne servit à rien, puis il se dirigea vers la jeune conductrice, qui s'était mise à sangloter.

Elle ne pleurait pas à cause de ce qu'elle avait fait, mais à cause de ce qu'elle avait vu deux heures plus tôt. Il y avait maintenant deux ou trois ans qu'elle avait ce qu'elle appelait des cauchemars éveillés — bien qu'à une époque ils aient été plus réels que la réalité. Elle pleurait parce ces cauchemars allaient recommencer et que le remède qu'elle avait essayé n'avait pas effacé la photo de son esprit.

Elle l'avait vue dans la vitrine de l'agent immobilier, en rentrant chez elle après son travail. C'était la photo d'une maison, mais pas telle qu'elle était maintenant, sale et délabrée, tout envahie par un fouillis de plantes sauvages. Les agents immobiliers veulent te duper, ils veulent te faire croire que la maison est toujours telle qu'elle a été, il y a bien longtemps... ? « Te » faire croire ? Dès qu'elle s'était aperçue qu'elle s'adressait à elle-même en se disant « tu », elle avait su que ça recommençait, qu'à nouveau allait se dérouler le film du cauchemar. Alors elle était montée dans son Austin et elle avait roulé jusqu'à Flagford, loin des associations d'idées et des souvenirs possibles, loin de la voix honnie qui lui disait tu. Elle était partie pour boire et boire encore. Et essayer de se débarrasser de ces fantômes.

Mais ils étaient toujours là, et tu étais à nouveau dans la grande maison, en train d'écouter les voix qui ne cessaient d'implorer, enjôleuses, cajoleuses, persuasives, jusqu'à ce que tu en aies assez, tellement assez que tu allais dans le jardin où tu rencontrais la petite fille.

Tu allais vers elle et tu lui disais :

— Elle te plaît, ma robe ?

— Elle est jolie, disait-elle, et cela semblait lui être égal que la tienne fût beaucoup plus belle que la sienne.

Elle jouait avec un tas de sable, elle faisait des pâtés avec une vieille tasse sans anse. Tu restais avec elle et tu jouais. Après quoi tu allais chaque jour au tas de sable, là où on ne pouvait pas te voir des fenêtres de la grande maison. Le sable était chaud et doux et tu le comprenais. La petite fille aussi tu la comprenais, même si c'était la seule petite fille que tu aies jamais connue. Tu connaissais beaucoup d'adultes, mais tu n'arrivais pas à les comprendre, pas plus que leurs horribles mots ou la raison pour laquelle la conversation tournait toujours autour de l'argent, au point qu'il te semblait voir tomber des pièces de leurs lèvres qui remuaient, des pièces qui glissaient entre leurs doigts odieusement rapaces.

Cette petite fille avait quelque chose de magique, car elle habitait dans un arbre. Bien sûr, ce n'était pas vraiment un arbre, mais une maison, dans une espèce de buisson tout frissonnant de feuilles.

Le sable n'était pas sec comme le désert dans lequel tu vivais à présent, mais chaud et humide, comme le sable d'une plage baignée par une mer tiède. Il était sale aussi, et tu avais peur de ce qui pourrait arriver, si jamais tu en mettais sur ta nouvelle robe.

Tu pleurais et tu tapais du pied, mais jamais tu n'avais pleuré comme tu pleurais à présent, alors que le bel inspecteur se dirigeait vers ta voiture, les yeux pleins de colère.

Pensait-il sérieusement qu'il allait trouver quelque chose après si longtemps ? Archery réfléchit à la question de Wexford. C'était, décida-t-il, plus une question de foi, qu'une réelle conviction de l'innocence de Painter. Mais de foi en quoi ? Sûrement pas en Mrs Kershaw. Peut-être était-ce une espèce de certitude puérile comme quoi de telles choses ne pouvaient pas arriver à quelqu'un qui lui était lié à lui, Archery. La fille d'un assassin n'aurait pas été comme Tess, Kershaw ne l'aurait pas aimée, Charles n'aurait pas voulu l'épouser.

— Ça ne fera de tort à personne si je vais voir Alice Flower, dit-il. (Il sentit qu'il plaidait sa cause, et qu'il la plaidait faiblement.) Je voudrais pouvoir parler aux petits-enfants Primero et particulièrement au petit-fils.

Pendant un moment, Wexford ne dit rien. Il avait entendu dire que la foi soulevait les montagnes, mais ceci était tout simplement absurde. Presque aussi ridicule que si quelque louftingue était venu lui dire que le Dr Crippen n'était que la victime des circonstances. Il savait par expérience combien il était difficile de mettre la main sur un assassin, quand il s'était écoulé ne serait-ce qu'une semaine entre le meurtre et le début de l'enquête. Archery lui proposait d'ouvrir une enquête quinze ans trop tard, et Archery n'avait aucune expérience.

— Je devrais vous dissuader de continuer, dit-il finalement. Vous ne savez pas ce à quoi vous vous exposez. (C'est pathétique, pensa-t-il, c'est risible. Et tout haut il dit :) Alice Flower est au service de gériatrie de l'hôpital de Stowerton. Elle est paralysée. Je ne sais même pas si elle peut parler intelligiblement.

Il se dit qu'Archery ne devait pas connaître la ville. Il se leva et se dirigea vers la carte d'un pas pesant.

— Stowerton est là, dit-il, en désignant la ville de l'extrémité de son stylo, et *La Parcelle du Vainqueur* est par ici, entre Kingsmarkham et Stowerton.

— Où puis-je trouver Mrs Crilling ?

Wexford fit la grimace.

— Dans Glebe Road. Je ne me souviens pas du numéro exact, mais je peux demander qu'on vous le cherche, sinon vous pouvez regarder sur le registre électoral. (Il se tourna lourdement et fixa Archery de ses yeux gris.) Mais vous perdez votre temps. Je pense que je n'ai pas besoin de vous dire d'être prudent, s'il s'agit de lancer des accusations non fondées.

Archery eut du mal à ne pas baisser les yeux sous ce regard froid.

— Inspecteur, je ne cherche pas un coupable, je veux juste prouver que Painter est innocent.

Wexford lui répondit vivement :

— Je crains que vous ne vous aperceviez assez vite que l'un implique l'autre. En plus, ce serait un faux coupable, et je ne veux pas avoir de problèmes. (On frappa à la porte et il tourna la tête, l'air irrité.) Oui, qu'est-ce que c'est ?

Le visage affable du sergent Martin apparut.

— Cet accident mortel, sur le passage protégé, sur High Street, monsieur.

— Eh bien? C'est pas vraiment mon domaine, ça.

— Gates vient d'arriver, monsieur. Une Austin Mini blanche, immatriculée LMB 12 M qu'on a sur nos fichiers a renversé un piéton. Il semblerait qu'ils aient besoin d'un pasteur, et Gates s'est souvenu que Mr Archery...

Sur le ton courtois qu'il lui arrivait de prendre, Wexford dit au pasteur de Thringford :

— Il semblerait que le bras séculier ait besoin d'une assistance spirituelle, monsieur. Auriez-vous vous l'obligeance de...

— Mais bien sûr. (Archery regarda le sergent.) Quelqu'un a été renversé et est en train de.. de mourir ?

— Oui, monsieur. Malheureusement, dit Martin, d'un air sinistre.

— Je pense que je vais venir avec vous, dit Wexford.

En tant que prêtre de l'église anglicane, Archery se devait de confesser si l'on avait besoin d'un confesseur. Mais jusqu'à présent, la seule expérience qu'il avait en ce domaine, c'était avec une certaine miss Baylis, une paroissienne plus très jeune et — selon Mrs Archery — amoureuse de lui depuis des années, qui lui demandait de l'entendre marmonner son petit torrent de péchés mesquins chaque vendredi matin. C'était là un besoin masochiste et auto-avilissant, sans aucun rapport avec le désir ardent qu'avait de se confesser le garçon qui gisait sur la route.

Wexford prit le passage protégé avec Archery, jusqu'au milieu de la route. On avait posé des panneaux de déviation, dirigeant la circulation sur Queen Street. La foule avait été priée de rentrer chez elle. Il y avait plusieurs policiers s'agitant et faisant les cent pas. Pour la première fois de sa vie, Archery comprit pourquoi on les appelait des « poulets ». Il jeta un coup d'œil à la Mini et détourna aussitôt les yeux du pare-chocs brillant sur lequel il y avait un ruban de sang.

Le garçon tourna vers lui un regard incertain. Il lui restait peut-être cinq minutes à vivre. Archery s'agenouilla et mit son oreille contre les lèvres exangues. Il ne sentit d'abord qu'un faible souffle, puis dans ce léger soupir il entendit quelque chose qui ressemblait à : « ordres religieux », comme un appel désespéré. Archery se pencha davantage quand la confession commença à s'écouler, hachée, atone, spasmodique, tel le flot d'un ruisseau fatigué. Il parlait d'une fille, mais c'était complètement incohérent. Nous volons vers Toi, nous te demandons Ton secours, dit Archery en pensée, au nom de Ton serviteur, gisant là dans un état de faiblesse...

L'église anglicane ne présente aucun rituel comparable à celui de l'extrême-onction. Archery se surprit à répéter instamment : Ça va aller, ça va aller. Il y eut un bruit dans la gorge du garçon, et un flot de sang sortit de sa bouche, éclaboussant les mains jointes d'Archery. « Nous remettons humblement entre Tes mains l'âme de Ton serviteur, notre cher frère. » (Il était fatigué, et sa voix se brisa de compassion et d'horreur.) « Nous T'implorons humblement de... »

Ce fut la main du médecin qui apparut, essuyant le sang sur les doigts d'Archery avec un mouchoir, puis tâtant un cœur arrêté et un pouls inerte. Wexford regarda Crocker et eut un imperceptible haussement d'épaules. Personne ne parla. Et dans ce silence il y eut soudain un bruit de freins, le son furieux d'un klaxon et un juron, tandis qu'une voiture, prenant la déviation trop tard, virait à cent quatre-vingts degrés dans Queen Street. Wexford remonta la veste sur le visage mort.

Archery était épuisé et frissonnant dans la chaleur du soir. Il se releva avec raideur, avec un terrible sentiment de solitude, et une affreuse envie de pleurer. La seule chose contre laquelle s'appuyer, maintenant qu'il n'y avait plus de borne en béton, c'était l'arrière de la fatale voiture blanche. Il s'y adossa, avec l'envie de vomir.

Bientôt il rouvrit les yeux et avança lentement le long de la carrosserie de la voiture devant laquelle se tenait Wexford, en train de regarder la tête d'une fille aux cheveux noirs et hirsutes. Ce n'était pas ses affaires, à Archery, et il ne voulait pas s'en mêler, il voulait seulement demander à Wexford où il pouvait trouver un hôtel pour la nuit.

Mais quelque chose dans l'expression du policier le fit hésiter. L'imposant visage de l'inspecteur-chef n'était plus qu'ironie. Archery le regarda cogner contre la vitre, laquelle fut descendue. Puis la conductrice leva vers eux un visage baigné de larmes.

— C'est une sale affaire, dit Wexford, une très sale affaire, miss Crilling.

— Les voies de Dieu sont impénétrables, dit Wexford, tout en marchant sur le pont avec Archery.

Il fredonna un vieux cantique, ayant l'air d'apprécier le son quelque peu rouillé de sa voix de baryton.

— C'est vrai, dit Archery, très sérieux.

Il s'arrêta, posa ses mains sur le parapet en granit, et regarda couler l'eau sombre. Un cygne glissa de sous le pont, et plongea son long cou dans les herbes flottant dans le courant.

— C'est vraiment la fille qui a découvert le corps de Mrs Primero ? dit-il.

— C'est Elisabeth Crilling, oui. Un spécimen des jeunes déchaînés de Kingsmarkham. Un petit ami, un ami très proche devrais-je ajouter, lui a offert cette Austin Mini pour son vingt et unième anniversaire, et depuis, dès qu'elle monte dans sa voiture, cette fille représente un danger permanent.

Archery était silencieux. Tess Kershaw et Elisabeth Crilling avaient le même âge. Leurs vies avaient commencé ensemble, presque côte à côte. Chacune d'elles avait dû marcher dans l'herbe avec sa mère, le long de Stowerton Road. Elles avaient dû jouer toutes les deux dans les champs, derrière *La Parcelle du Vainqueur*. Les Crilling étaient à l'aise financièrement, les Painter affreusement démunis. Et il revit ce visage défait, ces rivières de mascara, il réentendit les mots vulgaires qu'elle avait dits à Wexford. Un autre visage se superposa à celui d'Elisabeth Crilling, un visage pur au profil aquilin, au regard calme, intelligent, sous une frange de page blond. Wexford interrompit ses pensées.

— Elle a été trop gâtée, évidemment. On lui a accordé trop d'importance. Votre Mrs Primero l'avait avec elle tous les jours, la gavant de bonbons et autres douceurs. Après le meurtre, Mrs Crilling l'emmenait sans arrêt chez des psychiatres, et il a fallu que l'assistante sociale s'en mêle pour qu'elle laisse sa fille aller à l'école. Dieu seul sait combien d'écoles elle a fréquentées. Elle était ce qu'on pourrait appeler la vedette du tribunal pour enfants.

Mais c'était le père de Tess qui avait tué. Tess, qu'on aurait pu s'attendre à voir tourner comme ça. « Dieu seul sait combien d'écoles elle a fréquentées... » Tess n'avait fréquenté qu'une seule école, puis une vieille université prestigieuse. Et pourtant la fille de l'amie innocente était devenue une délinquante, et la fille du meurtrier un modèle de vertu. Oui, sans nul doute, les voies du seigneur étaient impénétrables.

— Inspecteur, j'aimerais vraiment parler à Mrs Crilling.

— Si vous allez à la séance exceptionnelle du tribunal, ce matin, vous l'y trouverez, très certainement. Connaissant Mrs Crilling, je dirais que vous pourriez à nouveau faire appel à vos capacités professionnelles, et alors là, qui sait ?

Archery fronça les sourcils, tandis qu'ils continuaient à marcher.

— Je préfèrerais que tout cela se fasse au grand jour.

— Écoutez, monsieur, dit Wexford, avec impatience, si vous vous lancez dans cette histoire, il faudra agir discrètement. Vous n'avez pas vraiment le droit de poser des questions à des gens innocents, et s'ils se plaignent, je ne pourrai rien faire pour vous.

— Je lui expliquerai la situation en toute franchise. Pourrai-je lui parler ?

Wexford s'éclaircit la voix :

— Connaissez-vous la première partie d'*Henri IV*, monsieur ?

Légèrement perplexe, Archery acquiesça d'un hochement de tête. Wexford s'arrêta sous l'arche du portail en pierre, à l'entrée de l'ancienne cour où l'on garait les voitures à chevaux, devant l'*Olive and Dove*.

— La citation qui m'est venue à l'esprit, c'est la réponse d'Hotspur à Mortimer, quand il dit qu'il peut appeler les esprits.

Effarouchés par la voix grave de Wexford, un petit groupe de pigeons s'envolèrent des poutres, agitant des ailes grises tachées de rouille.

— Cette réponse m'a été très utile dans mon travail, chaque fois que j'étais un peu trop optimiste. (Il s'éclaircit la voix et cita Shakespeare.) « Moi aussi je suis capable de le faire. Tout le monde est capable de le faire. Mais viendront-ils quand vous les appellerez ? » Bonne nuit, monsieur. J'espère que vous trouverez l'*Olive* confortable.

7

À quelle haute dignité... vous êtes appelés, pour servir de Messagers, de Gardiens et d'Intendants.
L'Ordination des Prêtres.

Deux personnes étaient assises dans la partie réservée au public de la salle d'audience de Kingsmarkham : Archery et une femme au visage marqué, ravagé. Si sa coiffure était à la mode : de longs cheveux gris mal coiffés, c'était moins par intention que par manque de soin. Cette chevelure, et la cape qu'elle portait, lui donnaient un air médiéval. Elle était probablement la mère de cette fille qu'on venait d'inculper d'homicide volontaire, la fille que le greffier avait citée comme étant Elizabeth Anthea Crilling, demeurant 24 A Glebe Road, à Kingsmarkham, dans le comté de Sussex. Elle avait quelque chose de sa mère, et les deux femmes ne cessaient de se regarder. Mrs Crilling, détaillant le corps tout mince de sa fille, ou posant un regard plein d'affection larmoyante sur le visage d'Elizabeth. C'était un beau visage, quoiqu'un peu émacié, mais avec une bouche sensuelle. Parfois ce visage n'était plus qu'un regard noir intense si un mot ou une phrase avaient éveillé une émotion, et parfois il était parfaitement inexpressif et fermé, tel celui d'un enfant attardé, au monde intérieur peuplé de lutins et de choses qui vous attrapent dans le noir. Un fil invisible reliait la mère et la fille, mais Archery n'aurait su dire s'il était fait d'amour ou de haine. Elles étaient toutes les deux mal habillées, elles avaient l'air sale, elles étaient la proie, se dit Archery d'émotions faciles, mais elles avaient une espèce de qualité — la passion ? L'imagination ? La mémoire ardente ? — qui les mettait à part, et qui écrasait tous les gens présents dans la salle d'audience.

Ce qu'il connaissait des lois était suffisant pour savoir que ce tribunal ne pouvait rien faire de plus que de renvoyer la fille en jugement aux assises. La déposition qu'on était en train de taper laborieusement à la machine l'enfonçait complètement. Selon le patron du pub *The Swan*, à Flagford, Elizabeth Crilling avait bu à son bar depuis 6 heures et demie. Il lui avait servi sept doubles whiskies, puis il avait refusé de continuer à la servir. Elle l'avait alors insulté jusqu'à ce qu'il la menace d'appeler la police.

— Je suis obligé de vous envoyer aux assises à Lewes, disait le président...

Un cri perçant jaillit de la partie de la salle réservée au public.

— Qu'est-ce que vous allez lui faire?

Mrs Crilling s'était levée d'un bond, sa cape gonflée d'air avait fait courir un souffle de vent à travers le tribunal.

— Vous n'allez pas la mettre en prison?

C'est tout juste si Archery savait pourquoi il faisait ça, mais il longea rapidement le banc et rejoignit Mrs Crilling, tandis que le sergent Martin venait vers elle à grands pas, tout en jetant des regards furieux au pasteur.

— Madame, vous feriez mieux de me suivre dehors.

Elle s'écarta vivement de lui, s'enveloppant dans sa cape, comme s'il faisait froid, alors qu'il faisait une chaleur atroce.

— Vous ne mettrez pas mon bébé en prison! (Elle poussa le sergent qui lui bouchait la vue sur la cour.) Fichez-moi la paix, espèce de sadique!

— Faites sortir cette femme, dit le juge avec un calme glacial.

Mrs Crilling pivota sur elle-même pour faire face à Archery et lui prit les mains.

— Vous avez une bonne tête. Vous êtes avec moi?

Archery était affreusement embarrassé.

— Vous pouvez demander qu'on la libère sous caution, je crois, marmonna-t-il.

Le policier qui se tenait près du banc des accusés vint vers eux.

— Venez, maintenant, Mrs Crilling...

— La liberté sous caution! Je veux la liberté sous caution! Ce monsieur est un vieil ami à moi et il dit que je peux avoir la liberté sous caution. Je veux qu'on respecte les droits de mon bébé!

— Je ne peux pas tolérer ça, dit le juge.

Il lança un regard de mépris à Archery, qui s'assit, et arracha ses mains des mains de Mrs Crilling.

— Dois-je comprendre que vous souhaitez demander une mise en liberté sous caution? demanda le magistrat.

Il tourna les yeux vers Elizabeth qui acquiesça d'un hochement de tête avec défi.

— Une bonne tasse de thé, Mrs Crilling, dit la femme agent de police. Venez maintenant.

Elle accompagna la démente dehors, un bras passé autour de sa taille pour la soutenir. Le juge délibéra avec le greffier, et la mise en liberté sous caution personnelle fut accordée à Elizabeth Crilling. Elle et sa mère devrait payer chacune cinq cents livres.

— La séance est levée ! dit le greffier.

C'était fini. Wexford fourra ses papiers dans sa serviette.

— Notre ami est très mal parti, dit-il à Burden, en jetant un coup d'œil dans la direction d'Archery. À mon avis, il va avoir un mal fou à sortir des griffes de Maman Crilling. Vous vous souvenez de la fois où on l'a emmenée au service psychiatrique de l'hôpital de Stowerton ? C'était vous son ami, ce jour-là. Elle a essayé de vous embrasser, si je me souviens bien ?

— Ne me le rappelez pas.

— Et drôle d'histoire aussi, hier soir ? Ce pasteur à portée de la main, je veux dire, pour montrer le chemin du paradis à ce pauvre gamin.

— C'est vrai, heureusement qu'il était là.

— Je ne me souviens que d'une seule autre fois où c'est arrivé. (Wexford se tourna vers Archery qui se faufilait entre les bancs en bois pour venir les rejoindre.) Bonjour. J'espère que vous avez bien dormi. J'étais en train de dire à l'inspecteur qu'un type s'était fait tuer près de Forby, peu de temps après que je fus arrivé ici. Il devait avoir dans les vingt ans. Je n'ai jamais oublié cet accident. Ce n'était encore qu'un gamin, lui aussi. C'est un camion de l'armée qui l'a renversé, qui lui a brisé la nuque. Mais il ne restait pas tranquille, il criait, il délirait à propos d'une fille et d'un enfant. (Wexford s'interrompit un instant.) Vous avez dit quelque chose, monsieur ? Excusez-moi, je croyais. Il voulait un pasteur, lui aussi.

— J'espère qu'il a eu ce qu'il voulait.

— Eh bien non en fait. Il est mort sans avoir reçu l'absolution, c'est ça qu'on dit, je crois. Le pasteur est tombé en panne sur la route. C'est drôle, mais je l'ai jamais oublié. Il s'appelait Grace, John Grace. On y va ?

Les Crilling mère et fille étaient parties. Alors qu'ils

émergeaient dehors, en plein soleil, la femme agent de police rattrapa Wexford.

— Mrs Crilling m'a laissé un mot, monsieur. Elle m'a demandé de le donner à un monsieur Archery.

— Si vous voulez un bon conseil, dit Wexford, déchirez-le. Elle est folle à lier.

Mais Archery avait déjà ouvert l'enveloppe.

Il y avait écrit :

« Cher monsieur,

On me dit que vous êtes un représentant de Dieu. Qu'il soit béni de n'avoir pas choisi le parti des accusateurs. Dieu vous a envoyé à moi et à mon bébé. Je serai chez moi cet après-midi, et j'espère pouvoir vous remercier en personne,

Votre amie dévouée, Josephine Crilling. »

La chambre d'Archery était un mélange délicieux de moderne et d'ancien. Il y avait des poutres au plafond, des murs peints en rose, de la moquette, des lampes dans tous les coins, et un téléphone. Archery se rinça les mains dans le lavabo rose (de cette chambre « avec » salle de bains, ce qu'il considérait comme une dépense injustifiée), décrocha le combiné, et demanda un numéro à Thringford, dans l'Essex.

— Chérie ?

— Henry ! Dieu soit loué tu as appelé. Je n'ai pas arrêté d'essayer de te joindre.

— Pourquoi, que se passe-t-il ?

— J'ai reçu une lettre horrible de Charles. Apparemment, la pauvre Tess a téléphoné à ses parents mercredi soir, après quoi elle a dit à Charles qu'elle rompait ses fiançailles. Elle a dit qu'elle n'avait pas le choix, et que ce ne serait pas bien si elle ne le faisait pas.

— Et...

— Et Charles dit que si Tess ne veut pas l'épouser il quittera l'université et qu'il ira combattre au Zimbabwe.

— C'est tout à fait ridicule !

— Il dit que si tu essaies de l'en empêcher, il fera quelque chose d'épouvantable pour se faire renvoyer de l'université.

— C'est tout ?

— Oh, non. Il dit des tas de choses. Attends. J'ai la lettre, là. « ... Pourquoi Papa passe-t-il son temps à pérorer » — désolée, chéri, est-ce que c'est quelque chose de méchant ? —« sur la foi et le fait qu'il faut faire confiance aux gens, s'il n'arrive même pas à croire Tess, ni sa mère ? J'ai étudié moi-même cette affaire foireuse, et elle est pleine de lacunes. Je pense que Père pourrait écrire au ministre de l'Intérieur pour qu'il fasse rouvrir l'affaire si seulement il voulait bien s'en donner la peine. Pour commencer, il y avait une histoire d'héritage, mais ça n'a jamais transpiré lors du procès. Trois personnes ont hérité de grosses sommes, et au moins l'une d'entre elles était dans les parages le jour où Mrs Primero est morte... »

— Bon, dit Archery, d'un ton las. Peut-être que tu te souviens, Mary, que j'ai une transcription du procès, et qu'elle m'a coûté deux cents livres. Et à part ça, comment ça va ?

— Mr Sims se conduit bizarrement. (Mr Sims était le vicaire d'Archery.) Miss Baylis dit qu'il met le pain de la communion dans sa poche, et que ce matin, elle s'est retrouvée avec un long cheveu blond dans la bouche.

Archery sourit. Ces petits bavardages de clocher étaient davantage dans les cordes de sa femme que les enquêtes policières. Et l'image de Mary lui traversa l'esprit, une femme solide et belle qui se trouvait des rides que lui ne voyait pas. Elle commençait à lui manquer, sur tous les plans.

— Écoute, chérie. Réponds à la lettre de Charles. Sois diplomate. Fais-lui remarquer à quel point Tess se conduit bien, et dis-lui que j'ai des entrevues très intéressantes avec la police. S'il y a la moindre chance de faire rouvrir l'affaire, j'écrirai au ministre de l'Intérieur.

— C'est merveilleux, Henry. Bien, je te rappellerai. Mais tiens, au fait, Rusty a attrapé une souris ce matin et l'a laissée dans la baignoire. Tu leur manques, à lui et Tawny.

— Fais-leur une caresse pour moi, dit Archery, pour faire plaisir à sa femme.

Il descendit dans la salle à manger sombre et fraîche du rez-de-chaussée, commanda un « Navarin d'agneau », et dans un accès de témérité, une demi-bouteille de vin d'anjou. Toutes les fenêtres étaient ouvertes, mais on avait baissé quelques stores. Une table, près d'une fenêtre, avec sa nappe blanche, ses chaises cannées et son vase rempli de pois de senteurs, lui rappela un Dufy qu'il avait chez lui, dans son bureau. La lumière du soleil filtrait à travers le store, projetant des traits jaune pâle sur la nappe, et ici comme sur le tableau, il y avait de la vaisselle en argent sur la table.

Hormis quelques habitués plutôt âgés, la salle à manger était déserte. Mais la porte du bar venait de s'ouvrir, et le maître d'hôtel s'effaça pour laisser passer un homme et une femme. Archery se demanda si la direction allait tolérer la présence du petit caniche abricot que la femme tenait dans ses bras. Mais le maître d'hôtel souriait avec déférence, et Archery le vit caresser la minuscule tête laineuse.

L'homme était petit et brun, et il aurait été beau s'il n'avait pas eu l'œil miroitant et le bord des paupières rouge. Archery se dit qu'il devait porter des lentilles de contact. Il s'assit à la table Dufy, ouvrit un paquet de Peter Stuyvesant, et en transféra le contenu dans un étui à cigarettes en or. Malgré son élégance criante — le cheveu brillant, le costume italien, la peau tendue et soignée — il y avait quelque chose de barbare dans la façon dont cet homme avait déchiré le papier du paquet de cigarettes de ses doigts manucurés. Et lorsqu'il jeta le paquet vide et mutilé sur la nappe, une alliance et une grosse chevalière étincelèrent dans la lumière. Outre les bagues, il avait une montre et une épingle à cravate avec un saphir. Que de bijoux pour un seul homme, se dit Archery, et cette constatation l'amusa.

Sa femme, en revanche, n'en portait pas. Elle était habillée très simplement d'un tailleur crème, de la même couleur que ses cheveux, et tout en elle, depuis le tulle de son chapeau et ses cheveux vaporeux jusqu'à ses chevilles croisées, avait la nuance jaune pâle d'une lumière filtrée... Aussi semblait-elle nimbée d'un doux rayonnement. Il y avait des années qu'Archery n'avait pas vu une femme aussi belle, excepté au cinéma, ou dans les magazines. À côté d'elle, Tess Painter n'était qu'une jolie jeune fille. Cette inconnue rappela à Archery ces orchidées couleur d'ivoire ou ces roses-thé, qui, une fois sorties de leur boîte transparente, conservent leur velouté, comme humides de rosée.

Archery se secoua, s'attaqua avec détermination à son Navarin. Qui se révéla être deux côtelettes d'agneau dans une sauce brune.

À Kingsmarkham, entre High Street et Kingsbrook Road, il y a un lotissement d'horribles maisons en enfilade, enduites de ce mélange de ciment et de sable que les entrepreneurs appellent du crépi moucheté. Quand il fait très chaud, et que l'air tremble sous l'effet de la chaleur, ces rangées de maisons brun grisâtre ont l'air d'avoir été façonnées dans le sable par un enfant géant et totalement dénué d'imagination, qui se serait servi d'outils très imprécis.

Archery trouva Glebe Road en demandant tout simplement à un agent. Il commençait à prendre l'habitude de poser des questions aux policiers. Celui-ci était très bas dans la hiérarchie — un jeune agent qui dirigeait la circulation aux carrefours.

Glebe Road aurait pu être une voie romaine, elle était si droite, si longue, elle dégageait une telle impression d'inflexibilité. Et sur les maisons de sable, il n'y avait pas le moindre centimètre carré de bois. Les entourages de fenêtres étaient en métal, les auvents des perrons en plâtre gravillonné. À chaque intervalle de quatre maisons, il y avait un passage en voûte qui conduisait sur l'arrière, où l'on apercevait des appentis, des coffres à charbon, des poubelles.

La rue commençait à la fin de Kingsbrook Road. Archery marcha presque un kilomètre avant d'arriver au numéro vingt-quatre. Le trottoir sur lequel le goudron fondait lui brûlait les pieds. Il poussa la grille et vit que l'auvent surplombait en fait non pas une, mais deux entrées. La maison avait été divisée en deux appartements, minuscules sans aucun doute. Archery actionna le heurtoir en cuivre du 24 A et attendit.

Comme il ne se passait rien il frappa à nouveau. Il y eut un roulement grinçant, et un garçon en patins à roulettes émergea de l'ouverture en voûte. Il n'accorda aucune attention au pasteur. Est-ce que Mrs Crilling dormait ? Il faisait suffisamment chaud pour qu'on ait envie de faire la sieste, et Archery se sentait lui-même un peu somnolent.

Il revint sur ses pas et jeta un coup d'œil dans le passage. Il entendit la porte s'ouvrir, puis se refermer en claquant. Il y avait donc quelqu'un. Il revint vers la maison et se retrouva nez à nez avec Elisabeth Crilling.

Il sentit tout de suite qu'elle n'était pas venue lui ouvrir et qu'elle ne l'avait sans doute même pas entendu frapper. De toute évidence elle sortait. Elle avait troqué sa robe noire contre un fourreau de coton bleu sous lequel pointaient les os de ses hanches. Elle avait des sandales blanches à talons hauts, et un grand sac à main blanc et doré.

— Qu'est-ce que vous voulez?

Il était évident qu'elle ne savait pas qui il était. Il trouva qu'elle avait l'air vieille, finie, comme si, d'une certaine façon, elle avait déjà trop servi.

— Si vous avez quelque chose à vendre, vous avez frappé à la mauvaise porte, dit-elle.

— J'ai vu votre mère au tribunal, ce matin, dit Archery.

Il se dit qu'elle avait un charmant sourire, sa bouche était belle et ses dents saines. Mais le sourire en lui-même fut trop bref.

— Ça, dit-elle, c'était ce matin.

— Elle est à la maison? (Il regardait les portes d'un air impuissant.) Je... euh... c'est quelle porte?

— Vous plaisantez? C'est déjà suffisamment horrible d'habiter la même maison qu'elle, alors seul quelqu'un de paralysé, et de complètement sourd par-dessus le marché, pourrait supporter d'être en dessous de chez elle.

— Je vais y aller, je peux?

— Si vous voulez. Mais à mon avis, elle viendra pas jusqu'ici.

La bandoulière de son sac tirait sur le tissu de sa robe, et faisait ressortir ses seins. Sans savoir pourquoi, Archery pensa à la femme exquise qu'il avait remarquée dans la salle à manger de l'*Olive and Dove*, à sa peau de pêche et à sa distinction naturelle.

Elizabeth Crilling avait la peau grasse, et dans cette lumière violente de l'après-midi, son visage avait la texture d'une écorce de citron.

— Eh bien allez-y, dit-elle sèchement, tout en déverrouillant la porte.

Elle l'ouvrit, puis elle se retourna et s'éloigna, ses talons claquant dans l'allée cimentée.

— Elle ne va pas vous mordre, lança-t-elle, par-dessus son épaule. Enfin je ne crois pas. Moi, elle m'a mordue une fois, mais elle avait, euh, des circonstances atténuantes.

Archery pénétra dans le couloir. Il y avait trois portes, mais elles étaient toutes fermées. Il toussa et dit d'une voix hésitante :

— Mrs Crilling?

L'endroit était mal aéré et silencieux. Le pasteur hésita un moment, puis il ouvrit la première porte. Derrière il y avait une chambre divisée en deux par une cloison en isorel. Il s'était demandé comment les deux femmes s'arrangeaient. À présent il savait. La pièce du milieu devait être celle où elles vivaient. Archery frappa à la porte et l'ouvrit.

Bien que les portes-fenêtres fussent entrebâillées, l'air était saturé de fumée et il y avait deux cendriers débordants de mégots sur une table à abattants. Chaque surface était couverte de papiers et de détritus, et les détritus étaient couverts de poussière. Quand Archery entra, une perruche bleue dans une cage minuscule émit toute une série de sons suraigus. La cage se balança furieusement.

Mrs Crilling portait un peignoir rose qui semblait avoir été créé pour une jeune mariée. Mais la lune de miel était finie depuis bien longtemps, se dit Archery, car le peignoir était taché, déchiré, hideux, Elle était assise dans un fauteuil, près de la fenêtre, elle regardait un petit bout de terrain clôturé sur l'arrière de la maison. On pouvait à peine appeler ça un jardin, il n'y poussait que des orties et des ronces envahies par les mouches.

— Vous n'aviez pas oublié que je venais, Mrs Crilling?

Le visage qui apparut de derrière l'oreillette du fauteuil aurait intimidé n'importe qui. Le blanc des yeux ressortait autour des pupilles noires. Tous les muscles avaient l'air tendus, raidis, comme sous l'effet de quelque douleur intérieure. Ses cheveux blancs étaient coupés comme ceux d'une adolescente, et la frange s'arrêtait au ras des pommettes acérées.

— Qui êtes-vous?

Elle s'extirpa de son fauteuil, s'accrochant à l'accoudoir, et se tourna lentement pour lui faire face. Le décolleté en V du peignoir laissait voir une vallée desséchée creusée de sillons, comme le lit d'un torrent à sec depuis longtemps.

— Nous nous sommes rencontrés au tribunal, ce matin. Vous m'avez écrit un...

Il s'interrompit. Elle avait avancé son visage jusque sous le sien, et elle l'examinait avec intensité. Puis elle recula d'un coup et partit d'un long rire caquetant auquel la perruche fit écho.

— Ça va Mrs Crilling? Je peux faire quelque chose?

Elle porta ses mains à sa gorge, et le rire se mut en une respiration sifflante.

— Mes cachets... pour l'asthme..., dit-elle, en suffoquant.

Archery était déconcerté, bouleversé, mais il tendit la main pour attraper le flacon de comprimés, derrière lui, sur le dessus de la cheminée encombré.

— Donnez-moi mes cachets, et après vous pourrez... vous pourrez ficher le camp !

— Je suis désolé si j'ai fait quelque chose qui vous a blessée.

Elle n'essaya pas de prendre un comprimé. Elle plaqua le flacon contre sa poitrine agitée de tremblements, ce qui fit cliqueter les cachets, et l'oiseau, tout en frappant les barreaux de sa cage avec ses ailes, se lança dans un crescendo affolant, moitié douleur moitié chant.

— Où est mon bébé ?

Voulait-elle parler d'Elisabeth ? Oui, sans doute.

— Elle est sortie. Je l'ai croisée sur le perron. Mrs Crilling, vous voulez que j'aille vous chercher un verre d'eau ? Ou que je vous fasse une tasse de thé ?

— Du thé ? Et qu'est-ce que je ferais d'une tasse de thé ? C'est aussi ce qu'elle m'a dit, ce matin, cette fille de la police. Venez boire une tasse de thé, Mrs Crilling. (Un spasme terrible la secoua, et elle retomba sur son fauteuil, luttant pour retrouver son souffle.) Vous... mon bébé... je pensais que vous étiez mon ami... Aaaah !

Archery avait vraiment peur à présent. Il fonça hors de la pièce jusque dans la cuisine sale, et remplit une tasse d'eau. Le rebord intérieur de la fenêtre était couvert de flacons de médicaments vides et il y avait une vieille seringue hypodermique à côté d'un compte-gouttes tout aussi dégoûtant. Quand il revint, elle respirait toujours difficilement, et elle était encore agitée de tremblements. Devait-il la forcer à prendre ses comprimés ? Oserait-il faire ça ? Sur l'étiquette du flacon il était écrit : « Mrs Crilling. Prendre deux comprimés si nécessaire. » Archery en fit tomber deux au creux de sa main, soutenant Mrs Crilling avec son autre bras, et mit les comprimés de force dans sa bouche. Il eut un frémissement de dégoût, quand elle bava au-dessus du verre.

— Immonde... méchant, marmonna-t-elle.

Il la fit à moitié glisser, à moitié rouler dans le fauteuil, puis il rapprocha les deux bords du peignoir qui bâillaient. Pris à la fois d'horreur et de pitié, il s'agenouilla près d'elle.

— Je serai votre ami, si vous le désirez, dit-il, sur un ton apaisant.

Ces mots eurent l'effet contraire de l'effet escompté. Mrs Crilling fit un effort terrible pour prendre une inspiration. Ses lèvres s'ouvrirent et Archery vit sa langue se coller à son palais.

— Pas mon ami... mon ennemi... ami de la police ! Ils ont emmené mon bébé... Je vous ai vu avec eux !

Il s'écarta d'elle, se leva. Jamais il ne l'aurait crue capable de crier après une crise d'asthme, et quand le cri sortit, aussi clair, aussi strident que celui d'un enfant, Archery se mit instinctivement les mains sur la figure.

— Ne les laissez pas l'enfermer ! Pas en prison ! Ils vont tout découvrir là-bas. Elle leur dira... mon bébé... Il faudra qu'elle leur dise !

Dans une secousse soudaine et violente, elle se dressa, la bouche ouverte, les bras battant comme des ailes mécaniques.

— Ils vont tout découvrir. Mais je la tuerai d'abord... Je la tuerai, vous m'entendez ?

Les portes-fenêtres étaient ouvertes. Archery recula en titubant jusque dans le soleil et buta contre un mur de mauvaises herbes qui piquaient. Les phrases hachées de Mrs Crilling s'étaient muées en un flot d'obscénités. Il y avait une porte dans le grillage en fil de fer entourant le jardin. Il l'ouvrit, tout en essuyant la sueur qui coulait sur son front, puis il s'enfonça dans le passage sombre et frais entre deux maisons.

— Rebonjour, monsieur. Vous n'avez pas l'air très bien. Vous souffrez de la chaleur ?

Archery était penché sur le parapet du pont, en train de respirer profondément, quand le visage de l'inspecteur apparut à côté de lui.

— Vous êtes l'inspecteur Burden, n'est-ce pas ?

Il se secoua, clignant des yeux. Le regard calme de cet homme avait quelque chose de rassurant, de même que les passants traversant le pont sans hâte, leurs sacs de courses à la main.

— Je sors juste de chez Mrs Crilling et...

— N'en dites pas plus, monsieur. Je vois tout à fait.

— Je l'ai laissée dans les affres d'une crise d'asthme. J'aurais peut-être dû aller chercher un médecin, ou faire venir une ambulance. Franchement, je ne savais pas trop quoi faire.

Il y avait une miette de pain très dure sur le dessus du parapet en pierre. Burden l'envoya dans l'eau d'une chiquenaude, et un cygne plongea la tête et le cou dans l'eau pour l'attraper.

— Tout se passe dans sa tête, vous savez, Mr Archery. J'aurais dû vous dire à quoi vous attendre. Elle vous a fait une de ses scènes, n'est-ce pas ? (Archery acquiesça d'un hochement de tête.) La prochaine fois que vous la verrez, je suis sûr qu'elle sera douce comme un agneau. Ça se manifeste comme ça chez elle : une minute elle est euphorique, la minute d'après complètement déprimée. Psychose maniaco-dépressive, c'est le terme exact. J'allais prendre une tasse de thé au *Carousel*, vous voulez venir avec moi ?

Ils remontèrent High Street ensemble. Certains magasins avaient des stores rayés aux couleurs délavées. Les ombres étaient noires comme la nuit, la lumière cruellement violente, le ciel d'un bleu méditerranéen. L'intérieur du *Carousel* était sombre, enfumé, et sentait l'insecticide.

— Deux thés, s'il vous plaît, dit Burden.

— Parlez-moi des Crilling.

— Je pourrais vous en parler longtemps, Mr Archery. À la mort de son mari, Mrs Crilling s'est retrouvée sans un sou. Alors elle a pris un travail et elle est venue habiter en ville. Elizabeth a toujours été difficile et l'attitude de sa mère n'a rien arrangé. Elle l'emmenait voir des psychiatres — ne me demandez pas avec quel argent —, et quand on l'a finalement obligée à envoyer sa fille à l'école, elle n'a pas arrêté de la changer d'établissement. Elle a été à l'institution Sainte-Catherine, à Sewingbury, pendant un moment, mais elle se faisait renvoyer de partout. À quatorze ans, elle s'est retrouvée devant le tribunal pour enfant, qui a jugé qu'elle avait besoin d'un vrai foyer et qui l'a retirée à sa mère. Mais Elizabeth a fini par revenir. C'est généralement ce qui se passe.

— Vous croyez que tout ça vient du fait qu'elle a découvert le corps de Mrs Primero ?

— Possible. (Burden leva les yeux et sourit quand la serveuse apporta le thé.) Merci beaucoup, mademoiselle. Du sucre, Mr Archery ? Non, moi non plus, merci. (Il s'éclaircit la voix et poursuivit.) Je crois que les choses auraient été différentes si elle avait eu un foyer décent. Mais Mrs Crilling a toujours été instable. Elle changeait sans arrêt de travail, jusqu'au moment où elle a travaillé dans une boutique. Je pense que la famille devait les aider. Mrs Crilling prenait régulièrement des jours de congé, officiellement à cause de son asthme, mais en vérité à cause de sa maladie : elle était folle.

— On ne peut pas l'interner ?

— Vous seriez surpris si vous saviez à quel point c'est difficile de faire interner quelqu'un. Le docteur disait que s'il la voyait piquer une crise, il pourrait obtenir un certificat d'internement d'urgence. Mais les malades mentaux sont malins. Dès que le docteur arrive, elle redevient aussi normale que vous et moi. Elle a fait un ou deux séjours à Stowerton de son plein gré. Il y a environ quatre ans, elle s'est trouvé un petit ami. Toute la ville en parlait. Elizabeth faisait des études de physiothérapie, à l'époque. Mais peu importe, le résultat de tout ça c'est que le petit ami a préféré la jeune Liz.

— « Mater pulchra, filia pulchrior », murmura Archery.

— Exactement, dit Burden. Elizabeth a laissé tomber ses études pour aller vivre avec lui. Mrs Crilling a de nouveau perdu la boule et a passé six mois à Stowerton. Quand elle est sortie, elle n'a plus cessé de harceler nos deux tourtereaux — lettres, coups de téléphones, visites impromptues. Liz ne l'a pas supporté et elle est finalement retournée chez sa mère. Le petit ami était dans la vente de voitures, et il lui a offert cette Austin Mini.

Archery soupira.

— Je ne sais pas si je devrais vous le dire, mais vous avez été très gentils avec moi, vous et Mr Wexford... (Burden sentit la culpabilité le tarauder. Avaient-ils vraiment été « gentils » ?). Mrs Crilling a dit que si Elisabeth — elle l'appelle son bébé —, allait en prison, elle pourrait vraiment aller en prison, n'est-ce pas ?

— Elle pourrait, oui.

— Elle vous dirait quelque chose, à vous ou aux autorités pénitentiaires. Comme si elle allait se sentir obligée de vous avouer quelque chose que Mrs Crilling voulait garder secret.

— Merci beaucoup, monsieur. Nous serons attentifs à ce qui pourrait se passer.

Archery finit son thé. Et soudain il eut l'impression d'être un traître. Avait-il trahi Mrs Crilling parce qu'il voulait s'assurer les faveurs de la police ?

— Je me demandais, dit-il, pour se justifier, si ça ne pourrait pas avoir un rapport avec le meurtre de Mrs Primero. Et si ç'avait été Mrs Crilling qui avait mis l'imperméable, et qui après l'avait caché ? Vous dites vous-même qu'elle est déséquilibrée. Elle était là. Elle a eu tout autant l'occasion de tuer que Painter.

Burden secoua la tête.

— Et pour quelle raison ? demanda-t-il.

— Les fous ont toujours des raisons d'agir qui échappent aux gens normaux.

— Mais à sa façon, elle adore sa fille. Jamais elle ne l'aurait emmenée avec elle.

Archery répondit, lentement :

— Au procès, elle a dit qu'elle y est allée une première fois à 6 heures 25. Mais rien ne le prouve. Imaginez qu'en fait elle y soit allée à 7 heures moins 20 alors que Painter « était déjà venu et reparti ». Après quoi elle y est retournée avec sa fille parce que personne n'aurait pu croire qu'un assassin laisserait un enfant découvrir le corps sciemment.

— Vous avez raté votre vocation, monsieur, dit Burden, en se levant. Vous auriez dû être flic. Vous seriez superintendant aujourd'hui.

— Je me laisse emporter par mon imagination, dit Archery.

Et pour éviter qu'on ne le taquine à nouveau, il s'empressa de changer de sujet.

— Est-ce que par hasard vous connaîtriez les heures de visite de l'hôpital de Stowerton ?

— Alice Flower est la prochaine sur la liste, n'est-ce pas ? À votre place, je passerais d'abord un coup de fil à l'infirmière en chef. Les visites sont de 7 heures à 7 heures et demie.

8

Les jours de notre vie se montent à soixante et dix ans; et même si les hommes sont assez forts pour atteindre les quatre et vingt années, leur force n'est alors que peine et douleur.
Psaume 90.

Alice Flower avait quatre-vingt-sept ans, presque l'âge de sa patronne quand celle-ci avait été tuée. Toute une série d'attaques avaient ébranlé sa vieille charpente, mais la maison était solide et bien bâtie. C'était une structure sans fioritures. Une structure faite pour résister au vent et au mauvais temps.

Elle était allongée sur un lit étroit et haut, dans une salle baptisée « Chèvrefeuille ». La salle était pleine de vieilles dames comme elle, allongées dans les mêmes lits. Elles avaient des visages propres et roses, des cheveux blancs au milieu desquels apparaissaient parfois des bouts de cuir chevelu rose. Il y avait au moins deux vases de fleurs au chevet de chaque lit à roulettes, tribut à la mauvaise conscience de ceux qui n'avaient qu'à s'asseoir et à papoter, au lieu de vider des bassins et de soigner des escarres.

— Une visite pour vous, Alice, dit la sœur. Inutile d'essayer de lui serrer la main. Elle ne peut pas bouger ses mains, mais elle entend parfaitement bien et peut vous tenir de grands discours.

Le regard d'Archery flamboya d'une haine bien peu chrétienne. Si la sœur le remarqua elle n'en laissa rien paraître.

— On aime bien tailler une bavette, hein Alice? Voici le Révérend Archery. (Le titre le fit tiquer, puis il se rapprocha du lit.)

— Bonsoir, monsieur.

Elle avait un visage carré, à la peau profondément ridée. L'un des coins de sa bouche était complètement tiré vers le bas par la paralysie des nerfs moteurs, ce qui obligeait sa mâchoire inférieure à s'avancer exagérément. Archery vit qu'elle avait de fausses dents trop grandes. La sœur s'agitait autour du lit, remontait la chemise de nuit de la vieille servante sur son cou, disposait absurdement ses deux mains inutiles sur le rabat du drap. C'était très dur pour Archery, de devoir regarder ces mains. Le travail les avait déformées, elles avaient gonflé sous l'effet de la maladie et des œdèmes, qui avaient blanchi la peau. Et désormais elles ressemblaient aux mains d'un bébé contrefait. Archery se sentit ému et envahi par la pitié.

— Ça vous ennuierait de me parler de Mrs Primero, miss Flower ? demanda-t-il gentiment, tout en s'asseyant doucement sur la chaise.

— Évidemment que non, dit la sœur. Elle adore ça.

Archery ne put en supporter davantage.

— C'est une conversation privée, alors si ça ne vous ennuie pas...

— Privée ! Une histoire que toute la salle connaît par cœur ! dit la sœur. (Puis elle partit d'un air vexé, robot crissant bleu marine et blanc.)

Alice Flower avait la voix rauque et cassée. Toute une série d'attaques d'apoplexie avaient abîmé les muscles de son cou et ses cordes vocales. Mais son accent était agréable, un accent contracté dans les chambres des enfants et dans les cuisines de gens cultivés, pensa Archery.

— Que vouliez-vous savoir, monsieur ?

— Tout d'abord, j'aimerais que vous me parliez de la famille Primero.

— Oh, ça c'est facile. Je me suis toujours intéressée à eux. (Elle eut une petite toux sèche, et tourna la tête de façon à cacher le côté tordu de sa bouche.) Je suis arrivée chez Mrs Primero quand le garçon est né...

— Le garçon ?

— Mr Edward, son fils unique.

Ah, se dit Archery, le père du riche Roger et de ses sœurs.

— C'était un garçon charmant, et nous nous sommes toujours très bien entendus. Je crois que ça nous a fait vieillir d'un coup, sa mère et moi, quand il est mort. Mais il avait eu le temps de fonder une famille, grâce à Dieu, et Mr Roger est le portrait tout craché de son père.

— J'imagine que Mr Edward lui a laissé une belle fortune, n'est-ce pas ?

— Oh, non, monsieur, hélas non. Le vieux Dr Primero a laissé son argent à Madame, étant donné que Mr Edward avait des affaires qui marchaient très bien. Mais il a tout perdu dans une affaire, à Londres, et quand il est mort, Mrs Edward et les trois enfants étaient plutôt dans la gêne. (Elle toussa à nouveau, ce qui fit tressaillir Archery.) Madame a proposé de les aider — non pas qu'elle eût trop pour elle — mais Mrs Edward avait une telle fierté, qu'elle n'a pas voulu accepter un seul penny de sa belle-mère. Je ne saurai jamais comment elle s'est débrouillée. Ils étaient trois, vous voyez. Mr Roger, qui était l'aîné, et puis les deux petites, tellement plus jeunes que leur frère, mais très rapprochées, si vous voyez ce que je veux dire. Elles ne devaient pas avoir plus d'un an et demi de différence.

Elle laissa reposer sa tête contre l'oreiller et se mordit la lèvre, comme si elle essayait de la remettre en place.

— Angela était la plus vieille des deux. Le temps passe si vite qu'elle doit avoir vingt-six ans maintenant. Puis il y avait Isabel, à qui on avait donné le prénom de Madame. Elles étaient encore bébés quand leur père est mort, et il s'est passé des années avant qu'on ne les revoie.

» C'était très dur pour Madame, je peux vous le dire, de ne pas savoir ce qu'était devenu Mr Roger. Et puis un jour, comme ça, il est venu à *La Parcelle du Vainqueur*. Imaginez, il vivait dans une chambre meublée, à Sewingbury, juste à côté, il était avocat stagiaire dans un grand cabinet. C'était un ami de Mrs Edward qui l'avait fait rentrer. Il ignorait complètement que sa grand-mère était vivante, et en plus à Kingsmarkham, et c'est en cherchant quelqu'un dans l'annuaire qu'il a vu par hasard : Mrs Rose Primero, *La Parcelle du Vainqueur*. Il est venu une fois, et après, plus rien ne l'a arrêté. Non pas que nous avions jamais voulu l'en empêcher. Il venait pratiquement tous les dimanches, et une ou deux fois il a amené ses petites sœurs avec lui, de Londres. Elles étaient sages comme des images.

» Mr Roger et Madame s'amusaient bien ensemble. Ils sortaient les vieilles photos et elle lui en racontait, des histoires ! (Elle s'interrompit brusquement et Archery vit la vieille figure gonfler et devenir violette.) Ça nous changeait d'avoir chez nous un jeune homme si courtois, après ce Painter. (Sa voix se mua en cri aigu et sifflant.) Cette horrible bête meurtrière !

Dans la rangée de lit en face, une vieille dame sourit d'un sourire sans dents, comme si elle avait déjà entendu cette histoire de nombreuses fois. Une histoire que toute la salle connaît par cœur, avait dit la sœur.

Archery se pencha vers Alice Flower.

— Ça a été un jour affreux, miss Flower, que celui de la mort de Mrs Primero. (Les yeux ardents, rouges et humides papillotèrent.) Je suppose que vous ne l'oublierez jamais...

— Je m'en souviendrai jusqu'à ma mort.

Peut-être pensa-t-elle alors à ce corps inutile, qui avait été un instrument si précis et qui était déjà aux trois quarts mort.

— Pourriez-vous m'en parler ?

À peine avait-il dit cela, qu'il réalisa qu'elle avait vraiment dû raconter cette histoire un nombre incroyable de fois. Sans doute les vieilles dames n'étaient-elles pas toutes complètement grabataires, et parfois le soir certaines venaient-elles s'asseoir autour du lit d'Alice Flower. Une histoire, pensa-t-il, pour arracher les enfants à leurs jeux et tirer les vieilles dames du coin du feu.

— C'était le diable, dit-elle. Il était abominable. J'avais peur de lui, mais je ne lui ai jamais montré. Tout prendre et ne rien donner, telle était sa devise. Six livres, c'est tout ce que je gagnais moi, quand j'ai pris du service pour la première fois. Lui, il avait sa maison et ses gages, et une belle voiture à conduire. Il y a des gens qui veulent la lune. On aurait pu croire qu'un jeune et grand gaillard comme lui n'aurait été que trop content de rentrer le charbon pour une vieille dame, eh bien non, pas lui, pas Bert Painter. Painter la Bête, je l'appelais.

» Ce samedi soir-là, comme il ne venait toujours pas, Madame a dû rester assise dans ce froid glacial. Laissez-moi y aller et lui parler, Madame, je lui ai dit, mais elle n'a pas voulu. On peut attendre demain matin, Alice, a-t-elle dit. Et je me suis dit des dizaines de fois depuis, que si il était venu ce soir-là, j'aurais été avec eux, et qu'il n'aurait pas pu mentir après.

— Mais il est venu le lendemain matin, miss Flower...

— Elle lui a dit clairement ce qu'elle avait à lui dire. Je l'ai entendue lui passer un savon.

— Qu'est-ce que vous étiez en train de faire à ce moment-là ?

— Moi ? Quand il est arrivé la première fois, j'étais en train d'éplucher les légumes pour le déjeuner de Madame. Puis j'ai mis la viande dans le four. Ils m'ont demandé tout ça, au tribunal, à Londres, c'était le vieux Bailey. (Elle s'interrompit et il y avait de la suspicion dans le regard qu'elle lui lança.) Vous écrivez un livre sur tout ça, n'est-ce pas monsieur ?

— Quelque chose comme ça, dit Archery.

— Ils voulaient savoir si j'étais sûre d'entendre vraiment bien. Je peux vous dire que j'entendais mieux que ce juge. Et si j'avais été dure d'oreille, on aurait pu tous partir en fumée, ce matin-là.

— Comment ça ?

— Painter la Bête était dans le salon avec Madame, et j'étais allée chercher le vinaigre dans le cellier, pour la sauce à la menthe, quand tout à coup j'entends un ploc et un grésillement. C'est ce vieux four, je me dis, et c'était bien ça. Je suis retournée vite fait dans la cuisine et j'ai ouvert la porte du four. L'une des pommes de terre avait sauté en quelque sorte, et elle était retombée sur le feu. C'était tout en flammes, ça grésillait et ça grondait comme un moteur à vapeur. J'ai tout de suite fermé le gaz et puis j'ai fait une chose idiote. J'ai versé de l'eau sur le feu. J'aurais quand même dû savoir qu'on fait pas ça, vu l'âge que j'avais. Oh ! le boucan, et la fumée ! On ne s'entendait plus penser.

Rien de tel n'avait été mentionné dans la transcription du procès. Tout excité, Archery retint sa respiration. « On ne s'entendait plus penser... » Quand on suffoque dans la fumée, les tympans vibrant sous l'effet d'un sifflement, on peut très bien ne pas entendre un homme monter au premier, fouiller dans une chambre, et redescendre. La déposition d'Alice à ce propos avait été primordiale. Car si Painter s'était vu offrir deux cents livres le matin par Mrs Primero, quelle raison aurait-il eu de la tuer le même soir ?

— Alors nous avons déjeuné, et Mr Roger est venu. Ma pauvre vieille jambe me faisait souffrir, car je m'étais cognée la veille au soir, en allant chercher quelques bûches, puisque Painter la Bête était sorti. Mr Roger a été si gentil, il n'a pas arrêté de me demander s'il pouvait faire quelque chose, la vaisselle, ou autre chose. Mais ce n'est pas à un homme de faire ça, et je dis toujours que tant qu'on peut, il vaut mieux ne pas s'arrêter.

— Il devait être 5 heures et demie quand Mr Roger a dit qu'il devait partir. J'avais une énorme vaisselle à faire, et je me demandais si la Bête allait venir, comme elle l'avait promis. « Je vais y aller, Alice, mais ne vous dérangez pas », a dit

Mr Roger, et il est venu me dire au revoir dans la cuisine. Madame faisait un petit somme dans le salon, Dieu ait son âme. C'est le dernier petit somme qu'elle aura fait avant de sombrer dans le grand sommeil. (Déconcerté, Archery vit deux larmes embuer le regard de la vieille dame, et couler sans retenue le long des joues affaissées et ridées.) J'ai dit « Au revoir, cher Mr Roger, à dimanche prochain », puis je l'ai entendu fermer la porte d'entrée. Madame dormait comme un bébé, sans se douter que ce loup vorace était tapi dans l'ombre à l'attendre.

— Ce n'est pas la peine de vous faire du mal, miss Flower, dit Archery.

Ne sachant trop quoi faire il opta pour la gentillesse, sortit son mouchoir blanc tout propre, et essuya les joues humides.

— Merci, monsieur. Je crois que ça va aller, maintenant. On se sent vraiment bête quand on ne peut même pas essuyer ses propres larmes. (Le pauvre sourire de travers faisait presque plus peine à voir que les larmes.) Où en étais-je ? Ah oui. Je suis partie à l'église, et j'étais à peine sortie, que j'ai vu Mrs Crilling arriver, encore pour fourrer son nez...

— Je sais ce qui est arrivé ensuite, miss Flower, dit Archery très gentiment. Parlez-moi de Mrs Crilling. Est-ce qu'elle vient parfois vous voir ?

Alice Flower eut une espèce de reniflement dégoûté, qui aurait été comique chez une personne en bonne santé.

— Non, monsieur. Elle s'est bien gardée de se retrouver sur mon chemin depuis le procès. J'en sais trop sur elle, à son goût. La meilleure amie de Madame, allez donc ! Elle essayait de mettre sa fille dans les petits papiers de Madame, parce qu'elle pensait que Madame lui laisserait quelque chose quand elle nous quitterait.

Archery se rapprocha du lit, priant pour que la sonnerie annonçant la fin des visites ne retentît pas.

— Mais Mrs Primero n'avait pas fait de testament.

— Non, monsieur, et c'est bien ce qui tracassait cette maligne de Crilling. Elle venait me voir dans ma cuisine quand Madame dormait, et elle me disait : « Alice, nous devrions convaincre cette chère Mrs Primero de faire son testament. C'est notre devoir, Alice, c'est écrit dans le livre de prières. »

— Vraiment ?

Alice le regarda, l'air à la fois choqué et suffisant.

— Mais oui, monsieur. Il est écrit : « On devrait souvent rappeler aux hommes de prendre des dispositions, tant qu'ils sont en bonne santé, pour mettre leurs biens matériels en ordre. » Cela dit, je ne suis pas d'accord avec tout ce qu'il y a dans le livre de prières, pas s'il s'agit de forcer la volonté des autres, sauf votre respect, monsieur. « C'est dans votre intérêt à vous aussi, Alice, » me disait-elle. « Vous allez vous retrouver à la rue, quand elle va nous quitter. »

» Mais Madame n'a pas voulu faire de testament. Tout irait à ses héritiers, disait-elle, ses héritiers étant Mr Roger et les petites filles. Sa fortune allait leur revenir automatiquement, sans toutes ces histoires d'avocats et de dernières volontés.

— Mr Roger n'a pas essayé de lui faire faire son testament ?

— C'est quelqu'un de bien Mr Roger. Quand Painter la Bête a fait son sale travail d'assassin et que cette pauvre Madame a été morte, Mr Roger a touché sa petite part d'héritage — un peu plus de trois mille livres, c'était. « Je vais m'occuper de vous, Alice », il m'a dit. Et il l'a fait. Il m'a trouvé une belle chambre à Kingsmarkham, et il m'a donné deux livres par semaine en plus de ma pension. Il faisait des affaires, alors, et il m'a dit que plutôt que de me donner une grosse somme, il me verserait une petite rente, Dieu le bénisse, sur ses bénéfices.

— Des affaires ? Je croyais qu'il était avocat.

— Il a toujours voulu faire des affaires. Je ne sais pas quels en étaient les tenants et les aboutissants, mais un jour il est venu voir Madame, — ça devait être deux ou trois semaines avant sa mort — et lui a dit qu'un de ses amis le prendrait comme associé, s'il pouvait mettre dix mille livres. « Je sais qu'il n'y a pas le moindre espoir », a-t-il dit, « et que ce n'est qu'un château en Espagne, Granny Rose. » « En tout cas ce ne serait pas une bonne idée de compter sur moi », a dit Madame. « Dix mille livres c'est tout ce que j'ai pour vivre, et elles sont converties en actions Woodworth. Tu auras ta part quand je m'en irai. » Je vous avoue, monsieur, qu'à ce moment-là j'ai pensé que si Mr Roger voulait rouler ses deux petites sœurs, il pouvait essayer d'embobiner Madame pour qu'elle fasse ce testament et qu'elle lui laisse le tout. Mais il ne l'a pas fait, il n'en a plus jamais reparlé, et il a toujours fait en sorte d'amener les deux petites avec lui chaque fois qu'il le pouvait.

Et puis Painter la Bête a tué Madame, et l'argent est allé à qui elle voulait, à eux trois.

» Mr Roger s'en sort très bien, maintenant, très très bien même, et il vient me voir régulièrement. Je pense qu'il s'est débrouillé pour obtenir ses dix mille livres autrement, ou peut-être qu'un autre de ses amis est venu lui proposer une affaire. Ce n'était pas à moi de lui demander, vous comprenez.

Un homme bien, pensa Archery, un homme qui avait eu besoin d'argent, peut-être désespérément, mais qui n'avait rien voulu faire de vil pour en avoir ; un homme qui subvenait aux besoins de la domestique de feu sa grand-mère, alors qu'il se battait pour essayer de faire marcher une affaire, et qui, seize ans après, continuait à rendre visite à cette vieille domestique, un homme qui sans nul doute écoutait patiemment la même histoire depuis des années. Un homme vraiment bien, oui. S'il considérait l'amour, les louanges et le respect comme une récompense, alors il était récompensé.

— Si vous deviez voir Mr Roger, monsieur, si vous le voyiez pour l'histoire que vous êtes en train d'écrire, voudriez-vous lui transmettre mes amitiés ?

— Je n'oublierai pas, miss Flower. (Il posa sa main sur la main inerte de la vieille dame et la pressa.) Au revoir et merci. « Tu as bien accompli ton travail, bonne et fidèle servante. »

Il était plus de 8 heures, quand Mr Archery arriva à l'*Olive and Dove*. Et quand il entra dans la salle à manger, à 8 heures et quart, le maître d'hôtel lui lança un regard furieux. Archery regarda la salle vide, les chaises alignées contre les murs.

— Il y a un bal, ce soir, monsieur. Et nous avons demandé à tous nos clients de bien vouloir dîner à 7 heures pile. Mais je pense que nous devrions pouvoir vous trouver quelque chose. Si vous voulez bien me suivre.

Archery le suivit jusque dans le plus petit des deux salons qui jouxtaient la salle à manger. Les tables avaient été entassées là, et les gens avalaient rapidement leur repas. Archery commanda, puis il regarda, par les portes vitrées, l'orchestre s'installer sur l'estrade.

Comment allait-il passer cette longue et chaude soirée d'été ? Le bal durerait sans doute jusqu'à minuit et demi ou 1 heure, et l'hôtel serait insupportable. Une petite promenade tranquille semblait être la chose la plus évidente à faire. Il pouvait aussi prendre la voiture et aller jeter un coup d'œil à *La Parcelle du Vainqueur*. Le serveur revint avec le bœuf braisé qu'il avait commandé, et Archery, résolument économe, demanda un verre d'eau.

Il était plutôt tranquille, dans ce petit renfoncement, à au moins deux mètres de la table d'à côté, et il sursauta en sentant quelque chose de doux et pelucheux frôler sa jambe. Il recula, baissa le bras, souleva la nappe, et rencontra deux yeux brillants appartenant à une tête laineuse et dorée.

— Salut, chien, dit-il.

— Oh, je suis désolée. Il vous embête ?

Archery leva les yeux et la vit, debout à côté de lui. De toute évidence, ils venaient juste d'arriver : elle, l'homme aux yeux miroitants, et un autre couple.

— Mais pas du tout. (Et soudain il perdit son habituelle pondération et se retrouva en train de balbutier :) Ça ne me dérange vraiment pas. J'adore les animaux.

— Vous étiez là pour le déjeuner, n'est-ce pas ? Je crois qu'il vous a reconnu. Sors de là, Chien. Il n'a pas de nom. Nous l'appelons Chien parce que c'en est un, et que c'est aussi bien comme nom que Jock ou Gyp, ou je ne sais quoi. Quand vous avez dit « Salut, chien, » il vous a pris pour un ami. Il est très intelligent.

— J'en suis sûr.

Elle prit le petit caniche dans ses bras, et le tint contre la dentelle beige de sa robe. Maintenant qu'elle ne portait plus de chapeau, Archery vit qu'elle avait une très belle forme de tête, le sourcil haut et bien dessiné. Le maître d'hôtel accourut à petits pas, maniéré, plus du tout énervé.

— Alors, vous revoilà, Louis, dit avec chaleur l'homme aux yeux miroitants. Ma femme a eu envie de venir à votre petite sauterie, mais il faut qu'on dîne rapidement avant.

Ainsi ils étaient mariés, ces deux-là. Pourquoi n'y avait-il pas pensé plus tôt, et surtout pourquoi cela lui causait-il ce vague désarroi ?

— Nos amis ici présents ont un train à prendre, alors si vous pouviez user de votre habituelle diligence, nous vous en serions éternellement reconnaissants.

Les deux couples s'assirent à table. Le petit chien traînait entre les jambes des dîneurs, récupérant les miettes de pain. Archery ne put que constater, légèrement amusé, la rapidité avec laquelle on leur apporta leur dîner. Ils avaient tous pris des plats différents, mais on ne les fit pratiquement pas attendre, sans pour autant montrer de précipitation. Archery s'attarda sur son café et son petit morceau de fromage. Il ne devait gêner personne, dans son petit coin. Les gens arrivaient pour danser, à présent, passant devant sa table et laissant une légère odeur de cigare et de parfum fleuri sur leur passage. Dans la salle à manger — à présent salle de bal —, on avait ouvert les portes donnant sur le jardin, et les couples se tenaient sur la terrasse, écoutant la musique dans la douceur de cette soirée d'été.

Le petit chien s'était assis au seuil de la terrasse, et il regardait les danseurs, l'air de s'ennuyer.

— Viens ici, Chien, dit son propriétaire. Je vais vous emmener à la gare, George, poursuivit-il. Mais nous n'avons que dix minutes, alors remuez-vous ! (Il semblait posséder toute une gamme d'expressions, pour demander aux gens de se hâter.) Tu n'as pas besoin de venir, chérie. Finis ton café.

La table était voilée de fumée. Ils avaient fumé sans discontinuer. L'homme aux yeux miroitants ne serait sans doute pas parti plus d'une demi-heure, mais il se pencha et embrassa sa femme. Elle lui sourit, alluma une nouvelle cigarette. Quand ils furent partis, elle et Archery se retrouvèrent seuls. Elle s'installa sur la chaise de son mari, d'où elle pouvait voir les danseurs qu'elle semblait d'ailleurs connaître, pour la plupart, car elle leur faisait de temps à autre un signe de la main, accompagné de petits hochements de tête, comme pour leur promettre de se joindre très vite à eux.

Archery se sentit seul, tout à coup. Il ne connaissait personne ici, excepté deux policiers plutôt hostiles. Son séjour pouvait très bien durer deux semaines. Pourquoi n'avait-il pas demandé à Mary de l'accompagner? Ça lui aurait fait des vacances, un petit changement, et Dieu sait qu'elle en avait besoin. Dans une minute, dès qu'il aurait fini son deuxième café, il monterait lui téléphoner.

La voix de la jeune femme le fit sursauter.

— Ça vous ennuie si je vous prends votre cendrier? Les nôtres sont tous pleins.

— Bien sûr que non. Prenez-le.

Il souleva le lourd cendrier en verre, et en le lui tendant, le bout frais des doigts fins de la jeune femme touchèrent les siens. La main était petite, comme celle d'une enfant, avec des ongles courts et non vernis.

— Je ne fume pas, ajouta-t-il, plutôt sottement.

— Vous restez ici longtemps ? (Sa voix était douce et claire, et pourtant celle d'une femme mûre.)

— Juste quelques jours.

— Je vous demandais ça, parce qu'on vient souvent ici, et c'est la première fois que je vous vois. La plupart des gens sont des habitués. (Elle éteignit soigneusement sa cigarette, l'écrasant jusqu'à ce que la dernière étincelle rouge eût disparu.) Il n'y a qu'un bal par mois, et on vient chaque fois. J'adore danser.

Par la suite, Archery s'était demandé ce qui avait bien pu le pousser, lui, un pasteur de presque cinquante ans, à dire ce qu'il avait dit. Peut-être étaient-ce ces senteurs mêlées, la nuit qui, peu à peu, se posait sur les lieux, ou tout simplement le fait qu'il se retrouvait là tout seul, coupé de son environnement habituel, coupé de son identité en quelque sorte.

— Voulez-vous danser ?

L'orchestre jouait une valse. Archery était sûr de pouvoir danser la valse. Vous n'aviez qu'à faire un deux trois avec vos pieds, sur une sorte de triangle. Et pourtant, tout cela le fit rougir. Qu'allait-elle penser de lui, un homme de son âge ? Elle pourrait penser qu'il faisait ce que Charles appelait « draguer ».

— Avec plaisir, dit-elle.

Hormis Mary et la sœur de Mary, c'était la seule femme avec laquelle il dansait depuis vingt ans. Il était si timide, et si tétanisé par l'énormité de ce qu'il était en train de faire, que pendant quelques instants il n'entendit pas la musique et ne vit pas les cent personnes, ou à peu près, qui tournaient autour de la piste. Et elle fut dans ses bras, cette créature si légère, toute de dentelle et de parfum subtil, dont le corps, qui touchait si incongrûment le sien, était fluide et ténu comme une brume d'été. Il avait l'impression de rêver, et à cause de ça, de cette absolue irréalité, il oublia ses pieds, ce qu'il était censé leur faire faire, et bougea tout simplement avec cette inconnue, comme si lui, elle, et la musique ne faisaient qu'un.

— Je ne suis pas très doué pour ce genre de choses, dit-il, quand il retrouva sa voix. Il faudra que vous soyez indulgente avec moi.

Il était tellement plus grand qu'elle, qu'elle dut lever son visage vers lui.

Elle sourit.

— Difficile de faire la conversation quand on danse, non ? Je ne sais jamais quoi dire, mais on est obligé de dire quelque chose.

— Comme : « La piste est bien, vous ne trouvez pas ? »

Étrange, cette phrase lui revenait spontanément, de l'époque où il était étudiant.

— Ou : « Vous valsez à l'envers ? » C'est vraiment absurde. Mais on est là en train de danser, et je ne sais même pas comment vous vous appelez. (Elle eut un petit rire désapprobateur.) C'est presque immoral.

— Je m'appelle Henry Archery.

— Ravie de faire votre connaissance, Henry Archery, dit-elle, solennellement. (Puis, alors qu'ils pénétraient dans un îlot de lumière lunaire elle le regarda droit dans les yeux, le clair de lune illuminant son visage.) Vous ne me reconnaissez vraiment pas, hein ? (Il fit non de la tête, en se demandant s'il n'avait pas commis quelque terrible indélicatesse. Elle eut un soupir moqueur.) Et voilà ce que c'est que la célébrité ! Imogen Ide. Ça évoque quelque chose pour vous ?

— Je suis terriblement désolé.

— C'est sûr que vous n'avez pas l'air de quelqu'un qui passe son temps à feuilleter des magazines de mode. Avant de me marier, j'étais ce qu'on appelle un top model. Le visage le plus photographié d'Angleterre.

Il ne savait vraiment pas quoi dire. Toutes les choses qui lui venaient à l'esprit avaient un rapport avec son extraordinaire beauté, et les dire tout haut eût été inconvenant. Sentant son embarras, elle éclata de rire, mais c'était un rire convivial, chaleureux, gentil.

Il baissa les yeux vers elle et lui sourit. Puis, par-dessus l'épaule de la jeune femme, il aperçut un visage familier. L'inspecteur-chef Wexford venait d'arriver sur la piste avec une femme un peu forte mais assez belle, et un jeune couple. Sa femme, sa fille, et le fils de l'architecte, se dit Archery, pris d'une soudaine angoisse. Il les regarda s'asseoir, et juste au moment où il allait détourner les yeux, son regard croisa celui de Wexford. Les sourires qu'ils échangèrent n'étaient pas du tout les mêmes, Archery se sentit gêné, et ça lui donna chaud.

Quant à Wexford, il eut un sourire un tantinet moqueur, comme s'il pensait que danser était une chose frivole, qui n'allait pas avec la quête d'Archery. Celui-ci détourna les yeux brusquement, pour reporter son regard sur sa partenaire.

— Je crains de ne lire qu'un seul journal, le *Times*, dit-il, et aussitôt il eut conscience du côté snob de ses propos.

— On a parlé de moi dans le *Times*, une fois, dit-elle. Oh, il n'y avait pas ma photo. C'était dans la rubrique judiciaire. Quelqu'un avait mentionné mon nom dans une affaire, et le juge avait dit : « Qui est Imogen Ide ? »

— C'est vraiment la gloire, ça.

— J'ai toujours la coupure de journal.

La musique, qui jusqu'à présent avait été si fluide, et mélodieuse comme une berceuse, se mua en un tempo effrayant grondant sous les percussions.

— Je n'ai pas la moindre chance de pouvoir danser là-dessus, dit-il, désespérément.

Il la lâcha très vite, là, au milieu de la piste.

— Aucune importance. Et quoi qu'il en soit je vous remercie vraiment. Ç'a été un plaisir.

— Pour moi aussi, vraiment.

Ils se frayèrent un passage entre des couples qui bondissaient et avaient des mouvements saccadés, comme des sauvages. Elle lui tenait la main, et il pouvait difficilement l'enlever sans paraître impoli.

— Voilà mon mari. Voulez-vous passer la soirée avec nous, si vous n'avez rien d'autre à faire ?

L'homme qui s'appelait Ide, venait vers eux en souriant. Son visage olivâtre et sans aspérités, ses cheveux noirs sans vie, et sa mise exagérément soignée, lui donnaient l'allure d'un personnage de cire. Et Archery se dit que si on tombait sur lui chez Madame Tussaud, la vieille méprise bien connue du visiteur qui prend un homme de cire pour un gardien en chair et en os, serait ici inversée : vous passeriez devant lui en le prenant pour l'un des personnages du musée.

— Chéri, je te présente Mr Archery. Je lui ai dit qu'il devrait rester avec nous. C'est une si belle soirée.

— Bonne idée. Je vous offre un verre, Mr Archery ?

— Merci, non. (Archery se retrouva en train de serrer des mains, et se surprit à fantasmer sur le fait qu'Ide avait la main chaude.) Il faut que j'y aille dit-il. Je dois téléphoner à ma femme.

— J'espère que nous vous reverrons, dit Imogen Ide. J'ai beaucoup aimé cette danse.

Elle prit la main de son mari, et ils s'éloignèrent jusqu'au centre de la piste, où leurs corps et leurs pas s'adaptèrent à ce rythme compliqué. Archery monta dans sa chambre, à l'étage. Tout d'abord il avait pensé que la musique le gênerait, mais là dans ce crépuscule violet, c'était enchanteur, cela réveillait en lui des désirs indéfinis. Il restait debout à la fenêtre, regardant le ciel et ses longues traînées de nuages duveteuses, roses comme des pétales de cyclamen, mais moins substantielles. La musique s'était adoucie, comme pour s'harmoniser avec ce ciel tranquille, et il aurait pu s'agir des premières mesures de l'ouverture de quelque opéra pastoral.

Archery s'assit sur le lit et mit la main sur le téléphone. Sa main resta là, immobile, pendant plusieurs minutes. Pourquoi appeler Mary alors qu'il n'avait rien à lui dire, ni même le moindre projet pour le lendemain ? Il ressentit un dégoût subit pour Thringford et ses petits événements mesquins. Il avait vécu si longtemps dans un univers si étriqué, et à l'extérieur, pendant tout ce temps, il y avait eu le monde, le monde qui avait palpité sans lui.

De l'endroit où il était assis il ne voyait que le ciel, des continents brisés et des îles sur une mer d'azur. « Là, nous resterons assis et nous laisserons la musique s'insinuer dans nos oreilles... » Il ôta sa main du téléphone et s'étendit sur le lit, en ne pensant à rien.

9

Les mots qui sortaient de sa bouche étaient plus onctueux que du beurre, car il avait la guerre au cœur : ses paroles étaient plus douces que l'huile, mais n'étaient que des épées.
Psaume 55.

— J'imagine qu'il n'y a rien derrière.

— Derrière quoi, Mike ? Derrière cette idée que Liz Crilling aurait quelque noir secret que sa mère ne voudrait pas qu'on lui fasse cracher ?

Burden baissa les stores sur la lumière violente du matin.

— Ces Crilling me mettent toujours mal à l'aise, dit-il.

— Elles ne sont pas plus bizarres que la moitié de nos clients, dit Wexford, avec désinvolture. Liz ira aux assises. Ne serait-ce que parce que sa mère n'arrivera pas à soutirer mille livres à son beau-frère, ou à celui qui les entretient, qui que ce soit. Et si elle a quelque chose à nous dire, elle nous le dira.

Burden, bien qu'ayant l'air de s'excuser, n'en demeurait pas moins obstiné.

— Je ne peux m'empêcher de penser que ça a un rapport avec Painter, dit-il.

Wexford, qui feuilletait un gros annuaire professionnel à couverture orange, le balança sur la table avec un bang délibéré.

— Bon Dieu, ça commence à suffire ! Mais qu'est-ce que c'est à la fin, une conspiration qui vise à prouver que je fais mal mon travail ?

— Je suis désolé, monsieur, vous savez bien que ce n'est pas ça que je voulais dire.

— Je ne sais rien du tout, Mike. Ou plutôt si : je sais que l'affaire Painter était une affaire classée, et que personne n'a jamais eu le moindre espoir de prouver qu'il n'était pas coupable.

Il se calma peu à peu, puis il appliqua ses grandes mains, doigts écartés, tels deux énormes éventails implacables, sur la couverture de l'annuaire.

— Allez donc interroger Liz, et essayez de la faire parler par tous les moyens. Ou demandez à Archery de le faire à votre place. C'est un tombeur, celui-là.

— Vraiment? Et qu'est-ce qui vous fait dire ça?

— Peu importe. Moi, j'ai du travail, si vous, vous n'en avez pas, dit Wexford. Et j'en ai plus qu'assez qu'on me rebatte les oreilles avec Painter du matin au soir.

Archery avait dormi d'un sommeil profond et sans rêves. Sans doute parce qu'il avait épuisé tous ses rêves la veille, durant la journée. Le téléphone le sortit de sa torpeur. C'était sa femme.

— Désolée de t'appeler si tôt, chéri, mais j'ai encore reçu une lettre de Charles.

Il y avait une tasse de thé froid près du lit. Archery se demanda depuis combien de temps elle était là. Il regarda sa montre et vit qu'il était 9 heures.

— Ce n'est pas grave. Comment vas-tu?

— Pas trop mal. On dirait que t'es encore au lit.

Archery eut une espèce de grognement.

— Bon, écoute. Charles rentre demain et il dit qu'il ira directement à Kingsmarkham.

— Il « rentre » demain?

— Oh, il ne va rater que les trois derniers jours du trimestre. Ça n'a pas grande importance.

— Tant qu'il ne s'engage pas sur la mauvaise pente. Il va venir à l'*Olive*?

— Évidemment. Il faut bien qu'il dorme quelque part. Je sais que c'est cher, chéri, mais il s'est trouvé un travail pour août et septembre quelque chose dans une brasserie. Ça a l'air atroce, mais il va gagner seize livres par semaine, et il dit qu'il te remboursera.

— J'ignorais que j'avais donné l'impression à mon fils d'être avare.

— Mais ce n'est pas ce qu'il a voulu dire. Tu es vraiment susceptible ce matin...

Après qu'elle eut raccroché, il garda le combiné un moment dans la main. Il se demanda pourquoi il n'avait pas dit à sa femme de venir le rejoindre également. Hier soir, il en avait bien eu l'intention, et voilà que maintenant... Évidemment, il était si endormi pendant qu'elle parlait, qu'il s'était à peine rendu compte de ce qu'il disait. La voix de l'opératrice interrompit le cours de ses pensées.

— Vous avez fini, ou vous désirez un autre numéro?

— J'ai fini, merci.

Les petites maisons aux murs sablonneux de Glebe Road, semblaient avoir été décolorées et desséchées par le soleil. Ce matin-là, elles ressemblaient encore plus que d'habitude à des maisons du désert, entourées chacune de sa petite oasis anémique.

Burden alla d'abord au numéro cent deux. Une vieille connaissance à lui vivait là, un homme au casier judiciaire plutôt chargé, et à l'humour plutôt lourd, que certains appelaient Monkey Matthews. Il était plus que probable que Monkey avait fabriqué la bombe-maison — un étrange mélange de sucre et de désherbant fourrés dans une bouteille de whisky, qu'une blonde de petite vertu avait reçu le matin même avec son courrier. La bombe n'avait fait qu'abîmer l'entrée de l'appartement de la fille, alors qu'elle était encore au lit avec son amant du moment, mais Burden trouvait qu'on pouvait tout de même considérer ça comme une tentative de meurtre.

Il frappa, puis sonna, tout en étant sûr que la sonnette ne marchait pas. Alors il fit le tour par derrière, et se retrouva plongé jusqu'aux chevilles dans les ordures, les roues de landaus, les vieux vêtements, les vieux journaux et les bouteilles vides. Il jeta un coup d'œil à l'intérieur, par la fenêtre de la cuisine. Il y avait une boîte de désherbant — des cristaux de chlorate de sodium — sur le rebord intérieur de la fenêtre, une boîte dont le haut était déchiré. Comment pouvait-on être aussi bête, ou d'une nature aussi peu inquiète? Burden refit le tour de la maison, remonta la rue jusqu'à une cabine téléphonique, et dit à Bryant et à Gates d'aller arrêter l'homme habitant au 102, Glebe Road.

Le vingt-quatre était du même côté. Il était même tellement près, que ça ne pouvait pas nuire d'aller faire un petit brin de causette avec Liz Crilling. La porte d'entrée était fermée, mais pas à clé. Il toussa et entra.

Dans la pièce du fond, il y avait de la pop musique, s'échappant d'un transistor en plastique. Elizabeth Crilling était assise à table, en train de lire les offres d'emploi dans le journal local de la semaine précédente. Elle n'avait sur elle qu'une combinaison, dont l'une des bretelles était décousue et tenait avec une épingle à nourrice.

— Je n'ai pas souvenir de vous avoir invité.

Burden la regarda avec dégoût.

— Ça vous ennuierait de vous mettre quelque chose sur le dos.

Elle ne bougea pas, continuant à regarder son journal. Burden jeta un coup d'œil dans cette pièce sinistre, mal rangée, et parmi divers tas de vêtements, en choisit un qui aurait pu être un peignoir, une chose large et rose dont les volants faisaient penser à des pétales fanés.

— Voilà? dit-il, (et il se demanda si elle allait bien, car elle frissonna en enfilant le peignoir. Il était beaucoup trop grand, et visiblement pas à elle.)

— Où est votre mère?

— Je ne sais pas. Elle est sortie. Je ne suis pas sa nourrice. (Et tout à coup, elle sourit, montrant ses jolies dents.) Je ne suis pas la nourrice de ma mère! C'est pas mal ça, vous ne trouvez pas? Ce qui me rappelle que... (Le sourire s'effaça et elle dit, sèchement:) Qu'est-ce qu'il fait ici, ce pasteur?

Burden ne répondait jamais à une question s'il pouvait éviter de le faire.

— Vous cherchez un nouvel emploi, n'est-ce pas?

Elle eut une moue boudeuse.

— J'ai téléphoné à ma boîte hier, quand je suis sortie de ce tribunal de malheur, et ils m'ont virée. C'est grâce à vous et je vous en remercie. (Burden inclina poliment la tête.) Mais enfin, il faut bien que je travaille, hein? Ils ont besoin de filles à la fabrique d'imperméables, et ils disent qu'on peut se faire vingt livres par semaine, avec les heures supplémentaires.

Burden se souvint de toutes ces écoles très chères payées par la famille Crilling. Elizabeth le regarda avec défi.

— Je ferais aussi bien d'aller les voir, dit-elle. Quelle importance? De toute façon, la vie est un enfer.

Elle éclata d'un rire strident, puis elle alla s'appuyer contre le rebord de la cheminée, le regard braqué sur lui. Ce peignoir ouvert et ces sous-vêtements un peu lâches étaient fondamentalement provocants. Ils allaient avec la chaleur, et avec cette pièce en complet désordre.

— À quoi dois-je l'honneur de cette visite? Vous vous sentez seul, inspecteur ? J'ai entendu dire que votre femme était en vacances.

Elle prit une cigarette et la glissa entre ses lèvres. Son index était taché de nicotine, son ongle jaune, et ses petites peaux rongées.

— Mais où sont ces allumettes ?

Dans le regard rapide et sérieux qu'elle lança par-dessus son épaule, il y avait quelque chose qui incita Burden à la suivre jusque dans la cuisine. Arrivée là, elle se retourna pour lui faire face, prit une boîte d'allumettes et resta là, debout, comme pour lui barrer le passage. Il fut aussitôt en état d'alerte. Elle lui fourra les allumettes dans la main.

— Vous voulez bien me l'allumer ?

Il gratta calmement la pointe souffrée. Elisabeth s'approcha très près de lui, et quand la flamme fit grésiller le tabac, elle referma ses mains sur la sienne. Pendant un éclair de seconde, il ressentit ce que sa nature prude qualifiait d'infâme, puis cette nature, sa fonction, et un fugitif soupçon prirent le dessus. Elle respirait fort, mais pas parce qu'il était près d'elle, il en aurait juré. Il fit un pas de côté et se dégagea de la longue jambe nue qui était entre les siennes. Alors il se retrouva face à ce qu'elle avait sans doute espéré lui cacher.

L'évier était plein d'assiettes sales et ébréchées, d'épluchures de pommes de terre, de papier humide, mais les Crilling étaient bien au-delà de ce souci très petit bourgeois de vouloir à tout prix sauver les apparences.

— Vous pourriez vous accorder quelques jours de congé, je pense, dit Burden. Et mettre un peu d'ordre dans cette maison.

Elle s'était mise à rire.

— Vous n'êtes pas si mal, vous savez, derrière un écran de fumée.

— Vous avez été malade, non ? (Il regarda la seringue, les flacons de médicaments, dont l'un était à moitié plein.) Les nerfs, sans doute.

Elle s'arrêta de rire.

— Ce sont ses médicaments à elle.

Burden lut les étiquettes, sans rien dire.

— On lui prescrit ces pilules pour son asthme. Ces flacons sont tous les mêmes. (Quand il tendit la main pour prendre la seringue, elle lui saisit le poignet.) Vous n'avez aucune raison de fouiller. Cela revient à faire une perquisition, et pour ça, il vous faut un mandat.

— Exact, dit-il, calmement.

Il retourna avec elle dans le salon et sursauta quand elle lui cria :

— Vous n'avez pas répondu à ma question à propos du pasteur.

— Il est ici parce qu'il connaît la fille de Painter, dit prudemment Burden.

Elizabeth devint toute blanche et il trouva qu'elle ressemblait à sa mère.

— Le Painter qui a tué la vieille dame ?

Burden acquiesça d'un hochement de tête.

— C'est drôle, dit-elle. Mais j'aimerais bien la revoir.

Burden eut le sentiment étrange qu'elle voulait changer de sujet, pourtant sa remarque pouvait très bien être spontanée. Elle tourna les yeux vers le jardin. Mais ce n'étaient pas, pense-t-il, les ronces, les orties, ni la fine clôture en fil de fer qu'elle voyait.

— J'allais souvent jouer avec elle, dans le garage, dit-elle. Mère ne l'a jamais su. Elle disait que Tess n'était pas de ma classe. Je ne comprenais pas. Je me disais : comment peut-elle avoir une classe si elle ne va pas à l'école ? (Elle tendit la main et fit osciller la cage de l'oiseau d'un geste mauvais.) Mère était toujours avec la vieille dame, à bavarder toute la journée, et elle m'envoyait jouer dans le jardin. Mais il n'y avait rien pour jouer, et un jour j'ai vu Tessie, qui s'amusait avec le sable... Pourquoi vous me regardez comme ça ?

— Je vous regarde ?

— Est-ce qu'elle sait pour son père ? (Burden acquiesça d'un hochement de tête.) Pauvre môme. Qu'est-ce qu'elle fait dans la vie ?

— Elle est étudiante.

— « Étudiante » ? Mon Dieu, moi aussi j'ai été étudiante à une époque.

Elle s'était mise à trembler. La longue cendre grise en forme de ver se détacha de sa cigarette et se répandit sur les volants roses. Baissant les yeux dessus, elle donna quelques chiquenaudes inutiles sur de vieilles taches et des marques de brûlures. Puis elle fit volte-face et fondit sur lui, sa haine et son désespoir le frappant comme une flamme.

— Qu'est-ce que vous essayez de me faire ? hurla-t-elle. Fichez le camp ! Fichez le camp !

Quand il fut parti, elle prit un drap déchiré dans une pile de linge non repassé, et le lança sur la cage. Ce mouvement soudain, et le léger déplacement d'air qu'il occasionna, fit voleter la chose que sa mère appelait un négligé. Mais pourquoi avait-il fallu qu'il vienne ici, qu'il remue tout son passé ? Peut-être qu'un verre arrangerait les choses. Ce qui n'avait certes pas été le cas la dernière fois... De toute façon, il n'y avait jamais rien à boire dans cette maison.

Des journaux, des vieilles lettres, des factures impayées, des paquets de cigarettes vides et deux bas filés, dégringolèrent quand elle ouvrit la porte de l'armoire. Elle fouilla dans le fond, parmi des vases sales, du papier cadeau, des cartes à jouer écornées. L'un des vases avait une forme engageante. Elizabeth le sortit et vit que c'était le cherry brandy que son oncle avait offert à sa mère pour son anniversaire. Ah, ce cherry brandy, si doux et si redoutable... Elle s'accroupit par terre parmi les détritus, et se versa un peu de liqueur dans un verre crasseux. Au bout d'une minute elle se sentit déjà beaucoup mieux, presque assez bien pour s'habiller et aller se renseigner pour ce foutu travail. Maintenant qu'elle avait commencé, elle pouvait aussi bien finir la bouteille — c'était formidable de voir le peu qu'il fallait pour s'enivrer, pour peu qu'on ait l'estomac vide.

Le goulot de la bouteille cogna contre le verre. Elle se concentrait pour que sa main reste ferme, sans voir que le niveau du liquide montait, montait, débordait, coulait, puis ruisselait sur les volants roses.

Du rouge partout. Heureusement qu'on n'est pas obsédées par la propreté, pensa-t-elle, puis elle baissa les yeux sur le peignoir, elle vit le rouge sur le rose pâle. Elle tritura le nylon, jusqu'à ce que ses doigts soient rouges et collants. Oh mon Dieu ! Mon Dieu ! Elle piétina le déshabillé, frissonnant comme s'il était visqueux, vivant, puis elle se jeta sur le sofa... Maintenant tu n'avais plus rien de beau sur toi, plus rien à montrer à Tessie. Elle avait toujours peur que tu te salisses, et un jour où Maman était dans la maison avec Granny Rose et l'homme qu'ils appelaient Roger, elle t'avait emmenée en haut, voir Tante Renee et Oncle Bert, et Tante Renee t'avait mis un vieux tablier sur ta robe.

Oncle Bert et Roger. Ils étaient les seuls hommes que tu connaissais à part Papa, qui était toujours malade — « souffrant », disait Maman. Oncle Bert était grand et grossier, et un jour, en montant l'escalier sans bruit, tu l'avais entendu crier après Tante Renee puis tu l'avais vu la frapper. Mais il était gentil avec toi et il t'appelait Lizzie. Roger ne t'appelait jamais d'aucun nom. Comment aurait-il pu le faire, alors qu'il ne te parlait jamais et te regardait comme s'il te haïssait ?

C'est à l'automne que Maman a dit que tu devrais avoir une robe habillée, pour les réceptions. Étrange, vraiment, car il n'y avait jamais de réceptions où aller, mais Maman disait que tu pourrais la porter le jour de Noël. Rose, elle était, trois épaisseurs de tulle rose, sur un jupon rose, et c'était la plus belle robe que tu aies jamais vue.

Elizabeth Crilling savait qu'une fois que ça avait commencé, ça continuait, continuait, continuait. Il n'y avait qu'une seule chose qui pouvait tout arrêter. Évitant de regarder la chose rose, toute barbouillée de rouge, Elizabeth se dirigea vers la cuisine en trébuchant, pour y trouver son salut provisoire.

La voix d'Irene Kershaw, dans ce téléphone, avait l'air froide et lointaine.

— Votre Charlie semble avoir eu une légère prise de bec avec Tessie, Mr Archery. Je ne sais pas à quel propos, mais je suis certaine que ce n'est pas de la faute de Tessie. Elle vénère jusqu'au sol qu'il foule.

— Ils sont assez grands pour savoir ce qu'ils font, dit Archery, sans le penser.

— Elle rentre à la maison demain, et il faut vraiment qu'elle soit perturbée pour manquer les derniers jours du trimestre. Tout le monde ici ne cesse de me demander quand aura lieu le mariage, et je ne sais vraiment pas quoi dire. Cela me met dans une position très gênante.

La respectabilité, toujours la respectabilité.

— Vous m'appeliez pour une raison particulière, Mr Archery, ou juste pour faire un brin de causette ?

— Je me demandais si vous voudriez bien me donner le numéro de votre mari à son travail.

— Si vous pensez pouvoir vous entendre, dit-elle, plus chaleureusement, et arriver à arranger les choses, j'en serais ravie. Je ne peux vraiment pas envisager l'idée qu'on pourrait, euh... laisser tomber ma Tessie. (Archery ne releva pas.) Le numéro c'est Uplands 62234, dit-elle.

Kershaw avait une ligne directe, et une secrétaire née dans l'East End, qui paraissait intelligente.

— Je voudrais écrire à l'officier qui a eu Painter sous ses ordres, dit Archery, quand ils eurent échangé les politesses d'usage.

Kershaw sembla hésiter, puis il dit, de sa voix habituelle, vivante et passionnée :

— Je ne connais pas le nom du type, mais Painter était dans l'infanterie légère du duc de Babraham. Troisième bataillon. Le ministère de la Guerre vous le dira.

— Il n'a pas été cité par la défense, au procès, mais ça pourrait m'aider s'il pouvait me donner une description flatteuse de Painter.

— « Si... » Je me demande pourquoi il n'a pas été cité par la défense, Mr Archery.

Le ministère de la Guerre donna des renseignements utiles. Le troisième bataillon avait été dirigé par un colonel Cosmo Plashet. C'était un vieux monsieur à présent, qui était retraité et vivait à Westmorland. Archery fit de nombreux brouillons à sa lettre au colonel Plashet. La lettre qu'il se résolut finalement à envoyer n'était pas ce qu'il aurait souhaité, mais il faudrait qu'il fasse avec. Il alla la poster après déjeuner.

Il se rendit à la poste sans se presser. Le temps lui semblait long et il n'avait aucune idée de ce qu'il allait faire après. Demain Charles arrivait, il serait plein d'idées et de projets extravagants, mais il serait aussi réconfortant, ce serait un peu son assistant. Ou plutôt son manager, connaissant Charles. Or Archery avait terriblement besoin de quelqu'un pour le diriger. Le travail de police, c'est pour les policiers, se dit-il, pour les experts qui sont entraînés et qui ont tous les moyens d'investigation à leur disposition.

Puis il la vit. Elle sortait de chez le fleuriste, juste à côté de la poste, des roses blanches dans les bras. Ces roses se confondaient avec le motif blanc de sa robe noire, de telle sorte qu'on ne pouvait pas dire lesquelles étaient les vraies, lesquelles n'étaient qu'un simple dessin sur de la soie.

— Bonjour, Mr Archery, dit Imogen Ide.

Jusqu'à cet instant, il avait à peine remarqué la beauté de cette journée, le bleu intense du ciel, toute la gloire d'un jour d'été parfait. Elle sourit.

— Voudriez-vous être assez gentil pour m'ouvrir la porte de la voiture ?

Il sauta sur cette proposition comme un jeune homme. Le caniche, Chien, était assis sur le siège passager, et quand Archery mit la main sur la porte, il grogna et montra les dents.

— Ne sois pas bête, dit-elle au chien, et elle le déposa sur la banquette arrière. J'emmène ces fleurs au cimetière de Forby. Les ancêtres de mon mari ont une espèce de caveau là-bas. Très féodal. Il est en ville, alors j'ai dit que je le ferais. C'est une vieille église très intéressante. Vous avez déjà vu un peu la région ?

— Très peu, je le crains.

— Peut-être n'aimez-vous pas les vitraux, les fonts baptismaux, toutes ces choses-là ?

— Bien au contraire, je vous assure. Je prendrai la voiture pour aller à Forby ce soir, si vous pensez que ça vaut la peine d'être vu.

— Et pourquoi ne venez-vous pas avec moi ?

Il avait voulu qu'elle le lui demande, il le savait, et il en avait honte. Et pourtant y avait-il de quoi avoir honte ? En un sens il était en vacances, et en vacances on fait vite connaissance. Il avait rencontré son mari, et ce n'était qu'un hasard si son mari n'était pas avec elle à présent. S'il avait été là, Archery aurait accepté de venir sans aucun scrupule. En outre, on était à une époque où un homme pouvait aller faire une petite excursion avec une femme sans prêter à mal. Combien de fois avait-il déposé miss Baylis à Colchester, où elle faisait ses courses ? Certes, Imogen Ide était beaucoup plus jeune que miss Baylis. Elle ne devait pas avoir plus de trente ans. Il aurait pu être son père. Et soudain il regretta d'avoir pensé ça, car cela plaçait les choses dans une perspective désagréable.

— C'est très gentil à vous, dit-il. Ça me ferait très plaisir.

C'était une bonne conductrice. Et pour une fois ça lui fut égal de se faire conduire, pour une fois il ne se dit pas qu'il aurait voulu être au volant. C'était une belle voiture, une Lancia gris métallisé, et elle glissait sans heurt le long des routes sinueuses. Ils étaient pratiquement seuls sur la route. Les champs étaient d'un vert luxuriant, ou jaune pâle, là où ils avaient été moissonnés. Et entre ces champs et une bande sombre de forêt, courait un petit ruisseau brun et scintillant.

— C'est le Kingsbrook, dit-elle, c'est le même ruisseau qui passe sous High Street. N'est-ce pas étrange ? L'homme est pratiquement capable de tout : faire sauter des montagnes à la dynamite, créer des mers, irriguer des déserts, mais il ne peut pas empêcher l'eau de couler. Il peut construire des barrages, faire passer l'eau dans des tuyaux, faire des ponts par-dessus...

Il la regarda, et se souvint, émerveillé, qu'elle avait été mannequin. Les lèvres d'Imogen était ouvertes, et le vent faisait voler ses cheveux.

— Néanmoins elle jaillit de la terre, et finit toujours par trouver son chemin jusqu'à la mer.

Archery ne dit rien, espérant qu'elle sentirait son approbation si elle ne le voyait pas hocher la tête en signe d'acquiescement. Ils arrivaient dans un village. Une douzaine de cottages, et deux maisons plus grandes, entouraient une grande pelouse faisant office de place. Il y avait une petite auberge, et l'église apparaissait au milieu d'une masse de feuillage vert.

On pénétrait dans le cimetière par un étroit portail. Il suivit Imogen en portant les roses. L'endroit était ombragé et frais mais mal entretenu : certaines des plus vieilles pierres tombales avaient culbuté et gisaient à l'envers, dans un enchevêtrement d'orties et de bruyère.

— Par ici, dit-elle, en prenant le chemin de gauche. Il ne faut pas marcher dans le sens inverse de la course du soleil. C'est censé porter malheur.

Des ifs et des chênes verts bordaient le sentier. Sous les pieds c'était sablonneux, mais il y avait de la mousse et des touffes délicates d'arenaria. L'église était très vieille, construite avec des bûches de chêne brut. Sa beauté résidait dans le fait qu'elle était très ancienne.

— C'est l'une des plus vieilles églises en bois du pays.

— Il y en a une comme ça dans mon comté, dit Archery. À Greensted. Je crois qu'elle est du neuvième siècle.

— Celle-ci est de neuf cents et quelques. Vous voulez voir le guichet des lépreux ?

Ils s'agenouillèrent côte à côte. Il se pencha en avant et regarda à travers l'ouverture triangulaire à la base du mur en bûches. Bien qu'il ait déjà vu ça, cela le peina de penser au proscrit, à l'impur, qui se mettait devant cette petite grille pour écouter la messe, et qui recevait sur sa langue ce pain dont certains croient qu'il est le corps de Dieu. Cela lui fit penser à Tess, elle aussi proscrite, condamnée comme le lépreux à un mal non mérité. À l'intérieur, il discernait une petite allée centrale en pierre, des bancs de bois, et une chaire avec des visages de saints sculptés dessus. Il frissonna, et il la sentit frissonner à côté de lui.

Ils étaient très proches l'un de l'autre, sous les branches des ifs. Il eut l'étrange sensation qu'ils étaient seuls au monde et qu'on les avait envoyés là pour que s'accomplisse quelque destinée. Il leva les yeux, et, se tournant vers elle, rencontra les siens. Il s'attendit à ce qu'elle sourie, mais elle avait un visage grave, et pourtant irradiant d'émerveillement, et d'une espèce de peur. L'émotion qu'il lisait dans les yeux d'Imogen était la même que la sienne. Le parfum des roses était enivrant, frais, et intolérablement doux.

Puis il se releva rapidement, brusquement refroidi dans son euphorie par la raideur de ses genoux. Pendant un moment, il s'était senti un jeune homme. Mais son corps l'avait trahi, comme tous les corps.

Elle lui dit, plutôt gaiement :

— Jetez un coup d'œil à l'intérieur, pendant que je mets ces fleurs sur la tombe. Je ne serai pas longue.

Il remonta doucement l'allée centrale, puis resta un moment devant l'autel. Quiconque l'aurait regardé aurait pu le prendre pour un athée, tant il semblait lancer autour de lui des regards de froide estimation. Puis il retourna voir les modestes fonts baptismaux, et les inscriptions sur des plaques scellées au mur. Il mit deux demi-couronnes dans le tronc, et signa le livre d'or. Sa main tremblait si fort que sa signature avait l'air d'être celle d'un vieillard.

Quand il sortit et se retrouva à nouveau dans le cimetière, Imogen n'était pas en vue. Les inscriptions sur les plus vieilles pierres tombales avaient été effacées par le temps et les intempéries. Archery alla dans la partie la plus récente du cimetière, et lut les derniers messages de parents à leurs morts.

Alors qu'il arrivait à la fin du chemin, clos par une haie derrière laquelle s'étendait une prairie, un nom accrocha son regard : Grace, John Grace. Il réfléchit, cherchant ce que ce nom pouvait bien lui rappeler. Ce n'était pas un nom très courant, et jusqu'à présent, il l'avait associé avec le grand joueur de cricket. Mais bien sûr le jeune homme mort hier sur la route, et la requête de ce garçon qui avait rappelé un drame identique à Wexford. Il lui en avait parlé au tribunal. « Il ne devait pas avoir plus de vingt ans... »

Archery lut les mots gravés pour vérifier.

À la mémoire de
John Grace
Qui quitta cette vie
Le 16 février 1945
Dans sa vingt-et-unième année
Va, berger, vers ton repos
Le fil de ta vie s'est achevé.
L'Agneau de Dieu ramène
Les bergers au bercail.

C'est assez joli, se dit Archery. Une citation, apparemment, mais il ne la reconnut pas. Il regardait autour de lui, tandis qu'Imogen approchait. Les ombres des feuilles jouaient sur son visage, projetant un motif sur ses cheveux, comme s'ils avaient été couverts d'un voile de dentelle.

— Tout cela vous rappelle que vous êtes mortel ? demanda-t-elle, gravement.

— Je suppose, oui. C'est un endroit intéressant.

— Je suis ravie d'avoir eu l'occasion de vous le faire découvrir. Je suis très patriotique — si c'est le mot — en ce qui concerne mon comté, bien que ce ne soit pas le mien depuis très longtemps.

Il était certain qu'elle allait lui proposer de lui servir à nouveau de guide et il dit très vite :

— Mon fils arrive demain. Nous allons explorer la région ensemble. (Elle eut un sourire poli.) Il a vingt et un ans, ajouta-t-il, sottement.

Et simultanément, leurs yeux se tournèrent vers l'inscription, sur la pierre.

— On peut y aller, si vous voulez.

Elle le déposa à l'extérieur de l'*Olive and Dove*. Ils se quittèrent un peu brusquement, et il remarqua qu'elle ne parla pas de le revoir. Il n'avait pas envie de prendre le thé, et il monta directement dans sa chambre. Sans savoir pourquoi, il sortit la photo qu'il avait de la fille de Painter. En regardant cette photo, il se demanda pourquoi il l'avait trouvée si jolie. Elle était juste mignonne, elle n'avait que la beauté du diable. Et pourtant, il comprit pour la première fois pourquoi Charles brûlait de la posséder. C'était un sentiment étrange, et qui n'avait pas grand-chose à voir avec Tess, avec sa jeunesse, ni même avec Charles. Il s'agissait plutôt d'une empathie universelle et diffuse, mais qui avait aussi quelque chose d'égoïste, et qui était plus du domaine de l'affectif que de celui de la pensée.

10

Et s'il n'a pas déjà disposé de ses biens, persuadez-le de faire son testament... pour l'apaisement de sa conscience et le repos de ses exécuteurs.

La Visitation des Malades.

— Tu n'as pas l'air d'être allé très loin, dit Charles.

Assis dans un fauteuil, le jeune homme laissait planer son regard sur le bar. La femme de chambre qui passait de la cire sur le parquet, le trouvait très beau avec ses cheveux blonds un peu longs et son air dédaigneux. Aussi décida-t-elle d'accorder au parquet un soin tout particulier.

— Le truc, c'est d'être efficaces comme des professionnels, dit Charles. On n'a pas tellement de temps. Je commence lundi à la brasserie. (Cette remarque agaça Archery, il avait du temps, lui. On le remplaçait à la paroisse.) Je suis sûr qu'il y a quelque chose de louche chez ce Primero, ce Roger Primero. Je lui ai téléphoné hier soir, et j'ai rendez-vous avec lui ce matin à 11 heures et demie.

Archery regarda sa montre. Il était presque 10 heures.

— Alors tu ferais mieux de ne pas traîner. Où il habite?

— Tu vois ? Moi, si j'avais été à ta place, c'est la première chose que j'aurais cherché à savoir. Il habite Forby Hall. Je suppose qu'il se prend pour le seigneur de la région. (Il jeta un coup d'œil à son père et dit, très vite :) Ça ne t'ennuie pas si je prends la voiture ?

— Je ne pense pas, non. Que vas-tu lui dire, Charles ? Il pourrait te faire jeter dehors.

— Je ne crois pas, non, dit Charles, pensif. J'ai découvert quelques petits trucs sur lui, et il semblerait qu'il adore la publicité. Très soucieux de son image, ce monsieur. (Il hésita, puis ajouta, avec défi :) Je lui ai dit que j'étais journaliste au *Sunday Planet* et qu'on faisait une série d'articles sur les grands hommes d'affaires. Plutôt pas mal comme idée, non ?

— Sauf que ce n'est pas vrai.

Charles dit, très vite :

— La fin justifie les moyens. J'ai pensé que je pourrais glisser quelque chose sur sa jeunesse : la malchance qui le poursuit, son père qui meurt, sa grand-mère qui se fait assassiner, ce genre de choses. Et regarde sa vie, aujourd'hui. On ne sait jamais ce que les gens peuvent devenir. À mon avis il doit être très aimable avec les journalistes.

— On ferait mieux d'y aller et de sortir la voiture, dit Archery.

Il faisait toujours aussi chaud, mais plus lourd. Il y avait un halo brumeux autour du soleil. Charles portait une chemise blanche ouverte au col et un pantalon plutôt moulant. Archery trouva qu'il ressemblait à un duelliste de la Régence.

— Tu ne vas pas partir tout de suite, dit-il. Forby n'est qu'à cinq kilomètres. Tu veux qu'on visite un peu la ville ?

Ils remontèrent High Street, puis prirent le pont du Kingsbrook. Archery était fier d'avoir son fils avec lui. Il savait qu'ils se ressemblaient beaucoup, mais pas une seconde il ne s'illusionnait sur le fait qu'on aurait pu les prendre pour des frères. Le temps humide et chaud avait réveillé son vieux lumbago et pour l'heure, il avait complètement oublié ce que c'était qu'un corps de vingt ans.

— Tu étudies l'anglais, dit-il à Charles. Alors dis-moi d'où c'est tiré, ça.

Sa mémoire, en revanche, était restée intacte. Il se souvenait mot pour mot des quatre vers.

Va, berger, vers ton repos,
Le fil de ta vie s'est achevé.
L'Agneau de Dieu ramène
Les bergers au bercail.

Charles haussa les épaules.

— Ça me dit vaguement quelque chose, mais je n'arrive pas à me souvenir dans quelle œuvre c'est. Où as-tu vu ça ?

— Sur une pierre tombale, dans le cimetière de Forby.

— Tu es vraiment en dessous de tout, Père. Je pensais que tu voulais nous aider, Tess et moi, et tout ce que tu trouves à faire, c'est d'aller traîner dans les cimetières.

Archery se maîtrisait difficilement. Si Charles voulait tout prendre en main, alors très bien, lui n'avait plus aucune raison de rester ici. Rien ne le retenait à Kingsmarkham. Alors pourquoi cette impression d'ennui mortel à l'idée de retrouver son presbytère ? Il donna un petit coup de coude dans le bras de son fils.

— Qu'est-ce qu'il y a ?

— La femme devant la boucherie, celle avec la cape — c'est cette Mrs Crilling dont je t'ai parlé. Je préférerais ne pas la rencontrer.

Mais c'était trop tard. Elle les avait vus, et la cape au vent, elle leur fonçait droit dessus telle un galion.

— Mr Archery ! Mon cher ami ! (Elle lui prit les mains dans les siennes et les balança, comme si elle allait danser un « reel »[1] avec lui.) Quelle merveilleuse surprise ! Je disais justement à ma fille ce matin : « Ah, j'espère vraiment revoir ce cher homme, et pouvoir le remercier pour m'avoir secourue dans ma maladie. »

C'était un nouveau style. On aurait dit une douairière devisant dans une garden party. La cape était adéquate mais la robe qu'elle avait en-dessous n'était qu'une simple robe de coton démodée et couverte de taches de sauce. Elle leur fit un grand sourire, tout empreint de sérénité.

— C'est mon fils, Charles, marmonna Archery. Charles, c'est Mrs Crilling.

À sa grande surprise, Charles prit la main qu'on lui tendait, une main pas si propre que ça, et s'inclina vers elle.

1. Danse écossaise.

— Enchanté. (Et sans qu'elle le voie, il lança un regard furieux à son père.) J'ai tellement entendu parler de vous.

— En bien, j'espère.

Si la pensée qu'Archery avait pu ne rien trouver de bien à raconter sur elle lui traversa l'esprit, elle ne le montra pas. Elle était tout à fait normale, joyeuse, et même frivole.

— Et maintenant, ne me refusez pas ce petit plaisir : venez boire une tasse de café avec moi au *Carousel*. C'est moi qui vous invite, bien sûr, ajouta-t-elle, d'un air coquin.

— Notre temps, dit pompeusement Charles — absurdement, pensa son père —, est à votre entière disposition. Jusqu'à 11 heures et quart. Et ne parlons pas de qui va payer en présence d'une dame.

De toute évidence, c'était la bonne façon de s'y prendre avec elle.

— N'est-il pas « adorable » ? gazouilla-t-elle. (Ils entrèrent dans le café.) Les enfants sont une telle bénédiction, ne trouvez-vous pas ? C'est ce qu'il y a de plus beau dans la vie. Vous devez être fier de lui, même s'il vous fait de l'ombre.

Charles tira une chaise pour elle. Ils étaient les seuls clients, et personne ne vint prendre leur commande. Mrs Crilling se pencha vers Archery, et lui dit, sur un ton confidentiel :

— Mon bébé s'est trouvé une situation et elle commence demain. Dans un établissement de confection pour dames. J'ai cru comprendre que les perspectives étaient excellentes. Avec son intelligence, il est impossible de savoir jusqu'où elle peut aller. Le problème, c'est qu'on ne lui a jamais donné sa chance.

Elle avait parlé à voix basse, sur un ton distingué. Mais soudain, elle tourna le dos à Archery, donna un grand coup sur la table avec le cendrier, et hurla, en direction de la cuisine :

— Service !

Charles sursauta. Archery lui lança un regard de triomphe.

— Elle y croit chaque fois, et finalement ça n'aboutit à rien, poursuivit-elle, comme s'il ne s'était rien passé. Son père était comme elle — il a attrapé la tuberculose dans la fleur de l'âge, et six mois après il était mort. (Archery tressaillit quand elle se tourna à nouveau vers la cuisine d'un mouvement brusque.) Bon Dieu mais où sont ces imbéciles de serveuses ? cria-t-elle.

Une femme en uniforme vert, avec le mot « Gérante » brodé sur le haut de sa robe, sortit de la cuisine. Le regard qu'elle lança à Mrs Crilling était las et profondément méprisant.

— Je vous ai demandé de ne plus venir ici, Mrs Crilling, si vous ne savez pas vous tenir. (Elle eut un sourire glacial à l'adresse d'Archery.) Qu'est-ce que ce sera, monsieur ?

— Trois cafés, s'il vous plaît.

— Noir pour moi, s'il vous plaît, dit Charles.

— De quoi je parlais ?

— De votre fille, dit Archery, plein d'espoir.

— Ah oui, mon bébé. C'est drôle, hein, qu'elle ait si peu de chance, parce que quand elle était petite, tout semblait lui réussir. J'avais une vieille amie, une amie très chère, qui adorait mon bébé. Et elle roulait sur l'or, elle avait des domestiques, ce genre de choses...

Les cafés arrivèrent. C'était des expressos, avec de la mousse sur le dessus.

— Vous pourriez m'apporter du sucre blanc, dit Mrs Crilling, l'air désagréable. Je ne digère pas cette cochonnerie de cassonade. (La serveuse s'éloigna d'un air furieux et revint avec un autre sucrier qu'elle posa violemment sur la table.) Cette petite peste ! siffla Mrs Crilling, dès que la jeune fille fût assez loin pour ne pas l'entendre.

Puis elle revint à son sujet.

— Mon amie était très vieille, et elle n'était plus responsable de ses actes. On appelle ça sénile. Elle n'arrêtait pas de me dire qu'elle voulait faire quelque chose pour mon bébé. Mais je ne relevais pas, je ne suis pas du genre à profiter de la situation.

Elle s'interrompit brusquement pour mettre quatre grosses cuillères de sucre dans son café.

— Sans aucun doute, dit Charles. La dernière chose qu'on pourrait vous reprocher, c'est d'être intéressée, Mrs Crilling.

Elle eut un sourire satisfait, et au grand amusement d'Archery, se pencha par-dessus la table et tapota la joue de Charles.

— Oh ! vous, cher petit, dit-elle. Vous êtes si adorable, si compréhensif. (Après avoir pris une profonde inspiration, elle poursuivit, d'une manière plus pragmatique.) Mais néanmoins, il vous faut penser à vous. Je n'ai jamais insisté, sauf quand le docteur m'a dit que Mr Crilling n'avait plus que six mois à vivre. Pas d'assurance, ai-je pensé dans mon désespoir, pas de pension. Je me voyais réduite à abandonner mon bébé à la porte d'un orphelinat.

Pour sa part, Archery imaginait assez mal la scène, le bébé étant déjà, à l'époque, une robuste fillette de cinq ans.

— Continuez, dit Charles. C'est très intéressant.

— Vous devriez faire un testament, ai-je dit à mon amie. J'irai vous en chercher un formulaire, si vous voulez. Mille ou deux mille livres, ça changerait tout pour mon bébé. Vous savez à quel point elle a illuminé vos dernières années, et vos petits-enfants, eux, qu'ont-ils jamais fait pour vous ? Qu'ils soient damnés, ai-je pensé.

— Mais elle n'a pas fait de testament ? demanda Archery.

— Qu'est-ce que vous en savez ? Laissez-moi donc raconter à ma façon. C'était environ une semaine avant qu'elle meure. J'avais ce formulaire de testament depuis des semaines, et le pauvre Mr Crilling n'était plus que l'ombre de lui-même. Mais est-ce qu'elle l'aurait rempli ? Oh non, la vieille vache. Je devais user de tout mon pouvoir de persuasion. Et chaque fois que j'en parlais, sa vieille bonne s'en mêlait. Puis cette vieille bonne — Flower, elle s'appelait — a attrapé une mauvaise grippe, et a dû rester au lit. « Avez-vous repensé à la façon dont vous alliez disposer de vos biens ? » ai-je demandé à mon amie, l'air désinvolte. « Je devrais peut-être faire quelque chose pour Lizzie », a-t-elle dit, et là j'ai senti que j'avais toutes mes chances.

— Je suis vite retournée chez moi, je ne voulais pas signer un document comme témoin, étant donné que mon bébé était bénéficiaire. Alors je suis allée chercher Mrs White, qui est venue, avec sa femme de ménage. Elles étaient ravies. En un sens, c'était comme un rayon de soleil dans leurs existences monotones. Archery aurait voulu dire : « Mais Mrs Primero est morte intestat. » Mais il n'osa pas. Toute allusion au fait qu'il savait de qui elle parlait, et elle risquait de s'arrêter net dans son récit.

— Alors, on a tout mis par écrit. Je lis beaucoup, Mr Archery, aussi j'étais parfaitement capable de rédiger ce testament. « La loi du sang, c'est sacré », a dit ma vieille amie — elle divaguait — mais elle n'a tout même voulu laisser que cinq cents livres à chacun de ses petits-enfants. Pour mon bébé, il y avait huit cents livres, dont j'aurais la responsabilité jusqu'à sa majorité, et puis il y aurait un petit quelque chose pour la femme Flower. Mon amie pleurait amèrement. Je crois qu'elle réalisait combien elle avait été ingrate de ne pas le faire plus tôt.

» Et voilà. J'ai raccompagné Mrs White et l'autre dame à la porte — quelle idiote j'étais, même si je ne le savais pas à ce moment-là. J'avais dit que je garderais le testament dans un endroit sûr et je l'ai fait. Elle, elle ne devait en parler à personne. Et puis — le croirez-vous ? — une semaine après elle mourait.

Charles dit, innocemment :

— C'était un bon début pour votre fille, Mrs Crilling, quelles que soient les mésaventures qui lui sont arrivées par la suite.

Elle se leva brusquement. Son visage était devenu blême comme au tribunal, et ses yeux lançaient des éclairs.

— Tout l'argent qu'elle a pu recevoir, dit-elle d'une voix tremblante, lui est venu de la famille de son père. De la charité c'était, une charité glacée. « Envoie-moi les factures de l'école, Josie, » me disait son oncle. « Je les paierai directement, et sa tante peut l'accompagner pour lui acheter son uniforme. Et si tu crois qu'elle a besoin d'un traitement pour ses nerfs, sa tante peut aussi l'emmener à Harley Street. »

— Mais le testament ?

— Ce maudit testament ! cria Mrs Crilling. Il n'était pas légal. Je ne m'en suis aperçue qu'après sa mort. Je l'ai emmené chez Quadrant, les notaires qui étaient sur High Street. Le vieux Mr Quadrant était vivant à l'époque. « Qu'est-ce que c'est que ces ratures ? a-t-il dit. » Alors j'ai regardé, et j'ai vu que la vieille vache avait gribouillé plein de choses en plus, et en avait rayé d'autres. « Cela invalide l'ensemble, » a dit Mr Quadrant. « Il aurait fallu que les témoins signent en face des ratures, ou que vous ayez un codicille. Évidemment vous pouvez tenter une action en justice, a-t-il dit, en me regardant de haut en bas d'une manière déplaisante, sachant très bien que je n'avais pas un radis. « Mais je ne donnerais pas cher de vos chances. »

À la grande consternation d'Archery, elle émit alors un flot d'obscénités, que pour la plupart il entendait pour la première fois. La gérante arriva et la prit par le bras.

— Vous sortez, maintenant. On ne peut pas tolérer ça ici.

— Mon Dieu, dit Charles, après qu'on l'eut mise dehors. Je vois ce que tu veux dire.

— Je dois avouer que son langage m'a un peu choqué.

Charles gloussa.

— C'est pas fait pour des oreilles comme les tiennes.

— C'était pourtant plein d'enseignements. Tu vas quand même aller t'embêter avec Primero ?

— Cela ne nuiera pas.

Archery dut attendre un certain temps dans le couloir, à la porte du bureau de Wexford. Et juste au moment où il commençait à se dire qu'il allait renoncer et qu'il reviendrait plus tard, les portes d'entrée s'ouvrirent et un petit homme en bleu de travail et aux yeux brillants, fit son apparition entre deux policiers en uniforme. C'était manifestement un voyou, mais tout le monde avait l'air de le connaître et de le trouver drôle.

— Je ne supporte pas ces trucs modernes, dit-il, avec impudence au sergent de permanence. (Wexford sortit de son bureau, et se dirigea vers le comptoir, ignorant Archery.) Je préfère le style classique, moi.

— Votre opinion sur l'aménagement intérieur ne m'intéresse pas, Monkey, dit Wexford.

Le petit homme se tourna vers lui et sourit.

— Quelle méchante langue ! Votre sens de l'humour baisse depuis que vous montez en grade. Dommage, vraiment.

— La ferme !

Archery écoutait avec admiration. Il aurait aimé pouvoir parler comme ça à Mrs Crilling, et que Charles fût investi d'une autorité lui permettant d'interroger Primero sans avoir recours à une supercherie. Wexford, tout en parlant de bombe et de tentative de meurtre d'une voix doucereuse, introduisit le petit homme dans son bureau, et la porte se referma sur eux. Il arrive encore des choses comme ça, se dit Archery, comme quoi mes propres théories ne doivent pas être si folles que ça.

— Si je pouvais voir l'inspecteur Burden juste un moment, dit-t-il au sergent.

— Je vais voir s'il est libre, monsieur.

Finalement Burden vint le chercher lui-même.

— Bonjour, monsieur. Le temps ne rafraîchit pas, hein ?

— J'ai quelque chose d'assez important à vous dire. Pourriez-vous me consacrer cinq minutes?

— Mais certainement.

Mais il ne fit pas un geste pour l'emmener dans un endroit plus privé. Le sergent était occupé à lire attentivement un grand livre. Assis sur un siège ridicule en forme de cuillère, à l'extérieur du bureau de Wexford, Archery avait l'impression d'être un écolier qui, ayant attendu longtemps pour voir le directeur, est obligé de s'en remettre à un subalterne, et peut-être de se faire punir par lui. Et c'est comme puni, qu'il résuma brièvement le récit de Mrs Crilling à Burden.

— Très intéressant. Vous voulez dire que lorsque Mrs Primero a été assassinée, la femme Crilling pensait que le testament était valide?

— Ça revient à ça. Et elle n'a pas fait allusion au meurtrier une seule fois.

— Nous ne pouvons rien faire. Est-ce que vous vous en rendez compte?

— Je veux que vous me disiez si j'ai des informations assez sérieuses pour écrire au ministre de l'Intérieur.

Un agent de police surgit de nulle part, frappa à la porte de Wexford et fut admis à l'intérieur.

— Vous n'avez aucune preuve indirecte, dit Burden. Je suis sûr que l'inspecteur-chef ne vous encouragerait pas à le faire.

On entendit un rire sardonique, de l'autre côté de la mince cloison. Archery se sentit déraisonnablement froissé.

— Je crois que je vais lui écrire tout de même.

— Faites ce que vous voulez, monsieur. (Burden se leva.) Vous avez visité la région?

Archery ravala sa colère. Si Burden voulait achever cette conversation sur des banalités, alors il allait en avoir. Archery n'avait-il pas promis à son vieil ami Griswold, et par ricochet, à l'inspecteur-chef de ne pas créer de problèmes?

— Je suis allé à Forby, hier, dit-il. J'ai visité le cimetière et je suis tombé par hasard sur la tombe de ce garçon dont parlait Mr Wexford, l'autre jour, au tribunal. Il s'appelait Grace, vous vous souvenez?

Burden garda un visage impassible. Le sergent, en revanche, leva les yeux.

— Je suis moi-même de Forby, monsieur. Ils vous diront tout sur lui, là-bas. Tout ce qui s'est passé il y a vingt ans.

— Tout sur lui ?

— Il se prenait pour un poète, pauvre gosse, et il écrivait des pièces, aussi. C'était une espèce de mystique. Il vendait ses poèmes au porte à porte.

— Comme W.H. Davis, dit Archery.

— Je suppose, oui.

— Il était berger ?

— Pas que je sache. Il était livreur chez un boulanger, ou quelque chose comme ça.

La porte de Wexford s'ouvrit, l'agent sortit et dit à Burden :

— L'inspecteur-chef vous demande, monsieur.

On entendit tonner la voix de Wexford :

— Vous pouvez revenir, Gates, et prendre la déposition de Guy Fawkes. Et lui donner une cigarette. Il ne va pas vous exploser à la figure.

— Il semblerait qu'on me demande, monsieur, alors si vous voulez bien m'excuser...

Burden raccompagna Archery jusqu'à la sortie.

— Vous avez parlé à Alice Flower juste à temps, dit-il. Si toutefois vous y êtes allé.

— Oui, je lui ai parlé. Pourquoi ?

— Elle est morte hier, dit Burden. C'est dans le journal local.

Archery trouva un marchand de journaux. Le *Kingsmarkham Chronicle* qui avait paru le matin même, était encore en piles sur le comptoir. Archery en acheta un exemplaire, et trouva l'article dans le bas de la dernière page.

— « Mort de miss Alice Flower. »

Il le parcourut, puis s'installa avec à la terrasse de l'hôtel pour le lire soigneusement.

— « Aujourd'hui est morte... » (Hier donc, se dit Archery, en regardant la date au coin de la page.) « Aujourd'hui est morte miss Alice Flower, à l'hôpital de Stowerton. Elle avait quatre-vingt-sept ans. On se souviendra de miss Flower, qui vivait depuis vingt-cinq ans dans la région, pour le rôle qu'elle a joué lors du procès, dans la célèbre affaire criminelle de *La Parcelle du Vainqueur*. Elle a été pendant de nombreuses années, la bonne et l'amie fidèle de Mrs Primero...

Suivait un bref compte rendu de l'affaire.

— « Le service funèbre aura lieu à la paroisse de Forby

lundi. Mr Roger Primero a émis le souhait que ces rites soient célébrés dans le calme, et dans la plus stricte intimité. »

Roger Primero, fidèle jusqu'à la fin, pensa Archery. Il se surprit à espérer que Charles n'ait rien fait qui ait pu affliger un homme si aimable et si scrupuleux. Ainsi Alice Flower était morte, la mort avait attendu juste le temps qu'il fallait, pour qu'elle pût dire à Archery tout ce qu'elle savait. À nouveau, il eut l'impression de sentir la main du destin.

Il entra dans l'hôtel pour déjeuner, épuisé et déprimé. Mais où donc était passé Charles ? Il était parti depuis plus de deux heures. À présent, Primero voyait sans doute clair dans cette absurde supercherie et...

Picorant dans sa salade de fruits, surmontée d'une glace tiède, il imaginait Wexford dans l'un de ses pires moments, en train d'interroger son fils, quand Charles fit irruption dans la salle à manger, les clés de la voiture à la main.

— Je me demandais où tu en étais.

— Ç'a été une matinée très instructive. Et ici, qu'est-ce qui s'est passé ?

— Pas grand-chose. Alice Flower est morte.

— Ça je le sais. Primero n'a pas arrêté de m'en parler. Apparemment il a passé des heures hier à son chevet. (Charles se laissa tomber sur une chaise, à côté de son père.) Dieu qu'il faisait chaud dans cette voiture ! En fait, ça m'a facilité les choses qu'elle soit morte juste là. Comme ça, Primero m'a parlé plus facilement du meurtre.

— Je n'aurais pas cru que tu puisses être à ce point sans cœur, dit Archery, d'un air dégoûté.

— Oh, laisse tomber, tu veux ? Elle a eu ses soixante-dix ans d'espérance de vie, plus dix-sept ans. C'est pas possible qu'elle ait eu envie de continuer à vivre. Tu veux que je te raconte ce que j'ai réussi à soutirer comme informations à Primero ?

— Bien sûr.

— Tu ne prends pas de café, hein ? Alors, allons dehors.

Il n'y avait personne sur la terrasse. Un rosier jaune grimpant avait semé tous ses pétales par terre, et sur les vieilles chaises cannées. Les pensionnaires de l'hôtel avaient étalé là des affaires, comme pour se réserver des perchoirs permanents : il y avait des magazines, des livres de bibliothèque, un tricot bleu roulé sur des aiguilles, une paire de lunettes. Sans pitié, Charles dégagea deux chaises, et nettoya les pétales de rose. Pour la première fois, Archery remarqua qu'il avait l'air extrêmement heureux.

— Bien, dit-il, quand ils se furent assis. Tout d'abord la maison. C'est pas mal, hein, environ dix fois la taille du manoir de Thringford, et tout en pierre grise, avec une espèce de fronton au-dessus de la porte d'entrée. Mrs Primero a grandi dans cette maison, et Roger l'a rachetée ce printemps, quand elle a été mise en vente. Il y a un parc avec des cerfs, et une grande allée, qui part d'une entrée avec deux piliers en pierre. Et de la route on ne voit pas la maison, on ne voit que des arbres.

» Ils ont un maître d'hôtel italien — pas aussi classe qu'un Anglais, tu ne trouves pas ? Mais j'imagine que les maîtres d'hôtel anglais sont une race en voie d'extinction. Enfin, ce maître d'hôtel m'a ouvert et m'a fait attendre à peu près dix minutes dans une entrée aussi grande que le rez-de-chaussée, à la maison. J'étais un peu nerveux, je n'arrêtais pas de me dire : et s'il avait appelé le *Sunday Planet*, et qu'ils lui aient dit qu'ils n'avaient jamais entendu parler de moi ? Mais il n'avait pas appelé et tout s'est bien passé. Il était dans la bibliothèque. Il a une magnifique collection de livres, dont certains ont l'air usés, alors je suppose que quelqu'un les lit, mais je ne crois pas que ce soit lui.

» Tout était en cuir, en cuir noir. Tu sais, dans ce style moderne et sexy. Il m'a dit de m'asseoir et il m'a servi un verre...

— Il était un peu tôt, non ?

— Les gens comme ça, ça picole à longueur de journée. Si c'étaient des ouvriers, on les traiterait d'alcooliques, mais quand on a un maître d'hôtel et un revenu de cinquante mille livres par an, on peut tout se permettre. Et puis sa femme est arrivée. Une femme plutôt belle — un peu classique, mais superbement habillée. Non pas que j'aimerais que Tess s'habille comme ça. (Son visage se décomposa et Archery éprouva de la pitié pour lui.) Si j'ai jamais l'occasion de donner mon opinion sur la façon dont Tess s'habillera, ajouta-t-il, d'un ton lugubre.

— Continue.

— On a bu nos verres. Mrs Primero n'était pas très causante, mais son mari était très démonstratif, lui. Je n'ai pas eu besoin de lui poser beaucoup de questions. Il en est venu tout naturellement à me parler du meurtre, tu n'as donc pas de problèmes de conscience à avoir. Il n'arrêtait pas de dire qu'il s'en voulait affreusement d'avoir quitté sa grand-mère si tôt, ce dimanche. Il aurait pu facilement rester plus longtemps.

— « J'avais juste rendez-vous avec deux copains, dans un pub, à Sewingbury, » a-t-il dit. « Et finalement ç'a été idiot que j'y aille, parce qu'ils sont pas venus. Ou plutôt si, ils sont venus, mais je m'étais trompé de pub. Alors j'ai attendu à peu près une heure, puis je suis retourné chez moi, dans ma chambre meublée. Je ne sais pas combien de fois je me suis maudit de ne pas être resté à *La Parcelle du Vainqueur* ce soir-là. »

— Qu'est-ce t'en penses, toi ? demanda Charles. Moi ça m'a paru bidon.

— Il n'était pas obligé de te le dire. De toute façon, la police a dû l'interroger.

— Peut-être, peut-être pas. Il n'en a pas parlé.

(Charles s'appuya contre le dossier de sa chaise, leva les jambes, et glissa ses pieds entre les baguettes de bois entrecroisées.) Puis on en est arrivés au chapitre de l'argent. L'argent, devrais-je préciser, qui est le moteur de son existence.

D'une manière inexplicable, Archery avait envie de prendre la défense de Primero. Alice Flower l'avait décrit en des termes si flatteurs.

— J'avais plutôt l'impression que c'était un homme bien.

— Il est assez sympa, dit Charles, avec indifférence. Il est très discret en ce qui concerne son succès et son argent. (Charles sourit.) Le genre qui se plaint tout le temps mais qui roule sur l'or. Quoi qu'il en soit, nous arrivons maintenant au nœud de l'affaire.

» Juste avant l'assassinat de Mrs Primero, un ami de Roger lui a demandé s'il voulait devenir son associé dans une affaire. Import, export. Je ne sais pas exactement, mais ça n'a aucune importance. L'ami en question devait mettre dix mille livres, et Primero aussi. Le problème, c'est que Primero ne les avait pas, qu'il n'en avait pas l'ombre de la plus petite partie. Pour lui, c'était absolument sans espoir. Et puis Mrs Primero est morte.

— On le sait, tout ça, l'interrompit Archery. Alice Flower me l'a déjà raconté.

— Oui, mais attends. Alice Flower ne connaissait pas cette partie-là. « Ça a transformé ma vie », m'a-t-il dit, fort gaiement. « Bien sûr j'étais anéanti par la mort de ma grand-mère », s'est-il empressé d'ajouter. Sa femme était assise là tout ce temps, absolument impassible, et il n'arrêtait pas de la regarder d'un air gêné.

— « J'ai mis l'argent et tout a commencé », a-t-il dit, un peu trop vite. « Et depuis, je n'ai plus jamais regardé en arrière. »

— J'étais face à une espèce de dilemme, dit Charles. Ça se passait si bien, je ne voulais pas tout gâcher. Je trouvais qu'il avait un air de défi, et soudain j'ai compris pourquoi. Il ne savait pas ce que je savais exactement à propos de l'argent de Mrs Primero. Elle était morte intestat, seize ans plus tôt. J'étais journaliste, et a priori, j'étais censé m'intéresser à lui, pas à sa grand-mère.

— On peut interpréter un regard de défi de bien des manières, dit Archery.

— Oui, mais attends. Je lui ai posé une question. C'était un coup lancé au hasard, mais ça a porté.

» "Donc vous avez eu vos dix mille livres juste au moment où vous en aviez le plus besoin", ai-je dit, d'un air détaché. Primero n'a rien répondu, mais sa femme m'a regardé et m'a dit : "La somme exacte, oui, après les frais d'enterrement. Vous devriez me poser des questions à moi. Roger m'a raconté ça tellement de fois, que je connais cette histoire mieux que lui."

» Je ne pouvais pas capituler si vite, dit Charles. Alors j'ai continué. "J'ai cru comprendre que vous aviez deux sœurs, Mr Primero," lui ai-je dit. "Je suppose qu'elles ont donc hérité de la même somme ?" Il a commencé à avoir l'air terriblement soupçonneux. Après tout, ce n'était pas mes affaires, et ça n'avait aucun rapport avec l'article que j'étais censé écrire. "Est-ce qu'elles aussi réussissent en affaire ?" ai-je demandé, essayant de me justifier. C'était un trait de génie. Désolé de me vanter, mais c'est vrai. Je l'ai vraiment vu se détendre.

— « Je ne les vois pas très souvent », a-t-il dit. « Oh, Roger, » a dit sa femme, « tu sais très bien qu'on ne les voit jamais ». Primero lui a lancé un regard glacial. « Il y en a une qui est mariée », a-t-il dit. « L'autre travaille à Londres. Elles sont beaucoup plus jeunes que moi. » « Ça doit être fabuleux d'hériter de dix mille livres quand on est encore enfant », lui ai-je dit. « J'imagine que c'est toujours bien d'hériter », a-t-il rétorqué, « mais je n'ai plus jamais eu ce plaisir. Pouvons-nous laisser ce sujet et reprendre l'histoire de ma vie ? »

— Je faisais semblant de prendre des notes, dit Charles. En fait je griffonnais, mais il a dû penser que c'était de la sténo. Quand on a eu fini il s'est levé, on s'est serré la main, et il m'a dit qu'il guetterait la parution de mon article dans le *Sunday Planet*. Je me suis senti un peu gêné, je ne savais pas trop quoi dire, mais sa femme m'a sauvé la mise en m'invitant à déjeuner. J'ai donc accepté et on a fait un repas sublime : du saumon fumé et d'énormes steacks, des côtes de bœufs c'était, et des fraises à la liqueur de framboise.

— Tu as vraiment du culot, dit Archery, avec une admiration récitente. (Il se leva.) Ce n'était pas bien de ta part. C'était immoral.

— C'était pour la bonne cause. Mais tu as compris le truc ?

Pourquoi nos enfants nous prennent-ils toujours pour des gens séniles — mais puérils, affreusement pratiques — mais irrationnels, capables de subvenir à leurs besoins — mais d'une intelligence si limitée qu'elle frise l'imbécillité ?

— Évidemment, dit Archery, irrité. Alice Flower et Mrs Crilling ont dit toutes les deux que Mrs Primero n'avait laissé que dix mille livres, or, apparemment, Roger Primero n'a pas hérité du tiers, mais de la totalité de la somme.

Charles se retourna pour lui faire face, faisant tomber des pétales de rose du treillis.

— Pourquoi, à ton avis ? Il n'y a pas eu de testament. J'ai vérifié. Et il n'y avait que trois héritiers Roger, Angela, et Isabel. Mrs Primero n'avait aucun autre parent au monde, et d'après la loi, l'argent qu'elle laissait aurait dû être partagé équitablement entre ses trois petits-enfants. Mais Roger a hérité de la totalité.

— Je ne comprends pas pourquoi.

— Moi non plus, enfin pas encore. Peut-être que je comprendrai quand j'aurai vu les deux sœurs. Je ne pouvais demander à Roger où elles habitaient, mais Primero n'est pas un nom très courant, et celle qui est célibataire doit être dans l'annuaire. Je n'ai pas encore vraiment décidé du prétexte que j'allais invoquer pour entrer en contact avec elles, mais je pense que je leur dirai que je suis un agent du fisc...

— « Facilis descensus Averni. »

— Dans ce genre d'affaires, dit Charles d'un ton cassant, il faut être hardi, résolu, sans scrupules. Je pourrai encore avoir la voiture demain ?

— Si c'est indispensable.

— J'avais pensé que t'aurais peut-être pu aller à *La Parcelle du Vainqueur*, dit Charles, d'un ton plein d'espoir, et jeter un coup d'œil, pour voir si Primero aurait pu se cacher quelque part, à l'étage, ou ailleurs, voir s'il serait possible que le soir du crime, il soit parti plus tard qu'il ne l'a dit.

— Tu ne te laisserais pas un peu emporter par ton imagination, par hasard ?

— C'est une tare de famille.

Et soudain son regard s'assombrit, et au grand désarroi de son père, il se prit la tête dans les mains. Archery ne savait pas quoi faire.

— Il y a deux jours que je n'ai pas parlé à Tess, dit le jeune homme. Je ne peux pas la perdre. Je ne peux pas.

S'il avait eu dix ans de moins, son père l'aurait pris dans ses bras. Mais s'il avait eu dix ans de moins, tout cela ne serait pas arrivé.

— Je me fiche pas mal, dit Charles, maîtrisant son émotion, de ce qu'était son père, et de ce qu'il a fait. Ça m'est égal qu'on ait pendu tous ses ancêtres. Mais à elle ça ne lui est pas égal, et à toi non plus... Oh, à quoi bon tout ça ? (Il se leva.) Je suis désolé de me donner en spectacle. (Tout en continuant à regarder par terre, il traîna les pieds dans les pétales de roses.) Tu fais tout ce que tu peux, dit-il, avec une affreuse gravité guindée, mais on ne peut pas s'attendre à ce que tu comprennes, à ton âge.

Et sans regarder son père, il fit demi-tour et entra dans l'hôtel.

11

De la fornication, et de tous les autres péchés mortels ; et de toutes les tentations du monde, de la chair et du diable, Seigneur, délivre-nous.

Les Litanies.

Angela Primero habitait un appartement de la résidence Oswestry, Baron's Court. Elle avait vingt-six ans, et elle était l'aînée des petites-filles de Mrs Primero. C'était tout ce que Charles savait d'elle — ça, et son numéro de téléphone, qu'il avait trouvé facilement. Il l'appela et lui demanda s'il pouvait la voir le lendemain matin. Il eut finalement une meilleure idée que son plan de départ : il dit qu'il travaillait pour le *Sunday Planet*. La mort d'Alice Flower ayant rappelé aux lecteurs le meurtre de Mrs Primero, son journal allait publier un grand article sur ce qu'étaient devenus les gens concernés par l'affaire. Charles était content de lui : son histoire était tout à fait vraisemblable.

Miss Primero avait une voix sinistre pour une femme si jeune. Une voix râpeuse, brusque, presque masculine. Oui, elle serait ravie de le rencontrer, mais il devait comprendre qu'elle n'avait qu'un vague souvenir de sa grand-mère. « Oh, quelques souvenirs d'enfance me suffiront, miss Primero, quelques petites anecdotes pour donner de l'authenticité à mon récit. »

Elle lui ouvrit si vite la porte qu'il se demanda si elle n'avait pas attendu derrière. Son apparence le surprit, car se souvenant de son frère, il s'était attendu à quelqu'un de petit et de brun, avec des traits réguliers. Et puis il avait vu une photo de la grand-mère, et bien que le vieux visage fût desséché et ses traits gommés par l'âge, il n'en gardait pas moins les vestiges d'une beauté altière.

La fille qui vivait dans cet appartement avait un visage quelconque à l'ossature large, avec une vilaine peau et la mâchoire proéminente. Ses cheveux étaient plats, ternes, et bruns. Elle portait une robe bleu marine achetée dans un grand magasin, et c'était une femme un peu grande, mais bien proportionnée.

— Mr Bowman ?

Charles était content du nom qu'il s'était trouvé. Il lui fit un beau sourire.

— Enchanté, miss Primero.

Elle le fit entrer dans un petit salon où il y avait peu de meubles. Il ne put s'empêcher de trouver cela étrange, en comparaison avec la bibliothèque de Forby Hall. Ici il n'y avait pas de livres, pas de fleurs, et les seuls ornements étaient des photos encadrées, peut-être six ou sept, d'une jeune fille blonde et d'un bébé.

Elle le vit regarder un agrandissement d'une photo noir et blanc au-dessus de la cheminée.

— Ma sœur, dit-elle.

Son visage ingrat s'adoucit et elle sourit. Et tandis qu'elle parlait, on entendit un léger vagissement et un murmure de voix dans la pièce d'à-côté.

— Elle est dans ma chambre, là. Elle change la couche du bébé. Elle vient toujours le samedi matin.

Charles se demanda ce qu'Angela Primero faisait dans la vie : dactylo, peut-être, ou vendeuse. Tout dans l'appartement exprimait le dénuement. Les meubles étaient de couleur vive, mais ils avaient l'air fragile, et bon marché. Devant la cheminée il y avait un tapis fait avec des restes de laine. Ce n'était pas grand-chose, mais c'était gai.

— Asseyez-vous, je vous en prie, dit Angela Primero.

La petite chaise orange craqua sous son poids. On est bien loin, pensa-t-il, du cuir noir voluptueux de son frère. On entendait de la musique, et un aspirateur en marche dans l'appartement du dessus.

— Qu'est-ce que vous voulez que je vous raconte ?

Il y avait un paquet de *Weights* sur le dessus de la cheminée. Elle en prit une et lui tendit le paquet. Il lui fit signe que non en secouant la tête.

— Tout d'abord, quels souvenirs avez-vous de votre grand-mère ?

— J'ai peu de souvenirs d'elle, je vous l'ai dit. (Elle parlait d'une façon brusque.) On est allées prendre le thé là-bas deux ou trois fois. C'était une grande maison sombre et je me souviens que j'avais peur d'aller aux toilettes toute seule. Alors la bonne m'accompagnait. (Elle eut un rire saccadé, sans humour, et c'était difficile de croire qu'elle n'avait que vingt-six ans.) Je n'ai même jamais vu Painter, si c'est ça que vous voulez savoir. Il y avait une petite fille qui habitait de l'autre côté de la route, et avec laquelle on jouait, parfois. Je crois que Painter avait une fille, et une fois, j'ai demandé à ma grand-mère si c'était elle, mais elle m'a répondu qu'elle n'était pas de notre milieu, et que nous n'avions rien à faire avec elle.

Charles serra les mains. Il ressentit soudain un désir violent : que Tess fût là, pour qu'on la mît à côté de cette fille à qui on avait appris à la mépriser.

La porte s'ouvrit, et la fille de la photo entra. Angela Primero bondit aussitôt vers elle et lui prit le bébé des bras. Les connaissances de Charles en matière de bébés étaient très vagues. Il se dit que celui-ci devait avoir six mois. Il avait l'air petit, et pas du tout intéressant.

— C'est Mr Bowman, chérie. Ma sœur, Isabel Fairest.

Mrs Fairest n'avait qu'un an de moins que sa sœur, mais elle ne semblait pas avoir plus de dix-huit ans. Elle était petite et mince, avec un visage au teint rose, et d'énormes yeux bleu pâle. Charles trouva qu'elle ressemblait à un mignon petit lapin. Ses cheveux étaient blond vénitien.

Roger avait les cheveux et les yeux noirs, Angela les cheveux châtains et les yeux noisette. Aucun d'entre eux ne ressemblait, ne fût-ce que vaguement, aux autres. Les mystères de la génétique, pensa Charles.

Mrs Fairest s'assit. Elle ne croisa pas les jambes, mais posa ses mains sur ses genoux, comme une petite fille. C'était difficile de l'imaginer mariée, et impossible de penser à elle comme à une femme ayant donné naissance à un enfant.

Sa sœur ne la quittait pas des yeux, sauf pour gazouiller à l'adresse du bébé. Mrs Fairest avait une petite voix douce, avec un léger accent londonien.

— Il va te fatiguer, chérie. Mets-le dans son petit lit.

— Tu sais bien que j'adore l'avoir dans les bras. N'est-il pas magnifique ? Tu ne fais pas un sourire à ta tatie ? Tu la connais, ta tatie, même si tu ne l'as pas vue depuis une grande semaine.

Mrs Fairest se leva et se mit derrière la chaise de sa sœur. Elles gazouillèrent de concert avec le bébé, lui caressant les joues, lui donnant leurs doigts pour qu'il enroule les siens autour. Il était évident qu'elles étaient très attachées l'une à l'autre, mais alors qu'Angela avait un amour maternel à la fois pour sa sœur et son neveu, Isabel semblait très dépendante de sa sœur aînée. Charles eut l'impression qu'elles avaient oublié qu'il était là, et se demanda quelle place pourrait occuper Mr Fairest dans ce charmant tableau. Il toussota.

— À propos de votre enfance, miss Primero...

— Oh ! oui, excusez-moi. (Ne pleure pas, mon petit. Il a des gaz, chérie.) Je ne me souviens vraiment de rien d'autre à propos de ma grand-mère. Ma mère s'est remariée quand j'avais seize ans. C'est ce genre de choses qui vous intéresse, n'est-ce pas ?

— Tout à fait, oui.

— Eh bien, comme je viens de vous le dire, ma mère s'est remariée, et elle et mon beau-père voulaient qu'on aille avec eux en Australie. (Voilà ! Ah, ça va mieux, hein ?) Mais je n'ai pas voulu y aller. Isabel et moi étions encore à l'école. Ma mère a attendu deux ans, puis ils sont partis sans nous. Après tout, c'était leur vie, hein ? Je voulais aller dans une école professionnelle, mais j'ai laissé tomber cette idée. Isabel et moi on avait la maison, n'est-ce pas chérie ? Et finalement, on a toutes les deux pris un travail. Il a peut-être sommeil, non ?

C'était un récit assez banal, fragmentaire, et tronqué. Charles avait le sentiment qu'elle aurait pu en dire beaucoup plus. Les souffrances et les privations avaient été délibérément laissées de côté. Si elles avaient eu plus d'argent, ça aurait sans doute tout changé pour elles, mais Angela n'avait pas parlé d'argent une seule fois. Elle n'avait pas non plus fait la moindre allusion à son frère.

— Isabel s'est mariée il y a deux ans. Son mari travaille à la poste. Moi, je suis secrétaire dans un journal. (Elle haussa les sourcils, sans sourire.) Il faudra que je leur demande s'ils ont entendu parler de vous.

— Oui, faites-le, dit Charles, d'une façon onctueuse qui n'était pas lui.

Il devait absolument amener la conversation sur l'héritage mais il ne savait pas comment. Mrs Fairest revint avec un couffin, elles mirent le bébé dedans, puis se penchèrent tendrement sur lui en gazouillant. Bien qu'il fût presque midi, il n'avait pas été question d'un verre, ni d'un café. Charles appartenait à une génération qui grignotait pratiquement toute la journée, des tasses de ceci, des verres de cela, des petites choses picorées dans le réfrigérateur. Alors elles aussi devaient grignoter. Charles pensa avec nostalgie à l'hospitalité de Roger. Mrs Fairest leva les yeux et dit gentiment :

— J'aime bien venir ici. C'est si calme. (Au-dessus, l'aspirateur continuait à vrombir.) Mon mari et moi, nous n'avons qu'une pièce. C'est une grande et belle pièce, mais c'est horriblement bruyant, le week-end.

Charles savait que c'était tout à fait hors de propos mais il fallait qu'il le dise.

— C'est étonnant que votre grand-mère ne vous ait rien laissé.

Angela Primero haussa les épaules. Elle borda le bébé puis se releva.

— C'est la vie. dit-elle, d'une voix dure.

— Est-ce que je lui dis, chérie ?

Isabel Fairest lui toucha le bras et la fixa d'un regard timide, attendant qu'elle décide.

— Et pourquoi donc ? Ça ne peut pas l'intéresser. (Elle regarda Charles et dit, intelligemment :) Vous ne pouvez pas imprimer ce genre de choses dans les journaux. Ce serait de la diffamation.

Quel idiot ! Pourquoi n'avait-il pas dit qu'il était inspecteur des impôts ? Ils auraient pu parler d'argent dès le départ.

— Mais je crois que ce serait bien que les gens sachent, dit Mrs Fairest, faisant preuve de plus de caractère qu'il ne l'en aurait crue capable. Je t'assure, chérie. Je l'ai toujours pensé depuis le moment où j'ai compris. Je pense que les gens devraient savoir comment il nous a traitées.

Charles posa son calepin plus loin avec ostentation.

— Ceci restera entre nous, Mrs Fairest.

— Tu vois, chérie ? Il ne dira rien. Et ça m'est égal s'il parle. Il faut que les gens sachent pour Roger.

Le nom avait été prononcé. Tout le monde respirait fort. Charles fut le premier à se maîtriser. Il eut un sourire neutre.

— Bien. Je vais tout vous dire. Et si vous le mettez dans le journal et que je me retrouve en prison ça m'est égal. Grannie Rose a laissé dix mille livres. On aurait dû avoir notre part mais on l'a pas eue. C'est Roger, notre frère, qui a tout eu. Je ne sais pas exactement pourquoi, mais Angela le sait.

» Ma mère avait un ami qui était avocat, là où Roger travaillait, et il disait qu'il pourrait essayer d'obtenir une décision de justice, mais Mère n'a pas voulu, car c'était affreux, disait-elle, de faire un procès à son propre fils. Nous étions toutes petites, et nous ne savions rien de tout cela. Mère disait que Roger nous aiderait — c'était son devoir moral, même s'il ne le faisait pas légalement —, mais il ne nous a jamais aidées. Il remettait toujours à plus tard. Puis Mère s'est disputée avec lui. Angela et moi avions onze et dix ans à l'époque, et nous ne l'avons plus revu depuis. Je ne le reconnaîtrais pas, si je le croisais dans la rue.

C'était une histoire incompréhensible. Étant tous les trois les petits-enfants de Mrs Primero, ils auraient dû hériter d'elle au même titre les uns que les autres. Et en plus, il n'y avait pas eu de testament.

— Je ne veux pas voir ça dans votre journal, dit tout à coup Angela Primero.

Elle aurait fait une bonne institutrice, pensa Charles, car elle était douce avec les petits enfants, mais ferme quand il le fallait.

— Je ne publierai rien de tout cela, dit Charles, en toute sincérité.

— Très bien. La vérité, c'est que nous ne pouvions pas lui faire un procès. Nous n'aurions pas eu une seule chance de gagner. Légalement, Roger avait parfaitement le droit d'hériter de la totalité. Remarquez, les choses auraient été différentes si ma grand-mère était morte un mois plus tard.

— Je ne vous suis pas bien, dit Charles, absolument excité, à présent.

— Vous avez déjà vu mon frère ?

Charles commença à acquiescer d'un hochement de tête, puis il changea son mouvement en un signe de dénégation. Elle le regarda d'un air soupçonneux. Puis elle eut un geste emphatique. Elle prit sa sœur par les épaules et la poussa en avant pour qu'il la voie mieux.

— Il est petit et brun, dit-elle. Regardez Isabel, regardez-moi. On ne se ressemble pas, n'est-ce pas ? On n'a pas l'air de sœurs parce qu'on n'est pas des sœurs. Et Roger n'est pas notre frère. Oh, Roger est bien l'enfant de mes parents, et Mrs Primero était bien sa grand-mère. Ma mère ne pouvait plus avoir d'enfant. Ils ont attendu onze ans, et quand ils ont su que c'était sans espoir, ils m'ont adoptée. Et un an plus tard, ils ont adopté Isabel.

— Mais... Je... balbutia Charles. Vous avez été adoptées légalement, non?

Angela Primero avait retrouvé son calme. Elle passa son bras autour des épaules de sa sœur, qui s'était mise à pleurer.

— Nous avons été adoptées légalement, oui. Mais cela ne changeait rien. Les enfants adoptés ne peuvent hériter quand la personne décédée n'a pas fait de testament. En tout cas ils ne le pouvaient pas en septembre 1950. Parce que maintenant ils peuvent hériter sans testament. La loi a été votée le 1er octobre 1950. C'était bien notre chance, non?

La photo de *La Parcelle du Vainqueur*, dans la vitrine de l'agence immobilière, était extrêmement flatteuse. Peut-être l'agent immobilier avait-il depuis longtemps perdu espoir de vendre la propriété pour autre chose que pour la valeur du terrain, car Archery, qui s'enquit timidement de son prix, fut accueilli avec exubérance et servilité. Il en ressortit avec une autorisation de visiter, un gros trousseau de clés, et la permission d'aller voir la maison quand il le voudrait.

Il n'y avait pas de car en vue. Archery revint jusqu'à l'arrêt près de l'*Olive and Dove* et attendit à l'ombre. Il sortit l'autorisation de visiter de sa poche et la parcourut des yeux. « Superbe demeure de caractère », lut-il, « qui n'a besoin que d'un propriétaire imaginatif pour la faire revivre... » Aucune mention de la tragédie, pas la moindre allusion au fait que la mort violente avait été la locataire de cette maison.

Deux cars de Sewingbury passèrent, dont l'un allait à la gare de Kingsmarkham. Archery lisait toujours, notant le contraste entre les euphémismes de l'agence et les sombres descriptions figurant dans sa transcription du procès, quand la voiture gris métallisé s'arrêta au bord du trottoir.

— Mr Archery !

Il tourna la tête. Le soleil arrivait par derrière, faisait flamboyer les ailes aux courbes douces et scintiller le pare-brise. Les cheveux d'Imogen Ide brillaient d'un éclat encore plus intense dans tout ce métal éblouissant.

— Je vais à Stowerton. Vous voulez que je vous emmène?

Il se sentit soudain ridiculement heureux. Tout s'envola : sa pitié pour Charles, sa tristesse à la pensée d'Alice, son sentiment d'impuissance face à l'aveugle machinerie de la loi. Une joie absurde, mêlée à une impression de danger le posséda, et sans essayer de l'analyser, il monta dans la voiture. Sa carrosserie était aussi brûlante qu'une flamme, tel un fugitif flamboiement d'argent sous ses doigts.

— Mon fils a pris la voiture, dit-il. Je ne vais pas à Stowerton, mais dans le coin. Je vais voir une maison qui s'appelle *La Parcelle du Vainqueur.*

Elle haussa très légèrement les sourcils en entendant ce nom, et il supposa qu'elle connaissait l'histoire, comme tout le monde, car elle le regarda bizarrement. Il s'assit à côté d'elle, le cœur battant. Le bruit sourd et cogneur dans son côté gauche était si fort qu'il en était douloureux physiquement et Archery pria pour que ces coups s'arrêtent avant qu'il ne gémisse ou ne porte la main à son cœur.

— Chien n'est pas avec vous, aujourd'hui, dit-il.

Elle s'inséra à nouveau dans la circulation.

— Il fait trop chaud pour lui, dit-elle. J'imagine que vous n'avez pas l'intention d'acheter *La Parcelle du Vainqueur* ?

Son cœur s'apaisa.

— Pourquoi ? Vous connaissez la maison ?

— Elle appartenait à quelqu'un de la famille de mon mari.

Ide, pensa-t-il. Ide. Il ne se souvenait pas qu'on lui ait dit ce qu'il était advenu de la maison après la mort de Mrs Primero. Peut-être avait-elle appartenu à un certain Ide avant de devenir une maison de retraite.

— J'ai une clé, et une autorisation de visiter, mais il n'est pas question que j'achète. C'est simplement de la...

— Curiosité ?

Elle ne pouvait pas le regarder tandis qu'elle conduisait, mais il sentait ses pensées braquées sur lui bien plus intensément que n'importe quels yeux.

— Êtes-vous un passionné d'histoires criminelles ?

Il eût été naturel d'ajouter son nom, de clore sa question avec. Mais elle ne le fit pas. Sans doute, pensa-t-il, avait-elle omis de le dire, car « Mr Archery » était soudain devenu trop conventionnel, tandis qu'Archery était encore trop intime.

— Vous savez, je crois que je vais y aller avec vous, dit-elle. Je ne dois pas être à Stowerton avant midi et demi. Vous voulez bien que je vous serve de guide ?

Imogen Ide sera mon guide... C'était là un petit couplet stupide, mais qui résonnait à ses oreilles tel un vieux madrigal oublié. Il ne dit rien, mais elle dut prendre son silence pour un assentiment, car, au lieu de le déposer à l'entrée de la propriété, elle ralentit et s'engagea sur la petite route, où l'on voyait de sombres pignons dépasser des arbres.

Même en ce matin lumineux la maison avait l'air sinistre. Les murs de brique jaune brun étaient sillonnés de colombages en creux. Il y avait deux fenêtres cassées. La ressemblance entre cette maison et la photo de l'agence était aussi minime que celle existant entre une carte postale de vacances, et l'endroit qu'elle est censée représenter. La photographe avait évité de montrer, — ou gommé au tirage — les mauvaises herbes, les ronces, les taches d'humidité, les croisées battantes au bois émietté, et cette impression générale de délabrement. Les grilles étaient tombées sur le sol, et Imogen franchit l'ouverture ainsi ménagée, remonta l'allée, puis s'arrêta juste devant la porte d'entrée.

Ce moment aurait dû être important pour lui : c'était la première fois qu'il voyait l'endroit où le père de Tess avait commis — ou n'avait pas commis — le meurtre. Ses sens auraient dû être en alerte, pour pouvoir s'imprégner de l'ambiance, noter les détails que la police, blasée, aurait pu négliger. Mais non, il ne se sentait ni observateur, ni enquêteur, il n'était plus qu'un homme vivant dans le présent, dans l'instant, larguant le passé. Il y avait des années qu'il ne s'était pas senti à ce point vivant, et à cause de ça, il n'avait plus du tout conscience des choses qui l'entouraient. Rien ne pouvait l'affecter. Ses émotions avaient tout envahi. Et à ses yeux, cette maison n'était plus qu'un lieu désert, dans lequel lui et cette femme allaient bientôt pénétrer.

Dès qu'il eut réalisé cela, il sut qu'il ne devait pas y entrer. Il pouvait facilement dire qu'il voulait seulement visiter le jardin. Elle sortait de la voiture à présent, elle clignait des yeux dans le soleil.

— On entre ? dit-elle.

Il glissa la clé dans la serrure, tandis qu'elle se tenait tout près de lui. Il s'était attendu à ce que le vestibule sente le moisi, mais c'est tout juste s'il eut conscience de cette odeur. Des rayons de lumière traversaient la pièce depuis diverses fenêtres poussiéreuses et des grains de poussière dansaient dans ces traits de lumière. Il y avait un vieux patin à roulettes sur le sol carrelé. Elle se prit un talon dedans, trébucha. Instinctivement il tendit la main pour la rattraper, et en faisant ce geste, il sentit le sein droit d'Imogen effleurer son bras.

— Faites attention où vous marchez, dit-il, sans la regarder.

En trébuchant, Imogen avait fait voler un petit nuage de poussière, et elle eut un petit rire nerveux. Peut-être n'était-ce en fait qu'un rire normal. Archery était au-delà de ce genre de considérations car il sentait encore le doux poids contre son bras, comme si elle n'avait pas fait un pas de côté.

— On étouffe, ici, dit-elle. Ça me fait tousser. Là, c'est la pièce où le meurtre a été commis.

Elle ouvrit une porte et il vit un parquet, une cheminée de marbre, de grandes taches décolorées là où il y avait eu des tableaux.

— Les escaliers sont là derrière, dit-elle, et de l'autre côté, il y a la cuisine où la pauvre Alice préparait les repas.

— Je ne veux pas aller au premier, dit-il, très vite. Il fait trop chaud, il y a trop de poussière. Et vous saliriez votre robe.

Il prit une profonde inspiration, et s'éloignant d'elle, il alla s'appuyer contre le dessus de la cheminée. Ici, à cet endroit précis, Mrs Primero avait reçu le premier coup de hache ; là, il y avait eu le seau ; là, ici, partout, le vieux sang avait coulé.

— Le lieu du crime, dit-il, assez stupidement.

Imogen fronça les sourcils et traversa la pièce, jusqu'à la fenêtre. Le silence était terrible, et il aurait voulu le remplir d'un doux bavardage. Il y avait tant de remarques à faire dans un endroit pareil, que même de vagues connaissances auraient trouvé quoi se dire. Le soleil de midi projetait l'ombre d'Imogen sur le sol dans sa mesure exacte, ni trop longue, ni grossièrement rapetissée. Cette ombre était comme découpée dans du tissu noir, et il aurait voulu tomber à ses genoux et la toucher, sachant que c'était tout ce qu'il obtiendrait jamais.

Ce fut elle qui parla la première. Il ne savait pas vraiment ce qu'il s'était attendu à l'entendre dire, mais pas ça, non, sûrement pas ça.

— Vous ressemblez beaucoup à votre fils — ou plutôt c'est lui qui vous ressemble.

La tension se relâcha. Il se sentit dupé, et irrité.

— Je ne savais pas que vous vous connaissiez, dit-il.

Elle ne répondit pas. Il y avait dans ses yeux une lueur amusée.

— Vous ne m'aviez pas dit qu'il travaillait pour un journal.

Archery sentit son estomac sombrer. Elle devait être là, chez les Primero. Était-il censé couvrir le mensonge de Charles ?

— Il vous ressemble tellement, dit-elle. Et pourtant, je n'ai fait le rapprochement qu'une fois qu'il a été parti. Et puis, en le revoyant dans ma tête, et en pensant au nom qu'il s'était choisi — car j'imagine que Bowman est son pseudonyme — j'ai deviné. Mais Roger, lui, n'a pas réalisé.

— Je ne comprends pas bien, commença Archery. (Il faudrait qu'il lui explique.) Mrs Ide...

Elle partit d'un grand éclat de rire, mais elle s'arrêta quand elle vit son désarroi.

— Je crois que nous nous sommes mutuellement menés en bateau, dit-elle, gentiment. Ide était mon nom de jeune fille, le nom que j'avais quand j'étais mannequin.

Il se détourna d'elle, et pressa sa paume brûlante contre le marbre de la cheminée. Elle fit un pas vers lui et il sentit son parfum.

— La parente dont vous m'avez parlé, qui possédait cette maison, c'est Mrs Primero ? C'est elle aussi, qui est enterrée à Forby ? (Il n'avait pas besoin d'attendre sa réponse. Il la sentait.) Je ne comprends pas comment j'ai pu être si bête, dit-il.

Plus que bête, oui. Qu'allait-elle penser, demain, quand le *Sunday Planet* sortirait ? Il pria, pas très fier, pour que Charles n'ait rien découvert en parlant avec la belle-sœur d'Imogen.

— Me pardonnez-vous ? dit-il.

— Mais je n'ai rien à vous pardonner.

Elle paraissait vraiment perplexe. Et elle pouvait l'être, car il lui demandait pardon pour de futures offenses.

— Je suis autant à blâmer que vous. Je ne sais pas pourquoi je ne vous ai pas dit que j'étais Imogen Primero. (Elle s'interrompit.) Je n'avais nullement l'intention de vous induire en erreur. C'était juste comme ça. On dansait, il s'est passé quelque chose... Je ne sais pas.

Il leva la tête et se secoua intérieurement. Puis il se dirigea vers le vestibule, la laissant derrière lui.

— Il me semble que vous avez dit que vous deviez aller à Stowerton, dit-il. Ç'a été très gentil à vous de m'accompagner.

Elle était derrière lui maintenant, sa main posée sur son bras.

— Pourquoi vous avez cet air-là ? Qu'avez-vous donc fait de mal ? Rien. Rien du tout. Ce n'était qu'une... un malentendu.

C'était une petite main fragile, mais pressante... Sans savoir pourquoi, peut-être parce qu'elle aussi avait besoin d'être réconfortée, il la prit dans la sienne. Mais au lieu de l'enlever, elle la laissa, elle soupira, et sa main trembla légèrement. Il se retourna pour la regarder, avec un sentiment de honte aussi paralysant qu'une vraie paralysie. Le visage d'Imogen était à trente centimètres du sien, puis il fut à trois centimètres, puis il n'y eut plus de visage, mais seulement une bouche très douce.

La honte se dilua dans une vague de désir, d'autant plus exquis, d'autant plus inouï, qu'Archery n'avait rien ressenti de tel depuis des années. Peut-être même n'avait-il jamais ressenti ça. Depuis qu'il avait quitté Oxford, il n'avait jamais embrassé d'autre femme que Mary, et il ne s'était retrouvé seul qu'en présence des vieilles, des malades, des mourantes. Il ne savait pas comment arrêter ce baiser, et il ne savait pas si c'était à cause de son inexpérience, ou si c'était là un désir ardent de prolonger quelque chose qui était beaucoup plus qu'un baiser, beaucoup plus que toucher une ombre, mais pourtant pas suffisant.

Elle rompit leur étreinte assez soudainement, mais sans le pousser, ni lutter. Il n'y avait rien contre quoi lutter.

— Oh, mon Dieu, dit-elle.

Mais elle ne souriait pas. Son visage était très pâle.

Il y a des mots pour justifier un tel comportement. « Je ne sais pas ce qui m'a pris », ou : « C'était plus fort que moi, l'impulsion du moment. » Mais la simple idée de mentir le dégoûtait. La vérité lui paraissait encore plus pressante et irrésistible que son désir, et il décida de la lui dire, même si demain, et dans les jours à venir, Imogen ne pourrait la considérer que comme un mensonge.

— Je vous aime. Je crois que je vous ai aimée dès que je vous ai vue.

Il porta ses mains à son front, et les extrémités de ses doigts, quoique glacées, lui donnèrent l'impression de la brûler, comme la neige peut brûler la peau.

— Je suis marié, dit-il. Vous savez ce que c'est — je veux

dire que ma femme est vivante. Et je suis pasteur. Je n'ai pas le droit de vous aimer, et je vous promets de ne plus jamais me retrouver seul avec vous.

Ses yeux s'agrandirent : elle était extrêmement surprise, mais par laquelle de ses confessions, ça, il n'aurait pu le dire. Cela lui traversa l'esprit qu'elle était peut-être stupéfaite de l'avoir entendu parler aussi lucidement, lui qui jusqu'à présent, s'était montré si incohérent.

— Je ne peux me permettre de croire, dit-il, (car sa dernière phrase pouvait le faire passer pour vaniteux), que vous-même ayez éprouvé de la tentation. (Elle allait parler, mais il poursuivit en toute hâte.) Voulez-vous ne rien me dire, et simplement partir ?

Elle acquiesça d'un hochement de tête. Et en dépit de son interdiction, il désirait ardemment qu'elle s'approche à nouveau de lui, qu'elle le touche. C'était une faim impossible à assouvir qui le laissait le souffle coupé. Elle fit un petit geste impuissant, comme si elle aussi était sous l'emprise d'une émotion submergeante. Puis elle tourna les talons sans le regarder, courut jusqu'au bout du vestibule, et sortit.

Après qu'elle fut partie, il se dit qu'elle ne lui avait pas demandé pourquoi il voulait voir cette maison.

Elle avait très peu parlé, et lui n'avait dit que des choses essentielles. Je dois devenir fou, pensa-t-il, pour que vingt ans de principes s'envolent aussi facilement qu'une leçon inculquée à un enfant récalcitrant.

La maison était telle qu'elle était décrite dans la transcription du procès. Il nota l'agencement des pièces sans émotion ni empathie, le long couloir qui allait de la porte d'entrée à la porte de derrière, où l'imperméable de Painter avait été accroché, la cuisine, l'escalier étroit qui menait au premier. Une espèce de torpeur le prit, et il se dirigea vers la porte de derrière, tirant les verrous, engourdi.

Le jardin était complètement silencieux, envahi par les mauvaises herbes. Il s'offrait au soleil, un soleil de cuivre en fusion. La lumière et la chaleur tournaient la tête à Archery. Tout d'abord il ne vit pas le garage. Puis il réalisa qu'il le regardait depuis l'instant où il avait mis le pied dans le jardin, mais ce qu'il avait pris pour un grand buisson frémissant, étaient en fait des briques et du ciment, cachés sous une couverture de vigne vierge. Il se dirigea par là, pas du tout intéressé, sans une once de curiosité. Il y alla parce que c'était une façon comme une autre de faire quelque chose, et parce que cette maison de feuilles à peine frémissantes était au moins une espèce de but.

Les portes étaient fermées avec un cadenas. Archery se sentit soulagé. Cela lui ôtait la nécessité d'agir. Il s'appuya contre le mur. Les feuilles étaient froides et humides sur son visage.

Puis il reprit l'allée, et dépassa l'entrée aux grilles tombées. Bien entendu, la voiture gris métallisé ne serait pas là. Elle n'y était pas. Un car passa presque tout de suite. Archery avait oublié qu'il avait omis de fermer la porte de derrière à clé.

Il rendit les clés à l'agence, puis il resta un moment à regarder la photo de la maison qu'il venait de quitter. C'était comme regarder le portrait d'une fille qu'on n'aurait connue que vieille, et il se demanda si cette photo avait pu être prise trente ans plus tôt, quand Mrs Primero avait acheté la maison. Puis il se détourna de la vitrine, et prit lentement le chemin de l'hôtel.

16 heures 30 était généralement une heure creuse à l'*Olive and Dove*. Mais on était samedi. Et quel superbe samedi ! La salle à manger était pleine de vacanciers, le bar dignement rempli de vieux habitués et de nouveaux arrivants, en train de boire le thé servi sur des plateaux d'argent. Le cœur d'Archery se mit à battre follement quand il vit son fils en grande conversation avec un homme et une femme. Ils lui tournaient le dos, et il vit seulement que la femme avait de longs cheveux blonds et que l'homme était brun.

Il passa entre les fauteuils, bouillant d'angoisse, et se faufila parmi des doigts bagués tenant des théières, des petits chiens asthmatiques, des petits pots de cresson et des pyramides de sandwiches. Quand la femme se retourna il aurait dû se sentir soulagé. Mais ce fut une déception amère qui le frappa, comme un long couteau glacé. Il tendit la main et serra les doigts chauds de la jeune Tess.

À présent il réalisait toute la bêtise de sa folle supposition. Kershaw lui serrait la main, et dans ce visage mobile, semé de rides éclatantes de vie, il n'y avait pas la moindre ressemblance avec la figure de cire pâle de Roger Primero. Les cheveux de Kershaw n'étaient pas vraiment bruns, mais grisonnants, et clairsemés.

— Charles est passé nous voir en rentrant de Londres, dit Tess.

Dans ce bar, avec son chemisier de coton blanc et sa jupe de serge bleu marine, elle était sans doute la femme la moins bien habillée. Et comme pour l'expliquer, elle dit, très vite :

— Quand on a appris la nouvelle, on a tout laissé tomber pour venir ici avec lui.

Elle se leva, se faufila entre les tables, et alla regarder par la fenêtre, inondée par le soleil de cet brûlant après-midi d'été. Quand elle revint elle dit :

— C'est tellement étrange. J'ai dû passer des dizaines de fois devant cet hôtel quand j'étais petite, et pourtant je ne me souviens de rien.

Main dans la main avec Painter, peut-être. Et tandis qu'ils marchaient, ce futur assassin et sa fille, est-ce qu'il regardait les voitures passer, est-ce qu'il se demandait si lui aussi serait un jour partie intégrante de cette circulation ? Archery essayait de ne pas reconnaître, dans ce visage pointu en face du sien, les traits grossiers de l'homme qu'Alice Flower appelait « la Bête ». Mais ils étaient tous là pour lui prouver que Painter n'était pas un assassin.

— La nouvelle ? dit-il à Charles, masquant difficilement sa répugnance.

Charles lui raconta tout.

— Et puis on est tous allés à *La Parcelle du Vainqueur*, dit-il. On ne pensait pas qu'on pourrait rentrer, mais quelqu'un avait oublié de refermer la porte de derrière à clé. On a visité toute la maison et on s'est aperçu que Primero aurait facilement pu se cacher.

Archery détourna légèrement la tête. Pour lui, ce nom était désormais associé à tellement de choses, la plupart torturantes.

— Il a dit au revoir à Alice, et tout en restant dans la maison il a ouvert puis refermé la porte d'entrée. Après quoi il s'est glissé dans la salle à manger — dans laquelle il n'y avait personne et où il faisait sombre. Alice est partie à la messe et... (Charles hésita, chercha à présenter les choses de manière à épargner la sensibilité de Tess.) Et, après qu'on eut apporté le charbon, Roger est sorti de sa cachette, il a mis l'imper qui était toujours accroché derrière la porte de derrière et — enfin il a accompli son acte.

— Ce n'est qu'une hypothèse, Charlie, dit Kershaw, mais elle colle effectivement avec les faits.

— Je ne sais pas... commença Archery.

— Voyons, Père, tu ne veux pas que le père de Tess soit innocenté ?

Non, pensa Archery, pas si ça implique d'incriminer « son » mari. Pas ça. Je l'ai peut-être déjà blessée, mais je ne veux pas la blesser de cette façon-là.

— Alors il y aurait un mobile, dit-il, avec lassitude.

Tess intervint, tout excitée.

— C'est un excellent mobile, un « vrai » mobile.

Il voyait très bien ce qu'elle voulait dire. Dix mille livres c'est conséquent, c'est une vraie tentation, tandis que deux cents livres. Le regard de Tess brilla, puis s'assombrit. Était-elle en train de se dire que c'était aussi horrible de pendre un homme innocent, que de tuer une vieille dame pour un sac rempli de billets ? Et cette pensée, — quel que fût le résultat de leur enquête — allait-elle la poursuivre toute sa vie ? Pourrait-elle jamais y échapper ?

— Primero travaillait dans le cabinet d'un avocat, dit Charles, tout excité. Il connaissait la loi. Il pouvait se renseigner. Mrs Primero pouvait très bien ne pas être au courant si elle ne lisait pas les journaux. Et puis qui est au courant des lois qui vont être votées par le parlement ? Le patron de Primero l'avait sans doute envoyé vérifier, à la demande d'un client. Primero aurait alors appris que si sa grand-mère mourait intestat avant octobre 1950, tout l'argent lui reviendrait. Mais si elle mourait après l'entrée en vigueur de la loi, ses sœurs en auraient les deux tiers. Je me suis renseigné. Cette loi est connue sous le nom de « Great Adoption Act », et elle donne aux enfants adoptés pratiquement les mêmes droits qu'aux enfants légitimes. Il est évident que Primero était au courant.

— Que vas-tu faire ?

— Je suis allé au poste de police, mais Wexford ne peut pas me recevoir avant lundi 2 heures. Il est parti pour le week-end. Je parie que la police n'a jamais vérifié l'alibi de Primero. Les connaissant, je dirais que dès l'instant où ils ont mis la main sur Painter, ils n'ont plus inquiété personne, trop content d'avoir un coupable. (Il regarda Tess et prit sa main.) On peut toujours clamer que ce pays est un pays libre, dit-il avec feu, mais tu sais aussi bien que moi que dans l'inconscient des gens, la « classe ouvrière » est plus ou moins synonyme de « classe meurtrière ». Pourquoi aller embêter le stagiaire d'un avocat respectable et qui a des relations, alors qu'on a le chauffeur sous la main ?

Archery haussa les épaules. Il savait d'expérience qu'il était inutile de discuter avec Charles quand il exposait ses idéaux communisants.

— Merci pour ton chaleureux soutien, dit Charles, sarcastique. Quelle raison y-a-t-il d'avoir l'air si malheureux ?

Archery ne pouvait pas lui dire. Une chape de douleur semblait s'être abattue sur lui, et pour pouvoir répondre à son fils, il choisit, parmi ses chagrins contradictoires, quelque chose que tous pourraient entendre.

— Je pensais aux enfants, dit-il, aux quatre petites filles qui ont toutes souffert de ce crime. (Il sourit à Tess.) Tess, bien sûr, poursuivit-il, ces deux sœurs, que tu as vu — et Elisabeth Crilling.

Il ne cita pas le nom de la femme qui allait souffrir bien plus que toutes les autres si Charles avait raison.

12

Est-ce désobéir à la Loi que de faire ce qui me plaît de ce qui m'appartient ?
L'Évangile du Dimanche de la Septuagésime.

L'homme qui se trouvait dans le bureau de Wexford à 9 heures ce lundi matin, était petit et mince. Les os de ses doigts étaient particulièrement fins, avec des attaches étroites, et délicates, comme celles d'une femme. Le costume gris foncé qu'il portait, très élégant, et qui avait l'air d'avoir coûté très cher, le faisait paraître plus petit qu'il n'était. Et puis si tôt le matin et si loin de chez lui, il était entouré des nombreux attributs de l'élégance voyante. Wexford, qui le connaissait bien, s'amusa en prenant note de tous ces éléments : l'épingle à cravate avec un saphir, les deux bagues, le porte-clé avec sa grosse goutte d'ambre, le porte-documents taillé dans la peau de quelque reptile. Combien d'années faudrait-il à Roger Primero pour s'habituer à la richesse?, se demanda-t-il.

— Belle matinée, hein? dit Wexford. Je viens de passer deux jours à Worthing, et la mer était comme un lac. Que puis-je faire pour vous?

— Attraper un escroc, dit Primero. Un petit jeunot qui se fait passer pour un journaliste.

Il ouvrit son porte-documents et balança un journal du dimanche sur le bureau de Wexford. Le journal glissa sur la surface vernie et tomba sur le sol. Haussant les sourcils, Wexford l'y laissa.

— Oh! dit Primero. De toute façon, il n'y a rien à voir.

Ses yeux miroitants, dans son beau visage impassible, exprimaient la contrariété. La vanité de cet homme l'a fait se rebeller contre l'idée de porter des lunettes, pensa Wexford, en clignant des yeux derrière sa propre monture en écaille.

— Écoutez, inspecteur, je ne crains pas de vous le dire: je suis fou furieux. Ça s'est passé comme ça — ça vous ennuie si je fume?

— Absolument pas.

Un énorme étui à cigarettes jaillit de sa poche, suivi par un fume-cigarette, puis un briquet au motif en damier, noir et or. Wexford assistait à cet étalage de possessions en se demandant quand ça allait se terminer. Cet homme est aussi bien pourvu qu'un petit salon, se dit-il.

— Ça s'est passé comme ça, répéta-t-il. Ce type m'a appelé jeudi, m'a dit qu'il était du *Planet* et qu'il voulait faire un article sur moi. Sur mon enfance. Vous saisissez? Il a eu droit à une longue interview, et finalement ma femme l'a invité à déjeuner. (Il fronça le nez et il eut une moue dégoûtée, comme quelqu'un qui vient de sentir une affreuse odeur.) Je suis sûr qu'il n'a pas fait un repas comme ça de toute sa vie...

— Mais aucun article n'est paru, et quand vous avez téléphoné au *Planet*, ils vous ont dit qu'ils n'avaient jamais entendu parler de lui.

— Comment vous le savez?

— Ça arrive, dit Wexford, sèchement. Vous m'étonnez, monsieur, un homme comme vous, qui a de l'expérience. C'était vendredi matin qu'il fallait téléphoner au *Planet*.

— Je me sens tellement con.

Wexford lui dit, d'un ton dégagé :

— Vous ne lui avez pas donné d'argent, j'imagine ?

— Mon Dieu, non !

— Juste le déjeuner alors, et vous lui avez dit des choses que vous auriez mieux fait de garder pour vous.

— Exactement.

Il avait eu l'air maussade jusqu'à présent, mais soudain il sourit, et ce sourire était tout à fait sympathique.

— Oh, merde, inspecteur...

— Merde, comme vous dites. Mais vous avez bien fait de venir nous voir, bien que je ne voie pas ce que nous puissions faire, à moins qu'il ne bouge...

— Qu'il ne bouge ? Comment ça qu'il ne bouge ?

— Eh bien, je vais vous donner un exemple, un exemple très général, hein. Supposons qu'un homme riche, un homme public, confie quelque chose d'assez personnel à un journaliste réputé. Dix contre un qu'il ne le publie pas, car il expose son journal à des poursuites pour diffamation. (Wexford s'interrompit et darda sur son visiteur un regard pénétrant.) Mais s'il fait ces mêmes confidences à un imposteur, un escroc... (Primero avait considérablement pâli.) Qu'est-ce qui empêche notre imposteur de faire sa petite enquête et de déterrer quelque chose de vraiment embêtant. La plupart des gens, Mr Primero, même des gens très bien et respectueux des lois, ont quelque chose dans leur passé qu'ils préféreraient ne pas voir exhumer. Vous devez vous poser la question suivante : s'il n'est pas net, qu'est-ce qu'il mijote ? Et la réponse c'est que soit il en a après votre argent, soit il est fou. (Wexford ajouta, plus rassurant cette fois.) Je peux vous dire, d'après mon expérience, que neuf fois sur dix, ces types sont des cinglés. Mais si cela peut vous aider à retrouver votre tranquillité, vous pouvez toujours nous le décrire. J'imagine qu'il vous a donné son nom.

— Ce ne sera pas son vrai nom.

— Évidemment pas.

Primero se pencha vers lui, d'un air de confidence. Durant sa longue carrière, Wexford avait jugé utile d'apprendre à reconnaître les parfums, et il nota que Primero sentait *Onyx*, de chez Lentheric.

— Il avait l'air sympathique, dit Primero. Il a fait une assez forte impression sur ma femme.

S'étant mis à larmoyer, il s'essuya délicatement les yeux du bout des doigts, comme une femme qui pleure et n'ose pas se frotter les yeux, de peur d'étaler son mascara, pensa Wexford.

— Mais à propos, reprit-il, je n'ai rien dit à ma femme. Je ne voulais pas l'inquiéter. Il s'exprimait très bien. L'accent d'Oxford et tout ça. Un grand type blond, qui s'est présenté sous le nom de Charles Bowman.

— Ah, ah ! dit Wexford, mais tout bas.

— Inspecteur ?

— Mr Primero ?

— Je viens de me souvenir de quelque chose. Il était — eh bien, extraordinairement intéressé par ma grand-mère.

Wexford faillit éclater de rire.

— D'après ce que vous venez de me dire, je crois pouvoir vous assurer que cette histoire n'aura pas de suites fâcheuses.

— Vous croyez qu'il est cinglé ?

— Inoffensif, en tout cas.

— Vous venez de m'ôter un grand poids.

Primero se leva, récupéra son porte-documents et ramassa son journal. Il s'y prit assez maladroitement, comme si même des petites choses comme ça, il n'avait pas l'habitude de les faire lui-même.

— Je ferai plus attention à l'avenir, dit-il.

— Un minimum de précautions s'impose.

— Bien, je n'abuserai pas davantage de votre temps.

Il tira une mine tout allongée et peut-être sincèrement triste. Les yeux humides ajoutaient la note mélancolique à l'ensemble.

— Je vais à un enterrement. Cette pauvre vieille Alice.

Wexford avait remarqué la cravate noire, sur laquelle le saphir brillait d'un sombre éclat. Il raccompagna Primero à la porte. Pendant toute leur entrevue, il avait gardé un air solennel. Mais là il s'autorisa un rire gargantuesque, quoique pratiquement silencieux.

Il n'y avait rien à faire jusqu'à 2 heures, à part du tourisme. Charles, qui était sorti de bonne heure, avait acheté un guide de la région. Ils s'assirent au bar pour le regarder.

— Ils disent, là, dit Tess, que parmi les plus jolis villages d'Angleterre, Forby est classé cinquième.

— Pauvre Forby, dit Charles. Au sort fixé par de si pâles éloges.

Kershaw prit les choses en main.

— On pourrait prendre ma voiture, dit-il. (Il posa son doigt sur la carte.)... et aller à Forby par la route du Kingsbrook — en évitant Forby Hall, hein, Charlie ? — jeter un coup d'œil rapide à l'église, et après, à Pomfret direct. Le manoir de Pomfret est ouvert tous les jours en été — on pourrait y jeter un coup d'œil — et retour à Kingsmarkham par la grande route.

— Parfait, dit Tess.

Kershaw conduisait. Archery était assis à côté de lui. Ils se retrouvèrent sur la route qu'il avait prise avec Imogen Ide, quand elle était allée déposer des fleurs sur la tombe de la vieille Mrs Primero. Quand ils arrivèrent aux abords du Kingsbrook, Archery se souvint de ce qu'elle avait dit à propos de l'implacabilité de l'eau : qu'en dépit des efforts des hommes, elle jaillisait toujours du sol, et se jetait toujours dans la mer.

Kershaw gara la voiture près de la place gazonnée avec la mare aux canards. Le village avait l'air paisible. L'été n'était pas encore suffisamment installé pour avoir terni le vert frais des hêtres ou affublé les clématites sauvages de barbes grisonnantes et mal taillées. Des groupes de petites maisons en bois entouraient la place, et du côté de l'église s'étirait une rangée de maisons XIXè avec des fenêtres en saillie dont les carreaux étincelaient, et à travers lesquelles on voyait des fauteuils en chintz et de la vaisselle en argent. Il n'y avait que trois magasins : une poste, une boucherie avec des colonnades, et un endroit où l'on vendait des souvenirs. Dans les jardins des maisons en bois, la lessive du lundi matin séchait dans l'air chaud et immobile.

Ils s'assirent sur le banc de la place, et Tess, qui avait trouvé un paquet de gâteaux dans la voiture, donnait à manger aux canards. Kershaw sortit un appareil photo et les photographia. Et soudain Archery comprit qu'il voulait arrêter là cet intermède touristique. Il frémit presque de dégoût à l'idée d'avancer par grappes dans les galeries du château de Pomfret, de s'extasier hypocritement devant des porcelaines et des portraits de famille.

— Ça vous ennuie si je reste ici ? J'aimerais revoir l'église.

Charles lui lança un regard furieux.

— Mais on va tous aller voir l'église.

— Je ne peux pas y aller, chéri, dit Tess. Je ne peux pas entrer dans une église en jean.

— Pas en pantalon, se moqua Kershaw. (Il remit son appareil dans son étui.) On ferait bien d'y aller si on veut voir ce château.

— Je peux très bien rentrer en car, dit Archery.

— Mais ne sois pas en retard, Père, pour l'amour de Dieu.

Si sa visite ne devait pas être seulement un pèlerinage sentimental, lui aussi avait besoin d'un guide. Quand la voiture eut disparu, il se dirigea vers le magasin de souvenir. Une cloche tinta délicieusement quand il ouvrit la porte, et une femme sortit du fond du magasin.

— Je ne vends pas de guide de Saint Mary, mais vous en trouverez dans l'église, à l'entrée.

Maintenant qu'il était là, il fallait qu'il achète quelque chose. Une carte postale? Une petite broche pour Mary? Ça, se dit-il, ce serait la pire des infidélités : commettre l'adultère en pensée, chaque fois qu'on voit sa femme porter tel bijou. D'un air las, il regarda les chevaux en cuivre, les pichets peints à la main, l'étalage de bijoux fantaisie.

Sur un petit comptoir, il y avait des calendriers, des plaques en bois avec des mots pyrogravés, des cartes postales avec des poèmes. L'une de ces cartes — un dessin représentant un mouton et un berger avec une auréole — attira son attention, car les mots sous le dessin lui rappelaient quelque chose.

« Va berger, vers ton repos... »

La femme se tenait derrière lui.

— Je vois que vous admirez les efforts de notre poète local, dit-elle, gaiement. Il est mort très jeune, et il est enterré ici.

— J'ai vu sa tombe, dit Archery.

— Bien entendu, la plupart des gens qui viennent ici pensent qu'il était berger. Il faut toujours que je leur explique qu'à une époque, berger et poète, c'était la même chose.

— Lycidas, dit Archery.

Elle ignora sa remarque.

— En fait, il était très instruit. Il était allé au lycée, et tout le monde disait qu'il aurait dû aller à l'université. Il a été tué dans un accident de la route. Voudriez-vous voir sa photo?

Elle sortit un tas de photos format carte postale d'un tiroir sous le comptoir. Elles étaient toutes identiques, avec la légende suivante : « John Grace, poète de Forby. Ceux que Dieu aime meurent jeunes. »

C'était un joli visage d'ascète, aux traits aigus, hyper sensible. Et qui donnait l'impression, pensa Archery, que le jeune homme souffrait d'anémie pernicieuse. Il eut le sentiment étrange de l'avoir déjà vu quelque part.

— Est-ce que certaines de ses œuvres ont été publiées ?

— Quelques petites choses dans des magazines, c'est tout. Je ne connais pas les tenants et les aboutissants de tout ça, car je ne suis là que depuis dix ans. Mais il y avait un éditeur qui avait une maison de campagne ici, et qui aurait vraiment aimé publier un recueil de sa poésie quand il est mort. Mrs Grace, sa mère, était tout à fait pour, mais hélas, la majeure partie de ses écrits avait disparue. Il ne restait que des fragments, que vous voyez là. Sa mère disait qu'il avait écrit des pièces — ce n'étaient pas des pièces en vers —, mais elles ressemblaient à celles de Shakespeare. De toute façon, on n'a pas pu les retrouver. Peut-être qu'il les avait brûlées, ou données. C'est vraiment dommage, non ?

Archery jeta un coup d'œil par la fenêtre, dans la direction de la petite église en bois.

— « Un Milton méconnu gît peut-être ici... » murmura-t-il.

— C'est vrai, dit la femme. On ne sait jamais, ces œuvres peuvent réapparaître, comme les manuscrits de la mer Noire.

Archery paya cinq shillings et six pence la carte avec le berger, puis se dirigea tranquillement vers l'église. Il ouvrit la grille du cimetière et, marchant dans le sens des aiguilles d'une montre, arriva à la porte. Qu'avait-elle dit ? « Il ne faut jamais contourner une église dans le sens opposé à la course du soleil. Ça porte malheur. » Or il fallait que le sort lui soit favorable, ainsi qu'à Charles. L'ironie de la chose, c'était que l'un d'eux serait perdant, quelle que fût l'issue de leur enquête.

Il n'y avait pas de musique qui venait de l'église, mais quand il ouvrit la porte, il vit qu'un service religieux était en cours. Il demeura là un moment, à regarder les gens et à écouter les paroles du prêtre.

« Si comme les hommes, j'ai combattu les monstres à Éphèse, quel avantage en ai-je retiré, si les morts ne se relèvent pas ? »

C'était un enterrement. Et ils en étaient à peu près à la moitié du service funéraire.

« Mangeons et buvons, car demain nous mourrons... »

La porte grinça très légèrement quand il la referma. À présent, il voyait les voitures et le fourgon funéraire, devant l'autre entrée. Il alla revoir la tombe de Grace, passa devant la tranchée fraîchement creusée, où on allait descendre un nouveau cercueil, et finalement s'assit sur un banc en bois dans un coin d'ombre. Il était midi moins le quart. Accordons-nous une demi-heure, pensa-t-il, et puis il faudra aller prendre le car. Et il s'assoupit.

Un léger bruit de pas le réveilla. Il ouvrit les yeux et vit qu'ils portaient le cercueil hors de l'église. Il y avait quatre porteurs, mais c'était un petit cercueil, celui d'un enfant peut-être, ou une femme de petite taille. Et dessus il y avait quelques bouquets de fleurs et une énorme gerbe de lis.

Une douzaine de personnes suivaient les porteurs, avec, au premier rang de la procession, un homme et une femme marchant côte à côte. Archery les voyait de dos et de plus, la femme, vêtue d'une robe noire, portait un grand chapeau dont le bord recourbé masquait en partie son visage. Mais il l'aurait reconnue entre mille. Il l'aurait reconnue, même s'il avait été aveugle et sourd, il aurait reconnu sa présence et son essence. Ils ne pouvaient le voir, et ils ne savaient pas qu'on les regardait, ces gens venus enterrer Alice Flower.

Hormis le couple en tête, ils étaient tous vieux, des amis d'Alice peut-être, et l'infirmière en chef de l'hôpital apparemment. Ils se rassemblèrent autour de la tombe et le pasteur commença son petit discours à l'issue duquel la vieille servante serait finalement mise en terre. Primero se pencha, et, ramassant méticuleusement une poignée de terre, la jeta sur le cercueil. Ses épaules tressautèrent et une petite main gantée de noir se posa sur son bras. Archery ressentit un violent élan de jalousie qui lui coupa le souffle.

Le pasteur dit la prière et les bénit. Puis Primero le prit à l'écart, échangea quelques mots avec lui, et ils se serrèrent la main. Après quoi il glissa son bras sous celui de sa femme et ils s'éloignèrent lentement vers la sortie. C'était fini.

Quand ils furent hors de vue, Archery se leva et s'approcha de la tombe que l'on remplissait peu à peu de terre. Il sentait les lis à cinq mètres. Il y avait une carte sur la couronne, sur laquelle on avait simplement écrit : « De la part de Mr et Mrs Roger, avec amour. »

— Bonjour, dit-il au sacristain.

— Bonjour, monsieur.

Il était midi et quart passé. Archery se hâta vers la porte du cimetière, tout en se demandant si le car passait souvent. Alors qu'il émergeait de sous la voûte de feuillages, il s'arrêta net. Charles marchait à grands pas vers lui, sur le sentier sablonneux.

— Tu as bien fait de ne pas venir, lui cria son fils. C'était fermé pour travaux. Tu te rends compte ! On a pensé qu'on pourrait repasser te prendre.

— Où est la voiture ?

— De l'autre côté de l'église.

Ils seraient partis à présent. Néanmoins Archery aurait préféré être déjà à l'hôtel, bien à l'abri devant une tranche de rosbif froid et une salade. Alors qu'ils contournaient les ifs, une voiture noire les dépassa. Archery se força à regarder du côté de la grille. Les Primero étaient encore là, en train de parler avec l'infirmière. Le pasteur se sentit soudain la gorge sèche.

— On va couper par la pelouse, dit-il.

— Mais Mr Kershaw nous attend de ce côté-là !

Ils n'étaient plus maintenant qu'à quelques mètres des Primero. L'infirmière leur serra la main et monta dans une limousine de location. Primero se retourna et ses yeux croisèrent ceux de Charles.

D'abord il pâlit, puis il prit une étrange couleur rouge vinaigre. Charles continua à marcher vers lui, alors Primero se mit à avancer aussi. Ils fondaient l'un sur l'autre, menaçants, ridicules, comme deux cow-boys dans un western.

— Mr Bowman, du *Sunday Planet*, je présume ?

Charles s'arrêta et dit, froidement :

— Vous présumez ce que vous voulez.

Elle avait parlé à la femme qui était dans la voiture. Mais à présent elle se redressait, et la voiture s'éloignait lentement. Et ils se retrouvèrent tout seuls tous les quatre, sur la place du village classé cinquième parmi les plus beaux villages d'Angleterre. Elle regarda Archery d'abord avec embarras, puis avec une chaleur qui dissipa sa gêne.

— Ah ! bonjour, je...

Primero saisit son bras.

— Tu le reconnais? J'aurai besoin de toi comme témoin, Imogen.

Charles lui lança un regard furieux.

— Comment ça? cracha-t-il.

— Charles! dit Archery d'un ton sévère.

— Niez-vous avoir pénétré chez moi sous un fallacieux prétexte?

— Roger, Roger... (Elle souriait toujours, mais son sourire s'était figé.) Tu ne te souviens pas de Mr Archery? Nous l'avons rencontré le soir du bal. Et voici son fils. Il est journaliste, et il a un pseudonyme. Ils sont ici en vacances.

Charles dit, avec raideur:

— Je crains que ce ne soit pas tout à fait vrai, Mrs Primero. (Elle cligna des yeux, ses cils voletant comme des ailes, et son regard vint se poser, très doux, sur Archery.) Mon père et moi sommes venus ici dans le seul but de réunir certaines informations. Ce que nous avons fait. Et pour y parvenir, nous avons dû gagner la confiance de certaines personnes. Peut-être avons-nous manqué de scrupules, mais nous pensons que la fin justifie les moyens.

— Je crains de ne pas comprendre, dit-elle.

Son regard était toujours posé sur Archery, et lui-même était incapable de porter ses yeux ailleurs que sur elle. Il savait que son visage exprimait un appel désespéré au pardon, un désaveu des affirmations de Charles, mais surtout la douleur d'aimer. Néanmoins, il n'y avait aucune raison pour qu'elle vît là autre chose que de la culpabilité.

— Je ne comprends vraiment rien. Quelles informations?

— Je vais vous le dire... commença Charles, mais Primero l'interrompit.

— Puisque vous êtes si franc, vous ne verrez aucune objection à m'accompagner au poste de police sur-le-champ, et à faire part de vos « informations » à l'inspecteur Wexford, j'imagine?

— Pas la moindre, non, dit Charles, d'une voix traînante. Sauf que je vais déjeuner, là, et que de toute façon, j'ai déjà rendez-vous avec l'inspecteur à 2 heures. Et j'ai l'intention de lui dire, Mr Primero, combien votre grand-mère est morte opportunément pour vos affaires, et comment — oh, tout à fait légalement, je l'admets, — vous avez réussi à priver vos sœurs de leur part d'héritage, et comment un certain dimanche soir, il y a seize ans, vous vous êtes caché à *La Parcelle du Vainqueur*.

— Vous êtes fou ! cria Primero.

Archery retrouva sa voix.

— Ça suffit, Charles.

Et il entendit Imogen qui disait d'une petite voix désincarnée :

— Ce n'est pas vrai ! (Et puis, terriblement effrayée :) Ce n'est pas vrai, hein ?

— Plutôt être damné, que de polémiquer en pleine rue avec cet escroc !

— Bien sûr que c'est vrai.

— C'était parfaitement régulier.

Soudain, Primero craquait. Ils avaient tous très chaud, debout comme ça en plein soleil, mais seul Primero transpirait, de vraies gouttes de sueur se formaient sur sa peau jaunâtre à l'odeur de fromage.

— Bon Dieu, c'était une question de loi, fulmina-t-il. Mais en quoi ça vous concerne, de toute façon ? Qui êtes-vous ?

Tout en continuant à regarder Archery, elle prit le bras de son mari. Son visage avait perdu toute gaieté, et elle avait l'air presque vieille. C'était une blonde fanée tout à coup, encore affadie par ses vêtements noirs. Et parce qu'elle était devenue laide, elle semblait soudain, et pour la première fois, accessible à Archery, alors qu'elle n'avait jamais été à ce point hors de sa portée.

— Rentrons à la maison, Roger, dit-elle, (et ses lèvres tremblèrent, des petites rides apparurent aux coins de sa bouche.) Au cours de votre enquête, Mr Archery, j'espère que vous avez réussi à joindre l'utile à l'agréable.

Puis ils partirent.

— Je dois dire que ça m'a bien plu ça, dit Charles. Je suppose que par agréable, elle entendait le déjeuner qu'ils m'ont offert. Tu peux être sûr que ces femmes d'hommes d'affaires font le décompte des œufs dans le caviar. Mais c'est vrai que c'était dur pour elle. Tu n'as pas besoin d'avoir l'air aussi anéanti, Père. C'est vraiment petit bourgeois, cette phobie des scènes en public.

13

Je fais métier de ce qui est juste et bon...
et j'abhorre la fausseté, de toute mon âme.
Psaume 119.

« Lois et Projets de Lois, 1950 ». Wexford prit le livre — était-ce un livre blanc du Parlement ? Archery dut s'avouer qu'il l'ignorait — et lut le titre à haute voix.

— Il y a quelque chose là-dedans que vous voulez que je regarde ?

Charles lui trouva la page.

— Là.

Wexford commença à lire. Et il y eut un silence tendu, presque angoissant. Archery regarda subrepticement les autres : Charles, qui brûlait du désir de savoir et qui en était tout échauffé, Kershaw qui croisait les jambes d'un air faussement désinvolte et dont les yeux dardés sur Wexford trahissaient l'anxiété, Tess enfin, qui avait l'air serein, confiant. Était-ce en sa mère qu'elle avait une si entière confiance, ou en Charles ? Lequel avait perdu beaucoup de son assurance quand il était entré dans le bureau de Wexford, cinq minutes plus tôt, et qu'il avait dû présenter Tess à l'inspecteur.

— Miss Kershaw, avait-il dit. Ma... la jeune fille que je vais épouser. Je...

— Ah ! oui. (Wexford avait été très courtois.) Bonjour, miss Kershaw, Mr Kershaw. Voulez-vous vous asseoir ? Je crains que la vague de chaleur ne touche à sa fin.

Et en effet, un changement s'était opéré dans ce ciel bleu lumineux qui n'avait rien d'anglais. Ça avait commencé après déjeuner, avec l'apparition d'un nuage pas plus gros que la main, lequel avait été rejoint par d'autres nuages, poussés par un vent soudain. Et tandis que Wexford, les sourcils légèrement froncés, lisait sans discontinuer, Archery regardait par la fenêtre, la masse de cumulus grumeleuse et comme marbrée de gris foncé.

— Très intéressant, dit Wexford. C'est une surprise pour moi. J'ignorais que les sœurs Primero avaient été adoptées. Pratique, pour Primero.

— Pratique ? dit Charles.

Archery soupira intérieurement. Il savait toujours quand son fils allait être impoli, ou direct, comme il disait.

— C'est tout ce que vous trouvez à dire ?

— Non, dit Wexford.

Peu de gens ont suffisamment d'assurance et de maîtrise de soi pour répondre simplement « oui » ou « non ». Wexford était grand, gros, et laid. Son costume avait connu des jours meilleurs, mais l'homme irradiait la force.

— Avant que vous alliez plus loin dans ce sens, Mr Archery, dit-il à Charles, je voudrais vous dire que j'ai eu une plainte à votre sujet, de Mr Primero.

— Oh ! ça.

— Oui, ça. Je sais depuis plusieurs jours que votre père a fait la connaissance des Primero. Peut-être n'était-ce pas une mauvaise idée, et je suis persuadé que cela n'a rien eu de désagréable, du moins en ce qui concerne Mrs Primero. (Archery savait qu'il avait pâli. Il se sentit très mal.) Et laissez-moi vous dire en toute franchise, que je lui avais donné mon accord pour que vous preniez contact avec les gens concernés par l'affaire Primero. (Il jeta un rapide coup d'œil à Tess, qui ne bougeait pas.) Prendre contact, j'avais dit, pas semer la pagaille. Car votre petite escapade de vendredi c'est ce que j'appelle semer la pagaille, et ça je ne le tolérerai pas !

Charles, dit, l'air boudeur :

— Très bien. Je suis désolé. (Archery vit qu'il se sentait obligé de se justifier, à cause de Tess.) Vous n'allez pas me dire que vos hommes ne s'inventent jamais une fausse identité pour arriver à leurs fins !

— Il se trouve que mes hommes, dit Wexford d'un ton sec, ont la loi de leur côté. (Et ajouta, emphatique :) Ils « sont » la loi. (Son air ombrageux se dissipa.) Maintenant que nous en avons fini avec ce sermon, vous feriez mieux de me dire ce que vous et votre père avez découvert.

Charles le lui dit. Wexford écouta patiemment, mais tandis que les preuves semblaient s'accumuler contre Primero, son visage, au lieu d'exprimer la surprise, demeurait parfaitement impassible. Ses traits grossiers étaient devenus presque bestiaux, comme ceux d'un vieux taureau.

— Bien sûr vous allez me dire qu'il avait un alibi, dit Charles. Et je me doute que vos hommes ont vérifié son alibi, et qu'après toutes ces années il va être difficile de prouver qu'il était faux, mais...

— On n'a pas vérifié son alibi, dit Wexford.

— Qu'avez-vous dit ?

— On n'a pas vérifié son alibi.

— Je ne comprends pas.

— Mr Archery... (Wexford se leva et posa ses lourdes mains sur son bureau.) Je suis prêt à discuter de tout cela avec vous, à répondre toutes questions que vous désirerez me poser. (Il s'interrompit.) Mais pas en la présence de miss Kershaw. Et si je puis me permettre, je trouve que vous avez été malavisé de l'emmener avec vous.

Maintenant c'était au tour de Charles de se dresser sur ses pieds.

— Miss Kershaw va devenir ma femme, dit-il, avec feu. Et tout ce que vous me direz à moi, vous pouvez le lui dire à elle aussi. Je ne veux rien lui cacher.

Wexford se rassit, très calme. Il prit des papiers dans un tiroir de son bureau, et se mit à les étudier. Puis il leva lentement les yeux et dit :

— Je suis désolé de ne vous avoir été d'aucun secours. Je crois qu'avec un minimum de coopération, j'aurais pu vous éviter bien des recherches inutiles. Mais si vous voulez bien m'excuser, je suis un homme très occupé. Donc, au revoir.

— Non, dit soudain Tess. Je vais y aller. J'attendrai dans la voiture.

— Tess !

— Mais oui, j'y vais, chéri. Tu ne vois donc pas qu'il ne peut parler de mon père devant moi. Oh ! allons, conduis-toi comme un garçon de ton âge !

Mais il se conduit comme un garçon de son âge, pensa tristement Archery. Wexford savait quelque chose — quelque chose de terrible. Mais pourquoi jouait-il ainsi avec eux au chat et à la souris, pourquoi avait-il joué à ce jeu avec Archery depuis le début ? Oui, la force et la confiance en soi, mais cela ne cachait-il pas un snobisme à l'envers, et ne craignait-il pas que les Archery puissent ébranler son pouvoir et troubler les eaux calmes de son district ? Pourtant il avait un tel empire sur les autres, et c'était sans nul doute, un homme juste et bon. Jamais il n'aurait menti, ni même maquillé la vérité pour couvrir une bavure. « On n'a pas vérifié son alibi... » Si seulement ils pouvaient arrêter de tourner autour du pot !

Et soudain Wexford arrêta.

— Vous n'avez pas besoin de sortir de l'immeuble, miss Kershaw, dit-il. Si votre — votre père voulait bien vous accompagner à l'étage au-dessus, — tout droit jusqu'au bout du couloir puis vous tournez à gauche quand vous arrivez à la double porte — vous verrez que nous avons une cantine tout à fait acceptable, même pour une dame. Je vous conseillerais une tasse de thé bien fort, et un gâteau.

— Merci.

Tess se tourna et toucha simplement l'épaule de Kershaw. Il se leva aussitôt. Wexford referma la porte sur eux.

Charles prit une profonde inspiration, et, tout en s'efforçant bravement d'afficher une attitude désinvolte, il déclara :

— Très bien. Alors qu'en est-il de cet alibi, qui, pour quelque mystérieuse raison, n'a jamais été vérifié ?

— La raison, dit Wexford, n'a rien de mystérieux. Mrs Primero a été tuée entre 6 heures 25 et 7 heures et demie, le soir du 24 septembre 1950. (Il s'interrompit pour permettre à Charles de proférer ses inévitables, « Oui, oui, » impatients.) Elle a été tuée à Kingsmarkham, et à 6 heures et demie, Roger Primero a été vu à Sewingbury, dix kilomètres plus loin.

— Oh, il a été vu ? se moqua Charles, en croisant les jambes. Qu'en penses-tu, Père ? Est-ce qu'il ne te paraît pas tout simplement possible qu'il ait arrangé à l'avance le fait d'être « vu » ? On trouve toujours un type pas net qui, pour vingt livres, accepte de se parjurer en affirmant qu'il vous a vu.

— Un type pas net, hein ?

Wexford ne cherchait pas vraiment à cacher son amusement.

— Quelqu'un l'a vu. Très bien. Alors qui ?

Wexford soupira et son sourire s'effaça.

— C'est moi qui l'ai vu, dit-il.

C'était là un vrai camouflet. L'amour d'Archery pour son fils, en veilleuse depuis quelques jours, lui remonta brusquement dans la poitrine comme une vague brûlante, Charles ne dit rien, et Archery, qui déjà s'entraînait à cela depuis plusieurs jours, s'efforça encore une fois de ne pas haïr Wexford. Il lui avait fallu du temps considérable pour en arriver au fait, mais quelle revanche...

Les gros coudes étaient appuyés sur le bureau, et les bouts des doigts collés les uns contre les autres, face à face, en une implacable pyramide de chair. La loi personnifiée. On ne pouvait douter que Wexford avait vu Primero ce fameux soir, on avait là sous les yeux l'image même de l'incorruptibilité. C'était presque comme si Dieu lui-même l'avait vu. Horrifié, Archery se leva de sa chaise et eut une petite toux sèche et douloureuse.

— Vous ? dit finalement Charles.

— Moi, dit Wexford, de mes propres petits yeux.

— Vous auriez pu nous le dire avant !

— Mais je l'aurais fait, dit Wexford avec douceur, et, curieusement, d'une façon tout à fait crédible, si j'avais pu deviner que vous le soupçonniez. Faire parler Primero de sa grand-mère est une chose, l'accuser de meurtre en est une autre.

Poli à présent, un peu raide, et très conventionnel, Charles demanda :

— Ça vous ennuierait de nous donner les détails ?

Wexford lui répondit, sur le même ton de courtoisie :

— Mais pas du tout. J'en avais bien l'intention. Tout d'abord, sachez que je connaissais bien Primero. Je l'avais vu avec son patron en de nombreuses occasions. Il avait l'habitude de l'accompagner pour apprendre les ficelles du métier.

Charles acquiesça d'un hochement de tête, avec une expression figée. Archery savait ce qui se passait dans sa tête. Il savait aussi ce que c'était que de renoncer à un amour.

— J'étais à Sewingbury sur une affaire, poursuivit Wexford. J'avais rendez-vous avec un homme qui nous donnait parfois des informations. Ce que vous appelleriez un type pas net, mais il ne nous a jamais rien appris qui vaille vingt livres. Le rendez-vous était à 6 heures, dans un pub qui s'appelle *Black Swan*. J'ai donc échangé trois mots avec mon — mon ami, et j'allais rentré à Kingsmarkham, où j'étais attendu à 7 heures. Je sors du bar à 6 heures et demie pile, quand je bute en plein sur Primero.

» "Bonsoir, inspecteur", dit-il, et j'ai pensé qu'il avait l'air un peu perdu. Et il pouvait l'être. Car j'ai découvert par la suite qu'il avait rendez-vous avec des amis et qu'il s'était trompé de pub. Ils l'attendaient au *Black Bull.* "Vous êtes en service?", a-t-il dit. "Parce que je pourrais vous offrir un petit alcool."

» "Merci tout de même", lui ai-je dit. "Mais je suis déjà en retard." "Alors, bonsoir", m'a-t-il dit, puis il s'est dirigé vers le bar. Je n'étais à Kingsmarkham que depuis dix minutes, quand on m'a demandé de venir à *La Parcelle du Vainqueur.*

Charles se leva lentement, et tendit la main à Wexford d'un geste raide et mécanique.

— Merci beaucoup, inspecteur. Je crois qu'il n'y a plus rien à ajouter, n'est-ce pas?

Wexford se pencha sur le bureau et lui tendit la main. Un léger éclair de compassion adoucit ses traits, les affaiblit, puis s'en fut.

— Je suis désolé si j'ai été impoli, dit Charles.

— Pas de problèmes, dit Wexford. On est dans un poste de police ici, pas à une garden-party du presbytère. (Il hésita, puis ajouta :) Moi aussi, je suis désolé.

Et Archery comprit que ses excuses ne s'adressaient pas à Charles.

Tess et Charles commencèrent à se disputer avant même d'arriver à la voiture. Certain qu'ils s'étaient déjà dit tout ça auparavant, Archery les écoutait avec indifférence. Il y avait une heure et demie qu'il se taisait ; et là, à nouveau, il n'y avait rien à dire.

— Il faut qu'on soit réalistes, disait Charles. Si moi ça m'est égal, et qu'à mes parents aussi ça leur est égal, pourquoi ne peut-on pas tout simplement se marier et oublier que tu as jamais eu un père?

— Qui te dit que ça leur est égal? De toute façon, ce n'est pas réaliste. Moi, je suis réaliste. J'ai eu beaucoup de chance jusqu'ici... (Tess décocha un petit sourire larmoyant à Kershaw.) ... mais là il faut que je m'incline.

— Et c'est censé vouloir dire quoi, exactement?

— Mais ça... que... eh bien, c'était ridicule de penser qu'un jour on pourrait se marier, toi et moi.

— Toi et moi? Et tous les autres, alors, qui vont te faire la cour? Tu vas leur rejouer ton mélodrame à chaque fois, ou est-ce que tu vas te laisser fléchir sur le coup de la trentaine?

Cette remarque la fit frissonner. Charles a vraiment l'air

d'oublier qu'ils ne sont pas seuls, se dit Archery. Le jeune homme la poussa sur la banquette arrière de la voiture et claqua la porte.

— Je serais curieux de savoir, tu vois, poursuivit Charles, amer, si tu as fait vœu de chasteté éternelle. On dirait un article du *Sunday Planet* : « Condamnée à un affreux célibat à cause du crime de son père ! » Cela dit, juste pour information, j'aimerais avoir la description de l'heureux homme qui l'emportera. Tu veux bien me donner le mode d'emploi ?

La mère de Tess lui avait donné foi en l'innocence de son père. Mais la famille Archery, avec ses doutes, avait ruiné cette foi — enfin elle avait tenu jusqu'à ce que Wexford la tue. Et Archery ne fut pas surpris quand Tess déclara, hystérique :

— Je suppose qu'il faudra qu'il ait un père qui soit un assassin, lui aussi.

Charles donna une petite tape dans le dos d'Archery.

— Tu pourrais peut-être aller tuer quelqu'un, dit-il, outrageusement.

— Oh, la ferme, dit Kershaw. Laisse tomber, Charlie, tu veux ?

Archery lui toucha le bras et lui dit :

— Je crois que je vais descendre, si ça ne vous ennuie pas. J'ai besoin d'air.

— Moi aussi, dit Tess. Je ne supporterai pas de rester enfermée une minute de plus dans cette voiture. Et puis j'ai mal à la tête.

— Je ne peux pas me garer, là.

— On va rentrer à l'hôtel à pied, Papa. Si je ne sors pas tout de suite je vais m'évanouir.

Et ils se retrouvèrent tous les trois sur le trottoir. Charles avait l'air plus ombrageux que jamais. Tess tanguait sur ses jambes et Archery lui prit le bras pour la stabiliser. Plusieurs passants leur jetèrent des drôles de regards.

— Tu disais que tu voulais de l'aspirine, dit Charles.

Ils n'étaient qu'à quelques mètres de la pharmacie la plus proche, mais Tess frissonnait dans ses vêtements légers. L'air était lourd et oppressant. Archery remarqua que toutes les boutiques avaient remonté leurs stores.

Charles parut sur le point de recommencer, mais Tess lui envoya un regard suppliant.

— Ne parlons plus de ça. On a tout dit. Après tout, on n'est pas obligés de se revoir avant octobre. Si on fait attention...

Il fronça les sourcils sans rien dire, puis il eut un petit geste agacé. Archery tint la porte de la pharmacie à Tess.

Il n'y avait personne à l'intérieur, hormis la vendeuse et Elizabeth Crilling.

Elle n'avait pas l'air d'être en train d'acheter quoi que ce soit : elle passait le temps en bavardant avec la vendeuse. C'était un jour de semaine, en plein milieu de l'après-midi, et elle était là, en train de faire des courses. Qu'était-il advenu de ce travail dans « l'établissement de confection pour dames » ? Archery se demanda si elle allait le reconnaître, et comment il pouvait s'arranger pour que ça n'arrive pas, car il ne voulait pas être obligé de la présenter à Tess. Il se sentit impressionné quand il réalisa ce qui était en train de se passer dans ce petit magasin : cette rencontre, seize ans après, entre la fille de Painter et la fille qui avait découvert le crime de Painter.

Tandis qu'il hésitait près de la porte, Tess se dirigea vers le comptoir. Elles étaient si près l'une de l'autre qu'elles se touchaient presque. Puis Tess, en choisissant un flacon d'aspirine, toucha la manche de Liz Crilling.

— Excusez-moi.

— Pas de problème.

Archery s'aperçut soudain que Tess n'avait qu'un billet de dix livres. Son agitation, ses craintes de voir Tess réaliser brusquement ce qui se passait étaient si grandes, qu'il faillit crier tout haut : « Aucune importance. Tant pis pour la monnaie. Mais mon Dieu, laissez-nous sortir et aller nous cacher ! »

— Vous n'avez rien de plus petit ?

— Non. Je suis désolée.

— Je vais aller voir si on a de la monnaie.

Les deux jeunes femmes étaient debout, côte à côte, dans un silence parfait. Tess regardait droit devant elle, mais Liz Crilling tapotait nerveusement des petites bouteilles de parfum sur une étagère, les déplaçant comme si c'étaient les pièces d'un jeu d'échecs.

Puis le pharmacien, dans sa blouse blanche, arriva du fond du magasin.

— Y-a-t-il une miss Crilling qui attend pour une ordonnance ?

Tess la regarda, écarlate.

— C'est une ordonnance à renouveler, mais je crains qu'elle ne soit plus valable...

— Comment ça, plus valable ?

— Ça veut dire qu'on ne peut pas l'utiliser plus de six fois. Je ne peux pas vous redonner de ces cachets sans une nouvelle ordonnance. Si votre mère...

— La vieille vache, dit lentement Liz Crilling.

Sur le visage de Tess, toute trace d'agitation s'évanouit d'un coup, comme si on venait de la frapper. Elle mit son argent directement dans son sac, sans ouvrir son porte-monnaie, et se précipita hors de la boutique.

La vieille vache. C'était de sa faute, tout ce qui t'était arrivé d'affreux était de sa faute. À commencer par la belle robe rose.

Elle la faisait pour toi, et elle a piqué à la machine toute la journée, ce dimanche-là, ce dimanche humide et froid. Quand elle a été finie, tu l'as mise, et Maman t'a brossé les cheveux, puis elle t'a mis un ruban. « Je vais passer lui dire bonsoir, et après tu viendras avec moi pour lui montrer ta robe. » Alors elle y était allée, mais en revenant elle était de mauvaise humeur, parce que Granny Rose dormait et ne l'avait pas entendue frapper au carreau. « T'y retourneras dans une demi-heure, » avait dit Papa. « Peut-être qu'elle sera réveillée. » Il était lui-même à moitié endormi, maigre et blême sur ses oreillers. Alors Maman était restée en haut avec lui, elle lui avait donné ses médicaments et elle lui avait fait la lecture car il était trop faible pour tenir un livre.

— Reste dans le salon, et fais attention de ne pas salir ta robe.

Tu avais obéi, mais ça t'avait quand même fait pleurer. Évidemment que ça t'était égal de ne pas voir Granny Rose, mais tu savais que pendant qu'elle parlait à Maman, tu aurais pu te glisser dehors et aller dans le jardin, montrer ta robe à Tessie.

Et après tout pourquoi pas ? Pourquoi ne pas mettre un manteau et traverser la route en courant ? Maman ne redescendrait pas avant une demi-heure. Mais il faudrait que tu te dépêches, car Tessie se couchait toujours à 6 heures et demie. Tante Renee était très stricte à ce sujet. « L'honorable classe ouvrière », disait Maman, quoi que ça pût vouloir dire, et bien qu'elle te laisserait sans doute rentrer dans la chambre de Tessie, elle ne te laisserait pas la réveiller.

Mais pourquoi, pourquoi y es-tu allée ?

Elizabeth Crilling sortit de la boutique et marcha sans rien voir vers Glebe Road, en butant dans des passants. Un si long chemin à parcourir, en passant devant ces odieuses petites maisons sablonneuses, qui ressemblaient à des tombes du désert dans cette lumière spectrale. Un si long chemin... Et il ne restait qu'une seule chose à faire quand on arrivait au bout du chemin.

14

Que le chrétien porte les armes et serve à la guerre... est conforme à la Loi.
Les Trente-neuf Articles de la Foi.

La lettre, avec le cachet de la poste de Kendal, attendait Archery à la réception de l'*Olive and Dove*. Il y jeta un coup d'œil perplexe, puis il se souvint : le colonel Cosmo Plashet, l'officier supérieur de Painter.

— Alors ? dit-il à Charles, quand Tess fut montée s'étendre au premier.

— Je ne sais pas. Ils rentrent à Purley ce soir.

— Et nous, on rentre à Thringford ce soir ?

— Je ne sais pas. Père. Je n'en sais rien du tout. (Il s'interrompit, la joue rouge, énervé, perdu comme un petit garçon.) Il faudra que j'aille faire des excuses à Primero, dit-il, (le petit garçon se souvenant brusquement qu'il avait des manières). C'était vraiment se conduire avec lui d'une manière horrible.

Et son père lui dit instinctivement, sans réfléchir :

— Je vais le faire, si tu veux. Je vais les appeler.

— Merci. Mais s'il insiste pour me voir j'irai. Tu la connaissais déjà, elle ? J'ai compris ça d'après ce que Wexford a dit.

— Oui, je lui avais parlé. Mais j'ignorais qui elle était.

— Ça, dit Charles, à nouveau impitoyable, c'est bien toi.

Allait-il vraiment l'appeler pour s'excuser ? Avait-il la vanité de penser qu'elle daignerait lui répondre. « Et durant votre enquête, Mr Archery, j'espère que vous avez réussi à joindre l'utile à l'agréable. » Il aura fallu qu'elle explique ça à son mari, se dit-il. Comment ce pasteur de cinquante ans a-t-il pu tomber amoureux de moi ? Et c'était comme s'il entendait Primero répondre « Mais il ne t'a tout de même pas fait du plat ? » Et son rire à elle, son rire gentiment moqueur pour le rassurer. Archery se sentit humilié à cette pensée. Il alla dans le bar désert et ouvrit la lettre du colonel Plashet.

Elle était écrite à la main sur un papier vélin très épais. L'écriture d'un vieil homme, pensa-t-il, l'adresse d'un militaire, « Srinagar » Church Street, Kendal...

Cher Mr Archery, lut-il.

Votre lettre m'a intéressé, et je vais faire de mon mieux pour vous donner tous les renseignements que je peux sur le soldat Herbert Arthur Painter. Sachez tout d'abord que je n'ai pas été cité comme témoin au procès de Painter, bien que je me sois tenu prêt à témoigner. Heureusement, j'ai gardé certaines des notes que j'avais prises à l'époque. Je dis : heureusement, car les états de service de Painter dans l'armée, qui s'étendent sur une période de trois ans, datent d'il y a vingt-trois ans, or ma mémoire n'est plus ce qu'elle était. Et si vous pensez que je détiens des informations qui pourraient apporter quelque réconfort à des parents de Painter, détrompez-vous, monsieur. En décidant de ne pas me faire témoigner, la défense a bien dû avoir conscience que toute déclaration de ma part faite sous serment, aurait, plutôt que servi sa cause, fait le jeu de l'accusation.

C'était donc ça. Allaient suivre une nouvelle énumération des charmants penchants de Painter. Le style allusif du colonel Cosmo Plashet, faisait réaliser à Archery, bien plus sûrement que la transcription du procès, quel genre d'homme son fils se préparait à accepter comme beau-père. Et seule la curiosité le fit continuer.

Painter servait dans l'armée de Sa Majesté depuis un an quand il a intégré mon régiment. C'était peu de temps avant notre départ pour la Birmanie dans le quatorzième corps d'armée. C'était un soldat qui ne donnait pas vraiment satisfaction. Durant les trois premiers mois que nous avons passés en Birmanie, nous n'avons pas combattu. Et pendant cette période, Painter a été mis deux fois aux arrêts pour état d'ivresse et a passé sept jours au cachot pour insultes graves à un supérieur.

Pendant le combat, son comportement s'améliora considérablement. C'était un homme naturellement batailleur, courageux, agressif. Mais bientôt se produisit un incident dans le village où nous avions notre campement : une jeune Birmane fut tuée. Une cour martiale fut constituée, Painter fut accusé d'homicide involontaire et déclaré non coupable. Mieux vaut que je n'en dise pas plus à ce sujet.

En février 1945, six mois avant la fin des hostilités en Extrême Orient, Painter a attrapé une maladie tropicale qui provoque une grave ulcération des jambes, et qui a empiré du fait qu'il refusait d'observer les règles d'hygiène les plus élémentaires et de suivre le régime approprié. Sa santé se dégrada, et malgré un traitement, il ne guérit pas. Il y avait alors un navire militaire qui mouillait au large de Calcutta, et dès que son état le permit, Painter fut transporté là-bas en avion, ainsi que d'autres soldats malades. Ce navire militaire arriva dans un port du Royaume Uni dans la dernière quinzaine de mars 1945.

Je n'ai pas d'autres informations concernant Painter, si ce n'est qu'à mon avis, il a dû être démobilisé peu après pour raisons de santé.

Si vous avez d'autres questions à me poser concernant Painter, vous pouvez être assuré de ma discrétion et de mon empressement à y répondre si je le puis.

Je vous donne toute latitude de publier cette lettre. Mais puis-je vous demander de céder au caprice d'un vieil homme, et de m'envoyer un exemplaire de votre livre quand il paraîtra ?

Votre très dévoué,

Cosmo Plashet.

Ils pensaient tous qu'il écrivait un livre. Le style grandiloquent du colonel fit sourire Archery. Il n'y avait pourtant pas de quoi sourire à la pensée de ces quelques lignes sur la mort de la jeune Birmane. Et cette phrase : « ... Mieux vaut que je n'en dise pas plus à ce sujet... » était plus parlante qu'une page entière d'explications.

Rien de nouveau dans cette lettre, rien d'essentiel. Alors

pourquoi avait-il cette sensation intense de passer à côté d'une information importante ? Mais non, il ne voyait pas quoi... Il relut la lettre, sans savoir ce qu'il cherchait. Et puis, alors qu'il regardait cette petite écriture ronde et tremblée, il fut submergé par une vague brûlante d'agitation et de désir frustré. Il mourait de peur de lui parler, il mourait d'envie d'entendre sa voix.

Il leva les yeux, et fut surpris de constater à quel point il faisait sombre. En cet après-midi d'été, le ciel, tendu d'un immense nuage couleur d'ardoise, avait un air crépusculaire. Plus loin à l'est, par-dessus le toit des maisons, ce ciel de plomb virait au violet furieux, et au moment où Archery commençait à plier sa lettre, un violent éclair fit vibrer la pièce de lumière, les mots sautèrent sur le papier, ses mains furent frappées d'un blanc livide. Le tonnerre éclata à l'instant même où Archery arrivait dans l'escalier et ses échos tournoyaient et vrombissaient encore autour du vieux bâtiment quand il entra dans sa chambre.

Elle ne pouvait que refuser de lui parler. Elle n'avait même pas besoin de répondre, elle pouvait demander au maître d'hôtel italien de le faire. Il était inutile qu'elle lui fasse des reproches personnellement — elle obtiendrait un bien meilleur résultat en agissant par procuration.

— Forby Hall, résidence de Mr Primero.

C'était le maître d'hôtel. L'accent italien déformait tous les mots, sauf le nom, auquel il donnait tout son relief latin.

— Je voudrais parler à Mrs Primero.

— Qui dois-je annoncer, monsieur ?

— Henry Archery.

Peut-être ne serait-elle pas avec son mari quand on lui transmettrait le message. Des gens comme eux, habitant une immense maison avec une foule de pièces, avaient tendance à vivre chacun dans ses quartiers, lui dans la bibliothèque, elle au salon. Elle allait lui renvoyer le maître d'hôtel avec un message. Et en tant qu'étranger, il ne sentirait pas la subtilité de ce message. Elle lui dirait quelque chose d'apparemment poli, et il ne verrait pas la pique glissée dans ses propos. Archery entendit des pas, des pas qui résonnaient dans le grand vestibule que Charles lui avait décrit. Il y eut des crépitements sur la ligne, peut-être à cause de l'orage.

— Allô ?

La bouche et la gorge intégralement sèches, il tenta de parler. Pourquoi n'avait-il rien préparé ? Parce qu'il avait été si sûr qu'elle ne viendrait pas ?

— Allô, vous êtes toujours là ?

— Mrs Primero...

— J'ai cru que vous en aviez eu assez d'attendre. Mario a mis tellement de temps.

— Bien sûr que j'ai attendu. (La pluie s'écrasait sur sa fenêtre, formant de grandes coulées de larmes le long des carreaux.) Je voulais vous présenter mes excuses pour ce matin. C'était impardonnable.

— Oh ! non, dit-elle. Je vous ai pardonné — pour ce matin. Vous n'étiez pas vraiment impliqué dans tout ça, n'est-ce pas. Non, c'étaient les autres fois qui me paraissent — pas impardonnables, non, juste incompréhensibles.

Il imaginait tout à fait son petit geste d'impuissance, sa main blanche dont les doigts s'ouvraient.

— Ce n'est jamais agréable de se sentir manipulé, vous savez. Ce n'est pas que je sois blessée. Je suis bien trop dure pour ça, beaucoup plus dure que Roger. Mais je suis assez gâtée en général, et j'ai l'impression qu'on m'a éjectée de mon piédestal. Et j'imagine que ça me fait pas mal.

Archery dit, lentement :

— Il y a tellement de choses à expliquer. Je croyais pouvoir le faire au téléphone, mais maintenant je m'aperçois que je ne peux pas. (Puis la violence de l'orage lui facilita les choses. Il entendait à peine sa propre voix.) Je veux vous « voir », dit-il, oubliant sa promesse.

Apparemment elle l'avait oubliée, elle aussi.

— Vous ne pouvez pas venir ici, dit-elle, très rationnelle, car Roger est quelque part dans les parages, et il pourrait ne pas voir vos excuses du même œil que moi. Et je ne peux pas venir vous voir, car l'*Olive and Dove* est un établissement respectable, qui n'autorise pas les visites dans les chambres des clients. (Il émit un murmure inarticulé.) Et puis vous ne voudriez-pas qu'on se retrouve au bar avec tous ces gens ? Ah, je sais. Et si on se retrouvait à *La Parcelle du Vainqueur* ?

— C'est fermé à clé, dit-il. (Puis il ajouta bêtement :) Et puis il pleut.

— J'ai une clé. Roger en a toujours gardé une. On dit 8 heures ? Ils seront ravis, à l'*Olive*, que vous dîniez tôt.

Charles passa sa tête dans l'embrasure de la porte, et Archery reposa le combiné avec un sentiment de culpabilité. Pourtant ce coup de fil n'avait rien de clandestin, Charles était parfaitement au courant.

— Je crois que j'ai arrangé les choses avec les Primero, dit-il.

Et une phrase lui vint à l'esprit, une phrase dont il avait oublié l'origine : Dieu a donné une langue à l'homme pour qu'il puisse cacher ses pensées.

Mais Charles, avec l'inconstance de la jeunesse, avait déjà oublié.

— Tess et son père s'en vont, dit-il.

— Je descends.

Ils étaient debout dans le hall, ils attendaient. Quoi ? se demanda Archery. Que l'orage s'arrête ? Un miracle ? Ou simplement de dire au revoir ?

— J'aurais préféré ne pas avoir vu Elizabeth Crilling, dit Tess. Et en même temps je regrette de ne pas lui avoir parlé.

— C'est aussi bien que tu ne lui aies pas parlé, dit Archery. Vous vivez dans des mondes différents. La seule chose que vous ayiez en commun c'est votre âge. Vous avez vingt et un ans toutes les deux.

— Ne me vieillissez pas, dit Tess, (Et il vit des larmes dans ses yeux.) Je n'aurai vingt et un ans qu'en octobre.

Tess ramassa le sac marin qui lui servait de bagage et tendit la main à Archery.

— On vous aime mais on vous quitte, dit Kershaw. Je crois qu'il n'y a pas grand-chose d'autre à dire, n'est-ce pas, Mr Archery ? Je sais que vous pensiez que les choses allaient s'arranger, mais il ne devait pas en être ainsi.

Charles contemplait Tess, qui détournait les yeux.

— Mais pour l'amour de Dieu, dis-moi que je peux t'écrire.

— Ça sert à quoi ?

— Ça me fera plaisir, dit Charles, crispé.

— Je ne serai pas à la maison. Je pars après-demain à Torquay, chez ma tante.

— Mais tu ne vas pas camper sur la plage, j'imagine. Cette tante, elle a bien une adresse, non ?

— Je n'ai rien pour noter, dit Tess.

Archery vit qu'elle était au bord des larmes. Il mit la main dans sa poche, en sortit tout d'abord la lettre du colonel Plashet — non, pas ça, il ne fallait pas que Tess voie ça —, puis la carte enluminée avec les vers et l'image du berger. Les yeux de Tess étaient embués de larmes, et elle griffonna l'adresse rapidement, puis la tendit à Charles sans un mot.

— Viens, ma chérie, dit Kershaw. Rentrons à la maison, et n'épargnons pas ces chevaux. (Il sortit ses clés de voiture de sa poche.) Aucun de ces quinze chevaux, dit-il.

Mais personne ne rit.

15

S'il a fait offense à quelqu'un... demandez-lui son pardon; et s'il a blessé ou fait du tort à quiconque... qu'il se repente du mieux qu'il le pourra.
La Visitation des Malades.

Il pleuvait si fort en sortant de la voiture, qu'il dut se précipiter sous le porche délabré, mais la pluie arrivait jusque là, rabattue sur lui par le vent, arrachée aux feuilles des chênes verts en gouttelettes glacées. Il s'appuya contre la porte et faillit tomber, car elle s'ouvrit sous son poids et alla taper contre le mur.

Elle devait être déjà là, mais nulle part on ne voyait la Lancia. Archery ressentit comme un élancement de dégoût pour lui-même, quand il réalisa qu'elle était délibérément discrète. Elle était connue dans la région, elle était mariée, et elle avait rendez-vous avec un homme marié. Alors elle avait caché sa voiture trop voyante. C'était minable, sordide, et c'était lui, un représentant de Dieu, qui avait provoqué ça.

La Parcelle du Vainqueur, qui était pourrie même par temps sec, sentait l'humidité et la pourriture maintenant qu'il pleuvait. Ça sentait la moisissure et les choses mortes. Il y avait sans doute des rats sous ses lattes de parquets disjointes. Il ferma la porte et parcourut un bout du couloir, se demandant où elle était et pourquoi elle n'était pas venue à sa rencontre en l'entendant arriver. Puis il s'arrêta net, car il était devant la porte de derrière où Painter accrochait son imper et qu'il y avait un imper accroché là.

Il n'y avait pas d'imperméable la dernière fois qu'il était venu. Et il s'en approcha, fasciné, horrifié.

L'explication était évidente : quelqu'un avait finalement acheté la maison, les ouvriers étaient venus, et l'un d'entre eux avait laissé son imper. Pas de quoi avoir peur. Il devait vraiment avoir les nerfs dans un drôle d'état.

— Mrs Primero, dit-il.

Et puis parce qu'on n'appelle pas les femmes avec qui on a des rendez-vous secrets par leur nom de famille, il cria :

— Imogen ! Imogen !

Il n'y eut pas de réponse. Pourtant, il était sûr qu'il n'était pas seul dans la maison. Et comment tu ferais si tu étais aveugle et sourd, le railla une voix intérieure, saurais-tu la reconnaître à son essence ? Il ouvrit la porte de la salle à manger, puis la porte du salon. Une odeur froide et humide arriva jusqu'à ses narines. De l'eau avait fui sous la bordure de la fenêtre et formé une flaque sombre, affreusement évocatrice. Ça, et les veinures rouille du marbre de la cheminée, lui fit penser à du sang. Qui achèterait une maison pareille ? Qui pourrait le supporter ? Pourtant quelqu'un l'avait acheté, car il y avait l'imperméable d'un ouvrier accroché derrière la porte.

Elle avait été assise là, la vieille dame, et elle avait exigé qu'Alice aille à l'église. Elle avait été assise là, elle s'était très vite assoupie, puis Mrs Crilling était venue frapper au carreau. Puis il était venu, qui que ce fût, avec sa hache, et peut-être avait-elle continué à dormir sous les demandes, les menaces, les coups de hache, jusqu'à sombrer dans un sommeil éternel. Éternel ?

« Mors janua vitae. » Pourquoi la vie était-elle indissociable de la souffrance ? Et Archery se surprit à prier pour ce qu'il savait être impossible : que Dieu change l'histoire.

Puis Mrs Crilling frappa au carreau.

Archery fit un bond violent, comme sous l'effet d'une décharge électrique. Il chercha sa respiration, puis il se força à regarder.

— Désolée, je suis en retard, dit Imogen Ide. Quel temps horrible.

Elle aurait dû être à l'intérieur, se dit-il, en se ressaisissant.

Mais elle était restée dehors, elle avait frappé, frappé, parce qu'elle l'avait vu là, tel une âme en peine. Cela changeait tout, car elle n'avait pas caché sa voiture qui était garée à côté de celle d'Archery, humide, et brillante, comme quelque chose de vivant et de magnifique, surgi des profondeurs de la mer.

— Comment êtes-vous entré? demanda-t-elle, dans le couloir.

— La porte était ouverte.

— Un ouvrier, sans doute.

— Je suppose, oui.

Elle portait un tailleur de tweed, ses cheveux blond pâle étaient humides. Il avait été assez bête — assez immoral, se dit-il — pour croire qu'en le retrouvant elle allait se jeter dans ses bras et l'embrasser. Mais elle restait immobile à le regarder, gravement, presque froidement, deux petites lignes verticales entre ses sourcils froncés.

— Allons dans le petit salon, dit-elle. Il y a des meubles, et puis ça ne nous rappellera rien.

Les meubles se résumaient à deux tabourets de cuisine et une chaise au dossier canné. Par la fenêtre, recouverte d'une épaisse couche de saleté, il apercevait la serre aux parois de verre fêlé, sur lesquelles s'accrochaient encore les vrilles d'une vigne morte. Il lui fit signe de prendre la chaise, et s'assit sur un tabouret. Il avait le sentiment étrange — et non dénué de charme — qu'ils étaient venus ici pour acheter la maison, elle et lui, qu'ils étaient arrivés un peu tôt et qu'ils étaient obligés d'attendre l'agent immobilier dans cette pièce abandonnée.

— On pourrait faire un bureau, ici, dirait-il. Ça doit être très agréable quand il fait beau.

— On pourrait aussi manger, là. C'est joli et c'est près de la cuisine.

— Mais est-ce que tu arriveras à te lever, le matin, pour me faire mon petit déjeuner? (Mon amour, mon amour...)

— Vous alliez m'expliquer, dit-elle.

Et bien sûr ils ne dormiraient jamais dans le même lit, jamais ils ne prendraient leur petit déjeuner ensemble. C'était une histoire sans avenir. Leur avenir, c'était ce rendez-vous dans ce petit salon humide, face à une vigne morte.

Et il se mit à lui parler de Charles et de Tess, de la conviction de Mr Kershaw quant à l'innocence de Painter. Quand il en arriva au sujet de l'héritage, l'expression d'Imogen se durcit, et avant qu'il n'ait pu finir elle lui dit :

— Vous aviez vraiment l'intention de faire passer Roger pour un assassin ?

— Qu'est-ce que je pouvais faire ? J'étais déchiré entre Charles et vous. (Elle secoua vivement la tête et le sang lui monta aux joues.) Je vous supplie de croire que je n'ai pas essayé de faire votre connaissance parce que vous étiez sa femme.

— Je vous crois.

— Mais l'argent... ses sœurs... vous n'étiez pas au courant ?

— Je ne savais rien de tout ça. À part le fait qu'elles existaient et qu'il ne les voyait jamais. Oh ! mon Dieu ! (Elle fit une grimace, remonta ses mains sur ses joues, ses yeux, ses tempes.) On n'a pas arrêté de parler de ça depuis ce matin. Il ne comprend pas qu'il devait se sentir moralement obligé de les aider. Il n'y a qu'une chose qui l'inquiète : c'est que Wexford puisse retenir ça comme un mobile de meurtre.

— Mais Wexford en personne l'a vu à Sewingbury ce soir-là, à l'heure fatidique.

— Il ne le sait pas, ou il a oublié. Et il va passer par des moments affreux jusqu'à ce qu'il trouve le courage d'appeler Wexford. Certains pourraient dire que c'est sa punition. (Elle soupira.) Ses sœurs sont-elles vraiment dans le besoin ?

— L'une d'entre elles, oui. Elle vit dans une seule pièce avec son bébé et son mari.

— J'ai fait admettre à Roger qu'il fallait leur donner ce qu'elles auraient dû avoir il y a longtemps. Trois mille livres, trois mille livres chacune. Et je crois que je ferais mieux de m'en occuper moi-même. Il ne s'apercevra même pas que je leur ai donné l'argent. C'est drôle, je savais qu'il était sans scrupules, on ne peut s'enrichir à ce point sans l'être, mais je ne savais pas qu'il pouvait aller jusque là.

— Et à cause de ça vous n'allez pas...

Il hésita, ne sachant pas ce qu'il avait détruit.

— Ne plus jamais avoir les mêmes sentiments pour lui ? Oh ! mon cher, vous êtes drôle. Écoutez, je vais vous confier quelque chose. C'était il y a sept ans, au mois de juin. J'étais en couverture de six magazines, ce mois-là. La fille la plus photographiée d'Angleterre.

Archery hocha la tête, perplexe, et complètement dépassé.

— Quand on atteint un sommet, on ne peut que dégringoler. Au mois de juin de l'année d'après, je ne faisais plus la couverture que d'un seul magazine. Alors j'ai épousé Roger.

— Vous ne l'aimiez pas ?

— Je l'aimais bien. Il m'a sauvée, en un sens, et moi je le sauve en permanence.

Archery voyait ce qu'elle voulait dire, il la revoyait, douce et tranquille dans la salle à manger de l'*Olive*, il revoyait sa main toucher le bras d'un homme qui sanglotait. Ne pouvant l'imaginer que sereine, il fut choqué quand elle s'écria, avec rage : « Comment pouvais-je savoir qu'il y avait un pasteur de cinquante ans qui m'attendait quelque part ? Un pasteur avec une femme et un fils, et un complexe de culpabilité gros comme une montagne ? »

— Imogen !

— Non, je ne veux pas que vous me touchiez ! C'était idiot de venir ici, et je n'aurais jamais dû le faire. Oh ! mon Dieu, comme je déteste ce genre de scènes !

Il se leva et alla se mettre aussi loin d'elle que possible, dans cette petite pièce. La pluie avait cessé, mais le ciel était couleur de boue et la vigne était plus morte que jamais.

— Que vont-ils faire, dit-elle, votre fils et cette jeune fille.

— Je ne crois pas qu'ils le sachent eux-mêmes.

— Et vous, qu'est-ce que vous allez faire ?

— Retrouver la femme de ma vie, celle que je n'aurais jamais dû quitter, dit-il, citant un auteur célèbre.

— Kipling ! (Elle eut un rire hystérique, et il fut triste de découvrir qu'elle était « également » cultivée.) Kipling ! J'ai vraiment besoin de ça.

— Au revoir, dit-il.

— Au revoir, cher Henry Archery. Je n'ai jamais su comment vous appeler. Vous savez, ça ? (Elle lui prit la main et embrassa le creux de sa paume.)

Puis elle sortit, refermant la porte sans bruit.

— Jenny m'a embrassé, dit-il à la vigne. Jenny pourrait être le diminutif d'Imogen. Et alors ?

Il sortit dans le couloir, et il se demanda pourquoi la maison lui paraissait encore plus vide et sans vie qu'avant. Peut-être était-ce parce qu'il venait juste de la perdre. Il se tourna vers la porte de derrière et eut un sursaut. Ce n'était pas une disparition imaginée, mais bien réelle : l'imperméable n'était plus là.

Mais avait-il jamais été là, ou était-ce son imagination morbide, hypersensible, qui lui donnait des hallucinations ? C'était là une hallucination que toute personne aussi imprégnée que lui de l'histoire de Painter aurait pu avoir. Mais si l'imper n'avait jamais été là, alors que faisaient ces petites flaques sur le sol, formées sans nul doute par de l'eau coulant des manches d'un vêtement ?

Archery ne croyait pas aux phénomènes surnaturels. Mais à présent qu'il regardait la patère où l'imper avait été accroché, il se souvenait comment il avait sursauté aux petits coups sur le carreau, et comment il avait comparé les veinures du marbre à du sang. Il n'était pas impossible que le diable planât au-dessus d'endroits comme celui-là, mettant les imaginations en ébullition et récréant sur l'écran intérieur de l'esprit des images de tragédies du passé.

C'était une porte à petits carreaux. Tous très sales, et pourtant luisant faiblement dans la lumière du soir — tous sauf un. Archery jeta un coup d'œil à travers ce carreau, puis il eut un sourire désabusé pour son imagination délirante. On avait enlevé le carreau près de la serrure. Un bras avait facilement pu se glisser à l'intérieur, tourner la clé, et ouvrir les verrous.

Et là, c'était ouvert. Il sortit dans la cour alanguie. Plus loin, le jardin s'étendait dans une brume légère et humide. Les arbres, les buissons, les luxuriantes herbes folles, ployaient sous le poids de l'eau. Avant, il aurait ressenti l'anxiété du citoyen responsable, se demandant qui avait bien pu casser cette fenêtre, il aurait même pu envisager d'avertir la police. Maintenant, il était juste apathique, indifférent.

Imogen occupait ses pensées, mais même à ce sujet, il n'avait plus des pensées passionnées ni honteuses. Il allait lui accorder encore cinq minutes pour qu'elle s'en aille, puis il retournerait à l'*Olive*. Mécaniquement il se baissa, et mit les morceaux de verre contre le mur, afin que personne, pas même le voleur, ne marche dessus.

Ses nerfs étaient dans un sale état, il n'en doutait pas, mais il était également sûr d'avoir entendu un bruit de pas, et le bruit d'une respiration.

Elle revenait ! Mais elle n'aurait pas dû — c'était plus qu'il n'en pourrait supporter. La vue d'Imogen serait une joie, mais tout ce qu'elle dirait, un sursis avant une séparation imminente. Il serra les dents, et serra involontairement sa main sur un morceau de verre.

Le sang vint avant la douleur. Archery se leva, regardant stupidement ce lieu désert, puis il se tourna et entendit le clic clac de talons aiguilles.

Le cri de la jeune femme lui éclata en pleine figure.

— Oncle Bert ! Oncle Bert ! Oh, mon Dieu !

Sa main était pleine de sang mais il la tendit, cette main blessée, ainsi que son autre main, pour rattraper Elizabeth Crilling qui tombait.

— Il faut vous faire recoudre, dit-elle. Vous allez attraper le tétanos. Vous allez avoir une affreuse cicatrice.

Il resserra son mouchoir autour de sa blessure et s'assit sur la marche, tout en la regardant. Elle était revenue à elle en deux secondes, mais son visage était toujours très blanc. Une rafale de vent passa sur la masse de verdure entremêlée et les arrosa de gouttelettes d'eau. Archery frissonna.

— Que faites-vous ici ? demanda-t-il.

Elle était assise, appuyée contre le dossier de la chaise qu'il était allé lui chercher dans le petit salon, les jambes étendues devant elle, sans énergie. Il remarqua à quel point ses jambes étaient fines, comme celles d'une orientale, les bas faisant des plis aux chevilles.

— Je me suis disputée avec ma mère, dit-elle.

Archery n'ajouta rien. Il attendait. Pendant un moment elle demeura inerte, puis son corps sembla se détendre en avant, tel un piège avec un ressort d'acier. Instinctivement, il se déporta sur le côté, car elle avait pointé son visage sur lui d'un coup.

— Oh ! Bon Dieu ! (Il ne bougea pas, maîtrisant sa réaction inévitable à tout juron.) Je vous ai vu avec du sang, sur vous, dit-elle, et puis vous avez dit ce qu'il a dit lui : « Je me suis coupé. »

Un terrible frisson l'agita, comme si une main invisible l'avait saisie et secouée. Stupéfait, il la regarda s'affaler à nouveau sur son siège, et l'entendit lui dire, froidement :

— Donnez-moi une cigarette. (Elle lui lança son sac.) Allumez-la !

La flamme vacilla dans l'air humide. Elle mit ses mains fines autour. Ses doigts avaient de grosses articulations.

— Vous passez votre temps à espionner, hein? dit-elle en se réinstallant sur sa chaise. Je ne sais pas ce que vous pensiez trouver, mais en tout cas voilà.

Perplexe, il se retrouva en train de regarder fixement le jardin, puis les pignons, puis le sol aux dalles humides.

— Je veux dire que me voilà, moi, dit-elle, avec une espèce d'impatience sauvage. Vous avez raconté des choses sur moi à la police, et vous ne savez même pas de quoi il s'agit.

À nouveau elle se détendit comme un ressort, et puis sans la moindre honte — il était horrifié — elle remonta sa jupe et exposa le haut de ses cuisses, au-dessus des bas. La peau blanche était couverte de piqûres d'aiguille.

— L'asthme, c'est ça dont il s'agit. Les cachets pour l'asthme. Vous les faites fondre dans l'eau — et c'est pas rien, croyez-moi — puis vous en remplissez une seringue.

Archery ne pensait pas être quelqu'un qui est facilement choqué. Mais là il était choqué. Il se sentit rougir. Il demeura silencieux, puis son embarras fit place à de la pitié, pour elle, et à une espèce d'indignation diffuse à l'égard de l'humanité.

— Et ça a un effet? demanda-t-il, aussi détaché que possible.

— Ça vous fait planer, si vous voyez ce que je veux dire. À peu près la même sensation que quand vous chantez des psaumes, j'imagine. C'est cet homme avec qui je vivais, qui m'a fait connaître ça. Je pouvais m'en procurer facilement, vous comprenez. Jusqu'à ce que vous nous envoyiez ce fumier de Burden, et qu'il donne une trouille d'enfer à ma mère. Alors maintenant, il lui faut une nouvelle ordonnance chaque fois qu'elle en veut et elle est obligée d'aller les chercher elle-même.

— Je vois, dit-il.

Et son espoir s'envola. C'était donc ça que Mrs Crilling avait voulu dire. En prison, il n'y aurait pas de comprimés, pas de seringue, et comme elle était accrochée à ça, elle serait bien obligée de l'avouer. D'avouer ça ou...

— Je ne crois pas que la police puisse quoi que ce soit contre vous, dit-il, sans savoir si tel était le cas.

— Qu'en savez-vous? Il m'en reste vingt dans un flacon, alors je suis venue ici. Je me suis fait un lit au premier et...

Il l'interrompit.

— C'est votre imper?

La question la surprit, mais juste un instant, puis le mépris ressurgit, la faisant paraître deux fois plus vieille que son âge.

— Évidemment que c'est mon imper. À qui vouliez-vous qu'il soit ? À Painter ? Je suis sortie un petit moment pour aller chercher quelque chose dans ma voiture, j'ai pas fermé la porte à clé, et quand je suis revenue vous étiez là avec cette grue.

Archery garda les yeux fixés sur elle, tout en se maîtrisant. C'était la première fois de sa vie qu'il avait envie de gifler quelqu'un.

— Et je n'ai pas osé rentrer, dit-elle, reprenant la seule autre expression dont elle était capable : une espèce d'auto-apitoiement infantile. Mais il fallait que je récupère mon imper — j'avais mis les comprimés dans la poche.

Elle aspira une grande bouffée, puis elle balança sa cigarette dans les buissons mouillés.

— Mais qu'est-ce que vous fabriquiez, à revenir sur le lieu du crime ? Vous vouliez essayer de vous mettre dans sa peau ?

— La peau de qui ? murmura-t-il aussitôt.

— De Painter, bien sûr. Bert Painter. Mon oncle Bert.

À nouveau elle avait un air de défi, mais sa main tremblait et ses yeux brillaient. Ça allait arriver. Archery était comme un homme qui attend des mauvaises nouvelles, qui sait qu'elles ne peuvent être que mauvaises, et qui d'ailleurs les connaît déjà, mais qui espère encore qu'un détail, un certain aspect de la question, pourrait en atténuer la gravité.

— Cette nuit-là, dit-elle. Il était debout, là, comme vous. Seulement il tenait un bout de bois et il y avait du sang dessus et puis du sang partout sur lui. « Je me suis coupé. » a-t-il dit. « Ne regarde pas, Lizzie, je me suis coupé. »

16

Lorsque l'esprit mauvais a quitté l'homme, il parcourt les endroits déserts en quête de repos, mais il ne le trouve pas. Alors, il dit, je retournerai chez moi, là d'où je suis venu.

L'Évangile pour le Quatrième Dimanche de Carême.

Elle raconta tout à la deuxième personne : « Tu as fait ci », « Tu as fait ça ». Archery réalisa qu'il assistait à une confession qu'aucun parent, aucun psychiatre n'avait jamais entendue. Et il s'émerveilla. L'usage de ce pronom semblait faire pénétrer son propre esprit dans le corps de l'enfant, afin qu'il puisse voir avec ses yeux, et entendre avec ses oreilles à elle. Et tout ressentir avec la même terreur qu'elle.

Elle était assise dans cette semi-obscurité humide, à l'endroit où tout avait commencé pour elle, où tout recommençait maintenant. Seules ses paupières bougeaient. Parfois, à des moments pénibles de son récit, elle fermait les yeux, puis les rouvrait en expirant lentement. Archery n'avait jamais assisté à une séance de spiritisme — il aurait trouvé cela théologiquement insoutenable — mais il avait lu des choses là-dessus. Et cette espèce de déversement régulier d'événements terribles, racontés sur un ton monocorde, devait ressembler, pensa-t-il, à la révélation d'un médium. Elle arrivait à la fin à présent, et sur son visage passa l'expression d'un soulagement las, comme si elle se débarrassait d'un poids.

— « Tu as mis ton manteau, ton plus beau manteau parce que c'était ta plus belle robe, et tu as traversé la rue en courant. Tu as continué sur le trottoir, puis tu as dépassé la serre. Personne ne t'as vue : le jardin était désert. Mais n'y avait-il vraiment personne ? En tout cas ce bruit n'était pas la porte de derrière qui se refermait.

» Tu as fait le tour de la maison sans bruit, et puis tu as vu que c'était oncle Bert qui venait de sortir par la porte de derrière. Il était dans le jardin. « Oncle Bert ! Oncle Bert ! J'ai mis ma plus belle robe. Je peux aller la montrer à Tessie ? »

» Et soudain tu as très peur. Jamais tu n'as eu peur comme ça, parce qu'oncle Bert respire d'une drôle de façon, il halète et il tousse comme Papa, quand il a une de ses crises. Puis il se retourne et il y a du rouge partout sur lui, sur ses mains, et sur le devant de son manteau. « Je me suis coupé, dit-il. Ne regarde pas, Lizzie. Je me suis juste coupé. »

— Je veux voir Tessie ! Je veux voir Tessie !

— N'y va pas !

— Ne me touche pas. J'ai ma nouvelle robe. Je vais le dire à ma Maman.

» Il était là, debout, avec tout ce rouge sur lui, et on aurait dit un lion : cette grosse bouche, ce gros nez, ces cheveux bouclés couleur fauve. Oui, il ressemblait au lion dans ce livre d'images, le lion que Maman ne voulait pas que tu regardes...

» Le liquide rouge avait éclaboussé sa figure et gouttait au coin de sa bouche. Il a penché cette tête abominable sur toi et il t'a crié :

— Si tu lui dis, Lizzie Crilling, espèce de petite conne prétentieuse, tu sais ce que je te fais ? Où que je sois — où que je sois, tu m'entends ? — je te retrouverai et je te ferai ce que j'ai fait à la vieille. »

C'était fini. Il le voyait car elle sortait de cet état second, se redressait sur sa chaise, et poussait un vague gémissement.

— Mais vous y êtes retournée, murmura Archery. Vous y êtes retournée avec votre mère ?

— Ma mère !

Ça ne l'aurait pas surpris qu'elle pleure. Mais il ne s'attendait pas à ce rire hystérique, violent, amer. Elle s'arrêta brusquement au milieu d'un éclat de rire aigu et discordant et lui dit :

— Je n'avais que cinq ans, je n'étais qu'une petite fille. Je ne comprenais pas ce qu'il voulait dire. J'avais beaucoup plus peur de lui avouer à elle que j'étais allée là-bas. (Il nota ce « elle », et comprit intuitivement qu'elle ne mentionnerait plus sa mère par son nom.) Vous voyez, je ne savais même pas que c'était du sang. Je crois que j'ai dû penser que c'était de la peinture.

» Puis on y est retournées. Je n'avais pas peur. Je n'avais pas compris ce qu'il avait voulu dire par la vieille. Je crois que j'ai dû penser qu'il voulait parler de sa femme, Mrs Painter. Il savait que je l'avais vu en train de la frapper. Et puis j'ai trouvé le corps. Vous le saviez, ça ? Mon Dieu, c'était affreux. Je ne comprenais pas, vous voyez. Vous savez ce que j'ai d'abord pensé ? J'ai pensé qu'elle avait explosé.

— Ne m'en dites pas plus, dit Archery.

— Si vous, vous ne pouvez pas le supporter, vous imaginez ce que ça a pu me faire à moi ? J'avais cinq ans. Cinq ans ! Ils m'ont mise au lit et j'ai été malade pendant des semaines. Bien sûr, ils avaient arrêté Painter, mais je ne le savais pas. On ne dit pas ce genre de choses aux enfants. Je ne savais absolument pas ce qui était arrivé, je savais juste que Granny Rose avait éclaté, que c'était lui qui avait provoqué ça, et que si je disais que je l'avais vu, il me ferait la même chose à moi.

— Mais après ? Vous n'avez jamais rien dit à personne ?

J'ai trouvé le corps, avait-elle dit, c'était terrible, puis il y avait eu de l'affectation dans sa voix. Une enfant découvrant une femme assassinée, pensa-t-il. Oui, tout le monde aurait reculé devant un spectacle pareil. Pourtant ce n'était pas ça qui avait été le pire pour elle. Maintenant qu'il lui demandait ce qui s'était passé après, il la vit replonger dans cet état second, tandis que le spectre de Painter se dressait devant elle.

— Il allait te retrouver, marmonna-telle. Il te retrouverait où que tu sois. Tu voulais lui dire à « elle », mais elle ne t'écoutait pas. « N'y pense pas, Bébé, sors-toi ça de la tête. » Mais ça ne voulait pas me sortir de la tête...

(Son visage bougea et ses yeux sans expression clignèrent.)

— Miss Crilling, laissez-moi vous raccompagner chez vous.

Elle se levait à présent, elle avançait mécaniquement, droit sur le mur de la maison, tel un robot dont le programme se serait détraqué. Quand ses mains touchèrent le mur, elle s'arrêta et se remit à parler, s'adressant à lui, mais aussi à la maison.

— Ça ne voulait pas me sortir de la tête. Ça s'était imprimé en moi. Puis ça s'est transformé en une petite roue noire, qui tournait, tournait, et me repassait sans arrêt la même scène.

Réalisait-elle qu'elle parlait par métaphores ? Sa façon de parler lui avait fait penser à celle d'un médium, mais en réalité c'était plus comme un disque rayé, rejouant chaque fois la même horreur, sous l'effet de la piqûre des associations d'idées. Il toucha son bras et fut surpris qu'elle accepte sans protester de se laisser reconduire à sa chaise. Ils restèrent assis en silence pendant quelques minutes. Elle fut la première à parler. Elle était presque à nouveau elle-même.

— Vous connaissez Tessie, n'est-ce pas? Elle va épouser votre fils? (Il haussa les épaules.) Je pense qu'elle a été la seule véritable amie que j'aie jamais eue, dit-elle, calmement. C'était son anniversaire, la semaine d'après. Elle allait avoir cinq ans, et j'avais pensé lui donner une de mes vieilles robes, la lui apporter en cachette pendant qu'« elle » serait avec la vieille. J'étais une généreuse petite bête, hein? Je ne l'ai jamais revue.

Archery lui dit, gentiment :

— Vous l'avez vue cet après midi chez le pharmacien.

Sa toute nouvelle quiétude était sans doute précaire. Était-il allé trop loin?

— La fille avec le chemisier blanc? dit-elle, d'une voix morne, et si bas, qu'Archery dut se pencher et tendre l'oreille pour l'entendre.

(Il acquiesça d'un hochement de tête.)

— Cette fille qui n'avait pas de monnaie?

— Oui.

— Elle était debout à côté de moi et je ne l'ai jamais su.

Il y eut un long silence. On n'entendait plus le bruissement des buissons mouillés et des feuilles de lierre brillantes sur les murs du garage. Et tout à coup elle inclina la tête.

— Je crois que je ne vois pas vraiment les femmes. Mais vous, je vous ai vu, et le garçon qui était avec vous. Je me souviens que j'ai pensé : « Tiens, y a des types pas mal maintenant, dans le coin. »

— Le type pas mal, dit Archery, c'est mon fils.

— Son petit ami? Mais si j'avais su je vous l'aurais jamais dit! (Elle eut un petit soupir exaspéré.)

— Mais c'était une coïncidence. Et c'est peut-être mieux que je sache.

— Vous! dit-elle. Vous ne pensez donc qu'à vous, et à votre précieux fils. Et moi, alors?

Elle se leva, le regarda, puis se dirigea vers la porte avec le carreau cassé. Elle a raison, pensa-t-il, honteux. Il avait été prêt à sacrifier tous les autres pour sauver Charles : les Crilling, Primero, et même Imogen, mais sa quête avait été vouée à l'échec dès le départ, car on ne récrit pas l'histoire.

— Qu'est-ce qu'ils vont me faire?

Elle lui tournait le dos et elle parlait doucement. Mais il y avait une telle intensité et une telle peur dans ces huit mots, qu'elle aurait pu les avoir criés.

— Vous faire ? (Lui, il ne pouvait rien faire de plus que de se lever et d'aller se mettre derrière elle, impuissant.) Mais pourquoi devraient-ils vous faire quoi que ce soit ? (Il se souvint de l'homme agonisant sur le passage protégé, et des piqûres d'aiguille, mais il dit :) On a plus péché contre vous que vous n'avez péché contre les autres.

— Oh ! la Bible ! cria-t-elle. Ne me citez pas la Bible. (Il ne releva pas, car en fait il n'avait pas cité la Bible.) Je vais au premier, maintenant, dit-elle, étrangement. Quand vous verrez Tess, vous vous voulez bien lui dire que je l'aime. J'aurais tellement aimé lui donner quelque chose pour son anniversaire.

Quand il trouva finalement un médecin, il n'était plus qu'une main brûlante et douloureuse, une chose battant comme un deuxième cœur. Il reconnut immédiatement le Dr Crocker, et vit que lui aussi le reconnaissait.

— Eh bien vous passez de drôles de vacances, dit Crocker. (Il recousit le doigt blessé, puis remplit une seringue de sérum antitétanique.) D'abord ce garçon qui meurt. Et maintenant ça. Désolé, mais vous allez peut-être avoir mal. Vous avez la peau épaisse.

— Vraiment ? (Archery ne put s'empêcher de sourire, en dénudant son avant-bras.) Je voudrais vous demander quelque chose. (Et après avoir achevé son explication, il posa à Crocker cette question qui n'avait pas cessé de le hanter depuis qu'il avait quitté *La Parcelle du Vainqueur.*) Est-ce que c'est possible ?

— Début octobre ? (Crocker le regarda plus attentivement, mais non sans sympathie.) Dites-moi, c'est vraiment « très » personnel ?

Archery comprit ce qu'il voulait dire et s'arrangea pour rire.

— Pas personnel à ce point, non, dit-il. Je me renseigne, comme on dit, pour un ami.

— Eh bien, c'est très peu probable. (Crocker sourit.) Il y a eu des cas, mais très peu, et très espacés dans le temps. Ce sont des exceptions, dans l'histoire de la médecine.

Hochant la tête, Archery se leva.

— Il faudra que je revoie ce doigt, dit Crocker. Ou que vous le montriez à votre médecin. Il vous faut encore deux piqûres. N'oubliez pas de les faire, quand vous serez rentrés chez vous.

Chez vous... Oui, il serait chez lui demain. Son séjour à Kingsmarkham avait été tout pour lui, sauf des vacances, et pourtant il avait cette sensation de fin de vacances, quand on se sent soudain tout à fait chez soi dans ce lieu de villégiature.

Il avait remonté Hight Street tous les jours, plus souvent qu'il ne prenait la rue principale de son village. L'ordre des boutiques : pharmacien, épicier, tailleur, il le connaissait aussi bien qu'une ménagère du cru. L'endroit était vraiment charmant. Et soudain il lui parut triste de devoir définitivement associer un lieu aussi agréable avec un amour perdu et une quête déçue.

Les lampadaires, dont certains étaient en fer forgé, lui laissaient entrevoir des ruelles, qui serpentaient entre des murs de vieilles pierres, il apercevait des cours, des fleurs dans les jardins de certains cottages. La faible lumière jaune décolorait ces fleurs, jusqu'à leur donner une pâleur irisée. Une demi-heure plus tôt, il faisait encore suffisamment clair pour lire à la lumière du jour. Maintenant la nuit était tombée et des lampes apparaissaient derrière des fenêtres donnant sur la rue. Le ciel avait un air sombre, et on ne voyait les étoiles que dans les brèches laissées par ces gros nuages boursouflés. Il n'y avait pas de lune.

L'*Olive and Dove* était brillamment éclairé, le parking plein. Des portes vitrées séparaient le hall du bar, qui était bondé. Il y avait des groupes et des couples de jeunes, perchés sur de grands tabourets ou assis autour de petites tables noires en chêne. Archery se dit qu'il donnerait tout ce qu'il possédait pour voir Charles parmi eux, riant aux éclats, la main posée sur l'épaule d'une jolie fille. Non pas une belle, intellectuelle, fatale, juste une fille mignonne, sans éclat particulier, et surtout pas compliquée. Mais Charles n'était pas là. Il le trouva seul au salon en train d'écrire des lettres. Sa séparation d'avec Tess ne datait que de quelques heures, et déjà il lui écrivait.

— Mais qu'est-ce que tu t'es fait à la main ? Et où avais-tu disparu ?

— Je suis allé faire une balade dans le passé.

— Ne sois pas elliptique, Père. Ça ne te va pas.

Sa voix était amère et maussade. Archery se demanda pourquoi les gens disent que la douleur rend meilleur, pourquoi lui-même l'avait parfois dit — quelle légèreté ! — à ses paroissiens. Il écouta la voix de son fils, plaintive, récriminatrice, égoïste.

— Il y a deux heures que je veux poster cette lettre, mais je ne peux pas, parce que je ne sais pas où habite la tante de Tess. (Charles lui lança un regard aigre et accusateur.) Tu l'as notée. Ne me dis pas que tu l'as perdue.

— Voilà. (Archery sortit la carte de sa poche et la laissa tomber sur la table.) Je vais téléphoner à ta mère, pour lui dire qu'on sera à la maison demain matin.

— Je monte avec toi. Cet endroit est vraiment mort, le soir.

Mort ? Et le bar qui grouillait de gens, dont certains étaient sans doute aussi exigeants que Charles. Si Tess avait été avec eux, cet endroit aurait été vivant. Et tout à coup Archery décida qu'il fallait faire le bonheur de Charles, et que si son bonheur c'était Tess, il aurait Tess. Par conséquent, il fallait s'arranger pour que la théorie qu'il avait forgée fût la bonne.

Il s'arrêta sur le seuil de sa chambre, mit sa main sur l'interrupteur mais n'alluma pas. Là, dans le noir avec Charles, une image lui traversa soudain l'esprit : lui et Wexford, le premier jour, au poste de police. Il était sûr de lui alors, « farouchement contre ce mariage, » avait-il dit à l'inspecteur principal. Comme il avait changé d'avis depuis ! Mais à ce moment-là, il ne savait pas encore ce que c'était que d'éprouver ce besoin viscéral d'un sourire, d'une voix. Tout comprendre n'était pas seulement tout pardonner, c'était s'identifier complètement à quelqu'un par l'esprit et la chair.

— Tu ne trouves pas l'interrupteur ? dit Charles.

Et sa main rencontra celle de son père, sur le mur froid. La pièce fut inondée de lumière.

— Ça va ? Tu as l'air épuisé.

Peut-être était-ce cette douceur inaccoutumée dans sa voix qui provoqua cette réaction. Archery savait combien il est facile d'être gentil quand on est heureux, mais qu'il est presque impossible d'éprouver de la sollicitude pour autrui quand on va mal. Et il se sentit soudain rempli d'amour, un amour immense et diffus qui, pour la première fois depuis des jours et des jours n'était pas cristallisé sur un objet précis, mais incluait son fils — et sa femme. Espérant tout à fait déraisonnablement que la voix de Mary serait douce et aimable, il se dirigea vers le téléphone.

— Eh bien tu te fais rare, furent ses premiers mots, des mots pleins de ressentiment. Je commençais à me demander ce qui t'était arrivé. Je pensais que t'étais parti avec une femme.

— Je ne ferais jamais ça, chérie, dit-il, la mort dans l'âme. (Et puis, comme il avait remis le pied sur le sentier de la fidélité? il poursuivit, assez maladroitement:) Il ne se passe rien de terrible, à Kingsmarkham, déclara-t-il. Tu m'as manqué. (Ce n'était pas vrai, et ce qu'il allait dire après était également un mensonge.) Ça va être bon, de te retrouver.

Ce mensonge-là, il allait devoir en faire une vérité. Il serra son poing jusqu'à ce que son doigt lui fasse mal, mais tout en le faisant, il se dit que lui et le temps pouvaient y arriver.

— Tu as de drôles d'expressions, dit Charles, quand il raccrocha. « Il ne se passe rien de terrible. » C'est vraiment vulgaire.

Charles avait toujours la carte à la main, il la regardait fixement, l'air parfaitement absorbé par cette vision. Il y a encore une semaine, Archery se serait émerveillé du fait que l'adresse et l'écriture d'une femme puisse provoquer une telle fascination chez un homme.

— Samedi, tu m'as demandé si ça me rappelait quelque chose. Si j'avais déjà entendu ça. En fait, je les ai vus, ces vers. Ils font partie d'une longue pièce religieuse en vers. Il y a toute une partie en prose, mais il y a aussi des chansons — des hymnes et ce sont les derniers vers de l'un d'eux.

— Où les as-tu vus? À Oxford? Dans une bibliothèque?

Mais Charles ne l'écoutait pas. Et il lui dit, comme si ça faisait une demi-heure qu'il avait envie de lui dire:

— Où es-tu allé, ce soir? Est-ce que ça avait quelque chose à voir avec moi et — et Tess?

Devait-il lui dire? Était-il vraiment obligé de se défaire du peu d'espoir qui lui restait, avant d'avoir quoi que soit de sûr à mettre à la place?

— Je suis allé jeter un dernier coup d'œil à *La Parcelle du*

Vainqueur. (Charles hocha la tête. Il avait l'air de trouver ça tout fait naturel.) Elizabeth Crilling était là. Elle se cachait.

Charles eut une réaction inattendue.

— Elle se cachait ? Mais pourquoi ?

— Elle a peur de la police, j'imagine. Ou de sa mère.

— Et tu l'as laissée là-bas ? dit Charles, indigné. Une môme aussi cinglée ? Dieu seul sait ce qu'elle serait capable de faire. On ne sait pas combien il faut de ces comprimés pour se tuer. Et si elle se suicidait ? Tu as pensé à ça ?

Elle l'avait accusé de n'avoir pas d'égards pour elle, mais ça ne l'avait pas fait réagir. Ça ne lui était tout simplement pas venu à l'esprit qu'en la laissant seule dans cette maison vide, il se conduisait comme un irresponsable.

— Je crois que nous devrions y retourner et essayer de la ramener chez elle, dit Charles.

Et en voyant cette animation soudaine chez son fils, Archery se demanda jusqu'à quel point il était sincère, et si ce soudain regain d'énergie, n'était pas dû à un désir de faire quelque chose, n'importe quoi, plutôt que de se coucher en sachant d'avance qu'il ne dormirait pas.

— Ça ne va pas te plaire, dit-il. Mais je crois que nous devrions passer prendre sa mère.

— Mais elle s'est disputée avec sa mère. Et apparemment elle la hait.

— Ça ne veut rien dire. Tu les as vues ensemble ?

Il n'avait vu qu'un regard dans une salle d'audience, un regard de passion. Il ne les avait jamais vues ensemble, non. Il savait seulement que si Charles était seul et malheureux quelque part, sur le point d'attenter à ses jours, lui, Archery, ne voudrait pas que ce soit des étrangers qui volent à son secours.

— Tu peux conduire, si tu veux, dit-il.

Et il lança les clés de la voiture à son fils.

L'horloge de l'église sonnait 11 heures. Archery se demanda si Mrs Crilling serait couchée. Puis tout à coup il lui vint à l'esprit qu'elle pouvait se faire du souci pour sa fille. Il n'avait jamais pensé que les Crilling pouvaient éprouver des émotions, comme tout le monde. Elles étaient différentes des autres : la mère était dérangée, la fille délinquante. Était-ce pour ça qu'au lieu de se montrer clément envers elles il les avait tout simplement utilisées ? Alors qu'ils s'engageaient dans Glebe

Road, il sentit comme un élan de chaleur en lui. Il n'était pas trop tard — surtout maintenant qu'elle s'était presque libérée — pour faire revenir Elizabeth à une vie normale, pour guérir cette vieille blessure, pour réussir à sauver quelque chose de ce chaos.

Mais en sortant il grelotta. Il n'avait pas pris de veste, et la nuit était fraîche. Une nuit d'été. Et il y a quelque chose de déprimant, de perturbant, dans le fait qu'une nuit d'été soit froide. C'était comme un mois de novembre avec des fleurs, un vent de novembre qui agitait ces feuilles d'été. Mais il ne devait pas voir des présages dans la nature.

— Voilà la maison, dit-il.

Ils sortirent de la voiture. Tout était éteint au numéro vingt-quatre, à l'étage comme au rez-de-chaussée.

— Elle est sûrement au lit.

— Alors il faudra qu'elle se relève, dit Charles. (Et il sonna. Puis il sonna encore et encore.) Inutile, dit-il. On peut entrer par derrière ?

— Par ici, lui dit Archery.

Ils prirent le passage voûté. On dirait une caverne, pensa Archery. Il avait cru que les murs seraient humides, mais ils étaient secs et piquants au toucher. Ils émergèrent dans une grande étendue noire, trouée de taches de lumière qui venait des portes-fenêtres, sur l'arrière des maisons. Dans chaque jardin obscur se dessinait un carré jaune barré de lignes noires, mais pas dans celui de Mrs Crilling.

— Elle doit être sortie, dit Archery, tout en ouvrant la petite porte dans la clôture en fil de fer. On sait si peu de choses sur elle. On ne sait pas qui sont ses amis, ni où elle a l'habitude d'aller.

Par la première fenêtre, ils aperçurent la cuisine et le couloir : sombres et vides. Pour arriver jusqu'à la porte-fenêtre, ils durent se frayer un passage à travers une jungle d'orties humides qui leur piquèrent les mains.

— Dommage qu'on n'ait pas pris une lampe électrique.

— Mais on n'en a pas, de lampe électrique objecta Archery. (Il jeta un coup d'œil à l'intérieur.) Mais j'ai des allumettes.

La première allumette qu'il gratta lui donna une vision de la pièce telle qu'il la connaissait déjà : des vêtements en tas et des piles de journaux un peu partout. L'allumette s'éteignit, et il la laissa tomber sur le ciment humide. À la lumière d'une seconde allumette, il vit les vestiges d'un repas sur la table : du pain en tranches dans son emballage, une tasse et une soucoupe, un pot de confiture, une assiette avec quelque chose de jaune et de coagulé dessus.

— On ferait aussi bien d'y aller, dit-il. Elle n'est pas là.

— La porte n'est pas fermée à clé, dit Charles.

Il souleva le loquet et ouvrit la porte sans bruit. Et aussitôt une odeur bizarre de fruit et d'alcool les assaillit.

— On ne peut pas entrer. On n'a aucune raison de s'introduire ici par effraction.

— On ne commet aucune effraction, dit Charles. (Il avait déjà un pied dans l'entrée, mais il s'arrêta et dit à son père :) Tu ne crois pas qu'il se passe quelque chose d'étrange, ici ? Tu ne le sens pas ?

Archery haussa les épaules. Ils étaient tous les deux dans la pièce, maintenant. L'odeur était très forte, mais il n'y avait rien d'autre à voir que les contours sombres des meubles encombrés d'objets.

— L'interrupteur est sur la gauche, près de la porte, dit Archery. Attends, bouge pas.

Il avait oublié que son fils était un homme, et que c'était le sens des responsabilités de ce même fils qui les avait amenés jusqu'ici. Mais dans cet endroit sombre, à l'odeur inquiétante, ils n'étaient plus qu'un père et son enfant. Il ne devait pas faire comme Mrs Crilling : laisser son enfant y aller le premier.

— Attends-moi là, dit-il.

Et il avança à tâtons le long de la table, poussa un petit fauteuil qui lui bloquait le passage, se glissa derrière le sofa et tâta le mur à la recherche de l'interrupteur.

— Attends-moi là, dit-il à nouveau, mais plus sèchement que la première fois, et la voix vibrante de peur.

Déjà, auparavant, il avait buté sur quelque chose, une chaussure, sans doute, puis sur un livre. À présent ce qui le bloquait était plus gros et plus compact. Un frisson de froid courut sur son cuir chevelu. Des vêtements, oui, et dans ces vêtements quelque chose de lourd et d'inerte. Il se mit aussitôt à genoux, tendit les mains pour tâter, fouiller.

— Mon Dieu !

— Qu'est-ce qu'il y a ? Mais qu'est-ce qu'il y a ? Tu n'arrives pas à trouver la lumière ?

Archery était incapable de parler. Il avait retiré ses mains, elles étaient humides, et collantes. Charles avait traversé la pièce. La lumière inondant brusquement les lieux, chassant d'un coup l'obscurité, provoquait une douleur physique. Archery ferma les yeux. Au-dessus de lui, Charles émit un son inarticulé.

Il ouvrit les yeux, et la première chose qu'il vit, c'était qu'il avait les mains rouges. Charles lui dit :

— Ne regarde pas !

Et Archery sut qu'il avait voulu dire la même chose à son fils. Ils n'étaient pas policiers, pas habitués à de telles visions, et chacun avait essayé de protéger l'autre.

Ils regardèrent donc tous les deux. Mrs Crilling était étalée par terre, entre le mur et le sofa, et elle était tout à fait morte. Archery sentait le froid émaner de son corps à travers les volants roses qui la recouvraient des chevilles jusqu'au cou. Mais dès qu'il avait vu ce cou, il avait détourné les yeux du bas nylon qui était serré autour.

— Mais elle est couverte de sang, dit Charles. C'est comme si — mon Dieu ! — comme si quelqu'un l'en avait aspergée.

17

J'ai retenu ma langue sans rien dire ; oui, j'ai gardé le silence, sans même proférer de bonnes paroles ; mais cela m'a été douleur et chagrin.

Psaume 39.

— Ce n'est pas du sang, dit Wexford. Vous ne savez pas ce que c'est ? Vous n'avez pas reconnu l'odeur ?

Il brandit devant eux la bouteille que quelqu'un avait trouvée sous le buffet. Archery était assis sur le sofa, dans le salon de Mrs Crilling, complètement épuisé. Des portes claquaient et des pas résonnaient, tandis que les deux hommes de Wexford fouillaient l'autre pièce. Les gens du dessus étaient rentrés à minuit, contents de leur sortie du samedi soir, l'homme légèrement ivre. La femme avait eu une crise de nerfs pendant que Wexford l'interrogeait.

Ils avaient emmené le corps, et Charles avait tourné sa chaise pour ne plus voir les taches cramoisies de cherry-brandy.

— Mais pourquoi? Pourquoi on lui a fait ça? murmura-t-il.

— Votre père sait pourquoi.

Wexford fixait Archery de ses yeux gris perçants. Il se logea tant bien que mal dans un petit fauteuil bas avec des accoudoirs en bois.

— Quant à moi, je devine. Je ne peux m'empêcher de penser que j'ai déjà vu quelque chose comme ça il y a longtemps, très longtemps. Seize ans pour être précis. Une robe rose à fanfreluches, qu'une petite fille n'a plus jamais remise parce qu'elle était pleine de sang.

Dehors, la pluie s'était remise à tomber, l'eau cinglait les carreaux, les faisant cliqueter. Il devait faire froid maintenant à *La Parcelle du Vainqueur*. La maison devait être inquiétante, comme un château abandonné dans un bois profond et trempé. L'inspecteur-chef avait un sixième sens qui confinait à la télépathie. Archery tentait de changer le cours de ses pensées, afin que Wexford ne les devine pas, mais la question fusa avant qu'il ait pu détourner son esprit de ces dangereuses images mentales.

— Allons, Mr Archery. Où est-elle?

— Où est qui?

— La fille.

— Qu'est-ce qui vous fait croire que je le sais?

— Écoutez, dit Wexford. La dernière personne qui l'ait vue est un pharmacien de Kingsmarkham. Oui, oui, nous avons d'abord fait le tour des pharmacies. Mais celui-ci se souvient que lorsqu'elle était dans le magasin, il y avait aussi deux hommes et une femme. Une jeune femme, un jeune homme, et un homme plus âgé, grands et blonds tous les deux, visiblement le père et le fils.

— Je ne lui ai pas parlé, dit Archery, sans mentir.

Cette odeur le rendait malade. Tout ce qu'il voulait c'était sortir de cette pièce dans laquelle Wexford les avait consignés depuis qu'ils lui avaient téléphoné. Et puis dormir en paix.

— Mrs Crilling est morte depuis six ou sept heures. Il est 3 heures moins 10, et vous avez quitté l'*Olive* à 8 heures moins le quart. Où êtes-vous allé, Mr Archery?

Il était assis, muet. Il y avait bien des années — Oh! des

siècles ! — il lui était arrivé la même chose à l'école : on avoue, on trahit quelqu'un, sinon tout le monde est puni. Étrange, ce n'était pas la première fois que l'inspecteur lui faisait penser à un proviseur.

— Vous savez où elle est ? dit Wexford. (Il avait parlé fort, et d'une voix menaçante.) Vous voulez être accusé de complicité ? C'est ça que vous voulez ?

Archery ferma les yeux. Et soudain il comprit pourquoi il tergiversait. Il voulait que cette chose qu'avait craint Charles fût arrivée, et bien que ce fût contraire à sa religion, et même méchant, il le voulait vraiment.

Charles lui dit :

— Père... (Et comme il n'obtenait pas de réponse, il haussa les épaules, et tourna des yeux ternes vers Wexford.) Oh ! après tout quelle importance ? Elle est à *La Parcelle du Vainqueur*.

Archery réalisa qu'il avait retenu sa respiration. Alors il expira en un profond soupir.

— Dans l'une des chambres, dit-il, en train de regarder le garage et de rêver à un tas de sable. Elle m'a demandé ce qu'ils allaient lui faire et je n'ai pas compris. Que vont-ils lui faire ?

Wexford se leva.

— Monsieur... (Archery nota l'emploi de ce « monsieur », comme si Wexford avait brusquement décidé de prendre des gants.) Vous savez aussi bien que moi qu'il n'est plus légal de punir par la mort certains... (Il cligna des yeux en regardant l'endroit où l'on avait découvert le corps de Mrs Crilling.) ... certains crimes odieux.

— Vous voulez bien nous laisser partir, maintenant ? demanda Charles.

— Je vous revois demain, dit Wexford.

En sortant, la pluie s'abattit sur eux comme une vague ou un mur de gouttelettes. Il y avait une demi-heure qu'elle tambourinait sur le toit de la voiture et qu'elle gouttait par le déflecteur à moitié ouvert. Une petite flaque d'eau s'était formée aux pieds d'Archery, mais il était trop fatigué pour la voir ou pour s'en inquiéter.

Charles le suivit dans sa chambre.

— Je ne devrais pas te poser la question maintenant, dit-il. C'est presque le matin, et Dieu seul sait ce que la journée de demain nous réserve, mais il faut que je sache. Je préfère savoir. Qu'est-ce qu'elle t'a dit d'autre, cette fille, à *La Parcelle du Vainqueur* ?

Archery connaissait cette expression : comme un lion en cage. Mais il n'aurait jamais pensé que ça pourrait lui arriver à lui, d'arpenter une pièce sans répit, prenant des objets, les reposant, nerveusement, sans raison. Charles attendait, trop épuisé pour être impatient. Sa lettre était posée sur la coiffeuse, dans son enveloppe, à côté de la carte avec le berger. Archery prit la carte, la tritura, en recourba le bord. Puis il se dirigea vers son fils, posa gentiment ses mains sur ses épaules, et fixa ces yeux bleus, la réplique exacte des siens, en plus jeune.

— Ce qu'elle m'a dit n'a aucune importance. Te le dire, ce serait comme te raconter le cauchemar de quelqu'un. (Charles ne bougea pas.) Mais toi, il faut que tu me dises où tu as vu le texte, là, sur la carte.

Le matin était gris et frais, c'était un matin comme il y en a trois cents fois par an : ni ensoleillé, ni pluvieux, ni brumeux. Un matin resté dans les limbes. L'agent, au carrefour, avait enfilé sa veste. Les pas des piétons étaient plus vifs.

L'inspecteur Burden accompagna Archery jusqu'au poste de police. Archery fut un peu gêné quand Burden lui demanda, s'il avait bien dormi : il avait dormi comme une masse, et en ronflant. Peut-être aurait-il aussi dormi d'un sommeil sans rêves, s'il avait su ce que l'inspecteur venait de lui apprendre : qu'Elizabeth Crilling était vivante.

— Elle nous a pratiquement suivis sans faire de difficultés, dit Burden. (Et il ajouta, assez indiscret :) À vrai dire, je ne l'ai jamais vue aussi calme, l'esprit si clair — enfin, vraiment en paix, quoi.

— Je suppose que vous désirez rentrer chez vous, dit Wexford, quand Burden les eut laissés seuls dans le bureau jaune et bleu. Il faudra que vous reveniez pour l'enquête, et puis aussi pour le procès. C'est vous qui avez découvert le corps.

Archery poussa un soupir.

— Elizabeth a découvert le corps de quelqu'un, il y a seize ans. Et sans la vanité, la cupidité de sa mère, qui voulait s'approprier ce à quoi elle n'avait aucun droit, ce ne serait jamais arrivé. On pourrait dire que cette cupidité a continué à faire des ravages bien après que son but premier eut été frustré. On pourrait dire aussi qu'Elizabeth en voulait terriblement à sa mère, car elle ne l'avait jamais laissée parler de Painter, exorciser ses terreurs.

— On pourrait dire ça, oui, dit Wexford. C'est très possible. Mais si ça se trouve, quand Elizabeth est rentrée de chez le pharmacien, Mrs Crilling a refusé d'aller se faire faire une nouvelle ordonnance, car elle avait peur, et que sa fille, en état de manque, l'a étranglée.

— Puis-je la voir ?

— Je crains que non. Je commence à deviner ce qu'elle a vu il y a seize ans, et ce qu'elle vous a raconté la nuit dernière.

— Après lui avoir parlé, je suis allé chez le Dr Crocker. Je voudrais que vous lisiez ça. (Archery lui indiqua le passage important avec son doigt bandé.) Pauvre Elizabeth, murmura-t-il. Elle voulait offrir une robe à Tess pour son cinquième anniversaire. Mais à moins que Tess ait beaucoup changé, ça ne l'aurait pas vraiment impressionnée.

Wexford lut, ferma un instant les yeux, et eut un léger sourire.

— Je vois, dit-il.

Puis il remit la lettre dans l'enveloppe.

— J'ai raison, non ? dit Archery. Je ne suis pas en train d'imaginer des choses ? Vous voyez, je n'ai plus tellement confiance en mon propre jugement. Il me faut l'opinion d'un expert en déduction. Je suis allé à Forby, j'ai vu une photo, j'ai reçu une lettre, et j'ai posé une question à un médecin. Si vous aviez les mêmes indices, en viendriez-vous aux mêmes conclusions ?

— Vous êtes très gentil, Mr Archery. (Wexford eut un grand sourire ironique.) En général, on me fait plus de reproches que de compliments. Maintenant, en ce qui concerne les indices et les conclusions, oui, j'aurais eu le même raisonnement que vous, mais j'aurais compris bien avant.

» Vous savez, poursuivit Wexford, tout dépend de ce que vous cherchez, et il se trouve, monsieur, que vous ne saviez pas ce que vous cherchiez. Vous avez passé votre temps à essayer de réfuter les conclusions d'un expert — en déduction — comme vous l'avez dit vous-même. Vous êtes finalement arrivé au même résultat que lui, et pour la justice, ça ne change rien. Nous, à votre place, on se serait assurés qu'on savait exactement ce qu'on cherchait, et dans ce cas, ça importe peu que ce soit untel plutôt qu'untel qui ait tué. Mais vous, vous regardiez les choses à travers des verres déformants.

— Des verres foncés, dit Archery.

— Je n'ose pas dire que je vous envie l'entrevue que vous allez avoir maintenant.

— C'est étrange, tout de même, dit Archery, pensif, et en se levant, qu'ayant au départ des convictions si opposées, nous ayons finalement tous les deux raison à l'arrivée.

Wexford lui dit qu'il faudrait qu'il revienne. Il s'arrangerait pour que ces visites soient brèves, et aveugles. Ses yeux ne s'ouvriraient que dans la salle d'audience, qu'il voyait maintenant par cette fenêtre. Il avait lu des histoires de gens qu'on emmenait dans des endroits les yeux bandés, afin qu'ils ne voient pas le paysage qu'ils traversaient. Mais lui, il ne verrait rien qui puisse entraîner des associations d'idées, la présence de ceux que la loi l'autorisait à aimer l'en empêcherait. Mary, Charles, et Tess, viendraient avec lui, feraient office pour lui de cagoule et d'obturateurs. Il ne reverrait sans doute jamais cette pièce. Il se retourna pour la regarder une dernière fois, mais s'il espérait avoir le dernier mot, il en fut pour ses frais.

— Tous les deux raison, dit Wexford, en serrant gentiment la main d'Archery. Vous par la foi, moi par le raisonnement. Ce qui est exactement ce à quoi on pouvait s'attendre.

Elle leur ouvrit la porte à contrecœur, sur la défensive, comme si elle s'attendait à trouver là des gitans, ou un représentant en brosses de mauvaise qualité.

— J'espère que vous nous pardonnerez, Mrs Kershaw, dit Archery, un peu trop chaleureusement. Charles voulait voir Tess, et c'était sur notre route...

Il est difficile de ne pas accueillir des visiteurs, même des visiteurs indésirables, avec au moins un petit sourire. Irene Kershaw ne souriait pas, mais elle marmonnait des choses, à travers lesquelles Archery saisit les mots suivants : « les bienvenus... je suis sûre... inattendu... » et « pas vraiment préparée... » Ils pénétrèrent dans l'entrée, ce qui était une manœuvre gênante, car ça les obligea à passer devant elle en la bousculant presque. Elle avait rougi, et elle dit à Charles, de façon assez cohérente à présent :

— Tess est partie faire quelques courses de dernière minute, pour ses vacances.

Archery voyait qu'elle était en colère et qu'elle ne savait pas comment passer cette colère sur des gens qui d'une part, étaient des adultes, et d'autre part, d'un autre milieu que le sien.

— Vous vous êtes disputés, n'est-ce pas ? dit-elle à Charles. Qu'est-ce que vous essayez de faire, de lui briser le cœur ?

Apparemment, elle était capable d'éprouver des émotions, mais une fois qu'elle les avait montrées, incapable de les maîtriser. Ses yeux se remplirent de larmes.

— Oh, mon Dieu... Je ne voulais pas dire ça.

Archery avait tout expliqué à Charles dans la voiture. Il faudrait qu'il trouve Tess, qu'il la prenne à l'écart, et qu'il lui raconte tout.

— Tu pourrais aller à la rencontre de Tess, Charles, dit Archery. Comme ça, tu l'aideras à porter ses paquets.

Charles hésitait, sans doute parce qu'il ne savait quoi répondre à l'accusation de Mrs Kershaw, et qu'il ne pouvait se résoudre à employer cette expression, ces mots excessifs : cœur brisé. Alors il dit :

— Je vais épouser Tess. C'est ce que j'ai toujours désiré.

Elle devint livide, et à présent qu'il n'y avait plus aucune raison de le faire, elle se mit à pleurer. En d'autres circonstances, Archery aurait été gêné. Mais là il se dit que cet état — ces larmes, et ce tiède ressentiment qui chez elle devait être la seule expression possible de la passion — la rendrait plus réceptive à ce qu'il avait à lui dire. Une tigresse fatiguée sommeillait apparemment en cette petite bourgeoise sans éclat, une femelle qui ne réagissait que lorsque ses petits étaient menacés.

Charles ressortit. Archery, resté seul avec elle, se demanda où étaient ses autres enfants, et à quelle heure Kershaw allait rentrer. Et à nouveau il se sentait à court de mots, en sa seule présence. Elle ne faisait aucun effort pour l'aider, elle restait debout, le visage fermé, à toucher les traces de larmes sur ses joues.

— Nous pourrions peut-être nous asseoir ? (Il fit un geste vague en direction de la porte vitrée.) J'aimerais vous parler, mettre les choses au point, je...

Elle se ressaisit immédiatement, s'engouffrant à nouveau dans l'armure de la respectabilité.

— Voudriez-vous du thé ?

Non, cet état d'esprit propice à se confier, ne devait pas se dissoudre en conversation de salon !

— Non, dit-il. Non merci, vraiment...

Elle le précéda dans le salon. Les livres étaient là, les exemplaires du *Reader's Digest*, les dictionnaires, les ouvrages sur la pêche sous-marine. Le portrait de Jill sur le chevalet était fini, et Kershaw avait fait l'erreur type du peintre amateur : il n'avait pas su s'arrêter à temps, il avait gâché la ressemblance par d'ultimes retouches superflues. Dans un jardin qui s'étendait devant lui, et qui lui faisait penser à un coussin aux couleurs criardes, brodé à gros points, les géraniums étaient si éclatants qu'ils lui faisaient mal aux yeux.

Mrs Kershaw s'assit d'une façon qu'elle devait juger distinguée, et tira sa robe sur ses genoux. Aujourd'hui qu'il faisait à nouveau froid, elle portait une robe en coton. Ça devrait être ce genre de femme, se dit Archery, qui portait ses vêtements d'hiver jusqu'au moment où elle était absolument sûre que l'été était définitivement installé. Et c'est au moment où la chaleur faiblissait, où l'orage allait éclater, qu'elle sortait sa petite robe d'été bien repassée.

Les perles avaient été réenfilées. Elle y porta sa main, qu'elle retira aussitôt, résistant à la tentation. Leurs regards se croisèrent, et elle eut un gloussement nerveux, s'étant peut-être rendu compte qu'il avait repéré sa petite manie. Archery soupira intérieurement, car toute émotion l'avait quittée, son visage n'exprimait plus que la perplexité de l'hôtesse qui ignore le motif d'une visite et qui est trop réservée pour le demander.

Il devait — il devait absolument — réveiller quelque chose derrière ce masque impassible et ces pâles sourcils. Tout ce qu'il avait prévu de dire pour entamer la conversation, s'évanouit. D'ici quelques instants elle allait parler du temps ou de la nécessité d'un mariage en blanc. Mais en fait, elle entama la conversation d'une façon qu'il n'avait pas prévue.

— Vous avez passé de bonnes vacances ? dit-elle.

— Excellentes, merci.

— Forby est votre village natal, je crois, dit-il. Je suis allé voir une tombe, quand j'étais là-bas.

Elle toucha ses perles du plat de sa main.

— Une tombe ?

Pendant un bref instant, sa voix fut aussi désarmée que lorsqu'elle avait évoqué le « cœur brisé », mais aussitôt elle redevint très « Purley », totalement dénuée de passion.

— Ah oui. Mrs Primero est enterrée là, n'est-ce pas ?

— Ce n'est pas sa tombe que je suis allé voir. (Et tout doucement, il cita :) « Va berger, trouver ton repos... » Dites-moi, pourquoi avez-vous gardé toutes ses œuvres ?

Là elle allait réagir, et elle pouvait très bien se mettre en colère. Archery s'était préparé à tout : à de l'indignation, et même à cette réponse fade, si chère au cœur de la Mrs Kershaw de ce monde-là : « Nous n'avons pas à discuter de ça. » Mais il n'avait pas imaginé qu'elle aurait peur, et honte à la fois. Elle se recroquevilla un peu dans son fauteuil — si toutefois on peut se recroqueviller tout en restant parfaitement immobile — et ses yeux, agrandis et brillants se figèrent dans l'immobilité complète de ceux d'une morte.

Sa peur effraya Archery, elle était aussi communicative qu'un bâillement. Et si Mrs Kershaw avait une crise de nerfs ? Il poursuivit, très gentiment :

— Pourquoi les avez-vous gardées cachées ? Ses livres auraient pu être publiés, ses pièces auraient pu être jouées. Il aurait pu avoir une gloire posthume.

Elle ne répondit pas. Mais à présent il savait quoi faire, la juste attitude lui vint, comme un cadeau du ciel. Il n'avait qu'à continuer à parler, gentiment, d'une manière hypnotique. Les mots ronronnaient, suite de platitudes et de clichés, éloges d'une œuvre qu'il ne connaissait pas, promesses qu'il n'avait aucune assurance de pouvoir tenir. Et tout le temps qu'il parla, tel un hypnotiseur, il garda les yeux fixés sur elle, hochant la tête quand elle hochait la tête, la gratifiant d'un grand sourire niais, quand pour la première fois un très vague sourire apparut sur ses lèvres à elle.

— Pourrais-je voir ces manuscrits ? se risqua-t-il. Accepteriez-vous de me montrer les œuvres de John Grace ?

Il retint sa respiration, tandis qu'avec une insupportable lenteur elle montait sur un tabouret et tendait les bras sur le dessus de la bibliothèque. Elles étaient dans une boîte, une grande boîte qui apparemment avait contenu des pêches en conserve. Elle la tenait religieusement, si absorbée dans sa contemplation qu'elle laissa tomber les magazines qui étaient empilés dessus.

Il devait y en avoir une douzaine, mais un seul d'entre eux sauta aux yeux d'Archery tel une giclée d'acide. Il arracha son regard de ce beau visage, avec ces cheveux blond pâle, et ce chapeau orné de roses. Il attendait que Mrs Kershaw parle, et ses mots le tirèrent de sa détresse.

— J'imagine que Tess vous l'a dit, murmura-t-elle. C'était supposé être notre secret.

Elle souleva le couvercle de la boîte, et il put lire ce qu'il y avait écrit sur la première feuille : « La Bergerie. Une prière écrite sous forme de pièce, par John Grace. »

— Si vous me l'aviez demandé, je vous les aurais montrées avant. Tess dit que je devrais les montrer à toute personne que ça intéresse, et qui pourrait comprendre.

À nouveau leurs yeux se croisèrent, et le regard craintif d'Irene Kershaw, fut pris dans le faisceau de celui d'Archery. Il savait qu'il avait un visage mobile, et qu'on y lisait facilement ses pensées. Et elle avait dû les deviner, car elle tenta de lui fourrer la boîte dans les bras.

— Tenez, prenez-les. Je vous les donne.

Il eut un mouvement de recul, à la fois horrifié et honteux. Il réalisait d'un seul coup qu'elle essayait de s'acquitter de sa dette vis-à-vis de lui en lui sacrifiant son trésor le plus cher.

— Mais ne me posez pas de questions. (Elle poussa un tout petit cri.) Ne me posez pas de questions sur lui !

Impulsivement, parce qu'il ne pouvait pas supporter ce regard, il se mit la main sur les yeux.

— Je n'ai pas le droit d'être votre inquisiteur, murmura-t-il.

— Ça ira... (Les doigts d'Irene Kershaw pressèrent son épaule plus fermement.) Mais ne me demandez pas de vous parler de lui. Mr Kershaw m'a dit que vous vouliez tout savoir sur Painter — Bert Painter, mon mari. Je vous dirai tout ce que je sais.

Son inquisiteur et son tourmenteur. Mieux valait un bon coup de couteau que ces interminables tortillements sur le chevalet. Archery serra les poings jusqu'à ce que sa blessure au doigt lui fît mal. Alors il la regarda par-dessus les feuillets jaunis.

— Je ne veux plus qu'on me parle de Painter, dit-il. C'est le père de Tess qui m'intéresse. (Le gémissement qu'elle poussa, et ces doigts qui s'enfonçaient dans son bras, ne pouvaient plus l'arrêter maintenant.) Je sais depuis hier soir, murmura-t-il, que « Painter » ne pouvait pas être son père.

18

... Comme vous en répondrez au jour du jugement dernier, lorsque les secrets des cœurs seront exposés...
La Consécration du Mariage.

Elle gisait sur le sol et elle pleurait. Archery, debout à côté d'elle et ne pouvant rien faire pour la soulager, mesurait là toute l'ampleur de son effondrement. Il fallait vraiment qu'elle eût affreusement outrepassé les limites des conventions bourgeoises pour se retrouver là, étendue face contre terre, secouer par des sanglots. Jamais Archery n'avait ressenti un tel désespoir. Il avait pitié de cette femme, pitié avec anxiété, car elle pleurait comme si sa capacité à pleurer, longtemps tombée en désuétude, lui revenait d'un coup telle une expérience nouvelle, et accablante.

Il ne savait pas depuis combien de temps ça durait, ni si ça allait durer encore longtemps. En effet, il n'y avait pas de pendule, dans cette pièce pourtant « parfaite » et lui-même avait enlevé sa montre quand on lui avait bandé la main. Et juste au moment où il commençait à croire qu'elle ne s'arrêterait jamais, elle fit un drôle de mouvement, arrondissant le dos, de sorte qu'elle semblait récupérer, telle une bête battue.

— Mrs Kershaw, dit-il. Mrs Kershaw, pardonnez-moi.

Elle se releva lentement, sa poitrine continuant à se soulever. La robe en coton était froissée comme un vieux chiffon. Elle dit quelque chose, mais il ne put l'entendre, et il réalisa ce qui s'était passé : elle s'était complètement cassé la voix.

— Puis-je aller vous chercher un verre d'eau, ou un cognac ?

Sa tête alla de droite à gauche, puis de gauche à droite, comme si elle ne faisait pas partie de son corps, mais n'était qu'une chose pivotant sur un axe. Sa voix ne fut qu'un croassement enroué.

— Je ne bois pas.

Et là il comprit que rien ne pourrait jamais percer tout à fait ces strates de respectabilité. Elle se laissa retomber sur la chaise à laquelle les questions d'Archery l'avait arrachée, laissant pendre ses bras de chaque côté des accoudoirs. Quand il revint de la cuisine avec le verre d'eau, elle avait suffisamment récupéré pour le boire à petites gorgées, et s'essuyer délicatement les coins de la bouche. Il avait peur de parler.

— Il faut vraiment qu'elle sache ? (La voix était caverneuse. mais n'avait plus aucune rugosité.) Ma Tessie, il faut vraiment qu'elle sache ?

Il n'osa pas lui dire que Charles lui avait sûrement déjà tout dit.

— Ce n'est plus très grave, de nos jours, dit-il, se débarrassant d'un coup d'un tabou vieux de deux mille ans. Plus personne ne trouve ça mal, aujourd'hui.

— Dites-moi ce que vous savez.

Il s'agenouilla à ses pieds, priant pour que toutes ses suppositions soient proches de la vérité, afin qu'elle ait peu de lacunes à combler. Si seulement il pouvait venir à bout tout seul de cette dernière tâche et lui épargner la honte d'une confession.

— Vous et John Grace, dit-il, habitiez Forby tous les deux. Vous vous aimiez, mais il a été tué...

Sur le coup d'une impulsion, il lui mit gentiment le manuscrit sur les genoux. Elle le prit comme un religieux prend une relique ou un talisman, et elle dit, tout bas :

— Il était si intelligent. Je ne comprenais pas ce qu'il écrivait, mais c'était beau. Son professeur voulait qu'il aille à l'université, mais sa mère s'y est opposée. Son père était boulanger, et il fallait qu'il travaille avec lui. (Pourvu qu'elle continue, se dit-il, en s'avançant tout doucement jusqu'à l'extrême bord de sa chaise.) Mais il a continué à écrire des poèmes et des pièces, dit-elle, et le soir, il étudiait pour passer un examen. Il n'était pas assez costaud pour aller combattre, il avait de l'anémie, ou quelque chose comme ça.

Ses doigts se crispèrent sur le manuscrit, mais ses yeux étaient secs. Archery eut la vision du petit visage pointu du poète, qui se confondit aussitôt avec celui de Tess.

Son regard s'attarda quelques instants sur Irene Kershaw, plein de douloureuse compassion. Ils étaient arrivés à un stade de son récit, où elle allait devoir, à moins qu'il ne lui en épargne la confession, lui raconter ce qu'il y avait pour elle de plus humiliant.

— Vous alliez vous marier, dit-il.

Peut-être eut-elle peur des mots qu'il aurait pu employer.

— Nous n'avons jamais rien fait de mal sauf une fois, s'écria-t-elle. Et après, — eh bien, il n'était pas comme les autres garçons, et il a eu aussi honte que moi. (Elle détourna la tête et murmura :) J'ai eu deux maris, et puis il y a eu John, mais je n'ai jamais été très portée sur ces choses-là. (Elle redressa la tête, le visage en feu.) Nous étions fiancés, nous allions nous marier...

Archery sentit qu'il devait enchaîner immédiatement.

— Après sa mort, vous avez découvert que vous étiez enceinte ? (Elle acquiesça d'un hochement de tête, son embarras la rendant muette.) Vous n'aviez nulle part où aller, vous aviez peur, alors vous avez épousé Painter. Voyons, John Grace est mort en février 1945, et Painter est rentré de Birmanie à la fin du mois de mars. Vous le connaissiez sans doute déjà, improvisa-t-il. Peut-être était-il en garnison à Forby avant de partir pour l'Extrême-Orient ?

Un léger hochement de tête confirma ces suppositions, et il se sentit prêt à poursuivre, à puiser l'histoire de quelqu'un d'autre dans son imagination inspirée, dans une lettre de Kendal, une photo, les bleus sur le bras d'une femme. Mais alors il leva les yeux et dut serrer ses mains très fort l'une dans l'autre pour s'empêcher de se trahir, car même un soupir l'eût alertée. Debout sur la terrasse, immobile, attentif, dans l'encadrement des portes-fenêtres ouvertes, et se détachant sur cet embrasement de fleurs rouges, il y avait Kershaw. Depuis combien temps était-il là ? Qu'avait-il entendu exactement ? Archery, cloué sur sa chaise, chercha de la colère et de la douleur dans son expression, mais il ne vit que de la douceur, ce qui lui donna le courage de continuer.

Peut-être était-il en train de trahir cette femme, peut-être allait-il commettre l'irréparable. Mais il était trop tard pour ce genre de considérations.

— Je vais essayez de finir, dit-il. (Et il ne savait pas du tout si sa voix avait changé.) Vous l'avez épousé et vous lui avait fait croire qu'il était le père de Tess. Mais il avait des doutes, et c'est pour ça qu'il ne l'a jamais aimée comme un père aime sa fille. Mais pourquoi n'avez-vous jamais rien dit à Mr Kershaw?

Elle se pencha en avant, et Archery vit qu'elle n'avait pas entendu l'homme qui, derrière elle, entrait sans bruit dans la pièce.

— Il ne m'a jamais posé de questions sur ma vie avec Bert, dit-elle. Puis j'avais tellement honte d'avoir été mariée avec un homme comme ça. Mr Kershaw est si bon — vous ne le connaissez pas — il ne m'a jamais rien demandé, mais il fallait bien que je lui en raconte une partie, n'est-ce pas? (Elle se montra soudain éloquente.) Pensez à ce que j'aurais dû lui avouer, pensez à ce que je lui apportais — les gens me montraient du doigt dans la rue, comme si j'étais un monstre. Et il fallait qu'il assume tout ça, lui, Mr Kershaw, qui n'avait jamais rien fait de mal de sa vie. Il disait qu'il allait m'emmener, m'offrir une autre vie, ailleurs, là où personne ne saurait, il disait que je n'étais pas à blâmer, que j'étais innocente. Vous croyez que j'allais ruiner la seule chance que j'aurais jamais de m'en sortir en lui avouant que Tess était une enfant illégitime?

Archery suffoqua et se remit sur ses pieds en titubant. Par le pouvoir de son regard, par la force de sa volonté, il avait tenté de faire rebrousser chemin à l'homme qui se tenait désormais derrière sa femme. Mais Kershaw restait où il était, parfaitement immobile, comme s'il ne respirait plus, comme si son cœur ne battait plus. Sa femme avait été prise par son histoire, oblitérant peu à peu tout stimulus extérieur, mais à présent elle semblait sentir l'atmosphère qui régnait dans la pièce, l'émotion violente de deux autres personnes, dont l'unique désir était de l'aider. Elle se tourna sur sa chaise, esquissa un petit geste suppliant, et se leva pour affronter son mari.

Le cri qu'attendait Archery ne vint pas. Elle vacilla légèrement, mais tout ce qu'elle essayait de dire, d'une voix entrecoupée, fut perdu, étouffé dans la vigoureuse étreinte de Kershaw. Archery l'entendit seulement dire: « Tom! Oh, Tom! », mais il lui restait si peu d'énergie, qu'une seule et unique chose le frappa: c'était la première fois qu'il entendait le nom de baptême de Kershaw.

Elle ne redescendit pas au salon cette fois. Archery se dit

qu'il ne la reverrait sans doute pas jusqu'à ce qu'ils se retrouvent tous parmi les fleurs et les demoiselles d'honneur. Tess était assise, toute pâle et presque intimidée, la main serrée dans celle de Charles, le manuscrit sur les genoux.

— Je me sens bizarre, dit-elle. J'ai l'impression d'avoir une nouvelle identité. C'est comme si j'avais trois pères, et que celui dont j'ai l'idée la plus vague était vraiment mon père...

Charles intervint, totalement dénué de tact.

— Mais ce n'est pas celui-là que tu aurais choisi, un homme capable d'écrire comme ça ?

Tess leva un instant les yeux sur l'homme qu'Archery devrait s'habituer à appeler Tom, et il vit qu'elle avait fait son choix.

Puis elle tendit un gros tas de feuilles à Archery.

— Que peut-on en faire ?

— Je pourrais le montrer à un éditeur que je connais. J'ai moi-même écrit une partie d'un livre... (Il sourit.) Sur les chats abyssins. Je connais quelqu'un qui pourrait être intéressé. Ça me permettrait de faire amende honorable, dit-il.

— Vous ? Mais vous n'avez rien à vous reprocher, dit Kershaw.

Il vint se mettre entre les amoureux et lui. Non, se dit Archery, je n'ai fait qu'empêcher momentanément un mariage, pour qu'il puisse finalement se faire dans les meilleures conditions possibles.

— Écoutez, dit Kershaw, fronçant les sourcils dans son effort pour se faire bien comprendre. Vous n'avez fait que ce que j'aurais dû faire il y a des années : lui parler. Je ne pouvais pas, vous voyez. Je voulais démarrer du bon pied avec elle. À présent je comprends qu'on peut avoir trop de tact, qu'on peut être trop diplomate. Oh, il y avait mille petites choses bien sûr, le fait qu'elle n'avait jamais aimé Painter, mais que lui la harcelait pour qu'elle l'épouse. Et je ne lui ai jamais demandé ce qui lui a fait changer d'avis quand il est rentré de Birmanie. Que Dieu me pardonne, je pensais que ça ne me regardait pas ! Elle ne voulait pas que je parle de Painter à Tess, et j'ai souffert le martyre à essayer de raconter ça à une enfant de douze ans. (Et sans craindre de paraître sentimental, il prit la main libre de sa belle-fille et la serra un bref instant.) Je me souviens aussi m'être fâché après Rene, parce qu'elle n'arrêtait pas de me contredire.

Et Tess cita, gentiment : « Ne fais pas attention à ce que dit Papa. Ton père n'était pas un assassin... »

— Et c'était vrai, mais je faisais la sourde oreille. Maintenant elle va me parler, comme elle ne l'a jamais fait durant toutes ces années. Et elle va te parler à toi aussi Tess, si tu montes la voir maintenant.

Elle eut une hésitation d'enfant, ses lèvres tremblèrent sous l'effet d'un petit sourire nerveux et indécis. Mais l'obéissance — l'obéissance fondée et consentie — était quelque chose de naturel dans cette maison. Archery en avait déjà eu un exemple.

— Je ne saurai pas quoi dire, par où commencer, dit-elle en se levant lentement. J'ai tellement peur de la blesser.

— Alors parle-lui d'abord de ton mariage, dit Kershaw, avec vigueur. (Archery le regarda se pencher vers le sol à l'endroit où les magazines étaient tombés.) Montre-lui ça, elle va rêver, elle va t'imaginer avec un chapeau comme celui-là.

Tess, vêtue d'un jean et d'une chemise blanche, était comme une Olivia ou une Rosalind, retrouvant le droit d'exister, et, par là même, une nouvelle féminité. Elle prit le magazine que lui tendait Kershaw et jeta un coup d'œil à la couverture, à ce chapeau qui était une pyramide de fleurs couronnant le visage le plus photographié d'Angleterre.

— Ce n'est pas pour moi ça, dit-elle.

Mais elle l'emporta avec elle, et Archery vit leurs deux amours partir ensemble : celui de Charles, un amour de chair et de sang, et le sien, un fantasme sur papier glacé. Pas pour moi, pas pour moi...

— Il va falloir qu'on y aille bientôt, dit-il à son fils. Il est temps de faire part de tout ça à ta mère.

Postface

Comme le précédent roman, Le Pasteur détective *confronte le lecteur à des événements survenus dans le passé — celui de la ville de Kingsmarkham, qui prend ainsi un relief historique —, celui des personnages du drame et celui de Wexford, puisque l'histoire prend prétexte de la première affaire qui lui ait été soumise dans sa carrière.*

La Parcelle du Vainqueur, *propriété de feu Mrs Primero, est la première d'une série de « maisons du crime » qui jalonnent l'œuvre de Ruth Rendell d'une manière qui n'est, bien sûr, pas innocente. Une construction victorienne qui devient comme le gage fictionnel d'un drame soigneusement ourdi et porteur de malédictions diverses. Le crime qui y fut perpétré a eu l'effet d'une bombe à retardement puisque ce n'est qu'avec l'intervention d'Archery, père et fils, que les ultimes rouages de la machine infernale ont consenti à céder, sous une pression plus spécifiquement psychologique que froidement « détective ». Si* Un amour importun *mettait à jour le cadavre d'une passion, ce roman met quant à lui l'accent sur la complexité d'une histoire de famille. L'auteur prétend que bien qu'elle n'ait jamais eu de frères et sœurs, elle a toujours accordé une très grande attention aux rapports de famille, aux intrigues complexes et forcément romanesques que ceux-ci engendrent. Rendell, ici, associe ingénument la présence d'une « brebis galeuse » au cœur de ce qui constitue la base même du cocon familial: la constitution d'un couple. Et le choix comme personnage central, d'un clergyman, est le fruit d'une volonté particulièrement exigeante.*

« Je voulais — dit-elle — faire figurer des citations du Book of Common Prayer *(le Missel Paroissial traditionnel) en exergue à chaque chapitre du livre, notamment les textes des* Trente-neuf

articles de la foi. *Ceux-ci me paraissaient, et me paraissent d'ailleurs toujours convenir parfaitement à la composition d'un récit policier. En outre, je me suis dit qu'un ecclésiastique, pour des raisons évidentes sur le plan de la religion mais aussi parce qu'un tel être a le sens profond de la communauté, pouvait éprouver des sentiments d'une intensité certaine face au dilemme du mariage de son fils avec la fille d'un assassin...* »

Ruth Rendell a, pour ainsi dire, impliqué cliniquement le pasteur Archery dans le déroulement d'un récit qui, par ailleurs, induit progressivement la présence — cette fois presque religieuse — d'un jeune martyr de la poésie, John Grace, qu'on ne peut s'empêcher de rapprocher de cette figure mythique que fut Rupert Brooke, fauché à la fleur de l'âge, dont l'œuvre a profondément marqué la génération de l'après Seconde Guerre mondiale, et singulièrement Ruth Rendell elle-même. D'une religion l'autre, l'auteur, habilement, nous ramène au propos plus littéraire qu'il n'y paraît de son travail. Le Pasteur détective *ne pourrait-il en vérité se lire comme une enquête sur les conséquences d'une flambée de passion amoureuse, occultées par la fumée noire d'un crime odieux, puis révélées par l'innocence d'une union légitime ?*

1967

LA POLICE CONDUIT LE DEUIL

Traduction de Kitty Swanson
revue et complétée

Ce roman a paru sous le titre original :
WOLF TO THE SLAUGHTER

Le monde n'est qu'un échiquier de jours et de
[nuits
Où le destin prend les hommes pour pions,
Les avance, les recule, les assemble et les met
[à mort
Et un par un, dans la boîte les range.
Les Rubaïyat d'Omar Kayyám

1

Je suis sûr que la Femme dont la parole n'est que soupir éphémère a bien vécu et mené joyeuse vie.
Et la lèvre froide que j'ai embrassée, combien de baisers peut-elle recevoir — et donner !

Ils auraient pu être en route pour tuer quelqu'un.

La police aurait pu le croire si elle avait arrêté la voiture qui roulait trop vite dans le crépuscule. L'homme et la jeune fille auraient été obligés d'expliquer pourquoi ils avaient une arme. L'homme aurait dû fournir les explications car la jeune fille en aurait été incapable. Elle regardait la pluie dégouliner sur la vitre, se disant qu'ils avaient l'air déguisés en gangsters avec ces imperméables et ce couteau dégainé, prêt à servir.

— Pourquoi l'as-tu pris ? Tu pourrais avoir des ennuis avec un couteau comme ça.

C'était la première fois qu'elle parlait depuis qu'ils avaient quitté Kingsmarkham et ses réverbères noyés dans la bruine. Sa voix trahissait sa tension mais son anxiété n'avait rien à voir avec le couteau. Il actionna l'essuie-glace.

— Suppose qu'elle fasse des difficultés, qu'elle ait changé d'avis. Je pourrais avoir besoin de lui faire peur.

Et il promena son ongle sur le plat de la lame.

— Je n'aime pas beaucoup ça, dit-elle, et de nouveau, elle pensait à autre chose qu'au couteau.

— Peut-être que tu aurais préféré rester à la maison, avec lui qui va rentrer ? C'est un miracle que tu sois arrivée à prendre sa voiture.

Au lieu de lui répondre, elle dit après avoir réfléchi :

— Il ne faut pas que je voie cette femme, cette Ruby. Je resterai dans la voiture pendant que tu iras jusqu'à la porte.

— Exactement, et elle filera par la porte de derrière. J'ai tout arrangé samedi.

Stowerton apparut d'abord comme une tache orange, un bouquet de lumières flottant dans la brume. Au centre de la ville, les magasins étaient fermés sauf la blanchisserie. Des femmes, qui travaillaient dans la journée, étaient assises devant les machines, occupées à regarder dans les hublots leur linge tournoyer, le visage verdâtre et l'air fatigué dans la lumière crue. Au carrefour, le garage Cawthorne était plongé dans l'obscurité mais, derrière, la maison de style victorien était illuminée et, par la porte ouverte, ils entendirent en passant de la musique de danse. La jeune fille rit doucement. Elle chuchota quelque chose sur la réception des Cawthorne ; tout à leurs projets à eux, il se contenta d'acquiescer de la tête avec indifférence et demanda :

— Quelle heure ?

Elle aperçut l'horloge de l'église au détour d'une rue latérale.

— Presque 8 heures.

— Parfait, dit-il en levant deux doigts d'un air moqueur. Et voilà pour le vieux Cawthorne ! Je suis sûr que maintenant, il aimerait bien être à ma place.

Les rues étaient grises, délavées par la pluie. Des arbres rabougris jaillissaient des trottoirs à intervalles réguliers et leurs racines tourmentées avaient fait craquer l'asphalte. Les maisons trapues défilaient toutes semblables avec, devant presque chacune, une voiture garée en partie sur le trottoir.

— Nous y voici. Charteris Road... C'est le numéro 82, là-bas au coin. Tout va bien, il y a de la lumière dans la pièce de devant. Elle aurait pu nous jouer un sale tour, prendre peur et s'en aller... Je n'aurais pas aimé ça.

Il mit le couteau dans sa poche et la jeune fille suivit des yeux l'éclat de la lame se repliant dans le manche, puis elle ajouta, avec un rien d'excitation dans la voix :

— Moi non plus, maintenant.

Il faisait noir dans la voiture, trop noir pour qu'on pût distinguer les visages. Leurs mains se rencontrèrent tandis qu'ils essayaient en même temps de trouver le petit briquet en or. À sa flamme, elle vit les traits sombres de l'homme et la respiration lui manqua.

— Tu es belle, dit-il. Dieu, que tu es belle !

Il toucha son cou du bout des doigts. Ils se regardèrent un moment sans bouger tandis que la flamme faisait danser des ombres sur leurs visages. Puis il éteignit le briquet et ouvrit la portière. Elle retournait dans ses mains le petit cube d'or, cherchant des doigts l'inscription qui y était gravée : *Pour Ann, lumière de ma vie.*

Entre le bord du trottoir et la barrière, un réverbère projetait une flaque de lumière. Il la traversa et elle lui renvoya son ombre, noire et très nette un instant, par cette soirée où tout était flou. La maison devant laquelle il arrivait était très pauvre, misérable même, avec son jardin trop exigu pour permettre le luxe d'une pelouse. Rien qu'un petit bout de terrain pareil à une tombe.

Sur le seuil, il se plaça un peu à gauche, pour que la femme qui viendrait ouvrir n'en voie pas plus qu'il ne fallait et, par exemple, n'aperçoive pas l'arrière de la voiture verte, luisant de pluie, à la lumière du réverbère. Il attendit en tapant des pieds, fixant les gouttes d'eau qui faisaient autour des fenêtres comme des colliers de verroterie.

Quand il entendit bouger à l'intérieur, il se raidit. Il y eut un bruit de pas, puis de la lumière derrière la petite lucarne en losange du haut de la porte. Enfin, on tira le loquet et, dans la lucarne, apparut un visage fardé, ridé, à la fois engageant et plein d'appréhension, couronné de cheveux roux. Il enfonça les mains dans ses poches, et tâta le manche poli du couteau en espérant que tout irait bien.

Quand tout alla mal, horriblement mal, il eut le sentiment terrible qu'il s'agissait d'un coup du destin, que cela devait arriver tôt ou tard. Ils enfilèrent leurs manteaux sans savoir comment et il essaya d'étancher le sang avec son écharpe.

— Un docteur, gémissait-elle sans cesse, un docteur ou l'hôpital !

Il ne voulait surtout pas de ça. Le couteau était de nouveau dans sa poche, et tout ce qu'il désirait, c'était de l'air, sentir la pluie sur son visage, retrouver la voiture. Il ne pouvait supporter de rencontrer ses yeux, fixes et rouges comme si le reflet du sang brillait dans ses pupilles. Ils redescendirent l'allée en s'accrochant l'un à l'autre, sortirent en titubant de ce bout de terrain qui ressemblait à une tombe, fous de panique. Il ouvrit la portière et elle s'effondra sur la banquette.

— Redresse-toi, dit-il, contrôle-toi un peu, il faut filer d'ici.

Sa voix semblait venir d'aussi loin que la mort. La voiture se remit en route en cahotant. Elle avait les mains tremblantes et le souffle rauque.

— Ce ne sera rien. Avec une si petite lame...

— Pourquoi as-tu fait ça ? Pourquoi ? Pourquoi ?

— Cette bonne femme, cette Ruby... De toute façon, il est trop tard maintenant.

Trop tard. La formule classique. La musique sortait à flots de la maison des Cawthorne ; pas de la musique funèbre, de la musique de danse. La grande porte était ouverte et une longue bande de lumière jaune éclairait les flaques. Puis ils passèrent devant les magasins et sortirent de la ville. La pluie avait cessé, mais la campagne baignait dans l'eau. Entre les arbres qui s'égouttaient dans le silence de la nuit, la route était comme un tunnel, une énorme gueule mouillée qui aspirait la voiture.

Dans la zone de lumière, évitant les flaques, les invités allaient et venaient. La musique les suivait, aussi syncopée et sèche que la nuit était calme et humide. Un jeune homme surgit, un verre à la main. Gai, très en forme, il avait pourtant épuisé les joies de la réception. L'ivrogne auquel il s'adressa, assis dans une voiture à l'arrêt, ne lui répondit pas. Il finit son verre et le posa sur une pompe à essence. Il n'avait personne à qui parler, sauf une femme au visage anguleux qui rentrait chez elle, supposa-t-il, parce que les pubs étaient en train de fermer. Il la héla, déclamant d'une voix sonore :

— *Ah ! profite bien du temps qui nous reste... Avant que nous aussi, nous tombions en poussière !*

Elle lui sourit.

— C'est ça, mon petit. Amuse-toi bien !

Il n'était guère en état de conduire. En outre, s'il voulait faire démarrer sa voiture, il lui faudrait commencer par en déplacer six autres dont les propriétaires étaient tous dans la maison, en train de s'amuser. Il partit donc à pied, espérant une rencontre galante.

La pluie avait repris. Il aimait la fraîcheur des gouttes sur son visage brûlant. La route de Kingsmarkham s'étendait devant lui. Il s'y engagea allègrement. Au loin, au fond de l'énorme gueule mouillée, il distingua les lumières d'une voiture en stationnement.

— *Quelle lampe*, déclama-t-il à haute voix, *le Destin tenait-il pour guider... Ses frêles rejetons tâtonnant dans le noir?*

2

Le vent d'est, qui soufflait depuis un jour et une nuit, avait séché les rues. La pluie allait revenir sous peu, mais le ciel était d'un bleu dur, presque cruel. La rivière qui traversait la ville, le Kingsbrook, roulait bruyamment des galets ronds et se hérissait de petites vagues pointues.

Le vent était si violent qu'il hurlait en balayant les venelles qui séparaient les vieux magasins des immeubles modernes et en plaquant les branches dépouillées des arbres contre l'ardoise et la brique. Les gens qui attendaient l'autobus de Stowerton pour aller vers le nord, ou l'autobus de Pomfret pour aller vers le sud, relevaient le col de leur manteau afin d'abriter leur visage. Les voitures roulaient vitres fermées et, au moment où les cyclistes atteignaient le milieu du pont, au-dessus de la rivière transformée en torrent, le vent les obligeait à s'arrêter un instant avant de recommencer à lui tenir tête pour dévaler en chancelant devant le pub, l'*Olive and Dove*.

Seules, les jonquilles à la devanture du fleuriste rappelaient qu'on était en avril et non en décembre. Elles avaient l'air lisse et suffisant derrière leur écran de verre protecteur, tout comme les commerçants et les gratte-papier qui avaient la chance d'être au chaud par ce matin glacial. C'était également le cas, du moins pour le moment, de l'inspecteur Michael Burden qui, de son confortable observatoire, contemplait High Street.

On pouvait voir toute la ville depuis le poste de police de Kingsmarkham, construction résolument moderne séparée de la maison la plus proche par une prairie verdoyante. Un cheval y était attaché, ce matin, l'air aussi gelé et misérable que l'était Burden lui-même à son arrivée, dix minutes plus tôt. Celui-ci était encore en train de reprendre vie près du radiateur, en songeant que son supérieur, l'inspecteur-chef Wexford, trouverait certainement une nouvelle citation pour qualifier ce cruel jeudi d'avril. Puis, ayant jeté un coup d'œil aux minables jacinthes qui poussaient dans les urnes de pierre sur l'esplanade devant le poste, — on les avait sans doute plantées dans l'espoir qu'elles deviendraient aussi bleues que la lampe au-dessus de l'auvent, mais le long hiver en avait eu raison — Burden eut le sentiment de contempler la toundra plutôt que les fruits d'un printemps anglais.

Il avala le reste du thé bouillant, sans sucre, que lui avait apporté le sergent Camb. Son thé était sans sucre pour des raisons de goût et non d'ascétisme. Mais c'était bien l'ascétisme que suggérait son maigre visage de lévrier, et sa silhouette svelte. Il portait ce matin-là un costume neuf et se flattait de ressembler à un agent de change en vacances. Et il est vrai que personne, le voyant dans cette pièce à l'épaisse moquette, aux rideaux à motifs géométriques et au bloc de verre sculpté qui constituait l'unique décoration du bureau, ne l'aurait pris pour un policier dans son habitat naturel.

Il posa la tasse sur sa soucoupe de faïence noire et se remit à observer un homme debout sur le trottoir d'en face. Ayant conscience de sa propre élégance, il secoua la tête d'un air désapprobateur devant ce flâneur aux cheveux longs, aux vêtements si peu conventionnels. La fenêtre commençait à s'embuer sous l'effet de la condensation. Burden nettoya soigneusement un coin de vitre et s'en approcha. Jusqu'où irait donc le non-conformisme en matière de toilette masculine... Certes, l'agent Drayton était déjà un bel exemple de la négligence actuelle... mais celui-là ! Avec sa veste en fourrure raide, idéale pour un Esquimau, sa longue écharpe jaune et violette, inexcusable aux yeux de Burden puisqu'elle n'était même pas aux couleurs d'une université... ses jeans bleu pâle et ses chaussures en daim... Et il traversait la route sans se soucier des clous... Quand il se baissa pour cueillir un brin de jacinthe et le mettre à sa boutonnière, Burden faillit ouvrir la fenêtre, histoire de lui crier ce qu'il pensait, mais il se retint pour ne pas laisser sortir l'air chaud. La dernière chose qu'il put voir fut l'écharpe, sa frange violette ondoyant au vent tandis que son propriétaire s'engouffrait sous l'auvent.

On pourrait aussi bien être à Carnaby Street, pensa Burden, se souvenant d'une expédition récente dans les magasins de Londres en compagnie de sa femme qui, plus qu'aux boutiques, s'était intéressée aux farfelus qu'ils avaient rencontrés. De retour chez lui, il lui dirait que ce n'était pas la peine de faire deux heures de train pour des spectacles qu'on pouvait voir dans sa propre rue. Même ce petit coin du Sussex serait bientôt infesté de dingues, songea-t-il en prenant place à son bureau pour lire le rapport de Drayton sur le vol de verreries d'art. Pas mal, pas mal du tout. Compte tenu de sa jeunesse et de son inexpérience, Drayton s'en tirait bien. Mais il y avait des lacunes, de sérieuses omissions. Si vous vouliez que quelque chose soit bien fait, pensa-t-il avec chagrin, il fallait en général le faire soi-même. Il décrocha son imperméable — son pardessus était au nettoyage : pourquoi pas, en avril ? — et descendit l'escalier.

Après être resté, des jours durant, pratiquement invisible sous les empreintes de souliers boueux, le carrelage noir et blanc du vestibule brillait maintenant comme un miroir. Burden pouvait y voir le reflet de ses propres chaussures impeccablement cirées. L'homme qu'il avait vu entrer était là, assis sur l'une des chaises inconfortables en plastique rouge, contemplant, lui aussi, son propre reflet dans le miroir poli du sol dallé, ses mains osseuses pendant à ses côtés. Au bruit des pas qui se rapprochaient, il jeta un regard distrait dans la direction du sergent Camb qui téléphonait. Apparemment, il attendait qu'on s'occupât de lui.

Il n'était venu, comme l'avait d'abord cru Burden, ni pour procéder au ramassage des ordures, ni pour réparer les plombs, ni même pour vendre des renseignements douteux au sergent Martin. On avait affaire, semblait-il, à un véritable citoyen innocent en proie à de légers ennuis. Avait-il perdu son chien ou trouvé un portefeuille ? Le visage était pâle et mince, avec un front bosselé et des yeux pas du tout tranquilles. Au moment où Camb raccrochait, il s'approcha du bureau avec un curieux air, à la fois nonchalant et excité.

— Oui, monsieur ? dit le sergent. Qu'y a-t-il pour votre service ?

— Mon nom est Margolis, Rupert Margolis, commença-t-il.

Sa voix était surprenante. Burden s'était attendu à l'accent local, à une espèce de cockney campagnard, quelque chose d'assorti aux vêtements, n'importe quoi sauf cette élocution cultivée, et pour ainsi dire d'une autre époque. Margolis marqua un temps d'arrêt, après avoir donné son nom, comme s'il attendait une réaction. Il pencha la tête de côté, comme s'il espérait des exclamations ravies, une poignée de main enthousiaste. Camb se contenta d'approuver de la tête. Le visiteur toussota, passa la langue sur ses lèvres sèches et reprit :

— Je me demandais si vous pourriez m'indiquer comment on trouve une femme de ménage.

Il ne s'agissait donc pas de chien, ni de portefeuille ou de tuyaux confidentiels. L'homme voulait simplement qu'on nettoie sa maison. Bonne leçon sur le danger des conclusions hâtives. Burden sourit en lui-même. Cet oiseau-là se croyait-il à la Bourse du travail ?

Rarement déconcerté, Camb adressa à Margolis un sourire bienveillant qui, Burden le savait, dissimulait une résignation désabusée ; il ne fallait simplement s'étonner de rien.

— Eh bien, monsieur, les bureaux du ministère du Travail ne sont qu'à cinq minutes d'ici. Descendez York Street, passez devant la bijouterie et vous les trouverez à côté du Red Star Garage. Vous pourriez voir ce qu'ils ont ? Avez-vous pensé à mettre une petite annonce dans le journal local, ou une affichette à la devanture de chez Grover ?

Margolis fronça les sourcils : ses yeux étaient d'un bleu-vert très clair parsemé de petits points bruns comme la coquille d'un œuf d'oiseau.

— Je ne vaux rien pour les choses pratiques, dit-il en promenant son regard autour de lui. Vous comprenez, normalement, c'est ma sœur qui s'occupe de tout. Elle est partie mardi dernier, du moins, je le crois... Je n'ai que des ennuis en ce moment.

— Voyez le ministère du Travail, monsieur, dit Camb avec fermeté. (Il rattrapa des papiers qui s'envolaient dans le courant d'air produit par l'entrée de Drayton et ajouta, furieux :) Il va falloir que je m'occupe de ces portes. Ce n'est pas la peine de chauffer !

Margolis ne bougea pas. Il observait le sergent qui tripotait les poignées chromées et se baissait pour examiner la bille de la fermeture.

— Je me demande ce que ferait Ann, murmura-t-il d'un air désemparé. Ça ne lui ressemble pas de me planter là de cette façon.

À bout de patience, Burden lança :

— S'il n'y a pas de messages pour moi, sergent, je pars pour Sewingbury. Vous pouvez venir avec moi, Drayton !

— Il n'y a aucun message, répondit Camb, mais j'ai entendu dire que Monkey Matthews était sorti de prison.

— Je pensais bien que c'était le moment.

La voiture avait un chauffage puissant et Burden se prit à regretter que Sewingbury ne fût pas à cent kilomètres au lieu de huit.

— Qui est ce Monkey Matthews ? demanda Drayton en accélérant, une fois dépassés les panneaux de fin de limitation de vitesse.

— Vous n'êtes pas avec nous depuis assez longtemps pour le savoir, c'est vrai. Monkey Matthews est un truand, un voleur, un escroc à la petite semaine. On l'a coffré l'an dernier pour avoir essayé de faire sauter quelqu'un — de façon très artisanale, notez bien — avec une bombe bricolée à la maison. Il doit avoir la cinquantaine, il est laid, et il a son compte de faiblesses humaines, entre autres, le goût des femmes.

— Il n'a pas l'air très humain, remarqua Drayton sans sourire.

— Il ressemble à un singe, si c'est ce que vous voulez dire, répliqua Burden, d'un ton sec. Il n'y avait pas de raison pour laisser une simple demande de renseignements dégénérer en conversation. C'était la faute de Wexford, qui aimait bien Drayton et le laissait voir. Une fois que vous commenciez à échanger des plaisanteries avec vos subordonnés et à les traiter familièrement, ils en profitaient. Aussi, avant de tourner le dos à Drayton pour contempler les champs glacés, Burden ajouta tout aussi sèchement :

— Il fumait comme un pompier, et il a une toux de poitrinaire. C'est un habitué du *Piebald Pony* à Stowerton. Ouvrez l'œil, vous êtes sûr de le rencontrer.

Mieux valait que Drayton entendît tout cela de sa bouche, sans bavardage attendri, plutôt que dans la version trop colorée de Wexford lui-même. L'inspecteur principal tirait grand plaisir de sa camaraderie avec des types comme Monkey, et sa situation le lui permettait. Mais que Drayton perçût le côté comique de cet état de choses, et Dieu seul savait où il s'arrêterait. Il jeta un coup d'œil furtif au jeune homme, à son profil dur. Ces types réservés et prudents étaient tous les mêmes dans le fond, pensa-t-il, des paquets de nerfs bourrés de complexes.

— On s'arrête chez Knobby Clark pour commencer ?

Burden fit oui de la tête. Combien de temps encore Drayton allait-il laisser pousser ses cheveux ? Pendant des semaines et des semaines, jusqu'à ce qu'il ressemble à un batteur de groupe pop ? Bien sûr, Wexford avait raison : on ne devait pas reconnaître un flic au premier coup d'œil, rien qu'à son imperméable et à son chapeau, mais ce duffel-coat, tout de même ! Qu'on mette Drayton au milieu d'une bande de voyous et personne ne pourrait distinguer le bon grain de l'ivraie.

La voiture stoppa devant une bijouterie miteuse.

— Pas sur la bande jaune, Drayton ! fit observer Burden avant que l'autre eût mis le frein à main.

Ils entrèrent. Un homme corpulent, de très petite taille, avec une tache de vin qui allait du front jusqu'à son crâne chauve, se tenait derrière une table à dessus de verre, et examinait un bracelet et une bague.

— Sale matin froid, dit Burden.

— Glacial, Mr Burden.

Knobby Clark, bijoutier et receleur quand l'occasion s'en présentait, fit un pas de côté. Il était trop petit pour voir par-dessus l'épaule de la femme dont il soupesait les bijoux. Sa tête massive rappelait quelque énorme racine comestible, un rutabaga peut-être, ou un chou-rave.

— Ne vous pressez pas, dit Burden, j'ai toute la journée devant moi.

Il s'absorba dans la contemplation d'un étalage de pendulettes de voyage. La femme qui discutait avec Knobby était, il en aurait juré, extrêmement respectable. Elle portait un épais manteau de tweed qui descendait bien au-dessous du genou, quoiqu'elle fût relativement jeune, et le sac qui avait contenu les bijoux, enveloppés simplement dans un mouchoir, avait dû coûter cher en son temps. Burden remarqua qu'elle portait une alliance à chaque main et que ses doigts tremblaient un peu. À cause du froid, peut-être. Mais seuls les nerfs causaient l'espèce de chevrotement de sa voix ; les nerfs, plus la répugnance naturelle que devait inspirer un tel endroit à une telle femme.

Pour la seconde fois ce jour-là, il fut surpris par une inflexion et un accent.

— On m'a toujours assuré que ce bracelet avait de la valeur, disait-elle d'un ton gêné. Tous les cadeaux qui me restent de mon mari étaient de qualité.

— Tout dépend de ce que vous entendez par qualité, dit Knobby. (Burden sentit que la note servile, l'air patelin qui recouvraient une dureté de granit, étaient ajoutés à son intention.) Écoutez, je vous donne dix livres pour le tout.

— Oh non ! ça n'est pas possible, répondit-elle en reprenant précipitamment les bijoux.

— Comme il vous plaira, dit Knobby Clark. Et maintenant, Mr Burden, qu'est-ce que je peux faire pour vous ?

Pendant une minute, Burden garda le silence, sensible à la honte de la femme, à sa déception plus proche de l'amour blessé que de la fierté humiliée. Elle passa près de lui en remettant ses gants et murmura : « Excusez-moi » sans perdre ce contrôle du regard qui caractérise si curieusement les religieuses.

Elle va sur ses quarante ans, pensa-t-il, elle n'est plus jolie, elle a connu des jours meilleurs. Il lui tint la porte.

— Merci beaucoup, dit-elle avec un peu de surprise, comme si jadis, elle avait eu l'habitude de telles attentions, et les avait crues disparues à jamais.

— Ainsi vous n'avez rien vu de tout ça ? demanda Burden d'un ton brusque, en fourrant la liste des verreries d'art sous le nez bulbeux de Knobby.

— Je l'ai déjà dit à votre jeune assistant... assura celui-ci. Drayton se raidit un peu et serra les lèvres.

— Je crois que je vais jeter un coup d'œil.

Knobby ouvrit la bouche pour protester, exhibant des dents en or étincelantes.

— Et ne vous mettez pas à crier que vous voulez un mandat de perquisition, il fait trop froid !

La visite ne donna aucun résultat. Burden avait les mains engourdies lorsqu'ils sortirent de l'arrière-boutique.

— C'est la caverne d'Ali Baba déménagée au pôle Nord, grogna-t-il. C'est tout pour le moment.

Knobby jouait le rôle d'indicateur aussi bien que de receleur. Burden porta la main à sa poche intérieure où son portefeuille gonflait légèrement son costume neuf.

— Vous n'avez rien d'intéressant à nous apprendre ?

Knobby pencha de côté sa tête de légume.

— Monkey Matthews est sorti de tôle, dit-il aimablement.

— Ça, je le sais déjà !

Au poste, on avait réparé les portes battantes. À présent, ce qui était difficile, c'était de les ouvrir... Le sergent Camb trônait devant sa machine, le dos tourné au bureau, un doigt en l'air. À la vue de Burden, il s'écria avec indignation :

— Je viens seulement de m'en débarrasser !

— De qui ?

— Du rigolo qui est entré quand vous sortiez ! Il devait s'imaginer que je finirais par lui envoyer l'agent Peach pour faire son ménage ! Il habite Quince Cottage, dans Pump Lane. Il vit seul avec sa sœur, seulement elle a filé. Elle est allée à une soirée et n'est jamais revenue.

— Et il a rappliqué ici parce qu'il voulait une femme de ménage.

Burden se sentait légèrement intrigué, mais il ne tenait pas à enrichir d'un nouveau nom, à moins d'y être obligé, la liste des personnes disparues.

— Je ne sais pas quoi faire, qu'il me dit, Ann n'est jamais partie sans me laisser un petit mot. Ann par-ci, Ann par-là...

Le sergent était si bavard que Burden le soupçonna d'avoir fait inutilement raconter sa vie à Rupert Margolis.

— L'inspecteur-chef est rentré ? demanda-t-il.

— À l'instant.

Wexford portait encore son pardessus, ce hideux pardessus gris qui ne risquait pas de se trouver au nettoyage en période de froid, pour la bonne raison qu'on ne l'y envoyait jamais. Sa couleur et l'épaisseur du tissu donnaient l'allure d'un éléphant à l'inspecteur principal tandis qu'il descendait pesamment l'escalier, les mains enfoncées dans les poches qui, même vides, gardaient la forme de ses poings.

— On va au *Carousel* pour déjeuner ? proposa Burden.

— Comme vous voulez.

Wexford poussa la porte battante et insista quand elle se coinça. Avec un demi-sourire, Camb retourna à sa machine.

— Rien de neuf ? s'enquit Burden tout en luttant désespérément contre les assauts du vent au milieu des pots de jacinthes.

— Rien de spécial, répondit Wexford tout en enfonçant son chapeau sur sa tête. Monkey Matthews est sorti.

— Vraiment ? fit Burden en étendant la main pour sentir les premières gouttes d'une pluie glacée.

3

Pour l'inspecteur-chef Wexford, être assis à son bureau en bois de rose, occupé à lire le supplément du *Daily Telegraph* un vendredi matin, c'était la preuve que les affaires n'allaient pas fort à Kingsmarkham. Il avait devant lui une tasse de thé, et les rideaux neufs — bleu et gris — à moitié tirés, cachaient la pluie battante. Wexford parcourut un article sur les plages d'Antigua, après avoir incliné sa lampe orientable sur la page. Ses petits yeux, couleur de silex taillé, brillaient d'une lueur moqueuse quand ils se posaient sur une publicité de vêtements pour hommes : son complet à lui était gris, croisé, avachi et déformé aux poches. Il tournait les pages, légèrement agacé.

Les lotions après-rasage, la brillantine, les régimes, tout ça ne l'intéressait pas. Corpulent et massif, il avait toujours été trop gros. Et pas beau avec son visage de Silène au nez épaté et à la grande bouche. Pourtant, en dépit de sa troublante ressemblance avec le compagnon inséparable de Bacchus, Wexford ne connaissait, en fait de bacchanales, que les bières bues à l'*Olive and Dove* avec l'inspecteur Burden.

À l'avant-dernière page, un article attira son attention. Ce n'était pas un homme dépourvu de culture, et la nouvelle mode qui consistait à investir dans la peinture commençait à l'intéresser. Il contemplait des reproductions de toiles accompagnées de la photo du peintre, quand Burden entra.

— C'est calme, dit-il en s'approchant par-derrière de l'inspecteur principal et regardant par-dessus son épaule. Le monde est petit, ajouta-t-il. Ce type-là était ici, hier.

Burden posa son doigt sur le visage de la photo.

— Qui ? Rupert Margolis ?

— C'est un peintre ? Je l'avais pris pour un hippie.

Wexford sourit.

— On dit ici qu'il s'agit d'un génie de vingt-neuf ans dont le tableau *l'Aube du Néant* vient d'être acheté par la *Tate Gallery*. Écoutez ça... *Margolis, dont la peinture est contemporaine du*

Théâtre de la Cruauté *emploie dans son œuvre de la poussière de charbon et des feuilles de thé aussi bien que de la couleur. Il est fasciné par les multiples et merveilleux effets de matériaux inusités*, etc. Allons, Mike, ne faites pas cette tête ! Soyons tolérants. Que fabriquait-il ici ?

— Il cherchait une femme de ménage.

— Tiens, nous nous sommes transformés en bureau de placement ?

Burden rit et lut tout haut le paragraphe sur lequel l'inspecteur principal avait posé son gros index.

— *Certaines des plus belles peintures de Margolis sont le fruit d'un séjour de deux ans à Ibiza. Depuis un an, il habite le Sussex avec sa sœur Anita. Margolis travaille dans un atelier du* XVI*e siècle qui n'est autre que le living-room, aménagé par lui, de Quince Cottage, à Kingsmarkham, et c'est là, sous un cognassier, qu'il a donné le jour, après six mois d'une douloureuse gestation, à son chef-d'œuvre, curieusement baptisé par lui :* Rien...

— On fait dans l'obstétrique, dit Wexford. Enfin, nous, nous ne pouvons pas nous permettre de travailler pour ne donner naissance à rien.

Mais Burden s'était installé, le magazine sur les genoux.

— C'est intéressant, remarqua-t-il. Écoutez encore : *Anita, ancien modèle célèbre à Chelsea, est souvent vue dans la grande-rue de Kingsmarkham, où elle fait ses courses dans son Alpine blanche...* Je ne l'ai jamais aperçue, et elle n'est sûrement pas de celles qu'on oublie. Voyez plutôt : *Vingt-trois ans, brune et ravissante, de fascinants yeux verts, c'est elle l'Ann du portrait peint par Margolis, pour lequel un collectionneur sud-américain a offert deux mille livres. Son dévouement aux intérêts de Margolis est à l'origine des plus belles œuvres de l'artiste, et peut-être, cet attachement fraternel n'est-il pas étranger (c'est du moins ce que l'on murmure) à la rupture de ses fiançailles avec le peintre et écrivain Richard Fairfax.*

Wexford caressa son propre bloc de verre sculpté qui, avec le bureau et les rideaux, venait d'être alloué au poste.

— Pourquoi n'achetez-vous pas vous-même le *Telegraph* si cela vous passionne tellement ? grogna-t-il.

— Je lis ceci à cause de son intérêt local, répondit Burden. C'est fou le nombre de choses qui se passent autour de vous sans que vous vous en doutiez.

Wexford cita sentencieusement :

— *Plus d'une gemme aux feux sereins et purs... Illumine l'ombre insondable des océans profonds...*

— Je ne sais rien des océans profonds, dit Burden, toujours sensible aux critiques contre sa ville natale, mais cette Anita a tout d'une précieuse gemme : brune et ravissante, de fascinants yeux verts... et elle va à des soirées dont elle ne rentre pas...

Le regard que lui lança Wexford était aigu et sa question claqua comme un coup de fouet :

— Quoi ?

Surpris, Burden leva les yeux :

— J'ai dit qu'elle allait à des soirées et n'en revenait pas...

— Je sais ce vous avez dit.

L'impatience de Wexford s'était teintée d'inquiétude. Il avait perdu son ton moqueur, et était devenu vigilant.

— Je veux savoir pourquoi vous l'avez dit ? Comment le savez-vous ?

— Comme je vous l'ai raconté, le petit génie était en quête d'une femme de ménage. En parlant avec Camb, il a dit que sa sœur était allée à une soirée, mardi, et qu'il ne l'avait pas revue depuis.

Wexford se leva lentement. Son visage marqué par l'âge exprimait l'incertitude et quelque chose d'autre aussi. De la peur ? Du soupçon ?

— Mardi soir ? Vous êtes sûr que c'était mardi soir ?

Burden n'aimait pas les mystères entre collègues.

— Écoutez, il n'a pas signalé sa disparition. Pourquoi cette panique ?

— Je vous en ficherai de la panique, moi ! hurla Wexford. Mike, si son nom est bien Ann et si elle a disparu mardi soir, c'est très sérieux. Il n'y a pas une photo d'elle là-dedans ? demanda-t-il en prenant le journal des mains de Burden. Pas de photo... Combien voulez-vous parier que le frère n'en a pas non plus ?

— Depuis quand nous mettons-nous dans des états pareils parce qu'une jolie fille, célibataire, et probablement riche, a tout d'un coup envie de filer avec un ami ?

— Depuis aujourd'hui, cria Wexford. Depuis ce matin : depuis ceci !

Dans le fouillis de son courrier du matin, il trouva l'enveloppe du premier coup, en sortit une feuille de papier épais pliée en deux. Le bloc de verre sculpté indigo jeta dessus un reflet, furtive tache sombre.

C'était une lettre anonyme écrite à la main, au stylo à bille rouge.

— Vous savez combien nous recevons de ces trucs-là, dit Wexford. J'allais jeter celle-ci au panier.

L'écriture était couchée en arrière, grosse, visiblement déguisée. Le papier n'était pas malpropre, les mots n'étaient pas obscènes. Le dégoût ressenti par Burden n'était dû qu'à la lâcheté de l'auteur de la lettre et à son désir de titiller la curiosité sans se découvrir. Il la lut tout haut.

— *Une certaine Ann a été tuée dans cette région entre 8 et 11 heures, mardi soir. L'homme qui l'a refroidie est petit, jeune et brun et il a une voiture noire. Son nom est Geoff Smith.*

La reposant avec une grimace, il examina l'enveloppe.

— Postée à Stowerton, dit-il, à 12 h 50 hier. Écrite à la main... La méthode habituelle consiste pourtant à découper des mots dans le journal.

— Parce qu'on croit à l'infaillibilité des experts ! ricana Wexford. Avez-vous jamais entendu un seul de ces olibrius rendre un verdict sans appel dans un sens ou dans l'autre ? Moi pas. Si le destinataire ne possède pas un spécimen de votre écriture normale, vous pouvez bien laisser tomber votre journal et vos ciseaux ! Renversez simplement votre écriture si vous avez coutume de la pencher en avant, écrivez gros si vous avez l'habitude d'écrire fin et vous n'avez rien à craindre ! Je vais tout de même envoyer cela au labo... Mais vous savez ce que je pense ? Qu'il n'y a qu'une seule piste qui nous mènera à l'auteur de cette lettre.

— Le papier, dit pensivement Burden en passant les doigts sur sa surface crème, au filigrane soyeux.

— Exactement. Il est fabriqué à la main. À mon avis, celui qui a écrit ça n'est pas du genre à commander ce papier-là. C'est un gars sans instruction, sinon il n'aurait pas employé le mot *refroidi.*

— Il se pourrait qu'il travaille chez un papetier ? suggéra Burden.

— Ce qui est plus probable, c'est qu'il travaille pour quelqu'un qui commande ce papier dans une papeterie.

— Un domestique, alors ? Voilà qui rétrécit le champ des

possibilités. Il n'y a pas tellement de gens par ici, à employer des domestiques !

— Beaucoup ont des jardiniers, Mike. Nous devons partir des papetiers de tout premier ordre, ce qui exclut Kingsmarkham. Je ne vois pas Braddon fournissant du papier à lettres fait à la main, pas plus que Grover.

— Vous prenez cette affaire vraiment au sérieux, monsieur.

— Parfaitement. Faites venir Martin, Bryant, Drayton et Gates. Cette lettre anonyme ne ressemble pas à une farce. Quant à vous, Mike, vous feriez bien de voir ce que vous pouvez tirer de ce fameux « génie de vingt-neuf ans ».

Dès que les hommes furent tous là, il s'assit derrière le bureau, à côté de Burden.

— Je ne vous dispense pas de votre travail régulier, commença-t-il. Pas encore. Consultez les listes électorales et trouvez-moi l'adresse de tous les Geoffrey Smith qui habitent la région. Particulièrement Stowerton. Je veux que vous les visitiez tous aujourd'hui et que vous repériez ceux qui sont petits et bruns et qui ont une voiture noire. C'est tout. Ne faites pas peur à leurs femmes, s'il vous plaît, et n'insistez pas pour entrer dans les garages. Juste un tour d'horizon général. Ouvrez l'œil. Regardez ce papier, sergent Martin. Si vous en trouvez un comme ça dans une papeterie, rapportez-le ici, que nous les comparions.

Après leur départ, Burden grommela :

— Smith ! Je vous demande un peu ! Smith !

— Il y a des gens qui s'appellent vraiment Smith, Mike, répondit Wexford.

Il replia le supplément en couleurs en laissant la photo de Margolis en évidence et le rangea soigneusement dans un tiroir de son bureau en bois de rose.

— Si je pouvais trouver les allumettes, dit Rupert Margolis, je vous ferais du café. (Il fouilla parmi la vaisselle sale, les bouteilles de lait débouchées, les emballages de produits surgelés qui encombraient la table de la cuisine.) Il y en avait mardi soir. Je suis rentré vers 11 heures et tous les plombs avaient sauté. Ce n'est pas rare. Il y avait une énorme pile de journaux ici, et je les ai jetés dehors par la porte de service. Nos poubelles sont toujours pleines. Et pourtant, j'ai réussi à mettre la main sur les allumettes ce soir-là — il y en avait bien quinze boîtes — à l'endroit où étaient les journaux avant que je les jette... Dieu sait où elles sont maintenant. Je n'ai pas fait beaucoup de cuisine.

— Tenez ! dit Burden.

Et il lui tendit une des pochettes que l'*Olive and Dove* donnait à ses clients avec les consommations. Margolis vida dans l'évier une cafetière pleine d'un liquide noir où flottait de la moisissure. Le marc se colla aux bords de l'évier ainsi qu'à une aubergine en train de flotter dans de l'eau de vaisselle sale.

— Maintenant, résumons-nous, proposa l'inspecteur qui l'interrogeait depuis une bonne demi-heure. Votre sœur, Anita, ou Ann, allait mardi à une soirée donnée par Mr et Mrs Cawthorne à Stowerton. Vous êtes sorti à 3 heures et quand vous êtes rentré, à 11 heures, elle était partie et son Alpine de sport blanche, généralement garée dans l'allée n'était pas là. C'est ça ?

— C'est ça, dit Margolis d'un air soucieux.

La cuisine n'avait pas de plafond, seulement un toit en tôle ondulée soutenu par des poutres anciennes. Il était assis sur le bord de la table, regardant fixement les toiles d'araignée qui y étaient suspendues, et remuant la tête au même rythme que les filaments gris qui se balançaient, agités par la vapeur qui sortait de la cafetière.

Burden poursuivit d'un ton ferme :

— Vous avez laissé la porte de service ouverte à son intention et vous êtes allé vous coucher, mais vous avez été réveillé peu après par Mr Cawthorne qui téléphonait pour demander où était votre sœur ?

— Oui. J'étais très ennuyé. Cawthorne est un raseur et je ne lui parle jamais à moins d'y être forcé.

— Vous n'étiez pas inquiet ?

— Non. Je pensais qu'elle avait changé d'avis et qu'elle était partie ailleurs.

Le peintre descendit de son perchoir et fit couler de l'eau froide sur deux tasses à café très sales.

— Vers 1 heure, dit Burden, vous avez été réveillé de nouveau par des lueurs de phares sur le plafond de votre chambre. Vous avez pensé que c'était votre sœur qui rentrait, puisque personne d'autre n'habite Pump Lane, mais vous ne vous êtes pas levé...

— Je me suis rendormi tout de suite. J'étais fatigué, vous comprenez.

— Oui. Je crois que vous étiez allé à Londres ?

Le café était étonnamment bon. Burden essaya d'oublier la propreté douteuse et de savourer ce qu'on lui offrait. Des cuillères mouillées avaient visité le sucre en poudre qui était, de toute évidence, déjà entré en contact avec de la marmelade d'oranges.

— Quand je suis sorti, à 3 heures, dit Margolis d'un air rêveur, Ann était là. Elle m'a dit qu'elle serait absente quand je rentrerais et que je ne devais pas oublier ma clé.

— Et vous l'aviez oubliée, Mr Margolis ?

— Bien sûr que non ! Je ne suis pas fou ! (Il but son café d'un seul coup. Un peu de couleur raviva la pâleur de ses joues et il reprit :) J'ai laissé ma voiture à la gare de Kingsmarkham et je me suis occupé d'une expo que je suis en train de monter.

— Une expo ? répéta Burden, abasourdi.

— Une exposition, si vous préférez, dit Margolis avec impatience. De mes œuvres ! Vous êtes vraiment des philistins. Je l'ai vu tout de suite hier, au poste, où personne ne semblait savoir qui j'étais. Enfin. Je suis donc allé voir le directeur de la galerie Morissot à Knightsbridge. Nous avons parlé et il m'a invité à dîner. Après tout ça, j'étais absolument épuisé par tous ces déplacements... Ce type de la galerie est un affreux raseur et c'est devenu très ennuyeux de rester assis à l'écouter. C'est pour ça, qu'en voyant les lumières des phares d'Ann, je n'ai pas pris la peine de me lever.

— Mais hier matin, vous avez trouvé sa voiture dans l'allée.

— Dégoûtante, avec le *New Statesman* collé en travers du pare-brise, soupira Margolis. Il y avait des papiers dans tout le jardin. Vous ne pourriez pas envoyer quelqu'un pour les enlever ? ou obtenir ça de la municipalité ?

— Non, dit Burden avec fermeté. Et mercredi, vous n'êtes pas sorti du tout ?

— Je travaillais. Et je dors beaucoup... à n'importe quelle heure. Je croyais qu'Ann était rentrée et repartie. Nous avons chacun notre vie... Mais je suis perdu sans elle, elle ne me laisse jamais comme ça sans un mot ! conclut-il d'une voix soudain si aiguë que Burden se demanda s'il n'était tout de même pas un peu fou.

Il se leva brusquement, renversant une bouteille de lait. Le goulot se cassa et un flot de petit-lait aigre se répandit sur la natte en fibre de coco qui recouvrait le sol.

— Oh, Seigneur !... Allons dans l'atelier si vous ne voulez plus de café. Je n'ai pas de photo d'Ann mais je peux vous montrer le portrait que j'ai fait d'elle, si vous voulez.

Il y avait une vingtaine de tableaux dans l'atelier, l'un d'eux si grand qu'il occupait un mur entier. Burden n'en avait jamais vu d'aussi grand, sauf peut-être la *Ronde de nuit* de Rembrandt, lorsqu'il avait fait ce voyage de vingt-quatre heures à Amsterdam. Pour donner de la profondeur à d'étranges silhouettes cabriolantes, Margolis avait utilisé du coton, des barbes de métal et des lambeaux de journaux déchiquetés. Burden décida qu'il préférait la *Ronde de nuit*. Si le portrait était dans le même style que ce tableau, il ne servirait à rien pour l'identification : la fille aurait un seul œil, une bouche verte et un tampon de paille de fer dans l'oreille...

Il s'assit dans un rocking-chair, après en avoir enlevé un tube de peinture écrasé et un instrument à vent en bois, d'origine sûrement méditerranéenne. Des journaux, des habits, des tasses et des soucoupes sales, des bouteilles de bière vides... il y avait de tout sur chaque meuble et, par endroits, entassé sur le plancher. À côté du téléphone, des narcisses morts jaillissaient d'un vase à moitié plein d'une eau verdâtre ; l'un d'eux, la tige brisée, appuyait sa corolle flétrie contre un morceau de fromage.

Margolis disparut un moment et revint avec le portrait. Burden fut agréablement surpris : peint dans un style classique, il représentait la tête et les épaules d'une jeune fille. Ses yeux étaient comme ceux de son frère, bleus tirant sur le jade, et ses cheveux, aussi noirs que ceux de Margolis, revenaient sur ses joues en boucles épaisses. Le visage faisait penser à une tête de faucon mais douce et belle avec une bouche fine et pourtant pleine, un nez aquilin... Margolis avait saisi, ou lui avait donné, un air d'agressive intelligence. Si elle n'était pas déjà morte en pleine jeunesse, elle deviendrait un jour une redoutable vieille dame, pensa Burden. Et comme il avait le sentiment désagréable qu'on doit toujours louer une œuvre quand son auteur vous la montre, il dit, embarrassé :

— Très joli... Remarquable !

Au lieu d'exprimer de la gratitude ou de la satisfaction, Margolis répondit avec simplicité :

— Oui, il est merveilleux. Une des meilleures choses que j'aie jamais faites.

Il posa la peinture sur un chevalet et la contempla avec plaisir, sa bonne humeur revenue.

— Vous devez savoir, Mr Margolis, dit Burden d'un ton plus sévère, que dans une affaire comme celle-ci, on commence par demander aux membres de la famille où ils pensent que pourrait se trouver le disparu... À votre avis, où est passée votre sœur ? Avez-vous une idée ?...

Sa voix était devenue de plus en plus sèche, comme celle d'un maître d'école, au fur et à mesure que l'entretien progressait, et il craignit soudain de paraître suffisant. Depuis son arrivée à Quince Cottage, il avait gardé l'article du journal présent à l'esprit, mais comme un guide, comme un renseignement sur le frère et la sœur qui n'aurait pu être obtenu de Margolis qu'après des heures d'interrogatoire. Maintenant, il se rappelait pourquoi cet article avait été écrit et qui était Margolis : il se trouvait en présence d'un génie, ou, en tenant compte de l'exagération journalistique, d'un grand talent. Margolis n'était pas comme les autres. Dans ses doigts et son cerveau, il avait quelque chose qui le mettait à part et qui ne serait vraiment reconnu et apprécié que longtemps après sa mort. Songeant à cela, Burden éprouva une sorte d'émoi, un étrange respect qu'il ne pouvait concilier avec l'affreux désordre des lieux ni avec cette pâle créature mal peignée qui ressemblait à un beatnik et qui était peut-être un nouveau Rembrandt. Qui était-il, lui, policier dans une petite ville, pour juger un tel homme ? Il répéta sa question d'une voix plus douce :

— Où pensez-vous qu'elle soit, Mr Margolis ?

— Avec un de ses amis, elle en a tellement...

Les yeux d'opale du peintre semblèrent se brouiller et regarder au loin, dans un rêve. Rembrandt était-il jamais entré en contact avec la police de son temps ? Le génie était plus répandu à cette époque, songeait Burden, et les gens savaient mieux comment le traiter.

— C'est du moins ce que je penserais, reprit Margolis, s'il n'y avait le problème du billet...

Burden tressaillit. Avait-il, lui aussi, reçu une lettre anonyme?

— Quel billet? Un billet au sujet de votre sœur?

— Justement, il n'y en a pas. Et il devrait y en avoir un. Vous comprenez, elle a déjà souvent filé de cette façon, et elle ne voulait pas me déranger si j'étais en train de travailler ou de dormir. Or, je ne fais presque rien d'autre que travailler ou dormir... Elle laisse toujours un billet très détaillé, pour me dire où elle est allée, avec qui, et comment je dois ranger ceci ou cela... oh, de petites choses qu'il faut que je fasse, vous voyez. Elle laisse toujours son billet bien en évidence près de mon lit, ou appuyé contre un objet — bien en vue...

Les souvenirs de ces exemples de sollicitude fraternelle l'attendrissaient visiblement et il parut contrarié quand le téléphone sonna.

— Encore Russell Cawthorne, dit-il. Il n'arrête pas de me demander où elle est...

Il tendit la main pour saisir le combiné et, son coude contre le morceau de fromage, répondit:

— Non, elle n'est pas là. Je ne sais pas où elle est.

Tout en l'observant, Burden se demandait ce que pouvaient être exactement les « petites choses » que sa sœur lui recommandait de faire. Même une chose aussi simple que de répondre au téléphone semblait le jeter dans un état de misanthropie hargneuse.

— La police est ici, figurez-vous. Bien sûr que je lui dirai si elle rentre. Oui, oui, oui! Comment ça, vous me reverrez? Vous savez bien que nous ne nous voyons jamais!

— Vous allez pourtant vous revoir, intervint tranquillement Burden. Vous et moi, nous allons maintenant rendre visite à Mr Cawthorne...

4

Wexford comparait les deux feuilles de papier : celle où l'on avait écrit à l'encre rouge (la lettre anonyme) et l'autre, vierge. Texture, couleur et filigrane étaient identiques.

— Ça venait bien de chez Braddon, en fin de compte, dit le sergent Martin.

C'était un policier consciencieux aux traits perpétuellement figés en une expression concentrée et réfléchie.

— Chez Grover, on ne vend que des blocs et du papier à dessin. Braddon se procure ce papier dans une maison de Londres.

— Pour un client particulier ?

— Oui. Enfin, une cliente : Mrs Adeline Harper de Stowerton, Waterford Avenue.

— Bon quartier bourgeois, précisa Wexford. Grandes maisons anciennes.

— Mrs Harper est absente. Selon les voisins, elle prend de longues vacances de Pâques. Elle n'a pas de domestique, sauf une femme de ménage qui vient chez elle les lundi, mercredi et vendredi.

— Une femme de ménage... Pourrait-elle m'avoir écrit cette lettre anonyme ?

— Ce sont de grandes maisons, éloignées les unes des autres. Et chacun reste sur son quant-à-soi, à Waterford Avenue. Les gens ne se connaissent pas. Cette femme de ménage, on l'a vue entrer et sortir, mais personne ne sait comment elle s'appelle.

— Et personne ne sait, bien sûr, si elle a l'habitude de chiper des petits riens comme du papier à lettres chic...

— Tout ce que savent les voisins, dit Martin, visiblement déconfit d'apporter si peu d'informations, c'est qu'elle est entre deux âges, qu'elle s'habille de façon voyante et qu'elle a les cheveux roux.

— Lundi, mercredi et vendredi... Je suppose qu'elle s'occupe de la maison pendant l'absence de sa patronne ?

— Et nous sommes vendredi, je sais bien. Seulement elle n'y va que le matin et elle était déjà partie quand je suis arrivé. Je viens de la voir passer, m'a dit la voisine. J'ai marché vite mais je ne l'ai pas rattrapée...

Wexford examina à nouveau les feuilles de papier et le rapport du laboratoire sur la lettre anonyme : on n'y avait relevé aucune empreinte, aucune trace de parfum. On s'était servi pour l'écrire d'un stylo à bille bon marché qu'on pouvait avoir acheté dans n'importe quelle papeterie d'Angleterre.

Wexford réfléchissait. Une femme de ménage rousse, dont la conduite n'était apparemment pas au-dessus de tout reproche, avait vu ou entendu quelque chose qui l'avait poussée à écrire à la police. Une façon de communiquer nécessairement étrangère à une femme qui volait à l'occasion... Cependant, elle, ou un de ses proches, avait écrit cette lettre... Par peur ? Par dépit ?...

— Ça pourrait être du chantage, dit Wexford.

— Je ne vous suis pas très bien... avoua Martin.

— Parce que nous pensons toujours au chantage comme à une activité qui paie au moins quelque temps. Mais supposez que notre rousse essaie de faire chanter Geoff Smith et qu'il refuse de marcher ? Alors, si elle est vindicative, elle met sa menace à exécution.

— Les maîtres chanteurs sont toujours vindicatifs, dit Martin d'une voix pleine d'onction. Le chantage est vraiment une chose malveillante. Pire que le meurtre.

Les marques de respect excessives agaçaient toujours Wexford, surtout enrobées de platitudes qu'il avait déjà entendues mille fois.

— Fin du premier verset, dit-il d'un ton sec. Voulez-vous répondre ?

Martin bondit vers le téléphone avant la fin du deuxième appel.

— C'est l'inspecteur Burden.

Wexford prit le combiné sans se lever de son fauteuil. Le fil tendu frôlait dangereusement son bloc de verre sculpté.

— Enlevez-moi ce truc, dit-il à Martin qui le mit sur l'appui étroit de la fenêtre.

— Je vais voir Cawthorne, disait Burden. Pouvons-nous trouver quelqu'un pour venir ici chercher la voiture de miss Margolis ? Drayton, s'il n'est pas occupé ? Ah ! Il faudra aussi fouiller le cottage. Jamais vu une pagaille pareille, ajouta-t-il plus bas. Pas étonnant qu'il cherche une femme de ménage !

— Nous aussi, nous en cherchons une, dit Wexford avec

vivacité. Une élégante aux cheveux roux... (Il mettait Burden au courant quand le téléphone grésilla.) Que se passe-t-il ?

— Le fromage vient de tomber dans le pot de fleurs.

— Mon Dieu, s'écria Wexford. Je commence à comprendre ce que vous voulez dire.

Mark Drayton descendit les marches du poste de police et traversa la route. Pour atteindre Pump Lane, il devait parcourir High Street sur toute sa longueur. En arrivant chez Grover, le dépositaire de journaux, il s'arrêta un moment pour regarder la vitrine. Il lui semblait incroyable que Martin ait pu songer qu'on pouvait trouver du papier à lettres fait à la main dans ce magasin sordide. Un haut mur de brique le dominait et, entre lui et la boutique de la fleuriste, une ruelle aux pavés noirs menait vers des décharges d'ordures, des appentis, des ateliers crasseux pleins de vieilles bagnoles...

Dans la vitrine, les marchandises semblaient se trouver là depuis des années sans que personne se soucie de les contempler. Les cartes de Pâques avaient tout l'air d'être là par accident car elles côtoyaient des cartes de Noël et toutes s'effondraient lentement dans une épaisse couche de poussière. Des plantes d'appartement agonisaient au milieu des cartes. Étaient-elles à vendre ? Représentaient-elles une malheureuse tentative de décoration ? La terre qui entourait leurs racines s'était racornie par manque d'eau, laissant un espace vide à l'intérieur du pot. La boîte d'un jeu de l'oie s'était ouverte, si bien que la planche colorée pendait d'une étagère. Les jetons gisaient plus bas, parmi des clous rouillés, des confettis éparpillés et des enveloppes jaunies. Drayton avait rarement vu aussi repoussant, aussi décourageant pour les éventuels clients.

Il allait continuer son chemin avec un haussement d'épaules dégoûté lorsqu'il aperçut une jeune fille derrière le comptoir. Il ne pouvait distinguer que sa silhouette et ses cheveux blond pâle. Mais, tandis qu'il hésitait, légèrement intéressé, elle s'approcha du panneau vitré, l'ouvrit et prit un jeu de cartes qui traînait pas loin du jeu de l'oie. Cela l'irrita de voir qu'elle n'essayait même pas de ramasser les jetons ou de souffler sur le couvercle poussiéreux. Il était méticuleux dans son travail, soigneux, plein d'attentions pour les outils de sa profession. Parce qu'il éprouvait le désir d'exprimer la désapprobation d'au moins un acheteur en puissance, il leva sur elle un regard froid et rencontra le sien. Il la reconnut immédiatement. Ce visage qui le hantait depuis quatre jours sans qu'il pût tout à fait l'identifier, se trouvait brusquement devant lui. Il la dévisagea et sentit le sang monter à ses joues. Elle ne pouvait savoir qu'il l'avait déjà vue, ou, si elle le savait, elle ne pouvait deviner les pensées sensuelles qu'elle lui inspirait. Elle ne pouvait le savoir et pourtant, il avait l'impression qu'elle n'en ignorait rien, que des images aussi vives, aussi violentes, ne pouvaient rester confinées dans un cerveau sans se communiquer par télépathie à leur objet. Elle n'en donna aucun signe. Ses grands yeux gris, indifférents, ne firent que croiser ceux du jeune homme. Puis elle prit le jeu de cartes, s'agenouillant dans la poussière et les confettis pour l'atteindre, et alla servir le client qui attendait. Elle avait de longues jambes un peu trop minces. La poussière avait laissé sur ses genoux des taches rondes et grises. Il regarda le panneau se refermer lentement derrière elle. Bientôt, sa transparence bleutée, marquée d'empreintes de doigts, lui cacha tout sauf une chevelure blond platine.

Drayton traversa la ruelle, évitant les flaques. Il jeta un coup d'œil aux portes des garages, se demandant pourquoi personne ne leur donnait une couche de peinture alors que ça coûtait si peu et que c'était si agréable de nettoyer et de rafraîchir ce qui vous entourait. Il respira le parfum des jonquilles disposées dans des pots devant la boutique de la fleuriste. La jeune fille qu'il venait de voir avait la fraîcheur exquise d'une jonquille, le même air intact et, comme ces fleurs, elle s'épanouissait dans la laideur.

Est-ce que tout ce qu'il voyait allait la lui rappeler ? Avait-il éprouvé ces sentiments pour elle avant lundi soir ? En atteignant le parapet du pont afin de s'y pencher pour regarder le sentier qui longeait la rivière, il se posa de nouveau la question. Bien sûr, il l'avait remarquée tandis qu'elle faisait ses courses en ville. C'était le genre de fille que tous les hommes regardent. Depuis des mois maintenant, elle l'attirait vaguement. Et puis, lundi soir, par hasard, il l'avait vue dans le sentier en train d'embrasser un homme. Et elle lui avait fait l'effet d'être désarmée, vulnérable, abandonnée à une passion dont n'importe quel promeneur aurait pu être le témoin.

C'était la preuve qu'elle était faite de chair et de sang, capable de sensualité, donc accessible à ses désirs.

Il avait vu leurs silhouettes reflétées dans l'eau noire : celle de l'homme, à laquelle il n'avait pas prêté attention, et la sienne à elle, mince, longue, vibrante. Dès lors, son image l'avait hanté, toujours à la frontière de son être conscient et venant le troubler quand il était seul.

Son propre reflet, plus net et plus réel, dans la lumière de l'après-midi, que le leur dans le crépuscule, le contemplait froidement du fond de l'eau : le visage de type italien au teint mat, avec ses yeux vigilants, sa bouche arquée ne trahissait rien de ses pensées. Il avait des cheveux plutôt longs, trop longs pour un policier, et il portait un duffel-coat gris foncé sur un pantalon et un chandail. Burden critiquait à la fois le manteau et les cheveux, mais ne pouvait trouver à redire au laconisme de Drayton, à sa réserve.

Il se redressa et fouilla dans ses poches pour s'assurer qu'il n'avait pas oublié ses gants. Pure formalité : il n'oubliait jamais rien. Il regarda derrière lui une seule fois et ne vit que des gens en train de faire leurs courses, des voitures d'enfant, des bicyclettes, un haut mur de brique et une ruelle aux pavés noirs. Alors, il se dirigea vers les confins de la ville. Vers Pump Lane.

Cette route écartée qui menait dans la campagne était nouvelle pour lui. C'était un simple tunnel entre des talus verts où s'élevaient de grands arbres ; un chemin juste assez large pour que deux voitures puissent se croiser. Immobile dans les primevères, une vache le regarda par-dessus la haie. Drayton ne s'intéressait pas à l'histoire naturelle et ne s'adonnait pas aux méditations pastorales. Son regard fut attiré par la voiture de sport blanche, garée à moitié sur le talus, à moitié sur la route : la seule chose en vue qui fût sortie de la main de l'homme. Le cottage n'était pas encore visible, d'ici. Puis il distingua, dans un fouillis d'aubépines verdoyantes et de prunelliers blancs, une petite barrière branlante. Les branches mouillées lui inondèrent les épaules lorsqu'il les souleva pour passer. Des pommiers, aux troncs envahis de moisissure verte, poussaient devant la maison dont la blancheur décrépite était égayée par les fleurs couleur de flamme d'un grand arbuste : le cognassier.

Il mit ses gants et monta dans l'Alpine. Ce devait être

merveilleux de posséder une telle voiture, et un ravissement de la conduire. Il fut choqué de constater que sa propriétaire en avait fait une espèce de poubelle ambulante, jetant sur le plancher paquets de cigarettes vides et allumettes usées.

Drayton savait qu'il ne fallait rien toucher, mais il dut enlever le journal collé au pare-brise pour pouvoir conduire. Les branches d'aubépine, en égratignant le toit, lui faisaient presque aussi mal que si elles avaient griffé sa propre peau. Il dut résister à la tentation d'emprunter la route la plus longue en faisant le tour par Forby. Il y avait peu de circulation à cette heure de la journée, et sa seule excuse serait donc d'avoir voulu s'amuser. Il était entraîné à résister aux tentations. Il en existait une, cela il le savait à laquelle il succomberait sous peu, mais cela n'avait rien à voir avec un petit tour en voiture.

Un manteau de fourrure tacheté de jaune et de brun était jeté en travers du siège du passager. Il répandait une odeur forte et capiteuse, le parfum d'une belle femme, évoquant dans l'esprit de Drayton les amours passées et les amours à venir. La voiture glissa doucement en avant. Il avait atteint le milieu de la grand-rue avant de remarquer que la jauge de température grimpait dans le rouge. Il n'y avait pas de station-service par ici, mais il se rappelait avoir vu un garage dans York Street juste après la bijouterie et la Bourse du travail.

Quand il y arriva, il sortit, souleva le capot et la vapeur s'échappa en tourbillonnant. Il recula.

— Le radiateur fuit, dit-il à l'employé.

— Je vais vous chercher de l'eau. Tout ira bien si vous conduisez lentement. Vous allez loin ?

— Non, pas loin, dit Drayton.

Dès qu'ils remirent de l'eau, celle-ci se mit à fuir. Il repartit, passa devant la bijouterie, avec ses vitrines pleines de pierres fantaisie sur fond de velours rouge, puis devant chez Grover mais sans regarder. Si la poésie avait fait partie de ses lectures, pourtant nombreuses et variées, il aurait été d'accord pour reconnaître que l'amour est dans la vie de l'homme une chose à part. Il irait là-bas plus tard, une fois son travail achevé.

Le garage Cawthorne était un établissement nettement plus impressionnant que l'endroit modeste où Drayton avait conduit la voiture d'Ann Margolis. Il commandait le carrefour de Stowerton. Du toit de la salle d'exposition jusqu'au sommet de la loggia vitrée où trônait Cawthorne pour recevoir les clients, s'allongeait une banderole jaune et écarlate : *Trois timbres pour vingt litres !* Ces couleurs se répétaient sur l'arche de l'entrée de service. Burden se rappelait le bosquet de bouleaux argentés qui se dressait là, il n'y avait pas si longtemps, et les efforts de la société pour la Conservation de la Nature afin d'empêcher Cawthorne de s'installer ici. Le dernier des bouleaux se serrait contre le mur de la salle d'exposition comme un aborigène effaré, chassé par un conquérant du Nouveau Monde.

La maison, derrière, triomphe du renouveau gothique, était bien différente avec ses tourelles, ses pignons et ses agressifs tuyaux de descente. Autrefois connue sous le nom de *Maison des bouleaux*, elle avait abritée deux sœurs célibataires avant que les Cawthorne ne la meublent de toutes les horreurs victoriennes possibles et imaginables. Ainsi, tous les manteaux des cheminées étaient garnis de franges et ornés en verre teinté, d'oiseaux empaillés et de fruits artificiels sous globe. Cawthorne, après un coup d'œil interrogateur à Rupert Margolis, les mena dans un salon et partit à la recherche de sa femme.

— C'est le dernier cri, dit Margolis d'un air morose, toute cette saleté victorienne.

Au-dessus de l'âtre, un oléographe représentait une femme en costume grec, un lis à la main. Margolis lui lança un regard furieux.

— Cawthorne doit bien avoir soixante ans et sa femme est une vieille peau. Ils raffolent de la jeunesse. Je suppose que, dans l'esprit de leurs jeunes amis, tous ces trucs-là sont des cadeaux de mariage offerts aux Cawthorne.

Il eut un rire que Burden trouva très peu charitable mais, quand Mrs Cawthorne entra, il commença à comprendre Margolis. Elle était d'une maigreur extraordinaire et sa jupe, aussi bien que ses manches, était très courte. Ses cheveux étaient teints en mauve et sa coiffure lui donnait l'air d'un plumeau.

— Salut, Ru ! Il y a si longtemps qu'on ne s'est vus.

Burden était certain qu'elle avait rencontré Margolis une fois en tout et pour tout, et voilà qu'elle l'affublait d'un petit nom ridicule qui aurait pu sortir de Winnie l'ourson. Elle se jeta sur un fauteuil capitonné, exhibant ses jambes grêles. Margolis ne lui accorda pas un regard.

— Alors, qu'est-ce qui est arrivé à Ann ?

— Nous espérons que vous pourrez nous aider à le savoir, Mrs Cawthorne, dit gravement Burden en se tournant vers son mari. (Cawthorne, homme d'un certain âge à la moustache blanche, se tenait comme un militaire. Si la mode des uniformes qui se répandait chez les jeunes s'étendait aussi aux vieilles générations, Cawthorne devrait s'y mettre. Il aurait grand air dans une tunique de hussard.) Vous donniez une réception mardi soir, Mr Cawthorne. Miss Margolis y était invitée. J'ai cru comprendre qu'elle n'était pas venue ?

— C'est juste, dit vivement Cawthorne. Elle a fait un saut ici dans l'après-midi, a promis d'être des nôtres et n'a jamais paru. Je me suis fait un fameux souci, je vous assure. Bien content de voir qu'on vous a appelé à la rescousse.

— Oui, et Dickie Fairfax était venu de Londres tout exprès pour la voir, ajouta Mrs Cawthorne se rapprochant de Margolis. Un ami. Un ami intime.

— Fairfax, l'écrivain ?

Burden n'avait jamais entendu parler de lui avant le matin même, mais il ne voulait pas qu'on le traite de philistin pour la seconde fois en une journée. Mrs Cawthorne approuva de la tête.

— Le pauvre Dickie était plutôt furieux quand il a vu qu'elle ne venait pas, et il s'est défilé vers 11 heures.

— Il a laissé un de mes plus beaux verres à liqueur sur une des pompes à essence, dit Cawthorne d'un ton maussade. Manque absolu de correction.

— Mais il est resté toute la soirée ?

Entre 8 et 11 heures, pensa Burden. C'était l'heure fatidique, à en croire la lettre anonyme.

— Il était bien là, oui. Il est arrivé à 8 heures pile et il a tout de suite commencé à boire.

— Comme tu es méchant ! dit Mrs Cawthorne d'un ton désagréable. Méchant et jaloux. Simplement parce que c'était lui le préféré d'Ann ! (Elle eut un rire métallique.) Elle et Russell flirtent... Du moins, c'est ce qu'il s'imagine, fit-elle en enfonçant un doigt osseux dans les côtes de son mari.

Le sang monta au visage déjà rougeaud de Cawthorne. Ses cheveux ressemblaient à de la laine blanche ou au poil d'un terrier écossais. Soudain, Margolis s'adressa à Burden, comme s'ils étaient seuls.

— Ann ne voit plus Dickie depuis des mois. Elle a

quelqu'un d'autre maintenant. J'essaie de me rappeler son nom...

— Ce ne serait pas Geoff Smith, par hasard?

Burden observa les trois visages mais n'y surprit rien de particulier. Il connaissait par cœur le message de la lettre : *Il est petit, jeune et brun et il a une voiture noire. Son nom est Geoff Smith.* Bien sûr, cela ne devait pas être son vrai nom. Smith est toujours un nom d'emprunt.

— Très bien. C'est tout pour le moment. Merci pour votre aide, dit-il en se levant.

— Je n'appelle pas ça de l'aide, minauda Mrs Cawthorne en essayant sans succès de prendre la main de Margolis. Vous serez perdu sans elle, Ru. S'il y a quelque chose que Russell et moi puissions faire...

Burden s'attendait à voir Margolis garder le silence ou répondre par une grossièreté. Mais il adressa à Mrs Cawthorne un regard vide et désespéré.

— Personne d'autre qu'elle n'a jamais pu faire quoi que ce soit, dit-il.

Puis il quitta la pièce, très raide.

Durant ce bref moment, il avait correspondu à l'idée que Burden se faisait du génie. Il le suivit et Cawthorne l'accompagna. Le garagiste avait une haleine qui sentait le whisky. Son visage était celui d'un soldat, brave, cordial, un peu bête. Son air militaire s'étendait même à son nom, pensait Burden : bien des années auparavant, sa mère l'avait sûrement appelé Russell parce que ça allait si bien avec Cawthorne, et en augurant un grand destin. Sir Russell Cawthorne, général et commandant en chef... Et puis cet homme n'avait jamais gagné une bataille, ni même conduit de troupes. Il tenait un garage.

— Je cherche un certain Geoff Smith qui pourrait être un ami de miss Margolis, lui dit Burden.

Cawthorne eut un rire qui ressemblait à un braiment.

— Je vous crois volontiers, seulement je n'ai jamais entendu ce nom ! Elle a un tas de petits amis. Belle fille. Sait conduire... a le sens des affaires. C'est moi qui lui ai vendu sa voiture. Nous nous sommes connus comme ça. Elle a marchandé, vous savez. Elle est dure en affaires. J'admire ça. C'est bien naturel qu'elle ait un tas de flirts.

— Vous compteriez-vous parmi eux?

C'était grotesque: l'homme avait au moins soixante ans.

Cependant, le mot petit ami pouvait s'appliquer à un amoureux de n'importe quel âge. C'était un double euphémisme.

Pendant une minute, il sembla que Cawthorne ne fût pas disposé à répondre.

— Vous êtes marié ? demanda-t-il finalement.

— Oui.

— C'est horrible, n'est-ce pas ? (Il marqua un temps d'arrêt et contempla d'un air lugubre un employé en train de donner des timbres verts à un client.) Vieillir ensemble !... Horrible !... Notez bien que c'est un devoir de rester jeune aussi longtemps qu'on peut. Il faut profiter de la vie, ne pas dételer, fréquenter les jeunes. La bataille est à moitié gagnée.

Et c'était la seule qu'il ait des chances de livrer, pensa Burden en insistant :

— Est-ce que vous sortiez avec miss Margolis ?

Le garagiste approcha de Burden son visage à l'haleine chargée de whisky.

— Une fois, dit-il. Une seule fois. Je l'ai emmenée dîner à Pomfret au *Cheriton Forest Hotel.* C'était vraiment idiot. Le garçon me connaissait. Il m'avait vu avec ma femme. Je commandais le menu, et il m'a dit : « Est-ce que votre fille prendra aussi du saumon fumé, monsieur ? »

Pourquoi faire des choses comme ça, alors ? Pourquoi se rendre ridicule ? Burden, qui n'avait pas de tentations et faisait peu de rêves, monta en voiture à côté de Margolis, en se demandant pourquoi les gens sans défense s'exposaient au feu.

Il y avait des tableaux sur les marches de l'escalier et des tableaux sur le palier. La lumière déclinait et le sergent Martin trébucha sur un tas de linge sale posé sur le plancher devant la porte de la chambre d'Ann Margolis.

— Ni lettres ni journal, dit-il à Burden. Je n'ai jamais vu autant de vêtements de ma vie. C'est comme un... un magasin de nouveautés là-dedans.

— Vous voulez dire une boutique de mode, dit Drayton.

— Vous vous y connaissez, hein ? le coupa sèchement Burden.

Drayton avait tout l'air d'un type qui achète à ses petites amies des dessous de nylon noir et trouve ça très naturel. Par la porte qu'une chaussure dorée maintenait entrebâillée, il aperçut des toilettes étendues sur le lit et d'autres suspendues, très serrées, dans deux armoires.

— Si votre sœur est partie de son plein gré, dit-il à Margolis, elle a dû emporter des vêtements. Est-ce que quelque chose manque ?

— Je n'en sais absolument rien. Inutile de me poser ces questions-là. Ann passe son temps à acheter des robes, elle en a des masses.

— Une chose me frappe, dit Drayton. Il n'y a pas d'imperméable.

— C'est vrai, acquiesça Martin, des fourrures, des trucs en daim, oui, mais pas de manteau de pluie. Et il tombait des cordes, mardi soir.

— Il y a des jours où elle emporte des vêtements, dit Margolis et d'autres où elle part avec ce qu'elle a sur le dos. Il y a des chances pour que ce soit le cas cette fois-ci. Elle achètera ce dont elle aura besoin.

Laissant Drayton et Martin finir leur travail, Burden suivit le peintre au rez-de-chaussée. La femme du portrait, celle qui possédait cette vaste et coûteuse garde-robe, n'allait pas se contenter de *Marks and Spencer*. Ou bien l'amant était-il censé payer ? Dans ce genre d'affaires, tout était possible.

— Quelle somme avait-elle sur elle ? demanda-t-il.

— Un de ses chèques est arrivé lundi. Elle a de l'argent à elle. Mon père lui a laissé toute sa fortune. Il ne m'aimait pas et je ne pouvais pas le sentir. Aussi a-t-il tout donné à ma sœur. On la paie tous les trois mois.

Burden soupira. N'importe qui d'autre aurait parlé de revenus personnels et d'une pension trimestrielle.

— Connaissez-vous le montant de ce chèque ?

— Bien sûr. Je ne suis pas simple d'esprit ! répondit Margolis avec humeur. C'est toujours la même somme, cinq cents livres.

— Et elle avait ce chèque sur elle ?

On avait enfin une certitude à laquelle s'accrocher. L'ombre d'un motif se dessinait.

— Elle l'a touché dès qu'elle a pu. Et elle a mis l'argent dans son sac, répondit Margolis.

— Les cinq cents livres ? souffla Burden. Vous voulez dire

qu'elle est partie avec cinq cents livres dans son sac, pour aller à une soirée ?

— Oui. Elle avait toujours tout son argent sur elle, dit Margolis d'un air très naturel. Vous comprenez, elle pouvait se trouver en ville et avoir envie d'acheter quelque chose, et alors elle avait de l'argent sur elle, n'est-ce pas ? Elle n'aime pas payer par chèque, parce que comme ça, elle se met facilement à découvert. Anne a des côtés très petit-bourgeois. Elle n'aime pas être à découvert.

Cinq cents livres, même en billets de cinq livres, ça devait faire une jolie liasse dans un sac de femme. Était-elle assez imprudente pour ouvrir son sac sans prendre garde aux gens qui risquaient de la voir ? En tout cas, elle était complètement immorale. Les femmes bien ont des intérieurs propres et rangés. Elles sont mariées, ou bien elles travaillent ou les deux. Elles gardent leur argent à la banque. Burden crut comprendre exactement ce qui était arrivé à Ann Margolis : elle était entrée dans un magasin ou un garage en allant à cette soirée, elle avait ouvert son sac et son contenu avait été aperçu par cette crapule de Smith — sûrement une séduisante petite crapule. Jeune, petit et brun, pourvu d'une voiture noire. Ils étaient partis ensemble et il l'avait tuée pour son argent. L'auteur de la lettre avait eu vent de la chose, avait peut-être eu recours au chantage — à un chantage qui n'avait pas marché... Mais un inconnu ramassé en chemin serait presque impossible à retrouver. Un ami régulier, surtout s'il était aux prises avec des difficultés financières, lui, pourrait faire l'affaire.

— Avez-vous retrouvé le nom du successeur de Fairfax ? s'enquit Burden.

— Alan Quelque Chose. Il n'a pas le sou et il est très provincial. Je ne sais pas ce qu'elle lui trouve, mais Ann aime s'encanailler, vous voyez ce que je veux dire ?... Fitz quelque chose William ?... Ce n'est pas exactement Fitzwilliam, mais ça s'en rapproche. Je ne lui ai parlé qu'une fois et ça m'a suffi.

Burden remarqua d'un air acide :

— On dirait que vous n'aimez pas beaucoup de gens, Mr Margolis ?

— J'aime bien Ann, répondit-il tristement. Je vais vous dire qui pourrait être au courant : Mrs Penistan, notre ancienne femme de ménage. J'irais le lui demander si j'étais vous, et si jamais elle veut revenir travailler ici, soyez assez gentil pour ne pas la décourager.

Une bruine froide et grise tombait quand ils ressortirent du cottage. Margolis raccompagna Burden jusqu'à la barrière du jardin.

— Vous n'avez donc toujours pas trouvé de femme de ménage ?

— J'ai mis une petite annonce à la devanture de Grover, déclara Margolis avec une fierté puérile. Je l'ai écrite sur un petit morceau de carton. Pour une demi-couronne par semaine, c'est tout. Je me demande vraiment pourquoi les gens dépensent tant d'argent pour mettre des annonces dans le *Times* alors que cette façon de s'y prendre est tellement plus facile et si bon marché.

— Absolument, dit Burden, étouffant un désir naissant de rugir et de trépigner. Cette Mrs Penistan a-t-elle les cheveux roux ?

Margolis resta immobile contre la haie, et arrachant ses nouvelles pousses à un buisson, il se mit à les mâchonner avec un plaisir évident.

— Elle portait toujours un chapeau, expliqua-t-il. Je ne sais pas de quelle couleur sont ses cheveux, mais je peux vous dire où elle habite. (Il se tut, peut-être pour qu'on le félicite de cette preuve de mémoire inattendue. L'expression de Burden parut lui faire plaisir car il poursuivit :) Je le sais parce que je l'ai ramenée chez elle un jour où il pleuvait. C'est dans Glebe Road, à gauche, après le cinquième arbre, juste avant d'arriver à la boîte aux lettres. Des rideaux rouges au rez-de-chaussée et...

Burden l'interrompit, exaspéré. Si c'était ça, le génie, il en avait assez.

— Je la trouverai.

Il pouvait même recourir aux listes électorales : Penistan était sûrement un nom aussi rare que Smith était courant.

5

Mark Drayton louait une chambre près de la gare. Sa propriétaire, femme très maternelle, aimait donner à ses locataires l'impression de vivre en famille. Elle accrochait des tableaux aux murs, parait les lits de courtepointes fleuries, et éparpillait un tas de petits bibelots comme on sème des graines.

Dès qu'il avait emménagé, Drayton avait rangé vases et cendriers au fond du placard. Il voulait que sa chambre ait l'air d'une cellule. Une femme lui ayant dit un jour qu'il avait une nature froide, il avait cultivé sa personnalité dans cette direction.

Il aimait à se voir comme un homme austère et dépourvu d'émotions. Il était très ambitieux. Dès son arrivée à Kingsmarkham il s'était mis en devoir de plaire à Wexford, et y avait réussi. Il exécutait méticuleusement tous les ordres de l'inspecteur-chef, accueillait ses sermons, conférences, digressions et plaisanteries avec courtoisie, la tête légèrement penchée. Il se servait de ses tickets de bibliothèque pour emprunter des ouvrages de psychologie et de médecine légale. Il lisait parfois un roman, mais rien de plus frivole que Mann ou Durrell. Il espérait finir chef de la police du comté. Il épouserait la femme qu'il fallait, quelqu'un du genre de Mrs Wexford, belle, silencieuse et bienveillante. Wexford avait une fille, jolie et intelligente... Mais tout cela était encore loin, il n'avait pas l'intention de se marier avant d'être monté en grade.

Son attitude envers les femmes était pour lui une source de fierté. Intensément narcissique, il ne lui restait que peu d'admiration disponible à l'égard des autres et toutes ses capacités d'idéal étaient tournées vers sa carrière. Ses liaisons avaient été hygiéniques et glaciales. Dans son vocabulaire, « aimer » avaient été un verbe tabou, voire obscène, qu'il n'avait jamais utilisé accolé à « je vous ». S'il ressentait quelque chose de plus qu'un simple besoin physique, il appelait cela du désir avec des complications. Et c'était là, pensait-il, ce qui lui arrivait avec la petite Grover. Voilà pourquoi il se rendait maintenant au magasin afin d'y acheter un journal du soir. Peut-être qu'elle ne serait pas là ? Ou peut-être qu'en la voyant de près, et non plus à travers une vitre ou dans les bras d'un autre, son intérêt pour elle disparaîtrait ?

Au moment où il ouvrait la porte de la boutique, une clochette fit entendre un tintement froid. L'intérieur était plongé dans la pénombre et il y régnait une odeur déplaisante. Les livres de la bibliothèque de prêt qui faisait partie du magasin appartenaient à l'espèce qu'on achète dans les ventes de charité : romans du XIXe siècle, ouvrages sentimentaux, récits de voyages, histoires d'écoliers.

Une femme maigre et desséchée se tenait derrière le comptoir. Sa mère sans doute. Elle servait un client qui voulait du tabac.

— Comment va le patron ? demanda celui-ci.

— Son dos lui fait toujours très mal, répondit gaiement Mrs Grover. Il n'a pas quitté son lit depuis vendredi.

Drayton remarqua avec dégoût les revues plus ou moins pornographiques, les patrons à découper (deux mini-jupes à couper et à coudre en une soirée), les bandes dessinées de SF, les thrillers à trois sous.

Sur une étagère, au milieu de cendriers en faux Wedgwood, trônait un épagneul en porcelaine qui portait sur le dos un panier orné de fleurs artificielles sur lesquelles la poussière ressemblait à de la moisissure.

— ... un disque déplacé. Il s'est baissé pour arranger quelque chose sur la voiture et crac !

— C'est moche, acquiesça le client. Vous pensez louer de nouveau votre chambre ? On m'a dit que votre locataire était parti ?

— Bon débarras, ma foi ! Je ne pourrai pas prendre quelqu'un d'autre tant que Mr Grover est au lit. Linda et moi on a assez à faire comme ça.

Ainsi, c'était son nom : Linda. Mrs Grover se tourna vers Drayton.

— Oui ?

— Le *Standard*, s'il vous plaît.

Il n'en restait qu'un sur le présentoir extérieur. Il la suivit et paya sur le trottoir. Jamais il ne remettrait les pieds là-dedans. Peut-être n'y serait-il jamais revenu, et sa vie aurait alors continué vers le but qu'il s'était fixé si ses yeux n'avaient été attirés par un nom familier sur une des affichettes : Margolis. Quince Cottage. On demandait une femme de ménage. La porte s'ouvrit et Linda sortit. C'est avec la même rapidité qu'on attrape la peste...

Elle était aussi grande que lui et sa courte robe grise la faisait paraître plus grande encore. Le vent humide plaquait l'étoffe sur son corps, moulant ses petits seins et ses longues cuisses. Elle avait une petite tête sur un cou svelte et ses cheveux pâles étaient tirés en arrière à tel point que la peau en était tendue. Il n'avait jamais vu une fille tout habillée avoir l'air si nue.

— Encore de la pluie, dit-elle. Je me demande d'où peut venir toute cette eau.

Vilain accent, moitié cockney, moitié Sussex, pensa Drayton.

— Du ciel, dit-il.

C'était une réponse stupide à une question stupide. Il se demanda pourquoi elle lui adressait la parole, à moins qu'elle ne l'ait vu l'autre soir, et ne se sente gênée.

— Très drôle ! (Il remarqua ses ongles rongés.) Vous allez vous faire tremper si vous restez sur le pas de la porte, ajouta-t-elle.

Drayton releva son capuchon.

— Comment va le petit ami ? demanda-t-il d'un ton négligent.

Sa réaction lui plut : elle sembla piquée au vif.

— Qu'est-ce qui vous fait croire que j'en ai un ? s'écria-t-elle avec cet accent qui écorchait les oreilles.

— Une belle fille comme vous ? Allons donc ! dit-il vivement.

Ce n'était ni du Mann ni du Durrell, simplement l'amorce banale du jeu de la séduction.

Le sourire de la jeune fille commença très lentement et s'accentua d'une manière en quelque sorte mystérieuse. Il nota qu'elle souriait sans montrer ses dents, sans écarter les lèvres, et en fut ravagé.

Ils demeurèrent à se regarder sans rien dire dans le crépuscule pluvieux. Drayton détourna les yeux avec grossièreté et fixa délibérément les petits annonces.

— Vous vous intéressez à ces annonces, à ce que je vois, dit-elle d'un ton sec. Qu'est-ce qui vous fascine tellement dans ces trucs de seconde main ?

— Ça ne me dérangerait pas, la seconde main, dit-il.

Elle rougit et il comprit qu'elle l'avait vu au moment où elle embrassait l'autre homme.

Une femme de ménage rousse? C'était possible. Tous les indices allaient dans cette direction. Mrs Penistan semblait remplir ces conditions. Elle avait travaillé chez Ann Margolis, pourquoi ne travaillerait-elle pas également pour Mrs Harper de Waterford Avenue? Une femme qui vivait dans ce quartier insalubre de Glebe Road pouvait parfaitement voler du papier à lettres à l'une de ses patronnes afin d'écrire des lettres anonymes au sujet d'une autre. Dans Glebe Road, on n'était pas étranger au crime ni même au meurtre : une femme y avait été tuée un an plus tôt. Monkey Matthews y avait habité jadis, et c'était derrière l'une de ces façades en stuc qu'il avait mélangé du sucre et du chlorate de sodium pour fabriquer sa bombe.

Burden frappa énergiquement à la porte de la petite maison encadrée d'autres petites maisons semblables. Une lumière s'alluma, on fit glisser une chaîne et il vit un petit visage pointu qui l'observait à travers la lucarne vitrée.

— Mrs Penistan?

Alors, elle ouvrit la porte et se répandit en un flot de paroles.

— Ah! vous voilà enfin! Je ne vous espérais plus. L'aspirateur vous attend, conclut-elle en lui montrant un énorme et très vieux modèle.

— Mrs Penistan, je ne suis pas venu réparer votre aspirateur. Je ne suis pas un...

Elle le regarda avec méfiance.

— Vous n'êtes pas un témoin de Jéhovah, j'espère?

— Je suis un policier.

Ils s'expliquèrent, au milieu des éclats de rire aigus de Mrs Penistan. Même dans sa propre maison, elle était chapeautée et ce qu'on voyait de ses cheveux n'était pas roux, mais gris. On ne pouvait dire non plus qu'elle fût d'âge moyen, ou vêtue de façon voyante. En fait, Burden lui donnait près de soixante-dix ans.

— Ça ne vous fait rien d'entrer à la cuisine? Je suis justement en train de préparer le souper de mes garçons.

Sur le réchaud, des pommes de terre cuisaient dans une

grande friteuse. Elle souleva le panier intérieur et le garnit d'une montagne de pommes coupées.

— Une petite tasse de thé ?

Burden accepta et son thé, quand il arriva, était fort et brûlant. Il s'assit sur une chaise crasseuse, devant une table pas très propre. L'aspect négligé de la maison le surprit. Il s'était imaginé l'intérieur d'une femme de ménage impeccable, comme on suppose les comptes d'un banquier en ordre.

— Smith ? dit-elle. Non, ça ne me rappelle rien.

— Fitzwilliam ?

— Non plus. Il y avait un Kirkpatrick. Ça pourrait être lui ?

— Peut-être.

— Il habite Pomfret. C'est drôle que vous me posiez des questions sur lui, parce que c'est à cause de lui que je suis partie... Elle a disparu, hein ? Eh ben, je ne serais pas étonnée si c'était lui qui l'avait descendue, comme il avait dit qu'il le ferait.

— Il l'avait dit ?

— Il l'a menacée, j'étais là. Vous voulez que je vous raconte ?

— Certainement, mais j'aimerais d'abord que vous me parliez d'elle.

— Elle est plutôt bonne fille. « Appelez-moi Ann, qu'elle m'a dit, tout le monde le fait. » Et les habits qu'elle me donnait ! J'en passais la plus grande partie à ma petite-fille. J'ai plus l'âge de porter des jupes qui me viennent au nombril. Remarquez bien qu'elle avait du bon sens et qu'il aurait fallu se lever matin pour la rouler. Pas comme lui !

— Mr Margolis ?

— Lui, je crois qu'il est cinglé. Toute l'année où j'ai été là, y a pas une âme qui est venue le voir. Il peint toute la journée mais quand il a fini vous savez pas ce que ça représente : « Je me demande comment vous n'en avez pas marre de tout ça, je lui ai dit une fois. — Oh, je suis très fécond, Mrs Penistan », qu'il m'a fait. Je connais pas le sens du mot mais ça m'a eu l'air cochon. Non, je crois qu'il est cinglé.

Burden venait de commencer ses questions sur Kirkpatrick lorsque deux hommes à cou de taureau en vêtements de travail entrèrent. Ayant fait un signe de tête à leur mère, ils foncèrent dans la pièce voisine sans montrer le moindre intérêt pour le visiteur. Peut-être l'avaient-ils également pris pour le type de l'aspirateur.

— Attendez une minute, dit Mrs Penistan.

Une assiette dans chaque main, elle disparut dans le living-room et un instant plus tard, un des fils revint chercher la théière, suivi par sa mère.

— On peut pas leur tirer un mot avant qu'ils aient mangé, annonça-t-elle avec fierté, tandis que son fils repartait en faisant claquer les portes. Maintenant, où on en était ? Oui, ça devait être l'autre mercredi. Mr Margolis était sorti pour peindre. Je lui dis : « Où est votre frère ? — À Dartmoor », qu'elle me répond, et ça, je voulais bien le croire, sauf que l'asile de Dartmoor m'aurait paru plus probable. Eh bien, deux jours après, on frappe à la porte. Elle va ouvrir et c'est ce Kirkpatrick. Elle me présente très gentiment. « Penistan ? qu'il dit. C'est un nom d'ici. Nous avons des Penistan qui habitent en face de chez nous à Pomfret. » C'est comme ça que j'ai su d'où il venait. Pas plus de cinq minutes plus tard, je les entends qui montent l'escalier. Je me dis qu'ils vont regarder les tableaux. Après une demi-heure, les voilà qui redescendent. Et je les entends qui commence à se disputer. « L'amour, qu'elle dit, je sais pas ce que c'est. Si j'aime quelqu'un, c'est Rupert. » Eh bien, cet Alan, il perd les pédales et se met à crier, mais elle, elle reste calme... « Je ne mets fin à rien du tout, mon chéri, qu'elle lui dit, tu pourras toujours avoir ce que tu as eu là-haut. » Je peux vous assurer que le rouge m'est monté aux joues ! C'est la dernière fois que tu mets les pieds dans cette maison, que j'ai pensé. Mes garçons, ils voudraient pas que j'aille dans un endroit où il y a de l'immoralité. Et alors je l'entends, lui, qui fait comme ça : « Tu cherches à te faire tuer Ann ! J'en serais moi-même bien capable un de ces jours ! » Enfin il est parti furieux, et je pouvais l'entendre, elle, qui criait : « Ne fais pas l'idiot, Alan, et n'oublie pas que nous avons rendez-vous mardi soir ! »

— Mardi ? interrompit vivement Burden. S'agirait-il de mardi dernier ?

— Sans doute. Les gens sont drôles, hein ? Elle quêtait pour les pays sous-développés et les animaux malades et malgré ça, elle faisait les quatre cents coups avec ce Kirkpatrick. C'est un drôle de monde !

— Ainsi vous êtes partie ?

— Le jour même. Après qu'il fut parti, elle est venue dans la cuisine comme si de rien n'était, tout sourire, parlant du mauvais temps que le pauvre Rupert devait avoir. Je ne sais pas, je suppose que ça doit être ça, ce qu'on appelle le charme. Je ne pouvais pas me fâcher avec elle. « Je finis cette semaine et je ne reviendrais plus, je lui ai dit. C'est trop pour moi, ici. » Et je n'ai jamais été plus sincère de ma vie.

— Vous travaillez ailleurs, Mrs Penistan ? À Stowerton, par exemple ?

— Oh ! non, ça vaudrait pas le dérangement pour moi à cause de la distance. Encore que mes garçons viendraient me chercher. Ils pensent toujours à leur Maman.

Elle le raccompagna jusque dans le hall où ils rencontrèrent un des fils qui revenait, son assiette vide, sans prêter attention à sa mère, qu'il écarta pour passer, mais de meilleure humeur puisqu'il dit à Burden d'un air sombre :

— Sale nuit...

C'était étrange qu'il pleuve ainsi tous les soirs, pensait l'inspecteur en marchant le long de Glebe Road, la tête enfoncée dans son col relevé. Et il se demandait comment interroger Kirkpatrick en l'absence de tout cadavre et sans autre preuve de meurtre qu'une lettre anonyme.

6

Deux hommes appelés Geoffrey Smith habitaient Kingsmarkham, et deux autres Sewingbury. Le seul qui fût brun mesurait un mètre quatre-vingt-cinq. Le seul qui eût moins de trente-cinq ans avait une barbe blonde. Aucun ne possédait de voiture noire. L'enquête n'avait donné aucun résultat, tout comme la visite de la maison de Margolis. On n'avait pas trouvé de billet laissé par Ann à son intention, mais par ailleurs, rien non plus qui suggérât un assassinat.

— Excepté les cinq cents livres, dit Burden.

— Jolie somme pour se payer des vacances, remarqua Wexford, puis avec moins d'assurance : Avons-nous inquiété Margolis pour rien ? Qu'en pensez-vous, Mike ?

— C'est difficile de savoir s'il est inquiet ou non. Je ne le comprends pas. J'ai l'impression qu'il se moque de moi et la minute d'après, eh bien ! il est comme un enfant. Ce doit être le génie ? Certains prétendent qu'un cheveu le sépare de la folie, d'autres que c'est une façon de se donner de la peine à l'infini. (S'il y avait une chose que Burden comprenait bien, c'était le fait de se donner de la peine). Il balance de la peinture et des saletés sur une toile comme vous et moi on verserait de la sauce sur un plat. Tous ses tableaux me dépassent. Pour moi, c'est une escroquerie vis-à-vis du public. Combien est-ce qu'on paie pour visiter la *Tate Gallery* ?

Wexford éclata de rire.

— Rien du tout, pour autant que je sache. C'est gratuit. (Il serra autour de son cou la guenille élimée qu'il appelait sa cravate.) Vous me remettez en mémoire une phrase de Goering : *Chaque fois que j'entends le mot culture, je sors mon pistolet.*

Vexé, Burden sortit dans le corridor à la recherche de quelqu'un sur qui passer ses nerfs. Bryant et Gates qui bavardaient avec le sergent essayèrent, dès qu'ils l'aperçurent, de se donner l'air affairé. Mais pas Mark Drayton. Il était debout, un peu à l'écart, regardant ses pieds et apparemment perdu dans ses pensées. La vue de ses cheveux noirs qui sortaient de la doublure de son capuchon mit Burden encore plus en colère. Il marcha droit sur Drayton, mais avant qu'il ait pu ouvrir la bouche, le jeune homme lui demanda tranquillement :

— Je peux vous dire deux mots ?

— La seule personne à qui vous avez un mot à dire est un coiffeur, répondit sèchement Burden. Six mots plus exactement : court-derrière-et-sur-les-côtés !

Le visage de Drayton resta impassible, fermé, intelligent.

— Très bien. De quoi s'agit-il ? reprit Burden.

— D'une annonce dans la vitrine de Grover. J'ai pensé qu'elle pourrait nous intéresser. (Il sortit de sa poche un calepin plat et, l'ayant ouvert, lut tout haut :) *Chambre tranquille et isolée à louer le soir. Conviendrait à étudiant ou à particulier recherchant le calme. Discrétion assurée. S'adresser 82 Charteris Road, Stowerton.*

Les narines de Burden se contractèrent de dégoût. Drayton n'était pas responsable de cette annonce, il n'avait fait que la trouver et c'était un bon point pour lui. Pourquoi donc l'inspecteur avait-il la certitude que ce genre de chose sordide, qui évoquait les coins sombres, était tout à fait son genre?

— Encore Grover, hein? dit Wexford quand il fut au courant. Voilà leur dernière combine? L'an dernier, c'étaient des livres... curieux. Cet endroit ressemble tous les jours un peu plus à Charing Cross Road!

Il eut un petit rire que Drayton imiterait bientôt, Burden en était sûr. Ce type était un flagorneur de première. Mais pour l'instant, le visage olivâtre de Drayton était sérieux, attentif, et Burden avait l'impression qu'il avait honte. Pourquoi?

— Vous vous rappelez quand tous les écoliers se procuraient des couteaux à cran d'arrêt? Nous étions sûrs qu'ils venaient de chez Grover sans jamais pouvoir le prouver! Et ces magazines qu'il vend? Vous aimeriez que votre fille les lise?

Wexford haussa les épaules.

— Ils ne sont pas faits pour les filles, Mike, mais pour les garçons, et on ne les « lit » pas. Mais avant d'alerter le comité pour la défense des bonnes mœurs, nous ferions mieux de nous occuper de cette annonce, dit-il en fixant Drayton d'un air pensif. Vous avez la tête de l'emploi, Mark. Vous jouerez bien ce rôle.

Burden fut agacé d'entendre l'inspecteur-chef appeler Drayton, comme il le faisait à l'occasion, par son prénom.

— Quel rôle?

— Nous allons faire de vous un étudiant épris de calme, n'est-ce pas, inspecteur Burden? Non, je n'imagine aucun autre d'entre nous en train de batifoler dans le boudoir d'une dame.

La première fois qu'ils se présentèrent, personne ne répondit. La maison faisait le coin, donnant d'un côté sur Charteris Road et de l'autre — précédée d'une palissade en mauvais état — sur Sparta Grove. Pendant que Burden attendait dans la voiture, Drayton longea cette palissade jusqu'au bout et arriva dans une ruelle qui séparait les jardins de derrière. Là, le mur de pierre était trop haut pour qu'on puisse voir par-dessus. Pourtant, Drayton trouva une porte, fermée à clé, mais révélant par ses fentes le jardin du n° 82. Sur une corde à linge, pendait un grand tapis dégoulinant d'eau. La maison avait soixante-dix ou quatre-vingts ans. La cour était balayée et le seuil avait été blanchi. Toutes les fenêtres étaient fermées, ornées de rideaux en dentelle bon marché. Tandis que Drayton observait ces fenêtres, le rideau de l'une d'elles bougea et une petite figure ridée regarda dehors. Drayton mit le pied sur une pierre et se hissa jusqu'à ce que sa tête et ses épaules fussent au-dessus du mur. La tête brune et simiesque était toujours là. Leurs yeux se rencontrèrent et ceux de l'inconnu avaient une expression de pure terreur, sûrement hors de proportion avec le délit dont les habitants de la maison étaient censés être coupables. Le visage disparut très vite et Drayton retourna vers la voiture.

— Il y a quelqu'un à l'intérieur, souffla-t-il à Burden.

— Possible, mais nous ne pouvons entrer de force et, dans une affaire comme celle-ci, créer un incident compromettrait sérieusement l'opération, n'est-ce pas ?

— On vient, dit soudain Drayton.

Une femme, poussant un petit chariot à provisions, était effectivement en train d'ouvrir la porte de la maison. Elle avait la tête couverte d'un fichu de couleur et portait un manteau à col de fourrure énorme et voyant. Au moment où la porte se refermait derrière elle, Burden s'écria :

— Mais je la connais ! Son nom est Branch, Mrs Ruby Branch. Elle a habité Sewingbury.

— Une de nos clientes ?

Ce mot, un des favoris de Wexford, sur les lèvres de Drayton, déplut à l'inspecteur. Il ne s'agissait pas d'un écho accidentel, mais d'une imitation du style pittoresque de son supérieur.

— Nous l'avons déjà arrêtée pour vol à l'étalage, dit-il avec raideur. Ensuite pour larcin dans une maison où elle était en service, et pour d'autres petits délits encore. Ça, c'est nouveau, comme activité. Vous feriez bien d'entrer et de faire votre boulot.

Avant d'ouvrir, elle l'examina avec une attention méfiante, par la lucarne de la porte. Quand elle fut rassurée, elle entrouvrit le battant et Drayton s'empressa de poser son pied sur le paillasson.

— J'ai appris que vous aviez une chambre à louer...

Il parlait avec une gentillesse qui la désarma. Elle sourit, découvrant un magnifique dentier. Le visage accusait la cinquantaine et était généreusement fardé, surtout autour des paupières.

— J'ai vu par hasard votre annonce dans la vitrine de Grover, Mrs ?...

— Pas besoin de noms, mon petit, appelez-moi Ruby.

— O.K. ! Ruby.

La porte se referma derrière lui et il se retrouva dans un hall minuscule au sol recouvert d'une carpette bon marché en acrylique rouge vif. Il s'arrêta sur le seuil de la pièce de devant, et son visage dut trahir son étonnement car elle lança très vite :

— Ne faites pas attention au plancher nu, mon petit. J'aime que tout soit impeccable et je suis en train d'aérer le tapis.

— Le grand nettoyage de printemps, hein ?

Tous les meubles avaient été poussés contre les murs. Sur un gros poste de télévision, une femme nue en porcelaine rose au bras éternellement levé, brandissait une lampe à abat-jour de plastique. Le papier des murs était à rayures dorées, orné d'une unique photo représentant feu le roi George V et la reine Mary en grande tenue de cour.

— Je vois que vous avez du goût, ajouta-t-il aimablement.

— Vous ne trouveriez pas mieux dans un hôtel. Quand voulez-vous venir ? N'importe quel soir me conviendrait, déclara-t-elle, et avec une œillade mi-timide, mi-curieuse : Vous amènerez une dame ?

— Si vous n'y voyez pas d'objection. Je pensais à ce soir. Disons de 8 à 11. Est-ce que...

— Je serai prête à 8 heures précises. Si vous voulez bien frapper à la porte... cette dame entrera après mon départ. Il y en a qui sont un brin timides. Cinq livres, ça ira ?

Burden avait convenu avec Drayton d'attendre dix minutes. Les choses n'auraient guère pu se passer mieux. Drayton leva les yeux vers la fenêtre et vit l'inspecteur qui approchait. Elle aussi l'avait aperçu et reconnu, il le devina à son halètement de peur.

— Qu'est-ce qui se passe...

Sa voix s'éteignit dans un pleurnichement. Drayton se retourna et s'adressa sévèrement à elle :

— Je suis policier et j'ai des raisons de croire que vous tenez une maison suspecte.

Ruby Branch s'assit sur le sofa rouge et bleu, se prit la tête entre les mains et se mit à pleurer. Drayton se dit qu'il ne restait plus qu'à l'emmener au poste de Kingsmarkham pour l'inculper. Tout était clair et facile, elle ne niait ni ne défiait. Elle avait mis une annonce chez Grover pour se faire un peu d'argent... Burden écouta l'histoire de Ruby Branch en fixant ses boucles rousses car elle avait enlevé son fichu pour s'essuyer les yeux.

— Vous étiez blonde, la dernière fois que je vous ai vue, Ruby.

— Depuis quand est-ce qu'il faut que je vous demande la permission de me teindre les cheveux ?

— Vous travaillez toujours pour Mrs Harper, de Waterford Avenue ?

Toujours en larmes, elle hocha la tête.

— Ça vous regarde ?... Sans vous, je n'aurais pas perdu ma place au supermarché.

— Il fallait y penser avant de voler ces six douzaines de paquets de savon en poudre. Vous êtes trop bonne ménagère, c'est ce qui vous a perdue. C'est un vice chez vous : je vois que vous êtes encore en train de nettoyer ?

Son regard alla du plancher nu aux varices de Ruby, sous ses bas de nylon noir transparents, et enfin à son visage soudain terrifié. Puis, se tournant vers Drayton, il dit avec naturel :

— Parmi les femmes qui travaillent, il n'y en a pas beaucoup qui trouveraient le temps de laver à grande eau un aussi grand tapis. Elles passeraient peut-être dessus un chiffon humide. C'est ce que fait ma femme. Allons voir comment Ruby s'en est tirée, hein ? Il fait beau, ce matin. Je prendrais bien un peu l'air.

Ruby Branch les accompagna. Elle vacillait sur ses hauts talons et semblait muette de terreur. Quant à l'homme aperçu à la fenêtre, il devait se terrer dans un coin. Ils furent bientôt devant le tapis trempé étendu.

— N'y touchez pas, cria Ruby d'une voix aiguë, vous allez tout faire tomber !

Burden tira sur la carpette et, comme elle l'avait prédit, la corde cassa.

— Regardez ce que vous avez fait ! Pourquoi venez-vous fouiner ici ? Il va falloir que je recommence tout !

— Pas de danger, dit Burden d'un ton glacial. Les seules

mains qui toucheront ceci seront celles des experts de la police.

— Oh, Seigneur ! murmura-t-elle, subitement livide. Je ne voulais pas... j'avais peur ! J'ai pensé que peut-être on allait m'accuser, m'arrêter pour...

— ... complicité ? Bonne idée ! On y pensera.

— Mon Dieu !

De retour dans la pièce au plancher nu, elle resta assise un moment dans un silence pétrifié. Puis elle dit d'un air affolé :

— Ce n'est pas ce que vous croyez ! Ce n'était pas du sang ! Je faisais des confitures de framboises et...

— En avril ! dit Burden. Vous pouvez prendre votre temps. (Il regarda sa montre.) La matinée n'est pas chargée, n'est-ce pas, Drayton ? Nous pouvons rester ici jusqu'au déjeuner. Et même jusqu'à demain, s'il le faut.

Elle ne répondit pas. Dans le silence, on entendit alors des pas traînants venant du corridor. La porte s'ouvrit avec précaution et Drayton vit un petit homme aux cheveux gris et rares. Celui qu'il avait aperçu à la fenêtre. Avec sa mâchoire saillante, sa peau tannée toute ridée et son nez bulbeux, il était très laid. Et il fixait Drayton avec une espèce d'horreur, comme s'il était devant un mouton à cinq pattes ou une femme à barbe.

— Eh bien, dit Burden, mais c'est Mr Matthews !

Le nommé Matthews dit d'une voix faible et grinçante :

— Bonjour, inspecteur Burden ! (Puis, tout comme un autre aurait dit « vous allez bien ? » ou « belle journée ! » il ajouta :) J'ai rien fait !

— Asseyez-vous, dit Burden. Joignez-vous à notre petite bande ! Quelqu'un d'autre est attendu ?

Monkey Matthews s'assit aussi loin que possible de Drayton. Pendant un moment, personne ne dit mot. Le regard de Matthews alla de Burden à Ruby et revint à Drayton :

— C'est lui, Geoff Smith ? demanda-t-il à la fin.

— Vous comprenez, dit Ruby, il ne les a pas vus. Et même moi, je n'ai jamais vu la fille.

Wexford secoua la tête, exaspéré. Quatre jours perdus parce que cette imbécile avait eu peur d'aller trouver la police dont l'intervention risquait de mettre fin à un racket prometteur pour elle ! Et maintenant, elle était là, assise dans le bureau, à renifler dans son mouchoir...

— Ce Geoff Smith, quand l'avez-vous vu pour la première fois ?

Ruby pétrit son mouchoir en boule, et poussa un profond soupir.

— Samedi dernier. Le samedi 3. Le lendemain du jour où j'ai mis l'annonce chez Grover. Il était environ midi. On a frappé et j'ai vu ce jeune homme. Il a demandé la chambre pour mardi soir. Il était brun, joli garçon et il parlait bien. Comment deviner que c'était un assassin ! Il m'a dit : « Je m'appelle Geoff Smith. » Tout fier. Moi, je ne lui avais pas demandé son nom ! Alors il a dit : De 8 à 11. J'ai dit que ça lui coûterait cinq livres. Il n'a pas discuté. Je l'ai reconduit jusqu'à la porte et il est monté dans sa voiture noire. Mardi, il est arrivé à 8 heures pile, mais je n'ai pas vu la voiture, ni la fille. Il m'a donné l'argent, a promis qu'il serait parti à 11 heures, et quand je suis rentrée, il n'était plus là, en effet. J'avais tout laissé en parfait état, aussi bien que dans un hôtel...

— Dites-moi ce que vous avez trouvé.

— Du sang. J'ai bougé le sofa et il y avait une énorme tache. Je sais bien que j'aurais dû venir tout de suite, inspecteur Wexford, mais j'ai été prise de panique. J'ai pensé à toutes les fois où vous m'aviez fait condamner ! On va m'accuser de complicité, voilà ce que j'ai pensé. Et puis il y avait ce Geoff Smith. C'est très joli de me dire que vous m'auriez protégée mais vous et moi nous savons bien que je n'aurais pas eu un garde du corps vingt-quatre heures sur vingt-quatre ? J'étais morte de peur. Et ça ne m'a pas encore passé, conclut-elle d'un ton plaintif.

— Qu'est-ce que Matthews vient faire là-dedans ?

— J'étais seule. J'allais tout le temps à la fenêtre pour vérifier qu'il n'y avait pas un petit gars brun en train de surveiller la maison. Je me disais : il a déjà tué une femme, il n'hésitera pas à me tuer aussi. Et comme George et moi, on a toujours été bons amis....

George ?... Wexford se demanda de qui elle parlait, et il se rappela soudain que c'était le prénom de Monkey Matthews.

— J'avais appris qu'il était sorti et je l'ai trouvé au *Piebald Pony*. Une femme a besoin d'un homme pour la protéger dans une situation pareille.

— Elle voulait quelqu'un pour la protéger, déclara Monkey. Je peux avoir une autre sèche ? J'savais pas où aller, parce que la bourgeoise, elle veut plus de moi à la maison. Remarquez bien, inspecteur Burden, que si j'avais su ce qui m'attendait, j'serais p'têt pas retourné chez Rube. J'suis pas un garde du corps, moi. Vous avez du feu ?

Très à l'aise, depuis qu'on lui avait assuré que Drayton n'était pas Geoff Smith, il parlait avec animation. Burden frotta une allumette pour la quatrième cigarette de son interlocuteur et poussa le cendrier vers lui.

— C'était bien du sang, reprit Monkey. D'abord, j'y croyais pas. Vous savez comme sont les femmes.

— Quelle quantité de sang ?

— Pas mal. Moche, que c'était. Comme si on avait joué à chatouiller quelqu'un avec un couteau. Ruby avait une trouille bleue que ce Smith revienne, elle voulait aller vous trouver mais ça sert à rien, que j'y ai dit, après tout ce temps. Seulement, comme je badine pas avec la loi quand un vrai crime a été commis, ben j'ai pensé que j'allais quand même vous faire savoir qu'y avait un macchab en balade. Alors, j'vous ai écrit. Rube avait du papier, qui traînait. Elle a toujours des trucs chouettes.

Il adressa à Burden un sourire qui ressemblait à une horrible grimace.

— J'savais que vous aviez pas besoin de grand-chose pour l'épingler. Comme je dis toujours, faut pas débiner la police d'ici : Mr Wexford et Mr Burden, c'est des gars rudement bien éduqués. Y seraient à Londres, au Yard, si y avait une justice.

— S'il y a une justice, explosa Burden, vous serez mis à l'ombre pour la plus longue période que vous ayez jamais tirée !

Monkey contempla un instant l'objet en verre de Burden, comme s'il espérait vaguement y trouver une ressemblance quelconque avec une forme de vie humaine ou animale. Brusquement, il protesta :

— Dites pas ça ! J'ai rien fait ! J'ai pris des risques pour vous aider ! J'ai même jamais vu ce Geoff Smith, mais à supposer qu'il soit revenu rôder par ici, il me faisait la peau tout comme à Rube ! J'vous aide et voilà tout c'que ça me rapporte !

— Ça vous a déjà rapporté une maison confortable où vous installer. Vous avez peut-être essayé de faire chanter ce Smith et décidé de nous... aider quand il a refusé de payer ?

— C'est un foutu mensonge ! cria Monkey avec passion. Je vous dis que je l'ai jamais vu ! J'ai cru qu'c'était lui quand j'ai vu votre gars ! Dieu sait qu'j'avais toujours cru pouvoir reconnaître un flic au premier coup d'œil ! Mais maintenant, y's'fringuent comme des rentiers ! Rube et moi, on avait une peur bleue et voilà ce gamin qui passe son nez par-dessus le mur ! Je vous le dis, j'ai cru qu'j'étais fait comme un rat ! Le faire chanter ! Vous me faites marrer, vous ! Comment je le ferais chanter quand j'avais jamais mis l'pied chez Rube avant mercredi ? Je voudrais une autre sèche, ajouta-t-il d'un air offensé.

— Quand avez-vous écrit cette lettre ?

— Jeudi matin, pendant qu'Rube était à son turbin.

— Vous étiez donc seul ?

— Ben oui. J'étais pas en train de faire passer Mr Geoff Smith par le troisième degré, si c'est à ça que vous pensez ! J'vous laisse ce soin-là !

L'indignation lui donna une quinte de toux.

— Vous devez avoir les poumons dans un bel état, dit Burden avec dégoût. Comment faites-vous quand vous êtes... derrière les barreaux ? Vous braillez comme un drogué dans un centre de désintoxication ?

— C'est mes nerfs, haleta Monkey. Je suis qu'un paquet de nerfs depuis qu'j'ai vu ce sang.

— Comment saviez-vous les détails que vous avez mis dans la lettre ?

— Si vous essayez de m'avoir, dit Monkey d'un air dédaigneux, faudra être beaucoup plus malin que ça. Rube m'avait mis au parfum, bien sûr. Réfléchissez jeune, brun, a une voiture noire, tout ça, elle me l'a dit ! Nom : Geoff Smith. Venu à 8 heures et reparti avant 11 heures.

Il écrasa son mégot contre la base du bloc de verre. Dépourvu pour un bref instant de son éternelle cigarette, il avait l'air d'un myope sans ses lunettes, le visage nu et pourtant pas naturel.

— Bon, dit Burden, vous savez tout ça parce que Ruby vous a renseigné. Mais vous ne l'avez jamais vu, ni lui ni la fille ?

Le regard indigné de Monkey perdit un peu de son assurance. Burden ne savait pas s'il devait attribuer ce changement à la peur ou au besoin d'une nouvelle cigarette. Il mit le paquet dans le tiroir et demanda :

— Comment saviez-vous qu'elle s'appelait Ann ?

7

— Comment saviez-vous qu'elle s'appelait Ann ? demanda Wexford.

Ruby Branch le regarda d'un air complètement abruti. Elle paraissait non seulement peu disposée à répondre mais désorientée. Tant qu'il s'était agi de donner le signalement de Geoff Smith, elle s'était sentie en sécurité. Maintenant, on l'entraînait dans des eaux inconnues et peut-être dangereuses. Aussi baissa-t-elle les yeux pour contempler fixement ses jambes variqueuses.

— Vous n'avez jamais vu cette lettre, n'est-ce pas, Ruby ?

Il attendit. Le silence était pire que tout. La parole, même habile et subtile, trahit nécessairement celui qui en use.

— Geoff Smith ne vous a jamais dit le nom de la fille. Alors, comment le connaissez-vous ? Comment Matthews le connaît-il ?

— Je ne sais pas où vous voulez en venir, cria-t-elle en se cramponnant à son sac, les lèvres tremblantes. J'ai mal à la tête !

Wexford la quitta et alla trouver Burden.

— Je n'y comprends rien, dit-il. Pourquoi Geoff Smith lui a-t-il donné son nom ? Elle ne le lui demandait pas ! « Pas besoin de noms », c'est la première chose qu'elle a dite à Drayton.

— Bien sûr, le nom est faux.

— Oui, je le suppose bien. Cet exhibitionniste s'amuse à se servir d'un autre nom, même quand ça n'intéresse personne.

— Non seulement il donne son nom sans qu'on le lui demande, mais il donne aussi celui de son amie !

— Non, Mike ! dit Wexford avec humeur, ma crédulité ne va pas jusque-là. Mon nom est Geoff Smith et j'amènerai Ann avec moi... Vous imaginez ça ? Moi pas ! D'un autre côté, j'ai fait le tour de la question plusieurs fois avec Ruby et je parierais un mois de mon salaire qu'elle dit vrai : il ne lui a jamais dit le nom de la fille et la première fois qu'elle l'a entendu, c'est quand moi, je le lui ai dit.

— Mais Monkey le connaissait, lui ?

— Et Monkey n'était même pas là ! Je ne crois pas que Ruby soit en train de mentir. Elle a horriblement peur, et même s'il est un peu tard pour le faire, elle s'en remet à nous. Mike... vous voyez Ann Margolis aller dans un endroit pareil ? Que disait le journal ? *Ancien modèle célèbre à Chelsea* ! Pourquoi n'aurait-elle pas emmené cet homme chez elle ?

— Elle aime s'encanailler, dit Burden. Margolis me l'a dit. Smith, appelons-le ainsi, a retenu la chambre samedi. Anita savait que son frère devait sortir mardi soir, mais elle croyait sans doute qu'il reviendrait d'assez bonne heure. Il ne prévoyait pas, mais elle non plus, que le directeur de la galerie de tableaux le retiendrait à dîner.

— Oui, ça se tient. Est-ce qu'on a commencé à examiner la maison de Ruby ?

— On est en train de le faire. On a envoyé le tapis au labo. Martin a trouvé une voisine qui a vu quelque chose. Une bonne femme qui s'appelle Collins. Elle nous attend.

Elle était presque aussi grande que Wexford lui-même. C'était une robuste vieille dame à la forte mâchoire carrée. Avant même qu'on eût commencé à la questionner, elle se lança dans une longue description de ses souffrances, toutes dues au voisinage de Ruby Branch. Celle-ci travaillait tout le jour et faisait son ménage après 6 heures du soir ; elle mettait le son de sa télévision au maximum et souvent, l'aspirateur marchait en même temps. Mrs Collins connaissait Monkey. Il avait habité là depuis l'arrivée de Ruby, deux ans auparavant, jusqu'au moment où on l'avait envoyé en prison, il y avait de cela six mois. C'était un scandale. Et puis il y avait une nièce et son mari qui habitaient du côté de Pomfret (s'ils étaient réellement mariés) et qui venaient deux fois par semaine pour boire et rire toute la nuit.

— J'ai bien cru que c'étaient eux, mardi soir, expliqua-t-elle. Ils titubaient dans l'allée et se cramponnaient l'un à l'autre. À peine s'ils pouvaient marcher !

— Ils étaient deux ? s'exclama Wexford. Vous avez vu deux personnes ?

Mrs Collins approuva vigoureusement de la tête.

— Oui, ils étaient deux. Je vous assure que je n'ai pas regardé longtemps. Ça me dégoûtait trop.

— Les aviez-vous vus entrer ?

— J'étais dans ma cuisine jusqu'à 9 heures passées. Je suis allée dans la pièce de devant et j'ai pensé : Dieu merci, elle est sortie ! Il y a eu un silence complet jusqu'à la demie. Je sais que je ne me trompe pas sur l'heure, puisque je regardais la pendule. Il y avait quelque chose à la télé que je voulais suivre à moins vingt-cinq. Je venais de me lever pour tourner le bouton, quand j'ai entendu un bruit terrible à côté. Je me suis dit : ça y est, ça recommence ! Et j'ai tapé contre la cloison.

— Continuez, dit Wexford.

— Je serais bien allée m'expliquer avec elle. Mais vous savez ce que c'est, on n'aime pas se disputer avec ses voisins. En plus, ils étaient trois et je ne suis plus jeune. En fin de compte, j'ai quand même mis mon manteau et j'étais plantée derrière la porte, en train de me tâter, quand j'ai vu ces deux-là descendre l'allée.

— Les avez-vous distingués clairement ?

— Pas tellement, reconnut-elle. Je les regardais par la petite lucarne de la porte, vous comprenez. Ils avaient tous les deux un imperméable et la fille portait une écharpe sur la tête. Lui, il était brun, ça j'en suis sûre. Je n'ai jamais vu leurs figures, mais ils étaient saouls comme deux bourriques. Je croyais que la fille allait tomber de tout son long. Et quand il a ouvert la portière, elle est tombée en travers de la banquette ! Je leur ai donné cinq minutes pour déguerpir. Ensuite, je suis allée à côté, mais personne n'a répondu. Et j'ai vu Mrs Branch rentrer à 11 heures. Je me suis demandé ce qui s'était passé. C'était donc pas la nièce de Pomfret ! Elle n'a jamais eu de voiture, celle-là. L'argent lui brûle bien trop les doigts !

— Vous les avez vus monter dans une voiture noire, Mrs Collins ?

— Noire ! Eh bien, elle était garée sous un de ces réverbères, vous savez ce que c'est, ils changent les couleurs... Mais j'aurais plutôt cru qu'elle était verte, dit-elle en conclusion.

Linda Grover rougit quand Drayton lui dit de retirer l'annonce de la devanture. Le sang envahit son visage de madone, et il comprit que c'était parce que ses explications avaient été trop crues.

— Vous n'avez pas compris ce que ça voulait dire? demanda-t-il durement. Un seul coup d'œil à cette vieille maquerelle aurait dû vous suffire pour voir qu'elle n'était pas une propriétaire ordinaire?

Ils étaient seuls dans le magasin.

— Je ne savais pas que vous étiez de la police, dit-elle d'une voix de gorge.

— Maintenant, vous le savez.

Avant de venir, il s'était arrêté à la bibliothèque, pour regarder les grands albums avec des représentations de tableaux de maître. Là, au milieu des Mantegna, des Botticelli et des Fra Angelico, il avait trouvé son visage sous des auréoles craquelées et il l'avait regardé avec une sorte d'émerveillement avant que la rage ne le prenne et qu'il ne referme le livre avec un claquement qui avait fait lever les yeux au bibliothécaire.

— Et vous êtes venu rien que pour ça? (Elle n'avait plus peur et sa voix devenait agressive.) Tous ces embarras pour une malheureuse annonce?

Avec un haussement d'épaules, elle passa devant lui et sortit, parfaitement droite, comme si elle avait eu un poids sur la tête. Il la regarda revenir, fasciné par la pureté des lignes de son cou, son bras et sa cuisse, et les gestes gracieux de ses mains tandis qu'elle déchirait la petite annonce de Ruby.

— Faites attention la prochaine fois. On aura l'œil sur vous.

Il vit qu'il l'avait mise en colère, car son visage perdit toute couleur. Elle portait autour du cou une fine chaîne d'argent. Lorsqu'il était écolier, Drayton avait lu le Cantique des Cantiques, en espérant y trouver des choses salaces. Une citation lui revint. À l'époque, il n'avait pas compris ce qu'elle signifiait, mais maintenant, il savait ce qu'elle voulait dire pour lui. « Avec la chaîne de ton cou, tu as ravi mon cœur... »

— L'œil sur nous?

— Ce magasin a déjà assez mauvaise réputation. Si j'étais

votre père, avec un bon petit commerce comme celui-ci, je refuserais de toucher ces saletés.

Elle suivit le regard qu'il jetait aux magazines.

— Il y en a qui aiment ça... Si vous avez fini votre sermon, il faut que je prépare le thé de mon père parce que tout de suite après, je vais au cinéma. La dernière séance est à 7 heures et demie.

— Ne faites pas attendre qui vous savez, ricana Drayton.

Il vit qu'il l'avait piquée au vif.

— Son nom est Ray, si vous tenez à le savoir, et c'était notre locataire. Il est parti. Oh ! ça va. Inutile de prendre cet air ! Je sais que vous m'avez vue avec lui. Et après ? Ce n'est pas un crime ? Ça ne vous arrive jamais d'oublier que vous êtes flic ?

— Qui a parlé de crime ? Je ne vois que ça toute la journée, je voudrais bien ne pas y penser le soir, déclara-t-il en allant vers la porte.

Il se retourna vers elle. Ses grands yeux gris lumineux semblaient toujours pleins de larmes prêtes à couler.

— Peut-être que j'ai regretté de ne pas être à sa place, dit-il.

Elle fit un pas vers lui.

— Sans blague ?

— Les hommes ont l'habitude de vous raconter des blagues, n'est-ce pas ?

Elle porta la main au petit sourire hypocrite qui s'esquissait sur sa bouche, et mordit un de ses ongles rongés.

— Qu'essayez-vous de me dire exactement ?

Elle avait maintenant l'air effrayé. Il se demanda s'il s'était trompé sur son compte, et si elle était réellement aussi inexpérimentée et innocente qu'une Madone à la détrempe. Il n'y avait pas de bonté en lui, et il ne savait pas être doux.

— Si je blague, répliqua-t-il, je ne serai pas devant le cinéma à 7 heures et demie.

Il claqua la porte et la clochette tinta.

— Croyez-le si vous voulez, dit Wexford, Monkey ne veut pas retourner chez lui. Il a eu chez Ruby un bon lit douillet et Dieu sait combien de repas à l'œil, mais il préfère passer le week-end en prison. Il a très peur de se retrouver en tête à tête avec elle et c'est aussi bien puisque je ne sais pas de quoi l'accuser.

— Ça le change, ricana Burden. Nos clients apprécient notre installation ! Peut-être que nous pourrions nous faire inscrire dans le guide de l'Automobile Club : *Hôtel trois étoiles pour anciens délinquants.* On a reçu le rapport du labo ?

— Non, et vous verrez qu'il n'y en aura pas ! Nous avons seulement la parole de Ruby et de Monkey que c'était du sang. Vous l'avez vue et vous avez vu aussi ce qu'elle avait fait à ce tapis ? Le labo dit qu'elle a employé tous les produits de nettoyage possibles sauf la soude caustique. Ils savent distinguer un détergent d'un autre, mais l'ennui, c'est que dans tout ça, ils ne savent pas distinguer le sang, et encore moins identifier le groupe auquel il appartient.

— Mais ils y travaillent toujours ?

— Oui, oui.

— Il se peut que la fille soit encore vivante...

— Parce qu'ils sont repartis ensemble et parce que l'homme, du fait qu'il l'a emmenée avec lui, semble avoir regretté ce qu'il a fait ? J'ai alerté tous les hôpitaux, tous les médecins, Mike. On n'a vu personne présentant des blessures faites par un poignard. Car il a fallu qu'il se serve d'un poignard... Et si elle vit toujours, où est-elle ? Nous n'avons peut-être affaire qu'à une agression ou une blessure, mais quoi que ce soit, nous devons l'éclaircir.

Monkey Matthews leur lança un regard rusé quand ils revinrent.

— J'ai plus de sèches.

— L'agent Bryant ira peut-être vous en acheter si vous le lui demandez gentiment. Qu'est-ce que vous voulez ? Un paquet de tabac ?

— Vous rigolez ! dit Monkey, en plongeant une patte sale dans la poche de sa veste. Quarante Benson and Hedges Filtre.

D'un air important, il sortit de ce qui devait être une liasse bruissante sous son mouchoir crasseux, un billet d'une livre.

— Oh, et puis non, disons soixante, décida-t-il.

— Ça devrait vous suffire jusqu'au petit déjeuner, observa Wexford. Vous roulez sur l'or, décidément ! Je ne peux m'empêcher de me demander si vous n'êtes pas en train de convertir en fumée le prix du silence payé par Geoff Smith...

Se caressant le menton, la tête penchée sur le côté, il regardait le petit homme tout ridé.

— Comment saviez-vous qu'elle s'appelait Ann ? insista-t-il d'un ton presque léger, d'une douceur trompeuse.

— Oh ! allez vous faire voir, répondit Monkey avec humeur, vous n'écoutez jamais ce qu'on vous dit.

Quand ils sortirent du cinéma, une petite pluie tombait, rien de plus qu'une bruine moite. Les voitures qui sortaient du parking du cinéma ressemblaient à des créatures aquatiques faisant surface avec des gargouillis. Drayton prit le bras de la jeune fille pour l'aider à traverser la rue et le garda sous le sien lorsqu'ils furent sur le trottoir. Ce premier contact avec son corps le fit frissonner et il eut la bouche sèche. Il sentait la chaleur de sa peau juste sous son aisselle.

— Le film vous a plu ? demanda-t-il.

— Il n'était pas mal. Je n'aime pas beaucoup les sous-titres. Je n'en ai pas compris la moitié. Toute cette histoire de la femme qui veut bien coucher avec le policier à condition qu'il ne dise pas qu'elle a volé la montre...

— Ça peut arriver.

Il n'était pas mécontent que le film ait été sexy et qu'elle ait envie de parler de la partie la plus sexy. Avec les filles, ce genre de conversation était souvent un moyen d'aborder le sujet. Dieu merci, ils ne passaient plus ce film qu'ils avaient eu au début de la semaine, ce truc sur un bateau de guerre russe.

— Vous ne savez pas tout ce qui se passe dans ces pays étrangers... Vous pensez voler des montres ?

Elle rougit violemment.

— Rappelez-vous ce que disait le type du film, ou du moins le sous-titre : « Vous connaissez mon prix, Dolorès ! »

Elle sourit sans écarter les lèvres.

— Vous êtes terrible !

— Ce n'est pas moi qui ai écrit le scénario !

Elle avait des souliers à hauts talons. Son parfum était beaucoup trop lourd pour elle et n'avait rien à voir avec celui des fleurs. Drayton se demandait si elle avait choisi ce parfum à son intention. Il était difficile de savoir ce qui était calcul chez les femmes. Est-ce qu'elle avait pensé à lui en mettant ce parfum et cette ombre argent sur ses paupières, ou était-ce simplement la tenue de guerre du grand régiment féminin qui lisait les magazines vendus dans le magasin de son père.

— Il est tôt, dit-il. Seulement 11 heures moins le quart. On se promène le long de la rivière ?

C'était là qu'il l'avait vue, le lundi précédent. Sous ces arbres dégouttant de pluie dans l'eau brune. Mais sous leurs branches, le sentier était sec, et, çà et là, il y avait un banc de bois abrité.

— Je ne peux pas : il faut que je rentre tôt.

— Un autre soir, alors ?

— Il fait froid, dit-elle, il pleut tout le temps. On ne peut aller au cinéma tous les soirs.

— Où alliez-vous avec lui ?

Elle se baissa pour lisser son bas. Les flaques où elle avait marché avaient laissé des éclaboussures grises sur ses mollets.

— Il louait une voiture.

— J'en louerai une, dit Drayton.

Ils étaient arrivés devant la porte du magasin. Elle leva les yeux vers le haut mur de la maison et les fenêtres sans lumière.

— Vous n'êtes pas obligée de rentrer tout de suite. Venez ici, à l'abri de la pluie.

Ils n'étaient pas plus à l'abri là que dans la rue, mais il y faisait plus sombre. Un petit ruisseau coulait dans le caniveau, à leurs pieds. Il lui prit la main.

— Demain, je louerai une voiture.

— Entendu.

— Qu'est-ce qu'il y a ?

Il parlait avec irritation, car il voulait contempler son visage à l'état de repos, et non pas crispé d'anxiété ; il aurait aimé lui voir l'air heureux, à tout le moins satisfait. Elle semblait craindre qu'on ne les épie, et il pensa à la mère aux petits yeux en vrille, au mystérieux père, malade dans son lit, derrière ce bastion de brique.

— Vous n'avez pas peur de vos parents ?

— Non, de vous. De votre façon de me regarder.

Il fut presque vexé. La façon dont il la regardait était calculée, étudiée ; un long regard d'une froide intensité que bon nombre de femmes avaient trouvé intéressant. Un désir comme il n'en avait encore jamais éprouvé augmentait cette intensité et transformait ces manœuvres en attitude sincère. Pourtant, il se serait détourné pour s'éloigner dans la nuit, si deux petites mains n'avaient touché son manteau, puis grimpé sur ses épaules.

— Vous me faites peur, dit-elle, mais c'est ce que vous voulez, n'est-ce pas ?

— Vous savez ce que je veux.

Il posa sa bouche contre la sienne. D'abord passive, sans résistance, elle lui mit soudain les bras autour du cou avec une passion farouche. Au-dessus de leurs têtes, un rectangle de lumière orange éclaira la brique foncée. Avant même d'ouvrir les yeux, Drayton la sentit sur ses paupières comme une douleur. Elle s'écarta de lui, respirant vite.

— Il faut que je rentre. Ils m'attendent.

— À demain, dit-il, à demain.

Elle ne trouvait plus sa clé. C'était lui la cause de son désarroi. À cette idée, il fut inondé par la joie de la conquête.

— À demain !

Elle lui sourit, à la fois timide et provocante. Puis la porte se referma sur elle et la clochette fit entendre sa musique froide et métallique. Seul dans la ruelle, la lumière orange éteinte, il resta immobile à l'endroit où ils s'étaient embrassés et passa un doigt sur ses lèvres. La pluie continuait à tomber. La lumière du réverbère était verdâtre, sulfureuse. Il s'approcha de cette lumière et regarda son doigt taché de rouge à lèvres. Un rouge qui rappelait la couleur de la chair bronzée : il se dit qu'elle avait laissé sur sa bouche quelque chose d'elle. Sur son manteau, il trouva un long cheveu blond. Avoir sur lui ces traces d'elle, c'était en soi une sorte de possession. Tout seul dans cette rue mouillée, il passa légèrement sa langue sur son doigt et frissonna.

Un chat se faufila sous un porche, sa fourrure emperlée de fines gouttes. On ne voyait pas le ciel, seulement de la vapeur et au-delà, le noir. Drayton releva son capuchon et se dirigea vers sa chambre.

8

Au sud de Kingsmarkham et surplombant Pomfret à l'est et au sud, s'étendent trente kilomètres carrés de pins. C'est la forêt de Cheriton. Plantée de main d'homme, surtout de sapins et de mélèzes, sa beauté très peu anglaise donne aux plaines en contrebas l'apparence d'une prairie alpine.

Des rangées de petites maisons blanches ont surgi à côté de la forêt. Avec leurs portes de couleur et leurs colombages en cèdre, elles ressemblent à des chalets. C'est vers l'une d'elles, peinte en jaune, que le sergent Martin se dirigeait ce dimanche matin, à la recherche d'un certain Kirkpatrick.

La porte fut ouverte par une petite fille d'environ sept ans, aux grands yeux et à l'air effarouché. Martin attendit sur le pas de la porte pendant qu'elle allait chercher sa mère. Il pouvait voir un petit garçon, aussi pâle et méfiant que sa sœur, occupé à jouer sans enthousiasme avec des cubes. La femme qui finit par arriver avait l'air agressif et le teint rose des hypertendus. Ses cheveux blonds étaient coiffés en petites boucles serrées et elle portait des lunettes à monture rouge. Martin se présenta et demanda à voir son mari.

— C'est au sujet de la voiture? demanda-t-elle avec agressivité.

— D'une certaine façon, oui.

Les enfants s'étaient rapprochés de leur mère.

— Eh bien, vous pouvez voir qu'elle n'est pas là, hein? S'il l'a démolie, je ne peux pas dire que je le regrette. Bon débarras! J'espère qu'elle est en mille morceaux. Quand il l'a ramenée ici lundi, je lui ai dit: « Ne crois pas que tu me promèneras dans cette machine-là! J'aime mieux aller à pied! » Si je voulais me donner en spectacle dans une voiture rose et blanche avec des rayures violettes, j'irais à Brighton faire un tour sur les autos tamponneuses!

Martin la regarda en clignant des yeux. Il ne comprenait rien à ce qu'elle lui racontait.

— Celle qu'il avait avant, continua-t-elle, n'était déjà pas le rêve: une grande vieille Morris noire qui ressemblait à un corbillard! Dieu sait que nous devons faire rire les voisins!

Elle se rendit brusquement compte de la présence des enfants qui écoutaient et regardaient.

— Combien de fois faut-il vous dire de ne pas venir vous fourrer dans mes affaires ? cria-t-elle rageusement.

Le garçon retourna à ses cubes, mais elle dut bousculer violemment la petite pour la faire bouger.

— Alors, maintenant, qu'est-ce qu'il a fait ? Qu'est-ce que vous lui voulez ?

— Je désire simplement lui parler.

— S'il a encore conduit trop vite, il va perdre son permis. Ensuite, il perdra sa situation, déclara-t-elle avec une sorte de joie à cette perspective. Une firme comme *Lipdew* ne va pas garder un représentant qui ne sait pas conduire, n'est-ce pas ? Ces gens-là ne vont pas non plus donner à leurs employés de grandes voitures tape-à-l'œil pour qu'ils les réduisent en miettes quand ça leur chante ! Je lui avais dit ça avant qu'il parte pour l'Écosse, je le lui ai dit mardi matin. C'est pour ça qu'il n'est pas rentré mardi soir pour dîner. Mais on ne peut rien lui faire comprendre : têtu comme un âne, voilà ce qu'il est. Et maintenant, il a des ennuis.

Martin recula. Il aurait préféré se trouver sous un tir de barrage que continuer à écouter tout cela. Tandis qu'il rebroussait chemin, il entendit l'un des enfants pleurer dans la maison.

Monkey Matthews était étendu sur son lit en train de fumer lorsque Wexford entra dans sa cellule. Il se souleva sur un coude.

— On m'avait dit que c'était votre jour de congé.

— C'est vrai, mais j'ai pensé que vous alliez vous ennuyer.

Wexford regarda autour de lui en reniflant.

— Voilà donc la façon dont vivent les riches ! s'exclama-t-il. Vous voulez que je vous fasse acheter encore de votre drogue ? Vous en avez les moyens !

— J'ai besoin de rien, répondit Monkey en tournant son visage contre le mur, sauf de tranquillité. C'est pas une taule, ça, c'est une gare de triage. J'ai pas fermé l'œil de la nuit.

— C'est votre conscience, Monkey, qui vous pousse à me dire quelque chose... Par exemple, à m'expliquer comment vous saviez que la fille s'appelait Ann...

— Vous pourriez pas changer de disque ? gémit Monkey. J'ai les nerfs en pelote.

— Ravi de l'apprendre, dit méchamment Wexford. Ça doit être le résultat de ma guerre psychologique.

Il sortit dans le corridor et monta dans le bureau de Burden. L'inspecteur venait d'arriver et enlevait son imperméable.

— C'est votre jour de congé !

— Ma femme menaçait de me traîner à l'église. Venir ici était la moindre épreuve. Où en sommes-nous ?

— Martin a vu Mrs Kirkpatrick.

— Ah ! l'épouse du petit ami d'Ann ?

Burden s'assit près de la fenêtre. Il leva le store et ouvrit la croisée, laissant pénétrer le son cristallin des cloches.

— Nous avons peut-être une piste de ce côté, dit-il. Kirkpatrick est absent, il voyage en Écosse pour le compte de sa firme. Il est parti mardi et sa femme ne l'a pas revu depuis. De plus, il a eu une voiture noire jusqu'à lundi. Ce jour-là, sa compagnie lui en a donné une nouvelle, blanche apparemment, et couverte de dessins publicitaires. Sa femme est une virago. Elle pensait qu'il avait eu un accident quand elle a vu Martin, mais elle s'en fichait. Je ne suis pas de ceux qui excusent l'adultère, vous le savez, mais on dirait qu'ici, il y a des circonstances atténuantes.

— Est-il petit et brun ? demanda Wexford en regardant la fenêtre ouverte d'un air peiné, avant de se rapprocher du radiateur.

— Je ne sais pas. Martin ne tenait pas à entrer dans les détails avec la femme. Ce n'est pas comme si nous avions de fortes présomptions. Enfin, Margolis pourra peut-être nous aider. Pour un artiste, il est bien peu observateur, mais il a tout de même vu l'homme.

Il prit son pardessus.

— Vous pourriez passer voir Monkey en sortant, dit Wexford. Au cas où il serait fatigué de nous cacher ce qu'il sait...

Après un examen approfondi de la police et une visite au garage pour faire réparer le radiateur, l'Alpine d'Anita Margolis avait regagné sa place sur le talus, devant Quince Cottage. Burden ne fut donc pas étonné de l'y trouver, mais il leva les sourcils en découvrant une autre voiture blanche près de celle de la jeune fille. Il gara la sienne un peu plus loin et s'en approchant, il constata que la nouvelle arrivée n'était que partiellement blanche ; sur les côtés on avait ajouté une bande rose bonbon, agrémentée de bouquets de fleurs tout aussi violettes que le slogan peint au-dessus : *Lipdew, la palette de votre beauté.* Burden eut envie de rire. Il fallait avoir du cran pour se balader dans cet engin !

Il jeta un regard à l'intérieur. Les sièges roses étaient couverts de petits prospectus et le vide-poches du tableau de bord était plein d'échantillons des produits que vendait le conducteur : flacons et pots vraisemblablement, enveloppés de mauve avec de la ficelle dorée. Il ne pouvait y avoir deux voitures comme celle-là dans tout le Sussex. Kirkpatrick n'était sûrement pas loin.

Burden entra dans le jardin. Le vent avait éparpillé les pétales des fleurs du cognassier et le sol était écarlate. Il frappa. Personne ne répondit. Il fit le tour de la maison et vit que les portes du garage étaient encore ouvertes et que la voiture de Margolis n'y était pas. Les branches des pommiers étaient hérissées de bourgeons. Les oiseaux chantaient. Il s'arrêta près de la porte de service. Un homme en imperméable, debout sur une caisse, regardait par la fenêtre de la cuisine.

Burden l'observa en silence un moment. Puis il toussa. L'homme fit un bond, se retourna vers lui et descendit lentement de son perchoir.

— Il n'y a personne, dit-il d'un air gêné, j'étais en train de m'en assurer.

L'homme était beau, indéniablement. Pâle, avec des cheveux bouclés. Il avait le menton petit, le nez droit et des yeux langoureux frangés de longs cils, comme ceux d'une fille.

— J'aimerais vous dire un mot, Mr Kirkpatrick.

— Comment savez-vous mon nom ? Je ne vous connais pas !

Maintenant qu'ils se trouvaient au même niveau, Burden remarqua qu'il mesurait peut-être un mètre soixante-dix.

— J'ai reconnu votre voiture.

À ces mots, deux taches rouges apparurent sur les joues sans couleur de Kirkpatrick.

— Que diable voulez-vous dire ? demanda-t-il avec colère.

Burden le regarda d'un air bienveillant.

— Vous dites qu'il n'y a personne ? Qui cherchez-vous ?

— C'est donc ça ? s'écria le jeune homme en serrant les poings. Je sais qui vous êtes ! Vous êtes un espion, ce qu'on appelle un détective privé. C'est ma femme qui vous a engagé !

— Je n'ai jamais vu votre femme, répliqua Burden. Mais je suis un détective, oui. Pas privé. Je suis ce qu'on appelle un officier de police.

— Je vous ai entendu par hasard demander au sergent où vous pourriez louer une voiture, dit Wexford.

— C'était pendant mon heure de déjeuner, répondit vivement Drayton.

— Très bien, mon vieux, très bien. Je ne suis pas un ogre ! Vous pouvez louer un camion avec une remorque, si ça vous fait plaisir ! Mais pas à l'heure de votre déjeuner. Tout de suite. Il n'y a que trois compagnies pour cela, dans la région, et nous voulons savoir si quelqu'un a loué une voiture verte mardi dernier.

Après le départ de Drayton, il s'assit pour réfléchir à cette énigme des voitures. Le nommé Geoff Smith s'était servi d'une voiture noire le samedi et d'une verte le mardi, si l'on en croyait Mrs Collins. Et il semblait qu'on le pouvait. La veille au soir, lui et Bryant avaient exposé une voiture noire à la lumière du réverbère de Sparta Grove et elle était restée noire. Ils l'avaient regardée à travers du verre ordinaire et à travers du verre de vitrail : rien — pas même l'imagination — n'avait pu la rendre verte. Cela voulait-il dire que Geoff Smith possédait deux voitures ? ou bien que dimanche ou lundi il avait vendu la noire pour en acheter une verte ? ou encore que sa voiture attirant l'attention, il en avait loué une verte pour son expédition clandestine ?

Drayton aussi se posait ces questions en arrivant dans York Street. Le soleil faisait briller les colliers de pierres du Rhin à la devanture de la bijouterie. Il pensa à une chaîne d'argent que portait Linda, puis à sa peau tiède et douce sous les doigts. Il dut se ressaisir avant d'entrer au *Red Star Garage*. On lui montra deux vieilles Hillman et il rebroussa chemin pour prendre l'autobus de Stowerton.

Russell Cawthorne était dans son bureau et il se raidit lorsque Drayton se présenta ; il l'accueillit d'un petit signe de tête, sec, comme un commandant en chef recevant un jeune officier d'avenir.

— Bonjour. Asseyez-vous. Encore des ennuis ?

Espèce de vieux schnock prétentieux, pensa Drayton.

— Je voudrais des renseignements sur la location de voitures, car vous en louez, n'est-ce pas ?

— Mon cher ami, je croyais que vous veniez ici à titre officiel, mais si vous...

— Vous étiez dans le vrai. De quelle couleur sont-elles, vos voitures ?

Cawthorne ouvrit un vasistas et l'air du dehors le fit tousser.

— Elles sont toutes de la même couleur : trois Morris Minor noires.

— Vous en avez loué une le samedi 3 ?

— C'était quand, ça, mon garçon ?

— La semaine dernière. Vous avez dû le noter dans votre registre ?

Le registre semblait être tenu dans les règles. Cawthorne l'ouvrit et tourna quelques pages en fronçant les sourcils.

— Je me souviens que ce matin-là, dit-il, j'ai perdu mon meilleur mécanicien. Quant aux voitures, elles étaient toutes ici.

— Et les ventes ? Vous n'en auriez pas vendu une verte à peu près à ce moment ?

Cawthorne porta une main aux veines gonflées à sa moustache.

— Les affaires ne sont pas fameuses ces temps-ci. Je vous dirai franchement que je n'ai rien vendu depuis que Mr Grover m'a acheté sa Mini en février.

Drayton sentit son visage devenir brûlant.

— Je veux louer une voiture à titre personnel, dit-il, pour ce soir.

L'air arrogant et sûr de lui caractéristique des faibles, Alan Kirkpatrick se tenait très droit dans le bureau de Wexford. Il avait refusé de s'asseoir et chaque fois que Wexford faisait allusion à la mort probable d'Ann Margolis, il répétait :

— C'est impossible ! Je n'y crois pas.

— Dans ce cas, dit Wexford, vous ne voyez certainement pas d'inconvénient à ce que je vous demande ce que vous avez fait mardi dernier, le soir où vous aviez rendez-vous avec elle ?

— Rendez-vous ? J'aime la façon dont vous dites ça ! J'ai

fait sa connaissance uniquement parce que je m'intéresse à la peinture. C'était le seul moyen pour pénétrer dans la maison et voir les toiles de Margolis.

Burden, qui avait écouté en silence, se leva.

— Vous vous intéressiez à son travail ? Moi aussi. Attendez... Comment a-t-il baptisé ce tableau de lui qui est à la *Tate Gallery*... J'ai oublié. Mais vous devez le savoir, vous...

C'était, de toute évidence, un piège, mais il fallait tout de même répondre quelque chose. Kirkpatrick pinça les lèvres.

— Je ne sais pas, non, grommela-t-il.

— C'est curieux, remarqua Burden. N'importe quel admirateur de Margolis connaît ce titre. Je m'en souviens maintenant, c'est... *Rien*.

Pendant quelques secondes, Wexford lui-même écarquilla les yeux. Puis il se rappela le *Week-end Telegraph* et écouta, éperdu d'admiration, le savant discours de l'inspecteur sur l'art moderne. Kirkpatrick s'assit brusquement, l'air déconcerté et plus agressif que jamais.

— Je ne suis pas obligé de répondre à vos questions, dit-il.

— C'est juste, admit Wexford avec bonhomie. Comme vous le dites vous-même, nous ne pouvons pas prouver que miss Margolis est morte. Nous pourrons simplement noter que vous êtes la dernière personne à l'avoir vue vivante.

— Écoutez, dit Kirkpatrick, assis tout au bord de sa chaise, ma femme est très jalouse...

— Ça paraît une maladie dans votre famille ! Est-ce que ce n'est pas déjà la jalousie qui vous a fait menacer miss Margolis il y a quinze jours ? (Et Wexford cita Mrs Penistan :) « Je pourrais te tuer moi-même un beau matin ! » lui auriez-vous dit. Drôle de façon de parler à une femme qui vous intéresse exclusivement à cause des peintures de son frère !

— Ce rendez-vous dont vous parlez, elle n'y est pas venue. Je ne suis pas sorti avec elle.

Ruby le reconnaîtrait. Wexford maudit le peu de données dont ils disposaient. Et ce ne serait pas facile de persuader cet homme de prendre place dans un défilé d'identification...

— Nous ne nous intéressons pas aux procédures de divorce que pourrait entamer votre femme. Si vous êtes régulier avec nous, il n'y a aucune raison pour que nous répétions vos propos, et surtout à elle.

— Il n'y a rien à ajouter, dit Kirkpatrick d'un ton moins belliqueux. J'allais dans le Nord mardi, pour le compte de ma firme. Il est exact que j'avais pris mes dispositions pour rencontrer miss Margolis avant mon départ. Elle devait me montrer certains... enfin certaines des premières œuvres de Margolis. Il ne l'aurait pas permis s'il avait été là, mais il était sorti.

Wexford leva les yeux et rencontra le regard calme et poli de Burden. À quels imbéciles naïfs ce représentant de produits de beauté croyait-il avoir affaire ? Cette histoire ressemblait tellement à ce que Wexford appelait « le truc des estampes japonaises », qu'il avait du mal à réprimer un éclat de rire moqueur. Les premières œuvres ! Voyez-vous ça !

— Je devais rentrer d'abord chez moi pour le dîner, mais j'étais en retard et il était 7 heures quand je suis arrivé à Kingsmarkham. Je n'avais plus le temps de rentrer à la maison, aussi je suis allé tout droit à Pump Lane. Ann... enfin, miss Margolis... avait complètement oublié ma visite. Elle a dit qu'elle allait à une soirée. Et c'est tout.

Durant la dernière partie de ces explications, le visage de Kirkpatrick était devenu rouge et il se tortillait d'un air gêné.

— Il ne pouvait pas être plus de 7 h 30, dit Wexford, se demandant pourquoi Burden était allé à la fenêtre et regardait dehors d'un air amusé. Vous aviez tout le temps de vous livrer à vos recherches artistiques, d'autant que vous n'aviez pas pris votre repas du soir ?

Kirkpatrick rougit encore davantage.

— Je lui ai demandé si je pouvais entrer un moment. Ensuite, je l'ai invitée à dîner avec moi avant d'aller à cette soirée. Elle avait déjà sur le dos son manteau d'ocelot, elle était prête à sortir, mais elle n'a pas voulu me laisser entrer. Je suppose qu'elle avait changé d'avis...

Burden quitta la fenêtre et, quand il parla, Wexford comprit quel avait été l'objet de son attention.

— Depuis combien de temps avez-vous cette voiture ?

— Depuis lundi dernier. J'ai vendu la mienne et ma firme m'a donné celle-ci.

— Miss Margolis ne l'avait donc encore jamais vue ?

— Où voulez-vous en venir ?

— Je crois que miss Margolis a refusé de sortir avec vous

parce qu'elle ne voulait pas qu'on la voie dans une voiture aussi extravagante.

De nouveau, Wexford admira la perspicacité de Burden. Kirkpatrick, qui rougissait facilement sous l'effet de vexations légères, était maintenant blême de colère et peut-être d'humiliation.

— Je ne serais pas étonné, poursuivit Burden, qu'elle ait éclaté de rire devant ces décorations roses et mauves.

C'était de toute évidence le point faible du représentant. Qu'il fût amateur de peinture ou de jupons, ce véhicule lui interdisait à coup sûr de satisfaire ces deux passions. C'était la cicatrice laissée par le fer rouge.

— Qu'est-ce qu'elle a de si drôle ? dit-il furieux. Pour qui se prenait-elle en me riant au nez ? Ça ne change rien à ma personnalité ! Je ne suis pas un homme différent parce que je dois utiliser une voiture qui porte un slogan publicitaire ! J'étais assez bien pour elle, avant, assez bon pour dépenser de l'argent à cause d'elle !... (Il en avait trop dit, et sa rage se calma soudain lorsqu'il se rappela où il était et à qui il parlait.) Je veux dire que je lui avais donné quelques échantillons et...

— En récompense de ses bons et loyaux services, sans doute ?

— Qu'est-ce que ça veut dire ?

— Vous avez déclaré qu'elle vous montrait les toiles de son frère à l'insu de ce dernier. Voilà qui était vraiment gentil, Mr Kirkpatrick. Ça valait bien un flacon de vernis à ongles ou une savonnette, il me semble... Qu'avez-vous fait ? Vous avez emprunté une voiture moins voyante ?

— Je vous dis que nous ne sommes allés nulle part. Sinon, nous aurions pu prendre la sienne.

— Oh ! non, dit doucement Wexford, le radiateur fuyait. Je pense que vous vous êtes procuré une voiture verte et que vous avez conduit miss Margolis à Stowerton.

— On m'a vu à Stowerton ? C'était Cawthorne ? Allons, vous pouvez bien me le dire, murmura Kirkpatrick.

— Pourquoi Cawthorne ?

— Il habite Stowerton, bredouilla-t-il. Il donnait une soirée...

— Vous partiez pour l'Écosse, dit pensivement Wexford. Vous avez dû faire un détour pour passer à Stowerton. (Il se leva pesamment et se dirigea vers la carte fixée au mur.)

Regardez, voici la route de Londres et vous auriez dû prendre cette direction ou obliquer à l'est, vers le Kent, si vous teniez à éviter Londres. De toute façon, Stowerton était à des milles de votre route.

— Qu'est-ce que ça peut vous foutre? explosa Kirkpatrick. J'avais toute la soirée à tuer. Je ne savais pas quoi devenir! Je ne voulais pas arriver en Écosse au petit jour. Mais ce qui compte, c'est qu'Ann n'était pas avec moi. Elle n'était même pas à Stowerton. Elle n'est pas allée à cette soirée!

— Je sais. Son frère le sait et Mr Cawthorne aussi, mais vous, comment le savez-vous? Vous n'êtes revenu dans le Sussex que ce matin. Maintenant, écoutez. Un défilé d'identification pourrait éclaircir toute l'affaire. Avez-vous des objections à formuler?

Kirkpatrick eut soudain l'air très fatigué. Peut-être était-ce par épuisement physique, ou bien l'effort de mentir si maladroitement était-il trop pénible? Sa beauté était particulièrement vulnérable à l'anxiété. Sa lèvre supérieure était couverte de sueur et ses yeux bruns, qui constituaient un élément important de son charme, ressemblaient à ceux d'un chien à qui on vient de marcher sur la queue.

— J'aimerais savoir à quoi rime tout ça, bougonna-t-il. J'aimerais savoir qui m'a vu, où on m'a vu, ce que je suis censé avoir fait.

— Je vais vous le dire, Mr Kirkpatrick, dit Wexford en rapprochant sa chaise.

— Quand est-ce que je vais récupérer ma carpette? s'inquiéta Ruby Branch.

— Ce n'est pas un pressing ici, vous savez.

Elle devait regretter le temps où les femmes portaient des voilettes. Burden se rappela celle de sa grand-mère, opaque — un vrai masque. Ruby le regarda de travers, tira le bord de son chapeau sur ses yeux et remonta son écharpe sur son menton.

— Je vais être une femme en danger. J'espère que vous vous en rendez compte. Supposons que je l'identifie et qu'il s'échappe? On n'arrive plus à les tenir en prison maintenant. Il n'y a qu'à lire les journaux.

— Il faudra courir ce risque, dit Burden.

Quand ils furent assis dans la voiture, elle commença un peu timidement :

— Inspecteur Burden ? Vous ne m'avez toujours pas dit si vous alliez faire quelque chose au sujet de... du reste... du fait de tenir une maison, enfin...

— Ça dépend. On verra.

— Je fais mon possible pour vous aider.

Ils roulèrent en silence jusqu'à l'entrée de Kingsmarkham. Puis Burden se lança :

— Soyez franche avec moi, Ruby. Qu'a jamais fait pour vous Matthews sinon vous prendre votre argent et mettre la zizanie dans votre ménage ?

— Nous avons tant été l'un pour l'autre, dit-elle d'une voix tremblante.

— Il y a longtemps, répondit Burden avec douceur. Il faut penser à vous, maintenant.

Ce qu'il avait à dire était cruel. Mais peut-être la justice l'est-elle toujours, et il était habitué, sinon à la rendre, tout au moins à conduire les gens devant elle. Maintenant, pour découvrir ce qu'il voulait, il devait en éloigner Ruby par la cruauté.

— Vous êtes à dix ans de la retraite. Combien de ces femmes qui vous emploient continueraient à le faire si elles savaient ce qui s'est passé ? Or, elles le sauront ! Elles lisent les journaux.

— Je ne veux pas causer d'ennuis à George. J'ai été folle de lui, dans le temps. Il avait fait de la prison. Quand je l'ai trouvé, il avait l'air... comme qui dirait content d'être avec moi.

Burden fut ému, malgré lui. Il se rappelait si bien le vieux Branch, radoteur et maniaque avant l'âge.

— Je lui ai donné quatre livres, et tout ce qu'il y avait à boire chez moi et Dieu sait combien de bons dîners, mais il n'a jamais voulu se coucher à côté de moi. C'est pas joli, Mr Burden, quand on a des souvenirs et qu'on ne peut pas s'empêcher...

— Il n'est pas digne de votre loyauté. Allons, vous n'avez pas entendu Geoff Smith appeler cette fille Ann, n'est-ce pas ? Vous avez inventé ça pour sauver la mise à Monkey.

— Je crois que oui.

— C'est bien ! Et dites-moi, avez-vous examiné la pièce après avoir découvert la tache de sang ?

— J'avais bien trop peur. Écoutez, inspecteur, j'ai beaucoup réfléchi à ça. George est resté seul là-dedans des heures et des heures, jeudi, pendant que j'étais à mon travail. Il préparait cette lettre... Je me demande s'il n'a pas trouvé quelque chose qu'ils avaient oublié.

— Les grands esprits se rencontrent, Ruby. Moi aussi, je me le demande.

Quand ils arrivèrent au poste, une douzaine d'hommes étaient dans la cour. Aucun ne mesurait plus d'un mètre soixante-douze et tous avaient des cheveux allant du châtain au noir. Kirkpatrick était le quatrième à partir de la gauche. Ruby traversa la cour en hésitant, ses yeux passèrent rapidement sur les trois premiers et s'arrêtèrent brièvement sur Kirkpatrick. Elle s'approcha et se promena lentement devant la rangée, s'immobilisant plusieurs fois pour jeter un coup d'œil par-dessus son épaule. Puis elle se retourna. Kirkpatrick semblait avoir peur. Ruby marqua une pause devant lui. Le temps d'un clin d'œil, ils parurent se reconnaître. Elle continua son chemin, s'attardant très longtemps devant le dernier homme à droite.

— Eh bien? demanda Wexford quand ils eurent passé la porte.

— Pendant une minute j'ai cru que c'était le dernier à droite. (Wexford poussa un soupir de soulagement : « le dernier à droite » était l'agent Peach.) Mais je me suis rendu compte que je me trompais. Ça doit être celui qui a la cravate rouge. Kirkpatrick.

— Doit être? Vous n'en êtes pas sûre?

— Je connais son visage. Pas celui des autres. Lui, je l'ai déjà vu, dit-elle simplement.

— Oui, oui, je comprends, mais mon visage aussi, vous le connaissez. Pourtant, ce n'est pas moi qui me suis présenté chez vous mardi dernier! Je veux savoir si c'est lui Geoff Smith.

— Je n'en sais rien. Je ne le reconnaîtrais pas. Depuis ce jour-là, j'ai peur de tous les hommes bruns. Tout ce que je sais, c'est que j'ai vu ce gars à la cravate rouge quelque part la semaine dernière. Peut-être mardi. Je ne sais plus. Lui aussi, il m'a reconnue. Vous avez remarqué?

Tout d'un coup elle devint une petite fille au visage de vieille femme.

— Je veux rentrer chez moi ! cria-t-elle.

Burden lui sourit avec philosophie. Elle n'était pas la première à regretter de lui avoir avoué quelque chose.

Kirkpatrick regagna le bureau de Wexford, mais ne s'assit pas. Il avait repris confiance du fait que Ruby ne l'avait pas identifié, et pendant un instant, Burden crut qu'il allait fignoler sa fausse image d'amateur d'art. Il prit dans sa main le bloc en verre bleu et le palpa d'un air entendu.

— J'espère que vous êtes satisfait ? J'ai été très patient. Vous avez vu que cette femme ne me connaissait pas, dit-il à Wexford.

Tu l'as reconnue, toi, pensa Wexford. Tu étais à Stowerton, et tu as eu beau ne pas assister à la soirée, tu savais qu'Anita n'y était pas allée non plus.

Kirkpatrick était détendu, à présent. Il respirait normalement.

— Je suis très fatigué et, je le répète, je me suis montré très patient et franc. Vous n'en trouverez pas beaucoup, après un voyage de six cents kilomètres qui soient aussi accommodants que moi.

Il reposa le bloc de verre sur le bureau et hocha la tête comme s'il venait de le soumettre à une expertise. Poseur ! pensa Wexford.

— Ce dont j'ai besoin en ce moment, c'est de dormir en paix. Si vous avez encore besoin de moi, j'aimerais le savoir tout de suite. Je ne veux pas qu'on inquiète ou qu'on effraie ma famille. Cette femme ne m'a pas identifié... Voilà qui devrait régler la question une bonne fois ? Je...

Toi, tu parles trop, pensa Wexford.

9

La Vigne a fait vibrer une corde qui m'a emprisonné — que le soufi se moque s'il le veut.
De mon vil métal on peut forger une clé
Qui ouvrira les portes dont l'accès lui est interdit.

Après la pluie, la ville avait l'air nettoyée. Le soleil tardif faisait briller les trottoirs, d'où s'élevait une légère brume. Il faisait doux, et même chaud; l'air était lourd d'humidité. L'excitation nouait la gorge de Drayton tandis qu'il roulait dans la grand-rue au volant de la voiture louée à Cawthorne. Il avait envie de s'emplir les poumons d'air frais, et non de cette chose écœurante qui lui coupait le souffle.

Il eut un choc en la voyant. Ce n'était qu'une fille qui lui plaisait, cela lui était arrivé déjà une douzaine de fois. Pourquoi alors, dans ce magasin plein de monde, les autres jolies filles n'avaient-elles pas de visage pour lui. La sensualité qui l'avait envahi la nuit dernière et qui s'était transformée en un calcul clinique s'empara de nouveau de lui, et il demeura pétrifié à la regarder. Leurs yeux se rencontrèrent et elle lui adressa ce léger sourire qui soulevait à peine les coins de sa bouche. Il se détourna et se mit à tuer le temps en jouant avec le présentoir garni de livres de poche. Il régnait dans la boutique une odeur désagréable, une odeur de cuisine, de bonbons douceâtres, de poussière accumulée dans les coins où personne n'irait jamais. L'épagneul en porcelaine était toujours là sur son étagère. Personne ne l'achèterait jamais, non plus que le cendrier et la coupe qui le flanquaient. Quel connaisseur de Wedgwood — ou de n'importe quoi, d'ailleurs — entrerait jamais ici?

Les clients ne cessaient d'entrer et sortir, et le perpétuel tintement de la sonnette lui portait sur les nerfs. Il manœuvra le tourniquet, et les couvertures dansèrent en un kaléidoscope dépourvu de sens, un revolver, un crâne sous un Stetson, une fille gisant dans le sang et les roses. Sa montre lui indiqua qu'il n'était là que depuis deux minutes.

Plus qu'un client maintenant... Puis une femme entra pour acheter un patron. Il entendit Linda dire doucement, avec mépris, « Désolée, c'est fermé ». La femme protesta. Il sentit le haussement d'épaules de Linda, saisit une phrase de refus très ferme. Était-ce ainsi, avec cette froide patience têtue, qu'elle rejetait les exigences ? La femme sortit en marmonnant. Enfin, elle descendit le rideau de fer et éteignit l'enseigne lumineuse.

Elle s'avança vers lui très lentement. Sans un mot ni un mouvement des mains, elle leva sa bouche vers la sienne. Un instant, ils ne furent unis que par leur baiser. Puis il la prit dans ses bras et ferma les yeux pour ne pas voir les couvertures de romans, orgie grouillante d'amants qui se tordaient, s'accouplaient comme s'ils participaient en masse à un moderne rituel de fertilité.

Il desserra son étreinte en murmurant :

— Allons-y.

Elle eut un petit rire doux qui fit naître chez lui un autre rire bas, à contrecœur. Ils riaient de leur propre faiblesse, de se trouver sans défense face aux émotions.

— Oui, allons-y, dit-elle avec un souffle rauque.

Son rire saccadé n'avait rien à voir avec l'amusement. « Mark », dit-elle d'un ton vaguement interrogateur. Puis elle répéta, « Mark », d'un ton plus décidé qui lui parut prometteur.

— Nous allons à Pomfret. J'ai la voiture.

— Dans la fôret de Cheriton ?

Il fit oui de la tête, désappointé.

— Vous y êtes déjà allée ?

Elle comprit l'allusion.

— En pique-nique avec mes parents. Pas comme ça...

Cela signifiait tellement et si peu à la fois. Pas avec un petit ami, avec aucun homme, pas pour faire l'amour, ou simplement marcher main dans la main. Les mots ne servaient qu'à déguiser la pensée et l'intention.

Elle monta dans la voiture à côté de lui, lissa sa jupe, enleva ses gants et rangea son sac sous le tableau de bord. Comme les femmes s'abandonnaient rarement ! Le visage qu'elle avait en ce moment n'était pas celui qu'il avait vu quand elle était sortie de ses bras, mais un masque auquel la portière faisait, pour ainsi dire, un cadre, et destiné au reste du monde.

— Où aimeriez-vous dîner ? demanda-t-il. J'avais pensé au *Cheriton Hotel*, à l'orée de la forêt.

— Je n'ai pas faim. On pourrait y boire un verre, si vous voulez.

Avait-elle jamais mis les pieds dans un endroit pareil ? De tout son cœur il la méprisa soudain, à cause de ses origines, de son manque de conversation, de son horizon borné. Et pourtant sa présence physique le bouleversait au-delà de toute expression. Comment allait-il supporter de passer une heure avec elle dans le salon de cet hôtel ? De quoi parleraient-ils ? Il n'avait rien à lui dire. Il existait des règles dans ce jeu, un badinage amoureux consacré par la tradition, analogue à ce qui se passe chez les oiseaux, une espèce de danse, toutes plumes dehors. Plus tôt dans la soirée, Drayton s'était livré à une répétition générale de ces préambules, mais il lui semblait à présent qu'ils avaient dépassé ce stade ; leur baiser les avait menés beaucoup plus loin, sur le seuil. Il aurait aimé un peu de gaieté de sa part à elle, une étincelle de joie qui changerait son désir en quelque chose de plus civilisé.

— Je ne sais pas, dit-il d'un ton morne. Le soir où j'ai la voiture est le premier où il ne pleut pas.

— Nous n'aurions pas pu venir jusqu'ici sans elle.

Devant eux, les lumières de Pomfret scintillaient dans le crépuscule à travers les arbres.

— La nuit tombe, dit-elle. Cherchant un sujet de conversation en désespoir de cause, il enfreignit une règle.

— Nous avons interrogé un certain Kirkpatrick, aujourd'hui, dit-il. Un de vos clients. Vous le connaissez ?

— Ils ne donnent pas leurs noms.

— Il vit par ici.

Exactement ici, pensa-t-il. Ce devait être là. L'escarpement noir de la forêt s'élevait devant eux, et au premier plan, comme des boîtes dans un champ bien vert, se dressaient des habitations blanches et bleues, baptisées « maisons de village ».

— Oh, regardez ! s'exclama-t-elle. La voiture.

Elle était là dans une des allées, le rose et le lilas bien pâle à la lueur du réverbère de l'entrée.

— C'est de cet homme-là que vous parlez, hein ? Vous vous rendez compte, conduire dans un truc pareil. J'ai failli en mourir de rire.

L'animation qui l'habitait devant quelque chose d'aussi puéril le glaça. Il sentit sa bouche se raidir.

— Qu'est-ce qu'il a fait ? demanda-t-elle.
— Vous ne devez pas me poser la question.
— Vous êtes très prudent, dit-elle, et il sentit qu'elle le regardait. Vos chefs, ils doivent penser beaucoup de bien de vous.
— Je l'espère.
Il crut sentir qu'elle lui souriait, mais il n'osait pas se retourner.
Il lui vint tout d'un coup à l'esprit que le silence de la jeune fille avait peut-être la même cause que le sien, et cette idée le bouleversa. La route était sombre là où commençaient les pins, trop sombre pour qu'il pût détourner une seconde ses yeux du volant. Elle posa la main sur son genou.
— Mark, dit-elle, je n'ai pas envie de boire.

Il était presque 9 heures quand un appel téléphonique du commissariat parvint à Burden, chez lui.
— Ruby Branch est revenue. Knobby Clark est avec elle mais pas moyen de lui tirer un mot. Elle veut vous voir.
— J'arrive, répondit Burden.
Il sentait cette bizarre petite contraction de la gorge qui signifiait toujours qu'il allait se passer quelque chose. Sa fatigue avait disparu.
Assise dans le hall, Ruby avait une attitude de martyr et un regard stoïque. À ses côtés, sur une chaise rouge en forme de cuillère, trop petite pour son embonpoint, le receleur de Sewingbury attendait aussi. Knobby semblait mal à l'aise aujourd'hui. Burden se rappela son mépris et sa morgue lors de leur dernière rencontre. Il revit la dame timide, essayant de vendre les bijoux laissés par son mari. Son cœur se durcit et il fut saisi d'une colère soudaine.
— Eh bien, dit-il, qu'est-ce que vous voulez ?
Ruby sembla s'adresser au mobilier du hall :
— C'est pas des façons de parler à quelqu'un qui s'est mis en quatre pour venir de si loin !
Knobby Clark ne disait rien.
— Qu'est-ce qu'il fait ici ? demanda Burden.
Ruby s'était apparemment arrogé les fonctions de porte-parole.
— J'ai deviné que George était allé le voir, vu qu'ils étaient de vieux copains.

— Vous feriez bien de me suivre dans mon bureau.

Toujours silencieux, Knobby se souleva de sa chaise.

— Eh bien, qu'est-ce que c'est ? dit Burden lorsqu'ils furent seuls tous les trois.

— Knobby veut d'abord être sûr qu'on ne lui fera pas d'ennuis, dit Ruby soudain presque en larmes. Il ne pouvait pas savoir, et comment est-ce que moi, j'aurais pu ? J'ai laissé George seul deux heures jeudi, pendant que je travaillais... Il a dû trouver ça dans un de mes fauteuils, sous le coussin.

— Trouvé quoi ?

La grosse main de Knobby plongea dans sa poche informe et laissa tomber quelque chose de dur et de brillant sur le bureau de Burden.

— Une belle pièce, inspecteur. De l'or, dix-huit carats.

C'était un briquet en or rouge, gros comme une boîte d'allumettes, orné de grappes de raisin et de feuilles de vigne, délicatement ciselées, et au bas, une inscription : *Pour Ann, lumière de ma vie.*

— C'était jeudi matin, expliqua Knobby. Monkey m'apporte ça en prétendant que c'est sa vieille tante Ann qui le lui a légué. Je ne pouvais pas savoir que c'était un objet volé... il était pas sur la liste. Je lui en ai donné vingt livres.

De nouveau, Burden se rappela la femme aux bijoux.

— Vous lui en avez donné dix livres ! dit-il d'un air dégoûté.

Knobby Clark ne nia pas.

— C'est moi qui les perds, inspecteur, dix ou vingt, ça se trouve pas sous le pas d'un cheval ! Vous me ferez pas d'ennuis, hein ?

— Oh ! fichez le camp, dit Burden avec lassitude.

Knobby s'en alla. Quand il eut disparu, Ruby prit dans ses mains sa tête rousse.

— C'est donc fait. Seigneur ! J'aurais jamais cru que je donnerai George !

— Vous entendez le coq chanter, hein, c'est ça ?

— Vous êtes un homme dur. Vous ressemblez de plus en plus à votre patron.

La remarque ne déplut pas à Burden.

— Vous aussi, vous pouvez partir. Nous ne parlerons plus du reste. Si j'étais vous, je m'en tiendrais au ménage. (Il rit, sa bonne humeur retrouvée.) Vous avez du talent pour nettoyer le gâchis fait par les autres !

— Vous me laissez voir George ?

— Non. N'en demandez pas trop.

— Je me doutais que vous voudriez pas. (Elle soupira.) Je voulais lui dire que j'étais désolée. (Son visage était laid, peinturluré et vieux.) Je l'aime, dit-elle d'une voix lasse. Je l'aime depuis vingt ans. Vous ne pouvez pas comprendre ça. Pour vous et les autres, c'est une histoire cochonne, hein ?

— Bonne nuit, Ruby. J'ai des choses à faire.

Wexford s'en serait mieux sorti. Il aurait dit quelque chose de dur, d'ironique — et de tendre. Elle avait raison. Lui, Burden, ne pouvait pas comprendre, ne voulait pas. Pour lui, cette sorte d'amour n'existait pas. Il descendit voir Monkey.

— Vous devriez vous acheter un briquet, Monkey, dit-il en contemplant le tas d'allumettes dont s'était servi ce dernier.

— J'les aime pas.

— Pas même quand ils sont en or ? Ou bien vous aimez mieux le fric ?

Il posa le briquet sur sa paume, puis le leva vers la lumière et ajouta :

— Voler un objet trouvé dans des conditions pareilles ! Vous vous rendez compte ?

— Je pense pas que ça serve à grand-chose de vous demander comment vous avez découvert ça ?

— Non.

— Ruby me ferait pas une chose pareille.

Burden hésita une seconde. Elle lui avait dit qu'il ressemblait de plus en plus à Wexford, ce qu'il avait pris comme un compliment. Mais peut-être pouvait-il imiter autre chose que la dureté de l'inspecteur-chef. Il prit un air indigné.

— Ruby ? Vous m'étonnez !

— Non, je pensais bien que c'était pas elle. Oubliez ce que j'ai dit. Elle est pas comme cette vieille crapule de Knobby. Lui, il vendrait sa grand-mère pour une boîte à chat.

Avec une lenteur résignée, Monkey alluma une autre cigarette.

— Je vais écoper de combien ? demanda-t-il.

Les lumières de la voiture étaient éteintes. Il s'était arrêté dans une clairière entourée de hauts pins noirs, aux troncs qui paraissaient gris. Mais au-delà des premières rangées d'arbres, il n'y avait plus ni nuit ni jour, plus qu'un labyrinthe sombre.

Il la tenait dans ses bras et sentait battre son cœur. Lorsqu'il ouvrit les yeux après leur long baiser aveugle, le crépuscule blafard le frappa.

— Marchons, dit-il en lui prenant les mains.

Au lieu d'une sensation de triomphe, il éprouvait une crainte subite. Il se sentait totalement englouti par quelque chose de nouveau et de terrifiant. Comme si ç'avait été la première fois pour lui.

— On se croirait dans un pays étranger, murmura-t-elle.

C'était cela. Un endroit inconnu, où on parlait une langue intraduisible. Qu'elle eût senti exactement ce qu'il éprouvait, par télépathie, lui coupa le souffle. Puis il la regarda et, voyant qu'elle levait les yeux vers la cime des arbres, il comprit, avec l'impression d'être trahi, qu'elle avait voulu parler de la forêt, non d'un état d'âme.

— Êtes-vous déjà allée à l'étranger ?

— Non, répondit-elle, mais je le vois comme ça. Et comme la nuit dernière : avec vous entre de hauts murs. Vous avez pensé à ça en m'amenant ici ?

Ils avaient emprunté une allée qui remontait le flanc de la colline avec une telle netteté qu'on aurait dit une incision dans l'épaisse chair noire, ou une blessure à peine recousue.

— Peut-être.

— C'était malin.

— Mais il n'y a pas de fenêtres ici !

Plus que tout au monde, plus encore que la posséder, il voulait voir son sourire, ses lèvres se retrousser sans s'ouvrir. Sans ce sourire, il aurait pu l'embrasser, mais son plaisir n'aurait pas été si intense et peut-être aurait-il été sauvé... Déjà, il était l'esclave d'un fétiche.

— Pas de fenêtres, répéta-t-elle en écho. Personne pour vous épier ou vous arrêter. Je suis fatiguée d'être épiée, Mark, ajouta-t-elle dans un souffle en se tournant vers lui.

Un petit carré de lumière orange, une sonnette qui tintait sans cesse, une voix querelleuse.

— Vous êtes avec moi, et personne ne m'épie.

Il était subtil, d'habitude, mais sa proximité faisait ressortir chez lui la fanfaronnade de l'animal mâle.

— Souriez-moi, murmura-t-il.

Ses doigt se refermèrent sur ses épaules, avec une légère pression séductrice calculée. Son regard paraissait vide, et l'invitation qu'il y lisait ne venait que du tremblement de ses paupières à demi-closes.

— Souriez...

Alors, tout d'un coup, il eut sa récompense. Il débordait d'une terrible impatience. Pourtant, il la prit lentement dans ses bras, regardant ce sourire qui était l'objet de tout son désir avant de poser sa bouche dessus.

— Pas ici, murmura-t-elle. Dans l'obscurité. Emmenez-moi dans l'obscurité.

Les mots dits contre sa bouche coulèrent dans son corps comme du vin et l'emplirent de chaleur.

Il la serra contre lui et la porta à demi dans l'ombre profonde de la forêt. Au-dessus d'eux, les aiguilles de pin chuchotaient comme des colombes. Il ôta son manteau et l'étendit sur le sol sablonneux. Il l'entendit lui murmurer des mots qu'il ne comprit pas mais qui n'étaient plus ni hésitants ni passifs. Elle tendit les mains et le tira par terre à côté d'elle.

L'obscurité était presque complète. Elle semblait avoir eu besoin de cette nuit anonyme, comme lui avait eu besoin de son sourire.

Sa coquetterie, son silence timide avaient laissé place à une faim fiévreuse. Lorsqu'elle prit entre ses longues mains fermes son visage, il sut que celle-ci n'était pas simulée. Il embrassa sa gorge et ses seins, et elle eut un long soupir de plaisir. La nuit était une rivière chaude dans laquelle il allait se noyer. On appelle cela la petite mort, se dit-il, et puis il ne pensa plus à rien.

10

Il frappa et la porte du cottage s'ouvrit presque tout de suite. Un rayon de soleil tomba sur une silhouette en tablier noir et mauve, et sur une figure rouge. Mrs Penistan éclata de rire.

— J'ai vu l'annonce de Mr Margolis et j'ai eu pitié de lui. J'ai dit que je reviendrais travailler chez eux jusqu'à ce qu'elle rentre... Si jamais elle rentre... (Elle s'effaça pour le laisser entrer.) Attention au seau.

Elle n'avait pas apporté beaucoup d'amélioration au désordre de la maison. Peut-être venait-elle seulement d'arriver? Rien n'avait été rangé ni épousseté et à la désagréable odeur habituelle s'ajoutait une puanteur âcre provenant sans doute de la douzaine de tasses sales éparses sur les tables et le plancher.

C'était le genre d'endroit où Ruby aurait pu exercer avec éclat ses talents et sa vigueur.

Margolis était occupé à peindre. Outre les tubes de peinture à l'huile disposés autour de lui, il y avait de petits pots remplis de substances impossibles à identifier. Du sable ou de la limaille de fer... Il leva les yeux lorsque Burden entra.

— J'ai décidé de ne plus y penser, déclara-t-il avec une fermeté forcée, je continue mon travail. Ann reviendra. D'ailleurs, Mrs Penistan est de mon avis.

Ce n'était guère l'impression de Burden. Sans commentaire, il tendit le briquet à Margolis.

— Vous avez déjà vu ceci?

— C'est un briquet, répondit-il de l'air sagace d'un archéologue de renom en train d'identifier une obscure trouvaille sortie d'un tumulus.

— Ce qui m'intéresse, c'est de savoir s'il est à votre sœur?

— Je ne sais pas, je ne l'ai jamais vu. Les gens font toujours des cadeaux. Oh! regardez, son nom est gravé là.

— Le nom *Ann* est gravé là, corrigea Burden.

Le balai en bataille, Mrs Penistan apparut dans l'atelier. Elle paraissait moins amusée par les propos de son patron que par son existence même car, debout derrière lui, tandis qu'il examinait le briquet, elle adressa à Burden un clin d'œil appuyé.

— Attendez, laissez-moi voir, dit-elle. Non. Non!

Cette fois, elle rit franchement comme si la seule idée de Margolis identifiant quoi que ce fût, lui semblait du plus haut comique.

— Elle n'a jamais eu de choses comme ça, affirma-t-elle. Elle et moi, on prenait le café ensemble dans la matinée. Elle grillait toujours une cigarette, à ce moment-là. J'y ai dit une fois: « Vous avez besoin d'un briquet! Faites-vous en donner un par un de vos jeunes gars. » C'était autour de Noël et son anniversaire tombe au mois de janvier.

— Donc, elle a pu le recevoir pour son anniversaire ?

— Dans ce cas, elle me l'a jamais montré.

Burden mit fin au dialogue.

— Ne me reconduisez pas, dit-il.

— Attention au seau ! cria gaiement Mrs Penistan derrière lui.

Il sortit parmi les jonquilles. Tout avait ce matin la couleur de l'or : le soleil, les fleurs et le petit objet qui était dans sa poche.

La voiture de Kirkpatrick était devant son garage. Burden passa à côté, effleurant de son pardessus les fleurs mauves peintes sur la carrosserie.

— Il dit qu'il est malade, annonça d'une voix sèche Mrs Kirkpatrick.

Burden lui montra sa carte. Elle ne lui accorda pas plus d'attention qu'à un prospectus.

— Il dit qu'il a un rhume.

Dans ce dernier mot, elle mit un infini dédain, comme si, de toutes les afflictions imaginables, un rhume avait représenté la moins vraisemblable et la plus étrange. Elle fit entrer Burden et, avant de le laisser seul avec les deux enfants silencieux, elle ajouta :

— Vous pourriez bien vous asseoir. Je vais le prévenir que vous êtes là.

Deux ou trois minutes plus tard, Kirkpatrick descendit. Il portait une robe de chambre en soie sous laquelle il semblait tout habillé. Burden se rappela certains personnages vêtus de cette façon dans les vaudevilles des années trente. Mais Kirkpatrick avait l'air piteux. Il n'était pas rasé. Il parvint à sourire aux enfants et caressa au passage les longs cheveux blonds de la fillette.

— Je vais faire les lits, cria Mrs Kirkpatrick.

Il ne s'agissait pas là, songea Burden, d'une déclaration normalement interprétable comme une menace mais elle parvint à la charger de sous-entendus sinistres. Son mari lui fit un signe de tête approbateur, comme s'il voulait encourager ses efforts dans un exercice intellectuel hors du commun.

— Je regrette que vous soyez malade, dit l'inspecteur.

— Ce doit être psychologique, répondit Kirkpatrick. Hier après-midi, j'ai été assez bouleversé.

Un rhume psychologique? pensa Burden. C'est nouveau, ça.

— Quel ennui... J'ai bien peur que vous ne soyez obligé de recommencer. Et si nous arrêtions cette farce et cessions de parler comme si votre intérêt pour miss Margolis venait de votre goût pour la peinture de son frère?

Kirkpatrick regarda le plafond. Des bruits violents leur parvenaient du premier. Mrs Kirkpatrick devait saccager le mobilier au lieu de faire les lits.

— Nous savons très bien que vous étiez son amant, reprit Burden, et que vous l'avez menacée de la tuer. Vous-même avez reconnu que vous vous trouviez à Stowerton mardi soir.

— Pas si fort! murmura Kirkpatrick avec une réelle détresse. Entendu. Tout cela est vrai. J'ai réfléchi... C'est pourquoi je me sens si mal foutu... J'ai réfléchi à ce que je devais vous dire. Ce n'est pas à cause d'elle, ajouta-t-il en regardant les enfants. C'est à cause de mes gosses, je ne veux pas les perdre et on les confie toujours à la mère, quelle qu'elle soit.

Burden, impatienté, haussa les épaules.

— Vous avez déjà vu cet objet?

Le visage de Kirkpatrick trahit une émotion que Burden ne put définir. Culpabilité? Horreur? Il attendit.

— C'est à Ann.

— Vous en êtes sûr?

— Je l'ai vue s'en servir.

Renonçant à jouer la comédie, il ajouta:

— Elle en a même fait étalage.

Bien qu'il fît chaud dans le bureau, Kirkpatrick garda son imperméable. Il était venu de son plein gré, expliqua Burden à Wexford, afin de parler loin de sa femme.

— Avez-vous donné ce briquet à miss Margolis? demanda Wexford.

— Moi? je n'ai pas les moyens de faire un pareil cadeau!

— Dites-moi comment vous savez qu'il lui appartient.

Kirkpatrick croisa les mains et baissa la tête.

— C'était il y a environ un mois, dit-il très bas. Je suis passé chez elle, mais elle était sortie. Margolis ne semblait pas disposé à me reconnaître et je suis resté assis dans la voiture en attendant son retour. Pas dans cette voiture-ci, précisa-t-il, sourcils froncés, dans l'autre, la noire, que j'avais avant. (Il soupira et reprit, toujours aussi bas :) Elle est rentrée au volant de la sienne à peu près une demi-heure plus tard. Elle était passée à la station-service. Je suis allé à sa rencontre. Ce briquet était sur la tablette de son Alpine et je l'ai pris pour le regarder. Je savais qu'elle ne l'avait pas auparavant et quand j'ai vu l'inscription : *Pour Ann, lumière de ma vie*, eh bien ! j'ai su ce qu'elle était, et dans quels termes elle se trouvait avec celui qui le lui avait offert. J'ai vu rouge. J'aurais pu la tuer à ce moment. Mon Dieu ! ce n'est pas ce que je voulais dire... Vous le savez bien, n'est-ce pas ?

Wexford expliqua calmement :

— Je sais très peu de choses sur vous, Mr Kirkpatrick. Vous semblez avoir une personnalité double. Un jour, vous m'affirmez que miss Margolis ne vous intéressait que parce qu'elle vous ouvrait la galerie de peinture de son frère. Le lendemain, vous admettez que vous étiez passionnément jaloux d'elle. Laquelle de ces personnalités est... euh... la dominante ?

— Je l'aimais, dit-il d'un ton dur, j'étais jaloux.

— Bien sûr, et vous ne connaissez rien à la peinture.

— Continuez à parler du briquet, coupa Burden.

Au lieu de ça, Kirkpatrick s'affola :

— Il ne faut pas que ma femme soit au courant ! J'ai été fou d'approcher cette fille ! Je ne l'ai pas tuée ! Je ne sais rien !

— Pour un homme épris, vous ne manifestez pas beaucoup de chagrin, fit remarquer Burden. Mais revenons au briquet.

Kirkpatrick frissonna malgré la tiédeur de la pièce.

— J'étais horriblement jaloux. Elle me l'a repris et l'a regardé d'une façon spéciale.

— Que voulez-vous dire ?

— Comme s'il lui rappelait quelque chose de drôle, dit-il sauvagement, une bonne plaisanterie... Je la vois encore dans ce manteau d'ocelot, belle, libre... Je n'ai jamais été libre comme ça, moi. Et elle tenait ce petit morceau d'or. Elle a lu tout haut les mots gravés dessus et a continué à rire. Je lui ai demandé qui le lui avait donné et elle m'a répondu : « Il sait bien tourner ses phrases, mon généreux ami, n'est-ce pas ? Toi, tu ne penserais jamais à une formule comme celle-là, Alan.

Tout ce que tu sais faire, c'est ajouter 2 et 2 et trouver que le résultat est... mettons 16... » Je n'ai pas compris ce qu'elle voulait dire. Vous avez parlé de chagrin ? Eh bien ! je l'aimais, du moins je le croyais, car en effet, je devais souffrir. Mais, si je ne peux pas l'avoir à moi tout seul, j'aimerais mieux qu'elle soit morte !

— Que faisiez-vous à Stowerton mardi soir ? s'enquit sèchement Wexford.

— Je ne suis pas obligé de vous le dire, répondit-il, soudain las. Je peux m'en aller ? Je n'ai rien d'autre à vous dire, de toute façon.

— Peut-être que ça vous reviendra, dit Wexford. Nous ferons un saut chez vous dans la journée.

— Quand les enfants seront couchés, ajouta Burden. Nous demanderons à votre femme si elle sait pourquoi vous étiez à Stowerton.

— Si vous faites ça, dit farouchement Kirkpatrick, à cause de vous, je vais perdre mes enfants.

Respirant fortement, il tourna son visage vers le mur.

— Il peut se calmer en compagnie de Drayton, dit Wexford en buvant une tasse de café au *Carousel.*

Cet établissement faisait face au poste de police et l'inspecteur le préférait à la cantine. Son entrée avait toujours pour effet de mettre en fuite les éléments indésirables. Et maintenant, ils étaient seuls avec la machine à café, les caoutchoucs en pot et le juke-box qui jouait du Mantovani.

— C'est drôle que Ruby l'ait reconnu sans pouvoir l'identifier comme étant Geoff Smith, déclara Burden.

— Je ne sais pas, Mike. Selon votre code et peut-être selon le mien, il avait un comportement qui n'était pas normal mais pas non plus suspect. Elle n'a pas dû faire très attention à lui.

— Suffisamment pour savoir qu'il était petit, jeune et brun. Kirkpatrick n'est pas si petit, il doit mesurer un mètre soixante-dix ou soixante-douze. C'est ce faux nom qui m'intrigue : Smith vient tout de suite à l'esprit, mais pourquoi Geoff ? Pourquoi pas John, bon sang ? Pourquoi pas William ?

— Peut-être que Geoffrey est le deuxième prénom de Kirkpatrick ? Il faudra lui poser la question.

Wexford tira sa chaise. Une mince jeune fille en jupe et sweater venait d'entrer dans le café.

— La petite miss Grover, en liberté, pour une fois, chuchota-t-il. Si son père était dans son état normal, elle n'aurait pas le droit de mettre le pied dehors même pour cinq minutes.

Linda Grover avait commandé un lait à la framboise. Burden l'observa pendant qu'elle buvait avec une paille. Elle jeta autour d'elle des regards gênés quand ayant presque tout bu, elle fit des glouglous avec sa paille. Une légère trace de mousse rose ornait sa lèvre supérieure.

— Kirkpatrick achète son journal chez eux tous les soirs. Je me demande s'il y a acheté aussi un couteau...

— Retournons lui parler, dit Wexford.

Le soleil et la chaleur rendirent trop brève leur traversée de la rue.

— C'est ce qui fait toute la différence, hein? dit Wexford lorsque les murs froids du poste de police les engloutirent.

Drayton était assis à un bout de bureau, Kirkpatrick à l'autre. Ils avaient l'air de deux étrangers indifférents ou légèrement hostiles, en train d'attendre un train. Kirkpatrick leva la tête, la bouche agitée par un tic.

— J'ai cru que vous ne reviendriez jamais, lança-t-il à Wexford. Si je vous raconte ce que je faisais à Stowerton, vous me prendrez pour un fou.

Mieux vaut un fou qu'un assassin, songea Wexford. Il attira une chaise.

— Essayez toujours, conseilla-t-il.

— Elle n'avait pas voulu venir avec moi, dit Kirkpatrick, à cause de cette fichue voiture. Je ne croyais pas qu'elle irait à cette soirée. C'est pour ça que je suis allé à Stowerton pour vérifier. Je suis arrivé à 8 heures et j'ai attendu des heures et des heures. Elle n'est pas venue. Alors, j'ai su qu'elle m'avait raconté un mensonge. J'ai su qu'elle avait trouvé quelqu'un de plus riche, de plus jeune... Oh ! à quoi bon ! C'est tout ce que j'ai fait... attendre. (Il se tourna vers Burden.) Quand vous m'avez trouvé au cottage, hier matin, j'allais lui dire ce que je pensais, lui demander comment elle osait me tromper comme ça !

Très bronzé dans la lumière du soleil, Drayton restait debout, immobile ; il n'était plus que mépris. Que pensait-il ? se demandait Wexford. Que lui, avec sa belle virilité, ne serait jamais tombé aussi bas ?

— La nuit est arrivée, continua Kirkpatrick, j'ai garé ma voiture à côté de chez Cawthorne, sous un arbre. Ils faisaient là-dedans un vacarme de tous les diables et il y avait de la musique. Elle n'est pas venue. Je n'ai vu qu'un ivrogne qui déclamait des vers d'Omar Khayyám et je suis resté là trois heures, oh ! même plus longtemps que ça...

Wexford croisa les mains sur le bureau.

— Mr Kirkpatrick, dit-il gravement, il se peut que votre histoire soit vraie, mais vous aviez raison, elle paraît assez invraisemblable. Pouvez-vous produire quelqu'un qui aiderait à prouver que vous ne mentez pas ?

Kirkpatrick s'écria avec amertume :

— C'est mon affaire, n'est-ce pas ? Vous avez fait votre travail. Je n'ai jamais entendu dire que la police cherche des témoins pour démolir ses propres accusations !

— Alors vous avez beaucoup à apprendre. Nous ne sommes pas ici pour prouver que nos accusations sont exactes, mais pour que justice soit faite !

Wexford se tut. Trois heures, pensa-t-il. Cela couvrait le moment de l'arrivée chez Ruby, le moment où la voisine avait entendu du bruit, le moment où deux personnes étaient sorties de la maison en titubant...

— Vous avez dû voir arriver les invités ? Est-ce qu'ils ne vous ont pas vu, eux ?

— J'avais garé la voiture dans la ruelle jusqu'à ce que la nuit tombe... à côté de la blanchisserie. (Son visage se rembrunit.) Cette fille m'a vu ! s'exclama-t-il.

— Quelle fille ?

— Celle du magasin de Grover.

— Vous l'avez vue à 7 heures quand vous avez acheté votre journal du soir, corrigea Wexford, incapable de se contenir. Ce que vous faisiez à 7 heures ne nous intéresse pas.

— Mais je l'ai revue à Stowerton !

— Vous n'en aviez pas parlé avant ?

Cette fois, Kirkpatrick se mit en colère.

— J'en ai assez d'être traité comme un idiot, lança-t-il. J'en ai plus qu'assez. Si je peux me sortir de là, je vais fiche mon travail en l'air. Abandonner les savonnettes, la poudre de riz et le rouge à lèvres. Fini le porte-à-porte. Je préfère encore le chômage ! Si seulement je m'en sors !... répéta-t-il.

— La fille ? dit Wexford. Où avez-vous vu la fille ?

— J'étais dans la ruelle derrière la blanchisserie, un peu plus loin. Elle arrivait en voiture et elle a stoppé au feu rouge. J'étais à ce moment-là debout près de mon auto. Ne me demandez pas l'heure qu'il était, je n'en sais rien. Elle m'a regardé et elle a ri. Mais elle ne s'en souviendra pas : je n'étais qu'un sujet d'amusement pour elle, un client qui l'avait mise en retard. Elle m'a vu debout près de cette voiture et ça lui a paru cocasse... *Lipdew !* J'imagine qu'elle pense à moi chaque fois qu'elle se lave les...

Drayton était devenu blême. Il serrait les poings. Wexford s'interposa avant qu'il ne prononce le dernier mot qui aurait pu être innocent — ou obscène.

— Dans ce cas, dit-il, elle se souviendra de vous, non ?

11

Le soleil est un grand guérisseur, surtout dans les premiers jours du printemps. Il calma la colère de Drayton. En traversant la rue, il retrouva le contrôle de ses nerfs et put de nouveau évoquer Kirkpatrick avec calme. Cet homme était un pauvre type, qui faisait un travail de pédé, raillé par les femmes. Il avait une voiture rose et mauve et il sonnait aux portes, offrant des produits de beauté ! Un jour, on le déguiserait en arlequin, on le coifferait d'une houppe à poudre et il irait donner une savonnette gratuite à toutes les ménagères qui pourraient lui présenter un certain ticket et lui chanter un certain slogan publicitaire. C'était une marionnette et un esclave.

Le magasin était vide. Ce devait être un moment calme, l'heure du déjeuner. La clochette tinta longuement car il referma la porte avec lenteur. Avec le soleil, les lieux semblaient plus sales que jamais.

Elle arriva en courant, un torchon à la main, l'air inquiet. Dès qu'elle le vit, elle parut irritée.

— Tu es en avance, dit-elle, des heures en avance !

Puis elle sourit, et il y avait dans ses yeux une expression possessive et suffisante qu'il n'était pas certain de trouver à son goût. Elle le croyait impatient de la retrouver. Voilà ce qu'elles voulaient toutes, toujours : vous affaiblir, vous pétrir de leurs petits doigts fins. Après, elles vous donnaient un coup de pied. La preuve ? Kirkpatrick.

— Je ne peux pas sortir, il faut que je m'occupe du magasin.

— Tu dois venir là où je t'emmène, répondit-il durement.

Il oublia sa rage contre Kirkpatrick, sa passion de la veille au soir, la tendresse qui était née entre eux. Qui était cette fille, après tout ? Une vendeuse. Et dans quel magasin... Une petite vendeuse qui avait peur de son père, une souillon armée d'un torchon.

— ... au poste, acheva-t-il.

Elle ouvrit de grands yeux.

— Tu plaisantes ?

Il avait entendu des histoires sur Grover, sur ce qu'il vendait à son comptoir... et dessous.

— Ça n'a rien à voir avec ton père, assura-t-il.

— Pourquoi est-ce qu'on me demande ? À cause de cette annonce ?

— D'une certaine façon. Écoute, ce n'est rien. Une pure formalité.

— Mark, dit-elle, tu as voulu me faire peur.

Le soleil inondait son corps comme une rivière dorée. C'est seulement physique, pensa-t-il, mais c'est plus grave que d'habitude... Quelques épisodes encore comme celui d'hier soir et ça passerait... Elle vint à lui, souriante, un peu nerveuse.

— Je sais que tu ne le fais pas exprès, mais il ne faut pas m'effrayer.

Le sourire était aguichant. Il demeura immobile, le rayon de soleil entre eux comme une épée. Il la désirait si fort qu'il lui fallut toute sa force, tout son sang-froid pour dire :

— Allons-y. Dis à tes parents que ce ne sera pas long.

Elle disparut deux minutes. Quand elle revint, elle n'avait pas changé de vêtements, ni maquillé son visage. Cela lui plut et l'agaça en même temps, cette arrogance, cette indifférence devant l'opinion d'autrui qui égalait la sienne. Il ne voulait pas qu'ils aient des choses en commun. C'était bien assez qu'ils se désirent et trouvent une satisfaction mutuelle à un certain niveau.

— Comment va ton père ? demanda-t-il, et tout de suite il se rendit compte que c'était une platitude.

Elle rit.

— Tu veux vraiment le savoir ou tu disais ça pour parler ?

— Je veux vraiment le savoir.

Sacrée fille qui lisait dans ses pensées.

— Il va bien. Ou plutôt non. Il dit qu'il souffre horriblement. On ne peut pas le savoir, avec ce qu'il a.

— J'ai l'impression que c'est un vrai négrier, dit-il.

— Ce sont tous des négriers. Mieux vaut avoir affaire à son père qu'à un autre.

À la porte, elle s'étira dans le soleil, comme un grand animal doré.

— Quand ils me parleront, tu seras là, hein ?

— Bien sûr.

Il ferma la porte derrière eux.

— Ne fais pas ça, lui dit-il, ou tu me donneras envie de faire ce que j'ai fait hier soir.

Avec cette fille, on pouvait en avoir envie à la folie, et rire pourtant. Mon Dieu, pensa-t-il, mon Dieu !

Il y avait quelque chose entre ces deux-là, se disait Wexford. Sans aucun doute, Drayton lui avait fait du boniment en route, cela expliquerait le coup d'œil qu'elle lui avait lancé avant de s'asseoir. Eh bien, il savait que Drayton était sensible au charme féminin et la fille était assez jolie pour lui plaire. Wexford la connaissait depuis qu'elle était petite mais il n'avait jamais remarqué la forme exquise de sa tête, la grâce virginale de ses mouvements.

— Miss Grover, commença-t-il, je voudrais simplement que vous répondiez à quelques questions. Je crois que vous connaissez un certain Mr Kirkpatrick. C'est un de vos clients.

— Vraiment ?

Drayton restait debout derrière sa chaise et elle leva les yeux vers lui, peut-être pour qu'il la rassurât. Wexford se sentit un peu agacé. Pour qui diable se prenait-il ? Pour son avoué ?

— Si vous ne connaissez pas son nom, vous connaissez sa

voiture. Vous l'avez probablement vue devant la porte il y a un instant.

— Une drôle de voiture rose avec des fleurs peintes dessus ? (Wexford approuva de la tête.) Oh ! je la connais, oui.

— Très bien. Maintenant, souvenez-vous de la soirée de mardi dernier. Êtes-vous allée à Stowerton, ce soir-là ?

— Oui, dit-elle rapidement, j'y vais toujours le mardi. Je porte notre linge à la blanchisserie dans la voiture de papa. (La lassitude envahit son jeune et frais visage.) Mon père est malade et maman joue au whist presque tous les soirs.

Pourquoi chercher à m'inspirer de la compassion ? pensa Wexford. Cette allusion à la tyrannie qu'elle subissait eut l'air d'affecter Drayton.

— Très bien, Drayton, dit l'inspecteur avec bonhomie, je n'ai plus besoin de vos services.

Restée seule avec lui, elle demanda avant qu'il eût le temps de la questionner.

— Est-ce que Mr Je-ne-sais-plus-qui m'a vue ? Moi, je l'ai vu.

— En êtes-vous sûre ?

— Oh oui ! je le connais. Je lui avais donné son journal un peu avant.

— Vous en êtes bien sûre, miss Grover ? Ce n'est pas simplement une voiture vide que vous avez identifiée ?

Elle porta la main à ses cheveux lumineux.

— Je ne connaissais pas la voiture. Il en avait une autre avant. Quand je l'ai vu dedans, j'ai compris que c'était la sienne, et ça m'a fait rire. Il est si content de lui, vous comprenez, et cette voiture...

Wexford l'observait. Elle était loin d'être à son aise. Tant de choses dépendaient de la réponse qu'elle allait faire à sa prochaine question, la question clé ! Il y allait du sort de Kirkpatrick. Si elle avait menti...

— Quelle heure était-il ?

— Il était tard, répondit-elle avec assurance.

Ses lèvres étaient comme deux pétales de fleur d'amandier, ses dents étaient parfaites.

— Je revenais de la blanchisserie. Je rentrais chez moi. Il devait être 9 heures et quart.

Il soupira intérieurement. L'homme qui s'était rendu chez Ruby était certainement chez elle à 9 h 15.

— Je m'étais arrêtée à cause du feu rouge, expliqua-t-elle.

Seigneur ! pensa-t-il, c'est une enfant, elle me prend pour un agent de la circulation. S'attendait-elle à des félicitations ?

— Il avait garé cette voiture à côté du garage.

— Celui de Cawthorne ?

Elle fit oui de la tête.

— Je l'ai vu dedans. Je sais que c'était lui.

— Sûre de l'heure ?

Il avait remarqué qu'elle ne portait pas de montre au poignet.

— Je revenais de la blanchisserie, j'avais vu l'horloge.

Il n'y avait rien de plus à faire. Peut-être que tout était vrai. On n'avait pas de cadavre et rien qui incriminât Kirkpatrick après cela. Une impulsion paternelle le fit sourire quand il lui dit :

— Très bien, miss Grover, vous pouvez vous en aller maintenant. Mr Kirkpatrick vous doit de la reconnaissance.

L'espace d'un instant, il crut que le coup avait porté, puis il n'en fut plus certain. L'expression des grands yeux gris était difficile à interpréter. Il crut y lire du soulagement, sans doute parce qu'il mettait fin à l'entrevue. Son départ sembla priver le bureau d'une partie de sa lumière, bien que le soleil continuât de briller. Son parfum demeurait un parfum trop âgé pour son innocence.

— On lui a fait la leçon, ragea Burden.

— Il se pourrait que vous soyez dans le vrai, répondit Wexford.

— Nous n'aurions jamais dû laisser Kirkpatrick sortir d'ici hier après-midi.

— Sous quel prétexte l'aurions-nous gardé, Mike ? Oh ! je suis bien de votre avis. Il a probablement inventé cet alibi entre hier après-midi et ce matin. Je crois assez qu'il a filé tout droit chez Grover en sortant d'ici. Cette fille n'était pas à son aise.

— Montrez-moi un membre de la famille Grover qui ne serait pas prêt à tout pour de l'argent, dit Burden. Tel père, telle fille !

— Pauvre gosse, elle n'a pas une vie bien drôle. Enfermée toute la journée dans ce minable petit trou et le soir, obligée d'aller charrier le linge sale parce que sa mère joue au whist.

Burden le regarda, intrigué. L'expression de son supérieur

était compréhensive, presque tendre. Et déconcertante. S'il n'avait su que Wexford était un mari aussi fidèle que lui-même, il aurait pu croire... Mais non, c'était impensable.

— S'il était devant chez Cawthorne, dit-il, et s'il y était à 9 h 30, il est innocent et nous perdons notre temps avec lui. Mais si la fille ment, et s'il est coupable, il aurait pu se débarrasser du corps d'Anita pratiquement n'importe où entre cet endroit et la frontière écossaise. Elle pourrait se trouver au fond d'un fossé dans une demi-douzaine de comtés.

— Et là où est le corps, il y a l'arme.

— Ou bien il aurait pu se rendre dans un coin qu'il connaît et la laisser au plus épais de la forêt de Cheriton.

— Mais tant que nous n'en savons pas plus, Mike, chercher ce corps est une perte de temps.

— Je ne demanderais pas mieux que de dire deux mots là-dessus à Kirkpatrick, déclara Burden soudain féroce, le cuisiner en présence de sa femme.

— Non, laissons-le respirer. La question est de savoir s'il a acheté cette fille. (Wexford eut un petit sourire.) J'espère qu'elle se confiera à Drayton.

— Drayton ?

— Il attire le sexe opposé, non ? Cet air de beau ténébreux, elles y succombent toutes. (Le regard de Wexford avait perdu soudain sa bonté.) Vous ne vous voyez pas dans ce rôle ? Votre femme n'aimerait pas ça. Martin et moi, d'autre part, ne sommes pas du genre à faire la roue devant une jeune beauté...

— Je ferais bien de lui donner le mot, dans ce cas.

— Ce n'est pas nécessaire. Ou je me trompe fort, ou il n'y a qu'à s'en remettre à la nature.

12

Le briquet traînait sur le bureau, en plein soleil. Quand Wexford le ramassa, il sentit qu'il chauffait sa main. Les vrilles et les feuilles de vigne gravées brillaient doucement.

— Griswold m'est tombé sur le poil, dit-il.

En entendant le nom du chef de la police, Burden prit l'air hargneux.

— Selon lui, poursuivit Wexford, on ne doit pas transformer cette enquête en investigation criminelle : manque de preuves, etc. Nous avons encore deux jours pour faire nos recherches et c'est tout.

— Il faut tout mettre sens dessus dessous rien que pour coffrer Monkey Matthews pendant quelques mois ? Mais pour ça...

— La tache sur la carpette est née dans l'imagination de Ruby, Anita Margolis est en vacances, le couple qui a descendu l'allée du jardin en titubant était ivre, et Kirkpatrick a tout simplement peur de sa femme, déclara Wexford. Je cite les puissances d'en haut !

— Martin surveille la maison de Kirkpatrick qui n'est pas allé travailler aujourd'hui. Drayton est vraisemblablement occupé à rôder autour de cette fille. Est-ce que je les rappelle ?

— Que faire d'autre ? Tout est assez calme. Quant aux problèmes que j'aimerais résoudre, Griswold ne s'y intéresse pas et nous ne pourrons rien faire en deux jours.

Burden étendit la main vers le briquet et le contempla en pinçant les lèvres. Puis il dit :

— Je me demande s'il s'agit des mêmes questions que celles que j'ai dans l'esprit. Qui lui a donné ce briquet et l'a-t-on vendu dans la région ? Qui était cet ivrogne devant chez Cawthorne, l'homme dont a parlé Kirkpatrick ?

Wexford ouvrit un tiroir et en sortit le *Week-end Telegraph*.

— Vous vous rappelez ce passage sur la rupture des fiançailles entre Anita Margolis et Richard Fairfax ? Je vous parie que c'était ce Fairfax. Mrs Cawthorne a dit qu'il avait quitté la réception vers 11 heures et Cawthorne a précisé qu'il avait laissé un verre à liqueur sur une de ses pompes à essence.

— Ça ressemble bien à un poète, fit observer Burden d'un air sombre.

— Selon Kirkpatrick, il déclamait des vers d'Omar Khayyám... De toute façon, Griswold dit de ne pas continuer l'enquête sans une piste sérieuse. Voilà les instructions, il faut s'y conformer.

— Je peux tout de même me renseigner dans quelques

bijouteries ? Nous aurions une piste sérieuse si quelqu'un se rappelait avoir vendu ce briquet à Kirkpatrick... ou même à Margolis, en mettant les choses au pire.

Wexford avait l'air rêveur, préoccupé, mais pas découragé, aussi Burden dit-il avec entrain en empochant le briquet :

— Il faut que je me dépêche avant que les magasins ne ferment.

Kirkpatrick s'appuyait au capot de sa voiture garée devant l'*Olive and Dove*, et surveillait la porte du magasin Grover. Dès l'heure du petit déjeuner, le sergent Martin avait commencé à surveiller sa maison et son auto si voyante. Mrs Kirkpatrick était allée faire des courses avec ses enfants et, comme Martin, de son poste d'observation sous les arbres, allait abandonner tout espoir, le représentant avait surgi et s'était rendu en voiture à Kingsmarkham. Le suivre avait été chose facile. Ni la présence d'un autobus, ni les changements des feux au mauvais moment, ne pouvaient dérober longtemps ce véhicule à celui qui le filait.

La matinée était chaude. Une brume délicate restait suspendue au-dessus de Kingsmarkham, teintée par le soleil d'une lumière dorée. Quelqu'un sortit du magasin de fleurs pour mettre à l'étalage une caisse de tulipes violettes. Kirkpatrick frotta les verres de ses lunettes noires contre le revers de sa veste sport, puis il se dirigea d'un pas nonchalant vers le bord du trottoir. Martin traversa la rue devant lui et se mêla aux acheteurs. Kirkpatrick hésita devant le magasin de la fleuriste, regardant des violettes humides et veloutées, des jacinthes en pots, des jonquilles, bon marché maintenant qu'il y en avait beaucoup. Ses yeux allèrent au mur de la maison sur la ruelle que le soleil n'atteignait jamais. Il pivota rapidement sur ses talons et tourna dans York Street. Il fallut à Martin peut-être quinze secondes pour se décider. Il n'était qu'à un pas de chez Grover. La clochette tinta quand il ouvrit et Linda Grover surgit par une porte du fond.

— Oui ?

Martin cligna des yeux pour s'accoutumer à la pénombre. Il la connaissait par ouï-dire, mais il était sûr qu'elle ne le connaissait pas.

— Je voudrais une carte d'anniversaire, dit-il.

Elle haussa les épaules avec indifférence et prit un magazine.

Martin s'enfonça dans les profondeurs du magasin. Chaque fois que la clochette tintait, il levait les yeux. Un homme entra et acheta des cigares, puis ce fut une femme, accompagnée d'un pékinois qui reniflait parmi les boîtes éparses sur le plancher. Ils étaient les seuls clients lorsque, cinq minutes plus tard, Alan Kirkpatrick pénétra dans la boutique avec, sous son bras, un paquet enveloppé de papier rouge et or.

Les couleurs rouge et or étaient celles de la bijouterie *Joy Jewels*. Une carpette écarlate recouvrait le sol. Des torses dorés se dressaient sur des socles, chacun armé d'autant de bras qu'une déesse orientale, et leurs doigts longs et fuselés présentaient des rangs scintillants de strass. Un rouleau de papier pour les paquets, rouge vif, décoré de feuilles d'or, était posé sur le comptoir. Le vendeur rangeait ses ciseaux lorsque Burden entra et lui tendit le briquet.

— Nous ne vendons pas de briquets. Et je doute que l'on trouve un article de ce genre par ici.

Burden hocha la tête. Il avait déjà reçu la même réponse dans quatre bijouteries.

— C'est une œuvre d'art, dit le vendeur avec un petit sourire admiratif. Il y a huit ou neuf ans, il aurait pu sortir d'ici même.

Huit ou neuf ans auparavant, Ann Margolis était presque une enfant.

— Comment cela ? demanda Burden sans grand intérêt.

— Avant que nous ne prenions leur succession, les Scatcherd avaient la réputation d'être les meilleurs joailliers entre Londres et Brighton. Le vieux Mr Scatcherd habite encore à l'étage au-dessus. Si vous désirez lui parler...

— Il y a trop longtemps de cela, j'en ai peur, coupa Burden.

Beaucoup trop longtemps. On était en avril et à Noël, Anita Margolis allumait encore ses cigarettes avec des allumettes... Il remonta York Street sous les platanes à l'écorce tavelée, grise et jaune ; leurs minuscules feuilles toutes neuves projetaient leurs ombres sur le trottoir. La première chose qu'il remarqua en suivant High Street fut la voiture de Kirkpatrick devant l'*Olive and Dove*. Si Martin l'avait perdu... Mais non. La Ford du sergent était là aussi. Burden s'arrêta sur le pont du

Kingsbrook et tua le temps en regardant les cygnes. L'eau brune clapotait sur les galets tachetés. Burden attendit.

La jeune fille s'assombrit en voyant Kirkpatrick. Elle le regarda de haut en bas et ferma son magazine, marquant la page avec son doigt.

— Oui ?

— Je passais, dit-il gauchement. Je suis venu pour vous remercier.

Martin choisit une carte d'anniversaire.

— C'est pour vous, avec toute ma gratitude.

Kirkpatrick glissa son paquet entre les journaux et les barres de chocolat.

— Je ne veux pas de vos cadeaux, répondit-elle froidement. Je n'ai rien fait, je vous ai réellement vu.

Ses grands yeux gris avaient peur. Kirkpatrick se pencha vers elle et toucha presque de ses boucles brunes la tête blonde de la fille.

— Oh oui, dit-il d'un ton insinuant, vous m'avez vu, mais la question...

Elle l'interrompit avec brusquerie.

— C'est fini, on n'en parle plus. Ils ne viendront plus m'ennuyer.

— Vous ne voulez même pas ouvrir la boîte ?

Elle se détourna, la tête penchée comme une fleur de printemps sur une tige délicate. Kirkpatrick enleva l'emballage rouge et or, le papier de soie et, d'une boîte capitonnée d'ouate rose, sortit un rang de pierres brillantes. Du strass, pensa Martin.

— Donnez ça à votre femme, dit la jeune fille.

Elle mit la main dans l'encolure de son pull-over jusqu'à ce que quelque chose d'argenté coulât dans ses doigts minces.

— Je n'en veux pas, j'ai de vrais bijoux.

La bouche de Kirkpatrick se serra. Il fourra le collier dans une de ses poches, les papiers froissés dans une autre. Quand il fut parti, claquant derrière lui la porte du magasin, Martin alla trouver la jeune fille, sa carte d'anniversaire à la main. Elle lut la légende :

— Grand-maman chérie ? dit-elle d'un ton moqueur avec un coup d'œil à ses cheveux grisonnants. Vous êtes sûr que c'est bien celle-là que vous voulez ?

Il fit oui de la tête et paya. Elle le suivit des yeux et, quand il se retourna, elle souriait de son petit sourire à bouche fermée. Sur le pont, il rencontra Burden.

— Qu'est-ce que c'est? demanda l'inspecteur en examinant la carte du même air moqueur.

Drayton, pensa-t-il malgré lui, se serait montré plus subtil. Il regarda le lit de la rivière et l'arche de pierre qui se reflétait dans l'eau tandis que Martin lui racontait ce qu'il avait entendu.

— Il lui a offert un collier, quelque chose de tape-à-l'œil enveloppé dans du papier rouge et or.

— Je me demande, dit Burden pensivement, je me demande s'il fait toujours ses achats dans cette bijouterie... s'il y a acheté un briquet, il y a des années, du temps des Scatcherd.

— Et il l'aurait fait graver récemment pour Ann Margolis?

— Possible.

Burden observait Kirkpatrick assis au volant de sa voiture. Au bout d'une minute, il mit pied à terre et entra à l'*Olive and Dove*.

— Voilà notre homme qui va noyer son chagrin. On ne sait jamais, quand il aura repris courage, il se peut qu'il vienne offrir ses colifichets à l'inspecteur-chef. Il ne va certainement pas en faire cadeau à sa femme!

La brume se levait et le soleil était devenu vraiment chaud. Burden enleva son imperméable et le mit sur son bras. Il allait faire une dernière tentative pour découvrir la provenance de ce briquet et, si elle ne donnait rien, il renoncerait et irait retrouver Wexford au *Carousel* pour déjeuner. Mais était-ce même bien utile? Ne s'agissait-il pas d'une démarche trop hasardeuse? Il avait envie d'une tasse de thé d'abord et le *Carousel* devait déjà servir à déjeuner. Il lui revint à l'esprit le nom d'un endroit, à moins de cent mètres du pont, un petit café où l'on servait du thé bien fort et des pâtisseries à toute heure. Il prit le raccourci entre les cottages et se retrouva sur Kingsbrook Road. C'était juste au coin, au rez-de-chaussée d'une maison de l'époque de George V.

Curieux la façon dont la brume semblait s'appesantir sur cette partie de la ville qui était pourtant sur une hauteur, et sa teinte jaune ocre était bizarre.

À travers les nuages de ce qui était en réalité, il le comprenait maintenant, de la poussière de plâtre, il aperçut un écriteau : *Entreprise de démolition Doherty.* De l'autre côté de cet écriteau, à l'emplacement du café, il ne restait que des murs en ruine. Tout près, sur le seuil d'une hutte en bois, trois ouvriers mangeaient des sandwiches. Burden haussa les épaules et se détourna. La vieille ville s'en allait petit à petit, cruellement ; la beauté et la grâce étaient de trop. On abattait les vieilles constructions pour en élever d'autres, clinquantes, comme le poste de police. Les immeubles neufs avaient besoin de conduites d'eau neuves, de fils électriques neufs... Des magasins neufs remplaçaient les anciens. Mais il était inutile de regretter le passé. S'il devait être privé de thé, il n'allait certainement pas retarder son déjeuner. Encore une démarche et il irait au *Carousel.*

Mr Scatcherd ressemblait à un très vieux et charmant perroquet. Il avait un gros nez recourbé, et son allure d'oiseau était encore accentuée par un gilet jaune vif et un pantalon informe et pelucheux qui évoquait du plumage.

Son appartement au-dessus du magasin aurait pu être un perchoir ou une aire, tant il était aéré avec ses fenêtres donnant sur de grands arbres verts.

— Je prends généralement un verre de madère et un biscuit à cette heure-ci, dit Mr Scatcherd. Me ferez-vous l'honneur de vous joindre à moi ?

— Vous êtes très aimable, répondit Burden qui n'avait jamais goûté de madère et regrettait encore son thé. J'en serai très heureux.

— Exactement la couleur du grenat, dit le bijoutier en apportant le vin sur un plateau laqué, et non pas du rubis. Le rubis est bien différent. Que m'avez-vous apporté ?

— Ceci.

La main qui s'avança était grise, les doigts recourbés comme des griffes, les ongles longs et parfaitement propres.

— Cet article aurait-il pu être acheté dans la région ? Ou bien est-ce qu'on ne le trouve qu'à Londres ?

Mr Scatcherd ne l'écoutait pas. Il était près de la fenêtre et hochait la tête en examinant le briquet à la loupe.

— *Les Grappes de ma vigne*, dit-il enfin.

Burden se dressa sur sa chaise.

— C'est le nom du motif décoratif. Baudelaire, naturellement. Peut-être le poème ne vous est-il pas familier. Cela convenait très bien à un cadeau d'amant, précisa-t-il en rendant le briquet avec un sourire. Et c'était bien le cadeau d'un amant si l'on en croit l'inscription. Jolie chose à dire à une dame.

— Vous le connaissez? demanda Burden. Vous l'avez déjà vu?

— Il y a plusieurs années, sept ou huit ans. Je me souviens très bien du motif et de la dédicace.

Il rangea sa loupe, rayonnant de satisfaction.

— Mais elle a été gravée récemment?

— Oh non! Avant que je prenne ma retraite et que je vende le magasin. Mon cher inspecteur, j'en sais quelque chose. C'est moi qui ai vendu ce briquet.

13

— À qui l'a-t-il vendu? Kirkpatrick?

Burden accrocha son pardessus à la patère et décida de s'en passer pour la journée. Il jeta un coup d'œil au rapport du laboratoire que Wexford était en train d'examiner.

— Je n'y comprends rien. Le vieux Scatcherd n'a rien vendu depuis plus de sept ans et, à ce moment-là, Anita n'était pas ici et ne savait probablement pas que cet endroit existait. Kirkpatrick non plus n'habitait pas ici. Sa maison n'est bâtie que depuis un an. D'autre part, Scatcherd a une mémoire remarquable pour un homme de son âge et il n'a jamais eu de client du nom de Kirkpatrick.

— Écoutez, Mike, dit Wexford en jetant à ses rapports un regard exaspéré, est-ce que nous allons finir par trouver qui a acheté ce satané briquet?

— Scatcherd cherche dans ses registres. Il lui faut deux heures. Mais vous savez, je commence à penser qu'Anita l'a simplement trouvé dans la rue et gardé parce que l'inscription était à son nom.

— L'a trouvé! rugit Wexford. Vous voulez dire que quelqu'un l'aurait perdu, qu'Anita l'aurait ramassé et qu'elle l'aurait à son tour perdu chez Ruby? Ne faites pas l'idiot. Ce n'est pas une clé, ni un vieux parapluie. C'est un objet de valeur et je pense qu'il est la solution de tout. S'il a été perdu, pourquoi ne nous en a-t-on pas déclaré la perte? Non, vous allez retourner chez le vieux Scatcherd et l'aider de vos jeunes yeux. (Burden eut l'air content de cette remarque, ainsi que s'y était attendu Wexford.) On ne sait jamais ce que vous pouvez découvrir. Cawthorne a pu l'acheter pour elle, ou Margolis lui-même... en tout cas quelqu'un qui possède une voiture verte. Parce qu'il faut se rappeler une chose: Kirkpatrick a beau se comporter bizarrement, il n'a pas et n'a jamais eu de voiture verte.

Quand Burden fut parti, il retourna examiner les rapports du labo. Il les lut soigneusement, dominant sa rage. Les renseignements tirés de la carpette auraient donné satisfaction... aux fabricants des produits détersifs favoris de Ruby. Les empreintes sur la voiture correspondaient à celles que l'on avait relevées dans la chambre d'Ann Margolis. C'étaient les siennes, uniquement les siennes. Le manteau d'ocelot était encore moins révélateur. Un chimiste avait suggéré que le parfum qui l'imprégnait pourrait être *Chant d'Arômes* de Guerlain. Wexford, qui connaissait les parfums, l'avait déjà trouvé tout seul. Qui avait ramené cette voiture à 1 heure du matin, et où avait-elle été toute la soirée? Pourquoi son assassin, Kirkpatrick ou un autre, s'était-il présenté sous le nom de Geoff Smith quand il aurait été tellement plus naturel de rester anonyme?

Une pile d'épais registres, certains anciens, et tous reliés en maroquin vert foncé, se trouvait aux pieds de Mr Scatcherd. Burden les enjamba et s'assit dans un fauteuil tendu de brocart.

— J'ai déjà parcouru complètement les trois derniers, dit tranquillement le vieux monsieur. Ce qui nous ramène à 1958.

Il avait perché des lunettes à monture d'or sur son nez de perroquet, et il regardait par-dessus, avec un agréable sourire.

Burden haussa les épaules. Tout cela le dépassait: neuf ans plus tôt, Anita Margolis en avait quatorze. Est-ce que les hommes donnaient des briquets en or, ou même des briquets tout court, à des gamines de quatorze ans? Le monde où il évoluait avait l'irréalité d'un cauchemar. Ce briquet avait été vendu à Kingsmarkham où celle qui l'avait reçu avait vécu. C'était simple en apparence, si l'on ne tenait pas compte des âges, des dates, et d'un tas de petits faits déconcertants...

— Je le croyais neuf, dit-il.

— Oh ! non. Je connaissais l'artiste qui l'a fait. Il est mort à présent, mais en son temps, c'était un excellent orfèvre. Il se nommait Benjamin Marks, mais quand je l'appelais Ben, c'est à un autre maître que je pensais. Vous devinez lequel.

Burden le regarda sans comprendre.

— Cellini, inspecteur ! Le grand Benvenuto. Mon Ben à moi trouvait aussi son inspiration dans la nature. Je me rappelle une rose dessinée pour un poudrier de dame. Vous pouviez distinguer les sépales dans le cœur de chaque minuscule fleur. C'est lui qui a fait et gravé ceci. Il l'a fait sur commande.

— Mais sur la commande de qui, Mr Scatcherd ? Tant que je l'ignore, je ne suis pas plus avancé.

— Nous le trouverons. Ça aide ma mémoire d'en parler. (Mr Scatcherd tourna les pages épaisses.) Nous voici à la fin de 1958. Savez-vous, chaque fois que j'arrive à la fin d'un registre, je sens que je brûle. J'ai vaguement l'impression que c'était Noël et je me rappelle avoir vendu en même temps une belle bague...

La dernière page... Burden voyait une date de décembre imprimée en haut. il avait la certitude que si l'on ne trouvait pas trace de cette vente dans ce registre ni dans le suivant, Mr Scatcherd continuerait à chercher pendant des jours jusqu'à ce qu'il arrive à la première vente de toutes, consignée par son père en 1886.

Le bijoutier leva les yeux avec un sourire :

— Ah, nous y voici. Voici la bague dont je vous parlais. Diamant et saphir, pour Mr Roger, de Pomfret Hall. Pour sa femme, sans doute, ou pour sa pauvre fille. Il y avait de la folie dans cette famille, si je me rappelle bien, (Hochant la tête, il continua ses recherches.) Ce n'était pas le même jour, sûrement. Peut-être le lendemain... Maintenant, inspecteur, nous approchons du but !

L'espoir renaissait. Burden se leva pour lui prendre le registre, mais Mr Scatcherd s'y cramponna.

— Nous y voici ! s'écria-t-il, triomphant. *Briquet en or fait sur commande* — les Grappes de ma vigne. *Benjamin Marks.*

Inscription gravée : Pour Ann, lumière de ma vie. Ça ne va pas vous servir à grand-chose, j'en ai peur ! Le nom est si commun... Mais enfin, il y a une adresse.

— Quel nom ? demanda Burden, très excité.

— Smith. La vente a été faite le 15 décembre 1958, à un Mr Geoffrey Smith.

Aucun doute là-dessus, Drayton prenait son travail au sérieux, pensait Wexford, installé au *Carousel.* Le jeune homme tournait le dos à la porte, mais on voyait à ses épaules qu'il était intensément attentif. Il semblait avoir avec sa compagne une conversation animée, pour ne pas dire amoureuse car leurs visages étaient tout proches. Wexford fut très amusé en voyant Drayton prendre dans sa main le menton de la jeune fille et la regarder sourire. Ils ne l'avaient pas aperçu. En vérité, pensait-il, on pouvait dire sans exagération qu'ils n'avaient d'yeux que l'un pour l'autre. Ce n'était pas très honnête vis-à-vis de la jeune fille, et il se demandait combien de temps encore cette attention feinte serait nécessaire, lorsque Burden demanda :

— Vous avez choisi ?

— Du hachis, dit Wexford. Ça doit bien faire dix minutes que je l'ai commandé.

— J'ai trouvé le type.

Burden s'expliqua, et le visage de l'inspecteur exprima tour à tour l'intérêt et l'incrédulité. Burden dit d'un air de s'excuser :

— Vous remarquiez vous-même que certaines personnes s'appellent réellement Smith.

— C'était pour plaisanter. Où habite-t-il ?

— Sewingbury. (Le hachis fit son apparition et Burden en commanda pour lui également.) Je ne comprends pas pourquoi il n'est pas sur les listes électorales. Il ne peut pas être mineur !

— Non, à moins que nous ayons affaire à un petit garçon qui achète des briquets à une petite fille, dit Wexford en commençant à manger. Ce hachis est dans un sachet depuis que ces pommes de terre ont été arrachées ! dit-il avec une grimace. Smith pourrait être un étranger qui a changé de nom sans être jamais naturalisé...

Burden réfléchit. Il sentait qu'il penserait mieux s'il avait l'estomac plein. Les pommes de terre étaient peut-être suspectes, mais elles étaient brunes et croustillantes, et leur fumet lui aiguisait l'appétit.

— Nous avons vu depuis le début, dans le nom de Smith, un pseudonyme, dit-il, s'épanouissant lorsqu'on posa l'assiette devant lui. Maintenant, on dirait tout d'un coup que tout va devenir simple. Qu'en pensez-vous? Smith connaît Anita depuis des années, et leur amitié s'est ravivée quand elle est venue habiter ici avec Margolis. Il a retenu la chambre le samedi, et il s'est rendu chez Ruby dans sa voiture noire qu'il a vendue le lendemain ou le lundi, l'échangeant contre une verte. Mais quand il a donné son nom à Ruby, il ne se doutait pas qu'il aurait quelque chose à cacher. Attaquer Anita était la dernière chose qui lui serait venue à l'idée. (Wexford approuva de la tête. L'inspecteur continua avec plus d'assurance :) Elle a annulé son rendez-vous avec Kirkpatrick, non pas à cause de sa voiture, mais simplement parce qu'elle en avait assez de lui et qu'elle avait accepté de sortir avec Smith. Elle a retrouvé Smith quelque part, a garé sa propre voiture, et ils sont allés à Stowerton dans la sienne à lui. Ils se sont disputés chez Ruby, très probablement au sujet de Kirkpatrick, et il l'a attaquée avec un couteau ou un rasoir. Il est parvenu à la faire sortir de la maison et à la mettre dans la voiture, mais elle est morte et il s'est débarrassé de son corps ou l'a caché dans son appartement à Sewingbury. Plus tard il a pris la voiture d'Anita et l'a ramenée à Pump Lane.

— Qui sait? dit Wexford en repoussant son assiette vide. Cela concorde. Kirkpatrick n'apparaît qu'en tant que rival et tous ses tourments viendraient de la peur qu'il a de voir sa femme se venger.

À ce moment, Burden tendit la main pour prendre le poivre et aperçut Drayton.

— Et nous pouvons étouffer cette idylle dans l'œuf, conclut-il.

— Avant qu'il se laisse entraîner, hein? (Wexford se leva.) Oui, nous allons accepter pour le moment l'histoire que raconte Kirkpatrick. J'imagine que Griswold ne considérera pas Smith comme un nouveau suspect! Drayton a l'air vraiment fasciné... Je ne tiens pas à voir mes jeunes collaborateurs tomber amoureux d'une fille Grover, sauf pour les besoins du métier.

Il alla à la caisse, paya son addition et se mit sur un genou afin de renouer son lacet de soulier. Sous la nappe, il vit une longue jambe nue pressée contre le genou de Drayton. Ils se font du pied, pensa-t-il. Il prit sa monnaie et, s'approchant du couple, il toussota. Drayton leva la tête et, au lieu de son masque de policier efficace, Wexford vit du ravissement sur son visage.

— Vous avez envie de faire une petite randonnée jusqu'à Sewingbury, Drayton ?

Le garçon se leva aussitôt, retrouvant son visage de policier.

— Je viens tout de suite !

— Finissez votre café.

Cette fille était extraordinairement belle... Le genre de beauté qui s'épanouit pour cinq ou six ans et se fane avant la trentaine.

L'appartement de Geoffrey Smith faisait partie d'un ensemble de quatre aménagés dans un ancien hôtel particulier au-delà de Sewingbury — une élégante maison du XVIIIe siècle, bâtie peut-être en même temps que le couvent Sainte-Catherine auquel elle s'adossait. Un imposant escalier les mena jusqu'à une galerie. Le mur qui leur faisait face avait jadis comporté plusieurs portes, mais aujourd'hui il n'en restait que deux qui donnaient accès aux appartements 1 et 2. Le numéro 2 était à gauche. Wexford sonna.

La magnificence des lieux ne s'accordait guère avec la théorie chère à Burden du rasoir ou du couteau. Évidemment, un client de Mr Scatcherd pouvait fort bien habiter ici. Malgré tout, Burden ne s'attendait pas à cet espace. La porte s'ouvrit vers l'intérieur et il regarda d'abord, non la femme qui se tenait sur le seuil, mais derrière elle, la vaste pièce qui s'ouvrait sur une autre aussi grande, éclairée au fond par deux immenses fenêtres. Si les murs n'avaient été nus, on se serait plutôt cru dans une galerie de peinture que dans un appartement. La lumière tombait des fenêtres en deux immenses rectangles, et elle se tenait dans l'ombre au milieu.

Dès que leurs regards se croisèrent, Burden la reconnut. C'était la femme qui avait essayé de vendre ses bijoux à Knobby Clark.

— Mrs Smith ? dit Wexford.

Burden ne s'était pas précisément attendu à se voir souhaiter la bienvenue, mais la réaction de son interlocutrice l'étonna tout de même. Il y avait dans ses yeux de la révolte et de l'horreur, comme si, pensa-t-il, ayant été torturée des années durant, elle se trouvait, à peine délivrée, à nouveau face à d'imminents tourments.

— Que voulez-vous dire? demanda-t-elle en détachant chaque syllabe.

— Je vous ai demandé si vous étiez Mrs Smith. Mrs Geoffrey Smith?

Le visage de la femme se durcit.

— Veuillez vous en aller, dit-elle d'un air tendu.

Wexford lui lança un de ses coups d'œil implacables et lui montra sa carte. Ce geste avait rarement provoqué une réaction aussi agréable pour lui. Elle poussa un soupir de soulagement, puis sourit, puis rit franchement.

— Entrez donc, s'écria-t-elle, redevenant celle que Burden avait vue chez Knobby Clark. Je ne sais ce que vous désirez, mais je ne cours évidemment aucun danger avec vous. Avant de savoir qui vous étiez, je pensais qu'il n'était pas prudent pour une femme seule de laisser entrer des étrangers chez elle. Excuse bien mince pour son attitude horrifiée.

Burden était sûr qu'elle ne l'avait pas reconnu. Malgré le soleil, il faisait froid dans ce logement. En hiver, ce devait être intolérable. Ils ne virent pas de radiateurs, tandis qu'ils traversaient la première immense pièce et entraient dans l'autre où s'ouvraient les grandes fenêtres. Des doubles portes couleur ivoire, à la peinture effritée autour des moulures, se refermèrent derrière eux. Il y avait peu de meubles, et trop neufs. Pas assez pourtant pour sembler chic et pas du tout en harmonie avec ce noble décor. Les élégantes fenêtres brillaient entre de malheureuses tentures de coton à fleurs, comme des femmes du monde tombées dans la gêne.

— J'aimerais voir Mr Smith. Quand l'attendez-vous?

— J'aimerais le voir, moi aussi.

Maintenant, son visage mat encadré de cheveux bouclés exprimait une espèce de regret à demi amusé. Les lunettes bougeaient sur son nez court. Sa peur avait disparu, et elle semblait femme à aimer rire et à savoir, à l'occasion, le faire à ses propres dépens.

— Geoffrey a divorcé il y a cinq ans, dit-elle.

— Savez-vous où il se trouve actuellement, Mrs Smith?

— Pas Mrs Smith. Mrs Anstey. Noreen Anstey. Je me suis remariée.

Elle adressa à Wexford un regard plein d'une sagacité blasée qui laissait deviner une vaste et peut-être douloureuse expérience.

— Je crois que vous pourriez me dire pourquoi vous le cherchez, reprit-elle.

— Pure formalité, Mrs Anstey.

C'était bien la dernière personne au monde à qui on pouvait espérer faire avaler ça, pensa-t-il.

— J'en suis certaine, dit-elle, et un sourire gentiment railleur dessina des rides autour de ses yeux. Geoff est l'un des hommes les plus honnêtes que j'aie jamais rencontré. Ne trouvez-vous pas qu'il a l'air honnête ?

Wexford attendait avidement une photo, et quand elle lui tendit un grand portrait de studio, il faillit se jeter dessus : visage hâlé, sympathique, cheveux noirs, pipe... L'inspecteur-chef n'était pas homme à croire à l'honnêteté d'un homme d'après une « preuve » comme celle-là. Il était encore occupé à examiner le portrait lorsque Burden demanda :

— Avez-vous déjà vu ce briquet ?

Il le mit dans les mains de la femme. Elles tremblèrent légèrement en le prenant, puis elle eut un hoquet de plaisir et l'approcha de son visage.

— Mon briquet ! Moi qui croyais l'avoir à jamais perdu ! (Elle essaya de le faire fonctionner, le visage toujours rayonnant.) Où l'avez-vous trouvé ? C'est merveilleux ! Ne voulez-vous pas prendre une tasse de thé ? Je vous en prie, laissez-moi vous faire du thé.

Assise sur le bord de sa chaise, elle rappelait à Wexford un enfant au matin de Noël, avec la photo de Smith sur ses genoux et le briquet à la main. Il lui avait tout d'abord donné trente-huit ou trente-neuf ans mais tout à coup, elle paraissait beaucoup plus jeune. Elle portait une alliance à chaque main. L'une était ciselée exactement comme le briquet, l'autre ressemblait à un vulgaire anneau de rideau.

— Maintenant, réglons cette question, dit-il. Ce briquet est à vous ? Mais vous vous appelez Noreen.

— C'est exact. (Il pouvait la croire. Ses paroles sonnaient absolument juste.) Noreen Ann Anstey. On m'a toujours appelée Ann. D'abord Ann Greystock, puis Ann Smith, ce qui est très ordinaire mais peut encore aller... mais Ann Anstey? C'est affreux, on a l'impression de bégayer. Aussi, j'ai repris le prénom de Noreen.

— Votre premier mari vous a donné ce briquet? interrompit Burden.

— Pour Noël. Voyons... ça devait être en 1958. (Elle hésita et son sourire exprimait la nostalgie.) On s'entendait bien, dans ce temps-là. J'illuminais sa vie...

— Comment avez-vous perdu cet objet?

— Comment perd-on les choses? C'était en novembre dernier. J'avais un sac qui fermait mal et je le portais toujours dans ce sac, bien que je n'aie plus les moyens de fumer.

Wexford jeta un bref coup d'œil au mobilier misérable et le regretta immédiatement: rien n'échappait à cette femme, et il venait de la blesser.

Avec un froncement de sourcils qui s'effaça tout de suite, elle continua:

— Un jour je l'avais encore, le lendemain je ne l'avais plus. J'avais d'ailleurs perdu un collier en argent de la même façon, une semaine auparavant. À certains d'entre nous, rien ne sert de leçon!

Elle caressait amoureusement le briquet et rencontra le regard de Burden, où elle lut un reproche.

— Oh! je sais qu'il a de la valeur, s'empressa-t-elle d'ajouter. Tout ce que me donnait Geoff en avait. Il n'est pas riche, mais il est la générosité en personne. J'étais sa femme. Rien n'était trop beau pour moi. J'ai vendu la plupart de ses autres cadeaux... (Elle fit une pause, le regarda de nouveau, et il comprit qu'elle se rappelait leur rencontre.) J'ai été obligée de le faire. Je suis professeur à Sainte-Catherine et mon traitement est très modeste. Je ne sais pas pourquoi j'avais gardé le briquet. Peut-être parce qu'il représentait quelque chose de tellement personnel... Ah, tant pis! C'est bon d'avoir été aimée et de s'en souvenir quand tout est fini.

Il se peut que vous l'ayez perdu et qu'Ann Margolis l'ait égaré à son tour, mais vous ne l'avez pas perdu toutes les deux en l'espace de six mois, songea Wexford.

— Mrs Anstey, dit-il tout haut, puisque vous êtes son ancienne femme, vous devez savoir où est Mr Smith actuellement?

— Il ne m'a jamais versé de pension. C'était assez à mes yeux qu'il nous donne l'appartement où nous vivons. (Elle mordit sa lèvre inférieure de ses petites dents blanches.) Ah ! je vois pourquoi vous le cherchez ! Puisqu'il est comptable, c'est forcément une histoire d'impôts. Eh bien, s'il y a quelque chose de pas régulier, Geoff n'y est pour rien.

— Où pouvons-nous le trouver ?

— Mais à Kingsmarkham.

Wexford l'écouta, incrédule, se rappelant les visites faites à tous les Geoff Smith de la région.

— 22 Kingsbrook Road, je veux parler de la vieille Kingsbrook Road, précisa-t-elle. Il habitait Kingsmarkham avant notre mariage, et après notre divorce, il y est revenu.

— L'avez-vous jamais entendu faire allusion à une certaine miss Ann Margolis ?

Cela lui déplut d'entendre le nom d'une autre femme. Son sourire s'évanouit et ses mains se crispèrent, mais elle avait une réponse toute prête, un antidote pour tous les poisons.

— Est-ce la personne qui a triché dans ses déclarations d'impôts ?

— Mrs Anstey, votre mari a-t-il la clé de cet appartement ?

Elle plissa son front brun, déjà barré de rides. Ses yeux très noirs étaient pleins de vivacité. Peu importe la façon dont elle s'habille, songeait Wexford, sa personnalité, sa vitalité *(Pour Ann, lumière de ma vie)* l'habillent suffisamment : ses vêtements ne servent qu'à lui tenir chaud. Et il réalisa qu'elle portait un pull-over et une vieille jupe plissée.

— Une clé ? répéta-t-elle. Ça n'est pas impossible. S'il en a une, il ne s'en sert pas. Quelquefois... (Elle le regarda entre ses cils, mais sans coquetterie, plutôt comme si elle craignait qu'il ne comprenne pas.) Quelquefois, je le regrette. On n'aime pas gâcher la vie de quelqu'un. Pour moi, ça n'a pas d'importance. Contrairement à ce que l'on croit généralement, il y a énormément de consolation dans la conscience que l'on a d'avoir ce qu'on mérite. Geoff méritait ce qu'il y avait de mieux et il a été affreusement traité. J'aimerais savoir que depuis, il a eu des compensations, voilà tout. Mais vous devez me croire folle en m'entendant parler ainsi ! Excusez-moi. Quand on est souvent seule, on devient bavarde avec les visiteurs... Vous êtes bien sûrs que vous ne voulez pas une tasse de thé?

— Tout à fait sûrs, merci.

— Quand vous le verrez, dit-elle, vous pourriez lui transmettre mes... mes amitiés. Mais peut-être que vous ne faites pas ce genre de commissions, et peut-être aussi qu'il a oublié le passé.

Son visage était plein de rides minuscules, tracées par l'expérience, et un mouvement d'insouciance ne suffirait pas pour les effacer toutes.

— Pour Ann, qui a gâché ma vie, dit Burden quand ils se retrouvèrent dans la voiture. Qu'est-ce qu'il a fait? Il est revenu chiper ce briquet parce qu'il avait trouvé une femme capable de l'apprécier?

— Pas de sentiment à son sujet, voulez-vous? Il a fait lui-même un fameux gâchis en ce qui concerne la fille à qui il l'a donné. Il s'est rappelé, je suppose, qu'il avait jadis fait à sa femme un cadeau qui conviendrait parfaitement à une autre Ann. Ce n'est pas quelqu'un de si noble et de si généreux, n'est-ce pas? Il s'est bien faufilé chez son ancienne femme pour la voler.

— En tout cas, nous n'avons plus de souci à avoir pour les dates. Il a très bien pu lui donner le briquet il y a quelques mois. Il ne l'a probablement pas rencontrée plus tôt.

— Ça paraît juste, dit Wexford, je suis de cet avis. Et vous, Drayton?

Vexé que Drayton eût été considéré comme digne d'être consulté, Burden déclara méchamment:

— Je pense qu'il l'a tuée avec un de ces couteaux de chez Grover.

Le dos de Drayton se raidit. Légèrement amusé, Wexford s'éclaircit la gorge.

— Prenez la route de Stowerton, dit-il à Drayton. Nous allons montrer cette photo à Ruby Branch.

Elle la contempla et Wexford comprit qu'il n'y avait pas d'espoir. Trop de temps s'était écoulé, elle avait vu trop de visages. Elle rendit la photo à Wexford, secoua ses boucles rousses et demanda:

— Vous allez être encore combien à venir me voir?

— Qu'est-ce que vous voulez dire?

Ruby s'agita sur le sofa rouge et bleu et fixa d'un air de ressentiment le plancher sans carpette.

— Ce gars qui s'appelle Martin, il n'y a pas plus de dix minutes qu'il est parti. C'est un copain à vous, hein ? (Wexford, intrigué, hocha la tête.) D'abord, cette grande voiture rose et mauve avec des lettres dessus, et voilà le gars qui sort...

— Quel gars ?

— Celui qui avait une cravate rouge, dans votre défilé. Dès que j'ai aperçu sa voiture, je me suis rappelé où je l'avais vu. Deux fois, je l'ai vu, ce mardi soir dont vous me parliez. Il était devant chez Cawthorne quand je suis passée par là à 8 h 10, et je l'ai revu à 11 heures, assis dans son auto, en train de dévisager tout le monde, avec l'air de quelqu'un qui devient dingue. Mais je viens de dire tout ça à votre Martin.

Wexford eut de la peine à réprimer un éclat de rire. Ruby était rouge d'indignation. Essayant de prendre l'air sévère, Wexford lui dit :

— Vous ne me raconteriez pas tout ça parce que Mr Kirkpatrick vous l'a demandé, n'est-ce pas ? Vous n'auriez pas succombé à la tentation devant un beau collier en strass ?

— Moi ? Je ne lui ai jamais parlé ! Il était juste en train de descendre de sa dingue de voiture quand arrive votre gars. Le voilà qui remonte dedans à toute pompe et enfile la rue. Ce Martin, dit-elle d'un air offensé, il a été très désagréable avec moi. Certains appelleraient ça : proférer des menaces.

— Et d'autres, répliqua Wexford, appelleraient ça sauver le sexe faible de ses plus bas instincts.

Au carrefour de Stowerton, Mrs Cawthorne exhibant ses genoux osseux et, sous ses boucles jaunes, des pendants d'oreilles gros comme des ornements de sapin de Noël, s'était perchée sur une pompe à essence pour flirter avec un employé. Dans la blanchisserie, l'eau tournoyait toujours derrière les hublots.

— Vous pouvez vous considérer ce soir comme exempté de la corvée de blanchissage, Drayton, dit Wexford.

— Pardon ?

— Miss Grover vient toujours ici faire sa lessive le mardi, n'est-ce pas ?

— Oh ! Je vois ce que vous voulez dire...

Il n'avait pas besoin de rougir ainsi, pensa Wexford. Même son cou était cramoisi.

— Kirkpatrick est bien à l'abri, continua-t-il, ses tentatives de corruption n'ont rien donné. Ces deux femmes l'ont bel et bien vu devant chez Cawthorne. C'est simplement un imbécile doublé d'un anxieux. Il a peur du tribunal des divorces, pas de la prison.

— On va à la vieille Kingsbrook Road ? demanda Drayton avec raideur.

— Numéro vingt-deux.

Comme ils passaient devant l'église méthodiste, Wexford se pencha en avant, subitement oppressé. Il avait craint cela au moment où Mrs Anstey lui donnait l'adresse et il avait chassé sa crainte en s'accusant de prévoir toujours le pire.

— Regardez, Mike.

— On dirait qu'une bombe est tombée ici, dit Burden d'un ton las.

— J'ai la même impression. De jolies maisons anciennes ! Tout le pâté, ou presque, est démoli.

Il descendit de voiture, Burden derrière lui. Dans la douce lumière de l'après-midi, le seul mur resté debout arrêta leurs regards. Tout l'intérieur était visible : papier vert en haut, rose de la couleur des pierres, en bas. À quelques mètres du sommet, une cheminée en fer demeurait accrochée au plâtre et, là où on avait enlevé le plâtre, aux briques nues. Un grand câble était passé autour, et le câble était attaché à un tracteur qui chargeait à travers la poussière. Au milieu des nuages ocre, ils pouvaient distinguer un écriteau : *Entreprise de démolition Doherty.*

Les yeux de Burden discernèrent un numéro sur la partie de la porte qui restait : 22. Ils allèrent immédiatement du mur au câble, du câble au tracteur.

— Police ! annonça sèchement Burden à un type rougeaud.

— O.K., O.K. ! Seulement j'ai mon travail à faire, comme tout le monde. Qu'est-ce que vous voulez ?

Burden regarda par-dessus son épaule le numéro qui était sur la porte.

— Un comptable habitait ici, un nommé Smith. Savez-vous où il est allé ?

— Là où vous ne le trouverez jamais... Sous la terre.

— C'est-à-dire ?

— Il est mort, dit le conducteur du tracteur, en frottant l'une contre l'autre ses mains poussiéreuses.

14

— Il ne peut pas être mort, dit Burden consterné.

— Vous croyez ? Moi, je ne fais que vous répéter ce qu'a dit la vieille qui tient le salon de thé.

Indiquant de la tête l'ancien emplacement du petit café, l'ouvrier fouilla dans sa poche, y pêcha un grand mouchoir sale et se moucha.

— C'était avant que tout soit par terre. Ce pauvre Mr Smith, qu'elle m'a dit, quelle peine il aurait eue de voir partir cette vieille maison ! C'était tout ce qui lui restait après ce que lui avait fait sa garce de femme. Il était tout seul.

— De quoi est-il mort ? De chagrin ?

— Quelque chose au cœur. La vieille vous le dirait mieux que moi.

— Vous ne savez pas quand il est mort ? intervint Wexford.

— Il y a un an, un an et demi. Ensuite l'endroit est resté vide. C'était dans un drôle d'état !

Burden savait que c'était vrai : là où maintenant, on ne voyait que débris, il avait souvent pris son thé et, en partant, il était passé devant des fenêtres aveuglées par des planches.

— Les pompes funèbres sont juste au coin. On est au courant là-dedans, conclut l'ouvrier.

Il retourna à son tracteur et fit avancer l'engin dans des amas de gravats et de briques. Burden se rendit chez les entrepreneurs de pompes funèbres. Le câble se tendit. Wexford resta debout à le suivre des yeux, écoutant craquer les murs en train de s'effondrer jusqu'au retour de l'inspecteur.

— Il est bien mort, dit Burden. Il y a eu un an en février. Ils se rappellent son enterrement : il n'y avait personne, sauf cette vieille femme et une fille qui lui tapait ses lettres. Notre suspect numéro un est dans la tombe, au cimetière de Stowerton.

— De quoi est-il mort ?

— D'un infarctus. Il avait quarante-deux ans.

Un sourd grondement, comme celui qui précède un tremblement de terre, le fit se retourner. Dans le mur de la maison était apparue une fissure d'où sortirent en masse des fragments de brique.

— À mon avis, reprit Burden, l'histoire Smith se ramène à une suite de coïncidences. Il nous faut l'oublier et repartir de zéro.

— Des coïncidences ? Non, Mike, elles ne se multiplieraient pas à ce point : un homme est venu chez Ruby, a donné le nom de Geoff Smith et, après son départ, on a trouvé dans cette maison un briquet qu'un homme appelé Geoff Smith avait acheté il y a huit ans. Ce sont là des *faits* qu'il est impossible d'ignorer. Tout cela se passait à Stowerton, et un homme du nom de Geoff Smith avait habité la ville voisine, connaissait l'endroit comme vous et moi. Cet homme est mort. Il était déjà mort quand le briquet a disparu de l'appartement de Mrs Anstey, déjà mort quand Anita est venue vivre ici, et on ne peut plus mort mardi dernier. Mais nier ses rapports avec l'affaire qui nous occupe en parlant de coïncidences, c'est insensé ! À devenir fou !

— Alors, Mrs Anstey raconte des histoires. Elle a vendu le briquet à Anita — elle reconnaît qu'elle a vendu un tas de choses — et lui a raconté par hasard, par la même occasion, des choses sur son premier mari. Il ne s'agirait pas là d'une coïncidence, mais d'un comportement normal de sa part. Anita a répété le nom du mari à son petit ami qui l'a inconsciemment enregistré dans sa mémoire.

— Pourquoi Mrs Anstey mentirait-elle ? ricana Wexford. Je vous le demande, Mike, est-ce qu'elle vous a paru être une menteuse ?

Burden secoua la tête d'un air dubitatif et suivit l'inspecteur-chef vers la voiture où les attendait Drayton.

— En tout cas, je ne la crois pas quand elle déclare avoir perdu le briquet.

— Elle croit l'avoir perdu, répondit vivement Wexford. La vérité, c'est que quelqu'un l'a fauché. Qui ? Un vieux copain de Smith ? Vous savez ce que nous allons avoir à faire, n'est-ce pas ? Il va falloir dénicher tous les amis de Smith, tous les amis de Mrs Anstey et tous ceux d'Anita, pour voir s'il existe le plus petit lien entre eux.

Un cri poussé derrière eux leur fit hâter le pas.

— Attention !

Le tracteur donna l'assaut final, le câble coupa le mur en deux aussi nettement que le couteau de l'épicier coupe un morceau de fromage. Puis tout disparut dans un immense nuage jaune. Sur l'emplacement de la maison, on ne voyait plus maintenant qu'une colonne de vapeur jaunâtre à travers laquelle on apercevait le bleu limpide du ciel.

— Voilà parti jusqu'au dernier souvenir de Geoff Smith, dit Wexford. Venez, je veux mon thé.

C'était sans avenir, pensait Drayton. Ses ambitions excluaient une fille du genre de Linda Grover. Il ne pouvait lui trouver aucune place dans sa carrière. À présent, il se reportait en arrière et voyait combien il avait eu tort de nouer des relations avec une fille dont le père était mal vu de ses supérieurs. Il méritait un blâme pour être sorti avec elle, il avait agi avec une effrayante témérité en devenant son amant. Le mot lui-même, avec sa connotation érotique, le fit frissonner, et ce n'était pas pour son avenir et sa carrière. Il semblait qu'elle fût accessible à la corruption ; tout ce qu'il savait, c'était que la corruption venait d'elle, et de son environnement. Et Wexford le savait également. Wexford lui avait ordonné, bien sûr sans comprendre exactement tout ce que cela impliquait, de la laisser tomber. Il avait là une chance d'obéir, de céder et, ce faisant, d'échapper à son envoûtement avec l'appui des autorités.

Il prit son duffel-coat et descendit les marches du poste. Il faisait trop chaud pour le porter. Il faudrait bien que ce soir, Cawthorne se passe du prix de location de la voiture. Drayton se rendit à la bibliothèque où il prit un livre sur la psychopathologie. Il était 7 heures lorsqu'il en sortit — la bibliothèque fermait. Le magasin Grover serait fermé aussi. Il pouvait rentrer chez lui en suivant tranquillement High Street. L'autobus qui faisait le service Stowerton-Forby arriva comme il approchait de l'arrêt, et il éprouva un étrange désir de monter dedans et d'être emmené loin dans la campagne. La psychopathologie aurait exigé de lui une grande concentration intellectuelle et, au contraire, il souhaitait oublier sa propre identité... Et soudain, il comprit, avec une certitude mêlée d'horreur, que le monde entier n'était pas assez grand pour elle et lui, à moins qu'ils ne fussent ensemble. Il eut froid et pressa le pas.

Alors, il la vit. Elle descendait du car de Stowerton, et un beau garçon lui passait une poussette remplie de linge. Drayton la vit sourire et il lui sembla que son sourire était plein d'une coquetterie et d'une séduction qu'elle n'y avait jamais mises avec lui. La jalousie le prit à la gorge. Impossible de l'éviter. Il avait perdu la volonté et le désir de le faire. Les paroles de Wexford, cette plaisanterie sur la corvée de blanchissage, résonnèrent à ses oreilles comme un sermon insupportable.

— Vous permettez que je vous aide ?

Elle sourit, et son sourire n'était que l'ombre de celui qu'elle avait adressé à l'étranger du car. Ce fut assez. Un étau serrait ses membres ; il lui semblait sentir son froid contact.

— Mon patron m'a dit que je serai de service pour la blanchisserie, ce soir, dit-il, conscient de débiter des sottises, de toujours tenter de la séduire dès qu'ils se retrouvaient. Qui s'occupe du magasin ?

— Votre patron vous a en grande estime, dit-elle d'un air possessif et avec une intonation satisfaite. Je l'ai bien vu, aujourd'hui au café. (Elle se rembrunit.) Papa est levé. Il a toujours mal au dos, mais il dit qu'il ne peut pas se fier à nous pour tenir le magasin.

Drayton se sentit un curieux désir de voir le père. Il soupira intérieurement. Ce n'est pas ainsi qu'il avait imaginé une rencontre si importante, ni dans ces circonstances, ni à cet endroit. Dans dix ans, pensa-t-il. Une fille bien cultivée ; un père universitaire ; des perles au cou de la mère ; une maison de campagne aux poutres apparentes, avec jardin et parc, et peut-être un enclos pour les chevaux. Elle ouvrit la porte du magasin et sa vieille odeur les assaillit.

Grover était derrière le comptoir, en train de ramasser des bonbons que quelqu'un avait fait tomber. Ses mains semblaient douteuses, et il y avait des marques de rouille autour de l'ouverture du bocal qu'il tenait. Drayton s'était attendu à un homme plus âgé. Il ne paraissait pas plus de quarante ans et il n'y avait pas trace de gris dans ses cheveux foncés ; et on ne discernait des signes de vieillesse que dans les muscles du visage, crispés par la douleur. En voyant sa fille, il posa le bocal et porta la main à son dos.

— Ta mère vient de partir faire son whist. (Drayton trouva sa voix horrible.) Elle veut que tout ça soit repassé ce soir.

Il parlait à sa fille comme s'ils étaient seuls et la regardait d'un air revêche.

— Tu devrais être au lit, dit Linda.

— Et abandonner le commerce ? Tu as laissé les livres dans un bel état !

Bien qu'il fût brun et elle blonde, la ressemblance entre le père et la fille était frappante. Drayton se détourna. Si cet homme souriait, il allait pousser un cri de souffrance. Mais il n'y avait guère de chance pour que Grover sourît.

— C'est fini pour moi, le repos, dit-il, je vois ça. Demain, je reprends le collier. (Il sortit de derrière le comptoir comme s'il allait foncer sur elle et ses mouvements obliques évoquaient ceux d'un animal blessé et pris au piège.) Et puis je vais sortir la voiture, marmonna-t-il. Je ne pense pas que tu l'aies nettoyée depuis que je suis couché.

— Le docteur va sûrement te gronder, dit-elle. Pourquoi ne pas te recoucher ? Je suis là. Je peux m'en tirer.

Elle lui prit le bras comme s'il avait réellement été la créature brisée qu'avait imaginée Drayton. Demeuré seul dans la boutique, ce dernier se sentit abandonné. Ce n'était pas un endroit pour lui et, comme toujours lorsqu'il s'y trouvait, il avait envie de se laver les mains, de se purifier. Peut-être qu'elle oublierait son existence, absorbée par ses travaux ménagers ? Il resterait alors au milieu des magazines suspects (des couteaux bien camouflés ?) jusqu'à la tombée de la nuit. Car il savait qu'il était prisonnier, qu'il ne pouvait s'en aller sans elle.

Il lui parut qu'un siècle s'était écoulé lorsqu'elle revint et il sentit que son expression trahissait son abandon fataliste au besoin qu'il avait d'elle.

— Il a fallu que je suspende le linge, dit-elle, il ne séchera pas ce soir. J'aurais dû le porter à la blanchisserie cet après-midi, comme la semaine dernière.

S'approchant d'elle, il leva les mains vers son visage, le touchant à la façon d'un aveugle.

— Pas de voiture ce soir ? lui demanda-t-elle. (Il secoua la tête.) On va prendre celle de papa.

— Non... on ira se promener à pied, dit-il.

Il savait qu'elle conduisait, elle l'avait dit à Wexford. Il abdiquerait complètement si elle devait l'amener à travers la campagne dans la voiture paternelle.

— Demain, alors. (Elle le regarda longuement dans les yeux.) Promets, Mark, qu'on la prendra avant que papa se lève et la réquisitionne.

À ce moment, il lui aurait promis sa vie même, si elle l'avait demandée.

— Protège-moi, dit-elle d'une voix chargée d'angoisse.

Au premier, il entendit remuer le malade.

— Oh, Mark, Mark...

La rivière leur faisait signe avec son tranquille chemin abrité. Drayton la prit dans ses bras à l'endroit où il avait vu l'autre l'embrasser, mais il l'avait oublié comme tout ce qui s'était passé avant leur rencontre. Même le désir physique était moins fort. Il avait atteint le point où le comble du bonheur était d'être avec elle, de la serrer contre lui et, dans le silence, d'unir sa bouche à la sienne.

— Je crois que j'ai eu raison de vous faire ressortir.

Burden se leva pour que Wexford prenne place à côté de lui près de la fenêtre. Comme toujours à cette heure, le bar de l'*Olive and Dove* était plein.

— Ça ne pouvait pas attendre à demain matin, je suppose ? grogna Wexford. Ne vous asseyez pas. Vous pouvez m'apporter une bière avant de commencer votre exposé.

Burden revint avec deux chopes de bière.

— Beaucoup de gens et de bruit, ici, monsieur.

— Pas tant de gens et de bruit que chez moi. Ma fille Sheila offre à ses amis une séance de jazz.

— Non, dit Burden en souriant, ce n'est plus le terme qu'on emploie de nos jours.

— Quel terme est-ce qu'on emploie, alors ? demanda Wexford avec agressivité.

— Je n'en sais rien.

Ils se rendirent dans un coin plus tranquille. Wexford souleva un pan de rideau et regarda dans la rue. Une demi-douzaine de jeunes gens traînassaient à l'entrée du parking du cinéma, riant et se bousculant.

— Regardez-moi toutes ces satanées voitures vertes ! dit-il avec une moue. Il est sûrement là-bas, en train de se promener, ou bien au cinéma.

— Je crois que je sais qui c'est, dit tranquillement Burden.

— Eh bien, j'espère que vous ne m'avez pas fait venir jusqu'ici pour boire de la bière. Allez-y !

Burden observa attentivement la figure ridée, aux traits accusés. Son expression était peu aimable. Il hésita, tripotant sa chope. Son idée lui était venue, ou plutôt avait pris forme, après trois heures de réflexion. Quand il l'avait formulée, en récapitulant les détails, une telle excitation l'avait envahi qu'il avait éprouvé le besoin d'en parler à quelqu'un. La personne la plus indiquée trônait maintenant en face de lui, déjà moqueuse et certainement prête à faire des gorges chaudes de sa théorie. Tout comme la froide lumière du matin est censée disperser les rêves de la nuit, l'atmosphère de l'*Olive and Dove*, les grands rires vulgaires et l'air dubitatif de Wexford enlevaient toute sa force à sa solution et n'en laissaient subsister que l'ingéniosité. Il eut envie de vider sa chope d'un trait et de sortir sans un mot. Wexford tapait du pied avec impatience. S'éclaircissant la gorge, Burden dit gauchement :

— Je crois que c'est le mari de Mrs Anstey.

— Smith ? Seigneur, Mike ! Il est mort, vous le savez bien.

— Smith est mort, pas Anstey. En tout cas, nous n'avons aucune raison de le supposer.

Burden baissa la voix au moment où quelqu'un passait près de leur table.

— Ça pourrait bien être Anstey. Vous voulez savoir pourquoi ?

Wexford leva ses sourcils broussailleux.

— Vous avez intérêt à ne pas vous tromper. Nous ne savons rien du gars en question. C'est à peine si elle a fait allusion à lui.

— Et vous n'avez pas trouvé ça bizarre ?

— Peut-être, peut-être, dit pensivement Wexford.

Il semblait prêt à continuer. Burden, ne voulant surtout pas manquer son effet, s'empressa d'enchaîner :

— À qui donne-t-elle l'impression d'être attachée ? À l'homme qui a divorcé d'avec elle il y a cinq ans, ou à celui qu'elle a épousé depuis ? Elle regrette ce divorce et peu lui importe que la chose saute aux yeux d'étrangers que le sujet n'intéresse pas. *C'est bon d'avoir été aimée et de s'en souvenir lorsque tout est fini !* Ce sont ses paroles. Est-ce qu'une femme mariée heureuse avouerait cela ? Et pourquoi a-t-elle dit qu'elle *était souvent seule ?* Elle est dans l'enseignement. Une femme mariée qui travaille n'est pas tellement seule, elle ne l'est même à peu près jamais !

— Vous pensez qu'elle vit séparée d'Anstey ?

— Oui, dit Burden d'un air décidé. Nous ne croyons pas qu'elle ait perdu le briquet, mais elle le croit. Si elle ne l'a pas perdu, mais simplement laissé traîner ou mis dans son sac, qui est la personne la plus à même de le prendre ? Le mari errant ! Très probablement, Smith a demandé le divorce à cause d'Anstey. Cela veut dire qu'il y avait adultère, et un homme qui fait ça une fois recommencera.

— Ainsi s'exprime l'austère moraliste, sourit Wexford. Votre théorie, bien sûr, c'est qu'Anstey avait une liaison avec Anita et lui a fait cadeau du briquet. Jusque-là, ça tient debout, mais vous n'avez pas de vraie bonne raison de croire qu'Anstey a quitté sa femme.

— Pourquoi dit-elle qu'elle n'a que son salaire pour vivre ? demanda triomphalement Burden. Quant aux bijoux qu'elle a vendus, c'est vrai. Je l'ai vue chez Knobby Clark.

— Je vous offre à boire, dit Wexford, l'air content.

— Un scotch, s'exclama Burden. Très gentil à vous. À votre santé.

— À la détection. (Wexford leva son verre.) Où se trouve actuellement Anstey ?

Burden haussa les épaules.

— Quelque part dans les environs. Il exerce un métier quelconque...

— Puisque vous êtes si malin, vous pourrez sûrement m'expliquer pourquoi un homme prend le nom du premier mari de sa femme quand il fait la bombe avec une autre ? Pas simplement Smith, notez-le bien, mais *Geoff Smith.*

— Ça, je ne peux pas vous le dire, reconnut Burden.

— Ou pourquoi il a tué la fille. Quel mobile avait-il ?

— Quand nous soupçonnions Kirkpatrick, nous avions choisi comme mobile la jalousie. Nous perdions de vue les cinq cents livres qu'Anita avait dans son sac.

— Dans ce cas-là, Mike, pourquoi n'a-t-il pas attendu d'être remonté en voiture avec elle, pour se rendre dans un endroit solitaire et la tuer ? On n'assassine pas une femme chez quelqu'un d'autre, alors qu'on peut le faire dans la forêt de

Cheriton, par exemple ! Un autre problème : Ruby et Monkey croyaient l'un et l'autre qu'il reviendrait. C'est parce qu'ils voulaient le faire arrêter avant qu'il puisse revenir que Monkey m'a écrit. Pourquoi n'est-il pas retourné là-bas ?

— Il avait peur, je suppose. Nous ne savons pas où il est. Il se peut qu'il soit rentré chez lui, au moins pour un temps... Ah ! Je n'en sais rien.

Burden secoua la tête d'un air désolé.

— Peut-être que Mrs Anstey le sait. Finissez votre verre. On ferme.

Dans la rue, Wexford renifla l'air tiède du mois d'avril. Le ciel se couvrait, des nuages passaient devant la lune. Ils arrivèrent devant le pont. Un cygne sortit du tunnel, passa dans la lumière et disparut, englouti par leurs ombres jumelles. Wexford contemplait High Street presque vide, les réverbères et les trous noirs des ruelles non éclairées.

Dans le haut mur qui s'élevait devant eux, une jeune fille se penchait à une fenêtre ouverte à six mètres au moins du sol. Son bras se balançait comme si elle avait été dans la loge d'un théâtre. Au-dessous, à moitié dans la lumière du réverbère, à moitié dans l'ombre, un homme levait les yeux.

— « *Ô lune de mes délices*, cita doucement Wexford, *qui ne connais nul déclin...* »

— Drayton avait pourtant reçu l'ordre de la laisser tranquille, lança Burden avec une aigreur qu'il n'essaya pas de cacher.

15

En vérité, les Idoles que j'ai si longtemps adorées,
Ont beaucoup entamé mon crédit aux yeux des hommes
Ont noyé mon honneur dans une coupe plate,
Et vendu ma réputation pour une chanson.
Les Rubaïyat d'Oman Khayyám.

Dans la matinée, la pluie se remit à tomber. Un coup d'œil vers le ciel montrait que ç'allait être un de ces jours où il pleut de l'aube à la tombée de la nuit. Wexford appela Sewingbury au téléphone. Le combiné coincé sous son menton, il étendait le bras pour baisser le store vénitien quand Drayton entra.

— Il y a cette Mrs Anstey qui demande à vous voir.

Wexford raccrocha.

— Pour une fois, la montagne est venue à Mahomet.

— Je la fais monter ?

— Une minute, Drayton.

C'était un ordre, et plutôt sec. Le jeune homme s'arrêta et se retourna.

— Vous vous êtes bien amusé hier soir ?

Le visage de Drayton devint plus énigmatique que jamais, si c'était possible, prudent, mais pas innocent.

— Oui, merci, monsieur.

La pluie tambourinait contre les vitres. On ne voyait presque plus clair dans le bureau, comme si la nuit allait tomber à 9 heures et demie du matin.

— Je suppose que vous ne connaissez pas encore beaucoup de gens de votre âge, par ici ?

Les paroles étaient pleines de bienveillance mais le ton menaçant.

— Pas beaucoup, non.

— Dommage. Dieu sait que ma fille en connaît ! Elle est toujours en train d'organiser une séance... (Il se reprit : Burden l'avait corrigé sur ce point.) une surboum à la maison. Ils sont gentils, si vous n'êtes pas gêné par le bruit, et j'imagine qu'il ne vous gêne pas.

Drayton ne dit rien, pétrifié dans le silence.

— Il faudra vous joindre à eux un de ces soirs. Rien que vous, tout seul, dit-il au jeune homme avec un regard froid.

— Oui, j'aimerais bien ça.

— Bon, je dirai à Sheila de vous donner un coup de fil. (L'urbanité avait remplacé la société.) Et maintenant, envoyez-moi Mrs Anstey.

La pluie lui donnait une sensation de claustrophobie, comme s'il était enfermé entre des murailles liquides. Il l'entendait dégouliner des encadrements extérieurs des fenêtres et s'abattre sur les personnages nus des fresques. Dommage qu'elle ne les lave jamais convenablement, laissant simplement sur leurs épaules et sur leurs croupes des traînées grises. Il alluma l'électricité au moment où Burden entrait, accompagné de Mrs Anstey, tous deux aussi mouillés l'un que l'autre, pareils à des créatures du fond des mers.

— Il a fallu que je vienne, dit-elle. C'était une impulsion. Après votre départ, je me suis demandé ce que vous aviez voulu dire en parlant de cette jeune femme. Et... j'ai pris le premier autobus.

Elle enleva son imperméable gris et débarrassa ses cheveux bruns d'un hideux capuchon de plastique. Elle avait des gouttes de pluie sur le nez, qu'elle fronçait comme un petit chien.

— Geoff et une femme... Je n'ai pas aimé cela... Je suis égoïste, n'est-ce pas ? En fait, il faut absolument que je le voie. J'ai assez attendu, mais j'ai pensé que je devais vous rencontrer d'abord. (Elle eut un rire fêlé.) Il a une amie ? demanda-t-elle.

Celui qui vient annoncer de fâcheuses nouvelles, pensa Wexford, *ne remplit là qu'un office ingrat...* Shakespeare — comment était la suite ? Il y avait quelque chose qui parlait de sa voix à jamais comparable au son d'une triste cloche. Peu importait. Seule comptait la douleur présente. Pour la première fois depuis que Burden et lui avaient parlé de la mort de Smith, il eut pleinement conscience de la tâche qui lui incombait. Il allait être obligé de lui dire la vérité. Le fait qu'elle était seulement une « ex-épouse » ne changerait rien, il en était sûr, à la situation. Elle répéta sa question d'une voix maintenant suppliante :

— En a-t-il une ?

— Je n'ai pas pu le voir, Mrs Anstey.

Pas de mensonges, pas d'atermoiements. Rien de tout cela ne serait possible avec cette femme. Burden leur avait tourné le dos.

— Qu'est-ce que c'est ? Il y a quelque chose qui ne va pas ?... il est malade... il est ?...

Elle se leva, tirant nerveusement, avec ses doigts, sur son capuchon de plastique.

— Il est mort, dit-il.

Peu importe à quel point on s'y attend, il y a tout de même un choc. Tant que le mot n'est pas prononcé, l'espoir demeure invincible.

— Je suis navré, dit-il rapidement, je suis vraiment navré. C'était un infarctus, je suis sûr qu'il est parti vite.

— Il ne peut pas être mort !

Ses paroles faisaient écho à celles de Burden. Il ne pouvait pas être mort pour Burden parce que sa mort démolissait une théorie. Il ne pouvait pas être mort pour elle parce qu'elle aussi avait une théorie... Une théorie sur la façon de refaire sa vie ?

— C'est pourtant le cas.

— Non, pas mort

— Je vous en prie, asseyez-vous. Je vais vous trouver quelque chose à boire.

Il la regarda chercher à tâtons derrière elle la chaise qu'elle avait occupée ; elle la trouva, l'envoya promener d'un coup de pied, et se jeta contre le mur. Les poings crispés, elle se cogna la tête contre le plâtre, puis ses poings se levèrent, frappant la surface dure.

Wexford fit un pas dans sa direction.

— Vous feriez bien d'aller chercher une des auxiliaires, dit-il à Burden.

Alors, elle commença à pousser des cris aigus, d'une voix de gorge, frénétique.

L'auxiliaire de police prit la tasse des mains de Mrs Anstey et remplaça le mouchoir trempé par un autre, sec, lui appartenant.

— Ça va un peu mieux ?

Noreen Anstey hocha la tête. Son visage était rose et gonflé et ses cheveux mouillés par la pluie donnaient l'impression d'être, comme ses joues, trempés de pleurs. Elle n'était que larmes et chagrin. Soudain elle dit de façon tout à fait cohérente :

— Je ne pourrai jamais lui demander pardon, maintenant.

Pendant une minute elle n'eut pas assez de souffle pour en dire plus. Ses sanglots redoublèrent. On aurait dit du sang coulant d'une veine.

— Je ne veux plus pleurer.

Ses sanglots étaient involontaires ; dans un moment, ils s'apaiseraient.

— Je descendrai dans la tombe sans qu'il ait su que je regrettais.

Wexford fit signe à la femme-agent qui sortit avec la tasse et le mouchoir mouillé.

— Il vous avait pardonnée, dit-il. Ne vous a-t-il pas donné votre appartement ?

— Il est mort et je ne l'ai même pas su.

Wexford pensa aux deux femmes qui avaient suivi l'enterrement : la vieille voisine, la petite dactylo.

— Vous ne savez même pas ce que je lui ai fait, n'est-ce pas ? Nous étions mariés depuis huit ans, le couple parfait, le couple heureux. C'est ce que tout le monde disait et c'était vrai ! Il me faisait des cadeaux. Des cadeaux de non-anniversaire, comme il disait : tu ne peux pas avoir autant d'anniversaires, tu vieillirais trop vite ! (Elle se couvrit les yeux, secoua la tête.) Nous habitions une maison où se trouvait son bureau. Il y avait un garage à côté, je le voyais de ma fenêtre. J'avais cessé de travailler, j'avais quitté l'enseignement ; ce n'était plus nécessaire, avec Geoff pour me faire vivre.

Ses phrases étaient brèves, entrecoupées, par saccades. Wexford rapprocha sa chaise et regarda ses pieds.

— Ray Anstey travaillait dans ce garage. Je le regardais travailler. Vous savez comme ils se couchent sur le dos, la tête rejetée en arrière ? Mon Dieu ! Vous ne tenez pas à entendre tout ça. Je ferais mieux de m'en aller.

Ses affaires étaient encore humides, l'imperméable, le parapluie. Elle chercha son sac.

— Nous vous ramènerons chez vous, dit Wexford, mais pas tout de suite. Aimeriez-vous prendre un peu de repos ? Rien que deux questions et vous pourrez vous reposer.

— Il est mort. Il est hors d'atteinte pour vous. Pourquoi le cherchiez-vous ?

— Je crois que c'est votre second mari que nous recherchons.

— Ray ?

— Où est-il, Mrs Anstey ?

— Je ne sais pas, dit-elle d'un air las. Je ne l'ai pas vu depuis des mois. Il m'a quittée à la fin de l'année dernière.

— Vous avez dit qu'il travaillait dans un garage. Est-il mécanicien ?

— Je le suppose. Que pourrait-il faire d'autre ?

Ses gants étaient sur le plancher, à ses pieds. Elle les ramassa et les regarda comme deux animaux morts qu'on aurait retirés du fond d'un étang.

— C'était tout le temps lui que vous recherchiez ?

Son visage devint blême et elle se leva péniblement de sa chaise.

— C'était mon *mari* que vous recherchiez? Pas Geoff? (Wexford fit oui de la tête.) Qu'est-ce qu'il a fait? interrogea-t-elle d'une voix rauque.

— Une jeune femme a disparu, elle est probablement morte.

— Le couteau, dit-elle.

Son regard chavira. Wexford fit un pas vers elle et la rattrapa dans ses bras.

— Où votre sœur faisait-elle entretenir sa voiture? demanda Burden.

Margolis leva les yeux de son déjeuner tardif: café, jus d'orange et des œufs peu appétissants. Son visage exprimait l'apathie et l'impuissance.

— Dans un garage. Ce ne serait pas celui de Cawthorne?

— Allons, Mr Margolis, vous devez le savoir! Vous ne faites pas entretenir votre propre voiture?

— Ann s'occupe de tout ça. Quand c'est le moment, elle fait le nécessaire. (Le peintre retourna les œufs dans leurs coquetiers, comme un enfant qui joue.) Il y avait bien quelque chose. (Il passa ses longs doigts écartés à travers ses cheveux, qui se dressèrent comme un halo hirsute.) Des ennuis... J'ai le vague souvenir qu'elle allait chez quelqu'un d'autre. (Il mit le plateau sur le bras du canapé et se leva pour secouer les miettes tombées sur ses genoux.) Je regrette de ne pas me le rappeler, dit-il.

— Elle l'emmenait chez ce Ray! dit vivement Mrs Penistan. Vous le savez bien. Pourquoi est-ce que vous ne reprenez pas vos esprits? (Elle haussa les épaules en regardant Burden, puis leva au ciel ses petits yeux.) Il s'est écroulé depuis que sa sœur est partie, on peut rien faire de lui.

Elle s'installa aux côtés de Margolis et le regarda avec désespoir. Elle rappelait à Burden la mère ou la gouvernante d'un enfant récalcitrant invité à un goûter, surtout quand elle se pencha sur lui pour tirer sur sa robe de chambre et cacher son pyjama.

— Ray comment?

— Me demandez pas ça. Vous savez comme elle est avec les prénoms. Tout ce que je sais, c'est qu'elle est rentrée il y a deux mois, et elle m'a dit: « J'en ai vraiment assez des prix de Russell. J'ai bien envie de confier les voitures à Ray. — Quel Ray ? » que j'ai demandé, mais elle a ri et m'a répondu comme ça : « Peu importe, Mrs Penistan, disons que c'est un gentil garçon qui m'admire beaucoup. Si je vous disais qui c'est, je pourrais lui faire perdre son travail. »

— Il venait ici pour s'occuper des voitures ?

— Oh non ! Il n'aurait pas eu les facilités pour ça. Elle les lui amenait toujours. Il habitait en ville, vous comprenez, quelque part en ville. Je la voyais s'en aller, mais j'étais toujours partie quand elle rentrait. Lui, il devait être à la maison (elle envoya un coup de coude dans les frêles côtes de Margolis) mais il n'écoute jamais ce que les gens disent.

Burden les laissa ensemble, assis l'un près de l'autre, Mrs Penistan le cajolant pour qu'il finisse son café. La pluie avait rendu le sentier glissant. Les portes du garage étaient ouvertes et, pour la première fois, Burden vit la voiture de Margolis et s'aperçut qu'elle était verte.

Il commençait à pressentir la façon dont s'étaient passées les choses. Maintenant, il croyait comprendre pourquoi on avait employé une voiture noire et une voiture verte, et où s'était trouvée la voiture blanche d'Anita jusqu'aux premières heures du jour. Une excitation nouvelle le fit marcher d'un air dégagé jusqu'à la barrière du cottage. Il l'ouvrit, et le buisson d'églantines l'arrosa aussi efficacement que si quelqu'un avait renversé sur lui un seau d'eau.

Voilà l'effet que ça doit produire d'être psychanalyste, pensait Wexford. Noreen Anstey était étendue sur le sofa dans une petite salle, et regardait le plafond. Assis à côté d'elle, il la laissait parler.

— Il avait toujours un couteau, dit-elle, je l'avais vu le premier jour, la première fois qu'il était venu du garage. Geoff travaillait au rez-de-chaussée. C'était mon habitude de lui descendre un café et je me suis mise à faire la même chose pour Ray. Un jour, c'est lui qui est monté... Dieu, qu'il était beau ! Pas simplement bel homme, mais d'une beauté parfaite. Pas tellement grand, brun, une bouche rouge comme une fleur...

Il ne voulait pas l'interrompre, mais il ne put s'en empêcher. Il n'était pas un vrai psychanalyste.

— Quel âge a-t-il ?

— Dix ans de moins que moi, répondit-elle, et il sentit que l'aveu était pénible. Il est monté, ce jour-là. Nous étions seuls et il avait ce couteau. Un couteau à cran d'arrêt. Il l'a sorti de sa poche et l'a posé sur la table. Je n'en avais encore jamais vu et je ne savais pas ce que c'était. Nous n'avons pas beaucoup parlé. De quoi aurions-nous parlé? Nous n'avions rien en commun. Il restait assis là, à sourire, à lancer de petites allusions... Je le désirais à en mourir. (Le visage tourné vers le mur, elle continua :) J'avais ce briquet depuis quelques mois et je me rappelle que je m'en suis servie pour allumer sa cigarette. Il m'a dit — « Non, mettez-la dans votre bouche pour l'allumer... » Il a regardé le briquet et il a demandé : « C'est lui qui vous a donné ça? Il vous donne des jouets parce qu'il ne peut rien vous donner d'autre? » C'était faux mais c'est l'impression que devait lui donner la situation, que je devais lui donner, moi... « J'ai un jouet, moi aussi », a-t-il ajouté et il a pris son couteau et me l'a mis contre la gorge. La lame est sortie. Je suis restée immobile sinon il m'aurait blessée. Mon Dieu ! J'étais professeur de français dans un pensionnat, je n'étais jamais allée nulle part, je n'avais jamais rien fait. On se serait attendu à ce que je crie, mais s'il avait voulu me tuer, à ce moment-là, je l'aurais laissé faire. Ensuite, après son départ, il y avait du sang sur mon cou provenant d'une petite égratignure qu'il avait regardée tout le temps pendant qu'il me faisait l'amour.

— Smith a demandé le divorce?

— Il a découvert la vérité. Ce n'était pas difficile. Je n'ai jamais su cacher mes sentiments. Geoff était prêt à me pardonner et à repartir de zéro. Il ne pouvait croire que je voulais épouser un homme qui avait dix ans de moins que moi et qui travaillait dans un garage. Moi, j'étais folle de lui. Je savais qu'il était sadique et pas très intelligent. Il m'avait tailladée vraiment tailladée, depuis ce premier jour.

Elle ouvrit sa robe. Sur le sein gauche, là où la chair se gonflait, on distinguait une minuscule cicatrice blanche. Malgré ses années d'expérience, Wexford sentit la nausée monter en lui.

— Vous avez toujours été malheureuse?

— Je n'ai jamais été heureuse avec lui. Pas une seule minute. Il ne pouvait pas sentir Geoff. Savez-vous ce qu'il faisait? Il donnait son nom, faisait semblant d'être Geoff. Quand le téléphone sonnait, il décrochait en disant d'un air distrait : « Ici Geoff Smith. » Puis il rectifiait en expliquant qu'il avait fait erreur. Un jour, il a porté des vêtements au nettoyage, des salopettes dégoûtantes, et quand je suis allée les retirer, on ne pouvait pas trouver le ticket. On l'avait fait au nom de Smith, comprenez-vous ? Toutes les fois qu'il était mêlé à quelque chose de pas très propre, il donnait le nom de Geoff. Une jeune fille est venue, elle n'avait guère plus de dix-sept ans, et m'a demandé si c'était bien là qu'habitait Geoff Smith. Il l'avait laissée tomber mais elle tenait à lui bien qu'il ait avec elle aussi sorti son couteau. Elle m'a montré la cicatrice sur son cou. J'ai dit à Ray qu'un jour, il irait trop loin et qu'il en tuerait une ou qu'elle irait trouver la police.

— Il est allé trop loin, dit Wexford.

— Vous comprenez, il fallait qu'il voie leur sang.

Elle parlait très calmement, sans horreur. Ce n'était pas la première fois que Wexford réfléchissait à l'effet produit par l'accoutumance, à la façon dont l'habitude atténue le choc. Toute pitié s'évanouissait avec l'habitude du mal.

— Je pensais toujours, dit-elle, que l'instant viendrait où une femme ne serait pas hypnotisée par lui et peut-être se servirait sur lui du couteau. Ce n'était pas un athlète... Son pouvoir était d'une autre nature. Je lui prenais ses couteaux mais il en achetait toujours de nouveaux. Et puis il m'a quittée.

— Ce doit être à peu près le moment où vous avez perdu votre briquet.

Noreen Anstey se souleva sur un coude, puis se retourna et posa les pieds par terre.

— J'ai réfléchi là-dessus, dit-elle. Ray a dû me le prendre. Il nous chipait des choses, à Geoff et à moi, quand nous étions encore mariés. Je ne pouvais pas le prouver, mais j'ai la conviction qu'il le faisait : des bijoux, des choses comme ça. (Elle se couvrit le visage de ses mains une seconde.) Je suppose que Geoff l'avait deviné lui aussi. Il y avait tant de choses que nous savions tous le deux, sans en parler jamais ! Oh, j'ai des remords ! dit-elle en serrant les poings. Je veux savoir où on l'a enterré et me coucher sur sa tombe pour le crier.

Il y avait tant de femmes qui regrettaient ce qu'elles avaient fait, pensait Wexford. Noreen Anstey d'avoir renoncé à l'amour pour lui préférer son ombre et Ruby Branch d'avoir trahi un vieux truand. Et Anita Margolis ? Les morts n'ont pas de regrets. Elle ne pouvait plus se repentir d'avoir joué une fois de trop à son jeu dangereux avec un homme et un couteau.

16

— Y a-t-il quelqu'un qui pourrait passer quelque temps avec vous ? demanda Wexford. Une mère, une sœur, une voisine ?

Noreen Anstey, recroquevillée, sa vitalité disparue, n'était plus qu'une petite femme ordinaire en train de se faner.

— Ma mère est morte, répondit-elle, et Ray m'a fait perdre la plupart de mes amies.

— Une auxiliaire va vous raccompagner. Elle essaiera de trouver une personne pour vous tenir compagnie.

— Et quand vous aurez mis la main sur Ray ?

— Nous resterons en contact, Mrs Anstey. À votre avis, pourquoi est-il venu à Kingsmarkham ?

Elle serra autour d'elle son imperméable froissé. Chacun de ses mouvements accusait le tassement de son corps qui ne cessait plus de se contracter.

— Si je dis que c'était pour tourmenter Geoff, répondit-elle, vous me croirez folle. Mais ce serait bien de Ray d'être allé voir Geoff pour lui dire qu'il a ruiné deux vies, mais qu'il m'a quittée maintenant, et que toutes ces souffrances n'ont servi à rien. C'est un sadique. Ça lui ressemblerait d'avoir continué à se servir du nom de Geoff auprès des femmes.

— Mrs Anstey, vous nous aviez pris pour des amis de votre mari, n'est-ce pas, quand nous sommes passés chez vous et que nous vous avons demandé si vous étiez Mrs Smith ? Vous avez cru à un tour de sa part ?

Elle hocha la tête.

— Il a dû apprendre la mort de Mr Smith, reprit Wexford. Se servirait-il de son nom, sachant cela ?

— C'est possible. Pas avec une femme, mais s'il avait fait quelque chose de pas régulier ou de malhonnête, oui, peut-être. Il trouverait très drôle de salir la mémoire de Geoff. De toute façon, il a l'habitude de se faire passer pour lui.

— Je me demande pourquoi il est resté.

— Je suppose qu'il se plaisait ici ou qu'il avait un travail qui lui plaisait. Le paradis, pour lui, c'est d'avoir un brave homme de patron qui le paie bien et ferme les yeux quand il lui vole des clients en réparant leurs voitures au rabais. C'était une de ses méthodes pour faire connaissance avec des femmes.

Wexford ne voulait pas la tourmenter plus qu'il n'était nécessaire mais elle ne pouvait souffrir davantage et peut-être était-ce une sorte de soulagement de parler enfin de ce qu'elle avait enduré.

— Il allait chez elles pendant que leurs maris étaient à leur travail ? demanda-t-il. Il s'installait avec elles dans leur voiture et leur faisait la cour ?

— Oui, mais ça ne marchait plus très bien à Sewingbury. Les gens commençaient à en savoir trop long sur son compte. Certains garagistes donnent ou prêtent une voiture à leurs mécaniciens, et le patron de Ray a très mal pris que celui-ci mette en pièces une voiture de louage. Vous pouvez être sûr qu'il a retrouvé une bonne situation. Si Geoff avait vécu, murmura-t-elle. Oh ! si seulement il avait vécu ! Ray ne pouvait plus rien nous faire, ni à lui ni à moi. Si Geoff l'avait vu, même une seule fois... s'il avait appris qu'il m'avait quittée, il me serait revenu. Je pensais souvent qu'il l'apprendrait tôt ou tard. Nous lisions chacun dans l'esprit de l'autre... Il est seul, lui aussi, voilà ce que je me disais, il est seul depuis plus longtemps que moi. Et il était mort...

Elle se mit à pleurer doucement, et poursuivit avec calme, comme si elle prenait part à une conversation ordinaire et n'était pas en train de pleurer.

— Et je restais là à l'attendre sans impatience ni passion. J'avais la paix et je pensais : un jour, cette semaine, la semaine prochaine... Eh bien, ça ne devait jamais arriver, n'est-ce pas ? (Elle essuya ses larmes avec ses doigts.) Est-ce que je peux reprendre mon briquet ?

Il lui permit de le tenir dans sa main un moment.

— Le motif est inspiré du poème de Baudelaire. Geoff savait que j'aimais ces vers :... *et tes seins, les grappes de ma vigne,* dit-elle en français.

Le français de Wexford n'était pas fameux, mais il comprit tout de même. En se souvenant de la cicatrice laissée par le couteau d'Anstey, voleur et sadique, sur la poitrine de cette femme, il détourna les yeux.

On aurait dit que c'était une jeune fille qui était dans le bureau de Russell Cawthorne. Elle tournait le dos à la porte et portait un imper de ce rouge vif et brillant des pompes à incendie. Voyant cela, Burden arrêta la voiture sous la banderole et sous la pluie, suivit Wexford en courant jusqu'au bureau. La jeune fille leur ouvrit la porte et l'illusion s'évanouit : le visage de Mrs Cawthorne apparut entre le col écarlate et les cheveux mousseux et jaunes.

— On ferait mieux d'aller à la maison, dit Cawthorne. Fonçons, mes enfants, chacun pour soi !

Dans le living-room, la dame de l'époque préraphaélite contemplait son lis avec un mépris apitoyé. Elle en avait vu de toutes les couleurs dans cette pièce, semblait-elle dire et, la plupart du temps, des spectacles peu édifiants. Mrs Cawthorne enleva son manteau rouge. Elle portait une robe de laine citron et de longues boucles d'oreilles rouges et rutilantes comme des pommes trempées dans du caramel.

— Ray Anstey est resté à mon service pendant six mois, déclara Cawthorne. C'était un bon employé qui connaissait son affaire.

Ils s'assirent au milieu des tables rococo, des fruits en cire et des candélabres. Est-ce que tout ça revient à la mode ? Est-ce ainsi que ma petite Sheila décorera son intérieur, le moment venu ? gémit Wexford in petto.

— Au début, reprit Cawthorne, il cherchait un travail temporaire. Il était seulement venu retrouver la trace d'un ami. Ensuite, il m'a dit que cet ami était mort et qu'il aimerait rester.

Geoff Smith, pensa Wexford. Smith, la victime, l'appât, l'éternel objet de sa fascination...

— Il aimait les femmes ?

— Je n'ai pas remarqué ça.

Cawthorne lança à Burden un regard en dessous. Se rappelait-il les questions de l'inspecteur sur ses propres tendances ? En tout cas, il ajouta, du ton d'un colonel qui discute avec un officier de rang égal ou même supérieur, des frasques d'un sous-lieutenant :

— Beau gosse, cependant.

Mrs Cawthorne se tortilla. Wexford la regarda. Sa fille Sheila, âgée de dix-sept ans, avait la même expression lorsqu'elle racontait triomphalement comment elle avait découragé les avances d'un garçon : même demi-sourire, même indignation affectée. Mais cette femme-là ne s'attendait pas à ce qu'on croie ?... Eh bien, si !

— Tu n'as pas remarqué ! lança-t-elle à son mari. Alors tu n'écoutes pas ce que je te raconte ! (Le coup d'œil que lui jeta Cawthorne rendait la chose probable.) Ah ! la façon dont il me regardait parfois ! dit-elle en se tournant vers Wexford. J'en ai l'habitude, évidemment. Je voyais bien ce qu'il voulait, ce petit Ray... Bien sûr, il ne m'a jamais rien dit. Il ne tenait pas à perdre son emploi en courant après la femme de son patron.

Son mari leva les yeux au plafond et y fixa un souriant chérubin de plâtre.

— Seigneur ! dit-il entre ses dents.

— Quand est-il parti ? s'empressa de couper Wexford.

Les insinuations de sa femme ayant dérouté Cawthorne, il se dirigea vers la desserte et se versa un whisky avant de répondre.

— Voyons, dit-il après avoir vidé à demi son verre, ça devait faire une semaine samedi dernier. (Le jour où il avait retenu la chambre chez Ruby, songea Wexford.) Et j'ai pensé qu'il avait un sacré culot, je m'en souviens !

— Comment ça ? Avant qu'il vous quitte ?

— À cause de la manière dont il s'y est pris. J'ai l'habitude de laisser mes employés emprunter une voiture s'ils en ont besoin à condition qu'ils m'en avertissent à l'avance. La vie est dure pour un jeune gars qui veut sortir sa petite amie, précisa-t-il avec un sourire bienveillant, en véritable ami des jeunes. Mais Anstey était de l'espèce des profiteurs. Tous les soirs, il prenait une voiture et se moquait que je le sache ou non. Donc, ce samedi matin, nous étions un peu à court de personnel et j'ai remarqué l'absence d'Anstey. Un peu plus tard, je l'ai vu arriver à toute allure dans une des Minor. Tout sourires et sans un mot d'excuse, il m'a raconté qu'il était allé voir un ami pour affaire.

— Une Minor ?

— Une Minor 1 000 noire, une des trois que je réserve à la location. Vous les avez vues.

Cawthorne leva un de ses sourcils, épais comme un morceau de fourrure d'ours blanc.

— Vous ne buvez rien ? s'enquit-il poliment.

Wexford refusa pour lui et Burden.

— Moi, j'ai soif, si vous n'y voyez pas d'objection. (Son verre de nouveau plein, il continua :)... Je lui ai dit : « Pour affaire ? Vos affaires sont mes affaires, mon garçon, mettez-vous bien ça dans la tête ! » Alors il m'a répondu d'un air mauvais : « Je me demande ce qu'il en resterait, de vos affaires, si je n'avais pas de scrupules... » Ça, c'était un peu trop fort. Je lui ai dit de ficher le camp.

Les pendants d'oreilles dansèrent tandis que Mrs Cawthorne poussait un petit soupir de théâtre.

— Pauvre chou ! dit-elle. Que n'ai-je été plus gentille avec lui !

Il n'y avait aucun doute sur ce qu'elle voulait dire par là. C'était grotesque. Pitié, Seigneur ! pensa Wexford. Allait-il se retrouver avec une autre femme qui regrettait quelque chose ? Croyaient-elles donc pouvoir revenir en arrière, avec leurs regrets ?

— Des scrupules, répéta-t-il, que voulait-il dire par là ?

Cawthorne le gratifia de son curieux regard filtrant.

— Il vous avait pris des clients ? lança vivement Burden, se souvenant des paroles d'Ann Margolis rapportées par Mrs Penistan.

— C'était un bon mécanicien, dit Cawthorne, trop bon.

Ce dernier adjectif dut lui rappeler le whisky car il s'en octroya un demi-verre, puis se ravisant et le remplissant jusqu'au bord, il soupira, peut-être de plaisir, peut-être de résignation en constatant qu'il n'avait pas su résister à la tentation.

— Ce que je veux dire, c'est que sa sollicitude personnelle vis-à-vis des clientes était... excessive.

Le rire de Mrs Cawthorne noya ce dernier mot dans une sorte de grincement métallique inquiétant.

— Il était aux petits soins avec les clientes, poursuivit-il. Il leur ouvrait la portière, leur faisait des compliments sur leur façon de conduire. Toutes ces simagrées ne sont pas nécessaires dans notre métier, où on s'occupe surtout de la révision des mille kilomètres.

— C'était bien inoffensif, il me semble.

— Vous appelez ça inoffensif, quand un petit freluquet vous pique vos clientes ? Ce que j'ai su après, de manière indirecte... (Il fronça les sourcils, dans son nouveau rôle de chef du service d'espionnage.) J'ai mes informateurs. J'ai tout compris ! Il faisait... ceci ou cela en dehors des heures de service pour dix shillings !... Et avec tous mes frais généraux, moi, j'en suis de ma poche si je demande moins de douze shillings pour le même travail. Il m'a enlevé comme ça une demi-douzaine de bonnes clientes. Quand je lui ai fait des reproches, il m'a juré qu'elles allaient chez Missal, mais il y avait Mrs Curran, pour vous citer un exemple, et Mr et miss Margolis...

— Ah ! dit doucement Wexford.

Cawthorne rougit et évita le regard de sa femme.

— La croire un peu fofolle serait mal la connaître. Elle n'est pas du genre dépensier. Oh ! l'argent ne manque pas, mais Anita compte chaque sou. Nous avions beau être amis depuis des années, elle n'a pas hésité à s'adresser à Anstey, sans rien dire. Elle a continué à venir ici prendre son essence, remarquez. (Il rota et s'arrangea pour faire semblant de tousser.) Comme si on pouvait gagner quelque chose sur de l'essence !

— Étaient-ils amis ?

— Anita et le petit Ray ? Montrez-moi l'homme de moins de cinquante ans avec qui elle n'est pas amie ! Il aurait fallu qu'il ait une bosse dans le dos ou un bec-de-lièvre.

Somme toute, si Cawthorne avait plus de cinquante ans, nettement plus, son âge était sa seule infirmité.

— Il vous a donc quitté samedi, récapitula lentement Burden. Où est-il allé ? Savez-vous où il habite ?

— Quelque part à Kingsmarkham. Un de mes employés doit le savoir.

Ses traits bouffis d'alcoolique s'assombrirent. Il parut avoir oublié ses réflexions peu flatteuses sur Ann Margolis et balbutia :

— Vous croyez qu'il l'a tuée, qu'il a tué la petite Ann...

— Cherchons cette adresse, Mr Cawthorne.

— Est-ce qu'il est en fuite ? demanda Mrs Cawthorne d'un air excité. Pauvre créature pourchassée !

— Oh, la ferme, dit son mari.

Et ils sortirent sous la pluie.

17

Ils restèrent sous la marquise pendant que Cawthorne interrogeait les ouvriers. La pluie diminuait peu à peu. Les nuages se dispersaient. Au-dessus de Kingsmarkham, entre les grands bancs de cumulus, on voyait des pans d'un ciel tout neuf qui semblait presque vert. Cawthorne revint.

— Dans High Street à Kingsmarkham, dit-il, au 186. C'est son quartier général — enfin, ça l'était.

— 186, répéta Burden. Voyons... le nouveau bloc va du 158 au 174, ensuite il y a la pharmacie et le magasin de fleurs... Mais alors, ça doit être...

— C'est la boutique de journaux Grover, déclara tranquillement le garagiste. Ils louent une de leurs mansardes, vous savez. Deux de mes employés y ont déjà logé et quand Anstey a perdu son premier logement près d'ici, quelqu'un lui a signalé Grover. Oh ! il n'y est resté qu'un mois.

— À notre porte ! s'écria Wexford avec fureur quand ils se retrouvèrent dans la voiture. On voit l'endroit de nos fenêtres. Ça nous sert beaucoup d'avoir un poste d'observation unique.

— Tout le monde sait qu'ils louent des chambres, dit Burden. Nous avons sans doute tous vu un jeune homme brun entrer et sortir, mais nous n'avions pas de raison de le lier à cette affaire. Combien de petits jeunes gens bruns y a-t-il dans Kingsmarkham ?

— Il n'a pas eu à aller loin pour découvrir l'annonce de Ruby, répondit Wexford d'un air sombre. Ni pour trouver où s'acheter un couteau neuf. Que devient votre théorie sur les voitures ? Anstey n'en avait même pas une à lui, il ne pouvait donc pas en échanger une noire contre une verte !

— Anita a reçu cinq cents livres la veille du jour où ils sont allés chez Ruby. Mrs Penistan dit qu'elle était généreuse. Peut-être qu'elle lui a offert une auto ?

Ils stoppèrent dans la cour du poste de police. Burden, tournant la tête, vit un homme sortir du magasin Grover avec un journal du soir. Ils entrèrent.

— Peut-être qu'elle lui a payé une voiture, dit Wexford dans l'escalier. On nous a dit aussi qu'elle avait la tête froide et qu'elle était économe. Il ne s'agit pas d'une vieille femme avec un gigolo. Les jeunes femmes n'achètent pas de voiture à leurs amants.

Il faisait bon dans le bureau de Wexford. On avait rangé de nouveau les chaises contre les murs. Tout était en ordre et pourtant, cette pièce avait abrité une tragédie peu de temps auparavant. Burden ôta son imperméable.

— Kirkpatrick l'a vue à 7 h 20, dit-il. Elle était à 8 heures chez Ruby. Ce qui lui donnait quarante minutes pour changer de manteau, descendre chez Grover, laisser son Alpine pour la faire réparer plus tard, et se rendre en voiture à Stowerton. On peut facilement faire tout ça en quarante minutes.

— Lorsque Kirkpatrick l'a vue, elle portait ce truc en ocelot. C'est bizarre qu'elle l'ait échangé contre un imper pendant qu'elle était dans le cottage mais il était *dans sa voiture à la place du passager.* C'est un détail qui peut se révéler important. Ensuite, il y a cette question de temps. Votre théorie n'a de valeur que si Anita et Anstey disposaient déjà d'une voiture verte. C'était peut-être le cas. Nous verrons. Mais à ce moment-là, emprunter ou louer une voiture était impossible.

— C'était possible à condition de prendre la voiture de Margolis, dit Burden.

Drayton et Martin les interrompirent et se mêlèrent à la conversation et Wexford les mit au courant. Lorsqu'il parla du magasin Grover, il vit le visage de Drayton se durcir et ses yeux perdre toute expression.

— Bien, dit-il en consultant sa montre, on les laisse fermer et puis on fait un saut là-bas tous ensemble. Grover est plus ou moins alité en ce moment, n'est-ce pas? demanda-t-il à Drayton.

— Il est debout, à présent.

— Bon. Maintenant, dit-il à Burden, pourquoi me parliez-vous de la voiture de Margolis? Margolis était à Londres.

— Il avait laissé son auto à la gare de Kingsmarkham et elle est justement verte. Anita a pu faire deux cents mètres jusqu'à la gare pour emprunter la voiture de son frère et ils auraient pu la remettre à sa place pour l'heure de son retour.

— N'oubliez pas qu'ils croyaient que Margolis reviendrait à 9 heures et non à 11. Personne ne savait qu'il serait retenu à dîner par le directeur de la galerie de peinture.

— Et après? (Burden haussa les épaules.) Margolis est

tellement distrait ! S'il n'avait pas trouvé sa voiture, il aurait pensé qu'il l'avait laissée à un autre endroit, ou qu'on la lui avait volée. Et ne rien faire avant d'avoir vu Anita. Anstey s'est débarrassé du corps, a ramené la voiture de Margolis au parking de la gare puis, pendant que tout le monde dormait, il a rempli le radiateur de l'Alpine et l'a ramenée à Quince Cottage.

Il s'attendait à voir sur les traits de Wexford une expression d'approbation, comme la veille au soir à l'*Olive and Dove*. Tout commençait à s'articuler et grâce à lui, Burden. Pourquoi donc la bouche de Wexford avait-elle ce pli dubitatif ? Cette théorie était parfaitement vraisemblable. Mais l'inspecteur-chef contenta de murmurer :

— J'ai d'autres idées là-dessus, j'en ai peur.

Le magasin était fermé. La lumière verdâtre du réverbère faisait des reflets sinistres dans les flaques de la ruelle. Deux poubelles avaient été sorties devant les portes du garage. Un chat les flaira et s'éloigna, laissant des empreintes mouillées sur un vieux journal.

Drayton n'avait pas envie de les accompagner. Il savait maintenant qui était Ray Anstey. C'était l'homme qu'il avait vu en train d'embrasser Linda près du pont, celui qui logeait chez ses parents et qui avait emprunté la voiture de son patron pour emmener la jeune fille en promenade. Peut-être avaient-ils utilisé la voiture même que Drayton avait louée pour aller dans la forêt de Cheriton ? Anstey avait trompé Linda avec Ann Margolis, et Linda avait trompé Anstey avec un jeune policier. C'était comme une espèce de manège qui s'arrêtait de temps à autre. Il sentait que c'était maintenant le moment d'un arrêt et qu'ils devaient descendre tous les deux. Peut-être pour ne plus se revoir.

Mais il n'avait pas souhaité venir. Il apprendrait des choses qu'il préférait ignorer et la fille, au cours de l'interrogatoire, pourrait bien parler d'un amour qu'il voulait oublier. Il resta en arrière pendant que Burden frappait à la vitre et, en attendant, il se dit tout à coup que cela n'avait pas d'importance qu'il ait ou non accompagné Wexford. Où aurait-il passé la soirée ? Ici, de toute façon. Il y revenait toujours.

Ce fut Grover lui-même qui vint leur ouvrir.

— Ray est resté ici un mois, dit-il en réponse à la question de Wexford. Cawthorne l'a sacqué le samedi et il est parti d'ici le mardi. Du moins si j'en crois Linda et ma femme. Je ne l'ai pas vu, moi, j'étais couché.

— Il occupait une de vos mansardes ?

Grover fit oui de la tête. Il n'était pas vieux mais il en avait l'air. Drayton essaya de rester impassible en remarquant le chandail déboutonné, la chemise sans col, le pantalon qui n'avait jamais connu la brosse ou le fer à repasser.

— On a fait sa chambre, ajouta vivement le marchand de journaux. Linda l'a nettoyée. Il n'a rien laissé. Ça sert à rien que vous y montiez.

— On va regarder quand même, répondit Burden d'un ton léger. Une minute.

Ses yeux effleurèrent les magazines, puis il marcha lentement jusqu'au coin sombre où se trouvaient les livres de prêt. Grover le suivit en boitillant.

— J'ai rien à vous dire, inspecteur Burden, reprit-il. Il m'a pas laissé d'adresse et il m'avait payé un mois d'avance. Il lui restait trois semaines à faire.

Burden prit un livre et l'ouvrit au milieu sans que son expression changeât.

— Parlez-moi de mardi soir, dit-il.

— Qu'est-ce que vous voulez que je vous dise ? Y a rien à dire ! Lin n'a pas arrêté d'entrer et de sortir, cet après-midi-là. On avait besoin de pain et le mardi, les magasins ferment de bonne heure. Pas le nôtre. Nous, on ferme pas. Elle a fait un saut jusqu'à Stowerton. Ma femme est allée faire sa partie de whist vers 7 h 30 et Lin a filé quelque part... à la blanchisserie, je me rappelle maintenant !

Il marqua un temps d'arrêt, l'air vertueux. Drayton était à la fois furieux et désorienté. Furieux, à cause de la façon dont Grover se servait de sa fille comme d'une bonne. Et pourquoi désorienté ? Peut-être parce qu'il ne pouvait comprendre que la jeune fille fût si peu appréciée.

— Je n'ai pas vu Ray de toute la journée, disait Grover. J'étais au lit, vous comprenez. Il aurait pu venir me dire adieu et me remercier de mes gentillesses pour lui.

— Un exemple ? dit sèchement Burden. Vous lui avez fourni une arme dangereuse... quelque chose comme ça ?

— Ce couteau ? Jamais ! il l'avait déjà en arrivant ici.

— Continuez.

— Continuer quoi, inspecteur Burden ? (Grover se tâta le dos, palpant les muscles avec précaution.) Je vous ai dit que j'ai jamais vu Ray après le lundi. Le docteur est venu avant que ma femme sorte et il m'a dit de rester au lit.

— Quelqu'un d'autre est venu ? Pendant la soirée, je veux dire.

— Seulement cette fille, dit Grover.

Burden souffla sur la poussière qui était sur un livre et le replaça sur son rayon. Il s'approcha de Grover, le dominant de toute sa taille.

— Quelle fille ? Qu'est-ce qui s'est passé ?

— J'étais au lit, vous comprenez, quand on a frappé à la porte du magasin. (Le marchand de journaux lança à Wexford un regard à la fois rusé et maussade.) J'ai cru que c'était vous autres. C'est facile à un docteur de vous dire de ne quitter le lit sous aucun prétexte, mais qu'est-ce qu'il faut faire si quelqu'un s'amène et tape à la porte comme un sourd ? C'était une des clientes du gars. Je l'avais déjà vue : grande, belle fille, un peu plus âgée que la mienne. Vous voulez savoir à quoi elle ressemblait ?

— Bien sûr, nous ne sommes pas ici en visite, Grover.

Debout près du présentoir à livres, Drayton se sentait presque malade. La remontrance de Burden, loin de déconcerter Grover, avait amené un sourire obséquieux sur ses lèvres qu'il étira largement sans ouvrir la bouche, en fermant à demi un œil. Cette parodie de sourire semblait le fantôme de celui de Linda. En réalité, c'en était l'original, et Drayton sentit la nausée lui monter à la gorge.

— Elle était vraiment pas mal, dit Grover en clignant de l'œil de nouveau. La peau blanche et les cheveux noirs, avec une petite fossette sur chaque joue. Elle avait un pantalon noir et un manteau de fourrure tacheté. « Qu'est-ce que vous avez à frapper comme ça ? » je lui ai dit « Vous voyez pas qu'on est fermé ? » « Où est Ray ? qu'elle me fait. S'il est dans sa chambre, je vais monter le chercher. » Je lui ai dit qu'il n'y était pas et ça n'a pas eu l'air de lui faire plaisir ! J'ai demandé pourquoi elle le cherchait et elle m'a expliqué qu'elle allait à une soirée, qu'elle était en retard et que son radiateur fuyait. Monter dans sa chambre ? Ah non ! C'était le bon ami à ma Linda...

Drayton eut une petite toux douloureuse, qui résonna

comme un gémissement dans le silence qui était tombé. Wexford le regarda avec froideur. Grover reprit :

— Je lui ai dit qu'elle ferait mieux d'emmener son auto dans un garage et je suis même sorti sur le trottoir en robe de chambre. Et là, j'ai vu une bagnole de sport blanche dans ma ruelle avec dessous, une vraie mare. Elle osait pas la conduire, elle avait peur qu'elle explose.

— Et elle est partie? demanda Burden qui jubilait discrètement.

— Je crois, mais je suis pas resté là pour voir. J'ai refermé et je suis retourné dans mon lit.

— Et vous n'avez plus rien entendu?

— Rien jusqu'à ce que ma femme rentre parce que j'ai pensé : pourvu qu'elle ait sorti sa voiture de là, sans quoi Lin pourra pas rentrer la mienne dans le garage. Mais ma femme m'a dit que Lin était rentrée depuis une demi-heure. Vous voulez voir la chambre de Ray?

Fronçant légèrement les sourcils, Burden quitta son coin sombre et resta immobile sous la lumière qui tombait du plafond sur le comptoir. Il jeta un coup d'œil dans le corridor qui menait à la ruelle. Pendant un instant, Drayton crut qu'il avait vu venir quelqu'un, peut-être Linda elle-même, et il se prépara à soutenir le choc de son entrée. Mais Burden se retourna vers le marchand de journaux :

— Où réparait-il sa voiture?

— Dans le garage que je n'utilise pas. J'en ai deux, vous comprenez. Un pour ma voiture, et l'autre, je le louais. J'avais perdu mon client, et quand le petit Ray m'a dit qu'il en avait besoin, je le lui ai laissé.

Il hocha la tête d'un air content de lui. Peut-être était-ce là une des gentillesses qui, à son avis, méritaient la gratitude de Ray.

— Pour cinq shillings en plus par semaine. Il avait déjà fait pareil dans son ancien logement, vous pouvez en être sûr.

— J'aimerais voir les deux garages, dit Burden. Vous avez les clés?

— C'est ma femme qui les a. (Grover alla dans le couloir prendre un vieux pardessus à un crochet planté dans le mur.) Ou peut-être que c'est Lin. J'en sais rien, moi, j'ai pas pris la voiture depuis presque quinze jours avec mon dos.

Il enfila le pardessus avec difficulté, en faisant la grimace.

— Les clés, Drayton, dit Wexford laconiquement.

À mi-chemin dans l'escalier, Drayton croisa Mrs Grover qui descendait. Elle le regarda sans curiosité et serait passée à côté de lui, pensa-t-il, sans lui adresser la parole.

— Est-ce que je peux vous demander les clefs du garage, Mrs Grover ?

Linda avait dû lui dire qui il était.

— Dans la cuisine, répondit-elle. Lin les a laissées sur la table.

Elle le regarda de ses yeux aussi gris que ceux de sa fille, mais sans passion, et s'il y avait jamais eu des larmes dans ces yeux-là, elle les avait essuyées depuis longtemps.

— Je ne me trompe pas, vous êtes bien le jeune homme qu'elle fréquente ? ajouta-t-elle. (Elle sait cela, pensa-t-il, mais pas ma profession.) Elle m'a dit que vous auriez besoin de la voiture ce soir. Ne le dites pas à son père, c'est tout.

— Alors, je monte.

Mrs Grover hocha la tête avec indifférence. Drayton la regarda descendre l'escalier et disparaître. La porte de la cuisine était ouverte. Il entra. Loin de la mère de Linda, son malaise était moins grand mais son cœur battait encore douloureusement. Les clés se trouvaient sur la table — une pour chacun des deux garages, plus une clé de contact — attachées à un anneau. À côté, il y avait une pile de linge à repasser et, en la voyant, il sentit revenir ce sentiment de flottement qu'il avait déjà éprouvé dans le magasin. Les clés étaient dans sa poche et il était déjà sur le palier quand une porte s'ouvrit devant lui et Linda apparut.

C'était la première fois qu'il la voyait avec ses cheveux dénoués, lui couvrant les épaules d'un voile pâle et brillant. Elle lui sourit avec douceur, timidement, sans coquetterie.

— Tu es en avance, dit-elle, comme le jour où il était venu la chercher pour l'amener devant Wexford. Je ne suis pas prête.

Il lui vint à l'esprit que, pas plus que sa mère, elle ne devinait pourquoi il était venu, qu'elle ne se doutait pas de la présence de ses collègues, en bas, dans le magasin. Il valait sûrement mieux qu'elle ne sache rien de ce qui se trouvait probablement dans un de ces garages.

— Attends-moi au magasin, je ne serai pas longue.

— Je reviendrai plus tard, dit-il.

Il pensait être capable de retourner auprès des autres sans la toucher, mais il ne pouvait ni bouger, ni arracher son regard au sortilège de ce petit sourire tremblant et de cette masse de cheveux d'or.

— Mark, commença-t-elle d'une voix essoufflée en s'approchant de lui, frissonnante. Mark, tu m'aideras à me sortir... de tout ça, n'est-ce pas?

Le linge sur la table, le magasin, les corvées. Il fit oui de la tête, s'engageant à quoi? À quel genre de sauvetage? Au mariage?

— Tu m'aimes vraiment, alors? souffla-t-elle.

Pour une fois, il ne chercha pas éluder la question. Qu'elle l'aimât et désirât son amour était pour lui un honneur, un privilège. Il la prit dans ses bras et la tint contre lui, posant ses lèvres sur ses cheveux.

— Je t'aime.

Il avait employé le verbe défendu, avec le désir humble et passionné de donner, de donner jusqu'à la limite de ses forces.

— Je ferais n'importe quoi pour toi, dit-il.

Il la lâcha et descendit l'escalier en courant.

La peinture d'un vert fané s'écaillait sur les portes du garage. Des gouttières, l'eau coulait par un tuyau fissuré et formait une mare stagnante autour des poubelles. Drayton gagna la ruelle par une porte de côté. Ses mains tremblaient à cause de ce qui venait de se passer dans la maison et parce que là, à quelques mètres de l'endroit où se tenaient Grover et les policiers, il l'avait embrassée pour la première fois. Il releva son capuchon pour se protéger de la bruine et tendit les clés à Wexford.

— Vous avez pris votre temps.

— Il a fallu qu'on les cherche, murmura-t-il.

Était-ce l'effet du « on » ou de ce mensonge maladroit? Drayton eut droit à un regard glacé. Il se dirigea vers les poubelles et se mit à les pousser hors du chemin.

— Avant d'ouvrir les portes, dit Wexford, je voudrais éclaircir une petite question.

Quoiqu'il ne fît pas froid, Grover avait commencé à se frotter les mains et à taper des pieds. Il jeta à l'inspecteur-chef un regard déplaisant et contrarié.

— L'inspecteur Burden était sur le point de vous demander

à quelle heure était passée chez vous miss Margolis, la jeune fille à la voiture blanche. Il était sur le point de vous le demander lorsque son attention a été distraite.

— Laissez-moi vous rafraîchir la mémoire, intervint vivement Burden. Entre 7 h 30 et 8 heures, n'est-ce pas ? Plutôt 7 h 30.

La silhouette frissonnante, à moitié courbée en deux, reprit vie tout à coup.

— 7 h 30 ? répéta Grover d'un ton incrédule. Vous plaisantez. Je vous ai dit que ma femme et Lin étaient rentrées tout de suite après... 7 h 30, mon œil. Il était au moins 10 heures.

— À 10 heures, elle était morte, affirma désespérément Burden et il se retourna vers Wexford qui, impassible et courtois, ne bougea pas. Elle était morte ! Vous vous trompez !

— Ouvrons les portes, dit Wexford.

Drayton déverrouilla celle du premier garage : il était vide avec une tache d'huile sur le sol en béton.

— C'est celui dont se servait Anstey ?

Grover approuva de la tête, regardant l'endroit abandonné d'un air soupçonneux.

— Dans l'autre, il n'y a que ma voiture.

— On va quand même y jeter un coup d'œil.

Drayton dut pousser la porte de l'épaule. Burden alluma sa torche et le rayon lumineux tomba sur une Mini vert olive.

Ce fut Wexford qui ouvrit le coffre, qui n'était pas fermé à clef. Il y trouva deux valises et un sac à outils en toile. En marmottant, Grover tâta le sac jusqu'à ce que Burden lui fît brusquement retirer la main. Par la lunette arrière, on voyait une forme affalée à la place du passager, un paquet raidi, un bras recouvert d'une manche d'imperméable, des cheveux noirs qui avaient perdu leur éclat.

Wexford glissa sa corpulente personne entre le côté de la voiture et le mur du garage. Il pressa la poignée avec son pouce et ouvrit la portière aussi largement qu'il le put. La bouche durcie, luttant contre la nausée, Drayton le suivit et regarda, les yeux écarquillés, par-dessus l'épaule de l'inspecteur.

Le corps étendu devant eux présentait une tache de sang séché en travers de la poitrine et il y avait du sang sur le manche et sur la lame du couteau que quelqu'un avait placé sur ses genoux.

Ce cadavre avait été un être humain jeune et beau — les traits cireux gardaient jusque dans la mort leur finesse et leur régularité — mais ce n'était pas celui d'une femme...

— Anstey, dit Wexford.

Un filet noir avait coulé d'un coin de la bouche du mort. Drayton porta son mouchoir à son visage et sortit du garage en titubant.

Elle était sortie par la porte de côté et ses cheveux encore dénoués étaient maintenant agités par la brise. Elle avait les bras nus, et la peau de son visage était blanche et rugueuse comme si elle avait été subitement atteinte d'une affreuse maladie. Il semblait incroyable que cette bouche eût pu sourire et embrasser.

À sa vue, Drayton s'arrêta. Dans le vent et la pluie, il se trouvait face à une tête de mort, le crâne visible à travers la peau tendue, et c'était beaucoup plus horrifiant que ce qu'il venait de voir dans la voiture. Elle écarta les lèvres dont le sourire l'avait bouleversé, et poussa un cri de terreur :

— Tu allais me sauver ! Tu m'aimais, tu étais prêt à faire n'importe quoi ! Tu allais me sauver !

Il étendit les bras, non pour l'enlacer, mais pour la tenir à distance.

— Je suis allée avec toi parce que tu m'as dit que tu me sauverais ! cria-t-elle.

Et se jetant sur lui, elle essaya de lui griffer les joues avec ses ongles rongés qui ne pouvaient pas blesser. Quelque chose de froid lui frappa le menton. C'était la chaîne d'argent qu'Anstey avait volée à sa femme.

Burden la tira en arrière et la retint tandis qu'elle donnait des coups de pied dans le vide en sanglotant. Drayton restait figé sur place, les yeux clos. Il ne comprenait rien à ses cris et au tumulte de ses paroles, sinon qu'elle ne l'avait jamais aimé. C'était là une révélation encore plus horrible que l'autre, et elle lui blessait les oreilles comme si on avait tranché dans la chair vive.

Il se détourna des yeux qui l'observaient — ceux de l'homme, sévères ; ceux de la fille, insoutenables — alla en titubant de la ruelle jusque dans la cour, et vomit contre le mur.

18

Elle était assise dans le bureau de Wexford. Deux minutes plus tôt, en bas dans le hall, on l'avait averti de sa présence. Aussi l'aborda-t-il avec l'assurance d'un Stanley retrouvant son Livingstone.

— Miss Margolis, je présume ?

Elle avait dû passer chez elle en arrivant et y prendre son manteau d'ocelot. Il était jeté sur ses épaules par-dessus un deux-pièces, pantalon et tunique, puce et bleu paon. Il remarqua son bronzage et l'éclat fauve qu'un soleil plus chaud que celui du Sussex avait donné à ses cheveux.

— Il paraît qu'on m'a crue morte ? C'est Rupert qui m'a dit ça, mais il n'est pas toujours très sûr des choses, c'est pourquoi j'ai préféré venir.

Elle s'assit sur le bord du bureau et poussa les papiers qui la gênaient. Il avait l'impression d'être en visite dans son propre bureau et n'aurait pas été surpris si, de ce même ton impérieux et condescendant, elle l'avait prié de s'asseoir.

— Je crois connaître la plus grande partie de cette histoire, déclara-t-il avec fermeté. Voulez-vous que je vous la raconte et vous rectifierez mes erreurs les plus criantes ?

Elle lui sourit avec un plaisir félin.

— Vous êtes allée en Espagne ou en Italie. Peut-être Ibiza ?

— Positano. Je suis descendue de l'avion ce matin. (Elle croisa les jambes. Le pantalon avait des pattes d'éléphant à franges roses.) Dickie Fairfax a dépensé en une semaine cent cinquante livres de mon argent. Vous savez, au fond, je suis très bourgeoise. L'amour, c'est très joli. C'est aussi un peu abstrait si vous voyez ce que je veux dire ? L'argent est concret, lui, et quand il est parti, il est parti. Je l'ai donc abandonné et je suis rentrée à la maison. Je crains qu'il ne soit forcé d'aller implorer l'aide du consul... Peut-être le nom de Dickie Fairfax ne vous dit-il rien ?

— Une hypothèse hardie me fait supposer qu'il s'agit du jeune homme qui était allé à la soirée des Cawthorne et qui, s'apercevant de votre absence, était parti à votre recherche en déclamant des passages d'Omar Khayyám.

— Comme vous êtes intelligent !

Si elle regardait toujours les hommes de cette façon et les flattait comme ça, pensa Wexford, pas étonnant qu'ils s'approchent d'elle en ronronnant pour se laisser dévorer...

— Vous comprenez, expliqua-t-elle, je voulais absolument aller à cette soirée, mais ma stupide voiture est tombée en panne. Je ne me doutais pas qu'elle fuyait avant les 9 h 30 du soir, au moment où je suis sortie. Elle s'est mise à bouillir en descendant la route. Alors, j'ai pensé à Ray. Je savais qu'il la réparerait... Oh ! mais c'était vous qui deviez parler !

Wexford lui rendit son sourire, mais sans enthousiasme. Il commençait à être fatigué des jeunes femmes, de leurs manières, de leurs artifices, leurs diverses caractéristiques.

— Je ne peux que me livrer à des conjectures, dit-il. Anstey était sorti. Vous avez essayé de vous rendre à cette soirée, mais le moteur a lâché...

— Vous avez oublié quelque chose : j'ai d'abord vu Ray. J'essayais de sortir la voiture de la ruelle quand la petite Grover est arrivée dans la sienne. Ray se trouvait à la place du passager. Il avait l'air affreusement mal en point. Elle m'a dit qu'il était ivre, mais on l'aurait cru mourant. Elle ne m'a pas laissée approcher. Je suis sortie en marche arrière et je les ai quittés.

— Il était effectivement mourant, dit Wexford, ou peut-être déjà mort.

La jeune fille leva les sourcils jusqu'à ce qu'ils touchent sa frange mais ne dit rien.

— Vous auriez pu venir nous trouver, miss Margolis. Vous êtes censée être une bonne citoyenne.

— Mais je vous l'ai dit, répondit-elle doucement. Ou je l'ai dit à Rupert. Après avoir quitté le magasin Grover, j'ai roulé peut-être deux cents mètres sur la route et la voiture a calé. Je suis allée prendre de l'eau dans un cottage et j'ai rempli le radiateur. J'ai avancé comme un escargot jusqu'à mi-chemin de Stowerton, et j'étais assise dans cette saleté de voiture, à maudire le sort, lorsque Dickie est arrivé, chantant à tue-tête. Nous avions eu une espèce de flirt, il y a environ six mois, et nous sommes restés assis dans la voiture à bavarder. J'avais tout cet argent dans mon sac. C'était comme d'être près d'un cheval avec du sucre plein ses poches. Lui qui est toujours fauché, quand il a su que j'étais à flot, il m'a proposé de filer avec lui en Italie, et comme ici le climat est vraiment moche...

Wexford soupira : c'était bien la sœur de son frère !

— Il était complètement beurré, poursuivit-elle avec le plus grand naturel, et Wexford bénit le ciel que Burden fût occupé ailleurs. Nous sommes restés assis là pendant des heures. À la fin, quand il a été dégrisé, il est retourné chez Cawthorne chercher sa voiture, et j'ai conduit la mienne à la maison. Il devait être à peu près 1 heure. Rupert était couché, et il a horreur qu'on le dérange. Je lui ai donc écrit un billet, lui disant où j'allais, et puis je me suis souvenue de Ray. Va chez Grover, ai-je écrit, et vois si Ray va bien, parce que je n'aime pas cette histoire...

— Où l'avez-vous laissé ?

— Où j'ai laissé quoi ?

— Le billet.

— Oh, le billet ! Je l'ai écrit sur une grande feuille de papier que j'ai collée devant une pile de journaux sur le comptoir dans la cuisine. Il a dû s'égarer...

— Il l'a jeté, dit Wexford. Les plombs avaient sauté, et il l'a jeté avec les journaux. Il avait dans l'idée que nous pourrions envoyer quelqu'un pour enlever tout ça. (Il ajouta pensivement :) Nous avons trouvé que c'était une offense à notre dignité. Peut-être devrions nous être plus humbles.

— Eh bien, ça vous aurait épargné un tas d'ennuis, assura Anita Margolis. (Tout d'un coup elle rit, se balançant avec une telle énergie que le bloc de verre en fut dangereusement ébranlé.) C'est bien Ru ! Il croit que le monde lui doit un régiment d'esclaves ! (Elle parut se rappeler que le sujet de la conversation ne prêtait pas à rire et reprit vite son sérieux). Dickie et moi avions rendez-vous dans High Street. Nous sommes allés droit à l'aéroport.

— Pourquoi avez-vous changé de manteau ?

— J'ai changé de manteau ? Moi ?

— Celui que vous portez en ce moment a été découvert à la place du passager dans votre voiture.

— Je m'en souviens maintenant. Il pleuvait à verse, aussi j'ai enfilé mon unique imperméable, en vinyl rouge. Vous comprenez, la voiture de Dickie fait un tel vacarme ! Je ne voulais pas qu'il trouble l'ordre public et réveille Rupert. C'est pourquoi je me suis arrangée pour le retrouver dans High

Street. Êtes-vous jamais resté assis dans une voiture pendant trois heures avec sur le dos un manteau de fourrure trempé de pluie ? dit-elle avec un sourire coquin.

— Je dois avouer que non.

— On a l'impression d'être un rat noyé.

— Je suppose que vous êtes allée chercher votre passeport par la même occasion. (Elle hocha la tête.) Dites-moi, miss Margolis, vous n'envoyez jamais de cartes postales ? demanda-t-il avec exaspération.

— Oh ! appelez-moi Ann. Tout le monde le fait. Quant aux cartes postales, j'en envoie quand je m'amuse mais avec Dickie en train de dépenser des millions d'horribles petites lires, je n'ai pas eu envie de m'occuper de correspondance ! Pauvre Ru ! Je pense que je vais l'emmener demain à Ibiza. Il est tellement perturbé... Et puis, ici, je ne pourrai pas mettre toutes ces jolies robes neuves, avec ce temps...

Elle descendit langoureusement du bureau, et, trop tard pour l'arrêter, Wexford vit l'ourlet de son manteau tacheté accrocher le verre fragile ; le bloc sculpté oscilla et ce fut le mouvement brusque qu'elle fit pour le rattraper qui l'envoya contre le pied du bureau.

— Je suis vraiment désolée, s'écria Anita Margolis. Quel dommage !

Elle ramassa pour la forme une douzaine des plus gros morceaux.

— Il ne m'a jamais plu, dit Wexford. Encore une chose. Avez-vous jamais possédé ce briquet ?

— Quel briquet ?

— Un briquet en or. *Pour Ann, lumière de ma vie...*

Elle inclina pensivement la tête et ses longues boucles lui balayèrent les joues.

— Celui que j'ai montré un jour à Alan Kirkpatrick ? (Wexford fit oui de la tête.) Il n'a jamais été à moi. Il appartenait à Ray.

— Il l'avait oublié dans votre voiture après l'avoir réparée.

— Oui. Je le lui ai rendu le lendemain. C'est vrai, j'ai laissé croire à Alan qu'il était à moi.

Elle remua les orteils dans ses chaussures à lanières dorées, enfonçant davantage les débris de verre dans la carpette et s'écria :

— Il attire les taquineries avec sa jalousie. Avez-vous vu sa voiture ? Il voulait me promener là-dedans ! « Pour qui me prends-tu exactement ? lui ai-je dit. Une attraction dans le défilé du lord-maire ? » C'est vrai que j'aime bien faire enrager les gens.

— Vous nous avez fait tous bien enrager, dit sévèrement Wexford.

La lettre contenant la démission avait été poussée de côté avec les autres papiers qui encombraient le bureau. Elle n'avait pas encore été ouverte. C'était une épaisse enveloppe blanche, portant le nom de l'inspecteur-chef écrit d'une main ferme. Drayton avait utilisé du papier de bonne qualité, et s'était servi d'encre, et non d'un stylo à bille. Il aimait, Wexford ne l'ignorait pas, les bonnes choses de la vie, les meilleures, les belles. On pouvait devenir trop amoureux de la beauté, se laisser séduire et griser par celle-ci.

Wexford croyait comprendre mais la compréhension ne l'empêcherait pas d'accepter cette démission. Il remerciait Dieu que tout eût été découvert à temps. Un jour de plus, et il aurait invité Drayton à faire partie d'une bande d'amis que Sheila voulait emmener au théâtre à Chichester. Un jour de plus...

Anita Margolis avait laissé derrière elle un sillage parfumé. C'était *Chant d'Arômes*. Le nez de Wexford reconnaissait les parfums mieux qu'un chimiste de laboratoire. C'était comme un souffle de frivolité, cher, sans tendresse, comme elle-même. Il ouvrit la fenêtre pour aérer avant l'entrevue suivante.

Drayton arriva cinq minutes avant l'heure fixée. Wexford, agenouillé, ramassait du verre cassé. Le jeune homme ne l'avait pas surpris dans une situation ridicule. Wexford, en se livrant à cette occupation, avait jugé que tout valait mieux que de marcher de long en large dans la pièce parce qu'un policier débutant avait fait l'imbécile.

— Vous démissionnez, dit-il. Je crois que vous agissez sagement.

Le visage de Drayton était presque inchangé, peut-être un peu plus pâle que d'habitude. Quatre marques rouges apparaissaient sur chacune de ses joues, mais les ongles de la fille étaient trop courts pour avoir entamé la peau. Il n'y avait ni défi ni humilité dans l'expression du jeune homme. Wexford s'était attendu à de l'embarras. Ou à une violente explosion d'émotion, contenue depuis longtemps. Peut-être que cela viendrait. Pour le moment, Drayton manifestait un contrôle de soi si parfait que cela ressemblait à l'aisance.

— Écoutez, Drayton, dit-il lourdement, je vous connais trop bien pour imaginer que vous aviez vraiment promis quelque chose à cette fille. Mais toute l'affaire... eh bien ! sent mauvais, il faut le reconnaître.

Le petit sourire contenu de Drayton aurait pu servir de réponse à une plaisanterie.

— La puanteur de la corruption, dit-il et sa voix était plus calme que son sourire. Le parfum français flottait entre eux comme la senteur du petit bouquet d'un juge éloigne la contamination de celui-ci.

— Je crains que nous ne soyons obligés de rester sans reproche. (Que dire d'autre ? Wexford songea au pompeux sermon qu'il avait préparé, et cela le dégoûta.) Mon Dieu, Mark ! explosa-t-il, faisant le tour de son bureau de façon à se trouver en face du garçon, pourquoi ne pas l'avoir laissée tomber quand je vous le disais ? Vous la connaissiez, elle vous parlait ! Est-ce que vous ne pouviez rien comprendre ? Cet alibi qu'elle avait donné à Kirkpatrick — quand nous avons cru qu'il l'avait subornée —, c'était un alibi qu'elle se donnait à elle-même ! Elle l'avait vu à 8 heures et non pas à 9 h 30...

Drayton hocha lentement la tête, les lèvres serrées. Des éclats de verre crissaient sous les chaussures de Wexford.

— Elle était en route pour la maison de Ruby quand elle l'a vu, poursuivit Wexford. Et Anstey était avec elle, seulement Kirkpatrick ne l'a pas remarquée. Grover nous a dit qu'elle était sortie le mardi après-midi pour aller faire des courses, d'après lui. C'est à ce moment-là qu'elle a porté le linge à laver, pas dans la soirée.

— J'avais commencé à m'en douter, murmura Drayton.

— Et vous n'avez rien dit ?

— C'était simplement une impression de malaise, de quelque chose qui ne tournait pas rond.

Wexford serra les dents. Il haletait presque d'énervement, causé en partie par sa propre sottise : tout en désapprouvant l'idylle de Drayton, il y avait joué un rôle actif, il y avait même pris un certain plaisir romantique.

— Vous avez fourré votre nez là-bas Dieu sait combien de

fois, et tout le temps le corps de ce type était dans le garage ! Vous la connaissiez, vous la connaissiez très bien... (Sa voix s'enfla et il sentit qu'il essayait de susciter chez Drayton une réponse, une manifestation quelconque de passion.) Est-ce qu'une curiosité bien naturelle ne vous a pas donné envie de savoir qui était son ancien amoureux ? Les Grover avaient eu, pendant quatre semaines, un locataire petit et brun, qui avait disparu la nuit du meurtre. Vous n'auriez pas pu nous le dire ?

— Je n'en savais rien. Je ne voulais pas savoir.

— Vous devez avoir envie de savoir, Mark, dit Wexford avec lassitude, c'est la première règle du jeu.

Il avait oublié ce que c'était d'être amoureux, mais il se rappelait une fenêtre éclairée, une jeune fille penchée au-dehors, et un homme immobile au-dessous, dans l'ombre. Il souffrait à l'idée que la passion pouvait exister, et le chagrin en même temps, et qu'ils pouvaient tous deux déchirer un homme sans que son visage en porte la trace. Il n'avait pas de fils, mais de temps en temps, il est donné à tout homme d'être le père d'un autre.

— À votre place, je m'en irais d'ici, dit-il, tout de suite. Pas besoin de paraître au jugement. Vous oublierez tout ça, vous savez. Croyez-moi, vous l'oublierez.

— Qu'a-t-elle fait ? demanda très tranquillement Drayton.

— Anstey avait posé le couteau contre sa gorge. Il se fiait à la peur qu'il lui inspirait, ainsi qu'à son propre charme, pour la rendre docile. Elle ne l'était pas, comprenez-vous. Elle s'est emparée du couteau et le lui a planté dans le poumon.

— Il était mort quand ils sont rentrés ?

— Je n'en sais rien, je ne crois pas qu'elle le sache non plus. On ne le saura peut-être jamais. Elle l'a laissé là et elle est montée auprès de son père mais le lendemain, elle n'a pas pu retourner là-bas. Je comprends ça. Le moment allait venir où son père aurait besoin de la voiture et où l'on trouverait Anstey. Elle espérait un miracle avant. Je crois que ce devait être vous, le miracle, Vous deviez l'aider à se débarrasser du corps, mais nous sommes arrivés les premiers.

— Elle avait sorti les clés à mon intention, chuchota-t-il en baissant les yeux.

— Nous sommes venus une demi-heure trop tôt, Drayton.

Le garçon releva brusquement la tête.

— Jamais je ne l'aurais fait.

— Pas à la toute dernière minute, hein? Non, vous ne l'auriez jamais fait, je sais. Qu'allez-vous devenir maintenant? dit Wexford en s'éclaircissant la gorge.

— Je m'en tirerai, répondit Drayton.

Il se dirigea vers la porte et un éclat de verre se brisa sous ses pieds.

— Vous avez cassé votre sculpture, j'en suis désolé, dit-il poliment.

Dans le hall, il mit son duffel-coat et releva le capuchon. Ainsi vêtu, avec sa mèche de cheveux noirs qui lui barrait le front, il ressemblait à un écuyer médiéval qui a perdu son maître et renoncé à la croisade. Quand il eut souhaité le bonsoir au sergent Camb, qui ne savait rien, sauf que le petit Drayton avait des ennuis, il sortit dans la pluie et le vent, et se mit à marcher en direction de sa chambre. Un petit détour lui aurait permis d'éviter le magasin Grover, mais il ne le fit pas. La maison était dans l'obscurité, comme s'ils avaient déménagé et, dans la ruelle, les pavés ronds et mouillés semblaient le sol d'une caverne.

Deux mois, trois mois, peut-être une année, et le plus dur serait passé. Les hommes meurent, mais jamais d'amour. Le monde était plein de possibilités. et plein de femmes aussi. Il réussirait. Les jonquilles, à la devanture de la fleuriste, gardaient une fraîcheur exquise et intacte. Il penserait toujours à elle quand il verrait briller la beauté dans un décor sordide.

On venait à bout de tout, à la longue. Il aurait seulement voulu ne pas se sentir si malade et si jeune en même temps. La dernière fois que ça lui était arrivé, c'était quatorze ans plus tôt, quand sa mère était morte. Et c'était aussi la dernière fois qu'il avait pleuré.

Postface

Ruth Rendell a livré en 1988, lors de la parution des Désarrois du Professeur Sanders, *un texte capital pour la compréhension du personnage de l'inspecteur-chef Wexford. Cette brève confession, intitulée* Un détective dans la maison, *évoque la naissance du policier — déjà abordée dans l'introduction à ce volume — puis en vient aux rapports qu'entretient l'auteur et sa créature.*

D'emblée, Rendell s'insurge contre cette habitude qu'elle juge névrotique et surtout déplacée qu'ont les romanciers de considérer leurs détectives comme des personnes vivantes. « Lorsqu'ils m'écrivent, mes lecteurs me parlent beaucoup de Wexford. Une femme m'a dit qu'elle était amoureuse de lui et que si la femme de l'inspecteur-chef venait à décéder, elle aimerait énormément devenir la seconde Mrs Wexford. On m'a souvent demandé si j'étais moi-même amoureuse de lui. Une romancière amoureuse d'une créature de fiction serait, à mon sens, pareille à ces psychopathes dont je parle dans certains de mes romans. J'ai inventé Wexford ; j'estime qu'il m'obéit presque entièrement. S'il y avait de l'amour là-dedans, ce serait l'amour que cette créature pourrait porter à celle qui le fait vivre. »

Dans le troisième roman qui met en scène Reginald Wexford, nous faisons plus ample connaissance avec ce digne confrère anglais de Jules Maigret. L'auteur nous précise quelques-unes des caractéristiques du personnage corpulent et massif, vêtu sans recherche mais confortablement. Ses deux premières enquêtes avaient surtout mis en avant ses capacités intellectuelles — son goût pour les citations littéraires et cette ironie qui saupoudre son discours d'un généreux sel attique. À présent, c'est le citoyen Wexford qui émerge et s'installe, sous nos yeux, dans le décor lui aussi plus précis et concret de la ville de Kingsmarkham, sous le pinceau de Ruth Rendell. Celle-ci prétend ne plus avoir aucun souvenir du "quand" et du "comment" ayant présidé à la naissance de ce roman à l'intrigue subtile, bâtie en trompe-l'œil. On remarquera cependant que, pour la première fois, elle confronte Wexford et Burden à des protagonistes surgis d'un autre monde que le leur. Ainsi le peintre londonien Rupert Margolis, venu chercher le calme de la province, ou, plus subversif, le policier Drayton, dont l'arrivisme paraît incompatible avec les mœurs paisibles de la population de Kingsmarkham. La police conduit le deuil *introduit dans l'œuvre de Rendell des considérations d'ordre délibérément sexuel, phénomène remarquable dans l'univers terriblement prude du* crime novel *anglais ("No sex, we are british!"), colorant le drame qui se joue sous nos yeux d'une teinte audacieuse... La métaphore qu'induit la présence d'un jeune peintre avant-gardiste prend alors tout son sens. Et l'attitude de Wexford lui-même se mue en une appréciation sensible des événements. « Il souffrait à l'idée que la passion pût exister, comme le chagrin qui en découlait et qu'un homme pût en être déchiré sans que son visage le trahît. »*

La prouesse de l'auteur — qui se renouvellera, en précisant sa démarche, au fil de nombreux livres — est sans nul doute d'avoir donné la vie, hors des contraintes du genre policier traditionnel, à ce singulier duo, attachant, troublant et pathétique, que forment Ann Anstey et Drayton.

1969

LE MEILLEUR DES TÉMOINS

Traduit de l'anglais par
Annie Hamel

Ce roman a paru sous le titre original :
THE BEST MAN TO DIE
Il a été publié dans la collection Le Masque sous le titre :
Qui a tué Charlie Hatton ?

Pour George et Dona Herbert,
en remerciement de leurs
conseils avisés.

1

Jack Pertwee se mariait le lendemain, et les membres du club de fléchettes de Kingsmarkham étaient tous réunis au *Dragon* pour lui faire leurs « adieux », comme disait George Carter.

— Ça me plaît pas trop, George. On fête mon mariage, pas mon enterrement.

— Ça revient au même.

— Merci du renseignement. Pour la peine, je vais t'offrir un verre.

Il fit un pas vers le bar, mais le président du club l'arrêta.

— C'est ma tournée, Jack. Fais pas attention à George. Marilyn est une fille adorable et t'as bien de la chance. Y en a pas un seul ici qui ne voudrait pas être à ta place demain.

— Ou plutôt dans son pyjama, dit George. Tu devrais le voir ! Un pyjama kimono en nylon noir !

— Allons George, un peu de correction.

— Alors ce sera quoi, messieurs ? demanda le barman, patient. La même chose ?

— La même chose, Bill, dit le président. Et prends-toi un verre. Non, Jack, l'homme est un animal monogame, et crois-moi, un couple heureux, c'est la meilleure association qui soit. Surtout quand on démarre du bon pied, comme toi et Marilyn. Un peu d'argent de côté, un joli appartement, et rien à vous reprocher.

— Tu crois ?

Jack préférait passer sur ce genre de considérations. Ces propos moralisateurs lui rappelaient le sermon — bref, mais trop long — que Marilyn et lui avaient dû subir deux jours plus tôt, dans le bureau du pasteur. Il descendit sa bière et regarda autour de lui, mal à l'aise.

— Les dix premières années sont les pires, dit quelqu'un, et Jack se retourna, agacé.

— Vous êtes vraiment sympas, les gars. Je vois qu'il y a que les célibataires, qui n'ont rien à dire contre le mariage.

— C'est vrai, renchérit le président. Dommage qu'il n'y ait pas davantage d'hommes mariés d'accord avec moi, hein, Jack ? Charlie Hatton, tiens. Voilà un type, ah, comment on dit déjà ?

— Me demande pas. Et puis qu'est-ce que ça peut faire de toute façon ? Ah, vous et vos déclarations. C'est une réunion entre mecs, non ? Pas une assemblée de fin d'année. Ce qu'il nous manque, c'est quelqu'un pour nous réveiller.

— Quelqu'un comme Charlie. Mais où tu crois qu'il est ?

— Il a dit qu'il serait en retard. Il revient de Leeds ce soir, avec son camion.

— Il est peut-être d'abord passé chez lui.

— Sûrement pas. La dernière chose qu'il m'a dite mercredi, c'est : « Jack, tu peux compter sur moi vendredi, même si mon moteur doit y rester. J'ai dit à Lilian de ne pas m'attendre. » Non, il va venir directement ici.

— J'espère seulement qu'il lui est rien arrivé.

— Qu'est-ce que tu veux dire ?

— Hé, il s'est déjà fait attaquer deux fois avec son camion, non ?

— Oh, arrête, George. On dirait une vieille mémé, dit Jack.

Mais lui aussi commençait à s'inquiéter. Il était 9 heures et demie. Dans une heure, le *Dragon* allait fermer. Et puis Charlie était son témoin. Alors vous parlez d'un mariage réussi si on le retrouvait à minuit avec le crâne défoncé, quelque part dans les Midlands...

— Finis ton verre, dit le blagueur du club, que je te raconte celle de la fille qui épouse un marin.

— Je la connais, dit Jack, lugubre.

— Non, celle-là tu ne la connais pas. La même chose, s'il te plaît, Bill. Alors c'est l'histoire d'une fille, et la veille de son mariage sa mère lui dit : « Maintenant, quoi que vous fassiez, ne le laisse pas »...

— Attends, vieux. Voilà Charlie.

Ils étaient tous grands — au moins un mètre quatre-vingts —, mais Charlie Hatton était un petit homme au teint mat et aux yeux perçants. Il promena son regard d'aigle sur l'assemblée avant d'esquisser un sourire, dans un éclair de dents blanches immaculées. Et fausses. Mais seul Jack le savait, car Charlie était très sensible sur ce point. Pourquoi fallait-il qu'il ait une prothèse dentaire à trente ans ? Tout ce lait et ce jus d'orange ingurgités pendant la guerre n'avaient donc servi à rien ? Mais Jack pouvait le savoir, il s'en fichait. Ça lui était égal, tout de ce que Jack savait sur lui, même s'il avait cessé de tout lui raconter, comme à l'époque où ils étaient à l'école ensemble. Ils étaient vraiment amis. En d'autres temps, autres mœurs, on aurait dit qu'ils s'aimaient. Ils étaient comme David et Jonathan, mais que quelqu'un ose le dire, et Jack lui écraserait son poing dans la figure. Quant à Charlie... Les clients du *Dragon* pensaient sans le dire, mais non sans fierté, que Charlie était capable de tout.

Marilyn Thompson était la meilleure amie de la femme de Charlie. Charlie allait être le témoin de Jack, et un jour, se dit Jack, il serait le parrain de son premier enfant. Ah, combien de fois ils avaient bu ensemble, gamins, adolescents. Et puis maintenant. Combien de fois ils étaient sortis ensemble, sous le même ciel étoilé. Combien de fois ils avaient remonté High Street, où chaque maison, chaque visage, faisait partie de leur histoire à tous les deux. Il n'aurait dû y avoir qu'eux, ce soir, au *Dragon*. Personne d'autre. Les autres faisaient office de public, de décor. Jack franchissait une étape ce soir, et il mourait un peu. Et comme chaque fois, Charlie mourrait un peu avec lui.

Si toutes ces émotions tourbillonnaient sous sa couronne de cheveux drus qui commençaient à se dégarnir, Charlie n'en montra rien. Avec un grand sourire, il donna une claque dans le dos de Jack, et leva les yeux vers le beau visage un peu échauffé du futur marié, qui le dépassait d'au moins une tête.

— Tu vois, vieux camarade, j'ai fini par arriver. « Mon frère Jonathan, tu faisais tout mon plaisir ; ton amour pour moi était admirable, au-dessus de l'amour des femmes. »

— Je pensais bien que tu viendrais, dit Jack, le cœur joyeux. Je t'en aurais vraiment voulu si tu n'étais pas venu. Qu'est-ce que tu bois ?

— Pas de cette pisse d'âne en tout cas. Je viens de conduire onze heures d'affilée. Alors t'es vraiment dur, Jack, si tu m'offres pas un scotch.

— Mais tu m'as pas laissé le temps de...

— Laisse tomber. Je plaisantais, tu me connais. Sept doubles scotchs Bill, et me regarde pas comme ça. Pas étonnant que la bière tourne, ici. J'ai ramené le camion au dépôt, et je vais rentrer à pied, si c'est ce qui t'inquiète. Meilleurs vœux, Jack, et que Dieu vous protège tous les deux !

Charlie avait ouvert son portefeuille d'un geste dégagé, grand seigneur, s'arrangeant pour que tout le monde voie ce qu'il y avait à l'intérieur : l'enveloppe de sa paie, pas encore ouverte, et une grosse liasse de billets entourée d'un élastique. Des petites coupures, mais aussi pas mal de gros billets. Il piocha dans la liasse pour payer la tournée.

— On les voit, les riches, dit George Carter.

— Ça te dérange ?

— Le prends pas comme ça ? Faut vraiment que je sois fou, moi, pour trier les lettres à longueur de journée, alors que j'aurais qu'à me baisser pour ramasser les biftons, si je conduisais des camions.

— Tu te crois fou ? Alors va voir un psychiatre !

— Oh, arrêtez ! dit le blagueur professionnel. J'étais en train de vous raconter ce que la mère dit à sa fille la veille de ses noces.

— Qui est-ce qui se marie ? La mère ? C'est un peu tard pour elle, non ? Allez va, je plaisante. Mais Jack et moi on la connaît. Le marin dit à sa femme : « Fais comme tu veux, mais alors on n'aura jamais d'enfants. » C'est ça, non ?

— O.K. Bonsoir.

— Sois pas comme ça, dit Jack. (Charlie avait le chic pour toujours prendre les autres à rebrousse-poil. Étonnant qu'il se soit jamais mis Jack à dos.) Allez, c'est ma tournée, je crois.

— Pas question, Jack. Bill, tu nous remets sept doubles scotchs. Jack, j'ai dit que c'était pour moi. Je peux me le permettre. La source n'est pas encore tarie. Et puis je suis arrivé vraiment tard, non ? Alors j'ai des tournées à rattraper.

— Rien pour moi, dit l'homme que la plaisanterie de Charlie avait froissé.

Il tapota l'épaule de Jack et dit bonsoir pendant que les autres sirotaient leur whisky dans un silence gêné.

— Si vous voulez quelque chose, messieurs, c'est maintenant, parce qu'on va fermer, dit le barman.

George Carter plongea la main dans le fond de sa poche et en ramena des toutes petites pièces.

— Un dernier pour la route, Jack ? dit-il.

Charlie regarda les petites pièces.

— C'est quoi ? L'argent du ménage ?

George rougit. Il n'était pas marié. Charlie le savait très bien. Mais il savait surtout que sa régulière venait de le plaquer. George avait déjà l'acompte tout prêt pour la maison, et il avait payé la première traite de la salle à manger.

— Salaud, dit-il.

Charlie se hérissa, un vrai petit coq de combat.

— Personne ne me traite de salaud !

— Messieurs, messieurs, fit le barman.

— Oui, intervint le trésorier, calmez-vous. Tu dis que les gens sont susceptibles, Charlie. Mais c'est toi qui les cherches. (Il sourit d'un air avantageux et prit l'attitude du type qui va faire un discours.) Et maintenant la soirée touche à sa fin, alors je crois que nous devrions en profiter pour présenter à Jack les meilleurs vœux des membres du club de fléchettes de Kingsmarkham. Pour ma part...

— On a compris, dit Charlie. C'était le discours du trésorier.

Charlie posa un nouveau billet de cinq livres sur le comptoir. Aussi rouge que George, le trésorier haussa les épaules, adressa un signe de tête compatissant à Jack, mais Jack l'ignora. Puis il partit, avec l'un des autres.

Le barman essuyait le comptoir en silence. Charlie Hatton avait toujours été un peu trop sûr de lui, mais il devenait franchement arrogant ces temps-ci et la plupart des soirées finissaient comme ça.

De cette petite réunion entre hommes, il ne restait que Jack, Charlie, George et un autre type. Il était routier, comme Charlie, il s'appelait Maurice Cullam et il n'avait pratiquement pas ouvert la bouche, sauf pour y verser du whisky. Témoin de la déroute et de l'humiliation de ses amis, il vida son verre et demanda :

— T'as beaucoup vu Mc Cloy, ces derniers temps, Charlie ?

Charlie ne répondit pas, ce fut Jack qui dit :

— Pourquoi, tu le vois, toi ?

— Oh non ! moi, j'ai les mains propres. Y a pas que l'argent dans la vie. Je veux pouvoir dormir tranquille.

Au lieu de monter sur ses grands chevaux, Charlie lui dit très gentiment :

— T'as raison. Y serait peut-être temps que tu dormes, pour changer.

Maurice avait eu cinq enfants en six ans. Il aurait pu prendre cette pique pour un hommage à sa virilité. Ce qu'il fit, au grand soulagement de George et de Jack. Maurice Cullam sourit d'un air gêné. Sa femme était particulièrement moche, et Charlie aurait pu riposter, lui envoyer quelques remarques bien senties. Il avait préféré le flatter.

— On ferme, messieurs, dit le barman. Mes meilleurs vœux de bonheur, Mr Pertwee.

Le barman appelait toujours Jack par son prénom, et ce « Mr Pertwee » n'était qu'une marque de respect convenue, due à un futur marié, et qui ne se renouvellerait pas, Jack le savait.

— Merci beaucoup, dit-il. À la prochaine.

— Allons-y, Jack, dit Charlie, et il rangea son gros portefeuille.

L'air était doux et le ciel d'été semé d'étoiles. Des nuages dérivaient dans la constellation d'Orion.

— Quelle belle nuit, dit Charlie. Il va faire beau demain, Jack.

— Tu crois ?

— Oui. Et c'est toujours bon signe quand il y a du soleil le jour d'un mariage.

L'alcool avait rendu George sentimental ; et il eut une moue sinistre à la pensée de sa régulière et du premier versement pour les meubles.

— Pleure un bon coup, vieux, dit Charlie. Je t'assure, y a rien de tel pour soulager les bonnes femmes.

George dirigeait la troupe de danses folkloriques de Kingsmarkham, et Charlie s'était déjà moqué de lui, de son costume bariolé, avec la coiffe et les grelots. George se mordit la lèvre, serra les poings, puis il haussa les épaules et s'éloigna.

— Va te faire foutre, marmonna-t-il.

Les autres le regardèrent traverser la rue, puis s'engager dans York Street d'un pas incertain.

— T'aurais pas dû dire ça, Charlie.

— Oh ! Il m'énerve. Si on chantait un peu ?

Il mit un bras autour de la taille de Jack, eut une hésitation imperceptible, puis passa son autre bras autour de la taille de Maurice.

— Une de tes vieilles chansons de music-hall, Charlie.

Ils marchèrent un peu de travers, en passant sous les vieux auvents des maisons, et Jack dut baisser la tête pour ne pas se cogner contre la lanterne en fer. Charlie s'éclaircit la voix et chanta :

« Mabel Chérie, écoute-moi !
Il y a des voleurs dans le parc.
J'étais tout seul dans l'auberge de jeunesse
Je chantais comme un rossignol.
J'aurais voulu être avec toi,
Mais j'avais peur de rentrer dans le noir. »

— Wouh-wouh-wouh-wouh, fit Jack, en imitant les Indiens, mais il s'arrêta net quand il vit l'inspecteur Burden déboucher de Queen Street et se diriger vers eux.

— Bonsoir, Mr Burden.

— Bonsoir.

L'inspecteur les considéra avec dédain.

— On n'a pas l'intention de faire des choses qui risqueraient de troubler l'ordre public, n'est-ce pas ?

Puis il passa son chemin et Charlie ricana.

— Pauvre flic, dit-il. Je suis sûr qu'il gagne pas en un mois ce que j'ai là dans ma poche.

— Bon, moi je passe par là. Bonne nuit, Jack, dit Maurice sèchement.

Ils étaient arrivés au pont du Kingsbrook, là où commençait le chemin qui allait à Sewingbury en longeant la rivière. Maurice habitait Sewingbury, Charlie l'une des nouvelles H.L.M. de l'autre côté de Kingsbrook Road. Pour tous les deux, le chemin était un raccourci.

— Attends Charlie. Il va dans ta direction.

— Non, je peux pas. J'ai promis à ma femme d'être rentré à 11 heures.

Charlie tourna le dos à Maurice, pour bien lui montrer que de toute façon il n'aurait pas voulu rentrer avec lui.

— Ouh, ça me monte à la tête, dit Maurice, tout pâle dans la lumière du réverbère. Je crois que j'aurais pas dû faire des mélanges.

Il rota et Charlie ricana.

— Salut, Jack. On se voit demain, à l'église.

— Salut, vieux.

Maurice sauta les trois marches au début du chemin, et, par miracle, atterrit sur ses pieds. Il descendit la petite pente qui menait au bord de la rivière, plongea la tête sous les branches des saules, et ils ne virent plus que son ombre s'éloignant dans la nuit. Jack et Charlie étaient seuls.

Ils avaient beaucoup bu et la nuit était chaude, mais soudain ils se sentirent parfaitement lucides. Ils aimaient tous les deux les femmes, mais elles les impressionnaient. De même qu'ils étaient mal à l'aise avec leurs émotions en général. Mais aucun élan du cœur ne les laissait muets comme cette amitié superbe et pure qu'ils éprouvaient l'un pour l'autre.

Jack et Charlie étaient des âmes-sœurs, au sens grec du terme. Leurs femmes étaient leur bien, l'objet de leur fierté : au lit, à la maison, pour la galerie. Mais l'un sans l'autre leur vie aurait été incomplète, privée de son essence, de son énergie. Excepté l'homme qui tenait le restaurant Acropolis à Stowerton, ils ne connaissaient rien des Grecs, et ni l'un ni l'autre ne comprenait l'émotion qui à présent les saisissait, et les plongeait dans une espèce de désespoir muet.

Si Charlie avait été un autre homme, cultivé, ou efféminé, ou bien vivant à une époque de l'histoire où l'on exprimait plus librement ses sentiments, il aurait pu serrer Jack dans ses bras et lui dire, du fond du cœur, à quel point il partageait son bonheur. Et si Jack avait lui aussi été différent, il aurait remercié Charlie pour son amitié sans faille, les prêts généreux qu'il lui accordait, et pour lui avoir fait rencontrer Marilyn. Mais Charlie n'était qu'un petit routier dégourdi, et Jack un électricien. L'amour ne pouvait exister qu'entre homme et femme, dans le mariage, et ils auraient préféré mourir, plutôt que de s'avouer qu'ils étaient l'un pour l'autre plus que de

« bons copains ». Ils se penchèrent par-dessus le parapet et jetèrent des cailloux dans l'eau. Puis Charlie dit :

— T'as besoin de sommeil pour être en forme demain, alors je vais y aller.

— On a eu ton cadeau, Charlie. Je n'ai rien voulu dire devant les autres, mais c'est vraiment quelque chose ce magnétophone. J'étais scié quand je l'ai vu. Ça a dû te coûter une petite fortune.

— Je l'ai eu au prix de gros.

Une autre pierre tomba et fit « plouf » dans le noir.

— Marilyn a dit qu'elle allait écrire à Lilian.

— Elle l'a fait. Une bien jolie lettre. On l'a reçue avant que je parte dans le Nord. C'est une petite femme drôlement instruite que tu as là. On regarde pas à la dépense, quand on reçoit une lettre comme ça. N'oublie jamais que vous vous êtes rencontrés grâce à moi !

— Ah, tu sais choisir les femmes, toi. Regarde Lilian.

— Ouais, eh bien je ferais peut-être mieux d'aller la retrouver.

Charlie se tourna pour faire face à son ami, et son ombre noire et trapue apparut à côté de celle de Jack, longue et fine. Charlie leva sa petite main noueuse et la plaqua avec vigueur sur celle de Jack.

— Bon, bah je me sauve alors.

— Je crois que tu ferais mieux, Charlie.

— Et si jamais j'en ai pas l'occasion demain — je suis pas comme Brick moi, je suis pas doué pour les discours — eh bien je te souhaite tout le bonheur possible, Jack.

— Mais si, t'en auras l'occasion. Il faudra que tu fasses un discours.

— Alors je me réserve jusqu'à demain, d'accord ?

Charlie fronça le nez et fit un clin d'œil à Jack. Leurs ombres se séparèrent, Charlie descendit les marches.

— « Bonne nuit, mon ami de toujours. »

— Bonne nuit, Charlie.

Il disparut parmi les saules. Puis sa silhouette réapparut sur une petite crête du sentier. Jack l'entendit siffloter « Mabel chérie » sous les étoiles, puis son ombre se confondit avec l'ombre des arbres, la chanson s'éteignit peu à peu, et l'on n'entendit plus que le clapotis du ruisseau, le Kingsbrook qui courait sans relâche sur son lit de pierres rondes et plates.

Mais toutes les eaux du monde ne sauraient éteindre le feu de l'amour.

2

L'inspecteur-chef Wexford n'aimait pas les chiens. Il n'en avait jamais eu, et maintenant que l'une de ses filles était mariée et l'autre à l'école d'art dramatique, il n'y avait plus aucune raison pour qu'il en accueille jamais un. Parmi les ennemis des chiens, nombreux sont ceux qui finissent par rejoindre les rangs des amateurs, pour n'avoir pas su résister aux demandes réitérées de leurs enfants adorés. Mais chez Wexford, les demandes n'avaient jamais été bien pressantes. Il avait donc échappé à ce piège.

Aussi fut-il mécontent, quand, arrivant le vendredi soir tard à la maison, il trouva cette chose grise avec des oreilles comme des lavettes, installée dans son fauteuil préféré.

— Est-ce qu'elle n'est pas adorable? dit l'étudiante en art dramatique. Elle s'appelle Clytemnestre. Je savais que ça ne t'ennuierait pas de l'avoir pour une quinzaine, jeta-t-elle avant de sortir précipitamment de la pièce pour répondre au téléphone.

— Où est-ce qu'elle l'a dénichée? demanda Wexford, lugubre.

Mrs Wexford était une femme laconique.

— Sebastian.

— Et qui diable est Sebastian?

— Un garçon, dit Mrs Wexford. Il vient juste de partir.

Son mari fut à deux doigts de chasser le chien de son fauteuil, mais il se ravisa, et partit se coucher en bougonnant. La beauté de sa fille avait toujours été pour lui un sujet d'étonnement. Sylvia, l'aînée, désormais mariée, était une femme bien bâtie et en bonne santé, mais il n'y avait pas grand-chose à en dire. Mrs Wexford était une femme bien faite, avec un joli visage. Elle avait toujours été mignonne, oui, mais elle n'avait jamais gagné un concours de beauté. Quant à lui, il ne manquait plus qu'une trompe pour ressembler à un éléphant, pensait-il souvent. Son corps était trop lourd, trop grand, sa peau épaisse, grisâtre et ridée, et ses grandes oreilles triangulaires dépassaient absurdement de ses rares cheveux blond délavé. Au zoo, il passait toujours rapidement devant les éléphants, de peur qu'un visiteur insolent n'ose faire le rapprochement.

La mère et la sœur de Sheila étaient presque belles. Seulement voilà, Sheila n'était pas l'aboutissement de cette beauté esquissée : elle ressemblait à son père. La première fois que Wexford l'avait remarqué — elle avait environ six ans — il avait presque hurlé de rire, tellement la ressemblance entre cette exquise petite poupée et son grossier géniteur lui paraissait grotesque. Pourtant, ce grand front, ce petit nez retroussé, ces oreilles pointues — bien collées chez sa fille — étaient sa réplique parfaite. De même que dans ses grands yeux clairs à elle, il voyait ses petits yeux gris à lui. Quand il était jeune, lui aussi avait des cheveux blond pâle et soyeux. Espérons seulement qu'elle ne deviendra pas comme moi en vieillissant, se disait-il parfois, avec un gros rire intérieur.

Mais le lendemain matin, il n'éprouvait plus aucun sentiment tendre, ni amusé, à l'égard de sa fille cadette. La chienne l'avait réveillé à 7 heures 10 avec de grands aboiements, et à présent, un quart d'heure plus tard, il se tenait sur le seuil de la chambre de Sheila, l'air mauvais.

— Ce n'est pas une pension pour chiens, ici, dit-il. Tu ne l'entends pas ?

— Le chien acrylique ? Pauvre chérie, elle veut juste qu'on la sorte.

— Comment tu l'as appelée ?

— Le chien acrylique. C'est une bâtarde, en fait, mais Sebastian l'appelle comme ça. On dirait qu'elle est en peluche. C'est marrant, tu ne trouves pas ?

— Pas particulièrement, non. Pourquoi ce Sebastian ne s'occupe-t-il pas lui-même de son chien ?

— Il est parti en Suisse, dit Sheila. Son avion doit avoir décollé à l'heure qu'il est. (Elle émergea de sous les draps, et son père vit qu'elle s'était mis de gros bigoudis chauffants.) J'ai vraiment eu honte hier soir, de le laisser aller à pied jusqu'à la gare. Mais c'est toi qui avais la voiture, ajouta-t-elle d'un air de reproche.

— C'est « ma » voiture ! lança Wexford, criant presque.

Cet argument était inutile, il le savait depuis longtemps, et ce fut avec une pointe d'horreur qu'il s'entendit demander, d'une voix un peu plaintive :

— Si ce chien veut sortir, tu ne ferais pas mieux de te lever et de l'emmener ?

— Je ne peux pas. Je viens de faire ma mise en plis.

En bas, Clytemnestre poussa un hurlement suivi de petits aboiements pressants. Sheila repoussa ses couvertures et s'assit dans son lit, véritable poupée rose en pyjama.

— Pour l'amour de Dieu ! explosa Wexford. Tu ne peux pas sortir le chien de ton copain, mais tu peux te lever à l'aube pour te mettre des bigoudis !

— Mon Papa...

Le ton enjôleur et le mot Papa, si rare désormais, annonçaient une requête monstrueuse. Wexford lança un regard furieux à sa fille et fronça les sourcils, une expression qui faisait trembler les petits délinquants de Kingsmarkham.

— Mon Papa, il fait si beau ce matin, et tu sais ce que le Dr Crocker a dit : il faut que tu marches pour maigrir un peu. Et puis je viens juste de me laver les cheveux...

— Je vais prendre une douche, annonça froidement Wexford.

Ce qu'il fit. Lorsqu'il ressortit de la salle de bains, la chienne hurlait toujours et un chanteur de rock braillait dans la chambre de Sheila. Un mâle dégénéré qui vous exhortait à l'aimer ou à le laisser mourir en paix.

— Mais qu'est-ce qu'il y a comme bruit, chéri, dit Mrs Wexford, d'une voix endormie.

— Tu crois ?

Il ouvrit la porte de Sheila. Elle était en train de se poser un masque de beauté.

— Bon, passe pour cette fois, dit l'inspecteur principal. Mais je le fais seulement pour que ta mère puisse se reposer. Alors tu pourrais peut-être arrêter ce truc-là.

— Tu es un ange, Papa, dit Sheila, et elle ajouta, rêveusement : à mon avis, à l'heure qu'il est, Clytemnestre s'est laissée aller.

Clytemnestre. De tous les noms stupides et prétentieux qu'on pouvait donner à un chien... Mais qu'espérer de mieux de la part de quelqu'un nommé Sebastian ? Cela dit, elle ne s'était pas encore « laissée aller ». Elle se jeta sur Wexford glapissant frénétiquement, et quand il la repoussa, se mit à tourner en rond autour de lui, agitant follement sa queue et ses oreilles, qui avaient l'air tricotées.

Wexford trouva la laisse, obligeamment laissée par Sheila dans un endroit voyant — le dessus du réfrigérateur. Sans aucun doute, une superbe journée s'annonçait, une journée d'été comme il n'y en a que dans le sud de l'Angleterre : d'abord noyée de brume, puis glorieuse dans sa splendeur tropicale, avant de s'éteindre dans un festival d'étoiles bleu et or.

— En ce matin glorieux, où les sommets resplendissent, sous l'œil souverain des cieux, déclama Wexford à l'adresse de Clytemnestre.

La chienne approuva bruyamment, grimpa sur un tabouret et poussa des aboiements hystériques à la vue de sa laisse.

— Veuillez vous conduire avec dignité, dit Wexford, très froid, passant du sonnet à la comédie sans changer d'auteur.

Il regarda par la fenêtre. L'œil souverain était bien là, jaune clair, lumineux. Il ne resplendissait pas sur les sommets, mais sur les prairies bordant le Kingsbrook, transformant la rivière en un ruban de métal éclatant. Cela ne pouvait pas faire de mal à Wexford d'emmener cette créature déchaînée gambader dans les prés, et puis ça lui donnerait de l'ascendant sur l'inspecteur Burden, quand il arriverait au poste à 9 heures 30.

— Il fait beau, ce matin, dirait Burden.

— Oh, la matinée est déjà bien avancée. Vous avez raté le meilleur, lui répondrait-il. Ce matin, à 7 heures et demie, au bord de la rivière...

Wexford gloussa. Clytemnestre gémit. Il se dirigea vers la porte et la chienne poussa un hurlement de joie. Il attacha la laisse et partit d'un bon pas dans la douceur lumineuse d'un samedi d'été dans le Sussex.

Si c'était bien de se vanter après coup de ses promenades aux aurores, c'était déjà moins bien de se balader dans la rue avec cette affreuse chose, cet avorton, cette tragique erreur de la nature. Car dans la lumière impitoyable du plein été, Clytemnestre ressemblait à un vieux gilet, longtemps oublié au fond d'une corbeille à tricot, et brusquement exhumé pour être raccommodé.

De plus, maintenant qu'elle avait satisfait le désir

irrépressible qui l'avait entraînée dans cette exhibition névrotique et forcenée, elle paraissait complètement abattue, et avançait lentement, la tête et la queue basses. Exactement comme une femme, pensa Wexford avec humeur. Sheila ferait exactement la même chose. Elle était vraisemblablement dans la cuisine en ce moment même, ses bigoudis défaits, sans plus de masque de beauté, en train de préparer calmement une tasse de thé pour sa mère. Quand on a obtenu ce qu'on voulait, on s'en désintéresse... *Le monde est ainsi fait.*

De toute façon, Wexford allait éviter les rues passantes.

De ce côté de la ville, le sentier traversait les prés jusqu'à la rivière, puis se divisait en deux branches, dont l'une allait à Sewingbury et aux nouveaux logements sociaux, et l'autre au pont du Kingsbrook. Wexford n'allait sûrement pas s'embarquer un samedi à Sewingbury, et maintenant qu'ils avaient affublé Kingsbrook Road de ces H.L.M., ça n'avait plus aucun intérêt d'y aller. Non, il allait descendre au bord de la rivière, longer le sentier jusqu'au pont et passer prendre son exemplaire de *Police Review* chez Braddan sur le chemin du retour. Ils oubliaient toujours de le lui porter avec les journaux.

Dans les régions agricoles, les pâturages sont généralement clôturés. Ici, de grandes vaches rousses paissaient dans des prairies séparées par des haies et du fil barbelé. De fines nappes de brume s'étiraient sur la vallée, et sur les champs en jachère, le foin était presque assez haut pour être fauché. Wexford, en véritable amoureux de la campagne, s'étonnait du fait que les gens de la ville trouvent l'herbe verte, quand en réalité elle est de couleurs aussi variées que le manteau de Joseph. Les graminées, ocre jaune et vert grisé, se courbaient sous le poids des graines, et dans la tapisserie veloutée des pâturages, se mêlaient les fils cramoisis de l'oseille, le jaune acide et vif des boutons-d'or, et la bourre de soie crème des reines des prés. Et sur toutes ces graines murmurantes, la brume légère projetait un éclat argenté.

Les feuilles des chênes étaient encore vert printemps, une couleur si franche, si lumineuse, que personne n'a jamais réussi à la reproduire, et qu'on ne voit donc jamais dans la peinture ni sur aucun tissu. Copiée, cette couleur serait trop crue, mais sous ce ciel bleu pâle, immobile et sans nuages, elle était purement exquise. Wexford respira à grands traits cet air parfumé et chargé de pollen. Il n'avait jamais le rhume des foins et il se sentait vraiment bien.

La chienne, qui avait peut-être craint de déambuler sur un trottoir, respirait aussi, et redevenait toute fringante. Elle furetait dans les ronces et remuait la queue. Wexford lui défit sa laisse et elle s'élança dans le chemin.

Avec une espèce de flegme inébranlable, il se mit à réfléchir au travail qui l'attendait. Cette affaire de coups et blessures passait en jugement ce matin, mais ce serait expédié en une demi-heure. Il y avait aussi l'histoire de l'argenterie vendue sur le marché du samedi, peut-être de la marchandise volée. Il faudrait envoyer quelqu'un. Et puis ils allaient se retrouver avec l'avalanche de cambriolages du vendredi soir, aucun doute.

À l'hôpital de Stowerton, Mrs Fanshawe venait de sortir d'un coma qui avait duré six semaines. Il faudrait donc lui faire une petite visite aujourd'hui. Mais c'était l'affaire de la police de la circulation, pas la sienne. Dieu soit loué, il n'aurait pas à annoncer lui-même à cette femme que son mari et sa fille étaient morts tous les deux dans l'accident.

Ils allaient donc sans doute pouvoir clore l'enquête. Burden disait que Mrs Fanshawe se rappellerait peut-être pourquoi la Jaguar avait dérapé et s'était retournée sur la voie rapide de la grande route, mais Wexford en doutait. Une amnésie providentielle accompagnait généralement ce genre de coma. Il eût été parfaitement immoral de harceler la pauvre femme avec toute une série de questions, juste pour prouver que les freins de la voiture étaient en mauvais état ou que Fanshawe roulait trop vite. C'eût été différent si un autre véhicule avait été impliqué dans l'accident. Mais évidemment, il y avait une question d'assurance. De toute façon, ce n'était pas son problème.

Le soleil brillait sur les eaux vives de la rivière, et les longues branches des saules balayaient sa surface bouillonnante et dorée. Une truite sauta et décrivit un arc de cercle dans une gerbe d'éclaboussures. Clytemnestre descendit jusqu'au bord et but avec avidité. Dans cet univers d'eaux claires, de prairies et de chênes d'un vert lumineux, qui reléguaient la tapisserie de Bayeux au rang de napperon poussiéreux, il n'y avait aucune place pour des voitures retournées et des corps déchiquetés, gisant sur le macadam sanglant et mouillé.

La chienne barbota, puis nagea. Dans le soleil, même

Clytemnestre était belle. Sous la fourrure de son ventre, les grandes pierres plates ressemblaient à des agates. Un voile de brume doré planait au-dessus de l'eau, piqué d'une myriade de petits moucherons agités. Et Wexford, qui était un agnostique, un profane, pensa à l'infinie richesse des œuvres de Dieu sur la terre.

Il y avait un homme de l'autre côté de la rivière. Il marchait lentement, à environ cinquante mètres de la rive opposée, parallèlement au cours d'eau. Il y avait un enfant avec lui, qui lui tenait la main, et un chien, un grand chien noir à l'air féroce. Quand deux chiens se rencontrent, pensait Wexford — et il tenait cette idée de scènes observées depuis la fenêtre de son bureau —, ils se battent, inévitablement. Clytemnestre ne sortirait pas à son avantage d'un combat avec ce monstre noir. Wexford ne put se résoudre à appeler la nageuse par son nom. Alors il siffla.

Aucune réaction. La chienne avait atteint l'autre rive et furetait dans un tas d'herbes arrachées et de brindilles mouillées. Une masse de détritus clapotaient contre la rive un peu plus haut. Wexford, encore tout plein de ses visions sublimes, fut positivement peiné par cette preuve flagrante de l'indifférence de l'homme face aux merveilles de la nature. Il repéra une espèce de ballot en tissu à carreaux — peut-être une vieille couverture —, et un tambour de frein. Un peu plus loin flottait une chaussure. Clytemnestre confirma sa piètre opinion sur la gent canine en avançant droit sur le ballot gonflé d'eau, la queue frénétique, les oreilles dressées. Quelles choses répugnantes que les chiens, pensa Wexford, ces êtres coprophages et pilleurs de poubelles. Il siffla encore une fois. La chienne s'arrêta net, et Wexford fut sur le point de se féliciter du succès de la méthode employée, quand la chienne plongea droit sur la boule de tissu et la saisit à pleine gueule.

La chose remonta à la surface dans un lourd bouillonnement. La chienne la lâcha, et son pelage commença à se hérisser. L'érection lente et primitive en un sens, des poils de cette espèce de tapis gris, fit courir un curieux frisson dans les veines de Wexford. Le soleil sembla briller plus fort. L'inspecteur oublia le chien noir, qui s'approchait de plus en plus près, et toute sa joie l'abandonna. Clytemnestre poussa un hurlement funèbre et surnaturel, les babines retroussées, la queue raidie à l'horizontale, dans le prolongement de la colonne vertébrale.

Le ballot qu'elle avait remué s'enfonça de quelques centimètres dans l'eau, avec un remous, et Wexford vit apparaître une main pâle et sans vie. La main s'éleva lentement du tissu à carreaux, les doigts pendants, mais comme tendue vers lui.

Wexford enleva ses chaussures, ses chaussettes, et roula son pantalon jusqu'aux genoux. De l'autre côté de la rivière, l'homme et l'enfant le regardaient avec intérêt. Il ne pensait pas qu'ils aient vu la main. Il prit ses chaussures et traversa la rivière en marchant avec précaution sur les pierres. Clytemnestre se précipita vers lui et colla sa tête contre sa jambe nue. Wexford écarta les branches des saules qui pendaient comme un lambrequin et s'agenouilla devant le tissu à carreaux gonflé d'air. Une chaussure flottait, vide. Dans l'autre il y avait encore un pied. Le mort gisait face contre terre. On lui avait fracassé le crâne avec un objet lourd et lisse. L'une de ces pierres, pensa Wexford.

Les ronces s'agitèrent derrière lui et un pied écrasa des brindilles.

— N'approchez pas, dit Wexford. Empêchez l'enfant d'approcher.

Il se retourna, faisant écran devant le mort avec son grand corps. Un peu plus bas, l'enfant jouait avec les deux chiens, leur lançant des cailloux dans l'eau.

— Seigneur ! souffla l'homme.

— Il est mort, dit Wexford. Je suis officier de police et...

— Je vous connais. Vous êtes l'inspecteur-chef Wexford.

Wexford ne put empêcher l'homme de s'approcher. Il regarda le cadavre et en eut le souffle coupé.

— Mon Dieu, je...

— Oui, c'est pas beau à voir.

Wexford se dit qu'il venait de se passer quelque chose d'extraordinaire. Ce n'était pas tant le fait qu'un homme gisait là, assassiné, en ce doux matin de juin, mais plutôt que lui, Wexford, l'eut découvert. Ce ne sont jamais les policiers qui découvrent le corps. Sauf si on leur demande de le rechercher. Et le plus souvent, quand on les appelle, c'est qu'on a déjà découvert le mort.

— Vous voulez bien faire quelque chose pour moi? demanda Wexford.

L'homme était verdâtre. Il avait l'air sur le point de vomir.

— Allez en ville, et appelez la police d'une cabine, la première que vous trouverez. Dites-leur ce que vous avez vu. Ils s'occuperont du reste. Allons mon vieux, ressaisissez-vous.

— O.K. C'est juste que...

— Vous feriez peut-être mieux de me laisser votre nom.

— Cullam, Maurice Cullam. J'y vais, j'y vais tout de suite. C'est juste que.. J'étais avec lui au *Dragon*, hier soir.

— Vous savez qui c'est? On ne voit pas son visage.

— J'ai pas besoin de voir son visage. Je reconnaîtrais Charlie Hatton entre mille.

3

Il avait l'air d'un vrai charlot, dans son queue-de-pie et son pantalon rayé. Ce serait un truc marrant à dire à son témoin, quand il arriverait :

— Toi et moi, on a vraiment l'air de deux charlots, Charlie Hatton.

Oui, ça c'était de l'humour. Jack pensait souvent qu'il n'avait pas l'esprit assez vif pour égaler Charlie dans ses fines reparties, mais là, il venait de trouver quelque chose de vraiment bien.

Ce bon vieux Charlie, pensa-t-il, sentimental. Le meilleur ami qui soit. Le cœur sur la main. Bien sûr, il faisait pas toujours des trucs très nets, mais il faut bien vivre. Et Charlie savait vivre. Il avait tout ce qu'il y avait de mieux. Jack était prêt à parier tous les beaux billets neufs qu'il avait dans sa poche, pour sa lune de miel, que Charlie serait l'un des rares invités à ne pas porter un smoking de location. Il aurait son smoking à lui. Et fait sur mesure.

Non pas qu'il n'eût pas eu lui-même fière allure, se dit-il, en se regardant dans la glace. À son âge, on pouvait encore boire sans que ça se voie, et de toute façon, il avait toujours le visage rouge. En fait, je me trouve très beau, osa-t-il s'avouer, aussi beau que le duc d'Edimbourg. Cela dit, le duc devait avoir un rasoir électrique, lui. Jack posa un autre petit bout de coton sur la coupure de son menton et se demanda si Marilyn était prête.

Grâce à Charlie, ils avaient pu faire un peu d'épate : Marilyn aurait sa robe de satin blanc et ses quatre demoiselles d'honneur. Ç'aurait été une autre histoire, s'ils avaient dû trouver l'argent pour l'appartement. Mais vous pouviez compter sur Charlie, pour vous faire un prêt à long terme, et sans intérêts. Du coup, ils avaient pu claquer une partie de leurs économies pour faire arranger leur petit nid. Tout s'était vraiment bien goupillé ! Une petite quinzaine au bord de la mer, et au retour, un appartement tout prêt qui les attendait. Et tout ça grâce à Charlie.

Jack cessa de se regarder et essaya d'imaginer l'avenir. Dans vingt ou trente ans, Charlie serait riche, très riche. Jack ne serait pas surpris qu'il vive dans une de ces maisons de Ploughman's Lane, comme celle où il faisait parfois des travaux d'électricité : une maison avec de vrais meubles anciens, de vraies peintures à l'huile, et le genre de vaisselle qu'on regarde, mais dont on ne sert pas. Ils avaient bien ri, avec Charlie, en parlant de cette maison, mais il y avait quelque chose de sérieux dans le rire de Charlie et Jack avait compris qu'il visait très haut.

Bien sûr, ils seraient toujours amis, Charlie n'était pas snob. Mais finis la bière et les fléchettes : on dînerait, on jouerait au bridge, leurs femmes auraient des robes du soir et de vrais bijoux. Jack s'étourdissait en pensant à ça, il les voyait assis tous les quatre, buvant dans des verres à pied, dans la pénombre d'une véranda, et, curieusement, avec les mêmes visages que maintenant, épargnés par le temps.

Il retomba brusquement dans la réalité : la journée d'aujourd'hui, le jour de son mariage. Charlie mettait un temps fou à arriver. Peut-être un problème de dernière minute avec la robe de Lilian, ou peut-être attendait-il que sa femme sorte de chez le coiffeur. Charlie voulait absolument que Lilian lui fasse honneur, et elle était toujours à la hauteur.

Après Marilyn, Lilian serait la plus jolie femme de la noce : blonde, bien faite, resplendissante dans sa robe verte, qui avait donné des angoisses à Marilyn, car elle était superstitieuse.

Jack se tamponna le menton une dernière fois et alla guetter Charlie à la fenêtre.

Il était 10 heures et demie et la cérémonie était prévue pour 11 heures 30.

Elle était blonde, bien faite, jolie dans le genre de Sheila Wexford, mais sans rien de la beauté transcendante de Sheila. Elle avait un visage au modelé et aux traits incertains, maintenant tout gonflé d'avoir pleuré. Après lui avoir annoncé la nouvelle, Wexford et Burden s'étaient assis, tristes et gênés, tandis qu'elle se jetait sur le canapé et éclatait en sanglots, la tête dans les coussins.

Wexford se leva et lui toucha l'épaule. Elle saisit sa main, s'y agrippa, et y planta ses ongles effilés. Puis elle parvint enfin à s'asseoir, plaquant sa main et celle de Wexford contre son visage. Les beaux coussins en velours étaient mouillés de larmes.

Wexford jeta un rapide coup d'œil dans la pièce joliment — et même luxueusement — meublée. Sur le dossier d'une chaise, il y avait une veste verte, une robe à fleurs vertes et bleues, et une paire de longs gants qui se boutonnaient au poignet. Au beau milieu de la grande table en teck, trônait le chapeau de Lilian Hatton, un assemblage sophistiqué de tulle et de feuilles en satin, d'un vert aussi frais que les feuilles des arbres que Wexford voyait par la baie vitrée.

— Mrs Hatton, dit-il gentiment. (Elle leva la tête, obéissante.) Mrs Hatton, ça ne vous a pas inquiétée que votre mari ne rentre pas, hier soir ?

Elle ne répondit pas. Wexford répéta sa question et alors elle dit, d'une voix étranglée par les sanglots :

— Je ne l'attendais pas. Je ne l'attendais pas vraiment.

Elle lâcha la main de Wexford et eut un mouvement de recul, comme si le fait de l'avoir saisie avait quelque chose d'indécent.

— Quand je ne l'ai pas vu rentrer, dit-elle, j'ai pensé qu'il n'avait pas pu arriver à temps pour la fête de Jack. Qu'il s'était arrêté sur la route, qu'il serait là dans la matinée, je...

Elle éclata à nouveau en sanglots et poussa une longue et pitoyable plainte.

— Je ne vais pas vous embêter plus longtemps, Mrs Hatton.

Votre mère arrive, vous m'avez dit ? Si je pouvais juste avoir l'adresse de Mr Pertwee...

— Ah oui, Jack, dit-elle. Ça va être affreux pour eux. (Elle respira un grand coup en se tordant les mains.) Ils sont amis depuis qu'ils sont tout petits. (Elle bondit affolée.) Mon Dieu ! Jack ne sait pas ! Il se marie aujourd'hui et Charlie devait être son témoin. Oh, Jack, pauvre Jack !

— On s'en occupe, Mrs Hatton, dit l'inspecteur Burden. On va le dire à Mr Pertwee. Bailey Street, c'est ça ? J'entends qu'on sonne, là. Je pense que ça doit être votre mère.

— Maman, dit Lilian Hatton. Maman, qu'est-ce que je vais faire ?

La femme regarda dans le vide, puis serra sa fille dans ses bras.

— Marilyn disait qu'il ne fallait pas mettre de vert pour un mariage, que ça portait malheur. (Sa voix n'était plus qu'une espèce de marmonnement.) J'avais aussi acheté cette veste verte. J'ai pas eu le temps de les mettre, mais ça nous a porté malheur, Maman. (Et soudain elle poussa un cri terrible, désespéré, dément.) Charlie, Charlie, qu'est-ce que je vais faire, Charlie ? (Elle s'accrocha à sa mère, agrippant les revers de son manteau.) Oh mon dieu, Charlie ! cria-t-elle.

— Vous savez, je ne m'y ferai jamais, dit doucement Burden.

— Vous croyez que moi, je m'y fais ?

Wexford éprouvait une espèce de bienveillance, et parfois même des sentiments affectueux pour son subordonné, mais de temps en temps Burden l'agaçait, surtout lorsqu'il se posait en gardien de la morale. Il a l'air faussement indulgent d'un prêtre, et la bouche trop fine, pensa Wexford, sans aménité.

— Le plus dur est fait, dit-il avec humeur. Le marié ne risque pas de verser dans des transports de douleur, et puis on n'annule pas son mariage parce que son témoin s'est fait tuer.

Espèce de sans cœur ! dit le regard de Burden. Puis il détourna sa tête bien proportionnée, aux traits purs, et se replongea dans sa pieuse rêverie silencieuse.

Il ne leur fallut que dix minutes pour aller de l'appartement des Hatton au 10, Bailey Street, où Jack vivait avec son père, qui était veuf. La voiture de police s'arrêta devant une petite maison sans jardin, attenante aux maisons voisines. Ils sonnèrent, et ce fut Mr Pertwee père qui vint leur ouvrir, mal à l'aise dans une jaquette trop grande pour lui.

— J'ai cru que c'était notre témoin, qu'il était enfin arrivé.

— Mr Hatton ne viendra pas, je le crains, dit Wexford.

Mr Pertwee resta planté là, et les deux inspecteurs passèrent devant lui pour pénétrer dans l'étroit couloir.

— Je suis vraiment désolé, mais nous avons de mauvaises nouvelles.

— Des mauvaises nouvelles ?

— Oui, monsieur. Charlie Hatton est mort. On l'a retrouvé ce matin, au bord de la rivière. Il était mort depuis hier soir.

Mr Pertwee pâlit affreusement.

— Nom d'un chien ! dit-il. Ça va faire un coup à Jack.

Ses lèvres tremblaient. Il les regarda tous les deux, puis baissa les yeux et fixa les plis impeccables de son pantalon.

— Vous voulez que je monte lui dire ? demanda-t-il. (Wexford acquiesça d'un hochement de tête.) Bon, si vous voulez que ce soit moi, alors d'accord. Il se marie à 11 heures et demie. Mais il faut quand même que je lui dise. Oui, il faut que je lui dise.

Wexford et Burden connaissaient Jack Pertwee de vue. Wexford connaissait la plupart des habitants de Kingsmarkham, et Burden avait aperçu Jack la veille, bras-dessus bras-dessous avec Charlie Hatton, en train de faire du raffut dans les rues. Le jeune inspecteur, lui-même marié et heureux en ménage, éprouvait la plus profonde sympathie pour la veuve, mais Jack Pertwee, pour lui, n'était qu'un rustre. Inutile de prendre des gants avec un type comme ça, se dit-il. Et puis, pourquoi avait-il toujours la figure rouge brique ?

Agacé, il le regarda descendre l'escalier escarpé d'un pas lourd, l'air hagard. Puis quand il arriva en bas, Burden lui dit d'un ton cassant :

— Votre père vous a mis au courant ? Hatton a été assassiné hier soir. On veut tout savoir : où vous êtes allés et à quelle heure vous l'avez quitté.

— Hé, doucement, dit le père. C'est un choc pour lui. Mon fils et Charlie étaient de vieux amis.

Jack le poussa un peu pour entrer dans le petit salon mal éclairé, et les deux inspecteurs le suivirent. Les fleurs pour le

mariage étaient arrivées. Jack avait une rose blanche à la boutonnière, et il y avait deux autres roses blanches sur le buffet en chêne : l'une était pour le père du marié, l'autre ne serait jamais portée. Jack arracha la fleur de sa jaquette et l'écrasa lentement de son poing.

— Je vais te chercher une goutte de whisky, fils.

— Je n'en veux pas, dit Jack, le dos tourné. On a bu du whisky hier soir, et je ne veux plus jamais en boire. (Il s'essuya les yeux de sa manche noire immaculée.) Qui a fait ça ? cria-t-il.

— Nous pensions que vous pourriez nous le dire, dit Burden.

— Moi ? Vous êtes cinglés ! Montrez-moi le salaud qui a tué Charlie et je le...

Il se laissa tomber sur une chaise, étendit ses bras sur la table et baissa la tête.

— Charlie, dit-il.

Wexford le laissa tranquille. Il se tourna vers le père.

— C'était quoi hier soir ? Une petite réunion entre hommes ? (Pertwee acquiesça d'un hochement de tête.) Vous savez qui était là ?

— Jack, bien sûr, et ce pauvre Charlie. Et puis tous les gars du club de fléchettes : George Carter, un type du nom de Bayles, Maurice Cullam, de Sewingbury, et encore deux trois autres. C'est ça, Jack ?

Jack hocha la tête, hébété.

— Jack m'a dit que Charlie était arrivé tard. Ils sont restés jusqu'à la fermeture, et après, chacun est parti de son côté, je crois. Charlie et Cullam ont dû rentrer ensemble en coupant à travers champs. C'est ça, Jack ?

Cette fois Jack leva la tête. Burden trouvait qu'il se conduisait comme une femmelette, il méprisait ces yeux rouges et ce muscle qui battait sur sa joue. Mais Wexford parla gentiment.

— Je comprends que ç'ait été un coup pour vous, Mr Pertwee. Nous n'allons pas vous ennuyer bien longtemps. Mr Cullam et Mr Hatton sont donc rentrés ensemble ?

— Maurice est parti le premier, marmonna Jack. Il était à peu près 11 heures moins 20. Charlie... Charlie est resté pour discuter un peu avec moi. (Un sanglot lui serra la gorge et il toussa pour l'étouffer.) Il m'a souhaité tout le bonheur

possible, au cas où il n'aurait pas l'occasion de le faire aujourd'hui. Bon Dieu, il ne savait pas qu'il n'en aurait plus jamais l'occasion.

— Allons fils, faut que tu tiennes le coup. Je vais te donner une larme de whisky. Tu dois faire un effort, pour Marilyn. Tu te maries aujourd'hui. T'as pas oublié ?

Jack repoussa la main de son père, posée sur son épaule, et se remit sur ses pieds en titubant.

— Il n'y aura pas de mariage, dit-il.

— T'es pas sérieux, Jack ? Pense à Marilyn, et à tous ces gens qui vont venir. Ils seront à l'église dans une minute. Charlie n'aurait pas voulu que tu fasses ça.

Mais Jack s'entêta :

— Je ne me marierai pas aujourd'hui. Tu crois que je ne suis pas assez grand pour savoir ce qui se fait ou pas ?

Il arracha sa cravate et balança sa jaquette sur le dossier d'une chaise.

Son père, avec la considération d'un ouvrier pour un vêtement de location, la ramassa, la lissa, puis la posa bien pliée sur son bras, tel un vendeur dans un magasin de confection. Complètement déboussolé par cette mort qui avait soudain tout remis en question, il se mit à s'excuser. D'abord il dit aux policiers :

— Je ne sais pas quoi dire, son témoin qui meurt, comme ça. (Puis à son fils :) Je donnerai ma main droite pour le faire revenir, Jack. Qu'est-ce que je peux faire pour toi, fils ? Je ferai tout ce que tu me diras.

Jack desserra son poing et laissa tomber les pétales écrasés. Une soudaine dignité le fit se redresser et relever la tête.

— Alors va à l'église, dit-il, et dis-leur que le mariage est annulé. (Il se tourna vers Wexford.) Je ne répondrai plus à aucune question pour le moment. J'ai du chagrin. Vous devez respecter mon chagrin. (Mais le vieil homme hésitait, se mordant la lèvre.) Dis-leur que tout est annulé et dis-leur pourquoi. (Il suffoqua, comme si ça venait juste de lui revenir.) Dis-leur que Charlie Hatton est mort !

« Oh, comment Jonathan a-t-il succombé sur tes collines ? Comment des héros sont-ils tombés ? Comment leurs armes se sont-elles perdues ? »

— Son témoin, non mais vraiment, dit Burden. C'est n'importe qui, un témoin !

Espèce de sans cœur ! pensa Wexford.

— Normal que Pertwee ait été bouleversé. À quoi vous attendiez-vous ?

Burden eut une moue de dégoût.

— Une douleur comme ça, c'est bon pour une femme. Un homme devrait se maîtriser un peu mieux. (Son pâle visage ascétique s'empourpra malgré lui.) Vous ne croyez tout de même pas qu'il y avait quelque chose... ?

— Non, je ne le crois pas. Et pourquoi n'appelez-vous pas un chat un chat ? Ils étaient amis. Vous n'avez donc pas d'amis, Mike ? Mais où va le monde, si un homme ne peut plus avoir un ami sans aussitôt passer pour un pédé ! (Il regarda Burden d'un air mauvais et déclara haut et fort :) "Oh fabuleux nouveau monde, qui se compose de telles gens !"

Burden se racla la gorge, piqué, et ne dit plus un mot jusqu'à York Street. Là, il déclara d'un ton froid :

— Voilà, d'après le vieux Pertwee, George Carter habite là, à cent mètres.

— Celui des danses folkloriques ! Je l'ai vu faire des cabrioles devant l'*Olive and Dove*, les soirs d'été.

— Peuh ! Des idioties prétentieuses.

Mais George Carter n'avait pas sa coiffe à grelots ce matin-là. Il avait une jolie queue-de-pie, et les cheveux brillantinés. Wexford comprit que c'était l'un des invités de Jack Pertwee.

Il lui annonça que Jack n'allait sans doute pas se marier ce jour-là, et sourit intérieurement, en constatant que cette nouvelle — le fait que George Carter serait privé de champagne et de son aile de poulet —, l'affectait davantage que la mort de Charlie Hatton. Il n'alla pas jusqu'à pleurer, mais il parut franchement déçu.

— Tout cet argent gâché, dit-il. Je connais, moi aussi j'ai failli me marier... mais ça, ça ne vous intéresse pas. Dommage, vraiment, qu'il ait fallu prévenir Jack. J'arrive pas à réaliser. Charlie Hatton, mort ! Lui toujours si vivant, si « exubérant », si vous voyez ce que je veux dire.

— Et très aimé, apparemment.

George Carter haussa les sourcils.

— Charlie ? Oh, c'est vrai, on doit pas dire du mal des morts.

— Mais vous feriez tout de même mieux de nous dire la vérité, Mr Carter, dit Burden. Qu'elle soit flatteuse ou pas. Nous voulons tout savoir sur cette fête d'hier soir. Absolument tout. Alors réfléchissez bien. Prenez votre temps.

Tout comme Jack Pertwee, mais pas du tout de la même façon, Carter enleva sa veste et desserra sa cravate.

— Comment ça, « tout » savoir ? fit-il. Une bande de copains se retrouvent pour boire. Voilà, vous savez tout.

— Mais qu'est-ce qui s'est passé ? De quoi vous avez parlé ?

— Très bien. (Carter les regarda d'un air sarcastique.) Vous m'arrêtez si je vous ennuie. Charlie est arrivé au *Dragon* vers 9 heures et demie, peut-être dix heures moins le quart. On buvait tous de la bière, alors il a fallu qu'il offre du whisky, pour qu'on se sente minables. Il était très fort pour ça, Charlie Hatton. J'ai fait une réflexion et il m'a envoyé promener. C'est ce genre de choses que vous voulez savoir ?

— Exactement ça, oui.

— Bon. C'est juste que ça paraît un peu dur, quoi, maintenant qu'il est mort. Après, un type a fait une plaisanterie et Charlie l'a humilié. Fallait toujours qu'il écrase les autres, pour montrer qu'il était le plus fort. Et puis je lui ai dit qu'il était toujours en train d'étaler son fric, et il m'a insulté à propos de ma... peu importe. C'est personnel. Il s'en est pris aussi à notre trésorier, qui du coup est parti, avec deux des autres. Geoff était déjà rentré. Il ne restait que moi, Charlie, Maurice et Jack, et on est partis à la fermeture. Voilà, c'est tout.

— Vous êtes sûr ?

— Je vous l'avais bien dit, il s'est rien passé. Je vois vraiment pas ce que je pourrais ajouter. À moins que... Non, c'était rien.

— Allez-y tout de même, Mr Carter.

George Carter haussa les épaules avec impatience.

— Je ne sais même pas de quoi il s'agissait. Sûrement rien d'important. Maurice a dit à Charlie, après que les autres sont partis : « T'as vu Mc Cloy, ces temps-ci ? » Je me souviens du nom, Mc Cloy, mais ça ne me dit rien. Ça n'a pas plu à Jack, et Charlie a eu l'air un peu gêné. Et lui qui montait toujours sur ses grands chevaux, là, il n'a pas relevé. Il a juste plaisanté, en disant à Maurice qu'il ferait mieux de dormir tranquillement pour changer. Vous comprenez, Maurice a déjà cinq enfants... Enfin, vous captez le message, quoi.

— Pas entièrement non, dit Wexford. Cullam aurait-il suggéré qu'Hatton, lui, ne pouvait pas dormir tranquille ?

— Effectivement, oui. J'avais oublié. Il lui a dit quelque chose comme : « Je n'ai rien à faire avec Mc Cloy. Je vais pouvoir dormir tranquille, moi. »

Très intéressant, pensa Wexford. Loin d'être aimé, Hatton avait en fait beaucoup d'ennemis. Il était arrivé tard au *Dragon*, et en moins d'une heure, il avait trouvé le moyen de se mettre au moins quatre hommes à dos.

— Alors comme ça Charlie Hatton était toujours en train d'étaler son fric. Mais quel fric ?

— Il avait toujours des liasses de billets sur lui, dit Carter. Je l'ai toujours vu plein au as, depuis trois ans. Mais ces derniers temps, il avait encore plus d'argent. Il a payé quatre tournées hier soir, des doubles whiskies, et ça n'a même pas eu l'air d'entamer ce qu'il avait sur lui.

— Combien avait-il sur lui, Mr Carter ?

— Mais je n'ai pas compté ! fit Carter, vexé. (Il se moucha dans le mouchoir blanc qui lui servait de pochette.) Il avait eu sa paie, mais il n'y a pas touché. Il a pioché dans cette liasse de billets, mais je vous ai dit que je les avais pas comptés. Comment j'aurais fait ?

— Vingt livres, trente livres ? Davantage ?

Carter plissa le front dans un effort de concentration.

— Il a payé la première tournée avec un billet de cinq, et la troisième avec un autre billet de cinq. Là, il lui restait encore deux billets de cinq livres. Et en plus de ça, il avait toute une liasse de billets d'une livre. (Carter en montra l'épaisseur entre le pouce et l'index, un bon demi-centimètre.) Je pense qu'il avait une centaine de livres en plus de sa paie.

4

À midi, Wexford et Burden avaient interrogé tous les membres du club de fléchettes présents à la soirée de Jack Pertwee. Mais ils avaient tous dit la même chose : Charlie Hatton s'était montré agressif, malveillant, vaniteux, et il avait beaucoup d'argent sur lui.

En allant au poste de police, ils passèrent devant l'église. On photographiait une mariée et ses demoiselles d'honneur. Le mari émergea de la foule, et Wexford eut un petit pincement au cœur à l'idée que ç'aurait pu être Jack Pertwee. Puis il se ressaisit et dit :

— Et maintenant Mike, si j'étais flic dans un roman policier, je pourrais affirmer, sans l'ombre d'un doute, qu'on a tué Hatton pour empêcher Pertwee de se marier.

Burden eut un sourire suffisant.

— Dans ce cas, c'eût été plus simple de tuer carrément le futur marié.

— Ah, mais c'est toute la subtilité de notre auteur ! Enfin, on n'est pas dans un roman policier, et il y a toutes les chances qu'on ait tué Hatton pour son argent. Son portefeuille était vide, quand j'ai découvert le corps, ce matin.

Dans le hall du poste de police, derrière le long comptoir noir, le sergent Camb s'éventait avec son journal. Des gouttes de sueur coulaient sur son front. Wexford se dirigea vers l'escalier.

— Et pourquoi on ne prendrait pas l'ascenseur, monsieur ? demanda Burden.

Le poste de police était un bâtiment récent — il avait environ cinq ans — mais dès son achèvement, les autorités constituées, telles des ménagères hystériques, n'avaient eu de cesse d'améliorer leur ouvrage, faisant innovation sur innovation. D'abord ces pots de chrysanthèmes dans la cour, tentation permanente pour les vandales, qui prenaient un malin plaisir à arracher ces fleurs-là en priorité. Puis ces bataillons de plantes vertes, dans les bureaux, des « tradescantia », des « sanseveria » et « ficus elastica », condamnés dès le départ à la déshydratation, et finalement à une vocation inévitable de cendriers géants.

L'année précédente avait été placée sous le signe des

sculptures en verre : un étrange arbre vert — véritable Yggdrasil[1] pour le sanctuaire de Burden, et pour Wexford, une colonne informe bleu de mer, qui sous certaines lumières, ressemblait étrangement à un corps humain. Ces deux-là aussi étaient marquées par le destin. Une jeune stagiaire avait cassé la colonne de Wexford. Quant à l'arbre de Burden, il avait un jour disparu en même temps que les ordures.

Cela aurait dû mettre un terme à ces innovations forcenées. Mais alors que l'entrée commençait à prendre une certaine patine, l'ascenseur était arrivé, boîte élégante, noire et dorée, avec une porte coulissante.

— Il n'est pas encore en service, dit Wexford, un rien nerveux.

— Ah, vous vous trompez ! dit Burden. Il marche depuis ce matin. On l'essaye ?

— Mais qu'est-ce qu'il y a ? C'est démodé les escaliers ou quoi ? C'est vraiment une honte de gaspiller l'argent des contribuables pour un ascenseur. Et puis Crocker dit qu'il n'a pas meilleur exercice pour moi que de monter des escaliers. C'est bon pour ma tension.

— Comme vous voudrez, dit Burden, en détournant la tête pour que Wexford ne le voie pas sourire.

En arrivant au troisième, ils étaient tous les deux à bout de souffle. La pauvre chaise jaune, derrière le bureau en bois de rose de Wexford, craqua lorsqu'il casa son grand corps dedans.

— Ouvrez-moi une fenêtre Mike, par pitié !

— Mais ça n'est pas bon d'ouvrir les fenêtres, avec l'air conditionné, grommela Burden.

Il obtempéra pourtant, il releva le store vénitien jaune, et le plein soleil de midi envahit la pièce.

— Et si on récapitulait ce qu'on sait sur Charlie Hatton ? proposa Burden.

— O.K. Il avait trente ans. Il avait passé toute sa vie à Kingsmarkham. Il avait épousé, il y a deux ans, Lilian Bardsley, la sœur du type avec qui il était en affaires. Bardsley a une compagnie de transport d'appareils électroménagers.

— Hatton était son associé ?

1. Arbre de la mythologie scandinave dont les racines et les branches s'étendent à travers l'univers.

— Faudra qu'on se renseigne. Mais même s'il était son associé, je ne vois pas comment il aurait pu gagner tout cet argent en transportant des fers à repasser en Écosse, deux fois par semaine. Carter dit qu'il avait cent livres sur lui. Où est-ce qu'il avait eu cet argent ?

— Peut-être ce Mc Cloy.

— On a des Mc Cloy au fichier ?

— Pas que je me souvienne, monsieur. Il faudra qu'on demande des précisions à Maurice Cullam.

Wexford s'épongea le front avec son mouchoir, et, suivant l'exemple de Camb, s'éventa avec le journal du matin.

— Ah, Cullam, dit-il, le géniteur prolixe. Il était avec l'un de ses rejetons ce matin, quand j'ai découvert le corps. Il est chauffeur de poids lourds, lui aussi. Je me demande... Hatton s'est fait rançonner deux fois cette année avec son camion.

Burden écarquilla ses pâles yeux bleus.

— Vraiment ?

— Je m'en suis souvenu quand Cullam m'a dit qui était le mort, dit Wexford. Les deux fois, c'était sur la grande route du nord, et personne ne s'est jamais fait pincer. La première fois, Hatton s'est fait assommer, et la deuxième, ils l'ont ligoté et bâillonné.

— Une fois ça va, dit Burden, pensif. Ce sont les risques du métier. Mais deux, ça paraît suspect. Je suis curieux de voir ce que le médecin va dire. Et tenez justement, le voilà.

Le Dr Crocker et l'inspecteur-chef Wexford étaient allés à l'école ensemble. C'étaient donc des amis d'enfance, comme Jack Pertwee et Charlie Hatton, mais leur amitié demeurait sporadique, leurs rapports plutôt froids, et leurs échanges souvent caustiques. Crocker, qui avait six ans de moins que Wexford, était la seule personne — de l'avis de Burden —, capable de pousser l'inspecteur à bout. Grand, mince, les joues creusées de rides verticales, il entra dans le bureau sans paraître le moins du monde souffrir de la chaleur.

— J'ai pris l'ascenseur, annonça-t-il. Ça fait chic, dites-moi : qu'est-ce qu'ils vont vous offrir, la prochaine fois ?

— Des tableaux, je crois, répondit Wexford. L'inspecteur ici présent va hériter d'un joli bouquet de fleurs. Et moi, d'un paysage de Constable.

— Je ne m'y connais pas trop en art, dit Crocker, en

s'asseyant et en croisant ses longues jambes avec élégance. Mais il y a un tableau que j'aimerais avoir : « La leçon d'Anatomie », de Rembrandt. C'est charmant. Il y a ce pauvre diable, ce corps, allongé sur la table, les entrailles à l'air, et tous ces étudiants...

— S'il te plaît, dit Wexford. Je vais bientôt déjeuner. Vous les médecins, il faut toujours que vous rameniez tout à votre métier. Tu nous donneras ton avis sur la peinture une autre fois. Pour le moment, je veux que tu me parles de Charlie Hatton.

— Un type en parfaite santé, excepté le fait qu'il est mort, bien sûr. (Crocker ignora le coup d'œil réprobateur de Wexford.) Quelqu'un l'a frappé derrière la tête avec un objet lourd et lisse. Je dirais qu'il est mort vers 11 heures. Difficile d'être précis sur ces choses-là. Il faisait quoi déjà, comme métier ?

— Chauffeur de poids lourds, dit Burden.

— Ah oui. Il avait des dents superbes.

— Et alors ? dit Wexford. Normal qu'il ait eu de belles dents. Il n'avait que trente ans.

— Oui, tu as raison. Sauf que ce n'étaient pas les siennes. Je veux dire qu'il avait la plus belle prothèse dentaire que j'aie jamais vue. De magnifiques petits châteaux forts en ivoire. De superbes petits broyeurs plus vrais que nature. À mon avis, ça lui a coûté au moins deux cents livres.

— Un homme riche, ce Charlie Hatton, dit Wexford, pensif. Cent livres dans la poche, deux cents livres dans la bouche. J'aimerais bien pouvoir croire qu'il les avait gagnées honnêtement, ses dents, en faisant des aller et retour avec son camion, sur la grande route du nord.

— Ça. C'est ton problème, dit Crocker. Bon, moi je vais déjeuner. Tu as essayé l'ascenseur ?

— En ta qualité de médecin, tu m'as conseillé de prendre l'escalier, tu te souviens ? Médecin, suis tes propres conseils. Mais toi, qu'est-ce que tu fais comme exercice, à part passer les vitesses dans ta bagnole ? À mon avis, tu devrais surveiller ta tension.

— J'y penserai, oui, dit Crocker, en se dirigeant vers la porte.

Et dans la lumière, se découpa sa silhouette fine, altière.

— Tout n'est qu'une histoire de métabolisme, dit-il avec

désinvolture. Chez certains il est rapide. Chez d'autres, (il se retourna et regarda Wexford) il est lent. Question de chance.

Wexford lui répondit par un grognement, et dès qu'il fut parti, il ouvrit son tiroir du haut et en sortit le contenu des poches de Charlie Hatton. Le portefeuille était là, mais il n'y avait plus d'argent dedans. Il était encore imprégné d'eau. Avec précaution, Wexford en extirpa une photo de Lilian Hatton, un permis de conduire, et une carte de membre du club de fléchettes, toutes choses qu'il mit à sécher au soleil.

Dans l'une des poches de Hatton, on avait trouvé un mouchoir propre. Ce fut en le dépliant, que Wexford découvrit la petite carte qui s'était glissée entre les plis. Elle était humide, les mots écrits dessus à l'encre étaient indéchiffrables, mais on reconnaissait l'un de ces petits cartons que les dentistes donnent à leurs patients. Dessus, il y avait écrit : « Jolyon Vigo, chirurgien dentiste, 19 Ploughman's Lane, Kingsmarkham, Sussex. Tél : Kingsmarkham 384 ».

Wexford tint le petit carton à bout de bras, et l'étudia dans la lumière du soleil.

— L'origine du dentier sublime ?

— Peut-être que Vigo pourra nous dire d'où venait l'argent de son client, dit Burden, si jamais Cullam ne le sait pas. Ma femme va chez lui. C'est un bon dentiste.

— Et un malin aussi, si vous voulez mon avis. Réussir à soutirer deux cents livres à un Charlie Hatton, tout ça pour trente-deux dents, bravo ! Ça ne m'étonne pas qu'il puisse habiter Ploughman's Lane. On n'a pas choisi la bonne voie, Mike, aucun doute là-dessus. Bon, maintenant je vais aller déjeuner. Vous venez avec moi ? Après on ira voir Cullam.

— On pourrait peut-être prendre l'ascenseur, dit Burden, un peu gauchement.

Wexford aurait préféré mourir, plutôt que d'admettre sa peur panique des ascenseurs. Bien qu'une notice à l'intérieur indiquât qu'on pouvait monter dedans à trois, l'inspecteur craignait secrètement que l'ascenseur ne craque sous son poids. Mais il n'hésita qu'une fraction de seconde avant de franchir le pas et dès que la porte se fut refermée, il se mit à faire le pitre, pour masquer sa peur.

— Ameublement, couverts, linge de table, dit-il, faussement enjoué. (Il appuya sur le bouton. Il y eut comme un chuintement, puis l'ascenseur commença à sombrer.) Premier étage : femmes. Sous-vêtements, bas... Mais pourquoi il s'arrête, Mike ?

— Vous avez peut-être appuyé sur le mauvais bouton.

Ou alors je suis trop lourd, pensa Wexford, alarmé. L'ascenseur s'arrêta au premier et la porte s'ouvrit. Le sergent Camb hésita sur le seuil, l'air gêné.

— Désolé, monsieur. Je ne savais pas que c'était vous. Je peux descendre à pied.

— L'ascenseur va jusqu'à trois personnes, sergent, dit Wexford, souhaitant ardemment que sa peur, désormais bien réelle, ne transparaisse pas. Venez.

— Merci, monsieur.

— Il n'est pas mal, hein ? fanfaronna-t-il. Voilà le digne hommage d'un gouvernement reconnaissant.

Allons, allons, se dit-il, mais il se vit tomber à pic dans le sous-sol avec ses deux acolytes.

— Vous allez voir Mrs Fanshawe, je suppose ? demanda-t-il, tout à fait inutilement.

L'ascenseur flotta légèrement, puis se stabilisa. La porte s'ouvrit. Finalement c'est du lourd, du solide, comme moi, songea Wexford.

— On m'a dit qu'elle était sortie du coma, dit-il.

— J'espère que les médecins lui auront dit pour son mari et sa fille, dit Camb, alors qu'ils traversaient le hall au sol dallé, noir et blanc. C'est vraiment quelque chose que j'aime pas faire. Ils étaient sa seule famille, à part sa sœur, qui est venue identifier les corps.

— Quelle âge a-t-elle ?

— Mrs Fanshawe, monsieur ? Cinquante et quelques. Sa sœur est un peu plus âgée. Ça été horrible pour elle, d'identifier miss Fanshawe. Le corps était dans un sale état, je peux vous le dire. Le visage complètement...

— Je vais déjeuner, dit Wexford, tranchant.

Il accéléra le pas, et passa les portes battantes avant les autres. Camb se dirigea vers sa voiture. Les bacs en pierre de la cour exhibaient fièrement des bouquets rose vif de « pelargonii » qui s'ouvraient, ravis, au soleil de midi.

— Mais qu'est-ce que c'est que cette histoire ? demanda Burden.

— Le genre d'histoires qu'on n'aime pas trop. Mrs Fanshawe et son mari rentraient chez eux, dans leur Jaguar. La voiture s'est retournée, sur la route à quatre voies, après Stowerton. Ils habitaient Londres, Fanshawe était sans doute pressé. Allez savoir. La route était déserte. Après avoir capoté, la Jaguar a pris feu. Mrs Fanshawe a été éjectée. Les deux autres ont été tués sur le coup. Et salement brûlés.

— Et cette Mrs Fanshawe ne le sait pas?

— Elle était dans le coma depuis six semaines, depuis l'accident.

— Mais oui, je m'en souviens maintenant, dit Burden, en soulevant la portière en plastique que le patron du *Carousel* installait en été pour empêcher les guêpes d'entrer. L' enquête a été ajournée.

— On attendait que Mrs Fanshawe sorte du coma. Et maintenant, Camb va essayer de lui faire dire pourquoi la voiture a capoté sur une route déserte. Bonne chance ! Qu'est-ce que vous avez envie de manger, Mike? Moi, je vais prendre une salade.

— Deux salades au jambon, dit Burden à la serveuse.

Il prit la carafe glacée et se servit un verre d'eau.

— Ça devient drôlement chic, le *Carousel*, dit Wexford. Il n'y a pas si longtemps, on buvait de l'eau tiède. Qu'est-ce que vous pariez que ce Mc Cloy est à la tête d'une grosse organisation? À mon avis, Hatton touchait sa part sur les chargements volés. Qu'il s'agisse de son camion, ou de celui des autres. Il les emmenait boire un coup, et le tour était joué. De toute façon, les chauffeurs laissent toujours leur camion, sur ces aires de stationnement. Pour piquer un petit roupillon, ou pour boire une tasse de thé. Hatton a pu se trouver un petit job sympa, là. Cinquante ou cent livres par camion, selon la valeur du chargement.

— Mais alors, pourquoi Mc Cloy aurait-il tué la poule aux œufs d'or?

— Parce qu'Hatton prend peur, ou qu'il en a marre et menace de le dénoncer. Il a peut-être même essayé de le faire chanter.

— Ça ne m'étonnerait pas, oui, dit Burden, en étalant du beurre sur son petit pain.

Le beurre était presque liquide, et Burden se dit que le personnel du *Carousel*, comme le reste de l'humanité, était tragiquement inconséquent.

5

— Mais ma fille n'était pas dans la voiture !

Le sergent Camb éprouvait une réelle compassion pour cette pauvre femme. Il la regardait, adossée à ses oreillers, et il avait mal pour elle. Pourtant, Mrs Fanshawe était dans l'une des chambres privées les plus confortables de l'hôpital. Elle avait le téléphone, la télé. Sa chemise de nuit n'était qu'une débauche de dentelle et de volants, et sur ses doigts tout amaigris, ses bagues, saphirs et diamants, s'entrechoquaient chaque fois qu'elle agrippait, puis lâchait son drap.

C'est vrai ce qu'on dit, pensa Camb : l'argent ne fait pas le bonheur. Il avait remarqué que dans la chambre il n'y avait pas de fleurs, et que Mrs Fanshawe n'avait reçu qu'une carte postale. Une carte de sa sœur, pensa-t-il. La seule parente qui lui restait. Son mari était mort et sa fille...

— Je suis vraiment désolé, Mrs Fanshawe, mais votre fille était dans la voiture, avec vous et votre mari. Ils n'ont pas souffert, ajouta le brigadier très vite.

Mrs Fanshawe porta la main à son front. Elle avait les cheveux teints, et des racines blanches d'un bon centimètre.

— Ma tête, dit-elle. J'ai mal à la tête. Il y a des choses dont je ne me souviens pas. Des détails... Tout est si flou.

— Ne vous tracassez pas, dit Camb, du fond du cœur. La mémoire vous reviendra. Vous irez beaucoup mieux bientôt. (Quel intérêt ? Elle avait perdu son mari et sa fille.) De toute façon, votre sœur nous a donné pratiquement tous les renseignements qu'il nous fallait.

Mrs Browne et Mrs Fanshawe étaient très proches, Mrs Browne savait presque tout de la vie de sa sœur. Elle leur avait appris que Jérôme Fanshawe avait un bungalow à Eastover, et qu'il était parti le 17 mai passer une semaine de vacances là-bas avec sa femme et sa fille. Nora, la fille, professeur d'anglais en Allemagne, avait démissionné avant Pâques. Camb en avait déduit qu'elle avait accompagné ses parents parce qu'elle était un peu paumée. Mrs Browne, qui était chez eux le jour de leur départ, les avait vus monter tous les trois dans la Jaguar. En revanche, elle n'avait pu expliquer pourquoi ils avaient quitté le bungalow plus tôt que prévu, si ce n'est à cause du mauvais temps. Et on ne saurait peut-être jamais pourquoi la Jaguar s'était retournée et avait pris feu, à dix kilomètres de l'hôpital où se trouvait désormais la seule survivante de l'accident.

— Je ne vous embêterai pas longtemps, dit Camb, très gentiment. Vous avez presque tout oublié de l'accident. Mais est-ce que vous pourriez essayer de vous rappeler ce qui s'est passé juste avant ?

Dorothy Fanshawe avait oublié qui étaient ces gens — gentils, mais fatigants —, comme elle avait à nouveau oublié où elle était. Sa sœur était venue la voir, ce qui l'avait épuisée. Puis deux hommes étaient venus lui dire que Jérôme était mort, s'attendant apparemment à ce qu'elle pleure. Mrs Fanshawe avait tripoté ses bagues — ces bagues lui étaient d'un grand réconfort — et leur avait dit :

— Alors maintenant tout est à moi : À moi et à Nora.

Ils avaient pensé qu'elle divaguait et ils étaient partis. Elle avait bien aimé les voir s'éloigner, ces indiscrets, ces mal élevés. Il n'y avait qu'une personne qu'elle avait envie de voir. Voilà pourquoi elle regardait si avidement le jeune et beau visage du policier. Mais elle n'était pas folle — elle avait juste été dans le coma —, et elle savait que ce n'était pas le visage qu'elle cherchait.

— Je suis à Londres ? demanda-t-elle brusquement.

— Non, Mrs Fanshawe, répondit le sergent, tout en se disant qu'elle avait vraiment la voix tremblotante. Vous êtes à l'hôpital de Stowerton, dans le Sussex.

— Vous me paraissez très bien informé, dit Mrs Fanshawe, ravie de sa sortie. Vous pouvez peut-être me dire pourquoi ma fille ne vient pas me voir. On ne lui a pas dit que j'étais là ? Si elle le savait, elle reviendrait immédiatement.

— Oh, Mrs Fanshawe... dit le policier, malheureux, presque déboussolé.

Puis il lui lança un regard franchement réprobateur, qui voulait dire : laissez tomber, ça vaut mieux. Ce sera peut-être moins douloureux comme ça, se dit Camb. Allons-y doucement, par paliers, pour lui annoncer la vérité. Le cerveau se débrouille toujours pour atténuer les coups qui nous sont portés, pensa-t-il, sentencieux.

— Revenons au... à l'accident, dit-il. Vous vous souvenez de ce qui s'est passé après que vous avez quitté Eastover ? La nuit tombait et il n'y avait presque pas de voitures sur la route. C'était un lundi. Il avait plu. La chaussée était humide. Bon, et maintenant, Mrs Fanshawe?

— Mon mari conduisait, commença-t-elle.

Puis elle se demanda pourquoi son interlocuteur avait un air si douloureux. Il avait peut-être remarqué ses bagues. Ses bagues qu'elle faisait glisser sur ses doigts de haut en bas. Et soudain elle se souvint qu'elles valaient presque vingt mille livres.

— Jérôme conduisait...

Jérôme! Quel nom ridicule! Comme dans *Trois hommes dans un bateau*. Cette pensée la fit glousser, ce qui se traduisit par un son discordant.

— J'étais assise à côté de lui, bien sûr. Je tricotais. Oui, je devais tricoter. Je tricote toujours quand Jérôme conduit. Il roule tellement vite, dit-elle d'un ton bougon. Beaucoup trop vite, et il ne m'écoute jamais quand je lui dis de ralentir. Alors je tricote. Pour ne pas y penser, vous comprenez.

Jérôme était un salaud, un égoïste. Un homme de cinquante-cinq ans n'avait pas à conduire comme Fangio. Elle le lui avait dit, mais il ne l'avait pas écoutée. Il n'écoutait jamais ce qu'elle lui disait. Mais elle avait l'habitude qu'on l'ignore. Nora non plus ne l'écoutait pas. Et finalement, la seule chose sur laquelle elle et Jérôme aient jamais été d'accord, c'était Nora, cette insupportable gamine. C'était bien elle, que de partir, et de ne donner aucune nouvelle. Jérôme aurait son mot à dire, là... Puis le souvenir qu'il n'aurait plus jamais son mot à dire sur rien surgit dans son esprit. Jérôme ne roulerait plus jamais à cent quatre-vingts, il ne rouspéterait plus jamais après Nora, il ne ferait plus jamais ces choses terribles et humiliantes. Ce soir lorsqu'elle se sentirait mieux, elle écrirait à Nora pour lui dire que son père était mort. Avec Jérôme hors jeu, et tout cet argent pour elles deux, leur relation ne pouvait que s'améliorer..

— Je tricotais un pull pour Nora, dit-elle. (Quelle forte constitution elle devait avoir, pour se rappeler ça après tout ce qu'elle avait traversé!) Non pas qu'elle l'ait mérité, la vilaine fille!

Pourquoi avait-elle dit ça? Nora n'avait pas été gentille, certes, elle n'avait même jamais été aussi odieuse, mais Dorothy Fanshawe était absolument incapable de se rappeler pourquoi. Elle souhaita que le policier cessât de la regarder avec ce regard de veau éploré. Il n'y avait aucune raison qu'on s'apitoie sur elle, Dorothy Fanshawe d'Astbury Mews, Upper Grosvenor Street, W.I. Elle était désormais une veuve joyeuse. Riche et sans complexe. Et mère d'une fille jeune, jolie et brillante.

— Je ne me souviens pas de quoi on a parlé, mon « défunt » mari et moi. De rien sans doute. La route était mouillée, et je n'arrêtais pas de lui dire de ralentir.

— Votre fille était à l'arrière, Mrs Fanshawe ?

Oh, vraiment, cet homme était insupportable !

— Nora n'était *pas* dans la voiture, je n'arrête pas de vous le dire ! Nora était repartie en Allemagne. Et je suis sûre que c'est là qu'elle est maintenant.

Elle est folle, se dit le sergent. Ces affirmations, ces propos hachés. Quoi qu'en disent les médecins, il était fort probable que l'accident lui ait sérieusement endommagé le cerveau. Camb n'osait pas prendre la responsabilité de lui en dire plus. Comment prévoir sa réaction ? Tôt ou tard — si jamais elle recouvrait un jour la raison —, elle se souviendrait que sa fille avait démissionné de ce travail en Allemagne avant Pâques, qu'elle était avec eux à Eastover, et qu'elle était dans la voiture au moment de l'accident. Le corps de la jeune fille avait été identifié par sa tante, Mrs Browne. Elle était morte et enterrée.

— Je l'espère, dit Camb, sur un ton apaisant. Oui, votre fille est forcément en Allemagne. Pourquoi votre mari a-t-il donné un coup de volant, Mrs Fanshawe ?

— Je tricotais.

— Avez-vous heurté quelque chose ? Est-ce qu'un pneu a éclaté.

— Je ne regardais pas, je vous l'ai dit. Je tricotais.

— Votre mari a-t-il poussé un cri ?

— Je crois qu'il a dit « Mon dieu ».

Elle ne se souvenait pratiquement de rien, hormis le fait qu'elle tricotait, puis qu'elle s'était retrouvée dans ce lit, avec sa sœur — cette sale fouineuse — assise à côté d'elle. Mais Jérôme disait tout le temps « Mon dieu », ou même « Bon dieu », il avait un vocabulaire limité, et ça faisait bien vingt ans qu'elle ne lui demandait plus de ne pas blasphémer.

— Je ne me souviens de rien d'autre, dit-elle.

Ils ne tireraient plus rien d'elle, terminé ! Elle ne voulait pas gaspiller ses forces. Elle en aurait besoin pour écrire à Nora.

Camb regardait, apitoyé, cette femme aux lèvres tremblantes, aux ongles trop longs, qui jouait avec ses bagues. Mrs Fanshawe ne lui avait rien appris. Peut-être aurait-il dû savoir qu'elle ne lui apprendrait rien, que c'était trop tôt, ou peut-être ses supérieurs auraient-ils pu s'en douter. Il fallait qu'il s'en aille maintenant, de toute façon. La jeune doctoresse avait dit cinq minutes, et ça faisait vingt minutes qu'il était là. D'ailleurs l'infirmière arrivait. Ils ont des drôles d'uniformes maintenant, pensa-t-il, en détaillant la fille en blouse bleu marine avec son calot sur la tête. La pauvre Mrs Fanshawe la regardait avec désespoir. Pas étonnant, épuisée et bouleversée comme elle l'était.

Non, ce n'était pas Nora. Pendant une fraction de seconde Mrs Fanshawe avait cru que c'était elle. Mais Nora ne portait jamais de blouse, Nora détestait les travaux ménagers. Or cette fille portait une blouse, et pas une jolie petite robe, comme elle l'avait cru tout d'abord. Et puis elle avait un calot sur la tête. Sa sœur aurait-elle engagé une nouvelle bonne sans lui en parler ? C'était tout à fait possible, vu qu'elle se mêlait toujours des affaires des autres. Elle était sans gêne mais irresponsable aussi. Une personne responsable lui aurait déjà envoyé Nora.

— Comment vous appelez-vous ? demanda Mrs Fanshawe abruptement.

— Rose, Mrs Fanshawe. Je vous apporte le thé. Vous boirez bien une tasse de thé, hein ? Il va falloir que vous partiez maintenant, sergent. Je suis désolée, mais Mrs Fanshawe est encore très faible, vous comprenez ?

Elle a la langue bien pendue, pensa Mrs Fanshawe. Et autoritaire avec ça.

— Rose, dit-elle, je veux écrire une lettre à ma fille, en Allemagne. Voulez-vous aller me chercher du papier et un stylo, s'il vous plaît ?

Elle n'est pas au courant, pensa Camb. Elle est nouvelle. Personne ne lui a dit. C'est aussi bien.

— On va mieux, hein ? dit l'infirmière, espiègle. On veut écrire des lettres ! Bien. Je suis sûre que vous n'avez pas de papier, alors je vais aller en emprunter chez Mrs Goodwin, dans la chambre au bout du couloir. Je posterai votre lettre ce soir, en partant.

— C'est très gentil à vous, dit Mrs Fanshawe avec un petit sourire coincé.

Une impertinente, pensa-t-elle, sûrement difficile à dresser. On allait bien voir. En tout cas, Jérôme n'était plus là pour tourner autour de celle-là, l'entraîner dans les coins et lui tapoter les fesses, comme il l'avait fait avec la Danoise au pair. Jérôme était mort. Elle avait toujours pensé qu'il conduisait trop vite, et qu'il finirait par se tuer. Ce qui avait fini par arriver. Mais pourquoi ne l'avait-il pas tuée, elle aussi ? Quelle bonne fée avait pu décider qu'elle serait saine et sauve, et assise là, dans son lit, chez elle ?

Sauf qu'elle n'était pas chez elle, et pas dans son lit. Tout doucement, Mrs Fanshawe tenta de canaliser ses pensées. Jérôme était mort, Nora était en Allemagne, et elle était dans un hôpital. Très gentil d'avoir engagé une femme de chambre pour elle à l'hôpital. Mais qui y avait pensé ?

À moins que cette Rose ne soit une infirmière. Mais bien sûr que c'est une infirmière, se dit Mrs Fanshawe. Quelle idiote ! J'ai vraiment l'impression d'être dans un rêve, et chaque fois que j'en sors je me sens si fatiguée, que j'y replonge aussitôt.

Les vagues informations que lui donnaient tous ces gens ne l'avançaient en rien. Les gens sont tellement inefficaces de nos jours. Pour commencer, sa sœur avait oublié de prévenir Nora. Puis ce policier avait prétendu que leur fille était avec eux dans la Jaguar. Ils doivent tous penser que je n'ai pas toute ma tête. Comme si une mère ne savait pas où se trouve sa propre fille ! Elle se souvenait même de l'adresse de Nora.

« Goethestrasse 14, Köln, RFA. » Mrs Fanshawe était très fière d'écrire Köln pour Cologne. Quelles réserves d'énergie et d'intelligence devait-elle avoir pour se souvenir de pareils détails. Après tout ce qui lui était arrivé !

L'infirmière revint avec le papier à lettres.

— Merci mademoiselle l'infirmière, dit-elle, pour bien montrer que rien ne lui échappait.

Elle essaya d'écrire, mais le stylo se mit à zigzaguer sur le bloc de papier.

— Et si je l'écrivais pour vous ? proposa Rose.

— Ce serait peut-être mieux, oui. Je vais vous la dicter. Je peux commencer ?

La jeune infirmière dut se concentrer intensément, pour comprendre, parmi toutes ces digressions, ce que Mrs Fanshawe avait l'intention de dire. Mais elle avait bon cœur et en outre, c'était toujours payant d'avoir des attentions pour les malades des chambres privées. L'année précédente, une malade qui n'était pourtant restée que quinze jours, lui avait donné un flacon presque plein de « Femme » de Rochas, en partant.

— « Très chère Nora », lut-elle, à haute voix. « Je suis presque rétablie et j'aimerais que tu viennes me voir. Ça aurait fait plaisir à ton pauvre Papa. Je pense que Tatie t'a tout raconté, mais que tu étais trop occupée pour venir. Tirons un trait sur le passé. Je t'aime, Maman. » Ça vous va, Mrs Fanshawe ? Il me reste des timbres. Assez pour poster cette lettre. Je vais y aller maintenant, avant de boire mon thé.

En revenant de la poste, sur Charteris Road, Rose croisa la sœur responsable de l'aile privée de l'hôpital.

— Je viens de poster une lettre pour cette pauvre Mrs Fanshawe, ma sœur, dit-elle, l'air charitable. Je fais ce que je peux pour leur remonter le moral, vous savez. Elle était tellement contente à l'idée d'envoyer une lettre à sa fille dès ce soir.

— Sa fille est morte.

— Oh, ma sœur, c'est pas vrai ! Oh mon dieu, c'est affreux ! Je n'aurais jamais pu imaginer que.. Oh, ma sœur !

— Vous feriez mieux de retourner voir vos malades, Rose. Et faites un effort pour contrôler vos émotions.

6

Ce fut l'enfant qu'il avait vu avec son père au bord de la rivière, qui vint lui ouvrir : un garçon d'environ sept ans, grand pour son âge, l'air agressif. Il avait des espèces de traînées brunes et grasses sur le visage. De la nourriture sans doute.

— Qui c'est, Dominic ? fit une voix venant des profondeurs scabreuses de ce logement loué par la municipalité, et beaucoup trop petit pour eux.

— Un monsieur, dit Dominic.

— Qu'est-ce qu'il veut ?

Pour mettre un terme à cette conversation absurde, Wexford entra dans le vestibule, puis dans le living-room. Trois autres enfants regardaient les spots à la télé. Les restes du déjeuner traînaient encore sur la nappe pleine de taches et de miettes. Une femme était assise à table et donnait le biberon à un bébé. Elle pouvait avoir entre trente et soixante ans, et si Wexford plaçait si bas la limite inférieure de cette fourchette d'âge, c'était parce qu'il avait vu de jeunes enfants. Elle avait des cheveux fins, blonds et longs, attachés sur la nuque avec un élastique. Son visage aussi était long, pincé, et comme vidé de sa sève. Le trait dominant chez elle, c'était la lassitude, due autant à l'ennui — chronique — qu'à la fatigue physique. Elle était le symbole vivant de l'épuisement, qui va avec la pauvreté, la pléthore de travaux ménagers, la peur de la prison, les criailleries incessantes. Aussi le seul désir qui lui restait, était qu'on la laisse tranquille, là, sur sa chaise, ne serait-ce que cinq minutes, dans une apathie vide de toute pensée.

À cette fin, elle économisait ses mots et ses gestes, et quand elle vit Wexford elle ne le salua pas, elle ne leva même pas la tête, elle dit juste à l'une des petites filles :

— Va chercher papa, Samantha.

Samantha poussa le chat qui était sur ses genoux, et partit, l'air absent, chercher son père dans le jardin. Une Anglaise de la *middle class*, avec plus d'argent et moins d'enfants, se serait excusée pour le désordre, et le dénuement dans lequel elle vivait mais Mrs Cullam ne le regarda même pas, et quand il lui demanda à quelle heure son mari était rentré le vendredi soir, elle lui répondit, laconique :

— 11 heures un quart.

— Comment pouvez-vous être aussi sûre de l'heure ?

— Il était 11 heures un quart.

Mrs Cullam posa le bébé sur la table au milieu des miettes, lui enleva sa couche, la laissa tomber par terre, et dit sur ce même ton économiquement bas :

— Va me chercher une autre couche, Georgina.

Un sérieux parfum d'ammoniaque le disputa à l'odeur du chou. Le bébé — une fille — se mit à crier. Mrs Cullam alluma une cigarette et s'adossa à la table, les bras ballants, la cigarette pendant de sa bouche. Georgina revint avec une espèce de chiffon gris, s'assit par terre, et regarda son frère fourrer ses doigts dans les oreilles du chat.

— Laisse le chat tranquille, Barnabas, dit Mrs Cullam.

Son mari entra, s'essuyant les mains sur un torchon, le chien noir sur ses talons. Il salua Wexford d'un hochement de tête, puis éteignit la télévision.

— Lève-toi, Samantha. Laisse ta place au monsieur.

La petite fille ne broncha pas quand son père la sortit du fauteuil en la tirant par un bras.

Cullam parcourut la pièce du regard, s'attardant sur la couche abandonnée, tout cela sans dégoût, avec une espèce de résignation, comme anesthésié.

Wexford resta debout, et quelque chose dans son expression dut faire sentir à Cullam qu'il voulait lui parler seul à seul, car celui-ci dit à sa femme :

— Tu pourrais pas emmener les enfants ?

Mrs Cullam haussa les épaules et la cendre de sa cigarette tomba dans une assiette pleine de sauce coagulée. Elle cala le bébé sur sa hanche, mit une chaise devant la télé, s'assit, et fixa l'écran sans vie.

— Je t'ai dit de laisser le chat tranquille, fit-elle, mauvaise.

— Vous vouliez quoi ? dit Cullam.

— Allons dans la cuisine, si ça ne vous ennuie pas.

— C'est tout en désordre.

— Aucune importance.

Mrs Cullam ne fit aucun commentaire. Elle alluma la télé sans même leur accorder un regard. Deux des enfants se battaient dans un fauteuil. Wexford suivit leur père dans la cuisine. Comme on ne pouvait s'asseoir nulle part, il poussa les manches de trois casseroles qui dépassaient et s'adossa à la cuisinière.

— Je veux juste savoir qui est Mc Cloy, dit-il avec douceur.

Cullam lui lança un regard mi-rusé, mi-gêné.

— Mais comment vous connaissez l'existence de Mc Cloy, d'abord ?

— Allons, vous savez bien que je ne peux pas vous le dire.

Les cris des enfants couvraient le commentaire pourtant vociférant, du présentateur sportif. Wexford ferma la porte et entendit Mrs Cullam qui disait :

— Laisse ce maudit chat tranquille.

— Vous savez qui est Mc Cloy, reprit Wexford. Alors dites-le-moi.

— Je sais pas. C'est vrai, je sais pas.

— Vous ne savez pas qui il est, mais au pub, hier soir, vous avez demandé à Mr Hatton s'il l'avait beaucoup vu ces derniers temps. Et puis vous avez dit que vous ne vouliez pas avoir affaire à lui, parce que vous vouliez dormir tranquille.

— Je vous dis que je sais pas qui c'est et que je l'ai jamais vu.

Wexford déplaça son coude, qui était dangereusement près d'une assiette à moitié pleine de frites froides.

— Vous ne l'aimiez pas beaucoup, Mr Hatton, hein ? Vous n'aviez pas envie de rentrer avec lui, alors qu'il prenait la même route que vous. Alors vous êtes parti devant, et puis vous avez traîné un peu, au bord de la rivière. (Wexford regarda le faciès sanguin de Cullam perdre toutes ses couleurs.) C'est ce qui s'est passé à mon avis, Cullam. Un grand gaillard comme vous ne met pas trente-cinq minutes pour revenir du pont du Kingsbrook.

À contrecœur, d'une voix traînante, Cullam lui dit :

— J'ai été malade. J'étais presque arrivé quand je me suis senti mal. J'ai pas l'habitude de boire du scotch, et je suis allé vomir dans les toilettes, près de la station-service.

— Alors je vous félicite. Vous récupérez très vite. Vous étiez suffisamment en forme pour faire un petit tour dans la campagne, ce matin, à 7 heures et demie. Mais peut-être que vous repassiez juste par là pour voir si vous aviez laissé Charlie Hatton propre et net ? Je veux voir les vêtements que vous portiez hier soir, Cullam.

— Ils sont dehors, sur le fil.

Wexford le regarda, les sourcils froncés. Cullam se trémoussa, mal à l'aise, se dirigea vers l'évier plein de vaisselle ébréchée, et s'y appuya, les lèvres serrées.

— Je les ai lavés, dit-il. Mon pull-over, mon pantalon et ma chemise. Ils étaient... euh... vraiment dégoûtants.

— Comme c'est touchant, dit Wexford. Vous les avez lavés ! Et pourquoi vous avez une femme, alors ?

C'est là qu'il remarqua la machine à laver. Une superbe chose. Énorme. Rutilante. Automatique. Et apparemment neuve. Wexford ouvrit la porte de derrière. Le pantalon, la chemise, et le pull-over pendaient au plein milieu d'une série de couches, sur une vieille corde à linge.

» Ah, l'évolution des mœurs ! Quelle bénédiction !

— Vous avez remarqué comme on inverse les rôles maintenant ? dit Wexford sur un ton faussement amical. (Cullam humecta ses lèvres sèches.) Un type peut être crevé après sa semaine, mais il donne quand même un coup de main à sa femme. On effleure un bouton et hop ! le linge de toute la famille ressort plus blanc que blanc. Finies les corvées domestiques ! La lessive devient un plaisir, une distraction. Pour les hommes aussi d'ailleurs, qui restent toujours des petits garçons. Remarquez, vu le prix de ces engins, mieux vaut s'amuser un peu avec, hein ? Je parie que ce petit joujou vous a coûté au moins cent vingt livres, Cullam.

— Cent vingt-cinq livres, dit Cullam avec une fierté modeste.

Un peu désarmé, il s'approcha de la machine, ouvrit le hublot, et dit :

— Vous choisissez le programme... (il lança un coup d'œil rapide au policier. Pas de problème, son visiteur avait l'air sincèrement intéressé) vous mettez la lessive ici, et le tour est joué.

— Je connais un type, mentit Wexford, l'air inspiré, un routier, comme vous. Il a plein de mômes lui aussi, et on sait ce que ça coûte les familles nombreuses. Hélas il s'est mis à avoir de mauvaises fréquentations. Sa femme lui réclamait sans cesse des trucs pour la maison. Il a d'abord fermé les yeux sur des broutilles : il se laissait vider son camion en échange d'un peu d'argent. Ce n'est pas un crime, hein, de tourner la tête juste au moment où on vous pique votre camion. (Cullam referma le hublot sans regarder le policier.) Elles payaient bien, ses mauvaises fréquentations. Pourtant, mon type a rechigné quand on lui a demandé de casser la figure à un mec qui ne voulait plus marcher avec eux. Oh, il n'a pas résisté longtemps. Il a trouvé qu'il avait autant le droit aux belles choses que ses nouveaux amis. Et après tout pourquoi pas ? On est tous égaux aujourd'hui, pas vrai ? Alors un soir, il a attendu le mec dans un coin désert où l'autre était censé passer et hop ! comme vous l'avez si bien dit : le tour a été joué. Il en a pris pour douze ans.

Cullam le regarda, toutes illusions perdues.

— J'ai économisé mes heures supplémentaires pour acheter cette machine, dit-il.

— C'était pas plutôt un petit pourboire de Mc Cloy pour services rendus ? La vie d'un homme vaut bien cent vingt livres, non ? Il y a un filtre dans cette machine, et je me demande s'il y a des cheveux et des petits bouts de cervelle dedans. Oh, pas la peine de me regarder comme ça. On peut très bien vérifier si on veut. On va la démonter, et on va démonter vos tuyaux aussi. C'est une drôle de municipalité Sewingbury, vous savez. Je me souviens d'une famille, avec six enfants. Ils se sont fait expulser uniquement parce qu'ils avaient cassé un tuyau. Vandalisme, a dit la municipalité. On va vous enlever vos tuyaux, Cullam, mais on est pressés, alors je suis pas sûr qu'on aura le temps de les remettre.

— Salaud, dit Cullam.

— Je n'ai pas entendu, là. J'entends moins bien qu'avant. Mais je n'ai pas encore un pied dans la tombe, rassurez-vous. Cela dit, j'aimerais bien m'asseoir. Alors, si vous enleviez ces saloperies, là, sur la chaise ?

Cullam s'assit sur sa machine à laver, laissant pendre ses longues jambes. Derrière la porte, on entendait le catch à la télé, et le bébé recommençait à pleurer.

— Je vous le jure, dit son père, je sais pas qui est Mc Cloy. J'ai seulement dit ça à Charlie pour l'embêter. Il était toujours en train de se vanter, il me tapait sur le système.

Wexford voyait très bien ce que Cullam voulait dire. Cette maison était la parfaite illustration de la misère ouvrière. Une misère qui n'avait de trêve que lorsque ses occupants sombraient dans le sommeil.

Ouvriers sous-payés, surchargés de travail, de factures et d'enfants. Enfants malheureux, mal élevés, maltraités sans doute. Et les parents n'avaient ni la force de caractère ni l'amour nécessaires pour rendre tout ça supportable. Wexford repensa à Charlie Hatton, à son bel appartement, à sa femme, jeune, jolie, bien habillée. Pourtant, ces deux hommes faisaient le même métier, non ?

— Si je vous raconte ce qui s'est passé vous ne me croirez pas, dit Cullam.

— Allez-y toujours.

Cullam mit ses coudes sur ses genoux et se pencha en avant.

— C'était dans un café, dit-il. Un de ces endroits où ils ont des chambres pour les routiers. Sur la nationale 1, entre Stamford et Grantham. Ça faisait onze heures que j'étais sur la route — on doit pas rouler plus de onze heures —, je suis arrivé, et Charlie Hatton était là. J'avais vu son camion sur le parking. Je me suis assis à sa table, et on a commandé un truc à manger.

— Qu'est-ce que vous transportiez ?

— Des pneus. Pendant qu'on mangeait, j'ai regardé par la fenêtre et j'ai vu un type, sur le parking, dans une voiture noire. Je sais pas pourquoi, mais il m'a pas plu. Je l'ai dit à Charlie et il m'a traité de vieux froussard. Il aimait bien dire ça. Puis on est allés dans sa chambre avec deux autres chauffeurs. Il voulait jouer aux cartes et il disait que c'était plus tranquille. Mais je pouvais pas surveiller le parking de sa chambre, alors au bout d'un moment je suis retourné dehors. Le type dans la voiture était toujours là.

— Vous avez relevé le numéro ? Vous pourriez le décrire ?

— Je ne sais pas. (Cullam eut un regard fuyant.) Je n'ai pas relevé le numéro. Je suis resté dans mon camion pendant une demi-heure, puis le type est parti. Charlie avait dit qu'il devait appeler Lilian, et quand j'ai repris la route, je l'ai vu dans une cabine à l'entrée du parking. J'avais plus d'allumettes, alors je me suis arrêté pour lui demander du feu. Et au moment où j'ai ouvert la porte de la cabine, je l'ai entendu qui disait : « Dis à Mc Cloy qu'il peut y aller. Y a pas de danger. » Alors je lui ai demandé s'il avait du feu. Il a bondi comme s'il avait reçu une décharge électrique. « Mais qu'est-ce que tu fous ? Tu m'espionnes ou quoi ! » Il était blanc comme un linge.

— Vous avez fait le rapprochement entre ce coup de fil et l'homme du parking ?

— Oui, dit Cullam. Enfin, après coup, quand j'y ai repensé. Quelques mois plus tôt, Charlie m'avait demandé si je voulais me faire un peu d'argent au noir. Ça m'intéressait pas et c'en est resté là. Mais j'ai jamais oublié le nom de ce type, et quand Charlie a commencé à frimer un peu trop je lui ai ressorti. Voilà, c'est tout.

— Quand est-ce que ça s'est passé, Cullam ?

— Quoi donc ?

— Quand est-ce que vous avez surpris cette conversation au téléphone ?

— C'était cet hiver. En janvier, je crois. Et juste après, Charlie s'est fait attaquer son camion. On l'a assommé.

— Très bien. Ça sera tout pour l'instant. Mais il faudra sans doute que je vous revoie.

Wexford retraversa le living-room des Cullam. Les enfants n'étaient plus là. Mrs Cullam était toujours assise devant la télé, le bébé endormi sur ses genoux, le chien couché sur ses pieds. Elle bougea la tête quand Wexford passa, et pendant un instant il crut qu'elle allait lui parler. Puis il vit qu'elle n'avait fait que tendre le cou parce qu'il lui avait bouché l'écran.

Dominic, Barnabas, Samantha et Georgina étaient assis sur le trottoir et mettaient des brindilles dans la bouche d'égout. Wexford n'était pas particulièrement sentimental, mais il ne put s'empêcher d'être touché par le fait que ces gens, pauvres à tous les égards, avaient doté leurs enfants de prénoms habituellement réservés aux bourgeois. S'ils ne leur donnaient jamais rien d'autre, ils leur avaient au moins donné ça.

Dominic, dont la figure était toujours aussi sale, lui lança un regard agressif, et l'inspecteur ne put s'empêcher de demander :

— Comment s'appelle le bébé ?

— Jane, dit Dominic, avec un regard naturel.

Quand Wexford rentra, à l'heure du thé, Clytemnestre agita sa queue acrylique mais elle ne bougea pas de son fauteuil, le fauteuil préféré de son nouveau maître. Celui-ci lui jeta un regard mauvais.

— Où est Sheila ? demanda-t-il à sa femme.

— Chez le dentiste.

— Je n'ai jamais entendu dire qu'elle avait mal aux dents.

— Mais maintenant on ne va plus chez le dentiste parce qu'on a mal aux dents ! On y va deux fois par an pour une visite de contrôle. Et il doit lui mettre une couronne.

— Alors je suppose qu'elle n'aura pas envie de sortir cette créature demain matin. Je n'avais vraiment pas besoin de ce chien. J'ai déjà assez à faire comme ça.

Sheila revint à 6 heures, légère et primesautière. Toute fière de sa couronne, elle sourit à son père.

— Regarde, c'est pas génial ? (Pour lui faire plaisir, Wexford jeta un coup d'œil dans sa bouche parfaite d'ailleurs.) Ce plombage commençait à m'embêter, dit-elle. C'était vraiment gênant pour les gros plans. Une actrice doit penser à ce genre de choses.

— Je parie que Sarah Bernhardt se fichait pas mal de ses dents, dit Wexford.

Sheila écarquilla les yeux en une expression d'adoration rêveuse très étudiée.

— Tu l'as souvent vue jouer quand t'étais jeune, Papa ? demanda-t-elle.

Wexford répondit par l'un de ses habituels grognements grincheux. Il tendit une tasse de thé à sa fille, qui la refusa. Elle préférait du lait froid. Elle but son verre lentement, tout à fait consciente de l'image qu'elle offrait dans sa robe de lin crème, sa chevelure blond pâle légèrement en désordre, ses sandales romaines lacées sur ses jolis mollets. Wexford se demanda quelle vie elle aurait. Deviendrait-elle une actrice célèbre, vivant dans la peur de vieillir ? Ou bien épouserait-elle quelque jeune crétin comme ce Sebastian, oubliant tout désir de plaire pour leurs beaux enfants et une belle maison ? Parce que c'était sa fille et parce qu'il n'était plus si jeune, Wexford préférait la deuxième solution. Il aurait voulu qu'elle choisisse la sécurité. Mais pour rien au monde il ne le lui aurait avoué.

Mais de toute façon, se dit-il, Sheila ne pense pas à l'avenir, elle vit dans l'instant. La jeune fille finit son verre de lait, et se mit à raconter sa visite chez le dentiste.

— Si un jour je décidais de m'installer, dit-elle, avec autant d'incrédulité qu'elle aurait pu dire : « Si je mourais », je voudrais une maison comme celle-là. Pas à Kingsmarkham, bien sûr. À Stratford, ou dans les Costworlds, par exemple.

— Oui, pas trop loin de Londres, quoi, glissa Wexford, sournois.

Sa fille ne releva pas.

— C'est une maison super, tu sais. Vraiment ancienne, avec une atmosphère incroyable. Mais bien sûr le cabinet est ultra-moderne. Et figure-toi que dans la salle d'attente y a les derniers numéros de *Elle*. Je trouve que c'est une idée géniale.

— Aucun doute. On sait bien que tout le monde parle français, à Kingsmarkham.

— Bon d'accord, de ton temps, on n'apprenait pas les langues. Mais je t'assure que moi, pratiquement tous les gens que je connais lisent des journaux français. De toute façon, les vieux schnocks peuvent toujours regarder les antiquités.

(Sheila posa son verre et hocha la tête.) Y a des peintures géniales au mur, et de magnifiques sculptures en verre.

Ça me rappelle le poste de police, pensa Wexford.

— Et où se trouve ce temple de la culture? demanda-t-il.

— Sur Ploughman's Lane.

— Il ne s'appellerait pas Vigo, par hasard?

— Si, si.

Sheila s'assit sur le canapé et entreprit de tracer deux traits noirs sur ses paupières.

— Maman et toi, vous devriez arrêter d'aller chez ce vieux Richardson, et aller voir Vigo.

En ayant fini avec ses paupières, Sheila s'attaqua à ses cils.

— Ah, ce Vigo, c'est un fantasme vivant. Un grand blond, au visage taillé à la serpe. Je le trouve follement sexy.

Wexford tressaillit. Ses filles étaient toujours restées des petites filles pour lui. Pour qui se prenait-il, ce bellâtre?

— Hélas, il n'est plus tout jeune, déclara Sheila, l'air sérieux!

— Il a au moins trente-cinq ans, quoi. Un pied dans la tombe et l'autre en équilibre sur une savonnette.

— Environ trente-cinq ans, oui, reprit Sheila, toujours aussi sérieuse. (Elle écarquilla les yeux et recourba ses cils maquillés avec ses doigts.) Il a un bébé de six mois et — ça c'est vraiment tragique —, un enfant mongolien. Affreux, hein? Il a huit ans maintenant, mais Mr Vigo ne l'a pas vu depuis des années. Sa femme et lui ont essayé d'avoir un autre enfant et ils ont finalement réussi, mais il leur a fallu du temps. Et bien entendu, il a une véritable adoration pour ce bébé.

— Mais comment tu peux savoir tout ça? demanda Wexford. (Elle était fille de flic, mais tout de même.) Je croyais que tu étais allée là-bas pour ta molaire. Pas pour faire une enquête!

— Oh, on a beaucoup parlé, dit Sheila, d'un ton dégagé. Je ne pense pas que tu puisses comprendre, mais les gens m'intéressent. Vraiment. Pour devenir une grande comédienne, j'ai besoin de connaître la nature humaine. Et je vois assez vite à qui j'ai affaire.

— Alors tu es un chef, dit Wexford, amer. Moi, ça fait quarante ans que j'essaie, et la marge d'erreur est encore de quatre-vingts pour cent.

Sheila se regarda dans son miroir de poche.

— Mr Vigo est un homme très adroit, très délicat. Très cool, si tu vois ce que je veux dire. Je trouve la relation entre un dentiste et ses patients tout à fait intéressante. Il faut qu'il soit doux, psychologue, sinon les gens ne reviennent pas. C'est une relation si intime. Je veux dire, est-ce qu'on peut imaginer une autre situation où un homme et une femme seraient si proches l'un de l'autre ? À part quand ils font l'amour, bien sûr.

— J'espère qu'il n'est rien arrivé de ce genre.

— Oh, Papa ! J'essayais juste de t'expliquer, de faire une sorte de comparaison, quoi. (Sheila eut un petit rire idiot et enroula une mèche de cheveux autour de son doigt.) Cela dit, quand je suis partie, il m'a caressé la joue et il m'a dit que j'avais la plus jolie bouche qu'il ait jamais vue.

— Bon dieu ! s'exclama Wexford en jaillissant de sa chaise. Que tu dises des trucs comme ça à ton père, ça n'est déjà pas malin, mais tu oublies que je suis aussi inspecteur de police. Je vais aller voir ce Vigo, moi.

— Oh, Papa, gémit Sheila.

— Pas à cause de ta jolie bouche, ma chère, mais dans le cadre de mon enquête.

— Papa... tu n'oserais pas...

Mrs Wexford, qui jusque-là grignotait tranquillement des biscuits au gingembre, dit à sa fille :

— Quelle idiote tu fais. Heureusement, on peut être une bonne comédienne sans déployer des trésors d'intelligence. Si tu as fini de te maquiller, tu pourrais peut-être sortir ce chien.

Au mot chien, Clytemnestre s'ébroua.

— D'accord, fit humblement Sheila.

7

Ils s'étaient arrêtés sous les saules et regardaient la rivière. On aurait pu les prendre pour deux hommes d'affaires en train de se promener. Sauf qu'à Kingsmarkham, tout le monde les connaissait et savait qu'ils étaient juste à l'endroit où Charlie Hatton s'était fait assassiner.

— J'avais dit qu'on devrait interroger tous les types du club de fléchettes, dit Burden, en s'arrêtant au bord de l'eau. Et bien voilà, c'est fait. Bizarre, hein ? Pertwee est le seul qui supportait Hatton, mais personne ne veut le reconnaître. C'est soi-disant toujours les autres qui étaient à couteaux tirés avec lui. Celui qu'on interroge est toujours un parfait modèle de tolérance. Éventuellement, il admettra éprouver un vague ressentiment. Mais rien de plus. Franchement, est-ce qu'un homme irait jusqu'à tuer parce que l'un de ses copains l'a chambré ou parce qu'il a plus de fric que lui ?

— Possible, s'il peut récupérer une partie du fric en question, dit Wexford. C'est beaucoup, cent livres, pour un type comme Cullam. Il va falloir qu'on garde un œil sur lui, qu'on voie s'il fait des dépenses inconsidérées dans les jours qui viennent. Ça ne me plaît pas beaucoup qu'il se soit empressé de laver les vêtements qu'il portait vendredi soir.

Burden traversait la rivière en essayant de ne pas se mouiller les pieds. Il choisissait les pierres qui affleuraient à la surface de l'eau. D'un seul coup, il se pencha et dit :

— Voilà l'arme du crime.

Depuis la rive, Wexford regarda la pierre qu'il lui indiquait. Elles étaient toutes recouvertes de mousse, sauf celle-là, comme si la surface apparente et lisse avait été encore, il y a peu, scellée dans le lit de la rivière. Burden s'accroupit avec précaution et souleva la pierre à deux mains. Puis il se releva et revint tant bien que mal jusqu'au bord.

C'était une grande pierre, de forme allongée, qui faisait penser à une mandoline. Elle avait une face moussue, et hormis sa forme et le fait qu'elle se soit trouvée à l'envers dans la rivière, rien n'indiquait qu'on ait pu s'en servir pour tuer. Wexford la prit à deux mains, la leva à bout de bras, puis la baissa brusquement dans le vide. Hatton était passé là, dans l'obscurité, et quelqu'un l'avait attendu, caché parmi les ronces, prêt à frapper. Le pas lourd, la tête embrumée par l'alcool, et sifflotant sans doute, il avait tragiquement signalé son arrivée. L'assassin avait levé la pierre très haut, comme Wexford venait de le faire, mais il l'avait abattue sur la tête de Charlie Hatton, pas dans l'air. Une fois, deux fois, davantage ? Autant de fois qu'il avait fallu pour tuer. Puis Hatton avait roulé dans la rivière. Son assassin avait vidé son portefeuille, puis balancé la pierre dans l'eau.

C'est ce que pensait Wexford, et il savait que Burden pensait la même chose. Inutile donc de parler. Wexford lâcha la pierre qui fit un léger « flop » en tombant dans l'eau.

Au-delà des champs verdoyants, on voyait les H.L.M., dont les baies vitrées flamboyaient dans le soleil.

— Je crois, dit-il, que c'est le moment d'avoir un autre petit entretien avec Mrs Hatton.

Mrs Hatton était avec sa mère et trois autres personnes. Jack Pertwee était assis sur le beau canapé en tweed à carreaux. Il tenait la main d'une fille à l'impressionnante chevelure d'ébène et aux cils noirs épais comme des pinceaux. Mrs Hatton et sa mère étaient en noir. Très élégantes, mais couvertes de bijoux fantaisie des plus voyants. Le tailleur de la veuve avait l'air tout neuf, et Wexford ne put s'empêcher de se demander si elle ne l'avait pas acheté la veille, après avoir appris la mort de Charlie. Elle portait un chemisier blanc au jabot froufroutant, et un gros clip en strass au revers de sa veste. Elle avait des bas noirs, des chaussures à talons aiguilles vernis noir à bout pointu. On aurait dit qu'elle allait à un cocktail de province.

Tout d'abord Wexford ressentit une espèce de dégoût. Puis il pensa au mort et à ce qu'il savait de lui. Et il se dit que c'est ainsi que Charlie Hatton aurait voulu voir sa veuve courageuse, dans une attitude de défi. La dernière chose qu'aurait souhaitée ce petit homme m'as-tu-vu, eût été une satî, toute pâmée de spiritualité.

Il étudia le reste de l'assemblée. Visiblement, ils avaient interrompu une petite réunion dédiée à la mémoire du mort. La fille sur le sofa devait être la future mariée, dont les noces avaient été différées par la mort de Charlie Hatton. Mais qui était l'autre homme ?

— Mon frère, Mr Bardsley, dit Mrs Hatton. Maman et lui sont venus me tenir compagnie. Et ce monsieur, c'est Jack Pertwee.

— Nous nous connaissons, dit Wexford, avec élégance.

— Et je vous présente miss Thompson, dit Mrs Hatton.

Elle parlait d'une voix lasse, mais elle se conduisait comme une hôtesse bien élevée. Sous son maquillage vert et noir, elle avait les yeux gonflés.

— Tout le monde ici aimait beaucoup Charlie. Voulez-vous une tasse de thé ? Ce sera avec plaisir.

— Non merci, Mrs Hatton.

— Alors asseyez-vous, il y a de la place, dit-elle, très fière, en leur indiquant plusieurs chaises vides.

C'étaient de très belles chaises en tapisserie, pas des sièges bon marché — les seuls qu'une hôtesse moins fortunée aurait pu offrir à des visiteurs impromptus. Wexford repéra un lustre en teck et en verre fumé, des doubles rideaux en velours, une belle télé couleurs, et se dit que Charlie Hatton avait bien soigné sa femme. Cullam et lui étaient tous les deux chauffeurs de poids lourds, et logés dans des H.L.M., mais la comparaison s'arrêtait là. Wexford regarda Bardsley, un blond au profil de lapin, qui ressemblait à sa sœur, en moins bien. Puis il regarda comment il était habillé. Un jour comme aujourd'hui, il ne pouvait porter que son plus beau costume. Et ce n'était qu'un petit costume pas cher.

— Pardonnez-moi, Mrs Hatton, mais je dois faire un interrogatoire de routine. (Elle eut un hochement de tête compréhensif, mais charmé.) Mr Bardsley, j'ai cru comprendre que vous travailliez avec Mr Hatton.

— C'est exact.

— Vous étiez associés ?

Bardsley reposa sa tasse et dit d'une voix mélancolique :

— J'aurais bien voulu le prendre comme associé, mais les affaires marchaient pas fort ces temps derniers. Alors il n'était que mon employé.

— Ça vous ennuierait de me dire combien il était payé ?

— Eh bien, je ne sais pas si... Je ne préférerais pas.

— Évidemment qu'il a pas envie de vous le dire ! s'insurgea Jack Pertwee. Quel rapport ça a avec ce qui s'est passé vendredi ?

— Tu as raison, Jack, murmura sa fiancée en lui pressant la main.

— Vous pouvez constater que Charlie s'en sortait bien. Il suffit de regarder autour de vous.

— Ne fais pas d'histoires, Jack, dit Mrs Hatton, toujours aussi étonnamment maîtresse d'elle-même. Les officiers de police font leur travail, c'est tout. (Elle tripota sa broche, un rien gênée.) Charlie gagnait un peu plus de vingt livres par semaine. C'est ça, hein, Jim ?

Visiblement, ça déplaisait à Jim Bardsley de parler d'argent. Il devint agressif.

— C'est ce que je gagne, moi aussi, ces derniers temps. Charlie était du genre à faire durer son argent.

Marylin Thompson inclina la tête sur le côté et un pan de son monumental chignon s'écroula.

— En tout cas il n'était pas regardant, lança-t-elle, hargneuse, si c'est ce que tu insinuais. Il n' y a pas beaucoup d'hommes qui vous offrent un magnétophone comme cadeau de mariage, surtout quand ils sont pas de la famille.

— Je n'ai jamais dit qu'il était regardant, Marilyn.

— Ah, ça me dégoûte. Alors que vous devriez être en train de chercher qui l'a tué. (Ses mains tremblaient, et elle serra les poings.) Donne-moi du feu, Jack. (Elle agrippa le poignet de Jack à deux mains quand il approcha sa flamme, un poignet qui tremblait.) Ah vous autres, cracha-t-elle, vous refusez le droit à un ouvrier de posséder quoi que ce soit ! S'il n'a pas un beau pavillon, vous le traitez de feignant. (Elle jeta à Wexford un regard de colère, tout en repoussant ses cheveux en arrière.) Et s'il a le malheur de posséder des choses réservées selon vous aux bourgeois, vous pensez aussitôt qu'il les a volées. Toujours ces histoires de classes sociales. (Des larmes tremblèrent sur ses cils démesurés.)

— Mais après la révolution tout ça va changer, t'inquiète pas, dit Bardsley, d'un air vindicatif.

— Oh, taisez-vous tous les deux, dit Mrs Hatton, d'une voix perçante. (Puis elle se tourna vers Wexford, recouvrant sa dignité.) Mon mari faisait des heures supplémentaires. Et puis il avait des petits boulots à côté.

Des petits boulots à côté, oui, se dit Wexford. Et des heures supplémentaires qui portaient leurs fruits. Il avait une télé couleurs, une prothèse dentaire qui valait deux cents livres, il avait offert un magnétophone à son copain comme cadeau de mariage. Quant au lustre, Wexford l'avait vu dans un magasin de Kingsmarkham. Il coûtait vingt-cinq livres. Cinq livres de plus que ce qu'Hatton gagnait en une semaine. Et le soir où on l'avait tué, il avait cent livres sur lui. « Si un ouvrier possède des choses réservées selon vous aux bourgeois, vous pensez aussitôt qu'il les a volées, » avait dit la fiancée de Pertwee. Étrange, vraiment, pensa Wexford, en la voyant maintenant blottie dans les bras de son futur mari. Bien sûr, elle était très jeune, et elle avait sûrement un père délégué syndical, inscrit au parti. Elle était du genre à mépriser les gens instruits et les nantis. Eh oui, se dit Wexford, on trouve ce genre d'individus même ici, à Kingsmarkham. Ils se disent pacifistes, se gargarisent de bons sentiments. Brandissant la bannière des droits de l'homme, mais n'ont ni le cran, ni l'énergie pour changer le monde.

Il n'avait pourtant rien dit pour provoquer sa colère. Pas plus que Bardsley, d'ailleurs, qui s'était contenté de suggérer qu'Hatton ne dépensait pas inconsidérément son argent. Avait-elle pris sa défense avec une telle véhémence parce qu'elle était au fait de ses agissements malhonnêtes ? Si elle était au courant, alors Pertwee l'était aussi. Et dans cette pièce tout le monde savait, excepté Burden et lui-même. Ce n'était pas la première fois qu'il constatait à quel point le chagrin était la meilleure des défenses possibles. La veille, Pertwee s'était abrité derrière son chagrin pour ne pas répondre aux questions. Quant à Mrs Hatton, beaucoup plus finement, elle masquait le sien derrière un fragile self-control, que seule une brute aurait eu le front de casser. Elle allait et venait dans la pièce oscillant douloureusement, mais stoïquement, sur ses hauts talons, ramassant les tasses vides de ses invités, avec un petit mot gentil pour chacun. Wexford ne manqua aucun des regards que lui lançait chacun de ses visiteurs : celui de sa mère, plein de sollicitude, celui de Pertwee, dénotant une affection sincère, le regard fuyant de son frère, tandis que la fiancée contrariée relevait le menton, plus bloquée que jamais sur ses positions.

— Votre mari avait un compte en banque, Mrs Hatton ? demanda Burden, quand elle passa près de lui.

Elle avait le soleil en pleine figure, ce qui faisait ressortir le moindre détail de son maquillage et lui ôtait toute expression.

— Oui, à la Midland.

— J'aimerais voir ses bordereaux de versement.

— Pour quoi faire ? aboya Pertwee.

Wexford l'ignora, et suivit la veuve jusqu'au buffet. Elle sortit un petit classeur d'un tiroir. Wexford le tendit à Burden, puis posa une question apparemment anodine :

— Depuis quand votre mari avait-il une prothèse dentaire ?

— Espèce de sale fouineur, marmonna Pertwee. Mrs Hatton tressaillit et lui jeta un regard désespéré.

— Depuis l'âge de vingt ans.

— Il a toujours gardé la même ?

— Non. Mr Vigo lui en a mis une nouvelle, il y a un mois environ.

Tout en hochant la tête, Wexford se pencha par-dessus l'épaule de Burden, pour voir les bordereaux de versement. Tiens, tiens, se dit-il, on a arraché presque toutes les feuilles. Il restait un bordereau du 3 avril, date à laquelle Hatton avait mis sur son compte la modeste somme de cinq livres et quatre pence.

— Ça, c'était un pari gagnant sur les matchs de foot, dit Mrs Hatton en étouffant un sanglot.

Chacune des deux feuilles restantes correspondait à un dépôt de deux livres.

— Mrs Hatton, dit Wexford (il lui fit signe de venir un peu à l'écart), ces bordereaux de versement permettent au client d'avoir une trace des dépôts effectués sur son compte. Alors pourquoi votre mari les a-t-il arrachés ? Vous avez une idée ?

— Je ne comprends pas. Charlie ne me parlait jamais d'argent. Il disait toujours.. (Une larme roula le long de sa joue.) Te casse pas la tête avec ça. Quand on s'est mariés, je t'ai promis que tu aurais tout ce que tu voudrais. Tu sais bien que tu n'as qu'à demander. (Elle baissa la tête et se mit à pleurer.) Y en avait pas un sur un million comme lui. Il m'aurait décroché la lune si je lui avais demandé. (La fille appelée Marilyn se leva et passa son bras autour des épaules de Lilian Hatton.) Oh, Charlie, Charlie...

Le tiroir était resté ouvert, et dedans il y avait le chéquier. Wexford passa les talons en revue, et apprit que Charlie Hatton avait payé son lustre vingt-cinq livres, le 22 mai. Puis il avait fait deux chèques de trente livres dans la dernière semaine de mai : le premier à « Lucrece limited », Kingsmarkham, (la tenue de mariage de Lilian ?), le second à « Exelcior Electrics », Stowerton (le magnétophone de Pertwee ?).

Ensuite venaient trois talons non remplis, puis une dernière souche correspondant à un retrait de quarante livres. Pas trace d'un chèque à l'ordre de Vigo. Hatton avait dû payer sa prothèse dentaire comptant.

Wexford remit le chéquier dans le tiroir, mais il attendit que Mrs Hatton se calme. Sa mère et son frère étaient dans la cuisine. Wexford les entendait parler à voix basse et manipuler des tasses avec précaution, tout pénétrés du tragique de la situation.

Marilyn Thompson avait désormais une réplique du mascara de la veuve sur son mouchoir.

— J'arrête pas de pleurer, dit Mrs Hatton. C'est plus fort que moi.

— Oui, mais faut voir ce que tu viens de traverser aussi.

— Je sais pas ce que je ferais sans toi et Jack.

Pertwee ne disait rien, mais il regardait Wexford avec une telle haine que celui-ci en fut presque gêné. Alors il dit d'un ton léger :

— Est-ce que par hasard Mc Cloy est un nom qui vous dit quelque chose, Mr Pertwee ?

Ce nom n'évoquait rien, mais alors vraiment rien chez Lilian Hatton, Wexford n'en douta pas. Mais les choses étaient déjà moins claires en ce qui concernait Pertwee et sa fiancée. Cette dernière entrouvrit les lèvres, une lueur de panique dans le regard. Pendant un bref instant, elle ressembla à un animal traqué. Pertwee avait rougi, mais peut-être seulement de colère devant l'insistance de Wexford.

— Ça fait irlandais, fut tout ce qu'il trouva à dire.

— Mais ça ne vous rappelle rien ?

— Non. Je ne connais pas ce type-là.

— Alors pourquoi vous avez parlé d'un Mc Cloy au *Dragon* vendredi soir, avec vos amis ? C'est un type du coin ?

— Je vous ai dit que j'avais jamais entendu parler de lui.

Pertwee se mordit la lèvre et regarda ses genoux. Il chercha la main de Marilyn, mais la jeune femme était occupée avec Mrs Hatton, lui tamponnant le visage avec son mouchoir. Abandonnée, livrée à elle-même, la main remonta jusqu'au visage de Pertwee, puis s'enfonça dans les cheveux noirs et gras.

— Vous ne pouvez pas nous laisser seuls ? demanda-t-il, humblement.

Wexford venait encore de se faire avoir. L'autre se barricadait à nouveau derrière son chagrin.

— Je n'ai jamais su ce qui se passait avec les camions, dit-il. J'étais pas le seul ami de Charlie. Il avait des dizaines d'amis. Demandez donc à Jim Bardsley, ou à Cullam. (Pertwee avait le regard vitreux.) Que quelqu'un d'autre que moi salisse sa mémoire.

Jim Bardsley avait un tablier noué autour de la taille. Il rangeait la vaisselle et maniait les portes des placards avec un infini respect, comme s'il craignait de souiller l'éclat virginal de l'équipement de cuisine en le touchant de trop près. L'appartement des Hatton n'avait qu'une chose en commun avec celui des Cullam : une machine à laver. Mrs Hatton, elle, avait des mixers, des ouvre-boîtes électriques, un fer à vapeur, un énorme réfrigérateur, un four encastré.

— C'est des choses comme ça que vous transportez, je crois, Mr Bardsley ? demanda Burden. J'imagine que Mr Hatton les avait au prix de gros.

— Sans doute, oui, répondit Bardsley, sans se mouiller.

— Des fers à vapeur, des radiateurs, c'est ça que vous vous êtes fait voler quand le camion d'Hatton a été attaqué ? (Bardsley hocha tristement la tête.) Mais vous étiez assuré ?

— Pas la deuxième fois. Pas en mars, quand ils lui ont tout piqué, à Stamford. J'ai dû en supporter la perte. (Bardsley ôta son tablier.) Je peux vous dire que ça m'a coûté un max. Ce pauvre Charlie a dû être content de pas être mon associé, à ce moment-là. Mais vous savez, ils ont retrouvé le camion les deux fois. Pas du tout abîmé. Il manquait juste la marchandise. La deuxième fois, Charlie s'était arrêté sur une aire de stationnement, et il s'était endormi sur son volant. Dieu merci les types lui avaient pas fait de mal. Ils l'avaient juste attaché et bâillonné.

— Mais la fois d'avant, il avait été blessé ? demanda Burden.

— Oui, juste une petite commotion. Rien de sérieux. Il s'en était tiré avec un bleu.

— Vous avez déjà entendu parler de Mc Cloy, Mr Bardsley ?

— Mc Cloy ? Ça me dit vraiment rien, dit-il (et Burden le crut). Mais figurez-vous que j'ai vu ma marchandise en vente ici, sur le marché. Je savais que c'était la mienne, mais je pouvais pas le prouver. Vous savez comment ils sont, ces forains, ils connaissent tous les trucs. (Il se gratta la tête.) Mais j'ai été un peu trop curieux, alors ils sont pas revenus.

— Si jamais vous les revoyez, Mr Bardsley, venez nous voir immédiatement. Ne leur posez aucune question, venez directement nous voir.

— O.K., dit Bardsley, sans trop y croire.

Et Burden le laissa en contemplation devant son torchon, réplique géante d'un billet d'une livre, persuadé que s'il avait le pouvoir de le réduire, de le changer en papier et de le multiplier, Bardsley serait un homme heureux.

— Avant tout, dit Wexford, je voudrais connaître la somme exacte qu'il y a sur ce compte.

— Six cent neuf livres, quatre shillings et sept pence, déclara le directeur de la banque, avec emphase.

— J'imagine que c'est un compte courant ? Il n'avait pas de plan d'épargne logement ?

— Malheureusement non. Quand Mr Hatton a commencé à déposer de grosses sommes, j'ai vraiment tout fait pour le persuader d'en ouvrir un, car les intérêts sont de cinq pour cent. Eh bien il n'a pas voulu. Il m'a dit : « Moi j'aime que l'argent circule, Monsieur cinq pour cent. » (Le directeur poussa un soupir.) Ah, c'était vraiment un homme sympathique et amusant, ce Charlie Hatton.

Question d'opinion, pensa Wexford.

— Et elles étaient de combien, ces grosses sommes ?

— Ah, normalement je ne devrais pas. Mais si vous insistez... (Le directeur ouvrit un grand livre et installa des lunettes à monture d'écaille au bout de son nez.) Mr Hatton a ouvert ce compte l'année dernière, en novembre, avec la somme de cent livres. (Ça correspond à la première attaque de camion, songea Wexford, jolie compensation pour une petite commotion.) Puis il n'a plus rien déposé jusqu'en janvier, où il a fait deux versements séparés de cinquante livres. (Deux camions volés pendant qu'il occupait les chauffeurs au café ? Wexford était ravi : les pièces de son puzzle se mettaient en place toutes seules.) Ensuite je vois un dépôt en mars, le 15, encore cent livres. Et puis plus rien jusqu'au 22 mai.

Le directeur s'interrompit et Wexford se dit de ne pas oublier de vérifier si des camions avaient été attaqués sur la nationale 1, — l'itinéraire d'Hatton —, l'avant-dernière semaine de mai. De toute évidence, Hatton touchait cent livres quand il était directement impliqué, et cinquante si c'était un autre qui se faisait assommer et balancer dans un fossé. Oui, quel homme sympathique et amusant !

— Alors combien en mai ? dit-il, sèchement.

— Eh bien, voyons voir... non ! Ça doit être une erreur. Vraiment, j'étais loin de me douter... Mais en fait, si, Mr Hatton a déposé cinq cents livres sur son compte le 22 mai.

Mais qu'avait-il donc fait de si extraordinaire, Charlie Hatton, pour gagner cinq cents livres ? songea Wexford, sidéré. Qu'est-ce qu'un camion pouvait transporter de si précieux pour valoir un tel salaire à l'un des types qui l'avait attaqué ? Car ils étaient plusieurs sur ce coup. Mc Cloy, Hatton, plus deux ou trois autres pour immobiliser le chauffeur et vider le chargement. Mc Cloy s'était forcément taillé la part du lion sur la revente (mille, deux mille livres ?), les quatre autres avaient eu cinq cents livres chacun. Ce qui correspondait à un chargement d'une valeur de quatre ou cinq mille livres.

Eh bien, ce ne serait pas difficile à retrouver, pensa Wexford. Les hommes qui avaient enquêté sur un vol d'une telle ampleur s'en souvenaient forcément. Lui-même devrait s'en souvenir. Ça avait dû faire la une des journaux. Mais la police n'avait sans doute coincé personne. En tout cas pas Hatton.

— Et ensuite ? demanda-t-il, très calme.

— Des versements réguliers de cinquante livres par semaine, ces six dernières semaines.

Wexford masqua son étonnement.

— Mais plus de sommes importantes ?

— Non, plus de sommes importantes, dit le banquier.

Wexford imaginait très bien ce qui s'était passé. Hatton avait fait plusieurs boulots pour Mc Cloy, dont un dernier, tout à fait spectaculaire — peut-être y avait-il eu un mort. Mais alors pourquoi ne s'en souvenait-il pas ? Et puis Hatton avait trouvé un moyen de faire chanter Mc Cloy. Une grosse somme en une fois, le 21 mai, puis cinquante livres par semaine.

Ça avait dû être formidable, tout le temps que ça avait duré, se dit Wexford. Quoi de plus grisant, pour un homme aux revenus modestes, qu'un soudain afflux d'argent, jaillissant d'une source apparemment intarissable ? Comment aurait-il pu résister à l'envie d'inonder ses proches de cadeaux ? Wexford se dit que les métaphores à propos d'argent avaient souvent trait à l'eau.

Arrivé sur le pont de Kingsbrook, il s'adossa un moment contre le parapet et écouta le doux murmure de la rivière. Éternellement, le Kingsbrook filerait sur les larges pierres, freiné seulement dans son élan par les racines des arbres, mais fondamentalement libre de toute entrave, scintillant dans le soleil.

C'était au bord de la rivière, que la mort avait frappé Hatton. Parce qu'une source moins généreuse que cette eau vive s'était tarie ?

8

— Il n'y a que trois Mc Cloy dans la région, dit Burden, le lendemain matin. Et tous parfaitement honnêtes, d'après moi. Je les ai vus tous les trois. Il y a deux Mc Cloy à Pomfret, deux frères. L'un est prof au lycée, l'autre est laborantin. Quant à James Mc Cloy, il habite ici, en ville. Il dirige une toute petite entreprise de décoration, le genre qui marche pas très fort.

— Pas vraiment des gros poissons quoi, dit Wexford, qui continuait dans ses métaphores.

— Pas vraiment, non. Sinon, j'ai regardé dans les pages jaunes et là, j'ai trouvé quelque chose de plus intéressant déjà. Il y a une société à Londres, à Deptford, qui s'appelle Mc Cloy et fils. Et à votre avis ils travaillent dans quoi ?

— « Étonne-moi », dit Wexford, tel Diaghilev à Cocteau. (Burden lui jeta un regard soupçonneux, alors Wexford lui dit, avec une impatience amusée :) Je n'en ai aucune idée, Mike, et je n'ai pas vraiment envie de jouer aux devinettes.

— Ils sont spécialisés dans la remise en état d'appareils électroménagers.

— Vraiment ?

— J'ai appelé Londres, et j'attends qu'ils me rappellent. Si jamais y a quoi que ce soit, je fonce à Deptford.

— Eh bien en attendant, justement, vous pourriez aller voir du côté de la police de Stamford, dans le Lincolnshire. J'aimerais bien savoir s'ils ont découvert quelque chose, après l'attaque du camion d'Hatton, le 15 mars. Et puis voyez s'ils ont un Mc Cloy dans leur secteur.

— Bien, monsieur.

— Et puis demandez-leur s'ils ont entendu parler d'un chargement important, volé fin mai.

À quatre reprises, l'ascenseur avait supporté son poids sans broncher, et Wexford n'avait plus ce sentiment de panique en grimpant dedans. Tandis que ce divin appareil plongeait obligeamment vers le rez-de-chaussée, Wexford repensa au mystérieux exploit de Mc Cloy, le pirate d'autoroutes. L'inspecteur avait regardé le dossier concernant cette période et n'avait rien trouvé. Lui aussi attendait un coup de fil dans l'après-midi. Scotland Yard lui donnerait des informations sur la dernière attaque de camion. Mais pourquoi n'en avait-on pas parlé dans les journaux ?

Quand il sortit de l'ascenseur, les sergents Camb et Martin papotaient dans l'entrée. Wexford toussa discrètement pour signaler sa présence.

— On parlait de l'affaire Fanshawe, monsieur, dit Camb, respectueux.

— Je croyais qu'elle était en suspens, dit Wexford.

— Le coroner veut reprendre l'enquête, mais je lui ai dit qu'on n'avait rien de nouveau. Je préférerais attendre que Mrs Fanshawe se remette un peu.

— Elle va vraiment mal ? demanda Martin. (On dirait une mémé en train de jacasser avec sa copine, pensa Wexford.)

— L'accident lui a chamboulé la tête, j'ai l'impression. Elle n'est pas plus en état de se rendre au tribunal maintenant qu'il y a six semaines. Et je la comprends. Elle a perdu son mari et sa fille unique. C'est pas drôle, croyez-moi, d'essayer de faire comprendre à cette pauvre femme que sa fille est morte, quand elle n'arrête pas de vous dire qu'elle est vivante, et en Allemagne.

— C'est peut-être vrai, dit Wexford, pour semer le trouble dans leur esprit.

Lui n'embêtait pas les autres avec ses problèmes. Il n'avait donc aucune raison d'écouter Camb plus longtemps.

— C'était peut-être quelqu'un d'autre, dans la voiture, dit-il.

— Oh non, monsieur. La tante a identifié le corps.

— Bon. Écoutez sergent, c'est votre problème. C'est vous qui travaillez pour le coroner. (Wexford ajouta, agacé.) Nous avons tous nos problèmes, alors débrouillez-vous avec les vôtres. (Il ouvrit la porte, se retourna et dit :) Martin, je crois que vous êtes en train d'empêcher le sergent Camb de travailler. Si vous ne savez pas quoi faire, foncez donc au premier et dites « Mc Cloy » à Mr Burden. Moi, je vais chez le dentiste.

— Vous n'avez pas trop mal, j'espère, monsieur?

— Vous retardez, mon cher, dit Wexford, en ricanant. Maintenant on ne va plus chez le dentiste parce qu'on a mal, mais pour une visite de contrôle.

Il faisait trop beau pour prendre la voiture. Wexford traversa la rue, passa devant le marchand de journaux et tourna dans York Street. Dans la vitrine de la bijouterie Joy, le soleil faisait étinceler les colliers de brillants, des petits tours de cou dorés, et piquait le trottoir de petites pointes lumineuses, dans l'ombre fraîche des feuilles de platane. Après la station-service et les petites maisons, la rue devenait une ruelle et l'on avait l'impression d'être à la campagne. Arrivé en haut de la colline, quelqu'un d'étranger à la région se serait arrêté, stupéfait, en découvrant Ploughman's Lane à ses pieds.

À travers les siècles, on avait érigé une trentaine de maisons dans Ploughman's Lane, essentiellement pour la petite noblesse. Les propriétés les plus récentes, tout aussi imposantes et entourées d'immenses jardins, appartenaient aux médecins et aux avocats du coin.

D'où il était, Wexford voyait des toits : des tuiles rouges, une échappée de chaume doré, puis ces pinacles et tourelles, si chères à la bourgeoisie victorienne. Et tout près, presque perdu parmi les branches horizontales d'un grand cèdre, le toit goudronné d'un petit bungalow à deux niveaux.

Wexford marchait d'un bon pas, à l'ombre des feuillages épais. Une Bentley apparut soudain, de derrière une haie, accéléra et passa si près de lui qu'elle l'obligea à se plaquer contre les tamaris.

Wexford releva le numéro. Ils avaient tous des grosses voitures par ici. Il repéra une autre Bentley, devant une vaste demeure de style gothique, et une superbe Cortina jaune blottie contre elle. Quel couple touchant, ironisa-t-il, intérieurement. Même les femmes avaient de belles voitures ici, pas des Austin mini, ou de vieilles guimbardes de seconde main. Mais les femmes ne seraient jamais les égales des hommes, se dit-il, tant que les hommes trouveraient normal qu'elles aient une plus petite voiture qu'eux. Et tous les hommes trouvaient ça normal, quel que soit leur niveau social. Et ça restait valable même si leur épouse était plus riche ou plus grande qu'eux.

Wexford essaya de se souvenir d'une femme qui aurait eu une plus grosse voiture que son mari. Pas un seul exemple ne lui vint à l'esprit. Et lui, voulait-il que les femmes soient les égales des hommes ?

Pas particulièrement, non. Mais ça l'amusait d'avoir mis le doigt sur une vérité nouvelle, quoique universelle, et il y pensa jusqu'au moment où il arriva devant chez Vigo.

Une longue fille brune descendit du train de Londres. Elle demanda à la femme qui ramassait les billets où elle pouvait trouver un taxi.

— Il n'y en a qu'un. Mais il doit être là à cette heure-ci. Avec un peu de chance...Tenez ! le voilà.

Elle regarda la fille descendre les marches d'un pas vif. On en voyait pas beaucoup des comme ça à la gare de Stowerton, — élégante, sûre d'elle. Même venant de Londres. Même en plein été. La femme qui ramassait les billets, dont la permanente était toute fraîche, trouvait la coiffure de cette fille vraiment affreuse. Ses cheveux étaient bien trop courts, on aurait dit un garçon, enfin, pas un garçon d'aujourd'hui, puisqu'ils avaient tous les cheveux longs. Et puis elle n'avait pas de seins, pas de hanches. Mais évidemment, sur ces filles-là, les vêtements tombent bien. Le tissu de son tailleur ressemblait à de la toile de jute — un tailleur français, ou italien, qui avait dû coûter au moins quarante guinées. Quelle honte, qu'une gamine de — mais quel âge avait-elle ? Vingt-trois, vingt-quatre ans ? — ait quarante guinées à dépenser pour un bout de toile de jute ! Ça, l'argent, ça se voit tout de suite, pensa-t-elle. C'est l'argent qui donne ce port de tête, cette démarche assurée, ces manières prétentieuses.

La fille s'approcha du taxi et dit au chauffeur :

— Pouvez-vous m'emmener à l'hôpital de Stowerton, s'il vous plaît ?

Quand ils arrivèrent à l'hôpital, elle ouvrit son sac de cuir marron pour prendre son portefeuille, et le chauffeur remarqua qu'elle avait des billets étrangers. Il souhaita presque qu'elle lui en donne un par erreur, mais elle ne le fit pas. En voilà une qui a la tête sur les épaules, se dit-il. Et il la regarda entrer, sûre d'elle, dans le pavillon du concierge.

— Pourriez-vous me dire où se trouve l'aile privée ?

— Tout droit, madame. Après, il y a une flèche.

Le concierge l'avait appelée madame parce qu'elle avait demandé l'aile privée. Si elle avait demandé les salles communes, il lui aurait dit que les visites étaient interdites le matin. Et puis, comme il se sentait l'âme charitable, il l'aurait peut-être aussi appelée chérie. Mais de toute façon, une femme comme elle ne pouvait pas aller dans les salles communes. Car c'était une dame, une vraie petite dame.

Rose, la jeune infirmière, aurait déjà dû avoir fini les lits. Elle avait fait celui de Mrs Goodwin vers 9 heures. Puis elle s'était un peu attardée pour discuter avec la malade et lui glisser quelques propos flatteurs. Dans l'aile privée, les infirmières étaient pratiquement les femmes de chambre des patientes. Elles les coiffaient, leur mettaient du vernis à ongles... Et puis les officiers de police étaient revenus poser des questions à Mrs Fanshawe. Alors il avait fallu attendre midi avant de pouvoir installer cette pauvre femme dans un fauteuil, le temps de faire son lit.

— Une lettre doit bien mettre une semaine, pour arriver en Allemagne, non ? dit Mrs Fanshawe. (Elle s'amusait à éblouir l'infirmière avec le reflet de ses bagues, qu'elle faisait bouger dans le soleil.)

— Oh, des semaines ! dit Rose en clignant des yeux. Ne vous tracassez pas pour ça.

— J'aurais dû envoyer un télégramme. Je crois que je vais vous demander de le faire.

Chat échaudé craint l'eau froide, pensa Rose. Arrêtons d'entretenir cette femme dans ses illusions, se dit-elle, sinon je vais passer mon temps à parcourir la ville pour envoyer des messages inutiles à une morte.

— Vous voulez que je vous brosse les cheveux ? demanda-t-elle, en donnant de grandes tapes sur les oreillers.

— Avec plaisir, mon petit. Vous êtes gentille.

— Alors au lit, dans ce cas. Oh ! Vous êtes légère comme une plume. Ah, mais je vois vos bagues là, faut pas les laisser traîner sur la table.

Cette infirmière s'était vraiment montrée très dévouée, pensa Mrs Fanshawe. Elle était sûrement plus intelligente qu'elle n'en avait l'air, car elle était la seule à ne pas la bassiner avec ces bêtises sur la mort de Nora. Et mes bijoux lui font un tel effet, se dit Mrs Fanshawe. Pauvre petite chose... Quand Nora viendra, je lui demanderai d'aller à l'appartement, et de me rapporter cette broche en strass que j'avais achetée chez *Selfridge's*. Ça ne valait pas plus de trente shillings, mais Rose ne s'en rendrait pas compte. Oui, elle lui donnerait, c'était décidé.

Elle s'adossa confortablement à ses oreillers pendant qu'on lui brossait les cheveux.

— Pendant que vous allez chercher mon déjeuner, je vais réfléchir à ce que je vais dire dans ce télégramme. Oh, et puis enlevez-moi cette carte, là, la carte de ma sœur. Elle me tape sur les nerfs.

Rose était bien contente de s'échapper. Elle sortit de la chambre en tirant son sac de linge sale, et comme elle ne regardait pas où elle allait, elle faillit rentrer dans une grande fille brune.

— Pouvez-vous me dire où je peux trouver Mrs Dorothy Fanshawe ?

— Elle est là, dit Rose.

L'infirmière n'avait jamais vu des chaussures comme celles que portait la jeune femme. C'étaient des escarpins en box, avec une feuille de hêtre pourpre sur le cou de pied. Et quelle drôle de forme, se dit Rose, c'est sûrement la dernière mode. Pourtant, il n'y en avait ni à Stowerton, ni à Londres.

— Mrs Fanshawe allait juste déjeuner, dit-elle.

— Et alors ? Je ne vois pas le problème.

Non, bien sûr, vous, vous ne voyez pas le problème, pensa Rose, indignée. Mais elle ne pouvait laisser ces sublimes chaussures s'envoler. Alors elle demanda :

— Excusez-moi, mais je trouve vos chaussures vraiment super. Où est-ce que vous les avez achetées ?

— Merci du compliment ! dit la fille assez sèchement. Ce sont des chaussures italiennes, mais je les ai achetées à Bonn.

— À Bonn ? Mais c'est en Allemagne, non ? Oh, mais vous n'êtes pas... vous ne pouvez pas être Nora, elle est morte !

Tôt ce matin, Wexford avait cité Justice Shallow[1], et maintenant, en contemplant la maison de Jolyon Vigo, il se dit que c'était tout à fait le genre d'endroit où Justice Shallow aurait pu vivre. Déjà, à l'époque de Shakespeare, cette demeure devait avoir un certain âge. C'était une maison noire

1. Personnage de *Henri IV*, de Shakespeare.

et blanche à colombages, imposante et si belle que d'emblée, elle conférait élégance et supériorité à son propriétaire. Un rosier grimpant courait le long des pignons, et ses fleurs jaunes venaient se nicher contre les roses tudor sculptées en frise dans le chêne par un artisan, il y avait bien longtemps.

De chaque côté de l'allée principale, on avait planté des petites haies et des massifs de fleurs minuscules. Tout cela était si net, si peu naturel en fait, que Wexford eut comme l'impression que les fleurs avaient été brodées sur le sol.

Un hangar à calèches d'une époque un peu plus récente avait été transformé en garage. Les portes étaient ouvertes — seule note brouillonne dans ce décor — et l'inspecteur vit deux voitures à l'intérieur, nouvelle illustration de ce qu'il appelait désormais: la loi de Wexford. Une femme claqua la portière d'une Austin Minor bleu pâle. Puis elle se faufila entre sa petite voiture et l'énorme Plymouth bleu électrique collée contre elle. Elle avait un enfant dans les bras.

Cette expression: « Une femme avec un enfant dans les bras », ne lui allait pas. Ça faisait trop femme de la campagne. Une dame avec son bébé serait plus juste, songea Wexford, en la regardant.

— Que voulez-vous? demanda-t-elle d'une voix sèche et haut perchée, le ton des riches de la région.

Avant qu'elle ait le temps d'ajouter qu'elle n'achetait jamais rien aux démarcheurs, Wexford se présenta et demanda son mari.

— Il est à sa consultation. Faites le tour par l'allée de verdure.

S'émerveillant qu'on puisse dire une chose pareille sans rire, Wexford regarda mieux la dame. C'était une femme très quelconque. Jeune, mais déjà usée. Elle installa le bébé dans une poussette et s'éloigna dans l'allée. C'était un beau petit blond aux yeux bleus qui avait l'air plein de vie. Un peu comme s'il lui avait pompé toute sa sève, toute son énergie pour la laisser exsangue et prématurément vieillie.

Wexford n'avait encore jamais vu d'allée de verdure, mais il n'eut aucun mal à la reconnaître. Les branches des pommiers et des poiriers se rejoignaient au-dessus de sa tête, formant un tunnel vert. Il y avait déjà beaucoup de fruits, mais ils étaient encore verts. Le chemin menait à des serres et à une ancienne écurie, réaménagée en cabinet dentaire. Et dans ce décor sylvestre, le panneau indiquant les horaires de Vigo détonnait complètement. Wexford souleva le loquet d'une ancienne stalle et pénétra dans la salle d'attente.

Une jolie fille en blouse blanche vint lui demander son nom, et l'heure de son rendez-vous. Après quoi, n'étant pas vraiment un inconditionnel de *Elle*, Wexford s'assit et regarda autour de lui.

C'était étrange d'imaginer Charlie Hatton ici, et Wexford se demanda pourquoi il n'était pas allé chez l'autre dentiste, en ville. Chez Vigo, il n'y avait pas ces traditionnels posters incitant les futures mamans à boire du lait, ou à venir deux fois par an avec leurs enfants, pour une visite de contrôle. Et dans ce décor, impossible d'imaginer quelqu'un avec un mouchoir pressé contre une joue enflée.

Sur les murs, il y avait un très beau papier peint à fines rayures, et les fauteuils capitonnés étaient de vrais fauteuils Louis XV. Les doubles rideaux étaient en chintz noir, avec des médaillons imprimés. Un lustre captait la lumière du soleil, et faisait ondoyer des motifs arc-en-ciel au plafond. On dirait le salon d'une personne distinguée, pensa Wexford. Or ce n'était que la salle d'attente d'un dentiste. L'inspecteur était curieux de voir le reste de la maison. Il observait une branche de jasmin en équilibre instable dans un vase, quand la jeune fille revint, et lui annonça que Mr Vigo allait le recevoir.

Wexford la suivit jusque dans le cabinet.

Il n'y avait rien que de banal, ici : le fauteuil inclinable, les plateaux d'instruments. Des stores bleu glacier étaient baissés sur le soleil de midi.

Vigo, debout près d'une fenêtre, tripotait des pinces sur un plateau, et ne daigna pas lever la tête quand Wexford entra. L'inspecteur sourit intérieurement. Cet air faussement absorbé était typique de certains dentistes et médecins. Ça entretenait le mythe. D'ici quelques instants, Vigo regarderait autour de lui, ferait semblant d'être surpris, et s'excuserait aussitôt avec une espèce de condescendance indulgente.

Le dentiste avait une tête léonine, des cheveux blonds épais, la mâchoire proéminente, la bouche fine. Un jour, il aurait une face de vieillard pas commode, avec le menton en galoche. Mais il avait encore du temps devant lui. Il avait l'air de compter ses instruments et quand il eut fini il se retourna, exactement comme Wexford l'avait prévu.

— Pardonnez-moi, inspecteur, il fallait que je termine ça.

J'imagine que vous voulez me parler du défunt Mr Hatton. Je n'ai plus personne jusqu'après déjeuner, alors, si vous voulez venir chez moi...

Il ôta sa blouse blanche. En dessous, il portait un costume en tussor bleu ardoise dont la coupe, le tissu et la couleur faisaient trop fragiles pour lui, pas assez viril. Il avait la carrure d'un rugbyman et Wexford, qui faisait un mètre quatre-vingts, se sentait petit à côté de lui.

L'inspecteur le suivit dans l'allée de verdure et ils entrèrent dans la maison par une porte vitrée. C'était comme pénétrer dans un musée. Wexford s'arrêta un instant sur le seuil, ébloui. Il avait entendu parler d'antiquités chinoises, mais il n'avait jamais vu une pièce entièrement meublée dans ce style. Ah, l'éclat des couleurs ! À côté, le jardin paraissait terne. Ses pieds s'enfonçèrent dans un tapis dont les bleus lui faisaient penser à un ciel d'été, et, sur l'ordre de Vigo, il s'assit en hésitant dans un fauteuil de satin jaune vif aux pattes de dragon griffues et crispées. Le dentiste évoluait avec une apparente désinvolture parmi ces tables et ces vitrines remplies de porcelaine et de jade. Un sourire flottant sur sa bouche en lame de couteau, il s'immobilisa sous une peinture sur soie représentant un poisson rouge.

— Je ne sais pas ce que vous vouliez savoir sur les dents de Mr Hatton, dit-il. Parce qu'il n'avait plus aucune dent à lui.

Effectivement, Wexford était venu ici pour parler de ça, mais pendant un moment il en fut incapable. Parler de prothèses dentaires dans un endroit pareil ! Ses yeux tombèrent sur un échiquier, installé sur une table, dans un coin de la pièce. Il y avait deux armées ; une en ivoire, une en jade rouge. Les pions étaient en fait des cavaliers, les blancs avec des lances, les rouges avec des carquois. L'un des cavaliers rouges avait le visage d'un homme d'aujourd'hui, dur, ironique, qui rappelait absurdement celui de Charlie Hatton. Il souriait à Wexford, et paraissait lui souffler ses mots.

— Nous le savons, Mr Vigo, dit Wexford, s'arrachant à la fascination qu'exerçait sur lui ce cavalier, et posant ses yeux sur un service à thé d'une extrême finesse. Ce qui nous étonne, c'est qu'un homme avec d'aussi petits moyens que lui ait pu s'offrir une si belle prothèse dentaire.

Vigo eut un rire très séduisant, un rire de gamin. Un rire qu'il interrompit en secouant la tête.

— C'est un drame, hein? Vous avez une idée de qui aurait pu... ? Mais non, je ne suis pas censé vous demander ça.

— Mais si, vous pouvez me le demander. Simplement, nous n'en avons aucune idée pour le moment. Je suis venu vous voir pour que vous me disiez tout ce que vous pourriez savoir sur Mr Hatton, et plus particulièrement sur ses sources de revenus.

— Tout ce que je sais, c'est qu'il était chauffeur de camion. (Visiblement, le salon de Vigo impressionnait Wexford, ce qui avait l'air de ravir le dentiste.) Mais je vois ce que vous voulez dire, bien sûr. Moi aussi ça m'a surpris. Je ne sais pas grand-chose, mais je vais faire ce que je peux pour vous aider. (Il se dirigea vers une vitrine dont les boutons de porte étaient de longues queues de dragon.) Vous prendrez un sherry avec moi?

— Je ne pense pas. Merci.

— Dommage.

Vigo n'insista pas, mais se servit, lui, un verre de sherry. Puis il s'assit près de la fenêtre. Elle donnait sur une cour ombrée, avec en son centre un planétaire, sur un socle de pierre.

— Mr Hatton a pris rendez-vous avec moi fin mai. C'était la première fois qu'il venait.

Fin mai. Le 22, Charlie Hatton avait déposé cinq cents livres sur son compte, sa part sur le mystérieux butin, aucun doute.

— Je peux vous dire la date exacte si vous voulez. J'ai regardé avant que vous n'arriviez. C'était le mardi 21. Il m'avait téléphoné à l'heure du déjeuner. Je venais juste d'avoir une annulation, j'ai donc pu le prendre presque tout de suite. Il avait une prothèse dentaire depuis l'âge de vingt ans. Une très vilaine prothèse, d'ailleurs. Ça lui donnait des complexes, et il en voulait une nouvelle. Je lui ai demandé pourquoi il avait perdu ses dents. Il m'a dit qu'il avait eu une parodontite juvénile. Connaissant plus ou moins ses moyens financiers — en tout cas, je savais qu'il était routier — je lui ai dit que ça allait l'entraîner dans de grosses dépenses. Il m'a répondu que l'argent n'était pas un problème — ce sont ses mots — et qu'il voulait la plus belle prothèse qui existait. Je lui ai montré un modèle à deux cent cinquante livres, et il a dit oui tout de suite.

— Vous avez dû être surpris.

Vigo aspira une petite gorgée de sherry, l'air pensif. Il passa la main sur une pièce de son échiquier, une tour crénelée, qu'il caressa avec fierté.

— J'ai été surpris, oui. Et un peu ennuyé aussi.

Vigo n'épilogua pas sur son léger embarras, mais Wexford se dit qu'il avait dû s'inquiéter de la solvabilité d'Hatton.

— Quoi qu'il en soit, on a taillé sa prothèse, et elle était prête début juin. Il y a à peu près un mois.

— Comment Mr Hatton vous a-t-il payé ?

— Oh, en liquide, le jour même. Il a insisté pour payer tout de suite. En billets de cinq livres. Que j'ai aussitôt déposés à la banque, malheureusement. Inspecteur, je vois très bien où vous voulez en venir, mais je ne pouvais pas demander à cet homme d'où venait son argent. Ce n'est pas parce qu'il venait dans ses vêtements de travail, et que je savais qu'il était routier que j'aurais pu... Non, je n'avais pas le droit de lui demander ça.

— Vous l'avez revu ?

— Il est revenu une fois, pour une visite de contrôle et puis une autre fois pour me dire qu'il était vraiment satisfait.

Une fois de plus, Wexford se laissa hypnotiser par toutes ces couleurs. Où qu'il posât les yeux, tout n'était que beauté. Il baissa la tête et fixa ses grandes mains pataudes.

— Est-ce que lors d'une de ses visites, dit-il, impassible, il aurait mentionné un certain Mc Cloy ?

— Je ne crois pas. Il parlait de sa femme et de son beau-frère, avec qui il travaillait. (Vigo s'interrompit, essayant de se rappeler.) Oh, et puis il m'avait parlé d'un ami qui allait se marier. Cela était censé m'intéresser, parce que ce type avait fait des travaux d'électricité ici. Je crois qu'Hatton m'avait dit qu'il voulait lui offrir un magnétophone comme cadeau de mariage. Le pauvre garçon est mort, et je ne sais pas si je devrais dire ça mais..

— Allez-y, Mr Vigo.

— Eh bien il n'arrêtait pas de parler de tout cet argent qu'il dépensait. Je ne voudrais pas passer pour un snob, mais franchement, je trouvais ça vulgaire. Et quand il parlait de sa femme, c'était pour me dire qu'il venait de lui acheter une nouvelle robe. Il a même essayé de me convaincre que son beau-frère n'était qu'un pauvre type, parce qu'il n'arrivait pas à joindre les deux bouts.

— Mais le beau-frère faisait le même genre de travail que lui.

— Je sais. D'ailleurs ça m'a surpris. Mr Hatton disait toujours qu'il avait plusieurs trucs sur le feu et qu'il lui arrivait de faire des gros coups. Et moi je pensais qu'il avait un petit boulot à côté, qu'il faisait des travaux de peinture chez les gens, ou qu'il lavait les carreaux.

— Les laveurs de carreaux ne parlent jamais de « gros coups », Mr Vigo.

— Effectivement, oui. La vérité, c'est que j'ai rarement affaire à des gens comme Mr Hatton, des gens du... (Vigo s'interrompit. Wexford pensa qu'il allait dire « du prolétariat ».) Euh... de ce milieu, dit le dentiste. Et donc vous pensez que l'origine de ses revenus annexes n'était pas très nette. Bon, en y réfléchissant bien, peut-être que Mr Hatton prenait l'air un peu mystérieux en en parlant. Mais il n'y avait vraiment pas de quoi éveiller mes soupçons.

— Bien, je ne vais pas vous ennuyer plus longtemps, dit Wexford en se levant.

Était-ce son sens de l'observation hyper aiguisé ou son esprit systématiquement soupçonneux ? mais il crut remarquer comme un relâchement soulagé de ces belles épaules musclées.

Vigo lui ouvrit la porte en chêne sculpté.

— Je vais vous raccompagner, inspecteur.

Le hall d'entrée était une immense pièce carrée, dallée, et semée de tapis doux aux pieds. Chaque centimètre carré de chaque meuble ancien et bien astiqué captait la lumière du soleil. Il y avait des lithographies de Blake aux murs, les scènes de l'Enfer, Nabuchodonosor avec ses serres d'aigle, Newton nu, blond et bouclé.

Débarrassé de son costume en tussor, Vigo devait ressembler à peu près à ça, pensa Wexford.

— J'ai eu le plaisir d'avoir la visite de votre fille l'autre jour, dit le dentiste. Quelle superbe jeune fille.

— Elle a beaucoup de succès, il paraît, dit Wexford, sèchement.

Compliment hypocrite et calculé, pensa-t-il. Et puis il avait senti une note d'incrédulité dans la voix de Vigo, comme s'il s'émerveillait qu'un si vilain dindon ait pu engendrer ce cygne léger, immaculé.

La porte d'entrée s'ouvrit et Mrs Vigo entra, son bébé dans

les bras. Et d'un seul coup Wexford se souvint qu'il y avait un autre enfant, un mongolien, confiné quelque part dans une institution spécialisée.

Le bébé, que Vigo venait de prendre dans ses bras, devait avoir six ou sept mois. Et c'était le portrait tout craché de son père. Il avait sa mâchoire carrée, et déjà des petits membres musclés. Vigo le souleva à bout de bras, ravi de le faire rire, tout en le regardant avec admiration.

— Je vous présente mon fils, Mr Wexford. N'est-il pas magnifique ?

— Il vous ressemble beaucoup.

— C'est ce qu'on me dit. Il a l'air d'avoir plus de sept mois, non ?

— Ça va être un grand gaillard, dit l'inspecteur-chef. Et maintenant que nous nous sommes mutuellement complimentés sur nos enfants, je vais y aller, Mr Vigo.

— Les pères sont toujours très fiers, hein ?

Vigo rit de bon cœur, mais le visage de sa femme demeura impassible. Elle lui prit le bébé des bras, comme si l'adoration sans bornes que lui vouait son père l'offensait, elle. Et Wexford repensa au mongolien, cet enfant au triste destin. Tout l'or du monde n'y aurait rien changé. « Le chagrin inonde la chambre de mon enfant absent, repose sur son lit et me suit partout, jour et nuit... »

Wexford sortit dans le jardin fleuri, sous le soleil de midi.

9

Wexford était rentré au poste de police depuis une demi-heure, quand Scotland Yard téléphona. Durant la dernière quinzaine de mai, il n'y avait eu que deux attaques de camions dans tout le pays, et encore pas sur l'itinéraire d'Hatton. L'un avait eu lieu en Cornouailles, l'autre dans le Montmouthshire, et les camions transportaient respectivement de la margarine et des pêches en boîte.

Wexford regarda le petit mot que Burden lui avait laissé avant de partir pour Deptford.

« Aucune attaque de camion à Stamford et dans les environs en avril et en mai. »

Hatton n'avait pas participé aux attaques de Cornouailles et du Montmouthshire. De la margarine et des pêches en boîte ! Même s'il y en avait eu des tonnes, la part de Charlie n'aurait jamais pu monter jusqu'à cinq cents livres. De plus, Wexford ne sous-estimait-il pas les « revenus » d'Hatton ? Il avait déposé cinq cents livres à la banque le 22 mai, sur lesquelles il avait tiré un chèque de vingt-cinq livres pour le lustre et deux autres d'un montant total de soixante livres pour le magnétophone et des vêtements. En outre, pendant tout ce temps, Hatton avait vécu comme un roi, dépensé largement, sans nul doute. Certes, le premier et peut-être même le deuxième versement résultant du chantage avaient pu intervenir avant début juin, date à laquelle il avait allègrement dépensé deux cent cinquante livres pour sa nouvelle prothèse dentaire.

Donc, même s'il avait versé cinq cents livres sur son compte, il en avait touché davantage. Peut-être le double, qui sait. Il trimbalait toujours des gros billets dans son portefeuille, et le jour de sa mort il avait plus de cent livres sur lui.

Et s'il n'y avait eu aucune attaque de camion importante fin mai ? Cela impliquerait que la fortune de Hatton venait d'un chantage, et non d'un vol. D'un chantage sans rapport avec ces attaques de camion.

Cette affaire est sans doute beaucoup plus compliquée qu'il n'y paraît, se dit Wexford.

Tout ça est beaucoup plus compliqué qu'il n'y paraît, se dit le sergent Camb, indigné.

— La propre sœur de Mrs Fanshawe a identifié le corps comme étant celui de Nora Fanshawe !

— Quoi qu'il en soit, dit la fille, je suis Nora Fanshawe.

Elle était assise à la réception du poste de police, sur l'une de ces chaises en forme de cuillère, les pieds collés l'un contre l'autre sur les carreaux noirs et blancs, les yeux fixés sur ces chaussures italiennes, qui avaient tant fasciné la jeune infirmière.

— Ma tante était sûrement très mal à ce moment-là. Et puis la fille était gravement brûlée, vous m'avez dit. Et complètement défigurée je suppose ?

— Oui, dit Camb, mécontent.

Son chef était parti à une réunion à Lewes dix minutes plus tôt et il se sentait carrément dépassé par les événements. Qu'allait dire le coroner ? Il préférait ne pas y penser.

— La sœur de Mrs Fanshawe avait pourtant l'air sûre !

Mais est-ce qu'elle avait vraiment l'air si sûre que ça ? Camb gardait un souvenir aigu de ce moment. Il avait emmené Mrs Browne à la morgue, avait soulevé le drap qui recouvrait le visage de Jérôme Fanshawe, puis le drap qui masquait celui de la jeune fille. Fanshawe gisait sur le ventre quand on l'avait retrouvé, après l'accident et son visage était presque intact. Et puis Mrs Browne avait reconnu son stylo plume en argent. Mais l'identification de la fille avait été pénible. Elle n'avait plus que quelques racines noires en guise de cheveux, et son visage était affreusement carbonisé. Camb en frémissait encore, rien que d'y repenser.

— Oui, c'est ma nièce, avait dit Mrs Browne, tout en reculant d'un pas et en se plaquant une main sur les yeux.

Mais apparemment, ce n'était pas elle. Et qu'allait dire le coroner, bon dieu !

Camb chassa l'image de ce visage repoussant, aux traits gommés par le feu, et posa les yeux sur celui de la jeune fille assise en face de lui : jeune, décidé, intact.

— Pouvez-vous prouver que vous êtes bien Nora Fanshawe, miss ? dit-il.

Elle ouvrit son grand sac en cuir, et en sortit un passeport qu'elle tendit à Camb sans un mot. La photo ne ressemblait pas trop à la fille qu'il avait en face de lui, mais les photos des passeports sont rarement ressemblantes. Il jeta un rapide coup d'œil sur elle, gêné, puis il reporta son attention sur le passeport. Nora Elisabeth Fanshawe, professeur, était née à Londres en 1945, avait les cheveux bruns, les yeux marron, mesurait un mètre soixante-treize et ne présentait pas de signes particuliers. La fille de la morgue ne mesurait sûrement pas un mètre soixante-treize, mais on ne pouvait pas demander à une femme sous le choc de s'en rappeler.

— Pourquoi vous n'êtes pas revenue avant ? demanda Camb.

— Je n'avais aucune raison de revenir. Je ne savais pas que mon père était mort, et que ma mère était à l'hôpital.

— Vous ne leur avez pas écrit ? Et ça ne vous a pas étonnée qu'ils ne vous écrivent pas ?

— Nous étions en très mauvais termes, dit la jeune femme, très calme. Et puis ma mère m'a écrit. J'ai eu sa lettre hier et j'ai pris le premier avion. De toute façon, ma mère m'a reconnue, ça devrait vous suffire.

— Votre mère... (Camb se reprit.) Mrs Fanshawe est une femme qui ne va pas bien du tout...

— Elle n'est pas folle, si c'est ce que vous voulez dire. Le mieux, ce serait que j'appelle ma tante. Et peut-être qu'après vous me laisserez partir, et que je pourrai enfin manger quelque chose. Il est 2 heures et demie et je n'ai rien avalé depuis ce matin, 8 heures.

— Oh, c'est moi qui vais appeler Mrs Browne, dit Camb, très vite. Ça risquerait de lui faire un choc d'entendre votre voix, comme ça. Oui, vaut mieux que ce soit moi, ajouta-t-il.

Mais il n'en était qu'à moitié convaincu.

— Pourquoi moi? dit Wexford. Pourquoi faudrait-il que je la voie? Je ne m'occupe pas de ça.

— Eh bien, l'inspecteur Letts est parti à Lewes pour une réunion et....

— Est-ce que la tante a reconnu sa voix?

— Apparemment, oui. Mais elle était dans tous ses états, alors.. Franchement, moi je n'ai pas très confiance en cette tante.

— Oh, soupira Wexford. Bon allez, amenez-la-moi. Ça me distraira de ces fichus camions. Hé! Camb: prenez l'ascenseur.

Wexford n'avait jamais vu la mère, ni la tante. Il ne pouvait donc remarquer d'éventuelles ressemblances. Mais c'était la fille d'un homme riche, aucun doute là-dessus. Il le voyait à son sac, ses chaussures, sa montre. Et surtout à son air arrogant. Il prit le passeport qu'elle lui tendait, le permis de conduire international, et la lettre de Mrs Fanshawe. Et tout en les rendant à Nora Fanshawe — si toutefois c'était bien Nora Fanshawe —, il se dit qu'elle allait hériter d'une petite fortune. De son vivant, Jerôme Fanshawe était un riche agent de change, et cette jeune femme pouvait très bien avoir usurpé l'identité de sa fille.

— Je crois que nous devrions avoir une explication, dit-il.

— Parfait. Mais je ne vois pas très bien où vous voulez en venir.

— Un moment.

Wexford prit Camb à part.

— Hormis la parole de Mrs Browne, est-ce qu'on a autre chose qui nous permettrait d'identifier la fille ? demanda-t-il.

Camb paraissait démoralisé.

— Il y avait une valise dans le coffre, avec des vêtements dedans, dit-il. Et puis deux sacs, qu'on a retrouvés sur la route. L'un était celui de Mr Fanshawe. Et dans l'autre, il n'y avait qu'une trousse à maquillage, un porte-monnaie avec deux livres, et un paquet de cigarettes, ajouta-t-il, sur la défensive. C'était un très beau sac de chez *Mappin and Webb.*

— Bon dieu, dit Wexford, dégoûté. J'espère qu'on n'a pas affaire à une arnaqueuse.

Il revint s'asseoir à son bureau, face à la jeune femme. Il s'adressa à elle avec un brusque mouvement de tête.

— Vous êtes partie en vacances à Eastover avec Mr et Mrs Fanshawe. À quel date ?

— Le 17 mai, dit-elle, immédiatement. J'enseigne l'anglais dans une école, à Cologne, et j'avais donné ma démission fin mai. J'étais revenue en Angleterre.

— Et vous viviez avec Mr et Mrs Fanshawe depuis votre retour ?

La fille avait-elle remarqué qu'il ne disait jamais « vos parents » ? En tout cas elle n'en montra rien. Elle était assise, distante, tendue, sa jolie tête bien droite au bout de son long cou.

— Non, pas au début, dit-elle, légèrement troublée. Mes parents et moi n'étions pas en très bons termes depuis quelque temps. Je suis revenue vivre avec eux — ou du moins habiter chez eux — à la mi-mai. Ma mère a voulu que je les accompagne à Eastover, et comme je voulais que nos relations s'améliorent, eh bien, j'ai accepté. (Wexford hocha la tête sans avoir particulièrement l'air d'y croire.) Nous sommes partis à Eastover en voiture, le vendredi 17 mai... (Ses épaules se contractèrent et elle regarda ses mains serrées l'une dans l'autre.) Ce soir-là, je me suis disputée avec mes parents. Est-ce vraiment indispensable que je rentre dans les détails ? (Mais avant que Wexford lui donne son avis, elle passa à autre chose.) J'ai compris qu'il était inutile d'essayer de nous rabibocher. Nous n'arriverions jamais à nous entendre. Résultat, le samedi matin j'ai dit à ma mère que je n'avais vraiment plus rien à faire en Angleterre et que je retournais en Allemagne. Que j'allais essayer de reprendre mon ancien travail. Alors j'ai fait ma valise, et je suis allée à Newhaven, prendre le bateau pour Dieppe.

— Et vous avez retrouvé votre travail ?

— Oui, heureusement. Ils manquent de professeurs en Allemagne, comme ici d'ailleurs, et ils n'ont été que trop contents de me revoir. J'ai même pu récupérer ma chambre dans Goethestrasse.

— Je vois. Maintenant j'aimerais avoir l'adresse de l'école qui vous emploie, et le nom de votre propriétaire.

Tandis qu'elle écrivait tout ça, Wexford lui dit :

— Ça ne vous a pas surprise de n'avoir aucune nouvelle de Mr ou Mrs Fanshawe ces six dernières semaines ?

Elle releva la tête et haussa ses épais sourcils noirs.

— Je vous ai dit qu'on s'était disputés. Et jamais mon père ne m'aurait écrit sans que je me sois abaissée à lui faire de plates excuses, croyez-moi. (C'était la première fois qu'elle exprimait une émotion, et cela fit plus pour elle que tous les papiers qu'elle avait montrés à Wexford.) Ces silences étaient fréquents entre nous, dit-elle. Surtout après l'échange sympathique qu'on avait eu ce soir-là. Il aurait pu se passer six mois sans qu'on se voie. Et puis, pourquoi me serais-je doutée qu'ils avaient eu un accident ? Je ne suis pas médium.

— Mais vous êtes venue dès que Mrs Fanshawe vous a écrit.

— C'est tout de même ma mère. Et maintenant je peux y aller ? Je commence vraiment à avoir faim.

— Dans un instant, dit Wexford. Où avez-vous l'intention de descendre ?

— J'allais justement vous demander si vous connaissiez un bon hôtel, dit la jeune femme, ironique.

— L'*Olive and Dove* est le meilleur. Mais cela dit je vous conseille d'entrer rapidement en contact avec les avocats de votre père.

La jeune femme se leva. Il n'y avait pas un pli sur sa jupe. Sa confiance en elle était époustouflante. Camb lui ouvrit la porte. Elle dit « au revoir » d'un ton cassant, puis elle sortit. Tandis que le clic clac de ses talons s'éloignait, le sergent dit d'un ton plaintif :

— Si c'est vraiment elle, Nora Fanshawe, alors qui c'était la fille dans la voiture?

— Ça, c'est votre problème, sergent, dit Wexford, sans ménagements.

— Mais il se pourrait que ce soit le vôtre aussi, monsieur.

— Oui. C'est bien ce que je crains. Comme si je n'avais pas assez d'un meurtre sur les bras!

Lilian Hatton se laissait émouvoir plus facilement que la fille qui prétendait s'appeler Nora Fanshawe. Elle s'écroula, et pleura, quand Wexford lui annonça que les revenus annexes de son mari étaient de source criminelle. C'était une révélation pour elle.

— Votre frère m'a remis le carnet de route de votre mari, Mrs Hatton, lui dit-il gentiment, quand elle se fut calmée. J'aimerais savoir si vous avez vous-même un agenda.

— Il y en a un près du téléphone, où je note des petites choses, dit-elle, la gorge serrée.

— Puis-je me permettre de vous l'emprunter quelques jours?

— Vous croyez, dit-elle, tout en se tamponnant les yeux que.. que quelqu'un a tué mon Charlie parce qu'il ne voulait plus continuer à.. continuer à faire ce travail pour eux?

— Quelque chose comme ça, oui. (Ce n'était pas le moment de laisser entendre à cette femme que son mari était un maître chanteur *et* un voleur.) Qui savait que votre mari prendrait le chemin de la rivière ce soir-là?

Elle triturait le mouchoir humide de ses doigts aux ongles laqués comme Charlie Hatton les aimait: rouge vif.

— Tous les gens du club de fléchettes, dit-elle. Et moi, bien sûr. Et ma mère et mon frère Jim. Charlie passait toujours par là pour rentrer du pub.

— Mrs Hatton, est-ce que votre mari recevait des gens que vous ne connaissiez pas, et auxquels il voulait parler seul à seuls?

— Non, jamais.

— Mais peut-être pendant que vous étiez sortie? Votre mari vous a-t-il jamais demandé d'aller faire un tour et de le laisser seul avec quelqu'un?

À présent le mouchoir était déchiré, sursaturé de larmes,

trempé, mais elle s'en tamponna tout de même les yeux, le striant de vert et de noir.

— Quand il était là, je restais à la maison. Je ne sortais jamais sans lui. Il ne sortait jamais sans moi. Nous étions... inséparables, Mr Wexford. (Elle serra très fort les bras du fauteuil et ses pommettes s'enflammèrent d'un coup.) Mr Wexford, je veux bien croire tout ce que vous m'avez dit, mais quoi qu'il ait fait, mon Charlie, il l'a fait pour moi. C'était un mari en or, un homme gentil. Avec moi, avec ses amis. Demandez donc à Jack... Oui, c'était un homme formidable !

« Oh ! La bannière de la guerre est tombée ! Le soldat pleure. Son général est mort... » Étrange, songea Wexford, qu'on associât toujours à la guerre, les batailles, et les soldats à Charlie Hatton. Parce que la vie est un combat ? Puisqu'il avait mené ce combat avec des armes infâmes, remporté d'énormes butins, et qu'il avait fini par tomber, un soir, alors qu'il rentrait chez lui insouciant et joyeux ?

Mais qu'est-ce qui lui prenait d'être sentimental comme ça ? Ce type n'était qu'un maître chanteur, et un voleur. Si la vie était un combat, et Charlie Hatton un mercenaire, alors lui, Wexford, représentait les Nations Unies et son travail consistait à empêcher toute violation de territoire.

— Je n'ai plus de questions à vous poser pour le moment Mrs Hatton, dit-il.

Et il abandonna la veuve, en pleurs, au milieu des trésors mal acquis de son défunt mari.

Dans High Street, il croisa le Dr Crocker, qui sortait de chez Grover avec un exemplaire du *British Medical Journal*.

— Alors tu as des suspects intéressants ? demanda le médecin, plein d'allant. Mais ménage-toi, hein ? Tu veux que je prenne ta tension ? J'ai mon tensiomètre dans la voiture.

— Tu sais ce que tu peux en faire de ton tensiomètre ?... dit Wexford. J'ai impression qu'à peu près toute la population de Kingsmarkham, savait que Charlie Hatton prendrait le chemin de la rivière ce soir-là.

— Mais il n'y a aucune raison que ce soit un type d'ici, non ?

— Je ne suis peut-être pas un as du tensiomètre, dit Wexford moqueur, mais je ne suis pas idiot. L'assassin de Charlie Hatton est quelqu'un qui connaissait parfaitement le coin.

— Pourquoi ça ? Il aurait fallu que Charlie lui dise lui-même qu'il allait prendre le chemin de la rivière pour rentrer chez lui.

— Ah oui. Et puis il lui aurait dit aussi que la rivière était pleine de pierres, et qu'il pouvait toujours en utiliser une pour le tuer.

— Je vois ce que tu veux dire. Ils sont peut-être plusieurs dans cette affaire, mais celui qui a frappé, même si c'est juste un homme de main, est forcément d'ici.

— Très juste, mon cher Watson. Ça vient. Tu ne te débrouilles pas si mal pour un médecin. (Soudain sa voix retomba, son visage se figea, et il donna une petite tape sur le bras de Crocker.) Tu vois ce que je vois là, devant le magasin d'électroménager !

Crocker suivit son regard. Une femme avec une poussette venait de s'arrêter devant l'immense vitrine de « Southern Electricity Board ». Deux enfants la rejoignirent. Puis un homme, avec un autre gamin dans les bras et un dernier trottinant à ses côtés. Ils restèrent blottis là, comme hypnotisés par ce fabuleux étalage de cuisinières et autres frigidaires.

— Mr et Mrs Cullam et leur nichée, dit Wexford.

La petite famille était trop loin pour que les deux hommes puissent comprendre ce qui se disait. Mais visiblement, une discussion des plus animées était en cours. Des avantages du réfrigérateur sur ceux du radiateur ? Toujours est-il que les deux adultes se chamaillaient, et que les enfants prenaient parti bruyamment. Cullam secoua rudement l'une de ses filles, avant de donner une calotte à son aîné. Sur ce, ils s'engouffrèrent comme un seul homme dans le magasin.

— Tu veux bien faire quelque chose pour moi ? demanda Wexford au médecin. Entre dans ce magasin et achète une ampoule, ou n'importe quoi. Je veux savoir ce qu'ils mijotent, ceux-là.

— Tu veux que je les espionne en somme, et que je te raconte tout ? !

— Oui, c'est à peu près ça. Un boulot de flic quoi, ce que je fais moi. Je vais m'installer dans ta voiture. Donne-moi les clés.

— Euh... Elle n'est pas fermée, dit Crocker, gêné.

— Ah oui. Eh bien ne va pas te plaindre la prochaine fois que des petits junkies du coin viendront te piquer des comprimés. Allez, quarante watts, ça ira. Et on te remboursera en petite monnaie.

Le médecin y alla à contrecœur. Wexford grimpa dans la voiture et rigola intérieurement en voyant Crocker approcher du magasin à pas de loup, tout en jetant des coups d'œil furtifs sur le côté. Ça lui rappelait un petit garçon de dix ans — Crocker — qu'il regardait sonner aux portes et se cacher derrière un buisson pour guetter les réactions. Wexford avait seize ans alors. Mais il n'y avait pas de buissons sur High Street et Crocker avait cinquante ans. Cependant, avait-il eu un petit pincement en franchissant le seuil du magasin, un rien de nostalgie, un souvenir éclair? « Ah, doux Jésus », soupira Wexford, citant à nouveau Justice Shallow. Oh, suffit, se dit-il. Et Burden qu'avait-t-il découvert à Stamford? Car pour l'inspecteur, cette société de Deptford ne correspondait pas à l'idée qu'il se faisait de Mc Cloy.

Samantha Cullam jaillit brusquement du magasin. Sa mère apparut ensuite, traînant la poussette. Et, quand tous les enfants furent sortis, leur père lança quelques soufflets au hasard, heureusement mal dirigés, et tout ce petit monde repartit d'où il était venu, en traînant les pieds. Puis Crocker se montra : c'était la duplicité incarnée.

— Alors?

— Hé, du calme! rigola le médecin, apparemment très content de lui. J'ai semé mes pièges, j'attends qu'ils tombent dedans.

— Et Cullam, qu'est-ce qu'il a acheté?

— Il n'a rien acheté, mais il a repéré un réfrigérateur.

— Qu'il va s'offrir à crédit?

— La question n'a pas été évoquée. Mais il y a eu un intermède intéressant entre monsieur et madame, une vraie bataille rangée. Un môme a cassé un plat en pyrex, et cette brute de Cullam l'a salement corrigé, pauvre petit gars. Ils ont tous une envie folle de ce frigo, je peux te le dire.

— Et ces pièges que tu as semés, qu'est-ce que c'est?

— C'était juste une façon de parler, dit Crocker. Je me suis bien débrouillé, hein? J'ai acheté l'ampoule, comme tu voulais. Tu me dois un shilling et neuf pence, si ça ne t'ennuie pas.

10

— Ils s'appellent Mc Cloy S.A., annonça Burden, d'un air las. Mais le dernier Mc Cloy membre de la société est mort il y a vingt ans. C'est une très vieille entreprise qui bat de l'aile, à mon avis. Dans notre soi-disant société d'abondance, les gens veulent consommer, ils jettent leurs vieilleries. Ils n'ont aucune envie de les faire réparer.

— Vous pourriez me redire ça, dit Wexford, pensant à Cullam.

— Le Yard m'a trouvé six autres Mc Cloy, tous plus ou moins dans la quincaillerie. Rien de suspect chez aucun d'entre eux. Stamford m'a donné une liste des Mc Cloy du coin, et là encore pas l'ombre d'un truc qui cloche. Mais j'irai y faire un tour demain matin, histoire de voir. La police locale a promis de me donner un coup de main.

Wexford se laissa aller contre le dossier de sa chaise pivotante et un rayon rasant du soleil couchant dansa dans ses yeux.

— Mike, dit-il, je me demande si on n'a pas tout pris par le mauvais bout. On cherche un Mc Cloy, qui doit nous conduire à l'assassin. Mais peut-être qu'on ferait mieux de chercher le meurtrier qui lui, nous conduirait à Mc Cloy, puisque c'est Mc Cloy qui l'a payé.

— Cullam ?

— Possible. Je veux que Martin le suive comme son ombre. Et si jamais il achète le frigo et qu'il le paye cash, là on tient quelque chose. En attendant, je vais emmener le carnet de route de Hatton et l'agenda de sa femme à la maison. Ce sera mes devoirs pour ce soir. Mais avant, si on se buvait un verre en vitesse à l'*Olive and Dove* ?

— Merci, non, je peux pas. Depuis une semaine, je n'ai pas passé une seule soirée chez moi, et même si ma femme est contre le divorce, elle pourrait bien finir par envisager une séparation légale.

Wexford éclata de rire et ils prirent l'ascenseur ensemble. La soirée était chaude, le ciel dégagé. High Street était beaucoup plus belle dans la lumière du soir, avec ses ombres longues, étirées, que sous le soleil de midi. Les vieilles maisons rayonnaient sous cette douce clarté, et leurs fissures disparaissaient, comme un visage de vieille dame adouci à la lumière des bougies. Dans la journée, les ruelles qui s'enfonçaient dans la misère de l'arrière-pays, étaient si dégoûtantes, qu'on y croisait des rats. Mais à présent, on aurait dit de charmantes allées où des amoureux de conte de fées, enlacés sous un réverbère, regarderaient monter la lune, derrière les toits finement découpés sur un ciel clair.

Il n'était que 8 heures, et le soleil semblait refuser de se retirer, avant d'avoir offert à ses adorateurs, un feu d'artifice rose et doré. Wexford, sur le pont du Kingsbrook, écoutait le joyeux clapotis de la rivière. Si jeune, si vive, si innocente, et détentrice d'un si lourd secret, détentrice d'une pierre qui avait définitivement privé un homme de couchers de soleil !

Toutes les fenêtres de l'*Olive and Dove* donnant sur la rue étaient ouvertes. Les rideaux se gonflaient dans l'air, au-dessus des jardinières et des fuchsias dégoulinant de fleurs écarlates. Une troupe de danseurs folkloriques s'était rassemblée devant l'hôtel. Ils portaient le costume bigarré des bouffons, et l'un d'eux galopait par-dessus un manche à balai à tête de cheval. Wexford repéra George Carter dans l'assemblée.

— Belle soirée, hein, Mr Carter ? lança-t-il, jovial.

Et Carter agita un bâton avec des rubans et des grelots dans sa direction, l'air vaguement honteux. Wexford se dirigea vers le bar.

Dans la salle de restaurant, à une table nichée dans une alcôve, l'inspecteur reconnut la fille que Camb lui avait amenée en fin de matinée. Il y avait un homme avec elle, et une femme d'une cinquantaine d'années. Wexford prit sa bière, et quand il arriva à leur hauteur, l'homme se leva, comme s'il avait été sur le point de partir.

— Bonsoir, dit Wexford. Vous êtes finalement descendue à l'*Olive* ?

Cette fille ne souriait pas facilement. Elle eut un petit hochement de tête assez sec, puis elle dit :

— Je vous présente l'avocat de mon père, Mr Updike. Oncle John, voici l'inspecteur-chef Wexford.

— Enchanté.

— Et je ne crois pas que vous connaissiez ma tante, Mrs Browne, dit-elle.

Le regard du policier alla de l'une à l'autre. Incroyable, comme il finissait toujours par hériter du boulot de Camb ! La tante était un peu pâle, mais elle avait l'air tout excitée, l'avocat avait l'air content.

— D'accord, je suis prêt à admettre que vous êtes bien miss Fanshawe, miss Fanshawe.

— Je connais Nora depuis qu'elle est haute comme ça, dit Updike. Vous n'avez aucun doute à avoir sur son identité.

Et il tendit sa carte à Wexford, la carte d'un cabinet londonien « Updike, Updike and Sanger », sur Ava Maria Lane. L'inspecteur la regarda, puis il jeta un dernier coup d'œil à Mrs Browne, une espèce de Nora Fanshawe, avec trente ans de plus.

— C'est bon, dit-il, et il alla s'installer à une table libre.

L'homme de loi s'en alla prendre son train, puis Wexford entendit la tante qui disait :

— J'ai eu une journée fatigante, Nora. Je crois que je vais appeler l'hôpital et qu'après je vais aller me coucher.

Wexford était assis près de la fenêtre. Il regardait les danseurs. La musique laissait un peu à désirer et les interprètes étaient un peu empruntés, mais la soirée était si belle, que si l'on occultait les voitures et les quelques magasins modernes, on aurait pu se croire revenu dans l'Angleterre de Shakespeare. Quelqu'un apporta des canettes de bière aux danseurs et le charme fut rompu.

— Allons au bar, dit une voix derrière lui.

Nora Fanshawe avait ôté sa veste, et dans son chemisier couleur café, elle avait l'air plus féminine. Mais c'était toujours une créature à l'air décidé, tout en lignes droites et en angles aigus.

— Puis-je vous offrir un verre, miss Fanshawe ? dit Wexford en se levant de sa chaise.

— Il ne vaut mieux pas, non. (Elle dit ça d'un ton sec, et ne le remercia pas de son offre.) J'ai déjà trop bu. (Et elle ajouta, avec un rire amer :) Nous célébrions un grand événement : ma résurrection, voyez.

Ils allèrent au bar, s'installèrent dans des fauteuils, et Nora Fanshawe déclara :

— Mr Updike n'a pas voulu me donner les détails de l'accident. Pour m'épargner, j'imagine. (Elle fit signe au serveur et lui dit, sans consulter Wexford :) Donnez-nous deux cafés. (Puis elle alluma une longue cigarette blonde qu'elle glissa dans un porte-cigarettes de couleur ambrée.) Mais vous vous allez tout me dire.

— Vous ne voulez pas être épargnée ?

— Non. Je ne suis plus une enfant. Et de toute façon, je n'aimais pas mon père.

Wexford eut un léger soupir.

— Le 20 mai, vers 10 heures, un homme au volant d'un camion-citerne, sur la route qui contourne Stowerton, dans la direction nord-sud, voit une voiture retournée et en flammes, sur la voie rapide, dans l'autre sens. Il appelle aussitôt du secours, et quand la police et les ambulances arrivent, ils découvrent le corps d'un homme et d'une jeune fille, gisant sur la chaussée, en partie brûlés. Une femme — votre mère — avait été éjectée de la voiture et gisait sur le bas-côté de la route. Elle avait des contusions multiples et une fracture du crâne.

— Continuez.

— On a examiné les restes de la voiture, et apparemment, il n'y avait pas de problème au niveau des freins, ni de la direction, et les pneus étaient presque neufs.

Nora Fanshawe hocha la tête.

— L'enquête a été différée jusqu'au moment où votre mère est sortie du coma. La chaussée était mouillée, et votre mère nous a dit que votre père roulait beaucoup trop vite.

— Il roulait toujours trop vite.

Le serveur apporta les cafés. Wexford se dit qu'elle allait le boire noir et sans sucre. Il avait vu juste.

— Puisque la morte n'était pas moi, alors qui était-ce ? dit-elle.

— J'espère que vous allez pouvoir nous le dire.

Elle haussa les épaules.

— Et comment le saurais-je ?

Wexford eut un bref regard pour ces lèvres boudeuses, ces yeux durs et froids.

— Miss Fanshawe, dit-il, sèchement, j'ai répondu à vos questions, mais vous avez à peine daigné répondre aux miennes. Cet après-midi, vous êtes venue dans mon bureau comme si vous me faisiez une faveur. Vous ne pourriez pas essayer d'être un peu plus détendue ?

Cette remarque la fit rougir et elle marmonna :

— Je suis rarement détendue.

— C'est ce que j'ai cru comprendre, oui. Vous avez vingt-trois ans, n'est-ce pas ? Vous ne trouvez pas ça un peu ridicule, cette réserve artificielle.

Elle avait des petites mains, mais comme elle ne portait pas de bagues et que ses ongles étaient courts, on aurait dit des mains d'homme. Wexford la regarda prendre sa tasse et pendant un instant, il crut qu'elle allait boire son café, et le planter là. Elle fronça les sourcils et son visage se durcit.

— Je vais vous parler de mon père, déclara-t-elle. Ça pourrait vous aider. J'ai eu vent de ses infidélités quand j'avais douze ans. Ou disons que j'ai compris qu'il faisait des choses que les autres pères ne faisaient pas. Un jour il a amené une fille à la maison, et il a dit à ma mère qu'elle allait rester chez nous. Alors ils se sont disputés devant moi, et quand ça a été fini, mon père a donné cinq cents livres à ma mère. (Elle enleva le mégot de son fume-cigarette et glissa une nouvelle blonde dedans. Hormis cette soudaine frénésie tabagique, elle ne manifestait aucune émotion.) Il l'a soudoyée,vous comprenez ? Et il ne s'est pas embarrassé de fioritures. « Laisse-la rester, et tu auras cet argent. » Voilà, ça s'est passé comme ça. La fille est restée six mois. Deux ans après, il a offert une voiture à ma mère, et juste à cette époque-là, je l'ai surpris dans son bureau, avec sa secrétaire. (Elle aspira une longue bouffée.) Par terre, dit-elle, froidement. Ensuite, c'était tacite : chaque fois que mon père voulait une nouvelle maîtresse, il payait ma mère en fonction. Je veux dire, en fonction de ce qu'il estimait que cette fille valait pour lui. Il voulait que ma mère reste, parce que c'était une bonne maîtresse de maison. Quand j'ai eu dix-huit ans, je suis entrée à Oxford.

Elle s'alluma une nouvelle cigarette.

— Quand j'ai eu mon diplôme, j'ai dit à ma mère que je pourrais l'entretenir, et qu'elle devrait quitter mon père. Alors elle a tout nié en bloc et elle a demandé à mon père d'arrêter de m'envoyer mon chèque. Mais il a refusé — essentiellement parce que ma mère le lui avait demandé, j'imagine. Je n'ai pas touché à cet argent depuis deux ans, mais.. (Elle jeta un bref coup d'œil à sa montre, à son sac.) Mais on ne peut pas toujours refuser un cadeau, dit-elle, à contrecœur, pas quand c'est un cadeau de votre mère, et que vous êtes sa fille unique.

— Alors vous avez trouvé un travail en Allemagne, dit Wexford.

— J'ai pensé que ce serait aussi bien de partir loin. (À nouveau elle rougit.) En janvier, dit-elle, un peu hésitante, j'ai rencontré un homme, un Anglais, qui venait régulièrement à Cologne pour ses affaires. (Wexford pensait qu'elle allait parler de son histoire d'amour, et il fut très surpris de l'entendre dire :) J'ai laissé tomber mon travail, comme je vous l'ai dit, et je suis revenue à Londres, pour vivre avec lui. Mais quand je lui ai dit que si on se mariait, je ne demanderai pas un sou à mon père il... eh bien, il m'a mise dehors.

— Et vous êtes retournée chez vos parents?

Nora Fanshawe redressa la tête et pour la première fois il la vit sourire, un affreux sourire d'auto-ironie.

— Vous êtes vraiment impitoyable, hein, dit-elle, d'une façon tout à fait inattendue.

— Je croyais que la gentillesse vous exaspérait?

— Possible. Vous voulez un autre café? Non, hein. Moi non plus. Oui, je suis retournée chez mes parents. Je me tracassais toujours pour ma mère, voyez. Mon père avait vieilli, moi aussi. On aurait pu s'entendre mieux. Bien sûr, je savais que je ne pourrais pas vivre à nouveau avec eux, mais enfin, les querelles de famille sont vraiment affreuses, vous ne trouvez pas? J'ai trouvé ma mère pathétique. Elle disait qu'elle avait toujours espéré qu'un jour nous serions de vraies amies. (Nora Fanshawe fronça le nez avec dédain.) Même les gens comme moi ont leurs points faibles, inspecteur. Je suis donc allée avec eux à Eastover.

— Et la fameuse dispute, miss Fanshawe?

— J'y viens. Nous étions dans d'étonnamment bons termes jusque-là. Mon père avait appelé ma mère « chérie » deux ou trois fois. Ils m'avaient demandé ce que je comptais faire pour retrouver du travail, et l'ambiance était des plus paisibles. Si paisible, en fait, qu'après dîner et après avoir bu quelques verres, ma mère a fait quelque chose qu'elle n'avait encore jamais fait. Mon père était monté se coucher et elle a commencé à me parler de sa vie avec lui, les chantages, les humiliations, et tout ça. Elle m'a vraiment parlé comme si j'étais une femme de son âge, l'une de ses amies. Ça a bien duré une heure comme ça, puis elle m'a demandé si j'avais des projets amoureux. Et comme une idiote, je lui ai raconté mon histoire avec l'homme avec qui j'avais vécu. Oui, comme une idiote. Et tant mieux pour moi. Car sinon, j'aurais été à la place de cette fille morte, sur la route.

— Votre mère a mal réagi ?

— Elle m'a regardée avec des yeux exorbités, dit Nora Fanshawe, et puis, avant que j'aie pu l'en empêcher, elle est allée réveiller mon père, l'a sorti du lit et lui a tout dit. Ils étaient déchaînés. Ma mère était complètement hystérique et mon père m'a traitée de tous les noms. J'ai supporté ça un moment, et puis je lui ai dit que moi, en tout cas, je n'étais pas mariée et que de toute façon, il était mal placé pour me juger. (Elle soupira.) Et que croyez-vous qu'il a dit ?

— Que pour les hommes, c'était différent.

— Comment avez-vous deviné ? Quoi qu'il en soit, mes parents étaient bien d'accord, pour une fois. Après que ma mère lui eut tout répété, et en ma présence en plus, il a dit qu'il allait retrouver ce type — il s'appelle Michael — et qu'il allait le forcer à m'épouser. C'était trop, alors je me suis enfermée dans ma chambre, et le matin, je suis partie à Newhaven prendre le bateau. J'ai quitté ma mère assez froidement. Mon père était déjà sorti.

— Merci d'avoir coopéré, miss Fanshawe. Vous pensez vraiment que la jeune fille morte dans l'accident aurait pu être la maîtresse de votre père ?

— Ça vous paraît inconcevable que mon père soit rentré à Londres avec sa femme et sa maîtresse. Pourtant c'est très possible, je vous assure. Il lui suffisait de dire à ma mère que la fille venait et de la payer en conséquence.

Wexford n'osait pas regarder Nora Fanshawe dans les yeux. Il pensait à Sheila. Qu'avaient-elles en commun ? Rien. Si ce n'est qu'elles étaient toutes les deux belles et en bonne santé, et que, comme toutes les femmes, elles étaient la fille de quelqu'un. Mais le père de Nora était mort. Et Wexford, dans un soudain accès de sentimentalité, se dit qu'il préférerait être mort, plutôt que d'être cet homme-là. Un homme sur lequel sa propre fille pouvait raconter des choses pareilles.

Aussi s'efforça-t-il d'avoir un ton neutre quand il dit :

— Vous m'avez laissé entendre qu'à l'époque d'Eastover, il n'y avait pas d'autre femme dans sa vie, c'est bien ça ?

— Oui. Enfin c'est ce que je croyais. Mais visiblement je me suis trompée.

— Miss Fanshawe, cette fille n'était ni une voisine, ni une

amie d'Eastover, que vos parents auraient simplement ramenée à Londres. Car dans ce cas, sa famille se serait manifestée.

— Mais dans tous les cas, sa famille l'aurait fait rechercher, non ?

— Pas forcément. C'était peut-être une fille qui voyageait beaucoup. Ou qui partait souvent en week-end. Peut-être même qu'elle était sur une liste de personnes disparues, et qu'on ne l'avait pas encore recherchée parce qu'on savait qu'elle était instable, qu'elle changeait souvent d'endroit, d'homme, ou d'emploi. Et si votre père l'avait tout simplement prise en stop ?

— Mon père ne prenait jamais personne en stop. Ils étaient contre l'auto-stop, lui et ma mère. Mais, inspecteur, vous faites exactement comme si tout le monde était mort dans cet accident. Vous oubliez ma mère ! Elle est bien vivante, elle ! Elle est presque guérie, et elle a toute sa tête. Et elle affirme qu'il n'y avait personne dans la voiture, à part elle et mon père. (Nora Fanshawe le regarda, et sa voix perdit de son assurance.) Elle fait peut-être un blocage psychologique. Peut-être qu'elle veut se persuader que mon père avait changé, et qu'ils voyageaient tous les deux, en amoureux.

— C'est sûrement ça, oui. (Wexford se leva.) Bonsoir, miss Fanshawe. Et merci pour le café. Vous restez ici quelques jours ?

— Je vous appellerai. Bonsoir, inspecteur.

En rentrant chez lui, Wexford se dit qu'il faudrait voir la liste des personnes disparues dans les stations du bord de mer. Et si ça ne donnait rien, voir les personnes disparues à Londres. Simple travail de routine, et qui ne lui incombait pas. Et d'ailleurs, pourquoi s'intéressait-il tant à cet accident ? Cet accident qui le détournait de son principal sujet de préoccupation : Charlie Hatton. Parce qu'il ne pouvait s'empêcher de partir en guerre contre l'inexplicable ?

En fin de compte, se dit-il, on découvrirait que Fanshawe avait rencontré la jeune fille à Eastover, qu'elle lui avait plu et qu'il l'avait raccompagnée à Londres. Il aurait très bien pu dire à sa femme : “Cette jeune demoiselle vient de rater le dernier train pour Londres. Alors je lui ai proposé qu'on l'emmène. Tu es d'accord ?” Mais dans ce cas, Mrs Fanshawe n'aurait pas nié la présence de la jeune fille.

Et puis il y avait le sac. Pourquoi n'avait-on rien trouvé dedans qui permît de l'identifier ? Ni clés, ni lettres, ni stylo, ni rien de ce qu'on trouve habituellement dans un sac de femme.

Wexford ouvrit la porte de chez lui, et Clytemnestre bondit à sa rencontre.

— Qu'est-ce que tu ferais, dit-il à sa femme, si j'amenais une jeune fille à la maison et que je te proposais mille livres pour qu'elle reste ?

— Tu n'as pas mille livres, dit Mrs Wexford.

— Exact. Il y a toujours un truc qui cloche.

— À propos de jeune fille et d'argent, Mr Vigo a envoyé une note salée pour la dent de ta fille.

Wexford y jeta un coup d'œil et grogna :

— Je comprends pourquoi il se paye du Chippendale ! J'espère qu'un de mes clients aura la bonne idée de lui piquer son planétaire. Il y a de la bière, dans cette maison ?

Réprimant un sourire, Mrs Wexford enjamba la bête étalée à ses pieds, et alla lui chercher une canette de bière à la cuisine.

Wexford passa les deux heures suivantes à étudier le carnet de route de Charlie Hatton et l'agenda de Lilian, une chope de bière à portée de la main.

La semaine précédant le 21 mai l'intéressait particulièrement. Le 22, Charlie Hatton avait déposé cinq cents livres à sa banque. Et deux jours avant, il avait touché une grosse somme d'argent — ou eu l'assurance de la toucher —, car le 21, il avait commandé sa nouvelle prothèse dentaire.

L'agenda de Mrs Hatton était de la taille d'un livre. Sur les pages de gauche, il y avait des photos de l'Angleterre. Les pages de droite correspondaient chacune à une semaine, et étaient divisées en sept.

Wexford l'ouvrit au 12 mai. Rien le dimanche. Lundi 13 : « C. parti à Leeds. Thé avec Mère. » Mardi 14 : « Téléphoné au gaz. C. rentré à 3 heures. Cinéma. »

Le voyage à Leeds apparaissait bien dans le carnet de route de Charlie Hatton. Il s'était arrêté deux fois à l'aller : à Norman Cross pour déjeuner, au *Merrie England Café*, et chez *Dave's Diner*, près de Retford, pour boire une tasse de thé. Il avait loué une chambre à Leeds chez une Mrs Hubble, au 21, Ladysmith Road, et au retour, il ne s'était arrêté qu'une fois, à nouveau au *Merrie England*. Jusqu'ici rien de suspect. Hatton aurait difficilement pu aller plus vite.

Wexford reprit l'agenda.

Mercredi 15 mai : « C. n'est pas allé travailler. Penser à appeler le médecin conventionné. » Intéressant. Hatton avait été malade et apparemment pas en fonds à ce moment-là. Jeudi 16 : « C. a la grippe. Téléphoner à Jack et Marilyn pour reporter le dîner. » Rien au vendredi 17 mai.

Samedi 18 : « C. va mieux. Le médecin est revenu. Jim et mère sont venus. »

Wexford tourna la page. Dimanche 18 mai : « C. parti pour Leeds. Doit appeler 8 heures. J. et M. venus boire un verre et jouer au whist. Lundi 20 : C. à nouveau malade. À quitté Leeds assez tard. Rentré à 10 heures. »

Wexford compara aussitôt avec le carnet de route : Oui, Charlie Hatton avait bien noté qu'il ne s'était pas senti suffisamment en forme, pour reprendre la route avant midi. Il avait roulé lentement sur le chemin du retour et s'était arrêté deux fois, au *Hollybush*, à Newark, et au *Merrie England.* Mais avait-il été vraiment malade, ou avait-il fait semblant, histoire d'avoir du temps pour lui à Leeds ? Wexford ignorait comment Hatton s'était procuré cet argent, mais il savait qu'il l'avait eu le 19 ou le 20 mai.

Mardi 21 mai : « C. guéri. Jour de congé. Vu Jack et Marilyn. Rendez-vous 2 heures chez le dentiste. »

Une petite femme précise, cette Lilian Hatton, à défaut d'être expansive. Impossible de dire si elle savait quelque chose. Et si oui, elle ne l'aurait pas noté dans cet agenda.

Apparemment, Hatton n'avait rien fait de terrible durant cette matinée à Leeds, mais on n'est jamais sûr de rien. Et puis il y avait la nuit de dimanche à lundi. N'y avait-il pas eu un casse dans une banque, cette nuit-là ? Il faudrait vérifier. Wexford se demanda pourquoi l'histoire Fanshawe continuait à l'obséder. Et soudain il comprit.

L'accident avait eu lieu le lundi 20 mai. Une inconnue était morte le 20 mai. Et Charlie Hatton avait touché de l'argent le 20 mai.

Mais il ne pouvait y avoir de lien entre ces deux hommes. Entre Fanshawe, le riche agent de change à la moralité imparable — hormis un goût prononcé pour les jeunes filles — et Charlie Hatton, le petit chauffeur de poids lourds prétentieux, qui n'avait sans doute jamais mis les pieds à Mayfair de sa vie.

Oui, on l'avait tué le lendemain du jour où Mrs Fanshawe était sortie du coma, mais c'était pure coïncidence.

Wexford referma l'agenda et le carnet, et vida sa chope pour la troisième fois. Il était fatigué et il avait bu trop de bière. Il bâilla longuement, puis il fit sortir Clytemnestre par la porte de derrière. Et tout en l'attendant, il resta planté sur le seuil, la tête vide, les yeux fixés sur ce ciel pur et plein d'étoiles.

11

— Bonjour, miss Thompson, dit Wexford avec une amabilité feinte.

— Mrs Pertwee, si ça ne vous ennuie pas. (Elle prit un panier sur une pile, à l'extérieur du supermarché, et lui lança un regard plein de défi.) Jack et moi nous sommes mariés hier après-midi.

— Alors je serai l'un des premiers à vous présenter mes vœux.

— Merci beaucoup. On n'a rien dit à personne. On est allés à l'église tout seuls, discrètement. Jack est tellement déprimé depuis la mort de Charlie. Je me demande quand vous allez arrêter l'assassin. Vous ne vous remuez pas trop, parce que c'est un travailleur, hein. Ce serait pas pareil si c'était un aristo. Ah, cette société capitaliste me dégoûte ! J'ai envie de cracher dessus, tiens.

Wexford recula d'un pas, craignant qu'elle ne joigne le geste à la parole. La jeune mariée l'attaqua en battant des cils comme des balayettes.

— Ah, vous allez devoir remonter vos manches ! cracha-t-elle. Car celui qui a tué Charlie sera encore à la fête au bout de la potence !

— Oh ! fit Wexford, apaisant. Et moi qui croyais que les progressistes étaient farouchement contre la peine de mort !

Elle se précipita dans le supermarché, furieuse. Wexford eut un sourire ironique et continua son chemin. Quand il arriva au poste, Camb le regarda d'un air interrogateur.

— J'ai l'impression que cette affaire Fanshawe vous intéresse, monsieur. J'ai croisé miss Fanshawe en arrivant.

— Oui. Elle m'intéresse même tellement que j'ai demandé à l'inspecteur Loring de se renseigner sur les disparitions dans les villes de la côte Sud. Et ça vaudrait peut-être même la peine de voir la liste des personnes disparues qu'ils ont à Londres.

Burden était à Stamford. En montant dans l'ascenseur, Wexford décida de s'occuper lui-même de la liste des personnes disparues domiciliées à Londres. Les jeunes femmes commençaient à lui taper sur les nerfs. Oui, se dit-il, une jeune fille peut causer autant de problèmes à un policier qu'un voleur. Et elles sont si nombreuses... Et maintenant il fallait voir combien d'entre elles avaient disparu, sur cette liste qu'ils avaient à Londres. Cette tâche était très en deçà de ses attributions, mais elle l'occuperait jusqu'au retour de Burden, et puis au moins il serait sûr que le travail serait bien fait.

Vers midi, son champ d'investigation — parmi des dizaines de filles disparues habitant Londres et ses environs — ne portait plus que sur trois noms. La première fille, Carol Pearson de Muswell Hill, avait travaillé dans un salon de coiffure d'Eastcheap. Or Jérôme Fanshawe avait son bureau à Eastcheap. Et le coiffeur en question coiffait aussi les hommes. Et puis Carol Pearson était brune, et sa disparition datait du 17 mai.

La deuxième fille, Doreen Dacres, était brune elle aussi. Elle avait vingt ans, et avait rendu les clés de son studio de Finchley le 15 mai, pour aller s'installer à Eastbourne, où elle avait trouvé un travail mais on n'avait plus jamais entendu parler d'elle, ni à Finchley, ni à Eastbourne.

Bridget Culross, 22 ans, la dernière sur la liste, avait été infirmière à la clinique Princess Louise, sur New Cavendish Street. Elle avait passé le week-end du 18 au 19 mai à Brighton, avec un petit ami, et on ne l'avait pas revue depuis. On en avait déduit qu'elle était partie avec lui. Elle aussi était brune, fantasque, et n'avait pour seuls parents qu'une tante à County Leix.

Ah, les jeunes femmes ! pensa Wexford, irrité. Et il pensait à sa fille aussi. Sa fille qui lui faisait gratter les fonds de tiroir, pour que dans un lointain et nébuleux avenir, elle puisse regarder les caméras et leur sourire.

Cette longue journée s'éternisait et la chaleur s'intensifiait. Des nuages immenses et très denses s'amoncelèrent au-dessus des toits. Loin de dissiper la chaleur, ils semblaient faire peser sur l'air lourd et moite un couvercle étouffant. Et à travers cette vapeur épaisse et suffocante, ne filtrait plus qu'une lumière malade.

Assis dans son fauteuil, l'inspecteur Wexford semblait attendre que l'orage éclate, comme bon nombre d'habitants de Kingsmarkham. Immobile, les yeux fermés, il sentait l'air chaud monter, comme en hiver la chaleur monte du radiateur. Personne ne le dérangeait et tant mieux, car il réfléchissait.

À Stamford, il pleuvait, et l'inspecteur Burden entrait dans le jardin à l'abandon d'une maison aux volets fermés, aux portes verrouillées, où était censé habiter un Mc Cloy. Pas un voisin, personne qui pût lui dire où était passé ce Mc Cloy.

L'inspecteur Loring, lui, roulait sur le front de mer des villes côtières au sud de l'Angleterre. Il passait des coups de fil à tous les postes de police et accordait une attention particulière aux cafés, aux clubs sportifs, et autres lieux où fourmillent les jeunes filles. Loring avait même découvert la boîte de nuit où Doreen Dacres avait été engagée mais elle n'avait jamais montré le bout de son nez. Alors il avait téléphoné à Wexford, tout fier, mais sa joie était retombée quand son chef lui avait annoncé qu'il savait déjà tout ça.

L'orage éclata à 5 heures.

Depuis un moment déjà, les nuages avaient grossi et s'étaient assombris. À l'ouest, le ciel n'était plus qu'un amas de cumulus violet foncé, sur lequel le contour des immeubles se détachait avec une étonnante clarté. Dans la rue, les arbres brillaient d'une lumière malade.

Les commerçants avaient rentré leurs étalages en toute hâte, mais maintenant la pluie tardait à tomber, comme si après ces quinze jours de sécheresse, l'humidité accumulée ne pouvait se libérer que sous l'effet d'une pression extrême. Comme si les nuages eux-mêmes n'étaient plus faits de vapeur, mais étaient devenus d'immenses sacs ventrus, spécialement conçus pour être suspendus dans le ciel et contenir l'eau.

Il y eut une bourrasque, comme un souffle chaud, et Wexford ferma ses fenêtres. Sur Highstreet, les arbres frémirent imperceptiblement. Les fleuristes et les primeurs, qui avaient déjà mis leur marchandise à l'abri, remontèrent leurs stores. Debout derrière sa fenêtre, Wexford regardait le ciel et les cumulus gris foncé, dont le contour était d'un blanc brillant, aveuglant.

L'éclair fut d'un seul tenant, soudaine explosion de lumière, feu d'artifice vibrant dans le ciel comme une branche d'arbre géante, éblouissante. Ses rameaux ardents flamboyèrent un instant, cisaillant le ciel d'encre, puis le tonnerre ébranla la voûte céleste.

Wexford aimait infiniment les orages. Il préférait ces éclairs-là, aux zigzags à répétition, et à nouveau une branche éblouissante aux multiples rameaux flamboya, comme si elle avait jailli de la rivière pour s'épanouir dans le ciel, au-dessus des prairies de Kingsbrook. Cette fois le tonnerre éclata comme un coup de feu, sec et brutal, comme si l'on avait brusquement crevé ces poches gonflées d'eau, et la pluie commença à tomber.

Les premières grosses gouttes s'écrasèrent sur le trottoir, formant des taches rondes de la taille d'une pièce de monnaie, et dans leurs bacs, les fleurs penchèrent la tête et tremblotèrent. Pendant un petit moment, la pluie sembla hésiter : elle crépitait sans conviction sur les gouttières pleines de poussière, où ses gouttes filaient comme du vif-argent. Mais très vite, comme pressée d'exploser par toute une série de mini-éclairs, elle n'hésita plus, et au lieu de s'intensifier par paliers, elle jaillit tout d'un coup comme un raz de marée inondant tout. Elle s'abattit sur les fenêtres, lessivant la poussière tel un grand courant nettoyant, et Wexford recula d'un pas. Ce soudain jaillissement d'eau ressemblait plus à une vague qu'à de la pluie, et vous bouchait la vue comme en pleine nuit.

Wexford entendit la voiture arriver dans une gerbe d'éclaboussures, puis les portières claquer. Burden, peut-être. Le téléphone intérieur sonna, l'inspecteur décrocha.

— J'ai Cullam avec moi, là, monsieur. (C'était la voix de Martin.) Dois-je vous l'amener ? J'ai pensé que vous aimeriez lui parler.

Maurice Cullam avait peur de l'orage. Ce qui, en un sens, plut assez à Wexford. Et ce fut avec un certain mépris, qu'il dévisagea cet homme tout pâle aux mains tremblantes.

— Alors Cullam, on tremble ? Ne vous en faites pas, on mourra tous ensemble.

— Très drôle, dit Cullam, qui tressaillit, car le tonnerre

explosa juste au-dessus de leurs têtes. Je crois pas que ce soit prudent d'être tout en haut comme ça. Quand j'étais petit la foudre est tombée sur ma maison.

— Mais vous en êtes sorti indemne, hein ? On dit toujours que le diable protège les siens. Pourquoi me l'avez-vous amené, sergent ?

— Il a acheté le réfrigérateur, finalement, dit Martin. Et un appareil de chauffage aussi, et tout un tas de petits appareils électriques. Il a payé cash et il en a eu pour cent vingt livres.

Wexford alluma les lumières. Derrière la vitre ruisselante, le ciel était d'un noir d'encre.

— Bien. Où vous avez eu cet argent, Cullam ?

— Je l'ai économisé.

— Je vois. Et quand avez-vous acheté la machine à laver, celle dans laquelle vous avez lavé vos vêtements, juste après qu'on a tué Hatton ?

— En avril.

Comme l'orage s'éloignait et que le tonnerre n'était plus qu'un lointain grondement, les épaules de Cullam s'affaissèrent un peu. Il posa sur Wexford un regard maussade.

— En avril, répéta-t-il.

— Alors vous avez à nouveau économisé cent livres. En deux mois, combien vous gagnez ? Vingt ? Vingt-deux livres par semaine ? Vous, avec vos cinq enfants et votre loyer à payer vous économisez cent livres en deux mois ! Allez, laissez tomber Cullam, même moi je pourrais pas mettre cent livres de côté en six mois. Et mes enfants sont grands.

— Vous ne pouvez pas le prouver, que je les ai pas économisées.

Cullam frissonna quand la lumière du plafonnier vacilla. Un grondement sourd, comme un roulement de tambours, d'abord lointain, puis se rapprochant au galop dans un assourdissant staccato, annonça que l'orage revenait. Cullam bougea sur sa chaise et se mordit la lèvre.

Wexford sourit quand un éclair en zigzag projeta une violente lumière blanche dans le bureau.

— Cent livres, dit-il. Et bien dites-moi, ça ne vaut pas cher la vie d'un homme. Et la vôtre, sergent, combien elle vaut ?

— J'ai une assurance-vie de cinq mille livres, monsieur.

— C'est pas exactement ce que je voulais dire, mais passons. Vous savez, Cullam, quand un assassin fait son prix, il s'évalue, lui. Peu importe ce que vaut la vie de la victime. Le balayeur qui tue un roi ne s'attend pas à toucher autant que s'il était général. Par conséquent, si vous avez besoin des services d'un assassin et que vous êtes particulièrement radin, vous allez piocher tout au fond du panier, pour trouver l'homme qui fera votre sale besogne.

Les derniers mots de Wexford se perdirent dans le tonnerre.

— Qu'est-ce que vous entendez par le fond du panier ?

Cullam posa sur lui un regard pitoyable, mais avec un fond d'agressivité.

— J'ai touché juste, hein ? Franchement Cullam, plus bas que vous je ne vois pas. Trinquer avec un homme, boire le whisky qu'il a payé, et après ça l'attendre pour le tuer ?

— Je n'ai pas tué Charlie Hatton !

Cullam bondit sur ses pieds, tremblant. La lumière d'un éclair l'aveugla et, se couvrant les yeux d'une main, il dit, au désespoir :

— Mais on peut pas aller en bas, pour l'amour de dieu !

— Hatton avait raison quand il vous traitait de poule mouillée, dit Wexford, dégoûté. Nous descendrons quand je l'aurai décidé. Quand vous aurez parlé, et quand vous m'aurez dit où est Mc Cloy et combien il vous a payé.

Toujours debout, Cullam s'appuya sur le bureau, la tête pendante.

— C'est pas vrai, souffla-t-il. Je ne connais pas Mc Cloy et j'ai jamais rien fait à Charlie Hatton.

— Dans ce cas d'où vient l'argent ? Oh, asseyez-vous, Cullam. Mais quel homme êtes-vous donc, pour trembler au moindre coup de tonnerre ? On a peur de l'orage, hein ? Mais on est suffisamment brave pour attendre dans le noir, au bord de la rivière, et pour frapper son ami à mort. Allez, vous feriez mieux de tout nous dire maintenant, parce que tôt ou tard il faudra parler et j'ai l'impression que cet orage va durer des heures. Hatton s'était mis Mc Cloy à dos, pas vrai ? Alors Mc Cloy vous a donné un peu de fric pour en finir avec Charlie. Il vous a laissé choisir votre arme et vous êtes si radin, qu'il n'a même pas eu droit à un vrai gourdin.

— C'est des mensonges, tout ça, dit Cullam.

Il zigzagua jusqu'à sa chaise où il se laissa tomber, la tête dans les mains.

— Moi, frapper Charlie sur la tête avec une de ces pierres ? Mais j'y aurais jamais pensé... je n'aurais...

— Vous savez donc qu'on l'a tué avec une pierre ? s'exclama Wexford, saisissant la balle au bond.

Lentement, Cullam redressa la tête, et une fine pellicule de sueur brilla sur son front.

— Pourtant je ne vous l'ai pas dit, dit Wexford.

— Moi non plus, renchérit le sergent.

— Nom de dieu, dit Cullam, d'une voix sourde et heurtée.

Les nuages noirs s'étaient déchirés, laissant apparaître des lambeaux de ciel d'été. Mais la pluie battait sans répit contre les carreaux.

La police de Stamford n'avait rien sur Alexander James Mc Cloy. Mais on le trouvait sur les listes d'électeurs, comme étant domicilié à Moat Hall, le petit manoir que Burden avait trouvé désert, et où, visiblement, Mc Cloy n'avait plus mis les pieds depuis longtemps.

Burden cavala sous la pluie, d'agence immobilière en agence immobilière, et il finit par trouver Moat Hall dans les registres d'un petit agent immobilier des faubourgs de la ville. Mc Cloy avait vendu sa propriété en décembre à une femme, veuve et américaine. Celle-ci avait changé d'avis quant à l'idée de s'y installer et avait chargé l'agent immobilier de revendre. Puis elle était partie passer l'été en Suède.

Mr Mc Cloy ne leur avait laissé aucune adresse. Logique. Il en avait fini avec eux. Il avait touché son argent et filé.

Non, ils n'avaient jamais vraiment pensé que Mc Cloy pouvait être malhonnête.

— Comment ça « vraiment » ? demanda Burden.

— Oh, c'est juste que la maison n'a jamais été bien entretenue. C'était une honte de voir ce parc laissé à l'abandon. Mais bon, il était célibataire et je crois qu'il n'avait ni domestiques ni jardinier.

Moat Hall était niché dans les collines, environ à un mile de la nationale 1.

— Il était toujours seul quand vous alliez chez lui ?

— Un jour, y avait deux types chez lui. Des types qu'étaient pas vraiment de son milieu, à mon avis.

— Dites-moi, est-ce qu'il vous a montré toute la maison, et

tout le parc, quand vous avez dû faire vos relevés de terrain ou je sais pas comment vous appelez ça ?

— Absolument. Tout m'a paru normal, pas très propre, mais enfin. Mr Mc Cloy m'a laissé toute liberté d'aller où je voulais, sauf dans les communs. Il s'en servait d'entrepôt, m'a-t-il dit. Ça n'avait donc aucun intérêt. De toute façon, il y avait un cadenas sur les portes. Et puis ça me suffisait de voir l'extérieur pour mes calculs.

— Et pas de camions traînant dans les parages ?

— Non. En tout cas pas que je sache.

— Mais ils auraient pu être dans les dépendances ?

— Effectivement, oui, admit l'agent immobilier, pas convaincu. L'un des bâtiments est presque aussi grand qu'un hangar.

— J'ai vu, oui.

Burden le remercia du bout des lèvres. Il était presque sûr qu'il tenait son homme, et pourtant, qu'avait-il fait de plus que de retrouver un lieu où Mc Cloy était passé ? Tout ce qu'ils pouvaient tenter à présent, c'était une fouille minutieuse du manoir abandonné, dans le fol espoir de trouver un indice sur la cachette actuelle de son ancien propriétaire.

— Vous allez m'accuser de l'avoir tué ? dit Cullam, d'une voix éteinte.

— Vous, Mc Cloy, et peut-être encore d'autres, quand vous nous aurez dit combien vous êtes. Vous serez inculpé de complicité de meurtre, ce qui revient au même.

— Mais j'ai cinq enfants !

— Le fait d'être père n'a encore jamais dispensé personne d'aller en prison, Cullam. Allons, dites-moi tout. Vous ne voudriez tout de même pas vous retrouver derrière les barreaux, pendant que Mc Cloy se baladerait tranquille en liberté. Il écopera de la même peine que vous. C'est pas parce qu'il s'est contenté de vous demander de tuer Charlie qu'il s'en tirera mieux.

— Mais je l'ai pas tué, lâcha Cullam, furieux. Combien de fois il faudra que je vous dise que je connais pas ce Mc Cloy ?

— Un certain nombre de fois avant que je vous croie. Pourquoi auriez-vous tué Hatton, sinon ? Parce qu'il avait plus d'argent que vous et une plus belle maison ?

— Je l'ai pas tué !

Cullam n'était pas loin de pleurer. Wexford éteignit la lumière et pendant quelques secondes la pièce parut très sombre. Puis ses yeux s'habituèrent, et il vit qu'il ne faisait pas plus sombre que par n'importe quelle journée d'été, après un gros orage. Il y avait comme une lueur bleue et froide dans l'air, il faisait plus frais. Wexford ouvrit la fenêtre et une brise rafraîchissante gonfla les rideaux. En bas, dans la cour, les fleurs en pots, complètement aplaties, écrasées par la pluie, n'étaient plus qu'une bouillie rose et trempée.

— Écoutez Cullam, dit Wexford, vous étiez là. Vous avez pris le chemin de la rivière dix minutes avant Hatton. Vous les avez quittés, lui et Pertwee, à 11 heures moins vingt. Alors même en marchant tranquillement, vous auriez dû être rentré à 11 heures. Mais vous n'êtes arrivé chez vous qu'à 11 heures et quart. Et le lendemain matin, vous vous êtes empressé de laver la chemise, le pull-over et le pantalon que vous portiez la veille au soir. Vous saviez qu'on avait tué Hatton avec une pierre. Et aujourd'hui, vous qui n'avez jamais un sou devant vous, vous vous achetez un réfrigérateur à cent vingt livres. Alors vous voyez, Cullam, j'attends vos explications. L'orage s'est calmé. Vous ne risquez donc plus rien, excepté quinze ans de prison.

Cullam serra ses grandes mains osseuses l'une dans l'autre et baissa la tête. La sueur avait séché le long de ses tempes, et il semblait avoir du mal à contrôler les contractions des muscles au coin de sa bouche. Wexford attendit patiemment, car il savait que Cullam était incapable de parler. La peur paralysait ses cordes vocales. Il attendait sans la moindre impatience, et aussi sans la moindre sympathie.

— Les cent livres et sa paye, dit finalement Cullam. (Sa voix était rauque, terrifiée.) Je... je les ai prises sur lui... sur son cadavre.

12

— Et il en aurait eu besoin pour quoi, Charlie Hatton ? Je suis allé chez lui, moi, et j'ai vu tout ce qu'il avait. Vous avez jamais vu sa femme, hein ? habillée comme une pute, avec tout ce maquillage. Et toujours des nouvelles robes, et des bijoux. Et rien à faire de la journée, à part regarder la télé, en couleur en plus, et téléphoner à ses copines. Ils n'avaient pas d'enfants eux, qui vous sautent dessus dès que vous rentrez, et qui vous réveillent la nuit parce qu'ils font leurs dents. Vous voulez savoir depuis quand ma femme s'est pas acheté une nouvelle robe, et depuis quand on n'est pas sortis le soir ? Depuis que le premier bébé est né ! Ma femme est obligée d'acheter les vêtements des enfants dans les ventes de charité, et elle a même pas de quoi s'offrir une paire de bas. Génial comme vie, non ? Lilian Hatton a plus de fringues qu'une star de cinéma, mais faut qu'elle s'offre un truc neuf à trente livres, parce que Pertwee se marie. Quelle importance pour elle, hein, cent livres de plus ou de moins ? Elle aurait pu s'en servir pour allumer ses clopes.

Cullam, le timoré, le renfrogné, avait ouvert les vannes. Wexford l'écoutait avec une grande concentration, bien qu'il n'eût pas l'air d'écouter. Et si Cullam avait été quelque peu attentif, il aurait pu croire que l'inspecteur s'ennuyait. Mais Cullam se fichait pas mal qu'on l'écoute ou pas. Tout ce qu'il voulait, c'était parler, dans une pièce silencieuse et sans enfants, pour une fois.

— J'aurais tout encaissé, même ses plaisanteries. Mais pas sa vantardise non. Quand je sortais mon argent il disait : « Garde tes sous, Maurice. T'en as plus besoin que moi. » Et après il me parlait du nouveau collier qu'il venait d'acheter à sa femme. « Et elle en aura plein d'autres », disait-il. Et moi qui peux même pas acheter de nouvelles chaussures à mes enfants ! J'en avais déjà deux, moi, au bout de deux ans de mariage. Vous trouvez ça juste, vous ? Hein, dites-moi !

— Ça va. J'ai écouté la campagne électorale. Mais je ne suis pas convaincu par vos arguments. Cette rancœur, cette jalousie, sont d'excellents mobiles dans les affaires de meurtre.

— Ah ouais ? Et qu'est-ce que ça m'aurait apporté de le tuer ? J'étais pas sur son testament. J'ai juste pris son argent, je vous l'ai dit. J'ai cinq enfants, et le laitier n'arrive qu'à 11 heures du matin. Vous avez déjà essayé d'empêcher le lait de tourner, sans frigidaire, et pendant une vague de chaleur ? (Il s'interrompit, et après avoir lancé un rapide regard de côté, il dit :) Vous savez ce qu'il aurait fait Hatton, ce fameux samedi, si on l'avait pas tué ? Mariage d'abord, le mariage de Pertwee, Hatton en haut-de-forme avec sa poule. Et puis un petit tour dans les magasins, juste pour le plaisir de dépenser de l'argent. Vingt livres par ci , vingt livres par là. Une bouteille de vin pour lui, des produits de beauté pour elle. Puis ils seraient encore allés boire quelques verres à l'*Olive and Dove* après dîner. Et cinéma pour terminer. Ça ressemble pas vraiment à ma vie, ça ? hein ? Si je veux me détendre, moi, je vais dans le jardin, pour plus entendre les mômes brailler.

— Êtes-vous catholique, Cullam ?

Cette question le surprit. Il s'était peut-être attendu à une question plus méchante. Mais il rentra tout de même la tête dans les épaules et marmonna, suspicieux :

— Je n'ai pas de religion, moi.

— Alors ne me servez pas ce couplet sur les enfants, Cullam. Personne ne vous a forcé à en avoir. Vous n'avez jamais entendu parler de la pilule ? Quand je pense que le planning familial existait déjà il y a trente ans ! (La voix de Wexford se fit plus dure, à mesure qu'il se lançait dans son thème favori.) Avoir des enfants est un privilège, Cullam, une joie, et je vous jure que si jamais je vous vois encore une fois frapper votre enfant à la tête, je vous mets les services sociaux sur le dos ! Vous n'êtes qu'une bête, Cullam, et encore, les bêtes ont plus de... Oh ! Et puis à quoi bon ? Et d'ailleurs vous me faites perdre mon temps. Cessez de pleurnicher, et racontez-moi ce qui s'est passé ce soir-là. Hein, que s'est-il passé après que vous avez quitté Hatton et Pertwee ?

La police de Stamford avait promis à Burden de lui donner un coup de main, et avait tenu parole. Un inspecteur et un sergent retournèrent avec lui à Moat Hall, et ils forcèrent les portes des dépendances.

Par terre, à l'intérieur, ils trouvèrent des taches d'huile de moteur. Et des empreintes de pneus qui avaient roulé dans cette huile. À part ça rien de suspect. Hormis deux vieux cartons aplatis dans un coin qui avaient contenu des pêches en boîte.

— C'est pas ici qu'on va trouver notre bonheur, dit Burden au sergent. (Il laissa tomber le carton avachi.) J'en ai des tas comme ça, dans mon garage. On les prend au supermarché en faisant les courses, le samedi.

Burden alla jusqu'à la porte et fit quelques pas dans la cour déserte. Il imaginait les camions volés entrant dans le hangar, exactement comme s'il y était : on ouvrait grand les portes, puis on les refermait sur eux. Mc Cloy et les hommes qui « n'étaient pas vraiment de son milieu » déchargeaient la marchandise volée. Puis Charlie Hatton arrivait : il y avait de gros rires, des démonstrations d'amitié exagérées, puis tout le monde allait « grignoter un morceau » dans la maison. Après quoi Charlie Hatton repartait avec son camion, qu'il abandonnait en route.

— J'aimerais bien voir l'intérieur de la maison, dit Burden. Mais je n'ai pas l'habitude de pénétrer chez les gens par effraction. Alors il faudra qu'on attende que la dame exilée en Suède nous donne la permission.

Cullam se leva et alla vers la fenêtre, d'un pas lent. Il avait l'air de s'attendre à ce que Wexford l'en empêche, mais Wexford ne dit rien.

— Il était là, au *Dragon*, en train d'étaler tout son fric. Et tout le long du chemin, il a continué à se vanter.

Cullam était debout à la fenêtre. Il regardait fixement la route où il avait marché avec Hatton et Pertwee. Les trottoirs mouillés faisaient miroir. Wexford se dit que le Kingsbrook devait être plus haut, et avoir recouvert toutes les pierres.

— Pertwee m'a dit d'attendre Charlie, dit Cullam. Mais j'en avais aucune envie. J'en avais marre de lui et de son fric. (Il se passa lentement la main dans ses petits cheveux orange.) De toute façon, je me sentais pas très bien, je vous l'ai déjà dit. Alors j'ai marché le long de la rivière, dans le noir.

En pensant à ce que t'allais retrouver chez toi, par rapport à ce qui attendait Charlie, se dit Wexford. Hormis le bruit cristallin de la rivière, il devait régner un silence parfait. Et au-dessus de Cullam, au-dessus de ce ciel de verdure, de ces branches entrelacées, une galaxie, piquée d'étoiles à l'infini. La cupidité et l'envie rendent aveugle le cœur d'un homme et lui enlèvent tout — excepté la cupidité et l'envie, justement. Cullam avait remarqué quelque chose en marchant, c'était forcément cette espèce de ballot d'ordures flottant, que la rivière tentait d'aspirer dans sa course à travers les prés.

— Vous l'avez attendu ?

— L'attendre, moi ? Sûrement pas ! dit Cullam avec feu. Pourquoi je l'aurais attendu ? Je le détestais.

Wexford se demanda depuis combien ce temps quelqu'un n'avait pas fait des aveux aussi accablants dans ce bureau. Et Cullam continua, hargneux :

— Et alors j'ai été malade. J'ai vomi sous les arbres.

Il eut un vague frisson, mais Wexford n'aurait su dire si c'était au souvenir de ce malaise ou de quelque chose de bien pire. Il observait Cullam avec attention, sans tenir compte du fait qu'il avait l'air inquiet et qu'il se tordait les mains.

— Je n'ai pas l'habitude de boire du whisky, moi. Normalement je bois de la bière.

— Vous n'êtes pas le seul, dit Wexford, sèchement. Et après, qu'est-ce qui s'est passé ? Vous avez entendu Hatton arriver ?

— Ça faisait déjà un moment que je l'avais repéré. Loin derrière, sur le chemin. Je l'entendais siffler cette chanson idiote, dans laquelle un type a peur de rentrer chez lui dans le noir.

Wexford leva la tête et son regard croisa deux yeux fuyants, qui se détournèrent furtivement. Il vit battre deux paupières rougies. Cullam était-il un parfait imbécile, ou réalisait-il qu'il venait de dire quelque chose de parfaitement horrible ? Il aurait fallu qu'il fût un parfait abruti pour ne pas s'en apercevoir.

« Mabel chérie,
Écoute-moi,
Il y a des voleurs dans le parc... »

Burden, qui avait entendu Hatton chanter, avait répété la chanson à son chef : « Il y a des voleurs dans le parc... » Et comment c'était après ? Ah oui, « Mabel chérie, j'aurais voulu être avec toi, mais j'avais peur de rentrer dans le noir... »

Ce fut au tour de Wexford de frissonner.

— Et c'est là que c'est arrivé, dit soudain Cullam. (Sa voix tremblait.) Mais vous n'allez pas me croire, hein ?

Wexford se contenta de hausser les épaules.

— C'est la vérité. Je le jure.

— Vous prêterez serment plus tard, c'est pas le moment.

— Bon dieu... (Cullam fit un effort pour parler et ses mots se bousculèrent.) Il a arrêté de siffler. Et j'ai entendu une espèce de bruit... un bruit affreux, un bruit... oh c'était horrible ! Et puis j'avais déjà tellement mal au cœur. Mais je suis allé voir. J'étais malade de peur. Il faisait noir. Et j'ai... j'ai buté sur lui. Il était par terre, dans le chemin. Je pourrais avoir un verre d'eau ?

— Oh, arrêtez votre cinéma, vous voulez ? dit Wexford, glacial.

— Pourquoi vous êtes dur comme ça avec moi ? gémit Cullam. Je vous dis tout, pas vrai ? Je suis pas obligé, hein.

— Si, vous êtes obligé, Cullam.

— J'ai gratté une allumette, marmonna Cullam. Le crâne de Charlie était tout écrabouillé. Je l'ai retourné, et je me suis mis du sang sur moi. (Ses mots venaient moins bien, et il bredouilla :) Je sais pas ce qui m'a pris. J'ai glissé la main dans sa veste et j'ai pris son portefeuille. Il y avait cent livres dedans. Charlie était tout chaud...

Wexford le fixa, atterré.

— Mais il était mort ?

— Je ne sais pas... je ne... bon dieu, oui, il était mort ! Il devait être mort. Pourquoi vous me dites ça ?

Cullam se prit la figure dans les mains et eut un sanglot. Wexford l'attrapa par le col de sa veste et tira si fort en arrière, que sa tête se redressa. Les larmes de Cullam avaient éveillé en lui une telle rage, qu'il avait dû faire ça pour s'empêcher de le frapper.

— Voilà, c'est tout, dit Cullam, tout bas, en frissonnant. Son corps a roulé sur la pente, jusqu'au bord, et il est tombé dans l'eau. Alors je suis parti en courant. J'ai couru comme un fou jusqu'à la maison. (Il se frotta les yeux avec ses poings, comme un enfant.) C'est la vérité, dit-il.

— Et la pierre, Cullam ? Vous avez vu la pierre ?

— Elle était à côté de lui, près de ses jambes. Je sais pas pourquoi, mais je l'ai balancée à l'eau. Il y avait du sang dessus, et des cheveux, et des morceaux de...

— C'est un peu tard pour faire le délicat, vous ne croyez pas ? explosa Wexford.

Cette attaque subite eut un effet immédiat. Cullam bondit de sa chaise en poussant un cri de bête blessée et tambourina sur le bureau avec ses poings.

— Non, je l'ai pas tué ! C'est pas moi ! Il faut que vous me croyiez !

Burden venait juste d'arriver, de mauvaise humeur, trempé, quand Wexford jaillit de l'ascenseur tel un lion de sa cage.

— Où est Martin ?

— Faut pas me demander ça. Je viens de faire deux cents bornes et je...

— Laissez tomber. J'ai Cullam, là-haut, dans mon bureau et il vient de nous servir un vrai scoop. (Contrôlant avec peine son excitation, Wexford lui fit un bref résumé de la situation.) Il dit qu'il a pris l'argent sur le corps de Hatton. Et c'est peut-être tout ce qu'il a fait. Franchement je n'en sais rien.

— Mais vous allez le garder ? On peut l'inculper de vol.

— Oui, quelque chose comme ça. Martin va s'en charger. Mais vous, je veux que vous alliez immédiatement avec Loring et les autres, perquisitionner chez Cullam. Vous allez me fouiller cette maison proprement.

— Au cas où il aurait planqué l'argent de Mc Cloy dans un coin ?

— Mike, dit Wexford, d'un air las, je commence à me demander si ce Mc Cloy n'est pas un mythe. Le peu qu'on sait de lui, c'est Cullam qui nous l'a dit, et Cullam, comme menteur... Il a très bien pu inventer ce Mc Cloy pour brouiller les pistes. (Wexford soupira.) Sauf qu'il n'a aucune imagination.

— Mc Cloy existe vraiment, dit Burden, emphatique. Même s'il est insaisissable.

Quand Wexford rentra chez lui, il était 11 heures. Ils avaient fouillé la maison de Cullam, retourné les lits aux draps dégoûtants, cherché dans les armoires pleines de linge puant, dans les tiroirs remplis de vieux objets insignifiants. Ils avaient cherché partout, mais ils n'avaient trouvé que deux livres et huit pence dans le sac de Mrs Cullam, un sac en skaï blanc, dont les plis étaient noirs de crasse. Ils avaient également trouvé des bleus et de multiples contusions sur la jambe de l'un des enfants...

Clytemnestre agita sa queue grisâtre empanachée. Puis Sheila fit son apparition.

— Qu'est-ce que tu fais à la maison un mercredi ? lui demanda son père.

— Mon plombage est parti. En mangeant un *Milky Way*. Alors il a fallu que j'aille voir Mr Vigo.

Elle eut un sourire désarmant et embrassa son père sur la joue. Elle s'était fait des anglaises et elle ressemblait à une jeune fille de l'époque de la Restauration, une ravageuse, du genre qu'on embrasse dans les coins.

— Bon. Et il t'a arrangé ta dent ?

— Oui, tout de suite. Il a dit qu'il ne me ferait pas payer.

— Qu'il ne « me » ferait pas payer, tu veux dire. Il a intérêt, oui.

Wexford sourit, et se débarrassa du souvenir crasseux de Cullam, comme d'une vieille peau.

— Maintenant que tu as une fausse dent, dit-il, finis les caramels.

— Je n'ai pas une fausse dent, j'ai une couronne. Tu veux goûter mon café-choc ? C'est du Nes mélangé avec du chocolat. C'est génial.

— Non merci, chérie, c'est gentil.

— Mr Vigo et moi on est devenus presque amis, dit Sheila. (Elle s'allongea par terre, et les coudes plantés sur le tapis, elle leva la tête vers son père.) Il m'a offert le thé, dans son salon chinois. J'osais à peine bouger, tellement il a l'air de tenir à tous ses trucs. Un moment sa femme est rentrée, et elle est ressortie en claquant la porte. Il était furieux parce que ça a fait trembler les porcelaines. Il a dit qu'elle ne comprenait pas.

— Charmant. Voilà encore une nouvelle conquête.

— Oh, Papa, c'est pas du tout ça. Tu sais, je suis partie en même temps que son assistante, et on a marché ensemble un bout de chemin. Elle m'a dit que Mr Vigo s'était marié par intérêt. Sa femme avait hérité de cent mille dollars et il avait besoin d'argent pour sa collection de chinoiseries. Et maintenant, il reste avec elle uniquement à cause du bébé. Il s'en va presque tous les week-ends. Et des fois, il ne rentre que le lundi soir tard. L'assistante pense qu'il a une petite amie à Londres. Et elle a l'air un peu jalouse. Je crois qu'il couche avec elle aussi.

Wexford demeura impassible, à part une petite lueur dans le regard, qui pouvait s'interpréter comme une espèce de bienveillance amusée. Il n'était pas choqué par ce qu'il venait d'entendre, mais étonné que ce fût sa propre fille qui le lui ait dit. En un sens, il était même flatté. Aurait-il osé dire ça à son père, il y a quarante ans, quand il avait l'âge de Sheila ? Certainement pas.

Sheila s'étira, puis se leva comme un jeune chat.

— Puisque je suis à la maison, dit-elle, je vais m'acquitter de mes responsabilités. Dis-moi Clytemnestre, ça te dirait un petit tour au bord de la rivière ?

— Non, pas dans ce coin-là, chérie, dit Wexford, très vite. (Quoi, lui, laisser son enfant se promener toute seule près de ces eaux noires ?) C'est moi qui vais sortir le chien.

— C'est vrai ?

— Ouais. Allez va, je suis sûr que tu as des choses à faire. J'ai l'impression qu'il doit te falloir un certain temps pour réussir ce genre de coiffure.

Sheila gloussa.

— Tu vas voir.

Et là, consterné, il la vit enlever sa perruque comme on enlève un chapeau.

— Bon dieu ! Eh bien j'ai l'air malin !

Alors il regarda ses cils d'un air suspicieux, puis ses ongles, longs et laqués. Étaient-ce des vrais ? Wexford, que les pires turpitudes des criminels n'arrivaient pas à ébranler, restait éberlué devant sa fille. Il eut un sourire à la fois incrédule et amusé, alla chercher la laisse, et embarqua Clytemnestre.

L'air de la nuit était frais : étonnamment clair, et comme purifié par l'orage. On ne voyait pratiquement aucune étoile, car le ciel était couvert d'un léger voile, un voile qui blanchissait à mesure que la lune montait. L'herbe de la prairie qu'il avait comparée à une tapisserie, avait été coupée, et il n'avait plus qu'un désert de chaume devant lui. Il faisait froid pour la saison. Lorsqu'il arriva au bord de la rivière, il vit que son niveau avait monté. Par endroits, les pierres étaient entièrement immergées sous l'eau bondissante.

Wexford siffla le chien et repartit d'un bon pas. Il se rapprochait du pont dont les pierres avaient des reflets argentés. Et entre ces pierres poussaient des fougères, dont les fines languettes frémissaient au vent comme de petites lamelles de métal. Il y avait quelqu'un accoudé au parapet. Il fallut un certain temps à Wexford pour savoir s'il s'agissait d'un homme ou d'une femme. C'était une femme. Alors Wexford lui cria un bonsoir joyeux pour ne pas qu'elle ait peur.

— Bonsoir, inspecteur.

La voix était grave, ironique, immédiatement identifiable. Wexford s'approcha de Nora Fanshawe et elle se tourna pour lui faire face.

— Belle soirée, après cet orage, dit-il. Comment va votre mère ?

— Elle survivra, dit la jeune femme d'un ton assez froid.

Et une espèce de réserve où sourdait le reproche brouilla ses traits. C'était une expression que Wexford connaissait bien, pour l'avoir vue des centaines de fois chez des gens qui s'imaginaient lui en avoir trop dit, lui avoir ouvert trop grand leur cœur. Sans doute croyaient-ils que leurs confidences avaient généré le dégoût chez lui, la pitié, ou le mépris. Si seulement ils avaient su que leurs révélations étaient pour lui autant de briques portées sur la maison qu'il tentait de construire, autant de barreaux supplémentaires sur l'échelle qui montait vers la solution du mystère, autant de pièces compliquées à poser sur le puzzle qui l'occupait !

— Elle ne s'est pas rappelée quelque chose ?

— Si vous voulez parler de la fille dans la voiture, elle dit qu'ils étaient seuls tous les deux. Et je sais quand elle dit la vérité

— Après un coma, on met un certain temps avant d'avoir un souvenir précis de l'accident. Surtout quand on a eu une fracture du crâne, dit Wexford, gentiment.

— Vraiment ? Bon, je ne vais pas vous retenir, inspecteur. Vous savez que votre chien est sur la route ?

Wexford tira sur la laisse juste au moment où une voiture arrivait. Le conducteur baissa la vitre et lui lança une injure.

— Ah ce chien ! râla Wexford. Tu n'es pour moi qu'une source d'humiliation, Clytemnestre.

Puis il leva la tête et regarda la jeune femme rentrer à *l'Olive and Dove*, suivie de son ombre, longue et noire sous la lune.

13

L'officier de police Loring était ravi d'aller passer la journée à Londres. Il était toujours mort de peur devant Wexford. Il trouvait que son chef le traitait avec une espèce de dureté toujours renouvelée. On lui avait dit que Wexford avait eu pour son prédécesseur, un certain Mark Drayton, une affection toute paternelle, et qu'il avait accusé le coup quand Drayton avait mal tourné. Une histoire de femme et de pot-de-vin. On lui avait raconté que le nommé Drayton avait les cheveux longs, qu'il était désagréable, sarcastique, intelligent, et diabolique avec les femmes. Aussi Loring se faisait-il couper les cheveux effroyablement court, et essayait-il d'être toujours aimable et de bonne humeur. Il trouvait que l'intelligence, c'était moins important. Et de toute façon, il ne pouvait concurrencer Wexford et Burden sur ce terrain, Wexford et Burden dont la perspicacité faisait autorité. Quant aux femmes... Loring était suffisamment ardent. Et il éprouvait un réel plaisir à l'idée de se rendre à Londres pour retrouver la trace de trois jeunes filles disparues. Avec une espèce de tristesse rêveuse, il se dit que ce serait vraiment gratifiant pour lui, de découvrir la bonne jeune fille, et peut-être d'entendre un Wexford admiratif l'appeler enfin Peter. Car Drayton, lui, on l'appelait par son prénom.

Mais hormis sa naïveté, Loring était un officier de police tout à fait compétent. Il faisait des erreurs, oui, mais il savait les reconnaître. Il mesurait un mètre quatre-vingts, et à vingt et un ans, il avait toujours ce corps un peu maigre d'adolescent monté en graine, et cette odieuse acné. Mais malgré cela — ses boutons ne se voyaient pas autant qu'il le croyait —, les filles acceptaient presque toujours ses invitations à dîner, et les femmes plus mûres qu'il interrogeait lors de ses enquêtes rajustaient toujours leur coiffure et lui souriaient, avant de répondre à ses questions. Et il se disait parfois que s'il prenait un peu de poids et qu'il arrivait à se débarrasser de cette maudite acné, il finirait peut-être par ressembler à John Neville[1]. Il fut surpris et quelque peu chagrin de l'accueil qu'on lui réserva au salon de coiffure d'Eastcheap. Loring enquêtait sur la disparition de Carol Pearson. Il avait déjà vu sa mère, une coquette de quarante ans habillée comme une fille de dix-huit, qui lui avait fait tout un cinéma et lui avait offert du gin. On n'est jeune qu'une fois dans sa vie, lui avait-elle dit — bien qu'elle, elle semblât avoir l'intention d'être jeune encore un certain nombre de fois —, et si Carol décidait de filer avec son petit ami, elle n'était vraiment pas du genre à lui reprocher. Le petit ami était marié, Carol n'avait donc pas eu le choix. Le fait est qu'elle n'en pouvait plus de ce travail, et parlait sans arrêt de laisser tomber.

1. Célèbre acteur anglais, directeur de l'un des grands théâtres de Nottingham dans les années 60.

Loring avait-il seulement une idée de ce qu'était payée une coiffeuse ? Une misère ! Ce qui l'obligeait à vivre presque uniquement sur ses pourboires. Le petit ami avait de l'argent. C'était un homme d'affaires qui voyageait, dit Mrs Pearson, sans préciser. Mais elle ne se souvenait pas de son nom, et n'avait pu le donner à la police quand on l'avait interrogée. Carol l'appelait Jack. Elle n'envoyait jamais de lettres. Et puis elle était comme sa mère, elle jetait l'argent par les fenêtres, dit Mrs Pearson, avec un sourire entendu. Oui, un de ces quatre, elle allait réapparaître.

Loring, qui avait pris le métro, était finalement arrivé à Tower Hill, après s'être perdu plusieurs fois. Puis il avait remonté Eastcheap et repéré les bureaux du défunt Jérôme Fanshawe, grâce à la plaque en cuivre à l'entrée de l'immeuble. Roma, le coiffeur chez qui Carol Pearson avait travaillé, était juste en face, de l'autre côté de la rue. Loring entra.

Il n'avait jamais rien vu de pareil, jamais vu une fille comme cette réceptionniste. Ce n'était pas le genre de fille qu'on osait embrasser — à supposer qu'on en ait envie. Ses cheveux n'étaient qu'un enchevêtrement très étudié de boucles rousses, et son visage un travail de peinture absolument miraculeux, un exploit artistique dans des tons beiges et dorés, avec des yeux de suie et une bouche rubis. Elle portait une longue robe noire, des escarpins rouges, et un caftan rouge et court brodé d'or.

Ses deux téléphones blancs sonnèrent simultanément quand Loring entra. Elle décrocha le premier et dit :

— Roma, bonjour. Veuillez ne pas quitter.

Puis elle décrocha le deuxième, dit la même chose, et posa le combiné à côté de son petit frère, sur son énorme carnet de rendez-vous.

— Puis-je vous aider ?

Loring dit qu'il était officier de police et montra sa carte. Ce qui n'impressionna nullement la réceptionniste.

— Un moment, je vous prie, dit-elle.

Puis elle finit les conversations téléphoniques. Des rendez-vous furent pris. Loring jeta un coup d'œil en contrebas, dans le salon. Il n'avait jamais rien vu de pareil à Kingsmarkham. Les murs du salon Roma ressemblaient à d'énormes tranches de pumpernickel. Les lustres étaient des mobiles noirs et argentés, et le sol comme un lac écarlate gelé. La plupart des employés étaient des hommes, des jeunes hommes à l'air éreinté, en costumes légers constellés de petits bouts de cheveux de toutes les couleurs.

— Si vous venez pour Carol Pearson, dit la fille, méprisante, il faut que vous voyiez Mr Ponti. Il est dans le salon pour hommes, mais il coiffe, alors vous ne pouvez pas.. (L'un des téléphones sonna.) Roma, bonjour. Veuillez ne pas...

— Merci de votre aide, dit Loring.

Puis il battit en retraite dans la rue et poussa la porte de ce qu'il aurait tout simplement appelé le coiffeur. Ce n'était pas très différent du coiffeur de Kingsmarkham. Dans le monde de la mode, les choses évoluent moins vite pour les hommes.

Mr Ponti ressemblait davantage à un instituteur qu'à un coiffeur. Il était grand, maigre, et portait un costume très simple, presque austère. La seule chose qui trahissait le coiffeur, était une paire de ciseaux dépassant de sa poche poitrine, et que Loring, qui l'avait vraiment vu en instituteur, avait d'abord pris pour des branches de lunettes.

Les employés s'effacèrent respectueusement sur son passage, tandis qu'il traversait l'allée centrale. En le voyant de plus près, Loring s'aperçut que le coiffeur avait de la crème teintée sur la figure, et trouva qu'il ressemblait finalement davantage à un acteur prêt à jouer un rôle des moins drôles, qu'à un instituteur.

Il y avait dans sa voix un vieux reste d'accent italien.

— Carol ? dit-il. La police est déjà venue, et je leur ai dit que je ne savais rien. (Il prit le sac en cuir noir qu'avait apporté Loring et le tâta en connaisseur.) Beau sac, dit-il, très beau sac. Écoutez, elle ne pouvait pas avoir un sac comme ça. Je voudrais pas être méchant, mais c'est qu'une petite nana sans aucune classe. (Il ouvrit le sac et en sortit le petit poudrier bon marché et le tube de rouge à lèvres en métal tout éraflé.) Mais ça, voilà, ça lui ressemble, c'est de la camelote.

Il fronça son long nez d'un air dédaigneux. Loring le trouva odieux.

— Est-ce que vous avez un Jérôme Fanshawe parmi vos clients ? demanda-t-il.

De toute évidence, le coiffeur le connaissait.

— L'agent de change d'en face ? fit-il. Il paraît qu'il s'est tué en voiture. (Loring acquiesça d'un hochement de tête.) Il n'est jamais venu ici.

— Vous en êtes sûr ?

— Je n'oublie jamais le nom de mes clients. Je les connais tous personnellement.

Ponti referma le sac et s'adossa à la caisse, avec l'air de s'ennuyer.

— Je me demandais si miss Pearson le connaissait, dit Loring ! — en s'écartant légèrement, pour échapper à l'after-shave du coiffeur. Elle aurait pu parler de lui. Vous auriez pu la voir entrer dans son immeuble.

— Je ne sais rien. (Ponti ouvrit une porte à côté de lui et claqua des doigts.) Les photos de Carol, demanda-t-il, autoritaire. (Puis il dit à Loring :) Je les ai montrées aux autres policiers. Ça vous intéressera peut-être de les regarder.

De ses yeux marron pâle, le coiffeur étudia la coupe de cheveux de Loring avec un vague dédain. Une main apparut dans l'entrebâillement de la porte avec les photos. Loring les prit.

— Je l'ai prise une fois comme modèle, dit Ponti. Et c'était pas un bon modèle, je peux vous le dire.

Loring la trouva très bien, lui. Il avait des goûts très simples, en matière de beauté féminine. Qu'une fille soit mignonne, franche et souriante, ça lui suffisait. Sur ces clichés, la coiffure de Carol ressemblait à une pièce montée, d'où s'échappaient d'énormes anglaises qui lui dégoulinaient dans le cou. Elle avait l'air mal à l'aise, comme si elle portait un casque en métal lourd, et levait vers l'objectif des yeux inquiets. On lui avait fait un maquillage ridicule, avec des espèces de rayons partant du coin des yeux, et mis de lourdes boucles, qui distendaient les lobes de ses oreilles. Mais sous son déguisement elle était très jolie, et Loring se souvint soudain — et il en eut presque un haut-le-cœur —, que c'était peut-être la jeune fille morte dans l'accident, affreusement brûlée et défigurée.

— Vraiment nulle, oui, répéta le coiffeur.

Doreen Dacres avait réapparu.

C'était une étrange histoire, que la sœur de Doreen avait racontée à Loring. La jeune fille était partie à Eastbourne, pour travailler dans une boîte de nuit. Une fois là-bas, on l'avait fait attendre au bar, désert à cette heure de la journée. Et la femme de ménage bien informée l'avait éclairée sur la nature exacte du travail qui l'attendait. Alors Doreen, affolée, s'était enfuie.

Elle n'avait que cinq livres en poche. Elle avait laissé tomber son travail et sa chambre à Londres. Sa sœur, mariée, lui avait fait comprendre qu'elle et son mari ne pouvaient l'héberger. Quant à ses parents, ils étaient à Glasgow, une ville où Doreen s'était juré de ne jamais retourner. Alors elle avait pris une chambre dans une pension de famille, et un travail de vendeuse sous le nom de Doreen Day, de peur que les gens du club ne la retrouvent.

Ce n'est que cinq semaines plus tard qu'elle avait téléphoné à sa sœur pour qu'elle lui envoie des vêtements. Loring raya son nom de la liste avec soulagement.

La clinique Princess Louise, dans New Cavendish Street, était sa dernière étape. Le concierge lui indiqua le pavillon des infirmières, une jolie bâtisse Régence, avec une porte d'entrée bleu vif, flanquée de deux piliers blancs. Une femme, qui se présenta comme la responsable des lieux, vint lui ouvrir, et avant qu'il ait pu dire un mot, elle se mit un doigt sur la bouche.

— On ne fait pas de bruit. Le personnel de nuit dort à cette heure-ci.

Dans le couloir profondément silencieux, et loin derrière l'odeur d'antiseptique, flottait un parfum délicieux. Et le policier associa ce parfum, à celui de jeunes filles fraîchement sorties du bain qui auraient laissé dans l'air ces senteurs mêlées de jasmin, de cuir, de fougère et de foin. Il suivit cette femme corpulente et bleu marine sur la pointe des pieds, cette femme qui pour lui était un mélange de gardienne de prison et de mère supérieure. Ils entrèrent dans un petit salon avec des fauteuils en chintz, des fleurs, et une vieille télévision.

— La fille qui avait la chambre à côté de la sienne, miss Lewis, serait la plus habilitée à vous renseigner, dit la responsable. Mais bien entendu, il est hors de question de la déranger si elle dort. (Elle le fixa d'un œil intensément autoritaire.) Hors de question, répéta-t-elle. Vous pourriez être le ministre de l'Intérieur que je ne vous laisserais pas la voir. (Apparemment, elle s'attendait à une réaction de protestation, et comme Loring la regardait d'un air obéissant, elle se radoucit vaguement.) Je vais aller voir, dit-elle, mais je ne vous promets rien. En attendant vous pouvez lire, si vous voulez.

Lire voulait dire feuilleter des magazines. Le salon du pavillon des infirmières était moins luxueux que la salle d'attente de Vigo. Pas de *Elle* ici, seulement des publications médicales, et encore, vieilles de quinze ans. Une fois seul, Loring regarda dans la rue.

En annexe à la clinique, il y avait une maternité. Et pendant qu'il attendait, Loring vit une Bentley se garer devant et une jeune femme entrer, lourdement appuyée au bras de son mari. Elle était énorme, elle avait du mal à marcher, et elle était visiblement déjà en plein travail. Dix minutes s'écoulèrent et une Jaguar arriva. La même scène se reproduisit, mais cette fois la mère était moins jeune, et sa robe de grossesse portait visiblement la griffe d'un grand couturier. La clinique Princess Louise semblait assurer, à un rythme effréné, la pérennité des classes supérieures de la société.

Il était presque 5 heures quand miss Lewis se montra. Elle avait le regard encore lourd de sommeil.

Elle n'était pas maquillée, elle avait une belle peau, sa blouse était immaculée, et ses cheveux blond pâle, encore humides, avaient gardé la trace d'un peigne à dents très écartées.

— Je suis désolée de vous avoir fait attendre. Mais je travaille la nuit.

— Aucun problème, dit Loring. Moi aussi je travaille la nuit, des fois. Je sais ce que c'est.

Miss Lewis s'assit et ses jambes nues accrochèrent la lumière. Ses orteils roses étaient comme des orteils de petite fille, dans des sandales de petite fille.

— Qu'est-ce que vous vouliez savoir? La police m'a déjà interrogée. (Elle avait un sourire honnête.) Je leur ai dit tout ce que je savais sur Bridie Culross, c'est-à-dire pas grand-chose. Bridie n'était pas vraiment intime avec les filles, voyez. C'était plutôt une femme à hommes.

— J'aimerais que vous me disiez tout ce que vous savez, miss Lewis. (Laisser les gens parler. Il avait appris ça de Wexford.) Dites-moi quel genre de fille c'était. Elle avait beaucoup de petits amis?

— Eh bien, y a pas d'étudiants en médecine ici. Mais en un an, elle est sortie avec tous les hommes de la clinique.

Loring prit note.

— Mais j'ai jamais su comment s'appelait l'homme dont elle était amoureuse. Elle l'appelait Jay.

— C'est peut-être une initiale. Qui pourrait vouloir dire James, ou John, ou Jérôme.

— Peut-être, oui. Mais j'ai déjà dit tout ça à la police, et ç'a pas eu l'air de les intéresser.

— Parce qu'en général on s'occupe pas trop des filles qui disparaissent.

— Et là, pourquoi vous vous en occupez ?

— Laissons cela pour l'instant, si vous voulez bien. Parlez moi plutôt de ce Jay.

Elle croisa ses longues jambes nues.

— Je ne l'ai jamais vu, dit-elle. Il était marié, je crois. Mais ça n'empêchait pas Bridie de sortir avec lui. Oh, et je me souviens qu'elle m'avait dit que sa femme avait été soignée ici.

Charmant, se dit Loring. Il vient voir sa femme malade, et il repart au bras d'une infirmière.

— Je sais ce que vous pensez, dit miss Lewis. Et c'est vrai, ce n'était pas très sympa. Il avait beaucoup d'argent, une belle voiture, et tout ça. Bridie... (Elle hésita et rougit.) En fait, Bridie vivait avec lui.

— Comment ça ? Chez lui ?

— Ce n'est pas exactement ce que je voulais dire.

— Ah, je vois. (Étrange que les infirmières soient si prudes, se dit Loring.) Et elle est partie en week-end avec lui le samedi 18 mai, à Brighton, c'est bien ça ?

— C'est ça, oui, avec Jay. (Miss Lewis rougit à nouveau à l'idée de ce que ça impliquait.) Mais elle n'est pas revenue. D'ailleurs, la responsable a dit que si elle revenait, elle ne la reprendrait pas cette fois-ci.

— Vous voulez dire que c'était déjà arrivé ?

— Elle était souvent en retard, et parfois, elle ne rentrait pas quand elle sortait le soir. Elle disait qu'elle n'allait pas passer sa vie à vider des bassins. Et qu'elle allait bientôt se la couler douce. J'ai pensé qu'elle était partie vivre avec Jay.

— Dites-moi, est-ce qu'il lui faisait des cadeaux ? Est-ce qu'elle avait un très beau sac noir de chez *Mappin and Webb* ? Ce sac-là.

— Mais oui ! Il lui avait offert pour son anniversaire. Pour ses vingt-deux ans. Vous savez... (Miss Lewis fronça les sourcils et se pencha vers lui.) Mais qu'est-ce qui se passe ? Vous avez retrouvé son sac, et elle, vous ne l'avez pas retrouvée ?

— On n'est sûrs de rien pour l'instant, dit Loring, qui pourtant l'était.

Wexford ne serait pas content, s'il ne rentrait pas avec plus d'informations que ça. Loring serait bien resté un jour de plus à Londres. Mais est-ce que ça valait la peine d'encourir les foudres de son chef et de s'épuiser en explications pour qu'il accepte ? Il se dirigea vers le bâtiment principal de l'hôpital, entra, et appuya sur la sonnette, à la réception. Pendant qu'il attendait, il regarda autour de lui. Il n'était encore jamais allé dans un hôpital comme celui-ci. Et sans doute était-il la première personne depuis des années, se dit-il, à pénétrer dans cet endroit avec des revenus aussi bas. Et il pensa à l'hôpital de Stowerton, où les gens attendaient des heures sur des chaises inconfortables, où la peinture s'écaillait, et où tout le monde avait l'air survolté.

Ici, en revanche, il y avait une atmosphère de lenteur, d'élégance feutrée, comme dans les grandes demeures. Il y avait aussi une très légère odeur de désinfectant, presque entièrement couverte par le parfum des pois de senteur, dans leurs jolis pots en cuivre. À la réception, il y avait une rose dans un vase flûté, et une très belle moquette rouge foncé.

Loring regarda la réceptionniste descendre le grand escalier. Il lui demanda la liste de tous les gens qui avaient été hospitalisés à la clinique Princess Louise depuis un an, et il récolta un regard outragé.

On le renvoya d'une personne à l'autre pendant une demi-heure, et finalement il obtint ce qu'il désirait.

La liste était longue et impressionnante. La plupart des noms étaient précédés d'un titre. Et parmi les « sans titre », il reconnut un grand industriel, un ancien ministre, et une vedette de la télé. Parmi les femmes, il y avait une duchesse, une danseuse étoile, et un mannequin célèbre. Loring ne trouva pas Dorothy Fanshawe. Il éplucha sa liste une seconde fois. En vain. Il était pourtant tellement sûr de la trouver.

J pour Jérôme. Mais aussi pour John, James, Jeremy, Jonathan, Joseph. Bridget Culross était-elle la petite amie du mari de la très honorable Mrs John Frazer-Bennett of Wilton Crescent, ou du mari de lady James Fyne of The Boltons ? Non, elle était la petite amie du mari de Dorothy Fanshawe, se dit Loring. Et il était persuadé que Wexford serait du même avis que lui.

14

Les jeunes mariés passaient leur lune de miel dans la maison du père de Jack Pertwee. Leur appartement ne serait pas prêt avant une quinzaine, et Jack avait annulé leur réservation à l'hôtel. Ils n'avaient aucun autre endroit où aller, et pas grand-chose à faire. Jack avait pris ses congés annuels, et ici, il se sentait chez lui. D'ailleurs, pourquoi s'agiter, c'était la seule lune de miel qu'il aurait jamais. D'habitude, pendant ses loisirs, Jack bricolait, il allait aux courses de lévriers, ou au *Dragon*. Marilyn, elle, se faisait des robes, allait voir ses copines, ou allait à des réunions destinées à attiser la conscience de classe. Toutes ces choses n'étaient pas des occupations dignes d'une lune de miel, et les Pertwee sentaient confusément que ne rien changer à leurs habitudes en cette période de leur vie, a priori vouée à l'amour et à l'oisiveté joyeuse, eût été sacrilège. Comme le disait Jack, on ne peut passer la journée au lit. Alors ils restaient le plus souvent assis, main dans la main, dans le petit salon. Marilyn ne savait parler que politique, et Jack n'avait jamais été un bavard. Ni l'un ni l'autre n'ouvrait jamais un livre, et leur ennui atteignait des profondeurs inavouables. Mais chacun d'eux aurait préféré mourir plutôt que de l'avouer. Ils savaient que ce silence n'était pas une menace pour leur bonheur à venir. Tout serait parfait dès l'instant où Jack reprendrait son travail, et qu'ils s'installeraient dans leur appartement. Quand ils pourraient parler des camarades de travail de Jack, des meubles à acheter, et d'inviter la mère de Marilyn à prendre le thé. Pour le moment, ils remplissaient les blancs de réflexions tristes sur Charlie Hatton, de clichés mélo, ce qui renforçait leur amour, car leur chagrin n'était pas feint.

Et c'est dans cet état d'esprit que les trouva Wexford.

Marilyn le conduisit à l'intérieur, avec un haussement d'épaules en guise de bonjour. Wexford aussi pouvait se montrer laconique et impoli, et quand Jack s'extirpa sans enthousiasme du canapé, l'inspecteur lui dit :

— Je suis venu vous parler de Mc Cloy.

— Alors allez-y. Parlez-moi de lui.

Cela fit sourire la fille.

— Allume-nous une cigarette, Jack, dit-elle, en couvant son

mari d'un regard tendre, toute fière de lui. Oui, c'est ça, dit-elle, en se rapprochant de Wexford, faites-nous donc un exposé. Mous voulons tout savoir. On peut bien vous écouter, puisqu'on n'a rien d'autre à faire.

— Pas terrible comme lune de miel.

— Parce que vous croyez que je l'avais imaginée comme ça, ma lune de miel ? grommela Jack.

Wexford s'assit et les regarda.

— Je n'ai pas tué Charlie Hatton, dit-il. Je ne le connaissais même pas. Mais vous, vous le connaissiez, vous étiez même son ami, paraît-il. Eh bien vous avez une drôle de façon de le montrer.

Saisi par un accès de douleur, Jack devint livide. Il prit la main de sa femme et poussa un soupir.

— Il est mort, dit-il. On ne peut pas être ami avec un mort. On ne peut plus se raccrocher qu'à son souvenir.

— Il y a certains de ces souvenirs que j'aimerais bien connaître, Mr Pertwee.

Jack le regarda bien en face, le rouge lui monta aux joues, ses tempes se mirent à battre.

— Ah ! Vous faites le malin, vous jouez avec les mots, vous...

— Vous croyez que vous nous impressionnez parce que vous avez de l'instruction ! l'interrompit Marilyn.

— Laisse tomber, mon amour. Je suis d'accord, mais, c'est pas la peine. C'est... Vous vous êtes mis dans la tête que Charlie était un escroc, pas vrai ? Et ça ne servirait à rien que je vous dise que c'était un type bien, un type qui ne vous laissait jamais tomber. Non, ça ne servirait à rien.

— Je doute que ça m'aide à découvrir son assassin.

— C'est lui qui nous a trouvé notre appartement, dit Jack. Le type qui le louait voulait une reprise. Deux cents livres, et Charlie a fourni les fonds. C'était un prêt, bien sûr, mais sans intérêts. C'était le 21 mai. Une date que je n'oublierai jamais. La veille, Charlie avait roulé toute la journée. Mais il est quand même venu le matin pour nous dire qu'il avait trouvé cet appartement. J'étais au boulot, mais Marilyn a pu prendre deux heures pour aller le voir. Et il a promis l'argent au type, un peu comme s'il était le père de Marilyn.

Le 21 mai. Le jour où Hatton avait commandé sa prothèse dentaire. Cet appartement était un nouvel exemple des dépenses de Charlie Hatton, dépenses faites sur la petite fortune qu'il avait réussi à soutirer à Mc Cloy.

— « Je vous donnerai l'argent quand vous voudrez », a dit Charlie. Vous n'aurez qu'à demander. Et vous l'auriez vu quand on lui a demandé ! Je crois que ça lui faisait vraiment plaisir de nous aider.

— Cet appartement, dit doucement Marilyn, comme si elle se parlait à elle-même, c'est plus pareil maintenant que Charlie n'est plus là.

Baratin tout ça, sentimentalisme à la noix, pensa Wexford, sans indulgence.

— Et où trouvait-il tout cet argent, Mrs Pertwee ?

— J'aurais dû lui demander, hein ? Comme ça ! Je suis peut-être issue de la classe ouvrière, mais je suis bien élevée. J'ai des manières, moi. Alors, pour l'amour de dieu, oubliez-moi un peu.

— Mr Pertwee ?

Il allait devoir répondre, pensa Wexford. Il en avait trop dit, et s'était trop bien maîtrisé pour se réfugier brusquement derrière son chagrin. Jack planta son coude sur la table et appuya son front contre son poing.

— D'où tirait-il cet argent ? demanda Wexford. Deux cent cinquante livres pour ses dents, deux cents pour vous... (Ouh, ça chiffrait vite !) Et puis l'argent pour ses meubles, pour les robes de sa femme, pour votre cadeau de mariage, plus les grosses sommes qu'il déposait chaque semaine à la banque. Il gagnait vingt livres par semaine, Mr Pertwee. Combien gagnez-vous ?

— Ça ne vous regarde pas, cracha Marilyn.

— Oh, mon amour, soupira Pertwee, pitoyable. (Il regarda Wexford et se mordit la lèvre) Un peu plus que ça, les bonnes semaines.

— Et vous pourriez prêter deux cents livres à votre meilleur ami ?

— Mon meilleur ami est mort !

— Là n'est pas la question, dit Wexford, durement. Vous saviez comment vivait Charlie Hatton, Pertwee. Ne me dites pas que vous ne vous êtes jamais demandé d'où venait son argent. Vous vous êtes posé la question, et vous la lui avez posée. Pourquoi Charlie Hatton est-il subitement devenu un homme riche, le 21 mai ?

Le visage de Pertwee s'éclaira. Il poussa un soupir et une imperceptible lueur de triomphe passa dans ses yeux.

— Je ne sais pas. Et vous pouvez me demander ça jusqu'au jour du jugement dernier. Je ne vous répondrai pas, parce que je ne sais pas. (Il eut un moment d'hésitation.) Vous m'avez posé une question à propos de Mc Cloy, dit-il. Eh bien je peux vous dire que Mc Cloy n'a pas donné d'argent à Charlie le 21 mai. Il n'aurait pas pu lui en donner.

Alors Wexford le questionna, le sonda, utilisa toutes les subtilités qu'il avait acquises au fil des années. Pertwee hocha la tête, répondit par monosyllabes. Il finit par se taire.

Lors de l'audience préliminaire, Maurice Cullam plaida coupable, coupable d'avoir volé cent vingt livres sur le cadavre de Charlie Hatton, et fut maintenu en détention préventive. Burden laissa entendre que d'autres accusations pourraient être portées contre lui.

Il ne pensait pas que Cullam fût un assassin. On avait fouillé la maison de fond en comble et on n'avait pas trouvé d'argent. Cullam n'avait pas de compte en banque et pas plus de quelques shillings à la poste. Seul résultat de la fouille, la découverte accidentelle, sur les jambes de Samantha Cullam, d'ecchymoses si vilaines qu'il avait fallu la confier au service social du comté. D'autres chefs d'accusation seraient portés contre son père, mais pas le vol, ni le meurtre.

— Et maintenant, qu'est-ce que vous allez faire ? demanda le Dr Crocker, qui venait d'examiner les blessures de la petite fille. À mon avis, un type qui peut battre un enfant comme ça n'hésiterait pas à tuer.

— C'est pas certain. L'un n'implique pas forcément l'autre, dit Burden.

— Le problème avec vous, c'est que vous compliquez toujours les choses. Tiens, voilà le patron. J'étais juste en train de demander à Mike si vous n'auriez pas une place pour moi dans votre équipe, vu l'aide précieuse que je vous apporte.

Wexford lui lança un regard agacé.

— Cullam n'est pas un assassin.

— Peut-être pas, non. Ses victimes, il les préfère petites, et de sexe féminin. (Le médecin se lança dans une tirade enflammée contre l'homme qu'on avait arrêté.)

— Oh, je commence à en avoir marre de cette histoire,

explosa Wexford, d'un seul coup. J'ai passé toute la matinée à essayer de faire parler Pertwee. Quel sentimental imbécile ! Tout le monde sait qu'Hatton était un escroc, mais Pertwee ne veut rien dire, pour ne pas salir sa mémoire.

— Ça se défend, dit Burden.

— Non, Mike, c'est inacceptable, parce qu'à cause de lui le meurtrier se balade en liberté. Hatton faisait des boulots pour Mc Cloy, et un week-end de mai, il a commencé à lui soutirer du blé. Et il y est allé fort, croyez-moi. Deux cents livres pour Pertwee, deux cent cinquante pour Vigo... Oh, je vais pas recommencer à parler de tout ça.

— Alors tu renonces ? dit Crocker.

Burden eut l'air profondément choqué, mais Wexford resta très calme.

— Je vais essayer dans une nouvelle direction, et je compte sur toi pour m'aplanir le terrain. Après tout, tu es médecin.

Mrs Fanshawe était seule dans sa chambre, quand ils arrivèrent à l'hôpital. Assise dans un fauteuil, elle lisait *Fanny Hill*, dans un déshabillé en nylon noir.

— Il y a un officier de police, un médecin, et l'inspecteur-chef Wexford, qui désirent vous voir, dit Rose.

Mrs Fanshawe glissa *Fanny Hill* sous le dernier numéro de *Maisons et Jardins*. Maintenant elle savait que Rose n'était pas sa bonne, mais une infirmière, et qu'elle n'était pas chez elle, mais à l'hôpital. Néanmoins, il n'y avait aucune raison pour que cette fille eût l'air de la croire honorée par cette visite. Mrs Fanshawe savait ce qui lui était dû. Et puis elle avait un merveilleux avantage sur eux : après qu'ils eurent refusé de la croire pendant plusieurs jours, elle avait finalement prouvé qu'elle avait raison. Nora était en vie. Et elle était là, ou du moins à quelques kilomètres de là, à Kingsmarkham. Et cette délégation, envoyée par les autorités qui avaient persisté à voir sa fille morte et enterrée, venaient probablement lui présenter des excuses.

À la hâte, Mrs Fanshawe piocha une poignée de bagues dans le coffret à bijoux que lui avait apporté sa sœur, et ce fut une main somptueusement parée qu'elle tendit à Wexford.

Lequel vit un visage mécontent, avec un léger double menton, et des rides qui tiraient les coins de la bouche vers le bas. Mrs Fanshawe avait un regard dur, brillant, et la voix acide quand elle dit :

— Je ne suis pas folle, vous voyez. Pourtant tout le monde me croyait folle, quand je disais que ma fille était vivante. Alors j'imagine que vous êtes venus vous excuser.

— Mais certainement Mrs Fanshawe, nous vous présentons nos excuses.

Ça ne coûte rien de s'excuser. Il sourit d'un air mielleux à cette dame courroucée et se souvint soudain de ce qu'on lui avait dit : son défunt mari la payait, pour pouvoir amener des femmes chez lui.

— Personne ne vous a crue folle, dit-il, mais vous avez eu un grave accident de voiture.

Elle eut un hochement de tête suffisant, et Wexford songea qu'effectivement elle n'était pas plus folle maintenant qu'avant. Et alors ? Elle n'avait jamais été très intelligente, se dit-il.

Rose entra dans la chambre avec deux chaises supplémentaires, et elle protesta, gloussa un brin, quand les trois hommes se confondirent en remerciements.

— Allez me chercher un autre coussin, dit Mrs Fanshawe. Non, pas un oreiller, un vrai coussin. Et après, j'aimerais que vous appeliez ma fille.

— Dans dix minutes, Mrs Fanshawe, dit Rose, fatiguée, mais toujours aussi aimable.

— Comme vous voudrez.

Mrs Fanshawe attendit qu'elle soit sortie, puis elle déclara, sur un ton agacé :

— Vu la façon cavalière dont on vous traite, on ne se croirait pas dans une clinique privée. La moitié du temps, ils ne viennent pas quand on sonne.

— Vous trouviez peut-être la clinique Princess Louise plus confortable, dit sèchement Wexford.

— Que voulez-vous dire ?

— Vous avez été hospitalisée à la clinique Princess Louise, dans Cavendish Street, l'année dernière si je ne me trompe.

— Vous vous trompez. La seule fois où je suis allée à l'hôpital, c'était pour la naissance de ma fille.

Elle eut un soupir agacé, quand Rose entra avec un plateau pour le thé. Et quatre tasses.

— Je croyais que vous manquiez de personnel ? Ces

messieurs sont des fonctionnaires. Ils ne sont pas venus faire des mondanités.

Mais Crocker dit :

— Merci beaucoup, jeune fille. (Et il la reluqua effrontément.) Alors, Mrs Fanshawe, vous faites la maîtresse de maison ?

Ses bagues cliquetèrent quand elle servit le thé. Elle lança un regard suspicieux à Crocker.

— Bien, dit-elle. Ma fille est vivante et je n'ai jamais mis les pieds à la clinique Princess Louise. Que voulez-vous savoir d'autre ?

Wexford regarda Burden, qui dit :

— Votre fille est en vie, mais il y avait une jeune morte, sur la route, à l'endroit de l'accident. Vous avez une idée de qui ça pourrait être ? Bridget Culross, ça vous dit quelque chose ?

— Absolument rien.

— Elle était infirmière.

Le petit reniflement méprisant de Mrs Fanshawe en dit long à Burden sur ce qu'elle pensait des infirmières.

— Elle avait vingt-deux ans. Et ça pourrait être elle, la jeune fille morte qu'on a retrouvée à côté de votre mari, sur les lieux de l'accident.

— En tout cas, elle n'était pas dans la voiture avec nous.

— Mrs Fanshawe, dit Wexford, êtes-vous tout à fait sûre que vous n'avez pris personne en stop à Eastbourne, ou Eastover ?

— Je commence à en avoir assez, dit Dorothy Fanshawe. Je vous l'ai dit je ne sais combien de fois : il n'y avait que mon mari et moi dans la voiture.

Wexford la regarda et pensa : de toute façon, est-ce que vous me le diriez ? Ou est-ce que vous avez trop honte ? Ou est-ce que vous vous en fichez et qu'effectivement, la jeune fille n'était pas avec vous dans la voiture ?

Dorothy Fanshawe regarda ses bagues étinceler dans le soleil. Elle évitait de croiser le regard de ces trois hommes. Ah, qu'ils pouvaient être assommants ! Ils la prenaient pour une imbécile, et une menteuse en plus. Mais elle voyait très bien où ils voulaient en venir. Nora leur avait tout raconté. Elle n'avait pas eu la décence de garder le silence sur les sales habitudes de son père.

Comme ils étaient bêtes, avec leurs airs prudes et gênés !

Croyaient-ils vraiment qu'elle attachait encore de l'importance à la conduite indigne de Jérôme? Son mari était mort et enterré. Bon débarras. Maintenant tout l'argent était à elle: à elle et à Nora. Plus d'argent que ces trois hommes réunis n'en gagneraient jamais de toute leur vie. Et tant que Nora ne ferait rien d'insensé, comme d'épouser ce Michael, tout irait bien pour elles.

Dorothy Fanshawe but son thé, puis reposa sèchement sa tasse sur la soucoupe. Après quoi elle sonna et quand la porte s'ouvrit elle dit:

— Nous voudrions un peu plus d'eau chaude.

Elle avait failli dire “S'il vous plaît”, mais avait ravalé ses mots. Car soudain Rose, si jeune, si fraîche, si pulpeuse, lui avait rappelé cette bonne que Jérôme pelotait dans les coins. Elle eut tout de même un vague sourire, car Jérôme était mort et il n'y avait plus ni bonnes, ni infirmières, ni chair fraîche là où il était.

— Une exhumation! s'exclama Burden. Mais c'est impossible.

— Mais si c'est possible, dit Wexford, avec douceur. J'imagine qu'on peut obtenir une autorisation d'exhumer. Sauf qu'elle est morte depuis un certain temps et que son visage était dans un tel état que... Bon dieu, je lui tordrais bien le cou, à ce Camb!

— Mais la tante était tellement sûre, dit Burden.

— On ferait mieux de convoquer cette demoiselle Lewis de la clinique Princess Louise, et de lui montrer les vêtements. Mais si la fille, c'est bien Bridget Culross, que faisait-elle dans la voiture de Fanshawe, avec la femme de Fanshawe?

— Moi, je crois Mrs Fanshawe, monsieur.

— Moi aussi, Mike, moi aussi, répéta Wexford pour s'en convaincre. Je crois Fanshawe capable d'avoir emmené cette fille au bord de la mer, et d'avoir couché avec elle alors que sa femme était là, dans le bungalow. Je crois que Mrs Fanshawe l'aurait supporté. Quant à la fille, eh bien, on n'en sait pas assez sur elle pour se prononcer. Nora Fanshawe ne sait rien. Pourtant elle était avec eux jusqu'au samedi. Et ils pensaient qu'elle allait rester. À quel moment Culross entre-t-elle en scène? Et où l'on-t-ils planquée le vendredi soir?

— Tout ça est vraiment dégradant, dit Burden, et il fit la

grimace, comme quelqu'un à qui on vient de montrer un tas d'ordures.

— Peu importe. Laissons la morale de côté et concentrons-nous sur la preuve indirecte. Plus j'en apprends sur cette affaire et plus j'en reviens à mon idée première.

— Qui est ?

— À la lumière de ce qu'on vient d'apprendre, ceci : Bridget Culross ne connaissait pas Fanshawe. Sa femme n'a jamais été hospitalisée à la clinique Princess Louise, et par conséquent, Fanshawe n'était pas Jay. Bridget est probablement allée à Eastbourne ou à Brighton avec Jay. Puis elle s'est disputée avec lui, et elle a décidé de rentrer à Londres par ses propres moyens. On l'a prise en stop, et l'a laissée sur la route qui contourne Stowerton. Puis elle a continué à faire du stop. Peut-être qu'elle s'est avancée sur la chaussée, que Fanshawe l'a vue trop tard et n'a pu l'éviter. Il l'a heurtée, et il a fait un tonneau. Qu'en dites-vous ?

Burden paraissait dubitatif.

— Ça voudrait dire qu'elle faisait du stop sur le terre-plein central, puisque Fanshawe roulait sur la voie rapide.

— Oui, c'est vrai. Les auto-stoppeurs se mettent sur le bord de la route.

— D'un autre côté, Mrs Fanshawe a entendu son mari dire "Mon dieu !", juste avant l'accident. C'est d'ailleurs les derniers mots qu'il a prononcés.

— Espérons que la providence l'aura interprété comme une demande de pardon, dit Wexford, avec un ricanement aigre. Donc il la voit, il pousse un juron, il fait une embardée et la heurte. Mais alors, pourquoi n'avait-elle aucun papier sur elle, ni rien qui permette de l'identifier ? pourquoi un routier l'aurait-il déposée sur le terre-plein central de la bretelle de Stowerton plutôt qu'en ville ?

— C'est votre théorie, monsieur.

— Je le sais que c'est ma théorie, bon dieu ! dit Wexford.

Mais il continuait à penser à ce routier. Charlie Hatton était passé là un quart d'heure avant l'accident. Il n'avait donc pu y assister. Mais avait-il vu la fille en train de faire du stop ? Ou était-ce lui, le chauffeur de camion qui l'avait laissée là ? L'ennui, c'est que Charlie Hatton roulait dans l'autre sens.

L'accident avait eu lieu le 20. Et le 21, Charlie Hatton était riche. Les deux événements étaient sans doute liés. Mais alors, où intervenait Mc Cloy dans tout ça ?

Toutes les polices d'Angleterre et du pays de Galles étaient maintenant à la recherche d'Alexander James Mc Cloy, quarante-deux ans, cheveux châtain clair, dernier domicile connu Moat Hall, près de Stamford, dans le Lincolnshire. On le recherchait également en Écosse.

Ce fut Mr Pertwee senior qui le fit entrer. Les jeunes mariés regardaient la télé, toujours main dans la main.

— Mais faut vraiment qu'on éteigne ? dit Marilyn, furieuse, quand son mari se leva pour couper le débat politique à la télé.

Et Wexford dit :

— En novembre de l'année dernière, votre ami Hatton s'est arrangé pour que son camion se fasse attaquer, le camion qu'il conduisait pour le compte de son employeur, Mr. Bardsley. Par « arrangé », j'entends qu'il a agi selon les directives de son autre employeur, Alexander James Mc Cloy. Hatton a reçu un petit coup sur la tête, et s'est fait attacher à son siège, histoire de rendre la chose crédible. Heureusement, Mr Bardsley était assuré. Mais il ne l'était plus quand ça a recommencé, en mars. Cette fois, il a dû supporter la perte du chargement volé, sans se douter, bien sûr, qu'une bonne part du produit du vol était allée directement dans la poche de Charlie Hatton.

Wexford s'interrompit et regarda Pertwee, pâle comme un linge. Jack leva un instant les yeux sur lui, puis il se couvrit le visage de ses mains.

— Ne reconnais rien de tout ça, Jack, dit Marilyn, sur un ton farouche.

— Le 19 mai, reprit Wexford, Hatton est monté à Leeds avec son camion. Il a été malade. Et au retour il a roulé lentement. C'était le lundi 21 mai. Pendant qu'il était à Leeds, ou sur la route de Leeds, il a vu Mc Cloy. Il l'a vu ou il a découvert quelque chose sur lui qui lui a permis de le faire chanter, et de lui soutirer plusieurs milliers de livres.

— C'est un affreux mensonge, dit Jack, d'une voix étranglée.

— Très bien, Mr Pertwee. Alors vous allez me suivre au poste de police, si vous voulez bien...

— Mais il vient de se marier ! protesta le père.

— Mrs Pertwee peut l'accompagner si elle le désire. Mais il est évident qu'il y a là rétention d'informations dans une affaire criminelle, et donc entrave à la bonne marche de l'enquête. Vous êtes prêt, Mr Pertwee ?

D'abord, Jack ne bougea pas. Puis ses mains, qu'il tenait plaquées contre son visage, se mirent à trembler. Marilyn lui entoura les épaules de son bras d'une manière protectrice, mais sans douceur, et elle eut un mouvement des lèvres, comme si elle allait cracher à la figure de Wexford.

— Du chantage ? balbutia Jack. Charlie ? (Il enleva ses mains de sa figure et Wexford vit qu'il pleurait.) Mais c'est fou !

— Je ne crois pas, Mr Pertwee.

— Mais il aurait pas pu le faire chanter, dit Jack, bredouillant quelque chose que Wexford ne comprit pas.

— Qu'avez-vous dit ?

— J'ai dit qu'il aurait pas pu le faire chanter. Mc Cloy est sous les verrous. Vous comprenez ? Vous êtes flic, non ? Mc Cloy est en prison.

15

L'information arriva d'Écosse presque en même temps que les révélations de Pertwee. Le 23 avril, Alexander James Mc Cloy avait écopé de deux ans de prison, pour le casse d'un supermarché à Dundee. Ses deux complices et lui avaient volé pour mille deux cents livres de marchandises. Un gardien avait été légèrement blessé lors du cambriolage du magasin, et Mc Cloy aurait été condamné à une peine plus lourde si son casier judiciaire n'avait pas été vierge.

— Alors pendant qu'Hatton était à Leeds, dit Wexford, le lendemain matin, Mc Cloy était déjà sous les verrous depuis un mois.

— Il semblerait, oui, dit Burden.

— Donc, d'une part il ne pouvait pas le faire chanter. Et d'autre part il avait perdu sa principale source de revenus. En fait, à cette époque, Hatton devait être plus fauché qu'il ne l'avait jamais été depuis son mariage.

— Mrs Hatton dit qu'il avait appeler un médecin conventionné, la semaine d'avant, quand il était malade. À cette époque, il avait déjà dû dépenser tout ce qu'il avait gagné lors de la première attaque de camion, en mars.

— Au rythme où il claquait son argent, sûrement, dit Wexford. Ça a dû lui faire une drôle d'impression d'être fauché. À mon avis, ça l'a paniqué. Vous l'imaginez Mike, en train de penser à l'avenir, et de se dire qu'il ne pourrait plus payer les tournées au pub, ni offrir de nouvelles toilettes à sa femme, ni faire le grand seigneur au mariage de Pertwee ?

— J'imagine qu'il a dû très vite se chercher une nouvelle source de revenus.

— On va aller sur la route qui contourne Stowerton, dit Wexford, en se levant, et reconnaître un peu les lieux. Nos deux affaires convergent, Mike, et à moins que je ne me trompe, on ne devrait pas tarder à y voir clair.

— Il n'y avait pas de valise, dit le sergent Martin, mais je voudrais que vous regardiez les vêtements qu'elle portait. Ils sont dans un sale état, miss Lewis, je préférais vous le dire.

Elle était infirmière et habituée à se contrôler. Martin l'emmena dans une autre pièce, où les vêtements brûlés et déchirés étaient étalés sur une table. On aurait dit un tas de chiffon sorti d'une décharge. Les vêtements noircis et en lambeaux étaient bien séparés les uns des autres, et la façon dont ils étaient disposés faisait penser à des rideaux.

Le haut de l'imperméable et de la robe, n'étaient plus que des fragments de tissu carbonisés, mais la moitié inférieure était presque intacte, et l'on voyait encore ces zones orange et jaune, entre les endroits brûlés. Du soutien-gorge de la morte, il ne restait que les baleines. Margaret Lewis frissonna, en gardant ses mains dans son dos. Puis elle toucha les chaussures orange, et les bas résille blancs, et se mit à pleurer.

— Je lui avais offert ces bas pour son anniversaire, murmura-t-elle.

Seul le haut des bas était carbonisé, mais sur l'un d'entre eux, il y avait une longue marque noire qui courait de la cuisse au genou, à l'endroit où une flamme avait léché le nylon.

Martin prit gentiment la jeune fille par le coude, et l'entraîna hors de la pièce.

— Je vais vous dire tout ce que je sais sur Bridie, dit-elle, en avalant une grande gorgée du thé que Loring lui avait apporté. Et tout ce que je sais sur Jay. Elle l'avait rencontré en octobre. Sa femme avait été hospitalisée pour une toxémie, dans le service où travaillait Bridie. Et Bridie avait pris l'habitude de sortir avec lui, quand il quittait la clinique après avoir rendu visite à sa femme. Elle finissait à 8 heures et demie. À peu près l'heure où Jay partait.

» Et puis, poursuivit miss Lewis, quand sa femme est sortie de la clinique, il a laissé tomber Bridie. Et j'ai cru que c'était fini. Mais je me trompais. Il a réapparu en mai et tout a recommencé. Alors Bridie s'est mise à parler mariage. C'était vraiment dur, ces histoires de divorce et tout ça, et j'écoutais pas trop ce qu'elle me racontait. Pourtant j'aurais mieux fait.

— Est-ce que vous l'avez vu, lui ? demanda Martin.

Margaret Lewis secoua la tête. Ses joues avaient repris des couleurs. Elle tamponna ses yeux non maquillés avec un mouchoir immaculé.

— On ne travaillait pas dans le même service. Mais plein de gens ont dû le voir. Il faudra que vous demandiez aux autres filles. Bridie disait qu'il était assez vieux, beaucoup plus vieux qu'elle en tout cas, et que c'était ça qui la faisait hésiter.

— Alors vous ne pourrez pas me dire si c'est lui ? dit Martin, en tendant à miss Lewis une photo de Jérôme Fanshawe.

Elle avait été prise au flash lors d'un dîner, et sur ce cliché, Fanshawe avait le visage dur. Il puait l'arrogance avec sa mâchoire carrée, et c'est justement à cause de ça qu'il devait plaire aux femmes.

Miss Lewis le regarda avec l'air franchement dégoûté que peuvent avoir les jeunes gens, et, sans répondre à Martin, elle dit :

— Je vous ai dit qu'ils étaient allés à Brighton le 18 mai ? (Loring acquiesça d'un hochement de tête.) Bridie devait le retrouver à Marble Arch. Je l'ai vue partir dans cet imperméable jaune et cette robe orange. Elle disait qu'il lui faudrait se trouver des choses à faire dans la journée, parce que Jay serait à son congrès. C'est pour ça qu'il allait à Brighton, pour un congrès.

Loring lui fit à nouveau un sourire engageant.

Puis il se souvint qu'il n'avait pas trouvé de Fanshawe sur la liste des patients.

— L'homme auquel on pensait, dit-il, n'avait pas son nom sur la liste des patients, à la clinique. Et sa femme nie avoir jamais été hospitalisée là.

Miss Lewis étudia à nouveau la photo, puis regarda Loring d'un air perplexe.

— Mais quel âge elle a, sa femme ?

— Cinquante, cinquante-cinq ans.

— Oh, je suis désolée, dit Margaret Lewis en rougissant. Tout ça est de ma faute. La femme de Jay était à la maternité. Vous savez, dans les hôpitaux, la maternité est toujours séparée des autres services. Bridie avait fait obstétrique, et elle s'est occupée de la femme de Jay avant la naissance de son bébé, et aussi après.

C'était Burden qui conduisait. Wexford, après avoir consulté le schéma de l'accident, dit à son subordonné :

— Arrêtez-vous sur la prochaine aire de stationnement, Mike. Après on ira à pied.

Par chance un vieux panneau, qui datait du temps des voitures à chevaux, indiquait précisément le lieu de l'accident. De là naissait une légère pente qui descendait dans la vallée. Au milieu de la bretelle de déviation, il y avait une langue de gazon, sur laquelle étaient plantés de jeunes bouleaux. Fanshawe était rentré dans l'un de ces arbres, sa voiture s'était retournée, et avait pris feu. Wexford et Burden attendirent que deux voitures passent, puis traversèrent la route jusqu'au terre-plein central.

Une large zone de gazon avait brûlé, mais l'herbe avait déjà commencé à repousser, et il ne restait qu'un bout de souche noirci comme témoin de l'accident.

— Partons d'abord du principe que la fille était dans la voiture, dit Wexford, qu'elle était la petite amie de Fanshawe, et qu'il la ramenait à Londres. Qui est à l'avant, qui est à l'arrière ? Mrs Fanshawe à l'arrière, et sa remplaçante devant à côté de Don Juan, ou le contraire ?

— Il fallait qu'ils sauvent un minimum les apparences, dit Burden, en fronçant son nez délicat. Ils ne pouvaient afficher la situation, comme ça, ouvertement. La fille était forcément assise à l'arrière.

— La place à côté du conducteur est la place du mort, Mike. Or cette fille est morte, alors que Mrs Fanshawe est toujours en vie. Si cette fille a jamais été dans cette voiture, c'était forcément à l'avant. Fanshawe arrive de là, dit Wexford, avec un mouvement circulaire du bras, en roulant comme un fou. Mais attention, rien ne prouve qu'un pneu ait éclaté, et le pare-brise n'a pas volé en éclats. Alors, pourquoi a-t-il crié "mon dieu" et donné un coup de volant ?

— Pour éviter un truc sur la route ?

— Oui. Mais quoi ? Un gros morceau de métal, ou une caisse en bois ? Parce que si ç'avait été un carton, il aurait roulé dessus. De toute façon, ils n'ont rien trouvé sur la route, après l'accident.

— C'était peut-être un chien ?

— Fanshawe n'aurait pas risqué un accident pour éviter un chien. Et de toutes manières, s'il en avait écrasé un, on l'aurait retrouvé.

— Ou alors c'est elle qu'il a vu, dit Burden. Il l'a vue s'avancer du terre-plein central et lui faire signe.

— Mais nous étions partis de l'hypothèse que la fille était "dans" la voiture. Donc, vous êtes d'accord avec moi : elle ne pouvait pas y être.

Burden fit quelques pas et s'arrêta au pied de la souche noircie.

— Si la fille s'est avancée de là, dit-il, en faisant deux pas vers la voie rapide, et que Fanshawe a cru qu'il allait la heurter, alors pourquoi a-t-il donné un coup de volant sur la gauche et pas sur la droite, pour l'éviter ? La route devait être déserte, puisqu'il n'y a pas de témoin de l'accident. Et pourtant il a braqué sur la gauche, il est monté sur ce terre-plein, et il est rentré dans l'arbre.

Wexford haussa les épaules. Une voiture passa comme une flèche, juste sous leur nez.

— Vous avez envie d'essayer, Mike, dit Wexford avec un sourire. Vous pouvez descendre sur la route, agiter les bras et voir ce qui se passe.

— Allez-y, vous, si vous avez envie de faire du zèle, dit Burden, en reculant instinctivement. Moi, je veux rester en vie.

— Mais cette fille, elle, s'est précipitée droit sur le danger. Dites-moi, Mike, ça ne pourrait pas être un suicide, tout de même.

— Je crois que ce n'est pas impossible, dit Burden, l'air pénétré. Imaginons qu'il n'y ait aucun rapport entre elle et Fanshawe, qu'elle soit allée sur la côte avec son petit ami, qu'il l'ait plaquée et qu'elle ait dû faire du stop jusqu'à Londres. C'est peut-être elle qui a demandé au conducteur qui l'a prise en stop de la laisser là. Elle va sur le terre-plein central ; elle attend qu'une voiture arrive à toute allure et se jette sous ses roues. Évidemment, ça n'explique toujours pas pourquoi Fanshawe a braqué à gauche et pas à droite.

— Et ça n'explique pas non plus pourquoi on a "enlevé" de son sac toutes les choses qui permettaient de l'identifier. Si elle avait vraiment voulu en finir, pourquoi se serait-elle d'abord débarrassée de ses papiers ? Absurde. Mais ne perdons pas de vue la raison principale pour laquelle nous sommes venus ici. L'accident a eu lieu à 11 heures moins 10, et Hatton est passé là, dans l'autre sens, à 10 heures moins 20 environ. Un Charlie Hatton démuni, prêt à tout pour remplir son compte en banque. Supposez qu'en fait il soit passé quelques minutes plus tard, et qu'il ait vu la fille se jeter sous la voiture. Bon, si Fanshawe était toujours vivant, et qu'il ait, mettons, tué la fille sans abîmer sa Jaguar, puis qu'il ait pris la fuite, Hatton aurait très bien pu le faire chanter. L'ennui c'est que Fanshawe est mort, Mike.

C'était au tour de Burden, maintenant, de hausser les épaules et d'avoir l'air déconcerté. Il regarda l'autre partie de la route, qui allait vers le sud, la haie qui la bordait, les prairies au-delà. Il y avait une côte à environ cinquante mètres de l'endroit où ils étaient, et après le sommet de la côte, le ciel, et rien d'autre.

— Imaginons un scénario fou, dit Burden, pensif. Si par exemple on avait poussé la fille... oh, je sais, ça paraît insensé, mais je crois que vous aussi ça vous a traversé l'esprit. Donc, si on l'a poussée et qu'Hatton, arrivant au sommet de la côte, ait assisté à la scène, comment se fait-il que la personne qui l'a poussée, qui que ce soit, n'ait pas vu Hatton en premier ? Son camion était un véhicule très haut, hors gabarit, et quiconque se serait trouvé ici, l'aurait vu arriver au sommet de la côte avant que le chauffeur n'ait pu le repérer. Regardez, voilà justement un camion.

Wexford tourna la tête vers le haut de la côte. Le toit du camion se profila à l'horizon, et il sembla s'écouler plusieurs secondes avant que n'apparaisse la cabine.

— Il faisait nuit, dit-il.

— C'est vrai. Et l'assassin aurait vu les phares du camion au moment où le chauffeur l'aurait vu lui.

Saisis par la même pensée, les deux hommes se dirigèrent vers le sommet de la côte. La moitié du Sussex s'étendait à leurs pieds : de vastes prairies, vertes et dorées, les ombres profondes et bleutées des forêts, et dans les cuvettes, des fermes, et parfois la pointe d'un clocher. Et la grande route serpentait comme un double ruban blanc dans ce paysage champêtre, culminant en certains points, disparaissant complètement dans la verdure à d'autres endroits.

À environ vingt mètres du haut de la côte, la route s'élargissait en arc, et les occupants de deux voitures pique-niquaient sur l'aire de stationnement.

— Il s'est peut-être arrêté ici quelques minutes, dit Burden. Pour satisfaire un besoin naturel, ou simplement parce qu'il avait besoin de respirer un peu d'air frais. N'oublions pas qu'il avait été malade.

Mais Wexford, qui admirait le panorama, lui dit :

— La nature est pure. C'est l'homme qui la salit.

L'énorme voiture américaine, avec ses ailerons effilés, éclipsait tous les autres véhicules garés devant l'*Olive and Dove*. En traversant la cour avec Burden, Wexford la regarda de plus près et vit qu'elle n'était ni neuve, ni très bien entretenue. L'un des phares était cassé depuis longtemps, car le chrome tout autour était rouillé. Il y avait aussi des rayures sur les ailes bleu-vert. Et ici, sur le parking minuscule de cette toute petite ville de campagne, cette voiture n'était qu'un monstre de métal, aux armatures tout à fait discutables, en regard des océans d'essence qu'il suçait. Un monstre qui prenait une place considérable, mais dans lequel on pouvait à peine s'asseoir.

— Cette voiture me fait penser à l'un de ces animaux préhistoriques, tout en muscles, avec un petit cerveau.

— Pourtant elle a dû être impressionnante, à son époque, dit Burden.

— C'est ce qu'on dit aussi des dinosaures.

Ils s'installèrent au bar. Nora Fanshawe était là, assise sur un canapé, à côté d'un blond immense à petite tête. Il avait le regard vide et les épaules de Monsieur Univers. Encore un dinosaure, pensa Wexford, et soudain il fut certain qu'il s'agissait du propriétaire de la belle américaine.

— Nous n'arrêtons pas de nous rencontrer, miss Fanshawe.

— Vous avez l'air de me suivre à la trace, en effet, dit-elle, sèchement.

Elle portait l'un de ses tailleurs chic, impeccablement coupé, bleu marine cette fois et très strict.

— Je vous présente Michael Jameson. Je vous ai déjà parlé de lui, vous vous souvenez ?

La main qui serra celle de Wexford était moite.

— C'est un joli petit coin ici, même s'il faut le chercher longtemps sur la carte.

— Tout dépend de quelle carte il s'agit.

— Quoi ? Ah, oui, je vois ! Ah, ah !

— Nous partions, dit Nora Fanshawe. (Puis sa voix masculine et ferme trembla un peu quand elle dit :) Tu viens, Michael ?

Elle était vulnérable, tout à coup. Wexford connaissait bien ce regard un peu mélancolique et vaguement suppliant. Cette peur panique d'être rejetée, qui faisait perdre aux femmes toute dignité...

À contrecœur, Jameson s'arracha de son banc. Le clin d'œil qu'il fit à Wexford était parfaitement éloquent.

— Vous allez voir votre mère, miss Fanshawe ?

La jeune femme acquiesça d'un hochement de tête.

— La vieille l'accapare complètement, dit Jameson.

— Allons-y, Michael.

Elle glissa son bras sous le sien d'un air décidé. Wexford les regarda partir en se disant qu'il était vraiment bête d'avoir de la peine pour elle. Elle était revêche, impolie, pas féminine du tout. Elle était honnête aussi. Terriblement honnête. Pas un seul instant, Wexford ne douta qu'elle savait que cet homme était indigne d'elle. Mais il était beau. Et elle était riche.

— Quel mufle, dit Burden.

Wexford écarta le rideau, et entre les fuchsias, il vit Jameson monter dans la grosse voiture et mettre le contact. Nora Fanshawe n'était pas le genre de femme à considérer la galanterie comme allant de soi. La voiture démarrait déjà, quand elle se glissa sur le siège passager. Jameson ne lui avait même pas ouvert la porte de l'intérieur.

16

— Maintenant, vous allez tous essayer de vous souvenir, dit Wexford. Et ne me dites pas que vous avez oublié, parce que ça ne fait même pas deux mois. Vous allez être étonnés de voir tout ce qu'on se rappelle, quand on essaye vraiment.

Wexford s'adressait aux trois personnes assises sur le canapé, chez Lilian Hatton. Mrs Hatton portait une robe noire, et tous les bijoux que Charlie lui avait offerts dans sa vie. Et sur son visage tout pâle, tendu, on voyait encore des traces de larmes. Car elle avait pleuré, quand Wexford lui avait appris d'où venait l'argent de son défunt mari. D'ailleurs, était-ce vraiment une révélation ? Wexford n'arrivait pas à se faire une opinion là-dessus. Car sa robe, son maquillage, batterie de cuisine, tout indiquait qu'au fond d'elle-même, Lilian Hatton était une épouse XIXe parfaitement désarmée, ancrée à son foyer, acceptant toutes les bizarreries de son mari avec une totale passivité. Jamais elle n'aurait demandé à Charlie avec quel argent il avait été acheter la broche qu'elle portait, de même son homologue du siècle dernier n'aurait pas fait avouer son seigneur et maître qu'il lui offrait des cadeaux avec de l'argent gagné en trichant aux cartes. Son rôle n'était pas de poser des questions mais d'accepter, d'encenser, et d'adorer. Et maintenant que Wexford la regardait, il se demandait comment elle s'arrangeait de cet anachronisme, en un monde que Charlie Hatton avait pris pour un champ de bataille.

— Il disait qu'il fallait se battre pour ce qu'on voulait, qu'il fallait toujours avoir une longueur d'avance. Et mettre au point sa.. sa stra-..sa stra- quelque chose.

— Sa stratégie ?

— C'est ça, oui. Comme s'il était général.

Ou plutôt mercenaire, songea Wexford.

Les deux autres, les jeunes Pertwee, avaient fini par admettre qu'ils savaient. Marilyn dit, d'un ton maussade :

— Il se vengeait des riches. Après tout, qu'est-ce que c'est pour eux, le chargement d'un camion ? Ce sont tous des voleurs, de toute façon. C'est de l'exploitation de la classe ouvrière par les capitalistes. Charlie ne faisait que récupérer ce qui lui était dû.

— Il prenait sa revanche sur la société, c'est ça, Mrs Pertwee ?

— Oui. Et pourquoi pas ? Quand le peuple prendra le pouvoir dans ce pays, les types comme Charlie auront leur juste part. Et il n'y aura plus de délinquance, ou ce que vous appelez délinquance, quand on aura un vrai régime démocratique.

— Mais Charlie votait toujours à droite, dit Lilian Hatton. Marilyn, je ne sais pas si... je ne pense pas que...

Wexford les interrompit. Ce n'était pas le moment de rire, et pourtant, il avait vraiment envie de rire.

— Remettons cette discussion politique à plus tard, d'accord ? Mrs Hatton, vous avez eu le temps de réfléchir maintenant, alors parlez-moi du départ de votre mari pour Leeds, le 19 mai, et de son retour, le 20 mai. Dites-moi tout ce dont vous vous souvenez.

Elle s'éclaircit la voix et jeta un regard hésitant à Jack Pertwee, toujours habituée à ce qu'un homme lui dise quoi faire.

— T'inquiète pas, Lily, dit Marilyn. Je suis là.

— Je sais pas ce que je deviendrais sans vous. Bon... Alors Charlie avait été malade et je ne voulais pas qu'il y aille, mais il a insisté.

— Avait-il des problèmes d'argent, Mrs Hatton ?

— Charlie ne parlait jamais de ces choses-là. Oh, mais attendez... Il avait dit que le médecin devrait attendre pour être payé ; je m'en souviens. Vous voulez que je continue, que je vous raconte tout sur ce dimanche ? (Wexford acquiesça d'un hochement de tête.) Le soir, Jack et Marilyn étaient venus jouer au whist.

— C'est exact, dit Marilyn. Et Charlie t'a appelée de Leeds pendant qu'on était là.

Mrs Hatton la regarda avec admiration.

— Effectivement, oui. Il m'a appelée.

— Et qu'est-ce qu'il vous a dit ?

— Pas grand-chose. C'était surtout... enfin il m'a demandé

comment j'allais, et il m'a dit que je lui manquais. (Elle renifla et se mordit la lèvre.) On n'aimait pas être séparés. On ne pouvait pas dormir l'un sans l'autre.

— Ils étaient comme des amoureux, même s'ils étaient mariés, dit Jack, en passant son bras autour des épaules de Marilyn.

— Vous a-t-il dit qu'il était toujours souffrant ?

— Oui. Sinon, il serait resté !

— Est-ce qu'il avait l'air content, ou excité à l'idée de quelque chose ?

— Il avait plutôt le cafard.

— Maintenant, je veux que vous soyez très précise. Dites-moi, très exactement, à quelle heure votre mari est rentré le lendemain soir ?

— À 10 heures, dit-elle, sans hésiter. Il avait dit 10 heures la veille, au téléphone, et je lui avais préparé un poulet au citron. Charlie m'avait offert un minuteur en mars, mais il ne marchait pas et j'avais dû le rapporter au magasin. Là, c'était la première fois que je m'en servais et il commençait juste à sonner quand Charlie a mis sa clé dans la porte.

— Comment allait-il, quand il est arrivé ?

— Physiquement, vous voulez dire ? Il m'a dit qu'il avait encore été malade et qu'il avait dû s'arrêter plusieurs fois sur la route. Il aurait été là plus tôt, s'il ne s'était pas arrêté. Il voulait rentrer plus tôt que prévu, pour me faire une surprise. (Une bouffée d'émotion la saisit, et elle dut respirer plus vite pour refouler ses larmes.) Je... Il... il a dit qu'il étouffait dans son camion et qu'il s'était arrêté sur l'aire de stationnement de Stowerton pour respirer un peu d'air frais. Je crois qu'il a marché un peu dans les prés.

— Réfléchissez bien, Mrs Hatton. Est-ce qu'il a dit qu'il avait vu quelque chose d'intéressant en marchant dans les prés ?

Lilian Hatton regarda Wexford avec étonnement.

— Non. Il a juste dit que ça lui avait fait du bien. Il était au mieux de sa forme ce soir-là. Je lui ai servi à manger et on a parlé du mariage de Jack. (Sa voix devint rauque, et elle s'appuya lourdement sur le bras de Jack.) Charlie voulait que pour ce mariage, je m'habille de neuf de pied en cap : une robe, un manteau d'été, un chapeau, tout, quoi. Il disait... il disait que j'étais sa femme et qu'il voulait que je lui fasse honneur.

— Et tu lui as toujours fait honneur, chérie, dit Marilyn. Charlie était fier de toi.

— Et le lendemain, que s'est-il passé ? demanda Wexford.

— On a fait quelques courses. (Elle se mordit la lèvre.) Charlie s'est levé à 9 heures et il a appelé un type qu'il connaissait, qui quittait son appartement. Charlie lui a dit qu'il passerait le voir quand il aurait pris son petit déjeuner. Et il y est allé. Maintenant c'est à toi, Jack, de raconter.

Jack dégagea son bras et tapota la main de la veuve.

— Charlie est venu là où je travaillais, mais je pouvais pas m'échapper. Je faisais l'électricité dans ces nouvelles maisons après Pomfret. Il a dit qu'il pensait nous avoir trouvé un appartement et je lui ai dit d'y aller avec Marilyn. Je le revois, ce vieux Charlie, heureux comme un roi, tout souriant comme chaque fois qu'il rendait service. Il était excité comme une puce. (Jack poussa un soupir et secoua la tête.) Ce vieux Charlie, dit-il.

Wexford se tourna vers sa femme, agacé.

— Alors vous y êtes allée avec lui ?

— Oui. Il est venu me chercher chez Moran's. (Moran's est le plus gros magasin de prêt-à-porter de Kingsmarkham.) La patronne, cette vieille salope, ne voulait pas me laisser y aller. On vend pourtant pas grand-chose le lundi matin. Alors je lui ai dit : « De toute façon, je m'en vais dans un mois, et si ça ne vous plaît pas, je peux très bien m'en aller tout de suite. » Je lui ai carrément dit comme ça. Je l'ai fait passer pour une idiote devant Charlie, et du coup elle n'a plus rien dit. Alors Charlie et moi on est allés voir cet appartement. Et il y avait ce type qui partait, un pédé, si vous voulez mon avis, et qui voulait deux cents livres de reprise. Je lui aurais bien donné une paire de gifles. Il était en peignoir ! Un de ces jours, on condamnera tous ces types-là aux travaux forcés, et j'allais justement lui dire, quand Charlie a dit que c'était d'accord et qu'on trouverait l'argent d'une manière ou d'une autre. Il avait bien vu que j'adorais cet appartement.

— Et il lui a donné l'argent ?

— Ne soyez pas stupide. Il a dit qu'il allait en parler avec Jack d'abord, bien que Jack allait forcément être d'accord, puisque moi ça me plaisait. « Je vais trouver l'argent, a dit

Charlie quand on est sortis et vous me rembourserez quand vous pourrez. » Qu'est-ce que vous dites de ça, hein ?

— Oui, que dites-vous de ça, renchérit Jack.

— Est-ce qu'Hatton vous a raccompagnée au magasin ?

— Bien sûr que non, c'était pas mon chaperon. Il a fait un bout de chemin avec moi, jusqu'à l'*Olive and Dove*, puis il m'a dit qu'il avait un coup de fil à passer. Il a téléphoné dans cette cabine, devant l'*Olive*, et après, je l'ai pas revu pendant deux jours.

— Mais pourquoi appelait-il d'une cabine puisqu'il avait le téléphone chez lui ?

Les jeunes mariés pensaient ce que lui, en d'autres circonstances, aurait pensé aussi. Quand un homme marié appelle d'une cabine, c'est qu'il téléphone à sa maîtresse, mais Mrs Hatton était si loin de ce genre de pensées, comme protégée par des souvenirs en acier trempé. Marilyn eut un rire dur.

— Vous êtes fou si vous pensez ce que je crois ! Charlie Hatton ?

— Qu'est-ce que tu veux dire, Marilyn ? demanda la veuve.

— Je ne pense rien, dit Wexford. Votre mari est-il rentré déjeuner ?

— Oui, vers midi et demi. Je lui ai demandé ce qu'il comptait faire dans l'après-midi et il m'a dit qu'il voulait voir le dentiste pour une nouvelle prothèse dentaire. Il avait honte d'avoir un dentier, voyez. À cause de son âge, et tout ça. Et aussi vis-à-vis de moi... Il croyait que ça me gênait. Comme si ça avait eu la moindre importance... Enfin... Je vous disais donc qu'il voulait se faire faire une nouvelle prothèse. Il m'avait souvent dit qu'il s'en paierait une quand il pourrait se le permettre. Et qu'il irait chez Vigo.

— C'est un peu moi qui le lui avais recommandé, dit Jack.

— Vous ? s'étonna Wexford.

La figure de Jack devint rouge brique.

— Ça veut pas dire que c'est mon dentiste, marmonna-t-il. J'ai juste été chez lui une ou deux fois, faire des travaux d'électricité. Et j'ai un peu raconté à Charlie comment c'était. Le jardin, et tous ces trucs anciens. Et cette pièce, remplie de machins chinois.

Mrs Hatton pleurait, mais à ce souvenir, elle sourit à travers ses larmes.

— Combien de fois Jack et Charlie ont rigolé avec ça, dit-elle. Charlie disait qu'il aurait bien aimé jeter un petit coup d'œil et Jack disait que Mr Vigo roulait sur l'or et que s'il gagnait autant, ça devait être un bon dentiste. Alors Charlie s'est dit que c'est lui qu'il irait voir, et il l'a appelé. Tu n'auras jamais un rendez-vous pour le jour même, je lui ai dit, mais il en a eu un tout de suite. Mr Vigo avait eu une annulation et il a pu le prendre à 2 heures.

— Et ensuite ?

— Charlie est revenu à 4 heures et il a dit que Mr Vigo allait lui faire une nouvelle prothèse. Il l'a trouvé très sympa. Mr Vigo lui a offert un verre dans ce fameux salon chinois, et Charlie a dit que quand il serait riche, il aurait une maison comme ça, avec plein de vieux meubles et aussi un échiquier avec une armée de petits soldats, et.. oh, mon dieu, il n'aura jamais rien de tout ça, là où il est !

— Lily, ma chérie, te torture pas comme ça.

— À quelle date Mr Hatton vous a-t-il donné cet argent pour l'appartement ?

— C'était un prêt ! cracha Marilyn, indignée.

— Alors quand vous l'a-t-il prêté ?

— Il l'a apporté chez le père de Jack, le mercredi.

— Ce serait donc le 22 mai ?

— Je crois, oui. On a donné l'argent au type de l'appartement le lendemain.

Jack Pertwee lança à Wexford un regard dur. Ses yeux si ternes s'étaient mis à briller. Son teint blafard s'était marbré. Wexford en frissonnait presque. Que Dieu garde l'homme qui a tué Charlie Hatton, pensa-t-il, si jamais Pertwee met la main sur lui avant nous.

— Tu crois pas qu'il serait temps qu'on nous débarrasse de cette chose ?

Sheila chassa Clytemnestre du fauteuil de son père et considéra gravement la petite montagne de poils qu'elle avait laissés dessus.

— Moi aussi je commence à en avoir un peu marre, dit-elle. Mais normalement, Sebastian vient la chercher ce soir.

— Excellente nouvelle.

— Je pourrai avoir la voiture pour le raccompagner à la gare ?

— Mais il a peur de traverser les champs tout seul ou quoi ? « Mabel chérie, écoute, il y a des voleurs dans le parc »... J'aurais peut-être besoin de la voiture. Il est jeune. Et en bonne santé. Qu'il aille à pied.

— Il a une verrue plantaire, dit Sheila. Il y a quinze jours, quand il a amené Clytemnestre, il a dû marcher depuis la gare, et y retourner à pied. Et là, tu vois, je serais bien allée le chercher — elle regarda son père d'un air renfrogné mais bien sûr, c'est encore toi qu'avais la voiture.

— Mais c'est « ma » voiture ! s'écria Wexford, faussement indigné. (Et comme c'était un jeu entre Sheila et lui, il poursuivit :) Cette voiture, c'est toute ma vie. Et je ne la donnerais pas...

— Pour toutes les verrues du monde ! Oh, Papa, t'es un amour, vraiment. Ah, voilà Sebastian.

Il y avait une ressemblance très nette entre les cheveux de Sebastian et les poils de Clytemnestre, sauf que le jeune homme n'avait pas les cheveux gris, mais blonds, longs, hirsutes et frisés.

— J'espère que le chien acrylique ne vous a pas trop embêté, Mr Wexford.

Wexford, poli, allait lui assurer le contraire, mais les transports de joie de Clytemnestre à la vue de son maître coupèrent court à tout discours. La chienne se rua contre les longues jambes du jeune homme et frotta sa fourrure contre sa veste, une veste que Wexford reconnut, à son grand étonnement, comme appartenant à un uniforme de commandant de la marine norvégienne.

— Vous restez dîner ? demanda Mrs Wexford.

— Avec plaisir. Mais je ne voudrais pas vous déranger.

— Et la Suisse, c'était bien ?

— Oui, c'était bien, mais cher.

Wexford commençait à se dire que ses vacances lui auraient coûté encore plus cher s'il avait dû payer une pension pour chien, mais Sebastian désamorça cette vilaine pensée en sortant une énorme boîte de chocolats de son sac, qu'il tendit à Mrs Wexford.

— Des Suchard ! s'exclama-t-elle. Comme c'est gentil !

Encouragé par la maîtresse de maison, Sebastian fit un sort

au roastbeef et au Yorkshire pudding, glissant de temps à autre la main sous la table pour gratouiller les oreilles de Clytemnestre.

— Je te raccompagnerai à la gare en voiture, dit Sheila. (Et elle sourit à son père, persuadée qu'il allait céder.)

— Ce serait génial. On pourrait emmener Clytemnestre à l'*Olive*. Elle adore la bière, et ça la sortirait un peu.

— Pas avec ma voiture, dit Wexford, très ferme.

— Oh, Papa !

— Désolé chérie, mais si tu conduis, tu ne bois pas.

Sebastian eut une expression dans laquelle il y avait à la fois de l'admiration pour Sheila, et le désir de se concilier les bonnes grâces de son père.

— Alors on va y aller à pied. (Il haussa les épaules.) Mais la gare est si loin de chez vous. (Il jeta un œil sur la crème à la banane.) J'en reprendrais bien, oui, merci. Le problème, c'est qu'il va falloir que je raccompagne Sheila après, à moins qu'elle ne rentre par la route, dit-il, assez goujat. On a entendu parler de votre meurtre jusqu'en Suisse. Ça s'est passé de l'autre côté, vers les prés, c'est ça ?

Chez lui, Wexford parlait rarement de son travail. Ce jeune homme n'essayait sans doute pas de lui soutirer des informations, néanmoins... Il se contenta d'acquiescer d'un léger hochement de tête.

— C'est affreux, dit Sebastian. Dire que je suis passé par là il y a quinze jours, en allant à la gare.

Wexford arrêta le regard de sa femme avant qu'il n'arrive sur Sebastian, et Sheila demanda :

— À quelle heure, Seb ? Vers 11 heures ?

— Un peu après. Je n'ai rencontré personne et je dois dire que je ne le regrette pas. (Il ébouriffa les poils de Clytemnestre.) Mais si je n'avais pas eu le réflexe de faire un bond sur le côté, ma chère Clytemnestre, tu n'aurais peut-être jamais revu ton papa. Une grosse bagnole américaine a failli me foncer dessus.

— Ils roulent toujours trop vite aux alentours de la gare, dit Sheila.

— Mais c'était pas près de la gare. C'était du côté des champs, sur ce chemin qui mène au pont. Une grosse voiture verte a surgi à au moins soixante à l'heure, et j'ai pratiquement dû plonger dans les buissons. J'ai relevé le numéro en fait, mais avec toutes ces affaires que je trimbalais, j'ai pas retrouvé le papier.

— Un couple d'amoureux, peut-être ? dit Wexford, histoire de dire quelque chose.

— Possible. J'étais trop occupé à relever le numéro pour regarder. Et puis j'avais peur de rater mon train.

— Bon, on ne prendra pas ce chemin-là, Papa, et je rentrerai toute seule par la route, si ça peut te rassurer.

— Vous pouvez prendre la voiture, dit Wexford. Vous n'aurez qu'à boire des citrons pressés.

17

— Voilà ma théorie, dit Burden. Elle vaut ce qu'elle vaut. Mais j'ai tout de même bien réfléchi, et à mon avis, c'est le seul scénario possible. Bridget Culross était déjà morte quand Fanshawe l'a heurtée. C'est Charlie Hatton qui l'a tuée. Et il était payé par Jay.

— Intéressant, dit Wexford, allez-y, continuez.

Burden rapprocha sa chaise de celles de Wexford et du médecin.

— Jay est un homme riche, s'il peut se permettre d'envoyer sa femme trois mois dans cette clinique, simplement parce qu'elle a une grossesse difficile.

— De l'argent jeté par les fenêtres, oui, fit Crocker. On est aussi bien soigné dans les hôpitaux.

— Il est assez riche pour payer quelqu'un qui va tuer à sa place. Je parie que c'est un ancien copain de Mc Cloy. Il a tout organisé. Il a demandé à Hatton d'attendre sur cette aire de stationnement, jusqu'au moment où il allait y déposer la fille, en rentrant du congrès.

— Mais quel congrès au fait, Mike ? On a regardé ce qu'il y avait eu comme congrès, ce week-end-là, à Brighton?

— L'union nationale des Journalistes, la Blake Society et les Gibbonistes, dit Burden, très vite.

— Qui c'est ceux-là, dit Crocker, une bande de singes ?

— Non, il ne s'agit pas de gibbons, répondit Burden, sans sourire. Mais des fans de Gibbon, l'historien. Celui qui a écrit

Déclin et chute de l'empire romain. Ça doit être encore une bande de timbrés.

— Alors Jay a emmené cette fille à Brighton, et il la laissait toute seule toute la journée, pour aller pérorer sur Gibbon avec ses copains, dit Wexford, pensif. Oh, après tout, pourquoi pas, j'ai déjà vu des choses plus étonnantes. Continuez.

— Il s'est arrangé pour se disputer avec elle sur le chemin du retour, et pour la virer de la voiture sur l'aire de stationnement. Hatton était là. Il l'a assommée, il a vidé de son sac tout ce qui pouvait permettre de l'identifier. Puis il est rentré chez lui avec son camion. Le lendemain, Jay l'a payé. Vous pouvez être sûr que c'était Jay qu'il a appelé, quand il a passé ce coup de fil de la cabine, pour lui annoncer que le travail était fait. Mais il était trop cupide pour ne pas penser à le faire chanter.

Le médecin n'avait pas l'air convaincu.

— Pardonnez au profane, dit-il, mais tout ça n'est qu'un tissu de conneries. Je ne dis pas que la fille n'était pas déjà morte quand la voiture l'a touchée. Mais pourquoi Hatton l'aurait-il mise sur la route? Il n'était pas certain qu'une voiture la heurte. Et par ailleurs, on aurait pu le voir. Et puis c'était un petit homme, il n'aurait pas eu la force de la traîner jusque sur la voie rapide. Enfin, pourquoi se donner tout ce mal? Si sa mort était supposée être le fait d'un rôdeur, pourquoi ne pas l'avoir tuée derrière un buisson, puis abandonnée là?

— Quelle est ton idée, alors? dit Wexford avec aigreur.

Crocker prit l'air crâneur.

— Mais je n'ai pas à avoir des idées là-dessus, moi. Ce n'est pas mon domaine.

— Descends donc de ta tour d'ivoire, Paracelse, dit Wexford. Et mets-toi dans la peau d'un flic, pour voir.

— Le problème, avec vous, c'est que vous croyez tout ce qu'on vous dit. Moi pas. Je sais par expérience que les gens déforment la vérité. Parce qu'ils ont peur, ou parce qu'ils font un blocage ou parce qu'ils veulent absolument rendre service et qu'ils en font trop. Ils oublient de mentionner certaines choses parce qu'ils n'en voient pas la portée, et quand vous leur dites que vous voulez "tout" savoir, ils font un tri arbitraire dans ce tout, qui n'est pas forcément le tout qui intéresse l'expert en la matière.

— Mais je sais tout ça, dit Wexford, agacé.

— Donc, Mrs Fanshawe dit que la fille n'était pas dans la voiture, non pas parce qu'elle a honte d'admettre qu'elle était là mais parce qu'elle ne s'en souvient pas. Bien sûr que la fille était dans la voiture. Ils l'ont prise en stop quelques minutes avant l'accident, un moment qui correspond à un blanc dans le souvenir de Mrs Fanshawe. Et bien entendu, elle n'essaie pas de se rappeler. Le mot « jeune fille » est comme un repoussoir pour elle. Vous êtes embêtés parce qu'il n'y a ni clés, ni papier dans ce beau sac en cuir. Mais c'est normal, puisque la fille les a laissés dans sa valise, qu'elle a oubliée, exprès, dans la voiture de Jay.

— Pourquoi ?

— Pour obliger Jay à revenir. La valise était sur le siège arrière, et au bout de quelques kilomètres, il s'en apercevrait et il reviendrait. C'est du moins ce qu'elle croyait. Et quand elle ne l'a pas vu revenir, elle s'est dit qu'elle récupérerait sa valise plus tard. Elle savait sans doute où habitait Jay, et au pire, ça pouvait être un prétexte pour en finir avec cette situation, et aller parler à sa femme.

— Donc Jay n'est pas revenu et elle en a eu marre d'attendre ; elle a fait du stop et Fanshawe s'est arrêté.

— C'est l'hypothèse la plus évidente, non ?

— Donc, d'après toi, Jay ne serait finalement qu'un simple coureur de jupons ? Mais pourquoi ne s'est-il pas manifesté, quand on a trouvé le corps de la fille ?

Crocker eut un rire sardonique et supérieur.

— L'incompétence d'un de vos hommes vous a fait déclarer à la presse que la morte était Nora Fanshawe. Alors pourquoi Jay se serait-il manifesté ? Et puis s'il avait largué cette fille dans les faubourgs de Stowerton, c'était qu'il n'avait aucune envie de la revoir.

— Et que vient faire Charlie Hatton dans tout ça ? dit Wexford, très calmement.

— Si ça ne t'ennuie pas, je vais répondre à ta question par une autre question. Qu'est-ce qui te permet d'affirmer qu'Hatton n'avait pas une source de revenus complètement étrangère à Mc Cloy, à Fanshawe, ou à Jay ?

Wexford regarda Burden et vit l'inquiétude le gagner. Il ne pouvait se permettre d'avoir ce genre de doutes. C'était impensable.

— Il était derrière cette haie, dit-il, catégorique. Et il a vu qu'on poussait cette fille sur la route.

— Allons !

— Oh, on ne l'a pas poussée du terre-plein central. (Wexford marqua un temps d'arrêt pour ménager son effet. L'ombre des feuilles dansa sur le mur de son bureau, puis disparut quand le soleil inonda la pièce.) On l'a jetée d'une voiture.

Le soleil apparaissait, puis disparaissait. Tout seul dans son bureau, Wexford regardait la masse de nuages dériver au-dessus des toits de High Street, et projeter leur ombre sur la façade d'une maison, puis sur la rue. Le soleil brillait par intermittence, entouré d'un halo doré.

Il prit son horaire de trains dans le tiroir de son bureau, et regarda quand il y avait des trains pour Londres, cet après-midi-là. Il y avait un direct à 2 heures et quart.

L'ascenseur l'attendait, ses portes grandes ouvertes. Wexford n'avait plus peur de le prendre, à présent. Il monta dedans et appuya sur le bouton du rez-de-chaussée. La porte se referma dans un murmure et l'ascenseur sombra dans un chuintement.

Quelqu'un au premier avait dû l'appeler car la cabine trembla, et Wexford sentit le sol remonter sous ses pieds. Après quoi l'ascenseur eut comme un frisson puis s'arrêta. Wexford attendit que la porte s'ouvre, mais elle ne s'ouvrit pas.

C'était une grosse porte blindée. Sans verre, sans grille. Wexford tapa du pied avec impatience. Il jeta un coup d'œil sur les boutons, et se demanda pourquoi le bouton du premier n'était pas allumé. Quelqu'un avait sans doute appelé l'ascenseur, en avait eu assez d'attendre et avait pris l'escalier. Mais alors, pourquoi le bouton du premier n'était-il pas allumé ? Wexford enfonça le bouton du rez-de-chaussée et il ne se passa rien.

Ou plutôt le pire, ce qu'il avait toujours craint, était arrivé. Cette maudite chose s'était détraquée. Elle était coincée. Entre deux étages, naturellement. Une décharge de panique envahit toute une partie de son cerveau, et il la chassa en poussant un juron. Puis il donna des coups de pied sur le sol.

Cette chose était-elle insonorisée ? Wexford n'avait jamais vraiment cru qu'on puisse insonoriser quoi que ce fût, car au début de sa carrière, il avait vécu dans des appartements chaudement vantés par les agents immobiliers, pour leurs panneaux d'agglomérés, soi-disant incorporés dans les murs et les plafonds, et censés absorber tous les bruits. Une méthode qui ne l'avait pas empêché de devenir pratiquement fou à cause du piano et des incessantes cavalcades des enfants du dessus. S'ils n'étaient pas fichus d'insonoriser un immeuble, en revanche, ils devaient pouvoir réussir à insonoriser un ascenseur, se dit-il avec ironie. Wexford donna encore des coups dans la porte, puis il appuya sur le bouton marqué « sonnerie ». Et cette boîte absurde, noire et dorée, s'installa alors dans une immobilité encore plus terrible.

Il y avait un petit strapontin contre l'une des cloisons. Wexford le baissa, et le fit grincer en s'asseyant dessus. Tout en regardant autour de lui d'un air faussement détaché, il tenta d'évaluer le volume de la cabine : environ deux mètres cinquante de haut sur un mètre vingt de large et un mètre vingt de profondeur. Et apparemment, aucun moyen de laisser entrer de l'oxygène, ni d'évacuer le gaz carbonique. Wexford tendit l'oreille. Le silence était si lourd, qu'il aurait aussi bien pu être sourd.

Combien de temps un type de sa corpulence pouvait-il tenir dans un espace aussi réduit ? Il n'en avait pas la moindre idée. Il était 2 heures moins 10.

Wexford se leva et le strapontin claqua contre la paroi. Ce qui le fit sursauter. Alors il serra les poings et tambourina contre la paroi. L'ascenseur bougea, ce qui l'inquiéta. Car d'après ce qu'il savait, l'ascenseur pendait à un câble.

Il valait sûrement mieux crier. Mais crier quoi ? « À l'aide, je veux sortir de là ! » était trop humiliant.

— Est-ce que vous m'entendez ? lança-t-il.

C'était idiot.

Alors il cria :

— L'ascenseur est coincé !

Mais vu les circonstances, mieux valait économiser l'oxygène. Il était très possible que la plupart des bureaux soient vides. Burden, Martin et Loring étaient sortis. Camb devait être au rez-de-chaussée (au rez-de-chaussée !) assis à son bureau. Mais de toute façon, il y avait quelqu'un dans la maison. Aussi sûr qu'on n'entendait pas ses appels au secours.

Et soudain la réalité s'imposa à Wexford, affreuse, angoissante, vertigineuse : à moins que Burden ne revînt deux heures plus tôt que prévu, il était fort peu probable que quiconque utilisât l'ascenseur. Camb était dans son bureau, Martin à Sewingbury. Et les agents en uniformes préféraient prendre l'escalier, Wexford l'avait remarqué. Oui, il pouvait très bien rester coincé là jusqu'à l'heure du thé. Mais serait-il encore vivant ?

Deux heures. S'il n'était pas sorti d'ici cinq minutes, il allait rater son train. Ce n'était pas très grave, car de toute façon il avait trouvé. Il en était quasiment certain. Il n'avait même pas besoin de vérifier à la clinique Princess Louise. L'intuition, peut-être. Mais alors une intuition drôlement inspirée. Et maintenant s'il mourait, ils ne sauraient jamais...

Fatigué de crier, il se rassit sur le strapontin. C'était sûrement son imagination qui lui faisait croire que l'air se raréfiait dans la cabine. Ça ne servait à rien de paniquer. De toute façon, c'était quelque chose qu'il ne s'autorisait pas. À l'extérieur aussi, pesait une menace. Une menace d'horreur. Et il était comme un rat dans son trou, un renard coincé dans son terrier. Il pensa à Sheila. Arrête de penser à ça, se dit-il, tu vas devenir fou...

Deux heures et quart. Wexford sortit son carnet et un stylo de sa poche. Rien ne l'empêchait d'écrire ce qu'il avait trouvé.

— Je me demande où il va pêcher ces idées insensées, dit Crocker. (Burden lui fit un sourire neutre.) À votre place, moi, j'aurais envie de vérifier. Vous avez encore des choses à faire cet après-midi ?

— Rien que Martin et Loring ne puissent faire sans moi.

— On prend ma voiture ?

— Mais vous n'avez pas de consultations ? demanda Burden, qui ne trouvait pas tout ça très orthodoxe.

— Non, pas cet après-midi. Et j'ai très envie de faire cette petite expérience de criminologie.

Burden, lui, n'en avait aucune envie. Il se demanda ce que Crocker dirait s'il lui demandait de l'accompagner au chevet d'un patient.

— D'accord, dit-il, à contrecœur. Mais par pitié, pas sur la bretelle de déviation.

— Non, on va aller à l'aérodrome de Cheriton.

Cet aérodrome était abandonné depuis des années. Situé au bout de la forêt de Cheriton, après Pomfret, c'était un lieu très prisé par les jeunes qui voulaient conduire, mais n'avaient pas encore l'âge de passer le permis. Ils demandaient à leurs parents de les emmener là, et ils faisaient leurs premiers sauts de puce sur ces pistes désaffectées, dans une relative sécurité.

Ce jour-là, il n'y avait personne. Les pelouses entre les pistes avaient été reconverties en champs de betteraves et de navets. Et au-delà des rangées de légumes bien plantés, commençait la forêt de pins, qui s'élevait sur de douces et vastes collines.

— Vous pouvez conduire, dit le médecin. Moi, je préfère le rôle de la victime.

— Tant qu'à faire, autant que ce soit vous plutôt que moi, dit Burden, qui avait son nouvel imper.

Il se mit à la place du conducteur. La piste était aussi large que les deux voies nord de la route contournant Stowerton.

— C'était sans doute une fille jeune et costaud, dit Crocker. Qu'on ne balance pas comme ça d'une voiture en marche. Il l'a forcément assommée d'abord.

— Vous voulez dire qu'il avait à côté de lui une fille qui avait perdu connaissance ?

— Ils se sont engueulés et il l'a cognée, dit le médecin, laconique. Maintenant, je fais la fille. Je suis inconscient. Il n'y a personne sur la route. Mais vous ne feriez pas ça depuis la voie rapide, hein ? Une bagnole peut arriver derrière à toute allure, ce qui serait ennuyeux. Alors ça se passe sur la voie centrale. Allez-y, mettez-vous au milieu.

Burden avança doucement au milieu de la piste.

— Cette rangée de betteraves, sur la gauche, correspond au terre-plein central, dit-il. Et Fanshawe a donné un coup de volant gauche pour éviter le corps.

— Il semblerait, oui.

— Alors qu'est-ce que je fais ? Je laisse la porte ouverte ?

— Oui. Avancez doucement et poussez-moi.

Crocker se mit en boule, les bras autour des chevilles. Burden n'osait pas rouler à plus de dix à l'heure. Il se pencha vers Crocker, ouvrit la portière, et donna une légère poussée au docteur. Crocker roula tout naturellement sur la piste, s'immobilisa, puis se releva. Burden s'arrêta.

— Vous voyez ? dit Crocker, en s'époussetant avec une

grimace. Je vous avais dit que ça collait pas. Vous avez vu où j'ai atterri ? En plein milieu de la voie de droite. Et la voiture roulait au pas. Notre homme, lui, roulait plus vite. La fille aurait pratiquement atterri sur le bas-côté.

— Vous voulez essayer sur la voie rapide, pour être vraiment sûr ? demanda Burden.

— Non merci. Une fois ça suffit. Vous voyez très bien ce qui se serait passé, de toute façon. S'il l'avait balancée depuis la voie rapide, elle se serait retrouvée sur la voie du milieu.

— Oui, effectivement. Et donc Fanshawe, en passant sur la voie rapide, n'aurait même pas eu besoin de l'éviter.

— Et en admettant que notre mystérieux assassin ait réussi à la faire tomber sur la voie rapide, Fanshawe aurait donné un coup de volant à droite, pour l'éviter, pas à gauche. Il ne serait donc pas rentré dans un arbre du terre-plein central. Vous voyez bien que ça ne tient pas.

Burden en avait marre qu'on lui dise comment faire son boulot.

— C'est vrai, dit-il, très vite. Mais si la fille a atterri en travers de la voie centrale, la tête du côté de la voie rapide, Fanshawe a pu braquer sur la gauche pour éviter sa tête, instinctivement.

— Mais non, c'est impossible. On a essayé. Elle aurait forcément atterri plus loin, sur la droite.

— Il faut que j'aille le dire à Wexford, déclara Burden, pensif.

Et il laissa le volant à Crocker, qui remonta la piste entre les rangées de feuilles vertes.

— L'inspecteur-chef est sorti ? demanda Burden à Loring, qui passait dans le couloir, devant le bureau de Wexford.

— Je ne sais pas, monsieur. Il n'est pas dans son bureau ?

— À votre avis ? Il s'est caché derrière la porte, ou il s'est glissé dans un classeur ?

— Je suis désolé, monsieur. (Loring souleva le bas d'un store vénitien jaune.) Sa voiture est là.

— Je sais.

Burden était monté par les escaliers. Il se dirigea vers l'ascenseur, et appuya sur le bouton d'appel. Il attendit une minute, et comme l'ascenseur ne venait pas, il haussa les épaules et redescendit par l'escalier. Le sergent Camb abandonna un instant la dame qui avait perdu son chat siamois.

— Mr Wexford ? Non, il n'est pas sorti.

— Alors, où il est bon dieu ? dit Burden, qui ne jurait jamais. (Camb en resta un instant sans voix.) Il devait aller à Londres. Je crois qu'il devait prendre le train de 2 heures et quart.

Il était 3 heures et demie.

— Il est peut-être sorti par-derrière.

— Mais il ne sort jamais par-derrière, sauf quand il va au tribunal.

— Des yeux bleus, dit la dame, sur un ton plaintif. Avec une tache brune sur le cou.

Le sergent soupira.

— Tous les chats siamois ont des yeux bleus et des taches brunes sur le cou, madame. (Il prit son stylo et dit à Burden :) Pour tout dire, j'ai passé l'après-midi à essayer de joindre les dépanneurs, pour l'ascenseur. L'inspecteur Letts m'a dit qu'il ne venait pas quand on appuyait sur le bouton. J'ai l'impression qu'il est coincé entre deux étages.

— Et moi j'ai l'impression que Mr Wexford est coincé dedans, dit Burden.

— Mon dieu, vous croyez vraiment que...

— Donnez-moi le téléphone. Est-ce que vous vous rendez compte que ça fait plus de deux heures qu'il est là-dedans ? Donnez-moi ce téléphone !

C'était l'heure des visites de l'après-midi à l'hôpital de Stowerton. C'était également le jour des consultations. Ce qui signifiait un flux et un reflux de centaines de voitures, que l'agent de la circulation maîtrisait très bien d'habitude. Mais aujourd'hui, une énorme voiture bleu-vert avec des ailerons cabossés, à moitié garée dans l'allée, bloquait la sortie. Elle était fermée à clé, indéplaçable et derrière elle s'alignait une immense file de voitures, pare-chocs contre pare-chocs.

Quatre ambulanciers avaient essayé en vain de la soulever pour la déplacer contre la grille du pavillon d'entrée. Et maintenant Vigo, l'orthodontiste, sortait de sa voiture pour leur prêter la main. Il était plus costaud que chacun des ambulanciers, mais malgré leurs efforts conjugués, ils ne réussirent pas à la déplacer.

— C'est sûrement la voiture de quelqu'un en visite dans l'aile privée, dit Vigo au gynécologue de l'hôpital, dont la voiture était bloquée derrière la sienne.

— Il faudrait trouver un brancardier pour aller leur dire.

— Oui, et vite, dit Vigo. Ces gens, on devrait les tuer. J'ai un rendez-vous à 4 heures, moi.

Et il était 4 heures moins 5 quand Rose frappa à la porte de Mrs Fanshawe.

— Excusez-moi, Mr Jameson, mais votre voiture bloque la sortie de parking. Est-ce que vous pourriez la déplacer ? Et il n'y a pas que des visiteurs qui veulent sortir. (Sa voix prit un ton de reproche.) C'est Mr Vigo et Mr Delauney qui l'ont demandé. Alors, si ça ne vous ennuie pas...

Michael Jameson se leva sans hâte.

— Jamais entendu parler de ces types-là. (Son regard s'attarda sur l'infirmière.) Mais je ne voudrais pas me mettre mal avec eux, chérie. Je vais déplacer ma voiture.

— Tu reviendras me chercher, Michael ? dit Nora Fanshawe en lui touchant le bras.

— Mais oui, je vais revenir.

Rose lui ouvrit la porte et il sortit devant elle.

— Ça m'ennuie à mourir, moi, ces visites à l'hôpital, dit-il, suffisamment fort pour que les deux femmes dans la chambre l'entendent.

Mrs Fanshawe s'était maquillée. C'était la première fois, depuis qu'elle était sortie du coma. Elle remit un peu de rouge sur ses lèvres trop fines, et gomma le vert qui s'était réfugié dans les plis de ses paupières.

— Alors ? dit-elle.

— Alors quoi, Mère ?

— Si je comprends bien, tu vas épouser ce bon à rien ?

— Effectivement. Et il va falloir que tu t'y fasses.

— Ton père ne laisserait pas faire ça, s'il était toujours en vie, dit Mrs Fanshawe, en tripotant ses bagues.

— Si mon père était toujours en vie, Michael ne voudrait pas de moi. Parce que je n'aurais pas d'argent. Je vais être franche avec toi. C'est ça que les parents attendent de leurs enfants, non ? Qu'ils soient francs, dit-elle d'une voix pleine de ressentiment. Je lui ai écrit pour lui dire que mon père était mort. (Elle rit.) Et il a rappliqué en un clin d'œil. Je l'ai acheté, dit-elle. J'ai essayé le produit, il m'a plu, et j'ai décidé de le garder. Comme dans les ventes par correspondance.

Mrs Fanshawe n'était pas choquée. Elle avait écouté sa fille sans broncher.

— Très bien, dit-elle. Je peux pas t'en empêcher. Et je me disputerai pas avec toi, Nora. (Sa voix ne tremblait pas.) Tu es tout ce que j'ai.

— Alors il n'y a aucune raison pour qu'on ne soit pas une famille heureuse.

— Une famille heureuse ! Tu es peut-être franche, Nora, mais là tu te fais des illusions. Il est déjà prêt à te tromper, avec cette infirmière.

— Je sais.

— Et tu crois vraiment que tu l'as acheté ! s'écria Mrs Fanshawe. (Et l'amertume l'emporta sur le sang-froid.) Acheter les gens, quelle idée ! Tu sais de qui tu tiens ça ? De ton père. Tu es exactement comme ton père, Nora. Dieu sait que j'ai essayé de te préserver de tout ça, mais lui t'a mis dans la tête qu'on pouvait acheter les gens.

— Non, Mère, dit Nora, très calme. C'est ton attitude à toi qui m'a prouvé que c'était vrai. Et si on reprenait du thé ?

Elle sonna l'infirmière.

À 4 heures et quart, l'ascenseur descendit au rez-de-chaussée. La porte commença à s'ouvrir et Burden se sentit défaillir, les intestins en eau. Il n'avait pas le courage de regarder. Les deux dépanneurs arrivèrent, en dévalant l'escalier.

Il y avait du monde dans le hall : le chef de la police Grinswold, les inspecteurs Lewis et Letts, Martin, Loring, Camb, et juste devant l'ascenseur, le Dr Crocker.

La porte était complètement ouverte maintenant. Il fallait que Burden regarde. Il s'avança, en écartant les gens.

— Laissez passer ! dit Crocker.

Et Wexford apparut, tout gris, le bras du médecin autour des épaules. Il fit deux pas. Lourdement.

— Emmuré ! dit-il, comme une foutue nonne !

— Mon dieu ! Ça va, monsieur ?

— Tout est dans le carnet, dit-il, à bout de souffle. J'ai tout écrit dans mon carnet. Rien... rien de tel qu'une atmosphère raréfiée pour faire carburer le cerveau. Ça revient moins cher de prendre cet ascenseur que d'escalader l'Everest.

Puis il s'évanouit dans les bras de Crocker et de Letts.

— J'ai fini mon service, dit Rose, et le personnel de nuit est dans la cuisine. Alors ça ne vous ennuie pas si je vous accompagne pas ? (Elle le regarda d'un air interrogateur dans la faible lumière du couloir.) Je croyais que c'était Mrs Fanshawe que vous veniez voir. C'est du même côté du couloir. Une chambre après la mienne.

Burden la remercia. Au coin du couloir, il se retrouva nez à nez avec Mrs Wexford et Sheila.

— Comment il va ?

— Il va bien. Mais ils vont le garder cette nuit. Simple mesure de sécurité.

— Dieu soit loué !

— Ah, vous l'aimez bien mon vieux Papa, hein ?

Quand elle souriait, Burden avait envie de l'embrasser, tellement elle ressemblait à son père. C'était vraiment fou que ce visage enchanteur fût la réplique de la bonne grosse figure plissée, qui l'avait hanté tout le temps qu'il avait procédé à l'arrestation, et lu à haute voix les chefs d'inculpation. Mais il ne voulait pas avoir l'air sentimental et il se força à sourire.

— Il meurt d'envie de vous voir, dit Sheila. Nous, on n'était que les bouche-trous.

Wexford était dans son lit, dans une chambre qui ressemblait à celle de Mrs Fanshawe. Il portait une robe de chambre rouge à carreaux, et une touffe de poils gris dépassait des revers de sa veste de pyjama. Un sourire se dessina sur ses lèvres et son regard s'alluma.

Burden alla jusqu'au lit sur la pointe des pieds. Dans les hôpitaux, tout le monde marche sur la pointe des pieds, sauf le personnel. Alors Burden avança prudemment, en jetant des coups d'œil nerveux autour de lui. L'odeur de cuisine et l'odeur de désinfectant, qui dominaient dans le couloir, étaient noyées ici sous le parfum des œillets. Mrs Wexford avait inondé son mari de fleurs.

— Comment vous sentez-vous ?

— Parfaitement bien, évidemment, dit Wexford, avec impatience. Ah, toutes ces fleurs ! On se croirait dans une chapelle funéraire. Je serais sorti tout de suite, si ce Crocker de malheur et ses acolytes n'avaient pas été sur mon dos, à saper mes forces. (Il s'assit dans son lit et fit la grimace.) Ouvrez-moi donc cette bière, c'est Sheila qui m'a apporté ces canettes. Elle est vraiment gentille, c'est bien la fille de son père.

Burden prit le verre sur le plateau de dîner de Wexford et le rinça. Puis il prit le verre à dent pour lui.

— Une chambre privée, hein ? Très chic.

Wexford ricana.

— Je n'y suis pour rien, Mike. Ils m'emmenaient dans l'une des salles communes, quand Crocker s'est souvenu que Monkey Matthews était là, pour se faire enlever ses varices. On a pensé que ma présence risquait de lui poser un problème. Je l'ai arrêté pour vol, il y a deux ans. Mais vous inquiétez pas, je vais pas me priver d'aller lui dire ce que ça m'a coûté de ménager sa fierté. (Il regarda autour de lui d'un air méprisant.) Huit livres par jour, cette chambre. Heureusement que je ne suis pas resté plus longtemps dans cet ascenseur. À propos, vous l'avez arrêté ?

— Oui. À 5 heures et demie.

— J'aurais bien voulu être là. (Soudain, il frissonna.) Oh, rien, ce sont mes dents. (Puis il rit.) Mes dents ! dit-il. C'est drôle.

On entendit les pas de quelqu'un qui ne marchait pas sur la pointe des pieds et Crocker fit son entrée.

— Qui t'a autorisé à boire ?

— Assieds-toi, va. Et pas sur le lit. L'infirmière n'aime pas ça. On était en train de fêter une arrestation. Tu veux en être ?

Crocker alla se chercher un fauteuil à côté, dans une chambre inoccupée. Il se laissa tomber dedans.

— Mon petit doigt m'a dit qui c'était. Si je m'attendais à ça !

— Et moi donc !

Wexford croisa le regard de Crocker, et y lut l'étonnement et le désir d'en savoir plus. Une expression qu'il aimait bien.

— Il y a toujours eu des assassins chez les médecins, dit Crocker. Je pense à Crippen, Buck Ruxton. Sauf que cette fois, c'est un dentiste.

18

— Le problème, dit Wexford c'est de savoir par où commencer. À quel moment commence une histoire ? Je me dis souvent que les romanciers doivent avoir le même problème que moi. Et d'ailleurs, je sais qu'ils se posent ce genre de questions. Je connaissais un type qui écrivait des livres. Il disait que ça venait bien à partir du milieu du bouquin, et que c'était facile de terminer, mais qu'il ne savait jamais par où commencer. Jusqu'où faut-il remonter dans la vie de quelqu'un, pour trouver la vraie cause de ses actes ? Jusqu'à son enfance, jusqu'à ses parents, jusqu'à Adam ?

— Ne remontons pas si loin, dit Burden, nous en aurions pour la nuit.

Wexford lui sourit, donna quelques claques à ses oreillers et les recala dans son dos.

— Je crois que je vais faire remonter cette histoire à il y a dix ans. Mais ne vous inquiétez pas, le temps passe vite.

— Vigo n'était pas ici il y a dix ans.

— Non. Il y a dix ans, il se mariait. Il épousait une jeune fille riche, et sans doute pas seulement pour son argent. Mais l'argent lui a permis d'acheter une maison et d'ouvrir un cabinet. Ils ont eu un enfant.

— Un mongolien, dit Crocker. Il est dans un centre pour handicapés mentaux depuis l'âge de six mois. Vigo a très mal pris la chose.

— Mais n'importe qui l'aurait mal prise, dit Wexford. Regarde Vigo, il est ce qu'Hitler aurait appelé un parfait aryen. Et intelligent en plus. Si tu étais éleveur de chevaux, ne choisirais-tu pas Vigo comme étalon ? (Crocker acquiesça à contrecœur.) Et si tu étais Vigo, ne t'attendrais-tu pas à avoir des enfants magnifiques ?

— Tout le monde s'attend à avoir des enfants magnifiques.

— Possible. Disons que tout le monde le souhaite, et que parfois ça tombe sur ceux qui sont le moins en droit de l'espérer. (Il eut un sourire pour lui-même et finit la bière que Sheila lui avait apportée.) Je crois que Vigo a dû en vouloir à sa femme. Ne me dites pas que c'est injuste. La vie est injuste. Après quoi, pendant huit ans, ils n'ont pas eu d'autre enfant.

Crocker se pencha vers lui.

— Ils ont un autre fils, maintenant. (Crocker soupira.) Pauvre môme.

— C'est de la faute de son père si c'est un pauvre môme, dit Wexford, durement. Épargne-moi le couplet sentimental, tu veux ? Voilà le vrai début de l'histoire : la seconde grossesse de Mrs Vigo. Elle avait de la tension, elle a eu une toxémie.

— Une toxémie gravidique, rectifia Crocker, pédant.

— Peu importe. Toujours est-il que sa femme a été admise à la clinique Princess Louise deux mois avant la naissance. Tu imagines ce qu'a pu ressentir Vigo à ce moment-là ? Il s'est dit : est-ce que ça va recommencer ?

— On n'a pas un enfant mongolien parce qu'on a une toxémie.

— Oh, tais-toi ! dit Wexford, irrité. Les gens ne raisonnent pas dans ces cas-là. Il était affolé, déprimé, et il a entamé une liaison avec une infirmière qu'il a rencontrée à la clinique, en allant voir sa femme. Peut-être qu'il avait toujours été un peu coureur. J'ai mes raisons de penser ça.

— Dans vos notes, dit Burden, qui avait le carnet ouvert sur les genoux, vous dites qu'il a laissé tomber Bridget Culross après la naissance du bébé, quand il a vu qu'il était parfaitement normal.

— C'est une supposition. Disons qu'il était trop obnubilé par ce bébé — il adore ce bébé — pour se laisser accaparer par autre chose. Vous avez vérifié les dates ?

— Oui. Mrs Vigo a été admise à la clinique en octobre dernier, et elle en est sortie fin décembre, deux semaines après la naissance du bébé. Bridget Culross a travaillé à la maternité du 1er novembre au 1er janvier.

Wexford s'appuya un peu mieux contre ses oreillers.

— Il fallait que ce soit quelqu'un dont le prénom commence par J. On a d'abord pensé à Jérôme Fanshawe, mais ça ne pouvait pas être lui, parce que Mrs Fanshawe n'était plus en âge d'avoir des enfants. Après quoi, j'ai sérieusement pensé à Michael Jameson. Ça ne me surprendrait pas qu'il soit marié. (Wexford baissa la voix : Mrs Fanshawe était deux chambres plus loin.) Michael Jameson pourrait aussi bien se faire appeler Jay, que Mike, et en plus il a une voiture qui collait tout à fait dans le scénario. Mais on va y revenir. Quoi qu'il en soit, ce n'était ni Jameson, ni Fanshawe mais Jolyon Vigo. Avec un nom comme ça, un diminutif s'impose.

— Vous dites qu'il a laissé tomber la fille. Alors pourquoi a-t-il renoué avec elle ?

— Votre homme vient d'avoir un enfant, dit Wexford. S'il a une véritable adoration pour cet enfant, ça peut le rapprocher de sa femme, pendant quelque temps. Mais ces choses-là ne durent pas. Le léopard peut-il effacer les mouchetures sur sa fourrure ? La fille pensait qu'elle avait une chance de se faire épouser. Et aucun doute qu'il a, lui aussi, envisagé la question au moment où il croyait que sa femme ne lui donnerait plus jamais d'enfant. Et quand le bébé est né, oui, il a eu envie de continuer à s'amuser. Mais il n'était pas question que ça lui fasse perdre son fils. Et c'est là le nœud de l'affaire.

Crocker déplaça légèrement sa chaise et croisa les jambes.

— Mais que vient faire Charlie Hatton dans tout ça ?

Wexford ne lui répondit pas tout de suite.

— Vigo et Culross avaient une liaison par intermittence, dit-il. Et s'ils ne se voyaient pas d'une manière régulière, c'est sûrement parce que l'infirmière le harcelait avec cette histoire de mariage, et qu'il essayait de gagner du temps.

— Ça, vous n'en savez rien, objecta Burden.

— Je connais la nature humaine, dit Wexford, avec condescendance. Le 18 mai, Bridget Culross a eu un week-end prolongé, date à laquelle, heureuse coïncidence, avait lieu la réunion de la Blake Society à Brighton. Vigo est passé prendre Culross à Marble Arch, et l'a emmenée à Brighton dans sa voiture, une grosse Plymouth.

— Comment pouvez-vous être sûr qu'il allait à la réunion de la Blake Society, et pas à celle des Gibbonistes ?

— Vigo a des lithos de Blake sur tous les murs de son entrée. Vous avez vérifié les réservations d'hôtel ?

— Ils sont descendus au Majestic, sous leurs noms respectifs. Ils ont pris deux chambres contiguës. Ils ont quitté l'hôtel le lundi 20 mai, dans l'après-midi.

Wexford hocha la tête.

— C'était peut-être leur premier week-end ensemble. Et Bridget Culross aura passé son temps à essayer de le convaincre de divorcer. Je ne sais pas ce qui s'est passé. Comment le saurais-je ? Je peux juste imaginer qu'elle savait qu'ils passeraient par Kingsmarkham, ou pas loin, en rentrant à Londres, et qu'elle a essayé de persuader Vigo de l'emmener chez lui pour qu'ils parlent à sa femme, tous les deux. (Wexford s'éclaircit la voix.) Les hommes n'aiment pas ce genre de choses. Ils se sont disputés. Et vous voulez savoir à quel moment ? Je suis sûr que les choses ont atteint leur paroxysme au moment où ils sont passés près de Kingsmarkham. À environs cinq kilomètres au sud de l'endroit où on a retrouvé le corps. Ils sont sortis de la voiture, aucun doute là-dessus. Ils se sont battus — Vigo est un type costaud —, elle est tombée, et elle s'est cogné la tête sur le bitume. Alors il s'est retrouvé avec une fille qui avait perdu connaissance, ou qui était peut-être déjà morte. Vous voyez dans quel dilemme il était pris ?

— Quoi qu'il fasse, sa femme saurait, demanderait le divorce, et obtiendrait la garde de l'enfant, dit Burden.

— Exactement. Il s'est mis à réfléchir à toute allure. D'abord, faire disparaître du sac qu'il lui avait offert toute chose permettant de l'identifier. Il se doutait bien qu'il y avait des gens qui savaient où elle était allée, mais elle lui avait assuré qu'elle n'avait dit son nom à personne. Vigo est un homme intelligent, un type du milieu médical, qui connaît un peu les méthodes d'investigation de la police. Il savait très bien qu'ils n'allaient pas rechercher une fille qui n'avait pas de famille, et qui avait une telle réputation. Supposons qu'on la retrouve morte sur la route, écrasée par une voiture qui a pris la fuite. On en déduirait qu'elle s'était disputée avec son petit ami, qu'elle avait fait du stop jusqu'à Stowerton, et qu'elle s'était fait renverser en traversant la route, ou en faisant à nouveau du stop. Alors il l'a installée à côté de lui, la tête sur ses genoux pour qu'il n'y ait pas de sang sur le siège passager. Il s'est sans doute mis un journal sur les genoux, ou un vieux chiffon, enfin quelque chose qu'il pouvait brûler après, en rentrant à la maison.

» Il s'est engagé sur la bretelle de déviation à un moment où il n'y avait pas beaucoup de voitures, poursuivit Wexford, c'était un lundi, dans la soirée. Et il ne roulait pas très vite — personne ne pourrait ouvrir la portière d'une voiture et balancer un corps sur la route à grande vitesse. Alors il est resté sur la voie de droite.

— Et après ?

— Tout s'est passé comme il l'avait prévu... Il a roulé à trente à l'heure, et quand il n'y a plus eu de véhicule en vue, il a ouvert sa portière, tiré la fille sur ses genoux et il l'a balancée de son côté. Elle a atterri exactement là où il voulait : la tête en plein sur la voie rapide.

— Attends, dit Crocker, c'est impossible de faire ça en conduisant, c'est...

— Tais-toi une minute, dit Wexford. (Puis il ajouta, dans un français exécrable :) "Pas devant les infirmières."

— Thé, café ou Ovomaltine ? dit une voix dynamique dont la propriétaire avait tapé sur la partie vitrée de la porte.

— De l'Ovomaltine, ça nous fera du bien, dit Wexford, d'un ton neutre. Merci beaucoup.

— Un œil le regardait, dit Wexford. Non pas sa conscience, en l'occurrence, mais Charlie Hatton. (Wexford but une gorgée d'Ovomaltine, l'air impénétrable.) Il avait garé son camion sur l'aire de stationnement, en haut de la colline, et il prenait l'air dans le champ qui longe la route.

— Vous voulez dire qu'il a vu Vigo balancer la fille de la voiture et qu'il n'a rien fait ?

— Tout dépend de ce que vous entendez par rien. D'après moi, un type comme Charlie Hatton ne devait pas mourir d'envie d'avoir affaire à la police, même en temps que témoin indigné. Et il a fait quelque chose, si. Il a fait chanter Vigo.

— Je peux avoir quelques grains de raisin ? demanda Crocker. Merci. Le seul raisin que je mange, c'est celui que je pique à mes patients. (Il s'en mit un grain dans la bouche, le mâcha et l'avala, avec les pépins.) Il connaissait Vigo ?

— De vue, sans doute. Ou il connaissait la voiture. En tout cas, il a repris la route pour rentrer chez lui, et cinq minutes plus tard, Jérôme Fanshawe, qui arrivait à toute allure sur la route, a vu la fille et a crié « mon dieu ! ». Souvenez-vous qu'elle avait le corps sur la voie centrale et la tête sur la voie rapide. Fanshawe a donné un coup de volant. Pour éviter sa tête. Normal. Un coup de volant à « gauche », ce qui l'a fait monter sur la bande centrale et s'écraser contre un arbre. Je crois que l'intervention des Fanshawe, dans cette affaire, se résume à ça. Une fois dans sa vie, Fanshawe aura donc été la victime innocente.

Burden acquiesça d'un hochement de tête et prit le relais.

— Le lendemain matin, dit-il, cette histoire trottait dans la tête de Charlie Hatton. Il a téléphoné pour l'appartement. Il est allé le voir, avec cette Marilyn. Et il s'est aussitôt trouvé devant un problème d'argent : l'ancien locataire voulait deux cents livres de reprise.

— C'est ça qui a tout déclenché, dit Wexford. Il a laissé Marilyn devant l'*Olive and Dove*, et elle l'a vu entrer dans une cabine. On peut être sûrs que c'était pour passer un coup de fil à Vigo, et pour prendre rendez-vous dans l'après-midi.

— Je croyais que vous aviez dit qu'il avait téléphoné au dentiste de chez lui, dit Crocker.

— Il a « rappelé » le dentiste de chez lui, devant sa femme, pour donner le change. Mais Vigo savait déjà ce qu'il attendait de lui, et Hatton lui avait dit qu'il rappellerait, pour prendre rendez-vous officiellement. Ça s'est forcément passé comme ça. Sinon, pourquoi Vigo aurait-il accepté de le recevoir une heure plus tard ? Il est très pris. Pour le voir ? il faut prendre rendez-vous des semaines à l'avance. Et Charlie Hatton n'était même pas un de ses patients. Je suis sûr que Charlie lui avait annoncé dès le matin le prix de son silence : une belle somme d'argent, et une prothèse dentaire, la plus belle possible évidemment.

— Ça a dû être un sacré choc, pour Vigo, dit Crocker, pensif.

» La nuit précédente, il avait agi sous l'impulsion du moment, mais c'était tout de même assez risqué. Pour lui, l'accident de Fanshawe a été un coup de chance tout à fait inespéré. Et le lendemain, quand il a vu dans les journaux qu'on avait identifié la morte comme étant Nora Fanshawe, il s'est cru définitivement tiré d'affaire. La réapparition de Nora Fanshawe compliquerait trop les choses pour qu'on arrive un jour à découvrir la vérité. Et à sa place, qui aurait cru qu'on l'aurait vu, et qu'on le ferait chanter ?

— Et bien sûr il a payé, dit Wexford. Et plusieurs fois. À mon avis, la première fois, Hatton a dû lui demander mille livres. Et ça a dû être vraiment bizarre, ce jour-là. Imaginez le maître chanteur, allongé sur le fauteuil du dentiste, la bouche ouverte, pendant que sa victime lui prend des empreintes pour un dentier. On croit rêver !

» Le lendemain, poursuivit Wexford, le 22 mai, on sait qu'Hatton a déposé cinq cents livres à sa banque. Qu'il en a gardé deux cents pour les Pertwee et trois cents pour ses dépenses accessoires : vêtements, sorties, etc. Puis Vigo a commencé à lui faire des versements de cinquante livres par semaine.

» Je suppose qu'Hatton lui demandait de déposer l'argent à un endroit convenu, au bord de la rivière, tous les vendredis soir. Oui, quelque part sur le chemin qu'il prenait pour rentrer du club de fléchettes.

— Et un vendredi soir...

— Oui, au fait, pourquoi ce vendredi-là ?

— Qui peut dire à quel moment la victime d'un chantage décide que ça suffit ?

— Mrs Fanshawe, dit Burden, d'une manière tout à fait inattendue. Quand vous disiez que l'intervention des Fanshawe dans cette histoire se résumait à l'accident, ce n'était pas tout à fait vrai. Mrs Fanshawe est sortie du coma la veille du jour où Charlie Hatton a été tué. C'était dans les journaux du matin. Juste un entrefilet, mais ça y était.

— Vous avez mis le doigt sur quelque chose, là, dit Wexford. Nora Fanshawe n'avait toujours pas réapparu, mais Vigo a très bien pu croire que Mrs Fanshawe nous dirait que la jeune fille morte ne pouvait pas être sa fille. Hatton était un témoin important, et à présent il y avait quelqu'un pour étayer son histoire. Et une fois qu'il aurait pompé tout l'argent qu'il voulait à Vigo...

Crocker se leva, se perdit quelques instants dans la contemplation des œillets, et dit :

— C'est une histoire intéressante, mais les choses n'ont pas pu se passer comme ça. (Wexford lui fit un grand sourire.) Pourquoi tu souris comme ça ? fit Crocker, irrité. Moi je te dis qu'il y a un hic. Si un conducteur balance quelqu'un de sa portière, depuis la voie de droite, cette personne tombe forcément sur le bas-côté, pas sur la voie centrale. Il n'y avait donc aucune chance pour qu'elle se trouve sur la voie où roulait Fanshawe.

Crocker s'interrompit et lança un regard de défi à Wexford. À ce moment-là, l'infirmière entra, avec un somnifère.

— Je n'en veux pas, dit Wexford. (Il s'allongea dans son lit et remonta ses couvertures.) Je vais très bien dormir. Je suis fatigué. (Et il ajouta, le nez au ras du drap :) Oh, et puis à propos, c'est une voiture étrangère. Avec la conduite à gauche. Bonne nuit.

19

— Je suis l'électricien, dit Jack Pertwee, sur le pas de la porte. Je viens pour l'interrupteur.

— Ah mais c'est pas moi, dit la fille. Moi je suis seulement employée ici. Attendez un instant...

Elle fouilla dans des papiers, sur le bureau, près de la fenêtre à meneaux, et d'un coup elle rougit, indignée.

— Vous deviez venir la semaine dernière !

— La semaine dernière j'étais en congé. Je recommence aujourd'hui. Ne vous mettez pas dans tous vos états. Je suis déjà venu. Je peux trouver mon chemin tout seul.

Il recommençait aujourd'hui. Et c'était son premier travail de la journée. La première fois qu'il retrouvait sa vie normale après le drame. Pourquoi était-il venu là en premier, alors qu'il y avait une douzaine d'autres adresses sur sa liste ? Peut-être parce qu'il obéissait à une pulsion, à un besoin salvateur de s'entourer de belles choses pendant une heure. Peut-être parce qu'il ne connaissait pas d'endroit plus différent, plus éloigné, de tous ceux où il était allé avec Charlie.

Mais, comme chaque fois qu'il se retrouvait dans cette maison de Ploughman's Lane, il se sentait presque paralysé, les pieds cloués au sol, les doigts gourds — lui si habile de ses mains. Il était comme un barbare, qui aurait pénétré dans une villa romaine abandonnée : il était ébahi, ébloui, et comme tétanisé par une espèce de cravate mêlée de serpent.

Il traversa le hall, puis, faisant comme s'il ne savait pas où était cet interrupteur — c'était inutile, car on l'avait laissé seul —, il ouvrit toutes les portes, les unes après les autres pour se gaver, émerveillé, de tous les trésors qu'il y avait derrière. Il aurait marmonné un « Pardon, Madame » s'il était tombé sur la maîtresse de maison, mais toutes les pièces étaient inoccupées, et il put dévorer des yeux toutes ces merveilles à satiété : la soie, le velours, les tables en bois sombre incrusté d'ivoire, les tableaux dans leurs cadres dorés, les vases chinois débordants de fleurs, le buste en bronze, les jacinthes violettes, dont la senteur étourdissante et sucrée lui arrivait droit dessus, avivée par le soleil déjà chaud.

Après quoi il n'aurait su dire ce qui brusquement fit surgir Charlie dans son esprit. Le fait que le souvenir vivant de son ami flottait en permanence à l'orée de sa conscience ? Ou cette douleur comme un élancement réel, violent, quand il ouvrit la porte du salon chinois. C'était là, derrière cette porte, que se trouvait l'interrupteur défectueux, et il demeura un moment sur le seuil, comme frappé d'immobilité sous l'impact des couleurs. Il était encore trop tôt pour que le soleil ait pénétré la partie arrière de la maison mais les rouges et les ors, les vert émeraude et les jaune citron resplendissaient déjà intensément dans l'ombre. Jack posa sa boîte à outils par terre, et regarda autour de lui, comme hypnotisé. Il était déjà venu ici, et pourtant il avait l'impression d'être là pour la première fois. C'était comme si on lui avait mis les nerfs à vif et qu'on l'avait plongé dans ce bain de couleurs intenses, superbes, intolérables, comme dans une myriade de décharges électriques insupportables.

Dans un état second, il s'approcha de l'échiquier dont les pièces ressemblaient à une armée, comme le lui avait dit Charlie, et la figure du cavalier rouge lui apparut soudain comme la réplique parfaite du visage de son ami : des traits aiguisés, l'air rusé mais gentil. Une envie folle de posséder cet objet, de le prendre et de l'emporter le saisit, mais il avait peur rien qu'à l'idée de toucher ce jade finement sculpté, et il s'entendit, tout bas, sangloter.

C'était ses descriptions fascinées — et sans doute puériles — de cette maison, qui avaient, pensait-il, conduit Charlie ici. Tout comme lui, Jack aurait pu aller faire des folies chez l'épicier, Charlie Hatton était venu ici pour s'offrir ce qu'il avait de mieux dans le genre. Et le chagrin de Jack s'effaça devant son admiration pour une telle audace. Charlie avait pénétré dans ce musée, et pas comme un inférieur, comme un ouvrier, mais en tant que client. Vigo l'avait emmené dans ce salon, et lui avait offert à boire. Jack imaginait très bien Charlie, se baladant ici avec cette confiance en soi frisant l'arrogance, ses mains carrées saisissant une tasse de fine porcelaine, et même touchant une peinture sur soie, tout en faisant des commentaires sur sa valeur, sa beauté, sans la moindre pudeur. S'était-il reconnu à la tête de l'armée rouge ? Et les philistins tuèrent Jonathan... Comment des héros sont-ils tombés ? Comment leurs armes se sont-elles perdues ?

Jack détourna les yeux de ces petits visages aux traits aiguisés qui semblaient le scruter. Il ouvrit sa boîte à outils, puis il s'accroupit. Il était épuisé, lessivé, à 10 heures du matin, et la voix de la fille derrière lui le fit sursauter.

— Je pensais que vous voudriez peut-être une tasse de thé.

Imaginant tout à fait l'expression qu'il avait, et ne voulant pas qu'elle la voie, il ne se retourna pas.

— Monsieur ou Madame sont là ? demanda-t-il. Il faudrait que je les voies, lui, ou elle.

— Vous n'êtes donc pas au courant ? Elle est partie, avec le bébé. Et Mr Vigo s'est fait arrêter, hier. C'est lui qu'a tué le routier.

Jack avait pleuré, et maintenant ses paupières le brûlaient, comme certains soirs, quand il sortait du *Dragon* avec Charlie, et qu'on avait trop fumé autour de lui. Il regardait fixement ses outils mais ne les voyait pas. Son cerveau n'était plus qu'un vide tout rouge. Il bondit sur ses pieds, un marteau dans la main, sans même avoir conscience de l'avoir choisi parmi les outils.

La lumière rouge devant ses yeux se métamorphosa en une série de rouges, d'ors et de verts fous, qui vrombirent en tournoyant devant lui, exactement comme si ce kaléidoscope avait produit la même folie de sons que de couleurs. Et derrière lui, un bruit encore plus strident retentit : la fille avait commencé à hurler.

— Un taureau dans un magasin de porcelaine, dit Wexford.

Il se fraya un chemin parmi les débris qui jonchaient les tapis, s'arrêtant de temps à autre pour ramasser un éclat de porcelaine fine entre le pouce et l'index. Son visage était froid, impassible, mais une lueur passa dans les yeux quand il s'approcha de la table où, une heure plus tôt, il y avait encore un échiquier. Pas une seule pièce n'était intacte, mais parmi les gravats rouges et blancs, Wexford repéra une toute petite lance qu'une toute petite main tenait encore fermement, un minuscule fragment de dentelle ivoirine, le sabot d'un cheval miniature.

Burden, à genoux sur le tapis, lissait du plat de la main des lambeaux de peinture sur soie. L'empreinte grossière d'un grand pied maculait les écailles d'un poisson.

L'empreinte du pied qui avait réduit les verres à saké en poussière.

— Effrayant, non? dit Wexford. La barbarie est quelque chose d'effrayant. Je préfère ne pas savoir.

— ... Combien ça valait? hasarda Burden.

— Oh, sûrement pas tant que ça. Je voulais seulement dire que je préfère ne pas savoir si ces pièces étaient uniques, ou vraiment anciennes. Ce doit être ça le pillage, j'imagine, un acte de destruction absurde, de vengeance gratuite.

— Vous m'avez dit un jour que Charlie Hatton était un mercenaire, « un soldat de fortune ».

— C'est ce que je pense, oui. Et je me demande à quoi ça va servir, de parler avec son compagnon d'armes. Mais je crois que nous n'avons pas le choix.

Jack Pertwee était dans la cuisine, avec le sergent Martin, écroulé sur une chaise, à moitié couché sur la table. Wexford le secoua rudement et le tira en arrière par le col de sa chemise. Il le secoua encore un peu, comme il l'aurait fait avec un chien dangereux qu'il aurait enfin réussi à maîtriser. Son regard croisa celui de Pertwee. Les mâchoires de Jack tremblaient et il claquait des dents.

— Vous êtes un imbécile, Pertwee, dit Wexford, avec mépris. Vous allez perdre votre travail à cause de ça. Et pour quoi? Pour un ami qui est mort et qui ne pourra même pas vous remercier?

D'une voix presque inaudible, Pertwee répondit:

— Pour le meilleur... le meilleur ami qu'un homme ait jamais eu. Et c'est moi qui l'ai envoyé ici.

Il serra les poings et l'écrasa sur la table.

— Oh, emmenez-le, sergent.

Jack se mit péniblement sur ses pieds. Son poing s'ouvrit, et quelque chose tomba sur le sol puis roula jusqu'aux pieds de Wexford.

C'était la tête du cavalier rouge. Le visage cruel aux traits aiguisés, éclairé par un rayon de soleil, souriait en montrant toutes ses dents.

— Charlie, murmura Jack.

Il essaya de le dire encore une fois, mais le nom s'étira affreusement dans un sanglot déchirant.

Postface

« L'existence des filles de l'Inspecteur-Chef avait été évoquée — dit Rendell — dans Le Pasteur détective. *À présent m'était donnée l'opportunité d'introduire l'une d'entre elles en tant que protagoniste à part entière. » Ce qui est fait dans le quatrième Wexford. Ce roman s'ouvre d'une manière assez frappante sur l'entrée en scène du personnage « formidable » de Charlie Hatton. L'auteur, qui appelle un chat un chat, n'hésite pas à comparer les rapports de Charlie et Jack Pertwee à ceux du biblique duo David et Jonathan et à transformer le drame qui se noue en une sorte de tragi-comédie de mœurs au fort accent cockney. Le contrepoint offert à ce tableau d'une ironie souvent dévastatrice par la relation très tendre que le policier développe avec sa fille Sheila, ne traduit pas seulement un effet d'équilibre. Il obéit à la volonté de l'auteur d'étoffer l'univers de Wexford. « À cette époque, j'ai réalisé que Wexford commençait à devenir un héros populaire et que j'aurais sans doute à écrire encore un certain nombre de livres le mettant en scène. C'est pourquoi j'ai décidé d'enrichir les personnages de Wexford et de Burden et de dévoiler leurs vies familiales. »*

Dans le texte publié par elle en 1988 et précédemment cité, Rendell ne cache pas avoir en partie modelé son héros sur son propre père. Rien que de très naturel de la part de la jeune femme sensible qui reconnaît avoir été conduite sur le chemin de la connaissance — et sur celui de la littérature, au moins comme lectrice — par cet homme très érudit que fut l'auteur de ses jours. À la lecture de certaines scènes du livre qui opposent affectueusement mais fermement Sheila et Reginald Wexford, l'exégète appliqué ne peut s'empêcher d'imaginer que la romancière ait pu avoir recours, ne fût-ce qu'avec malice, à sa propre expérience.

L'irruption, dans la fiction, de la peinture aux tons acides de la famille Fanshawe offre un contraste intéressant. Rendell paraît s'amuser, de son point de vue de démiurge, de ce passage de la lumière à l'ombre. Mais ne nous y trompons pas : c'est l'humaniste qui perce, déjà, sous le propos de l'auteur de fiction policière. Et Ruth de nous impliquer dans les méandres d'une comédie humaine qui a, dans ce livre, pris pour cible ou vivier un milieu ordinaire. L'acuité du regard de Wexford fouille sans relâche les profondeurs de l'âme humaine et s'il se passionne — comme sa créatrice — pour la personnalité de Charlie Hatton, c'est parce que celui-ci évoque un « mercenaire, un "soldat de fortune" » aux actions grandioses et vaines. L'expression qu'il emploie fait précisément référence au titre d'un roman de Ford Maddox Ford que Rendell considère comme un des sommets de la fiction anglaise. Le Bon Soldat *est l'histoire d'un Don Juan à remords dont les vrais ennemis sont les femmes, qui lui prendront sa vie et sa raison. La fable de Charlie Hatton, quant à elle, anticipe sur l'histoire pathétique d'un autre héros de Rendell, Guy Curran (*Going Wrong, *1990).*

Dans le livre, esquissé dès la première page puis éludé, repris enfin à la dernière ligne, un thème a surgi : celui d'une fiction qui exposerait la possession d'un homme par un autre homme. Un roman récent de Rendell, Ravissements, *signé Barbara Vine, a amplifié ce thème avec bonheur en contrepoint d'une intrigue de kidnapping sublimé. « Mais — dit la romancière — je dois bien me garder* quelque chose *pour l'avenir. Un jour, j'écrirai peut-être un livre racontant de façon complète une relation amoureuse entre deux hommes. J'ignore quand, mais je sais que je le ferai. »*

1970

ET TOUT ÇA EN FAMILLE

Traduit de l'anglais par
Marie-Louise Navarro

Ce roman a paru sous le titre original :
A GUILTY THING SURPRISED

Pour Michael Richardo,
mon cousin, avec affection

Ces forts instincts devant lesquels
Notre nature mortelle
Tremble comme prise en faute ;
... Ces premières affections,
Ces souvenirs lointains,
Qui — aussi troubles soient-ils,
Sont cependant la fontaine lumineuse
De nos jours...

William Wordsworth

1

Le matin, lorsque Quentin Nightingale quittait sa demeure pour se rendre à Londres, sa femme dormait encore. La gouvernante lui servait son petit déjeuner, et lui tendait chapeau et parapluie, tandis que la jeune fille au pair apportait le journal. Ensuite, dans l'allée, les deux jardiniers le saluaient avec respect d'un « Bonjour, monsieur » et il croisait parfois son beau-frère qui se hâtait vers son bureau de la Vieille Maison, havre de paix pour un écrivain. Seule manquait Elizabeth. Mais si Quentin en était contrarié, il n'en laissait rien paraître, et marchait d'un pas assuré vers sa voiture comme un homme heureux.

En ce matin du début de septembre, tout se passa comme d'habitude, sauf que Quentin n'eut pas besoin de parapluie. Les jardins du manoir de Myfleet étaient à demi voilés par une brume dorée qui promettait une belle journée. Quentin descendit les quelques marches de pierre et s'arrêta près d'un bosquet pour rappeler à Will Palmer que les chrysanthèmes préparés en vue de l'exposition florale de Kingsmarkham avaient besoin d'engrais. Puis il suivit l'allée jusqu'à la cour où sa voiture l'attendait dans les anciennes écuries transformées en garage. Sean Lovell venait d'en essuyer le pare-brise.

Quentin était un peu en avance. Au lieu de monter en voiture il s'avança jusqu'au mur et regarda la vallée du Kingsbrook. Ce panorama ne cessait de l'enchanter. On n'apercevait pas une maison, seulement des prés, des pelouses verdoyantes et celles d'un or plus pâle qui venaient d'être tondues. La rivière serpentait dans son manchon de saules, chaque colline était couronnée d'arbres et, sur la gauche, de l'autre côté de la route s'étendait la vaste forêt de pins. Elle couvrait une grande partie des collines et, ce matin, ressemblait à un manteau de velours sombre négligemment jeté sur le paysage. Quentin pensait toujours en métaphores quand il s'agissait de la forêt. Parfois, il y voyait non pas un manteau de velours, mais un animal couché enserrant les champs dans ses puissantes pattes protectrices.

Son regard se tourna vers le parc du manoir, puis le jardin d'agrément, plus proche, avec ses pelouses et ses fleurs dont les délicats coloris s'estompaient dans la brume. Il hésitait à aller cueillir une rose — une Fée des Neiges, peut-être, ou une Superstar — quand un doigt toucha son épaule et une voix froide déclama :

À son œuvre si belle la nature a lié
L'âme humaine qui frémit en moi ;
Et mon cœur s'attriste de penser
À ce que l'homme a fait de l'homme.

— Bonjour, Denys, dit Quentin avec affection. Ce n'est pas une citation bien gaie pour une aussi belle matinée. Elle est de Wordsworth, n'est-ce pas ?

Denys Villiers acquiesça :

— Si je ne suis pas gai, c'est que le trimestre commence dans deux jours ; je ne pourrai plus travailler avant Noël. À propos, j'ai quelque chose pour vous. (Il ouvrit sa serviette et prit un livre tout juste sorti des presses :) Une première édition. J'ai pensé qu'elle vous plairait.

Les yeux de Quentin brillèrent de plaisir. Il regarda la couverture *Wordsworth et l'Amour* par Denys Villiers et, sans chercher à dissimuler son enthousiasme, ouvrit le livre à la page de garde. Il lut la dédicace à haute voix : *À mon beau-frère, Quentin Nightingale, ami véritable et mécène.*

— Ah ! Denys, c'est merveilleux ! Vous me donnez l'impression d'être Southampton.

Villiers eut un sourire narquois :

— Hélas, je ne suis pas Shakespeare ! (Il fronça les sourcils, comme s'il s'avisait de sa propre nullité, et ajouta :) Du moment que vous l'aimez... Eh bien ! J'ai du travail et vous aussi, sans doute.

— Oui, je dois partir. Prenez soin de vous, Denys. J'ai hâte de rentrer pour commencer cette lecture.

Il administra une tape amicale sur l'épaule de Villiers et fila. Denys Villiers poussa une porte dans le mur d'enceinte de la

Vieille Maison et entra dans la cour ombragée de tilleuls et de cyprès. Toujours souriant, le livre posé sur le siège de la voiture près de lui, Quentin partit pour Londres.

Elizabeth Nightingale passa une heure devant son miroir à préparer l'image de jeunesse et de fraîcheur qu'elle présenterait aux yeux du monde. Légèrement maquillée, vêtue avec une élégance discrète, mais recherchée, les gens disaient d'elle qu'elle ne paraissait guère plus de vingt-cinq ans. « C'est qu'ils ne m'ont pas connue quand j'avais vingt-cinq ans ! » dit Elizabeth à son reflet. Et elle eut envie d'ajouter qu'alors, il lui fallait deux fois moins de temps pour être deux fois plus jolie.

Très démocratique, elle prenait son petit déjeuner avec le personnel dans la cuisine. Les deux jardiniers étaient assis à l'extrémité de la table. Elizabeth s'installa en face de Katje Doorn. Mrs Cantrip, la gouvernante, buvait son café debout, en donnant des instructions :

— Si vous apercevez Alf Tawney, Will, n'oubliez pas de lui rappeler que j'ai commandé un poulet et qu'il me le faut ce matin. Ne mettez pas les coudes sur la table, Sean, je vous l'ai répété cent fois. Quant à vous, Catcher, quand vous aurez avalé votre café, vous porterez le sien à Mr Villiers. Il doit penser que nous sommes tous morts. Et pour l'amour du ciel fermez cette radio ! Madame n'a certainement pas envie d'entendre ce tapage.

— Oh ! mais j'aime la musique pop, Mrs Cantrip ! intervint Elizabeth.

Sean leva la tête :

— Il n'y a qu'à vous regarder pour voir que vous n'êtes pas bégueule, dit-il.

Choquée, Mrs Cantrip s'exclama :

— Ce n'est pas une façon de parler à Madame !

— Je le prends comme un compliment, dit Elizabeth.

Le visage sombre de Sean rougit de plaisir et il eut un large sourire, découvrant des dents blanches entre ses lèvres pleines. Ainsi encouragé, il toisa d'abord Mrs Cantrip, puis Will Palmer. Katje — Catcher pour le reste de la domesticité — gloussa, mais il l'ignora.

— Vous êtes tous pareils, vous les vieux, englués dans la même routine.

— Votre routine, c'est le jardinage. Tâchez de ne pas l'oublier. Vous ne serez jamais chanteur.

— Et pourquoi pas? (Mais son agressivité était tombée. Il soupira :) Il faut que je m'y mette. Il le faut absolument. Je l'ai dit à ma vieille. Le temps passe. J'aurai vingt-trois ans en avril. Que serait-il arrivé si les Beatles avaient attendu vingt-trois ans pour débuter?

— Le monde aurait été bien plus tranquille, voilà ce qui serait arrivé et c'est bien vrai, trancha Mrs Cantrip.

— Ne vous inquiétez pas, Sean, dit Elizabeth avec son doux sourire, vous savez ce que je vous ai promis. Je ne l'oublierai pas.

Sean la dévorait des yeux. Il hocha la tête avec vigueur.

— Au fait, Will, il y a un costume que Mr Nightingale ne met plus et qui devrait vous aller. Pendant que j'y suis, j'ai aussi préparé un petit paquet pour votre mère, Katje, de ces biscuits qu'elle ne trouve pas en Hollande. Il est sur la table du hall avec un autre paquet. Peut-être pourrez-vous les porter à la poste?

Lorsque Elizabeth fut sortie, Mrs Cantrip déclara:

— Madame est un ange. Il est bien dommage qu'il n'y en ait pas davantage comme elle.

Katje gloussa de nouveau.

La brume s'était levée et les fenêtres de Myfleet Manor laissaient entrer le soleil à flots: le fort soleil de la fin de l'été qui débusque le moindre grain de poussière. Mais Mrs Cantrip et Katje étaient passées par là et leurs plumeaux n'avaient rien oublié. Elizabeth allait d'une pièce à l'autre, sur les épais tapis, pour s'assurer que les fleurs dans les vases étaient encore fraîches. Çà et là, elle tirait un rideau pour protéger de la lumière le satin délicat d'un siège. De la fenêtre de sa chambre, elle suivit des yeux Katje qui traversait la grand-rue de Myfleet avec les deux paquets, l'un pour la Hollande, l'autre pour Londres. Elizabeth soupira. Qui aurait pu deviner que ce n'était pas parce que Katje avait encore laissé grandes ouvertes les deux portes de la grille? Sur le gravier blanc du trottoir, l'ombre de la Hollandaise était noire et rebondie, un peu déformée par les paquets qu'elle portait.

Elizabeth descendit et ferma la grille, réunissant les deux dragons de fer forgé qui l'ornaient. Puis elle monta dans la

Lotus pour se rendre d'abord à Queens Waterford afin de discuter avec lady Larkin-Smith du bal du Country Club, ensuite à Pomfret pour recevoir de Mrs Rogers le produit de la collecte contre le cancer. Enfin, elle alla chez son coiffeur à Kingsmarkham. Toutes les vitres de sa voiture étaient baissées et ses cheveux blonds cendrés volaient derrière elle comme ceux d'une jeune fille.

À 1 heure et demie, Mrs Cantrip servit le déjeuner dans la salle à manger. Le statut de Katje lui donnait le droit de s'asseoir à la table familiale, mais, en l'absence de Quentin Nightingale, elle parla peu. Asperges, jambon et tarte aux mûres furent avalés dans un silence qu'Elizabeth rompait de temps à autre pour faire un commentaire approbateur sur le repas. Quand elles eurent terminé, Katje remarqua qu'elle aurait préféré du pudding aux chipolatas.

— Vous devriez apprendre à Mrs Cantrip comment le faire.

— Peut-être je lui montre cet après-midi, dit Katje qui avait des difficultés avec sa grammaire.

— C'est une bonne idée.

— Quand vous le goûtez, vous ne voulez plus jamais de tartes aux mûres.

Katje fit la grimace et retira quelques pépins de ses dents.

— Nous verrons. Je vais monter me raser à présent. Veillez à ce que l'on ne me dérange pas.

— Je me souviens.

— Songez-vous à sortir ce soir ?

— J'ai rencontré un garçon à Kingsmarkham. Peut-être nous allons au cinoche.

— On dit « cinéma », Katje, reprit Elizabeth, avec douceur. Cinoche est un mot d'argot. Vous pouvez prendre une des voitures, mais je préférerais que vous n'utilisiez pas la Lotus. Votre mère n'aimerait pas vous voir conduire une voiture de sport.

— Je prends la Mini, s'il vous plaît.

— Très bien.

Katje débarrassa la table et rangea les assiettes avec les couverts et les plats dans le lave-vaisselle.

— Maintenant je vous apprends à faire le pudding aux chipolatas, annonça-t-elle à Mrs Cantrip.

Celle-ci prenait dix minutes de repos, une tasse de thé à la main et *le Daily Sketch* ouvert sur les genoux.

— Qu'est-ce que ça peut bien être ? Vous savez que Madame n'a jamais de saucisses à la maison.

— Pas besoin de saucisses. Il faut de la crème, des œufs et des fruits. Nous avons tout, oui ? Allons, venez, Mrs Cantrip.

— Il n'y a pas de paix pour les méchants, c'est bien vrai, dit Mrs Cantrip, en s'extirpant de son fauteuil à bascule. Je ne vois pas ce que vous avez à reprocher à un honnête dessert anglais. Mr Villiers n'en a pas laissé une miette. Mais attention, avec tous les livres qu'il écrit, il a un solide appétit.

Katje sortit des œufs et de la crème du réfrigérateur en disant d'un air pensif :

— Je me demande souvent pourquoi il ne travaille pas dans sa maison. Il a une femme, non ? C'est très curieux.

— Je voudrais bien savoir en quoi cela vous regarde, Catcher. Le fait est que Mr Villiers a toujours travaillé là. Il y a quatorze ou quinze ans, Mr Nightingale a fait aménager la Vieille Maison pour son usage. C'est tranquille vous comprenez. De plus, Mr Nightingale a un faible pour Mr Villiers.

— Un faible ?

— Ah ! ces étrangers ! Ils ne comprennent jamais rien. Ça veut dire qu'il l'aime bien, qu'il a de l'affection pour lui. Je suppose qu'il est fier d'avoir un écrivain dans la famille. Tenez, branchez le batteur électrique.

En versant la crème dans un bol, Katje remarqua :

— Mrs Nightingale n'aime pas du tout son frère. Tous les jours pendant les vacances il travaille là et pas une fois Mrs Nightingale ne va le voir. C'est drôle de ne pas aimer son propre frère.

— Peut-être qu'il n'est pas facile à vivre, répliqua Mrs Cantrip. Mais vous pouvez me croire, s'ils sont en froid — et attention, je n'affirme rien — ce n'est pas la faute de Madame. Mr Villiers a parfois des manières curieuses, je vous le concède. D'abord, il a mauvais caractère. Il aime se montrer sarcastique. Entre nous, Catcher, ça ne me plairait pas beaucoup d'avoir un fils à l'école où il est professeur. Et maintenant, arrêtez de battre cette crème ou bien elle va tourner.

Elizabeth n'apparut pas pour le thé. Le ciel était sans nuage, comme au bord de la Méditerranée et, à 5 heures, le soleil tapait toujours aussi fort. Dans le parc, Will Palmer alluma un feu de branchages près de la grille qui ouvrait sur la route de Kingsmarkham, remplissant l'air chaud et parfumé d'une fumée âcre. Il le nourrit de l'herbe que Sean venait de tondre et l'entretint en y mettant, de temps à autre, une goutte d'essence. Sean poussait maintenant la tondeuse vers la terrasse. Il était en sueur et jurait entre ses dents.

Mrs Cantrip disposa le dîner froid sur la table roulante. Puis, prenant son chapeau — elle portait toujours un chapeau pour sortir, quel que fût le temps — elle regagna son cottage à l'autre bout du village.

Dans la Vieille Maison, Denys Villiers tapa encore trois phrases sur l'apparition de la nature comme source d'inspiration dans l'œuvre de Wordsworth, puis, lui aussi vida les lieux. Sa voiture le conduisit à un train de sénateur jusqu'à son pavillon de Clusterwell. Une demi-heure plus tard, Katje Doorn empruntait le même chemin, au volant de la Mini, pour se rendre à Kingsmarkham.

Allongée sur son lit, des compresses de lotion antirides sur les yeux, Elizabeth ne se leva qu'en entendant arriver la Jaguar. Elle s'habilla, alors, pour descendre dîner.

Elle avait passé un caftan vert pâle brodé de perles à l'encolure et aux bas des manches.

— Comment se porte ma jolie épouse ?

— Bien, chéri. As-tu passé une bonne journée ?

— Pas trop mauvaise. Londres est une étuve. Puis-je te servir quelque chose ?

— Seulement un jus de tomate.

Quentin lui remplit un verre et se versa un double whisky.

— Merci chéri. Il fait chaud, n'est-ce pas ?

— Pas autant qu'à Londres.

— Non, je m'en doute.

— Oh ! non, pas autant qu'à Londres, répéta Quentin.

Il sourit. Elle sourit également. Le silence tomba.

Ce fut Quentin qui reprit :

— Katje n'est pas là ?

— Non. Elle a pris la Mini pour aller à Kingsmarkham, chéri.

— Nous sommes seuls, alors. N'attends-tu personne pour l'apéritif ?

— Pas ce soir. Comme tu l'as dit, nous sommes seuls.

Quentin poussa un petit soupir.

— C'est agréable d'être seuls, pour une fois.

Elizabeth ne répondit pas. Le silence qui suivit fut long et pesant. Planté devant la fenêtre, Quentin regardait le jardin.

— Nous pouvons aussi bien dîner maintenant, dit enfin Elizabeth.

Dans la salle à manger Quentin déboucha une bouteille de pouilly-fuissé. Elizabeth n'en prit qu'un seul verre.

— Il commence à faire plus frais, remarqua Quentin en se servant. Les jours ont nettement raccourci.

— Oui, en effet.

— Malgré la chaleur, à cette époque de l'année on sent toujours une certaine fraîcheur dans l'air, quand la nuit tombe et sur le matin.

Elizabeth mastiquait son poulet froid. Elle ne répondit pas. Quentin reprit désespérément :

— Mais dans l'ensemble, nous avons eu un bel été.

— Oui, dans l'ensemble.

Finalement, ils retournèrent au salon. Debout devant la porte-fenêtre, Quentin demanda :

— Quelle heure est-il ?

— 8 heures juste.

— Vraiment ? J'aurais cru qu'il était plus tard.

Il sortit sur la terrasse pour regarder les chrysanthèmes. Elizabeth feuilleta le magazine *Queen* avec indifférence. Quentin revint s'asseoir et la regarda. Puis il dit :

— Je me demande si Denys et Georgina vont passer.

— Je ne le crois pas.

— Je vais téléphoner pour leur demander de venir faire un bridge. Qu'en penses-tu ?

— Si tu veux, chéri.

— Non, c'est à toi de décider.

— Je n'y vois vraiment aucun inconvénient, chéri.

— Alors, c'est entendu, dit Quentin en exhalant un long soupir de soulagement.

Les Villiers vinrent et ils jouèrent au bridge jusqu'à 10 heures.

— Nous ne devons pas rester trop tard, Georgina, dit Villiers en consultant sa montre. J'ai encore à travailler deux heures à la bibliothèque de l'école avant de me coucher.

— Encore ! protesta Georgina.

— Je te l'ai déjà dit. J'ai des documents à consulter.

Sa femme lui adressa un regard furieux.

— Denys se consacre corps et âme à son travail, dit Quentin, en souriant amicalement à Georgina. (Il se tourna vers son beau-frère :) À propos, voulez-vous m'ajouter un vers sous la dédicace ?

Utilisant un vieux stylo à bille, Denys Villiers s'exécuta :

Le souvenir de nos années passées nourrit en moi
Une perpétuelle bénédiction...

Quentin lut la phrase qui amena une légère rougeur sur ses joues. Il posa la main sur l'épaule de Villiers.

— Maintenant, il faut signer.

Docilement, Denys écrivit sous la citation : *Votre frère, Denys Villiers.*

— Cela ne vous ressemble guère de ne pas être précis. Vous auriez dû mettre « Votre beau-frère ».

Haussant les épaules, Villiers répondit un peu vivement :

— Il n'est pas nécessaire d'être précis à ce point.

Les deux femmes, qui s'étaient absentées, revinrent dans le salon. Georgina ferma son grand sac à main :

— Merci beaucoup de ce cadeau, Elizabeth. C'est vraiment très aimable à vous.

— Je suis heureuse que vous l'ayez, répondit Elizabeth. Du reste, je ne m'en servais plus.

Elle embrassa sa belle-sœur avec affection.

— Quand vous aurez fini de vous bécoter, nous pourrons peut-être partir, dit Denys Villiers, avec agacement.

— Je crois que je vais me mettre au lit, dit Quentin quand ils furent seuls. J'ai hâte de commencer son nouveau livre. Vas-tu rester encore un peu en bas ?

— La nuit est si belle... dit Elizabeth. J'ai envie de faire une promenade dans le parc avant d'aller me coucher.

— Couvre-toi bien, chérie. Je te souhaite donc une bonne nuit.

— Bonne nuit, chéri.

Elizabeth enfila une veste douillette en angora vert foncé. Sous le clair de lune, les roses tardives semaient de taches blanches le fond sombre des cyprès. Elle traversa une pelouse bordée de parterres en losanges et demi-cercles, pour arriver au sentier dallé qui menait entre deux haies d'ifs, à une porte pratiquée dans le mur de brique rouge. La fumée du feu de Will Palmer s'élevait encore en un mince ruban gris.

Elizabeth déverrouilla la grille et avança sur l'accotement herbeux surplombé par les hêtres du manoir qui séparaient la propriété de la route de Pomfret.

Apercevant les phares d'une voiture, elle recula vivement dans l'ombre du mur. Katje revenait de Kingsmarkham au volant de la Mini. Lorsque la route fut de nouveau déserte, éclairée seulement par la lune, Elizabeth referma la grille derrière elle et, traversant la chaussée, s'éloigna sur un sentier sablonneux qui s'enfonçait dans la forêt de Cheriton. Quand elle fut hors de vue, elle s'assit sur une souche et attendit. Puis elle alluma une cigarette. La troisième des cinq qu'elle se permettait chaque jour.

Les Nightingale dormaient dans des chambres à part, au premier, sur la façade. Quentin se déshabilla et se mit rapidement au lit. Il alluma sa lampe de chevet et ouvrit *Wordsworth et l'Amour.*

D'abord, comme il en avait l'habitude avec les livres de Villiers, il étudia avec fierté et plaisir les louanges de l'éditeur et scruta la photo de son beau-frère sur le dos de la jaquette. Ensuite il regarda toutes les illustrations: portraits de Wordsworth, de sa sœur Dorothy et du Forth, vu de Stirling Castle. Puis, finalement, il commença sa lecture.

Quentin lisait comme un érudit, religieusement, consultant toutes les références bibliographiques et se reportant à chaque note en bas de page. Il en était arrivé à la rencontre du poète avec Annette, la jeune Française, quand il entendit des pas dans l'escalier. Elizabeth revenait-elle de sa promenade? Mais non...

Les pas continuèrent à monter et, assourdis, résonnèrent au-dessus de sa tête. Ce n'était donc pas Elizabeth, mais Katje qui avait regagné sa chambre au dernier étage.

Il était 11 heures et demie et il faisait frisquet maintenant. Elizabeth allait prendre froid dans le jardin. Comme pour répondre à son inquiétude le vent se leva, secouant le châssis des fenêtres. Quentin posa son livre et alla se pencher sur l'appui.

La lune avait disparu derrière un nuage. Il enfila sa robe de chambre et, après un moment d'hésitation, se dirigea vers l'escalier.

2

L'inspecteur Michael Burden resta couché jusqu'à 9 heures; c'était son jour de repos. Puis il prit un bain et empoigna ses pinceaux: il allait consacrer sa journée à repeindre l'extérieur de son pavillon.

Un grand vent, séquelle d'un ouragan des Caraïbes baptisé « Caroline » par les Américains, s'était levé pendant la nuit. Pas question d'utiliser l'échelle. C'était d'ailleurs inutile, les avancées du toit étaient trop près du sol pour cela. Mais surtout, aujourd'hui que Burden avait John, son fils de onze ans, pour l'aider, il n'allait pas le laisser faire des acrobaties sur une échelle.

— Tu peux peindre la porte d'entrée, John, dit-il.

Il savait qu'il accordait là une faveur particulière. La porte, peinte d'un ton pastel pour égayer la façade, est toujours un morceau de choix pour l'amateur. Le gamin sauta de joie.

— Génial! Je peux vraiment?

— Ne dis pas « génial ». Tu sais que je n'aime pas t'entendre employer ce genre d'expressions.

D'habitude, John aurait discuté, mais il se hâta d'aller chercher le pot de peinture rose dans le garage. Il y rencontra sa sœur Pat qui apportait des feuilles de mûrier à un sphinx emprisonné dans une boîte à chaussures. Il était sur le point de lâcher une réflexion sur la bêtise d'élever des insectes nuisibles quand sa mère l'appela de la cuisine:

— John! dis à papa qu'on le demande au téléphone, veux-tu?

— Qui c'est?

Mrs Burden répondit d'une voix résignée:

— Tu ne devines pas?

John devina. Le pot de peinture à la main, il rejoignit son

père qui venait juste de donner son premier coup de pinceau sur l'encadrement de la fenêtre.

— On t'appelle de la boutique, fit-il.

Burden ne jurait jamais devant ses enfants, ni même en leur absence. Il reposa soigneusement son pinceau dans un pot de verre contenant de l'essence de térébenthine et rentra dans la maison.

Son pavillon lui avait rarement paru si accueillant. Des vases de dahlias décoraient l'entrée et le salon. De la cuisine venait le délicieux arôme du ragoût de mouton qui mijotait pour le déjeuner. Burden soupira en soulevant le récepteur téléphonique. La voix de l'inspecteur-chef Wexford lui corna aussitôt à l'oreille :

— Il vous en a fallu du temps !

— Excusez-moi, j'étais en train de peindre.

— Coup dur, Picasso, vous terminerez votre chef-d'œuvre un autre jour, le devoir vous appelle.

Burden était trop avisé pour faire remarquer que c'était son jour de congé.

— Que se passe-t-il ?

— Vous connaissez une Mrs Elizabeth Nightingale ?

— De vue. Comme tout le monde. Son mari est l'un des directeurs de la Lloyd's. Grosse fortune. Que lui est-il arrivé ?

— Elle s'est fait assassiner, voilà ce qui lui est arrivé.

— Bon sang ! fit Burden, dérogeant à ses principes.

— Je suis à Myfleet Manor. Venez me rejoindre aussi vite que possible, Mike.

— Et moi qui ai préparé un énorme pudding ! se lamenta Jane Burden. Essaie de revenir déjeuner.

— Aucun espoir ! dit son mari.

Il se changea, saisit les clefs de sa voiture et vit John qui attendait assis sur le mur du jardin.

— Mieux vaut remettre la porte à plus tard, John, je suis désolé.

— Je pourrais la peindre tout seul.

— Ne discute pas et obéis comme un bon garçon.

Devant la mine déçue du gamin, il fouilla dans sa poche et en sortit une demi-couronne.

— Tu m'as dit que tu avais besoin d'une nouvelle pile pour ton transistor, non ? Achète-toi aussi quelques bonbons. (Il monta dans sa voiture.) Hé, John ! Mr Villiers, le frère de Mrs Nightingale, est bien professeur à ton école ?

— Le Vestige Romain ? dit John. Je ne sais pas s'il est le frère de Mrs... Truc, mais il enseigne le grec et le latin. Pourquoi ?

— Oh ! pour rien, dit Burden.

Burden se gara derrière la voiture de Wexford et leva le nez vers l'imposante demeure de brique rouge, construite sous le règne de la Reine Anne, qui semblait surveiller le village à travers le feuillage bruissant de ses grands arbres. Puis il poussa les grilles ornées de dragons et gravit les marches jusqu'à la porte d'entrée.

Le sergent Martin ouvrit avant qu'il n'ait eu le temps de sonner.

— Le patron est dans... ce qu'on appelle le petit salon.

La maison grouillait de monde et cependant un lourd silence planait dans l'air — le silence stupéfait qui suit les catastrophes. Burden frappa à la porte et entra.

Tout ivoire et myosotis, le petit salon était une pièce tapissée d'assiettes fleuries de Delft et d'aquarelles représentant des scènes pastorales de la région : le moulin de Myfleet, l'église de Forby, le pont de Flagford.

Coincé entre les bras d'un petit fauteuil tendu de satin, Wexford avait l'air encore plus massif que d'habitude. En dépit de son visage fermé, il détaillait d'un œil attentif la femme assise à côté de la cheminée. Après un bref regard à ses cheveux blancs, son visage rouge baigné de pleurs et sa blouse de nylon bleue, Burden la catalogua parmi les vieilles et fidèles servantes.

— Asseyez-vous, dit Wexford. Voici Mrs Cantrip. Elle est gouvernante chez Mr et Mrs Nightingale depuis leur mariage, il y a seize ans.

— C'est exact, monsieur, dit Mrs Cantrip en portant son mouchoir à ses yeux gonflés. Et vous ne sauriez trouver une meilleure personne que Mrs Nightingale. Elle était bonne comme un pain d'orge et tout le monde l'aimait. J'ai souvent pensé — et n'y voyez rien d'irrespectueux — que si les employeurs avaient besoin d'un certificat, je n'aurais pas trouvé de mots assez élogieux pour elle et c'est bien vrai.

Ayant pris place, avec gaucherie, dans un fauteuil, Burden

regarda autour de lui : chaque bibelot était disposé avec goût, depuis la fine porcelaine, jusqu'à l'écran de cheminée en soie peinte.

— Je sais ce que vous devez penser de nous, monsieur, dit Mrs Cantrip en se méprenant sur son expression, avec la pièce dans cet état. Le ménage n'a pas été fait ce matin. Ni Catcher ni moi n'avons eu le courage de prendre un chiffon. Quand on m'a annoncé la nouvelle, je me suis sentie si faible que je me demande comment je n'ai pas tourné de l'œil.

Wexford hocha la tête. Elle le regarda en reniflant.

— Eh bien ! Monsieur, vous avez dit que vous désiriez voir tout le monde dans la maison, aussi je ne dois pas vous retenir, maintenant que l'autre monsieur est arrivé. (Elle énuméra en comptant sur ses doigts :) Il y a le vieux Will Palmer — c'est lui qui a trouvé la pauvre madame —, Sean Lovell et Catcher.

— Qui est Catcher ?

— La jeune étrangère, celle qu'on appelle la fille « au pair » monsieur. Vous la trouverez dans sa chambre au dernier étage. Enfin, il y a le pauvre Mr Nightingale lui-même, enfermé dans son bureau et qui ne veut ouvrir à personne.

— Je verrai d'abord Mr Palmer, dit Wexford.

— Depuis combien de temps êtes-vous là ? demanda Burden.

Le silence sépulcral lui donnait l'impression qu'il fallait parler à voix basse.

— Depuis 7 heures et demie, chuchota Wexford.

Ils suivirent Mrs Cantrip le long d'un couloir et arrivèrent au jardin après avoir traversé la cuisine.

— Merci, Mrs Cantrip. Je crois que voilà Mr Palmer qui vient au-devant de nous.

Des hommes de Wexford, en civil et en uniforme, fouillaient le parc. Will Palmer émergea derrière une haie et s'arrêta au milieu de la pelouse, pour fusiller du regard un constable qui farfouillait parmi des pots de fleurs dans une serre et un autre qui, les manches retroussées, plongeait les bras dans les profondeurs opaques d'une mare couverte de nénuphars.

— Le corps a été photographié et enlevé, dit Wexford. Elle a été frappée à la tête. Dieu sait avec quoi. On cherche l'arme du crime. Il y avait du sang partout. (Il éleva la voix pour appeler :) Mr Palmer, voulez-vous venir, s'il vous plaît ?

Palmer était un grand bonhomme sec. Ses traits acérés

saillaient dans un visage auquel le vent et le soleil avaient donné un teint bois-de-rose. Au-dessus de sa couronne de cheveux blancs, son crâne luisant était du même ton rougeâtre.

— À ce qu'il paraît, vous voulez me dire un mot, déclara-t-il, conscient de son importance.

— Nous cherchons l'arme qui a servi à tuer Mrs Nightingale, dit Wexford.

— C'est pas au milieu de mes fuchsias que vous la trouverez.

— Qui sait ? rétorqua Wexford. (Désignant une mince colonne de fumée, il demanda :) Depuis quand ce feu brûle-t-il ?

— Depuis hier après-midi.

— Je vois. Où pourrions-nous aller pour parler tranquillement, Mr Palmer ? À la cuisine, peut-être ? Ou est-ce le domaine réservé de Mrs Cantrip ?

— Il y a gros à parier qu'elle y sera, patron. Et elle a des oreilles pointues. Allons plutôt dans le jardin italien, nous y serons à l'abri du vent.

Ils s'assirent sur un banc en fer forgé, près d'un bassin dont les eaux étaient encore troublées par les recherches des policiers. À l'extrémité du bassin, niché dans une grotte de style baroque, un jeune garçon de bronze versait de l'eau d'une jarre. Le jardin était entouré de cyprès qui frémissaient sous le vent.

— Ben, voilà, déclara Palmer, ce bon sang de vent s'est levé cette nuit en faisant un tel raffut qu'il m'a réveillé. Aussitôt, j'ai pensé aux chrysanthèmes de Mr Nightingale, ceux que nous préparons pour l'exposition florale. Ils étaient dehors, vous comprenez, et le vent pouvait avoir flanqué les pots par terre. Alors, j'ai pris mon vélo et je suis venu ici aussi vite que j'ai pu.

— À quelle heure êtes-vous arrivé, Mr Palmer ?

— Vers 5 heures du matin, répondit gravement Palmer qui, à l'évidence, commençait à apprécier son rôle. Les chrysanthèmes avaient bien résisté, mais, par précaution, je les ai quand même mis dans la serre. C'est alors que je me suis aperçu qu'une des portes-fenêtres était ouverte. Des voleurs, je me suis dit, il y a eu des voleurs ! Je ne savais pas quoi faire. Après tout, c'était peut-être seulement le vent, si la fenêtre avait été mal fermée. Cependant, j'ai pensé comme ça que c'était mon devoir de réveiller Mr Nightingale, alors je suis entré. J'ai grimpé l'escalier et j'ai tambouriné à sa porte. Il doit avoir le sommeil lourd, je me suis dit, et j'ai pris la liberté d'ouvrir la porte.

— Il était là ?

— Eh non ! Son lit était défait, mais vide. « Mr Nightingale, vous êtes là ? » que j'ai crié, pensant qu'il était peut-être dans la salle de bains...

— Mais vous n'avez pas regardé, coupa Wexford.

— Je sais rester à ma place, monsieur. Et puis... (Palmer baissa les yeux sur les genoux de son pantalon rapiécé.) Et puis, bien qu'ils dorment dans des chambres séparées, ils étaient mariés et...

— Vous avez pensé qu'il pouvait avoir passé la nuit dans la chambre de Mrs Nightingale.

— C'est ça, patron. J'ai toujours dit que les gens de la haute ont des manières qu'on peut pas comprendre, nous autres.

Sans paraître embarrassé d'avoir inclus, peut-être sans le vouloir, Wexford et Burden dans le « vulgum pecus », Palmer poursuivit :

— Alors, comme ça, j'ai pris sur moi de frapper chez Madame. Mais pas de réponse non plus. Je commençais à avoir peur, je peux vous le dire. Et c'est bien parce que je me trouvais dans un beau pétrin que je me suis risqué à ouvrir sa porte, moi qui ne suis qu'un domestique. Bref, il n'y avait personne et le lit n'était même pas défait.

— Vous n'avez pas pensé à appeler la jeune fille au pair ?

— Ça ne m'est pas venu à l'esprit, patron. Du reste qu'est-ce que cette Catcher aurait pu faire ? Je suis descendu inspecter le parc et j'ai trouvé la grille ouverte. Ça devenait sérieux. J'ai pensé qu'il fallait prévenir la police, mais quand je suis revenu à la maison, Mr Nightingale était là. Il m'a dit qu'il prenait un bain au moment où j'avais frappé et que, le temps d'en sortir, j'étais parti.

— Qu'est-il arrivé ensuite ? demanda Burden.

Palmer se gratta la tête.

— Mr Nightingale a dit que Madame devait avoir eu un malaise pendant qu'elle se promenait dans le parc, mais j'ai répondu que j'en avais fait le tour, sans la trouver. Alors... (Il s'interrompit, ménageant ses effets comme un conteur expérimenté.) « Elle a dû aller dans la forêt et il lui sera arrivé quelque chose de fâcheux », j'ai dit comme ça au pauvre Monsieur. Nous sommes donc partis, pas rassurés du tout. Je marchais devant et je l'ai vue le premier. Elle était couchée à plat ventre et il y avait du sang plein ses cheveux blonds. Mais, vous l'avez vue, patron, vous le savez.

— Je vous remercie, Mr Palmer, vous nous avez beaucoup aidés.

— J'essaie de faire mon devoir, monsieur. Mr Nightingale s'est toujours montré très bon et Madame aussi. J'en connais qui en profitent, mais pas moi. J'appartiens à ce que l'on appelle « la vieille école ».

Wexford leva le nez et vit, à travers les cyprès, une silhouette appuyée sur une bêche.

— Est-ce que Sean Lovell, lui, en profiterait, par hasard ?

— Tout juste, patron. Les jeunes ne savent pas rester à leur place, comme on le faisait de mon temps. Ce Lovell est un rien du tout et sa mère ne vaut pas mieux que lui — sans compter qu'il n'a jamais eu de père. Pourtant il se croyait l'égal de Madame et se permettait des familiarités. C'était des « Elizabeth » par-ci, « Elizabeth » par-là. « Que je ne t'entende plus parler à Madame de cette façon », je lui ai dit, « ou bien je te frotte les côtes comme il faut ! »

— En quoi profitait-il de la situation ?

— Il se prend pour un de ces chanteurs pop. Madame était trop bonne, vous comprenez. Elle souriait et l'écoutait avec patience, quand il se mettait à chanter. (Palmer eut une grimace de dégoût qui découvrit une rangée de dents noires.) Lorsqu'elle ouvrait une fenêtre, il s'approchait pour chanter un de ces airs à la mode qu'on entend à la télé. Il avait un culot... vous ne pouvez pas imaginer. Un jour je l'ai surpris près du bassin baratinant Madame. Il a même osé poser une de ses sales pattes sur son bras. J'ai bien vu que ça ne plaisait pas à Madame. Elle a sursauté et est devenue toute rouge quand j'ai crié après lui. « On ne prend pas des libertés pareilles », je lui ai dit plus tard. « Elizabeth et moi, nous nous comprenons », qu'il a eu le toupet de me répondre.

Le vieux Palmer tremblait encore de colère à ce souvenir. Il se leva en lançant un regard furieux du côté de Lovell.

— Tout ce que je peux dire, ajouta-t-il, c'est que j'espère

bien mourir avant que cette fameuse égalité des classes fasse plus de ravages.

Un aménagement astucieux et quelques cloisons amovibles avaient transformé une partie du grenier en un petit appartement pour la jeune fille au pair. Des étagères en hêtre ciré, alternant livres et plantes vertes, séparaient un petit salon de la chambre à coucher. Tout le mobilier était moderne, depuis le divan et les deux fauteuils recouverts de tweed rouge jusqu'au tapis vert foncé.

— Vous parlez anglais couramment, je crois, miss Doorn? dit Wexford quand Katje les fit entrer.

— Oh ! non, j'ai un mauvais anglais, fit-elle en pouffant de rire. Tout le monde dit que je parle très mal.

Wexford la détailla avec admiration. Elle possédait le type parfait de la Hollandaise classique posant en sabots et costume traditionnel sur fond de moulins à vent pour des cartes postales. Ses cheveux longs étaient d'un blond très clair, ses yeux brillants bleu intense et son teint aussi éblouissant qu'une tulipe ivoire des jardins de Keukenhof. Elle paraissait avoir une vingtaine d'années.

— Depuis combien de temps vivez-vous ici avec Mr et Mrs Nightingale? demanda Wexford.

— Un an. Presque un an et demi.

— Dans ce cas, vous les connaissez bien. Vous êtes pratiquement de la famille.

— Il n'y a pas de famille, dit Katje en faisant la moue, seulement lui et elle. Et maintenant elle est morte.

— Oui bien sûr. C'est pourquoi je suis ici. Sans doute étiez-vous une amie pour Mrs Nightingale, presque une grande fille.

Katje replia ses jambes sous elle et tenta d'étouffer, en se couvrant la bouche, un petit rire nerveux :

— Oh ! je ne dois pas rire quand tout le monde est triste. Mais c'est si drôle ce que vous dites ! Une fille ! Mrs Nightingale n'aime pas entendre cela, je pense. Non. Elle croit qu'elle est très très jeune et jolie, même si elle ne porte pas de mini-jupe et de jeans.

Burden la dévisagea avec une désapprobation qu'elle accueillit d'un regard effronté.

— Néanmoins, vous étiez sa confidente, insista Wexford.

— Pardon?

Burden vint à son aide.

— Vous parlait-elle de sa vie ?

— À moi ? Non, jamais. Au déjeuner, nous sommes assises, elle ici, moi là. « Comment est votre mère, Katje ? Va-t-il pleuvoir aujourd'hui ? Maintenant, je vais aller m'allonger. » Mais parler ? Non, jamais.

— Vous deviez vous sentir bien seule.

— Moi ? (Elle éclata de rire et hésita avant d'ajouter en faisant une tentative du côté du conditionnel :) Peut-être si je resterais à la maison toute la journée avec lui et elle, je me sentirais seule. Mais j'ai des amis à Kingsmarkham. Pourquoi je m'embêterais ici avec de vieilles personnes ?

— Mais ils n'avaient que la quarantaine, fit Burden, subitement inquiet.

— C'est ce que je dis, affirma calmement Katje, je suis jeune, ils sont vieux. Mr Nightingale me fait rire. C'est un homme gentil, mais il est vieux. Plus vieux que mon père à Gouda.

Assurée de posséder une indiscutable et radieuse jeunesse, Katje sourit à Wexford, puis laissa son regard s'attarder sur Burden. Elle le dévisagea comme si elle avait des visées sur lui et pouffa de rire.

Burden rougit et demanda :

— Qu'avez-vous vu en rentrant à la maison, la nuit dernière ?

— Eh bien, je vais au cinéma avec mon ami qui est serveur chez *Olive and Dove.* Nous voyons un film suédois très, très sexy. J'ai très chaud, vous comprenez ?

— Oui, oui, dit Burden, en baissant les yeux.

— C'est naturel quand vous êtes jeune, dit Katje d'un air sévère.

Elle étendit ses longues jambes nues et fit remuer ses orteils dans ses sandales blanches.

— Après le cinéma je veux aller dans la chambre de mon ami, mais il ne peut pas, parce que le directeur de l'hôtel est très très méchant homme. Il ne permet pas de recevoir des filles. Aussi nous sommes tristes et mon ami m'emmène au *Carousel.* Là nous prenons du café et des gâteaux.

— Quelle heure était-il ?

— 10 heures moins le quart, quand nous sortons du cinéma. Nous prenons le café et nous asseyons dans la voiture pour nous embrasser et nous sommes très tristes de ne pas pouvoir aller dans la chambre. Mon ami doit se lever tôt le matin, aussi il retourne à son hôtel et je reviens à la maison. Alors, il est 11 heures, je pense.

— Avez-vous vu Mrs Nightingale sortir de la propriété?

Katje enroula une boucle de cheveux autour de son doigt et en glissa l'extrémité au coin de sa bouche.

— Je la vois dans la lumière de la voiture. Elle sort par la grille près du feu d'herbe qui brûle. Et elle me voit aussi. Ça je le sais parce qu'elle ferme la grille en vitesse et se cache quand je passe. Très drôle, je pense. Aussi je continue mon chemin et laisse la voiture sur la route et je reviens tout doucement en secret, pour voir si elle sort encore.

Katje replia les jambes et découvrit le haut de ses cuisses à un Burden de plus en plus nerveux.

— Elle sort à nouveau, dit-elle triomphalement. Je vois qu'elle traverse la route pour aller dans la forêt. Elle marche en regardant sur son épaule, comme ça. (Katje se livra à une mimique expressive.) Alors je sais ce qu'elle fait. Très très souvent je marche comme ça quand je rencontre mon ami dans le bois, parce que ce méchant homme ne nous laisse pas utiliser la chambre. Je regarde sur mon épaule pour voir si personne n'espionne.

— Bien, bien, fit Wexford. Je comprends.

Il n'osa pas tourner les yeux vers Burden, de peur de constater que l'inspecteur avait été réduit à un tas de cendres par un processus de combustion spontanée.

— Vous avez été très franche avec nous, miss Doorn, dit-il, un brin ironique.

— Je suis gentille, non? fit Katje, en mâchonnant sa mèche de cheveux avec entrain. Je dis des choses qui vous aident. Je sais parler à un policier. Quand je suis à Amsterdam avec les provos, la police me pose des questions et je sais tout sur les policiers et je n'ai plus peur du tout. (Elle leur adressa un sourire radieux qui s'attarda sur Burden.) Maintenant je vous fais du café et vous dis comment nous lançons les bombes fumigènes à Amsterdam, pendant que ce vieux chef de la police parle avec Mr Nightingale.

Burden avait perdu contenance et, tandis qu'il cherchait à répliquer, Wexford intervint posément.

— Une autre fois, merci.

Il ne lui déplaisait pas d'être appelé « chef de la police », mais l'adjectif qualificatif passait mal.

— Nous aurons sans doute à vous parler de nouveau, miss Doorn.

— Oui, je le pense aussi, fit Katje en gloussant.

Elle se lova dans son fauteuil et les regarda sortir. Une lumière dansait dans ses yeux.

— Allons voir Nightingale, dit Wexford en descendant l'escalier. J'ai déjà échangé quelques mots avec lui, mais c'était avant d'apprendre qu'il s'était fait couler un bain à une heure indue. Il devra sortir de son bureau. Et j'ai envoyé Martin chercher un mandat pour fouiller la maison.

3

Il avait le genre que les femmes trouvent « distingué ». Ses cheveux étaient argentés, sans aucune mèche noire, et il portait une petite moustache grise qui lui donnait l'air d'un ambassadeur ou d'un militaire de haut rang. À cause de ce grisonnement précoce, il paraissait bien cinquante ans, en dépit d'une silhouette aussi mince et nerveuse que celle de Sean Lovell et d'un visage sans rides.

Quand une femme est jolie, elle doit avoir un mari beau ou riche. Sinon, on a l'impression qu'elle a fait une mauvaise affaire. Elizabeth Nightingale avait été d'une beauté exceptionnelle et s'était bien débrouillée : son mari, tout en étant très riche, était fort bel homme. Pourtant ce matin, il était presque laid avec ses traits tirés et ses yeux hagards.

Il avait fallu beaucoup de persuasion et finalement une insistance péremptoire pour se faire admettre dans son bureau. Mais maintenant que Wexford était en sa présence, sa colère se changeait en pitié. Quentin Nightingale avait pleuré.

— Je regrette cette intrusion, monsieur, mais je dois interroger tout le monde dans cette maison.

— Je m'en rends compte. (La voix était basse, cultivée et le ton accablé.) Il était puéril de ma part de m'enfermer ainsi. Que désirez-vous savoir ?

— Pouvons-nous nous asseoir ?

— Oh ! je vous en prie. Pardonnez-moi, j'aurais dû...

— Je comprends parfaitement, Mr Nightingale.

Wexford prit place dans un fauteuil de cuir qui ressemblait au sien, au poste de police, et Burden choisit un tabouret placé devant la bibliothèque.

— Tout d'abord, parlez-moi de la dernière soirée. L'avez-vous passée seul avec Mrs Nightingale ?

— Non. Mon beau-frère et sa femme sont venus jouer au bridge. (Une certaine animation perça dans sa voix quand il ajouta :) Il est l'auteur d'ouvrages sur Wordsworth qui font autorité.

— Vraiment ? dit Wexford avec politesse.

— Ils sont arrivés vers 8 heures et demie et sont partis à 10 heures et demie. Mon beau-frère a dit qu'il avait des recherches à faire dans la bibliothèque de l'école, avant d'aller se coucher.

— Je vois. Comment votre femme était-elle, hier soir ?

— Ma femme...

Quentin tressaillit et répéta le mot, comme s'il se parlait à lui-même :

— Ma femme m'a semblé tout à fait normale, gaie et charmante, selon son habitude. (Sa voix se brisa.) C'était une hôtesse parfaite. Elle a été particulièrement aimable avec ma belle-sœur et lui a offert un cadeau. Georgina a été enchantée. Elizabeth était si généreuse...

— En quoi consistait ce cadeau ?

— Je l'ignore. J'ai seulement entendu Georgina la remercier.

Burden s'agita sur son tabouret :

— Pourquoi votre femme est-elle allée dans la forêt, Mr Nightingale ?

— Comme j'aimerais le savoir ! Elle allait souvent se promener dans le parc. Je veux dire le soir mais jamais je n'aurais imaginé qu'elle irait dans la forêt.

— Formiez-vous un couple heureux, monsieur ?

— Tout à fait. Nous étions idéalement heureux. Demandez à n'importe lequel de nos amis. Mon Dieu ! serais-je dans cet état si nous n'avions été heureux ?

— Remettez-vous, Mr Nightingale, dit Wexford. Maintenant, j'aimerais que vous réfléchissiez avant de me répondre. Vous savez que Palmer est entré dans votre chambre peu après

5 heures, ce matin. Il ne vous y a pas trouvé. Pourriez-vous me dire où vous étiez ?

Une rougeur envahit le visage de Quentin. Il porta les mains à ses joues comme s'il pensait pouvoir se rafraîchir.

— J'étais dans mon bain, dit-il.

— N'était-il pas bien tôt pour prendre un bain ?

— De temps à autre nous nous conduisons tous de façon curieuse ou inhabituelle, inspecteur. En l'occurrence, le vent m'a réveillé de bonne heure. Je n'ai pu me rendormir, alors je me suis levé pour prendre un bain.

— Très bien, Mr Nightingale. Et maintenant, je voudrais faire fouiller la maison, si vous le permettez.

— Comme il vous plaira.

Quentin avait l'air d'un condamné dont on vient de remettre l'exécution à plus tard. Tout en manipulant une pierre bleue sertie d'argent qui lui servait de presse-papier, il ajouta :

— Vous prendrez certaines précautions, n'est-ce pas ?

— Nous ne sommes pas des vandales, répondit sèchement Wexford. (Puis, d'un ton plus conciliant :) Quand ce sera terminé, vous ne vous apercevrez même pas de notre passage.

Comparé à certaines gentilhommières, Myfleet Manor n'était pas très grand. Ce n'était pas non plus un pavillon de banlieue. Il comportait quinze pièces, toutes meublées avec goût et apparemment avec amour. Chacune était un petit musée en soi. Tout semblait à sa place. Pas un tapis taché ou usé, pas un pli de rideau déplacé. De toute évidence, ni enfants ni chiens n'avaient jamais été autorisés à courir librement ici. Seuls les pétales tombés d'un bouquet de roses artistiquement arrangé témoignaient d'une demi-journée de négligence.

Et cependant, en dépit des vases débordants de fleurs et du rayon de soleil qui brillait sur le parquet ciré, il régnait dans la maison une atmosphère sépulcrale. Comme Wexford le fit remarquer à Burden en gravissant l'escalier, on avait l'impression d'être dans une église. La vie du manoir, son pouls et son sourire étaient là-haut, dans l'appartement de la jeune fille au pair.

Ayant levé pensivement les yeux vers le dernier étage, Wexford entra dans la chambre de Quentin.

Le lit avait été fait. À son chevet, sur une table basse se

trouvait un livre auquel Wexford jeta un coup d'œil, sans faire de commentaires. Il ouvrit les tiroirs et examina la garde-robe, tandis que Burden allait inspecter la salle de bains.

— La serviette de bains est encore humide, dit-il, elle est posée sur le séchoir, mais...

Wexford alla rejoindre Burden. Celui-ci consulta sa montre :

— Mais il ne faut pas plus de sept heures à une serviette pour sécher, n'est-ce pas ?

Wexford hocha la tête.

— Soit il a pris deux bains, soit il n'en a pris qu'un, à 9 heures ou 10 heures ce matin.

— Et le premier aurait été une opération de nettoyage ? Dans ce cas, il devrait y avoir du sang sur la serviette ou quelque part sur le carrelage.

— Nous contrôlerons le linge avec Mrs Cantrip. Voyons à côté.

La chambre de la morte était tapissée d'un papier lilas et argent représentant des roses en bouton ou épanouies dont le motif se retrouvait sur les rideaux de satin. Entre les deux fenêtres trônait une coiffeuse à triple miroir juponnée de tulle blanc. Le lit était blanc lui aussi et bien tiré, flanqué de chaque côté par une descente de lit en fourrure blanche se détachant sur la moquette verte comme des plaques de neige.

Pendant que Burden fouillait la coiffeuse et soulevait le rabat d'un petit bureau, Wexford examina l'armoire de Mrs Nightingale. Il y avait assez de robes pour remplir une boutique, à ceci près que sur les cintres toutes les toilettes étaient en 36.

— Pas de journal intime, dit Burden, en continuant ses recherches. Deux factures d'une certaine Tanya Tye, couturière de Bruton Street à Londres. Elles se montent à cent cinquante et deux cents livres. Rien d'intéressant ici, à mon avis.

Wexford s'approcha de la coiffeuse. Il souleva des pots de crème, des flacons de lotion et finalement un tube dont le contenu servait à raffermir les muscles du visage.

— Il contient du suc digestif de génisse, dit-il d'une voix impassible, ou, du moins, l'affirme-t-on.

Son visage s'adoucit tandis qu'il murmurait :

Pourquoi payer un tel prix
Lorsque le bail est si court
Et la maison vouée à la ruine ?

— Pardon ?

— Juste un sonnet qui me revient en mémoire.

— Ah oui ? fit Burden. Personnellement, je pense que c'est là du gaspillage puisque, de toute façon, on doit vieillir. Elle ne se donnait sûrement pas tout ce mal pour son mari

— Non. Il devait y avoir quelqu'un d'autre.

Burden acquiesça :

— L'homme qu'elle est allée retrouver hier soir, vraisemblablement. Quelle est votre théorie ? Que Nightingale avait des soupçons, qu'il l'a suivie dans la forêt et l'a tuée ? Ensuite, il aurait jeté ses vêtements tachés dans le feu de Palmer ?

— Je n'ai pas de théorie, répondit Wexford.

Ils descendirent lentement l'escalier. Sur le palier, à mi-hauteur, des roses s'épanouissaient dans un vase posé sur l'appui de la fenêtre. Dehors, un vent frisquet faisait bruire les buissons.

— Il y a là un candidat pour le troisième côté du triangle, dit Wexford, en désignant la serre.

— Sean Lovell ?

Burden fronça le sourcil, profondément indigné par cette suggestion.

— L'aide-jardinier ? Il n'a guère plus de vingt ans et elle... c'est impossible !

— Allons donc ! vous n'êtes pas né d'hier. Lady Chatterley, vous connaissez, même si vous n'avez pas lu le livre.

— Ce n'est qu'un roman.

Burden était soulagé que son supérieur ait pris dans la littérature plutôt que dans la vie un exemple de ce qu'il considérait comme une monstrueuse perversion.

— Il fait froid, ici. Ce doit être le vent.

— Allons nous réchauffer dans la serre, proposa Wexford.

Sean Lovell vint leur ouvrir et ils se trouvèrent happés par une atmosphère tropicale. Des orchidées au coloris délicatement nuancé étaient suspendues dans des paniers remplis de mousse. Sur les étagères paressaient des cactus aux fleurs exubérantes. Une buée odorante s'était condensée sur les vitres et tombait en fines gouttelettes sur le sol.

Le parfum, la chaleur et les couleurs convenaient à merveille au physique de Sean. Bien qu'ayant probablement un ancêtre gitan, ses cheveux noirs comme du jais, sa peau dorée suggéraient plutôt une ascendance italienne ou grecque. Au lieu d'un jean et un sweater, il aurait dû porter une chemise et un pantalon de corsaire, pensa Wexford, et un foulard rouge autour du cou. Et même un anneau à l'oreille.

— C'était une vraie dame, déclara Sean, en arrachant une feuille molle et dodue d'un cactus. Toujours prête à rendre service. Dire qu'il a fallu qu'on l'assassine ! Ma mère a raison de dire que les bons s'en vont toujours très tôt.

— Mrs Nightingale n'était pas si jeune que cela, Lovell.

Le visage bronzé s'empourpra :

— Trente ans, c'est tout ce qu'elle pouvait avoir. On ne peut pas appeler ça vieux.

Wexford n'insista pas. Elizabeth Nightingale s'était tellement employée à réparer des ans l'irréparable outrage, qu'il semblait peu généreux, maintenant qu'elle était morte, d'enlever leurs illusions à ses admirateurs.

— J'aimerais connaître votre emploi du temps, hier soir. À quelle heure êtes-vous parti ?

— Je suis rentré chez moi à 5 heures, fit Sean d'un ton maussade. Je vis seul avec ma mère au village. Nous avons pris le thé. Ensuite, j'ai regardé la télévision toute la soirée.

— Vous n'avez pas de petite amie ?

Sean renifla :

— Vous avez vu les filles ici ? Quand je ne regarde pas la télé, je vais écouter le juke-box du *Carousel.* Qu'y a-t-il d'autre à faire dans un trou pareil ?

— Ne me le demandez pas, Lovell. C'est moi qui pose les questions. Vous avez donc regardé la télévision jusqu'à l'heure de vous mettre au lit.

— C'est bien ça. Je ne suis pas ressorti. Vous pouvez le demander à ma vieille.

— Quel programme avez-vous regardé ?

— D'abord il y a eu Pop Panel, puis une comédie musicale jusqu'à 10 heures.

— Vous vous êtes couché à 10 heures ?

— Je ne sais plus. Enfin, si. Après, j'ai vu autre chose... Ah ! oui, c'était Sammy Davis Junior. (Son visage s'éclaira.) Bon sang ! J'aimerais lui ressembler ! J'aimerais être lui !

Refroidi par le regard glacé de Wexford, il se calma et ajouta :

— Je dois m'en aller, maintenant. J'ai du travail. Le vieux Will m'attend.

Il fit quelques pas pour s'éloigner, arrachant un doigt velu et tiède à un autre cactus. Au même instant, Mrs Cantrip passa la tête par la porte.

— Votre repas vous attend à la cuisine, Sean. Je vous cherchais partout. Dépêchez-vous ou bien ce sera froid.

Avec un soulagement visible, Sean se rua hors de la serre.

— C'est curieux, dit Wexford. Sammy Davis était programmé à la télévision hier soir, mais il y a eu un changement au dernier moment. On a passé un vieux film à la place. (Il administra une tape sur l'épaule de Burden :) Allez déjeuner, Mike, je vous rejoindrai dès que je le pourrai.

Tandis que Burden remontait l'allée, il courut rattraper Mrs Cantrip.

— Y a-t-il encore quelqu'un qui vit ou travaille dans cette maison et que je n'ai pas vu ?

— Non, monsieur, dit-elle.

Elle paraissait encore sous le choc et avait visiblement du mal à reprendre les rênes de la maison.

— Vous désirez manger quelque chose ? demanda-t-elle timidement.

— Non, merci.

Wexford la prit par le coude d'une main ferme, tandis qu'ils arrivaient aux marches de la terrasse.

— Mais vous pouvez cependant m'aider. Qui étaient les amis de Mrs Nightingale ? Qui fréquentait le manoir ?

Mrs Cantrip, flattée par les manières déférentes de Wexford, répondit de bonne grâce :

— Mrs Nightingale n'était pas de ces personnes qui passent leur temps à bavarder, monsieur. Lorsqu'elle voyait les dames du voisinage, c'était pour préparer des kermesses ou des fêtes de charité, si vous voyez ce que je veux dire. (Sa voix se fit confidentielle :) Et puis, il y avait leurs amis à tous deux, qui venaient ici pour dîner : sir George et lady Larkin-Smith, Mr et Mrs Primera et tous les gens importants du comté.

— Comptait-elle des amis parmi les messieurs, Mrs Cantrip ? Je vous en prie n'y voyez nulle offense. De nos jours, une dame peut avoir des amis masculins, sans qu'il y ait rien de mal à cela.

Mrs Cantrip secoua la tête avec vigueur :

— Ses amis étaient ceux de Monsieur, dit-elle. (Elle ajouta avec l'ombre d'un sourire :) Désirez-vous savoir autre chose ?

— Une dernière question. Purement domestique, cette fois. Il vous appartient sans doute de changer le linge dans cette maison, par exemple les draps et les serviettes de toilette.

— En effet, monsieur, dit Mrs Cantrip, avec surprise.

— Avez-vous enlevé des serviettes humides de la salle de bains de Mr Nightingale, ce matin ?

— Certainement pas, monsieur. Je n'étais pas en état de veiller à ce genre de détail, et c'est bien vrai. (Mrs Cantrip releva le menton d'un air vertueux et ajouta :) De plus, ce n'était pas le jour. Je change les draps le lundi et les serviettes le lundi et le jeudi. C'est comme ça depuis que je travaille ici.

— Supposez que quelqu'un d'autre l'ait fait ?

— Impossible, déclara Mrs Cantrip d'un ton catégorique. Le linge sale est placé dans un panier de la lingerie, derrière la cuisine et personne ne s'en est approché aujourd'hui. Je peux en jurer. Et maintenant, si vous voulez bien m'excuser, monsieur, j'ai le repas à servir. Je ne suis pas sûre que Mr Nightingale soit en état d'avaler quoi que ce soit, mais je dois porter son plateau à Mr Villiers, comme d'habitude... Oh ! Mr Villiers ! Je l'avais complètement oublié !

Wexford la regarda fixement :

— Vous voulez dire que le beau-frère de Mr Nightingale vit dans cette maison ?

— On ne peut pas dire qu'il vive ici, monsieur, dit Mrs Cantrip, mais il vient tous les jours travailler dans la Vieille Maison. Et... Oh ! Mon Dieu ! Personne ne l'a prévenu.

— Mr Villiers a dû voir les allées et venues dans le jardin.

— Non, monsieur. On ne voit rien de la Vieille Maison en raison des arbres, pas plus que l'on ne voit la maison de l'extérieur. Enfin, puisqu'ils ne s'entendaient guère, le coup ne sera pas trop dur. En l'occurrence, c'est une bénédiction.

Elle se sauva en trottinant. Wexford la vit disparaître derrière une haie taillée en arche. Au-delà des arbres, on apercevait le toit de la Vieille Maison qui se détachait dans le ciel sans nuage.

Il laissa passer cinq bonnes minutes avant de suivre le sentier qu'elle avait pris. Il le conduisit à une petite cour dallée au centre de laquelle se trouvait un bassin. De temps à autre on apercevait une carpe entre les feuilles des nénuphars. De grands arbres au feuillage épais confisquaient la lumière à de rares plantes qui poussaient entre leurs énormes racines.

Mrs Cantrip avait dû entrer dans la Vieille Maison. Celle-ci portait bien son nom et paraissait avoir au moins quatre cents ans, jugea Wexford. La porte de chêne sombre était entrouverte. Scellé dans la pierre, il y avait un grattoir à chaussures représentant un coq aux ailes déployées. Levant les yeux au-dessus du mur couvert de plantes grimpantes, Wexford vit sa réplique sur le toit, en guise de girouette.

En pénétrant dans la Vieille Maison, il prit soudain conscience que le vent était tombé.

4

L'endroit où se trouvait Wexford faisait, à l'évidence, office de cellier. Des bûches étaient entassées contre le mur ; au-dessus, des claies attendaient la récolte des pommes et des poires du domaine. Tout était très propre et bien rangé.

Comme il n'y avait pas d'autre issue, Wexford gravit un escalier de chêne sombre qui conduisait, à travers une sorte de tunnel taillé dans le mur épais, à une porte. Derrière le panneau, il entendit des voix assourdies. Il frappa. Mrs Cantrip entrouvrit la porte et chuchota :

— J'ai annoncé la nouvelle. Avez-vous encore besoin de moi ?

— Non merci, Mrs Cantrip.

Elle sortit, le visage très rouge. Un rayon de soleil éclaira un instant le cellier quand elle passa le seuil. Wexford hésita, puis il entra dans la pièce.

Le professeur, assis à son bureau, tourna vers lui un visage froid et grave.

— Bonjour, inspecteur, que puis-je pour vous ?

— C'est une triste affaire, Mr Villiers. Je ne vous retiendrai pas longtemps. Juste quelques questions, si vous le voulez bien.

— Certainement. Prenez la peine de vous asseoir.

La pièce était vaste et lambrissée d'un austère bois sombre.

La lumière y entrait à peine, tant les fenêtres étroites étaient envahies de plantes grimpantes. En plus d'un tapis carré jeté sur le sol, le mobilier, composé sans doute du rebut du manoir, consistait en un sofa rembourré de crin, deux fauteuils victoriens en cuir et une table à abattants. Quant au bureau de Villiers, il était jonché de papiers, de livres, de boîtes de trombones, de stylos à bille et de paquets de cigarettes vides. À une extrémité était posée une pile de livres neufs, identiques à celui que Wexford avait vu sur la table de chevet de Nightingale : *Wordsworth et l'Amour* par Denys Villiers, auteur de *Wordsworth à Grasmere* et *Ce qu'on peut montrer de plus beau.*

Avant de s'asseoir, Wexford en prit un exemplaire et, comme il l'avait fait dans la chambre de Nightingale, commença par le feuilleter, puis le retourna pour regarder le portrait de Villiers au dos de la jaquette. Ou bien la photographie était flattée ou elle avait été prise des années plus tôt. L'homme qui lui faisait face paraissait plus de cinquante ans. Il avait dû être blond et bien de sa personne ; de plus, il offrait une ressemblance frappante avec sa sœur. Mais les années ou peut-être la maladie avaient dissipé tout cela. Oui, probablement la maladie. Le cancer donne souvent ce teint plombé, cette pâleur malsaine et ce regard anxieux que Wexford voyait dans ses yeux bleus. Villiers était d'une maigreur presque décharnée et ses lèvres avaient perdu toute couleur.

— Je me rends compte que la nouvelle a dû vous causer un choc, commença Wexford. Il est regrettable que personne n'ait songé à vous prévenir plus tôt.

Les sourcils décolorés de Villiers se haussèrent durant une fraction de seconde en une expression de dédain.

— Franchement, cela n'a guère d'importance. Ma sœur et moi n'étions pas attachés l'un à l'autre.

— Puis-je vous demander pourquoi ?

— Nous n'avions rien en commun. Ma sœur était une femme frivole, à la tête vide et moi... Eh bien ! je ne suis pas un homme frivole à la tête vide. (Villiers regarda sa machine à écrire et ajouta, après un silence :) Cependant, il serait sans doute déplacé que je continue de travailler aujourd'hui.

— Je crois que vous et votre femme avez passé la dernière soirée au manoir ?

— C'est exact. Nous avons joué au bridge. Nous sommes partis à 10 heures et demie.

Dans la voix de Villiers perçait une pointe de mauvaise humeur. Il toussa en appuyant ses mains sur sa poitrine.

— J'ai un pavillon près de Clusterwell. Le trajet dure à peine dix minutes. Ma femme et moi sommes rentrés directement nous coucher.

Très net et bref, pensa Wexford. On aurait dit qu'il répétait un texte appris par cœur.

— Comment avez-vous trouvé votre sœur, hier soir ? Était-elle normale ou vous a-t-elle paru nerveuse ?

Villiers soupira, apparemment plus d'ennui que de chagrin.

— Elle était, comme d'habitude, la gracieuse dame du manoir que tout le monde aimait, inspecteur. Et comme d'habitude, elle a joué aussi mal que possible.

— Saviez-vous qu'elle se rendait dans la forêt pour des promenades nocturnes ?

— Je savais qu'elle se promenait dans le parc de la propriété. C'est sans doute parce qu'elle a été assez folle pour s'aventurer dans la forêt qu'elle a été tuée.

— Ainsi, sa mort ne vous a pas surpris.

— Au contraire, sur le moment, j'ai éprouvé un choc. Mais maintenant que j'y réfléchis, non, je ne suis pas surpris. Les femmes qui s'aventurent seules dans des endroits isolés se font assassiner. Ou du moins, le dit-on. Je ne lis jamais les journaux. Les faits divers ne m'intéressent pas.

— Il apparaît très clairement que vous n'aimiez pas votre sœur. (Wexford jeta un coup d'œil autour de lui dans la grande pièce sombre.) Étrange, étant donné ces circonstances, que vous ayez été de ceux qui acceptaient ses bontés.

— J'acceptais celles de mon beau-frère, inspecteur. (Blanc de colère, Villiers sauta sur ses pieds.) Au revoir, dit-il en allant ouvrir la porte.

Wexford se leva. Arrivé au milieu de la pièce, il s'arrêta et regarda Villiers d'un air soudain intrigué. C'était difficile à croire et pourtant, planté près de la porte, un bras décharné tendu en un geste véhément, le professeur avait l'air encore plus mal en point qu'une minute auparavant. Son visage, en particulier, s'était vidé de la moindre trace de couleur.

Alarmé, Wexford fit un pas en avant. Villiers poussa un étrange petit cri et s'évanouit dans ses bras.

— Nous y voici donc, dit Crocker, médecin légiste et ami de Wexford. Elizabeth Nightingale était une femme en bonne santé et extrêmement bien conservée d'environ quarante ans.

— Quarante et un ans, dit Wexford en retirant son imperméable qu'il suspendit derrière la porte.

Deux sandwiches et une tasse de café l'attendaient sur le coin de bureau. Il s'installa dans son fauteuil tournant et regarda d'un œil dégoûté les tranches de pain desséchées. Avec un soupir, il commença à grignoter.

Le médecin reprit :

— La mort résulte d'une fracture du crâne et de multiples lésions cérébrales. Au moins une douzaine de coups ont été portés au moyen d'un instrument métallique peu tranchant. Je veux dire qu'il ne s'agit ni d'un couteau ni d'une hache, mais d'un objet au bord plus aigu qu'un tuyau de plomb ou un tisonnier. La mort est intervenue — vous savez combien elle est difficile à fixer — entre 11 heures du soir et 1 heure du matin.

Burden avait pris place sur une chaise adossée au mur. Au-dessus de sa tête était épinglée la carte de la région de Kingsmarkham sur laquelle la masse sombre de la forêt de Cheriton se profilait comme la silhouette d'un gros chat en boule.

— Jusqu'ici, la fouille de la propriété n'a rien donné, dit-il. Quelle sorte d'arme faut-il chercher ?

— Je ne peux pas vous aider davantage, Mike, fit Crocker.

Il s'approcha de la fenêtre pour regarder la Grand-Rue. Sans doute trouva-t-il ce spectacle familier ennuyeux, car il se mit à souffler sur la vitre et commença à dessiner un tube digestif dans la buée.

— Ce pourrait être un vase en métal ou même un ustensile de cuisine. Ou bien un cendrier très lourd, ou une chope en étain.

— Parce qu'à votre avis, un homme peut aller dans les bois pour tuer son épouse, armé d'un batteur à œufs ou d'une casserole, grogna Wexford.

— Vous ne soupçonnez quand même pas Quentin Nightingale, pilier de la bonne société ! dit le médecin d'un ton choqué.

— Il est humain, non ? Il éprouve des sentiments, des pulsions comme tout le monde. Pourtant je miserais plutôt sur ce Villiers qui m'a l'air d'un drôle d'oiseau. L'ennui, c'est qu'il semble si malade qu'il est sûrement incapable de soulever une poêle à frire pour assommer quelqu'un.

Wexford termina son sandwich et but son café. Puis il fit pivoter son fauteuil pour faire face au médecin :

— J'ai parlé à Denys Villiers, dit-il. Il semble au bout du rouleau. Il a le teint jaune, les mains tremblantes et pour couronner le tout, au moment où je m'en allais, il a tourné de l'œil. Pendant une minute, j'ai cru qu'il était mort, mais il est revenu à lui et je l'ai accompagné au manoir.

Crocker effaça son tube digestif sur la vitre :

— C'est un de mes patients. Les Nightingale vont consulter un grand ponte, mais Villiers figure parmi ma clientèle depuis des années.

— Et comme vous êtes respectueux des règles de votre profession, vous vous garderez bien de nous révéler ce qui ne va pas chez lui, dit Wexford d'un ton sarcastique.

— Peut-être, s'il y avait quelque chose à cacher... Mais il se trouve que Villiers se porte aussi bien que vous. (Crocker posa un œil critique sur la silhouette empâtée de Wexford et s'attarda sur les veines saillantes du front.) Il est même en meilleur état.

Avec effort, Wexford rentra son ventre et se redressa dans son fauteuil :

— Étonnant ! fit-il. J'aurais juré qu'il était atteint d'un cancer. Ce doit être un tourment intérieur qui lui donne ce teint plombé. Un complexe de culpabilité, peut-être ? Quel âge a-t-il ?

— Écoutez..., commença le médecin.

— Allons, l'âge d'un homme n'est pas un secret que l'on cache derrière les portes capitonnées d'un cabinet de consultation.

— Il a trente-huit ans.

— *Trente-huit ans !* Il en paraît au moins dix de plus. Et on le croirait malade, par-dessus le marché. Bon sang ! Mike a l'air d'un gamin à côté de lui !

Deux paires d'yeux se posèrent sur Burden qui détourna

modestement le regard. À vrai dire, ses trente-six printemps l'avaient à peine égratigné et il le savait.

— Je ne comprends pas pourquoi vous voulez absolument qu'il soit malade, reprit le médecin sur un ton pincé. Il travaille trop, c'est tout. Et il n'a pas l'air aussi délabré que vous le prétendez.

— Vous ne l'avez pas vu aujourd'hui, répliqua Wexford.

— C'est le choc. À quoi vous attendez-vous, quand un homme apprend que sa propre sœur a été assassinée?

— À cette réaction, sauf que, de toute évidence, il la détestait. Si vous avez entendu l'éloge funèbre auquel il s'est livré! Mr Villiers est d'une rare méchanceté. Allons! venez, Mike, nous allons rendre visite à certaines dames qui vont fondre de bonheur sous l'effet du charme... puis-je dire juvénile? que vous distillez!

Les trois hommes prirent l'ascenseur. Crocker quitta les policiers sur les marches du poste. Le vent était complètement tombé mais la Grand-Rue restait jonchée de débris laissés par la tempête: quelques branches cassées, un petit nid de pinsons délogé d'un arbre, ici et là une tuile arrachée à un toit.

Wexford et Burden se firent conduire sur la route de Pomfret, en direction de Myfleet. En chemin, ils passèrent devant le collège de garçons de Kingsmarkham, plus connu sous le nom de « Fondation du Roi Édward VI » pour les « fils de fermiers, bourgeois et gens de bon aloi ». Ses élèves l'avaient déserté pour les vacances d'été et les bâtiments Tudor en brique rouge étaient sans vie. Une nouvelle aile — une monstruosité, clamaient les esprits chagrins — avait été ajoutée sur la gauche de la vieille école cinq ans plus tôt, car le nombre des « fils de fermiers, de bourgeois et gens de bon aloi » s'était accru de façon prodigieuse, ces derniers siècles.

La plupart des parents de Kingsmarkham y envoyaient leurs enfants, dédaignant les avantages offerts par l'établissement plus moderne de Stowerton. Qui souhaite profiter d'un magnifique laboratoire d'acier et de verre, d'une salle de trampoline et d'une piscine olympique, quand on peut se vanter auprès de ses relations de s'entourer de portails moussus et de marches usées (il est vrai, en une seule occasion) par les augustes semelles du fils d'Henry VIII ? De plus, nul ne pouvait deviner que « l'École du Roi » — la King's School — n'était pas un collège privé mais bien un établissement public.

Burden, dont le fils y avait été admis un an plus tôt après un examen difficile, remarqua :

— C'est là que Villiers enseigne.

— Les lettres classiques, je crois ?

Burden acquiesça.

— John l'a comme professeur de latin. Il donne des cours de grec aux élèves plus âgés. John dit qu'il travaille après les heures de cours à la bibliothèque qui se trouve dans la nouvelle aile.

— Il y fait des recherches pour ses livres ?

— Je l'ignore, mais c'est un endroit étonnant. J'ai eu l'occasion d'y entrer une fois et j'ai été très impressionné.

— Est-ce que John l'apprécie comme professeur ?

— Vous savez comment sont les gamins à cet âge. Dans sa classe, ils l'ont surnommé le « Vestige Romain ». Il aime la discipline. (Et Burden, qui se laissait souvent attendrir par son fils, ajouta d'un air sévère :) Il faut être dur avec les jeunes, si vous voulez mon avis.

Retenant un sourire, Wexford changea de sujet :

— Il y a trois questions qui me tarabustent, dit-il. Pourquoi Quentin Nightingale prenait-il un bain à 5 heures du matin — ou alors, pourquoi l'a-t-il prétendu ? Pourquoi Sean Lovell m'a-t-il dit avoir regardé hier soir un programme de télévision qui, en fait, a été supprimé ? Pourquoi, enfin, Elizabeth s'entendait-elle bien avec tout le monde, sauf avec son frère ?

— Et pourquoi n'avait-elle pas d'amies ?

— Nous ne pouvons rien affirmer à ce propos, Mike. Voici Clusterwell. Savez-vous où habite Villiers ?

Burden se pencha sur la vitre.

— Nous y sommes presque. C'est à la sortie du village, du côté de Myfleet. (Puis, au chauffeur :) Ralentissez, Bryant, s'il vous plaît. C'est là.

Le sourcil froncé, Wexford détailla le pavillon isolé. Il ne payait pas de mine.

— Cette maison aurait besoin d'un sérieux coup de peinture, dit Burden en pensant à son pavillon. Et voyez un peu ce garage... Il a pourtant les moyens de s'offrir quelque chose de convenable.

Devant la maison, le jardin était en friche. Des asters et des pâquerettes poussaient à l'état sauvage de chaque côté de l'allée et entre les dalles fendillées conduisant au garage de fibrociment.

Une Morris Minor était garée devant. Elle venait d'être lavée, car il y avait encore des plaques d'humidité sur la carrosserie et une petite flaque d'eau s'était formée dans un creux sous le pare-chocs arrière.

— C'est curieux, dit Wexford. Votre sœur se fait assassiner, vous tournez de l'œil en apprenant la nouvelle et pourtant, deux heures plus tard, vous vous sentez assez de force pour laver votre voiture.

— Ce n'est pas sa voiture, objecta Burden. Il conduit une Anglia. Celle-ci appartient à sa femme.

— Où est la sienne, alors ?

— Encore au manoir, je suppose, ou bien à l'intérieur du garage.

— Je n'aurais pas pensé qu'il pouvait y avoir tant de boue dans la forêt, la nuit dernière.

— Nous avons eu de la pluie tout le week-end, si vous vous en souvenez, dit Burden.

— Continuez, Bryant, nous allons laisser à Villiers un moment de répit.

En se garant dans Myfleet, ils virent Katje Doorn qui sortait du supermarché, un sac de fruits et un flacon de shampooing à la main. Elle se précipita à leur rencontre en gloussant de plaisir.

— Sauriez-vous, par hasard, où se trouve le cottage des Lovell, miss Doorn ? demanda Burden avec raideur.

— Oui, regardez, c'est celui-là. (Elle joignit le geste à la parole en s'accrochant de l'autre main au bras de l'inspecteur.) C'est le plus sale du village.

En tant que représentante de la nation réputée la plus propre du monde, elle eut une moue de mépris et, pour la première fois depuis qu'ils la connaissaient, elle perdit son expression rieuse.

— Ils vivent comme des cochons. Sa mère est une femme très sale et très, très grasse.

Wexford sourit :

— Croyez-vous que cette femme grasse soit chez elle, en ce moment ?

Katje ignora le sourire. Elle n'avait d'yeux que pour Burden.

— Peut-être. Je ne sais rien de ce que font ces gens cochons. Vous aimez une bonne tasse de thé ? Je pense que vous travaillez très dur et vous aimez prendre le thé avec moi pendant que votre vieux chef visite le vilain cottage sale.

— Oh ! Non... non, merci, fit Burden, stupéfait.

— Peut-être demain, alors, dit Katje. Le soir, je suis libre et demain mon ami travaille tard pour servir les boissons au bal. N'oubliez pas. Maintenant je vous dis au revoir. N'attrapez rien de mal dans cet endroit sale.

Elle s'éloigna d'un pas léger, ses cheveux blonds volant sur ses épaules. Elle traversa la route pour gagner les grilles du manoir et, se retournant, leur adressa un signe de la main ; ses seins ronds tressautèrent sous son T-shirt moulant. Wexford lui répondit d'un signe et se détourna en souriant.

— Je parie que cette jolie personne a jeté son dévolu sur vous !

— Une jeune impudente, dit Burden avec froideur.

— Je la trouve charmante.

— Si je pensais qu'un jour ma fille...

— Voyons, Burden, je suis un homme marié, moi aussi,et un mari fidèle. (Avec une grimace, il ajouta en tapant sur son gros ventre :) Je n'ai guère le choix, il est vrai, mais parfois... Que ne donnerais-je pour avoir encore trente ans ! Et ne me regardez pas ainsi, Père la Pudeur ! Allons plutôt dans cet endroit répugnant où, espérons-le, nous n'attraperons rien. Il me suffit pour aujourd'hui d'avoir été mordu par une divine nostalgie.

— Une quoi ? demanda Burden en essayant d'ouvrir la grille sans toucher aux orties qui l'envahissaient.

Wexford eut un sourire triste.

— C'est seulement un euphémisme pour désigner un genre de maladie chronique. (Il se mit à rire en voyant l'expression incrédule de Burden.) Ne vous inquiétez pas, Mike, ce n'est pas contagieux et ça n'attaque que les vieux !

5

Non seulement la grille, mais aussi la porte d'entrée étaient cernées d'orties et de patiences. Avant que Wexford ait eu le temps de soulever le heurtoir, un rideau de dentelle grisâtre, parsemé de larges trous, s'agita à une fenêtre et un visage apparut :

— Je ne sais pas ce que vous voulez, mais vous feriez mieux de faire le tour par-derrière.

La barrière s'effondra quand Wexford la poussa. Avec un haussement d'épaules, il la posa dans les herbes folles. Derrière la maison, le jardin était comme une souillure dans le paysage magnifique : le rideau de velours de la forêt servait d'écrin à cent mètres carrés de pissenlit, de tôles rouillées et de cages à poules délabrées. Au milieu des herbes s'égrenaient quelques vieilles casseroles et un pot de chambre en émail. Wexford remarqua qu'au fond du jardin, une barrière ouvrait directement sur la forêt.

La porte de la cuisine pivota brusquement sur ses gonds et la femme qui leur avait parlé de la fenêtre aboya :

— Que voulez-vous ?

— Mrs Lovell ?

— Elle-même. Que voulez-vous ?

— Un mot s'il vous plaît. Nous sommes officiers de police.

Elle leur adressa un regard soupçonneux :

— Au sujet de ce qui est arrivé là-bas ? Mieux vaut que vous entriez. Sa Seigneurie a dit que la police était au manoir.

— Sa Seigneurie ? répéta Burden.

Allait-on vraiment fréquenter du si beau linge au cours de cette enquête ? Mrs Lovell eut tôt fait de lui enlever ses illusions.

— Mon fils, Sean. Vous pouvez entrer au salon.

La pièce ainsi pompeusement désignée semblait un peu moins sale que la cuisine, mais empestait le moisi, la fuite de gaz chronique et le gin éventé. Elle était encombrée d'un mobilier moderne rose vif, déjà crasseux, et d'un assortiment hétérogène de vieilleries et d'objets de pacotille. La Reine souriait d'un air distant sur un calendrier épinglé au mur, entre une affiche des Rolling Stones et un grand portrait à l'huile d'une dame romaine qui se poignardait.

Les traits du modèle offraient une lointaine ressemblance avec ceux de Mrs Lovell. Celle-ci avait un type gitan très marqué et son visage, encadré de cheveux bruns et défaits, avait gardé une certaine beauté avec son nez aquilin, ses lèvres pleines et ses yeux noirs. Même la graisse qui envahissait son corps n'avait pas osé le déformer : on avait l'impression que la vague adipeuse s'était arrêtée à son cou, reculant devant ce menton déterminé.

Son corps était énorme, certes, mais les rondeurs étaient réparties aux bons endroits. Au volume impressionnant de la poitrine répondaient des hanches tout aussi amples, mais la taille restait marquée. Comme Katje, Mrs Lovell était dénuée d'inhibition et quand elle s'assit, son corsage déjà largement échancré s'ouvrit encore tandis que sa jupe trop courte se relevait sur ses cuisses.

Avec le sentiment qu'il en avait assez vu pour le reste de l'après-midi, Wexford détourna les yeux.

— Il ne s'agit que d'une enquête de routine, fit-il. Voudriez-vous nous dire comment votre fils a passé la soirée, hier ?

— Il a pris son thé, puis il a regardé la télé. Sa Seigneurie aime la télé et pourquoi s'en priverait-il, puisqu'il paie la redevance ?

— Bien sûr. Mais il ne l'a plus regardée après 9 heures et demie, je crois ?

Mrs Lovell examina Wexford, puis Burden. À l'évidence, elle se demandait si elle devait mentir ou non. Ou plutôt, s'il lui était plus facile de mentir ou non. Et comme tout chez elle témoignait d'une paresse grossière et d'une indolence congénitale, elle lâcha :

— Il est sorti.

— Où est-il allé ?

— Je ne le lui demande jamais. Je ne me mêle pas de sa vie... pas plus que lui de la mienne. Il est peut-être allé dans l'appentis. Il y passe beaucoup de temps.

— À quoi faire, Mrs Lovell ?

— Sa Seigneurie y a ses disques.

— Mais il peut sûrement les écouter à la maison, dit Burden.

— Il le peut, s'il le veut. (D'un coup de dent elle sectionna un bout d'ongle qui l'agaçait.) Pour moi, c'est sans importance. Je n'interviens pas dans sa vie, ni lui dans la mienne.

— À quelle heure est-il rentré ?

— Je ne l'ai pas entendu. Mon ami est arrivé à 7 heures. Sean et lui ne s'entendent pas tellement. C'est pour cette raison que Sa Seigneurie va toujours s'enfermer dans l'appentis. Il n'était pas là à 10 heures et demie, quand mon ami est parti mais, comme je l'ai dit, je n'interviens pas dans sa vie, ni lui...

— Oui, nous avons compris. Sean aimait beaucoup Mrs Nightingale, n'est-ce pas ?

— Vous pouvez croire ce que vous voulez. (Mrs Lovell bâilla, révélant ainsi de petites dents très blanches.) Vivez et laissez vivre, telle est ma devise. Elle, là-bas dans son manoir, aimait s'occuper des autres. Elle avait donné de drôles d'idées à Sa Seigneurie.

Bâillant de nouveau, elle croisa les bras derrière la tête et étendit ses jambes sur le sofa. Wexford ne put s'empêcher de trouver qu'elle avait tout du gros chat qui ronronne et s'étire, indifférent à l'univers sordide qui l'entoure.

— Quelle sorte d'idées ? demanda-t-il.

— Comme de se lancer dans le show business, de chanter. Je n'y ai jamais attaché d'importance. Peut-être avait-elle un béguin pour lui. Je n'ai jamais posé la question.

— Verriez-vous une objection à ce que nous fouillions la maison ?

Pour la première fois elle sourit, faisant preuve d'un humour inattendu :

— Fouillez autant qu'il vous plaira. J'aime mieux que ce soit vous que moi.

— Voilà une expérience qu'on n'oubliera pas de sitôt, fit Wexford en regagnant la voiture.

— Jamais au cours de ma carrière je n'ai rien vu de pareil ! déclara Burden. Ça me démange de partout.

Il se contorsionna pour se gratter le dos.

— Votre jeune amie vous avait prévenu.

Burden ignora la remarque.

— Ces lits ! Et cette cuisine !

— C'était pire que je ne m'y attendais, je l'admets. Le seul endroit propre était cet appentis. Curieux, d'ailleurs. Un tapis par terre, deux fauteuils convenables, un tourne-disque ; ce pourrait être un nid d'amoureux.

Burden haussa les épaules.

— Personne ne me fera croire qu'une femme comme Mrs Nightingale ait pu avoir des rendez-vous là.

— Peut-être pas, convint Wexford, à contrecœur. Sur le plan pratique, nous n'avons pas trouvé grand-chose. Rien qu'un chandelier en cuivre et une vieille bouilloire métallique qui, bien que n'ayant pas été nettoyés depuis au moins cinquante ans, ne portaient aucune trace de sang. Mais qu'a donc fait Sa Seigneurie hier soir ? Pourquoi s'est-il mis sur son trente et un ? Bryant a contrôlé au pub. Il n'y est pas allé. Le dernier bus pour Myfleet passe à 9 h 20 et il ne l'a pas pris. Sean Lovell n'est pas du genre à se promener la nuit pour admirer les beautés de la nature ; il en a son content tout au long de la journée.

— Rien ne me fera croire qu'il y avait quelque chose entre lui et Mrs Nightingale, insista Burden. Sa mère n'est pas autre chose que la prostituée du village, si vous voulez mon avis. « Je n'interviens pas dans sa vie », en vérité ! C'est une façon de dire qu'on a toujours négligé son enfant. Je sais que vous me trouvez vieux jeu et puritain, mais je me demande où vont les femmes de nos jours : sales, incapables et immorales. D'abord il y a Mrs Nightingale avec ses crèmes de beauté et ses rendez-vous secrets, puis cette Hollandaise qui se vante de sa conduite dévergondée. Quant à Mrs Lovell...

— Je savais que vous réagiriez ainsi, dit Wexford avec un sourire. Mais tranquillisez-vous, nous allons voir maintenant une épouse vertueuse, Mrs Georgina Villiers, qui va nous dire, je l'espère, sans s'évanouir et sans nous assurer de sa fidèle dévotion à Mrs Nightingale, qui étaient les amis de celle-ci et ce que son vilain frère a fait pour qu'ils se soient haïs de la sorte.

— Mon mari est retourné au manoir, dit Georgina Villiers. Il ne va pas tarder.

— Nous aimerions vous parler.

— Oh ! Vraiment ?

Mrs Villiers parut surprise et un peu effrayée, comme si peu de gens souhaitaient jamais s'adresser à elle exclusivement.

— Très bien, entrez.

Elle leur fit traverser le hall grisâtre et les précéda dans un salon aussi triste et dépourvu de caractère qu'elle-même. Puis, se dandinant gauchement devant eux, elle lâcha de sa voix abrupte de femme sans charme :

— Eh bien ! Asseyez-vous.

— Nous ne vous retiendrons pas longtemps, Mrs Villiers. Comment se porte votre mari, après le choc de ce matin ?

— Oh ! Il va très bien maintenant.

Soudain, elle prit conscience que ses visiteurs ne s'assiéraient pas avant qu'elle ne le fît et, avec un petit rire nerveux, elle se pencha sur le bras d'un fauteuil.

— Oh ! J'ai oublié de fermer la porte d'entrée. Excusez-moi.

Wexford remarqua que pour une femme aussi mince et frêle, elle avait une démarche étonnamment athlétique. Ses jambes nues étaient musclées et très bronzées.

— Eh bien ! Que désiriez-vous me demander ?

Sa voix était un peu trop forte, un peu trop haute, comme si habituée à donner des ordres elle n'était que rarement obéie. Elle devait avoir la trentaine et aurait pu être jolie avec ses taches de son et son teint de rousse, si elle avait su se mettre à son avantage. Mais ce n'était pas le cas. Et pourtant elle essayait, comme en témoignaient la broche edelweiss fermant le col de son chemisier et la barrette glissée dans ses cheveux.

— Mon mari... vous devriez parler à mon mari. Il ne va pas tarder à rentrer. (Elle consulta la pendule avec inquiétude.) Quen — je veux dire mon beau-frère — ne va pas le retenir longtemps. Quoi qu'il en soit, que désiriez-vous me demander ?

— Tout d'abord, Mrs Villiers, dit Burden, êtes-vous, votre mari et vous, rentrés directement du manoir, hier soir ?

— Oh ! oui.

— Qu'avez-vous fait en arrivant ?

— Nous sommes allés nous coucher tous les deux.

— Conduisiez-vous la voiture qui est dehors ? demanda Wexford.

Georgina secoua la tête si violemment que ses cheveux volèrent, découvrant des boucles d'oreilles d'un goût douteux.

— Nous avions pris celle de Denys. Nous possédons deux voitures. Lorsque nous nous sommes mariés, l'année dernière, nous avions chacun la nôtre. Nous les avons gardées, bien qu'elles soient fatiguées. (Elle réussit à sourire avant d'ajouter :) Il est sorti avec la sienne aujourd'hui.

Wexford lui adressa un sourire paternel :

— Et je vois que la vôtre vient juste d'être lavée. Lavez-vous toujours votre voiture le mercredi, Mrs Villiers ? Je suppose que comme ma femme, vous avez un jour particulier pour chaque tâche, n'est-ce pas ? Ainsi, on n'oublie rien.

— Non. Je crains de n'être pas aussi méthodique. (Elle le regarda en battant des paupières, intriguée par la tournure que prenait la conversation.) Je devrais faire un effort. Denys préférerait... mais pourquoi me posez-vous cette question ?

— Je vais vous le dire, Mrs Villiers. Si vous étiez méthodique, si vous suiviez une routine bien établie, alors je comprendrais que même l'assassinat de votre belle-sœur n'ait pu vous faire déroger à vos habitudes. Mais puisque vous n'êtes pas méthodique, comment avez-vous pu choisir ce jour entre tous pour laver votre voiture ?

Elle rougit violemment. Une peur qui allait presque jusqu'à la panique se lut dans ses yeux, tandis que ses paupières clignotaient de plus belle.

— Je ne comprends pas ce que vous voulez dire.

— Ne vous affolez pas. Peut-être avez-vous lavé votre voiture *parce que* vous étiez perturbée.

Elle était lente à comprendre, trop effrayée ou trop obtuse pour voir l'échappatoire qu'il lui offrait. Il dut insister.

— Quand on est malheureux ou inquiet, le meilleur remède reste le travail pour distraire son esprit.

Soulagée, elle acquiesça :

— Oui, c'est bien cela. Mais je n'étais pas tellement affligée, ajouta-t-elle sans prendre conscience de l'incohérence de son propos. Je veux dire qu'elle n'était pas *ma* sœur.

— C'est exact, dit Wexford.

Il tira son fauteuil pour s'approcher d'elle et leurs regards se rencontrèrent. Georgina le fixa d'un air hébété, comme un lapin ébloui par les phares d'une voiture.

— Elle n'était que la sœur de votre mari, naturellement.

Le visage de Georgina se durcit, tandis qu'il poursuivait :

— Ils ne s'aimaient guère, n'est-ce pas ?

Elle hésita très brièvement et glissa du bras sur le siège du fauteuil, sans quitter Wexford des yeux.

— Ils ne s'entendaient pas du tout, fit-elle. Pour être franche, Denys ne pouvait pas la supporter.

— Voilà qui est étrange. Mrs Nightingale semblait s'entendre avec tout le monde.

— Croyez-vous ? Oh ! vous voulez dire, avec les gens du comté ? (Elle poussa un gros soupir.) Elizabeth n'avait pas de véritables amis. Mon mari pense qu'elle a été tuée par un maniaque. Je suppose qu'il a raison. Elle devait être folle pour s'aventurer dans la forêt, seule, la nuit. Vraiment, elle cherchait les ennuis.

— Peut-être, dit Wexford.

Il sourit d'un air affable pour détendre l'atmosphère. Georgina Villiers était plus calme, à présent. Elle dénoua ses mains et regarda les deux hommes en respirant normalement.

— Savez-vous pourquoi votre mari n'appréciait pas sa sœur ? reprit Wexford.

Et que peut avoir une femme comme vous de commun avec un intellectuel ? eut-il envie d'ajouter.

— Il la trouvait plutôt sotte et extravagante, dit-elle.

— Et l'était-elle, Mrs Villiers ?

— Eh bien ! Elle avait beaucoup d'argent, n'est-ce pas ? En fait, Denys n'avait aucune raison particulière pour ne pas l'aimer, si c'est ce que vous voulez dire. Quen et elle étaient des gens très ordinaires, en dépit de leur train de vie. Naturellement, je n'ai jamais eu de relations avec des gens de ce milieu avant mon mariage.

— Mais vous vous entendiez bien avec eux ?

— Quen se montrait toujours aimable. (Georgina fit tourner rêveusement son alliance autour de son doigt.) Je pense qu'il m'a acceptée à cause de mon mari. Quen et Denys sont de *grands* amis. Mais je crois qu'il en est venu à m'apprécier pour moi-même, ajouta-t-elle en se mordant la lèvre. De toute façon, pourquoi m'en soucier ? Une épouse doit passer avant les étrangers et un mari aimant ne devrait pas être sans cesse fourré dans la maison d'un autre.

— Pensez-vous que Mr Nightingale a trop d'influence sur votre mari ?

— Là n'est pas la question. Avant mon mariage, j'étais professeur d'éducation physique. J'ai abandonné mon métier ; une épouse doit rester à la maison et s'occuper de son mari. Ce qui compte, c'est d'avoir un vrai foyer et une famille unie. Inutile de s'occuper du monde extérieur.

Après un coup d'œil à Burden qui opinait de la tête, Wexford demanda :

— Verriez-vous une objection à ce que nous fouillions la maison ?

Georgina hésita, puis elle acquiesça.

Le pavillon comportait, en plus du salon, une cuisine et deux chambres. La plus petite n'était pas meublée.

— Je me demande ce qu'il fait de son argent, murmura Wexford. Il a un travail bien rémunéré et il écrit des livres.

— Il est peut-être dépensier comme sa sœur, répondit Burden. Mais il changera. Il a une bonne épouse.

— Oh ! Arrêtez un peu !

Continuant à examiner les placards presque vides, Burden dit avec raideur :

— Eh bien ! Je trouve que c'est agréable, pour une fois, de s'adresser à une femme ordinaire et décente.

— Elle est peut-être ordinaire et décente, mais elle est barbante. Aucun indice, ici. Pas de sang, rien qui ait pu servir d'arme.

Ils se rendirent à la cuisine où Wexford regarda une vieille cuisinière à charbon.

— On pourrait brûler n'importe quoi là-dedans ; elle aurait eu des heures pour le faire.

Georgina les attendait au salon, affalée dans son fauteuil.

— Je ne comprends pas pourquoi mon mari tarde tant. On aurait pu penser qu'aujourd'hui, il resterait avec moi. On aurait... (Soudain elle se raidit.) Le voici !

Elle se précipita dans le hall en claquant la porte derrière elle. Écoutant d'une oreille la conversation chuchotée qui se tenait dans l'entrée, Burden remarqua :

— C'est un paquet de nerfs. On aurait presque dit qu'elle s'attendait à ce que nous trouvions quelque chose. Je me demande...

— Chut ! ordonna Wexford.

Denys Villiers entra dans la pièce, tout en lançant à sa femme par-dessus son épaule :

— Je ne pouvais être à deux endroits en même temps, Georgina. Quen est dans un triste état. Je l'ai laissé avec Lionel Marriott.

Le regard de Burden croisa celui de Wexford. L'inspecteur se leva :

— Vous ai-je entendu mentionner le nom de Lionel Marriott ?

— Sans doute, puisque vous écoutiez, rétorqua Villiers.

S'il n'avait pas rajeuni, il avait meilleure mine que le matin même, dans la Vieille Maison.

— Pourquoi ? Vous le connaissez ?

— Il enseigne dans le même établissement que vous, dit Wexford. En fait, son neveu a épousé ma fille aînée.

Villiers lui jeta un regard méprisant :

— Remarquable !

À l'évidence, il lui semblait qu'un homme cultivé comme Marriott s'était notoirement abaissé en s'alliant, ne serait-ce que par le mariage de son neveu, à la famille d'un vulgaire policier.

Wexford ravala sa colère.

— C'est un ami de votre beau-frère ?

— Il vient au manoir de temps en temps.

Villiers se dégagea avec froideur du bras de sa femme pour se laisser tomber dans un fauteuil. Il ferma les yeux. Désespoir ou exaspération ?

— J'ai soif, dit-il.

Georgina se redressa aussitôt, faisant tinter ses affreuses boucles d'oreilles.

— Il y a une demi-bouteille de gin quelque part, va la chercher, veux-tu ?

6

C'était vraiment un coup de chance, songea Wexford en remontant la Grand-Rue de Kingsmarkham, que par le plus étonnant des hasards, il fût tombé sur un ami de Quentin Nightingale et que cet ami fût Lionel Marriott.

Si on lui avait demandé de choisir parmi ses nombreuses relations en ville une personne susceptible de jeter quelque lumière sur les Nightingale, il aurait désigné Marriott.

Cependant, il ne lui était pas venu à l'esprit d'associer son nom avec le manoir. Oubli d'autant plus regrettable que pas un notable des environs n'aurait fermé sa porte à Marriott, surtout s'il avait des prétentions à la culture et au bon goût. D'ailleurs, qui pourrait se targuer de n'entretenir aucune relation avec le citoyen le plus hospitalier de Kingsmarkham ? Et le plus au fait des derniers cancans ?

Wexford l'avait rencontré une douzaine de fois, ce qui était suffisant pour que Marriott se comptât parmi ses intimes et se flattât du rare privilège d'appeler l'inspecteur par son prénom. En échange, il avait demandé à Wexford de l'appeler Lionel.

Sa propre vie était un livre ouvert. Et pour qui ne se souciait pas d'en tourner les pages, Marriott était prêt à le faire à sa place, tant il aimait étaler ses affaires et celles de ses vastes relations. Il avait à peu près le même âge que Wexford, mais il était sec et nerveux, plein d'allant.

Marié autrefois à une créature fort ennuyeuse, Marriott commençait à ne plus pouvoir supporter l'état matrimonial lorsque sa femme avait eu le bon goût de mourir. Depuis, il en parlait toujours comme de sa « pauvre femme » et racontait à son sujet des anecdotes plus ou moins douteuses mais qui faisaient rire tant il s'y entendait, grâce à son talent de conteur et son art de la digression, à souligner le ridicule du comportement humain. Et puis, il était toujours possible de se soulager la conscience en pensant que l'infortunée était plus heureuse morte que mariée à un Marriott qui ne pouvait rester longtemps attaché à la même personne et laisser « toutes les autres », comme le dit Shelley, « bien que belles et sages sombrer dans un oubli glacé ».

Car « l'oubli glacé », ou tout du moins la solitude semblait être la plus grande crainte de Marriott. Pour quelle autre raison aurait-il rempli sa maison d'invités soir après soir ? Pour quelle raison aurait-il enseigné l'anglais à la King's School, alors qu'il avait des revenus suffisant tant à ses besoins qu'à son hospitalité fastueuse ?

Depuis la mort de sa femme, il accumulait les conquêtes et chaque fois que Wexford l'avait rencontré, c'était en compagnie d'une jolie femme. À coup sûr, pensa-t-il en tournant dans la rue où se trouvait la maison de Marriott, il allait trouver le maître de céans avec une nouvelle compagne qui arrangerait les fleurs dans les vases, écouterait ses bons mots en souriant et préparerait canapés et sandwiches pour l'inévitable réception qui allait suivre.

La maison était située à l'extrémité d'une rangée de demeures georgiennes abritant des commerces ou des meublés. Par contraste avec leur apparence triste et sale, celle de Marriott paraissait presque trop pimpante avec ses peintures refaites tous les ans et ses balcons fleuris.

Pour qui n'était pas dans le secret des dieux, son propriétaire ne pouvait être qu'une vieille fille mordue d'horticulture.

Souriant tout seul, Wexford gravit les marches du perron en baissant la tête pour éviter de se prendre à des lobélies de toutes les couleurs qui pendaient en grappes.

Pour une fois, la rue n'était pas bloquée par les voitures des visiteurs de Marriott. Il faut dire qu'il était encore un peu tôt.

Ce fut Marriott lui-même qui vint ouvrir, fringant dans une veste de velours rouge et cravaté d'une lavallière. Il tenait une boîte de pointes d'asperges à la main.

— Très cher ami ! Quelle bonne surprise ! Il y a seulement cinq minutes, je me désespérais de n'avoir plus de vos nouvelles et vous voilà justement, réponse vivante aux ardentes prières du pécheur ! Ne serait-ce pas merveilleux, disais-je, si ce très cher Reg venait ce soir ?

De par sa génération et son milieu social, Wexford n'avait guère l'habitude d'entendre son prénom dans la bouche d'une simple relation, mais en dépit de ses excès, il savait gré à Marriott de lui donner l'impression d'être le bienvenu.

— Je passais, dit-il, et de toute façon, je voulais vous parler.

— Et comme je brûlais moi-même de vous voir, tout est pour le mieux. Entrez, entrez, ne restez pas là. Vous allez assister à ma réception, n'est-ce pas ? Ce n'est qu'une petite sauterie entre vieux amis qui tous meurent d'envie de rencontrer l'illustre chef de notre police, après tout le bien que je leur en ai dit.

Wexford se laissa tirer dans le hall et remorquer dans le salon.

— Que fêtez-vous ? demanda-t-il. (Il prit une profonde aspiration avant de se jeter à l'eau :) Qu'y a-t-il à fêter, *Lionel* ?

— Fêter n'est peut-être pas un terme tout à fait adéquat,

mon très cher Reg, Cette réunion tient davantage du « Ceux qui vont mourir te saluent », si vous voyez ce que je veux dire... (Il dévisagea Wexford.) Apparemment, non. Mais comme c'est normal ! Un homme aussi occupé que vous ne peut se rendre compte que les vacances scolaires tirent à leur fin. Demain, nous retrouvons nos vilains petits diables.

— Bien sûr, fit Wexford.

Il se souvenait maintenant que Marriott avait l'habitude d'offrir une réception à l'approche de la rentrée des classes et appelait ses élèves de la King's School les « vilains petits diables ».

— Je ne vais pas rester longtemps, dit-il. Je crains de vous déranger dans vos préparatifs.

— Pas du tout. Vous ne savez pas combien je suis heureux de vous voir. Mais je lis la désapprobation dans votre regard. (Marriott joignit les mains d'un air implorant.) Dites-moi tout, qu'ai-je fait ou qu'ai-je dit ?

Dans le salon, Wexford voyait un bar improvisé dans un coin et par la porte ouverte de la salle à manger, une table chargée de volailles rôties, viandes froides, saumons fumés, le tout présenté dans des plats semés de roses.

— J'avais tort de croire que vous étiez un ami intime d'Elizabeth Nightingale, dit-il.

Le visage mobile de Marriott exprima aussitôt une douleur peut-être sincère.

— Je sais, je sais, je devrais pour le moins être en deuil et me répandre des cendres sur la tête. Croyez-le, Reg, je porte le deuil dans mon cœur. Mais supposez que je décommande tous ces chers amis et jette ces provisions aux porcs de l'élevage de Pomfret, quel bien en sortirait-il ? Cela nous la ramènerait-il ? Cela effacerait-il une seule larme des joues de Quentin ?

— Je suppose que non.

— Cher Reg, je ne puis supporter votre réprobation. Laissez-moi vous offrir un verre. Whisky ? Pernod ? Champagne ? Et une petite tranche de canard froid pour aller avec ?

Devant ce tir de barrage, Wexford capitula, comme d'habitude, et dit en s'asseyant :

— Juste un petit whisky, alors, mais rien à manger.

— Bien, soupira Marriott, je vois que vous ne me pardonnez qu'à demi.

Il s'approcha du bar en secouant la tête et versa deux bonnes mesures de VAT 69 dans un verre de cristal taillé. Wexford savait qu'il était inutile de le modérer. Il examina la pièce avec un amusement intérieur. Bien qu'il sût que les meubles anciens étaient inestimables, les lustres uniques et la décoration pleine de goût, le salon de Marriott évoquait toujours pour lui le croisement bizarre entre un musée et un boudoir. Les murs tendus de tissu vert bouteille étaient rehaussés d'or et criblés de miroirs. Sur chaque table se trouvait un assortiment de pendulettes, boîtes à priser, miniatures et tabatières. On n'osait pas faire un geste trop ample de peur de casser quelque chose, tout en sachant que s'il s'était produit un accident, Marriott aurait souri en vous assurant que cela n'avait aucune importance, votre compagnie lui étant infiniment plus précieuse que ces babioles.

Un claquement de talons venant de la cuisine lui apprit qu'une troisième personne se trouvait dans la maison, et, comme il prenait son double whisky, une femme apparut avec un plateau chargé de canapés. C'était une grande blonde d'environ quarante-cinq ans, ruisselante de bijoux qui tintaient à chacun de ses mouvements.

— Voici Hypathia mon *amanuensis,* dit Marriott en lui saisissant le bras. Vous n'avez aucune idée des mines ahuries que j'obtiens en la présentant ainsi. Mais les gens sont si incultes, n'est-ce pas ? Ma chère amie, voici l'inspecteur Wexford, le gardien de notre paix.

Sans s'émouvoir, Hypathia tendit une main ferme.

— Elle ne nous dérangera pas, reprit Marriott comme si elle n'était pas là. Elle va prendre un bain et se faire plus belle que jamais. Retirez-vous, Patty chérie.

— Si vous êtes sûr qu'il y a assez à manger..., dit Hypathia.

— Certain. Nous ne voulons pas provoquer des crises de foie comme lors de notre dernière expérience, n'est-ce pas ? Et maintenant, mon cher Reg, jouez donc votre scène du grand inquisiteur. Je suis désolé que votre visite ne soit pas motivée par la seule amitié, mais je ne m'illusionne pas. (Marriott leva son verre :) À votre bon plaisir.

— Hum... santé, fit Wexford.

Il attendit que la grande blonde fût sortie.

— Je voudrais que vous me parliez des Nightingale et me

disiez tout ce que vous savez d'eux. (En souriant, il ajouta :) Je sais que vous ne vous laisserez pas arrêter par des scrupules ridicules comme le manque de tact ou le fait de médire des morts.

— J'aimais beaucoup,Elizabeth, déclara Marriott sur un ton légèrement offensé. Nous nous sommes connus toute notre vie. Nous avons grandi ensemble, en quelque sorte.

— Ne me racontez pas d'histoires, rétorqua Wexford. Elle avait quinze ans de moins que vous.

Marriott fit la moue.

— On voit que vous vous êtes levé du mauvais pied, ce matin.

— Je ne sais pas si c'était du mauvais pied, mais c'était beaucoup trop tôt. Ainsi, vous la connaissiez depuis le berceau. Où avez-vous donc passé votre enfance, tous les deux ?

— Mais ici, naturellement. Denys et Elizabeth sont nés à Kingsmarkham.

— Je n'en avais aucune idée. En fait, je ne sais presque rien à leur sujet.

— Ah ! c'est ce que j'aime. Une ignorance totale. Bénis soient ceux qui cherchent la lumière, car ils seront récompensés ! C'est ce que je dis à mes vilains petits diables, même si je dois les éclairer à la pointe de mes chaussures. Eh bien ! Denys et Elizabeth ont vu le jour dans une sinistre masure de Kingsbrook Lock. Leur mère était issue d'une très ancienne famille, mais leur père était employé municipal.

— Pas très fortuné, par conséquent.

— Aussi pauvre qu'un rat d'église, mon cher. Elizabeth et Denys sont allés à l'école communale, comme on l'appelait alors, et il ne fait aucun doute que notre poète n'aurait pu développer sa fibre romantique s'il n'y avait eu la bombe.

— Quelle bombe ? demanda Wexford.

La porte de la salle de bains claqua et l'on entendit l'eau gargouiller dans une tuyauterie défectueuse.

— Une de ces bombes dont les avions allemands se délestaient en regagnant la côte. Les Villiers père et mère furent tués ensemble.

— Où se trouvaient les enfants ?

— Denys était allé à la pêche. Elizabeth avait été envoyée à sa recherche. Ils avaient respectivement onze et quatorze ans. Denys eut la chance d'être confié au frère de sa mère. Cet oncle était un avocat réputé ; il plaça Denys dans les meilleures écoles et plus tard à Oxford. Mais la pauvre Elizabeth fut laissée chez une sœur de son père, qui la retira du collège à l'âge de quinze ans et l'envoya travailler chez Moran.

Le visage de Wexford refléta l'étonnement auquel Marriott s'était attendu.

— Mrs Nightingale a été vendeuse dans une mercerie ?

— Je pensais bien que vous seriez surpris. Cette vieille sorcière de Priscilla Larkin-Smith se délecte à rappeler à ses amies qu'Elizabeth Villiers lui vendait les cordons de ses corsets.

— Comment a-t-elle rencontré Nightingale ?

— Oh ! beaucoup plus tard. Elizabeth n'est pas restée longtemps chez Moran. Elle s'est enfuie à Londres et s'est trouvé un travail, la petite futée. Encore un peu de scotch, mon joli ?

— Non, merci. Vous savez, Lionel, si ce n'étaient la charmante blonde qui se trouve là-haut et les ravages dont on vous crédite parmi les dames, on pourrait soupçonner — comment dirai-je ? — une certaine ambivalence dans vos manières. Parfois vous employez des mots un peu trop... épicènes.

Marriott sourit, apparemment sans déplaisir.

— Je fais illusion, n'est-il pas vrai ? Les gens m'en parlent toujours. Ce n'est qu'une pose de ma part, je puis vous l'assurer. Laissez-moi remplir votre verre.

— Juste une larme. Le frère et la sœur se voyaient-ils à Londres ?

Marriott alluma une cigarette russe et souffla quelques bouffées de fumée.

— Cela, je l'ignore.

Il semblait le regretter infiniment. Wexford savait combien il détestait sécher sur un détail de la vie privée d'un ami.

— Je ne les ai revus ni l'un ni l'autre avant d'apprendre que Quentin avait acheté le manoir. (Il remplit leurs deux verres et revint s'asseoir.) Lorsque j'ai su que le manoir était à nouveau occupé, j'ai naturellement demandé à ma femme de téléphoner. Vous imaginez ma joie quand j'ai appris qui était Mrs Nightingale.

— Tout à fait, rétorqua Wexford, d'autant qu'elle était une

gamine de quinze ans et vous un homme de trente ans passés quand vous vous étiez vus pour la dernière fois.

— Comme vous savez jeter de l'eau froide sur mon enthousiasme ! Je veux dire, naturellement, qu'il est agréable de retrouver quelqu'un que l'on a connu. Et, de toute façon, c'était un plaisir que de côtoyer Elizabeth. Une beauté parfaite et quelle classe !... J'aime ces froides beautés anglaises.

— Vous devriez vous remarier, fit Wexford.

Marriott leva les yeux au plafond et répondit par une épigramme :

— Un veuf qui se remarie ne méritait pas de l'être.

— Savez-vous que vous me choquez parfois ? À propos de mariage, comment s'entendaient les Nightingale ?

— C'était un couple très heureux. Voyez plutôt : de paisibles discussions sur la pluie et le beau temps, des domestiques pour leur épargner le moindre effort, pas d'enfants et une continence totale... Comment voulez-vous qu'ils aient pu trouver un motif de querelle ?

— Puis-je savoir qui vous a renseigné sur leur « continence » ?

Marriott s'agita un peu dans son fauteuil.

— Mon Dieu, vous n'avez qu'à regarder Quentin et... devinez donc le reste, Reg.

— Bien. Revenons en arrière. Villiers vivait-il ici, il y a quinze ou seize ans, à l'époque du mariage de sa sœur ?

— Non. Il a fait son apparition deux ans plus tard. C'était le premier jour du trimestre d'automne et cela remonte à quatorze ans, presque jour pour jour. Nous avions deux nouveaux professeurs : un scientifique et un littéraire. Ce dernier était Denys. Le directeur nous a présentés, nous les vétérans, et bien entendu, j'ai été enchanté de revoir Denys.

— Bien entendu, répéta Wexford.

Marriott fronça le sourcil.

— J'ai trouvé son comportement curieux, presque étrange. Mais Denys est bizarre. C'est le parfait misanthrope. « Quelle chance pour vous de me connaître, lui ai-je dit, je peux vous introduire dans les meilleures familles. » Vous auriez pu croire qu'il serait ravi. Eh bien ! pas du tout. Il m'a jeté un regard affligé et j'ai compris que je devais me montrer tolérant.

— Tolérant ? Pourquoi ?

— Eh bien ! c'est un poète, n'est-ce pas ? Et les poètes sont des gens à part. On ne peut le nier. Plusieurs de ses charmants petits poèmes avaient paru dans le *New Statesman* à l'époque et je venais de lire ses très savants essais sur les *Lakistes.* Aussi, comme je l'ai indiqué, me suis-je montré tolérant. « Sans doute comptez-vous sur votre sœur pour faciliter votre entrée dans le monde, lui ai-je dit, mais n'oubliez pas qu'elle est une nouvelle venue elle-même. » « Ma sœur est ici ? » a-t-il demandé en devenant tout pâle. « Voulez-vous dire que vous l'ignoriez ? » « Bon dieu ! s'est-il écrié, j'aurais juré que ce serait le dernier endroit où elle désirerait se montrer. »

— Mais vous vous êtes arrangé pour les confronter, dit Wexford.

— Naturellement, très cher. J'ai invité Denys et sa femme le soir même.

— Sa *femme ?* s'exclama Wexford, mais il ne s'est marié que cette année !

— Il est inutile de crier ainsi, Reg. Il s'agit de sa première femme, June, qui était la plus...

— Attendez, n'en venez pas encore à elle. Pourquoi Villiers a-t-il été bouleversé en apprenant que sa sœur vivait à Kingsmarkham ?

— Je me suis posé la question à l'époque, mais nous nous sommes beaucoup vus par la suite et j'ai découvert sans tarder qu'ils ne pouvaient se supporter. Curieux, quand on pense à quel point Elizabeth était charmante avec tout le monde. Franchement, Reg, elle se montrait mesquine avec Denys qui, de son côté, déployait des trésors de goujaterie. Mais il ne faut pas trop vous appesantir là-dessus. Denys est désagréable avec tout le monde, sauf Quentin. Il est tout différent avec lui, et naturellement Quen l'adore. Quant à Elizabeth et Denys, ils n'ont jamais été en bons termes. Lorsqu'ils étaient enfants, ils se querellaient sans cesse. Maintenant encore, je me rappelle que Mrs Villiers et ma pauvre femme en discutaient. La situation était pénible pour Mrs Villiers. Mais si vous voulez savoir pourquoi ils ont continué à se haïr, je ne puis vous aider. Elizabeth ne parlait jamais de son frère et si elle ne s'est pas confiée à moi, à qui d'autre ? Car nous étions très proches, presque intimes, diriez-vous.

— Le dirais-je ? demanda pensivement Wexford.

Il fixa Marriott d'un regard inquisiteur et aurait poursuivi si

Hypathia n'était revenue, parfumée, coiffée, maquillée et présentée dans un paquet-cadeau en lamé or et noir.

Elle distribua des sourires : froids pour Wexford et maternels pour Marriott.

— Vous bavardez encore ? Pam et Ian sont là, Leo. Je viens de voir leur voiture s'arrêter. (Elle se tourna vers Wexford.) Devez-vous vraiment nous quitter ?

Wexford se leva et serra la main de Marriott.

— Donnez-vous une autre réception demain, Lionel ?

— Voyons, Reg, je ne suis pas un sybarite. Demain soir, je serai complètement prostré après ma joute avec les fils de « fermiers, bourgeois et gens de bon aloi ». Je n'y verrai plus clair.

— Dans ce cas, fit Wexford, en souriant, je viendrai vous prendre à la sortie de l'école en voiture.

— Parfait.

Pour la première fois cependant, Marriott montra une vague gêne. Il escorta Wexford jusqu'à la porte. Ses premiers invités étaient sur le perron.

— Quelle joie de vous voir, chers amis ! s'exclama-t-il. Pam chérie, vous êtes plus belle que jamais. Permettez-moi de...

Wexford s'esquiva.

7

C'était la rentrée pour les enfants de Burden comme pour les autres et dans la salle de bains du pavillon, quelqu'un faisait des efforts pour vomir. Pat était toujours malade en cette occasion. Ses parents attendaient dans la cuisine, consternés de ne pouvoir lui venir en aide. Pat vomirait toujours le matin de la rentrée, avant chaque examen et chaque entrevue pour obtenir un travail et, probablement, le matin de son mariage.

— Oh ! Mike, gémit Jane Burden, pourquoi ne pas appeler le Dr Crocker ? Parfois, j'ai même songé à l'accompagner chez un psychiatre...

— Tu sais bien qu'elle sera parfaitement remise dès qu'elle mettra le pied dans la salle de classe. Je t'en prie, garde le sens de la mesure.

— J'aimerais pourtant faire quelque chose. Nous n'avons jamais été nerveux. Je n'aurais jamais cru que notre fille serait un paquet de nerfs.

— Je ne suis pas nerveux, moi, claironna John en entrant avec son cartable. Si j'ai un jour des gosses qui se conduisent comme elle, je leur flanquerai une bonne raclée.

Burden lui lança un regard sévère. Élevés par des parents heureux en ménage qui les aimaient tendrement, ses enfants ne s'étaient pourtant jamais entendus. John savait à peine marcher que déjà Pat hurlait dans son landau dès qu'elle le voyait. Ils en arrivaient à se battre au cours de leurs prises de bec quotidiennes.

— Tu dois cesser de parler de ta sœur sur ce ton, dit Burden. Je suis fatigué de te le répéter. (Par association d'idées avec l'enquête dont il était chargé, il ajouta :) Suppose que Pat et toi soyez séparés maintenant et que vous ne vous retrouviez que des années plus tard, que ressentirais-tu ? Tu regretterais d'avoir été méchant avec elle. Tu ne sais pas à quel point elle te manquerait.

— Elle ne me manquerait pas, rétorqua John. J'aimerais être fils unique.

— Je ne peux comprendre cette aversion, dit Burden avec désarroi. Ce n'est pas naturel.

Il tendit la main vers sa fille qui entrait, pâle et chancelante, au bras de sa mère.

— Je vais te conduire à l'école en voiture, ma chérie. Je t'accompagnerai jusque dans la cour.

— Moi, tu ne me conduis jamais à l'école en voiture, fit aussitôt John avec rancune, et j'ai un trajet bien plus long à faire.

— Je vais vous emmener tous les deux, mais gare à vous si je vous entends vous disputer !

Il y avait une meute de gamins devant la King's School. Les plus jeunes s'éparpillèrent avec des cris de Sioux quand Burden s'arrêta devant la grille. Les plus âgés étaient adossés au mur d'un air morose, leur casquette enfoncée dans la poche ; ils regardèrent la voiture avec insolence. John sauta à terre et fut absorbé par la troupe bruyante.

— Tu vois, John n'est pas du tout inquiet, dit Burden, d'un ton encourageant. Il est content de retrouver ses amis.

— Je le déteste, répondit Pat.

— Il ne faut pas parler ainsi de ton frère.

Manœuvrant pour faire demi-tour, Burden se trouva face à face avec Denys Villiers. Il le salua d'un signe de la main. En retour, Villiers le fixa d'un œil absent et, enfonçant ses mains dans ses poches, se dirigea vers la nouvelle aile.

— Arrête, fit Pat, dès qu'ils se retrouvèrent sur la route. Je vais encore être malade.

Après s'être délesté de ses enfants, Burden fila au poste de police. Il avait été surpris de voir Villiers. Le tact, sinon le chagrin, aurait dû l'éloigner de son lieu de travail pour cette semaine. Quel homme étrange ! Il semblait se soucier comme d'une guigne de l'opinion publique. Sa façon d'ignorer Burden qui était en plus du policier chargé d'une enquête l'intéressant au premier chef, le père d'un de ses élèves, était inqualifiable.

Conscient d'avoir vingt minutes de retard, il négligea l'ascenseur et monta l'escalier en courant pour arriver hors d'haleine dans le bureau de Wexford. Vêtu d'un costume encore plus fripé que d'habitude, l'inspecteur était assis derrière son bureau en bois de rose et feuilletait une liasse de papier.

Debout derrière lui, à la fenêtre, le Dr Crocker soufflait sur la vitre et dessinait dans la buée un autre tube digestif. Légèrement écœuré, Burden détourna les yeux ; il avait assez donné pour la matinée.

— Pardonnez-moi d'être en retard, dit-il, ma fille Pat est toujours malade le jour de la rentrée. J'ai dû l'accompagner à l'école. (Il salua le médecin.) Jane voulait vous appeler.

— Mais vous n'avez pas voulu déranger un homme occupé, dit Crocker en souriant. Pat s'en tirera en grandissant. Ces symptômes font partie de la condition humaine à laquelle, aussi dure soit-elle, vos enfants ne sauraient échapper.

Wexford leva la tête en fronçant les sourcils :

— Épargnez-nous votre philosophie, s'il vous plaît. J'ai là les rapports du laboratoire, Mike. L'analyse de la cendre du feu allumé dans le parc prouve qu'un vêtement de laine y a été brûlé. L'arme n'a pas encore été découverte. Nos hommes ont fouillé la forêt jusqu'à la tombée de la nuit et ils s'y sont remis ce matin.

— Cette arme peut être n'importe où, dit Burden, au fond

de la rivière, enterrée dans le parc... En fait, nous ne savons même pas en quoi elle consiste.

— Non, mais nous devrions y réfléchir. Tout d'abord, il faudrait savoir si l'agresseur de Mrs Nightingale avait préparé son coup ou bien s'il a agi sans préméditation.

Le Dr Crocker effaça son dessin du dos de la main et alla s'asseoir dans un fauteuil. Wexford se renversa dans le sien, déclenchant aussitôt moult protestations du bois tourmenté.

— Je penche pour la préméditation, dit le médecin. Autrement, elle n'aurait pas été tuée de cette façon, à cet endroit. L'objet dont on s'est servi ne se trouve pas, en temps ordinaire, dans la poche d'un promeneur.

— Vous voulez dire que si le meurtre n'avait pas été prémédité, elle n'aurait pu être tuée que par strangulation ?

— En gros, oui. Il est inutile d'emporter une arme pour commettre un meurtre si l'on sait qu'on en trouvera une sur place. Par exemple, X a l'intention d'assassiner Y dans son salon et a repéré un tisonnier devant la cheminée. Mais en plein air, les moyens sont très limités ; aussi le meurtrier prendra-t-il ses précautions avant de partir. C'est ce qu'a fait notre homme.

— Est-ce forcément un homme ? demanda Wexford.

— Un homme ou une femme très vigoureuse.

— Je suis d'accord avec vous. À mon avis, le meurtre a été prémédité et cela cadre parfaitement si la jalousie en est le mobile. L'assassin a suivi Mrs Nightingale, sachant par avance ce qu'il allait trouver. Sûr de son fait et n'attendant plus qu'une confirmation, il s'était muni d'une arme. Qu'en dites-vous, Mike ?

— Sans préméditation, fit Burden avec froideur. Notre meurtrier avait sur lui un objet qui pouvait lui servir d'arme, mais qui avait aussi un usage précis. Comme dans le cas de la femme qui coupe du pain : son mari lui dit quelque chose qui lui fait perdre la tête et elle le tue avec le couteau. Mais à l'origine, elle ne tenait le couteau que pour couper du pain.

— Personnellement, je préfère le pain pré-tranché, dit le médecin d'un ton facétieux.

Wexford ne marqua qu'il avait entendu que par un froncement de sourcils plus appuyé.

— Eh bien ! Approfondissons la théorie de Burden. Qu'emportent les gens qui vont se promener la nuit dans un bois ?

— Une canne avec un bout métallique, proposa aussitôt Burden.

Crocker secoua la tête.

— Trop mince pour causer de telles blessures. Un canon de fusil à la rigueur, mais c'est bien improbable. Un club de golf?

Wexford lui lança un regard ironique :

— Pour jouer la nuit dans la forêt ? Afin de faire baisser son handicap, sans doute ?

— Après tout, il y avait clair de lune, insista le médecin avec une mauvaise foi confondante, du moins jusqu'à ce que le vent se soit levé. Le talon d'une chaussure ?

— Alors, où sont la boue et la poussière dans les blessures ?

— Vous avez raison. Il n'y en a pas.

Wexford haussa les épaules et garda un silence morose. Burden prit les rapports qui se trouvaient sur son bureau et se mit à les lire. Soudain, Wexford fit grincer son fauteuil.

— Vous venez de dire quelque chose d'intéressant, Crocker.

— Ah bon ?

Très pompeusement, Burden déclara :

— Le Dr Crocker vient de remarquer qu'il y avait clair de lune, juste avant que le vent ne se lève.

— Ah oui ! fit le médecin. Je m'en souviens parce que je suis allé à Flagford pour un accouchement. Il y avait un brillant clair de lune, mais les nuages commençaient à s'amonceler, et à 11 heures et demie on n'y voyait plus rien.

Un sourire triomphant détendit les traits de Wexford :

— Alors, qu'emporte-t-on généralement pour aller dans les bois la nuit, lorsque le ciel se couvre ?

— Un parapluie, fit le médecin.

Mais Burden répondit sur un ton où la gravité cédait le pas à l'excitation :

— Une torche électrique.

— Une torche? dit Quentin Nightingale. Voyez dans la remise.

Ses yeux étaient cernés, sa peau blême et fripée, résultat, sans doute, d'une seconde nuit sans sommeil. D'un geste tremblant il se frotta le front et tripota sa cravate, avant de cacher ses mains dans son dos.

— Si vous pensez, murmura-t-il, si vous espérez... vos hommes ont fouillé toute la maison hier. Que peut-il...

Il semblait incapable de terminer ses phrases. Sa voix s'éteignit avec une note de désespoir.

— Je suis sur une nouvelle piste, dit Wexford, plein d'entrain. Où se trouve cette remise ?

— Je vais vous y conduire.

Ils regagnaient le hall lorsque la sonnette tinta. Quentin se figea, comme si Nemesis elle-même attendait sur le seuil. Il ne fit pas un geste et hocha simplement la tête quand Mrs Cantrip surgit de la cuisine.

— Qui peut bien être là ? dit-elle, exaspérée. Êtes-vous à la maison, monsieur ?

L'apathie de Nightingale avivait sa compassion plutôt que son impatience.

— Voyez d'abord qui est là, dit Quentin.

C'était Georgina Villiers en compagnie de Lionel Marriott. Ils formaient un couple étrange : Mrs Villiers, non contente d'avoir remis ses affreuses boucles d'oreilles de la veille, s'était couverte de bijoux clinquants, tandis que Marriott, fidèle à lui-même, était d'une élégance raffinée. Le visage de Georgina reflétait un mélange d'espoir, de timidité et d'intense curiosité. Elle tenait à la main un fourre-tout de toile bariolée qui convenait davantage à la plage qu'à une visite dans une maison endeuillée. Sitôt entrée, elle déversa un torrent d'excuses et d'explications d'une voix volubile :

— J'ai pensé que je devais venir voir comment vous étiez, Quen. C'est tellement affreux pour vous !... J'ai apporté mon repas, afin que Mrs Cantrip n'ait pas à se donner de mal pour moi. Comment allez-vous ? Vous avez bien mauvaise mine. Naturellement, c'est la tension et tout le reste. Oh, mon Dieu, peut-être n'aurais-je pas dû venir ?

Le visage tiré de Quentin laissait voir qu'il était de cet avis.

— Non, non. C'est aimable à vous de prendre cette peine. Voulez-vous entrer dans le petit salon ? (Il déglutit péniblement et se tourna vers Wexford :) Peut-être Mrs Cantrip pourra-t-elle vous conduire jusqu'à la remise où se trouvent les torches ?

La main qu'il posa sur l'épaule de sa belle-sœur se mit à trembler si violemment qu'elle faisait peine à voir. Ils entrèrent lentement dans la pièce où Elizabeth avait l'habitude de se tenir le matin.

— Un instant, dit Wexford, en tendant le bras pour empêcher Marriott de les suivre.

La porte du petit salon se referma.

— Que faites-vous ici ? poursuivit-il avec colère. Vous étiez censé vous trouver à l'école.

— J'ai une heure de liberté entre deux cours et comment l'utiliser mieux qu'en passant consoler ce pauvre Quen ?

— Pouvez-vous m'expliquer comment quelqu'un ne disposant pas de voiture peut « passer » ici, comme vous dites ?

Marriott fut incapable de dissimuler un sourire de triomphe :

— Georgina a bien voulu me conduire. J'attendais devant les grilles du collège, me demandant comment faire le trajet puisque je venais de manquer l'autobus de Myfleet, quand j'ai vu sa voiture. Et Georgina allait justement au manoir. Quel soulagement ce fut pour moi ! Nous avons eu une petite conversation pour préparer ce que nous dirions à Quentin afin de lui remonter le moral.

— Alors, allez lui présenter vos condoléances et débarrassez le plancher. Je vais entreprendre une seconde fouille en règle de la maison et je ne veux voir personne déranger mes hommes. N'oubliez pas non plus que nous avons rendez-vous à 4 heures. Et maintenant, Mrs Cantrip, montrez-moi le chemin.

— Prenez ce couloir, monsieur, et attention à la marche. Je sais que c'est mal d'écouter, mais je n'ai pas pu m'empêcher d'entendre ce que vous avez dit à Mr Marriott. Il ne l'a pas volé. Il est toujours là à fourrer son nez partout. Quant à Mrs Villiers... Vous l'avez entendue dire qu'elle avait apporté son propre déjeuner ? Un paquet de sandwiches, pour sûr. Quelles mauvaises manières ! Comme si je ne pouvais lui servir un repas convenable ! Une vraie dame aurait simplement demandé et c'est bien vrai.

— Est-ce là, Mrs Cantrip ? Il fait sombre.

— Vous ne m'apprenez rien, monsieur. Je me tue à répéter à Mr Nightingale de faire poser une lampe. D'ailleurs, nous avons eu un accident, il y a quelques années : Twohey est tombé dans l'escalier. Il a eu la chance de s'en tirer avec une cheville foulée. Il faut dire qu'il avait tendance à forcer sur le whisky. Celui de Mr Nightingale, en plus.

— Qui était Twohey? demanda Wexford, reculant pour permettre à Mrs Cantrip d'ouvrir la porte. Un ami de la famille?

— Oh non ! monsieur, juste un domestique. Lui et sa femme travaillaient ici — si on peut appeler ça travailler ! Ma tâche n'en était pas allégée, je peux vous le certifier. Je n'ai jamais été aussi soulagée que le jour où Mr Nightingale les a flanqués à la porte. Voici la remise. On y voit un peu plus clair, comme vous pouvez le constater.

La lumière venait d'une porte vitrée donnant sur le jardin. Le visage impassible, Wexford regarda autour de lui. Sur l'un des murs blanchis à la chaux étaient pendus deux fusils de chasse. Au-dessous, des clubs de golf s'alignaient sur une sorte de râtelier. Wexford remarqua également deux raquettes de tennis dans leur étui, un filet contenant des balles et des sécateurs de toutes tailles. Son regard se posa enfin sur une étagère sur laquelle étaient posées différentes lampes électriques : il y avait une lanterne surmontée d'un cône rouge, pour prévenir les automobilistes de la présence d'une voiture en panne sur la route ; une lampe-stylo et une lampe-brassard, pour la bicyclette.

— C'est curieux, dit Mrs Cantrip, il manque la grosse torche. (Elle pâlit :) Une torche cylindrique avec une grosse tête et un long manche. Elle doit mesurer vingt-cinq ou trente centimètres.

— Et elle se trouvait avec les autres?

Mrs Cantrip acquiesça en se mordant la lèvre.

— Quand l'avez-vous vue pour la dernière fois?

— Oh, il y a deux ou trois semaines. On ne nettoie pas cette pièce très souvent. Je veux dire, il n'y a rien à astiquer, ici. Sean vient donner un coup de balai de temps en temps.

— Ah oui, vraiment?

Wexford grimpa sur un tabouret pour regarder le dessus de l'étagère. Une épaisse couche de poussière recouvrait le bois. Entre la lampe de bicyclette et la lampe-stylo, on voyait un cercle d'environ dix centimètres de diamètre. Il mouilla son doigt avec un peu de salive et toucha le centre du cercle.

— Cette torche a été enlevée de là hier ou avant-hier.

Ayant essuyé son doigt sur son mouchoir, il constata qu'il n'avait laissé aucune trace. Sa supposition un peu hâtive se révélait exacte.

La maison était si grande, songea-t-il en émergeant du couloir pour se retrouver dans le hall. Elle regorgeait de placards et de cachettes. Et ses hommes avaient reçu pour instruction de rechercher une arme, sans plus de détails. Ils pouvaient avoir remarqué une torche électrique dans les affaires de Mr Nightingale — sortant de la poche d'un imperméable, par exemple — sans qu'aucun d'eux n'ait eu l'idée d'attirer l'attention de leur supérieur. Ils devraient tout recommencer avec, cette fois, un objectif bien déterminé.

Wexford frappa à la porte du petit salon et l'ouvrit. Il n'y avait personne. Seul un mégot fumant encore dans un cendrier prouvait que Marriott était passé par là, avant de déguerpir comme on l'en avait prié.

Ayant décidé d'explorer la maison, Wexford traversa le grand salon et la salle à manger qu'il trouva également vides. Il gravit ensuite l'escalier jusqu'au premier palier, jonché de pétales de rose flétris, et écarta les rideaux de velours rouge. Au milieu de la pelouse, Georgina Villiers mangeait un sandwich tout en discutant avec Will Palmer. Aucun signe de Quentin Nightingale. Wexford redescendit. Il entra dans le bureau et téléphona à Burden de venir au manoir avec Loring, Bryant et Gates. Puis il posa le récepteur et écouta le silence.

Tout d'abord, il sembla total... Puis, venant de très loin, il perçut le son assourdi d'une radio. Celle de Katje, peut-être. Et un léger tintement de vaisselle se fit entendre. Mrs Cantrip préparait sans doute le déjeuner. Enfin il y eut un bruit de pas. Quentin Nightingale surgit dans la pièce.

— Il manque une torche électrique dans la remise, dit Wexford d'une voix calme. Une grosse torche cylindrique. L'avez-vous vue récemment ?

— Elle était à sa place dimanche matin. Je suis allé chercher mes clubs de golf et je l'ai remarquée sur l'étagère.

— Elle n'y est plus. C'est avec cette torche qu'on a tué votre femme, Mr Nightingale.

Quentin s'appuya contre la bibliothèque et se prit la tête entre les mains :

— Je n'en peux plus, dit-il. J'ai vécu hier le jour le plus horrible de ma vie.

— Je le conçois. Malheureusement, je ne puis guère vous promettre que ça ira mieux demain.

Quentin ne parut pas l'avoir entendu.

— Je deviens fou. Il faut être fou pour agir comme je l'ai fait. Je donnerais tout ce que je possède pour revenir à mardi soir et pouvoir tout recommencer.

— Est-ce une confession ? demanda Wexford avec raideur. Car, dans ce cas...

— Non, ce n'est pas ce que vous attendez ! cria Quentin. C'est quelque chose de privé, quelque chose... (Il serra les poings et redressa la tête.) Dites-moi où vous pensez que cette torche devrait se trouver. Je pourrais peut-être... montrez-moi seulement...

— Très bien. Je vais vous le montrer. Ensuite nous aurons une petite conversation. Mais laissez-moi tout d'abord vous dire ceci : quand on est mêlé à un meurtre, il n'est plus question d'avoir de vie privée. Souvenez-vous-en.

Quentin Nightingale ne répondit pas. Il porta seulement une main tremblante à son front. Intrigué, Wexford spécula sur la nature du tourment qui transformait cet homme en une véritable épave. Avait-il tué sa femme ? Ou bien son désespoir était-il la conséquence d'un autre acte, nécessairement moins grave et cependant tout aussi culpabilisant ?

Ils remontèrent le couloir sombre, Wexford en tête. Devant eux, un rayon de lumière indiquait que la porte donnant sur le jardin était entrouverte.

— J'avais fermé cette porte, dit Wexford en la poussant.

Sur l'étagère où quelques minutes plus tôt il n'y avait eu qu'un rond propre au milieu de la poussière, était posée une grosse torche électrique chromée.

8

La torche avait été nettoyée, probablement plongée dans l'eau. Wexford la tint délicatement avec son mouchoir et dévissa la base. Les piles avaient été retirées, mais le verre et la lampe n'étaient pas cassés. Il nota que quelques gouttes d'eau glissaient encore le long du cylindre qui formait le manche.

Très lentement, il déclara :

— Vous seul, Mr Nightingale, saviez que j'étais venu ici, ce matin, dans l'intention de trouver cette torche. En avez-vous parlé à l'un de vos domestiques, à Mrs Villiers ou à Mr Marriott ?

Très pâle, Quentin Nightingale secoua la tête.

— Cette torche est l'arme du crime, continua Wexford. Elle n'était pas là, quand je suis venu inspecter cette pièce. Quelqu'un l'a remise en place. Venez. Retournons dans votre bureau.

Nightingale paraissait incapable de prononcer un mot. Il se laissa tomber lourdement dans un fauteuil et se couvrit le visage de ses mains.

— Avez-vous remis cette torche à sa place, Mr Nightingale ? Allons, je veux une réponse. Je ne m'en irai pas sans l'avoir obtenue.

Quelqu'un frappa à la porte. Wexford ouvrit et fit entrer Burden. Les deux hommes échangèrent un regard. Burden haussa les sourcils à la vue de la silhouette silencieuse effondrée sur son siège, puis, sans un mot, il s'approcha de la bibliothèque et fit mine d'examiner les livres.

— Ressaisissez-vous, Mr Nightingale, dit Wexford et répondez-moi.

Il aurait aimé le secouer pour l'obliger à ouvrir la bouche.

— Très bien, fit-il. Comme je n'ai pas l'intention de perdre mon temps et que l'inspecteur Burden semble avoir envie de se distraire, je vais vous raconter une histoire. Vous y trouverez peut-être certaines analogies avec votre conduite au cours des jours passés, qui sait ?

» Il était une fois un gentleman qui vivait dans un manoir avec sa jolie épouse, commença-t-il. Ils étaient heureux, même si leur vie conjugale était devenue un peu monotone, au fil des années.

Quentin s'agita en entendant ces derniers mots et se passa fébrilement les doigts dans les cheveux. Wexford reprit sur le ton de la conversation :

— Un jour, il découvrit que sa femme lui était infidèle et qu'elle rencontrait un autre homme la nuit dans les bois. Aussi, rongé par la jalousie, il la suivit en emportant une torche électrique, car la lune avait disparu et la nuit était fort sombre. Il vit sa femme dans les bras de son amant et les entendit faire des projets ou échanger des promesses. Peut-être s'est-elle moquée de lui lorsqu'il s'est montré ? En tout cas, saisi par son accès de violence aveugle, il l'a frappée avec la torche encore et encore... Oui? Vous vouliez dire quelque chose, Mr Nightingale?

Les lèvres de Quentin remuèrent sans qu'il en sortît aucun son. Il se leva et fit quelques pas chancelants. Puis il revint s'asseoir et parvint à murmurer d'une voix rauque:

— Ce n'est pas ainsi que les choses se sont passées.

— Non? Le mari n'a pas fait brûler son gilet taché de sang sur le feu de branchages? Il n'a pas arpenté le parc durant des heures pour calmer son angoisse? Il n'a pas essayé de se débarrasser du sang qui l'avait éclaboussé? Étrange. Nous savons pourtant qu'il a pris un bain à une heure que nous pouvons qualifier d'incongrue.

— Arrêtez! cria Quentin, en agrippant le bras de son fauteuil. Rien de tout cela n'est vrai. C'est une monstrueuse invention. (Il se racla la gorge.) Je n'ai pas pris de bain.

— Vous m'avez affirmé le contraire, dit Wexford.

— Par deux fois, précisa Burden.

— Je sais. C'était un mensonge. (Une rougeur envahit le visage de Nightingale. Il ferma les yeux.) Voulez-vous me donner quelque chose à boire? Du whisky. Il y en a là.

Burden interrogea Wexford du regard. Celui-ci acquiesça. Le whisky se trouvait dans un petit bar sous la fenêtre. Burden en versa deux doigts dans un verre et le tendit à Quentin qui s'en saisit d'une main tremblante et le but d'un trait.

— Je vais vous dire où j'étais, lâcha-t-il.

Wexford remarqua qu'il faisait enfin un effort pour maîtriser sa voix.

— Mais je voudrais vous parler seul à seul. Je désirerais que l'inspecteur nous laisse.

Et s'il allait avouer? Cette requête ne plaisait guère à Wexford, mais il devait savoir. Il prit une décision.

— Voulez-vous attendre dehors, inspecteur Burden?

Docilement, Burden sortit sans se retourner. Quentin poussa un gros soupir.

— Je ne sais par où commencer, dit-il, mais j'ai besoin de me justifier. Si vous saviez le remords, la honte... Je... Pardonnez-moi. J'essaie de reprendre mes esprits.

Il posa son verre, retardant autant que possible le moment fatidique. Finalement, il se décida:

— Je veux que vous sachiez que vous aviez parfaitement raison, au sujet de ma femme et moi. Nous étions heureux, mais notre vie commune était devenue monotone avec les années. Je l'avais accepté. Je pensais que c'était inévitable pour un couple marié depuis aussi longtemps et qui n'avait pas d'enfant. Nous ne nous disputions jamais. Je dois aussi ajouter que si ma femme était tombée amoureuse d'un autre, je n'aurais pas élevé d'objection. J'aurais été jaloux, mais ma jalousie ne m'aurait pas conduit à la violence. Je tiens à ce que ce point soit bien clair.

Wexford hocha la tête sans se compromettre. Il décelait une note de sincérité dans ce que Quentin disait.

— Vous avez dit que lorsqu'on est mêlé à un meurtre, on n'a pas le droit d'avoir une vie privée. Je vais devoir vous parler de ma vie privée pour me faire comprendre.

Se levant soudain, il se dirigea vers la bibliothèque et effleura du bout des doigts les reliures de maroquin aux titres dorés. Les yeux rivés aux livres, il déclara :

— J'avais l'habitude de la rejoindre dans sa chambre une fois tous les quinze jours. Toujours un samedi soir. Elle repoussait les couvertures et disait invariablement : « C'est très gentil, chéri » et plus tard, lorsque je la quittais : « C'était très agréable, chéri. » Jamais elle ne m'appelait par mon prénom. Il m'arrivait de penser qu'elle l'avait oublié.

Il s'interrompit. Pourtant, il n'avait rien à craindre. Wexford n'était pas du genre à couper court avec un cinglant : « Ceci n'a aucun rapport avec notre affaire. Ne vous écartez pas du sujet. » Quentin reprit, le dos tourné, s'adressant apparemment aux livres.

— Je me sentais si seul ! Parfois, j'avais l'impression d'être marié à une merveilleuse poupée qui souriait, portait de jolies toilettes et possédait même un vocabulaire limité.

— Et cependant, vous étiez heureux, fit remarquer Wexford.

— L'ai-je dit ? Peut-être, parce que tout le monde le prétendait, avais-je fini par m'en persuader.

Il s'éloigna de la bibliothèque et se mit à arpenter la pièce. Il parut changer de sujet et déclara :

— Nous avions des domestiques, mais Elizabeth les renvoya. Alors, nous avons connu une succession de jeunes filles au pair : deux Françaises, une Allemande. Elizabeth s'était efforcée de les choisir très ordinaires. (Il fit demi-tour et regarda Wexford dans les yeux :) Peut-être a-t-elle considéré que Katje était quelconque ; « grasse et vulgaire » l'a-t-elle un jour décrite. Je suppose... je suppose que Katje m'a plu dès le premier jour, mais je n'ai rien fait qui pût le montrer. Elle était très jeune et moi... eh bien, je représentais l'autorité parentale. Je me persuadais donc que je la considérais comme ma propre fille. À quel point arrivons-nous à nous illusionner ! (Il se détourna.) Il m'est presque impossible de trouver les mots pour vous dire...

— Qu'elle a été votre maîtresse, intervint Wexford d'un ton neutre.

Quentin acquiesça.

— Avant-hier dans la nuit ?

— Ce n'était pas la première fois, inspecteur. En seize ans de mariage, je n'avais jamais trompé ma femme. Toutes ces dernières années, j'ai espéré un signe, un geste me prouvant qu'elle me reconnaissait comme un être humain. Je n'ai jamais cessé d'attendre jusqu'à l'arrivée de Katje. Alors, pour la première fois, j'ai rencontré une femme qui était proche de moi. Une femme vivant sous mon toit et qui se comportait comme une femme. Peut-être n'était-elle guère convenable : elle avait des amis un peu partout et en parlait sans pudeur. Parfois, le soir, Elizabeth sortait se promener dans le parc ou montait se coucher de bonne heure et Katje, en rentrant de ses rendez-vous, venait bavarder avec moi comme si c'était la chose la plus naturelle du monde.

Il y eut un assez long silence que Wexford se garda d'interrompre. Quentin, plongé dans ses souvenirs, reprit :

— Un soir, après une de ces conversations, j'attendais, allongé sur mon lit, souhaitant qu'Elizabeth passerait me voir avant de regagner sa chambre. J'ai dit que j'avais perdu espoir, mais ce n'est pas vrai. J'espérais toujours. Je ne me souviens pas avoir jamais ressenti une telle impression de solitude que cette nuit-là. J'aurais donné tout ce que je possédais, cette maison, ma fortune, pour qu'elle vienne seulement s'asseoir au bord de mon lit et bavarder avec moi.

De nouveau, il se couvrit le visage de ses mains. Quand il les écarta, Wexford s'attendait à voir des larmes sur ses joues, car il avait prononcé la dernière phrase dans un sanglot. Cependant il se montra calme et presque soulagé d'avoir ouvert son cœur.

— En l'entendant monter, dit-il, je la suppliai intérieurement de venir. Dieu sait comment je me retins de l'appeler ! La porte de sa chambre se referma et je l'entendis qui se faisait couler un bain. En cet instant, j'oubliai qui j'étais, mon âge, ma position, mes devoirs envers ma femme. J'enfilai ma robe de chambre et je gravis l'escalier. Je savais ce que j'allais dire à Katje. Je prétendrais que j'avais senti une odeur de gaz qui semblait venir de sa chambre. En fait, tout ce qui venait de sa chambre, c'était la musique assourdie de la radio. Je frappai et elle m'invita à entrer. Elle était étendue sur son lit occupée à lire un magazine. Je n'eus pas besoin de parler du gaz. Cela paraît incroyable, mais je n'eus pas un mot à dire. Elle sourit et me tendit les bras.

Brusquement, il s'arrêta. Dans un roman démodé, pensa Wexford, ce passage aurait été suivi de points de suspension...

Quentin Nightingale avait rougi si violemment que ses cheveux et sa moustache en paraissaient plus blancs. Cherchant ses mots et ne recevant aucun encouragement de Wexford, il finit par balbutier :

— Il y eut... d'autres fois. Pas beaucoup. Et puis, avant-hier, je suis monté voir Katje vers 11 heures moins le quart. Je ne savais pas si Elizabeth était rentrée. Je ne pensais pas à Elizabeth. Katje et moi... Eh bien ! j'ai passé toute la nuit avec elle. Ce sont les pas de Palmer qui m'ont réveillé. J'ai eu l'impression que quelque chose n'allait pas, aussi, m'étant habillé à la hâte, je suis allé le retrouver sur la terrasse...

— Il est regrettable que vous ne m'ayez pas donné plus tôt cette version des faits, dit Wexford.

— Mettez-vous à ma place. L'auriez-vous fait ?

Wexford haussa les épaules :

— La question n'est pas là.

Ainsi, Nightingale venait de substituer un alibi convaincant à ses mensonges boiteux. En temps ordinaire, quand un fait pareil se produisait, Wexford était furieux d'avoir perdu son temps, mais soulagé du progrès accompli. Son malaise présent le déconcertait et il s'interrogea brièvement. Puis il comprit. Il se permettait quelque chose de défendu : l'implication personnelle. Ce que Quentin Nightingale lui inspirait, c'était de l'envie. Il se leva avec raideur.

— Votre déclaration devra être corroborée, Mr Nightingale, dit-il froidement.

Quentin pâlit :

— Je me doutais que vous désireriez poser la question à Katje. Cela ne l'embarrassera pas. Elle est étrange et unique. Elle est... Oh ! pardonnez-moi, je vous fais perdre votre temps.

Wexford gravit l'escalier. En arrivant au premier, il s'arrêta un instant devant la chambre de Quentin Nightingale. Puis, comme il reprenait son ascension, une musique assourdie lui parvint d'en haut : le fantasme suscité par le récit de Nightingale prenait corps. Tandis qu'une voix basse et rauque attaquait un refrain à la mode, le désir passionné, amer et sauvage de retrouver ne fût-ce que pour une heure sa jeunesse enfuie submergea Wexford. Brusquement, vieillir devenait la seule vraie tragédie de l'existence ; à côté de cette douleur-là toutes les autres perdaient leur signification. Lui, habituellement si philosophe, avait envie de crier : c'est injuste !

Il frappa à la porte. La musique aurait dû s'arrêter. Au lieu de cela, la voix s'amplifia et trembla dans une note vibrante, tandis que Katje venait ouvrir.

Sa robe rose était bordée de volants blancs, comme une chemise de nuit. Et comme une chemise de nuit, son décolleté profond laissait voir des rondeurs d'une pâleur laiteuse et des épaules où même les os paraissaient arrondis et doux. Elle le regarda, les yeux pleins de rires. Quentin Nightingale avait eu tout cela facilement, sans discussion. Ainsi que le serveur de chez l'*Olive and Dove*. Combien d'autres encore ?

Pour la première fois, il comprit ce qui poussait ceux qu'il interrogeait et traînait devant la justice parce qu'ils avaient oublié pendant un moment les tabous sociaux pour se rendre coupables de rapts et de viols. Mais ici, la violence n'était même pas nécessaire. Il suffisait d'un sourire et d'une main tendue : *Ça me donne tant de plaisir et vous si peu de peine.* Oh ! tant de plaisir ! Il la suivit dans sa chambre. Dans le miroir de la coiffeuse, leur reflet vint à leur rencontre : une jeune fille et son père... Non, son grand-père ! Elle était tellement radieuse qu'à son côté tout le monde semblait racorni, Wexford le premier. En un éclair, il se vit non pas homme d'âge mûr, mais vieillard.

— Je vous en prie, asseyez-vous, miss Doorn, dit-il, surpris que sa voix fût aussi calme. Et éteignez cette radio, s'il vous plaît.

Elle obéit, toujours souriante. Il ressentait le même désir ardent — peut-être n'était-ce que le désir de rajeunir? Pourtant, il mesurait ce qui sépare le fantasme de la réalité: entre les deux, il y avait un gouffre. Ce qui lui avait paru possible un moment plus tôt s'était évanoui, chassé comme un filet de fumée par un vent frais. Pendant un instant il n'avait vu en elle qu'une chose, jolie certes, mais une chose dénuée de pouvoir de discrimination, de droits et d'intelligence. Maintenant, il voyait une fille pleine de jeunesse qui le considérait pour ce qu'il était: un vieil homme. Intérieurement tout son corps se moquait de lui-même.

— J'ai quelques questions à vous poser.

Il aurait souhaité que cette torture cessât afin de pouvoir se contrôler et donner de lui une image située à mi-chemin de Dieu le père et d'un robot, tempérée d'une bienveillance d'oncle-gâteau. Il reprit:

— C'est au sujet de vos relations avec Mr Nightingale.

Il répugnait à aborder ce qui nourrissait son fantasme, mais il n'avait guère le choix.

— En quels termes étiez-vous avec lui?

— Termes?

— Vous savez très bien ce que je veux dire.

Elle haussa les épaules en faisant la moue.

— Je travaille pour lui et je vis dans cette maison. (Saisissant une mèche de cheveux, elle se mit à la mordiller:) Il est très gentil. Très bon. Je l'aime beaucoup.

— C'est votre amant, non?

Elle répondit avec précaution, nullement embarrassée:

— Il a dit ça?

— Oui.

— Oh, pauvre Kventin! Il veut que personne ne sache. Ça doit être un grand secret. Et maintenant vous découvrez tout!

— Je crains d'être obligé de vous demander de m'en parler.

Elle secoua la tête avec obstination.

— Allons, c'est inutile! Il m'en a parlé de lui-même. Vous ne voulez pas qu'il aille en prison, n'est-ce pas?

Elle ouvrit la bouche de surprise.

— C'est vrai? En Angleterre, vous allez en prison parce que vous faites l'amour?

— Bien sûr que non ! s'exclama Wexford. Maintenant, écoutez-moi. Mr Nightingale n'ira pas en prison si vous dites la vérité. Racontez-moi seulement ce qui s'est passé entre vous.

— Non ! Non, pas tout !

Un sourire incrédule flottait sur ses lèvres.

— Je veux juste savoir comment ça a commencé.

— Très bien, fit-elle en gloussant de plaisir. C'est toujours agréable, je pense, de parler d'amour.

Wexford s'efforça de conserver son air sévère.

— Il y a quatre ou cinq semaines, je suis dans mon lit et on frappe à la porte. C'est Kventin. Peut-être qu'il vient dire que la radio est trop forte ou que j'ai mal garé la voiture. Mais il ne dit rien et je vois tout de suite qu'il vient pour faire l'amour. Je lis ça sur son visage. Moi, je lis toujours ça sur le visage.

J'espère bien que non ! songea Wexford.

— Alors, je pense : pourquoi pas ? Il est gentil et a de bonnes manières. Il a un corps mince et droit, et j'oublie qu'il est plus vieux que mon père en Hollande. Je sais aussi qu'il est solitaire, avec une femme frigide. Alors, nous faisons l'amour et tout devient différent ; quand il est dans mon lit, il n'est plus vieux du tout.

Afin sans doute d'être bien comprise, elle tapota sa couverture d'un geste triomphant. Puis, avec grand sérieux, elle poursuivit :

— C'est beaucoup mieux qu'avec mon ami le serveur, car Kventin a plus d'expérience et il sait exactement comment...

— Oui, oui, j'imagine, coupa Wexford. (Il prit une profonde aspiration.) Miss Doorn, je vous en prie, épargnez-moi les détails techniques. Tenons-nous-en à l'essentiel. Y a-t-il eu d'autres occasions ?

— Pardon ?

Exaspéré, Wexford reformula sa question :

— Mr Nightingale est-il revenu vous voir ?

— Bien sûr ! Il m'aime beaucoup et moi aussi. Il vient la semaine suivante et l'autre semaine, puis la nuit avant la dernière.

— Poursuivez.

— Je vous ai déjà dit que je sors avec mon ami et que ce méchant homme ne nous laisse pas monter dans la chambre. Mon ami veut aller dans la voiture, mais pas moi. Ça n'est pas agréable. Kventin ne fait pas ça. Je rentre à la maison et pense que Kventin va peut-être monter me voir. Et Kventin frappe à ma porte et je suis très heureuse. Tous les deux nous sommes très heureux.

— Combien de temps est-il resté avec vous ?

— Toute la nuit. Je lui raconte que juste avant de rentrer, je vois Mrs Nightingale aller dans le bois et Kventin est très très triste, parce qu'elle ne veut plus de lui. Et alors il reste toute la nuit. Mais il part tôt le matin, quand il entend le jardinier en bas. Alors je reste seule dans mon lit et je pense que peut-être je ne vois plus mon ami le serveur, mais seulement Kventin. Puis je me lève pour savoir pourquoi le vieux jardinier est dans la maison. Voilà, je vous ai tout dit.

Wexford garda le silence pendant un moment, puis il demanda :

— À quelle heure avez-vous vu Mrs Nightingale traverser la route ?

— Deux minutes après 11 heures, répondit Katje sans hésiter.

— Et à quelle heure Mr Nightingale vous a-t-il rendu visite ce soir-là ? (Devant son regard candide, il rectifia :) Je veux dire, quand est-il monté dans votre chambre ?

— Quinze minutes après 11 heures. Quand je rentre, je vais directement au lit.

— Comment pouvez-vous être aussi sûre de l'heure ?

— J'ai une nouvelle montre et je la regarde tout le temps.

Elle lui présenta son poignet gauche. La montre avait un cadran lumineux imposant et était fixée par un large bracelet de cuir rouge.

— Mon ami me donne cette montre pour mon anniversaire et je regarde l'heure tout le temps. (Elle lui jeta un regard de sous ses longs cils recourbés.) Vous êtes fâché avec moi ?

— Non, je ne suis pas fâché, miss Doorn.

— Pourquoi ne pas m'appeler Katje ?

— Très bien, Katje.

Soudain très correcte et presque britannique, elle lui tendit la main.

— Vous ressemblez à mon vieil oncle de Friesland qui est parfois gentil et parfois fâché, comme vous.

Et elle le menaça du doigt en riant.

Bon sang ! pensa-t-il. Comme ses manières sont délicieuses aujourd'hui et comme elles seront ridicules quand elle aura quarante ans ! Aura-t-elle, alors, toujours l'habitude de mordiller une mèche de cheveux ?

9

L'œil effaré, Burden écouta le récit — pourtant expurgé — des deux entretiens. S'il ne connaissait pas si bien l'inspecteur Wexford, il aurait pu le croire sous le charme de cette jeune Hollandaise dévergondée.

— Je ne vois pas pourquoi vous les estimez blanchis par l'histoire qu'ils racontent.

Posté à la fenêtre du bureau de Wexford, il se battait avec les cordons des rideaux vénitiens. Les ayant démêlés, il les enroula proprement autour du double-crochet. Burden aimait l'ordre en tout. Il poursuivit :

— Je pense au contraire que cela pourrait les incriminer tous les deux. Cette jeune fille affirme qu'il est venu la rejoindre à 11 heures et quart, mais vous n'avez que sa parole. Après tout, il aura pu monter plus tard.

— Que gagnerait-elle à être complice du meurtre de la femme de son employeur ?

Burden fronça le sourcil. Vraiment, son supérieur vieillissait. Comment pouvait-il se montrer aussi naïf ?

— Ce qu'elle y gagnerait ? Elle épouserait Nightingale, naturellement.

— « Naturellement » ? C'est loin d'être naturel. Et laissez les rideaux tranquilles. Vous êtes un maniaque du rangement. Écoutez-moi, Mike, vous avez besoin de moderniser un peu vos idées. À tıente-six ans, vous vous montrez plus vieux jeu qu'il n'est permis. Tout d'abord, je veux que vous sachiez que je crois Nightingale. Je le crois parce que mon instinct me dit que son histoire est vraie. De plus, ce n'est pas un violent. S'il avait découvert que sa femme avait un amant et — ce qui est plus important — s'il s'en était soucié, il aurait divorcé. Deuxièmement, Katje Doorn n'est pas une lady Macbeth. C'est une fille pleine de vie qui ne s'embarrasse pas de fausse pudeur : elle aime les parties de jambes en l'air et ne s'en prive pas.

L'expression fit rougir Burden. Il tenta de se rattraper en prenant un air blasé : sans succès.

— Quelle raison avez-vous de croire qu'elle veut épouser Nightingale ? reprit Wexford. À ses yeux, c'est un « vieux ». Elle me l'a dit. Et bien que « dévergondée », comme vous dites, elle reculerait avec horreur à l'idée de recevoir dans son lit un homme qui vient d'assassiner sa femme. Mike, nous devons changer notre façon d'appréhender ce genre d'affaires. Les temps ont changé. Les femmes n'estiment plus que le mariage est une fin en soi. Les Katje de notre époque n'aident pas à tuer l'épouse d'un homme pour qu'il fasse d'elles des honnêtes femmes. Pas plus qu'elles ne pensent être déshonorées parce qu'elles ne sont plus vierges. Bien sûr, Nightingale est fortuné, mais je ne crois pas que Katje attache beaucoup d'importance à l'argent. Elle changera peut-être, plus tard. Pour l'instant, elle cherche seulement à prendre du bon temps.

— Je me demande parfois où va le monde, soupira Burden.

— Laissons le monde tranquille. Mieux vaut nous occuper de notre enquête. Nous avions une piste et elle nous a menés dans un cul-de-sac. Il nous reste deux directions à explorer : 1) qui était l'amant de Mrs Nightingale, 2) qui avait accès à la torche.

— Nous avons reçu le rapport du laboratoire à ce sujet.

Wexford acquiesça :

— Il y a des traces de sang sur les vis et sous le bouton. Le sang est du groupe de Mrs Nightingale et c'est un groupe rare : AB négatif. Il ne fait aucun doute que la torche est l'arme du crime.

— Eh bien ! qui donc y avait accès ? Et qui a pu la remettre à sa place, ce matin ?

Wexford énuméra, en comptant sur ses doigts :

— Nightingale, Katje, Mrs Cantrip, Will Palmer, Sean Lovell, Georgina Villiers... Oh ! et Lionel Marriott. Une longue liste. Nous devons aussi ajouter Villiers, si Georgina a remis la lampe à sa place pour l'aider. Voyons le cas de Lovell. Il a confessé son admiration pour Mrs Nightingale. Il est jeune et a le sang chaud, par conséquent, il est possessif. Ce n'était peut-être pas avec lui qu'elle avait rendez-vous, mais il a pu la surprendre avec un autre. Son alibi ne tient pas. Il avait accès à la torche et le jardin de sa mère donne directement sur la forêt.

— Elle était assez âgée pour être sa mère, remarqua Burden.

Wexford eut un petit rire :

— Bon sang, Mike ! Vous ne connaissez décidément rien à la vie. C'est précisément parce qu'il avait vingt ans et elle quarante qu'elle l'intéressait. De même... (il s'interrompit et reprit avec un détachement apparent :) De même, les hommes d'un certain âge sont attirés par de très jeunes femmes. Tout cela est bien banal. N'êtes-vous jamais tombé amoureux d'une amie de votre mère ?

— Certainement pas, fit Burden sur un ton offusqué. Les amies de ma mère étaient comme des tantes pour moi. Je les appelais « Taty ». Je le fais encore, du reste... Qu'y a-t-il de si drôle ?

— Vous. Je vous trouve impayable !

Burden avait l'habitude de ce genre de réflexions. Néanmoins, elles le vexaient. Il lui semblait injuste que l'on puisse se moquer de lui parce qu'il avait de grands principes et une conception décente de ce que devait être la vie. Il toussota et dit :

— Je vais retourner bavarder avec Lovell, votre suspect préféré.

— Très bien, fit Wexford en consultant sa montre. J'ai un rendez-vous à 4 heures. (Il ajouta en souriant :) Un rendez-vous qui va éclaircir certaines histoires du temps passé.

Wexford se gara à une centaine de mètres des grilles de l'école, loin derrière les voitures des parents qui attendaient les enfants. Une bande de joueurs de cricket, en tenue blanche maculée de vert, déboula du terrain de sport au moment où l'horloge de l'école sonnait 4 heures. S'ils n'étaient ponctuels qu'en cela, les élèves de la King's School l'étaient pour la sortie. Comme le dernier coup retentissait, ils franchirent les grilles en riant et se bousculant sans se soucier le moins du monde des lignes tracées sur le trottoir et qui leur interdisaient de s'égailler en tous sens. Seuls les plus grands marchaient calmement, s'arrêtant à l'ombre des arbres pour allumer une cigarette.

Denys Villiers passa le portail au volant de son Anglia bleu foncé. Il klaxonna à plusieurs reprises pour disperser les enfants qui encombraient la chaussée, puis entrouvrit sa portière pour crier quelque chose que Wexford ne comprit pas. Il n'avait pas l'air commode. Wexford eut l'impression que s'il avait eu un fouet, il l'aurait volontiers utilisé. Tournant la tête, il aperçut Marriott qui trottinait vers la grille principale. Lorsqu'il fut à sa hauteur, Wexford baissa la vitre et lança :

Un démon effrayant s'attache à vos pas !

Marriott sursauta. Se ressaisissant promptement, il rétorqua :

— Un poème très surfait, à mon avis.

— Sans doute. Je ne suis pas venu pour discuter poésie. Vous vouliez me fausser compagnie, n'est-ce pas ?

Marriott monta dans la voiture avant de répondre :

— Telle était mon intention, je dois l'avouer. Je pensais que vous alliez me sermonner pour m'être rendu au manoir ce matin. Je vous en prie, soyez gentil, abstenez-vous. J'ai passé l'après-midi à tenter d'étudier « *Le Paradis perdu* » avec ma classe de 5e et je suis exténué.

— « L'esprit tient sa place et peut faire du paradis un enfer et de l'enfer un paradis. »

— Certes, c'est très subtil. Mais je suis différent. Mon esprit fait de l'enfer un enfer. Pressons, mon joli, j'ai besoin d'un verre. Désirez-vous que je reprenne mon histoire, chemin faisant ?

— J'attends la suite avec impatience, dit Wexford en s'insérant dans le flot des voitures.

— Où en étais-je ?

— À la première épouse de Villiers.

— Ah oui ! June... Elle ne m'aimait guère, je puis vous l'assurer. D'après elle, je me serais rendu plus utile en donnant des cours dans une maison de redressement. Et savez-vous ce qu'elle a dit à Quentin la première fois qu'elle est allée au manoir ? « Je trouve scandaleux que deux personnes vivent seules dans cette grande caserne. Elle devrait être transformée en hôpital. » Le pauvre Quentin en a été mortifié. Il aime tant sa maison. Mais c'était bien de la petite June ! Elle était diplômée de sociologie et avait travaillé pour la réinsertion des jeunes délinquants.

— Habitaient-ils ici ?

— Ils logeaient dans un monstrueux appartement de

Queen's Street, au-dessus de la boutique de nourriture pour animaux. Vous voyez l'endroit. J'y suis allé une fois et cela m'a suffi. Oh ! cette odeur de viande avariée ! Et les amis bizarres de June se répandaient dans tout l'appartement. Il y avait foule chaque soir. Tous venaient là pour réformer le monde à coups de grands principes. Ils militaient contre l'utilisation des armes atomiques. Le problème était à l'ordre du jour en ce temps-là et June participait à toutes les manifestations. Chaque fois qu'il y a un meeting à Grosvenor Square, je m'attends à l'apercevoir, une banderole à la main.

— Par conséquent, elle n'est pas morte, dit Wexford en s'engageant dans High Street.

— Ah, certes non ! Denys a demandé le divorce... à moins que ce soit June, je ne sais plus. Dieu sait pourquoi ils se sont mariés. Ils n'avaient absolument rien en commun. Elle n'aimait ni Quen ni Elizabeth et voyait d'un très mauvais œil Denys aller aussi souvent au manoir. Elle appelait cela « fréquenter les représentants de la réaction ».

— S'il n'aimait pas sa sœur, pourquoi la voyait-il autant ?

— Eh bien, voyez-vous, Quen et lui s'entendaient comme larrons en foire.

Wexford ralentit pour tourner dans l'allée ; ils étaient arrivés à destination. Marriott continua sur sa lancée :

— Quen était ravi d'avoir un beau-frère écrivain ; il se voyait jouer les mécènes auprès de Denys.

La voiture s'était immobilisée devant la maison blanche et fleurie. Wexford coupa le contact.

— Quoi qu'il en soit, Denys avait dû se plaindre de l'impossibilité où il se trouvait de travailler chez lui et Quen lui offrit asile dans la Vieille Maison. Non, ne restons pas sur la terrasse, Reg, je meurs de soif.

Le salon était encore empesté de l'odeur du cigare, mais quelqu'un avait remis de l'ordre et lavé la vaisselle. Hypathia, probablement, pensa Wexford, tandis que Marriott ouvrait les fenêtres.

— Et maintenant, Reg, c'est l'heure de l'apéritif, comme on dit. Un peu tôt, peut-être, mais il en est toujours ainsi à la campagne. Que désirez-vous ? Whisky ? Gin ?

— Je préférerais une tasse de thé.

— Vraiment ? Comme c'est curieux ! Très bien, je vais mettre la bouilloire sur le feu. Je dois dire qu'Hypathia a tout rangé. Il faudra que je pense à la remercier, à l'occasion.

Wexford le suivit dans la cuisine.

— Elle ne vit donc pas ici ?

— Oh non ! Je n'y tiens pas du tout. Une fois qu'elles se sont incrustées, vous ne vous appartenez plus. (Il jeta un regard en coin à Wexford.) De plus, il est imprudent de ne butiner qu'une seule fleur.

Wexford se mit à rire :

— Vous êtes un vrai tombeur, Lionel.

— J'ai mes petits succès, fit Marriott, l'image même de la modestie. (Il versa trois cuillerées d'Earl Grey dans une théière et ajouta l'eau frémissante.) Dois-je poursuivre mon récit ?

— S'il vous plaît.

— Eh bien, comme je l'ai dit, June voyait d'un mauvais œil que Denys aille travailler au manoir. De plus, il s'y attardait presque tous les soirs pour bavarder avec Quen. Sans compter qu'il y passait aussi ses jours de congé. June aurait préféré qu'il vienne avec elle brandir des banderoles et coller des affiches. Aussi, finalement, elle l'a quitté.

— Pour le laisser à son ménage à trois ?

— C'est une façon un peu curieuse de présenter les choses ! Cependant il ne fait aucun doute qu'il y avait là une situation triangulaire. Et la pauvre Elizabeth était certainement le côté inégal de cette figure isocèle. Chaque fois que j'allais au manoir, j'étais fasciné de voir Denys et Quen si complètement absorbés dans leurs conversations sur les livres, toujours les livres et encore les livres. Ils se bombardaient de citations de Wordsworth. Et pendant ce temps, notre pauvre Elizabeth feuilletait *Vogue*, sans jamais se mêler à la conversation.

— Pourtant, je suis persuadé que vous trouviez toujours quelque chose à lui raconter, dit Wexford en buvant son thé. Je n'ai jamais rencontré personne qui, comme vous, sache — comment dirais-je ? — si brillamment parler de banalités.

— Vraiment Reg, vous avez mauvais esprit. Elizabeth n'avait rien d'une femme sans cervelle. À sa manière, elle était aussi intelligente que Denys.

— Ce n'est pas ce qu'il prétend. Mais passons.

— Pourquoi restons-nous assis ici ? Je n'ai jamais pu supporter les cuisines et j'ai envie d'un gin. Ah, parfait ! L'odeur de cigare s'est dissipée.

Marriott se servit un verre et tira les fauteuils devant la baie vitrée grande ouverte. Son jardin foisonnait de papillons butinant de fleur en fleur. Wexford se renversa paresseusement dans son siège. Le chaud soleil de septembre lui engourdissait l'esprit. S'il n'y avait pris garde, il se serait endormi.

— Ainsi, Villiers était sans cesse fourré au manoir.

— Et comme si ce n'était pas suffisant, Denys partait aussi en vacances avec eux.

— Ce devait être pénible pour Mrs Nightingale s'ils l'excluaient de leur conversation. À quoi s'intéressait-elle, Lionel ?

Marriott se mordit les lèvres et parut méditer.

— Laissez-moi réfléchir. Voyons, elle prenait une part fort active à la vie du comté. Elle organisait des réunions, participait à des comités et naturellement, elle consacrait des heures à sa beauté. Elle s'occupait aussi des fleurs et faisait un peu de jardinage...

— Ah vraiment ? coupa Wexford. Dans la serre peut-être, en compagnie de Sean Lovell ?

— Que voulez-vous dire, mon cher ?

— Comme l'a exprimé un contemporain de Wordsworth :

Ce que les hommes appellent galanterie
et les dieux adultère
Éclot plus volontiers quand le climat est lourd.

Marriott ouvrit de grands yeux.

— Voilà donc votre idée ?

— Ce n'était pas avec sir George Larkin-Smith qu'elle avait rendez-vous dans la forêt, que je sache. Ni avec le recteur de Myfleet ou Will Palmer. À moins que ce ne fût avec vous, Lionel ?

— Je me demandais quand vous alliez me poser la question ! (Marriott eut un petit sourire et s'étira voluptueusement au soleil.) Non, ce n'était pas avec moi. Et si vous êtes sérieux à ce sujet, Reg, Hypathia pourra me fournir un alibi. Mais attention, je ne prétends pas n'avoir jamais souhaité...

— Vous avez peut-être même tenté votre chance.

— Peut-être, en effet.

Cette fois, ce fut le tour de Wexford de sourire.

— Nous en revenons donc à Sean Lovell.

— Elle aimait bien Sean, c'est un fait, dit Marriott. Un jour, je l'ai rencontrée devant le disquaire de High Street. Elle s'était approvisionnée en chansons pop. « Je dois suivre mon petit oiseau chanteur, m'a-t-elle dit car vraiment, c'est le seul rossignol[1] de Myfleet », a-t-elle ajouté avec assez d'esprit.

— Étrange remarque, fit Wexford.

— Oh ! je ne sais pas. Vous y voyez des sous-entendus qui n'y sont pas. Vous autres policiers êtes terriblement salaces. Sean avait l'habitude de venir sous ses fenêtres pour lui donner la sérénade. Elizabeth se sentait sans doute flattée de recevoir ces hommages respectueux.

— Bien. Revenons à Villiers. Mais d'abord, voudriez-vous offrir une seconde tasse de thé à un pauvre policier salace ?

Myfleet était un joli village, même par temps gris. Lorsqu'un soleil moelleux resplendissait, comme aujourd'hui, il sommeillait, niché au creux de la vallée dans l'écrin de la forêt. Cet après-midi, les rues étaient désertes. Seules les fleurs des cottages profitaient du soleil.

Burden se rendit en voiture jusqu'à la sortie de Kingsmarkham et décida de parcourir à pied le reste du chemin. C'était une journée à se promener et à humer le parfum des fleurs et des fruits mûrs.

Mais il avait eu tort de penser que le village était totalement désert. En approchant du manoir, il aperçut Mrs Lovell penchée sur la barrière de son cottage, en conversation avec un homme basané qui tenait deux lapins morts sous son bras. Les regards furtifs qu'il lançait en direction du manoir — principal sujet de conversation de Myfleet — lui donnaient l'air d'un braconnier fier d'avoir roulé le garde-chasse. Mrs Lovell ponctuait ses remarques de gloussements de rire.

Burden trouva Sean dans la Vieille Maison, occupé à aligner des pommes sur des claies. C'étaient des « Beauty of Bath » rouges et dorées dont la peau brillait comme de la soie. Le garçon sifflait, mais il s'arrêta net en voyant l'inspecteur.

— Vous venez souvent ici ? demanda Burden. Est-ce là que vous aviez l'habitude de rencontrer Mrs Nightingale ?

— Moi ?

Il lança un regard méprisant à Burden et s'assit sur un tas de bûches en allumant une cigarette.

— J'aimerais savoir ce que vous avez derrière la tête. Non,

1. Jeu de mots : Rossignol se dit Nightingale en anglais.

je ne viens pas souvent ici. En fait, je n'y ai pas mis les pieds depuis le mois d'avril. (Du menton il désigna l'escalier :) C'est à cause de lui, là-haut. Moi et le vieux Palmer, nous avons des ordres stricts pour ne pas le déranger.

— Cependant, vous allez dans la remise, n'est-ce pas ? Vous la balayez. Il vous arrivait même de prendre une torche afin de vous éclairer, quand vous deviez rejoindre Mrs Nightingale dans la forêt.

— Moi ? répéta Sean. Vous êtes dingue ?

Sa cigarette s'était éteinte. Il la ralluma et ferma les yeux quand le papier s'enflamma. Peut-être cela dut-il faire la lumière dans son cerveau, car il dit : -

— Vous essayez d'insinuer que j'avais une intrigue avec Mrs Nightingale ! Vous êtes dingue. Et un dingue à l'esprit mal tourné, par-dessus le marché.

— Très bien. Cela suffit.

Burden était blessé. La suprême injustice de cette accusation l'offensait plus encore que l'insolence de Sean. Reprenant son sang-froid, il poursuivit :

— Allons, vous ne pouvez nier que vous étiez en termes très amicaux avec elle.

— Écoutez, fit Sean, puisque vous voulez tout savoir, elle s'intéressait à ma carrière.

— Elle vous aidait à faire du jardinage ?

Le visage du garçon s'empourpra. Sans le savoir, Burden avait retourné coup pour coup.

— Le jardinage n'est pas une carrière pour moi, dit-il avec amertume. Ce n'est qu'une façon de passer le temps jusqu'à ce que je puisse réellement travailler.

— Et à quoi donc, je vous prie ?

— La musique, la scène. Là-bas, à Londres.

Il montra du pouce la direction du nord. Son visage avait pris une expression béate, comme celle d'un visionnaire. D'une voix tremblante, il reprit :

— Je sais tout ce qui se passe dans le métier, comme si c'était enregistré dans ma tête. Je pourrais vous donner le classement des Top 50 depuis des années. Personne ne peut me coller là-dessus. (Il serra les poings, les yeux brillants.) Il n'y a pas un disc-jockey qui sache la moitié de ce que j'ai appris.

Brusquement, il changea de ton et se mit à crier :

— Et ne me regardez pas comme ça ! Vous êtes aussi bête

que les autres, à commencer par ma vieille avec ses bonhommes et ses bouteilles. Mrs Nightingale était la seule qui me comprenait, et maintenant elle est morte !

Il s'essuya les yeux avec sa manche sale, cet artiste manqué que le monde renvoyait à son jardinage.

Soudain plus amical, Burden demanda :

— Qu'avait l'intention de faire pour vous Mrs Nightingale ?

— Il y avait ce type qu'elle connaissait à Londres, murmura Sean. Il travaillait à la B.B.C. et elle m'avait promis de lui parler de moi. Peut-être pour chanter. Peut-être pour trouver une place de D.J. Il faut commencer petit, vous voyez. Je ne sais pas ce qui va arriver maintenant, ajouta-t-il avec un soupir.

— Mieux vaut vous en tenir au jardinage et vous débarrasser de ces idées folles.

Les yeux de Sean brillèrent de colère, tandis que Burden reprenait :

— Oublions vos ambitions pour le moment, voulez-vous ? Pourquoi avez-vous dit à l'inspecteur Wexford que vous regardiez la télévision ? Le programme que vous avez mentionné a été supprimé.

Sean eut l'air plus vexé qu'effrayé d'être pris en flagrant délit de mensonge.

— J'ai regardé la télé, puis j'en ai eu assez. Ma vieille recevait son bonhomme, Alf Tawney. Ils se sont moqués de moi parce que je regardais Pop Panel. (Sean prit une pomme et la serra si fort que ses jointures blanchirent.) Depuis que je suis môme, je vois défiler des types à la maison et ce qu'ils ont toujours voulu, c'est se débarrasser de moi. Je vais vous raconter, quand j'avais dix ans, j'ai surpris ma mère avec un de ses gars. Ils s'embrassaient et se pelotaient, alors j'ai pris un couteau et je me suis jeté sur elle. Je l'aurais tuée, si le type ne m'avait désarmé. Oui, je l'aurais tuée !

Il semblait fier de lui. Puis il dut lire quelque chose dans les yeux de Burden, car il se calma. Avec gaucherie, il ajouta :

— Maintenant, je me fiche de ce qu'elle peut fabriquer... seulement... seulement... j'en ai assez !

Ses doigts se détendirent et il laissa tomber la pomme sur les claies. Burden vit que ses ongles avaient percé la peau du fruit, laissant de petites blessures juteuses.

— Il me semble que vous vous laissez facilement emporter par vos émotions.

— J'ai dit que j'avais dix ans, pas vrai ? Je ne suis plus comme ça maintenant. Je ne lèverais plus la main sur elle, quoi qu'il arrive.

— Dois-je comprendre que vous faites allusion à votre mère ?

— Évidemment ! À qui d'autre ?

Burden hocha la tête.

— Ainsi, vous en aviez assez de votre mère et de Alf Tawney. Où êtes-vous allé ?

— Dans mon appentis. Je suis resté là, seul, pour réfléchir.

Il poussa un profond soupir et, tournant le dos à Burden, reprit son travail.

— Pour réfléchir et pour écouter, dit-il encore.

Les fruits roulèrent sur les claies. Très doucement il se mit à siffler. Son visage s'était coloré d'un rouge presque aussi vif que celui des pommes. En se levant pour partir, Burden se demanda pourquoi.

— Denys partait toujours en vacances avec eux, reprit Marriott. Je veux dire avec eux deux. Mais il y a deux ans, il a dû partir seul avec Elizabeth. Quen avait la rougeole, le pauvre. Elizabeth m'a confié qu'elle redoutait ce séjour à Dubrovnik avec Denys, mais Quen avait déclaré qu'il ne leur pardonnerait pas de rester confinés à la maison, alors ils se sont résignés.

— Ce voyage n'a pas dû être agréable.

— Oh, ils ont dû se disputer sans arrêt, car ils avaient des mines affreuses en revenant et il y eut un froid marqué entre Quen et Denys tout l'hiver suivant. Denys cessa même d'aller au manoir. Puis, un jour de juin, au cours de l'été dernier, je me trouvais au manoir quand Denys se présenta. « Voici un revenant ! » dit Quen. Je vis qu'il était fou de joie. « Je suis seulement venu vous dire que je ne pourrai vous accompagner à Rome le mois prochain, fit Denys. J'ai promis au proviseur d'accompagner une classe en Espagne. » « Quoi ! m'écriai-je. Vous devez être fou ! » Il faut dire que tous les professeurs cherchent à éviter cette corvée. « Vous ne pouvez renoncer à Rome pour cette misérable Costa Brava », lui ai-je dit. « Je vais y aller, déclara-t-il, tout est arrangé. » Il fallait voir la tête du pauvre Quen ! Il tenta de convaincre Denys d'abandonner son projet, mais rien n'y fit. Il se montra inflexible.

— Et cette année, Lionel ?

— Il est marié, maintenant, n'est-ce pas ? Il a rencontré Georgina sur la Costa Brava, mais j'y viendrai plus tard. Non, cette année, les Nightingale sont allés seuls aux Bermudes et, entre nous, je pense qu'ils étaient contents d'être débarrassés de sa face de carême. C'est du moins ce qu'Elizabeth m'a confié, le jour où je suis allé lui servir de témoin pour son testament et...

— Son quoi ? coupa Wexford. Vous avez dit testament ?

10

— Pourquoi ne vous ai-je pas dit que ma femme avait fait un testament ? Franchement, inspecteur, parce que ça m'était sorti de l'esprit.

Tout d'abord, Quentin Nightingale avait paru stupéfait. Mais maintenant, il arborait un petit sourire amer, comme si l'on faisait une montagne d'une taupinière. Après tout, il avait sa propre croix à porter. Pourquoi l'ennuyer avec de telles bêtises ?

— Je n'ai pas songé un seul instant que ce document puisse être légal. À mes yeux, ce n'était qu'une des fantaisies qui passaient parfois par la tête de ma femme, vous savez.

— Non, je ne sais pas, fit Wexford en refusant le siège qui lui était offert. Qui est votre notaire, Mr Nightingale ?

Reculant de quelques pas, il alla s'appuyer contre la bibliothèque.

— Aucun notaire n'a été mêlé à cette affaire. Je vous répète que ce n'était qu'un caprice. D'ailleurs, je ne vois même pas comment vous avez pu en entendre parler.

Il s'interrompit. Aucune réponse ne venant l'éclairer, il reprit avec une note d'impatience dans la voix :

— Mieux vaut que je vous explique.

— C'est aussi mon avis, dit Wexford en appuyant la tête contre les reliures de *La République néerlandaise* de Motley.

— Eh bien, l'été dernier, ma femme et moi avons décidé de passer nos vacances aux Bermudes. Naturellement, il fallait prendre l'avion. Si ma femme avait déjà voyagé de cette manière, il y a sept ans, quand nous sommes allés aux États-Unis, elle n'aimait pas ce mode de transport et préférait le bateau ou la voiture.

— Avait-elle peur de prendre l'avion ?

— Oh ! « peur » est un bien grand mot.

— Si elle a fait un testament avant de partir, c'est parce qu'elle se disait qu'elle pouvait mourir et dans ce cas « peur » n'est pas un grand mot.

— Vous dramatisez, dit Quentin avec exaspération. Elle éprouvait un peu d'anxiété, mais elle était la première à s'en moquer. Ce testament était une sorte de plaisanterie. Je vous ai dit que je ne l'ai jamais pris au sérieux.

Il s'arrêta et parut écouter. Tendant l'oreille, Wexford perçut lui aussi le bruit assourdi de la radio de Katje au-dessus d'eux. Puis le regard de l'inspecteur croisa celui de Nightingale, qui rougit un peu. Il reprit cependant sur un ton impatient :

— Un jour, je la vis donc gribouiller quelques lignes sur une feuille de papier. Je crains de n'avoir même pas jeté un coup d'œil dessus. Je pris ce geste comme une toquade typiquement féminine. Je me souviens que ma mère, à la naissance de ma plus jeune sœur, était allée se faire photographier, afin de laisser un dernier souvenir à mon père au cas où elle mourrait en couches. Elle avait même écrit une lettre à chacun de ses enfants. Mais naturellement, elle n'est pas plus morte qu'Elizabeth.

— La comparaison est malheureuse, Mr Nightingale, fit remarquer Wexford.

Baissant les yeux, Quentin se tordit les mains.

— Oui... quant à ce testament, je doute qu'il ait été contresigné.

— Une personne au moins l'a contresigné : Lionel Marriott.

Quentin leva des yeux surpris.

— Mr Nightingale, je ne peux laisser cette affaire en l'état. Qu'est devenue la feuille de papier sur laquelle votre femme a « gribouillé quelques lignes » ?

— Elle me l'a donnée en me demandant de la mettre dans mon coffre-fort.

— Et l'avez-vous fait ?

— Oui. Elizabeth a insisté pour que je m'exécute en sa présence. Oh ! je jugeais que c'était un peu ridicule, mais je n'ai pas voulu la contrarier.

— Ce papier y est-il toujours ?

— Je le crois, répondit Quentin sur un ton incertain. Je vous répète que j'avais oublié toute cette histoire et j'imagine qu'Elizabeth ne s'en est plus souciée à notre retour.

— Voudriez-vous avoir l'obligeance d'ouvrir ce coffre ? demanda Wexford.

Dévisageant l'inspecteur comme s'il pensait avoir affaire à un fou qu'on ne doit pas contrarier, Quentin décrocha du mur une huile représentant un phaéton tiré par deux chevaux. Derrière, dans une niche, se trouvait une porte en acier. Récitant la combinaison à voix basse, Quentin ouvrit le coffre et révéla un espace large comme une grande boîte de biscuits. Le coffre contenait une liasse de papiers — probablement des actions —, des documents et plusieurs écrins. Quentin fourragea quelques instants, puis, avec une expression amusée, il tendit une longue enveloppe bleue à Wexford.

— C'est là-dedans.

— Puis-je l'ouvrir ?

Le ton de Wexford ne laissait guère de place à un refus. Il décacheta l'enveloppe et en sortit une feuille de papier toilé bleu à en-tête. La feuille était couverte d'une grande écriture un peu masculine. Wexford la retourna et jeta un coup d'œil au verso.

— Ce testament est parfaitement légal. Tout autant que s'il avait été rédigé devant notaire.

— Bon sang ! s'exclama Quentin.

Il se laissa tomber dans un fauteuil, sans même prendre la peine de fermer le coffre.

— Il est contresigné par... voyons : Myrtle Annie Cantrip et Lionel Hepburn Marriott, et dûment signé par votre femme. Vous aurez bien du mal à le contester.

— Je n'ai nullement l'intention de le faire.

— Vous devriez d'abord en prendre connaissance avant de vous engager, Mr Nightingale.

Le visage défait, Quentin ne souriait plus, maintenant.

— Voulez-vous me le lire, inspecteur ?

— Très bien.

Wexford se décida enfin à s'asseoir. S'étant raclé la gorge, il lut d'une voix impassible :

— *Ceci est mon testament. Moi, Elizabeth Fronces Nightingale, née Villiers, saine d'esprit, annule tous les autres testaments que j'ai pu faire et exprime ici mes dernières volontés.*

Apparemment, les connaissances juridiques de Mrs Nightingale se limitaient à ces quelques formules, car elle continuait d'une manière plus naturelle, semée çà et là de termes officiels :

— *Je laisse tout mon argent, y compris les fonds que mon mari a investis pour moi, à Sean Arthur Lovell, 2, Church Cottages, Myfleet, dans le comté du Sussex, dans l'espoir qu'il l'utilisera pour réaliser ses ambitions.*

— Mon Dieu ! s'exclama Quentin.

— *Et tous les bijoux que je possède à ma belle-sœur Georgina Villiers, 55, Kingsmarkham Road...*

Là, Wexford s'interrompit en fronçant les sourcils avant d'achever :

— *... afin qu'elle puisse assouvir son amour de la parure, bien qu'elle sache que la vertu a plus de prix qu'un rubis.*

— Elizabeth a écrit cela ? demanda Quentin d'une voix blanche.

— Oui.

Tous deux étaient surpris, mais sans doute pour des raisons différentes. Wexford s'étonnait qu'une femme qualifiée d'écervelée par son frère ait eu l'esprit de rédiger un tel document et de lui donner un ton aussi malveillant. La surprise de Quentin devait porter, elle, sur la malveillance seule. Il était devenu pâle.

— Est-ce tout ? demanda-t-il.

— C'est tout. Combien d'argent votre femme laisse-t-elle ?

— Oh ! presque rien. (Quentin se força à rire.) En fait, son compte était à découvert. Par ailleurs, j'ai investi trois cents livres à son nom il y a quelques années.

— Hum... je suis certain que vous ne priverez pas Lovell de ce don. Quelque chose vous trouble ?

— Non, je...

— Mrs Villiers est une femme qui paraît aimer les bijoux comme Mrs Nightingale le... souligne, fit Wexford, pensif. Espérons qu'il y a quelques jolies pièces pour elle.

Quentin sauta sur ses pieds :

— Quelques jolies pièces ? Les bijoux de ma femme sont dans ces écrins. Ils valent environ trente mille livres.

Wexford avait eu l'occasion de voir trop de pierres précieuses au cours de sa carrière pour être ébloui par cette petite mais fort brillante collection. De toute manière, il n'était pas homme à manifester ses sentiments et son visage resta impassible tandis que Quentin Nightingale ouvrait les boîtes. L'une était en cuir blanc, la seconde en maroquin vert et la troisième en teck incrusté d'onyx. Quentin les avait placées sur son bureau et en tira de petits écrins pour les bagues et pendants d'oreilles, et d'autres plus longs pour les bracelets et colliers.

Saisissant un diamant serti dans un anneau de platine, il le plaça au creux de sa main en murmurant :

— C'était sa bague de fiançailles. Elle la portait parfois à ma demande. (Il regarda Wexford.) Peut-être pourrais-je la racheter à Georgina ?

— Votre femme aimait-elle votre belle-sœur ?

— Je l'ignore, dit Quentin en reposant la bague dans son lit de velours rouge. Je ne me suis guère posé la question. Dans le fond, c'est possible. Pourtant si elle lui avait porté de l'affection, jamais elle n'aurait laissé un message aussi cruel. Je ne comprends pas.

— Nous savons que Mrs Nightingale s'entendait fort mal avec son frère. Cette mésentente s'étendait peut-être à sa femme.

Quentin referma l'écrin.

— L'idée que ma femme et son frère étaient à couteaux tirés semble s'être répandue.

Wexford haussa les sourcils :

— Ce n'était pas vrai ?

— Cela va vous sembler étrange, mais je l'ignore. Denys ne s'est jamais plaint auprès de moi. Quant à Elizabeth... En fait, elle n'a jamais cherché à l'empêcher de venir à la maison, bien qu'il lui arrivât de lâcher des réflexions désobligeantes à son sujet quand nous étions seuls. Et cependant, j'ai parfois surpris les regards pleins de compassion qu'elle lui adressait. Non, vraiment, je n'ai jamais remarqué de véritables signes d'animosité.

— Peut-être aussi n'êtes-vous pas homme à approfondir les motivations ou les émotions d'autrui.

— Sans doute, dit Quentin avec tristesse. Autrement, je me serais rendu compte qu'Elizabeth ne prenait aucun plaisir à la compagnie de Georgina et qu'elle se rendait en secret dans la forêt. Peut-être Elizabeth et Denys nourrissaient-ils une véritable aversion l'un pour l'autre et je n'ai pas su le voir. Ou peut-être ne l'ai-je pas voulu. Lorsqu'on aime les gens, on désire qu'ils s'aiment eux aussi et on arrive à se convaincre que tel est le cas. Il me déplaît de savoir que le village jasait à leur propos.

Il y eut un court silence que Wexford rompit :

— Pour en revenir à ce testament, vous ne vous doutiez pas davantage de l'affection que votre femme portait à Sean Lovell.

— Je savais qu'elle éprouvait pour lui un sentiment maternel. Nous n'avons pas d'enfant. Elle m'avait demandé d'intervenir pour lui auprès de l'un de mes amis à la B.B.C. et je n'en avais pas très envie, mais je le ferai, maintenant. C'est la dernière chose que je puisse tenter pour elle.

— Pardonnez-moi, mais n'avez-vous jamais soupçonné que cet intérêt pût être... plus que maternel ?

Quentin fit la grimace et secoua violemment la tête.

— Oh non ! Ce n'est pas possible... mais si c'était le cas, je n'aurais pas le droit de m'ériger en juge, puisque Katje et moi... Inspecteur, je ne comprends pas les implications que tout ceci peut avoir. Non, vraiment, je ne comprends pas.

— Moi non plus, dit Wexford avec gravité.

Pendant ce temps, Burden ne chômait pas.

Sortant de la Vieille Maison, il déboucha dans la cour. Mrs Cantrip arrivait du jardin potager, un bouquet de persil à la main.

— Oh ! vous m'avez fait peur, monsieur. Je ne vous avais pas entendu. Aimeriez-vous prendre une tasse de thé ?

Il consulta sa montre. Elle marquait 5 heures et demie.

— Il est un peu tard. À quelle heure partez-vous ?

— En principe à 4 heures, mais ces jours-ci, nous ne savons plus où nous en sommes et il m'arrive de rester jusqu'à 6 ou même 7 heures. Venez, monsieur, une tasse de thé vous fera du bien et Will veut vous parler.

— À quel sujet? demanda Burden en la suivant dans la maison.

— Je ne saurais le dire, monsieur. Il en a fait tout un mystère.

Les coudes posés sur la toile cirée, Will Palmer prenait son thé en compagnie de l'homme que Burden avait vu discuter avec Mrs Lovell. À l'extrémité de la table s'entassaient deux lapins, quatre perdrix et un panier d'œufs.

Dès qu'il vit Burden, Palmer se leva.

— J'ai quelque chose à vous montrer, monsieur.

— Eh bien?

Burden prit la tasse de faïence brune que lui tendait Mrs Cantrip et s'éloigna autant que possible du gibier.

— Voilà!

Triomphant, Palmer brandit un sac en plastique fermé par un fil de fer. Burden l'ouvrit et en sortit un morceau de tissu un peu humide: il s'agissait d'un foulard de soie. Le dessin très « art nouveau » représentait des feuilles d'or stylisées sur fond de primevères. Au centre du foulard s'étalait une large tache brune. Burden fronça les sourcils:

— Où l'avez-vous trouvé?

— Dans le trou d'un chêne de Cleever's Vale.

— Et où est Cleever's Vale?

Le visage de Palmer refléta sa stupéfaction. Il lui semblait inconcevable que quiconque, spécialement un policier, fût à ce point ignorant de la topographie de Myfleet.

— C'est une partie du domaine, monsieur, intervint Mrs Cantrip. Vous y passez quand vous venez de Kingsmarkham.

— J'étais en train de débarrasser l'arbre des champignons qui l'avaient envahi, quand j'ai vu ce trou. Sans doute un trou fait par un hibou...

— Par un écureuil, coupa le chasseur en s'essuyant la bouche.

— Ou par un écureuil, comme j'allais le dire, Alf, grogna Palmer. En tout cas, il était trop grand pour avoir été fait par un pivert.

— Épargnez-moi ces considérations d'histoire naturelle.

— Très bien, patron, inutile de vous impatienter.

Au même instant, la porte donnant sur le jardin s'ouvrit et Sean entra prendre place à la table. Palmer, ravi de voir son auditoire s'élargir, se rengorgea.

— Ce trou devait être à environ un mètre quatre-vingts du sol, continua-t-il, à peu près au niveau du sommet de mon crâne.

— Mon œil ! fit le chasseur.

Palmer le regarda, mais en conclut apparemment que l'interruption se rapportait toujours à la cause du trou et non à sa hauteur.

— Il y avait des champignons tout autour du trou. De l'espèce que nous appelons « champignon-huître », en raison de la forme de son chapeau. Nous disons même « l'huître du pauvre », car c'est une espèce comestible et c'est très bon frit.

— À la vapeur.

— Ou à la vapeur, convint Palmer. Bref, j'ai mis la main dans le trou et voilà ce que j'en ai retiré.

— Le sac y était-il aussi ?

— Il n'y avait pas de sac, patron, c'était juste roulé en boule dans le trou.

— Aviez-vous déjà vu ce foulard ?

— Bien sûr, fit Mrs Cantrip. Il appartenait à la pauvre Mrs Nightingale. Elle avait l'habitude de le porter noué sur la tête quand elle allait se promener.

Elle se pencha sur le morceau d'étoffe et tressaillit.

— Pensez-vous que ce puisse être son sang, monsieur ?

— Je le crains.

Sean Lovell sauta sur ses pieds.

— Je vais être malade ! s'écria-t-il.

Courant ouvrir la porte du jardin Mrs Cantrip s'exclama :

— Non ! Pas dans ma cuisine.

Avec l'impassibilité des paysans, le vieux jardinier et le pourvoyeur de gibier regardèrent Sean sortir en titubant, puis écoutèrent avec intérêt les bruits de régurgitation. En dépit de son vocabulaire monosyllabique, Alf prononça ce qui constituait pour lui un long discours :

— Ces jeunes n'ont pas d'estomac. Et ça veut être chanteur par-dessus le marché. Débile mental, voilà ce qu'il est !

Mrs Cantrip prit sa tasse et la rangea dans le lave-vaisselle. Voyant que le chasseur ne paraissait pas disposé à bouger, elle lança :

— Bon, eh bien, bonsoir, Alf. Nous n'aurons pas besoin d'œufs avant lundi.

Ayant quitté le manoir respectivement par la porte de devant et par la porte de service, Wexford et Burden se rencontrèrent dans la grande rue du village. Ils échangeaient les nouvelles et étaient sur le point de s'embarquer dans une de leurs discussions orageuses mais fructueuses, quand Mrs Cantrip arriva en courant derrière eux.

— Je suis heureuse de vous avoir rejoint, monsieur, fit-elle en s'adressant à Burden. Je voulais m'excuser pour la façon dont ces deux-là, le vieux Will et Alf, se sont conduits. Will bavarde toujours à tort et à travers. Quant à Alf Tawney... il a de mauvaises manières depuis qu'il est né. Est-ce que je vous dérangerais en faisant un bout de chemin avec vous ?

— Pas du tout, Mrs Cantrip, dit Wexford avec beaucoup de bonne grâce.

Il s'arrêta près de sa voiture et demanda à Bryant de la ramener au poste. Il rentrerait à pied.

— Qui est Alf Tawney ?

— C'est juste quelqu'un qui nous apporte des légumes, des volailles et des œufs, monsieur. Il vit dans une roulotte, sur un terrain qui lui appartient, à Clusterwell.

Le visage de Mrs Cantrip se ferma, comme parfois celui de Burden lorsqu'il abordait un sujet qu'il aurait qualifié de « suggestif ».

— Alf ne saurait vous intéresser, fit-elle d'un air pincé.

— Qui sait ? rétorqua Wexford. Quiconque est lié de près ou de loin à Mrs Nightingale nous intéresse, même s'il ne s'agit que d'un homme qui lui livrait ses légumes.

— Mrs Nightingale n'a jamais été liée à lui, protesta Mrs Cantrip d'un ton choqué. Si elle en a jamais entendu parler, c'est seulement par l'intermédiaire de Sean. (Elle soupira comme si elle venait de prendre une décision pénible.) Eh bien, autant que vous le sachiez, puisque c'est le scandale du village : Alf entretient des relations avec la mère de Sean.

— Ah oui ? fit Wexford.

— Mais personne ne rejette la faute sur lui. Après tout, il est resté veuf avec un fils de douze ans et il n'a personne pour s'occuper de lui et préparer ses repas. C'est elle qu'il faut blâmer car, comme il est dit dans la Bible, « la femme est une tentation pour l'homme », et c'est bien vrai.

— Très juste, approuva Wexford avec sentiment.

— Cependant, sans vouloir défendre Sean, tout le monde

reconnaît que Mrs Lovell l'a toujours négligé de façon honteuse. On peut vraiment dire qu'il n'a pas eu de mère.

— Et Mrs Nightingale, elle n'a pas eu de fils.

Une fois de plus, le visage de Mrs Cantrip se ferma.

— Sean n'aurait jamais osé lever les yeux sur Madame de cette façon-là, dit-elle. Il y a des limites. De plus... Eh bien, Mrs Nightingale semblait si jeune, elle était si jolie... Elle n'aimait pas parler de son âge. J'avais le cœur serré parfois, en voyant à quel point elle aurait voulu que Sean et Catcher croient qu'elle avait le même âge qu'eux. Et quand Sean disait — ce n'était guère respectueux, monsieur, mais Sean ne sait pas se tenir à sa place — quand il disait qu'elle n'était pas bégueule, et qu'aucune autre dame à des kilomètres à la ronde n'était aussi agréable à regarder, elle paraissait heureuse et flattée.

— Sean est lui-même fort joli garçon, remarqua Wexford.

— Ce n'est pas mon avis, monsieur, mais chacun ses goûts. Bon, je suis arrivée chez moi, aussi je vais vous dire au revoir. J'espère que vous n'avez pas été choqué par la façon dont Will et Alf se sont conduits, monsieur.

— Nullement, dit Burden.

Ils la regardèrent entrer dans un cottage repeint de frais et entouré d'un jardinet que Burden avait admiré un peu plus tôt. Avant de refermer la porte, elle se baissa pour prendre dans ses bras un gros chat roux qui était venu au-devant d'elle.

— Le pauvre garçon négligé par sa mère hérite de trois cents livres, selon les dernières volontés de Mrs Nightingale, remarqua pensivement Wexford. Je me demande s'il le savait et s'il pensait que cela valait la peine de la tuer. Mais nous examinerons cette question plus tard. Pour le moment, nous allons rendre visite à la principale bénéficiaire.

— Qui donc ? demanda Burden avec surprise.

— Je vous l'expliquerai en chemin, fit Wexford avec un large sourire.

Comment allait-elle prendre la nouvelle ? se demanda Wexford. Se montrerait-elle agréablement surprise ou bien inquiète des conséquences qui pouvaient en découler ? Était-il possible qu'elle ait ignoré le contenu et même l'existence de ce testament ?

Il ne s'embarrassa pas de ronds de jambes et annonça platement que Mrs Nightingale avait testé en sa faveur. La réaction de Mrs Villiers fut décevante. Elle haussa les épaules :

— C'est une surprise. Je n'en avais aucune idée.

Une fois de plus, elle avait mis le collier, les bracelets et les affreuses boucles d'oreilles qui lui étaient aussi indispensables que le maquillage ou les bas à une autre. Rien ne passa sur son visage pour montrer qu'elle était heureuse de remplacer ces bijoux de pacotille par de véritables joyaux. Son expression resta apathique et indifférente, presque endormie, comme si elle venait de traverser une épreuve si pénible que tous ses sentiments en étaient annihilés.

— Saviez-vous qu'elle avait rédigé un testament et qu'elle vous laissait quelque chose ?

— La réponse est non aux deux questions.

Georgina se percha sur le bras d'un fauteuil. Elle portait un chemisier sans manches et Wexford remarqua à quel point ses bras et ses épaules étaient musclés. Une seule fois, il avait vu de tels biceps chez une femme et il s'agissait d'une lutteuse.

— Vous héritez de tous les bijoux de Mrs Nightingale, précisa-t-il.

— Je vois. Quand vous avez dit qu'Elizabeth avait pris des dispositions en ma faveur, j'ai pensé que c'était quelque chose comme ça. Elizabeth n'avait pas de fortune personnelle et elle dépensait sans compter. Elle était d'une terrible extravagance.

— Mrs Villiers, vous rendez-vous compte des conclusions que nous pourrions en tirer quant aux circonstances de la mort de votre belle-sœur ?

— Je crains de ne pas très bien vous comprendre.

— Laissez-moi vous expliquer.

Wexford s'interrompit en voyant la porte s'ouvrir. Denys Villiers entra. Il tenait à la main son livre récemment publié.

— Oh, te voilà, Denys, dit sa femme d'une voix atone. C'est curieux, Elizabeth a fait un testament et me laisse ses bijoux.

Villiers plaça son pouce entre les pages du livre et regarda avec un sourire amer les visages sévères des deux policiers. Puis, sans que rien l'eût laissé prévoir, il éclata d'un rire hystérique.

11

La réaction de son mari produisit davantage d'effet sur Georgina que les nouvelles de Wexford. Quelque chose devait sommeiller sous son voile d'apathie, car un éclair de peur passa dans son regard et ses lèvres se mirent à trembler.

— Assez, Denys ! Arrête, dit-elle en le prenant par le bras.

— Pouvons-nous partager la plaisanterie, monsieur? demanda Wexford sur un ton impassible.

Villiers s'arrêta net, comme le font les gens qui s'amusent non d'une bonne blague mais de l'ironie grinçante d'une situation. Il haussa les épaules et, le visage vidé de toute expression, baissa le nez dans son livre.

— Mrs Villiers, reprit Wexford, je veux vous parler des événements de mardi soir.

Elle répondit d'une voix qu'elle avait du mal à contrôler :

— Mais pourquoi? Je croyais que c'était terminé. J'avais même cessé d'y penser et voilà que... Oh ! que vais-je faire?

Elle les fixa d'un air égaré, puis sortit de la pièce en courant.

Villiers eut un petit sourire se rapportant, apparemment, à un passage de son livre. Bien que conscient de l'immense vanité des écrivains, Wexford avait néanmoins du mal à comprendre qu'on puisse s'amuser d'une phrase qu'on avait soi-même écrite.

— J'ai l'impression que je devrais vraiment lire votre livre.

Villiers leva les yeux et, marquant la page de son doigt, prit un exemplaire de *Wordsworth et l'Amour* sur une pile près de la fenêtre.

— Je vous l'offre, s'il vous intéresse.

Ses yeux gris rencontrèrent ceux de Wexford et soutinrent son regard.

— Je vous remercie. Il m'intéresse. Je suis toujours prêt à être éclairé. Et tout d'abord, j'aimerais savoir pour quelle raison vous êtes devenu une autorité sur Wordsworth.

— Question de goût, Mr Wexford.

— Mais pourquoi ce goût s'est-il développé?

Villiers haussa les épaules avec impatience

— Bon, eh bien, vous nous avez annoncé la nouvelle et nous

avons eu notre petite discussion littéraire. Y a-t-il autre chose ?

— Très certainement. J'enquête sur un meurtre, Mr Villiers.

— Pas avec grand succès, semble-t-il, si je puis me permettre.

Villiers s'assit à califourchon sur une chaise, les coudes posés sur le dossier. Plus que jamais Wexford eut l'impression, en scrutant son visage, qu'il était gravement malade, voire même mourant.

— Et à quoi bon, de toute façon ? reprit Villiers. Elizabeth ne peut être ramenée à la vie. Si vous trouvez celui qui l'a tuée, il sera envoyé en prison pour vingt ans, mais qui en tirera bénéfice ? Qui en sera plus heureux ?

— Peut-être êtes-vous en faveur de la peine capitale ? Je suis surpris que votre première femme ne vous ait pas converti à ses vues.

— La peine capitale ? Non, je ne suis pas en sa faveur. À vrai dire, je ne m'en soucie guère. Je ne me soucie pas davantage que les gens moisissent en prison, bien qu'il me déplaise de payer des impôts pour cela.

— Il me semble que vous ne vous souciez pas de grand-chose.

— C'est exact. L'actualité ne m'intéresse pas, ni l'opinion publique. Je n'aime pas les gens et les gens ne m'aiment pas. La plupart sont des imbéciles. Le progrès m'ennuie, ainsi que le bruit. (Il fit une pause et ajouta avec calme :) Je veux être laissé en paix dans le passé.

— Alors, discutons du passé, dit Wexford. Du passé récent, de la soirée de mardi dernier, par exemple.

Assise au salon en face de Burden, Georgina, rongée d'inquiétude, lança :

— La dernière fois que vous êtes venu ici, je vous ai parlé de la soirée de mardi. Si vous avez mauvaise mémoire, il fallait prendre des notes.

— Ne vous occupez pas de ma mémoire, Mrs Villiers. Répétez-moi seulement ce que vous m'avez dit. Vous avez quitté le manoir à 10 heures et demie, dans la voiture de votre mari. Qui conduisait ?

— Mon mari. C'est toujours lui qui conduit quand nous

sommes ensemble. Je pense que c'est à l'homme de conduire. Pas vous ? L'homme doit être l'élément dominant du couple, afin que sa femme puisse l'admirer. (D'une voix pleine de défi, elle ajouta :) Nous formons un couple heureux, mon mari et moi.

— Je vous en félicite, fit Burden. À quelle heure êtes-vous arrivés à la maison ?

— Je vous l'ai dit : vers 11 heures moins 20. Nous sommes allés directement nous mettre au lit. C'est tout.

— Non, ce n'est pas tout. Personne ne rentre chez soi pour se mettre directement au lit. Il a fallu garer la voiture, fermer les portes...

— Oh ! si c'est ce que vous désirez savoir, mon mari a laissé la voiture dans l'allée. La mienne était dans le garage.

— Êtes-vous entrés dans la maison ensemble ?

— Bien sûr.

— Côte à côte, en passant le seuil en même temps ?

— Ne soyez pas ridicule. Je suis entrée la première. Mon mari m'a suivie. Il a fermé la voiture à clef parce qu'il la laissait à l'extérieur. Il le fait souvent.

— Sage décision. Puisque vous êtes, à l'évidence, très prudente, vous n'avez pas dû sortir les bouteilles de lait avant d'aller au manoir. Qui s'en est chargé, à votre retour ? Qui a vérifié si les fenêtres et la porte de service étaient verrouillées ?

Elle hésita et le regarda d'un air méfiant, tripotant son collier avec nervosité :

— Mon mari, comme toujours. Je me suis couchée la première.

— Combien de temps vous a-t-il fallu pour vous mettre au lit, Mrs Villiers ? Un quart d'heure ? Vous ne vous êtes pas couchée sans faire votre toilette et sans retirer vos vêtements.

— Bien sûr que non ! J'ai allumé la lumière de la chambre et je me suis déshabillée. Ensuite, je suis passée dans la salle de bains, puis je me suis couchée. Mon mari est venu me rejoindre. Il lit toujours une demi-heure avant de s'endormir.

— Vous avez un grand lit ?

— Non, des lits jumeaux, mais n'en tirez aucune conclusion. Nous sommes un couple très uni.

— Oui, vous me l'avez déjà dit. Et maintenant, rappelez-moi à quelle heure vous êtes allés au manoir.

— Nous sommes arrivés là-bas vers 8 heures et demie.

— Je sais que vous y allez souvent pour jouer au bridge. Combien de temps y restez-vous d'ordinaire ?

— Pendant les vacances, nous nous attardons parfois jusqu'à minuit.

— Mardi était encore un jour de vacances, n'est-ce pas ? Pourquoi êtes-vous partis si tôt ?

— Mon mari, dit Georgina en mettant un orgueil inconscient à prononcer le mot, mon mari devait faire quelques recherches à l'école et...

Elle porta ses mains à sa bouche, mais trop tard. Paniquée, elle se hâta d'ajouter :

— Mais quand nous sommes arrivés à la maison, il a changé d'idée. Oh ! Pourquoi ne pouvez-vous nous laisser en paix ? Nous serions tellement heureux, si on nous laissait en paix !

Burden la fixa sans ciller. Elle se mit à pleurer.

— J'ai garé la voiture dans l'allée, dit Villiers à Wexford. Non, je n'ai vérifié ni les fenêtres ni la porte de service. C'est le domaine de ma femme. Je suis allé directement me mettre au lit et je me suis endormi aussitôt.

Burden entra.

— Puis-je me permettre ?

— Allez-y, fit Wexford.

— C'est à propos de ces recherches que vous deviez faire à la bibliothèque de l'école, Mr Villiers. Ces recherches si importantes que vous avez dû quitter le manoir à 10 heures et demie.

Villiers alluma une cigarette.

— Ne vous arrive-t-il jamais de chercher un prétexte pour vous esquiver, inspecteur ? répondit-il, imperturbable. N'avez-vous jamais prétendu que vous attendiez un coup de téléphone ou que vous deviez retourner auprès de votre fils ?

Burden le foudroya du regard, furieux que John soit mentionné dans cet interrogatoire. Jusqu'ici, Villiers l'avait ostensiblement ignoré en tant que personne privée ; maintenant que cela l'arrangeait, il choisissait de le reconnaître comme parent d'un de ses élèves.

— Ainsi donc, c'était un mensonge.

— Il m'arrive de mentir, dit Villiers en tirant sur sa cigarette. Je me flatte même d'être assez doué.

— Étrange pour un homme qui se targue de mépriser l'opinion des autres ! remarqua Wexford d'un ton sec.

Et soudain, deux vers lui revinrent en mémoire. Il les cita, non seulement parce qu'ils lui semblaient opportuns, mais parce qu'il sentit un irrésistible besoin de montrer à Villiers qu'un policier n'est pas forcément ignare, comme il semblait le croire.

Il s'élevait bien plus haut et sombrait bien plus bas
Que les hommes avec qui il était condamné à respirer.

L'effet fut étonnant. Pas du tout celui auquel Wexford s'était attendu. Villiers ne broncha pas, mais devint d'une pâleur mortelle. Avec une immobilité de statue, il semblait attendre un geste décisif, crucial. Peut-être parce que les deux policiers restaient muets de stupéfaction, il éclata de rire.

Burden vit rouge.

— Que voulez-vous, Mr Villiers ? cria-t-il. Qu'essayez-vous de prouver ? Pourquoi voulez-vous vous placer bien plus haut que les autres ?

— Ou bien plus bas, Mr Burden.

Villiers n'avait pas quitté Wexford des yeux et son regard était devenu opaque. Il répéta :

— Ou bien plus bas, souvenez-vous. (Il se leva et tournant le dos, lança :) Quant à ce que je veux, c'est fort simple. Je veux mourir.

— Mais quelle mouche l'a donc piqué quand j'ai cité ces vers ? dit Wexford, tandis qu'ils regagnaient leur voiture.

— Je n'en ai pas la moindre idée. De qui sont-ils ? De Wordsworth ?

— Je ne le pense pas. Je ne me souviens pas de l'auteur. Les vers me sont simplement revenus en mémoire.

Burden hocha la tête. Il avait l'habitude des citations de son supérieur et assimilait cette manie à du pédantisme.

— Et pourtant, j'aimerais bien le savoir, reprit Wexford. Ce serait un rude travail de les retrouver, notre vieille Angleterre étant une pépinière de poètes.

— Nous avons mieux à faire pour l'instant, dit Burden avec impatience. Il faudrait dénicher un témoin pour confirmer qu'il n'est pas ressorti, après être rentré chez lui.

— Ou qu'elle n'est pas ressortie.

— Dommage que cette maison soit si isolée.

— L'idéal serait de trouver quelqu'un qui soit passé devant en voiture. Cela peut attendre demain matin. Faites expédier ce foulard au laboratoire. Ensuite, retournez à votre peinture. Le travail manuel stimule l'esprit, Mike, et vous pourrez réfléchir tout en maniant le pinceau.

Avec un soupir de soulagement, Burden se dirigea vers la voiture.

— Sur lequel des deux miseriez-vous ?

— Vous allez dire que je saute aux conclusions, mais je suis à peu près certain qu'elle est coupable. Jeune, robuste, elle est capable de tuer une femme à coups de torche. Et c'est elle, non son mari qui hérite. De plus, elle était au manoir quand la torche a été remise en place et elle connaît la topographie des lieux. Si elle avait du sang sur ses vêtements — sur son gilet de laine, par exemple — elle a pu les jeter dans le feu allumé par le jardinier.

— Cela implique la préméditation, dit Burden. Il faudrait qu'elle ait choisi de se servir d'une torche comme arme.

— Réfléchissez à la question. Essayez de voir ce que vous pouvez en conclure. Je vais aller chercher Lionel Marriott et l'emmener à l'*Olive* boire un verre.

12

À l'*Olive and Dove*, le bar était presque désert, car à cette heure la plupart des clients l'avaient quitté pour la salle de restaurant.

Wexford entraîna Marriott dans un coin retiré et plaça un whisky devant lui. Le bar donnait dans le restaurant par une double porte vitrée, mais Wexford s'était assuré que les tables étaient hors du champ de vision de Marriott. Il ne voulait pas que la conversation soit interrompue à chaque instant et que Marriott ait la tentation de saluer des amis ou d'adresser des sourires complices à de jolies femmes.

— Et maintenant, dit-il, parlez-moi de ces vacances sur la Costa Brava.

— Des vacances ! s'exclama Marriott avec une moue

dédaigneuse. Vraiment, je préférerais passer quinze jours au bagne. Ces démons sont déjà difficiles à maîtriser lorsqu'on doit les accompagner en autocar à Londres, mais dès qu'ils sont au pays du soleil, ils deviennent intenables et regardent les petites brunes avec des mines de satyres. Quant aux règlements sur le change, chacun rivalise d'imagination pour les enfreindre. En fait, tous sont des fraudeurs accomplis dès qu'ils ont quitté le sol de la mère patrie.

— Très bien, très bien, dit Wexford en riant, mais parlez-moi plutôt de Villiers.

— Je ne sais pas comment il a trouvé le temps de faire le joli cœur. Ses tâches de nounou sèche, d'auxiliaire des douanes et de chaperon ne devaient guère lui laisser de répit. Quoi qu'il en soit, il a rencontré Georgina.

— Passait-elle également ses vacances là-bas ?

— Disons qu'elle était, elle aussi, de corvée, rectifia Marriott.

Il salua avec enthousiasme une aguichante brune qui ondulait dans un fourreau de satin ; la regardant disparaître à regret vers la salle à manger, il reprit :

— Georgina était là avec son école. Elle avait en charge une bande d'adolescentes nymphomanes, d'après ce que l'on m'a raconté. Denys et elle se sont rencontrés en faisant la tournée des bars louches pour récupérer leurs brebis égarées.

— Ce ne devait pas être aussi terrible que cela, Lionel !

— J'exagère un peu, reconnut Marriott. Je ne tiens pas ces renseignements de Villiers. Il n'a même pas pris la peine de m'envoyer une carte postale. Non, j'ai entendu parler de cette idylle pour la première fois la veille de son retour. Elizabeth et Quen étaient passés me voir. « Nous avons une bonne nouvelle, m'a dit Quen, Denys a rencontré une jeune femme et ils se sont mariés. » « Ils vont vite en besogne », ai-je dit et, naturellement, j'ai dû ajouter que j'étais très heureux, tout en pensant, à part moi, que la pauvre fille devait être folle. Laissez-moi vous offrir un autre verre, Reg.

— Ce soir, vous êtes mon invité, dit Wexford d'un ton ferme.

S'il laissait Marriott se promener dans le bar, il serait accaparé par des amis. Il se leva et commanda deux autres whiskies.

En attendant d'être servi, il observa les garçons du

restaurant. Lequel d'entre eux était le rival de Quentin Nightingale ? Le grand boutonneux ou le maigrichon aux cheveux bruns gommés ?

— Ils se sont mariés chez Georgina, dans le Dorset, poursuivit Marriott. Quen a assisté à la cérémonie, mais Elizabeth n'a pu s'y rendre. Elle souffrait d'une migraine, la pauvre. Naturellement, même Denys ne pouvait ramener la jeune épousée dans un logement empestant la viande avariée. Aussi Elizabeth les invita-t-elle au manoir, pendant qu'ils cherchaient une maison. Les Nightingale donnèrent un dîner en l'honneur de la mariée. Tous les notables du comté étaient présents : Priscilla et sir George, les Rogers de Pomfret, les Primera de Forby et bien entendu votre humble serviteur.

Avec un air qui était tout sauf humble, Marriott ajouta en prenant des intonations dramatiques :

— Georgina fut la dernière à se présenter. Ha, ha ! pensai-je, elle veut faire une entrée fracassante, la petite futée. Aucun de nous ne l'avait encore vue, aussi retenions-nous notre souffle en l'attendant. Toutes les femmes étaient sur leur trente et un ; Elizabeth resplendissait dans une robe de satin blanc. Croyez-le ou non, mais Denys lui-même la regardait avec admiration.

» Comme nous ne pouvions contenir davantage notre impatience, Georgina est enfin arrivée avec son collier de chez Prisunic et une robe-sac — c'était alors à la mode — qui avait manifestement trop subi de lavages en machine. Si vous aviez vu la tête des autres femmes, mon cher ! Mais Georgina n'était nullement gênée. En fait, elle a accaparé la conversation, ne nous épargnant rien de ses petits projets domestiques. C'est ainsi que nous avons appris qu'elle allait offrir à Denys un véritable foyer et six enfants. Et possessive avec ça ! Elle a reproché à Elizabeth de ne pas l'avoir placée à côté de lui à table. Mais Elizabeth ne s'est départie ni de son calme ni de sa gentillesse ; elle l'a même complimentée sur sa toilette. Je l'ai rarement vue aussi belle, aussi pétillante de gaieté. Elle ne paraissait pas plus de vingt-cinq ans.

— Georgina ne s'est pas montrée jalouse ? demanda Wexford.

— Oh ! si dénigrer tout autour de soi à coups de lieux communs puisés dans l'immortelle sagesse des petits-bourgeois est synonyme de jalousie, alors oui, elle était folle de jalousie.

Naturellement, je l'ai vue des douzaines de fois depuis lors et tout ce qu'elle sait dire c'est combien son mariage avec Denys est une réussite.

— Et c'est vrai ?

— Il représente son idéal, dit Marriott, bien que nous n'ayons encore aucun signe des six enfants prévus. Quant à lui, je pense que ce second mariage l'ennuie tout autant que le premier, mais Denys ne s'intéresse qu'à une seule chose : son travail. Une fois que Georgina et lui ont été installés dans leur pavillon, il s'est empressé de retourner au manoir comme au bon vieux temps.

— Vous avez dû vous empresser d'y retourner vous aussi, pour le savoir, remarqua Wexford.

Pendant un instant, Marriott eut l'air penaud, puis il sauta sur ses pieds.

— Excusez-moi une seconde, Reg, je vais faire un tour dans la salle à manger, j'ai un mot à dire à...

— Je vous excuse définitivement pour ce soir, fit Wexford en riant.

— Vous pensez qu'elle portait ce foulard sur la tête au moment de l'agression ? demanda le Dr Crocker le lendemain matin. Eh bien, pas du tout. Il aurait été trempé de sang, dans ce cas.

— Peut-être l'avait-elle autour du cou ou le tenait-elle à la main ?

Le médecin eut un petit rire ironique :

— Et après sa mort, elle l'a pris pour s'essuyer la tête ? Car c'est à cela qu'il paraît avoir servi : à essuyer des traces de sang.

Wexford plia le rapport et le posa sur son buvard.

— Vous dites que vous avez été appelé pour un accouchement, mardi dans la nuit. Votre itinéraire vous aurait-il conduit sur la route de Clusterwell ?

— Oui. Pourquoi ?

— Connaissez-vous le pavillon des Villiers ?

— Naturellement. Je suis passé devant vers 11 heures.

— Avez-vous remarqué de la lumière aux fenêtres ? Les voitures étaient-elles garées dans l'allée ?

Le médecin haussa les épaules :

— Je n'ai pas regardé. Je pensais à ma parturiente et à la

possibilité que l'enfant se présente par le siège. Bien sûr, si j'avais su...

— C'est ce qu'ils disent tous, grogna Wexford. Ah ! voilà Mike.

Burden entra, l'air fatigué.

— Nous avons fait du porte à porte dans Myfleet, dit-il. Apparemment, personne ne sort jamais se promener le soir. À partir de 9 heures, il n'y a plus un chat dehors et ceux qui ne sont pas au lit sont au pub. Personne n'est passé devant le pavillon sauf Katje Doorn. Je l'ai interrogée à nouveau, mais elle s'est contentée de minauder et de me parler d'un film suédois dégoûtant. Cependant, j'ai vu à son expression qu'elle ne voulait pas discuter de sa promenade.

Wexford eut une petite toux embarrassée.

— Sottises, je vous ai dit qu'elle n'avait rien à voir avec la mort de Mrs Nightingale.

— Peut-être, mais il est quand même curieux qu'elle disserte abondamment sur ses relations avec Nightingale et avec ce serveur, mais se ferme comme une huître quand j'essaie de lui faire raconter son retour au manoir. Autre chose, la Mini des Nightingale était devant le garage et Lovell la briquait en essayant de son mieux d'effacer une éraflure sur le pare-chocs avant.

— Et alors ? Nous ne recherchons pas une voiture qui aurait eu un accident, mais un témoin qui soit passé devant le pavillon des Villiers.

— J'aime que tous les points soient éclaircis, rétorqua Burden. Quoi qu'il en soit, j'ai contrôlé et aucun accident n'a été signalé dans la nuit de mardi.

— Alors, n'en parlons plus, voulez-vous ? dit Wexford avec agacement. (Il fourragea un moment dans ses papiers avant de reprendre :) Expédiez Martin à Clusterwell et voyez si quelqu'un sort régulièrement promener son chien le soir. Je ferais bien d'aller y faire un tour, moi aussi, ajouta-t-il. Il n'est pas possible que personne n'ait emprunté cette route.

À Clusterwell, les cottages étaient disséminés le long de chemins vicinaux disposés en toile d'araignée. Le sergent Martin prit le corps de l'araignée et Wexford les pattes. Se rappelant la routine laborieuse de sa jeunesse, il frappa à chaque porte. Mais les habitants de Clusterwell tiraient vanité de leur respectabilité. Comme ceux de Myfleet, ils restaient chez eux le soir, claquemurés derrière des portes closes et des rideaux tirés. Et à en juger par le nombre de corniauds errants que Wexford rencontra sur la route, les chiens se promenaient seuls. Un gros dogue noir patrouillant dans ce qui semblait être une zone de lotissement grogna quand il passa devant la haie. Wexford jugea prudent de ne pas s'approcher de la caravane cachée derrière de hautes rames de haricots et des cages à poules. Reculant de quelques pas, il lut sur une pancarte grossièrement clouée sur des poteaux *A. Tawney, œufs frais, poulets de grain, légumes.*

— En route pour Myfleet, fit-il à son chauffeur.

Mrs Cantrip était assise dans son fauteuil à bascule, absorbée dans la lecture du journal. Elle rougit un peu, confuse d'avoir été surprise à paresser. Katje, qui avait introduit le visiteur, s'éclipsa aussitôt.

— Alf Tawney, monsieur ? S'il n'est pas dans sa caravane, il doit être chez Mrs Lovell.

— Comment circule-t-il ?

— À bicyclette, monsieur. Il a un panier fixé sur le guidon pour faire ses livraisons.

— Passe-t-il toute la nuit chez Mrs Lovell ?

Il était facile de choquer Mrs Cantrip. Elle appartenait à cette génération qui considère que le péché de fornication ne peut être commis qu'entre minuit et l'aurore.

— Oh non ! monsieur, dit-elle en baissant les yeux. Il s'en va toujours à 11 heures. Même Mrs Lovell a quelque idée de ce qu'est la décence.

Les tourtereaux étaient attablés devant une casserole de haricots blancs. Mrs Lovell se redressa sur sa chaise.

— Sa Seigneurie a-t-elle fait quelque chose ? demanda-t-elle en découpant une tranche de pain, la miche appuyée sur sa vaste poitrine.

— Ma visite n'a rien à voir avec Sean.

Il était clair que Wexford n'aurait pas droit à une tasse de thé, mais un coup d'œil à la vaisselle ébréchée lui apprit qu'il ne devait pas le regretter.

— J'espérais avoir le plaisir d'une petite conversation avec Mr Tawney.

— Avec Alf ? Qu'est-ce que vous lui voulez ?

Wexford observa le fournisseur d'œufs et de poulets en se

demandant comment interroger un homme qui apparemment n'ouvrait jamais la bouche. Les petits yeux noirs enfoncés dans son visage basané soutinrent l'examen avec indifférence. Finalement, Wexford demanda :

— Vous passez une bonne partie de votre temps ici, avec vos amis, n'est-ce pas Mr Tawney ?

Mrs Lovell fit entendre un petit rire de gorge.

— Sean n'est pas de ses amis. C'est moi que tu viens voir, pas vrai, Alf.

— Mmm, fit Tawney.

— Et c'est très bien ainsi, reprit Wexford. Un homme a besoin d'une compagnie féminine, après une rude journée de travail.

— Et de repas chauds. Alf se négligeait avant de me rencontrer. Veux-tu un cornet à la crème, Alf ?

— Mmm.

— À quelle heure avez-vous l'habitude de rentrer chez vous ? demanda Wexford.

— Alf doit se lever de bonne heure, dit Mrs Lovell. Il s'en va toujours à 11 heures et quart.

Plus que jamais, elle avait l'air d'une gitane. Elle soupira et Wexford en déduisit que ce départ prématuré était une pomme de discorde entre eux. Avec une vivacité d'esprit surprenante, elle ajouta :

— Vous voulez savoir s'il a vu quelque chose la nuit où elle s'est fait tuer.

— Effectivement. Et de façon plus précise, je voudrais savoir si Mr Tawney a prêté attention au pavillon des Villiers, en revenant à bicyclette vers Clusterwell.

— Je ne sais pas s'il a remarqué quelque chose, mais il a essayé de les réveiller, pas vrai, Alf ?

— Mmm, fit Alf en y mettant beaucoup plus d'enthousiasme cette fois.

Wexford attendit.

— Continue, Alf, on t'a posé une question.

Un frisson secoua Tawney, comme s'il faisait un effort surhumain pour remettre ses cordes vocales en marche.

— Il était furieux sur le moment, expliqua Mrs Lovell. Allons, vas-y, Alf.

— Ça n'a servi à rien, articula enfin Tawney. Ils étaient sortis et la maison bouclée.

— Voyons, laissez-moi comprendre, fit Wexford. Mr Tawney rentrait à bicyclette, quand une voiture a failli le renverser.

Le regard admiratif de Mrs Lovell lui apprit qu'il avait vu juste.

— Alors, il a relevé son numéro, dans l'intention de nous le communiquer pour que le conducteur soit poursuivi.

— Il n'a pas relevé le numéro, rectifia Mrs Lovell en sortant un cornet à la crème d'un sac de papier. Il savait que c'était l'étrangère du manoir.

— Dans ce cas, Mr Tawney a frappé à la porte du pavillon pour utiliser le téléphone.

Il était difficile d'imaginer Tawney s'expliquant, composant un numéro, s'expliquant encore...

— Il n'y avait pas de lumière aux fenêtres, expliqua Mrs Lovell. Alf a frappé à coups redoublés, mais personne n'a ouvert. Pas vrai, Alf.

— Mmm, fit Tawney.

Joli spécimen de témoignage indirect, songea Wexford qui poursuivit :

— Quelle heure était-il ?

Tawney avala une dernière gorgée de thé pour lubrifier ses cordes vocales.

— J'ai frappé et personne n'a répondu.

Il eut un violent accès de toux grasse et Wexford détourna les yeux.

— J'ai pensé : il est sorti et elle n'est pas là non plus.

— Continue, Alf, fit Mrs Lovell avec un sourire encourageant.

— J'aurais dû m'en douter. Les portes du garage étaient grandes ouvertes.

— Et aucune des deux voitures n'était là, conclut triomphalement Mrs Lovell. Alors, Alf a abandonné et, le lendemain matin, il a pensé qu'il était inutile de s'énerver puisqu'il n'avait rien de cassé. Mais attention ! Je dirai son fait à cette petite garce, quand je la rencontrerai au village !

Pauvre Katje ! Wexford se promit de lui glisser un mot d'avertissement. Après tout, ils s'entendaient bien tous les deux. Il avait même la permission de l'appeler par son prénom... Mais il se souvint que ce privilège lui était accordé parce qu'il ressemblait à son vieil oncle. Il rit intérieurement.

Mieux valait rester solidement attaché au mât, tandis que la sirène chantait pour d'autres...

En septembre, même les jardins les mieux disciplinés débordent d'une nature exubérante. Pourtant celui-là était une île nue au milieu des champs, une parcelle stérile et sans caractère où pas une branche, pas une tige un peu téméraire n'avait échappé à un élagage féroce. Même la pelouse grillée était tondue à ras.

Denys et Georgina Villiers étaient installés sur des chaises longues bon marché et guère confortables, avec leur armature de métal trop fine et leurs accoudoirs trop étroits. Wexford les observa un moment avant de manifester sa présence. Le distingué érudit qui prétendait ne jamais ouvrir les journaux était en train d'en lire un avec un intérêt si vif qu'il en oubliait la présence de sa femme. Celle-ci, sans un livre ou un tricot pour s'occuper les mains, le dévorait des yeux.

Wexford toussa. Immédiatement, Georgina sauta sur ses pieds. Villiers baissa son journal et dit avec le détachement glacé qui le caractérisait :

— Contrôle-toi, ne sois pas ridicule !

Wexford s'approcha. Par-dessus l'épaule de Villiers, il regarda le journal et vit que celui-ci lisait une critique de son dernier livre.

— Mr Villiers, attaqua-t-il sans préambule, pourquoi m'avez-vous affirmé que vous étiez rentré directement vous coucher dans la nuit de mardi ? À 11 heures, cette maison était vide. Pourquoi ne m'avoir pas dit que vous étiez ressorti ?

— J'avais oublié, déclara Villiers sans se troubler.

— Vous aviez *oublié*, alors que je vous ai posé la question de la façon la plus explicite ?

— En effet.

Le visage de Villiers ne reflétait ni peur ni embarras. Cet homme possédait une force d'esprit peu commune. Il semblait inébranlable. Pourquoi, alors donnait-il l'impression d'avoir été brisé, des années auparavant ?

— Ainsi, vous aviez oublié que vous étiez ressorti. Très bien. Avez-vous également oublié où vous êtes allé ?

— Je suis allé là où il était prévu que j'aille : à la bibliothèque de l'école faire des vérifications.

— Quelles vérifications ?

Avec un froid mépris, Villiers rétorqua :

— Ma réponse aurait-elle la moindre signification pour vous ? Fort bien : je cherchais quels liens de parenté unissaient George Gordon Wordsworth et William Wordsworth.

À sa grande humiliation, Wexford s'aperçut que, effectivement, cette réponse ne signifiait rien pour lui. Il se tourna vers Georgina qui s'était effondrée dans sa chaise longue. Pour une fois, elle ne portait pas sa quincaillerie. Est-ce que le toc n'avait plus d'attrait pour elle, maintenant qu'elle allait pouvoir se parer de véritables bijoux ? Ou bien avait-elle réussi à extorquer à Nightingale le commentaire cruel qui accompagnait le legs de sa belle-sœur ?

— Êtes-vous également allée à la bibliothèque, Mrs Villiers ?

Pour toute réponse, il reçut un faible hochement de tête.

— Même si c'était le cas, vous auriez à m'expliquer pourquoi vous avez pris chacun votre voiture. Où êtes-vous allée ?

— Je me suis promenée... dans la campagne, répondit-elle d'une voix aiguë.

— Puis-je vous demander pourquoi ?

Villiers vola à son secours :

— Ma femme était contrariée de me voir sortir ; comme il lui arrive de le faire en de telles occasions, elle a pris le volant... afin de se calmer l'esprit, ajouta-t-il sur un ton ironique.

— Ces explications ne m'ont pas convaincu, trancha Wexford. (Il regarda autour de lui le jardin dénudé :) Je pense que nous parlerions plus à notre aise au poste de police.

Villiers se leva et, avec un cri de frayeur, Georgina se jeta dans ses bras. Wexford s'attendait à ce qu'il la repoussât, mais au contraire, il la tint contre lui avec presque de la tendresse.

— Comme vous voudrez, fit-il, toujours très calme.

— Non, non, non ! sanglota Georgina sur son épaule. Tu dois lui dire. Tu vas lui dire.

Il allait encore mentir, Wexford en était persuadé.

— Ce que ma femme veut que je vous dise, reprit Villiers, c'est que vous êtes dans l'erreur la plus complète.

Il caressait le dos de Georgina, comme on caresse un chien effrayé, pour le calmer, puis il la repoussa.

— Laissez-moi vous donner un conseil, inspecteur. La prochaine fois que vous soupçonnerez quelqu'un d'avoir tué par soif du gain, assurez-vous d'abord de la valeur de ce gain. Il m'arrive de mentir, mais je dis la vérité maintenant. Les bijoux de ma sœur sont tous faux. Je serais surpris qu'on puisse tirer plus de cinquante livres de l'ensemble. Vous feriez donc mieux de chercher un coupable ailleurs, Mr Wexford. Vous savez aussi bien que moi que vos absurdes soupçons contre ma femme ne reposent que sur le mobile donné par le testament. Où est ce mobile maintenant ?

Disparu avec le soleil, pensa Wexford en regardant le disque d'or s'enfoncer derrière les collines. Il était certain que Villiers venait de dire vrai.

13

Katje était invisible et ce fut Quentin Nightingale qui vint ouvrir à Wexford. Pourtant, dès qu'il y mit le pied, l'inspecteur sentit la présence récente de Katje dans l'austère bureau. À l'évidence, elle était venue y rejoindre Quentin et avait détalé en entendant sonner. Quentin lui-même semblait rêveur. Les nouvelles que lui apportait Wexford le ramenèrent à une réalité moins souriante.

— Chacun des bijoux d'Elizabeth a été acheté par mes soins, dit-il. Je possède encore les factures de la plupart, si vous souhaitez les examiner.

— Plus tard. D'abord, j'aimerais revoir les pierres elles-mêmes.

Ayant ôté le tableau du mur, Quentin ouvrit le coffre. Puis il retira les bijoux de leurs écrins et les saisissant à pleines mains, les laissa glisser entre ses doigts comme un enfant joue avec des coquillages sur la plage. La bague de fiançailles de sa femme atterrit au sommet du monticule qui scintillait sur le bureau. Il la porta près de la fenêtre. Le crépuscule ne lui permettait pas de l'étudier ; il se retourna et alluma une lampe sur le bureau.

— Mes lunettes, dit-il, voulez-vous me les passer ? Elles sont sur le guéridon.

Wexford les lui tendit.

— C'est une copie. (Il y avait un petit tremblement dans sa

voix.) Ce n'est pas la bague que j'ai offerte à Elizabeth pour nos fiançailles.

— Comment pouvez-vous le savoir ?

— Je ne suis pas expert en pierres précieuses. Il faudra les faire examiner par un homme de l'art. Y en a-t-il un dans la région ou dois-je m'adresser à Londres ?

— Nous trouverons quelqu'un ici. Vous ne m'avez pas dit comment vous savez que cette bague est fausse.

— Lorsque je l'ai achetée, j'ai fait graver quelque chose à l'intérieur. Voyez, il n'y a rien.

— En effet.

Quentin s'effondra dans un fauteuil. D'un geste brusque, il repoussa les bijoux. Une rivière de diamants — ou d'imitations ? — tomba sur le tapis. Elle ressemblait à un serpent, aux pieds de Wexford.

— Je suppose que ce sont également des copies, dit Quentin, des copies parfaites, à un détail près. Elle a fait reproduire la pierre et le platine, mais ne s'est pas souciée de l'inscription parce qu'elle ne signifiait plus rien pour elle. À quel point fallait-il que je lui sois devenu indifférent !

Est-ce cette indifférence dont il prenait enfin conscience qui poussa Quentin à se décider ? Est-ce cette révélation qui le conduisit à sauter le pas ? Beaucoup plus tard, quand l'affaire fut terminée, Wexford se posa la question. Pourtant, le lendemain matin, en retournant au manoir après une visite au bijoutier, il n'y avait pas accordé une pensée et la nouvelle fut pour lui une surprise totale.

Katje le fit entrer au salon et il sortait déjà les écrins de leur emballage de papier brun, quand il vit que Quentin n'était pas seul. Debout près de la porte-fenêtre, Denys Villiers lui tenait les deux mains dans les siennes. Wexford entendit la fin de sa phrase :

— Quoi qu'il en soit, toutes mes félicitations, Quen. Rien ne pouvait me faire plus de plaisir.

Puis, apercevant Wexford, il lâcha les mains de son beau-frère et remit son masque arrogant.

— Puis-je savoir ce qui motive vos félicitations ? grinça Wexford.

Villiers haussa les épaules et tourna le dos sans répondre.

Quentin, rougissant jusqu'aux oreilles, tendit les bras vers Katje.

— Peut-être est-il imprudent de ma part de vous en parler, inspecteur, vous pourriez en tirer des conclusions erronées.

Villiers fit entendre un petit rire désagréable.

— J'aimerais que ceci reste un secret pour l'instant, poursuivit Nightingale. Katje et moi allons nous marier.

Wexford posa son paquet.

— Vraiment ?

On aurait dit un père et sa fille. Il y avait même entre eux l'apparente similitude que l'on trouve à deux personnes possédant le type classique de l'Européen du Nord.

— Alors, permettez-moi de vous féliciter aussi.

Intérieurement, il s'excusa auprès de Burden dont les idées n'étaient peut-être pas aussi vieux jeu, après tout.

— Naturellement, nous attendrons six mois. Un an serait même plus...

— Mais c'est impossible que j'attende toute une année, Kventin ! Une demi-année peut-être. Ce n'est pas juste de me faire attendre toute une année l'appartement à Londres, la voiture de sport et le voyage autour du monde !

Ainsi, elle aimait l'argent, pensa Wexford avec tristesse. Il s'était trompé. Depuis quelque temps, il semblait se tromper bien souvent.

— J'aimerais vous voir seul, Mr Nightingale.

— Oui, bien sûr.

Villiers ouvrit la porte-fenêtre et sortit dans le parc. Lançant un sourire éblouissant par-dessus son épaule, Katje le suivit et s'arrêta au milieu de la pelouse pour promener autour d'elle un regard de propriétaire.

— Elle va retourner chez ses parents jusqu'à notre mariage, dit Quentin. Je veux que tout se passe dans les formes. Je veux — comment disait Antony ? — « qu'on ne lise pas mes fautes au registre du monde ; ma route ne fut pas droite, mais...

— ... mais celle à venir sera tracée selon la règle », termina Wexford.

Sans doute, pensa-t-il, mais quelle serait la « route » de Katje ? Tant de jeunesse, tant d'argent, tant d'oisiveté ouverte à toutes les tentations ! Elle serait la dernière femme dans sa vie. Mais lui n'était sans doute que l'un des premiers pour elle. Iraient-ils dîner parfois à l'*Olive and Dove* et seraient-ils servis par ce garçon qui était allé s'ébattre naguère avec la future « Dame du Manoir » dans la forêt de Cheriton ?

Pauvre Kventin ! pensa Wexford en imitant l'accent. Il n'était plus à envier. Il avait joué pendant un temps un jeu fort agréable, mais qui ne valait certes pas le prix exorbitant de la chandelle.

— Je suis allé voir le vieux bijoutier de Queen Street, dit-il. J'ai déjà eu recours à lui dans le passé. Il est absolument digne de confiance. D'après lui, il n'y a aucun doute : les bijoux sont tous faux. Votre femme a dû vendre ceux que vous lui aviez offerts.

— Mais pourquoi aurait-elle fait une chose pareille, inspecteur ? Je lui donnais tout l'argent dont elle pouvait avoir besoin. Si elle en avait voulu davantage, elle n'aurait eu qu'à demander. Elle le savait.

— Lui auriez-vous donné trente mille livres ?

— Je ne suis pas millionnaire.(Quentin soupira et se mordit les lèvres.) Ces bijoux lui appartenaient et elle était libre d'en disposer. Elle a choisi de les vendre. Il importe peu de savoir pourquoi.

Son regard rencontra celui de Wexford et il ajouta d'un ton implorant :

— J'aimerais oublier toute cette histoire.

— Ce n'est pas aussi simple.

Wexford s'assit en invitant d'un geste Quentin à en faire autant.

— Votre femme a vendu ses bijoux parce qu'elle avait besoin d'argent. Maintenant c'est mon tour de poser des questions. Pour quelle raison avait-elle besoin d'argent, Mr Nightingale ? Et qu'en a-t-elle fait ? Nous savons qu'elle l'a dépensé. Son compte bancaire est à découvert. Qu'est devenu cet argent ?

Quentin haussa les épaules avec gêne :

— Elle était généreuse. Elle l'a peut-être donné à des œuvres de charité.

— Trente mille livres ? Et pourquoi vous le cacher ? Non, Mr Nightingale, je pense que votre femme était victime d'un chantage.

Quentin écarquilla les yeux de surprise :

— Mais c'est impossible ! On ne fait chanter que les gens qui ont quelque chose à se reprocher. Ma femme était...

Il agita une main impuissante. Wexford comprit ce qu'il essayait de dire. Sa femme avait vécu dans un monde protégé ; sa position sociale et sa fortune écartaient tout danger de glisser sur une mauvaise pente. « Nous n'appartenons pas à cette classe », semblaient dire ses yeux.

— Ce n'était peut-être pas pour une transgression de la loi, dit Wexford, mais de la morale.

Intrigué, Quentin parut considérer la question. Puis il sembla comprendre :

— Vous voulez dire qu'elle m'avait été infidèle et que quelqu'un l'aurait découvert ?

— Quelque chose de ce genre.

— Non, inspecteur, vous vous trompez. Quoi qu'ait pu faire ma femme, je lui aurais pardonné et elle le savait. Nous en avons discuté dès notre mariage, comme le font nombre de jeunes couples. Elizabeth m'a demandé ce que j'en pensais. C'était une question purement académique, vous comprenez, une façon de mieux nous connaître. Nous étions très épris l'un de l'autre, en ce temps-là.

— Et quelle a été votre réponse ?

— Que si elle m'avouait jamais qu'elle avait... qu'il y avait un autre homme, je ne lui ferais aucun reproche et ne demanderai pas le divorce. Pas tant qu'elle viendrait se confier à moi. Après tout, le pardon fait partie de l'amour et en de telles circonstances, si elle avait été malheureuse, elle aurait eu d'autant plus besoin de mon soutien. Et j'aurais espéré la voir agir de même à mon égard, le cas échéant. Je n'aurais jamais divorcé. Elle était ma femme et même quand nous nous sommes éloignés l'un de l'autre, j'ai toujours considéré que notre mariage était indestructible.

Voilà un brave homme, songea Wexford. Bon et ouvert... Puis son cynisme revint au galop : mari tolérant ou complaisant ? Il était heureux, en tout cas, que Quentin ait adopté de si nobles principes dès son premier mariage, car il aurait certainement à les mettre en pratique durant sa seconde union.

— Il y a des choses qu'on ne peut pardonner, dit-il.

Des exemples tirés de sa longue carrière lui vinrent en mémoire. Celui de la femme qui ne se formalisait pas des multiples condamnations pour vol de son mari, mais qui avait refusé net de le revoir lorsqu'il avait été arrêté pour outrage à la pudeur. Ou encore, celui du mari qui avait supporté les infidélités de sa femme pendant vingt ans, mais avait demandé le divorce lorsqu'elle s'était fait pincer pour vol à l'étalage.

— En dépit de votre désir de vous montrer large d'esprit, dit-il finalement, vous êtes pétri de préjugés. Je me demande si vous vous connaissez bien vous-même. Vous savez ce qui vous plaît, mais savez-vous ce qui vous paraîtrait intolérable ?

— Rien de ce qu'Elizabeth pourrait avoir fait ne me rebuterait, s'obstina-t-il.

— Elle n'en était peut-être pas convaincue et a pu craindre à ce point votre jugement qu'elle s'est résolue à payer trente mille livres pour que vous ne sachiez rien.

— Si vous le croyez... soupira Quentin. Mais qui aurait pu lui soutirer de l'argent ?

— J'espérais que vous me le diriez. Un domestique ?

— Mrs Cantrip, qui s'est montrée si dévouée pour nous pendant seize ans ? Le vieux Will, qui est le respect fait homme ? Sean, qui adorait le sol sur lequel elle marchait ? Vous voyez à quel point c'est absurde. D'ailleurs, pourquoi devrait-ce être un domestique ?

— Il est moins vraisemblable encore que ce soit un de vos amis. De plus, un domestique aurait eu accès à des papiers personnels, ou aurait pu être le témoin d'un incident, ou encore aurait découvert des photographies.

— Des preuves d'infidélité ? Je vous répète qu'elle savait que j'aurais compris. J'aurais pardonné, aussi grande qu'ait été ma peine.

Réprimant un mouvement d'impatience, Wexford le regarda. Cet homme ne connaissait rien de la vie. Il parlait d'infidélité comme s'il s'agissait d'une préférence temporaire pour quelqu'un d'autre, d'une impulsion fatalement soldée par un sentiment de culpabilité. Il était naïf. Mais pas Wexford. Wexford savait quel genre de lettres les amants les plus honorables peuvent s'écrire, il avait vu les photographies pour lesquelles les femmes les plus distinguées peuvent accepter de poser. Trente mille livres, ce n'était pas un prix trop élevé pour empêcher qu'elles ne tombent sous les yeux d'un mari.

— Vous avez eu une série de jeunes filles au pair, m'avez-vous dit ?

— Des jeunes filles très ordinaires et heureuses d'être ici. Elles adoraient Elizabeth.

Tout comme Katje ?

— Et avant ces jeunes filles, reprit Wexford, vous n'aviez pas un couple marié ? Quel était son nom ?

— Twohey, répondit Quentin.

Le petit cottage blanc avait été repeint de la cave au grenier. Quand Wexford arriva, Mrs Cantrip abandonna son grand nettoyage du samedi et s'installa dans un fauteuil, son chat roux sur les genoux. La pièce dégageait une forte odeur de cire et de naphtaline.

— Twohey, monsieur ? Mr Nightingale l'a renvoyé pour insolence. Il n'a jamais fait preuve de respect et ses journées ne le fatiguaient pas beaucoup, je peux vous l'assurer. Il était toujours à fureter là où il n'avait rien à faire et à écouter derrière les portes, si vous voyez ce que je veux dire.

— Est-ce pour cette raison qu'il a été renvoyé ?

Le chat sauta par terre et se mit à faire ses griffes contre le pied de la table.

— Arrête, Ginger, dit Mrs Cantrip. Eh bien, les choses ont fini par en venir là, c'est bien vrai. Deux semaines avant son renvoi, il s'était montré avec Madame d'une insolence intolérable. Elle qui était toujours si douce, si gentille et ne tenait jamais tête à personne...

Elle prit le chat et le fit sortir par la fenêtre au milieu d'un parterre de zinnias et de dahlias.

— Madame l'avait surpris en train de se servir du whisky de Mr Nightingale et comme elle lui en faisait le reproche, il répondit : « Quand la bouteille sera vide, allez donc en acheter une autre. » Avez-vous jamais entendu une chose pareille ?

— Et sa femme ?

— Elle n'était pas si mauvaise. Sous la coupe de son mari, si vous voulez mon avis. Elle s'était prise d'amitié pour moi et m'a envoyé une carte de Noël deux ans de suite.

— Vous connaissez donc son adresse, dit aussitôt Wexford.

— Je n'ai jamais répondu, monsieur, protesta Mrs Cantrip toute vibrante d'indignation. Ce n'était pas le genre de personne avec qui je souhaite entretenir des relations. J'ai remarqué que la première portait le cachet de Newcastle.

— Se sont-ils placés ailleurs ?

— Je l'ignore, monsieur. Twohey disait qu'il en avait assez de cette vie. Il voulait acheter une boutique de quincaillier, mais derrière son dos, sa femme m'avait confié que ce n'était que château en Espagne. Où auraient-ils pris les capitaux nécessaires ? Ils n'avaient pas un sou devant eux et c'est bien vrai.

Ayant laissé le sergent Martin entreprendre des recherches sur Twohey, Wexford mit le cap sur Tabard Road et se gara devant un pavillon dont la porte peinte en rose était assortie aux géraniums du jardin. Deux enfants étaient assis sur une couverture étendue au milieu de la pelouse, mais à chaque extrémité, comme pour mettre entre eux autant d'espace que possible. Le garçon nettoyait des pinceaux tandis que la fillette sortait des chenilles d'un pot en verre pour les enfermer dans des boîtes d'allumettes.

Wexford les salua gaiement de la main, puis il se dirigea vers leur père qui peignait les portes du garage. Il remarqua avec un amusement secret que Burden n'avait pas l'air ravi de le voir.

— Continuez à peindre, fit Wexford. J'aime voir les autres travailler. Ne vous inquiétez pas, je vous demande seulement une oreille attentive.

Et il raconta l'histoire des bijoux et de Towhey.

Derrière eux, les enfants qui s'étaient tus à l'arrivée de Wexford, recommencèrent à se chamailler.

— Je me demande si Twohey n'avait pas découvert pourquoi Villiers et Mrs Nightingale se portaient une haine aussi profonde. Nightingale est très attaché à Villiers et s'il avait appris que sa femme avait fait à son frère quelque blessure terrible...

— Mais quelle blessure terrible ?

Burden plongea son pinceau dans le pot de peinture pour en remuer le fond.

— Regardez les deux miens, poursuivit-il avec amertume, ils se détestent et n'ont pour cela aucune raison.

— Ils changeront en grandissant.

— Vous croyez ? Pourquoi le cas des Villiers serait-il unique ? Apparemment, il existe parfois des antagonismes inexplicables entre frère et sœur.

— La situation était différente, répondit Wexford. 'Séparés très tôt, les Villiers n'ont pas eu l'occasion de s'apprécier au cours de leur adolescence. Si John et Pat devaient grandir sans se côtoyer, ils deviendraient peut-être comme Denys et Elizabeth, parce que leur vieille rancune se développerait. Un contact permanent les rendra plus tolérants.

— Vraiment ? dit Burden. Parfois, je songe à les envoyer en pension chacun de son côté.

— Surtout pas ! Vous voyez que la séparation ne donne pas de bons résultats, Mike. (Wexford s'assit sur l'escabeau.) Je me demande s'il est possible que Twohey l'ait tuée, à supposer que ce soit lui qu'elle rencontrait dans la forêt.

— Mais comment se serait-il emparé de la torche ? objecta Burden. Il était la dernière personne qui pût avoir accès à la remise du manoir.

— C'est vrai. Voyons, résumons-nous. Nos soupçons contre Georgina se sont effondrés parce que nous savons maintenant qu'elle n'avait pas de mobile. Villiers demeure une possibilité. Il l'aurait supprimée parce qu'étant à bout de ressources, elle l'aurait menacé de tout révéler à Nightingale. Leur maudit secret constitue le fond du problème. Sean pourrait aussi l'avoir tuée en la voyant avec un autre homme.

— Non. Nous savons qu'il s'agissait d'un acte prémédité. L'assassin a pris la torche dans le dessein de s'en servir comme d'une arme.

Burden posa son pinceau sur un chiffon et retourna le pot vide.

— John ! JOHN ! cria-t-il pour dominer les cris des enfants qui se chamaillaient. Va dans l'appentis me chercher un autre pot de peinture.

— Je ne peux pas. Il y fait trop sombre, la lampe est grillée.

— Eh bien, prends une torche électrique. Ne discute pas et laisse ta sœur tranquille.

— Pour l'encourager à élever ces sales bêtes !

Il se leva en soupirant et entra dans le garage. Se dressant sur la pointe des pieds, il prit une torche posée sur une étagère.

Wexford le regarda en silence, puis il dit lentement :

— Bien sûr ! Comment n'y avons-nous pas pensé plus tôt ? Nous avons compris, dès le début, qu'on emporte une torche pour se rendre dans la forêt, la nuit. Mais on prend sa propre torche, n'est-ce pas ? Tout le monde en a une. John savait exactement où était la sienne et il est allé la chercher sans hésiter. Nous avons été aveugles, Mike. Nous avons cru que quelqu'un était allé au manoir subtiliser la torche des Nightingale, mais c'était idiot. Pourquoi l'assassin se serait-il servi d'un objet appartenant à la victime ? Il lui était beaucoup plus facile d'emporter sa propre torche.

— Pourtant, il ne l'a pas fait, dit Burden, déconcerté. (Puis il se frappa sur le front.) Je vois ! Vous voulez dire que si nous excluons Nightingale, la seule personne qui pouvait prendre cette torche pour aller dans les bois était Elizabeth Nightingale elle-même !

— C'est en effet, ce que je pense. Et comprenez-vous ce que cela signifie ? Une torche ne peut servir d'arme que faute de mieux. Par conséquent, l'assassin n'a rien prémédité. Il — ou elle — a été saisi par un accès de rage meurtrière et a frappé Elizabeth Nightingale avec la torche qu'elle avait elle-même apportée.

Burden acquiesça avec gravité.

— Elle l'avait apportée, dit-il, mais quelqu'un d'autre l'a remise à sa place.

Au fait, se demanda tout à coup Wexford, comment Villiers savait-il que les bijoux de sa sœur étaient faux ?

14

Wexford accompagna sa femme jusqu'à l'église et la laissa sur le parvis. Bien que n'éprouvant aucun sentiment religieux, il assistait parfois à l'office du matin pour lui faire plaisir. Aujourd'hui, pourtant, il n'en était pas question. Son bureau l'appelait tout aussi impérativement que les cloches de l'église avaient appelé son épouse, quoique avec moins d'éclat.

Burden était déjà là, occupé au téléphone. Il lançait un avis de recherche contre Twohey.

— Né à Dublin, la cinquantaine, dit-il. Cheveux bruns, type irlandais. Signe particulier : kyste au coin de la lèvre gauche. Une condamnation pour détournement de fonds à Manchester en 1954. Pourrait habiter Newcastle. Tenez-nous au courant.

Il posa le récepteur et sourit à son supérieur.

— Vous avez fait des heures supplémentaires hier soir, dit

Wexford en prenant la photo de Twohey. Je croyais vous avoir dit de terminer votre peinture.

— N'ayez crainte, c'est ce que j'ai fait. Par contre, ce matin, je me suis levé aux aurores et j'ai tenu conférence avec Mrs Cantrip.

— A-t-elle une idée de la façon dont l'argent a été versé à Twohey ?

Burden ferma la fenêtre. Il n'aimait pas le son des cloches.

— Elle ne croit pas à notre hypothèse. Pensez donc, sa chère Mrs Nightingale victime d'un maître chanteur...

— Elle n'a jamais entendu une chose pareille et c'est bien vrai, déclara Wexford en souriant.

— À peu près, oui. Elle est certaine que Twohey n'habite pas dans les environs parce que, dans ce cas, sa femme serait venue la voir.

Wexford haussa les épaules. Burden s'était installé dans son fauteuil tournant, aussi n'avait-il d'autre ressource que de prendre un siège dont il ne savait pas s'il résisterait à son poids. Il regarda l'inspecteur et grogna :

— Pourquoi devrait-il habiter dans les environs ?

— Parce que c'était peut-être lui que Mrs Nightingale rencontrait dans la forêt, dit Burden.

— En général, ce sont les maîtres chanteurs qui se font tuer et non leurs victimes.

— Et si elle lui avait dit qu'elle ne pouvait plus payer ? Il aurait pu la tuer de rage. Nous savons maintenant que le crime n'était pas prémédité, n'est-ce pas ? Enfin, ces cloches se sont arrêtées !

Il ouvrit la fenêtre et leva les jalousies pour laisser le soleil entrer. Un rayon vint chatouiller l'œil de Wexford qui recula son fauteuil avec irritation.

— Ou bien Sean Lovell a pu les voir ensemble et se méprendre sur leurs relations...

— Ainsi vous revenez de vous-même à Lovell.

— Mon impression sur lui a évolué, depuis qu'il nous a dit avoir menacé sa mère d'un couteau. De plus, il y a le legs. Je parie qu'il savait que Mrs Nightingale voulait lui laisser tout son argent. Il a pu s'imaginer qu'il s'agissait d'une fortune.

— Allons, Mike, ou il l'a tuée par jalousie ou il l'a tuée par intérêt. Les deux ne vont pas ensemble. (Wexford se leva.) Bien ! Je vais offrir un verre à Lionel Marriott à l'*Olive and Dove*.

Burden décrocha de nouveau le téléphone.

— Parfait, dit-il avec hauteur, je regrette d'être trop occupé pour me joindre à vous.

— Attendez d'être invité, rétorqua Wexford. (Puis il ricana :) Béni soit celui qui ne prend pas le siège d'un contempteur, Mike !

— C'est le vôtre, monsieur, rétorqua Burden, imperturbable.

Décidément, Burden prenait du poil de la bête depuis quelque temps, pensa Wexford en attendant l'ouverture de l'*Olive and Dove*.

Lorsqu'il faisait le point sur l'enquête, il lui semblait que son subordonné avait effectué la plus grande partie des recherches. Quant à lui, il s'était contenté de prêter l'oreille aux histoires de Marriott. Peut-être dramatisait-il sur toute la ligne. Comme, par exemple, à propos de Katje qui voulait épouser Nightingale et de Georgina qui paraissait n'être qu'une honnête ménagère. Bientôt, sans doute, il donnerait sa version de ce qu'était le secret de Denys et Elizabeth et il expliquerait pourquoi l'alibi de Jean était inconsistant. Wexford lança un caillou dans l'eau. Les jeunes ont des illuminations, pensa-t-il, et les vieux ressassent leurs rêves.

— À quoi pensez-vous ? demanda Marriott en lui tapant sur l'épaule.

— Je pensais que je vieillis, Lionel.

— Mais vous avez le même âge que moi !

— Je suis un peu plus jeune, je crois, dit Wexford en souriant. C'est étrange, mais il y a dans cette affaire des tas de gens qui sont trop vieux pour d'autres. Et cela me rappelle que j'en suis le doyen. (Il regarda le ciel serein du Sussex et soupira :) Je suis un vieil homme qui sèche sur sa copie.

— Venez, cher ancêtre, entrons. Au moins nous n'aurons pas le gosier sec.

Lorsqu'il faisait beau, les clients de l'*Olive* prenaient leurs consommations aux tables installées dans le jardin. À vrai dire, c'était un petit carré de verdure poussiéreux et assez triste, mais Wexford et Marriott, comme la plupart des Anglais, avaient l'impression qu'il était de leur devoir de faire honneur aux rarissimes apparitions du soleil.

— Mais je vous ai tout raconté, il n'y a plus rien à ajouter, dit Marriott.

— Quoi ? C'est vous qui me dites cela ?
— À moins que vous ne désiriez que j'embellisse l'histoire à ma façon.
Wexford repêcha une feuille tombée dans son verre et fusilla du regard l'arbre coupable. Brusquement, il demanda :
— Croyez-vous que Villiers soit homosexuel ?
— Oh non ! mon cher, pas du tout !
— Et cependant vous prétendez qu'il n'y a jamais eu de femmes dans sa vie, à l'exception de ses épouses.
— Il n'y a pas eu d'hommes non plus.
— Non ? Et Quentin Nightingale ?
— Quentin n'est certainement pas homosexuel. Je le soupçonne de courtiser la petite Hollandaise. Il s'est entiché d'elle, si vous voulez mon avis. Je vous accorde que les sentiments de Denys pour ses épouses ont été assez tièdes, mais Quen était très épris d'Elizabeth quand il l'a rencontrée et il est de nouveau amoureux aujourd'hui.
Wexford n'avait pas l'intention de trahir les confidences de Nightingale, même par un hochement de tête.
— Je me demande si Elizabeth savait que son frère était homosexuel et le détestait pour cette raison, tout en étant prête à aller très loin pour garder le secret.
— Je ne vois pas comment elle aurait pu être assassinée pour cette raison.
Wexford termina son verre en décidant de ne pas souffler mot à Marriott de l'histoire de chantage.
— Non, il est plus vraisemblable qu'elle a été vue dans la forêt avec un homme. Son assassin aura agi par jalousie (Il se tut, puis il ajouta pensivement :) Mon petit oiseau chanteur est le seul rossignol de Myfleet.
Plein de bonne volonté, Marriott proposa :
— C'est peut-être le fils naturel de Quen. Will Palmer clame partout « qu'il n'a pas de père ». Qu'en pensez-vous ?
Wexford haussa les épaules :
— Vous avez trop lu *Le Mariage de Figaro* revu et corrigé à l'eau de rose.
— Pardonnez-moi, c'était juste une idée.
— Bien saugrenue, mon pauvre ami. Vous êtes un bon professeur d'anglais, Lionel, mais un piètre détective. (Avec un sourire amer, il ajouta :) Encore pire que moi, ce qui n'est pas peu dire.

Il se leva en se demandant ce que Burden avait pu découvrir en son absence. Marriott resta un moment à la table, puis il quitta à son tour le jardin et courut rattraper Wexford.

— Je viens de me rappeler quelque chose, dit-il. Elizabeth envoyait beaucoup de colis. Souvent, lorsque j'allais au manoir dans l'après-midi, je voyais un petit paquet brun sur la table du hall, mais il y avait toujours une ou deux lettres dessus, prêtes à être postées. Cela vous aide-t-il ?

— Je l'ignore. Merci quand même.

— Tout à votre service, mon cher Reg. (Avant de s'éloigner, il jeta par-dessus son épaule :) Ne me laissez pas tomber, maintenant que vous m'avez pressé comme un citron, Reg.

— Même un policier a besoin d'amis, rétorqua Wexford.

Puis il remonta la Grand-Rue jusqu'au poste de police.

Burden était assis derrière le bureau en bois de rose et déjeunait d'un sandwich.

— Levez-vous de là, dit Wexford avec agacement, vous laissez des miettes sur mon buvard.

— Pas plus que vous d'habitude.

— Peut-être, mais c'est mon sous-main et, incidemment, mon bureau.

— Pardonnez-moi, monsieur, dit Burden avec dignité. Je croyais que vous étiez au restaurant.

Avec un petit grognement, Wexford fit tomber les miettes d'un revers de main et prit place dans son fauteuil.

— Vous avez du nouveau ?

— Pas encore. Rien de Newcastle. J'ai appelé Dublin.

— Vous avez tort sur un point, Mike. Twohey ne rencontrait pas Mrs Nightingale dans la forêt. Elle lui expédiait l'argent par la poste dans de petits paquets. Je ne sais pas à quelle adresse, mais nous pourrons le demander à Katje.

Burden prit un air pincé.

— Vous avez déjeuné, poursuivit Wexford, aussi je vous suggère d'y aller maintenant.

Burden ronchonna comme un petit garçon réprimandé. On aurait juré entendre son fils.

— Dois-je vraiment y aller ?

— Vous plaisantez ? tonna Wexford. Elle ne vous mangera pas.

— Ce n'est pas d'être mangé que j'ai peur, répliqua Burden.

Il froissa le papier qui avait contenu son sandwich et, l'ayant jeté dans la corbeille à papier, sortit en lançant à Wexford un regard de martyr.

Il n'y avait plus qu'à attendre, songea Wexford. Il envoya Bryant à la cantine lui chercher un sandwich. Quand il eut mangé, une grande lassitude s'empara de lui. Il décida de lire pour se tenir éveillé. Comme il n'avait sous la main, en dehors du rapport qu'il connaissait par cœur, que le livre de Denys Villiers, il en parcourut les deux premiers paragraphes. Il piquait du nez quand la sonnerie du téléphone le fit sursauter.

— Essayez les quincailliers, dit-il à son correspondant. Spécialement les boutiques qui ont changé de propriétaire au cours des quatre dernières années. (Saisi d'une inspiration, il ajouta :) Je serais intéressé par une quincaillerie qui s'appellerait « Rossignol » ou « Le Magasin du Manoir ».

Il retourna à la page 1 de *Wordsworth et l'Amour* et parcourut l'arbre généalogique. En caractères gras y figurait le nom de George Gordon Wordsworth, petit-fils du poète.

Voilà l'information que Villiers prétendait être allé contrôler à la bibliothèque de l'école en rentrant du manoir, mardi soir. Cet homme avait une faiblesse : celle de sous-estimer ses adversaires.

Il était près de 6 heures quand Burden revint.

— Bon sang, il vous en a fallu du temps !

— Nightingale et elle étaient sortis faire un pique-nique, à ce que j'ai cru comprendre. J'ai dû attendre leur retour.

— S'est-elle rappelé à qui ces paquets étaient adressés ?

— Elle dit qu'elle n'a posté que des colis que Mrs Nightingale expédiait en Hollande, excepté mardi dernier. Ce jour-là, il y avait deux paquets, l'un adressé comme toujours à sa mère et un autre dont elle n'a pas remarqué l'adresse.

Wexford haussa les épaules.

— Il fallait quand même essayer, Mike. Je suis navré de vous avoir fait perdre votre dimanche après-midi. J'espère que vous n'avez pas enduré un tourment pire que la mort.

— Nightingale a assisté à notre entretien.

— Vous en parlez comme d'un maton qui surveille le parloir, dit Wexford. Bon. Eh bien, je vais aller moi aussi à Myfleet. Après un tour dans la forêt, j'aurai peut-être une autre conversation avec Mrs Cantrip. Je vous conseille de rentrer chez vous. On vous préviendra s'il y a du nouveau.

Ça prendrait peut-être des jours ou des semaines, mais on finirait par retrouver Twohey. Et alors, pensa Wexford, il parlerait. Assis dans son bureau, il regarderait le ciel bleu à travers la fenêtre, comme des centaines de mauvais sujets avant lui. Et il n'aurait aucune raison de tenir sa langue. Une longue peine d'emprisonnement l'attendait, qu'il parle ou non. Il serait sûrement heureux de vider son sac pour se venger de la morte et salir sa famille. Car désormais la source était tarie.

Et que dirait-il ? Que l'affection que Villiers portait à son beau-frère était de nature à choquer la bonne société ? Qu'Elizabeth avait eu une série d'amants assez jeunes pour être ses fils ? Ou bien encore qu'il y a bien longtemps, Villiers et Elizabeth avaient été mêlés à une affaire criminelle ?

Soudain Wexford se souvint de la maison bombardée où avaient péri leurs parents. Ils n'étaient que des enfants à l'époque, mais les enfants meurtriers, ça existe.

Deux personnes enterrées sous les décombres, mais encore en vie... Des parents qui, peut-être, les gênaient... Villiers avait grandement bénéficié de leur mort. Pas sa sœur. La clef se trouvait-elle là ?

Twohey savait. C'était terriblement frustrant de penser qu'il était peut-être la seule personne au monde qui sût la vérité. Et il s'était confortablement caché avec son secret. Il faudrait des jours, des semaines pour le retrouver...

Wexford mit le cap sur Myfleet. Les cloches de Clusterwell appelaient les fidèles à l'office du soir. Elles s'estompèrent, bientôt relayées par le carillon à huit notes de Myfleet.

Il trouva un mot épinglé à la porte de Mrs Cantrip : *Suis à l'église. Serai de retour à 7 heures.* Les voleurs étaient prévenus, pensa Wexford. Puis il se souvint qu'aucun vol n'avait été commis à Myfleet depuis dix ans. Et ce que cachaient les arbres de la forêt était autrement plus grave.

Une forte odeur de résine montait des pins exposés toute la journée au soleil. Wexford se dirigea à pied vers la forêt. Le sentier qu'il emprunta était celui qu'avait suivi Elizabeth Nightingale cette nuit-là. Il le conduisit jusqu'à la clairière où Burden pensait qu'elle avait rencontré Twohey. Et lui, que croyait-il, au juste ?

Peut-être Burden avait-il encore raison, après tout. Ces

paquets pouvaient n'avoir pas été postés, mais remis en main propre. Elle n'avait sans doute pas pu enfourner tant de billets dans son sac. De toute façon, elle n'avait pas de sac, seulement une veste et une torche. Il fixa le tronc d'arbre couvert de lichen sur lequel elle s'était assise. Les empreintes de ses chaussures étaient encore apparentes dans la boue séchée, au milieu des aiguilles de pin.

De quel côté Twohey était-il venu ? De la colline boisée de Pomfret ? Ou du sentier qui longeait les cottages de Myfleet ? Et dans quelle direction était-il reparti ? Wexford décida de se livrer à quelques explorations.

Les cloches des églises s'étaient tues et un silence profond régnait alentour. Il avança entre les pins, levant de temps en temps la tête pour regarder des morceaux de ciel à travers les branches. La forêt était sombre et nue. Pas un oiseau ne chantait. À croire que seuls y vivaient des essaims de moucherons.

C'est précisément à cause des moucherons qu'il fut heureux de voir les arbres s'éclaircir sur sa gauche : il arrivait à la lisière de la forêt, là où le sentier longe les cottages.

Des bribes de musique lui parvenaient. Avançant un peu, il reconnut une des mélodies sirupeuses dont Katje se gorgeait.

Au moment où il se disait qu'après tout, ces chansons étaient bien agréables à écouter par une calme soirée d'été, la musique s'interrompit et fut remplacée par une effroyable cacophonie de saxophones, batterie et guitares électriques.

Passant la tête au-dessus d'une haie, Wexford vit un lopin de terre envahi de mauvaises herbes et semé de détritus. Il se trouvait derrière le cottage des Lovell.

De la fenêtre de la cuisine, environ quinze mètres de fil électrique étaient déroulés jusqu'à l'abri d'où venait le bruit. Wexford recula en se couvrant les oreilles.

Puis il écarta les mains. Quelqu'un parlait à l'intérieur de l'abri, prenant soin de bien poser sa voix. Avec une curiosité grandissante, Wexford écouta.

S'adressant à un auditoire invisible — et pour cause — de « garçons et de filles », Sean Lovell, avec une gouaille toute professionnelle, fit un court commentaire sur le dernier morceau. Puis il annonça le suivant. Wexford frissonna. C'était pire encore : plus discordant, plus tonitruant que l'autre.

La musique s'arrêta enfin. Un sentiment d'intense pitié

submergea Wexford. Y avait-il rien de plus triste que d'écouter rêver tout haut un homme perdu dans son vice solitaire.

— Et maintenant, dit la voix bien timbrée, voici celui que vous attendez. Vous êtes venus de loin ce soir et je peux vous promettre que vous ne serez pas déçus. Le voici, applaudissez tous votre chanteur préféré. Sean Lovell !

Sans accompagnement, il se mit à chanter. Wexford s'éloigna, marchant d'un pas étonnamment léger pour un homme de sa corpulence.

Il savait maintenant ce que Sean Lovell avait fait, la nuit du crime, ce qu'il faisait toutes les nuits et ferait peut-être pendant des années, jusqu'à ce qu'une fille le prenne par la main et le ramène sur terre en lui apprenant comment meurent les rêves.

15

Wexford était si fatigué qu'il s'endormit dès que sa tête toucha l'oreiller. Comme la plupart des gens approchant cette phase de la vie qui succède à la maturité mais qui n'est pas encore la vieillesse, il trouvait de plus en plus difficile de passer une bonne nuit de sommeil. Des années plus tôt, quand il était encore jeune, il avait pris la sage habitude, le soir, de vider son esprit de tous ses soucis quotidiens pour ne plus penser qu'à des projets domestiques ou d'agréables souvenirs. Mais son subconscient ne se laissait pas diriger aussi aisément et s'imposait parfois dans des rêves qui ramenaient l'anxiété de la journée.

Ainsi en fut-il, cette nuit-là. Il se promenait sur la rive du Kingsbrook, quand il vit qu'un gamin y trempait sa ligne, un peu en amont. Il était blond et fluet avec un visage osseux typiquement anglo-saxon. Wexford s'approcha, tout en restant sous le couvert des arbres. Pour une raison inexplicable, il ne désirait pas se montrer. Il faisait doux et frais près de la rivière. C'était une belle soirée d'été qui, il en avait l'intuition, succédait à une journée chaude.

Soudain, il entendit quelqu'un appeler et il vit une jeune fille dévaler du haut de la colline. Ses cheveux blond très clair et ses traits lui dirent qu'elle était la sœur aînée du petit garçon. Elle pouvait avoir quatorze ou quinze ans. Elle était venue le chercher et il les entendit se disputer ; le gamin voulait continuer à pêcher.

Il sentait qu'il devait les suivre à travers la prairie. Ils couraient. Les cheveux de la jeune fille flottaient sur ses épaules. Au-dessus de lui, il entendit le vrombissement d'un avion et vit les bombes tomber comme de sinistres plumes noires.

Ils arrivèrent près de la maison. Des murs nus sans fenêtres entouraient une masse fumante d'où s'échappaient des cris. Pourtant les enfants n'étaient ni choqués ni effrayés. Lui non plus. Il regarda d'un œil détaché la jeune fille se frayer un chemin à travers les décombres, son frère sur les talons. Puis il aperçut un long bras blanc qui émergeait des ruines et entendit une voix appeler au secours. Les enfants s'activèrent, déplaçant des gravats avec leurs mains nues. Il s'approcha pour les aider. Alors, il se rendit compte qu'ils ne dégageaient pas les victimes hurlantes, mais les enterraient plus profondément, afin de parachever l'œuvre des bombes, en riant comme des démons. Il poussa un cri qui le réveilla.

Conscient maintenant, il se retrouva assis dans son lit. Près de lui, sa femme n'avait pas bronché. Il se frotta les yeux et regarda les aiguilles lumineuses de la pendulette à son chevet. Il était 2 h 05.

Quand il lui arrivait de se réveiller à cette heure-là, il ne pouvait plus se rendormir. Il ne lui restait plus qu'à se lever et descendre s'asseoir dans son fauteuil préféré avec un bon livre. Il enfila sa robe de chambre et se dirigea vers l'escalier. Le rêve était toujours présent à son esprit, clair et obsédant. Dans la matinée, il entamerait des recherches pour savoir exactement ce qui s'était passé le jour où la maison des Villiers avait été détruite. Pour l'instant, il lui fallait trouver quelque chose à lire...

Lorsqu'il était jeune et avait davantage de loisirs, il lisait beaucoup. Surtout des essais critiques et des biographies d'écrivains. Mrs Wexford ne comprenait pas ce goût. Pourquoi s'intéresser tellement à ce que quelqu'un d'autre pensait d'un livre ? demandait-elle. N'était-il pas suffisant de lire le livre lui-même ? Il n'avait jamais su lui répondre. Comment expliquer qu'en ces matières, il ne se fiait pas à son propre jugement parce qu'il n'était qu'un policier et n'avait pas fait d'études universitaires ? Comment expliquer qu'il avait besoin de culture générale parce que le but de l'instruction est de tourner l'esprit vers la lumière ?

En songeant à cela et au plaisir qu'il avait tiré de tels ouvrages, son regard tomba sur *Wordsworth et l'Amour.* Il l'avait rapporté du bureau et oublié sur une table basse. Après quatre heures de sommeil, il n'était plus fatigué et se sentait beaucoup mieux que lorsqu'il en avait parcouru les premiers chapitres au bureau.

Dommage que ce fût un ouvrage consacré à un poète aussi ennuyeux que Wordsworth. Il n'échapperait ni à la communion avec la nature ni aux promenades dans la région des Lacs. Si seulement il avait été question de lord Byron, par exemple, ç'aurait été tout différent. C'était un personnage séduisant avec sa vie tumultueuse, son mariage raté et naturellement sa liaison scandaleuse avec Auguste. Cependant, ce n'était qu'une biographie de Wordsworth. Tant pis ! Il allait la lire quand même. Il comprendrait peut-être mieux ensuite la nature de la fascination — et même de l'obsession — que le poète avait exercée sur Villiers, au point de lui faire écrire Dieu sait combien de livres sur lui.

Il commença sa lecture et, cette fois, trouva le texte agréable et facile à suivre. Au bout d'un moment, il regretta de ne pas avoir lu davantage de poésies de Wordsworth. Il ignorait que cet homme avait été amoureux d'une jeune Française et que, mêlé à la Révolution, il avait failli y laisser sa tête. C'était une bonne histoire et Villiers la racontait bien.

À 6 heures, il se fit un grand bol de thé et poursuivit sa lecture, totalement captivé à présent. Le jour pénétrait lentement dans la pièce et de la même façon, la lumière se faisait dans l'esprit de Wexford.

Il termina le dernier chapitre et ferma le livre. Poussant un soupir, il marmonna pour lui-même : « Espèce de vieil imbécile ! » Puis il frotta ses mains engourdies et s'exclama :

— Si seulement ç'avait été Byron ! Bon sang, si seulement ! J'aurais connu la réponse depuis longtemps.

— Le premier lundi du trimestre est encore pire que le jour de la rentrée, décréta John.

Il termina sa troisième tartine de confiture avant d'ajouter d'un air sombre :

— C'est là que les choses commencent à se gâter. (Il désigna sa sœur d'un doigt poisseux :) Tu ferais bien de commencer à être malade.

— Je ne vais pas être malade, idiot !

— Et pourquoi ? Je te dis qu'aujourd'hui, c'est encore pire. Je parie que tu seras bien plus malade quand tu entreras au lycée. Enfin, si tu arrives jusque-là.

— Non, je ne serai pas malade !

— Oh si !

— Taisez-vous tous les deux ! dit Burden. J'ai l'impression que je serais plus tranquille au dépôt, dit-il en se préparant. Vous devez être le frère et la sœur les plus dénaturés du Sussex.

John parut satisfait d'être placé dans une catégorie spéciale. Son père se leva.

— Tu peux m'emmener, papa ? Le Vestige Romain doit nous conduire aux prières ce matin et si je suis en retard, il va faire un foin terrible.

— On dit pas « faire un foin », reprit Burden, machinalement. Mais viens tout de suite, alors. J'ai une journée chargée devant moi.

En entrant au poste de police, il rencontra le sergent Martin dans le hall.

— Du nouveau sur Twohey ?

— Non monsieur, rien encore à ma connaissance. Mais Mr Wexford a dit qu'il voulait vous voir dès votre arrivée.

Burden se précipita vers l'ascenseur. Wexford était assis à son bureau et pianotait nerveusement sur son sous-main. Il avait des poches sous les yeux et paraissait mal en point. Cependant toute son attitude respirait le triomphe. Il avait certainement fait une découverte capitale.

— Vous êtes en retard, remarqua-t-il, sèchement. J'ai dû aller chercher moi-même le mandat d'amener.

— Quel mandat ? Vous avez retrouvé Twohey ?

— Qu'il aille au diable ! s'écria Wexford en sautant sur ses pieds. (Il décrocha son imperméable.) Ne vous est-il jamais venu à l'esprit que nous recherchions un *meurtrier* et non un maître chanteur? Nous allons à Clusterwell procéder à une arrestation.

Burden le suivit docilement. Wexford détestait l'ascenseur depuis le jour où il était resté bloqué pendant une heure entre deux étages et il avait tendance à éviter de le prendre, mais cette fois, il ne fit pas de chichi et poussa bravement le bouton.

— Nous allons chez Villiers? demanda Burden.

Wexford acquiesça d'un signe de tête.

— Eh bien, vous ne le trouverez pas chez lui. Il conduit les enfants à la prière, ce matin.

— C'est bien notre veine! grogna Wexford. À propos, nous emmenons une auxiliaire féminine avec nous.

— Ah bon? Quand allez-vous me dire qui nous allons arrêter et pourquoi?

— Dans la voiture, en cours de route.

Wexford eut un sourire satisfait. Il attendit l'arrivée de l'auxiliaire pour ajouter:

— Cette nuit, je ne pouvais dormir, aussi ai-je lu un livre plein d'enseignements. Je suis un vieil ignorant, Mike. Je ne lis pas assez. Si je m'y étais mis plus tôt, j'aurais tenu la clef du problème depuis longtemps.

— Je ne savais pas que vous étiez amateur de romans policiers dit Burden en toute innocence.

— Ne soyez pas stupide! Je ne prétends pas que ce livre m'a appris les circonstances du meurtre. Du reste, rien n'a été prémédité.

— Bien sûr que non.

— Vous aviez raison sur ce point et sur quelques autres. (Dans un élan de générosité, Wexford ajouta:) Je peux bien vous l'avouer, je commençais à penser que vous aviez raison sur toute la ligne et que je devenais vieux et dépassé.

— Allons, c'est ridicule!

— Oui, bien sûr. Je possède toujours mon flair, j'ai toujours mon intuition. Eh bien, nous n'allons pas rester là toute la journée à deviser. En route!

Quelqu'un d'autre avait dû conduire les enfants à la prière car Denys Villiers était chez lui.

— J'ai pris une journée de congé, expliqua-t-il, je ne me sentais pas bien.

— En effet, vous paraissez malade, Mr Villiers, dit Wexford avec gravité. Vous avez toujours l'air souffrant.

— Vraiment ? Oui, c'est possible.

— Vous ne semblez pas curieux de connaître la raison de notre visite.

Villiers secoua la tête.

— Je ne pense pas que vous ayez amené une auxiliaire de police pour le plaisir. Vous sous-estimez votre adversaire, Mr Wexford.

— Vous avez toujours sous-estimé les vôtres.

Villiers eut un petit sourire douloureux.

— Oui, nous nous sommes joliment trompés les uns sur les autres. (Il alla jusqu'à la porte de la chambre et appela :) Georgina !

Elle sortit, tête basse. Wexford avait déjà vu quelqu'un sortir d'une pièce de cette façon. C'était un homme, un père, qui pendant deux jours avait tenu ses enfants au bout de son fusil, seuls dans une chambre avec lui. À la fin, il avait été persuadé d'abandonner son fusil et de sortir, de franchir le seuil de la chambre pour se rendre à la police et tomber dans les bras de sa femme.

Georgina tomba dans ceux de son mari. Il l'étreignit presque avec tendresse et lui caressa les cheveux. Elle le supplia à voix basse de ne pas la quitter. Elle ne portait aucun bijou en dehors de son alliance et de sa bague de fiançailles.

Le spectacle était si pénible que Wexford ne put se résoudre à formuler son accusation. Il se racla la gorge et toussota, comme il le faisait quand il se sentait gêné.

Soudain, elle leva la tête et regarda les policiers par-dessus l'épaule de son mari. Des larmes roulaient le long de ses joues couvertes de taches de rousseur.

— Oui, c'est moi qui ai tué Elizabeth, dit-elle d'une voix rauque. La torche était sur le sol. Je l'ai ramassée et je l'ai tuée. Je suis heureuse de l'avoir fait. Je ne regrette rien.

Denys Villiers, qui la tenait toujours serrée contre lui, frissonna violemment.

— Si je l'avais su avant, poursuivit-elle, je l'aurais tuée plus tôt. Je l'ai tuée dès que je l'ai su.

Très doucement, Wexford prononça les paroles rituelles de la mise en accusation.

— Peu m'importe ce que vous consignerez par écrit, dit-elle.

Je l'ai tuée parce que je voulais garder mon mari. Il est à moi. Je n'ai jamais rien possédé. Elle avait tout. Moi, je n'avais que lui.

Villiers écoutait, le visage impassible.

— Puis-je l'accompagner ?

Wexford ne s'était pas attendu à l'entendre s'exprimer sur un ton aussi humble.

— Oui, bien entendu, acquiesça-t-il.

La jeune auxiliaire de police conduisit Georgina à la voiture en lui tenant le bras. Burden suivit du pas raide d'un deuillant à des funérailles.

Villiers tourna les yeux vers Wexford et l'inspecteur-chef soutint son regard.

— Elle ne pourra pas vous apprendre grand-chose, dit Villiers, je suis la seule personne vivante qui sache tout.

— Je sais, Mr Villiers, que nous aurons besoin de votre déclaration.

— Je l'ai déjà rédigée. Certains parlent, d'autres gardent tout pour eux, mais les écrivains écrivent. J'ai rédigé cette déclaration cette nuit. Je ne pouvais pas dormir. Je ne peux plus dormir.

L'enveloppe les attendait sur la table du hall, posée contre un vase. Wexford vit qu'elle lui était adressée et qu'elle était timbrée.

— Si vous n'étiez pas venu ce matin, je vous l'aurais expédiée. Je n'aurais pu supporter l'attente plus longtemps. Maintenant que vous l'avez, peut-être pourrais-je enfin dormir.

— Nous partons ? s'énerva Wexford.

Burden prit le volant de la seconde voiture et Villiers s'assit à côté de lui. Personne ne parla. En arrivant à Kingsmarkham, Wexford décacheta l'enveloppe et jeta un bref regard sur la première feuille dactylographiée. Puis la voiture pénétra dans la cour intérieure du poste de police.

Il descendit de voiture et ouvrit la portière avant, mais Villiers ne bougea pas. En touchant son épaule pour lui dire qu'ils étaient arrivés, Wexford constata avec un soudain élan de compassion que Villiers était profondément endormi.

À l'attention de l'inspecteur-chef Wexford

Je ne pense pas figurer parmi vos auteurs favoris, aussi cette déclaration sera-t-elle aussi brève que possible. Je la rédige de nuit, pendant que ma femme dort. Oui, elle peut dormir du sommeil de l'innocence et du justicier.

Lorsque vous m'avez cité Byron j'ai compris que vous saviez *pourquoi* si vous ne saviez pas *comment*. Mais je me suis demandé depuis si vous saviez réellement. Aviez-vous même conscience de ce que vous disiez? Je vous ai regardé. Je m'attendais à ce que vous arrêtiez ma femme et mon visage a dû vous dire de quoi j'avais peur. Était-ce pour m'effrayer et me soutirer une confession que vous m'aviez cité les paroles d'un homme connu dans le monde entier pour avoir été l'amant de sa sœur?

Je pense que je me suis trahi, à ce moment-là. J'ai certainement commis une erreur en vous donnant mon livre à lire, mais je pensais que vous étiez trop ignorant, trop lourd, pour faire le parallèle entre un court passage de mon livre et ma propre vie. Maintenant que l'aube s'est levée et qu'il fait plus clair, je vois la situation froidement et sans passion. Quand je me rappelle mon attitude provocante à votre égard et votre tolérance civilisée, je constate votre perspicacité et reconnais que j'ai eu tort: vous liriez mon livre et vous comprendriez tout. « Tu es le meilleur philosophe, toi qui vois au milieu des aveugles. »

Wordsworth a écrit cette phrase, Mr Wexford. Comme vous le savez maintenant, Wordsworth a, lui aussi, aimé sa propre sœur, mais, disciple du devoir et obéissant à la voix de Dieu, il la quitta.

Vous n'aurez plus à vous demander ce qui m'a séduit chez Wordsworth et quelle affinité particulière nous unissait, car bien que Dorothy apparaisse dans mon livre comme un simple intermède entre Annette et Mary, vous aurez noté le rapprochement. Vous aurez compris ce qui, lorsque j'étais un jeune homme cherchant un sujet auquel dédier sa vie, m'a attiré vers ce poète. Entre mille autres choses, bien entendu. Car je considère qu'après Milton, Wordsworth est notre plus grand poète et peux sincèrement dire avec Coleridge « Wordsworth est un très grand homme, le seul auprès de qui en tous temps et en toutes circonstances, je me sente toujours inférieur ».

Naturellement, j'aurais pu opter pour lord Byron. L'évidence du choix m'en dissuada. De plus, je ne voulais pas perdre mon temps sur quelqu'un que je considère comme superficiel et grandiloquent. C'est un fanfaron dont le nom n'est resté dans les lettres que parce qu'il a — selon toute vraisemblance — commis un inceste avec Auguste Leigh. Mais justement, *parce que* Byron est plus connu aujourd'hui pour son inceste que pour ses vers, le seul fait de l'entendre citer me met les nerfs en pelote. En vérité, je suis allergique à Byron.

Mais j'oublie ma promesse d'être bref et m'égare sur des considérations oiseuses.

Quand nous étions enfants, je n'aimais pas ma sœur. Nous nous querellions constamment et notre séparation ne m'a causé nulle détresse, heureux que nous étions d'être débarrassés l'un de l'autre. Je ne l'ai pas revue avant ma dernière année à Oxford.

Notre rencontre eut lieu à l'occasion d'une réception pour les vingt et un ans d'un de mes camarades d'université. Le père de ce garçon me présenta sa secrétaire, une certaine Elizabeth Laugham. Nous sortîmes ensemble et elle devint bientôt ma maîtresse.

Je vous ai dit que je savais mentir, mais je ne mens pas en affirmant que je n'avais aucune idée sur sa véritable identité. Neuf années avaient passé et nous avions changé. Je lui ai demandé de m'épouser et ce fut alors qu'elle m'avoua la vérité. Depuis deux mois, j'avais été l'amant de ma propre sœur.

Pendant des années, elle avait suivi mon existence avec envie, maudissant la disparité flagrante de nos situations respectives et l'injustice dont elle se jugeait victime.

Après s'être enfuie à Londres avec un dénommé Laugham qui lui avait offert des cours de secrétariat, elle avait trouvé un emploi auprès du père de mon camarade. Sachant que son fils et moi étions ensemble à Oxford, elle était venue à cette réception par curiosité, pour me voir. Et quand elle accepta de sortir avec moi, elle mûrissait bien entendu un projet de vengeance dans la tête. Et puis elle a perdu le contrôle de la situation. En dépit de ce qu'elle savait, elle tomba amoureuse de moi. En fut-elle troublée ? Je ne le crois pas. Bien avant de me rencontrer, elle avait franchi les bornes de la morale conventionnelle. Elle ne vit dans ce geste qu'un pas de plus dans son défi à la société.

Nous nous séparâmes. Elle partit pour l'Amérique avec son

patron et je retournai à Oxford. Je ne m'étendrai pas sur mes sentiments à l'époque. Vous êtes un homme sensible et vous pouvez les imaginer.

Je me mariai dès que j'eus obtenu mes diplômes, non par amour — je n'ai jamais, de toute ma vie aimé une autre femme qu'Elizabeth — mais par souci de sécurité : pour rester normal.

La pension que mon oncle m'avait laissée cessa quand j'eus vingt et un ans. Aussi, conscient de ne pouvoir vivre de la poésie, je fis une demande pour devenir professeur à la King's School.

Prenais-je un risque en retournant à Kingsmarkham ? Elizabeth m'avait dit détester cet endroit qui lui rappelait tant de mauvais souvenirs. Je pensais avoir découvert la seule ville au monde où ma sœur éviterait toujours de revenir.

Ce fut cet incorrigible bavard de Lionel Marriott qui m'apprit qu'Elizabeth était là. Je redoutais de la revoir tout en le désirant ardemment. Nous nous rencontrâmes. Elle me présenta son mari, fils d'un millionnaire qui était allé passer des vacances en Amérique, alors qu'elle y travaillait. Il avait acheté le manoir pour lui en faire la surprise, s'imaginant qu'elle serait heureuse de retrouver le berceau de son enfance.

Nous nous assîmes à la même table, avec son mari et ma femme. Nous échangeâmes des propos anodins. Jusqu'à ce que nous ayons l'occasion de nous rencontrer seul à seule, et cela, Mr Wexford, fut le deuxième commencement.

Notre amour aurait été impossible sans l'innocente complicité de Quentin Nightingale. Si je ne lui avais pas été sympathique, il aurait été difficile pour Elizabeth et moi de nous rencontrer. Et comme je n'aurais pu supporter de vivre près d'elle sans la voir, j'aurais été obligé de changer d'emploi et de m'en aller vivre ailleurs. Je regrette maintenant de tout mon cœur que cela ne se soit pas produit.

Les femmes sont plus dures que nous, moins scrupuleuses, moins aptes à culpabiliser. Je suppose qu'Elizabeth était éprise de Quentin quand elle l'a épousé, et qu'elle avait l'intention d'être une épouse honnête et fidèle. Mais dès que je réapparus dans sa vie, elle oublia tout et se mit à utiliser ce malheureux comme un outil. Son intention était de m'avoir comme amant, tout en conservant sa position, sa fortune, sa réputation. Elle voulait tirer le maximum des deux univers dans lesquels elle évoluait et elle l'obtint. Cependant, je ne cherche pas à rejeter le blâme sur elle, car j'étais tout aussi coupable. La différence était que je possédais une conscience et qu'elle n'en avait pas.

Elle manipulait Quentin de façon subtile et détournée. Elle lui déclara, prétendant tenir ces renseignements de ma femme, que j'étais un homme difficile, à la personnalité perturbée. Il serait charitable de sa part de se montrer amical envers moi. Quentin réagit aussitôt en m'offrant une pièce dans la Vieille Maison, pour mon usage exclusif.

Elle en arriva à ce que toutes les invitations à me rendre au manoir viennent de Quentin, car Elizabeth et moi devions paraître ne pas nous aimer. Pourquoi ? Elle prétendait que si nous montrions même une normale affection fraternelle en public, nous finirions par trahir l'amour — plus profond qu'il n'est permis entre frère et sœur — que nous éprouvions l'un pour l'autre. Je ne pense pas que c'était la véritable raison. Je crois plutôt qu'elle aimait l'intrigue et notre froideur en public était pour elle un piment à notre amour privé.

Et si je vous dis que j'éprouvais pour Quentin une réelle affection, allez-vous me taxer de la plus vile hypocrisie ? Ou bien votre expérience vous a-t-elle appris que c'est souvent ceux que nous avons trahis et déçus que nous aimons le plus ? Car en les empêchant de découvrir notre trahison, nous apprenons à les protéger de tout autre mal, et les mots aimables que nous utilisons à l'origine pour les aveugler deviennent finalement sincères. Oui, Mr Wexford, j'aimais tendrement Quentin. Et Elizabeth qui décourageait toutes autres amitiés, par crainte de me voir amené à faire des confidences dangereuses, me permettait celle-là. Elle ne comprenait pas que de tous les hommes, Quentin était celui auquel j'aurais voulu me confesser, car seul son pardon aurait eu pour moi quelque valeur.

Je vais maintenant en venir à Twohey. Il avait vu Elizabeth me rendre visite à la Vieille Maison. Il l'avait surveillée et, un jour, il me vit descendre l'escalier en l'enlaçant dans une étreinte qui n'avait rien de fraternel. À travers la fenêtre et au téléobjectif, Twohey nous photographia. Je dus céder à son chantage. Lorsqu'il m'eut saigné à blanc, Elizabeth commença à vendre ses bijoux et à faire exécuter des copies.

Vous n'avez pas encore retrouvé Twohey, n'est-ce pas? Laissez-moi vous aider. À part le souci d'épargner à Georgina autant de souffrance que je le peux, il me reste un seul souhait, c'est de voir Twohey aussi brisé qu'Elizabeth et moi l'avons été.

Vous trouverez son adresse sur les factures de la couturière, dans le bureau de la chambre d'Elizabeth. Elles sont au nom de Tanya Tye. C'est le pseudonyme de la femme avec qui il vit dans un luxueux appartement de Bruton Street. Le truc était aussi simple qu'astucieux. Chaque fois que Twohey voulait de l'argent, il adressait une facture au nom de Tanya Tye et la somme qu'Elizabeth devait payer était celle indiquée plus un zéro. Par exemple, si la facture était de 150 livres, Elizabeth devait payer 1500 livres. Elle envoyait l'argent au moyen de petits paquets bruns. Le dernier a été posté par Katje, la veille de la mort d'Elizabeth. Pour lui montrer qu'il avait reçu le paquet, il lui envoyait la facture acquittée.

Bonne chance, Mr Wexford !

Je suppose que Marriott vous a éclairé sur tous les détails de ma vie « publique ». Vous devez savoir que les Nightingale et moi prenions toujours nos vacances ensemble et qu'il y a deux ans, à cause de la maladie de Quentin, Elizabeth et moi sommes partis seuls. Marriott déclara qu'à notre retour de Dubrovnik, nous avions l'air malades et défaits. Il ne lui vint jamais à l'esprit que nous avions le cœur brisé, non parce que nous nous étions querellés, mais parce que nous avions été trop heureux.

Je voulais qu'elle quitte Quentin et parte avec moi. Elle refusa. Si nous nous étions installés ensemble des années plus tôt, personne n'aurait soupçonné que nous étions frère et sœur. Maintenant tout le monde le savait et le scandale aurait été énorme. Du moins, ce fut ce qu'elle prétendit, mais je la connaissais si bien ! *soror mea sponsor !* Je savais que sa fortune et sa position avaient pour elle autant d'importance que moi. Elle était habituée à vivre dans ces deux mondes et, mis à part la terreur que lui inspirait Twohey, elle était très heureuse.

Moi, j'en étais arrivé au bout de mon rouleau. J'avais trente-six ans. Toute ma vie, j'avais travaillé dur, mais je ne possédais plus rien. Le fruit de tout mon travail n'avait servi qu'à faire vivre dans le luxe l'amant d'une couturière de Mayfair. Je n'avais ni femme, ni enfant, ni ami et je vivais dans un sordide logement de trois pièces. Bien sûr, j'avais aussi Elizabeth, mais pour combien de temps ? Le jour viendrait où, apaisée par l'âge, elle me sacrifierait à son autre monde, plus sûr.

Je décidai d'opérer une rupture complète. Je refusai toutes les invitations de Quentin au manoir. Je pensais que je serais capable de travailler, mais je restais, soir après soir, étendu sur mon lit, incapable de rien faire sinon de songer au suicide. C'était une « nuit sombre de l'âme » comparable à la dépression que Wordsworth avait connue quand il avait dû quitter la France et abandonner Annette.

Je ne voulais plus d'Elizabeth. Si quelqu'un me manquait, c'était Quentin. Finalement, je me rendis au manoir, pour leur dire que je ne les accompagnerais pas à Rome. Je regardai Elizabeth et ne ressentis rien. Il était incompréhensible pour moi d'avoir gâché le meilleur de ma vie à l'aimer.

Je partis pour l'Espagne. Non pas l'Espagne romantique et magique de Madrid et des hautes sierras, mais l'étouffante concentration de congés payés qu'est ce que nous avons fait de la Costa Brava. Je partis comme moniteur des élèves de l'école. Je me disais qu'éprouver rage et exaspération était mieux que ne rien éprouver du tout.

Georgina se trouvait dans le même hôtel que moi. Je ne suis plus un homme séduisant, Mr Wexford. Je n'ai pas de conversation, car j'ai déversé toutes les ardeurs de mon âme sur ma sœur. Il y a bien longtemps que j'ai perdu la technique pour courtiser une femme. Je conviens mieux à la cellule d'un trappiste qu'à l'antichambre d'une dame galante. Mais Georgina tomba amoureuse de moi, la pauvre petite. Dans cet horrible hôtel, l'amour de Georgina ressemblait à une mauvaise plaisanterie.

J'avais eu tout — dons, fortune — et j'avais tout gâché. Elle, elle n'avait jamais rien eu. Benjamine d'une famille nombreuse et pauvre, elle m'avoua qu'elle n'avait jamais possédé quelque chose exclusivement à elle. Aucun homme ne l'avait jamais regardée ou invitée à sortir plus de deux fois. Elle était laide, timide et ennuyeuse.

Une pauvre créature défavorisée par la nature, alors que moi...

Bref, nous nous mariâmes. J'amenai Georgina au manoir et

lus la déception dans les yeux de Quentin. Elizabeth n'éprouva aucune déception. Elle était triomphante et plus belle que jamais dans sa robe de satin blanc et ses bijoux en toc. Je la regardai. Je regardai la pauvre Georgina et je me demandai, en retombant amoureux de ma sœur, ce que j'avais fait.

C'était le troisième et dernier commencement.

Je voulais m'établir. Je voulais des enfants. Sinon six, du moins plusieurs. Mais je n'écoutai pas l'austère voix de la raison, ni même la voix querelleuse de ma femme, proclamant que j'étais tout pour elle — y compris une compensation à ses longues années de solitude. J'étais un véritable mari qui devait la chérir. Je n'écoutai que la voix de ma sœur.

Ainsi nous en arrivons au jour de la mort d'Elizabeth.

Non, bien sûr, vous ne m'avez pas cru, lorsque je vous ai dit que j'étais allé à la bibliothèque de l'école en rentrant, pour faire des recherches. Seule une femme aussi innocente et s'intéressant aussi peu à la littérature que Georgina pouvait le croire.

Mes propres livres sur Wordsworth sont les seuls sur ce sujet à la bibliothèque de l'école, à part les éditions de Selincourt et de Darbyshire, et je les possède également chez moi. La vérité est que j'allais retrouver Elizabeth dans la forêt.

Nous avions passé l'après-midi ensemble, mais ce n'était plus assez pour nous. Les vacances scolaires seraient bientôt terminées et alors... des parties de bridge hebdomadaires ? Des discussions littéraires avec Quentin, Elizabeth étant là en témoin silencieux ? Nous en étions malades d'appréhension. Nous convînmes de nous retrouver dans la forêt, à 11 heures.

J'ai dit que Georgina acceptait mes mensonges. En fait, si elle les avait acceptés, Elizabeth serait encore en vie. Georgina avait commencé à douter de moi. Et pour une femme aussi possessive qu'elle, le doute appelait l'action.

Nous allâmes au manoir jouer au bridge. Juste avant de partir, Elizabeth offrit un foulard de soie à Georgina. Elle avait l'habitude de lui donner des vêtements dont elle ne voulait plus. Je suppose qu'elle s'amusait à voir de jolis vêtements qu'elle avait portés sur Georgina, sachant que je me livrerais à d'injustes comparaisons.

Je reconduisis Georgina à la maison et ressortis pour aller

retrouver Elizabeth. Elle arriva dans la clairière juste avant 11 heures. Nous nous assîmes sur un tronc d'arbre, nous allumâmes une cigarette et fumâmes en bavardant. Elizabeth avait apporté cette torche pour s'éclairer car la lune s'était cachée et il faisait sombre.

Vingt minutes passèrent. Elle déclara que nous devrions rentrer. La légère impatience de Georgina après la partie de bridge l'avait rendue nerveuse et elle prétendit que rester plus longtemps dans la forêt serait tenter le sort.

J'avais l'habitude, après ces rencontres, d'attendre près de ma voiture et de la regarder traverser la route et gagner le parc du manoir. Aussi marchâmes-nous enlacés jusqu'à la voiture. Nous aperçûmes, alors, les phares d'une automobile qui roulait lentement comme si le conducteur explorait les abords de la forêt. Le véhicule passa et nous l'oubliâmes.

Quand nous arrivâmes près de ma voiture, Elizabeth s'aperçut qu'elle n'avait pas sa torche et elle retourna la chercher en disant que si quelqu'un la trouvait, on saurait qu'elle était venue là. Je voulus l'accompagner, mais elle refusa. Que pouvait-il lui arriver, en vérité ?

Je la pris dans mes bras et l'embrassai comme je l'avais fait le jour où Twohey nous avait vus. Puis je retournai à la maison. Georgina n'était pas là, ni sa voiture. Elle revint à minuit, tremblante dans sa blouse mince, car elle avait brûlé son gilet de laine sur le feu de Palmer. Et dans sa main, elle tenait la torche ensanglantée entourée d'un journal.

Elle m'avait suivi, Mr Wexford, et m'avait vu embrasser Elizabeth. Aussi avait-elle attendu près du tronc d'arbre qu'Elizabeth revienne chercher la torche électrique.

Ce qui s'est passé, alors, je ne le sais que par ce que Georgina m'a raconté. Elle avait subi un tel choc, elle était tellement horrifiée par ce qu'elle avait vu que son « équilibre mental », comme disent les juristes, en était perturbé.

Elle essaya de s'expliquer avec Elizabeth, mais elle se montra incohérente, presque hystérique. Elizabeth se moqua d'elle. Que pensait-elle, elle, Georgina, pouvoir faire ? lui demanda-t-elle. Par la nature même des choses, nous ne pourrions être toujours des amants. Georgina n'avait qu'à attendre. Un jour, je lui reviendrais sûrement. Elle n'allait pas risquer le scandale en faisant des scènes et en racontant ce qu'elle avait vu.

Elizabeth se pencha pour ramasser la torche qui était tombée, pensait-elle, derrière le tronc d'arbre. Elle se trompait. Georgina la tenait à la main et pendant qu'Elizabeth lui tournait le dos elle leva le bras et frappa ma sœur à coups redoublés jusqu'à ce que mort s'ensuive.

Georgina portait elle-même l'écharpe de soie. Elle s'essuya les mains avec, traversa la route et cacha le foulard dans le creux d'un arbre. Puis elle brûla son gilet sur le feu allumé par Will Palmer.

N'est-ce pas là à peu près tout ? Quand Georgina revint à la maison et me dit ce qu'elle avait fait, je lui confessai toute l'histoire. Je lui parlai du chantage et des bijoux.

Je sais ce que vous vous demandez. Pourquoi moi, l'amant de ma sœur et son plus cher ami, n'ai-je pas livré immédiatement ma femme à la justice ? Et vous connaissez déjà la réponse : j'ai craint que nos rapports ne soient dévoilés. Mais ce n'est pas la seule raison. J'étais aussi frappé d'horreur et de chagrin, mais même alors, je voulais sauver ma vie. Elizabeth disparue, je pouvais espérer vivre en paix, heureux de ne plus dire de mensonges.

L'homme est une étrange créature, Mr Wexford. Il s'est élevé tellement au-dessus de ses frères inférieurs, les animaux, que la théorie de Darwin lui paraît fantastique. Et cependant, il partage encore avec eux ses plus forts instincts de conservation. Le monde entier peut bien tomber en ruine autour de lui, il cherche encore un coin pour courir se réfugier, dans l'espoir que quelle que soit la violence du bombardement, il ne sera pas trop tard.

À ce moment-là, j'ai maudit Georgina. J'aurais pu la battre à mort, mais je me suis dit que ce qui était arrivé était ma faute. J'avais commis la première erreur en allant à cette réception d'anniversaire, il y avait si longtemps. Aussi, au lieu de me livrer à des violences, je la pris dans mes bras et sentis le sang d'Elizabeth dans ses cheveux et sous ses ongles.

Je lavai la torche et jetai les piles inutilisables. Je fis couler un bain pour Georgina et lui dis de se laver la tête. La jupe et le chemisier qu'elle portait furent brûlés dans le fourneau de la cuisine.

Je ne voyais pas comment vous pourriez soupçonner Georgina car elle n'avait aucun mobile apparent et ce fut pourquoi je perdis la tête quand vous êtes venu nous parler du testament. Arrêter ma femme et la faire condamner sous un faux mobile ! Cela aurait constitué l'ultime ironie !

Elle était trop nerveuse, trop maladroite pour répondre à vos attaques. Quand nous étions seuls, elle me disait qu'elle aimerait se confesser, car vous ou n'importe quelle personne sensée comprendrait. Je l'en empêchai. Je pensais qu'il nous restait une chance. Puis vous avez cité *Lara* et j'ai commencé à prendre des notes, pour préparer cette déclaration.

Tout est terminé maintenant.

J'en suis sûr, vous serez bon pour Georgina. Je sais aussi que durant son procès, tous les lecteurs de journaux de ce pays feront l'unanimité en sa faveur, comme ces arbitres élus importants que sont les juges et les jurés. Elle ira en prison pendant deux ou trois ans. Puis, un jour, elle se remariera. Elle aura les enfants dont elle a besoin et mènera la vie tranquille qu'elle désire. June est remariée depuis longtemps. Bientôt, Quen aura sa petite Hollandaise comme châtelaine de Myfleet et, si elle lui est infidèle, ce sera une de ces infidélités naturelles que mon aimable beau-frère supportera probablement sans trop souffrir.

Quant à Elizabeth, elle est morte au sommet de son amour et en plein triomphe, juste à temps pour éviter l'amertume de se sentir vieillir.

En vérité, on pourrait dire avec Oscar Wilde que, comme dans la fiction, les bons sont récompensés et les méchants punis. Mais peut-être est-ce également vrai dans la réalité. En d'autres termes, chacun selon son dû et je n'ai que ce que je mérite.

Je n'ai aucune idée sur ce que je vais devenir, mais je pense que, de toute façon, il est bien improbable que je retrouve un poste dans l'enseignement.

Je m'en soucie assez peu. Je crois que je pourrai supporter le scandale qui va déferler sur moi, et si les gens me fuient, je saurai vivre sans eux. La seule personne sans laquelle je ne puis vivre, je ne la reverrai jamais — et c'est ce qui m'est le plus insupportable.

Je ne la serrerai plus dans mes bras, dans la forêt profonde ou dans l'ombre de la Vieille Maison. Je ne pourrai plus la voir évoluer, vêtue de sa robe de satin blanc. Je n'entendrai même plus sa mémoire évoquée avec respect et admiration. Elle est morte — et sa mort est pour moi l'ultime et irréparable mutilation.

Votre inspecteur m'a demandé l'autre jour ce que je voulais et rien n'est survenu pour changer ma réponse : je veux mourir.

Postface

Ce livre pourrait être considéré comme un écho malicieux au tout premier roman publié de Ruth Rendell. Une variation à la fois plus libre et plus simple, plus esthète aussi, sur le thème sulfureux de l'amour interdit. À l'histoire contrariée de Fabia (« Doon ») et Margaret, répond en effet la liaison incestueuse, également précaire, vouée à l'échec et au drame, d'Elizabeth Nightingale et de son frère Denys Villiers.

À cette différence près que l'auteur, cette fois, a recours à une mise en scène imitant celle d'une sorte de roman classique, placé sous les auspices de la poésie — dont l'un des protagonistes, Villiers, est un spécialiste — comme pour mieux faire surgir la singularité du thème. Le dévoilement progressif de celui-ci prend la forme d'un subtil jeu de cache-cache avec le caractère prosaïque du police procedural *et instaure un équilibre qui rend le roman à son but véritable : la résolution d'une énigme. La romancière ne néglige pas un seul instant les possibilités que lui offrent les natures également contrastées de ses deux limiers. Wexford ne perd pas une occasion de faire étalage de ses connaissances littéraires, semant la confusion dans l'esprit du malheureux Burden.*

Le regard que porte l'auteur sur l'univers des « gens du manoir » est ambigu. Si l'on considère que Wexford est son porte-parole — ainsi qu'elle l'a plusieurs fois prétendu dans des interviews — on peut déceler dans les commentaires de celui-ci une sorte d'ironie, voire d'exaspération face au snobisme évident des Nightingale-Villiers. On ne peut également s'empêcher de penser que Rendell, cette grande lectrice de Trollope et de Thomas Hardy, nous entraîne sur la voie maniériste d'un jeu purement littéraire — que cautionne d'ailleurs la présence de

Denys Villiers. Douze ans avant Le maître de la lande, *elle introduit dans son œuvre une dimension de pastiche qui traduit ce sentiment d'amour-répulsion qu'elle semble éprouver pour les êtres dévorés de romantisme. Dans* Et tout ça en famille *comme dans* Un amour importun, *nous assistons au naufrage d'aventures amoureuses confrontées à l'intolérance et à l'égoïsme forcené des êtres. Rendell semble vouloir ajouter à ce constat un message qu'un certain nombre de ses œuvres à venir amplifiera de façon parfois plus saisissante encore : le rêve des uns, dit-elle, peut devenir le cauchemar des autres, obligeant des êtres pondérés de la trempe de Wexford à intervenir. Alors, le spectacle des rêves brisés ne devient-il pas lui-même la véritable raison d'être du policier de roman tel que le conçoit Ruth Rendell ?*

1971

LE PETIT ÉTÉ DE LA SAINT-LUC

Traduction de Marie-Louise Navarro
revue et complétée.

Ce roman a paru sous le titre original :
NO MORE DYING THEN

Pour Gerald Austin

1

La période de beau temps qui se produit si souvent à la mi-octobre est connue sous le nom de « Petit Été de la Saint-Luc ». L'appellation « Petit Été » ne nécessite pas d'explication. « Saint-Luc » vient d'une coïncidence, le 18 octobre étant la fête du saint.

Se chauffant sous ce beau soleil d'automne, le sergent Camb exposa cette information oiseuse à Harry Wild, avec un sourire sentencieux.

— Vraiment ? Je vais peut-être en faire une note.

Wild tira sur sa vieille pipe et posa ses coudes aux manches renforcées de cuir sur le comptoir. Puis il bâilla :

— Vous n'avez rien de plus excitant à me raconter ?

Camb se mit à bâiller lui-même avant de faire une troisième réflexion sur la lourdeur de la température et de se décider à ouvrir son carnet.

— Deux véhicules sont entrés en collision à l'intersection de High Street et de Queen Street, pas de blessé. Cela remonte à dimanche. Rien pour le *Courier* là-dedans. Disparition d'une jeune fille de dix-sept ans, mais on sait où elle est. Ah ! un babouin s'est échappé de chez le marchand d'animaux exotiques ! Mais on l'a retrouvé, fouillant dans une poubelle, ajouta-t-il lorsque Wild leva les yeux.

— Quel trou ! soupira Wild. Eh bien ! j'ai opté pour une vie tranquille de quoi me plaindrais-je ? Si la fantaisie m'en prenait, je pourrais retourner à Fleet Street. Je n'aurais qu'un mot à dire et je serais là-bas où il se passe toujours quelque chose.

— Bien sûr.

Camb savait pertinemment que Wild était journaliste au

Kingsmarkham Courier parce que sa paresse, sa sottise, et maintenant son âge l'écartaient de journaux plus réputés. Wild venait au poste de police depuis de longues années et, chaque fois, il parlait de Fleet Street comme si c'était lui qui avait refusé d'en faire partie et non le contraire. Mais au poste, on acceptait cette explication pour avoir la paix.

— C'est comme moi, déclara Camb, Mr Wexford m'a demandé bien souvent d'entrer au CID, mais je m'y suis toujours refusé. Je ne suis pas ambitieux. Et pourtant, j'aurais pu m'y rendre utile.

— Assurément, répondit poliment Wild en retournant le compliment mais, je vous le demande, où mène l'ambition ? Regardez l'inspecteur Burden, par exemple. Il est usé avant l'âge. Je parie qu'il n'a pas encore quarante ans !

— Il faut reconnaître qu'il a eu beaucoup d'ennuis. Il est resté veuf avec deux enfants sur les bras.

Wild poussa un soupir lugubre.

— Une triste histoire. Cancer, je crois ?

— En effet. Elle était en parfaite santé à cette époque l'année dernière et elle est morte à Noël. Elle n'avait que trente-cinq ans. Cela donne à réfléchir.

— À la fleur de l'âge. J'ai l'impression que cela a été un coup très dur pour lui. Je suppose que c'était un ménage uni ?

— Ils étaient amoureux comme au premier jour.

Camb se redressa en voyant s'ouvrir la porte de l'ascenseur. L'inspecteur-chef Wexford en sortit.

— On bavarde, sergent ? Bonjour Harry. (Jetant un coup d'œil sur les deux tasses à thé vides, il ajouta :) Cet endroit ressemble de plus en plus au thé hebdomadaire des dames de charité.

— Je racontais à Mr Wild la fugue de notre babouin, déclara Camb avec dignité.

— Quelle nouvelle palpitante ! Vous pourrez en tirer un récit à sensation, Harry : les mères de famille effrayées n'osent plus laisser leurs enfants hors de leur vue. Une femme est-elle en sécurité tant que cet animal sauvage écume nos prairies ?

— On l'a retrouvé, monsieur. Dans une poubelle.

— Sergent, si je ne vous en savais incapable, je penserais que vous vous moquez de moi ! (Un rire silencieux agita Wexford qui reprit :) Lorsque l'inspecteur Burden reviendra, dites-lui que je suis parti plus tôt pour profiter de notre été indien.

— Le « Petit Été de la Saint-Luc », monsieur.

— Vraiment ? J'accepte la correction. Je souhaiterais avoir le loisir de découvrir ces informations passionnantes sur la science météorologique ! Voulez-vous que je vous dépose quelque part, Harry ? Si toutefois, le sergent a terminé ses singeries.

Camb eut un petit sourire complaisant.

— Merci beaucoup, répondit Wild.

Il était plus de 5 heures, mais il faisait encore très doux. Le sergent s'étira et souhaita voir arriver l'agent Peach pour l'envoyer chercher une autre tasse de thé.

Au même instant, le téléphone se mit à sonner. Une voix de femme, basse et vibrante. Une voix de théâtre, pensa Camb.

— Excusez-moi de vous déranger, mais mon petit garçon... il... eh bien, il jouait dehors et... il a disparu. Je ne sais... peut-être que je m'inquiète à tort.

— Vous ne nous dérangez pas du tout, madame, nous sommes là pour ça. Quel est votre nom ?

— Lawrence. J'habite 61, Fontaine Road, à Stowerton.

Camb hésita une seconde. Puis il se souvint que Wexford lui avait spécifié que tous les cas de disparition d'enfant devaient être signalés au CID. Il ne voulait pas que l'affaire Stella Rivers se reproduise.

— Ne vous inquiétez pas, Mrs Lawrence, je vais vous mettre en communication avec quelqu'un qui va vous aider.

Il brancha la ligne et entendit la voix du sergent Martin avant de raccrocher en soupirant. Quel dommage que Harry soit parti juste au moment où la seule nouvelle importante de la semaine arrivait. Bah ! Il pourrait toujours téléphoner à ce vieil Harry demain par exemple. Le gosse serait probablement retrouvé, comme le singe. À Kingsmarkham bêtes et gens étaient généralement retrouvés. Camb tourna la tête comme on retourne un toast pour profiter d'un dernier rayon de soleil. Il était 5 h 20. À 6 heures, il se mettrait à table pour dîner à Severn Court, Station Road, puis il irait faire un petit tour au *Dragon* avec sa femme, puis la télé...

— On fait un petit somme, sergent ? dit une voix coupante comme une lame de rasoir.

Camb sursauta violemment.

— Excusez-moi, Mr Burden, c'est la chaleur, ça endort. On appelle ça « Le Petit Été de la Saint-Luc, parce que...

— Bon Dieu ! Vous perdez les pédales ?

Burden ne jurait jamais autrefois. C'était même une des plaisanteries du poste de police de constater qu'il ne faisait jamais appel en vain au nom du Seigneur et qu'il ne proférait aucun des jurons que tous les autres prononçaient. Camb regrettait ce bon vieux temps. Il se sentit rougir, et le soleil n'y était pour rien.

— Aucun message pour moi ? demanda sèchement Burden.

Camb le considéra avec tristesse. Il était navré pour l'inspecteur Burden. Son cœur se serrait en songeant au deuil de son collègue. C'est pourquoi il pardonnait à Burden de l'humilier devant Martin, Gates et même l'agent Peach. Camb imaginait combien il devait être pénible de perdre sa femme, la mère de ses enfants et de se retrouver seul et désolé. Burden était si maigre. Ses pommettes saillaient sur ses joues creuses. Ses yeux brillaient d'un éclat insolite et, si on le fixait, son regard devenait vite insoutenable. Pourtant, il avait été plutôt joli garçon, dans un genre très anglais, blond au teint coloré. Maintenant, toute vie semblait l'avoir abandonné et il donnait l'impression d'être uniformément gris. Il portait une cravate noire, nouée si serrée qu'elle paraissait l'étrangler.

Au moment où le malheur l'avait frappé, le sergent avait exprimé sa sympathie, comme tout le monde. Plus tard, il avait essayé d'ajouter quelque chose de plus personnel et de plus sincère mais Burden lui était tombé dessus comme un homme qui dégaine une épée. Il avait dit des choses épouvantables. C'était encore plus épouvantable de les entendre de cette bouche douce que des lèvres des durs de Kingsmarkham qui employaient d'habitude ce langage. C'était comme d'ouvrir un joli livre d'un auteur dont vous aimiez les ouvrages et d'y lire un mot qui s'écrivait autrefois avec un « p » et des points de suspension. Aussi, bien qu'il désirât se montrer aimable — et n'était-il pas assez vieux pour être son père ? — Camb se contenta de soupirer en répondant d'une voix neutre :

— Mr Wexford est rentré chez lui, monsieur. Il a dit...

— C'est tout ?

— Non, monsieur. On a signalé la disparition d'un enfant.

— Pourquoi diable ne le disiez-vous pas tout de suite?

— On s'en occupe. Martin a pris l'affaire en main et doit avoir téléphoné à Mr Wexford. Écoutez, monsieur, ce n'est pas à moi de m'en mêler mais... pourquoi ne rentreriez-vous pas tranquillement chez vous?

— Quand j'aurai besoin de vos conseils, sergent, je vous les demanderai. Dois-je vous rappeler que le dernier enfant qui a disparu n'a jamais été retrouvé? *Je ne rentre pas chez moi.*

Rien ne m'attend chez moi. Il ne le dit pas, mais les mots étaient là, et le sergent les entendit.

— Donnez-moi une ligne extérieure.

Camb s'exécuta, et Burden ordonna:

— Appelez chez moi.

Camb composa le numéro et tendit l'appareil à l'inspecteur lorsque sa belle-sœur, Grace Woodville, répondit.

— Grace? Mike. Ne m'attends pas pour dîner. Un enfant a disparu. Je rentrerai vers 10 heures.

Burden raccrocha avec fracas et se dirigea vers l'ascenseur. Camb regarda les portes fermées pendant dix minutes, puis le sergent Mathers vint le relever.

Le bungalow de Tabard Road était exactement tel qu'il était du temps de Jean Burden. Les parquets brillaient du même éclat, les vitres étincelaient et il y avait des fleurs — des chrysanthèmes en cette saison — dans les vases. Une honnête cuisine anglaise était servie à des heures régulières, et les enfants avaient cette allure bien tenue qui est le fait d'une mère vigilante. Dès 8 heures et demie, les lits étaient faits, la lessive séchait à 9 heures et une voix agréable répondait à ceux qui venaient à la maison.

Grace Woodville veillait à tout. Il lui avait semblé naturel de tenir la maison comme sa sœur l'avait fait et de se conduire avec les enfants comme celle-ci. Elle ressemblait déjà autant à sa sœur qu'il était possible pour deux femmes qui ne sont pas jumelles. Elle avait la situation bien en main. Parfois, elle pensait que John et Pat avaient presque oublié. Ils venaient à elle quand ils avaient du chagrin, des ennuis ou besoin d'affection, exactement comme ils se seraient tournés vers Jean. Ils semblaient heureux et remis du choc éprouvé à Noël. Oui, cela avait bien marché avec eux. Il n'en avait pas été de même avec Mike. Avait-elle vraiment cru que ce serait possible ?

Elle reposa le téléphone et regarda dans le miroir où elle vit se refléter le visage de Jean.

Son propre visage n'avait jamais ressemblé à celui de Jean du vivant de celle-ci. Il était différent, plus carré, plus fort, plus achevé et — pourquoi ne pas le reconnaître ? — plus intelligent aussi. Il ressemblait à celui de Jean, maintenant. Toute sa vivacité avait disparu. Ce n'était pas étonnant quand elle songeait à la façon dont elle passait ses journées à cuisiner, laver, nettoyer et attendre à la maison un homme qui trouvait tout cela naturel.

Elle appela :

— John ? C'est ton père. Il ne rentrera pas avant 10 heures du soir. Nous ferions mieux de dîner.

Sa sœur était dans le jardin où elle ramassait des chenilles qu'elle collectionnait au garage. Grace éprouvait autant de dégoût pour les chenilles que la plupart des femmes pour les souris et les araignées, mais elle devait prétendre s'extasier parce que c'était ce que Pat attendait de sa mère.

— Pat ! À table, chérie, dépêche-toi et va te laver les mains.

La petite fille avait onze ans. Elle arriva en courant et ouvrit la boîte d'allumettes qu'elle tenait à la main. L'estomac de Grace se contracta à la vue de la chose verte et grouillante qui se trouvait à l'intérieur.

— Magnifique, dit-elle d'une voix faible. J'espère qu'elle deviendra chrysalide avant la chute des feuilles. Papa ne rentre pas pour dîner.

Pat eut un haussement d'épaules indifférent. Elle n'aimait plus beaucoup son père à présent. Il avait aimé sa mère plus qu'il ne l'aimait, elle. Pat le savait maintenant et elle savait aussi qu'il aurait dû l'aimer deux fois plus pour compenser ce qu'elle avait perdu. Une des maîtresses à l'école lui avait dit qu'il le ferait, que tous les pères faisaient ça. Or, il n'avait pas répondu à son attente. Il était toujours rentré tard de son travail, mais depuis des mois il était tout le temps dehors. La petite fille avait inconsciemment transféré son amour simple et animal sur sa tante Grace. En privé, elle pensait que ce serait bien si John et son père allaient vivre ailleurs et la laissaient avec sa tante. Elles s'amuseraient bien ensemble à collectionner des chenilles et à lire des livres d'histoire naturelle et sur les ballets Bolchoï.

Elle s'installa à côté de sa tante et se mit à manger la tourte au poulet qui était exactement semblable à celle que Jean préparait. Son frère déclara :

— À l'école on a eu un débat sur l'égalité des sexes.

— Voilà qui est intéressant, dit Grace. Et qu'as-tu dit sur ce sujet ?

— J'ai laissé parler les autres. J'ai fait remarquer que le cerveau des femmes pesait moins lourd que celui des hommes.

— Ce n'est pas vrai, protesta Pat.

— Mais si, n'est-ce pas, tante Grace ?

— Je crois que tu as raison, répondit Grace qui avait été infirmière, mais cela ne signifie pas qu'il ait moins de valeur.

Pat lança un regard vindicatif à son frère.

— Je parie que mon cerveau pèse plus lourd que le tien. Ma tête est plus grosse. De toute façon, c'est assommant de discuter. C'est rien que des paroles.

— Allons, chérie, mange.

— Quand je serai grande, reprit Pat en enfourchant son dada favori, je ne passerai pas mon temps à discuter. Dès que j'aurai mes diplômes, j'irai en Écosse faire une grande enquête sur les lochs, tous les lochs très profonds. Je découvrirai tous les monstres qui vivent dedans, et ensuite...

— Il n'y a pas de monstres. On a cherché et on n'a jamais rien trouvé.

— Oui, mais moi j'aurai des plongeurs, un bateau particulier et toute une équipe spécialement entraînée. Tante Grace sera à la station de base pour s'occuper de nous et préparer les repas.

Les enfants se mirent à discuter avec ardeur. C'est ce qui risque de m'arriver, pensa Grace. C'était là le côté le plus affreux de cette situation. Parfois, elle se voyait obligée de rester là jusqu'à ce qu'ils aient grandi et qu'elle soit devenue vieille. Alors elle s'accrocherait à Pat comme gouvernante. À quoi pourrait-elle leur servir ? Et qu'importait si son cerveau pesait plus ou moins lourd que celui d'un homme si elle restait enfermée dans une maison du Sussex, s'atrophiant à jamais ?

À la mort de Jean, elle était infirmière dans un grand hôpital de Londres et elle avait demandé un congé pour venir s'occuper de Mike et des enfants. Elle ne comptait pas rester plus de six semaines. On ne passe pas des années à étudier, à économiser pour obtenir d'autres qualifications, à faire un stage de deux ans aux États-Unis pour apprendre les méthodes d'obstétrique les plus récentes dans une clinique de Boston, pour tout abandonner du jour au lendemain. Le directeur de l'hôpital l'avait mise en garde et elle avait ri. Mais les six semaines s'étaient prolongées en six mois, neuf mois, dix mois et maintenant son poste à l'hôpital avait été confié à une autre titulaire.

Elle regarda pensivement les enfants. Comment pourrait-elle les abandonner maintenant ? Comment pouvait-elle seulement songer à les quitter avant cinq ans au moins ? Pat n'aurait alors que seize ans.

Tout était la faute de Mike. Dur à constater, mais vrai. D'autres hommes perdaient leur femme et s'adaptaient aux circonstances. Avec son salaire et ses allocations, Mike aurait pu trouver une gouvernante. Il n'y avait pas que cela. Un homme aussi intelligent que lui aurait dû se rendre compte de ce qu'il leur faisait endurer, à elle et aux enfants. Elle était venue à sa demande. Elle avait cédé à ses supplications, espérant avoir son soutien dans sa tâche, persuadée qu'il ferait un effort pour être à la maison le soir, pour sortir les enfants le dimanche afin de compenser, dans une certaine mesure, l'absence de leur mère. Il n'avait rien fait de tel. Depuis combien de temps n'avait-il plus passé une seule soirée à la maison ? Trois semaines ? Quatre ? Et il n'était pas toujours retenu par son travail. Un soir où elle ne pouvait plus supporter le visage amer de John, elle avait téléphoné à Wexford et l'inspecteur-chef lui avait répondu que Mike avait terminé son service à 5 heures. Plus tard, une voisine lui avait appris où il allait. Elle l'avait vu, assis dans sa voiture dans un des sentiers de la forêt de Cheriton. Oui, assis là, regardant droit devant lui sans bouger.

— Je crois qu'il y a un bon film à la télévision, annonça-t-elle en essayant de prendre un ton enjoué.

— J'ai des devoirs, répondit John, et je ne peux pas faire mes problèmes de maths tant que papa ne sera pas là. Il doit rentrer à 10 heures, n'est-ce pas ?

— Il a dit vers 10 heures.

— Alors, je vais dans ma chambre.

Grace et Pat s'installèrent sur le divan pour regarder le film. Il concernait la vie privée des policiers et avait peu de rapport avec la réalité.

Burden partit en voiture pour Stowerton, traversa la ville nouvelle et déboucha dans High Street. Fontaine Road était une rue parallèle à Wincanton Road et là, des années plus tôt, alors qu'ils venaient de se marier, Jean et lui avaient habité un appartement pendant six mois. Chaque fois qu'il circulait dans Kingsmarkham et ses alentours, il tombait sur des endroits que lui et Jean avaient connus. Il ne pouvait l'éviter et à chaque occasion, il en avait le cœur serré. Cependant, jusqu'ici, il avait pu éviter Wincanton Road car ils avaient été particulièrement heureux, là, jeunes amants qui découvraient l'amour.

Il avait passé une mauvaise journée. Pour une raison mystérieuse, il s'était montré ultra-sensible et il avait l'impression que la vue de l'immeuble où se trouvait l'appartement serait la dernière goutte d'eau qui ferait déborder le vase.

Il ne regarda même pas le nom de la rue en passant et conduisit les yeux fixés droit devant lui. Il tourna à gauche dans Fontaine Road et s'arrêta devant le numéro 61.

C'était une maison très laide, construite environ quatre-vingts ans plus tôt, entourée d'un jardin mal entretenu avec de vieux arbres fruitiers qui ne produisaient plus rien. La maison elle-même était en briques d'un rouge sale, avec un toit presque plat en ardoises. Ses fenêtres à guillotine étaient petites alors que la porte d'entrée était très grande, tout à fait hors de proportion avec ses carreaux en verre bleu et rouge. Cette porte était entrouverte.

Burden n'entra pas immédiatement dans la maison. La voiture de Wexford, avec d'autres véhicules de la police, était garée contre la barrière qui séparait le bout de la route du chemin que le conseil municipal de Stowerton avait transformé en terrain de jeux pour les enfants. Au-delà, il y avait d'autres champs, des bois et la campagne.

Wexford était assis dans sa voiture, occupé à étudier une carte de la région. Il leva la tête en voyant approcher Burden :

— Content de vous voir aussi rapidement, Mike. Je viens moi-même d'arriver. Voulez-vous parler à la mère ou j'y vais ?

— J'y vais, dit Burden.

Sur la porte d'entrée du numéro 61, il y avait un lourd heurtoir ayant la forme d'une tête de lion avec un anneau dans la gueule. Burden le fit légèrement retentir et poussa la porte pour entrer.

2

Une jeune femme se tenait dans le hall, les mains serrées devant elle. Burden remarqua surtout ses cheveux qui avaient la même riche couleur automnale des feuilles de pommier mortes jonchant l'entrée carrelée. D'un roux ardent, ils tombaient en masse souple jusqu'au milieu de son dos et encadraient son petit visage pâle.

— Mrs Lawrence ?

Elle acquiesça.

— Je suis l'inspecteur Burden, du CID. Avant de discuter plus avant, j'aimerais voir une photographie de votre fils et des vêtements qu'il a portés récemment.

Elle le regarda avec de grands yeux étonnés comme s'il était un médium capable de retrouver l'enfant rien qu'en tenant ses vêtements.

— Pour les chiens, expliqua-t-il avec douceur.

Elle monta au premier étage, et il l'entendit ouvrir fébrilement des tiroirs. Oui, pensa-t-il, ce devait être une maison désordonnée, où rien n'était à sa place, ou sous la main. Elle revint en courant avec un blazer vert foncé et un agrandissement photographique.

Burden examina le cliché en retournant sur la route. Il représentait un solide petit garçon, ni très propre, ni très soigné, mais d'une beauté indéniable avec ses cheveux clairs et ses grands yeux noirs.

Les hommes venus le chercher se tenaient en groupes, certains sur le terrain de jeux, d'autres autour des voitures de la police. Ils étaient une soixantaine, voisins, amis, parents de voisins. Quelques-uns étaient venus à bicyclette de hameaux alentour. La vitesse avec laquelle ce genre de nouvelle se propageait étonnait toujours Burden. Il était à peine 6 heures.

La police n'avait été alertée qu'une demi-heure plus tôt et déjà tout le monde était au courant.

Il s'approcha du sergent Martin qui semblait avoir une altercation avec l'un des hommes et lui tendit la photographie.

— Que se passe-t-il ? demanda Wexford.

— Ce type m'a dit de me mêler de mes affaires parce que je lui conseille de porter des chaussures plus grosses. C'est l'ennui de faire appel au public, monsieur, ces gens-là s'imaginent toujours en savoir plus que vous.

— Nous ne pouvons nous passer d'eux, sergent, grogna Wexford, dans un moment pareil, nous avons besoin de toutes les bonnes volontés policières ou privées.

Les deux chercheurs les plus expérimentés et les plus efficaces n'appartenaient à aucune de ces catégories, à proprement parler. Assis un peu à l'écart, ils observaient les hommes d'un air moqueur. La fourrure de la chienne labrador brillait comme du satin sous les derniers rayons de soleil, mais l'épaisse toison du berger allemand était aussi rêche que celle d'un loup. Wexford tendit le blazer au dresseur du labrador.

Pendant que les chiens reniflaient le vêtement, Martin constitua des équipes d'une dizaine d'hommes avec un chef pour chacune. On manquait de torches, et Wexford maudit la saison avec sa trompeuse chaleur diurne et ses nuits froides qui tombaient vite. Déjà des nuages noirs se formaient dans le ciel rougeoyant et on commençait à sentir la fraîcheur. Il ferait nuit avant que les chercheurs aient atteint le bois qui s'étendait comme un ours noir et poilu au bord des champs.

Burden surveilla la petite armée qui se déployait dans les champs pour commencer une longue chasse qui se poursuivrait au-delà de Forby. Une lune ovale et froide, qui commençait à décroître, apparaissait au-dessus des bois. Si seulement elle brillait sans être obscurcie par ce nuage bleu-noir, ce serait un bien meilleur atout que toutes les torches électriques.

Les femmes de Fontaine Road, qui s'étaient tenues devant leurs grilles pour regarder les hommes s'éloigner, rentraient maintenant chez elles. Chacune devait être interrogée. Avait-elle vu quoi que ce soit ? Qui que ce soit ? S'était-il produit quelque chose d'inhabituel ?

Sur l'ordre de Wexford, Loring et Gates commençaient leur enquête porte à porte. Burden retourna chez Mrs Lawrence et la suivit dans la pièce principale, remplie d'affreux meubles victoriens qui allaient avec la maison. Des jouets, des livres et des magazines traînaient un peu partout. Il y avait des vêtements, des châles et des écharpes sur tous les meubles. Une longue robe en patchwork pendait à un cintre accroché à un tableau.

La pièce parut encore plus sale et plus froide quand elle alluma la lumière et elle-même sembla différente. Elle portait des jeans, un chemisier de satin et de longues chaînes en métal terni, autour du cou. Il n'avait pas besoin de l'admirer, mais il aurait aimé être capable de ressentir de la sympathie. Cette jeune femme, avec ses cheveux ébouriffés et son accoutrement bizarre lui parut tout à fait incapable de s'occuper d'un enfant. Bien plus, son apparence — et tout ce qui s'y associait dans son esprit — avait peut-être contribué à la disparition du petit garçon. Il se dit qu'il ne devait pas tirer des conclusions hâtives, pas encore.

— Quel est le nom de votre fils et quel âge a-t-il?

— Il s'appelle John et il a cinq ans.

— Il n'était pas à l'école aujourd'hui?

— Les écoles primaires sont en vacances. Voulez-vous que je vous raconte son après-midi?

— Je vous en prie.

— Eh bien! nous avons déjeuné, John et moi. Après le repas, vers 2 heures, son ami Gary Dean, qui habite à côté et qui a également cinq ans, est venu le chercher. (Elle déglutit et s'éclaircit la gorge.) Ils avaient l'intention de jouer dans la rue avec leurs tricycles. C'est sans danger et ils savent qu'ils doivent rester sur le trottoir. Quand John joue dehors, je regarde par la fenêtre toutes les demi-heures pour m'assurer que tout va bien. C'est ce que j'ai fait aujourd'hui. De la fenêtre du palier, on découvre toute la rue et le terrain de jeux. Pendant un moment, ils ont joué sur le trottoir avec d'autres enfants, tous du quartier, mais quand j'ai regardé par la fenêtre à 3 heures et demie, ils étaient allés sur le terrain de jeux.

— Vous pouviez reconnaître votre fils à cette distance?

Elle prit une profonde aspiration et serra les doigts d'une main très fort avec l'autre.

— J'ai reconnu John à son pull bleu foncé et à ses cheveux blonds. Ou du moins, j'ai cru le reconnaître. Vous comprenez, il y avait six petits garçons. Bref, lorsque j'ai regardé à nouveau, les enfants étaient partis et je suis descendue ouvrir à John. Je pensais qu'il allait revenir goûter.

— Mais il n'est pas venu.

— Non. Son tricycle était abandonné sur le trottoir. (Elle se mordit les lèvres, maintenant très pâle.) Il n'y avait plus aucun enfant dans la rue. J'ai pensé que John était allé chez quelqu'un. Il le fait parfois, bien qu'en principe il doive d'abord me prévenir. J'ai attendu... Oh ! pas plus de cinq minutes et je suis allée chez les Dean voir s'il était là. J'ai eu un choc, dit-elle en baissant la voix, car Gary était en train de boire son thé et avec lui il y avait un autre petit garçon qui était blond et portait un pull bleu. C'était le cousin de Gary qui était venu passer la journée avec lui. J'ai compris alors que l'enfant que j'avais pris pour John à 3 heures et demie était ce cousin.

— Qu'avez-vous fait ensuite ?

— J'ai demandé à Gary où était John. Il m'a répondu qu'il l'ignorait. Il m'a dit qu'il était parti depuis des heures — c'est l'expression qu'il a employée — et qu'il croyait qu'il était avec moi. Alors, je suis allée chez un autre enfant, un petit garçon appelé Julian Crantock, au 59, et avec l'aide de Mrs Crantock, Julian a fini par avouer que Gary et son cousin s'étaient mis à embêter John. Des taquineries de gosses, mais vous savez combien ils peuvent se faire du mal. Ils s'en étaient pris au pull de John, prétendant que c'était un vêtement de fille à cause du boutonnage du col. Selon Julian, John se serait assis tout seul sur le manège pendant un bon moment, puis il serait parti en direction de la route.

— Cette route-ci ? Fontaine Road ?

— Non, le chemin qui passe entre le terrain de jeux et les champs, qui va de Stowerton à Forby.

— Je le connais. Mill Lane. Il s'enfonce entre les champs et le talus et il y a des arbres le long de ce talus.

Elle acquiesça.

— Mais pourquoi est-il allé par là ? Je lui ai répété plus de cent fois de ne jamais quitter la rue ou le terrain de jeux.

— Les enfants ne sont pas toujours obéissants, Mrs Lawrence. Est-ce à ce moment là que vous nous avez téléphoné ?

— Pas tout de suite.

Elle leva les yeux et rencontra le regard de Burden. Elle avait des yeux gris-vert, qui reflétaient une confusion terrifiée, cependant elle contrôlait sa voix.

— Je suis allée frapper à toutes les portes. Mrs Crantock m'a accompagnée. Partout on m'a raconté la même chose : la dispute des enfants et le départ de John. Mrs Crantock a sorti sa voiture et nous avons remonté Mill Lane jusqu'à Forby. Nous avons rencontré un homme avec des vaches, le facteur, un livreur, aucun d'eux n'avait vu John. Alors, je vous ai téléphoné.

— John a donc disparu depuis environ trois heures et demie ?

— Oui. Il va faire nuit et il a peur du noir.

Malgré son calme apparent, Burden avait l'impression qu'un mot maladroit, un geste de sa part ou même un bruit insolite la ferait hurler de terreur. Il ne savait trop quoi penser d'elle. Pour lui, c'était une femme étrange, appartenant à un monde qu'il ne connaissait que par ce qu'il en avait lu dans les journaux. Il avait vu des photographies de femmes lui ressemblant, coupables d'avoir été prises en possession de cannabis. On retrouvait des femmes de ce genre dans des chambres meublées, mortes d'overdoses de barbituriques et d'alcool. Des femmes de ce genre ? Le visage était semblable, pâle et tiré, des cheveux ébouriffés et des vêtements répugnants. C'était son sang-froid qui l'étonnait, et sa voix douce qui ne correspondait pas à l'image d'une conduite excentrique et d'une vie déréglée qu'il avait plaquée sur elle.

— Mrs Lawrence, des dizaines d'enfants disparaissent chaque année et plus de quatre-vingt-dix pour cent sont récupérés sains et saufs.

Il n'allait pas mentionner la fillette qui n'avait jamais reparu. Une voisine bien intentionnée s'en chargerait probablement, mais peut-être qu'alors John serait près d'elle.

— Savez-vous ce qui arrive à la plupart d'entre eux ? Ils font une fugue par bravade ou rancœur. Ils se perdent et marchent jusqu'à épuisement. Nous les retrouvons endormis dans un abri quelconque.

Les yeux de la jeune femme le troublaient. Ils étaient si grands et le fixaient, presque sans ciller. Maintenant, il y lisait une lueur d'espoir.

— Vous êtes très bon, dit-elle avec gravité. J'ai confiance en vous.

Burden répondit gauchement :

— C'est parfait. Faites-nous confiance et laissez-nous nous charger de tout. À quelle heure votre mari rentre-t-il ?

— Je vis seule. Je suis divorcée.

Il ne fut pas surpris. Elle n'avait certainement pas plus de vingt-huit ans et, avant dix ans, elle se serait remariée et aurait divorcé encore plusieurs fois. Dieu seul savait quel concours de circonstances l'avait amenée de Londres, là où était sa place, jusqu'au fin fond du Sussex, pour vivre dans la crasse et créer des ennuis à la police par sa négligence.

Sa voix calme et maintenant un peu tremblante le tira de sa rêverie sévère et peut-être injuste.

— John est tout ce que j'ai. Je n'ai personne d'autre au monde.

Et à qui la faute ?

— Nous le retrouverons, affirma Burden, je vais demander à une femme de rester avec vous. Peut-être cette Mrs Crantock ?

— Vous croyez ? Elle est très gentille... la plupart des gens ici sont aimables, mais ils ne sont pas... (Elle fit une pause et conclut :) Ils ne ressemblent pas aux gens que j'ai connus jusqu'ici.

Ça, c'est sûr ! pensa Burden en jetant un coup d'œil sur la robe en patchwork. Pour quelle occasion une femme respectable choisirait-elle de s'affubler de la sorte ?

Elle ne le raccompagna pas jusqu'à la porte. Il la laissa debout au milieu de la pièce, le regard vague, jouant avec ses longues chaînes pendues autour de son cou. Mais, quand il fut dehors, il se retourna et aperçut son visage pâle à la fenêtre, derrière les vitres sales que ses mains fines n'avaient jamais nettoyées. Leurs yeux se rencontrèrent un court instant, et poussé par les convenances, il lui fit un sourire malhabile. Elle ne lui rendit pas son sourire, et continua à le regarder fixement, le visage aussi pâle et blafard que la lune au milieu des nuages de sa lourde chevelure.

Mrs Crantock était une femme gaie et tirée à quatre épingles avec ses cheveux grisonnants correctement coiffés. Elle portait un twin-set vieux rose et un rang de perles de culture autour du cou. À la demande de Burden, elle partit immédiatement tenir compagnie à Mrs Lawrence. Son mari faisait partie de l'équipe de chercheurs et Julian restait à la maison avec sa sœur aînée qui avait quatorze ans.

— Julian, quand tu as vu John s'éloigner vers Mill Lane, as-tu remarqué quelque chose? Quelqu'un lui a-t-il parlé?

Le garçon secoua la tête.

— Non, il est parti tout seul.

— Qu'a-t-il fait? Il est resté sous les arbres ou il a descendu le chemin?

— J'sais pas. J'étais sur la balançoire.

— Tu n'as pas regardé vers le chemin pour voir où il allait?

— Il était parti. Gary a dit qu'il était parti, et que c'était un bon débarras parce qu'on ne voulait pas de bébés.

— Je vois.

— Il ne sait vraiment rien, assura sa sœur, nous n'avons pas arrêté de lui poser des questions.

Burden abandonna et se rendit chez les Dean au numéro 63.

— Je ne veux pas que l'on bouscule Gary, déclara Mrs Dean, une jeune femme a l'air décidé et aux manières agressives. Les enfants se disputent tout le temps. Ce n'est pas la faute de Gary si John Lawrence est tellement sensible qu'il se sauve à la moindre taquinerie. Cet enfant est perturbé. C'est là que se trouve la racine du mal. Il vient d'un ménage désuni, c'est normal.

C'était l'opinion même de Burden.

— Je n'accuse pas Gary, dit-il, je veux juste lui poser quelques questions.

— Je ne veux pas qu'on le bouscule. Ces temps-ci, la moindre opposition provoquait chez lui une réaction.

— Si je le bouscule, vous avez toute liberté de vous plaindre à l'inspecteur-chef, madame, dit-il sèchement.

L'enfant était couché, mais il ne dormait pas. Il descendit en robe de chambre, les yeux maussades, la lippe boudeuse.

— Voyons, Gary, je ne suis pas fâché contre toi. Personne ne va te gronder. Nous désirons seulement retrouver John. Tu comprends ça, n'est-ce pas?

Le garçon ne répondit pas. Sa mère intervint:

— Il est fatigué. Il vous a dit qu'il n'avait vu personne, ça devrait vous suffire.

Burden se pencha vers l'enfant.

— Regarde-moi, Gary. (Les yeux qui se levèrent sur lui étaient pleins de larmes.) Ne pleure pas. Tu peux nous aider. Tu n'aimerais pas être le garçon qui a aidé la police à retrouver John ? Je te demande seulement de me dire si tu as vu une grande personne près du chemin par où John est parti.

— Je ne les ai pas vus aujourd'hui ! cria Gary en se jetant dans les bras de sa mère. Je ne les ai pas vus !

— J'espère que vous êtes satisfait, dit Mrs Dean. Je vous préviens, vous allez entendre parler de moi.

— Je n'ai pas vu cette personne, sanglota Gary.

Alors, Mike ? demanda Wexford.

— Il semblerait qu'un homme se soit promené sur ce terrain de jeux, ou dans les alentours. Je vais interroger les gens qui habitent les dernières maisons au bout de la rue.

— Très bien, je me charge des deux dernières dans Wincanton.

Wexford se souvenait-il que Burden et Jean avaient habité là ? L'inspecteur se demanda s'il ne dotait l'inspecteur-chef d'un excès de sensibilité. Probablement. Un policier n'avait pas de vie privée quand il menait une enquête.

Burden se rendit à l'extrémité de Fontaine Road. Les champs étaient maintenant plongés dans l'obscurité, mais de temps à autre, on voyait briller une torche au loin. Les deux dernières maisons se faisaient face. L'une était un bungalow datant de 1935, l'autre une haute maison étroite de l'époque victorienne. Toutes les deux avaient des fenêtres de côté donnant sur les champs. Burden frappa à la porte du bungalow, et une jeune femme lui ouvrit.

— Je travaille dehors toute la journée, dit-elle, je viens seulement de rentrer. Mon mari n'est pas encore là. Que se passe-t-il ?

Burden lui expliqua.

— Oui, mes fenêtres donnent sur les champs, mais je ne suis jamais à la maison.

— Dans ce cas, je ne vais pas vous faire perdre votre temps.

— J'espère que vous le retrouverez.

La porte de la maison victorienne s'ouvrit avant qu'il n'ait sonné. Dès qu'il vit l'expression de la femme qui l'attendait, il comprit qu'elle avait quelque chose à lui dire. Malgré son âge certain, elle avait des yeux vifs et pleins d'entrain.

— Ce n'est pas cet homme, au moins ? Je ne me pardonnerais jamais si c'était lui et...

— Puis-je entrer une minute, madame, et puis-je vous demander votre nom ?

— Mrs Mitchell.

Elle le précéda dans une pièce récemment remise à neuf et déclara :

— J'aurais dû aller à la police plus tôt, mais vous savez ce que c'est... Il n'a jamais rien fait, ne parlait même pas aux enfants. J'en ai touché deux mots à la jeune Mrs Rushworth parce que son petit Andrew joue là, mais elle est elle-même si occupée qu'elle a dû oublier de prévenir les autres mères. Et puis, cet homme n'est pas revenu, et les enfants sont retournés à l'école.

— Commençons par le commencement, Mrs Mitchell. Quand avez-vous vu cet homme pour la première fois ?

Mrs Mitchell s'assit et prit une longue aspiration.

— C'était en août. Je fais toujours les vitres le mercredi après-midi, et, un mercredi, je faisais la vitre du palier, et j'ai vu cet homme.

— Où était-il ?

— Dans Mill Lane, sur la route de Forby, il se tenait sous les arbres et regardait les enfants. Laissez-moi réfléchir... Il y avait Julian Crantock, Gary Dean, le pauvre petit John Lawrence, Andrew Rushworth et les jumeaux McDowell. Ils jouaient tous sur les balançoires, et cet homme les regardait. Oh ! j'aurais dû aller à la police !

— Vous avez prévenu une des mères. Vous n'avez rien à vous reprocher. Je suppose que vous avez revu cet homme ?

— Oh ! oui, le mercredi suivant, et cela m'a intrigué au point que j'ai regardé le lendemain, jeudi. Il était toujours là. C'est alors que j'ai parlé à Mrs Rushworth.

— Donc, vous l'avez vu souvent dans le courant du mois d'août ?

— Nous avons eu du mauvais temps, et les enfants ne sont pas sortis, puis ils sont retournés à l'école, et j'ai oublié cet homme. Jusqu'à hier.

— Vous l'avez vu *hier* ?

— Oui. C'était mercredi et je faisais les vitres. J'ai aperçu les enfants qui jouaient, et cet homme a reparu. Cela m'a fait un choc, après deux mois. Je suis restée à la fenêtre pour le surveiller, mais il n'a rien fait de particulier. Il marchait autour du terrain et il a ramassé des feuilles mortes, puis il est resté immobile à regarder les enfants. Il était là depuis environ une demi-heure et je commençais à être fatiguée de rester debout quand il s'est éloigné derrière le talus.

— Il avait une voiture ? Sur le chemin ?

— Je ne l'ai pas vue. J'ai cru entendre un moteur de voiture, mais ce n'était peut-être pas la sienne.

— Vous l'avez revu aujourd'hui ?

— J'aurais dû regarder, je sais. Mais j'en avais parlé à Mrs Rushworth. Et puis, je ne l'avais jamais rien vu faire. (Elle soupira.) Je suis sortie à 2 heures pour aller voir ma fille qui habite Kingsmarkham.

— Décrivez-moi cet homme, Mrs Mitchell.

— Bien sûr. Il est jeune, à peine plus qu'un adolescent. Très mince, pas aussi grand que vous, mais presque. Environ un mètre soixante-dix. Je l'ai toujours vu habillé de la même façon : un de ces duffel-coats noirs ou gris foncé et des jeans comme ils en portent tous aujourd'hui. Des cheveux bruns, pas très longs pour la mode actuelle, mais plus longs que les vôtres. Je ne pouvais pas discerner ses traits à cette distance, mais il a de très petites mains. Et il boite.

— Il boite ?

— Pendant qu'il faisait le tour du terrain, j'ai remarqué qu'il traînait un pied. Juste un tout petit peu. Une très légère claudication.

3

Entre la maison de Mrs Mitchell et le terrain de jeux, un sentier donnait accès à une rue parallèle appelée Chiltern Avenue. Burden s'y rendit et sonna à toutes les portes. La famille McDowell habitait au numéro 38, et les jumeaux Stewart et Ian n'étaient pas encore couchés.

Stewart n'avait jamais vu l'homme en question, car, au cours du mois d'août, il avait dû rester à la maison avec une angine et le jour même il était allé chez le dentiste avec sa mère, mais Ian l'avait remarqué et en avait même discuté avec son meilleur ami, Gary Dean.

— Il se tenait tout le temps sous les arbres, déclara Ian. Gary disait que c'était un espion. Un jour, Gary a voulu lui parler, mais le type a filé en courant dans Mill Lane.

Burden demanda au garçon de lui décrire l'homme, mais Ian ne possédait pas le don d'observation de Mrs Mitchell.

— C'était juste un type, à peu près de la taille de mon frère.

Le frère en question avait quinze ans. Burden s'inquiéta de la claudication.

— Qu'est-ce que c'est ?

Burden le lui expliqua.

— J'sais pas, avoua Ian.

Un peu plus loin, dans une maison du même genre que celle de Mrs Lawrence, il fit la connaissance de la famille Rushworth. Le père était agent immobilier à Kingsmarkham et il participait aux recherches, mais sa femme était à la maison avec ses quatre enfants turbulents. Tous étaient encore debout. Pourquoi n'avait-elle pas averti la police quand Mrs Mitchell l'avait prévenue au mois d'août ?

Petite femme blonde juchée sur de hauts talons, ses ongles longs et sa huppe de cheveux lui donnaient l'air d'une délicate poule faisane. Elle fondit en larmes.

— J'en avais l'intention, dit-elle entre deux sanglots, mais j'ai tant à faire. Je travaille au bureau avec mon mari. Je n'ai jamais le temps de rien !

Il était près de 8 heures. John Lawrence avait disparu depuis quatre heures et demie maintenant. Burden frissonna moins à cause de la fraîcheur de la nuit que du sentiment de la tragédie imminente dont l'ombre s'étendait devant eux. Il retourna à la voiture et s'installa à côté de Wexford.

L'inspecteur-chef était assis sur le siège arrière de la voiture. Il ne prenait pas de notes et n'étudiait pas de carte. Il réfléchissait. Il y avait très peu de lumière. L'intérieur de la voiture n'était pas éclairé et, dans l'ombre, il ressemblait à une statue de pierre. De la tête aux pieds, il était gris. Gris les cheveux rares, gris le vieil imperméable et ses chaussures étaient toujours un peu poussiéreuses. Il tourna la tête en voyant Burden et le fixa de ses yeux gris qui étaient le seul élément brillant et vivant de sa personne. Pendant un moment, les deux hommes restèrent silencieux. Puis, Wexford murmura :

— À quoi pensez-vous, Mike ?

— À Stella Rivers.

— Bien sûr. Comme nous tous.

— Cela s'est également passé au cours des vacances scolaires. Elle était fille unique de parents divorcés et elle a aussi disparu dans Mill Lane. Cela fait beaucoup de similitudes.

— Et aussi beaucoup de dissemblances. D'abord c'était une fille, et elle était plus âgée. Vous ne connaissez pas bien l'affaire Stella Rivers. À l'époque vous étiez en congé de maladie.

Ils avaient pensé que Burden allait avoir une dépression nerveuse. C'était en février, lorsque le chagrin provoqué par la mort de sa femme avait été le plus fort. Il était resté au lit, dormant lorsque le Dr Crocker l'assommait de somnifères, hurlant lorsqu'il était conscient qu'il n'avait qu'une grippe et qu'il devait aller travailler. Mais il avait dû garder la chambre trois semaines et quand, finalement, il s'était senti mieux, il avait perdu dix kilos. Mais il était encore en vie, alors que Stella Rivers était morte, ou évanouie de la surface de sa petite terre.

— Elle vivait avec sa mère et son beau-père, reprit Wexford. Le jeudi 25 février, elle est allée prendre une leçon d'équitation au club *Equita*, dans Mill Lane, près de Forby. Son beau-père, Ivor Swan l'a accompagnée en voiture, mais il y eut un malentendu sur la façon dont elle devait rentrer chez elle à Hall Farm, à Kingsmarkham.

— Que voulez-vous dire ?

— Après sa disparition, Ivor et Rosalind Swan ont dit que Stella les avait assurés qu'elle rentrerait à la maison avec une amie comme elle le faisait parfois, mais il semblerait que Stella attendait que Swan revienne la chercher. À 6 heures du soir, la leçon se terminant à 4 heures et quart, Rosalind Swan nous a téléphoné.

» Nous nous sommes d'abord rendus au club *Equita* pour voir miss Williams, qui dirige l'école avec son assistante, Mrs Fenn. Elle nous a appris que Stella était partie seule à 4 heures et demie. Ce jour-là, la pluie s'était mise à tomber vers 4 h 40. Nous avons le témoignage d'un automobiliste qui a dépassé Stella à 4 h 40, alors qu'il pleuvait à verse, et qui lui a offert de la déposer à Stowerton. Elle a refusé, ce qui nous a fait penser que c'était une petite fille raisonnable, n'acceptant pas de suivre des étrangers.

— Elle avait douze ans, je crois ?

— En effet. Elle était blonde et menue. L'automobiliste qui s'est arrêté était Walter Hill, le directeur de la Midland Bank à Forby. C'est un homme parfaitement honorable, n'ayant rien à voir avec cette disparition. Nous avons procédé à une enquête à son sujet. J'ajoute que son témoignage a été spontané. Personne d'autre ne semble avoir vu Stella. Elle est partie du club pour aller à la rencontre de son beau-père, et a disparu.

» Je ne vais pas entrer dans les détails, mais naturellement, nous avons fait une enquête sur Ivor Swan. À part le fait qu'il ne possède pas de véritable alibi, nous n'avons aucune raison de croire qu'il voulait le moindre mal à Stella. Elle-même paraissait beaucoup l'aimer. Personne, parmi les parents ou amis des Swan n'a rapporté le moindre dissentiment dans cette famille. Et pourtant...

— Et pourtant, quoi ?

Wexford hésita.

— Vous savez cette impression que j'ai parfois, Mike, cette sensation presque surnaturelle, qu'il y a quelque chose de... louche ?

Burden hocha la tête. Il savait.

— Eh bien, je l'ai éprouvée, là. Mais ce n'était qu'une impression. Bien des gens se flattent de leurs intuitions parce qu'ils ne veulent se souvenir que des cas qui se sont avérés justes. Je n'oublie pas le nombre de fois où mes... prémonitions se sont révélées fausses. Nous n'avons pas trouvé le moindre indice à l'encontre de Swan. Nous allons ressortir ce dossier demain... Où allez-vous ?

— Je retourne interroger Mrs Lawrence.

Mrs Crantock lui ouvrit la porte. Elle avait l'air inquiet.

— Je ne pense pas lui avoir été d'aucune aide, chuchota-t-elle dans le hall. Nous ne sommes pas intimes, mais seulement des voisines dont les enfants jouent ensemble. Je ne sais pas quoi lui dire. D'habitude nous parlons de nos fils, mais en ce moment... (Elle eut un petit haussement d'épaules.) On ne peut pas lui parler de choses ordinaires, la maison, ou les voisins... (Son front se plissa tandis qu'elle faisait un effort surhumain pour expliquer l'inexplicable.) Peut-être que si je m'intéressais aux livres... ou... je ne sais pas. Elle ne ressemble à personne que je connaisse.

— Je suis sûr que vous vous en êtes très bien tirée.

Burden pensait savoir le genre de conversation qu'aimait Mrs Lawrence : des discussions sans fin sur l'analyse de ses émotions.

— J'ai essayé, soupira Mrs Crantock. (Elle éleva la voix pour déclarer :) Je m'en vais maintenant, Gemma, mais je reviendrai tout à l'heure.

Gemma. Quel nom curieux. Il pensait ne l'avoir jamais entendu. C'était fatal. Il fallait qu'elle ait un prénom baroque, soit parce que des parents excentriques l'en avait affublée, ou, plus vraisemblablement, parce qu'elle l'avait adopté elle-même pour son originalité. Il s'impatienta soudain, se demandant pourquoi il se lançait dans des spéculations irritantes à son sujet et pourquoi tout ce qu'il apprenait de nouveau lui donnait immédiatement envie d'en savoir davantage.

Parce qu'elle est, ou sera bientôt mêlée à une affaire de meurtre, se dit-il.

Il poussa la porte du salon, l'esprit rempli de l'image flamboyante et scandaleuse qu'il avait échafaudée et s'arrêta, stupéfait. Et pourtant, c'est ainsi qu'il l'avait laissée tout à l'heure : une jeune femme effrayée, effondrée sur une chaise et qui attendait, attendait...

Elle avait branché un radiateur électrique, mais il n'apportait que peu de chaleur dans la pièce et elle s'était enveloppée dans un des châles qu'il avait remarqués. Un châle en grosse laine noire et dorée avec de longues franges. Il ne pouvait l'imaginer avec un enfant, lisant un conte près de son lit pour l'endormir ou lui préparant des céréales le matin. Il la voyait mieux assise dans un club, chantant en s'accompagnant à la guitare.

— Voulez-vous du thé, ou des sandwiches ? proposa-t-elle.

— Ne vous inquiétez pas pour moi.

— Votre femme vous aura préparé à dîner quand vous rentrerez ?

— Ma belle-sœur. Ma femme est morte.

Il n'aimait pas être obligé de dire ça. Les gens étaient immédiatement embarrassés. Ils rougissaient et reculaient même un peu comme s'il était atteint d'une maladie contagieuse. Puis, venait l'expression de fausse sympathie, des mots sans signification, oubliés dès qu'ils étaient prononcés. Personne n'avait jamais paru s'intéresser sincèrement à son malheur.

Gemma Lawrence dit d'une voix calme et lente :

— Je suis navrée. Elle devait être très jeune. Cela a dû être une tragédie pour vous. Maintenant, je comprends ce qui vous a appris à être bon avec ceux qui sont dans la peine.

Il eut honte de lui-même et se mit à bégayer :

— Je... je... pen-pense que j'accepterai volontiers un sandwich, si cela ne vous dérange pas trop.

— Bien sûr que non. Il est naturel que je souhaite vous manifester ma reconnaissance après tout ce que vous faites pour moi.

Elle apporta les sandwiches très rapidement. Le jambon était glissé entre deux tranches de pain hâtivement coupées et le thé était servi dans un bol, sans soucoupe.

Toute sa vie, Burden avait été gâté par des femmes qui le servaient dans de la porcelaine fine, sur des plateaux recouverts d'un napperon de dentelle, et il prit le sandwich sans grand enthousiasme, mais, quand il mordit dedans, il constata que le jambon était savoureux, sans être trop salé et que le pain était frais.

Elle s'assit par terre, en face de lui, le dos appuyé contre un fauteuil. Il avait dit à Wexford qu'il avait d'autres questions à lui poser et il se hasarda à en formuler quelques-unes. Enquête de routine sur les gens que John connaissait, les parents de ses camarades, les propres amis de Gemma. Elle répondit avec calme et intelligence, et le côté policier de l'esprit de Burden enregistra automatiquement ses réponses. Mais quelque chose d'étrange se produisit. Il prenait conscience, avec un curieux malaise, d'un fait que n'importe quel homme aurait observé en posant les yeux sur elle : Gemma Lawrence était belle. Cette révélation lui fit détourner son regard, tout en gardant, imprimé au fond de sa rétine, l'impression radieuse de ce visage pâle bien dessiné et, plus troublant encore, ses longues jambes et ses seins pleins et fermes.

À la lueur du feu électrique, ses cheveux devenaient

vermillon et ses yeux prenaient des reflets d'eau claire. Son grand châle lui donnait un air exotique, comme si elle sortait d'un portrait préraphaélite, posé, irréel, bien loin de toute tâche domestique. Et cependant, il y avait en elle quelque chose d'essentiellement naturel et impulsif. Elle était même trop naturelle, pensa-t-il soudain avec inquiétude, et trop réelle. Elle était plus réelle, et plus naturelle qu'une femme n'a le droit de l'être.

— Mrs Lawrence, dit-il vivement, je suis certain que vous avez recommandé à John de ne jamais parler à des étrangers.

— Bien sûr, dit-elle en pâlissant.

— Mais vous a-t-il jamais confié qu'un homme l'avait abordé ?

— Non, jamais. Je l'accompagne toujours à l'école et je retourne le chercher. Il ne sort que pour aller jouer avec les autres enfants. (Elle le regarda bien en face :) Que voulez-vous dire ?

Pourquoi était-elle si directe ?

— Personne n'a prétendu avoir vu John en conversation avec un étranger, affirma-t-il sans mentir, mais je devais m'en assurer.

De la même voix calme, elle répondit :

— Mrs Dean m'a appris qu'un enfant avait disparu à Kingsmarkham en février et n'avait jamais été retrouvé.

Burden oublia totalement qu'il avait partagé le point de vue de Mrs Dean sur Gemma. D'un ton furieux, aussi peu raisonnable que possible pour un policier, il s'écria :

— Pourquoi diable toutes ces bavardes ne peuvent-elles tenir leur langue ?

Il se mordit les lèvres, se demandant pourquoi il réagissait avec une telle violence. Il aurait volontiers battu cette Mrs Dean.

— Il s'agissait d'une petite fille beaucoup plus âgée, déclara-t-il. Le genre de... pervers qui attaque les filles ne s'intéresse pas aux petits garçons.

Qu'en savait-il ? Qui pouvait comprendre les mystères d'un esprit sain, et encore moins celui d'un malade ?

Elle serra son châle plus étroitement autour d'elle.

— Comment vais-je passer la nuit ? murmura-t-elle.

Ayant terminé son thé, Burden se leva :

— Je vais vous envoyer un médecin. Je crois que j'ai

remarqué une plaque de médecin dans Chiltern Avenue, non ?

— Oui, le Dr Lomax.

— Il vous donnera des cachets pour dormir, et une femme passera la nuit près de vous. Je vais m'arranger pour que vous ne restiez pas seule.

— Je ne sais comment vous remercier.

Elle baissa la tête et il vit qu'enfin, elle pleurait. À travers ses larmes, elle balbutia :

— Vous me direz que cela fait partie de votre travail, mais vous y mettez plus que ça... et je vous remercie. En vous regardant, je pense que rien ne peut arriver à John tant que vous êtes là pour vous en occuper.

Elle le regardait comme un enfant regarde son père, mais il ne se souvenait pas que ses propres enfants l'aient jamais regardé ainsi. Une telle confiance représentait une terrible responsabilité et il savait qu'il ne devait pas la décevoir. Il y avait maintenant cinquante pour cent de chances pour que l'enfant soit mort et il n'était pas Dieu pour le ramener à la vie. Il aurait dû la rassurer, mais, devant ce regard, il ne sut que murmurer :

— Je vais passer chez le docteur. Il vous fera dormir. (Il n'y avait rien à ajouter, mais il ajouta pourtant :) Ne dormez pas trop tard, je viendrai demain à 9 heures.

Puis il lui souhaita une bonne nuit. Il n'avait pas l'intention de se retourner. Quelque chose l'y poussa. Elle se tenait immobile sur le seuil de la porte, curieuse silhouette de gitane enveloppée dans son châle avec ses cheveux flamboyants. Elle agita timidement la main tandis qu'elle s'essuyait les yeux de l'autre. Il avait vu des portraits de femme comme elle, mais n'en avait jamais rencontré. Il se demanda un bref instant s'il ne désirait pas si passionnément retrouver cet enfant simplement parce que cela signifiait qu'il ne la reverrait plus jamais. Il s'engagea dans la rue et alla quérir le Dr Lomax.

Pâle et brumeuse comme si elle dérivait au fil de l'eau, la lune s'était levée. Burden attendit le retour des chercheurs à minuit. Ils n'avaient rien trouvé.

À la maison, Grace avait laissé un mot :

John t'a attendu jusqu'à 11 heures pour que tu l'aides à faire son problème de maths. Tu peux y jeter un coup d'œil? Il était dans tous ses états. G.

Il fallut quelques secondes à Burden pour se souvenir que son propre fils s'appelait également John.

Il parcourut le devoir. Pour autant qu'il pouvait en juger, le problème d'algèbre était juste. C'était beaucoup de bruit pour rien. Grace exagérait avec ces petites notes agaçantes. Il ouvrit la porte de la chambre de son fils et vit qu'il dormait profondément. Grace et Pat couchaient dans la chambre qui avait été la sienne et celle de Jane. Impossible d'y dormir désormais. Il entra dans sa propre chambre, naguère celle de Pat. Sur le mur des danseuses de ballets pirouettaient, selon les goûts d'une petite fille de onze ans. Il se laissa tomber sur le lit. Il n'avait pas sommeil. Il pouvait être fatigué au point de s'évanouir, dès qu'il était seul il se sentait aussitôt envahi par cet effrayant et dégradant désir.

Il se prit la tête entre les mains. Tout le monde pensait que Jean lui manquait comme compagne et mère de ses enfants, et c'était vrai, mais ce qui l'assaillait presque chaque jour et chaque nuit, sans trêve ni répit, était un désir sexuel qui, parce qu'il n'était pas satisfait depuis près d'un an, était devenu une véritable torture.

Il savait bien que tout le monde le jugeait comme un homme froid et sévère, pleurant Jean uniquement parce que le mariage était pour lui une habitude, et parce qu'il était « dévoué » à sa femme, comme aurait dit Wexford. Ils devaient tous s'imaginer que Jean et lui faisaient l'amour dans le noir une fois tous les quinze jours. Voilà ce que les gens pensaient de vous, quand vous refusiez les plaisanteries salaces et méprisiez cette société de tolérance.

Ils ne semblaient jamais songer qu'on pouvait haïr la promiscuité et l'adultère parce qu'on savait ce que le mariage pouvait être et que, par expérience, il avait atteint une telle perfection que rien de meilleur ne pouvait être accepté. Sans doute, on avait de la chance, mais... Seigneur, quelle malchance aussi, quand ce bonheur vous était retiré ! Jean était vierge quand il l'avait épousée, et lui aussi. Les gens — les gens idiots et les choses idiotes qu'ils disaient — pouvaient bien prétendre que c'était un mauvais début. Cela ne l'avait pas été pour Jean et lui. Ils avaient été patients et pleins d'amour et ils en avaient été largement récompensés. En regardant en arrière, du désert où il se trouvait, Burden pouvait à peine croire que cela avait été si parfait dès le début, sans échec ni déception. Mais il pouvait y croire parce qu'il se souvenait et souffrait.

Et si les gens savaient ? Il n'ignorait pas ce que seraient leurs conseils. Trouve-toi une petite amie, Mike. Rien de sérieux, juste une fille gentille avec qui passer un bon moment. Peut-être aurait-il pu opter pour cette solution s'il avait su comment s'y prendre. Mais il n'avait été l'amant d'aucune autre femme que Jean. Pour lui, le sexe, c'était avec Jean. Personne ne pouvait comprendre que lui conseiller de prendre une autre femme était comme conseiller à Gemma Lawrence d'avoir un autre enfant.

Il se déshabilla et s'étendit à plat ventre, les poings fermés sous son oreiller. Il savait ce que serait sa nuit. Toutes ses nuits étaient semblables. D'abord, il resterait éveillé, torturé par ce désir, cette véritable douleur physique, comme si son corps n'était qu'un cri sans issue ; puis il sombrerait dans le sommeil, et dans ce rêve orgiaque et rassasiant qui lui venait juste avant l'aube.

4

Si Mike faisait le moindre effort pour s'excuser, décida Grace, elle ne lui adresserait aucun reproche. Naturellement, bien souvent, il ne pouvait se libérer pour des raisons professionnelles. Avant de vivre près de lui, elle avait eu des amis masculins, et quelques amants, et il lui était arrivé de décommander un rendez-vous parce qu'il y avait une urgence à l'hôpital. Mais le lendemain, elle téléphonait toujours ou envoyait un mot pour s'excuser.

Mike n'était pas son amant, mais seulement son beau-frère. Cela signifiait-il qu'il ne lui devait rien, même pas la moindre politesse ? Et avait-il le droit d'abandonner ses enfants quand son fils tremblait à bout de nerfs, parce qu'il avait peur de n'avoir pas compris son problème de maths ?

Elle fit cuire les œufs au bacon et dressa la table avec une nappe propre. Pour la énième fois, elle regretta que sa sœur ait été une aussi parfaite maîtresse de maison et qu'elle n'ait pas —

une fois par hasard — consenti à servir le petit déjeuner à la cuisine. Vivre au niveau de Jean ne simplifiait pas la vie.

Son visage se durcit quand Mike descendit, grogna un mot à l'adresse des enfants et prit sa place à table en silence. Il n'avait pas l'intention de parler de la veille. Dans ce cas, elle le ferait.

— Ce devoir d'algèbre était parfait, John.

Le visage du petit garçon s'éclaira, comme toujours quand son père s'adressait à lui.

— Je l'espérais. Ce vieux singe de Parminter m'aurait collé s'il avait été faux. Tu n'as pas le temps de me déposer à l'école ?

— Je suis pressé. Du reste, la marche te fera du bien. (Il eut un sourire contraint en se tournant vers sa fille :) Et toi aussi, miss. Dépêchez-vous tous les deux, il est près de la demie.

Habituellement, Grace ne les accompagnait pas jusqu'à la porte. Elle le fit ce jour-là pour compenser la dureté de leur père.

Lorsqu'elle revint, Burden buvait sa seconde tasse de thé et, avant qu'elle ait eu le temps de réfléchir, elle s'était lancée dans une longue tirade sur l'énervement de John, la désorientation de Pat et la façon dont il les laissait seuls. Il l'écouta sans l'interrompre.

— Comment se fait-il que les femmes — la plupart des femmes — ne puissent pas comprendre que les hommes doivent travailler ? Si je ne travaillais pas, Dieu sait ce qu'il adviendrait de vous tous.

— Tu travaillais quand Mrs Finch t'a vu, assis au volant de ta voiture, dans la forêt de Cheriton ?

— Mrs Finch peut aller au diable !

Grace lui tourna le dos. Elle s'appliqua à compter lentement jusqu'à dix, puis elle reprit :

— Mike, je comprends. J'imagine ce que tu ressens.

— J'en doute.

— Je crois que je le peux. Mais John et Pat ne le peuvent pas. John a besoin de toi. Il a besoin d'un père gai et disponible, tel que tu l'étais, Mike ; tu ne peux pas rentrer de bonne heure ce soir ? On joue un film qu'ils aimeraient voir. La séance commence à 7 heures et demie, tu n'as pas besoin de rentrer avant 7 heures. On pourrait y aller tous les quatre. Ça leur ferait tellement plaisir !

— D'accord. Je ferai de mon mieux. Ne me regarde pas comme ça. Je serai à la maison à 7 heures.

Son visage se détendit. Elle eut un geste qu'elle n'avait pas eu depuis le mariage de sa sœur. Elle se pencha et embrassa Burden sur la joue. Puis, elle se mit à débarrasser la table. Le dos tourné, elle ne put voir le frisson qui le secoua et la façon dont il porta la main à sa joue comme un homme qui vient de se faire piquer par un moustique.

Gemma Lawrence avait mis des jeans propres et un épais chandail. Ses cheveux étaient coiffés en chignon, maintenu en arrière par un ruban. Elle sentait le savon comme une petite fille bien propre.

— J'ai dormi toute la nuit.

Burden sourit :

— Grâces soient rendues au Dr Lomax !

— Les recherches continuent ?

— Bien sûr. Ne vous l'ai-je pas promis ? Nous avons fait appel à toute une armée de policiers des villages des environs.

— Le Dr Lomax a été très gentil. Il m'a raconté que lorsqu'il vivait en Écosse, avant de s'installer ici, son petit garçon avait fait une fugue. On l'a retrouvé dans une cabane de berger, endormi contre un chien. Il s'était perdu et avait marché pendant des kilomètres. Le chien l'avait trouvé et s'était occupé de lui comme d'un agneau égaré. Cela m'a rappelé Romulus et Remus et la louve.

Burden ignorait qui étaient Romulus et Remus, mais il se mit à rire. Il n'allait pas lui gâcher son espérance en lui démontrant que l'on n'était pas en Écosse, pays de montagnes solitaires et de chiens amicaux.

— Qu'allez-vous faire aujourd'hui ? Je ne veux pas que vous restiez seule.

— Mrs Crantock m'a invitée à déjeuner, et les voisins viennent me voir. Les gens sont très aimables. J'aurais souhaité avoir des amis plus proches, mais ils sont tous à Londres.

— Le meilleur remède contre les soucis est le travail. Cela distrait l'esprit.

— Malheureusement, je n'ai rien à faire.

Il voulait parler de travaux ménagers qui lui semblaient naturels pour une femme et qui ne manquaient, certes pas, dans cette maison, mais il pouvait difficilement le lui faire remarquer.

— Je crois que je vais rester assise en écoutant des disques, ou lire peut-être.

— Dès que j'aurai des nouvelles, je vous préviendrai. Je ne vous téléphonerai pas, je viendrai moi-même.

Les yeux de Gemma brillèrent.

— Si j'étais Premier Ministre, je vous nommerais superintendant.

Il partit en voiture pour la forêt de Cheriton où les recherches se concentraient maintenant, et il trouva Wexford assis sur une souche d'arbre. Il y avait de la brume, l'inspecteur-chef était enveloppé dans un vieil imperméable et portait un chapeau de feutre rabattu sur ses yeux.

— On a une piste avec la voiture, Mike.

— Quelle voiture ?

— La nuit dernière, pendant la battue, l'un des hommes a confié à Martin que durant le mois d'août il a remarqué, à plusieurs reprises, une voiture arrêtée près de l'endroit où Mrs Mitchell a vu l'homme dans Mill Lane. Il s'agit d'une Jaguar rouge. Inutile de préciser qu'il n'a pas relevé le numéro.

— Il a vu l'homme ?

— Il n'a vu personne. On recherche maintenant quelqu'un qui emprunte régulièrement cette route, un boulanger, par exemple.

— Je vais m'en occuper.

Dans le cours de la matinée, il trouva un boulanger qui faisait une tournée tous les jours en passant par cette route et le livreur d'une épicerie qui l'empruntait seulement le mercredi et le vendredi. Le boulanger avait vu la voiture, car, en prenant un virage, il avait failli emboutir le véhicule. C'était bien une Jaguar rouge, confirma-t-il, mais lui non plus n'avait pas relevé le numéro. Cependant, bien qu'il ait pris cette route la veille, il n'avait pas vu la voiture. À 4 heures et demie, deux femmes en automobile lui avaient demandé s'il n'avait pas vu un petit garçon. Le livreur était moins observateur. Il n'avait jamais rien remarqué d'extraordinaire sur la route en août ou plus récemment.

Burden retourna au poste de police et prit un rapide repas en compagnie de Wexford. Ils passèrent la journée à interroger une triste succession d'hommes qui, à une époque ou une autre, avaient fait des avances à des enfants. Il y avait l'attardé mental de dix-neuf ans qui faisait la sortie des écoles ; le professeur d'âge mûr renvoyé de l'enseignement des années auparavant ; l'employé de magasin qui montait dans les compartiments de train où un enfant se trouvait seul ; le schizophrène qui avait violé sa propre petite fille et avait été relâché de l'hôpital psychiatrique.

— Quel métier, dit Burden. Je me sens tout couvert de boue.

— Si ce n'était par la grâce de Dieu... répondit Wexford. Vous auriez pu être l'un d'entre eux, si vos parents vous avaient rejeté. J'aurais pu, si j'avais répondu aux avances qu'on m'a faites dans les vestiaires de l'école. Assis dans les ténèbres, ils ne naissent que pour connaître la nuit éternelle, comme a dit Blake, ou quelqu'un comme ça. La pitié ne coûte rien, Mike, et elle est sacrément plus édifiante que les appels au châtiment, à la pendaison, à la castration, ou quoi que ce soit de ce genre.

— Je n'appelle à rien de tout cela, monsieur. Il se trouve simplement que je crois à l'exercice de la maîtrise de soi. Et ma pitié va à la mère et à ce pauvre gamin.

— Oui, mais l'essence de la pitié est de ne pas connaître de restriction. Votre problème, Mike, c'est que vous êtes une passoire bouchée et que votre compassion ne s'échappe que par deux malheureux petits trous. Enfin, aucune de ces misérables épaves ne se trouvait hier près de Mill Lane, et je n'en vois aucun qui puisse se trimbaler en Jaguar rouge.

Lorsque vous n'êtes pas sortie une seule fois le soir au cours des dix derniers mois, la perspective d'aller au cinéma, en compagnie de votre beau-frère et de deux enfants, peut vous sembler un événement. Grace Woodville se rendit chez le coiffeur à 3 heures. Quand elle en sortit, elle se sentit aussi heureuse que le jour où Pat était venue l'embrasser spontanément. En passant, elle aperçut un joli pull feuille morte à la devanture de *Moran* et, cédant à une brusque impulsion, elle qui ne s'était rien acheté depuis des mois, décida de se l'offrir.

Mike aurait droit à un dîner spécial : du poulet au curry. Jean n'en faisait jamais parce qu'elle ne l'aimait pas, mais Mike et les enfants l'appréciaient. Elle acheta le poulet et, à l'heure où Pat et John rentrèrent de l'école, la maison fleurait bon le riche arôme de curry et l'odeur douce-amère de l'ananas.

À 6 heures, la table était mise, et elle avait enfilé son pull neuf. À 7 heures moins 5, ils attendaient tous les trois dans le salon, habillés de pied en cap, comme des gens qui se préparent à assister à une soirée plutôt qu'à aller au cinéma du coin.

Les appels téléphoniques avaient commencé. Ils déferlèrent au poste de police de Kingsmarkham, non seulement en provenance des gens de la région, mais aussi de Birmingham, Newcastle et du nord de l'Écosse. Tous les correspondants prétendaient avoir vu John Lawrence seul ou avec un homme, ou avec deux hommes. Une femme de Carlisle affirmait l'avoir vu avec Stella Rivers. Un boutiquier de Cardiff lui avait vendu un cornet de glace. Un routier l'avait pris en stop sur l'autoroute avec son compagnon, un homme d'un certain âge, et les avait déposés à Grantham. Toutes ces histoires devraient être contrôlées, bien que toutes paraissent sans fondement.

Des gens défilaient au poste de police pour signaler des personnes suspectes qui avaient été aperçues dans Mill Lane. Maintenant on avait vu, non seulement une Jaguar rouge, mais aussi une verte, une noire, une camionnette et même un triporteur ! Entre temps, les recherches se poursuivaient. Travaillant sans relâche, les hommes de Wexford continuaient systématiquement leur enquête porte à porte, interrogeant plus particulièrement les hommes de plus de seize ans.

À 7 heures moins 5, Burden se trouvait devant l'*Olive and Dove*, le grand hôtel de Kingsmarkham, dans High Street, en face du cinéma. Il se souvint de sa promesse de sortir les enfants et se rappela également qu'il devait voir Gemma Lawrence avant de rentrer chez lui.

Devant l'hôtel, la cabine téléphonique était occupée, et quelques personnes attendaient leur tour. Avant qu'elle ne soit libre, jugea Burden, dix bonnes minutes se seraient écoulées. Il regarda vers le cinéma et vit que si la séance commençait à 7 heures et demie, le grand film était projeté une heure plus tard. Inutile de téléphoner à Grace, alors qu'il pouvait facilement aller jusqu'à Stowerton, s'assurer que Mrs Lawrence allait bien et être de retour à la maison à 8 heures moins le quart. Grace ne comptait sûrement pas le voir arriver à une heure précise. Quant aux enfants, ils se soucieraient peu du documentaire et des actualités précédant le film.

Pour une fois, la porte n'était pas ouverte. La rue était déserte. On aurait pu croire que rien n'était arrivé pour déranger la paix de cette rue tranquille. Le temps passait, les hommes et les femmes riaient, parlaient, travaillaient, regardaient la télévision et disaient : « Qu'est-ce qu'on peut y faire ? C'est la vie ! »

Il n'y avait pas de lumière dans la maison. Il frappa à la porte et personne ne vint ouvrir. Elle devait être sortie. Alors que son enfant avait disparu ? Il se souvint de sa façon de s'habiller et de l'état de sa maison. Une fille qui prenait du bon temps et se souciait peu d'être une mère. Probablement, un de ses amis de Londres était venu et elle était sortie avec lui.

Il frappa encore et entendit un faible bruit. Des pas se dirigèrent vers la porte, hésitèrent. Il appela :

— Mrs Lawrence ? Tout va bien ?

En guise de réponse, un sanglot lui répondit, puis la porte s'entrouvrit.

Son visage était rougi par les larmes et ses yeux gonflés. Elle se mit à sangloter sans pouvoir se contrôler. Il referma la porte derrière lui et alluma la lumière.

— Que s'est-il passé ?

Elle s'éloigna de lui en se jetant contre le mur, qu'elle frappa de ses poings fermés.

— Oh ! mon Dieu ! Que vais-je devenir ?

— Je sais que c'est dur, dit-il désarmé, mais nous faisons tout ce qui est humainement possible, nous...

Elle sanglota de plus belle.

— Vos hommes, ils n'ont fait qu'aller et venir tout l'après-midi... ils m'ont posé des questions, ils ont fouillé la maison ! Des gens n'ont pas cessé de téléphoner. Des gens horribles. Il y a une femme — une femme ! — Seigneur ! Elle m'a dit que John était mort, elle m'a décrit comment il était mort, elle a dit que c'était ma faute ! Je ne peux plus le supporter, je vais ouvrir le gaz, je vais me trancher les veines...

— Arrêtez ! cria-t-il.

Elle se tourna vers lui et se mit à hurler. Il leva la main et la gifla. Elle s'étrangla, trébucha et s'écroula contre lui. Pour l'empêcher de tomber, il passa les bras autour d'elle et, pendant un instant, elle s'accrocha à lui comme dans une étreinte amoureuse, le visage enfoui dans le cou de Burden. Puis elle se dégagea.

— Pardonnez-moi, dit-elle, la voix rauque de pleurs, je suis folle. Je crois vraiment que je deviens folle.

— Calmez-vous et racontez-moi. Vous étiez plus optimiste ce matin.

— C'était ce matin.

Elle avait repris son calme et s'exprimait d'une voix brisée. Peu à peu, et sans beaucoup de cohérence, elle lui parla des policiers qui avaient fouillé la maison, ouvrant ses tiroirs, arpentant tout, de la cave au grenier. Elle lui parla avec horreur de ces appels téléphoniques qui l'avaient bouleversée et des lettres, inspirées par les articles de journaux de la veille et que lui avait apportées le courrier du soir.

— Vous ne devez ouvrir aucune lettre, à moins d'en connaître l'écriture. Nous devons nous en occuper les premiers. Quant à ces appels téléphoniques...

— Votre sergent m'a dit que vous aviez pris des dispositions pour faire brancher ma ligne sur table d'écoute.

Elle poussa un soupir plus calme, mais les larmes continuaient à rouler sur ses joues.

— Vous avez du cognac dans cette... ici ?

Elle eut un petit sourire triste :

— Dans la salle à manger. Cette... ici, comme vous dites, appartenait à ma grand-tante. Le cognac se conserve des années, je crois ?

— Oui, le temps ne peut que l'améliorer.

La salle à manger était une immense pièce caverneuse, sentant la poussière et le renfermé. Il se demanda quel concours de circonstances avait pu l'amener dans cette maison et pourquoi elle y restait. Le cognac était dans un buffet qui ressemblait plus à un manoir en bois qu'à un meuble avec ses colonnes sculptées, ses niches et ses recoins.

— Prenez-en aussi, dit-elle.

Il hésita.

— Très bien, merci.

Il alla s'asseoir dans un fauteuil et elle s'installa par terre en levant vers lui un regard rempli d'une confiance aveugle. Seule, une lampe était allumée sur une table, formant une auréole dorée derrière sa tête.

Elle but lentement et, pendant un long moment, ils restèrent assis en silence. Quand elle fut réchauffée et calmée, elle se mit à parler du garçon perdu, vantant sa précocité, sa gentillesse. Elle parla aussi de Londres et du monde, étrange pour elle, qu'elle avait découvert à Stowerton. Finalement, elle se tut, les yeux fixés sur lui, mais il n'était plus embarrassé devant ce regard confiant et ne le fut pas davantage quand elle se pencha pour lui prendre la main.

Pourtant, le contact de cette main lui fit l'effet d'une décharge électrique. Le choc fut tel qu'au lieu d'éprouver la réaction normale d'un homme normal tenant la main d'une jolie femme dans la sienne, il eut l'illusion qu'il tenait son corps de tout son corps à lui. Il se mit à trembler et, la repoussant avec brusquerie, il mit un terme au silence lourd et langoureux.

— Vous êtes londonienne. Vous aimez Londres. Pourquoi êtes-vous venue vivre ici ?

— C'est affreux, n'est-ce pas ? Cette maison est comme un vieil éléphant blanc.

Sa voix avait retrouvé sa douceur et sa richesse d'intonation, et le son de cette voix l'émut plus que les mots qu'elle prononçait.

— Ça ne me regarde pas, marmonna-t-il.

— Mais ce n'est pas un secret. J'ignorais l'existence de cette grand-tante. Elle est morte il y a trois ans en laissant cette maison à mon père qui se mourait lui-même d'un cancer.

D'un geste gracieux et parfaitement naturel, elle repoussa la masse de ses cheveux qui tombait sur son visage. La manche brodée de l'étrange tunique qu'elle portait se retroussa, révélant son bras blanc dont la peau satinée brilla sous la lampe.

— J'ai essayé de la vendre pour le compte de mon père, mais je n'ai pas trouvé d'acheteur. Ensuite mon père est mort, et Matthew, mon mari, m'a quittée. Où aurais-je pu aller si ce n'est ici ? Je n'avais plus les moyens de payer le loyer de notre appartement.

Il semblait y avoir des heures que ses grands yeux le fixaient. Finalement, elle les détourna :

— La police pense que Matthew a pu enlever John.

— C'est une hypothèse que nous devons toujours vérifier lorsque un enfant de parents séparés disparaît.

— On est allé le voir, ou plutôt on a essayé. Il est à l'hôpital où il vient d'être opéré de l'appendicite. Je crois que le policier s'est entretenu avec sa femme, car il est remarié.

Burden hocha la tête. Avec beaucoup plus de curiosité que l'enquête ne le nécessitait, il désirait passionnément savoir si Matthew avait demandé le divorce ou si c'était elle. Il désirait savoir ce qu'il faisait dans la vie et comment ils en étaient arrivés là. Il ne pouvait le lui demander. Sa voix s'étranglait dans sa gorge.

Elle s'approcha un peu plus de lui, sans essayer de le toucher cette fois.

— Je veux que vous sachiez combien vous m'avez aidée. Quel réconfort vous avez été pour moi. Je me serais complètement effondrée si vous n'étiez pas venu ce soir. J'aurais fait une folie.

— Il ne faut pas rester seule.

— J'ai mes somnifères, et Mrs Crantock va venir à 10 heures. (Elle se leva et alluma le plafonnier en ajoutant :) Elle ne va pas tarder, il est moins 5.

Les paroles et le brusque éclairage ramenèrent Burden à la réalité.

— 10 heures moins 5 ? Je viens de me rappeler que je devais conduire ma famille au cinéma.

— Et je vous en ai empêché ? Vous voulez téléphoner ? Je vous en prie, allez-y.

— Je crains qu'il ne soit trop tard.

— Je suis vraiment désolée.

— Je pense qu'il était plus important que je sois près de vous.

— C'était important pour moi. Mais il faut partir maintenant. Vous reviendrez demain ? Je veux dire, vous personnellement ?

Elle posa sa main sur son bras. Ils étaient tout près l'un de l'autre.

— Je... oui, bien sûr. Naturellement, je viendrai.

— Inspecteur Burden... non, je ne peux pas continuer à vous appeler comme ça. Quel est votre prénom ?

— Je crois qu'il vaudrait mieux... C'est Michael, mais on m'appelle Mike.

— Mike, répéta-t-elle.

Et comme elle s'attardait sur ce nom, le répétant doucement, Mrs Crantock sonna à la porte.

Grace était recroquevillée sur le divan et on voyait qu'elle avait pleuré. L'énormité de ce qu'il avait fait surmonta un instant l'autre énormité, l'exigence de son corps.

— Je suis absolument désolé, dit-il en se penchant sur elle, la cabine téléphonique était occupée et plus tard...

Elle leva la tête et lui fit face.

— Nous sommes restés assis à t'attendre. À 8 heures, nous avons dîné, bien que le repas ait été raté d'avoir trop attendu. J'ai proposé aux enfants de sortir quand même, mais John a refusé : « On ne peut pas sortir sans papa. On ne peut pas le laisser rentrer et trouver la maison vide », a-t-il dit.

— Je répète que je suis désolé.

— Tu aurais pu téléphoner ! s'écria-t-elle. Je ne te ferais aucun reproche si tu avais seulement pris la peine de nous prévenir. Tu ne comprends pas que, si tu continues comme ça, tu... tu vas démolir ces enfants !

Elle sortit et la porte se referma derrière elle, laissant Burden à des pensées, où pas plus elle que les enfants n'avaient la moindre place.

5

Burden regarda la feuille de papier que Wexford venait de lui remettre. Dressée d'une large écriture enfantine, il lut la liste de tous les hommes, femmes et enfants que Gemma Lawrence avait connus au cours de dix dernières années.

— Quand a-t-elle écrit tout cela ?

Wexford lui décrocha un regard en coin :

— Ce matin avec l'aide de Loring. Vous n'êtes pas son détective privé exclusif.

Burden rougit. Que de gens elle connaissait ! Et quels noms extraordinaires ils portaient. Artistes, musiciens, gens de théâtre, supposa-t-il. Avec humeur, il demanda :

— On doit interroger tous ces gens-là ?

— La police métropolitaine s'en chargera. J'ai demandé à Mrs Lawrence de me dresser cette liste pour la soumettre aux Swan.

— Vous pensez que les deux affaires sont liées ?

Wexford ne répondit pas directement. Il reprit la feuille de papier et en tendit une autre à Burden.

— Voilà ce qui nous est parvenu. Nous avons fait examiner cette lettre pour relever les empreintes. Il n'y en avait pas.

Le billet, écrit en caractères d'imprimerie sur une feuille de papier rayé, était correctement rédigé et ponctué. Burden lut :

John Lawrence est sain et sauf. Il est heureux et joue avec mes lapins à la ferme. Pour vous prouver que ceci n'est pas une supercherie, je vous joins une boucle de ses cheveux. Sa mère pourra le récupérer lundi. Je l'amènerai à l'extrémité sud de Myfleet Ride dans la forêt de Cheriton à 9 heures du matin. Si quelqu'un essayait de venir le chercher avant 9 heures et demie, je le saurais et tuerais John. C'est un avertissement sérieux. Je ne romprai pas ma promesse si vous coopérez.

Burden eut une moue de dégoût. Aussi habitué qu'il pût être à ce genre de missives, il ne pouvait les lire sans un frisson.

— Y avait-il une boucle de cheveux ?

— La voici.

D'un blond très pâle, elle était enroulée sur elle-même.

— Crocker l'a examinée, déclara Wexford, il affirme que ce sont les cheveux de l'enfant. Naturellement, nous ferons pratiquer d'autres tests par des experts.

— Mrs Lawrence a-t-elle été prévenue ?

— Dieu merci, il est sauf, s'écria-t-elle en lisant les premières lignes. (Elle tint un moment la lettre contre son cœur en fermant les yeux.) Il est vivant, quelque part dans une ferme. Oh Seigneur ! par quelle agonie je suis passée, et tout cela pour rien. Lundi, il sera avec moi.

Burden était stupéfait. Il l'avait prévenue de ne pas ajouter foi à cette lettre, précisant que quatre-vingt-dix-neuf pour cent des missives de ce genre étaient de cruelles supercheries. Elle ne l'avait pas écouté.

— Faites-moi voir les cheveux.

À contrecœur, il prit l'enveloppe qui les contenait. Elle haleta en voyant la petite boucle dorée et la saisit pour la presser sur ses lèvres.

— Venez en haut avec moi.

Il la suivit dans la chambre de John et remarqua que le lit de l'enfant n'avait pas été fait depuis sa disparition. C'était une jolie chambre, pleine de jouets, avec un très beau papier peint représentant des animaux de Dürer. Autant le reste de la maison était négligé, autant elle s'était occupée de l'agencement de cette pièce. L'opinion de Burden sur ses capacités maternelles s'améliora.

Elle s'approcha d'une petite commode peinte en bleu et prit la brosse de John. Quelques cheveux blonds étaient restés dedans. Avec une expression concentrée, elle les compara à la boucle qu'elle tenait à la main, puis elle se retourna avec un sourire radieux.

Burden ne l'avait jamais vraiment vue sourire jusque-là. Devant ce visage heureux, il prit conscience avec une force accrue de la beauté de la jeune femme.

— Ce sont les mêmes, n'est-ce pas? (Son sourire disparut tandis qu'elle insistait:) N'est-ce pas?

— Je ne sais pas.

Il y avait certainement une grande similitude, mais Burden ne savait pas ce qu'il convenait de souhaiter. Si cet homme détenait vraiment John et s'il lui avait coupé cette mèche de cheveux, était-il vraisemblable qu'il relâche l'enfant alors qu'il risquait d'être identifié par lui?

— Vous êtes sa mère, murmura-t-il, je préfère ne pas me prononcer.

— Je sais qu'il est vivant. Je le sens. Je n'ai plus que deux jours à attendre.

Il n'eut pas le cœur d'ajouter autre chose. Seule une brute détruirait un tel espoir. Il voulut reprendre la lettre avant qu'elle n'ait lu la fin, mais elle tint à la terminer.

— J'ai entendu parler de cas semblables, dit-elle d'un ton effrayé, vous ne ferez rien contre lui, car alors, John...

— Je vous promets que nous ne prendrons aucune mesure qui puisse mettre la vie de John en danger.

Elle n'avait pas eu un mot de reproche pour l'auteur de cette lettre, remarqua-t-il. Elle ne pensait qu'à la joie de revoir son enfant.

— Nous irons là-bas lundi matin à 9 heures et demie, et s'il y est, nous le ramènerons.

— Il sera là! J'ai confiance en cet homme. J'ai l'impression qu'il est sincère. Vraiment, Mike, je le crois.

L'emploi de son prénom fit monter le rouge aux joues de Burden. Elle ne s'en aperçut pas et poursuivit :

— Il est probablement terriblement seul. Je sais ce qu'est la solitude. Si John lui a apporté quelques jours de bonheur, je ne lui en voudrai pas.

C'était incroyable, et Burden ne comprenait pas. Si cela avait été son enfant, son John, il aurait voulu tuer cet homme, le voir mourir d'une mort affreuse. Ses sentiments envers l'auteur de cette lettre étaient si violents qu'il en fut lui-même effrayé... Laissez-moi tout seul avec lui cinq minutes dans une cellule, et par Dieu, même si j'en perds mon travail... Il se ressaisit avec un sursaut, et vit le regard de Gemma posé sur lui, bon, doux et plein de compassion.

Dans sa hâte à revoir Gemma, Burden avait oublié les Swan. Maintenant, il se souvenait que Wexford avait prétendu que cette liste aiderait à établir un lien entre les deux affaires. Il retourna au bureau de l'inspecteur-chef.

— Swan habite une ferme, dit celui-ci. J'ai téléphoné, mais il est sorti et ne rentrera pas avant 3 heures.

— Il élève des lapins ?

— Ne me parlez pas de lapins ! Je viens d'avoir une conversation d'une heure avec le secrétaire du club local. Des lapins ! Il n'y a que ça, angora, argenté, polonais, bleu, chinchilla et je ne sais quoi encore.

— Tous les éleveurs ont-ils été contrôlés ?

— Bien sûr. Et je sais que ce fichu truc n'est qu'un canular. Néanmoins, je vais passer la plus grande partie de mon week-end, ainsi que des dizaines d'autres policiers, à poursuivre des lapins imaginaires et à me montrer poli avec des experts en cheveux alors que je sais pertinemment qu'il ne s'agit que d'une sinistre plaisanterie et que je perds mon temps !

— Pourtant, il faut tout vérifier.

— Bien sûr, là n'est pas la question. Allons déjeuner.

Au *Carousel*, il ne restait que du jambon et de la salade. Wexford picora sans enthousiasme dans un saladier où des feuilles de laitue étaient économiquement mélangées avec des morceaux de chou et des carottes.

— On n'échappe pas aux lapins, grogna-t-il. Vous voulez que je vous parle de Swan et de sa femme ?

— Je suppose qu'il vaut mieux que j'aie un aperçu de l'affaire.

— D'habitude, les parents d'un enfant disparu inspirent trop de sympathie. On fait intervenir ses propres émotions.

Il leva le regard de son assiette et le posa sur le visage de Burden. Il enchaîna :

— Ce qui ne sert à rien. Dans ce cas particulier, j'avoue que les Swan ne m'ont pas inspiré une grande sympathie et vous allez comprendre pourquoi. Après la disparition de Stella, nous avons sondé la vie d'Ivor Swan avec le plus grand soin. Je pourrais écrire sa biographie. Il est né aux Indes, fils d'un général, Sir Rodney Swan. Naturellement, il a été envoyé en pension en Angleterre. Plus tard, il est allé à Oxford. Étant entré en possession de ce qu'il appelle « quelques moyens », il n'embrassa aucune carrière, mais toucha à divers métiers. À un moment il dirigea une propriété comme régisseur, mais fut bientôt remercié. Il a écrit un roman dont seulement trois cents exemplaires ont été vendus, aussi ne renouvela-t-il pas l'expérience.

» Pour couronner le tout, il voulut spéculer en bourse et, en trois mois, il engloutit un capital de vingt mille livres. Une paresse congénitale est la caractéristique d'Ivor Swan. Il est l'indolence personnifiée. Et puis, il est bel homme, à en tomber à la renverse. Attendez de l'avoir rencontré.

Burden se servit un verre d'eau, mais ne dit rien. Wexford s'animait et s'échauffait en poursuivant son exposé, et Burden songea que lui aussi, autrefois, avait été capable de s'investir à ce point dans la personnalité des suspects.

— Swan n'a jamais vraiment eu de domicile fixe. À la mort de son père, il a vécu quelque temps avec sa mère, dans sa propriété du Bedfordshire, puis avec un oncle qui a été un des grands pontes de l'aviation. Nous en arrivons à une constatation intéressante à son sujet : où qu'il aille, il laisse un désastre derrière lui. Non à cause de ce qu'il fait, mais en raison de ce qu'il ne fait *pas*. Un incendie éclata chez sa mère pendant qu'il s'y trouvait. Swan s'était endormi avec une cigarette allumée. Les pertes en bourse ; le renvoi de son emploi de régisseur à cause de son incurable paresse.

» Il y a environ deux ans, nous le retrouvons à Karachi où il se prétendait journaliste. Le but de ce voyage était une enquête sur un trafic d'or par le personnel de la ligne aérienne.

L'histoire qu'il aurait pu écrire aurait probablement donné lieu à un procès en diffamation, mais il se trouve qu'il ne l'a jamais écrite ou, en tout cas, qu'aucun journal ne l'a publiée.

« Peter Rivers travaillait pour la compagnie aérienne à Karachi, parmi le personnel au sol. Il vivait avec sa femme et leur fillette dans une maison de la compagnie. Au cours de son enquête, Swan se lia avec les Rivers, ou plus exactement, il se lia d'amitié avec la femme de Rivers.

— Vous voulez dire qu'il la détourna de son mari ?

— Si vous imaginez que Swan peut se montrer assez actif pour détourner quelqu'un ou quelque chose, vous vous fourrez le doigt dans l'œil jusqu'au coude ! Je dirais plutôt que la belle Rosalind mit le grappin sur Swan et ne le lâcha plus. Le résultat de tout ceci fut que Swan revint en Angleterre avec Rosalind et Stella et qu'un an plus tard le divorce entre les Rivers fut prononcé.

» Ils s'installèrent tous les trois dans un appartement minable dans Maida Lane, mais, après leur mariage, Swan, ou plutôt Rosalind, décida que l'endroit n'était pas assez grand et ils vinrent prendre possession de Hall Farm.

— Où trouva-t-il l'argent pour acheter la ferme ?

— En fait, ce n'est plus une véritable ferme, mais une de ces fermettes chichiteuses avec tout le terrain en friche. De plus, il ne l'a pas achetée. Cette ferme faisait partie d'une propriété de famille. Swan fit intervenir son oncle en fidéicommis pour avoir Hall Farm avec un loyer insignifiant.

— Il y a des gens qui savent se débrouiller, soupira Burden en pensant aux hypothèques et prêts bancaires accordés à contrecœur. Pas de soucis d'argent, pas de problème de logement.

— Ils sont venus s'installer ici en octobre, il y a un an. Stella fut envoyée au couvent de Swingbury, l'oncle réglant sa pension — et Swan lui fit prendre des leçons d'équitation. Il monte lui-même à cheval et chasse un peu. Pas sur une grande échelle, mais il ne fait jamais rien en grand.

» Quant à Rivers, il a bien pris la chose et s'est consolé en épousant une hôtesse de l'air. Swan, Rosalind, Stella et une jeune fille au pair ont donc pris possession de Hall Farm. Et voilà qu'au milieu de cette félicité, Stella a disparu. Sans aucun doute, Stella est morte, assassinée.

— Il semble évident que Swan peut n'y être pour rien.

— Il n'a pas d'alibi, s'obstina Wexford. Il y a aussi autre chose, de moins tangible, qui émane de sa propre personnalité.

— Il paraît trop paresseux pour commettre une agression.

— Je sais, soupira Wexford. Aux yeux de la loi, il a mené une vie exempte de tout blâme. Pas de violence, de troubles mentaux, d'accès d'humeur. Il n'a même pas la réputation d'être un coureur de jupons. Quelques liaisons, certes, mais avant de rencontrer Rosalind, il n'a jamais été marié ou fiancé et n'a pas eu de liaisons sérieuses. Pourtant il traîne une sorte de malédiction derrière lui. Il y a un vers dans un sonnet assez sinistre : « Eux qui ont le pouvoir de faire du mal et n'en feront rien. » Je ne crois pas que cela signifie que certains êtres ne font aucun mal, mais qu'ils ne font *rien*. Tel est Swan. S'il n'a pas commis ce crime, celui-ci s'est produit à cause de lui ou parce qu'il est ainsi. Vous croyez que tout ça, ce sont des balivernes ?

— Oui, dit Burden d'un ton ferme.

Le Petit Été de la Saint-Luc se maintenait dans toute sa gloire au moins durant le jour. Les baies prenaient sous le soleil des tons d'un délicat vert doré. Les premières gelées n'avaient pas encore noirci les chrysanthèmes. L'année vieillissait avec grâce.

Un étroit sentier couvert de feuilles mortes conduisait à la ferme. Il était bordé par des buissons de clématites sauvages, piquetées, ici et là, par des têtes de chardon. En arrière-plan s'élevaient les masses chevelues des pins d'Écosse dont les troncs prenaient une riche couleur rose corail sous le soleil.

Un long bâtiment bas en pierre de taille, avec un toit en ardoise, se dressait à l'extrémité de ce chemin. La plus grande partie de la façade disparaissait sous une magnifique vigne vierge écarlate.

— Du côté de chez Swan, murmura Wexford.

Les références à Proust furent perdues pour Burden. Il regardait l'homme qui venait de derrière la maison conduisant par la bride un cheval isabelle. Wexford descendit de voiture et se dirigea vers lui.

— Nous sommes un peu en avance, Mr Swan, j'espère que nous ne vous dérangeons pas.

— Nullement, répondit celui-ci, nous sommes revenus plus

tôt que nous ne le pensions. J'allais sortir Sherry, mais cela peut attendre.

— Voici l'inspecteur Burden.

— Comment allez-vous ? dit Swan en tendant la main. Ce soleil est bien agréable, n'est-ce pas ? Voyez-vous un inconvénient à entrer par la porte de derrière ?

C'était certainement un très bel homme. Burden en décida ainsi sans pouvoir expliquer à quoi correspondait ce qualificatif. Ivor Swan n'était ni grand, ni petit, ni brun, ni blond. Quant à ses yeux, ils avaient cette couleur indéfinissable que l'on appelle gris faute d'un mot plus approprié. Ses traits n'étaient pas spécialement réguliers, sa silhouette, tout en étant mince et bien proportionnée, ne montrait aucun signe de développement musculaire athlétique, mais il marchait avec une aisance exclusivement masculine et exsudait une sorte de charme attirant qui le faisait immédiatement remarquer.

Sa voix était agréable et bien modulée. Il paraissait disposer de tout son temps. Un véritable dilettante, remettant toujours au lendemain ce qu'il ne pouvait se résoudre à faire le jour même. Burden estima qu'il aurait facilement pu en paraître vingt-cinq aux yeux d'un observateur moins attentif.

Les deux policiers le suivirent dans un office ou arrière-cuisine où deux fusils et un assortiment de cannes à pêche étaient suspendus au-dessus d'une rangée de bottes en cuir et en caoutchouc.

— Vous n'élevez pas de lapins, par hasard, Mr Swan ? demanda Wexford.

Swan secoua la tête :

— Je les tire, ou j'essaie de le faire quand ils s'aventurent sur mes terres.

Dans la cuisine deux femmes s'occupaient à des tâches féminines. La plus jeune, une jeune fille brune dégingandée, épluchait des légumes. Un peu plus loin, une blonde très mince, au visage de poupée, repassait une chemise d'homme. Cinq ou six chemises étaient déjà pliées. Il en restait encore autant à repasser. Burden remarqua qu'elle prenait le plus grand soin à ne pas faire de faux plis horizontaux sous l'empiècement de la chemise, erreur que commettent souvent les femmes sans soin, et qui provoque toujours une gêne chez celui qui doit ôter sa veste.

— Bonjour, Mrs Swan. Je me demande si je peux me permettre de vous déranger quelques minutes ?

Rosalind Swan avait un air de jeune fille, accentué par sa coupe de cheveux. Rien dans son visage ou ses manières ne rappelait que huit mois plus tôt sa fille unique avait disparu et n'avait jamais été retrouvée. Elle portait des collants blancs et des chaussures roses à boucles, mais Burden pensa qu'elle avait le même âge que son mari.

— J'aime m'occuper personnellement de tout le linge de mon mari, déclara-t-elle avec entrain. On ne peut demander à Gudrun de donner à ces chemises cette petite touche que seule une épouse peut y apporter n'est-ce pas ?

Burden savait d'expérience que si un homme a une liaison, et que sa femme fait une remarque de ce genre en présence de sa maîtresse, il échange instinctivement avec elle un regard dégoûté. Il observa les deux autres : Gudrun continua à éplucher consciencieusement ses légumes, et Swan regarda sa femme avec une expression affectueuse, sans paraître trouver rien de ridicule dans ses propos.

— Tu peux finir ça plus tard, Rozzy.

Burden pensa que Swan devait souvent faire des réflexions de cette nature. Avec lui, tout pouvait toujours être remis à plus tard. L'oisiveté prenait toujours le pas sur l'activité. Mrs Swan se contenta de répondre :

— Allons au salon, mon amour.

Le salon était meublé de fauteuils recouverts en chintz et de quelques objets en cuivre. Sans utilité aucune dans une maison moderne, ni même ancienne. Il n'offrait aucune originalité particulière, et Burden se souvint que Hall Farm avait été donnée à Swan par un oncle, sans doute avec son contenu.

Prenant son mari par le bras, Mrs Swan se dirigea vers le sofa où elle s'installa à côté de lui. Après avoir dégagé son bras, elle lui prit la main. Swan se laissait manipuler passivement et paraissait admirer sa femme.

— Aucun de ces noms ne m'est connu, Inspecteur-chef, déclara-t-il après avoir consulté la liste. Et toi, Roz ?

— Je ne le pense pas, mon amour.

L'amour dit :

— J'ai lu dans le journal l'histoire de cet enfant qui a disparu. Pensez-vous que les deux affaires aient un lien ?

— C'est fort possible. Vous dites que vous ne connaissez

personne sur cette liste, mais connaissez-vous Mrs Gemma Lawrence ?

— Nous ne fréquentons personne ici, répondit Rosalind Swan. En fait, on pourrait dire que nous sommes encore en lune de miel.

Burden trouva la remarque de mauvais goût. Elle avait 38 ans et était mariée depuis un an. Il attendit qu'elle manifestât un regret quelconque au sujet de sa fille, mais Mrs Swan continua à regarder son mari avec une fierté vorace. Il jugea que le moment était venu pour lui de se mêler à la conversation et demanda :

— Pouvez-vous rendre compte de votre emploi du temps jeudi après-midi, monsieur ?

Swan n'était pas très grand, il était mince, il avait de petites mains et n'importe qui peut feindre une claudication. De plus, Wexford prétendait qu'il n'avait pas d'alibi pour cet autre jeudi...

— Décidément, vous me voyez bien dans le rôle du kidnapper, dit Swan en se tournant vers Wexford.

— C'est Mr Burden qui vous a posé la question, dit celui-ci imperturbable.

— Je n'oublierai jamais la façon dont vous m'avez harcelé quand nous avons perdu la pauvre petite Stella.

— Pauvre petite Stella, répéta en écho Mrs Swan.

— Ne te tourmente pas, Roz, tu sais que je n'aime pas ça. Qu'ai-je fait jeudi après-midi ? Chaque fois qu'un nom s'ajoutera à votre liste de personnes disparues, je suppose que je devrai m'attendre à ce genre d'inquisition. Ma foi, j'étais ici jeudi dernier. Ma femme était à Londres et c'est le jour de sortie de Gudrun. J'étais donc seul. J'ai lu un peu et j'ai fait la sieste. Oh ! et vers 4 heures, je suis allé à cheval jusqu'à Stowerton où j'ai assassiné deux gamins qui encombraient les rues !

— Oh, Ivor chéri !

— Vous n'êtes pas drôle, Mr Swan.

— Non, et il n'est pas drôle non plus d'être soupçonné d'avoir fait disparaître deux enfants, dont l'un est la fille de ma propre femme !

Ils n'en tirèrent rien de plus. Tandis qu'il repartait en voiture, Burden demanda :

— Stella se faisait-elle appeler Rivers après le remariage de sa mère ?

— Les deux noms ont été utilisés quand elle a disparu. Elle est devenue Stella Rivers pour nous parce que c'était son vrai nom. Swan prétend qu'il avait l'intention de faire modifier le nom par acte de justice mais il n'avait encore entrepris aucune démarche. Cela lui ressemble bien.

— Parlez-moi de cet alibi qui n'existe pas, demanda Burden.

6

Martin, Loring et leurs aides continuaient à interroger les éleveurs de lapins. Bryant, Gates et une demi-douzaine d'autres policiers poursuivaient l'enquête porte à porte. Durant l'absence de l'inspecteur-chef, l'agent Peach avait apporté une tennis trouvée dans un champ, mais la pointure ne correspondait pas, et, de toute façon, John Lawrence ne portait pas de tennis.

Wexford lut les messages qui avaient été déposés sur son bureau. La plupart étaient négatifs. Aucun ne réclamait une attention immédiate. Il scruta à nouveau la lettre anonyme, puis la rangea dans son enveloppe en poussant un soupir.

— Nous avons reçu assez de lettres, dans l'affaire Stella Rivers, pour tapisser les murs de ce bureau, remarqua-t-il ; nous les avons toutes vérifiées. Nous avons aussi enregistré cinq cent vingt-trois appels téléphoniques. L'imagination des gens est positivement incroyable, Mike ! Presque tous étaient bien intentionnés. La plupart croyaient vraiment avoir vu Stella et...

Burden l'interrompit :

— Je voudrais que vous me parliez de l'alibi de Swan.

— Il a conduit Stella au club *Equita* à 2 heures et demie. C'est un nom idiot, non ? Est-ce que ça veut dire que tous les élèves sont égaux ou que l'on ne leur enseigne que l'équitation ?

Ce genre de digression impatientait toujours Burden.

— Quelle est la marque de sa voiture ?

— Ce n'est pas une Jaguar rouge, mais un vieux break Ford noir. Il a déposé Stella à la grille pensant, dit-il, que des amis la ramèneraient, et il est reparti chez lui. À 3 heures et demie, il a sellé son cheval et il est allé à Myfleet croyez-le ou non, voir un homme au sujet d'un chien.

— Vous plaisantez.

— Sur un sujet pareil ? Il y a à Myfleet un type appelé Blain qui élève des chiens d'arrêt. Swan est allé le voir dans l'intention d'acheter un chiot pour Stella. Naturellement, il ne l'a pas plus acheté qu'il ne lui a offert le poney qu'il lui avait promis ou qu'il ne s'est occupé du changement de nom. Swan est toujours « sur le point » de faire quelque chose.

— A-t-il vraiment été voir cet homme ?

— Blain nous déclara que Swan était resté avec lui de 4 heures moins 10 à 4 heures et quart, mais il n'est rentré à Hall Farm qu'à 5 heures et demie.

— Où a-t-il prétendu être allé pendant cette heure et quart ?

— Il se serait promené à cheval. L'animal avait besoin d'exercice. Il avait probablement aussi besoin d'être bouchonné car le cavalier et sa monture étaient complètement trempés en arrivant à la maison. Cependant, aussi étrange que cela paraisse, c'est bien le genre de chose que Swan pourrait faire. Il est bien capable de musarder à cheval sous une pluie battante. Sa promenade, prétend-il toujours, l'aurait amené jusqu'à la forêt de Cheriton, mais il ne s'est pas trouvé un seul témoin pour corroborer ses dires. D'un autre côté, il aurait pu se trouver à temps à Mill Lane pour tuer Stella. Dans ce cas, qu'aurait-il fait du corps ? Sa femme ne possède pas davantage d'alibi. Elle serait restée à Hall Farm et elle ne sait pas conduire, ou du moins, elle ne possède pas de permis de conduire.

Burden enregistra tout cela, puis il voulut en savoir davantage sur le départ de Stella de son club.

— Les enfants avaient une heure de leçon, suivie d'une heure de promenade, expliqua Wexford. Miss Williams, la propriétaire d'*Equita* qui habite la maison à côté des écuries, a vu Stella cet après-midi-là mais elle ne lui a pas parlé et nous n'avons aucune raison de douter de sa parole. C'est Mrs Margaret Fenn qui emmène les enfants en promenade.

C'est une veuve d'environ quarante ans. Elle habite ce qui était la loge de Saltram House, vous connaissez sans doute.

Certes. Vieille demeure en ruine, Saltram House et ses jardins, maintenant retombés à l'état sauvage, avaient été une de ses promenades favorites avec Jean. Pour eux, c'était un endroit romantique, un domaine perdu où ils aimaient se promener le soir dans les premières années de leur mariage et où ils étaient retournés plus tard pour faire des pique-niques avec les enfants.

Toute la journée son chagrin avait été estompé par l'enquête dont il s'occupait, mais à nouveau il revoyait le visage heureux de sa femme et l'entendait l'appeler par son nom tandis qu'ils exploraient le parc inculte et, main dans la main, entraient dans la maison en ruines. Il réprima un frisson.

— Ça va, Mike? (Wexford lui jeta un regard anxieux et poursuivit :) Stella dit au revoir à Mrs Fenn en précisant que son beau-père — au fait, elle disait toujours « mon père » en parlant de lui — était en retard et qu'elle allait à sa rencontre. Mrs Fenn s'inquiéta de laisser partir la fillette seule, mais il faisait encore jour et elle ne pouvait l'accompagner. Elle regarda Stella sortir des grilles et fut ainsi l'avant-dernière personne à la voir avant sa disparition.

— L'avant-dernière ?

— N'oubliez pas l'homme qui lui offrit de la raccompagner. Voyons maintenant les maisons de Mill Lane. Il n'y en a que trois entre *Equita* et Stowerton, très éloignées les unes des autres. Deux cottages et Saltram House. L'automobiliste s'arrêta à sa hauteur avant que Stella ait dépassé le premier de ces cottages, celui qui n'est occupé que pendant le week-end. Ce jour-là étant un jeudi, il n'y avait personne. Nous ignorons ce qui a pu lui arriver après que Hill l'a vue, mais si elle a pu continuer sa route sans encombre, elle aurait dû arriver devant le second cottage qui a un locataire. Malheureusement, il s'agit d'un homme qui travaille et ne rentre pas chez lui avant 6 heures du soir. Là encore, tout fut soigneusement vérifié parce qu'aussi bien ce cottage que Saltram Lodge ont le téléphone et que nous avons pensé que Stella avait pu s'arrêter dans une des maisons pour téléphoner chez elle. La troisième maison, Saltram Lodge, était également inoccupée jusqu'au retour de Mrs Fenn à 6 heures. Elle avait reçu de la famille chez elle, mais ses parents étaient repartis pour Londres par le train de 15 h 45. Un chauffeur de taxi a confirmé être venu les chercher à 15 h 20.

— C'est tout? demanda Burden, il n'y a pas eu d'autres pistes?

Wexford secoua la tête.

— Pas ce que l'on peut appeler une piste. Des tas de gens se sont présentés avec de prétendues preuves. Une femme avait ramassé un gant d'enfant devant l'un des cottages, mais il n'appartenait pas à Stella. Un commis voyageur prétendit qu'il avait fait monter un homme âgé près de Saltram House à 5 heures et demie et qu'il l'avait conduit à Stowerton, mais ce témoin était un hâbleur et on ne pouvait guère accorder grand crédit à sa déclaration.

» Un camionneur assura avoir vu un petit garçon sortir de l'une des portes du cottage en location et c'est peut-être vrai. Personne ne ferme sa porte de service à clef à la campagne. Ce même camionneur prétendit également avoir entendu des cris provenant de derrière une haie, juste devant le club *Equita*, mais nous savons que Stella était en vie et indemne quand elle a refusé de monter avec Hill. Je doute que nous en apprenions jamais plus.

Wexford avait l'air las. Son visage paraissait plus lourd et ses traits plus tirés que d'habitude.

— Je vais prendre deux heures de repos demain matin, Mike et je vous conseille d'en faire autant. Nous sommes tous les deux épuisés. Faites la grasse matinée.

Burden acquiesça distraitement. Il ne répondit pas qu'il ne voyait aucun intérêt à faire la grasse matinée sans avoir quelqu'un dans son lit, mais il le pensa. Avec tristesse, il évoqua en regagnant sa voiture, ces rares et délicieux dimanches matin quand Jean, généralement très matinale, consentait à rester au lit jusqu'à 9 heures. Dans les bras l'un de l'autre, ils écoutaient le bruit de Pat qui leur préparait le thé dans la cuisine, et ils se séparaient à regret quand la fillette entrait avec son plateau. Ces jours avaient été d'un bonheur parfait. Il ne les avait pas assez appréciés à l'époque et maintenant, il aurait volontiers donné dix ans de sa vie pour revivre une seule de ces matinées.

Ces souvenirs ne faisaient qu'aviver sa souffrance. Sa seule consolation était qu'il allait bientôt rejoindre quelqu'un d'aussi désespéré que lui, mais quand il poussa la porte, jamais fermée, elle lui cria gaiement, sur un ton d'intimité, comme s'ils étaient de vieux amis :

— Je suis au téléphone, Mike, entrez et faites comme chez vous.

Le téléphone devait se trouver dans la salle à manger. Il s'installa dans l'autre pièce, assez mal à l'aise car le désordre l'incommodait toujours. Il se demanda comment une jeune femme aussi belle et charmante pouvait supporter de vivre dans un tel capharnaüm et s'étonna encore davantage en la voyant surgir, si différente et presque élégante. Elle souriait.

— Il ne fallait pas raccrocher à cause de moi, dit-il en essayant de ne pas regarder la robe bleu vif qui la moulait, les longues chaînes d'argent, le peigne dans ses cheveux relevés.

— C'était Matthew, expliqua-t-elle. Il m'a appelée de l'hôpital. Il s'inquiétait terriblement au sujet de John, mais je l'ai rassuré. Je lui ai expliqué que tout serait terminé lundi. Il a déjà tant de soucis, le pauvre. Il est malade, sa femme attend un bébé, et il est sans travail.

— Sans travail ? Dans quelle branche est-il ?

Elle s'assit en face de lui, en croisant les plus belles jambes que Burden ait jamais vues. Il fixa une tache sur le tapis à quelques centimètres de ses pieds.

— Il est acteur à la télévision. Malheureusement, il n'a pas de travail régulier. Son physique lui pose un véritable problème. Oh, ce n'est pas qu'il ne soit pas beau garçon. Au contraire ! Il est né trop tard. Il ressemble à Valentino, et ce type d'homme n'est plus à la mode aujourd'hui. John lui ressemble. C'est déjà tout son portrait.

Matthew Lawrence... ce nom lui rappela quelque chose.

— Je crois avoir vu sa photo dans un journal.

— Escortant Leonie West, sans doute. On la photographie souvent.

— C'est une danseuse, non ? Ma fille est folle de ballets. Oui, vous avez raison, je pense avoir vu votre ex-mari en compagnie de Leonie West.

— Matthew et Leonie avaient une liaison depuis de nombreuses années quand il m'a rencontrée. Je suivais des cours d'art dramatique et j'ai obtenu un petit rôle dans un feuilleton de télévision où il jouait. Quand nous nous sommes mariés, il m'a juré qu'il ne reverrait jamais Leonie, mais en réalité, il ne s'est marié que parce qu'il voulait un enfant, et

Leonie ne peut pas en avoir. Autrement, c'est elle qu'il aurait épousée.

Elle s'exprimait avec détachement, mais elle poussa un soupir et resta silencieuse. Burden attendit, oubliant sa fatigue, plus intéressé que d'habitude par l'histoire des autres et bien que ce récit le trouble d'étrange façon. Au bout d'un moment, elle reprit :

— J'ai essayé de sauver notre mariage, et quand John est né, j'ai pensé que nous avions une chance. Puis j'ai découvert que Matthew voyait toujours Leonie. Finalement, il m'a demandé de divorcer, et j'ai accepté. Le juge a accéléré le processus parce qu'il y avait un enfant en route.

— Mais je croyais que Leonie West ne pouvait...

— Oh ! il ne s'agit pas de Leonie. Il ne l'a pas épousée. Elle a des années de plus que lui. Elle doit avoir plus de quarante ans aujourd'hui. Non, il a épousé une jeune fille de dix-neuf ans, qu'il a rencontrée dans une soirée.

— Seigneur !

— Elle a eu le bébé, mais il n'a vécu que quelques jours. C'est pourquoi je prie le ciel pour que tout se passe bien cette fois-ci.

Burden ne put se contenir plus longtemps :

— Vous n'avez donc aucune rancœur ? J'aurais pensé que vous les détesteriez, lui, sa femme et cette Leonie West !

Elle haussa les épaules.

— Pauvre Leonie. Elle est trop pathétique pour inspirer de la haine. De plus, j'ai toujours éprouvé de la sympathie pour elle. Je ne déteste pas non plus Matthew et sa femme. Ce n'est pas leur faute. Je ne pouvais pas leur demander de gâcher leur vie pour moi.

— Je crains d'être assez vieux jeu dans ce domaine. Je crois en la discipline librement imposée. Ce sont eux qui ont gâché votre vie.

— Oh ! non. J'ai John et il me rend très heureuse !

— Mrs Lawrence...

— Gemma.

— Gemma, je dois vous demander de ne pas trop compter sur le retour de John lundi. Il ne faut même pas y compter du tout. Mon chef, l'inspecteur Wexford, n'a aucune confiance en la véracité de cette lettre. Il est persuadé que c'est une supercherie.

Elle pâlit et joignit les mains.

— Personne ne peut écrire une lettre pareille si elle n'est pas vraie, dit-elle avec innocence, personne ne peut être aussi cruel.

— Mais les gens sont cruels. Vous le savez, non ?

— Je ne vous crois pas. Je sais que John sera là lundi. Je vous en supplie, ne me gâchez pas ça. Je m'y accroche avec tant d'espoir.

Il secoua désespérément la tête. Les yeux de Gemma cherchaient les siens, quêtant un mot d'encouragement. Puis, à sa profonde horreur, elle se laissa glisser à genoux devant lui, et prit ses mains dans les siennes.

— Je vous en supplie, Mike, dites-moi que tout va bien se passer. Dites-moi qu'il y a un espoir. C'est possible, n'est-ce pas, Mike ?

Elle lui enfonçait les ongles dans les poignets.

— Il y a toujours un espoir...

— Plus que cela, n'est-ce pas ? Souriez-moi, Mike, prouvez-moi qu'il reste une chance.

Il sourit avec une sorte de désespoir. Elle se releva d'un bond.

— Restez-là, je vais faire du café.

Le soir tombait. Bientôt, il ferait nuit. Il savait qu'il aurait dû s'en aller maintenant, la suivre hors de la pièce en disant :

— Eh bien, si tout va bien, je vais m'en aller.

Rester là était une erreur, dépassant largement les limites de son devoir. Si elle avait besoin de compagnie, elle pouvait faire appel à Mrs Crantock ou à un de ses étranges amis.

Il ne pouvait bouger. Cela lui était impossible. Quel hypocrite, avec ses déclarations sur la discipline librement imposée. Si Jean avait été à la maison, il n'aurait même pas eu l'idée de rester, il n'aurait pas eu besoin de se maîtriser.

Elle revint avec le café, et ils le burent dans la pénombre. Il la distinguait à peine et cependant il sentait sa présence. Il souhaitait qu'elle allumât la lumière, mais en même temps il priait pour qu'elle n'en fît rien, car elle détruirait ainsi l'atmosphère capiteuse, exagérée par son parfum, tendue et à la fois paisible.

Elle versa un peu de café, et leurs mains se touchèrent.

— Parlez-moi de votre femme.

Il n'avait jamais rien dit à personne. Il n'était pas homme à ouvrir son cœur. Grace avait essayé. Cet idiot de Camb avait essayé et, de façon plus subtile, Wexford également. Pourtant il aurait aimé s'épancher auprès de l'auditeur adéquat. Cette jolie femme n'était pas l'auditeur adéquat, avec son étrange passé, sa permissivité curieuse. Pouvait-elle comprendre ses notions de monogamie ? Comment pouvait-il parler à Gemma de la simple et gentille Jean, de son existence paisible et de sa mort abominable ?

— C'est du passé. Mieux vaut ne plus y penser.

Il comprit trop tard l'impression que ses paroles lui avaient donnée.

— Même si vous n'avez pas été complètement heureux, ce n'est pas seulement un rêve qui vous manque, c'est l'amour.

Il vit que c'était là la vérité. Elle s'appliquait à lui, bien que « amour » ne fût pas le mot juste. Il n'y avait pas d'amour dans ses rêves, et Jean n'y entrait jamais. Préférant nier de telles pensées, il répondit :

— On prétend qu'il existe un substitut. Je n'en trouve pas.

— Pas un substitut, mais quelqu'un d'autre pour une autre sorte d'amour, peut-être.

— Je ne sais pas. Il faut que je m'en aille. N'allumez pas.

La lumière révélerait la faim qu'il avait d'elle et qu'il ne pouvait dissimuler.

— N'allumez pas !

— Je n'en avais pas l'intention, dit-elle doucement. Approchez-vous.

Elle lui donna un léger baiser sur la joue, comme une femme peut le faire à un homme qu'elle connaît depuis des années, un mari ou un frère. Il voulut le lui rendre avec la même rassurante camaraderie. Mais il sentait son cœur battre à côté du sien comme s'il en avait deux. Leurs bouches se rencontrèrent, et il perdit le contrôle de lui-même.

Il l'embrassa avec voracité, l'étreignit de toutes ses forces en la poussant contre le mur, plongeant sa langue dans sa bouche.

Quand il la relâcha et s'éloigna en frissonnant, elle resta immobile, et silencieuse, tête basse. Il ouvrit la porte et s'éloigna en courant, sans se retourner.

7

Dimanche, jour de la grasse matinée. Burden avait passé une nuit affreuse, peuplée de rêves si écœurants que s'il en avait lu la description dans un des livres de psychologie auquel Grace se référait toujours, il n'aurait eu aucune difficulté à croire qu'ils étaient le produit d'un esprit pervers.

Rester étendu dans votre lit quand il fait déjà jour ne vous empêche pas de penser. Mais à quoi ? À Jean qui était partie, pour toujours ? À des rêves qui vous font vous demander si en fait vous n'êtes pas aussi épouvantable que les malades de la région ? À Gemma Lawrence ? Quel idiot de l'embrasser, d'être resté près d'elle dans l'obscurité, de s'être impliqué !

Il se leva. Il n'était que 7 heures et demie quand il entra dans la cuisine. Personne n'était levé. Il fit du thé et en porta une tasse à chacun. Il se préparait encore une belle journée.

Grace s'assit dans son lit et prit la tasse. Elle portait une chemise de nuit semblable à celles de Jean. Son visage était encore un peu gonflé de sommeil, comme celui de Jean lorsqu'elle se réveillait. Il la détesta.

— Je dois sortir, j'ai du travail, déclara-t-il.

— Je n'ai pas entendu sonner le téléphone.

— Tu dormais.

Les enfants ne bougèrent pas lorsqu'il posa la tasse de thé près d'eux. Ils dormaient beaucoup, ce qui était naturel à leur âge. Burden en avait conscience, mais il lui semblait qu'ils ne s'intéressaient plus à lui. Leur mère était morte, mais ils avaient un fac-similé de mère. Il leur importait peu que leur père fût là ou non.

Il sortit sa voiture et démarra sans but défini. Peut-être irait-il dans la forêt de Cheriton pour rêver et se torturer, mais au lieu de prendre Pomfret Street, il se dirigea vers Stowerton. Sa raison lui conseillait de ne pas aller vers Fontaine Road, et il tourna dans Mill Lane.

C'était là que l'on avait vu la Jaguar rouge. Derrière ces arbres, un homme jeune, vêtu d'un duffel-coat se promenait en ramassant des feuilles mortes. Était-il possible, dans ce monde mauvais et cynique, que cet amateur de feuilles mortes fût un éleveur de lapins — peut-être avait-il ramassé les feuilles pour les donner aux lapins ? — et qu'il ait besoin d'un enfant pour le seul plaisir de sa compagnie et la vue de son visage heureux quand sa petite main caressait la fourrure soyeuse de l'animal ? Par une telle matinée, des idées aussi féeriques semblaient possibles.

Au loin, il entendit les cloches de St Jude appeler les fidèles à la messe. Il prit un virage, et Saltram House apparut soudain en pleine vue. Qui aurait pu supposer, en regardant cette demeure d'une telle distance, alors qu'elle couronnait fièrement la colline, que ses fenêtres n'avaient plus de vitres, que ses pièces étaient inhabitées et que ce grand édifice de pierres n'était plus que le squelette d'une somptueuse résidence ? Toute dorée sous le soleil du matin, avec ses proportions harmonieuses, la maison de la fin du XVIIIe siècle, de style palladien, semblait protéger la vallée en dessous.

Sa destruction, dont le récit était connu de tous les habitants de Kingsmarkham, remontait à plus de soixante ans, au cours de la Grande Guerre. Le propriétaire, dont le nom était depuis longtemps oublié, avait donné une réception. Ses invités étaient montés sur la terrasse de la maison pour regarder passer un zeppelin. L'un d'eux avait fait tomber son cigare pardessus le parapet et celui-ci avait mis le feu aux buissons. Maintenant, il ne restait plus rien derrière ces exquises fenêtres que des ronces et des arbres qui avaient poussé au milieu des fondations calcinées pour lancer leurs branches là où des femmes en robes de couturiers parisiens avaient déambulé en agitant leurs éventails.

Il roula lentement jusqu'aux grilles de fer forgé où commençait l'allée montant vers Saltram House. À la gauche des grilles se dressait une petite maison à toit de chaume. Dans le jardin, une femme ramassait des champignons. Mrs Fenn, supposa-t-il. Elle ne vivait pas encore là lorsque Jean et lui venaient pique-niquer.

Naturellement, la propriété avait été fouillée en février et de nouveau lors de la battue jeudi soir et vendredi. Mais les chercheurs connaissaient-ils cet endroit aussi bien que lui ? Burden descendit de voiture et ouvrit les grilles qui grincèrent sur leurs gonds rouillés.

Wexford et le Dr Crocker, médecin de la police, jouaient parfois au golf le dimanche matin. Ils étaient amis depuis leur enfance, bien que Wexford eût sept ans de plus que Crocker. Le médecin était un homme grand et mince à l'allure juvénile, tandis que Wexford était un gros homme pachydermique avec de l'hypertension.

C'était précisément en raison de cette hypertension que Crocker avait proposé ces parties de golf le dimanche et avait prescrit un régime rigoureux. Wexford faisait des écarts au moins deux fois par semaine, mais il acceptait d'assez bon cœur ces parties de golf, en dépit d'un handicap peu flatteur de trente-six points, car cela lui permettait de ne pas accompagner sa femme à l'église.

— Tu n'as pas envie d'une petite goutte de quelque chose? demanda Wexford avec mélancolie.

— À cette heure-ci?

— Ce n'est pas l'heure qui compte, mais l'effet.

— Si mon tensiomètre n'était pas d'aussi bonne qualité, il aurait explosé la dernière fois que j'ai pris ta tension. Ce dont tu as besoin, ce n'est pas de l'alcool, mais de quelques swings sous l'œil d'aigle du pro.

— Pas ça. Tout mais pas ça.

Arrivé au premier tee, Crocker, la mine imperturbable, regarda son ami fouiller dans son sac de golf, puis il lui tendit un fer sans dire un mot. Wexford frappa. La balle s'envola, mais nullement dans la bonne direction.

— C'est injuste, maugréa-t-il, tu t'adonnes à ce passe-temps ridicule depuis des années alors que je suis novice. Tout ça n'est bon qu'à me donner un complexe d'infériorité. Je devrais me mesurer à quelqu'un de moins expérimenté, Mike Burden, par exemple...

— Cela ferait le plus grand bien à Mike.

— Il m'inquiète, avoua Wexford, heureux de la diversion, parfois je me demande s'il ne va pas faire une dépression nerveuse.

— Des hommes perdent leur femme et s'en relèvent. Tu sais ce que je pense? Mike épousera sa belle-sœur. C'est fatal. Elle ressemble à Jean, se conduit comme Jean. Mike pourra l'épouser et garder l'impression de rester monogame. Bon, assez de bêtises, on est là pour jouer au golf.

— Il ne faut pas que je m'éloigne trop. On peut avoir besoin de moi s'il y a du nouveau au sujet de l'enfant qui a disparu.

L'inquiétude de Wexford était réelle. Ce n'était pas une simple excuse de sa part, mais il avait crié « au loup » trop souvent. Le docteur eut un petit rire sarcastique:

— Dans ce cas, on viendra te chercher. Certains membres du club sont encore capables de courir, *eux*. Et maintenant, admire !

Il prit son fer cinq et frappa la balle avec une précision méthodique.

— Sur le green, constata-t-il avec complaisance.

Wexford ramassa son sac avec un soupir.

Burden gara sa voiture au bout de l'allée et remonta à pied pour arriver derrière la maison. De cette distance, il ne faisait aucun doute que Saltram House n'était plus qu'une coquille vide.

Il se pencha sur l'une des fenêtres et regarda dans ses profondeurs ténébreuses. Des sureaux et de jeunes chênes — combien de temps faut-il à un chêne pour arriver à maturité ? — avaient fait leur chemin au milieu du sable et des décombres. Les traces de l'incendie avaient disparu depuis longtemps, lavées par soixante hivers d'intempéries. Des feuilles dorées jonchaient le sol défoncé.

La maison était déjà dans cet état lorsqu'il était venu là pour la première fois avec Jean. Seuls changements notables, les arbres étaient plus grands et la nature plus envahissante dans sa conquête. Assez curieusement, il avait l'impression que les ruines étaient sa propriété personnelle.

Burden ne lisait pas de poésie ? Il lisait rarement quoi que ce soit. Mais comme la plupart des gens qui ne lisent pas, sa mémoire était excellente. Parfois des citations de Wexford lui revenaient. Tout bas, pour lui seul, il murmura :

Les ruines m'ont appris à méditer ceci
Le temps passe et le cœur oublie.

Il ignorait qui avait écrit ces vers, mais il savait qu'ils exprimaient une vérité. Il se détourna. Il n'y avait pas de porte de ce côté, il fallait entrer par devant et traverser ce qui avait été un jardin à la française.

À droite et à gauche, le parc était à l'abandon. À qui appartenait-il ? Pourquoi personne ne le prenait-il en fermage ? Il l'ignorait, mais il constatait, une fois de plus, que c'était un magnifique désert où l'herbe poussait haute et drue. Des arbres que des hommes, depuis longtemps disparus, avaient plantés se dressaient droits et fiers : cèdres, chênes-verts et le grand *ginkgo biloba*, bel arbre de Chine. C'était d'une sauvagerie désespérément triste, en ce sens que ces arbres étaient faits pour être taillés et soignés. Il écarta les branches et s'approcha de la façade incomparable de Saltram House. Un large fronton, décoré d'une frise de figures classiques, ornait l'entrée. Juste au-dessus de la porte, se trouvait un cadran solaire vertical représentant un ciel bleu et des chiffres dorés que ni le vent, ni la pluie n'avaient réussi à estomper. D'où il se tenait, Burden apercevait le ciel à travers les trouées de la maison et ce ciel était aussi bleu que celui du cadran solaire.

Il n'était plus possible, et cela depuis des années, de traverser le jardin ou d'entrer dans la maison sans se livrer à des escalades. Burden grimpa au-dessus d'un mur haut d'un mètre environ.

Il n'avait jamais vu les fontaines fonctionner, mais il savait qu'il en avait existé. Douze ans plus tôt, quand il avait pénétré jusque-là pour la première fois avec Jean, deux statues de bronze soutenant des vases se dressaient de chaque côté de l'allée envahie par les herbes. Mais des vandales étaient venus depuis et avaient arraché les statues de leur socle, à la recherche peut-être du plomb avec lequel les tuyaux des fontaines étaient fabriqués.

L'une des statues représentait un jeune garçon, l'autre une jeune fille. La statue du garçon avait disparu, mais celle de la fille gisait parmi les herbes folles et les liserons qui enroulaient leurs tiges autour de ses jambes et de ses bras. Burden se pencha et redressa la statue. La tête était cassée et à demi rongée par du vert-de-gris. Au-dessous la terre était nue avec, bizarrement dessinée la forme d'un petit corps.

Il remit en place la masse de métal qui avait été une fontaine et gravit les marches effondrées conduisant jusqu'à la porte. Mais dès qu'il se trouva sur le seuil, à l'endroit où les invités entraient pour laisser leurs manteaux au valet de chambre, il vit que l'on ne pouvait cacher un corps ici, même celui d'un petit garçon de cinq ans.

Car tout l'intérieur de Saltram House avait disparu, placards, portes, escaliers, poutres et jusqu'aux cloisons. Il ne restait rien qui fût l'ouvrage de l'homme. Bien entendu, les hauts murs d'aspect sinistre se dressaient au-dessus de lui, mais même ceux-ci, qui avaient autrefois été peints et ornés de fresques, étaient maintenant devenus la proie de la nature. Du lierre les recouvrait de bas en haut, mais surtout, ils avaient abrité du vent des rejets de sureaux, de chênes, de bouleaux et de hêtres qui avaient grandi dans ce sol riche et certains rivalisaient maintenant de hauteur avec les murs. Burden regarda un taillis que la brise, entrant par la fenêtre, agitait doucement. Il voyait les racines de ces arbres et voyait également qu'il n'y avait rien d'autre parmi eux.

Il se détourna, descendit les marches et retourna dans le jardin, se souvenant avec un brusque pincement de cœur, qu'il avait un jour goûté là, avec Jean et les enfants. Pat, qui avait alors cinq ou six ans, avait demandé pourquoi les fontaines ne fonctionnaient pas. Parce qu'elles étaient cassées et qu'il n'y avait pas d'eau, avait-il répondu. Il n'y avait jamais plus pensé jusqu'à cet instant.

Mais ces fontaines avaient fonctionné autrefois. D'où provenait l'eau ? Sûrement pas de la maison, même si Saltram House avait jamais été alimentée par l'eau de la ville. Pour les fontaines ou les bassins, on utilisait généralement des réservoirs. Par conséquent, l'eau devait être emmagasinée quelque part. Burden eut un petit frisson. C'était une idée stupide, fantastique. Des recherches avaient été effectuées à cet endroit par deux fois. Cette déduction serait venue à l'esprit de l'un des chercheurs. Peut-être pas si aucun d'eux ne connaissait cette propriété aussi bien que lui, si personne n'avait su que cette statue avait été une fontaine.

Il comprit qu'il n'aurait pas de repos ou un moment de paix s'il s'en allait maintenant. Il descendit les marches et se trouva jusqu'aux genoux au milieu des mauvaises herbes et des ronces. Les citernes, s'il y en avait, devaient se trouver près de la maison, mais aussi près que possible du socle des statues.

D'abord, ces socles furent difficiles à découvrir. Burden coupa une branche de sureau avec son couteau de poche et l'élagua. Puis il se mit en devoir d'écarter les branches mortes et les racines. Par endroit, l'enchevêtrement était tel qu'il commençait à se dire que c'était là une tâche impossible quand sa canne improvisée heurta un objet métallique, et fit entendre un tintement. Utilisant ses mains nues, il arracha le lierre, puis une plante plus tenace avant de trouver un disque de bronze avec un trou dans son centre. Il ferma les yeux en réfléchissant. Il se souvint que c'était la statue du jeune garçon qui s'était trouvée là, celle de la jeune fille était dans la même position de l'autre côté de l'allée. Où la citerne pouvait-elle se trouver ? À nouveau, il se servit de sa canne. Il n'avait pas plu depuis deux ou trois semaines et les tiges des plantes étaient aussi dures que du fer. Inutile d'essayer de trouver quelque chose à tâtons. Il continua à avancer lentement sur le chemin qu'il se frayait tant bien que mal avec sa branche de sureau.

Il regardait à ses pieds, ce qui ne l'empêcha pas de buter quand son orteil heurta ce qui semblait être le bord d'une pierre ou une marche. Il découvrit qu'il s'agissait d'une pierre rectangulaire. En se baissant, il travailla avec ses mains jusqu'à ce qu'il ait arraché toute la végétation qui révéla, alors, une dalle en ardoise de la taille et de la forme d'une pierre tombale. Comme il l'avait imaginé, c'était bien la citerne de la fontaine. Serait-il possible de soulever cette dalle? Il essaya et réussit assez facilement.

La citerne était vide, tarie depuis plus d'un demi-siècle. Il n'y avait même pas une araignée ou un cloporte à l'intérieur. Une seconde citerne devait alimenter l'autre fontaine, à égale distance de l'autre côté.

Il dégagea la végétation sur celle-ci avec beaucoup plus de facilité. Il n'y avait pas de ronces, mais seulement des plantes grimpantes qui meurent en hiver. La dalle était exactement semblable à l'autre, d'un noir argenté, touché, ici et là, par du lichen vert.

Les doigts de Burden étaient écorchés et saignaient. Il les essuya avec son mouchoir, souleva la dalle et avec un long hoquet regarda le corps qui reposait au fond de la citerne.

8

Harry Wild vida sa pipe dans le cendrier sur le comptoir de Camb.

— Alors, vous allez me le dire?

— Je ne sais rien, Harry, c'est la pure vérité. On est allé chercher Mr Wexford au club de golf et il vient d'arriver, il y a quelques minutes à peine. Il faut attendre. Tout est sens dessus dessous. Je ne me rappelle pas un dimanche pareil depuis que je suis dans la police!

Le téléphone se mit à sonner; Camb décrocha.

— Vous avez vu John Lawrence à Brighton, madame ? Un instant, s'il vous plaît, je vous passe le service concerné. (Il soupira :) C'est le trente-deuxième appel aujourd'hui de gens qui prétendent avoir vu ce gosse.

— Mon informateur affirme qu'il est mort. Burden a trouvé son corps ce matin, et voilà pourquoi je travaille un dimanche. (Wild fit une pause pour observer les réactions de Camb et ajouta :) Je veux seulement une confirmation de Wexford et je file interviewer la mère.

— Je préfère que ce soit vous que moi. Sacré bon sang ; je ne voudrais pas faire ce boulot pour tout le thé de Chine !

Nullement impressionné, Wild se mit à bourrer sa pipe.

— À propos de thé, je suppose que la cantine est fermée le dimanche ?

Camb ne répondit pas. Son téléphone résonna de nouveau. Quand il eut répondu à un homme qui avait trouvé un pull bleu répondant à la description de celui de John Lawrence, il leva les yeux et vit les portes de l'ascenseur s'ouvrir. Burden et Wexford en sortirent.

— Ah ! Mr Burden, l'homme même que je désirais voir ! s'écria Wild, est-il exact que vous ayez retrouvé le corps de John Lawrence ?

Burden lui lança un regard glacial et tourna les talons, mais Wexford grogna :

— Pourquoi voulez-vous en avoir la confirmation ? Ce torchon pour lequel vous travaillez ne met pas sous presse avant jeudi.

— Excusez-moi, monsieur, dit Camb, mais Mr Wild veut envoyer l'histoire aux journaux de Londres.

— Loin de moi l'idée d'empêcher un journaliste de gagner un honnête penny le jour du sabbat ! Mr Burden a découvert un corps ce matin dans une des citernes de Saltram House. Tout porte à croire qu'il s'agit d'un crime. Le corps est celui... d'une fillette d'environ douze ans et jusqu'ici encore non identifiée.

— C'est Stella Rivers, hein ? demanda Wild avec une mine gourmande. Allons, donnez-moi une chance, c'est peut-être le plus grand article de ma carrière. La fillette disparue retrouvée dans des ruines. Pas de piste encore pour le petit garçon ? Kingsmarkham va-t-il devenir le théâtre d'une nouvelle chasse à l'homme ? Je vois déjà le parti que l'on peut tirer...

Wexford avait beaucoup de sang-froid. Il avait aussi deux filles et un petit-fils. Il aimait les enfants avec une tendresse passionnée, et il perdit patience :

— Sortez d'ici, tonna-t-il, espèce de journaleux à la manque ! Hors de ma vue, révoltant fumier !

Wild ne demanda pas son reste.

Lorsqu'on retrouve le corps d'un enfant, la tristesse s'abat sur les policiers et leur poste de police. Ils pourchassent ensuite l'assassin avec zèle, mais d'abord, lorsque le crime est découvert, ils sont atterrés, car il s'agit du crime le plus contre nature et le moins pardonnable.

Nullement gêné par sa sortie contre le journaliste, Wexford alla à la morgue retrouver le Dr Crocker en compagnie de Burden. Les deux policiers se tinrent immobiles de chaque côté du corps recouvert d'un drap.

— J'ai envoyé Loring chercher Ivor Swan, dit Burden, il vaut mieux que ce soit lui qui procède à l'identification plutôt que la mère.

— Comment est-elle morte ? demanda Wexford.

— La mort remonte à plusieurs mois, répondit Crocker. Les experts devront se prononcer. Sans rien affirmer, je dirais qu'elle est morte asphyxiée par une violente pression sur la trachée artère. Le corps ne porte pas de trace de coups ou de blessures et elle n'a pas été étranglée. Pas de violences sexuelles non plus.

— Nous savions qu'elle devait être morte, soupira Wexford, cela ne devrait pas nous paraître si horrible. J'espère seulement qu'elle n'a pas eu trop peur. (Il se détourna :) J'espère que ça a été rapide.

— C'est là le genre de réflexions que l'on s'attend à entendre des parents, mais pas d'un vieux dur-à-cuire comme toi, Reg.

— Oh ! tais-toi. C'est peut-être parce que je connais les parents que je parle ainsi. Regarde-toi, espèce de charlatan, tu t'en fiches.

— Allons, calme-toi.

— Voici Mr Swan, annonça Burden.

Celui-ci entrait en compagnie de Loring. Le Dr Crocker souleva le drap. Swan regarda et devint très pâle.

— C'est bien Stella, déclara-t-il, les cheveux, les vêtements... Seigneur, c'est affreux !

— Vous êtes certain de son identité ?

— Oh ! oui, il n'y a pas de doute. Puis-je m'asseoir ? Je n'avais encore jamais vu de mort.

Wexford le conduisit dans la salle des interrogatoires au rez-de-chaussée.

— Quel spectacle épouvantable ! Je suis heureux que Roz ne l'ait pas vu. J'ai cru que j'allais me trouver mal.

Il s'essuya le visage avec son mouchoir et resta immobile, le regard fixe, comme s'il voyait toujours le corps de l'enfant. Wexford pensa que son horreur était causée par la vue de ce que huit mois dans la terre avait fait de Stella et non par le chagrin. Impression qui ne fut guère dissipée quand Swan déclara :

— Je l'aimais bien, vous savez. Ce n'était pas comme si elle avait été ma propre fille, mais je m'étais attaché à elle.

— Nous avons déjà discuté de tout cela, Mr Swan. Connaissez-vous le domaine de Saltram House ?

— C'est là qu'elle a été retrouvée, n'est-ce pas ? Je ne sais même pas où c'est.

— Cependant, vous devez être passé devant chaque fois que vous avez accompagné Stella à *Equita*.

— Vous ne voulez pas dire cette ruine que l'on aperçoit de la route ?

Wexford acquiesça en le surveillant attentivement. Swan regarda les murs, le plafond, partout sauf en direction de l'inspecteur-chef. Puis il déclara sur le ton d'un homme dont la voiture est sans cesse en panne :

— Je ne sais pas pourquoi il faut toujours que ce soit à moi que ce genre de choses arrive.

— Qu'entendez-vous par « ce genre de choses » ?

— Oh ! rien. Je peux m'en aller ?

— Personne ne vous retient, Mr Swan, déclara Wexford.

Une demi-heure plus tard, il était assis en compagnie de Burden sur les murs en ruines, occupé à surveiller une demi-douzaine d'hommes qui travaillaient sur la citerne, la photographiant, la mesurant, l'examinant de tous les côtés. Le soleil était encore chaud et son éclat donnait à l'endroit un air d'antiquité classique. Çà et là, on apercevait des colonnes tronquées au milieu de l'herbe haute et l'exploration apporta quelques fragments de poterie.

On aurait pu croire qu'ils supervisaient des fouilles archéologiques plutôt qu'une recherche de pistes dans une affaire de meurtre. Ils n'avaient pas retrouvé la statue du jeune garçon, mais celle de la jeune fille reposait là où Burden l'avait laissée, étendue comme une morte, son visage enfoui dans le lierre, ses cheveux sculptés dans le métal aussi dorés que l'avaient été ceux de Stella Rivers.

— Vous allez penser que je suis un vieux fou, dit Wexford, mais je ne peux m'empêcher d'y voir une analogie. C'est une sorte de présage. (Il désigna la statue et regarda Burden :) La fille est morte, le garçon a disparu. Quelqu'un l'a emporté. Dans la vie, comme dans le bronze. Le voleur a peut-être installé le garçon dans un lieu agréable et prend soin de lui. Je parle de la statue, évidemment.

— Oui, bien sûr. Plus probablement, il a utilisé ce qu'il a pu en tirer et s'est débarrassé du reste.

— Bon sang !

Wexford vit que Burden n'avait aucune idée de ce que sa phrase pouvait sous-entendre. Il aurait dû savoir qu'il était inutile de se livrer à des allusions symboliques avec Mike. Il en revint à des problèmes plus pratiques.

— Celui qui l'a mise ici connaissait cet endroit mieux que vous. Apparemment, vous ignoriez l'existence de ces citernes.

— Je ne suis venu ici qu'à la belle saison. En hiver la végétation est moins abondante.

— Je me le demande. (Wexford appela un des hommes :) Vous avez participé aux recherches de février, Peach, avez-vous remarqué ces citernes ?

— Nous sommes venus ici le lendemain de la disparition de Stella. C'était un vendredi. Il avait plu toute la nuit et il pleuvait encore à ce moment-là. Cet endroit était recouvert de boue. Je suis certain que personne n'aurait pu deviner la présence de ces citernes.

— Je vais aller dire un mot à Mrs Fenn.

C'était une petite femme blonde, anxieuse d'apporter son aide, horrifiée par la découverte qui avait été faite à quelques centaines de mètres de sa maison.

— C'était l'élève la plus douée que j'aie jamais eue. Je lui prédisais un grand avenir dans les concours hippiques. Hélas, cela ne s'est pas réalisé. Je ne me pardonnerai jamais de l'avoir laissée partir seule. J'aurais dû téléphoner à Mr Swan. Je savais qu'il était distrait. Ce n'était pas la première fois qu'il oubliait de venir la chercher.

— Vous n'avez aucun reproche à vous adresser, dit Wexford. Saviez-vous que ces fontaines étaient alimentées par des citernes ? Ce détail était-il connu ?

— Bien sûr, je le savais. Oh ! naturellement, elles sont recouvertes par la végétation en été. Nous allons souvent nous promener de ce côté-là par temps sec, et il m'est arrivé d'y emmener des amis pour pique-niquer. Je suis certaine d'avoir attiré l'attention des gens sur ces statues. Elles sont si belles, n'est-ce pas ? (Avec un petit frémissement dans la voix, elle ajouta :) Je crois que je ne retournerai jamais là-bas.

Quand Wexford revint, les hommes transportaient la dalle dans une camionnette. Elle serait envoyée au laboratoire pour examen.

— Même s'il a laissé des empreintes, toute cette boue et cette pluie les auront effacées, dit Wexford. Les éléments sont de son côté. Qu'y a-t-il ? Vous avez une idée ?

— Hélas ! non.

Burden contemplait le sentier tranquille et les champs environnants. Il ne se retourna pas vers la maison, mais il sentait ses yeux aveugles sur lui.

— Je pensais à Mrs Lawrence, ne devrais-je pas y aller...

Wexford le coupa avec sécheresse :

— J'ai envoyé Martin à Fontaine Road dès que j'ai su ce que vous aviez découvert. Il fallait éviter qu'elle apprît que nous avions découvert un corps sans savoir de qui il s'agissait.

— C'est ce que je me disais.

— Ne vous inquiétez pas d'elle ce soir. Mieux vaut qu'elle n'ait pas tout le temps des policiers autour d'elle. Laissons-la en paix. Du reste, elle attend des amis de Londres.

Ne vous inquiétez pas d'elle ce soir... Burden se demanda qui étaient ces amis ? Des femmes ou des hommes ? Des acteurs ? Des artistes ? Peut-être quelqu'un qui écouterait avec amusement quand Gemma lui parlerait de ce baiser d'un policier en mal de sexe. Non, bien sûr, il n'avait pas besoin de retourner là-bas ce soir... ou même n'importe quel autre soir. L'affaire Stella Rivers prendrait tout son temps, et il valait mieux qu'il en fût ainsi. Bien mieux, se dit fermement Burden.

Des journalistes de Londres étaient arrivés en force dès le dimanche soir et, bien à contrecœur, Wexford dut tenir une conférence de presse. Il n'aimait pas les reporters, mais reconnaissait leur utilité. Dans l'ensemble, la publicité qu'ils donnaient à une affaire faisait plus de bien que de mal. Leurs récits étaient inexacts et la plupart des noms écrits de travers. Un des quotidiens de Londres l'avait baptisé, à plusieurs reprises « le chef de police Waterford », mais le public serait alerté, quelqu'un pourrait se présenter avec un renseignement utile. Certainement, il y aurait des centaines d'appels téléphoniques et d'autres lettres anonymes du genre de celle qui, ce matin, avait envoyé Martin, Gates et Loring à un rendez-vous dans la forêt de Cheriton.

Wexford était sorti de chez lui avant l'arrivée de son journal habituel et, à 9 heures, il entra chez Braddon pour acheter tous les quotidiens. La boutique venait juste d'ouvrir, mais il y avait déjà quelqu'un devant lui. Wexford soupira. Il reconnaissait cette tête ronde grisonnante, cette silhouette courte et trapue. En achetant un simple paquet de cigarettes, l'homme avait l'air de se cacher.

— Bonjour, Monkey, murmura Wexford.

Monkey Matthews ne sursauta pas. Il fit une pause avant de se retourner. En le voyant de face, il était facile de comprendre pourquoi il avait acquis le surnom de « Monkey ». Il avança un peu plus sa mâchoire proéminente, fronça son nez aplati et grogna :

— Le monde est petit. Je suis venu ici, histoire de faire une balade en autobus, sans m'occuper de personne, et avant même que j'aie eu le temps d'acheter un paquet de cigarettes, j'ai déjà un flic aux fesses.

— Ne parle pas comme ça, dit Wexford.

Il acheta ses journaux et rejoignit Monkey sur le trottoir.

— J'ai rien fait.

Monkey répondait toujours cela aux policiers. Sous le regard gouailleur de Wexford, il crut bon d'ajouter :

— J'étais dans le nord. Je me suis occupé d'une affaire de vieux chiffons à Liverpool.

Plus tard, Wexford vérifierait. Il eut une inspiration :

— Tu sors de Walton.

À la mention de la prison, Monkey retira sa cigarette de sa bouche et cracha par terre.

— Moi et mon associé, un type tout ce qu'il y a de régulier, nous avions un boulot pépère, mais un sale corniaud de flic nous a refilé cinquante douzaines de collants réputés second choix et une moitié n'avaient pas d'entrejambes. Sale petit agent provocateur !

— Je ne veux pas entendre ce genre d'histoire. Te voilà de retour avec Ruby ? Il ne serait pas temps que tu en fasses une honnête femme ?

Monkey prit un air offensé :

— La bigamie est un crime, monsieur, et j'ai une autre épouse encore en vie. Pardonnez-moi, mais voilà mon autobus, je ne peux pas rester là toute la journée.

Avec un soupir, Wexford le regarda grimper dans l'autobus qui s'éloigna en direction du pont de Kingsbrook

Il parcourut la première page de l'un des journaux, constata que Stella avait été retrouvée par un sergent Burton dans une cave non loin du petit hameau de Stowerton, et son sourire se changea en grimace.

9

Monkey Matthews était né durant la Première Guerre mondiale dans l'East End de Londres et avait fait son éducation dans la plupart des prisons d'État. Son mariage, à l'âge de vingt ans, avec une jeune fille de Kingsmarkham, l'avait amené dans cette ville où il avait vécu — quand il n'était pas en prison — avec sa femme dans la maison de ses beaux-parents. La violence n'étant pas dans sa nature, peut-être simplement parce qu'il était lâche plus que par principe, il avait fait du vol sa spécialité. Il volait à l'étalage, par effraction et n'hésitait pas à s'attaquer à sa femme, à des parents âgés et aux quelques rares personnes assez imprudentes pour l'employer.

Il avait participé à la Seconde Guerre mondiale et volé des uniformes d'officiers avant de trafiquer avec le petit équipement électrique de l'armée. Il était allé en Allemagne avec l'armée d'occupation et était devenu un expert du marché noir. À son retour, il devint le premier profiteur de Kingsmarkham. Patiemment, sa femme le reprenait à chacune de ses sorties de prison.

En dépit de son physique simiesque, il plaisait aux femmes. Il avait rencontré Ruby Branch au tribunal où elle avait été condamnée à une peine avec sursis alors qu'il y entrait entre deux agents. Naturellement, ils ne se parlèrent pas, mais Monkey la rechercha dès sa sortie de prison, et devint un visiteur assidu de sa maison de Charteris Road à Stowerton, lorsque son mari travaillait la nuit.

Il lui démontra qu'elle était mal payée pour son emploi dans une usine de vêtements et bientôt, sur ses conseils, elle sortit de son travail le vendredi soir avec trois soutiens-gorge, trois slips et autant de combinaisons sous sa robe. Amant ardent, Monkey l'attendit à sa sortie de la prison d'Holloway.

Depuis ce temps, Wexford avait arrêté Monkey pour vol, effraction, tentative de meurtre sur la personne d'un rival au moyen d'une bombe artisanale. Monkey avait à peu près le même âge que Wexford et possédait autant de vitalité que l'inspecteur-chef en dépit de ses soixante cigarettes par jour. Depuis que sa femme l'avait, finalement, jeté dehors, il n'avait aucun domicile fixe et aucun moyen d'existence avoué.

En arrivant à son bureau, Wexford songea que Monkey ne restait jamais longtemps en liberté sans s'attirer des ennuis. Aussi décida-t-il de contrôler ses faits et gestes. Il reçut la confirmation de ce qu'il soupçonnait. Monkey avait été libéré de Walton en septembre. Il avait été condamné pour avoir écoulé de la marchandise volée, une quantité de collants et de lingerie tellement impressionnante qu'elle aurait pu habiller toutes les adolescentes de Liverpool pour plusieurs mois.

Secouant la tête, Wexford écarta Monkey de ses pensées, et se concentra sur la pile de rapports qui attendaient son attention. Il en avait parcouru la plupart quand le sergent Martin entra.

— Naturellement, personne n'est venu au rendez-vous, dit-il en levant la tête.

— Hélas ! non, monsieur. Selon les instructions, nous nous sommes séparés. Nous n'avons pu être repérés car la forêt est particulièrement épaisse à cet endroit. La seule personne à emprunter cette route a été le maître d'hôtel de l'*Hôtel de la*

Forêt. Personne n'est venu se promener. Nous sommes restés jusqu'à dix heures.

— Je savais que ce serait du temps perdu, conclut Wexford.

Burden partageait l'antipathie de son chef pour Ivor et Rosalind Swan, mais il lui était impossible de les considérer avec le cynisme de Wexford. Il y avait entre ces deux êtres les relations particulières de deux personnes qui s'aimaient de manière exclusive. Retrouverait-il jamais un amour de cette sorte lui-même ? Ou bien l'avoir connu une fois était-il tout ce qu'un homme pouvait espérer ? Rosalind Swan avait perdu sa fille unique de façon horrible, mais elle supportait cette perte parce qu'elle avait son mari. Il avait l'impression qu'elle aurait sacrifié une douzaine d'enfants pour conserver Swan. Comment Stella s'était-elle intégrée dans cette lune de miel permanente ? L'un d'entre eux — ou tous les deux — avait-il ressenti sa présence comme une charge ? Une ombre sur leur bonheur ?

Wexford les interrogeait depuis une demi-heure, et Mrs Swan paraissait fatiguée, mais elle semblait ressentir davantage que lui l'importance de cet interrogatoire. « Ivor aimait Stella », ne cessait-elle de répéter, « et Stella aimait beaucoup Ivor. »

— Allons, Mr Swan, reprit Wexford sans tenir compte de l'interruption, vous avez eu le temps de réfléchir à cette promenade à cheval et cependant vous ne pouvez me citer une seule personne que vous auriez pu rencontrer.

— Je n'y ai guère pensé, répondit Swan en serrant la main de sa femme entre les siennes, je voulais oublier. De toute façon, pourquoi aurais-je remarqué des gens ou relevé un numéro minéralogique ? J'ignorais que j'aurais à fournir un alibi.

— Je vais te chercher quelque chose à boire, mon amour.

Elle prit le plus grand soin dans la préparation de la boisson, le verre était posé sur un plateau garni d'un napperon en dentelle.

— Là. Je n'ai pas mis trop de soda ?

— Tu es trop bonne, Rozzy, c'est moi qui devrais m'occuper de toi.

Burden la vit rougir de plaisir. Elle prit la main de son mari et la porta à ses lèvres comme s'ils avaient été seuls au monde.

— Nous allons partir dès demain pour oublier toutes ces horreurs.

Cette petite scène qui avait éveillé un sentiment d'envie dans le cœur de Burden n'eut aucun effet sur Wexford, qui déclara :

— Je préférerais que vous ne vous éloigniez pas tant que cette affaire ne sera pas éclaircie. De plus, il va y avoir une enquête et probablement, ajouta-t-il d'un ton sarcastique, des funérailles.

— Une enquête ? s'étonna Swan.

— Naturellement. À quoi donc vous attendiez-vous ?

— Devrai-je y assister ?

Wexford haussa ses larges épaules.

— C'est au coroner d'en décider, mais je pense que c'est certain.

— Bois, mon amour, et rassure-toi, ce ne sera pas si terrible puisque nous serons ensemble.

— Ça, c'est une mère ! explosa Wexford.

Burden garda le silence. Il se demandait si les idées que l'on se faisait sur l'amour maternel n'étaient pas fallacieuses. Jusque-là il avait supposé que, pour une femme, la mort de son enfant devait être un chagrin insupportable. Mais ce n'était peut-être pas vrai. Les gens sont résistants. Ils guérissent d'une tragédie, spécialement quand ils sont jeunes. Rosalind Swan avait son mari. Qu'aurait Gemma Lawrence quand elle serait appelée à reconnaître le corps de son enfant à la morgue ? Il y avait trois jours qu'il ne l'avait vue, mais pas une heure ne s'était écoulée sans qu'il eût pensé à elle. Il revivait ce baiser et chaque fois, il éprouvait le même frisson. Il était inutile de se répéter de cesser d'y penser, car elle était presque plus vivante dans son absence, son corps plus plein et plus doux, ses cheveux plus épais et brillants, sa douceur enfantine encore plus douce. Cependant, il avait l'impression que tant qu'il ne la reverrait pas, il serait sauf. Le temps effacerait ce souvenir, s'il avait la force de se tenir à l'écart.

Dans la voiture, il sentit sur lui le regard pénétrant de Wexford. Il fallait dire quelque chose.

— Et le père, ce Rivers ? parvint-il à demander, vous devez vous être occupé de lui en février.

— En effet. Immédiatement après le divorce il s'est remarié et sa compagnie l'a expédié à San Francisco. Nous nous sommes livrés à une enquête approfondie à son sujet. Il y avait toujours la possibilité qu'il soit venu en avion enlever l'enfant et qu'il l'ait ramenée clandestinement aux États-Unis.

— Louer un avion, enlever un enfant, repartir, cela nécessite beaucoup de moyens. Est-il riche ?

— Non. Mais n'oubliez pas qu'il travaille dans une compagnie aérienne. Comme tous les employés, il voyage en payant environ dix pour cent du tarif, et cela s'applique à ses descendants tant qu'ils sont mineurs. Il aurait accès à n'importe quel avion pourvu qu'il y ait une place libre. Enfin, le terrain de Gatwick n'est qu'à cinquante kilomètres d'ici. Il lui suffisait de surveiller l'emploi du temps de la petite fille et de préparer un passeport.

— Seulement, il ne l'a pas fait.

— Non. Il était de service toute la journée du 25 février. Bien entendu, il est venu ici lorsqu'il a appris la disparition de Stella et il va probablement revenir.

En l'absence de Wexford, des rapports étaient arrivés des laboratoires. Ils confirmaient le diagnostic de Crocker et ajoutaient peu de choses à ce que l'on savait déjà. Huit mois s'étaient écoulés depuis la mort de l'enfant, mais on avait pu conclure qu'elle avait succombé à une pression manuelle sur sa gorge et sa bouche. Ce qui restait de ses vêtements n'apporta aucune piste, pas plus que l'examen de la dalle recouvrant la citerne.

Des appels téléphoniques continuaient à affluer de gens qui prétendaient avoir vu John et Stella en vie. Une femme qui passait les vacances dans l'île de Mull écrivit pour raconter qu'une fillette répondant au signalement de Stella lui avait parlé sur la plage pour lui demander la route de Tobermory. Le petit garçon qui l'accompagnait avait des cheveux blonds et répondait au nom de John.

— Je souhaiterais que l'on ne nous fasse pas perdre ainsi notre temps, dit Wexford, sachant que tout cela devrait être contrôlé. (Il prit une autre enveloppe et s'exclama :) Qu'est-ce que c'est que ça ? Une autre communication de notre éleveur de lapins !

Je vous avais prévenu de ne pas me surveiller. Croyez-vous que j'ignore ce que vous avez dans la tête ? Je sais tout ! Vos hommes ne sont pas très habiles pour se cacher. John a été déçu de ne pas rentrer chez lui lundi. Il a pleuré toute la nuit. Je ne le rendrai qu'à sa mère. Elle devra attendre SEULE vendredi prochain à midi, au même endroit. Rappelez-vous ce que j'ai fait à Stella Rivers et n'essayez plus de vous jouer de moi. Une copie de cette lettre est adressée à la mère de John.

Heureusement, elle ne la verra pas car Martin ramasse tout son courrier avant qu'elle ne l'ouvre. Si nous n'arrêtons pas ce plaisantin avant vendredi, nous déguiserons une de nos auxiliaires de la police avec une perruque rousse.

L'idée de ce travesti de Gemma attendant un petit garçon qui ne viendrait pas écœurait Burden.

— Je n'aime pas cette allusion à Stella Rivers.

— Cela ne signifie pas grand-chose. Ce type lit les journaux. C'est tout. Bon sang ! Ne me dites pas que vous vous laissez prendre à ses lettres. Ce n'est qu'un mystificateur. Voilà Martin avec le courrier de Mrs Lawrence. Donnez-moi cela, sergent. Ah ! voici le double de la lettre de notre petit rigolo.

Burden ne put s'empêcher de demander :

— Comment va-t-elle ?

— Mrs Lawrence, monsieur ? Elle a du vent dans les voiles.

Le rouge monta aux joues de Burden.

— Que voulez-vous dire ?

— Eh bien, elle avait bu, monsieur.

Martin hésita, laissant voir son exaspération. Les yeux de l'inspecteur étaient froids, son visage impassible. Pourquoi diable devait-il toujours se montrer aussi prude ? On pouvait pourtant bien comprendre que cette malheureuse Mrs Lawrence noie son chagrin dans un peu d'alcool !

— C'est pourtant facile... je veux dire...

— Je me demande souvent ce que vous voulez dire, Martin, dit Burden d'un ton sec. Vous n'êtes pas toujours très clair.

— Excusez-moi, monsieur.

— Je suppose qu'elle a quelqu'un près d'elle ? dit Wexford en levant les yeux de la lettre qu'il venait de décacheter.

— Son amie n'est pas venue, répondit Martin. Cette jeune femme est professeur d'art dramatique, et, apparemment, la police de Londres l'a interrogée, sans beaucoup de tact. Son petit ami a un casier et il est au chômage. Elle a déclaré que cela faisait mauvais effet dans sa profession d'être questionnée par la police. J'ai proposé à Mrs Lawrence d'aller chez une voisine, mais elle a refusé. Vous voulez que je fasse un saut et...

— Sautez où vous voudrez, mais sortez d'ici !

— Du calme, Mike, dit Wexford. Merci sergent.

Il attendit que Martin fût sorti pour se tourner vers Burden.

— Vous êtes bien nerveux, Mike. Pourquoi asticoter ce pauvre Martin ? Qu'est ce qu'il a fait ?

Si Burden avait eu conscience à quel point son visage était hagard, et reflétait sa douleur et ses émotions, il n'aurait pas regardé l'inspecteur-chef aussi fixement. Wexford le dévisagea pensivement pendant un moment, mais aucun des deux hommes ne parla. Pourquoi ne vous trouvez-vous pas une femme ? pensait Wexford. Vous allez finir par vous effondrer. Mais il ne pouvait pas dire ces choses-là à voix haute. Pas à Mike Burden.

— Je vais voir s'ils ont besoin de moi pour fouiller les bois.

Wexford le laissa partir en secouant la tête. Burden savait aussi bien que lui que les recherches dans la forêt de Cheriton étaient terminées depuis lundi après-midi.

10

L'enquête sur Stella Rivers fut ouverte et ajournée pour complément d'informations. Swan et sa femme y assistèrent. Au cours de sa déposition, Swan parut accablé et impressionna ainsi favorablement le coroner en sa faveur. C'était le premier signe d'un réel chagrin que Wexford lui voyait manifester. Il se demanda pourquoi il lui avait fallu si longtemps pour réagir. Il avait pris stoïquement la nouvelle de la découverte de Burden et il avait identifié le corps sans défaillance. Pourquoi s'effondrait-il maintenant ? Car il était positivement effondré. En sortant du tribunal, Wexford vit Swan pleurer en s'accrochant au bras de sa femme.

C'était le moment ou jamais de vérifier la déclaration de Rosalind Swan assurant qu'elle ne savait pas conduire. Wexford la vit s'installer à la place du conducteur. Mais au bout d'un moment, Rosalind ayant apparemment consolé son mari en appuyant sa joue contre la sienne, ils changèrent de place. Curieux, pensa Wexford.

Swan prit le volant et ils partirent en direction de Myfleet Road. Elle allait le ramener à la maison où elle le réconforterait avec un verre, un baiser et son amour.

Viens, viens, viens, donne-moi ta main
Ce qui est fait ne peut être défait.
Au lit, au lit, au lit...

Mais Mrs Swan n'était pas Lady Macbeth pour conseiller un meurtre ou même s'en rendre complice. Pourtant, ne couvrirait-elle pas tout crime que son mari pourrait commettre afin de le garder ?

Le beau temps était terminé. Une pluie pénétrante s'était mise à tomber, dispersant le brouillard qui avait enveloppé Kingsmarkham depuis le matin. Relevant le col de son imperméable, Wexford parcourut au pas de charge les quelques mètres qui séparaient la cour du poste de police. À l'enquête, personne n'avait mentionné John Lawrence mais le fait qu'un second enfant avait disparu avait pesé sur tout ce qui avait été dit. Il n'existait pas un habitant de Kingsmarkham ou de Stowerton qui ne doutât qu'un tueur d'enfants se promenait dans la nature.

Wexford s'arrêta un instant pour regarder la Grande-Rue qui s'allongeait devant lui. Les vacances scolaires étaient terminées et les enfants avaient repris le chemin de l'école. Était-ce un effet de son imagination ? Il lui semblait qu'aucun enfant n'était dehors sans sa mère. Il eut le cœur serré à l'idée qu'une telle surveillance dût être exercée dans la ville dont il était responsable de la sécurité.

Pourquoi Ivor Swan ne serait-il pas le coupable ? Qu'il n'ait pas de casier judiciaire ne signifiait rien. Simplement, il ne s'était pas laissé prendre. Wexford décida que la vie de Swan serait à nouveau passée au crible. Il rechercherait particulièrement si aucun enfant n'avait disparu dans l'entourage de Swan.

Mais avant de faire d'autres recherches sur les antécédents du beau-père, il convenait de recevoir le père de Stella. Ils avaient rendez-vous à midi et quand Wexford arriva à son bureau, Peter Rivers était déjà là.

Une femme est souvent attirée par le même type d'homme, et Rivers offrait quelques ressemblances avec celui qui l'avait supplanté. Il avait le même aspect soigné, un visage aux traits réguliers, des mains fines, presque féminines. Mais Rivers n'avait pas l'expression indolente de Swan. Au contraire, il faisait montre d'un air affairé et de manières nerveuses, ce qui donnait à penser qu'il n'avait pas dû apprécier une femme stupidement romantique comme Rosalind.

Il se leva d'un bond quand Wexford entra et se lança dans une longue explication sur les raisons de son absence à l'enquête, suivie d'un récit sur les vicissitudes de son voyage. Wexford l'interrompit :

— Verrez-vous votre ex-femme pendant votre séjour en Angleterre ?

— Je suppose. Inutile de préciser que je ne peux pas souffrir ce Swan. Je n'aurais jamais dû laisser Stella avec lui.

— Vous n'aviez sans doute pas le choix, Mr Rivers.

— Qu'est-ce qui vous a donné cette idée ? Je ne me suis pas opposé à la demande de garde de l'enfant déposée par la mère. C'est tout, et cela surtout à cause de Lois, qui est à présent Mrs Rivers et qui ne désirait pas s'embarrasser d'une grande fille de cet âge. Rosie n'était pas tellement chaude pour la prendre non plus. Swan l'y a poussée et je peux vous expliquer pourquoi si vous le désirez.

Écœuré par tout ceci, Wexford se contenta de hocher la tête.

— Swan savait qu'il ne lui resterait pas un radis quand il aurait payé tous les frais. Il n'avait même pas un toit à se mettre sur la tête, mais son oncle lui a offert Hall Farm s'il gardait Stella. Je suis sûr de mon fait, c'est Rosie qui me l'a dit.

— Pour quelle raison l'oncle se souciait-il de cette enfant ?

— Il voulait que Swan s'établisse, fonde une famille et se montre bon à quelque chose. Il y a des gens qui ont toujours des illusions. Swan devait suivre des cours d'agronomie afin d'être capable de diriger une ferme. Dès qu'il a été dans la place, il a tout remis entre les mains d'un fermier qui avait l'œil sur l'affaire. Je ne sais pas pourquoi l'oncle ne les a pas jetés dehors. Il est plein aux as et n'a aucun héritier en dehors de Swan.

— Vous semblez bien connaître toute la famille.

— Je me suis fait un devoir d'être tenu au courant. Rosie et moi correspondons régulièrement depuis la disparition de Stella. Je vais vous confier autre chose : avant de venir à Karachi semer la zizanie dans mon ménage, Mr Ivor Swan vivait avec son oncle et sa tante. Seulement, celle-ci est morte pendant qu'il était là et vous comprendrez ce que cela signifie quand je préciserai qu'elle est morte subitement.

— Vraiment ?

— Vous êtes un flic, je pensais que cela vous ferait dresser l'oreille. Swan croyait qu'il allait toucher un peu d'argent, mais tout est revenu à son oncle.

— Je ne vais pas vous retenir plus longtemps, Mr Rivers, déclara Wexford qui commençait à penser que Rosalind Swan avait décidément bien mauvais goût dans le choix de ses maris.

L'antipathie que lui inspirait Swan n'était rien auprès de celle qu'il éprouvait pour cet individu. Il regarda Rivers boutonner son imperméable et attendit qu'il manifestât un regret quelconque à l'égard de cette petite fille que personne ne semblait avoir aimée. Les mots vinrent enfin sous une forme inattendue :

— Ç'a a été un choc d'apprendre qu'elle était morte, mais pour moi elle était déjà morte depuis deux ans, si l'on peut dire, car je suppose que de toute façon je ne l'aurais jamais revue.

Il se dirigea vers la porte, nullement gêné par la grimace de Wexford.

— Un journal m'a offert deux mille livres pour l'exclusivité de l'histoire.

— Vous devriez les accepter. Ce serait une compensation pour votre perte tragique, répondit Wexford d'un ton impassible.

Quand la porte se fut refermée, il s'approcha de la fenêtre. Il pleuvait toujours. Les enfants qui déjeunaient chez eux sortaient de Queen Street où se trouvait l'école primaire. D'habitude, ils rentraient seuls ou par petits groupes. Aujourd'hui tous étaient accompagnés de leur mère.

Des contrôles routiniers occupèrent l'après-midi de Burden.

Il était à peine plus de 6 heures quand il rentra chez lui. Pour la première fois depuis la mort de Jean, il avait hâte d'être à la maison avec ses enfants, et en particulier sa fille. Toute la journée, il avait pensé à elle. Son image chassait celle de Gemma. Au fur et à mesure qu'il se familiarisait avec les circonstances de la mort de Stella, il ne cessait de voir Pat, seule, effrayée — et morte.

Ce fut elle qui se précipita vers lui dès qu'il eut mit la clef dans la serrure. Croyant lire dans ses yeux un besoin inhabituel de réconfort, Burden se pencha pour la prendre dans ses bras. Il ne pouvait se douter que Pat s'était disputée avec sa tante et se tournait vers lui comme l'unique autre adulte disponible.

— Qu'y a-t-il, chérie ? Dis-moi ce qui ne va pas ?

— Il faut que tu expliques à tante Grace qu'elle ne doit pas venir me chercher à l'école. Je suis en secondaire. Je ne suis plus une enfant. C'est humiliant !

— Oh, c'est tout ?

Il se mit à rire avec soulagement devant la mine déçue de Pat et tira sur sa queue de cheval avant d'aller trouver Grace à la cuisine pour la remercier de sa sollicitude. Quel fou il avait été de s'inquiéter quand il avait une telle gardienne à la maison !

Cependant, il sentit la nécessité de rester près de sa fille ce soir-là. Tout au long du repas et ensuite pendant qu'il aidait John à apprendre le théorème de Pythagore, son regard se porta sur Pat. Il avait manqué à ses devoirs envers elle parce qu'il s'était laissé absorber par son propre chagrin. Et si elle avait été enlevée comme Stella Rivers, qui avait le même âge qu'elle ?

— Dans un triangle rectangle, dit-il machinalement, le carré de l'hypoténuse est égal à la somme des carrés des deux autres côtés.

Grace avait fait face à ses responsabilités. Il lui jeta un coup d'œil à la dérobée tandis que John dessinait sa figure géométrique. Elle était assise dans un coin sombre de la pièce. La lampe posée sur la table éclairait la lettre qu'elle écrivait. Il songea qu'elle avait dû se tenir des centaines de fois dans cette attitude, sous une lampe d'hôpital, rédigeant ses rapports de nuit, consciente d'être entourée par des gens qui dépendaient d'elle. Elle écrivait — comme elle faisait toute chose — avec une grande économie de mouvements et une absence de bruit. Son métier lui avait appris à être efficace, mais au lieu de nuire à sa féminité, cette sûreté parfaite la renforçait encore. Ses parents avaient eu raison de l'appeler « Grace ».

Pat se leva et vint près de sa tante, dans le même cercle de lumière. Il remarqua leur ressemblance. Toutes les deux avaient le même visage aux traits réguliers et les mêmes cheveux blonds. Auprès d'elles, l'image de Gemma Lawrence devenait dure, de couleur violente. Il s'efforça de bannir cette vision pour ne plus voir que sa fille et sa tante, qui possédaient le genre de beauté qu'il comprenait.

Il se rendait compte que Grace était le type de femme qu'il admirait le plus. Une beauté délicate, alliée à une compétence dont il avait besoin. Pourrait-elle remplacer Jean ? Pourquoi pas ? Ne pourrait-elle être sa Rosalind Swan, aimante, dévouée, mais sans ses affectations idiotes ? Habituellement, quand ils se séparaient pour la nuit, Grace se levait simplement de son fauteuil, prenait son livre et disait : « Bonsoir, Mike, dors-bien. » Et il répondait : « Bonne nuit, Grace. Je fermerai tout. » Et c'était tout. Jamais ils ne se serraient la main. Ils ne se tenaient jamais debout l'un près de l'autre en se cherchant du regard. Mais ce soir, quand le moment viendrait de se séparer, pourquoi ne lui prendrait-il pas la main pour la remercier de sa bonté envers lui et ne l'embrasserait-il pas pour lui souhaiter une bonne nuit ?

Il la regarda de nouveau et, cette fois, Pat et elle se retournèrent pour lui sourire. Son cœur se gonfla d'une bouffée de bonheur très différente du tumulte que Gemma éveillait en lui. Il avait connu un moment de folie, rien de plus que le désir né de ses frustrations. Comme tout cela lui semblait de peu d'importance maintenant.

Pat aimait sa tante. S'il épousait Grace, elle lui reviendrait entièrement. Il tendit la main à sa fille et sa contrariété de tout à l'heure oubliée, celle-ci vint se blottir contre lui sur le divan en lui mettant les bras autour du cou.

— Tu veux voir mon album photos ? demanda-t-elle.

— Qu'est-ce que tu as dedans, dit John sans lever les yeux de son théorème, des images de chenilles ?

— Les chenilles ne sont intéressantes qu'en été, répondit Pat, tu es si ignorant que tu ne sais même pas qu'en hiver elles se réfugient dans leur chrysalide.

— Comme si tu n'étais pas capable de collectionner des dessins de chrysalide ! Fais-moi voir ça.

— Non, je te défends de toucher à ce cahier, il est à moi !

— Laisse-la tranquille, John, et rends-lui son cahier !

John le lui rendit après y avoir jeté un coup d'œil :

— Ce ne sont que des photos de vieilles danseuses, constata-t-il avec mépris.

— Viens me montrer ça, ma chérie.

Pat se retourna vers son père en disant d'un ton suppliant :

— Je pourrais suivre des cours de danse, papa ? Je le veux tellement. Être ballerine est la grande ambition de ma vie !

— Je ne vois pas pourquoi je m'y opposerais.

Sa lettre terminée, Grace sourit. Leurs regards se croisèrent dans une complète compréhension, comme ceux de parents heureux.

— Tu comprends, reprit Pat, si je ne commence pas maintenant, ce sera trop tard. Je sais que je devrai travailler dur, mais cela ne me fait pas peur. Je veux devenir une danseuse étoile comme Leonie West.

— Je croyais que tu voulais être une chercheuse scientifique, ironisa son frère.

— Oh ! ça, c'est quand j'étais petite !

Une ombre froide envahit Burden.

— Quel nom as-tu dit ?

— Leonie West. Elle vit dans la retraite la plus absolue dans sa maison au bord de la mer. Elle s'est cassé une jambe en skiant et ne peut plus danser, mais elle a été la plus grande danseuse du monde. J'ai des tas de photographies d'elle. Tu veux les voir ?

— Bien sûr, chérie, avec plaisir.

Il y avait des quantités de photos, découpées dans les journaux et les magazines. Leonie West figurait sur la plupart. Les plus anciennes montraient une jolie femme, mais l'âge et peut-être aussi les exigences d'une profession difficile, l'avaient prématurément vieillie. Sur les plus récentes, ce visage en forme de cœur, lourdement maquillé, avec ses cheveux tirés en arrière, ne recelait aucune magie, mais Burden fit quelques remarques aimables afin de faire plaisir à sa fille et continua à tourner les pages.

— Ces photographies sont très bien présentées, chérie, dit-il en arrivant à la dernière.

Pour un admirateur de Leonie West, on ne voyait que la

danseuse dans une magnifique robe arrivant jusqu'à sa cheville. Burden la remarqua à peine. Le cœur battant la chamade, il regardait le couple qui l'accompagnait. Juste derrière elle, tenant le bras d'un beau garçon souriant, se trouvait une jeune femme rousse drapée dans un châle noir et or. Il lut la légende : « Répétition générale de *La Fille mal gardée* à Covent Garden ; Miss Leonie West avec, à sa droite, l'acteur Matthew Lawrence et sa jeune femme Gemma. »

Il ne fit aucun commentaire et referma l'album d'un air sombre. Personne ne remarqua sa réaction. John répétait la définition du théorème de Pythagore. Pat avait repris son album pour l'enfermer dans quelque tiroir secret. Il était 9 heures.

— Allons, mes enfants, il est l'heure de se coucher, dit Grace.

Les protestations habituelles fusèrent. Burden y mit un terme. Il ramassa le journal du soir qu'il n'avait pas lu. Les mots n'étaient que des hiéroglyphes noirs et blancs, aussi dénués de signification qu'ils l'auraient été pour un analphabète.

Grace revint après avoir accompagné Pat jusqu'à sa chambre. Elle s'était recoiffée et avait mis du rouge aux lèvres. Il le remarqua avec une brusque colère. Était-ce la femme qu'il avait envisagé d'épouser une demi-heure plus tôt ? Il devait avoir eu un moment de folie. Tout à coup, il avait l'impression que cette soirée avait été un fantasme de ce qu'il redoutait le plus et que ce qui lui avait paru faux était sa réalité.

Il ne pourrait jamais épouser Grace car, en la regardant, il avait oublié sur quoi devait reposer un mariage heureux, et que Rosalind Swan possédait de façon si évidente. Il aimait bien Grace et se sentait à l'aise avec elle. Elle représentait pour lui la femme idéale, mais il n'éprouvait pour elle aucune étincelle de désir. La pensée de l'embrasser, d'aller plus loin qu'un simple baiser, lui donnait un sentiment de répulsion.

Elle avait approché son fauteuil du divan où il était assis et, ayant posé son livre, elle le regardait, prête à un échange de vue entre adultes, à une conversation intéressante qui lui était refusée toute la journée. Ses sentiments pour elle étaient si peu profonds, son manque de considération à son égard tel qu'il n'imagina pas qu'elle pourrait être blessée en l'entendant déclarer :

— Je vais sortir.

— Quoi ! Maintenant ?

— Je dois sortir, Grace.

Soudain il comprit. Suis-je si ennuyeuse ? disaient ses yeux. J'ai tout fait pour toi, j'ai tenu ta maison, élevé tes enfants, supporté tes humeurs. Suis-je si ennuyeuse que tu ne peux même pas passer une soirée tranquille avec moi ?

— Comme tu veux, dit-elle à haute voix.

11

La pluie avait cessé et un brouillard épais enveloppait la campagne. De grosses gouttes d'eau tombaient des arbres avec régularité, comme s'il pleuvait encore. Burden ralentit dans Fontaine Road et fit demi-tour. Il ne voulait pas laisser sa voiture devant la maison de Gemma à cette heure de la nuit.

Il se gara au fond de Chiltern Avenue. Un sentier longeant les champs rejoignait Fontaine Road. Burden laissa la voiture sous un réverbère, dont la brume estompait la lumière en un halo léger, et remonta le sentier à pied. Dans cette nuit noire, il ressemblait à l'entrée d'un tunnel. Aucune lumière ne brillait dans les maisons voisines. Il avança lentement et s'accrocha à des buissons dont les branches chargées de pluie lui éclaboussèrent le visage et les vêtements. À mi-chemin, il se décida à allumer sa torche électrique. Puis, comme il arrivait à la barrière de Mrs Mitchell, il entendit des pas précipités derrière lui. Il se retourna en dirigeant sa torche sur un visage juvénile encadré de longs cheveux.

— Que se passe-t-il ?

La jeune fille devait l'avoir reconnu car elle se jeta dans ses bras. Il se rendit compte, alors, que c'était la fille de Mrs Crantock, une adolescente de quatorze ans.

— Avez-vous eu peur de quelque chose ou de quelqu'un ?

— Un homme, dit-elle en reprenant son souffle, il se tenait près d'une voiture. Il m'a parlé, je me suis affolée.

— Vous ne devriez pas sortir seule la nuit. Venez, nous allons retourner.

Elle hésita, mais il lui assura qu'elle ne risquait rien avec lui.

Ils retraversèrent le tunnel sombre, la jeune fille s'accrochait à son bras. En débouchant dans Chiltern Avenue, il leva sa torche et découvrit ainsi la silhouette d'un homme qui se tenait près du capot de sa voiture. Le duffel-coat au capuchon relevé, qu'il portait, lui donnait un aspect sinistre.

— Oh ! c'est Mr Rushworth, s'écria la jeune fille avec soulagement.

Burden s'approcha de lui en se souvenant que sa femme n'avait pas tenu compte de l'avertissement de Mrs Mitchell.

— Vous avez effrayé cette jeune personne.

Rushworth cilla sous le faisceau lumineux.

— Je lui ai seulement dit bonsoir en remarquant qu'il faisait un sale temps et elle s'est sauvée comme si elle avait eu le diable à ses trousses. Dieu sait pourquoi, elle me connaît, de vue tout au moins.

— Tout le monde est un peu nerveux en ce moment, monsieur. Surtout par une nuit pareille. Bonne nuit.

En retournant vers Fontaine Road, Burden répéta à la jeune fille qu'elle ne devrait pas sortir seule le soir.

— Je suis allée chez une amie écouter des disques. Son père voulait me raccompagner, mais c'est si près que je lui ait dit que ce n'était pas la peine, il ne peut rien m'arriver.

— Vous avez pourtant cru que c'était le cas.

Elle garda le silence un moment, puis elle demanda :

— Vous allez voir Mrs Lawrence ?

— Oui.

— Elle est dans tous ses états. Mon père dit qu'il ne serait pas surpris si elle faisait une bêtise.

— Que voulez-vous dire ?

— Oh, vous savez. Se suicider. Je l'ai rencontrée au supermarché, elle se tenait au milieu du magasin et elle pleurait. (En bonne fille de la bourgeoisie, elle ajouta avec réprobation :) Tout le monde la regardait.

Burden ouvrit la grille de son jardin :

— Bonne nuit. Et ne sortez plus seule la nuit.

Il n'y avait pas de lumière dans la maison de Gemma et, pour une fois, la porte d'entrée était fermée. Elle avait probablement pris un somnifère. Il regarda quand même à travers les vitraux et aperçut une vague lueur venant de la cuisine. Il sonna. N'obtenant pas de réponse, il frappa avec le heurtoir à tête de lion. Derrière lui, dans les branches des arbres non élagués, on entendait l'incessant tip-top des gouttes de pluie. Il se souvint de la réflexion de Martin, disant qu'elle avait bu. Après avoir sonné en vain une dernière fois, il fit le tour de la maison.

Il y avait autant de mauvaises herbes dans l'allée que dans les jardins de Saltram House. Il repoussa des branches de houx et des plantes grimpantes qui s'accrochaient à ses vêtements. Ses mains étaient tellement mouillées qu'il eut des difficultés à tourner le bouton de la porte de service, mais celle-ci n'était pas fermée à clef et il put entrer.

Elle était assise devant la table de la cuisine, la tête posée sur ses bras allongés devant elle. À côté se trouvait une bouteille de vin, non débouchée, portant une étiquette « vin d'Espagne, l'offre de la semaine, 7 pence de moins ». Il posa la main sur son épaule.

— Gemma.

Elle ne répondit pas et ne bougea pas. Il tira une autre chaise près d'elle et attira la jeune femme dans ses bras. Elle se laissa aller contre lui sans résistance, la respiration précipitée, et Burden oublia tous ses tourments de la semaine écoulée, sa lutte contre la tentation, dans le bonheur égoïste qui le submergeait. Il avait l'impression de pouvoir la tenir ainsi pour toujours sans parler, sans passion ni désir ou besoin de changement.

Elle leva la tête. Son visage était méconnaissable avec ses yeux gonflés à force de pleurer.

— Vous n'êtes pas venu, dit-elle. Je vous ai attendu, jour après jour, et vous n'êtes pas venu. Pourquoi ?

— Je ne sais pas.

C'était vrai. Il l'ignorait car maintenant sa résistance lui semblait le comble de la folie.

— Vos cheveux sont mouillés, dit-elle en lui passant la main sur la tête. Je ne suis pas ivre, mais j'ai bu hier. Ce vin est mauvais mais il vous assomme un peu. Je suis sortie aujourd'hui pour acheter des provisions. Je n'ai rien mangé depuis des jours. Je n'ai rien acheté. Je n'ai pas pu. En arrivant au rayon de la confiserie, je n'ai pas arrêté de penser que John me réclamait sans cesse du chocolat que je lui refusais parce que c'était mauvais pour ses dents. Je regrette de ne pas lui avoir donné tout ce qu'il voulait parce que cela ne ferait aucune différence maintenant.

Elle le regardait fixement, les larmes coulant le long de ses joues.

— Il ne faut pas dire ça.

— Pourquoi pas ? Il est mort. Vous le savez. C'est si affreux de penser que parfois je me fâchais après lui, que je le giflais et que je ne lui donnais pas les bonbons qu'il réclamait. Oh ! Mike ! Que vais-je devenir ? Dois-je boire ce vin et avaler tous les cachets du Dr Lomax ? Ou bien dois-je sortir et marcher, marcher sous la pluie jusqu'à ce que je meure d'épuisement ? Je n'ai plus personne, personne.

— Vous m'avez, moi.

Pour toute réponse, elle s'accrocha à lui, plus fort cette fois-ci.

— Ne me quittez pas. Promettez-moi de ne pas me quitter.

— Vous devriez vous coucher.

N'y avait-il pas une ironie amère dans cette situation ? N'était-ce pas ce qu'il avait derrière la tête en laissant sa voiture dans Chiltern Avenue, que lui et elle coucheraient ensemble ? Avait-il réellement imaginé que cette femme, folle de chagrin, accepterait de faire l'amour avec lui ? Imbécile ! se murmura-t-il. Mais il parvint à lui dire avec assez de calme.

— Allez vous coucher. Je vais vous préparer une boisson chaude. Vous prendrez vos cachets et je resterai près de vous jusqu'à ce que vous vous endormiez.

Il lui essuya les yeux avec le mouchoir que Grace avait repassé avec autant de soin que Rosalind Swan les chemises de son mari.

— Ne me quittez pas, répéta-t-elle avant de s'éloigner en traînant les pieds.

La cuisine était dans un désordre indescriptible. Rien n'avait été lavé depuis la disparition de John et l'on sentait une odeur douceâtre. Il trouva du cacao et du lait en poudre et fit de son mieux avec ces ingrédients qu'il fit chauffer sur un réchaud noir de graisse brûlée.

Gemma était assise dans son lit, son châle noir et or sur les épaules. Elle avait retrouvé d'une certaine façon cette qualité de magie exotique, faite de couleur, d'étrangeté et de manque d'inhibition. Son visage était calme, les grands yeux gardaient un regard fixe. La pièce était en désordre, chaotique même, mais ce chaos était puissamment féminin, et les vêtements éparpillés dégageaient de doux effluves.

Il lui tendit un somnifère avec la boisson chaude. Elle avala docilement le tout, puis elle lui adressa un petit sourire et lui prit la main qu'elle porta à ses lèvres avant de la tenir serrée contre sa joue.

— Promettez-moi que vous ne m'abandonnerez plus ainsi.

— Je ne suis qu'un pauvre substitut, Gemma.

— J'ai besoin d'un autre genre d'amour pour me faire oublier.

Il crut comprendre ce qu'elle voulait dire, mais ne sut que répondre et resta assis en silence, attendant qu'elle relâche son étreinte et se laisse aller sur ses oreillers. Il éteignit la lampe de chevet et s'allongea à côté d'elle sur les couvertures. Bientôt sa respiration régulière lui apprit qu'elle dormait.

Le cadran lumineux de sa montre indiquait 10 heures et demie. Il lui semblait qu'il était beaucoup plus tard, comme si une vie entière s'était écoulée depuis qu'il avait quitté Grace. La pièce était froide, parfumée et froide. Il se redressa pour se lever et partir. Aussitôt, elle murmura :

— Ne me quittez pas, Mike.

Lourde de sommeil, sa voix exprimait sa terreur d'être encore abandonnée. Il prit une décision :

— Je ne vous quitte pas. Je vais rester toute la nuit.

En frissonnant dans la pièce froide, il se dépouilla de ses vêtements et vint près d'elle dans le lit. Il lui sembla naturel de s'allonger comme il l'avait fait près de Jean, son corps se lovant contre celui de la jeune femme, un bras posé sur sa taille, serrant une main qui, à nouveau, se faisait possessive. Malgré le froid, son corps devait être chaud, car elle soupira avec une sorte de bonheur en se laissant aller contre lui.

Il pensait qu'il ne pourrait pas dormir, ou qu'il sombrerait dans un sommeil peuplé de ses rêves. Mais la façon dont ils étaient allongés côte à côte était ce qu'il avait connu dans ses années heureuses et c'était ce qui lui avait le plus manqué. Cela faisait naître le désir, mais le berçait en même temps. Se demandant comment il pourrait supporter cette abstinence perpétuelle, il s'endormit.

Il commençait à peine à faire jour quand il se réveilla pour s'apercevoir que la place à côté de lui était vide, mais encore chaude. Gemma était assise près de la fenêtre, enveloppée dans son châle, un grand album aux ferrures dorées ouvert sur les genoux. Il devina qu'elle regardait à la première lueur de l'aube des photographies de son fils et ressentit un vif sentiment de jalousie.

Pendant un long moment, il l'observa, haïssant presque l'enfant qui était entre eux et qui venait chercher sa mère d'une main invisible. Elle tournait lentement les pages, s'arrêtant parfois pour examiner un cliché avec une intensité passionnée. Un ressentiment parfaitement injuste, il en avait conscience, lui fit souhaiter qu'elle le regardât, qu'elle oubliât l'enfant pour se souvenir de l'homme qui mourait d'envie de devenir son amant.

Finalement, elle leva les yeux et leurs regards se rencontrèrent. Elle ne dit rien, et Burden garda le silence, sachant que s'il parlait il dirait des choses cruelles et impardonnables. Ils se regardèrent dans l'aube pâle, puis elle se leva et tira les rideaux. Ils étaient en brocart, vieux et usés, mais conservaient encore l'éclat de leur splendeur passée, donnant à la pièce un reflet pourpre. Gemma fit glisser son châle et se tint immobile dans cette ombre colorée pour qu'il pût la regarder.

Ses cheveux roux semblaient pourpre, mais son corps était d'une blancheur éclatante. Il la contempla avec émerveillement, satisfait de pouvoir la regarder. Cette femme d'ivoire, immobile et souriante, n'avait rien de la créature lascive de ses rêves, et ne ressemblait pas davantage à la créature désemparée qu'il avait dû réconforter. L'enfant avait disparu de sa jalousie, et lui semblait-il de ses pensées à elle. Il était presque impossible d'imaginer que ce corps ravissant et ferme avait jamais porté un enfant.

Un dernier doute lui demeurait.

— Pas par gratitude, Gemma, pour me récompenser.

Elle s'approcha de lui.

— Je n'y ai même jamais pensé. Ce serait de la tromperie.

— Pour oublier, alors ? Est-ce que c'est cela ?

— L'amour n'a-t-il pas tout à voir avec l'oubli ? N'est-ce pas toujours un merveilleux moyen d'échapper à tout ce qui est odieux ?

— Je ne sais pas, dit-il en lui tendant les bras. Je m'en fiche. Il suffoqua au contact de son corps, là de sa minceur, et là des courbes de la chair.

— Je vais te faire mal, dit-il dans un souffle. Je n'y peux rien, il y a si longtemps, pour moi...

— Pour moi aussi, dit-elle. Ce sera comme si c'était la première fois. Oh, Mike, embrasse-moi, rends-moi heureuse. Rends-moi heureuse un petit moment.

12

— Pas de mauvaises nouvelles ? Du petit Lawrence, je veux dire ? demanda le Dr Crocker.

Regardant d'un air morose la pile de papiers sur sa table, Wexford répondit.

— Je ne sais pas de quoi tu parles.

— Alors tu n'as pas de piste ? J'ai cru qu'il y avait du nouveau en voyant passer Mike en voiture dans Chiltern Avenue ce matin à 7 heures et demie. (Il souffla sur une vitre et se mit à dessiner dans la buée.) Je me demande ce qu'il faisait là ?

— Pourquoi t'adresser à moi ? Je ne suis pas son ange gardien. (Il foudroya du regard le médecin qui dessinait un pancréas et ajouta :) Je pourrais te retourner la question.

— J'allais voir un malade. Un médecin a toujours une excuse.

— Un policier aussi.

— Je doute que Mike ait été prêter assistance à un homme terrassé par une crise cardiaque. C'est le cas le plus grave depuis que j'ai été appelé auprès de ce malade qui s'est évanoui sur le quai de la gare de Stowerton en février. Je t'en ai parlé ? Il était venu en vacances, il est parti à la gare, s'est aperçu qu'il avait oublié sa valise à l'hôtel, est reparti, s'est énervé, et puis...

— Et après ? rugit Wexford avec colère. Je croyais que le secret professionnel existait. Si tu continues, c'est moi qui vais avoir une attaque.

— C'est précisément cette éventualité qui a inspiré mon petit récit. Tu veux une autre ordonnance pour tes cachets ?

— Non. J'en ai encore des tonnes de ces fichus trucs.

— Eh bien, tu ne devrais pas, dit Crocker en pointant sur lui un doigt humide. Ça prouve que tu ne les prends pas régulièrement.

— Va-t'en ! Fiche-moi la paix ! Tu n'as rien de mieux à faire que de décorer mes fenêtres de tes sales études anatomiques ?

— Je m'en vais, dit le médecin, en lui lançant sur le pas de la porte un clin d'œil dénué de sens.

— Idiot ! grommela Wexford quand il fut sorti.

Mais la visite de Crocker lui laissait une impression désagréable. Pour s'en débarrasser, il se mit à étudier les rapports que la police métropolitaine lui avait adressés sur les amis de Gemma Lawrence.

Pour la plupart, ils appartenaient au milieu théâtral, acteurs, assistants metteur en scène, figurants. Une demi-douzaine d'entre eux avaient été condamnés pour avoir été trouvés en possession de cannabis, deux ou trois condamnés à une amende pour trouble de l'ordre public. Ils avaient manifesté ou s'étaient déshabillés au milieu de l'Albert Hall, pensa Wexford. Aucun ne montrait, par leurs antécédents, de penchant à la violence ou à des instincts pervers. En lisant entre les lignes, Wexford conclut que, loin de rechercher la compagnie d'un enfant, tous préféraient éviter d'en avoir.

Deux noms retinrent son attention. C'étaient celui d'une ballerine naguère universellement connue et, l'autre celui d'un acteur de télévision dont le visage apparaissait de façon si monotone que Wexford n'en pouvait plus de le voir. Il s'appelait Gregory Devaux et avait été un ami des parents de Gemma Lawrence. On s'était intéressé à lui parce que cinq ans auparavant il avait tenté de faire sortir du pays et de soustraire à la garde de sa femme leur fils de six ans. Le rapport promettait de surveiller Gregory Devaux.

Le portier de l'immeuble de Kensingston où Leonie West avait son appartement, avait déclaré que la danseuse se trouvait dans le midi de la France depuis le mois d'août. Il n'y avait rien là-dedans. Pas l'ombre d'un lien avec Ivor Swan.

À 10 heures, Martin arriva avec une auxiliaire de la police, Polly Davies. Wexford eut du mal à la reconnaître sous la perruque rousse dont elle était affublée.

— Où avez-vous pêché cette horreur? Au marché aux puces?

— Au supermarché, répondit Martin d'un air vexé. Vous nous recommandez toujours l'économie!

— Ce serait mieux si Polly n'avait pas les yeux noirs et la peau... le teint gallois. De toute façon, vous allez être obligée de vous couvrir, il pleut à verse.

— Je crois que cela va s'arrêter, monsieur, dit le sergent Martin, il me semble que j'entrevois une lueur.

— Si vous pouviez dire vrai! soupira Wexford. Je vous prie de cacher votre déception, mais je vous accompagne. J'en ai assez de vivre par procuration.

Ils sortirent dans le couloir et rencontrèrent Burden qui arrivait. Wexford l'examina des pieds à la tête.

— Qu'est ce qui vous arrive? Vous avez gagné à la loterie?

Burden sourit sans répondre.

— Je suis heureux de constater, dit Wexford, sarcastique, que quelqu'un paraît disposé à répandre un peu de soleil sur ce déluge et cette ville « terrorisée ». Au fait, que désiriez-vous?

— Je pensais que vous n'aviez peut-être pas lu les journaux de ce matin. Il y a un article intéressant en première page.

Wexford prit le journal et, sous la manchette *Du nouveau dans l'affaire Stella Rivers,* il lut: *Le Group Captain Percival Swan, riche propriétaire terrien et oncle de Mr Ivor Swan, le beau-père de Stella Rivers, m'a déclaré hier qu'il offrait une récompense de deux mille livres pour toute information permettant de découvrir le meurtrier de Stella. « C'est une histoire abominable, m'a-t-il confié, dans la salle à manger de son manoir de Tunbridge Wells, j'avais beaucoup d'affection pour Stella, bien que j'aie eu peu d'occasions de la rencontrer. Deux mille livres représentent une somme importante, mais je désire que justice soit faite.*

L'article se poursuivait sur le même ton. Ce n'était pas si intéressant que ça, pensa Wexford en grimpant dans sa voiture.

Selon les prédictions du sergent Martin, la pluie cessa dès qu'ils arrivèrent dans la forêt de Cheriton, faisant place à un épais brouillard.

— Vous pouvez aussi bien retirer cette perruque, dit

Wexford à Polly Davies. De toute manière, il ne vous verra pas, même s'il vient.

Mais personne ne se présenta. Assis sur un tronc d'arbre, transi de froid, Wexford pensait à Ivor Swan qui montait à cheval dans cette forêt. Il était peu probable qu'il surgît dans le sentier avec l'enfant en croupe derrière lui.

Ce n'était qu'une sinistre mystification, ne cessait-il de se répéter. À une heure, alors que l'heure du rendez-vous était depuis longtemps passée, il décida de rentrer.

Si Burden était toujours d'aussi bonne humeur, il pourrait déjeuner avec lui. En arrivant au poste de police, il n'y avait personne dans le fauteuil qui aurait dû être occupé par le sergent Camb. C'était un abandon de poste caractérisé. Wexford était sur le point d'appuyer sur une sonnette dont il ne s'était encore jamais servi, quand le sergent apparut, poussant la porte de l'ascenseur du pied pour sortir avec l'inévitable tasse de thé à la main.

— Excusez-moi, monsieur, nous sommes tellement à cours de personnel, avec tous ces appels téléphoniques, que j'ai été obligé d'aller chercher mon thé moi-même. Je ne me suis absenté qu'une seconde. Vous me connaissez : je mourrais sans ma tasse de thé.

— La prochaine fois, sergent, vous mourrez. Souvenez-vous que la garde meurt mais ne se rend pas.

Wexford partit à la recherche de Burden. Loring lui apprit qu'il venait de sortir. L'inspecteur-chef jura. Il désirait engager avec Burden une de ces discussions qui, tout en cimentant leur amitié contribuait à faire avancer une enquête. Manger seul au *Carousel* serait une triste corvée. Il ouvrit la porte de son bureau et s'arrêta net sur le seuil.

Assis dans son fauteuil, devant son bureau en bois de rose, une cigarette aux lèvres, laissant négligemment tomber la cendre sur la moquette jaune citron, se trouvait Monkey Matthews.

— On aurait pu me faire savoir que j'étais limogé, dit Wexford. Ces choses-là sont courantes derrière le rideau de fer. Que vais-je devenir ? Directeur d'une centrale électrique ?

Monkey sourit et eut la bonne grâce de se lever.

— Je n'aurais jamais cru qu'il était si facile d'entrer dans la cage aux lions. Je suppose que le vieux Camb est tombé raide mort et que tous les autres sont à son enterrement. Je suis entré ici comme dans un moulin. Il est plus facile d'y entrer que d'en sortir.

— Ce ne sera pas difficile aujourd'hui. Tu peux filer en douce, Monkey, avant que je ne trouve une bonne raison pour t'enfermer.

— Ah ! mais j'ai une raison parfaitement légitime pour être là ! C'est même la première fois que je viens voir un flic de mon propre chef. (Un sourire rêveur se répandit sur son visage, interrompu par une quinte de toux.) Vous pouvez fermer la porte. J'ai un tuyau pour vous. L'affaire Lawrence.

Wexford referma la porte sans montrer par autre chose que le renseignement de Monkey pouvait l'intéresser. Il se contenta de dire :

— Tu as un tuyau ?

— Un de mes amis.

— J'ignorais que tu avais des amis, Monkey, à part la vieille Ruby.

— Il ne faut pas juger les autres sur soi-même.

Il se mit à tousser, éteignit sa cigarette pour en rallumer immédiatement une autre, et regarda le mégot avec rancune comme si c'était un défaut de fabrication et non le tabac qui avait provoqué sa toux.

— J'ai beaucoup d'amis que j'ai connus au cours de mes voyages.

— Tu veux dire de tes séjours en prison.

Depuis longtemps, Monkey ne savait plus rougir, mais le regard de reproche qu'il lança à Wexford disait que le coup avait porté.

— Mon ami est arrivé hier pour passer quelques jours de vacances à la maison. Il est vieux et sa santé n'est pas brillante.

— Tous ces exercices dans la cour humide, je suppose !

— Oh ! ça va bien ! Mon copain a des tuyaux sur les antécédents d'Ivor Swan.

Si Wexford fut surpris, il ne le montra pas.

— Swan n'a pas d'antécédents, déclara-t-il avec froideur, en tout cas, pas ce que tu entends par ce terme.

— Il n'a pas de casier, bien sûr. Mais j'ai entendu raconter qu'il y a plus de meurtriers en liberté que d'assassins en prison parce qu'il est difficile de prouver un meurtre.

Wexford se gratta le menton en regardant pensivement Monkey.

— Je veux bien voir ton copain et écouter ce qu'il a à me raconter. Cela en vaut peut-être la peine.

— Il voudra être payé.

— Je n'en doute pas.

— Il a bien insisté sur ce point, reprit Monkey en tirant sur sa cigarette.

Wexford se leva et alla ouvrir la fenêtre.

— Je suis un homme occupé, Monkey, je ne peux pas tourner autour du pot toute la journée. Combien?

— Cinq cents livres.

D'une voix égale, mais teintée d'incrédulité, Wexford répondit:

— Tu dois avoir perdu la tête si tu penses que le gouvernement va payer cinq cents livres à un repris de justice pour une information qu'il peut avoir pour rien.

— Cinq cents livres, répéta Monkey, et, si tout marche bien, on se tapera aussi la prime offerte par l'oncle. (Il toussa encore et reprit:) Si ça ne vous intéresse pas, mon ami peut toujours aller trouver le chef de la police. Il s'appelle Griswold, je crois?

— Bon Dieu! Tu oses me menacer!

— Qui parle de vous menacer? Cette information est d'intérêt public.

— Amène ton copain et nous verrons.

— Il ne viendra pas ici. Jamais il n'ira se fourrer volontairement dans la gueule du loup. Nous sommes différents, lui et moi. On sera au *Pony* ce soir à 6 heures, et je crois qu'il acceptera de boire un verre en votre compagnie.

Était-il possible qu'il y eût quelque chose de vrai dans cette histoire? Après le départ de Monkey, Wexford se souvint de l'allusion faite par Rivers sur la mort de la tante de Swan. Celui-ci aurait-il hâté la fin de la vieille dame? En l'empoisonnant, par exemple? Cela aurait bien été dans sa manière, une morte lente et paresseuse. L'ami de Monkey aurait-il été domestique dans la maison de l'époque? Aurait-il été témoin de quelque chose qu'il avait gardé secret toutes ces années...

Wexford revint sur terre, et en riant, se récita un passage de Jane Austen: « Consultez votre intelligence, votre perception du probable et de l'improbable, l'observation que vous faites de ce qui se passe autour de vous. Notre éducation nous prépare-t-elle à de telles atrocités ? Nos lois s'en font-elles complices ? Pourraient-elles être perpétrées sans que personne ne le sache, dans un pays comme celui-ci, où les échanges sociaux et littéraires s'effectuent sur un tel pied ? Où chaque individu est entouré d'un voisinage d'espions volontaires et où les routes et les journaux permettent de tout découvrir ? »

Il y a bien longtemps, il avait appris ces lignes par cœur. Elles lui avaient souvent servi et lui avaient remis les pieds sur terre lorsqu'il laissait son imagination l'emporter.

Il était trop tard pour aller déjeuner. Il envoya chercher des sandwiches à la cantine et il avait mangé le premier quand le rapport sur la mèche de cheveux arriva du laboratoire. Ces cheveux appartenaient bien à un enfant, mais pas à John Lawrence. Des comparaisons avaient été faites d'après les cheveux prélevés sur la brosse de John. Bien qu'il ne comprît pas la moitié de ce jargon technique, Wexford en conclut que les cheveux examinés étaient différents.

Son téléphone sonna. C'était Loring, de la pièce où étaient centralisés tous les appels concernant l'affaire Lawrence.

— Je pense que vous voudrez prendre ce correspondant, monsieur.

Wexford pensa qu'il s'agissait de Monkey Matthews puis se dit que non. Monkey n'avait jamais utilisé de téléphone de sa vie.

— Enregistrez la conversation, Loring. L'appel provient d'une cabine ?

— Je crains que non, monsieur, nous n'avons pu le localiser.

— Passez-le moi.

Dès qu'il entendit la voix, il comprit qu'elle était déguisée. L'homme avait probablement des cailloux dans la bouche. Mais le son de la voix ne pouvait être masqué, surtout dans les aigus. Wexford fut certain d'avoir déjà entendu cette voix sans pouvoir préciser à qui elle appartenait.

— Je ne suis pas disposé à vous donner mon nom, entendit-il, je vous ai écrit deux fois.

— Nous avons reçu vos lettres.

Wexford s'était levé pour prendre l'appareil. D'où il était, il apercevait une jeune femme dans High Street, sortant son bébé de son landau avant d'entrer dans son magasin. Sa colère était immense, et il sentait son sang battre dangereusement contre ses tempes.

— Vous m'avez joué ce matin, dit la voix. Que cela ne se reproduise pas demain.

— Demain ?

— Je serai dans les jardins de Saltram House, près des fontaines. Je m'y trouverai à 6 heures du soir avec John et je veux que sa mère vienne le chercher. *Seule.*

— D'où téléphonez-vous ?

— De ma ferme. J'élève des animaux pour leur fourrure, visons, lapins, chinchillas, toutes les variétés. John ignore que je les élève pour leur fourrure. Cela pourrait l'effrayer, n'est-ce pas ?

Wexford remarqua l'accent authentique du déséquilibre mental. Il ne savait pas si cette constatation le réconfortait ou l'inquiétait. Il essayait de se souvenir où il avait entendu cette voix haute, dont le propriétaire était prompt à monter sur ses grands chevaux, à chercher l'insulte là où elle n'existait pas.

— Vous n'avez pas John, dit-il. Les cheveux que vous avez envoyés ne sont pas les siens. (La colère et le ressentiment lui firent oublier toute précaution.) Vous n'êtes qu'un ignorant. Les cheveux peuvent être identifiés de façon précise de nos jours.

Une respiration précipitée lui répondit à l'autre bout du fil. Wexford sentit qu'il avait marqué un point. Il allait poursuivre, mais avant qu'il ait pu parler, la voix reprit avec froideur :

— Vous croyez que je ne le savais pas ? J'ai coupé ces cheveux sur Stella Rivers !

13

Le *Piebald Pony* n'est pas le genre d'établissement que les amateurs de la campagne anglaise associent à ce genre de paysage. Il ressemblait plutôt à un pub des quartiers populaires d'une grande ville industrielle. Lorsqu'on arrive par Sparta Grove et qu'on garde les yeux baissés pour ne pas voir les collines environnantes, on ne se croirait même pas du tout à la campagne. Sparta Grove et Charteris Road, qui la rejoint à angle droit — le *Piebald Pony* est là au coin — ressemblent aux rues pauvres d'une cité industrielle. Quelques maisons disposent de petits jardins sur le devant, mais la plupart d'entre elles ouvrent directement sur le trottoir, comme le *Pony*.

Les deux bars du pub ont la même forme et la même taille, mais dans le « saloon bar », les consommations sont plus chères, un tiers du sol de pierre est recouvert d'un tapis marron, et il y a deux banquettes usées recouvertes de tissu noir, du genre de celles qu'on trouvait autrefois dans les salles d'attente des gares.

Sur l'une de ces banquettes, sous une affiche vantant la Costa del Sol avec la photo d'une fille en bikini mouillé lançant des œillades à un taureau à l'agonie, Monkey Matthews était assis en compagnie d'un vieil homme. Celui-ci paraissait particulièrement décati. Non qu'il fût maigre et pâle. Au contraire, son visage de crapaud était carré et rubicond, mais il avait l'air de quelqu'un dont la santé a été démolie par des années de mauvaise nourriture, de trous à rats humides, et d'habitudes malsaines sur la nature desquelles Wexford préférait ne pas s'étendre.

Chacun des deux hommes avait un verre de bière à moitié vide devant lui, et Monkey tirait sur un mégot.

— Bonsoir, dit Wexford.

Monkey présenta son compagnon.

— Voici Mr Casaubon.

— Je n'en crois pas mes oreilles, dit Wexford en exhalant un petit soupir. Éclairez ma lanterne et dites-moi lequel de vous deux intellectuels est apparenté à George Eliot ?

Loin de ressembler à l'image donnée par Monkey d'un homme intimidé par la police, Mr Casaubon s'était ragaillardi dès que Wexford avait parlé, et il répondit avec un accent cockney prononcé :

— J'l'ai vu une fois. Ça d'vait être en 1924. Ils l'ont épinglé pour une histoire de trafic de devises.

— Je crains que nous ne pensions pas à la même personne. Mais que désirez-vous boire, messieurs ?

— Un double cognac, dit Mr Casaubon sans hésiter.

Quant à Monkey, pour qui ce qui pouvait s'inhaler primait sur ce dont on pouvait s'imbiber, il avança son verre vide et répondit qu'il apprécierait volontiers un paquet de *Dunhill International*.

Wexford commanda les boissons et le paquet de cigarettes.

— Je peux aussi bien ouvrir le débat en vous précisant, petits plaisantins, qu'il vaut mieux oublier les cinq cents livres ou toute somme se rapprochant de ce chiffre. Est-ce clair?

Mr Casaubon réagit comme quelqu'un habitué à de fréquents désappointements. La vivacité qui avait brillé dans ses yeux s'éteignit et il eut un murmure indistinct en prenant son verre. Monkey s'exclama:

— Alors, tout est dit. Mon ami et moi, on se contenterait de la récompense.

— Trop aimable à vous. J'espère que vous vous rendez compte que cet argent ne sera versé que pour un renseignement amenant l'arrestation de l'assassin de Stella Rivers?

— On n'est pas nés d'hier, dit Monkey.

Cette remarque était si exacte, particulièrement dans le cas de Mr Casaubon, que le vieil homme cessa de fredonner pour émettre un caquètement de rire qui permit à Wexford d'admirer la denture la plus hideuse et la plus pourrie qu'il ait jamais vue dans une bouche humaine.

— On sait aussi lire le journal, poursuivit Monkey. Si mon ami vous raconte ce qu'il sait et vous montre les papiers pour prouver ses dires, est-ce que vous serez assez honnête pour qu'on reçoive notre dû quand Swan sera sous les verrous?

— Je peux faire venir Mr Burden comme témoin.

Monkey exhala la fumée de sa cigarette par le nez avant de déclarer:

— Je peux pas blairer ce flic sarcastique. Votre parole me suffit. Quand j'entends déblatérer contre les poulets, je le dis toujours: Mr Wexford m'a couru aux fesses, mais c'est un flic honnête et...

— Monkey, coupa Wexford, tu vas parler oui ou non?

— Pas ici. On ne peut s'expliquer dans un lieu public.

— Dans ce cas, je vous ramène au poste.

— Mr Casaubon n'aimera pas ça, dit Monkey en regardant le vieil homme comme pour en attendre un soutien, mais celui-ci continua à fredonner de façon monotone. Allons chez Ruby. Elle est sortie.

Wexford acquiesça d'un haussement d'épaules. Satisfait, Monkey se leva en administrant une tape amicale sur l'épaule de Mr Casaubon.

— Viens, mon vieux.

Il fallut quelque temps au vieillard pour se mettre debout. Wexford attendait impatiemment sur le trottoir, mais Monkey, peu connu pour ses bonnes manières, resta avec sollicitude auprès de son ami, et lui prit tendrement le bras pour le conduire jusque dans la rue.

Burden ne lui avait encore jamais téléphoné. Ce fut avec le cœur battant qu'il écouta la sonnerie, imaginant qu'elle courait pour répondre, ayant deviné qui appelait. Le calme de sa voix l'étonna. Il prononça son nom sur le mode interrogatif.

— Oui. Elle-même. Qui est-ce ?

— Mike.

Elle ne l'avait pas reconnu et son désappointement était profond. Mais dès qu'il eut donné son nom, elle poussa une exclamation.

— Tu as des nouvelles ? Il s'est enfin passé quelque chose ?

Il ferma les yeux. Elle ne songeait qu'à cet enfant. Même sa voix, la voix de son amant, n'était que la voix de quelqu'un qui pouvait lui donner des nouvelles de son enfant.

— Non, Gemma, il n'y a rien de nouveau.

— C'est la première fois que tu me téléphones, tu comprends, dit-elle doucement.

— La nuit dernière aussi était une première fois.

Elle ne répondit pas. Burden eut l'impression que ce silence ne finirait jamais. Vingt voitures au moins passèrent devant la cabine téléphonique. Le feu changea du vert au rouge et redevint vert. Finalement, elle murmura :

— Viens me voir, Mike, j'ai tant besoin de toi.

Mais il devait d'abord téléphoner à une autre femme.

— Je suis très occupé par une enquête, Grace, déclara-t-il avec aplomb, cela va peut-être me prendre des heures.

Décidément, ses femmes aimaient se réfugier dans un silence lourd de signification. Grace rompit celui qu'elle avait provoqué en disant d'une voix aigre :

— Inutile de me raconter des mensonges, Mike. Je viens de téléphoner à ton bureau et on m'a dit que tu avais ta soirée de libre.

— Tu n'avais pas à faire ça ! Même Jean ne se le serait pas permis, et elle en avait le droit, c'était ma femme.

— Je regrette, mais les enfants ont insisté, et j'ai pensé... En fait, j'ai quelque chose de particulier à discuter avec toi.

— Ça ne peut pas attendre demain ? J'essaierai de rentrer de bonne heure demain soir.

— C'est ce que tu dis toujours.

Sa conscience le troubla pendant cinq minutes. Il n'y pensa plus en atteignant Stowerton. Burden n'avait pas encore appris que l'anticipation du plaisir sexuel est le moyen le plus sûr d'étouffer la voix de la conscience. Il se demanda pourquoi il se sentait si peu coupable, pourquoi les reproches de Grace ne l'avaient que momentanément piqué au vif. Ses paroles — ou ce qu'il en avait retenu — n'étaient plus que l'admonestation mécanique et vide de sens d'une institutrice. Grace ne lui était plus qu'un fardeau, une force exaspérante qui conspirait, en même temps que son travail, à l'écarter de Gemma.

Aujourd'hui, elle vint à sa rencontre à la porte. Il était prêt à lui parler de son fils, de ses inquiétudes et de sa solitude, prêt aux mots doux et à la tendresse qui lui viendraient si facilement après une heure au lit avec elle mais que son excitation présente devait rendre abrupts. Elle ne dit rien. Il l'embrassa avec expérience, incapable de deviner son humeur dans son regard vide.

Elle lui prit les mains et les posa sur sa taille, nue lorsqu'elle releva la chemise qu'elle portait. Sa peau était chaude et sèche, tremblante sous ses mains à lui. Il sut alors que le besoin dont elle avait parlé au téléphone n'était pas celui de mots de réconfort, mais le même que le sien.

Si Mr Casaubon avait été capable d'inspirer la moindre sentimentalité, il aurait été impossible de supporter sans dégoût les soins que Monkey déployait avec ostentation. Mais le vieil homme — dont le véritable nom devait figurer au fichier — était de façon évidente un tel gredin et un parasite qui tirait avantage de son âge et de ses infirmités que Wexford ne put que ricaner en voyant Monkey l'installer dans un des fauteuils de Ruby en plaçant un coussin sous sa tête. Il était clair, pour celui qui recevait ces attentions aussi bien que pour l'inspecteur-chef, que Monkey dorlotait seulement la poule aux œufs d'or. Mr Casaubon avait probablement déjà conclu un engagement financier avec son associé et il n'ignorait pas ce que valaient ces démonstrations d'amitié. Ronronnant de contentement comme un vieux chat, il laissa Monkey lui verser un triple whisky et refusa d'y laisser ajouter de l'eau.

Monkey tira les rideaux et posa une lampe sur la cheminée afin de créer une atmosphère dramatique. On aurait dit que le protégé de Monkey était un de ces acteurs de composition qui adorent faire des one-man-shows sur la scène londonienne et pendant deux heures, vous régaler d'un monologue ou d'extraits de mémoires d'un grand écrivain. Peu sensible à cette mise en scène, Wexford s'impatienta.

— Venons-en au fait.

Mr Casaubon rompit le silence dans lequel il s'était plongé depuis son départ du *Piebald Pony.*

— Monk va vous affranchir. Il est plus doué que moi pour la jactance.

Monkey reçut cette flatteuse appréciation avec un sourire et il alluma une cigarette avant d'expliquer :

— J'ai fait la connaissance de Mr Casaubon dans le nord, il y a environ douze mois.

Dans une geôle de Walton, pensa Wexford.

— En parcourant le journal, l'autre jour, il a lu l'article sur Ivor Swan qui vivait à Kingsmarkham. Cela lui a fait penser à moi.

— En d'autres termes, il a vu là l'occasion de tirer un peu d'argent et il a pensé que tu pourrais l'aider. Dieu seul sait pourquoi il n'est pas venu me voir directement au lieu de faire appel à un requin comme toi. Ton don pour la jactance, sans doute. Mais, vous connaissant tous les deux, je m'étonne que vous n'ayez pas tenté de faire chanter Swan d'abord.

— Si vous devez m'insulter, nous en resterons là ! s'écria Monkey avec indignation, mon ami et moi irons voir Mr Griswold. Vous n'avez pas l'air de vous rendre compte que je vous fais une fleur qui vous vaudra de l'avancement.

Mr Casaubon acquiesça et émit un bourdonnement de mouche à viande devant un steak. Oubliant temporairement tout respect dû à l'âge et aux poules aux œufs d'or, Monkey s'emporta et prit Wexford à témoin :

— Arrête ce boucan, tu veux ? Tu deviens sénile. Maintenant, vous comprenez pourquoi ce vieux débris a besoin de moi.

— Continue, Monkey, je ne t'interromprai plus.

— Mr Casaubon m'a confié, avec preuve à l'appui, que votre cher Ivor Swan a tué une gamine, il y a quatorze ans, ou plus exactement, il a causé sa mort en la laissant se noyer dans un lac.

Wexford ne broncha pas.

— Navré, Monkey, ce n'est pas possible. Mr Swan n'a pas la plus petite tache sur son cahier judiciaire.

— Vous voulez dire qu'il n'a pas été condamné, mais l'histoire que je vous raconte est vraie. Je la tiens de bonne source : la propre nièce de Mr Casaubon en a été le témoin. Swan a laissé noyer la gosse et il a comparu devant le tribunal, mais le juge l'a acquitté faute de preuve.

— Il ne devait pas avoir plus de dix-neuf ans à l'époque, rumina Wexford. J'ai besoin d'en savoir un peu plus sur cette affaire. Quel est ce papier que vous détenez ?

— Donne-le, mon vieux, ordonna Monkey.

Mr Casaubon fouilla dans ses poches et sortit une enveloppe contenant une feuille de papier. Il la tendit à Wexford.

— Avant de lire cette lettre, expliqua Monkey, je dois vous dire que la jeune femme qui l'a écrite était femme de chambre dans un hôtel dans la région des Lacs. Elle avait une très bonne situation, elle avait des tas de filles sous ses ordres.

— À t'entendre, on dirait la Madame d'un bordel, dit Wexford, désagréable. Tais-toi et laisse-moi lire.

La lettre avait été écrite par quelqu'un d'à demi illettré. Elle était pleine de fautes d'orthographe et ne comportait aucune ponctuation.

Tandis que Mr Casaubon continuait à fredonner.

Cher oncle Charly.

On a eu un drôle de ramdam ici et tu sera intéresé de savoir que sa conserne un étudian de l'hotel Il a noyer une petite fille qui najait dans le lac ce matin avan que son papa et sa maman soit levé et il l'on trainé devan le tribunal et Lily don je t'ai parlé a été témoigné Elle ma raconté que le juge lui a parler net mais qu'il a pas pu le condaner parce qu'il ny avai pas de taimoin Le nom du jeune homme est Ivor Lionel Fairfax Swan Lily me la écri sur un papié parce que je sais que tu veu l'avoir en entier C'es tout pour l'instan mon oncle je t'écrirai quan j'aurai des nouvelles qui pouront être utile Ta nièce Elsie

Wexford relut la lettre une seconde fois avant de se tourner vers Mr Casaubon pour demander :

— Qu'est-ce qui vous a poussé à garder cette lettre pendant quatorze ans ? Vous ne connaissiez pas Swan ? n'est-ce pas ?

Mr Casaubon ne répondit pas. Il souriait vaguement comme le font les gens à qui l'on s'adresse dans une langue étrangère, puis il tendit son verre à Monkey. Celui-ci le lui remplit promptement et, une fois de plus, se chargea d'être son interprète.

— Il conserve toutes ses lettres. Mr Casaubon a une véritable dévotion pour Elsie, n'ayant pas eu d'enfant lui-même...

— Je vois, dit Wexford.

Et soudain, ce fut vrai. Une rage froide l'envahit en découvrant le racket auquel s'étaient livrés Mr Casaubon et sa nièce. Sans avoir à relire la lettre, il se souvint de certaines phrases révélatrices :

On a eu un drôle de ramdam ici et tu sera intéresé de savoir que sa conserne un étudian de l'hotel, et *Je t'écrirai quan j'aurai des nouvelles qui pouront être utile.*

Combien de femmes adultères Elsie avait-elle repérées ? Dans combien de chambres avait-elle fait irruption ? Combien d'intrigues homosexuelles avait-elle découvertes, lorsque l'homosexualité était encore un crime ? Sans parler d'autres secrets auxquels elle pouvait avoir accès, les papiers et les lettres laissés imprudemment dans les tiroirs. Le renseignement sur Swan n'était qu'un des éléments de ce genre, patiemment rassemblés par l'oncle Charly dans le but de l'utiliser pour extorquer de l'argent dont Elsie, en temps opportun, réclamerait sa part. Un racket habile qui, finalement, n'avait pas été si profitable à Mr Casaubon, à en juger par sa mine.

— Où cette Elsie travaillait-elle à l'époque ?

— Il ne s'en souvient pas. Quelque part dans la région des Lacs.

— Où est-elle maintenant ?

— En Afrique du Sud, marmonna Casaubon, en montrant le premier signe de nervosité. Elle a épousé un youpin plein aux as et elle est partie pour Le Cap.

— Avec cette lettre, il vous suffit de faire quelques recherches, conseilla Monkey, on n'est que des pauvres ignorants, on ne saurait pas retrouver le juge. On vous demande seulement notre juste rétribution pour vous avoir mis sur la piste. On ne réclame pas plus que la récompense promise.

Il s'interrompit en voyant le visage fermé de Wexford. Il souffla un nuage de fumée et s'avisa qu'il était peut-être temps de montrer son hospitalité.

— Une goutte de whisky avant de partir?

— À aucun prix. Quand je bois, je choisis ma compagnie.

14

« Béatitude émue », diagnostiqua Wexford devant l'état de Burden. On surprenait fréquemment celui-ci, regardant droit devant lui, sursautant à la moindre occasion, mais au moins, cela changeait de son ancienne tristesse sinistre. Fort probablement, une femme était la cause de ce changement. En rencontrant son adjoint dans l'ascenseur, Wexford se souvint des propos du Dr Crocker.

— Comment va miss Woodville?

Il fut récompensé de sa curiosité et quelque peu édifié en voyant Burden rougir. Cela confirma ses soupçons et il ajouta:

— Ma femme me faisait remarquer hier encore que miss Woodville était un véritable roc. (Ces paroles n'ayant amené aucune réaction, il conclut:) C'est d'autant plus agréable quand ce roc a un aussi joli visage, hein?

Burden le regarda avec une telle fixité que Wexford se sentit devenir transparent. L'ascenseur s'arrêta.

— Je serai dans mon bureau si vous avez besoin de moi.

Wexford haussa les épaules. On peut jouer à ce jeu à deux, pensa-t-il. Mon petit, je ne te ferai plus d'avances amicales. Espèce de pudibond collet monté ! Et puis, il se fichait pas mal de la vie amoureuse sinistre de Burden. Il avait d'autres choses en tête, à cause desquelles il n'avait pas beaucoup dormi. Il n'avait cessé de penser à cette lettre, à Monkey Matthews et à ce vieux scélérat qui était l'invité de Monkey.

Elsie était maligne mais ignorante, et ne devait sûrement pas faire la différence entre les assises et un tribunal d'instance. Était-il possible que tant d'années auparavant, le jeune Swan ait comparu devant un tribunal d'instance sous l'inculpation de meurtre et que l'affaire ait abouti à un non-lieu ? Dans ce cas, comment se faisait-il que rien n'ait été signalé dans le dossier ?

Dès qu'il se retrouva dans son bureau, Wexford lança des appels à la police de Cumberland et de Westmorland. Puis il se livra à des recherches sur les antécédents de Mr Casaubon.

Il n'eut aucun mal à découvrir que le véritable nom du vieil homme était Charles Albert Catch. Il était né à Limehouse en 1897. Satisfait de découvrir que ses suppositions étaient exactes, Wexford apprit que Catch avait été condamné à neuf mois d'emprisonnement pour chantage mais que, depuis l'âge de soixante-cinq ans, il avait connu des jours difficiles. Sa dernière condamnation avait été recherchée par lui. Il avait délibérément lancé une brique dans la vitre d'un poste de police afin de s'assurer le gîte et le couvert car l'ancien maître-chanteur était devenu un pauvre vagabond.

Wexford ne perdit pas son temps à s'attendrir sur le sort de Charly Catch, mais il se demanda pourquoi les renseignements d'Elsie n'avaient pas conduit son oncle à prendre des mesures contre Swan à l'époque du drame. Parce qu'il n'existait vraiment aucune preuve ? Parce que Swan était réellement innocent ? Il était inutile de se livrer à des spéculations tant qu'il n'aurait pas reçu de précisions de la région des Lacs.

Avec Martin et Bryant pour exercer une surveillance discrète, il envoya Polly Davies, toujours affublée de sa perruque rousse au rendez-vous de Saltram House. Il pleuvait de nouveau, et Polly revint trempée, mais personne ne s'était présenté.

Bien décidé à ne formuler aucune hypothèse supplémentaire concernant Swan, Wexford se tortura l'esprit pour essayer de retrouver quelle voix lui rappelait celle de son correspondant anonyme, mais il fut incapable de s'en souvenir.

Tenant Gemma contre lui dans l'obscurité, Burden murmura :

— Je veux que tu me dises que je t'ai rendue heureuse et que la vie n'est plus aussi affreuse parce que je t'aime.

Peut-être avait-elle un de ses pâles sourires. Il ne voyait pas son visage dans l'ombre. La pièce sentait ce parfum qu'elle utilisait lorsqu'elle était mariée et qu'elle avait un peu d'argent.

Ses vêtements étaient imprégnés de cette odeur douceâtre et éventée. Il se dit que, le lendemain, il lui achèterait un flacon de parfum.

— Gemma, je ne peux pas rester cette nuit. Dieu m'est témoin que je le souhaiterais, mais j'ai promis...

— Bien sûr, pars. Cher, gentil Mike, je ne te détournerai pas de tes enfants.

— Tu vas dormir ?

— Je prendrai deux des cachets du Dr Lomax.

Un frisson le secoua. L'amour satisfait n'était-il pas le meilleur des soporifiques ? Comme il aurait été heureux de savoir que seul son amour pouvait lui apporter un sommeil apaisant. Mais il savait que si, par miracle, l'enfant revenait sain et sauf, lui seul compterait pour elle et qu'elle oublierait que son amant avait jamais existé pour vivre dans le petit univers clos où il n'y avait pas de place pour lui.

Il se leva et s'habilla. Il l'embrassa d'une manière qui voulait être tendre et qui ne fut que passionnée. Il fut récompensé par un baiser aussi long et voluptueux que le sien. Il devait se contenter de cela, et du foulard froissé qu'il ramassa en quittant la pièce.

Si seulement il trouvait sa maison vide, songea-t-il en montant dans sa voiture, si seulement il pouvait échapper aux exigences de Grace, aux châteaux en Espagne de Pat, aux problèmes de maths de John, au moins pour ce soir... Mais si sa maison avait été vide, il n'aurait eu aucune raison d'y retourner.

Grace avait déclaré qu'elle avait à lui parler. Cette perspective était si désagréable qu'il préféra ne pas s'y attarder. Il porta le foulard à son visage pour se réconforter avant d'entrer, mais il ne réussit qu'à faire naître le désir.

Son fils était penché sur la table, un compas à la main. Il leva les yeux en voyant entrer son père et soupira :

— Le vieux singe nous a expliqué que « mathema » signifie le savoir et « pathemas » la souffrance, aussi j'ai répliqué qu'on pourrait parler de « pathématiques » !

Grace eut un petit rire trop aigu. Elle était rouge et avait les yeux brillants. Burden s'assit à côté de son fils et lui expliqua posément son problème avant de l'envoyer se coucher.

— Je ferais bien aussi d'aller me coucher tôt, ajouta-t-il.

— Accorde-moi seulement dix minutes, Mike. Je veux... il y

a quelque chose que je veux te dire. J'ai reçu une lettre d'une de mes amies avec qui j'ai fait mes études...

Grace paraissait très nerveuse. Elle tenait une lettre à la main et parut sur le point de la lui montrer, mais se ravisa :

— Elle vient de faire un petit héritage et va ouvrir une clinique. Elle me propose de travailler en association avec elle.

Burden allait répondre distraitement « Ah oui ? Parfait », quand il s'avisa soudain de ce qu'une pareille décision impliquait pour lui. Le choc fut si grand qu'il en oublia toute précaution ou politesse.

— Et les enfants ?

Elle ne lui répondit pas directement, mais se laissa tomber sur une chaise, les épaules voûtées comme une vieille femme.

— Combien de temps pensais-tu que j'allais rester avec eux ?

— Jusqu'à ce qu'ils puissent se débrouiller seuls, je suppose, dit-il avec un geste d'impuissance.

— Et quand cela arrivera-t-il ? (Elle était maintenant en colère, et son indignation avait surmonté sa nervosité :) Lorsque Pat aura dix-sept ans ? J'en aurai quarante.

— Quarante ans, ce n'est pas vieux, dit-il piteusement.

— Peut-être pas pour une femme qui a une profession. Si je reste ici encore six ans, je n'aurai plus aucun avenir et j'aurai de la chance si je trouve une place dans un hôpital de province.

— Mais les enfants...

— Mets-les en pension, dit-elle d'une voix dure. Matériellement, ils seront aussi bien soignés et, pour l'autre aspect de la question, de quelle utilité suis-je pour les élever seule ? Pat va arriver à un âge où elle se retournera contre ce qui représente l'autorité maternelle. John ne m'a jamais été très attaché. Si la solution de la pension ne te convient pas, demande ton transfert et installez-vous à Eastbourne. Vous pourrez vivre tous les trois avec Maman.

— Tu as tout mis au point derrière mon dos, c'est ça, n'est-ce pas ?

Elle était presque en larmes.

— Je n'ai reçu la lettre de Mary qu'hier. Je voulais t'en parler tout de suite, je t'ai supplié de rentrer plus tôt.

— Seigneur ! Que se passe-t-il ? Je croyais que tu te plaisais ici. Je pensais que tu aimais les enfants.

— Non, tu ne le pensais pas, dit-elle avec rage, ressemblant soudain à Jean, passionnée et indignée, lors de l'une de leurs rares disputes. Tu n'as jamais pensé à moi. Tu m'as demandé de venir t'aider, et, quand je suis venue, tu m'as transformée en une sorte de gouvernante et toi en directeur d'orphelinat qui condescend à visiter les enfants deux fois par semaine.

Il n'avait rien à répliquer. Il savait que c'était vrai.

— Naturellement, tu fais ce qui te plaît.

— Ce n'est pas ce qui me plaît, c'est où tu m'as conduite. Oh ! Mike ! cela aurait pu être si différent ! Tu ne vois pas ? Si tu avais consenti à prendre une part du fardeau en me donnant l'impression que nous bâtissions ensemble quelque chose qui en valait la peine ! Encore maintenant, si tu... comprends-moi, Mike, si je pensais qu'un jour, tu pouvais... Mike, veux-tu m'aider ?

Elle s'était tournée vers lui, non pas impulsivement comme Gemma l'avait fait, mais avec un air implorant, comme si elle avait honte. Il se souvint des paroles de Wexford le matin dans l'ascenseur et détourna la tête. Que ce fût presque la voix de Jean qui fût sur le point de prononcer des paroles que dans son esprit puritain aucune femme ne disait à un homme, ne faisait qu'empirer les choses.

— Non ! non ! non ! balbutia-t-il dans une sorte de sifflement.

Il n'avait jamais vu une femme rougir autant. Son visage était cramoisi, puis toute couleur parut se retirer de ses joues, et elle devint d'une pâleur mortelle. Grace se leva et sortit de la pièce en titubant car elle avait perdu soudain tout contrôle d'elle-même. Elle referma la porte sans prononcer un autre mot.

Cette nuit-là il dormit très mal. Trois cents nuits n'avaient pas réussi à lui apprendre à dormir sans une femme, et deux nuits de bonheur avaient ramené avec violence le sentiment de solitude d'un seul lit. Comme un adolescent, il pressa contre son visage pour en sentir le parfum l'écharpe de la femme qu'il aimait. Il demeura ainsi étendu des heures, écoutant à travers la cloison les sanglots étouffés de la femme qu'il avait rejetée.

15

La boucle de cheveux n'appartenait pas à Stella Rivers. Il y avait assez de cheveux blonds sur ce qui restait d'elle pour effectuer la comparaison. Cela ne prouvait rien, naturellement. On ne pouvait que s'y attendre. Il était établi que l'éleveur de lapins — Wexford pensait à lui sous ce nom — était un menteur. L'inspecteur-chef n'avait rien d'autre à faire qu'à attendre des nouvelles de la région des Lacs, et son humeur s'assombrit.

Burden avait été insupportable durant les deux derniers jours, répondant à peine quand on lui parlait et demeurant invisible quand on avait besoin de lui. La pluie tombait sans arrêt. Tout le monde au poste de police était irritable, et les hommes, déprimés par le temps, s'en prenaient les uns aux autres comme des chiens méchants.

Traversant rapidement le hall du poste de police pour éviter de rencontrer Harry Wild, Wexford entra en collision avec le sergent Martin, tout rouge, qui attendait l'ascenseur.

— Je ne sais pas quelle mouche pique tout le monde, monsieur, mais cela devient intenable ! Le jeune Peach, qui n'a jamais un mot plus haut que l'autre, m'a volé dans les plumes parce que je lui ai fait remarquer qu'il devrait porter des bottes avec des semelles plus épaisses. Il m'a carrément envoyé promener. Que se passe-t-il, monsieur, que lui ai-je fait ?

— Vous venez de résoudre un de mes problèmes, s'écria Wexford. Sergent, la nuit où l'on a organisé cette battue pour retrouver John Lawrence, vous avez conseillé à l'un des hommes de mettre des chaussures plus épaisses — ça doit être une obsession chez vous — et il vous a répondu de vous mêler de vos affaires. Vous vous en souvenez ?

— Je ne crois pas, monsieur.

— Je lui ai parlé moi-même. Il a essayé de caresser les chiens. Je le revois encore s'avançant vers le labrador. Je ne me rappelle pas son visage, mais je me souviens de sa voix ! Et cette voix, sergent, c'est celle de l'homme qui nous a téléphoné en prétendant être l'auteur des lettres anonymes.

— Je ne m'en souviens pas, monsieur.

— Peu importe. Il devrait être facile de le retrouver.

Mais ce ne le fut pas.

Wexford s'adressa d'abord à Mr Crantock, le mari de la voisine de Gemma Lawrence, qui était caissier principal à la Lloyd's Bank de Kingsmarkham. Persuadé qu'il connaissait tous les hommes faisant partie de la battue, au moins de vue, sinon de nom, Wexford fut déçu d'apprendre que des volontaires avaient afflué de fort loin.

— Il y avait des types que je n'avais jamais vus avant, déclara Crantock. Dieu sait d'où ils venaient et comment ils avaient appris la disparition de l'enfant, mais nous avions besoin de toutes les bonnes volontés. Je me rappelle qu'un de ces hommes est venu à bicyclette.

— Les nouvelles de ce genre circulent vite.

— Vous pourriez vous adresser au Dr Lomax, il a fait partie d'une équipe avant d'être appelé en consultation. Les médecins connaissent tout le monde, non ?

Le praticien habitait une maison victorienne de style gothique, très supérieure, par ses dimensions, à toutes ses voisines. Wexford arriva à temps pour surprendre le médecin à la fin de ses consultations de l'après-midi.

Lomax était un petit homme vif et épuisé, qui parlait avec une voix stridente dans laquelle Wexford détecta un léger accent écossais. Hélas ! Lomax ne put l'aider.

Il énuméra une longue liste de noms, parmi lesquels Mr Crantock, Mr Rushworth et Mr Dean et conclut :

— Il y avait aussi trois inconnus, dont un cycliste. J'ignore comment ils ont appris la nouvelle. Personnellement, c'est ma femme qui est venue m'avertir.

— Quelle heure pouvait-il être ?

— Entre 5 heures et demie et 6 heures.

— Vous étiez seul quand votre femme vous a prévenu ?

— Non. Elle me sert d'assistante, et j'avais un malade dans mon cabinet.

— Vous vous souvenez qui était ce patient, docteur ?

Le Dr Lomax réfléchit :

— J'ai reçu beaucoup de monde ce jour-là et j'avoue... Ce devait être Mrs Foster ou miss Garrett. Ma femme vous le précisera, elle a une meilleure mémoire que moi.

Mrs Lomax fut appelée :

— Il s'agit de Mrs Foster. Elle a elle-même quatre enfants et je me souviens qu'elle a été bouleversée.

— Cependant son mari n'est pas venu à la battue, dit

Lomax qui semblait suivre le raisonnement de Wexford. Je ne le connais pas, mais Mrs Foster venait de me dire qu'il s'était cassé le gros orteil.

Après lui avoir déclaré d'un ton embarrassé qu'elle resterait jusqu'à ce qu'il ait pris d'autres dispositions, Grace ne s'était plus adressée directement à Burden.

À table, seul moment où ils se retrouvaient ensemble, ils entretenaient une conversation neutre au bénéfice des enfants. Burden passait dorénavant ses soirées et ses nuits avec Gemma.

À elle seule, il avait confié que Grace l'abandonnait et il s'étonna, sans comprendre du tout, quand la jeune femme s'émerveilla qu'il eût la chance de garder ses enfants pour lui seul, sans personne entre eux pour partager leur amour. Puis elle éclata en sanglots, battant de ses mains le vieux mobilier poussiéreux, pleurant jusqu'à ce que ses yeux soient gonflés et à demi fermés.

Après cela, elle le laissa lui faire l'amour.

« Laisser » n'est pas le terme exact. Au lit avec lui, elle parut oublier un instant qu'elle était une mère désespérée, et devint une jeune fille sensuelle. Il savait que le sexe était pour elle un moyen d'oubli, une thérapie, mais il se disait qu'une femme ne pouvait montrer une telle passion si son attirance n'était que physique. Il avait toujours été persuadé que les femmes n'étaient pas faites comme ça. Et quand elle lui avoua presque timidement qu'elle l'aimait et qu'elle cessa de lui parler de John pendant deux heures, le bonheur de Burden ne connut pas de bornes.

Il eut une idée merveilleuse. Il pensait avoir trouvé la solution à tous leurs problèmes. Elle voulait un enfant et elle serait une véritable mère pour les siens. Pourquoi ne l'épouserait-il pas ? Il pourrait lui donner un autre enfant, pensa-t-il, fier de sa virilité. Elle était peut-être même déjà enceinte, il n'avait pris aucune précaution. L'avait-elle fait, elle ? Il eut peur de le lui demander. Il se tourna vers elle car ses rêves l'avaient de nouveau rendu exigeant, avide de la posséder. Peut-être en ce moment même étaient-ils en train de faire un enfant ? Il l'espéra, car ainsi elle serait obligée de l'épouser...

Les Foster vivaient dans Sparta Grove, à deux pas du *Piebald Pony*, dans une petite maison au milieu d'une rangée de douze.

— Je n'ai parlé de ce pauvre gosse qu'à mon mari, déclara Mrs Foster à Wexford. Il était assis sur la chaise longue, et je me suis précipitée pour lui annoncer la bonne nouvelle.

— La *bonne nouvelle* ?

— Oh ! mon Dieu ! Qu'allez-vous penser de moi ! Je ne parle pas de ce pauvre petit garçon. J'y ai fait allusion, mais rapidement car j'avais hâte de lui faire part du diagnostic du Dr Lomax. Nous pensions que nous allions avoir un autre enfant et nous en avons déjà quatre. Quel soulagement de savoir que je m'étais trompée ! J'ai servi le thé et c'est alors que j'ai parlé du petit Lawrence. Il devait être 7 heures du soir à ce moment-là.

Ce qui avait semblé une piste prometteuse tournait court. Il faisait encore jour, et Sparta Grove était pleine d'enfants qui jouaient sur les trottoirs. Personne ne semblait les surveiller, personne ne jetait un coup d'œil derrière un rideau sur le petit garçon angélique aux boucles blondes, ou la petite fille à l'œil noir et au teint café au lait. Mais les mères étaient sans doute là, observant sans être vues. Le *Piebald Pony* venait d'ouvrir, et Monkey Matthews, offrant un bras secourable à Charly Catch, alias Mr Casaubon, apparut dans la direction de Charteris Road. Wexford hâta le pas afin de ne pas les rencontrer.

Trouver les trois étrangers ayant participé à la battue fut le mot d'ordre lancé le lendemain matin, rendu plus urgent encore par une nouvelle lettre anonyme qui attendait Wexford dans son courrier. Cependant, il y jeta à peine un coup d'œil pour se plonger dans le rapport complet que lui avait adressé l'inspecteur Daneforth de la police de Westmorland.

Ayant donné des ordres stricts pour ne pas être dérangé, Wexford lut :

« Le 5 août 1963, le corps d'une fillette, Bridget Melinda Scott, âgée de douze ans, a été repêché dans le lac Fieldenwater, Westmorland. L'audience préliminaire dirigée par le coroner du Midwestmorland, le Dr Augustine Forbes, a conclu que l'enfant était morte noyée.

Une audience. Bien sûr ! Pourquoi n'y avait-il pas pensé ?

Elsie prenait une audience pour un tribunal et un coroner pour un juge. Vaguement découragé, Wexford continua.

Ont témoigné :

1°) Lilian Potts, femme de chambre, employée à l'hôtel *Lakeside* où Bridget Scott et ses parents, Mr et Mrs Ralph Scott étaient descendus. Elle déclara qu'elle avait rencontré Bridget dans le couloir de l'hôtel à 8 heures du matin le 5 août. Bridget lui avait dit qu'elle allait se baigner dans le lac. Elle portait un maillot de bain sous son peignoir. Elle était seule. Miss Potts lui conseilla de ne pas nager là où elle n'avait pas pied. Bridget ne lui répondit pas.

2°) Ralph Edward Scott, ingénieur civil, demeurant 28 Barrington Gardens à Colchester (Essex), avait déclaré qu'il était le père de Bridget. Lui et sa femme étaient venus passer deux semaines de vacances avec leur fillette. Le 5 août, alors qu'il était encore couché ainsi que son épouse, Bridget était venue leur dire qu'elle allait nager dans le lac. Il lui avait recommandé de ne pas s'éloigner du bord. Il ne l'avait pas revue vivante.

3°) Ada, Margaret Patten, veuve, 72 ans, demeurant 41 Blenheim Cottage, Watter Street, à Fieldenwater, avait témoigné qu'elle promenait son chien selon son habitude à 8 heures et quart sur la rive opposée où se trouvait l'hôtel. Elle avait entendu des appels à l'aide et avait remarqué une baigneuse qui semblait en difficulté. Ne sachant pas nager elle-même, Mrs Patten avait essayé d'attirer l'attention de deux hommes qui nageaient à l'est du lac et d'un autre homme qui pêchait dans une barque à faible distance de la personne en difficulté. Le coroner lui ayant demandé ce qu'elle entendait par « faible distance », Mrs Patten avait précisé qu'elle évaluait cette distance à une vingtaine de mètres. L'un des baigneurs remarqua les appels de Mrs Patten et se mit à nager en direction du nord, mais ses cris n'eurent apparemment aucun effet sur le pêcheur. Finalement, la barque se dirigea vers la nageuse en difficulté, mais avant qu'elle ait pu être rejointe, celle-ci avait disparu dans l'eau. Mrs Patten ne comprenait pas comment ce pêcheur n'avait pas entendu ses injonctions plus tôt.

4°) George Baleham, ouvrier agricole, demeurant 7 Bulmer Way, Fieldwater, avait exposé qu'il était allé se baigner dans le lac à 7 heures et demie avec son frère le 5 août. Il avait aperçu une fillette qui se mettait à l'eau devant l'hôtel vers 8 h 10. Cinq minutes plus tard, il avait été alerté par les cris de Mrs Patten de l'autre côté du lac. Immédiatement, lui et son frère, s'étaient mis à nager en direction de la fillette qui était environ à deux cents mètres d'eux. Il y avait une barque non loin de l'enfant et il avait vu un homme qui pêchait. Il avait tenté d'attirer l'attention de celui-ci, mais la barque n'avait pas bougé. Mr Baleham déclara qu'à son avis, le pêcheur aurait pu facilement atteindre l'enfant avant qu'elle ne s'enfonçât dans l'eau.

5°) Ivor Lionel Fairfax Swan, étudiant, dix-neuf ans, demeurant à Carien Hall Bedforshire et au Christ's College à Oxford, déclara qu'il était en vacances au Lakeside Hotel avec deux amis. Bridget Scott lui avait, occasionnellement, adressé la parole dans le salon de l'hôtel et sur la plage. À part cela, il ne la connaissait pas et n'avait jamais parlé à ses parents. Il aimait la pêche et louait parfois une barque pour sortir sur le lac le matin de bonne heure.

Le 5 août, il était sorti en bateau à 7 heures du matin. Il était alors seul sur le lac. Vers 8 heures moins le quart, il avait remarqué deux hommes qui se baignaient dans la partie est du lac. Puis vers 8 heures, Bridget était sortie de l'hôtel et s'était mise à l'eau. Il ignorait si elle était ou non bonne nageuse.

Elle lui cria quelque chose, mais il ne lui répondit pas, pensant qu'elle allait effrayer les poissons. Quelques minutes plus tard, elle l'avait encore appelé, et il ne s'en était pas davantage inquiété. À plusieurs reprises au cours de la semaine précédente, elle avait tenté d'attirer son attention, et il avait pensé qu'il était plus sage de ne pas l'encourager. Il avait entendu les cris de Mrs Patten, mais avait cru qu'elle s'adressait à son chien.

Peu après, les deux baigneurs avaient lancé des appels, et il avait alors constaté que Bridget était réellement en difficulté. Aussitôt, il avait enroulé sa ligne, mais quand il avait terminé, la fillette avait disparu.

En réponse à la question du Coroner, Swan expliqua qu'il n'avait pas songé à plonger par-dessus bord. Sa canne à pêche était un engin coûteux, et il ne souhaitait pas l'abîmer. De plus, il ne savait pas plonger et n'était pas lui-même un nageur expérimenté. Au surplus, jusqu'au moment où Bridget s'était enfoncée dans l'eau, il ne l'avait pas crue en danger. Il était exact qu'il n'avait pas apprécié ses tentatives pour se rendre intéressante. Certes, il regrettait sa mort et de n'avoir fait aucun effort pour la sauver. Cependant, il était certain d'avoir agi comme n'importe quel homme l'aurait fait à sa place dans de telles circonstances.

6°) Bernard Varney Frensham, étudiant, dix-neuf ans, demeurant 16 Paisley Court, Londres SW 7 et au Christ's College à Oxford. Mr. Frensham déclara qu'il était un ami de Mr Swan et qu'il était là en vacances avec lui et sa fiancée à l'hôtel Lakeside. Bridget Scott avait paru immédiatement attirée par Swan. Comme on dit, elle avait « un béguin pour lui » et n'avait cessé de l'importuner. Frensham précisa qu'il n'était jamais allé se promener en bateau, la pêche ne l'intéressant pas. À la question du coroner « Mr Swan est-il bon nageur ? », Mr Frensham avait demandé « dois-je répondre à cela ? » Le Dr Forbes ayant insisté, Mr Frensham répondit qu'il ignorait tout des qualités de nageur de Mr Swan. Celui-ci n'avait jamais fait partie de l'équipe de natation du collège. Sur l'insistance du coroner, Mr Frensham finit par reconnaître qu'il avait effectivement connaissance d'un diplôme de secouriste établi au nom d'Ivor Swan.

À ce point du rapport se trouvait une note expliquant que les examens médicaux avaient été déposés et concluait :

« Le coroner loua Messrs George et Arthur Baleham pour leur prompte réaction à tenter de sauver la fillette en danger. Puis il réprimanda Mr Swan en affirmant que c'était le cas de la plus monstrueuse insensibilité qu'il lui ait été donné de rencontrer. Il blâmait hautement ce qu'il ne pouvait considérer que comme un acte de lâcheté de la part de Mr Swan. Loin d'être un médiocre nageur, il était établi par son diplôme de secouriste qu'il était un nageur expérimenté. Il ne faisait aucun doute dans son esprit que Mr Swan avait refusé de répondre aux appels de la fillette parce qu'il croyait, ou prétendait croire, qu'elle cherchait à l'importuner. S'il avait sauté à l'eau à ses premiers cris, Bridget Scott serait encore en vie. Sa jeunesse ne pouvait être une excuse, car Ivor Swan était un homme intelligent et cultivé. Le coroner exprima ses regrets que la loi ne lui permît pas de prendre d'autres sanctions. Il exprima ensuite sa sympathie aux parents, Mr et Mrs Scott. L'enquête conclut à une mort par accident. »

16

En exposant à Burden un résumé de la vie de Swan, Wexford avait souligné la série de désastres qu'il laissait derrière lui. Il voyait là un autre exemple de cette déplorable faculté. Swan possédait un véritable don pour attirer le malheur autour de lui.

Il n'était pas difficile d'imaginer ce matin sur le lac, le soleil brillant sur l'eau calme, et Swan assis dans son bateau, sa canne à pêche à la main, perdu dans un de ses rêves intérieurs dont rien ne pouvait le distraire. Avait-il seulement attrapé un poisson ? Avait-il jamais *fait* quelque chose ? Tiré sur un lapin, choisi un chien, acheté un poney ?

Là se trouvait le cœur du problème. Swan avait laissé mourir une enfant. Mais le mot clef était « laissé ». Infligerait-il activement la mort ? En avait-il le courage, l'*énergie.* ?

Wexford aurait aimé discuter de toute cette affaire avec Burden. Leurs longues discussions étaient souvent fructueuses. Ils examinaient les mobiles, analysaient les caractères, échafaudaient des hypothèses. Mais Burden n'était plus capable de participer à de telles conversations. Autant attendre une spéculation intelligente de la part de Martin ! Chaque jour, il semblait devenir plus irritable et plus distrait. Wexford se demandait avec inquiétude où tout cela le mènerait ? Pour le moment, il s'arrangeait pour pallier au manque de coopération de Burden, à ses distractions et à ses retards. Mais il y avait une limite. Un beau jour, il commettrait une erreur qui ne pourrait être cachée ou bien il se livrerait à une manifestation d'hystérie en public. En viendrait-il à prier Burden de donner sa démission avant qu'on ne la lui imposât ?

L'inspecteur-chef s'efforça de secouer ces réflexions pessimistes pour se concentrer sur le rapport. Un mystère au moins était résolu. Il n'avait plus besoin de se demander pourquoi Swan avait évité d'assister à une enquête, particulièrement une enquête sur la mort d'une autre fillette.

Il fallait maintenant retrouver Frensham, et cela s'avéra facile. Quatorze années plus tard, le jeune étudiant était devenu boursier. Il n'habitait plus chez ses parents, mais résidait toujours à Kensington et il était resté célibataire. Qu'était devenue la fiancée qui l'accompagnait durant les vacances ?

Wexford téléphona à la police métropolitaine pour annoncer son arrivée. Il se préparait à partir pour Londres quand il rencontra Burden dans le hall.

— Rien de nouveau sur les hommes qui faisaient partie de la battue ?

Burden leva un regard atone et murmura :

— C'est Martin qui s'occupe de ça, non ?

Wexford sortit sous la pluie sans se retourner.

Il émergea de la station de métro de Gloucester Road, se perdit et dut demander son chemin pour Veronica Grove à un agent de police. Finalement, il trouva une petite rue étroite, bordée d'arbres. Des gouttes d'eau tombaient doucement entre les branches et il avait l'impression d'être à Kingsmarkham. Les environs du *Piebald Pony* ressemblaient davantage à l'idée qu'il se faisait de Londres.

Méditant sur de telles anomalies, il arriva devant la maison de Bernard Frensham. C'était un petit cottage d'apparence modeste, à moins que vous ne sachiez que des maisons semblables se vendaient couramment vingt-cinq mille livres.

Un valet de chambre, mince et brun, le fit entrer dans un vaste living-room. La pièce s'étendait sur trois niveaux et donnait une impression de textures variées : bois satiné, velours souples, objets en délicat filigrane et porcelaines fines plutôt que de masses solides. Tout ce qu'il avait sous les yeux avait certainement coûté fort cher. Les années que Swan avait perdues avaient profité à son ami.

Frensham, qui s'était levé de son fauteuil, avait été informé de sa venue. Wexford se rendit aussitôt compte qu'il avait bu. Parce que cet entretien le préoccupait ? Wexford fut tenté de le supposer. Un *boursier* de la réputation de Frensham ne pouvait se permettre d'être ivre à 7 heures du soir. Non qu'il ne supportât pas bien la boisson. Ce ne furent que l'odeur du cognac et le regard trouble de Frensham qui alertèrent Wexford sur son état.

Il avait trente-trois ans et en paraissait quarante. Ses cheveux bruns se faisaient rares, et son visage était marqué de rides précoces.

Swan, son contemporain, paraissait quinze ans de moins. L'indolence et la placidité gardent jeune.

Frensham portait un élégant costume anthracite, une

cravate noire et rouge et, au petit doigt, une bague ornée d'une opale. Quelle impression de distinction civilisée aurait laissée cet homme si son haleine n'avait à ce point empesté l'alcool, pensa Wexford.

— Permettez-moi de vous offrir un verre, inspecteur-chef.

Wexford était sur le point de refuser, mais il y avait un tel appel pathétique dans sa voix qu'il se sentit obligé d'accepter.

Son hôte ouvrit la porte en prononçant un nom qui ressemblait à « Esus ». Différentes bouteilles furent promptement apportées avec des verres en cristal sur un plateau d'argent. Quand le valet fut sorti, Frensham remarqua :

— Quels drôles de gens, ces Espagnols ! A-t-on idée d'appeler un garçon « Jésus » (Il eut un petit rire avant d'ajouter :) C'est pourtant fort approprié, car figurez-vous que son père se prénomme Joseph et sa mère Marie !

Après avoir bu quelques gorgées, il poursuivit sur ce thème, mais Wexford était bien décidé à ne pas se laisser distraire par cette digression ibérique. Il était impossible de ne pas se rendre compte que Frenshman s'efforçait de retarder le plus possible leur discussion.

— Pouvons-nous parler de Mr Ivor Swan, monsieur ?

— Je n'ai pas revu Ivor depuis l'époque où nous étions ensemble à Oxford.

— Cela importe peu. Je l'ai rencontré dernièrement. Peut-être ne vous rappelez-vous pas bien de lui ?

— Je m'en souviens parfaitement. Jamais je ne l'oublierai, dit-il en se levant.

D'abord, Wexford pensa qu'il allait chercher une photographie ou un document, puis il s'aperçut que Frensham était la proie d'une vive émotion. Le dos tourné, il resta quelques minutes sans bouger. Wexford le regarda en silence. Il n'était pas facilement embarrassé mais il n'était pas préparé aux paroles qu'allait prononcer Frensham. Se retournant d'un air étrange, il demanda :

— A-t-il des feuilles de vigne dans les cheveux ?

— Je vous demande pardon ?

— Vous n'avez jamais vu ou lu Hedda Gabler ? Excusez-moi. C'est le genre de question que je trouve naturel de poser au sujet d'Ivor.

L'homme était complètement ivre, de cette ivresse qui

débarrasse des inhibitions sans que l'élocution en soit affectée. Il revint s'asseoir.

— À l'époque où je l'ai connu, Ivor était d'une beauté remarquable. Un pâle Antinoüs brun doré. J'avais beaucoup d'affection pour lui. Non, ce n'est pas vrai : je l'aimais... de tout mon cœur. Il était très paresseux. Jamais il ne savait l'heure qu'il était et ne se souciait pas du temps qui passe.

Frensham s'exprimait comme s'il avait oublié la présence de Wexford. Il prit son verre et se redressa.

— Cette indifférence au temps, cette paresse sublime ont un charme puissant. Je pense souvent que c'est cette qualité chez elle plutôt que son zèle religieux que le Christ louait en Marie et condamnait en Marthe, la rude travailleuse.

Wexford n'était pas venu pour entendre parler du caractère d'Ivor Swan dont il pensait déjà avoir fait le tour, mais il ne crut pas devoir interrompre Frensham. Comme pour un médium en transes, il avait l'impression que cela aurait pu être dangereux. Celui-ci reprit :

— Il avait toujours des filles pendues à ses basques. Certaines étaient belles, toutes étaient intelligentes. Je parle, naturellement des jeunes filles d'Oxford. Il était l'amant de plusieurs, mais il ne sortait jamais avec elles, pas même pour prendre un verre. Il ne voulait pas être dérangé. Il disait souvent qu'il n'aimait pas les femmes intelligentes parce qu'elles l'obligeaient à parler.

» Un jour, je lui décrivis le genre de femme qu'il épouserait : une idiote à cervelle d'oiseau qui passerait son temps à l'adorer et ne réclamerait que sa présence. Ce ne serait pas lui, mais elle qui l'épouserait et qui l'amènerait de force au pied de l'autel. J'ai lu dans les journaux qu'il était marié. Sa femme ressemble-t-elle à cela ?

— Oui, très exactement.

Frensham se laissa lourdement tomber dans un fauteuil. Il semblait envahi par des souvenirs pénibles. Wexford se demanda s'ils avaient réellement été amants mais conclut que non. Frensham y aurait sûrement été prêt, mais Swan ne voulait pas « être dérangé ».

— Je ne me suis jamais marié, reprit Frensham. À l'époque, j'étais fiancé avec Adelaïde Turner. Je me souviens qu'Ivor ne voulait pas qu'elle vienne avec nous en vacances. (Il remplit son verre en observant :) D'habitude, je ne bois pas beaucoup, mais quand je commence, je ne peux pas m'arrêter. Je vous promets de ne pas me rendre ridicule.

On aurait pu croire que c'était déjà fait. Wexford ne put s'empêcher de plaindre Frensham, surtout quand celui-ci ajouta :

— J'ignore si je vous donne une véritable idée du caractère d'Ivor. Bien que je ne l'aie pas vu depuis douze ans, je rêve toujours beaucoup de lui ; jusqu'à trois fois par semaine. Je n'en ai jamais parlé à personne. Je vous le confie, maintenant parce que je ne sais plus qui est le véritable Ivor, le réel ou celui de mes rêves. Les deux images se superposent.

— Parlez-moi de vos vacances, dit gentiment Wexford. Parlez-moi de Bridget Scott.

— Elle n'avait que onze ans, mais elle en paraissait quatorze. Il semble absurde de dire qu'elle tomba amoureuse de lui en le voyant, mais ce fut le cas. Un véritable coup de foudre et, naturellement, à cet âge, elle ne savait pas dissimuler ses sentiments. Elle ne cessait pas d'importuner Ivor, lui demandant d'aller se baigner avec elle, venant s'asseoir à côté de lui au salon. Un soir, devant sa mère, elle le supplia de venir lui dire bonsoir dans son lit.

— Comment Swan se comportait-il ?

— Il feignait simplement de ne rien remarquer. Il traitait Adelaïde de la même manière. Il répondait à Adelaïde quand elle lui parlait, mais la plupart du temps, il ne répondait même pas à Bridget. Il prétendait qu'elle le gênait et, un jour, il le lui dit carrément.

Frensham se laissa aller dans son fauteuil en soupirant. Il ferma les yeux pendant un moment et dut faire un effort pour les ouvrir.

— Le coroner était un vieil homme ressemblant à un vautour. Je ne voulais pas trahir Ivor. Il m'obligea à avouer qu'il nageait bien. Je n'avais pas le choix. J'ai eu l'impression d'être un véritable Judas.

— Qu'est-il arrivé le matin où Bridget s'est noyée ?

— Je n'allais jamais à la pêche avec Ivor. Il était matinal, je ne le suis pas. Vous pourriez penser qu'un homme comme lui se couche tard et se lève tard. Ivor avait l'habitude de se lever à six heures. Il faisait la sieste dans la journée. Il possédait la faculté de dormir n'importe où. Mais il aimait le petit matin à la campagne, la paix et la lumière. (Il émit un bruit qui ressemblait à un sanglot.) Il citait souvent W.H. Davies : « À quoi rime cette vie, si, pleins de soucis, nous n'avons pas le temps de nous arrêter pour regarder ? » Je ne peux rien vous dire sur ce matin-là. Je n'y étais pas. Quand je me suis réveillé, j'ai entendu des allées et venues dans le couloir. Je suis sorti de ma chambre. La mère était là. Elle criait, et ce pauvre vieux Scott...

— Vieux ? Le père de Bridget ?

— Pas vraiment vieux. Il avait environ soixante ans. La mère était plus jeune. Ils avaient des enfants plus âgés, m'a-t-on dit. Cela a-t-il une importance ? J'ai trouvé Ivor dans la salle à manger. Il buvait du café. Il était très pâle et me déclara : « Je n'y suis pour rien. Pourquoi me mêler à ça ? » C'est tout ce qu'il m'a jamais dit à ce sujet.

Vous voulez dire qu'il n'a plus mentionné le sujet de la mort de Bridget Scott en votre présence ? Pas même quand vous avez assisté tous deux à l'enquête ?

— Il était contrarié parce que nous avons dû prolonger notre séjour, se souvint Frensham, et soudain une lueur s'alluma dans ses yeux.

Fatigue ? Larmes ? Ou seulement l'effet de l'alcool ?

— Après l'enquête il refusa toujours d'aborder ce sujet. Je ne sais pas ce qu'il ressentait. C'était peut-être de l'insensibilité. On ne parla pas beaucoup de l'affaire dans les journaux et quand nous revînmes, personne n'était au courant.

— Pensez-vous qu'il l'a laissée se noyer ?

— Elle le dérangeait, dit Frensham, et il se mit à pleurer. Quand les gens le gênaient ou commençaient à l'ennuyer... il les ignorait. Il y avait un sanglot entre chaque mot. Il-prétendait-qu'ils-n'existaient-pas.-Il-ne-les-voyait-plus... C'est-ce-qu'il-a-fait-avec moi, après.

D'un geste maladroit, il renversa son verre dont le contenu se répandit sur le tapis. Wexford alla ouvrir la porte et appela :

— Jésus ! Votre maître a besoin de vous. Vous feriez mieux de le coucher.

Le valet de chambre entra, agile et souriant. Il passa les bras sous les épaules de Frensham en lui chuchotant quelque chose à l'oreille. Celui-ci leva la tête et dit à Wexford d'une voix redevenue claire et normale.

— Des feuilles de vigne dans ses cheveux.
Puis il referma les yeux et sombra dans l'inconscience.

17

L'édition du vendredi du *Kingsmarkham Courier* portait un avis demandant aux trois hommes inconnus de la battue de bien vouloir se présenter à la police.

À quoi bon? songea Wexford. Martin n'avait pas compris, en faisant appel à Harry Wild, que seuls les innocents y répondraient. Que devenait Burden qui était censé diriger l'enquête en l'absence de l'inspecteur-chef et qui parut aussi surpris que lui de lire l'appel dans le journal?

En revenant de Londres, Wexford avait téléphoné à son adjoint. Il avait besoin de discuter de l'entrevue qu'il venait d'avoir. Mais Grace Woodville lui avait répondu que son beau-frère était sorti et qu'elle ignorait où il se trouvait.

— Il est peut-être assis quelque part dans sa voiture, à penser à Jean.

— Il est censé laisser un numéro où on peut le joindre.

— La forêt de Cheriton n'a pas de téléphone, lui dit Grace.

Le samedi après-midi, deux hommes se présentèrent au poste de police pour déclarer qu'ils avaient lu le *Courier* et pensaient être recherchés. Il s'agissait de deux frères, Thomas et William Thetford, qui habitaient deux maisons voisines à Stowerton. Ils avaient appris la disparition de John Lawrence par la femme de William, qui était femme de ménage chez Mrs. Dean, et qui était rentrée chez elle à 5 heures et demie.

Ni l'un, ni l'autre n'avait la voix stridente dont Wexford avait gardé le souvenir. Une enquête de routine auprès de Mrs. Thetford suffirait pour clore cette affaire et on pouvait aussi bien attendre à lundi pour cela.

— Une partie de golf demain matin? proposa le Dr Crocker.

— Impossible, je vais à Colchester, répondit Wexford.

— Pour quoi faire? Au fait, j'aimerais avoir une petite conversation avec toi au sujet de Mike.

— Eh bien. Je préférerais que tu t'en occupes toi-même. Après tout, tu es son médecin.

— Je pense qu'il a trouvé un meilleur médecin que moi, répondit Crocker. (Après une pause, il ajouta :) J'ai revu sa voiture la nuit dernière.

— Inutile de préciser où : dans la forêt de Cheriton.

— Pas du tout. Sa voiture était garée en bas de Chiltern Avenue, à près de minuit.

— Tu as le don d'ubiquité, grogna Wexford.

— Je te répète que sa voiture était à l'extrémité de *Chiltern Avenue,* près de *Fontaine Road.* Allons, Reg, je sais que tu es un peu lent, mais pas du cerveau.

— Ce n'est pas possible ! dit vivement Wexford. Jamais Mike... Je refuse d'en discuter. (Jetant un regard glacial au médecin, il conclut, au mépris de son habituelle logique :) Si je ne suis pas au courant, il ne se passe rien.

— Je sais que ce serait une sorte de miracle, dit Gemma, mais si... si John est retrouvé sain et sauf, je vendrai cette maison, fût-ce au prix du terrain et je retournerai à Londres. Au besoin, je vivrai dans une seule pièce. Ça ne me fait pas peur. Je déteste cet endroit. Je déteste sortir et affronter tous ces gens qui me regardent.

— Tu parles comme une enfant, dit Burden. Pourquoi parler de ce qui ne peut pas arriver ? Je t'ai demandé de m'épouser.

Elle se leva sans répondre et commença à s'habiller, mais pas avec les vêtements qu'elle avait retirés. Il l'observa avec avidité, intrigué pourtant, comme il l'était toujours par son comportement imprévisible. Elle avait enfilé une longue robe noire, très ajustée. Burden ignorait si c'était une vieille toilette venant de sa tante ou un modèle de la dernière mode rétro. Autour de ses épaules et de sa taille, elle drapa une longue écharpe orange, bleue et verte, si raide avec ses incrustations de broderie qu'elle craquait sous ses doigts.

— Nous avions l'habitude de nous déguiser, John et moi, remarqua-t-elle, nous nous habillions comme des personnages de conte de fées. Il serait devenu un grand acteur. Cela arrive parfois quand l'un des parents — ou les deux — ont été des artistes de second ordre. Le père de Mozart était un musicien médiocre.

Tout en parlant, elle enroulait des colliers autour de son cou et de ses bras. Elle étendit ses mains sous la lumière. Elle portait une bague à chacun de ses doigts. Elle secoua ses cheveux qui cascadèrent comme une coulée de cuivre sur ses épaules.

Fasciné, stupéfait et consterné, Burden la contemplait. Elle se mit à danser dans la pièce, soulevant l'écharpe au-dessus de sa tête, ses bijoux tintaient. Elle s'arrêta brusquement et, avec un petit rire, se laissa glisser à ses pieds.

— « Je danserai pour toi, Tetrarque, dit-elle, j'attends que les esclaves apportent des parfums et les sept voiles et qu'elles me retirent mes sandales. »

Wexford aurait reconnu les paroles de Salomé. Pour Burden, ce n'était qu'une excentricité de plus. Perdu et embarrassé, il gémit :

— Oh ! Gemma !

De la même voix unie, elle répondit :

— Je t'épouserai si... si ma vie doit continuer ainsi, sans rien. Oui, alors, je t'épouserai.

— Cesse de jouer la comédie !

Elle se leva :

— Je ne joue pas.

— Je voudrais que tu retires tout ça.

— Fais-le, toi.

Les grands yeux au regard fixe le firent frissonner. Il tendit les mains et retira les chaînes autour de son cou, sans parler, respirant fort. Elle lui tendit son bras droit d'un geste lent, souple et gracieux. Très lentement, il fit glisser les bracelets jusqu'à ses poignets et les laissa tomber ; une par une, il lui ôta ses bagues. Pendant tout ce temps, leurs regards restèrent rivés l'un à l'autre. Il pensa que de toute sa vie il n'avait jamais accompli de geste aussi excitant, aussi érotique que d'ôter à cette femme tous ses bijoux de pacotille bien que, pas une fois, il n'ait effleuré sa peau. Jamais... jamais il n'aurait pensé qu'une telle chose puisse lui arriver.

Ce ne fut qu'en se réveillant au milieu de la nuit qu'il comprit la pleine signification de ce qui s'était passé : il avait fait une demande en mariage et il avait été accepté. Il se dit qu'il aurait dû être transporté au septième ciel car il avait obtenu ce qu'il désirait et qu'il ne connaîtrait plus l'agonie de ses nuits de solitude.

La pièce était plongée dans une obscurité profonde, mais il savait exactement ce que les premières lueurs du jour lui apporteraient, aussi bien ici qu'en bas. Hier cela n'importait guère, mais il essaya de se représenter Gemma installée dans sa propre maison, s'occupant de ses enfants, préparant les repas, veillant à tout, comme Grace le faisait. Il s'aperçut qu'il était impossible d'évoquer une telle éventualité. Il ne possédait pas assez d'imagination.

Et si Wexford arrivait un soir pour bavarder comme il le faisait parfois et qu'il trouve Gemma dans ses étranges oripeaux avec ses châles et ses longs colliers ? Voudrait-elle continuer à recevoir ses propres amis, ces sous-acteurs itinérants avec leurs drogues ? Comment concilier cette vie avec ses enfants, sa Pat ?

Mais tout cela changerait quand ils seraient mariés. Elle se rangerait et deviendrait une ménagère. Peut-être pourrait-il la convaincre de se faire couper les cheveux... Cette chevelure à la fois si belle, si évocatrice de désir, et si peu convenable pour la femme d'un policier. Ils auraient un enfant, elle se ferait de nouveaux amis, elle changerait...

Il refusa de penser que des changements aussi radicaux détruiraient la personnalité de Gemma et feraient disparaître l'étrange créature qui l'avait tant attiré. Pourquoi créer des difficultés qui n'existaient pas ? Pourquoi chercher la petite bête dans ce bonheur parfait ? Gemma et lui auraient l'amour, une orgie nocturne à deux, une lune de miel éternelle. Il se tourna vers elle, pressant ses lèvres contre cette chevelure dont il voulait la priver. Il se rendormit et rêva qu'il retrouvait le petit John et que, éperdue de reconnaissance, Gemma devenait tout ce qu'il souhaitait qu'elle fût.

— Kingsmarkham ? dit Mrs Scott en souriant à Wexford, oh ! oui, nous connaissons Kingsmarkham, n'est-ce pas, chéri ? (Impassible, son mari acquiesça.) Nous avons une nièce qui habite une bien charmante petite maison près de Kingsmarkham, elle a été construite au dix-huitième siècle et nous avions l'habitude d'y aller régulièrement pour les vacances jusqu'à cette année, mais maintenant...

Pendant qu'elle parlait, Wexford examinait la pièce, remarquant les photographies encadrées des aînés de leurs enfants qui avaient maintenant de grands enfants eux-mêmes.

Inutile de demander pourquoi ils ne retourneraient plus à Kingsmarkham. Scott était un petit homme de près de quatre-vingts ans dont le visage était ridé. Deux cannes étaient placées près de son fauteuil. Wexford supposa qu'il ne pouvait marcher sans leur aide et devant son silence, supposa également que Ralph Scott avait perdu l'usage de la parole. Il fut donc surpris quand la bouche, légèrement tordue, s'ouvrit et qu'une voix rauque demanda :

— Et si nous prenions le thé, Ena ?

— Ce sera prêt dans une minute, chéri.

Elle se leva et invita Wexford à la rejoindre dans la cuisine. C'était une pièce moderne, remplie de gadgets qui auraient ravi toute ménagère, mais Mrs Scott éprouva le besoin de s'excuser.

— Mon mari a eu une attaque l'hiver dernier. Il a vieilli brusquement et n'est plus l'homme qu'il était. C'est pour cette raison que nous avons quitté Colchester pour nous installer ici. Mais s'il était dans son état normal, tout serait automatique. Il aurait tout installé lui-même. J'aurais voulu que vous voyiez mon appartement en ville. Naturellement, cela faisait partie de sa profession. Il n'y a rien qu'il ignore en matière de tuyauterie et d'électricité.

Elle s'interrompit, regarda la bouilloire et murmura :

— Nous avons vu dans le journal cette histoire au sujet de ce Swan et sa fillette dont vous avez retrouvé le corps. Mon mari s'est rendu malade, rien qu'en lisant son nom.

— L'enfant est morte l'hiver dernier.

— À cette époque, il était trop malade pour lire les journaux. Nous ignorions que Swan vivait près de chez notre nièce. Nous ne serions pas restés là, si nous l'avions su. Mon mari ne s'est jamais consolé de la mort de notre petite Bridget. Je crois que s'il s'était trouvé face à face avec ce Swan, cela l'aurait tué.

— Mrs Scott, je suis navré de vous poser cette question, mais à votre avis, est-il possible qu'il ait laissé noyer volontairement votre fille ? Est-il vraiment possible qu'il ait su qu'elle se noyait et qu'il n'ait rien fait ?

Elle resta silencieuse, et Wexford vit une ancienne douleur briller dans ses yeux si calmes. Dans la bouilloire, l'eau se mit à frémir. Mrs Scott se leva et prépara le thé. Elle s'était ressaisie. Ses mains ne tremblaient pas. Elle avait connu un grand chagrin, le seul qui fût insupportable, selon Aristote, mais elle y avait survécu, en continuant à faire du thé et à se féliciter de l'ingéniosité de son mari. Il en serait de même un jour pour Mrs Lawrence, songea Wexford. Aristote ne savait peut-être pas que le temps guérit tout, réduit tout en poussière et ne laisse qu'une petite mélancolie occasionnelle.

— Mon mari préférait Bridget à nos autres enfants, reprit-elle. Pour moi, c'était différent, j'avais mes fils. Vous savez ce que peut représenter pour un homme sa « petite dernière ».

Wexford hocha la tête, pensant à Sheila, sa benjamine qu'il adorait comme la prunelle de ses yeux.

— Je n'ai pas pris ce drame aussi à cœur que lui. Les femmes sont plus fortes devant l'adversité. Elle était ma seule fille et je l'avais eue tard.

Elle se tut un moment comme si elle tentait de se souvenir, non des faits, mais des émotions.

— Ce fut une erreur d'aller dans cet hôtel. Mais cela faisait tellement plaisir à mon mari. Bien que nous en ayons eu les moyens, je me suis sentie mal à l'aise avec les autres clients. Étudiants d'Oxford, avocats et même un lord. Naturellement, Bridget ne voyait pas la différence et elle s'enticha de ce Swan. Combien j'aurais souhaité qu'elle n'ait jamais posé les yeux sur lui...

» Un jour, nous étions au salon et elle tournait autour de lui sans que je puisse l'en empêcher. Il la repoussa avec une telle brutalité, sans dire un mot, qu'elle tomba et se fit mal au bras. Mon mari se leva pour lui demander pour qui il se prenait et pour lui dire qu'il n'était qu'un snob et que Bridget valait mieux que lui. Jamais je n'oublierai sa réponse : « Peu m'importe de qui elle est la fille. Son père peut être un duc ou un chiffonnier, je ne veux pas la voir autour de moi. Elle me gêne. » Mais cela n'a pas arrêté Bridget. Elle continua à le poursuivre. J'ai souvent pensé depuis que si elle était allée nager jusqu'au bateau ce matin-là, c'était pour être seule avec lui.

Mrs Scott prit le plateau, fit une pause et dit :

— Elle ne pouvait nager très loin. Nous lui avions recommandé bien des fois de ne pas s'éloigner du bord. Swan le savait, il nous avait entendus. Il l'a laissée se noyer parce qu'il ne s'en souciait pas, et si cela est tuer, il l'a tuée. Elle n'était qu'une enfant. Bien sûr, il l'a tuée.

— C'est une grave accusation, Mrs Scott.

— Le coroner n'a pas dit autre chose. Lorsque j'ai lu dans le journal ce qui était arrivé à sa propre fille, je ne l'ai pas plaint. Je suis certaine qu'elle est morte par sa faute.

— Les circonstances n'étaient pas du tout les mêmes, dit Wexford. Stella Rivers est morte asphyxiée.

— Je sais, je l'ai lu. Je ne prétends pas qu'il ait agi de propos délibéré, pas plus qu'il n'a véritablement poussé Bridget sous l'eau. Je suis persuadée que cette autre petite fille le gênait. C'est évident. C'était sa belle-fille, et elle se trouvait entre lui et sa femme. Peut-être a-t-elle dit quelque chose qui ne lui plaisait pas ou bien s'est-elle éprise de lui, de façon innocente, comme Bridget. Alors, il lui aura serré le cou un peu trop fort et elle sera morte... Retournons près de mon mari.

Celui-ci était assis dans la même position, le regard fixe. Sa femme lui plaça une tasse de thé entre les mains et remua le sucre.

— Tiens, chéri, je m'excuse d'avoir été si longue. Tu veux un morceau de cake si je le coupe fin ?

Mr Scott ne répondit pas. Il concentra son attention sur Wexford et l'inspecteur-chef s'avisa qu'aucune explication ne lui avait été fournie sur sa visite. Il y avait bien eu une brève allusion à Kingsmarkham, mais Wexford n'avait pas été présenté par son nom et son rang.

Peut-être était-ce l'attitude de sa femme ou peut-être avait-il entendu les bribes de leur conversation à la cuisine, mais il demanda.

— Êtes-vous policier ?

Wexford hésita. Scott était un homme très malade. Il était possible que le seul véritable contact qu'il ait jamais eu avec la police ait été quand sa fille bien-aimée était morte. Serait-il opportun d'éveiller des souvenirs dans son esprit perturbé ? Avant qu'il eût pris une décision, Mrs Scott répondit avec légèreté.

— Oh ! mon chéri. Qu'est-ce qui a pu te donner cette idée ? Ce monsieur est un ami d'Eileen qui habite Kingsmarkham.

— C'est exact, confirma l'inspecteur-chef.

La main du vieil homme trembla, agitant la tasse sur sa soucoupe.

— Je n'irai plus jamais là-bas. D'ailleurs, je ne durerai pas longtemps.

— Quelle idée! s'écria sa femme, tu es presque rétabli. (Prenant Wexford à témoin, elle ajouta :) Si vous l'aviez vu fin mars, une semaine après son attaque! Plus mort que vif, et regardez-le maintenant!

Mais Wexford préféra ne pas regarder. En les quittant, il se dit que cette visite n'avait pas été entièrement négative. Au moins, elle allait le pousser à prendre les cachets de Crocker avec plus de zèle.

18

L'impression que les autres gardaient de Swan avait subtilement modifié l'image que Wexford se faisait de lui. Il le voyait maintenant revêtu d'une froide insensibilité et d'un charme magnétique, lui donnant un aspect de demi-dieu qu'il n'aurait jamais remarqué tout seul. Aussi, lorsqu'il se trouva en face de Swan éprouva-t-il une grande surprise. Car Swan n'était que Swan, un homme jeune, assez séduisant, menant une vie oisive. Il était étrange de penser que la seule mention de son nom pourrait tuer Mr Scott et que, sans qu'il s'en doutât, il tînt une telle place dans les fantasmes de Frensham.

— Roz doit-elle être informée de tout cela? demanda-t-il, j'avais presque oublié cette histoire. C'est cette enquête qui me l'a rappelée, mais devons-nous en parler?

— Je le crains.

— Profitons-en pendant que Roz est sortie. Je me suis débarrassé de Gudrun. (Devant l'air interloqué de Wexford, il eut un petit rire avant de préciser :) Je l'ai mise à la porte. Qu'alliez-vous imaginer? Que je l'avais trucidée? À vos yeux, ma route est jonchée de cadavres, n'est-ce pas? Roz et moi aimons être seuls, et Gudrun nous gênait. C'est tout.

Cette phrase encore: « Elle nous gênait. » Wexford ne pouvait réprimer un frisson chaque fois qu'il l'entendait.

— Vous désirez boire quelque chose? Il y a probablement du jus de fruit dans le réfrigérateur. Préparer du thé ou du café est le rayon de Roz.

— Je ne veux rien boire. Je voudrais que vous me parliez de Bridget Scott.

— Oh ! il y a si longtemps de cela. C'est de l'histoire ancienne. J'ignore ce que vous désirez m'entendre dire. Je suis allé dans cet hôtel avec un ami et sa fiancée. Si vous me laissez une minute de réflexion, je retrouverai peut-être leurs noms.

— Bernard Frensham et Adelaïde Turner.

Pauvre Frensham, pensa Wexford. Swan hantait ses rêves, mais il n'avait aucune place dans les souvenirs de celui-ci.

— Pourquoi vous adresser à moi si vous leur avez déjà parlé ?

— Je veux votre version.

— Sur ce qui s'est passé sur le lac ? C'est simple. Je l'ai laissée se noyer, mais j'ignorais qu'elle était en train de se noyer.

Sous cette lumière de novembre, le visage de Swan était plein de vivacité. Il paraissait encore dix-neuf ans, mais Wexford ne vit pas de feuilles de vigne dans ses cheveux.

— Elle me rendait la vie impossible, reprit Swan en se rembrunissant. Elle tournait tout le temps autour de moi et s'efforçait d'attirer mon attention en jouant la comédie.

— Quel genre de comédie ?

— Un jour, elle se trouvait dans une barque tandis que je me baignais. Elle se mit à crier qu'elle avait fait tomber son sac par-dessus bord et elle me demanda de plonger pour le chercher. Je m'y refusai, mais... quel est donc son nom ? Ah ! oui, Frensham s'exécuta. Au bout de dix minutes de recherches infructueuses, elle sortit son sac du fond du bateau. Un autre jour, elle entra dans ma chambre pendant que je faisais la sieste et comme je refusais de lui parler, elle déclara qu'elle allait appeler au secours en prétendant que je l'avais fait entrer de force dans ma chambre. Une gamine de onze ans !

— Ainsi, quand vous l'avez entendue appeler au secours, vous avez cru que c'était encore pour attirer votre attention.

— Bien sûr ! Le jour où elle m'avait menacé dans ma chambre, je lui avais dit : chiche ! Je n'allais pas me laisser prendre à ce chantage. Ce fameux matin, j'étais persuadé qu'elle jouait la comédie. Quand on m'apprit qu'elle s'était noyée, je n'arrivais pas à y croire.

— Avez-vous éprouvé des remords ?

— J'ai été secoué. Cela m'a fait une certaine impression,

mais ce n'était pas ma faute. Pendant longtemps, après cette histoire, je n'ai pas aimé voir des gosses de cet âge tourner autour de moi. Du reste, je n'aime toujours pas cela.

Se rendait-il compte de l'importance de tels propos ?

— Stella avait précisément le même âge quand vous l'avez connue.

Mais Swan ne comprit pas l'allusion. Il ajouta même :

— C'est curieux, elle avait pris l'habitude de se conduire de la même façon. Tous les moyens lui étaient bons pour attirer mon attention : pouvait-elle avoir un chien ou un poney ? Il fallait toujours que je m'occupe d'elle. (Il tourna vers Wexford un regard plein de rancœur :) Il me semble parfois que le monde entier se met entre moi et ce que je désire.

— Et que désirez-vous ?

— Rester seul avec Rosalind, dit Swan avec simplicité. Je ne veux pas d'enfants. Toutes ces histoires me les ont fait prendre en horreur. Je veux vivre à la campagne avec Roz. Juste nous deux et avoir la paix. Ma femme est la seule personne que j'aie jamais connue qui m'aime pour ce que je suis. Elle ne s'est pas fait de moi une image à laquelle je dois ressembler. Elle ne s'efforce pas de me flatter et de m'encourager. Elle m'aime tout simplement, et je suis le centre de son univers. Le jour où elle m'a rencontré, Stella n'a plus compté pour elle. Nous l'avons gardée avec nous parce que c'était notre devoir et que je pensais que Roz le regretterait plus tard si elle ne le faisait pas. Rosalind est exclusive et jalouse. Certains hommes n'aiment pas cela, mais moi oui. Cela me donne un merveilleux sentiment de bonheur et de sécurité. Vous ne pouvez comprendre ce que cela signifie pour moi.

Wexford ne répondit pas et continua à regarder Swan fixement. Soudain, celui-ci rougit :

— Je n'avais pas parlé autant à quelqu'un depuis des années, sauf à Roz. La voici qui revient. Vous n'allez pas lui raconter... si elle se mettait à avoir des doutes sur mon compte, je ne sais pas ce que je deviendrais.

On venait d'entendre un bruit de moteur et la Ford freina sur le gravier devant la maison.

— J'avais gardé l'impression que vous ne saviez pas conduire, Mrs Swan, dit Wexford quand elle entra.

— Vraiment ? Mon permis de conduire était périmé après

mon séjour en Extrême-Orient, mais j'ai passé un nouvel examen le mois dernier.

Elle venait de faire des achats. À Londres peut-être, en tout cas, dans une ville plus sophistiquée que Kingsmarkham. Ses paquets étaient enveloppés dans un papier noir avec des lettres blanches et noués d'un ruban rouge et or. Apparemment, elle n'avait rien acheté pour elle.

— Une cravate pour toi, mon amour. Regarde la griffe : Pierre Cardin, et voici des cigarettes russes et un livre... Tout cela ne représente pas grand-chose maintenant que je suis à la maison. Comme je voudrais être riche !

— Afin de pouvoir tout dépenser pour moi ?

— Et pour qui d'autre ? Tu as pensé à téléphoner à la compagnie d'électricité, chéri ?

— Ça m'est complètement sorti de l'esprit.

— Ça ne fait rien, mon amour, je m'en occuperai. Et maintenant, je vais te préparer une bonne tasse de thé. Tu t'es ennuyé sans moi ?

— Oui. Beaucoup.

Elle avait à peine remarqué Wexford. Il s'occupait du meurtre de sa fille, mais elle ne s'intéressait pas à lui. Toute son attention était concentrée sur son mari. Ce fut lui, maintenant qu'il y avait quelqu'un pour le préparer, qui suggéra, du bout des lèvres, que Wexford aimerait peut-être rester pour partager leur thé.

— Non, merci, dit l'inspecteur-chef, je ne voudrais pas vous gêner.

La mèche de cheveux n'appartenait ni à John Lawrence, ni à Stella Rivers, mais c'était des cheveux d'enfant. Quelqu'un les avait coupés sur la tête d'un enfant. Cela signifiait que celui qui avait écrit ces lettres anonymes avait près de lui un enfant blond.

Que conclure de cette constatation ? se demanda Wexford. Il ne pouvait interroger tous les enfants blonds du Sussex. Bien que ce ne fût pas l'heure prescrite, il avala deux cachets contre l'hypertension. Il en avait besoin pour passer le reste de la journée à écumer Stowerton. Il lui fallait d'abord voir Mrs Thetford. Ensuite, il interrogerait Rushworth en essayant de le faire bavarder, pendant des heures si c'était nécessaire, pour l'obliger à se souvenir et à décrire ses compagnons de battue. Il devait aller au fond des choses *aujourd'hui* !

Le climat dans lequel Burden et sa belle-sœur vivaient maintenant n'était guère propice aux confidences. Depuis une semaine, ils n'avaient parlé que de la pluie et du beau temps. Mais il serait obligé de lui faire part de ses projets de mariage, ainsi qu'aux enfants. Il devrait peut-être même leur demander la permission.

Il pensa que l'occasion lui en était offerte quand, d'un air détaché, Grace lui demanda s'il serait libre pour le prochain week-end. Aussitôt sur ses gardes, il répondit :

— En principe oui, mais nous sommes si occupés...

— Maman nous invite tous les quatre pour le week-end.

— Je ne pense pas... je veux dire, ce ne sera pas possible... Écoute, Grace, il y a quelque chose...

Elle s'emporta :

— Il y a toujours quelque chose. Ne cherche pas d'excuse. J'irai seule avec les enfants, si tu n'y vois pas d'objection.

— Bien sûr que non, dit Burden avec soulagement.

Il partit sans demander son reste. Il avait à moitié promis à Gemma de déjeuner avec elle. De pain et de fromage, sans doute dans cette horrible cuisine. Autant il attendait avec impatience de passer la nuit avec Gemma, autant les repas qu'elle préparait offraient peu d'attrait pour lui. La cantine de la police aurait été préférable. Subitement, l'idée lui vint que bientôt, tous les repas qu'il prendrait seraient préparés par Gemma.

Wexford était sorti. Il y avait eu un temps où jamais l'inspecteur-chef ne serait parti sans lui laisser un message. Tout cela avait changé maintenant. Lui-même était différent, et ce changement lui avait fait perdre l'estime de Wexford.

En redescendant, il espéra qu'il ne rencontrerait pas Wexford. Quand la porte de l'ascenseur s'ouvrit, il vit qu'il n'y avait dans le hall que Camb et Harry Wild qui, depuis quelque temps, semblait faire partie du mobilier. Burden le traitait du reste comme un meuble, acceptant sa présence, mais l'ignorant en tant qu'individu. Il était presque arrivé à la porte quand celle-ci s'ouvrit, et Wexford surgit.

Sauf en présence de Gemma, Burden avait pris l'habitude de parler entre ses dents. Il marmonna un vague bonjour et s'apprêtait à poursuivre son chemin quand Wexford l'arrêta avec un « Mr Burden » qu'il n'utilisait habituellement qu'en présence de Camb ou de Wild.

— Monsieur? répondit Burden sur le même ton.

— J'ai passé la matinée avec Rushworth, mais je n'ai rien pu en tirer. Il m'a l'air d'un imbécile.

Avec effort, Burden essaya de fixer son esprit sur Rushworth.

— Je ne l'aurais pas moi-même considéré comme un suspect possible, mais c'est vrai qu'il possède un duffel-coat et il y a cette histoire quand il a effrayé la petite Crantock.

— Il a *quoi*?

— Je vous en ai parlé. C'était dans mon rapport.

Il hésita et, en recommençant à marmonner, il raconta sa rencontre dans Chiltern Avenue.

— J'ai dû vous le dire. Je suis sûr que...

Wexford oublia Camb et Wild :

— Vous ne m'avez rien dit, cria-t-il. Vous n'avez pas fait le moindre foutu rapport. Bon sang ! Vous prétendez, *maintenant*, que Rushworth a molesté une enfant ?

Burden resta sans parole. Il se sentit rougir. C'était la vérité, il s'en souvenait maintenant, il n'avait pas fait de rapport. Toute cette histoire était sortie de son esprit, car, ce soir-là, il avait passé sa première nuit avec Gemma. La situation aurait pu se gâter entre lui et Wexford sans l'intervention d'Harry Wild. Insensible à l'atmosphère et tout à fait incapable de supposer qu'il pouvait être de trop, Wild se retourna pour demander :

— Ça signifie que Bob Rushworth va être inculpé ?

— Cela ne signifie rien du tout, aboya Wexford.

— Inutile de le prendre sur ce ton. Vous ne voulez pas que je vous aide dans votre enquête ?

— Que savez-vous de cette affaire ?

— Eh bien, je connais Rushworth, dit Wild en s'approchant, un de mes amis lui a loué sa maison de Mill Lane, mais Rushworth en a conservé une clef, et il s'introduit chez lui chaque fois qu'il en a envie. Un jour, il s'est permis de fouiller dans ses papiers, et son fils va cueillir des pommes dans le jardin. Je pourrais vous raconter des tas de choses sur Bob Rushworth.

— Je pense que vous m'en avez assez dit, répondit Wexford.

Sans un regard pour Burden, il sortit à grands pas. Sachant que s'il allait au *Carousel*, Burden le suivrait et gâcherait son repas par des excuses maladroites, Wexford retourna chez lui et surprit sa femme, qui le voyait rarement entre 9 heures du matin et 6 heures du soir, en réclamant péremptoirement à déjeuner.

Il y avait longtemps qu'il n'avait piqué une telle colère. De grosses veines sombres battaient à ses tempes, ce qui l'inquiéta suffisamment pour qu'il avalât deux cachets avec la bière que Mrs Wexford sortit du réfrigérateur. Burden aurait pu éviter de le mettre dans cet état. Ce serait du joli s'il terminait comme ce pauvre vieux Scott.

Il repartit à 3 heures, un peu plus calme, pour aller voir Mrs Thetford. Selon sa voisine, elle était à son travail, chez Mrs Dean. Il attendit son retour et perdit ainsi deux heures car elle ne lui apprit rien qu'il ne sût déjà. Il revint lentement en voiture et alla jusqu'à Sparta Grove. La patiente du Dr Lomax, Mrs Foster, restait son seul espoir. Elle devait avoir raconté à quelqu'un ce qu'elle avait entendu chez le médecin ou bien quelqu'un l'avait entendue, elle ? Elle habitait au numéro 14. Wexford se gara devant sa porte et vit le petit garçon qui se balançait sur le portail de la maison voisine, le numéro 16. Il avait de longs cheveux blond doré.

Tous les enfants étaient maintenant rentrés de l'école, et Sparta Grove résonnait de leurs cris. Wexford fit signe à une fille de douze ans, qui s'approcha de la voiture d'un air soupçonneux.

— Je ne dois pas parler aux inconnus.

— C'est parfait. Je suis policier.

— Vous n'avez pas l'air. Montrez-moi votre plaque.

— Seigneur, tu iras loin si tu continues comme ça, dit Wexford en sortant sa carte, qu'elle examina avec ravissement. Satisfaite ?

— Hmm. J'ai appris ça à la télé, dit-elle avec un sourire.

— Très instructif, la télé. Je me demande bien pourquoi il y a encore des écoles. Tu vois ce garçon aux cheveux blonds ? Où habite-t-il ?

— Là où il est. La maison où il est à la grille.

Même si la grammaire n'était pas respectée, c'était explicite.

— Pas la peine de lui dire que je t'ai posé des questions, dit Wexford en sortant une pièce de monnaie dont il savait qu'il ne serait pas remboursé.

— Qu'est-ce que je dis, alors ?

— Allons, tu es une fille pleine de ressources. Dis que j'étais un inconnu.

Ce n'était pas encore le moment opportun. Il devait attendre que tous les enfants soient couchés. Lorsque le *Piebald Pony* ouvrit, il entra commander des sandwiches et une bière. D'un instant à l'autre, pensa-t-il, Monkey et Mr Casaubon allaient entrer. Ravis de le voir là, ils tenteraient de savoir s'ils étaient près de mettre la main sur les deux mille livres, et lui serait ravi de leur confier qu'ils en étaient bien loin. Il irait même jusqu'à révéler son intime conviction, qui était que Swan n'était coupable que d'indifférence.

Mais personne ne vint. Il était 7 heures lorsque Wexford quitta le *Piebald Pony* et remonta Sparta Grove dans la pénombre.

L'inspecteur-chef frappa à la porte du numéro 16. On ne voyait briller aucune lumière à l'intérieur. Chacun des enfants devait être au lit en sécurité.

Pour une personne sensible, une maison vide a un aspect différent d'une maison qui a l'air vide mais où, en réalité, se trouve quelqu'un qui ne veut pas ouvrir sa porte. Wexford sentit qu'il y avait une présence derrière cette obscurité apparente, et pas seulement un enfant endormi. Il y avait quelqu'un qui écoutait et qui espérait que ce visiteur inopportun s'en irait.

Il fit le tour de la maison à pas de loup. La maison voisine, occupée par les Foster, était éclairée, mais portes et fenêtres étaient fermées. La lumière allumée dans la cuisine de Mrs Foster lui permit de constater que le numéro 16 était une maison bien tenue. Il découvrit, appuyés contre le mur, un tricyle et une bicyclette d'enfant recouverts d'un plastique.

Il frappa du poing à la porte de la cuisine puis il essaya de tourner le bouton. Il ne pouvait s'introduire dans cette maison sans un mandat et il y avait peu d'espoir d'en obtenir un sur les maigres indices qu'il possédait.

Il revenait doucement sur ses pas lorsqu'un faisceau de lumière le surprit, et la voix de Mrs Foster retentit, nette et claire comme si elle avait été à côté de lui :

— Tu n'oublieras pas de sortir la poubelle ? On ne peut pas garder les ordures deux semaines de suite.

Comme il l'avait pensé, tout ce qui se disait dans le jardin du numéro 14 pouvait être entendu de la maison voisine. Mrs Foster ne l'avait pas vu. Il attendit qu'elle ait regagné sa cuisine pour s'en aller.

Ce fut alors qu'il remarqua un mince filet de lumière qui se dessinait sur la pelouse. Il s'approcha pour en détecter la source et constata qu'il filtrait entre deux rideaux tirés. Il était difficile de voir quoi que ce fût. Puis, il s'aperçut que le bas du rideau était écarté. Dieu merci, personne ne pouvait le voir dans cette position ridicule, à plat ventre sous une fenêtre.

Par l'étroit triangle, il distingua une pièce meublée de façon conventionnelle d'un divan et de deux fauteuils rouges, de petites tables, et de glaïeuls et d'œillets en plastique dont les feuilles étaient chaque jour essuyées avec un chiffon humide. L'homme qui écrivait assis devant une petite table, paraissait tout à fait détendu et absorbé par sa tâche. L'importun s'en était allé et l'avait abandonné à l'intimité qu'exigeait sa tâche. Wexford pensa que son visage devait refléter cette terrible concentration, mais il discernait seulement des jambes nues et des pieds. Il devina que, sous le manteau de fourrure qu'il portait, l'homme était nu.

Wexford le surveilla pendant quelques minutes. Il le vit s'arrêter d'écrire de temps à autre et passer sa manche de fourrure sous son nez. Il se sentit frissonner car il savait surprendre quelque chose de plus intime que l'amour ou la confession. Cet homme n'était pas seul avec lui-même, mais avec cet autre lui-même, cette autre personnalité que personne d'autre, peut-être, n'avait vue avant ce jour.

Être témoin de ce phénomène dans une pièce à ce point conventionnelle parut à Wexford une intrusion insupportable. Puis il se souvint de ses attentes vaines dans la forêt, des espoirs déçus de Gemma Lawrence et de son désespoir. La colère chassa la pitié. Il se dressa sur ses pieds et frappa avec force contre la fenêtre.

19

Dans sa précipitation à gagner l'ascenseur, Burden bouscula Harry Wild.

— Hé ! Qu'est-ce qui vous prend ? J'ai le droit d'être là et de poser des questions, si je...

Les portes se refermèrent sur le reste de la phrase. Burden s'en souciait peu. Il voulait seulement une confirmation : avait-on retrouvé l'enfant ? Il fit irruption dans le bureau de Wexford :

— Qu'est-ce que c'est que cette histoire d'audience exceptionnelle ?

Ce matin, l'inspecteur avait l'air fatigué. Son teint était plombé et ses yeux semblaient plus petits que jamais. Cependant, le regard restait vif sous les paupières gonflées.

— La nuit dernière, j'ai découvert notre auteur de lettres anonymes. Un certain Arnold Charles Bishop.

— Mais pas l'enfant ?

— Bien sûr que non.

Burden n'aimait pas entendre Wexford ricaner de la sorte.

— Il n'a même jamais vu le gosse. Je l'ai trouvé chez lui à Sparta Grove occupé à m'écrire une nouvelle lettre. Sa femme était sortie pour suivre des cours du soir et ses enfants étaient couchés. Oui, il a des enfants. Deux garçons. Il a coupé la boucle de cheveux sur la tête du plus jeune pendant qu'il dormait.

— Seigneur, dit Burden.

— C'est un fétichiste. Tenez, voici sa déposition :

« Je n'ai jamais rencontré John Lawrence ni sa mère. Je ne l'ai pas enlevé. Le 16 octobre, vers 6 heures du soir, j'ai entendu ma voisine, Mrs Foster, raconter à son mari que John Lawrence avait disparu et qu'une battue était organisée. Je me suis rendu à Fontaine Road à bicyclette et j'ai pris part aux recherches.

« En trois occasions, en octobre et novembre, j'ai adressé une lettre à l'inspecteur Wexford, sans la signer. Je lui ai téléphoné. Je ne sais pas pourquoi j'ai agi ainsi. Quelque chose m'y a poussé. Je suis heureux en ménage et j'ai deux enfants ; jamais je ne ferais de mal à un enfant. J'ai écrit que j'élevais des lapins parce que j'aime la fourrure. Je possède trois manteaux de fourrure. Ma femme l'ignore. Elle n'est au courant de rien. Quand elle sort le soir et que les enfants sont couchés, je mets souvent un de mes manteaux.

« J'ai lu dans le journal que Mrs Lawrence était rousse et que son fils avait des cheveux blonds. J'ai coupé une mèche sur la tête de mon fils Raymond et je l'ai envoyée à la police. Je ne peux expliquer pourquoi je me suis conduit ainsi, sauf que je m'y sentais obligé. »

— Le maximum qu'il pourra encourir, c'est une condamnation à six mois de prison pour obstruction à la police, observa Burden d'une voix rauque.

— De quoi pourrions-nous l'accuser ? Torture mentale ? Cet homme est un malade. Hier soir, moi aussi j'étais furieux, mais à moins d'être une brute ou un crétin, on ne peut pas s'en prendre à un type qui a une maladie aussi grotesque.

Burden marmotta que tout cela était joli pour ceux qui n'étaient pas concernés. Wexford feignit de ne pas avoir entendu et demanda :

— Vous allez assister à l'audience ?

— Pour écouter à nouveau toutes ces saletés ?

— Une grande partie de notre travail consiste à nettoyer ces saletés, comme vous les appelez, à savoir où elles se trouvent et à les découvrir. Si vous ne venez pas avec moi, qu'allez-vous faire ? Passer toute la journée à ruminer derrière votre bureau en vous tournant les pouces ? Mike, je dois vous le dire. Il est temps. Je suis fatigué. J'essaie de démêler cette affaire seul parce que je ne peux plus compter sur vous. Je ne peux plus vous parler. Nous avions l'habitude d'étudier les dossiers ensemble. Maintenant, j'ai l'impression de m'adresser à un zombie.

Burden le regarda. Pendant un instant, Wexford crut qu'il n'allait pas répondre ou qu'il essaierait de se défendre. Mais il continua à le fixer de ce regard atone. Brusquement, il se mit à parler en petites phrases sèches :

— Grace me quitte. Je ne sais pas quoi faire avec les gosses. Ma vie personnelle est un enfer. (Un cri qu'il ne put retenir lui échappa :) Pourquoi est-elle morte ?

Puis, parce que des larmes que personne ne devait voir brûlaient ses paupières, il se prit la tête entre les mains.

La pièce était silencieuse. « Il va falloir que je lève la tête et que je rencontre son regard de dérision », songea Burden. Il ne bougea pas. Puis il sentit la grosse main de Wexford sur son épaule.

— Mike, mon cher vieil ami...

Une scène émouvante entre deux hommes qui ne se laissent pas facilement émouvoir laisse un grand embarras. Quand Burden se fut ressaisi, il se sentit mal à l'aise, mais Wexford ne fit pas l'effort maladroit de changer de conversation :

— Vous avez votre week-end libre cette semaine, je crois, Mike ?

— Comment puis-je prendre un congé en ce moment ?

— Ne soyez pas ridicule. Vous n'êtes d'aucune utilité dans l'état où vous êtes. Prenez au contraire un long week-end à partir de jeudi.

— Grace emmène les enfants à Eastbourne.

— Accompagnez-les. Voyez si vous pouvez la faire changer d'avis. Il y a un moyen, Mike, n'est-ce pas ? Et maintenant... Bon sang ! Je vais être en retard si je ne me dépêche pas.

Burden ouvrit la fenêtre et resta debout, laissant la brume du matin rafraîchir son visage. Il lui semblait qu'avec l'arrestation de Bishop, leur dernier espoir de retrouver John Lawrence s'était évanoui.

Il songea à la brume marine et aux grandes plages désertes en novembre. Là-bas, il pourrait parler de Gemma à Grace et à sa belle-mère. Il leur ferait part de son intention de se remarier.

Soudain, il se demanda pourquoi cette idée le glaçait plus que le froid automnal. Parce qu'elle était le plus étrange successeur qu'il pût donner à Jean ? Dans le passé, il s'était étonné de voir des hommes aveuglés par l'amour épouser des femmes laides ou infirmes. N'allait-il pas agir exactement de la même manière en épousant une femme à la personnalité et au cœur infirmes ? Il ne l'avait jamais connue que comme cela. Comment serait-elle, une fois sa difformité guérie ?

C'était monstrueux de penser à Gemma de cette façon. Il se souvint tendrement, avec un désir douloureux, de sa beauté et de leur amour. Puis, fermant la fenêtre d'un geste brusque, il sut qu'il n'irait pas à Eastbourne avec Grace.

Bishop fut envoyé en détention provisoire pour être soumis

à un examen médical. Quel bien pourrait-il en sortir? se demanda Wexford. S'il avait eu confiance dans les psychiatres, il aurait conseillé à Burden d'en consulter un. Pourtant leur récente conversation avait détendu l'atmosphère. Wexford se sentait mieux et il espérait qu'il en allait de même pour Burden. Il lui fallait maintenant trouver l'assassin de ces enfants ou faire appel au Yard.

Les événements des dernières vingt-quatre heures avaient distrait son esprit de Mr et Mrs Rushworth. Il examina à nouveau leur dossier. Rushworth portait un duffel-coat. Il était soupçonné d'avoir molesté un enfant, mais, s'il avait été le promeneur du terrain de jeux, Mrs Mitchell l'aurait reconnu.

Wexford se plongea une fois de plus dans les rapports. Au cours de l'après-midi du 16 octobre, Rushworth prétendait avoir eu un rendez-vous avec une cliente qui ne s'était pas présentée. En février, Rushworth n'avait pas été interrogé. Pourquoi l'aurait-il été? Rien n'indiquait une corrélation entre lui et Stella. Personne ne savait alors qu'il était propriétaire d'un cottage en location dans Mill Lane. Avant de voir Rushworth, Wexford désirait quelques précisions sur son caractère.

— Quitter cette maison juste pour quelques jours? s'écria Gemma en mettant ses bras autour du cou de Burden. Où allons-nous?

— Tu décides.

— J'aimerais aller à Londres. On peut s'y perdre, devenir anonyme dans cette énorme et merveilleuse foule. Et il y a les lumières de la nuit et une vie intense et... (Elle s'interrompit en se mordant les lèvres devant l'horreur qui se lisait sur le visage de Burden...) Bien sûr, tu n'aimerais pas ça. On ne se ressemble pas beaucoup, Mike.

Il ne répondit pas à cette évidence.

— Pourquoi ne pas aller quelque part sur la côte? proposa-t-il.

— Au bord de la mer? Pourquoi pas, si ça te fait plaisir, mais alors pas dans une grande station balnéaire où il y aurait... des familles... des gens avec... avec leurs enfants.

— Je pensais à Eastover. En novembre, il n'y aura pas grand monde.

— Très bien, allons à Eastover, dit-elle sans lui faire remarquer qu'il lui avait demandé de décider.

— Tout le monde pensera que je suis à Eastbourne avec Grace et les enfants. Je préfère ça.

— Pour que l'on ne puisse pas te joindre ? dit-elle avec une sorte de sage innocence. Je vois. Tu me rappelles Leonie. Elle dit toujours aux gens qu'elle va dans un endroit alors qu'en réalité elle est ailleurs. Comme ça, elle n'est pas dérangée par des lettres et des appels téléphoniques...

— Ce n'est pas ça. Seulement... Je ne veux pas que l'on sache... tant que nous ne serons pas mariés, Gemma.

Elle sourit en ouvrant de grands yeux étonnés. Il vit qu'elle ne comprenait pas du tout son désir de respectabilité. Ils ne parlaient pas le même langage.

On était mercredi après-midi, et Mrs Mitchell étant une personne routinière, elle procédait au nettoyage des vitres du palier. Tout en parlant elle tenait un chiffon d'une main et un flacon contenant un liquide rose de l'autre. Comme elle avait refusé de s'asseoir, Wexford dut rester debout.

— Bien sûr, je l'aurais reconnu si cela avait été Mr Rushworth, dit-elle. De plus, son petit Andrew jouait avec les autres. Et puis Mr Rushworth est grand et fort alors que l'homme que j'ai vu était petit et mince. J'ai expliqué à l'autre policier qu'il avait de très petites mains et jamais Mr Rushworth n'aurait ramassé des feuilles.

— Combien a-t-il d'enfants ?

— Quatre. Paul, qui a quinze ans, deux petites filles, et Andrew. Je ne prétends pas que ce soient des parents modèles. Les enfants font ce qu'ils veulent, et Mrs Rushworth n'a tenu aucun compte de ma mise en garde, mais de là à imaginer qu'il puisse faire une chose pareille, non. Vous faites fausse route.

C'était probable. Wexford laissa Mrs Mitchell à ses carreaux et traversa le terrain de jeux. La saison était trop avancée pour qu'il y eût aucun enfant. Les manèges étaient abandonnés. Il n'y avait plus une seule feuille sur les chênes. Il tira sur une branche basse et vit qu'une tige avait été arrachée. Il gravit le talus en soufflant, et le parcourut sur toute sa longueur en se disant que, de toute façon, c'était bon pour sa santé.

Il ne s'attendait pas à trouver quelqu'un au cottage de location, mais l'ami d'Harry Wild était chez lui avec la grippe.

Wexford ne resta qu'un quart d'heure et craignit que sa visite n'ait fait monter la température du malheureux.

À l'entendre, toute la famille Rushworth avait l'habitude d'entrer chez lui en son absence, d'emporter les produits du jardin mais aussi certains meubles en laissant un mot d'explication écrit au crayon. Ils avaient conservé une clef, et le locataire payait un loyer si bas qu'il n'osait pas protester.

Du moins Wexford connaissait maintenant l'identité du petit garçon que l'on avait vu sortir du cottage cet après-midi de février, sans aucun doute, il s'agissait de Paul Rushworth.

La journée avait été longue et décevante et maintenant la nuit venait, bien qu'il fût à peine 5 heures. Wexford sentit tomber les premières gouttes de pluie. Par un après-midi semblable, à la même heure, Stella avait suivi la route qu'il empruntait, allongeant peut-être le pas. Il avait tellement pensé à Stella qu'il finissait par s'identifier à la petite fille, aussi quand il entendit un bruit de sabot de cheval devant lui, s'arrêta-t-il pour écouter avec une sorte d'espoir.

Le cheval apparut au détour de la route. Il n'était plus le vieux Reg Wexford, mais Stella Rivers, une petite fille de douze ans, un peu effrayée. Il commençait à pleuvoir, mais Swan arrivait... avec un seul cheval ? Pourquoi pas dans sa voiture ?

Le cavalier et sa monture approchèrent, et Wexford redevint lui-même pour s'exclamer :

— Bonsoir, Mrs Fenn.

Le professeur d'équitation s'arrêta à sa hauteur et caressa l'encolure de son cheval :

— N'est-il pas magnifique ? J'aimerais qu'il soit à moi, mais je dois le ramener au club. Quelle belle journée, n'est-ce pas ? Vous n'avez pas encore arrêté l'homme qui a tué la pauvre Stella Swan ?

Wexford secoua la tête.

— Je devrais dire Stella Rivers. Je ne sais pas pourquoi cela me paraît si compliqué. Après tout, j'ai moi-même deux prénoms et une moitié de mes amis m'appellent Margaret alors que les autres utilisent mon second prénom. Je ne devrais pas m'embrouiller. Je dois vieillir.

Wexford ne se sentit nullement enclin à la galanterie et demanda simplement si elle avait jamais vu Rushworth dans les jardins de Saltram House.

— Bob Rushworth ? Maintenant que vous en parlez, il est venu souvent, l'hiver dernier, en compagnie de sa femme. Elle m'a même demandé si elle pouvait emporter une des statues, vous savez, celle qui était tombée de son socle.

— Vous n'en aviez rien dit jusqu'ici.

— Bien sûr que non. Je connais les Rushworth depuis des années. Paul m'appelle « Tantine ». Je suppose qu'ils voulaient mettre cette statue dans leur jardin et je n'avais aucun droit pour leur permettre ou leur défendre de la prendre... Si vous voulez bien m'excuser, je vais poursuivre mon chemin, Silver devient nerveux quand il fait nuit.

Wexford reprit sa marche sous une pluie fine et tenace. Il arriva devant Saltram Lodge et entra dans la partie du chemin abritée par des arbres. Ceux-ci s'éclaircissaient après cent cinquante ou deux cents mètres et l'on découvrait la célèbre demeure.

Le parc paraissait gris et la maison elle-même, à travers la brume, ressemblait à un squelette avec ses yeux vides qui avaient été des fenêtres. Wexford se félicita de n'avoir pas connu la propriété au temps de sa splendeur. Pour lui, elle était devenue un cimetière.

20

Il n'avait pu se résoudre à louer une chambre au nom de Mr et Mrs Burden. Le jour où Gemma serait sa femme, ce serait différent. En attendant, ce nom appartenait à Jean. Jean était la tenante du titre, comme un champion dont même la mort ne peut ternir les honneurs.

Ils étaient descendus au pub d'Eastover, qui pouvait recevoir une demi-douzaine de pensionnaires. Ils occupaient deux chambres communicantes, donnant sur la mer. La température était trop fraîche pour se baigner, mais il y avait une famille sur la plage. Pendant que Gemma défaisait les valises, Burden regarda cinq enfants que leurs parents avaient emmenés jouer sur le sable. La marée était basse, la plage couleur ocre argenté, le sable trop compact pour montrer des traces de pas à cette distance. L'homme et la femme marchaient loin l'un de l'autre, comme complètement séparés. Ils devaient être mariés depuis longtemps, pensa Burden, ils n'avaient pas besoin de se toucher ou de se rassurer. Les enfants, courant vers la mer, étaient le témoignage vivant de leur amour. Il vit les parents, maintenant séparés par une large bande de coquillages et de galets, échanger un regard, et, dans celui-ci, il distingua le langage secret de la confiance réciproque, de l'espoir et de la compréhension.

Un jour, Gemma et lui seraient ainsi. Ils élèveraient leurs enfants et se promèneraient sur une plage semblable à celle-ci. Il se retourna pour lui faire part de ses pensées, mais soudain, il comprit qu'il ne pouvait attirer l'attention de Gemma sur les enfants.

— Qu'y a-t-il, Mike?

— Rien, je voulais seulement te dire que je t'aime.

Il ferma la fenêtre et tira les rideaux, mais dans la pénombre il voyait toujours les enfants. Il la prit dans ses bras et ferma les yeux. Puis il lui fit l'amour avec violence et passion pour exorciser l'image d'un petit garçon blond qu'il n'avait jamais vu et qui était plus réel que ceux qu'il venait de voir sur la plage.

Le cottage de week-end était très ancien, construit avant la guerre civile et le départ du *Mayflower* il remontait peut-être à l'époque des Tudor.

Celui de Rushworth datait probablement de la même époque que Saltram House, aux environs de 1750. En l'absence de Burden, Wexford passait une grande partie de son temps dans Mill Lane où il surveillait les trois petites maisons, entrant parfois dans leur jardin pour en faire le tour.

Il alla même du cottage de Rushworth aux fontaines de Saltram House et en revint en se chronométrant. Cela lui prit une demi-heure. Il refit le trajet en s'arrêtant pour soulever la dalle de la citerne. Quarante minutes.

Il retourna ensuite à Sewingbury pour voir la cliente qui avait rendez-vous avec Rushworth en cet après-midi d'octobre et l'entendit confirmer qu'elle n'avait pu se rendre au rendez-vous.

Un soir, il se rendit à Fontaine Road pour voir les Crantock. Sous une brusque impulsion, il frappa d'abord au numéro 61. Il n'avait rien de particulier à dire à Mrs Lawrence, mais il était curieux de rencontrer cette jeune femme solitaire que les gens trouvaient belle. Il savait par expérience que sa seule présence, solide et paternelle, pouvait être un réconfort. Personne ne répondit, et cette fois, à l'encontre de ce qu'il avait ressenti à la porte de Bishop, il eut l'impression que la maison était vide.

Il resta un moment devant la porte, puis assez déconfit, il alla sonner chez les Crantock.

— Si vous voulez voir Gemma, dit Mrs Crantock, elle est partie sur la côte Sud pour le week-end.

— C'est avec vous et votre mari que je désirerais m'entretenir au sujet d'un homme appelé Rushworth et de votre fille.

— Oh ! il n'y a pas de quoi fouetter un chat ! Nous avons été reconnaissants à votre inspecteur d'avoir raccompagné notre fille, mais elle ne courait aucun danger. On raconte que Mr Rushworth est un chaud lapin, mais ce n'est qu'une rumeur malveillante et jamais on ne l'a accusé de s'intéresser aux petites filles. Janet n'a que quatorze ans.

Crantock vint dans le hall serrer la main de Wexford.

— En fait, dit-il, Rushworth est venu le lendemain pour s'excuser. Il avait entendu dire que nous voulions nous débarrasser d'un piano. Quand je lui ai précisé que nous voulions le *vendre* et non nous en débarrasser, cela ne l'a plus intéressé !

— Vraiment, Janet n'aurait pas dû s'affoler comme ça, dit sa femme.

— Je ne sais pas, dit Crantock en cessant de sourire. Nous sommes tous à cran, surtout les enfants en âge de comprendre. Et les gens qui ont des enfants, ajouta-t-il en regardant Wexford droit dans les yeux.

Wexford descendit Chiltern Avenue sur le côté obscurci par les buissons. Il dut utiliser sa torche, et pensa — et c'était loin d'être la première fois — combien il avait de la chance d'être né homme, un homme fort, au lieu de femme. Une femme ne pouvait marcher là sans crainte qu'en plein jour et par beau temps, sans tourner la tête et sans sentir son cœur s'accélérer. Il pensa alors à John Lawrence, à qui la jeunesse avait donné la vulnérabilité d'une femme, et qui ne deviendrait jamais un homme.

Le soir, quand la marée était basse, ils allaient se promener sur le sable, dans l'obscurité et s'installaient sur un rocher. Il ne pleuvait pas, mais en novembre les nuits sont fraîches.

Burden apportait une couverture de voyage, qu'ils étendaient sur le sable. Bien serrés l'un contre l'autre, les mains jointes, ils n'avaient pas froid. Seul avec Gemma, dans l'obscurité, il était très heureux.

Même à cette époque de l'année, il y avait du monde à Eastover, et elle avait peur des gens. Aussi évitaient-ils la station balnéaire, et même le village suivant, Chine Warren. Gemma avait déjà visité l'endroit, et voulait s'y promener, mais Burden l'en empêcha. Il était persuadé que c'était de là que venaient les enfants. Il passait son temps à tenir les enfants hors de sa vue. Quelquefois, la prenant en pitié, et en même temps jaloux de la cause de son chagrin, il se prenait à espérer qu'un Joueur de Flûte de Hamelin moderne vienne emmener tous les petits enfants du Sussex, pour qu'ils ne soient pas là à rire et à jouer, à la torturer, et à la priver de son bonheur.

— Est-ce que c'est une mort rapide, la mer? demanda-t-elle.

Il frissonna, regardant la marée monter.

— Je ne sais pas. Ceux qui s'y sont noyés n'ont jamais pu le dire.

— Je crois que ce doit être rapide, dit-elle d'une voix enfantine et grave. Froid, propre et rapide.

L'après-midi, Burden lui faisait l'amour — il n'avait jamais été aussi conscient et satisfait de sa virilité que lorsqu'il voyait combien l'amour la réconfortait — et après, tandis qu'elle dormait, il marchait le long du rivage ou au sommet de la falaise de Chine Warren. Le soleil était encore un peu chaud, et les enfants venaient bâtir des châteaux de sable. Il avait découvert qu'il ne s'agissait pas d'une famille, que le couple n'était pas mari et femme, mais que quatre des enfants appartenaient à l'homme et le dernier à la femme. Combien les premières impressions pouvaient être trompeuses ! Il considérait maintenant avec dégoût sa vision sentimentale de ces deux-là comme les conjoints d'un mariage idyllique. Illusion et désillusion, pensa-t-il, ce qu'est la vie, et ce qu'on croit qu'elle est. D'ailleurs, à cette distance, il ne voyait même pas si l'enfant solitaire était un garçon ou une fille, car il portait un bonnet, des pantalons et des bottes comme les autres enfants.

La femme se penchait sans arrêt pour ramasser des coquillages, et elle trébucha même une fois. Lorsqu'elle se releva, il remarqua qu'elle traînait la jambe, et se demanda s'il allait descendre les marches recouvertes d'algues pour lui offrir son aide. Mais peut-être cela impliquerait-il de la ramener à l'hôtel tandis qu'il allait chercher sa voiture, et la voix de l'enfant pourrait réveiller Gemma...

Ils contournèrent le pied de la falaise, en direction de Chine Warren. La marée descendante paraissait ramener la mer au cœur du soleil couchant écarlate, celui de novembre, le plus beau de l'année.

Maintenant, la grande plage était déserte, mais ses jeunes visiteurs avaient laissé la trace de leur passage. Dès qu'il fut certain de ne plus être observé, Burden descendit l'escalier, faisant semblant de se promener avec nonchalance. Les deux châteaux de sable se dressaient fièrement, comme certains de résister jusqu'au retour de la marée montante, vers minuit. Il hésita, l'homme raisonnable et rationnel intervenant momentanément en lui, puis il démolit les tours à coups de pied, et piétina les remparts jusqu'à ce que le sable soit complètement aplati.

La plage leur appartenait de nouveau, à Gemma et lui. John, ou ses envoyés, ses représentants, ne la lui prendraient pas. Il était un homme, et de taille à lutter n'importe quand avec un enfant mort disparu.

Rushworth vint ouvrir la porte. Il portait son duffle-coat.

— Oh ! C'est vous, j'allais promener le chien.

— Cela peut attendre une demi-heure ?

D'assez mauvaise grâce, Rushworth ôta son pardessus et conduisit Wexford dans le living-room, suivi du terrier visiblement déçu.

Deux adolescentes regardaient la télévision. Une fillette de huit ans faisait un puzzle et par terre, se roulant sur le tapis, se trouvait le benjamin de la famille, Andrew, l'ami de John Lawrence.

— J'aimerais vous parler seul, dit Wexford.

La maison était grande et, outre le living-room, comprenait un vaste salon garni de meubles disparates, récupérés sans doute par Rushworth au cours de ses transactions immobilières. C'était un homme qui ne laissait jamais passer ce qu'il pouvait avoir pour rien. En s'installant dans le fauteuil, Wexford remarqua deux urnes en pierre qui pouvaient provenir des jardins de Saltram House.

— Je me suis torturé l'esprit, mais je ne peux rien vous apprendre de plus au sujet des participants à cette battue.

— Je ne suis pas venu pour cela. Vous avec piqué ces urnes à Saltram House ?

— « Piquer » est un mot un peu fort, dit Rushworth en rougissant. Elles traînaient au milieu des broussailles, et personne n'en voulait.

— Vous avez également jeté votre dévolu sur l'une des statues.

— Quel rapport avec John Lawrence ?

— Je l'ignore. Il y en a peut-être un avec Stella Rivers. Pour être franc, je suis venu vous demander ce que vous faisiez le vingt-cinq février ?

— Comment voulez-vous que je m'en souvienne après si longtemps ? C'est Margaret Fenn qui a dû vous mettre ces idées en tête, parce que je me plains que ma fille n'obtienne pas de bons résultats en équitation !

Rushworth se leva et appela :

— Eileen !

Quand elle ne travaillait pas au bureau de son mari, Mrs Rushworth s'occupait seule de cette grande maison et des quatre enfants. Pas étonnant qu'elle ait l'air harassé. La rumeur selon laquelle son mari courait les filles n'était peut-être pas sans fondement.

— Où étais-tu ce jour-là ? Au bureau, je suppose. Personnellement, je sais où j'étais car je m'en suis souvenu quand il y a eu cette enquête sur Stella Rivers. C'était pendant les vacances scolaires et j'avais emmené Andrew avec moi. Nous sommes allés chercher Linda à *Equita* en voiture. Paul, notre fils aîné, était avec nous. Il est descendu au cottage. Il y avait une petite console que nous voulions récupérer... mais nous n'avons pas rencontré Stella. Je ne la connaissais même pas de vue.

— Votre mari était à son bureau quand vous êtes revenue ?

— Oh ! oui, il m'attendait pour repartir en voiture.

— Quel genre de voiture avez-vous, Mr Rushworth ?

— Une Jaguar marron. Vos gens ont déjà examiné ma voiture parce que c'est une Jaguar. Écoutez, on ne connaissait pas Stella Rivers. Avant sa disparition, nous n'avions entendu parler d'elle que par Margaret, qui admirait sa façon de monter à cheval.

Wexford leur jeta un regard dur et peu amène en s'efforçant de mettre en place les différents morceaux du puzzle.

— Vous étiez à votre bureau quand Stella a disparu. Au moment de la disparition de John Lawrence, vous vous trouviez à Sewingbury. Quant à vous, madame, vous étiez au bureau lors de la disparition de John et vous reveniez d'*Equita* en voiture au moment de celle de Stella. Avez-vous rencontré quelqu'un ce jour-là ?

— Personne, dit Mrs Rushworth d'un ton ferme. Paul était encore au cottage. Je le sais parce qu'il avait allumé la lumière et... pour être tout à fait franche, il est également allé chez Margaret Fenn. J'en suis sûre parce que la porte d'entrée était entrouverte. Il n'aurait pas dû le faire, bien qu'elle laisse toujours sa porte de service ouverte. Quand il était petit, elle lui permettait de venir quand il voulait. Je ne cesse de lui répéter que ce n'est plus la même chose...

— Peu importe, dit brusquement Wexford, cela n'a pas d'importance.

— Si vous voulez parler à Paul...

— Non. Ce n'est pas nécessaire.

Wexford se leva brusquement. Il ne voulait voir personne. La solution avait commencé à lui apparaître au moment où Rushworth avait appelé sa femme et maintenant il avait besoin de s'asseoir tout seul en silence, et de réfléchir.

21

— C'est notre dernier jour, dit Burden. Ou aimerais-tu aller ? Tu veux qu'on aille se promener tranquillement et qu'on déjeune dans un pub ?

— Comme tu voudras.

Elle lui prit la main et la tint un moment contre sa joue, puis elle s'exclama comme si elle retenait les mots depuis des heures :

— Mike, j'ai une impression terrible, une sorte de prémonition : à notre retour, nous apprendrons qu'il a été retrouvé.
— John ?
— Et... et l'homme qui l'a tué, chuchota-t-elle.
— On nous l'aurait fait savoir.
— Personne ne sait où nous sommes, Mike.
Il répondit avec calme :
— Il vaut mieux que ce soit une certitude. Une douleur épouvantable est préférable à une inquiétude épouvantable.
Mais était-ce vrai ? La plus épouvantable des inquiétudes contient toujours un peu d'espoir.
— Oui, cela vaudra mieux pour toi, affirma-t-il avec force. Quand tout sera terminé, tu pourras recommencer une vie nouvelle.
— Sortons, dit-elle, ne restons pas là.

On était samedi et personne n'avait encore été inculpé.
— Comme tout est tranquille, remarqua Harry Wild, on dirait le calme qui précède la tempête.
— Inutile de me poser des questions, répondit Camb, on ne me dit jamais rien.
— La vie passe à côté de nous, mon vieux, philosopha Wild, l'ennui avec nous, c'est que nous ne sommes pas ambitieux. Nous nous sommes contentés de gambader dans l'ombre avec Amaryllis.
Camb parut choqué :
— Parlez pour vous, dit-il, puis, se radoucissant, il proposa : Vous voulez une tasse de thé ?
Tard dans l'après-midi, Crocker se glissa dans le bureau de Wexford.
— C'est bien calme, j'espère que ça signifie que tu seras libre pour notre partie de golf demain matin.
— Je n'en ai pas envie. De toute façon, je ne le pourrai pas.
— Tu ne vas pas encore à Colchester ?
— J'y suis allé. Ce matin. Scott est mort.
Le médecin alla ouvrir la fenêtre.
— Cette pièce a besoin d'être aérée. Qui est Scott ?
— Tu devrais le savoir. Il a été ton patient. Il a été victime d'une attaque et vient d'en avoir une autre. Tu veux que je t'en parle ?

— À quoi bon ? Tant de gens ont des attaques ! Je viens de voir un vieil homme dans Charteris Road qui en a eu une cette nuit. Ton Scott ne m'intéresse pas. (Il s'approcha de Wexford et dit :) Comment te sens-tu, Reg ? Bon sang ! Tu m'inquiètes. Tu as l'air mal parti !

— C'est mal parti, mais pas pour moi. Pour moi, ce n'est qu'un problème, répondit Wexford en se levant. Viens à l'*Olive*.

Il n'y avait personne au bar. Ils s'installèrent à une table.

— Je voudrais un double scotch.

— Je te le permets, dit Crocker et, pour une fois, j'irai jusqu'à te le prescrire.

Wexford attendit d'être servi et leva son verre :

— Je souhaite que tes ordonnances soient toujours aussi délectables.

— À ta santé, dit Crocker d'un air entendu.

Wexford s'appuya contre le dossier de son fauteuil et déclara :

— Depuis le début, j'ai pensé que Swan était le coupable, bien qu'il n'ait pas de mobile apparent. Puis quand Monkey et Casaubon m'ont appris cette vieille histoire, j'ai cru que Swan était capable de tuer les gens qui le gênaient. Cela aurait indiqué la folie mais après tout, le monde est rempli de gens qui cultivent leur folie sous une apparence ordinaire. Bishop, par exemple.

Crocker hocha la tête, et Wexford enchaîna :

— Mais je regardais l'affaire sous un mauvais angle. Il m'a fallu longtemps pour m'apercevoir de mon erreur.

— Je suis curieux d'apprendre cela.

— Commençons par le commencement. Quand un enfant disparaît, nous nous demandons tout de suite s'il a été enlevé en voiture. Or, nous savons que Stella a refusé de monter avec un étranger. Par conséquent, il est probable qu'elle a rencontré quelqu'un qu'elle connaissait, sa mère, son beau-père, Mrs Fenn. Il est également possible qu'elle soit entrée dans une des maisons de Miss Lane.

— Il n'y en a que trois, observa le médecin.

— Quatre en comptant Saltram House. Swan n'avait pas de véritable alibi. Il pouvait être venu à cheval et avoir entraîné Stella dans les jardins de Saltram House sous un prétexte quelconque. Mrs Swan n'a pas davantage d'alibi. Aussi monstrueuse que paraisse l'idée d'une mère tuant son enfant, je devais considérer le cas de Rosalind Swan. Celle-ci aime son mari d'une manière obsessionnelle. Était-il possible que dans son esprit, Stella qui adorait également Swan — il attire décidément les petites filles ! — puisse devenir une rivale un jour ?

— Et Mrs Fenn ?

— Elle était à *Equita*, a-t-elle dit. Nous n'avons que sa parole pour le croire mais, même avec l'imagination la plus débridée, je ne lui vois aucun mobile. Revenons aux faits. Stella a quitté *Equita* à 5 heures moins 25. La première maison devant laquelle elle est passée était le cottage de week-end qui était inoccupé. Mais sa construction remonte au règne des Tudor.

— Quel rapport ? demanda Crocker avec surprise.

— Tu le verras dans une minute. Stella poursuivit son chemin. Il se mit à pleuvoir. À 5 heures moins 20, Hill s'arrêta pour lui proposer de la ramener. Elle refusa. Pour une fois, une enfant aurait été avisée en acceptant l'offre d'un étranger. Le second cottage qui se présenta appartient à Robert Rushworth qui habite Chliltern Avenue. Ce Rushworth m'a vivement intéressé. Il connaissait John Lawrence, il portait un duffel-coat et on l'a soupçonné, sans motif sérieux, il est vrai, d'avoir molesté un enfant. Bien qu'elle ait été prévenue par Mrs Mitchell, sa femme n'a pas signalé qu'un homme tournait autour du terrain de jeux.

« Dans l'après-midi du 25 février, Rushworth aurait pu se trouver dans Mill Lane. Sa femme et son fils aîné y étaient. Toute la famille avait l'habitude d'entrer dans ce cottage comme dans un moulin. Enfin, le prénom de Mrs Rushworth est Eileen.

— J'avoue que je ne te suis pas du tout. Quelle importance ce prénom a-t-il ?

— Dimanche dernier, poursuivit Wexford, je suis allé à Colchester voir Mr et Mrs Scott. À ce moment-là, je n'avais aucun soupçon sur les Rushworth. J'espérais seulement que les Scott me donneraient quelques précisions sur Ivor Swan. Mais, comme tu le sais, Scott est, ou plutôt était, un homme très malade.

— Comment le saurais-je ?

— C'est toi qui me l'as dit ! Décidément, tu ne comprends

pas vite ! J'ai eu peur de questionner Scott. J'étais certain que cela l'inquiéterait. Du reste, il me semblait plus simple de m'adresser à sa femme. Elle ne m'apprit rien de plus sur Swan, mais, sans le vouloir, elle m'a fourni quatre renseignements qui m'ont permis de résoudre ce problème. (Il s'éclaircit la gorge.) D'abord, elle m'a déclaré qu'elle et son mari avaient l'habitude de passer les vacances chez une parente qui habitait près de Kingsmarkham et qu'ils y étaient allés pour la dernière fois l'hiver dernier.

« Deuxièmement, elle me précisa que leur parente habitait une maison du dix-huitième siècle. Troisièmement, elle m'apprit qu'en mars, quinze jours après avoir eu un malaise, son mari était tombé gravement malade, et enfin, elle ajouta que le prénom de cette parente était Eileen. Je te signale que « quinze jours avant mars » pouvait fort bien être le 25 février.

Il y eut un silence. Finalement le Dr Crocker déclara :

— Je commence à y voir plus clair. J'ose à peine y croire. Les gens sont bien curieux. C'était donc chez les Rushworth que les Scott étaient descendus. Scott a poussé Rushworth à tuer Stella par vengeance parce que Swan avait laissé mourir sa propre fille. Sans doute lui a-t-il offert de l'argent. Quelle horreur !

Wexford soupira. C'était en de pareils moments que Burden lui manquait le plus.

— Nous allons prendre un autre verre, dit-il, c'est ma tournée.

— Inutile de te comporter comme si j'étais l'idiot du village, gronda le médecin. Je n'ai pas l'habitude de ce genre de diagnostic. Pour toi, ce sera un jus d'orange. C'est un ordre !

Avec un verre de bière, et non de jus d'orange, devant lui, Wexford secoua la tête.

— Tu n'es pas plus futé que le Dr Watson. Et pendant que nous sommes sur ce sujet, et avec tout le respect dû à Sir Arthur, je peux t'assurer que la vie ne ressemble pas du tout aux histoires de Sherlock Holmes. Les gens ne ruminent pas des vengeances pendant des années. Un agent immobilier respectable et père de famille ne se laisse pas acheter pour commettre un crime.

— Mais tu as prétendu que les Scott étaient descendus dans le cottage des Rushworth.

— Pas du tout. Réfléchis : Comment auraient-ils pu s'installer dans une maison occupée par un autre locataire ? Je me suis intéressé à cette maison parce qu'elle avait été construite en 1750. J'avais oublié que la parente de Scott s'appelait Eileen — le nom avait été prononcé par hasard. Mais quand j'ai entendu Rushworth appeler sa femme, j'ai compris. Au fond, c'était fort simple. Il m'a suffi de contrôler.

— Je suis tellement dans le noir que je ne sais pas quoi dire.

Pendant un moment, Wexford savoura la situation. Pour une fois, il l'emportait. Puis, il expliqua :

— Eileen est un prénom courant. Pourquoi Mrs Rushworth serait-elle la seule à le porter ? Je me suis alors rappelé que quelqu'un m'avait dit posséder deux prénoms et que certaines personnes utilisaient le premier tandis que d'autres employaient le second. Je ne lui ai pas posé la question, mais je me suis renseigné à l'état civil : j'ai découvert que Mrs Margaret Eileen Fenn était la fille d'un certain James Collins et de sa femme Eileen Collins, née Scott.

» Sans aucun doute, c'était chez Mrs Fenn que les Scott se trouvaient en février, à Saltram Lodge, qui est aussi une maison du dix-huitième siècle. Ils ont fait leurs adieux, à Mrs Fenn le 25 février, juste avant qu'elle ne parte travailler. Eux-mêmes commandèrent un taxi afin de prendre le train de 15 h 45 à Stowerton.

Crocker s'exclama :

— Je m'en souviens, maintenant ! C'est ce pauvre Scott qui a eu une attaque sur le quai. Je me trouvais précisément à la gare pour retenir des places. On fit appel à moi. Il n'était pas 15 h 45, Reg, mais près de 18 heures.

— Exactement ! Mr et Mrs Scott n'ont pas pris le train de 15 h 45. En arrivant à la gare, Mrs Scott s'aperçut qu'elle avait oublié une valise chez sa nièce. Tu devrais le savoir, c'est toi qui me l'as raconté.

— Oui, c'est exact.

À l'époque, Scott était un homme robuste. Je suppose qu'il n'y avait pas de taxi, et il décida de retourner à pied jusqu'à Mill Lane qui est à environ trois quarts d'heure de marche. Il n'y avait pas d'autre train avant 18 h 26. Il n'eut aucune difficulté à entrer chez Mrs Fenn qui laisse toujours sa porte de service ouverte. Peut-être s'est-il reposé un moment. Revenons maintenant à Stella Rivers.

— Elle s'est donc arrêtée à Saltram Lodge ?

— Naturellement ! Quoi de plus normal ? Elle aussi savait que la porte de la cuisine n'était pas fermée et que Mrs Fenn, son professeur, avait le téléphone. Il pleuvait et il commençait à faire nuit. Elle est entrée dans la cuisine et a rencontré Scott.

— L'a-t-il reconnue ?

— En tant que Stella Rivers, dont Mrs Fenn avait dû lui parler. Dès qu'elle est revenue de sa surprise de trouver quelqu'un dans la maison, Stella doit lui avoir demandé l'autorisation de se servir du téléphone. Quels mots employa-t-elle ? Sans doute une formule comme : « Puis-je téléphoner à mon père, Mr Swan de Hall Farm ? Il viendra me chercher. » Or, Scott haïssait le nom même de Swan. Il n'avait jamais pu oublier que cet homme était responsable de la mort de sa fille. Il doit avoir fait préciser à Stella qu'il s'agissait bien d'Ivor Swan et, alors, il a cru se trouver en présence de la fille de l'homme qu'il considérait comme le meurtrier de son enfant.

22

Quand ils revinrent de leur promenade en voiture, le soleil se couchait sur Eastover, teintant le ciel de pourpre et d'or. Burden gara la voiture sur un parking vide surplombant la falaise et ils restèrent assis en silence, admirant la mer et le ciel embrasé.

Au fur et à mesure que les jours passaient, Gemma semblait se retirer de plus en plus dans sa coquille. Parfois, il avait l'impression d'avoir une ombre près de lui. Elle parlait à peine. C'était comme si elle était devenue le chagrin personnifié, ou pire encore, une mourante. Il savait qu'elle voulait mourir, bien qu'elle ne le lui ait pas dit franchement. La nuit précédente, il l'avait trouvée dans la baignoire, dans une eau profonde devenue froide, les yeux fermés et la tête glissant peu à peu, et bien qu'elle l'ait nié, il savait qu'elle avait pris des somnifères une demi-heure plus tôt. Et aujourd'hui, il avait au dernier moment réussi à l'empêcher de traverser la route alors qu'une voiture arrivait.

Ils devaient rentrer le lendemain. Dans moins d'un mois, ils pourraient se marier. D'ici là, Burden aurait obtenu son transfert dans une division métropolitaine. Cela impliquerait une nouvelle école pour ses enfants et l'achat d'une autre maison. Quel genre de maison trouverait-il à Londres pour le prix qu'il tirerait de son bungalow du Sussex ? Mais il devait le faire. L'idée horrible et injustifiable qu'en tout cas il n'aurait que deux enfants à entretenir au lieu de trois, et que, dans son état, sa femme ne lui infligerait pas de soirées déchaînées, lui fit monter le rouge de la honte aux joues.

Il observa Gemma à la dérobée. Elle avait la tête tournée vers la mer. Il suivit la direction de son regard et vit que la plage n'était plus déserte. Il remit aussitôt la voiture en marche et sortit du parking. Il n'avait pas besoin de regarder la jeune femme pour savoir que de grosses larmes roulaient sur ses joues.

— La première pensée de Scott fut probablement de s'en aller sans attendre l'arrivée de Swan, reprit Wexford. Stella eut-elle la mauvaise inspiration de lui faire remarquer qu'il pleuvait et que son père pourrait le déposer à la gare ? Scott eut le temps de se souvenir. Dans un brusque accès de colère, il s'en prit à l'enfant innocente qui se trouvait devant lui. Il voulut peut-être simplement l'empêcher de téléphoner. Sans doute poussa-t-elle un cri. Comme il dut la haïr en cet instant. Il mesura ce qu'elle représentait pour l'homme qui lui avait fait tant de mal. Je pense que c'est ce qui l'a poussé à serrer trop fort jusqu'à ce qu'il fût trop tard.

Le Dr Crocker ne dit rien et continua à regarder Wexford.

— Il faut à peine quelques minutes pour aller de Saltram Lodge à Saltram House. Et Scott devait avoir entendu parler des citernes. Cette question devait l'intéresser. N'oublions pas qu'il était ingénieur dans le bâtiment. Il a transporté le corps de la fillette dans le jardin et l'a déposé dans la citerne, puis il est retourné chez sa nièce pour chercher sa valise. Un automobiliste l'a ramené à Stowerton. Nous pouvons imaginer dans quel état il se trouvait.

— Nous le savons : il a eu une attaque.

— Mrs Fenn n'était au courant de rien, pas plus que sa

femme. Mercredi dernier, une seconde attaque l'a terrassé. Je crains que ce ne soit ma visite qui l'ait tué. Sa femme n'a pas compris les derniers mots qu'il a prononcés avant de mourir : « J'ai serré trop fort. Je pensais à ma Bridget. »

— Que diable allez-vous faire ? Vous ne pouvez inculper un mort ?

— Ce sera à Griswold d'en décider. Je suppose que cela va se terminer par une communication peu compromettante à la presse. Les Swan ont été prévenus ainsi que l'oncle de Swan, le fameux group Captain. Il n'aura pas à verser de récompense. Nous n'avons arrêté personne.

— Tu n'as pas dit un mot au sujet de John Lawrence.

— Parce que je n'ai rien à dire.

Leur hôtel n'avait pas d'entrée de service, aussi était-il nécessaire de passer par la petite esplanade surplombant la mer. Burden espérait de tout son cœur que la plage serait déserte, mais les deux personnes qui avaient amené les larmes aux yeux de Gemma étaient toujours là. L'enfant courait au bord de l'eau et la femme qui l'accompagnait tenait un long ruban d'algue à la main. En raison de sa légère claudication, Burden ne l'aurait pas reconnue. Du reste, avec son pantalon et sa veste à capuchon, on avait du mal à la prendre pour une femme. Maladroitement, il s'efforça de détourner l'attention de Gemma sur un cottage qu'elle avait vu des dizaines de fois.

Elle obéit docilement. Elle était toujours désireuse de lui faire plaisir, mais elle se détourna aussitôt pour regarder la mer. Son bras effleurait le sien, et il la sentit frissonner.

— Arrête la voiture.

— Mais il n'y a rien à voir...

— Arrête la voiture !

Jamais il ne l'avait entendue parler sur ce ton impératif.

— Ici ? Gemma, rentrons, tu vas prendre froid.

— Je t'en supplie, arrête la voiture, Mike !

Il ne pourrait la protéger toute sa vie. Il gara la voiture à côté d'une Jaguar rouge qui était le seul autre véhicule du parking. Avant qu'il ait retiré la clef de contact, elle avait ouvert la porte et s'élançait en courant dans l'escalier.

Il sauta à terre et courut après elle. Ses cheveux plus roux encore sous les rayons du soleil couchant, flottaient sur son dos. Leurs pas précipités claquaient sur le sable mouillé. La femme se retourna pour les regarder et resta immobile, le ruban d'algue à la main volant dans le vent comme une écharpe de danseuse.

— Gemma ! Gemma ! cria Burden.

Elle courait vers le bord de la mer où les vagues venaient mourir dans une frange d'écume. L'enfant qui sautait dans l'eau avec ses bottes rouges se retourna pour la regarder. Comme font les enfants lorsque les adultes se conduisent bizarrement.

Burden eut l'idée affreuse que Gemma allait se noyer et il accéléra sa course. Brusquement, il s'arrêta comme si un mur invisible était tombé devant lui. Il n'était plus qu'à vingt mètres d'elle. Les yeux écarquillés, l'enfant se rapprocha. Sans hésitation elle pénétra dans l'eau et tomba à genoux devant lui. De petites vagues venaient mourir contre elle, l'éclaboussant jusqu'à la taille. Il entendit son cri, un cri que l'on pouvait percevoir à des kilomètres, lui sembla-t-il, mais il n'aurait su dire si ce cri lui apportait le bonheur ou le désespoir.

— John ! John ! mon John !

Elle ouvrit les bras, et l'enfant se jeta contre elle. Toujours agenouillée dans l'eau, elle le serrait étroitement, la bouche pressée contre ses cheveux blonds.

Burden et la femme se dévisagèrent sans parler. Il la reconnut tout de suite. Il avait déjà vu ce visage dans l'album de sa fille. Les traits étaient encore plus ravagés. Sous le capuchon, les cheveux étaient coupés à la va-vite. Le brusque arrêt de sa carrière avait accéléré son vieillissement précoce.

Ses mains étaient fines. Elle avait, semblait-il, l'habitude de collectionner les plantes. Cependant, elle laissa tomber les algues. De près, on ne pouvait la prendre pour un homme, mais de loin...

D'une certaine distance, une femme d'un certain âge peut être confondue avec un jeune garçon si elle est mince et souple comme une danseuse.

Quoi de plus naturel qu'elle ait désiré avoir John, l'enfant de l'homme qui n'avait pu la rendre mère ? Et elle était malade, mentalement, il se souvenait. John l'avait suivie volontiers, car il la connaissait et s'était facilement laissé persuader que sa mère l'avait temporairement confié à ses soins. Et quel enfant ne serait ravi d'aller au bord de la mer?

Mais il allait se passer quelque chose maintenant. Dès qu'elle aurait surmonté son émotion, Gemma se retournerait sur cette femme. Ce n'était pas la première fois que Leonie West intervenait dans sa vie. Pour lui prendre son mari, d'abord, pour lui voler son enfant ensuite.

Il vit Gemma se lever lentement et, tenant toujours la main de John dans la sienne, franchir les quelques mètres de sable qui la séparaient de Leonie West. La danseuse ne bougea pas, mais elle redressa la tête dans une sorte de défi pathétique et serra les petites mains que Mrs Mitchell avait vu ramasser les feuilles. Burden s'approcha à son tour et retrouva sa voix:

— Écoute, Gemma, il vaut mieux...

Qu'avait-il l'intention de dire? Qu'il valait mieux rester calme et discuter raisonnablement? Il ouvrit de grands yeux stupéfaits. Jamais il n'aurait cru... mais l'avait-il jamais connue? Il la vit accomplir ce geste qui, à ses yeux, faisait d'elle une sainte.

Sa robe était trempée. Bizarrement, Burden pensa à un tableau qu'il avait vu un jour, la vision que l'artiste avait eue de la mer rejetant ses morts. Avec un regard doux et tendre pour son fils, elle lui lâcha la main et prit celle de Leonie. La femme la regarda sans parler, puis, après avoir hésité une fraction de seconde, Gemma la serra dans ses bras.

23

— Cela n'aurait jamais marché, Mike. Tu le sais aussi bien que moi. Je ne suis pas assez respectable, pas assez conventionnelle, pas assez bien pour vous.

— Tu es trop bien pour moi.

— Je t'ai dit un jour que, si John était jamais retrouvé, je ne t'épouserais pas. Je ne crois pas que tu aies compris. Crois-moi, il vaut mieux que j'aille vivre avec Leonie. Elle est si seule, et je la plains de tout mon cœur. Comme cela je retrouverai Londres, mes amis, et elle aura un peu John.

Ils étaient assis dans le salon de l'hôtel. Burden pensa qu'elle n'avait jamais été aussi belle, avec son teint clair, ses yeux brillants de bonheur, ses longs cheveux qui tombaient sur ses épaules. Jamais non plus, elle ne lui avait paru aussi étrangère dans cette robe que Leonie lui avait prêtée pour remplacer la sienne qui était trempée. Son visage était plus doux et serein que jamais.

— Mais je t'aime, protesta-t-il.

— Gentil Mike, es-tu sûr de ne pas seulement aimer coucher avec moi ? Est-ce que je te choque ?

Certes, mais pas autant qu'il l'aurait été quelques semaines plus tôt. Elle lui avait appris une multitude de choses. Elle avait fait son éducation sentimentale.

— Nous resterons des amis amants, promit-elle, tu pourras venir me voir chez Leonie. Tu rencontreras mes amis. Nous pourrons même partir parfois quelques jours ensemble, et ce sera si différent maintenant que je suis heureuse. Tu verras !

Il la regarda avec stupéfaction. Aller la voir alors que son fils serait là ? Expliquer à ses propres enfants qu'il avait une... une maîtresse ?

— Ça ne marchera jamais, soupira-t-il.

Elle lui adressa un regard plein de tendresse.

— « Vous ferez la cour à d'autres femmes, d'autres hommes me courtiseront... » dit-elle d'un ton léger.

Il ne reconnaissait pas plus une citation de Shakespeare qu'une citation de Proust. Ils sortirent pour aller retrouver Leonie qui attendait avec John dans sa Jaguar rouge.

— Viens leur dire bonjour, proposa Gemma.

Mais Burden secoua la tête. Il valait mieux en rester là. Sans doute, un jour, il serait reconnaissant à cet enfant qui lui dérobait son amour, mais il était encore trop tôt. On ne dit pas bonjour à un ennemi et un voleur.

À sa manière polie, toujours pleine de considération pour les conventions des autres, elle lui tendit la main. Sans se soucier des passants, oubliant sa chère respectabilité, il l'attira contre lui et l'embrassa en pleine rue pour la dernière fois.

Elle s'attarda sur l'esplanade, se tournant alternativement vers lui et John. Déchirée, pensa-t-il, mais il y avait peu de doute sur l'issue du combat. Cette lueur dans ses yeux n'avait jamais été là lorsqu'elle le regardait, et mourut lorsqu'elle cessa de regarder la voiture. Elle se séparait de lui, non avec regret, non avec douleur, mais avec *politesse*.

Quand la Jaguar fut partie, il resta accoudé sur le parapet et regarda la mer. Il comprit que cette solution était la meilleure. En même temps, il se rendit compte que cette expérience lui avait été profitable, car, maintenant, il avait envie de vivre.

Wexford ne sourcilla pas et s'exclama avec ironie :

— Quelle merveilleuse coïncidence ! Ainsi, vous vous trouviez à Eastbourne avec miss Woodville et en allant vous promener à Eastover vous avez eu la bonne fortune de rencontrer Mrs Lawrence ! (Avec plus de gravité, il ajouta :) Dans l'ensemble, vous vous en êtes bien tiré, Mike.

Burden ne répondit pas. Il lui sembla inutile de faire remarquer que c'était Gemma qui avait retrouvé l'enfant et pas lui.

Wexford referma doucement la porte de son bureau et regarda un moment Burden en silence. Puis il dit :

— Je n'aime pas tellement les coïncidences, ni même le mélodrame. Ce n'est pas tellement dans votre genre, n'est-ce pas ?

— Peut-être pas, monsieur.

— Allez-vous continuer à aller bien, Mike ? Je dois vous le demander. Je dois le savoir. Je dois savoir où vous trouver quand j'ai besoin de vous, et quand je vous trouve, savoir que vous serez vous-même. Allez-vous revenir et travailler avec moi et... — pour parler franc — vous ressaisir ?

Burden dit lentement, se souvenant de ce qu'il avait un jour dit à Gemma :

— Le travail, c'est la meilleure solution, n'est-ce pas ?

— Je crois.

— Mais un véritable travail, auquel on se donne corps et âme, pas celui qui consiste à venir tous les jours, comme un automate, en espérant que tout le monde vous admirera dans votre martyre. J'y ai beaucoup pensé, monsieur, j'ai décidé de m'estimer heureux de ce que j'ai et...

— C'est bon, l'interrompit Wexford. Pas de discours sirupeux, s'il vous plaît. Je vois que vous avez changé et je ne vais pas chercher à savoir de trop près le qui ou le pourquoi de ce changement. Une bonne chose, cependant, je suis certain de découvrir que l'essence de votre pitié connaît beaucoup moins de restrictions qu'autrefois. Maintenant, rentrons.

En descendant, il demanda :

— Vous dites que Mrs Lawrence refuse de poursuivre cette femme. C'est très joli, mais qui va payer les frais de l'enquête ? Griswold ne va pas l'entendre de cette oreille. Mais si elle est vraiment un peu fêlée... Bon sang ! Quelle histoire ! Un coupable mort et l'autre qui est folle !

En arrivant dans le hall, ils rencontrèrent l'inévitable Harry Wild.

— Je n'ai rien pour vous, décréta froidement Wexford.

— Comment ça ? Je sais de façon certaine...

Le journaliste se retourna avec colère vers Camb. Avec sa placidité habituelle, celui-ci répondit en ouvrant son carnet :

— J'ai une nouvelle pour vous. Deux cars de police et une voiture de pompiers ont été appelés d'urgence dans Pump Lane... pour récupérer un chat qui avait grimpé en haut d'un arbre. (Le regard furieux de Wild l'interrompit, il se râcla la gorge et proposa :) Voyons si nous pouvons avoir une tasse de thé.

Dans la cour, Wexford ajouta :

— J'allais oublier : l'oncle de Swan va payer la récompense.

— Mais n'était-elle pas offerte pour une information conduisant à une arrestation ?

— Non. Je le croyais aussi. Cette récompense était proposée pour toute information conduisant à la *découverte* de la vérité. Le Group Captain est un homme juste. Ces deux mille livres vont donc tomber dans l'escarcelle de Charly Catch... ou y seraient tombées s'il n'était pas si malade. Quand Crocker est arrivé à Charteris Road, la nuit dernière, il y avait un notaire à son chevet, et Monkey se tenait soigneusement à l'écart car le bénéficiaire d'un testament ne peut être également un témoin. Je me demande combien de paquets de cigarettes on peut acheter avec une somme pareille ?

— Tu vas bien, Mike ? Voilà huit jours que tu rentres tous les soirs à la maison à 6 heures.

Burden sourit :

— Disons que j'ai retrouvé mon bon sens. Je ne sais pas bien m'exprimer, mais je suppose que j'ai fini par comprendre combien j'avais de la chance d'avoir mes enfants et quel malheur ce serait de les perdre.

Elle ne répondit pas, mais s'approcha de la fenêtre et tira les doubles rideaux. Le dos tourné, elle déclara :

— Je ne vais pas accepter cette proposition d'association.

— Écoute, Grace... (Il se leva et la prit presque brutalement par le bras.) Je ne te permettrai pas de te sacrifier pour moi.

— Mon cher Mike. (Il s'aperçut qu'elle ne se sentait pas coupable, mais heureuse.) Je n'ai pas l'intention de me sacrifier... je...

Elle hésita, se rappelant que tant de fois, dans le passé, il avait été impossible d'avoir une conversation sérieuse avec lui.

— Dis-moi, exigea-t-il avec intensité.

Grace le considéra avec stupéfaction.

— Eh bien... pendant que j'étais à Eastbourne, j'ai rencontré un ami que je n'avais pas vu depuis des années. J'étais amoureuse de lui, et nous nous sommes disputés. Oh ! pour des bêtises. Et voilà qu'il me demande de me revoir. Il veut que nous sortions ensemble... (Elle s'interrompit et dit avec la défiance glaciale à laquelle il l'avait habituée :) Mais ça ne t'intéresse pas.

— Oh ! Grace, si tu savais !

Elle le fixa comme s'il était un étranger, mais un étranger qu'elle avait commencé à apprécier et aurait envie de connaître.

— Si je savais quoi ?

Pendant un moment il ne répondit pas. Il pensait que s'il avait le bon sens de s'en rendre compte, il avait trouvé son auditeur, l'amie qui comprendrait, parce que Grace avait une expérience des diverses facettes de la vie, la simple joie quotidienne qu'avait été son mariage et cet embrasement, ce petit été de la Saint-Luc qu'il avait connu avec Gemma.

— Moi aussi, j'ai besoin de parler. Si je t'écoutes, tu voudras bien m'écouter aussi ?

Elle hocha la tête. Il pensa qu'elle était bien jolie et parce qu'elle ressemblait tellement à Jean quelle merveilleuse épouse elle ferait pour cet homme qui l'aimait. Alors, comme il ne pouvait plus y avoir de malentendu entre eux, il l'étreignit brièvement et posa sa joue contre la sienne.

Il sentit son bonheur dans la chaleur avec laquelle elle lui rendait son étreinte, et celui-ci le gagna, le rendant presque heureux lui-même. Cela durerait-il ? Avait-il enfin retrouvé le sens de l'équilibre? Il n'en était pas encore certain. Mais son fils et sa fille étaient en sécurité, endormis derrière ces portes closes, il était de nouveau capable de travailler, et il avait une amie qui, serrant encore ses mains dans les siennes, attendait là, d'entendre ce qu'il avait à lui dire.

Grace le conduisit près du feu, s'assit à côté de lui et le rassura, comme si elle comprenait déjà à moitié :

— Tout ira bien, Mike.

Elle se pencha, sérieuse et attentive.

— Parlons, dit-elle.

Postface

Ruth Rendell a définitivement pris en main le destin de son duo de policiers. Nous connaissons mieux, depuis l'avant-dernière enquête de Wexford, la vie familiale de notre détective littéraire. Quant à Burden, c'est à une rude épreuve que sa psychologie — celle d'un homme engoncé dans le carcan de la vie raisonnable, puritaine — a été soumise : la mort de sa femme a creusé une brèche dans la rassurante architecture de sa vie d'individu moyen, discipliné et fier de l'être. Ce n'est donc pas sans un certain machiavélisme que Rendell a jeté littéralement sous ses pas le fascinant personnage qu'est Gemma Lawrence. Ayant confié l'éducation de ses deux implacables rejetons à une belle-sœur, Burden tente désespérément de vivre ce qu'on pourrait appeler son « aliénation sexuelle ». Or, voici que les impératifs de sa fonction policière le mettent en présence d'un élément trouble et l'obligent à affronter sa vraie nature. Le petit été de la Saint-Luc *aura été pour le pauvre Mike la saison de tous les dangers. Mais il aura été aussi, pour la romancière, l'occasion de faire entrer dans le cercle provincial de Kingsmarkham — mais avec plus de force que dans* La police conduit le deuil *— un personnage excentrique. Gemma, telle que la fin du roman nous le fait comprendre, n'eût jamais pu devenir la compagne idéale d'un policier de province et tout ce qui a précédé n'était en somme qu'un jeu, le plus cruel peut-être que la nature humaine ait inventé.*

Gemma incarne la féminité dans tout son mystère, non seulement aux yeux de Burden, mais aussi à ceux du lecteur de romans policiers, déstabilisé par ce personnage qui se refuse aux habituels clichés des histoires de kidnapping. Rendell a son mot à dire à ce propos : « Si Gemma fascine, c'est parce que j'ai ressenti le fait que, très souvent, dans les romans qui racontent la disparition d'un jeune enfant, le personnage de la mère est toujours pâle et insignifiant, pour ainsi dire insipide. Elle est en général subordonnée à l'enfant kidnappé et au destin de celui-ci. Il fallait que je la rende intéressante au point de faire succomber Burden qui venait précisément de perdre sa femme et qui ne pouvait donc rester indifférent à cette disparition... »

La fin, terriblement nostalgique, de cette histoire dont Wexford est quelque peu absent, quoique veillant toujours fraternellement sur son subordonné, nous révèle la force du thème principal : celle du rapt considéré non plus comme un crime, mais comme la thérapeutique ultime au drame de la femme privée d'enfant. Ce thème important dans l'œuvre de Rendell, sera traité à nouveau dans deux romans ultérieurs, Un enfant pour un autre *et* L'Été de Trapellune. *Alors, délivré de la procédure policière, il pourra s'épanouir, nourri d'émotions plus amples surgies des profondeurs de la psyché de leur auteur. « Mais, précise encore celui-ci, je n'ai jamais songé à faire de l'intrigue du* Petit été de la Saint-Luc *autre chose qu'un roman de la série Wexford, parce que la mort de l'épouse de Burden en était un élément capital.»*

1972

UNE FILLE DANS UN CAVEAU

Traduction de Jane Fillion
revue et complétée

Ce roman a paru sous le titre original :
MURDER BEING ONCE DONE

Pour Frits et Nelly Twiss

Les citations placées en tête de chapitre sont tirées de L'Utopie *de sir Thomas More dans la traduction effectuée en 1551 par Ralph Robinson.*

1

Ils prodiguent leurs soins aux malades avec la plus grande sollicitude et ne négligent rien qui puisse, soit par des remèdes, soit par des régimes leur apporter la guérison.

Lorsque Wexford descendit de sa chambre ce matin-là, son neveu était déjà parti au travail et leurs femmes, avec une délectation sadique de diététiciennes amateurs, préparaient son petit déjeuner de convalescent. Cela se passait ainsi quotidiennement depuis son arrivée à Londres. Elles l'obligeaient à rester au lit jusqu'à 10 heures, lui faisaient couler un bain. L'une d'elles l'attendait au bas de l'escalier, la main tendue au cas où il manquerait une marche, un stupide sourire d'encouragement aux lèvres.

L'autre — ce matin-là c'était Denise, l'épouse de son neveu — présidait au maigre festin disposé sur la table de la salle à manger. Wexford regarda le repas d'un air mécontent : deux gâteaux secs qui semblaient faits de sciure et de colle, une noisette de beurre allégé, un demi-pamplemousse nature, une tasse de café noir et, comble de l'horreur, une coupe pleine d'une substance blanchâtre et tremblotante qui était sûrement du yaourt. Sa femme, après l'avoir attendu en bas de l'escalier, trottina derrière lui et lui tendit deux pilules blanches et un verre d'eau. Il s'exclama :

— Vous voulez ma mort, avec un régime pareil !

— Ce n'est pas terrible ! Pense à ce que ce serait si en plus tu étais diabétique.

Il avala les pilules et recommença à manger son pamplemousse sans sucre sous le regard plein de sollicitude des deux femmes.

— Où penses-tu aller te promener ce matin, oncle Reg?

Il avait déjà visité la maison de Carlyle, exploré King's Road, où il avait été stupéfait de voir les magasins et les gens qui allaient et venaient. Il était resté à l'entrée du terrain de football de Stanford Bridge et y avait vu Alan Hudson. Il avait arpenté chacun des exquis petits squares de Chelsea, il avait admiré la grandeur des Boltoms et les coins pittoresques de Walham Green. Enfin, les pieds endoloris, il avait parcouru les galeries Chenil et le quartier des antiquaires. Elles tenaient à ce qu'il fasse de la marche.

Les après-midi, elles l'entraînaient, en taxi ou en métro, au Musée d'histoire naturelle, à l'Oratoire Brompton et chez Harrods. Tant qu'il ne se creusait pas la tête à trop réfléchir et à poser des questions, ne veillait pas tard le soir et ne hantait pas les pubs, elles l'entouraient d'attentions avec une sorte d'indulgence amusée.

— Où vais-je donc aller ce matin? dit-il. Peut-être bien le long des quais.

— Bonne idée!

— Et j'irai peut-être jeter un œil à cette fameuse statue.

— Saint Thomas More, fit Denise qui était catholique.

— Sir Thomas, fit Wexford qui ne l'était pas.

— Saint Thomas, oncle Reg, répéta Denise en éloignant de Wexford le beurre allégé avant qu'il n'en mange trop. Et cet après-midi, s'il ne fait pas trop froid, nous irons tous les trois voir Peter Pan à Kensington Gardens.

Mais il faisait froid, un froid mordant et plutôt brumeux. Il était bien content que sa femme lui ait noué cette écharpe autour du cou, bien qu'il eût préféré qu'elle n'accompagne pas son geste d'un regard apitoyé, comme si elle craignait de le retrouver sur une table d'autopsie.

Il ne se sentait pas malade, simplement assommé. Ce jour-là il n'y avait même pas, pour le distraire, de jeunes aux cheveux flottants, aux colliers de perles multicolores, aux breloques médiévales, aux bottes peintes de fleurs et aux manteaux de fourrure qui s'assortissaient très bien aux lévriers afghans. Cette jeunesse, grouillante et indifférente, qui déambulait habituellement devant lui, s'était sans doute donné rendez-vous dans de petits cafés comme le *Friendly Frodo* ou « L'Amour Conception ». Theresa Street, où était située la maison de son neveu, se trouvait à la limite de l'élégant quartier de Chelsea ou hors de cette limite, si l'on considérait que King's Road se terminait à Beaufort Street. Wexford commençait à se familiariser avec le coin, ce qui n'était qu'un prétexte pour rester actif. Il traversa King's Road à hauteur de World's End et se dirigea vers les quais de la Tamise.

En ce matin du 29 février, le fleuve était couleur de plomb. Le brouillard supprimait toute nuance. L'Albert Bridge, dont il aimait tant les bleus et les blancs, avait perdu son aspect de porcelaine et se dressait comme un squelette noirâtre. Il s'engagea sur le pont, revint en arrière et traversa la rue. Il se frotta un œil tout en sachant pertinemment qu'aucun grain de sable ne s'y était glissé, mais qu'il souffrait, et souffrirait sans doute toujours d'une minuscule lésion.

La statue assise en face lui rendit son regard avec une sombre amabilité. On la sentait préoccupée par les affaires de l'État, de l'Église et du pays d'Utopie. Son œil malade et le brouillard obligèrent Wexford à s'approcher davantage. Il tenait à s'assurer que la statue était bel et bien de bois peint à l'or, et non pas taillée dans la pierre ou coulée dans du bronze.

Il ne l'avait jamais vue auparavant. Il connaissait pourtant nombre de portraits qui représentaient le philosophe, l'homme d'État, le martyr, et notamment le tableau qu'avait exécuté Holbein de sir Thomas entouré de sa famille. Jusque-là, l'étonnante ressemblance de ce visage avec celui d'un de ses proches ne l'avait pas frappé. Mais à présent qu'il substituait à cette noble gravité un regard malicieux, et qu'il dessinait sur cette bouche empreinte de résignation un sourire ironique, il avait devant lui le portrait du Dr Crocker. Se sentant comme Achab dans les vignes de Naboth, Wexford s'adressa à la statue à voix haute :

— M'as-tu retrouvé, ô mon ennemi ?

Mais sir Thomas continua de se livrer à de profondes réflexions sur les périls de la Réforme en Angleterre ou sur les chances de naissance d'un État idéal. Son visage, peut-être sous l'effet du brouillard, prenait une expression de plus en plus grave, pour ne pas dire comminatoire. Il avait à présent l'expression arborée par Crocker ce fameux dimanche où, à Kingsmarkham, il avait diagnostiqué une thrombose dans l'œil de son ami :

— Dieu sait que je t'ai souvent mis en garde, Reg ! Combien

de fois t'ai-je dit de perdre du poids, de prendre les choses moins à cœur, et surtout de ne plus boire d'alcool !

— Bon. Et alors ? Je vais encore en avoir une ?

— Si tu en as une autre, ce n'est pas ton œil qui sera touché cette fois, mais ton cerveau ! Tu ferais bien de partir te reposer au moins un mois.

— Je ne peux pas m'absenter un mois.

— Pourquoi pas ? Personne n'est indispensable.

— Oh ! mais si. Pense à un Winston Churchill. À un Nelson.

— Ton problème, c'est qu'en plus de ton hypertension, tu es atteint de la folie des grandeurs. Pars avec Dora au bord de la mer.

— À la mer en plein février ? J'ai horreur de la mer, mais je ne peux pas aller à la campagne puisque j'y vis.

Le médecin avait sorti son tensiomètre de sa mallette et remonté silencieusement la manche de Wexford. Il avait fixé l'appareil à son bras, et, sans lui donner sa tension artérielle, lui avait dit :

— Le mieux serait de t'envoyer à la maison de repos de mon frère dans le Norfolk.

— Seigneur ! Mais qu'est-ce que j'y ferai toute la journée ?

— Au bout de trois jours, quand tu n'auras rien absorbé d'autre que du jus d'orange et que tu auras mijoté dans les vapeurs du sauna, tu n'auras plus la force de rien faire. Le dernier client que j'ai envoyé là-bas ne pouvait même plus soulever le récepteur pour appeler sa femme. Pourtant, il était marié depuis un mois et adorait son épouse...

— Dieu me garde de mes amis ! fit Wexford en lui lançant un regard mauvais. Je vais te dire ce que je vais faire : partir à Londres. Que penses-tu de ça ? Mon neveu nous demande toujours de venir chez lui. Tu vois de qui je parle ? Howard, le fils de ma sœur. Il est superintendant dans la police métropolitaine et a une maison à Chelsea.

— Très bien, mais promets-moi de ne pas te coucher tard, Reg. Et ne fais pas la bringue à Londres. Ne bois pas une goutte d'alcool. Je vais d'ailleurs te prescrire un régime de mille calories par jour. Ça a l'air énorme mais crois-moi, c'est très peu en réalité.

— Il m'affame, tout simplement, dit Wexford à la statue.

À force de rester là debout, plongé lui aussi dans ses

réflexions, il commençait à frissonner. Il était temps qu'il rentre se reposer avant le déjeuner et qu'il avale le verre de jus de tomate qu'on lui préparait. Mais une chose était sûre, pas d'expédition Peter Pan pour lui dans l'après-midi. Il ne croyait pas aux fées, et une statue par jour, ça lui suffisait. Il ferait peut-être un tour en autobus, mais en tout cas pas dans celui qui venait de passer, qui allait vers Cremorne Road et s'arrêtait à Kenbourne Vale. Howard avait bien fait comprendre à son oncle, avec sa courtoisie habituelle, que c'était là un quartier où il ne serait pas le bienvenu.

— Et surtout, garde-toi bien de parler boulot avec ton neveu, lui avait dit Crocker en le quittant. Il faut te sortir tout ça de la tête. C'est bien à Kenbourne Vale que ton neveu travaille ?

— Oui. Un coin assez mal famé, paraît-il.

— Y a pas pire. Moi, j'ai fait mon stage à l'hôpital de St. Bidulph. Comme toujours, pour parler de ses vertes années, Crocker avait adopté une expression bien-pensante et sa voix était devenue gentillement condescendante. Tout près, il y a un immense cimetière avec d'énormes caveaux. Il est plus grand que celui de Kensol Green et plus étrange que celui de Brompton. Quelques altesses royales y sont inhumées et le service de gériatrie donne directement sur le cimetière pour bien montrer à ces pauvres vieux quel sera leur terminus. À part çà, le quartier s'étend sur des rangées de maisons en ruines où vivent deux sortes de gens : des gibiers de potence sortant tout droit de *L'Opéra de Quat' Sous*, ou des miséreux.

— Possible que ça ait changé en trente ans, lui fit remarquer Wexford en se rebiffant.

— De toute façon, tu n'as rien à faire dans ce coin-là. Je ne tiens pas à ce que tu fourres ton nez dans une histoire de crime à Kenbourne Vale... Si ton neveu t'y invite, tu n'as qu'à faire la sourde oreille.

L'y inviter ! Wexford rit amèrement. Il n'aurait même pas à faire la sourde oreille. Depuis dix jours qu'il était à Londres, Howard n'avait pas prononcé un seul mot qui laisse soupçonner son rang dans la police. Il ne lui avait même pas suggéré de visiter le Yard, ni de le présenter à son inspecteur. Ce n'était pas une négligence de sa part. Howard était la courtoisie même et on ne pouvait rêver d'hôte plus attentionné. Bien que diplômé de Cambridge, il savait se montrer déférent lorsque la conversation s'orientait vers la littérature. Par contre, sur le sujet qui leur tenait le plus à cœur à tous les deux, il gardait un silence qui décourageait Wexford.

La raison en était évidente. Un superintendant qui occupait un poste élevé dans une brigade criminelle londonienne n'allait pas parler de son travail avec un simple inspecteur-chef du Sussex. Un homme qui a hérité d'une belle demeure à Chelsea ne se commet pas avec un homme qui habite un petit pavillon de province. Ainsi va le monde.

Oui, Howard était un snob. Un snob charmant et attentionné, mais un snob quand même. Et Wexford commençait à regretter de ne s'être pas rendu au bord de la mer ou dans la maison de repos du Norfolk.

En arrivant à Theresa Street, il se demanda s'il allait encore supporter une soirée dans l'élégant salon de Denise, où les deux femmes discutaient de mode et de cuisine, alors qu'Howard et lui parlaient de tout et de rien : du temps qu'il faisait, des lieux à visiter à Londres, ou faisaient des allusions sur l'œuvre d'Eliot :

— Tu devrais visiter certaines églises de Londres pendant ton séjour.

— St. Magnus Martyr, la blanche... ?

— St. Mary Woolnoth. Elle sonne les heures d'un son sourd jusqu'au dernier coup de 9 heures. Et dire qu'il allait encore supporter ça pendant quinze jours !

Décidément, elles n'iraient pas voir Peter Pan sans lui. Elles lui dirent qu'ils iraient un autre jour, et qu'elles accepteraient sans peine d'assister au défilé de mode de Harvey Nichols. Il avala ses pilules, son poisson poché et sa salade de fruits, les regarda sortir de la maison. Elles étaient très bien mises pour leurs trente et cinquante-cinq ans. Denise était en velours bordeaux et en toque de plumes ; Dora avait mis le vison d'élevage qu'il lui avait offert pour leurs noces d'argent. Elles s'entendaient bien, ces deux-là.

Elles étaient bien décidées à le traiter comme un gosse de six ans, légèrement arriéré, et atteint d'une maladie congénitale. En plus de cette détermination, elles semblaient partager les mêmes préoccupations féminines.

En somme tous se sentaient bien, sauf lui : Crocker était

mince comme un jeune homme ; Mike Burden avait chaussé les pantoufles de Wexford au poste de police de Kingsmarkham et se voyait déjà lui succéder ; Howard partait tous les matins remplir les fonctions les plus secrètes. Il aurait aussi bien pu siéger à Whitehall qu'à Kenbourne Vale. Après tout, qu'en savait Wexford ?

S'apitoyer sur soi-même ne menait à rien. Il ne devait pas considérer son séjour à Londres comme des vacances, mais comme une cure de repos. Il fallait qu'il éloigne de ses pensées l'image idyllique qu'il s'en était faite jusqu'à son arrivée à la gare Victoria. Il s'était vu en train d'aider Howard dans ses enquêtes et même de lui donner quelques conseils. Il rougit en y repensant. Cocker avait raison. Il avait vraiment la folie des grandeurs. Ici ils étaient tous givrés. La maison de son neveu était faite pour ramener un provincial à de plus justes dimensions. Si cette maison était petite, alors le Taj Mahal était un mouchoir de poche. Il se sentait déplacé dans cet intérieur trop raffiné, trop élégant. Les petits meubles fragiles, les fines porcelaines chinoises en équilibre sur des guéridons, les paravents qu'il manquait toujours de renverser, les compositions florales de Denise, étranges et hétéroclites, et qui le dérangeaient d'autant plus qu'elle les remplaçait presque quotidiennement. Il ne savait jamais si le bouton de rose qui jonchait le marbre d'un guéridon avait été placé là intentionnellement, ou s'il l'avait, de sa main pataude, fait tomber de la coupe de majolique.

Quant à la température qui régnait dans la maison, on pouvait sans exagérer la comparer à la chaleur de la plage d'une île grecque en plein mois d'août à midi. S'il avait eu la silhouette voulue, il s'y serait volontiers baladé en maillot de bain et il se demanda pourquoi Denise, qui avait un corps de rêve, s'en privait. Il se posait aussi la question de savoir comment ces jonquilles arrivaient à survivre au milieu de plants d'avocats.

Lorsqu'il se fut reposé pendant une heure, les jambes surélevées, il prit la carte d'abonnement de la bibliothèque que Denise lui avait laissée et descendit Manresa Road. Il aurait fait n'importe quoi pour sortir de cette maison. Ce silence raffiné et étouffant le déprimait.

En somme, pourquoi ne retournerait-il pas chez lui ?

Dora pouvait prolonger son séjour si le cœur lui en disait. Il se rappela de son pavillon avec un serrement d'estomac qui n'était pas seulement dû à la faim. Son chez-lui. Les vertes prairies du Sussex, la forêt de pins, la grand-rue pleine des gens qu'il connaissait et qui le connaissaient, le commissariat de police, Mike, heureux de le revoir, sa propre maison, glaciale comme toute maison anglaise qui se respecte, sauf devant un bon feu de bois ; des mets à son goût, du pain comme il l'aimait, et dans le réfrigérateur, les packs de bière qu'il y dissimulait.

Il ferait aussi bien de prendre un livre. De quoi lire dans le train. Il pourrait toujours les renvoyer à Denise par la poste. Il choisit un roman, puis, parce qu'il avait l'impression de mieux le connaître, il prit *L'Utopie* de Thomas More. Là-dessus, n'ayant rien de mieux à faire, il s'installa pendant un long moment dans la salle de lecture de la bibliothèque sans même ouvrir les bouquins qu'il avait empruntés, se contentant de rêvasser à sa maison.

Il était près de 5 heures lorsqu'il en sortit. Il acheta le journal du soir, plus par habitude que par réelle envie de le lire. Puis il découvrit soudain qu'il était las, de cette lassitude que l'on ressent lorsque l'on n'a rien à faire et qu'on cherche à remplir les heures de la journée.

Le trajet était trop long pour qu'il rentre à pied jusqu'à Theresa Street. Il héla un taxi, se laissa tomber sur la banquette arrière et ouvrit le journal.

Au beau milieu de la première page, décharné et presque cadavérique, le visage de son neveu le regardait fixement.

2

On dresse une stèle sur laquelle sont gravés les titres du défunt.

Les deux femmes n'étaient pas encore rentrées. Quand Wexford ouvrit la porte, il fut envahi par une bouffée de chaleur tropicale, qu'il dut combattre pour ne pas s'endormir. Il s'installa dans un fauteuil, sortit ses nouvelles lunettes et lut la légende de la photo : *Le superintendant Howard Fortune, chef de la Brigade criminelle de Kenbourne Vale, chargé de l'affaire, au cimetière de Kenbourne Vale, où a été découvert le cadavre de la jeune fille.*

Le photographe avait saisi Howard de face au moment où il descendait de voiture. Au-dessous, une autre photo, plus macabre, attirait l'œil. Wexford se refusa à s'y attarder et concentra toute son attention sur les lignes que le journal consacrait à l'affaire, dont il ne rata pas une miette.

Ce matin on a découvert le corps d'une jeune fille dans un caveau du cimetière de Kenbourne Vale, dans le quartier ouest de Londres. Il s'agirait de miss Loveday Morgan, âgée d'une vingtaine d'années, et domiciliée à Garmisch Terrace. C'est un gardien du cimetière, Mr Edwin Tripper, de Kenbourne Lane, qui a découvert le corps en procédant à l'inspection mensuelle de ce caveau. Le superintendant Fortune a déclaré : « Il s'agit sans aucun doute d'un crime crapuleux, mais je ne peux rien dire de plus pour le moment. »

« Ce caveau est celui de la famille Montfort, qui était très importante à Kenbourne », a déclaré le gardien. « On a déposé chez un notaire une certaine somme pour l'entretien du caveau, mais la porte a été fracturée il y a très longtemps... Ce matin, comme chaque dernier mardi du mois, je suis allé dans ce caveau pour le balayer et pour mettre des fleurs sur le cercueil de Mrs Viola Montfort. La porte n'était pas seulement fermée, mais coincée. J'ai dû prendre un levier pour la forcer. Quand j'ai pu l'ouvrir, j'ai descendu les marches et j'ai vu le corps de cette fille entre les cercueils de Mrs Viola Montfort et du capitaine James Montfort... Ça m'a flanqué un coup. Un caveau est bien le dernier endroit où l'on s'attend à trouver un cadavre. »

Wexford ne put s'empêcher de glousser en lisant cette dernière phrase, mais il reprit son sérieux en examinant la photo du caveau, monstrueux mausolée néo-gothique surmonté de deux énormes lions terrassés que dominait un guerrier fier et triomphant. Il était en fonte noire. Un des Montfort avait dû être chasseur de fauves. Au-dessous de cette pièce montée, la porte du caveau dont les fresques représentaient des exploits héroïques, était à demi ouverte sur d'impénétrables ténèbres. Des ifs — les arbres préférés des architectes de cimetières — laissaient retomber leurs branches poussiéreuses sur le caveau et masquaient la tête du guerrier.

La photo n'était pas mauvaise. Celle de Howard non plus,

car on pouvait lire dans son regard la perspicacité et l'ardente détermination qui devaient animer tout bon officier de police. Seulement, Wexford ne les avait jamais décelées chez son neveu. Il ne les décèlerait d'ailleurs jamais, se dit-il en étouffant un soupir et en abandonnant sa lecture. Il n'avait pas le cœur d'en lire davantage. Il était prêt à parier que Howard rentrerait à l'heure du dîner, embrasserait sa femme, demanderait à sa tante ce qu'elle s'était acheté et s'enquerrait avec sollicitude de la santé de son oncle comme si rien ne s'était passé. Quant au journal du soir il en ignorerait jusqu'à l'existence. On le ferait disparaître subrepticement et le *statu quo* se prolongerait indéfiniment.

Mais cette fois ça allait mal se passer. Howard ne pourrait plus continuer à jouer la comédie et à prolonger un silence qui ne faisait que confirmer les certitudes de Wexford. Howard devait penser qu'il avait fait son temps et qu'il était tout juste bon à dénicher une bande de brutes organisant des combats de coqs dans les collines de l'Angleterre du Sud et à attraper des voleurs à l'étalage.

Il avait dû s'assoupir et dormir pendant un bon moment. Lorsqu'il s'éveilla le journal avait disparu et Dora, assise en face de lui, tenait sur ses genoux un plateau avec son dîner. Du poulet froid, encore de ces infects gâteaux secs, un yaourt et deux pilules blanches.

— Où est Howard ?

— Il vient tout juste de rentrer, mon chéri. Dès qu'il aura fini de dîner, il montera te voir pour prendre le café avec toi.

« Et il me parlera du temps qu'il fait », se dit Wexford.

Et ce fut exactement de cette manière que cela commença :

— Ce n'est vraiment pas de chance, Reg, qu'il y ait une période de froid juste au moment où tu es là.

Howard avait toujours appelé son oncle par son prénom. Le contraire eût étonné les gens car en effet Howard Fortune, à trente-six ans, en paraissait quarante-cinq. Ceux qui déploraient une grande différence d'âge entre sa femme et lui auraient été étonnés d'apprendre qu'il n'avait en réalité que six ans de plus qu'elle. Exceptionnellement grand, d'une maigreur incroyable, il avait un long visage osseux et ridé. Mais lorsqu'il souriait, il était plein de charme et presque beau. Il y avait indiscutablement, entre l'oncle et son neveu, un air de famille. On retrouvait chez Howard les traits de Wexford et la même ossature, presque à nu chez le neveu, un peu empâtée chez l'oncle. Howard tendit à Wexford une tasse de café et lui dit en souriant :

— Je vois que tu t'es procuré un exemplaire de *L'Utopie*.

Ce n'était pas là le genre de remarques que l'on pouvait attendre d'un homme qui avait passé la journée à enquêter sur un meurtre. Mais quoi qu'il en soit, Howard n'avait pas le physique de l'emploi. Il portait son complet gris argent, sa chemise de soie ivoire depuis le matin. Pourtant, on aurait juré qu'il venait de les passer. Ses mains longues et fines maniant ce classique de Thomas More qu'était *L'Utopie* semblaient n'avoir jamais tenu autre chose que de précieuses reliures. Après avoir glissé un coussin sous la tête de son oncle, il se mit à discourir sur *L'Utopie* et sur la traduction de 1551 de Ralph Robinson, sur l'amitié qui unissait More et Erasme. Parfois, il s'interrompait pour dire avec déférence et courtoisie : « Mais tu ne l'ignores pas, Reg, bien entendu. » Il discourait sur d'autres sociétés idéales de la littérature, dont *Christianopolis* d'Andreae, *La Cité du Soleil* de Campanella et *Erewhon* de Butler. Il parlait de façon agréable, avec érudition, s'arrêtant parfois, mais en vain, pour permettre à son oncle de faire un commentaire.

Pour tout dire, Wexford bouillonnait de colère. Ce garçon était non seulement un snob mais un être d'une cruauté monstrueuse : un sadique. Il était en train de lui donner une conférence sur un philosophe à la doctrine idéaliste alors qu'il devait avoir la tête bien ailleurs. Alors qu'il savait pertinemment que son oncle avait non seulement apporté *L'Utopie*, mais aussi cette Dystopia sur laquelle le journal s'était étendu. Et dire que lorsqu'il était gosse, Wexford lui avait appris à relever les empreintes digitales !

Le téléphone sonna. Quand Denise décrocha dans le couloir, Wexford remarqua que Howard dressait l'oreille. Son visage devint attentif et, lorsque Denise vint lui dire que ce coup de fil était pour lui, Wexford remarqua également les signes qu'ils échangèrent, le minuscule hochement de tête de Howard signalant qu'il ne fallait parler à leur hôte ni de cet appel ni de ce qu'il impliquait. C'était sans doute l'un des subordonnés de Howard qui l'informait d'un nouveau rebondissement. Bien que mortifié, Wexford aurait donné n'importe quoi pour le connaître, ce rebondissement. Il tendit l'oreille, mais ne put distinguer aucune parole. Il aurait pu ouvrir toute grande la porte, ou poser carrément la question à Howard lorsqu'il reviendrait auprès de lui, mais il savait d'avance quelle serait la réponse: « Tu n'as pas envie de te tracasser avec cette histoire. »

Il n'attendit pas son neveu. Il prit *L'Utopie* et se dirigea vers l'escalier, lança un bref bonsoir à Denise et salua de la tête Howard au passage. Il se dit qu'un vieux déchet comme lui n'avait sa place que dans un lit. Il se glissa sous les draps, chaussa ses lunettes et ouvrit son bouquin. Il savait qu'il avait un œil malade, mais ses yeux n'étaient tout de même pas en train de lui jouer un sale tour... Il regarda le livre de plus près puis le referma d'un coup sec.

C'était l'édition latine.

Il fit de nombreux rêves, cette nuit-là. Il rêva, entre autres, que Howard était revenu à de meilleurs sentiments et l'avait emmené dans sa propre voiture au cimetière de Kenbourne Vale pour visiter le caveau des Montfort. Quand il se réveilla, il se dit qu'il ne pouvait pas rentrer chez lui sans l'avoir vu de près, ce foutu caveau. Même à Kingsmarkham, le sujet de conversation tournerait pendant un petit moment autour du crime. Comment expliquerait-il à Mike qu'il avait été exclu de l'affaire? Qu'il avait habité chez l'homme chargé de l'enquête sans réussir à en savoir plus qu'un simple lecteur de journaux? Allait-il mentir? Prétendre qu'il ne s'y était pas intéressé? L'idée même le révoltait. Il n'avait qu'à dire la vérité: Howard avait refusé de se confier.

Il descendit comme tous les jours à 10 heures et l'habituelle petite comédie se répéta. Mais ce jour-là, c'était Denise qui l'attendait au pied de l'escalier pour lui servir son jus d'orange et ses céréales.

Sans même qu'il l'eût fait remarquer, Dora avait découvert qu'il avait emporté un exemplaire en latin de *L'Utopie* et déjà les deux femmes projetaient de lui procurer la version anglaise. La belle-sœur de Denise qui travaillait dans une librairie le lui trouverait en livre de poche. Par mesure de sécurité, Denise se rendrait elle-même à la bibliothèque pour lui réserver la traduction anglaise de Ralph Robinson.

— Ce n'est pas la peine de te faire tant de souci, lui dit Wexford.

— Où vas-tu te balader ce matin, oncle Reg?

— À Victoria, répondit-il simplement, se gardant bien d'ajouter qu'il y allait pour consulter les horaires des trains. Et il les écouta en silence s'exclamer qu'il ne pouvait faire à pied un tel trajet.

Il n'avait nullement l'intention de marcher. Il prendrait tout simplement l'autobus. Le Onze, pensa-t-il. Il y en a toujours des douzaines, de Onze, sauf quand on en a besoin ! Ce jour-là, le Onze et le Vingt-Deux semblaient être en grève, alors que les bus pour Kenbourne Vale étaient pleins à craquer entre Kings Road et Gunter Grove.

Mais il avait terriblement envie de se rendre à ce fameux cimetière. Les hommes de Howard devaient avoir fini maintenant, et après tout l'entrée était libre. Lorsqu'il serait de retour à Kingsmarkham, il pourrait au moins décrire le caveau à Mike et déplorer avec lui d'avoir été obligé de rentrer juste à ce moment-là. La gare de Victoria attendrait, et s'il voulait les horaires des trains il n'avait qu'à téléphoner.

Il vit enfin arriver l'autobus qui allait à Kenbourne Lane. Il ne demanda pas l'arrêt du cimetière de crainte que le chauffeur, un Antillais souriant, ne le prenne pour un type morbide attiré par le lieu du crime. Il se sentait très provincial à Londres et se contenta de dire : « Terminus, s'il vous plaît. » Puis il se carra sur son siège et se mit à regarder par la fenêtre pour jouer les touristes. La meilleure façon de visiter Londres, dit-on, c'est encore de le parcourir assis à l'étage d'un autobus.

Le bus remonta Holland Park Avenue, s'engagea dans Ladbroke Grove puis tourna dans Elgin Crescent. À partir de là Wexford fut désorienté. Comment pouvait-il savoir s'ils avaient quitté le nord de Kensington ou Notting Hill ou s'ils étaient à Kenbourne Vale ? Le paysage correspondait déjà aux descriptions de Crocker : des kilomètres de maisons alignées et décrépites. Depuis, trente ans avaient passé et le quartier s'était peuplé de tours et de grands ensembles.

Puis une pancarte lui donna quelques précisions : London Borough de Kenbourne, Capeland Hill. Toutes les plaques des noms de rues : Capeland Terrace, Heidelberg Road, Bornsmouth Grove, indiquaient la même référence postale : West Quinze. Il approchait du but. À son sentiment d'humiliation succéda de l'exaltation. L'autobus après avoir fait le tour d'une grande place, entra dans Kenbourne Lane, en remontant une large voie dépourvue d'arbres, bordée de petites épiceries asiatiques, de pubs vieillots, d'échoppes de prêteurs sur gages et de modestes débits de tabac. Il se demandait comment repérer le cimetière lorsque au sommet de la colline, il vit se dresser sur sa gauche un immense portail aux lourds piliers de grès jaune. Les hautes grilles de fer forgé étaient grandes ouvertes. Elles étaient aussi imposantes que celles des remparts d'une cité orientale et rendaient minuscule l'ouvrier qui passait une nouvelle couche de peinture noire sur les montants.

Wexford descendit au premier arrêt. Sur cette place exposée à tous vents le froid le saisit et il remonta le col de son pardessus. Le ciel bas, couleur de plomb, annonçait de la neige. Il n'y avait pas un curieux, pas une seule voiture de police. Ni l'ouvrier peintre, ni ce qu'il supposa être un gardien qui se tenait à l'entrée d'un pavillon — qui sait? peut-être était-ce Mr Tripper — ne lui adressèrent la parole lorsqu'il franchit le portail.

À peine avait-il pénétré dans ce cimetière qu'il se souvint des paroles de Crocker. Il était en effet immense et bizarre. Il n'avait pas exagéré. Mais ce que son vieil ami ne lui avait pas dit, c'est qu'en raison de sa vaste superficie et du manque de personnel, il était affreusement mal entretenu. Wexford resta posté là un moment et regarda le panorama qui s'offrait à lui. Il avait devant lui un de ces bâtiments à l'usage mal défini dont s'enorgueillissent tous les grands cimetières. Ce n'était ni une chapelle ni un crématorium. Peut-être abritait-il les bureaux de l'administration et les toilettes. C'était la copie de Saint-Pierre de Rome, en plus petit bien entendu. Mais, malheureusement pour les habitants de Kenbourne Vale, l'architecte n'était pas un Bernini. Le dôme était trop petit, les colonnes trop lourdes et l'édifice tout entier était construit dans le même grès jaune que le portail.

Deux colonnades du même matériau formaient comme deux bras qui se croisaient une centaine de mètres plus loin, sous un arc surmonté d'une victoire ailée. Entre ces colonnes et le mur d'enceinte au-dessus duquel on apercevait l'hôpital St. Bidulph, s'étendaient un terrain désert et un véritable fouillis de buissons et d'arbustes où se dressaient çà et là des monuments funéraires rongés par les intempéries.

Entre les colonnes, on avait fait quelque effort pour domestiquer l'endroit. L'herbe folle était vaguement tondue, les buissons taillés, ce qui permettait de mieux distinguer les monuments noircis ou verdis : des anges brandissant des épées, des affûts de canon, des colonnes brisées, des Niobé en larmes, des obélisques. Juste derrière St. Peter il y avait deux tombes de la taille de petites maisons. Le lion était ridicule.

Cette grandiose et grotesque nécropole aurait pu, si l'on avait récupéré le terrain, servir à loger bien des sans-abri. C'était particulièrement sinistre et impressionnant. Jamais auparavant Wexford n'avait ressenti si fortement ce frisson oppressant de la mort. Pas même dans une morgue ou dans une maison où avait été commis un meurtre.

La Victoire ailée retenait des chevaux, projetés en avant contre un ciel presque noir. Sous les arches des colonnades, s'étendaient les ténèbres. Pour rien au monde il n'aurait marché entre ces arches et ces piliers frontaux pour déchiffrer les plaques de bronze fixées aux murs jaunes et humides. Jamais de la vie il ne passerait une nuit dans un tel lieu. Il avait gravi les marches pour visiter le cimetière. C'était chose faite. Sa curiosité était satisfaite.

Avec un peu de chance il trouverait le caveau des Montfort entre le mur d'enceinte et la colonnade. Il l'avait deviné parce que c'était l'unique endroit où poussait du houx. Cela le soulageait bêtement d'éviter la partie centrale du cimetière, où se dressaient les tombes les plus monstrueuses et délirantes, et où la Victoire ailée dominait l'ensemble comme un sinistre ange déchu.

Mais dès qu'il eut descendu les marches et pris le sentier qui le menait vers la partie droite du cimetière, il trouva les profondeurs aussi insupportables que les hauteurs. La Victoire ailée et les colonnades étaient entièrement cachées par des conifères serrés les uns contre les autres, droits et menaçants.

Ils assombrissaient le sentier. Leurs troncs étaient recouverts à hauteur d'homme par du lierre et des ronces épaisses, entre lesquels apparaissaient déjà les contours des pierres tombales. Le sentier longeait parallèlement le mur extérieur. On distinguait les tombes qui, progressivement, prenaient forme.

Wexford se força à rire devant le côté pompeux de certaines inscriptions. Mais son rire s'étrangla rapidement. Le sinistre dominait l'absurde. Une mousse dévorante et des années de saleté avaient défiguré les effigies de bronze et les pierres sculptées. Elles semblaient se tapir parmi les vrilles rampantes. Lorsque le vent bruissait entre les feuillages et les ruines, on aurait pu croire que les tombes se déplaçaient.

Au-dessus de lui, il put distinguer l'étroit corridor d'un ciel à la Turner, noir et orageux. Il poursuivit sa marche en regardant devant lui jusqu'au bout du sentier.

Au moment où il commençait à ne plus pouvoir supporter cette atmosphère déprimante, il tomba sur le caveau des Montfort. Il avait la dimension d'un petit cottage. Mais il était encore plus sinistre que sur la photo. Le photographe n'avait pu saisir ni l'odeur de moisi qui montait du caveau par la porte entrouverte, ni la mousse d'un vert noirâtre qui recouvrait le visage du guerrier et les pattes des lions terrassés.

Le journal n'avait pas reproduit l'épitaphe. Elle ne ressemblait à aucune de celles que Wexford avait relevées dans les cimetières, car elle ne donnait aucune indication sur les défunts inhumés dans ce mausolée. La plaque de cuivre était rongée par le vert-de-gris, mais les lettres faites d'un métal inaltérable — de la feuille d'or probablement — s'en détachaient, nettes et claires :

Celui qui pose des questions est un fou.
Celui qui y répond est plus fou encore.
Où se trouve la vérité ? Chacun a la sienne.
Où se trouve la beauté ? Dans le regard de l'homme.
Comment distinguer l'erreur de la vérité ?
Erreur aujourd'hui, vérité demain.
Seule la mort est réelle.
Le dernier des Montfort te prie, passant,
De lire ces quelques lignes
Et de t'éloigner sans mot dire.

Cette épitaphe — si on pouvait l'appeler ainsi — intéressa si vivement Wexford, qu'il sortit de sa poche un bout de papier et un crayon et la recopia. Puis il poussa la porte du caveau qui, curieusement, ne grinça pas. Mr Tripper avait probablement graissé les gonds. Soudain, il se rendit compte que l'angoisse et le malaise qu'il éprouvait étaient dus au profond silence qui régnait sur ce lieu. Depuis qu'il était entré dans le cimetière il n'avait pas entendu d'autre bruit que le craquement des feuilles mortes sous ses pieds et le bruissement du vent.

L'obscurité n'était pas complète à l'intérieur du caveau, et l'impression n'en était que plus pénible. Une lumière grisâtre provenait d'une étroite fenêtre qui s'ouvrait dans le mur du fond et éclairait une volée d'escaliers. Wexford descendit les marches et se trouva dans une chambre funéraire d'environ quatre mètres carrés. Les feu Montfort ne reposaient pas dans des cercueils, ainsi que l'avait dit Mr Tripper, mais dans des sarcophages de pierre placés dans des niches. Au centre de la pièce, une petite vasque de marbre contenait encore un peu d'eau. Wexford se demanda à quoi cela pouvait bien servir, s'approcha des sarcophages et vit qu'ils étaient disposés sur deux rangées séparées par un étroit espace. C'était probablement sur cette vasque, sur cette pierre toute suintante d'humidité que l'on avait découvert le corps de Loveday Morgan.

Wexford frissonna. Le caveau dégageait une odeur de pourriture. Elle ne provenait certainement pas des dépouilles des Montfort tombées depuis bien longtemps en poussière, mais des fleurs décomposées, de l'eau stagnante et de l'air vicié. C'était un endroit sinistre. Elle avait vingt ans, se dit-il, et il se prit à souhaiter qu'elle eût connu une mort rapide loin de ce caveau. Comment distinguer l'erreur de la vérité ? L'erreur d'aujourd'hui est la vérité de demain. Seule la mort est réelle.

Il s'apprêtait à gravir les marches lorsqu'il entendit un bruit de pas venant du sentier de gravier envahi de mauvaises herbes. C'était sans doute un gardien. Il posa le pied sur la première marche et leva les yeux vers le rectangle de lumière grise qui se dessinait entre le montant et la porte. Il allait manifester sa présence, lorsque surgit dans l'encadrement, sévère et décharné, le visage de son neveu.

3

Ou vous n'avez pas conçu la chose en esprit, ou vous vous en êtes fait une très fausse image.

Qui d'entre nous, placé dans une situation embarrassante, n'a pas souhaité que la terre s'ouvre et l'engloutisse ? Difficile de trouver comparaison plus appropriée, se dit Wexford consterné. Cette terre qui abritait tant de morts pouvait certainement en accueillir un de plus. Mais il n'eut rien d'autre à faire que de gravir ces marches et de s'attendre au pire.

Howard, qui s'efforçait de percer la semi-obscurité, ne reconnut pas immédiatement l'intrus. Lorsque Wexford, chassant d'un air gêné les toiles d'araignées accrochées à son pardessus, apparut sur le sentier, il put lire sur le visage de son neveu un étonnement sans bornes.

— Reg ! Ça par exemple ! s'exclama-t-il. Il regarda son oncle de la tête aux pieds. Puis il se tourna vers le caveau, comme victime d'une hallucination : était-ce un habitant de Kenbourne Vale déguisé en Wexford ? Était-il vraiment dans le cimetière de Kenbourne Vale ? Il lui fallut quelques secondes pour se ressaisir :

— J'étais persuadé que tu voulais prendre de vraies vacances.

« C'est idiot de rester planté là comme un gamin », se dit Wexford qui, en général, n'était jamais embarrassé et débordait de confiance en lui. Après tout, quand son neveu perçait ses premières dents, il arrêtait déjà des criminels. Il répondit donc froidement :

— C'est ce que tu croyais ? Je me demande bien pourquoi. (Il ajouta, en se souvenant qu'il ne fallait jamais s'excuser ni s'expliquer :) Mais je ne veux pas t'empêcher de travailler. Je vais rentrer en autobus.

Howard plissa les yeux.

— Non, tu ne vas pas partir comme ça, fit-il en parlant comme toujours d'un ton courtois et mesuré. Il n'en est pas question. Puisque tu avais envie de visiter ce caveau, pourquoi ne me l'as-tu pas dit hier soir ? Je t'y aurais conduit moi-même ce matin. Et si tu voulais connaître le fond de cette affaire, tu n'avais qu'à me le demander.

Tout en sachant qu'il était ridicule et indigne de lui d'entamer une discussion au milieu des tombes et par un froid pareil, Wexford ne put dominer la colère qui montait en lui.

— Te le demander ! s'exclama-t-il. Te questionner alors que tu t'évertues à m'exclure de tout ce qui concerne ton travail ! Alors que Denise et toi, vous vous êtes entendus pour faire la conspiration du silence comme des parents qui éteignent la télévision devant un enfant quand il y a un carré blanc ! Je n'ai pas l'habitude de m'imposer. *Te poser des questions !*

Howard s'était d'abord assombri en entendant son oncle se

déchaîner. Puis un petit sourire s'était dessiné sur ses lèvres. Tandis que Wexford le regardait d'un air de défi, adossé au caveau, les bras croisés, il sortit de la poche de son pardessus une lettre qu'il lui tendit en disant :

— Tiens, lis ça. Je l'ai reçue deux jours avant ton arrivée. (Rassuré par l'effet qu'il venait de produire sur son oncle, Howard s'exprima avec fermeté :) Lis ça, Reg.

Wexford prit la lettre d'un air soupçonneux. Sans ses lunettes il lisait mal, mais ce qu'il déchiffra lui suffit. La signature *Leonard Crocker* en disait long... *Je sais que je peux compter sur vous... Votre oncle est un vieil ami et un patient... Il ne demande qu'une chose, oublier tout ce qui touche à sa profession d'inspecteur de police... Alors ne le laissez pas entrer en contact avec...*

— Nous pensions agir pour le mieux, Reg.

— Un vieil ami ! explosa Wexford. De quel droit se mêle-t-il de mes affaires ?

Wexford, oubliant son civisme à toute épreuve et tous ses principes, froissa la lettre et la jeta violemment dans un buisson. Elle retomba sur une tombe croulante.

— J'en ai parlé à mon propre médecin, fit Howard en éclatant de rire. Je lui ai expliqué ce que tu avais eu et il m'a répondu — tu sais à quel point ces messieurs sont diplomates — que c'était une opinion qui se défendait, mais qu'à son avis ça ne pourrait te faire aucun mal de te laisser te livrer à tes occupations favorites. Mais Denise a insisté pour que nous suivions les directives de Crocker. Et puis, nous pensions que c'était ce que tu voulais.

— Et dire que je te prenais pour un snob ! dit son oncle. Avec le sens de la hiérarchie et tout le tralala !

— Pas possible ? Je ne m'en suis pas rendu compte. (Howard se mordit la lèvre.) Si tu savais comme j'avais envie d'avoir de vrais entretiens avec toi, au lieu de parler de littérature. Surtout qu'en ce moment, je suis à court d'hommes et débordé de travail... Mais tu dois être gelé ! Tiens, voilà mon sergent qui s'amène. Fichons vite le camp loin de ces caves et de ces bustes animés !

Un type robuste, qui devait avoir la quarantaine, s'approchait d'eux. Il venait de St. Peter. Il était de ces hommes à l'air enjoué et pragmatique totalement insensibles à l'atmosphère ambiante d'un cimetière, ou à celle créée par la légère gêne qui subsistait encore entre les deux hommes. Howard présenta le sergent Clements à l'inspecteur-chef sans lui préciser que Wexford était son oncle et sans faire le moindre commentaire sur la présence incongrue de ce dernier sur les lieux du crime. En si auguste compagnie, le sergent se garda bien de poser des questions. Peut-être que lui aussi avait lu la dernière ligne de l'épitaphe des Montfort.

— Ravi de faire votre connaissance, monsieur.

— Mon oncle, dit Howard en se décontractant un peu, arrive du Sussex et passe ses vacances chez moi.

— Ça doit vous faire un drôle de changement, monsieur. Pas de pâturages, pas de vaches ni d'autres bêtes. (Il adressa à Wexford un sourire à la fois respectueux et protecteur et se tourna vers son chef:) Je me suis encore entretenu avec Tripper, patron, mais je n'en ai rien tiré d'autre.

— Bon. Nous allons retourner à la voiture. Mr Wexford déjeune avec moi et j'espère que pendant le repas, j'arriverai à l'amener à nous faire profiter de ses avis éclairés.

— On en aurait bien besoin, fit le sergent qui s'effaça pour laisser les deux hommes le précéder dans l'allée.

Howard emmena son oncle au Grand Duc, un bar-restaurant au style vieillot, situé à l'angle d'une ruelle et de Kenbourne Lane.

— Je ne m'imaginais pas qu'il existait encore des restaurants de ce genre à Londres, dit Wexford en regardant les boiseries sculptées, les bancs à hauts dossiers et les fenêtres à meneaux, qui lui rappelaient les auberges de son Sussex. C'était comme à la maison. C'était le genre d'auberges qu'on aurait pu trouver à Pomfret ou à Stowerton.

« C'est la seule ici. Kenbourne Vale n'est pas Utopie. Peut-on seulement imaginer, quand on regarde par la fenêtre, que Hood ait pu écrire, dans un de ses poèmes inédits : »

Ballotté à la cime d'une charrette à foin,
Au long de Kenbourne Lane, tapissé de primevères...

— Qu'est-ce que tu veux manger, Reg ?

— N'oublie pas que je suis au régime.

— Que penserais-tu d'un peu de canard froid accompagné d'une salade ? On mange très bien, ici.

Wexford avait le vertige, mais il ne devait pas se laisser aller. Qu'il se trouvât là avec Howard prouvait que leur malentendu était dissipé. Mordre à pleines dents dans une enquête policière lui suffisait et il renonça de bon cœur au canard. Les mets disposés sur un comptoir lui mettaient l'eau à la bouche, mais il se contenta d'une tranche de rosbif et de ratatouille froide qu'il attaqua avec un soupir de contentement. Le grand verre de jus de pomme que lui fit servir Howard ne parvint pas à l'assombrir. Depuis son arrivée, il avait l'impression d'avoir perdu une partie de son identité, ce qui arrive fréquemment à toute personne en vacances, sauf aux voyageurs les plus avertis. Au lieu de se retrouver au fur et à mesure qu'il s'adaptait à la ville, son ego, son wexfordisme vital semblait continuer à se dissoudre. Jusque dans ce cimetière où il avait brièvement, mais presque entièrement, perdu toute retenue. Ce moment avait été effrayant.

À présent il se sentait mieux que les jours derniers. C'était comme avec Mike, quand ils allaient à l'*Olive and Dove*. Là, lors de nombreuses et réjouissantes occasions, ils débattaient de certaines affaires autour d'un bon repas. Aujourd'hui c'était différent : Howard était l'instructeur et lui tenait le rôle de Mike. Il découvrait que cela ne le dérangeait pas et qu'il pouvait même regarder le déjeuner d'Howard avec sérénité : une grande assiette de pâté en croûte, de pommes de terre nouvelles et de gratin de courgettes.

Pendant les cinq premières minutes ils ne firent que boire et manger. Ils parlèrent encore un peu de leur quiproquo, puis Howard entama une discussion claire et nette en posant sur la table un instantané :

— C'est la seule photo que nous ayons d'elle, dit-il. Nous en découvrirons peut-être d'autres. On l'a trouvée dans son sac à main. Pourtant, il est assez rare d'avoir sur soi sa propre photo. Elle avait peut-être une raison sentimentale de le faire. Où et quand a-t-elle été prise ?

L'instantané était trop pâle et imprécis pour être reproduit dans un journal. Il représentait une jeune fille mince et blonde vêtue d'une robe de cotonnade, avec aux pieds de lourdes chaussures qui dépareillaient l'ensemble. Son visage n'était qu'une tache claire, Wexford se dit que sa propre mère ne l'aurait pas reconnue. Elle se détachait sur un fond de buissons poussiéreux, un bout de mur couronné d'un faîtage et quelque chose qui ressemblait au montant d'une corde à linge.

Wexford la rendit à son neveu et lui demanda :

— Garmisch Terrace, ça n'est pas tout près d'ici ?

— Oui, en effet, l'arrière des maisons donne sur le cimetière, mais du côté opposé à celui où nous nous trouvions. C'est un endroit lugubre plein de maisons monstrueuses construites vers 1870 par des commerçants qui ne pouvaient pas s'offrir Queen's Gate. Elles ont presque toutes été transformées en meublés et on y loue ce qu'on appelle prétentieusement des studios. Cela faisait environ deux mois qu'elle habitait là.

— Et comment gagnait-elle sa vie ?

— Elle était réceptionniste dans une agence de location de postes de télé. L'agence Sytansound, dans Lammas Grove. C'est une rue qui part de Kenbourne Circus et longe le cimetière. Apparemment, elle le prenait comme raccourci pour se rendre à son travail. Pourquoi fais-tu cette tête-là ?

— Je me disais que ça ne devait pas être drôle de traverser chaque jour un endroit pareil.

— Les gens du quartier y sont habitués. Ils ne le remarquent même plus. Et tu serais surpris de voir en été le nombre de jeunes mères qui y promènent leurs bébés pour leur faire prendre l'air.

— Quand et comment est-elle morte ? demanda Wexford.

— Selon toutes probabilités, vendredi dernier. Je n'ai pas encore reçu le rapport médical complet, mais elle a été étranglée avec son foulard en soie.

— Vendredi dernier... Et personne n'a signalé sa disparition ?

— À Garmisch Terrace, Reg ? fit Howard en haussant les épaules. Loveday Morgan n'habitait pas chez ses parents dans une banlieue résidentielle. À Garmisch Terrace les gens vont et viennent et s'occupent de leurs affaires sans jamais poser de questions. Le sergent Clements t'en dira long là-dessus.

— Pas de petit ami ?

— Pas à notre connaissance. Le corps a été identifié par une certaine Peggy Pope, la gardienne de l'immeuble du 22, Garmisch Terrace. C'est elle qui nous a dit qu'elle ne lui connaissait aucun ami. Elle est arrivée à Kenbourne Vale en janvier, mais d'où venait-elle ? Personne ne semble le savoir. Quand elle a loué la chambre elle a donné à Mrs Pope une adresse dans Fulham. Nous avons vérifié. La rue et le numéro qu'elle a donnés existent, mais elle n'y a jamais vécu. Les propriétaires de la maison sont de jeunes mariés qui n'ont jamais loué de chambre. Nous ne savons donc ni d'où elle venait, ni qui elle était.

Après avoir créé le suspense d'une manière que Wexford connaissait bien pour l'avoir souvent pratiquée, Howard alla chercher au bar du fromage et des crackers. Il revint avec un autre verre de jus de pomme. Wexford se sentit comblé et le but sans rechigner.

— Elle vivait donc seule à Garmisch Terrace sans se faire remarquer, reprit Howard. Vendredi dernier, c'est-à-dire le 25 février, elle s'est rendue à son travail comme d'habitude et est rentrée, comme elle le faisait parfois, pendant la pause du déjeuner. Mrs Pope pensait qu'elle était retournée travailler l'après-midi, mais en réalité elle n'en a rien fait. Elle a téléphoné au directeur de l'agence pour dire qu'elle se sentait souffrante et c'est la dernière fois qu'on a entendu parler d'elle... Peut-être a-t-elle traversé le cimetière, peut-être pas. Les grilles sont fermées tous les jours à 6 heures. Ce vendredi-là n'a pas fait exception. Clements aussi traverse parfois le cimetière pour rentrer chez lui. Et c'est ce qu'il a fait vendredi. Il a échangé quelques mots avec Tripper qui fermait les grilles derrière lui à 6 heures pile. Inutile de dire que Clements n'a rien remarqué de particulier. D'ailleurs, l'allée qu'il a empruntée ne passait pas près du caveau des Montfort.

Howard se tut et Wexford comprit que son neveu s'attendait à ce qu'il lui pose une question pertinente, ce qu'il ne manqua pas de faire :

— Comment l'avez-vous identifiée ?

— Nous avons trouvé dans le caveau, à côté d'elle, son sac à main qui nous a donné tous ces renseignements. Il contenait entre autres le ticket d'une teinturerie comportant son adresse ainsi que cet instantané. Enfin, sur un bout de papier, on a trouvé deux numéros de téléphone.

— J'imagine que vous avez appelé ?

— C'est la première chose qu'on a faite. Le premier était celui d'un hôtel de Bayswater, assez important et assez bien tenu. À la direction, on nous a dit qu'ils avaient mis une annonce dans un journal pour un poste de réceptionniste. Loveday Morgan a répondu par téléphone à cette offre. Mais elle ne leur a pas semblé convenir — trop timide et maladroite. En plus, elle manquait totalement d'expérience pour un tel poste... L'autre numéro était celui d'une société du West End, la Notbourne Properties, bien connue dans Notting Hill et Kenbourne Vale, d'où son nom. Eux aussi offraient un poste, mais de standardiste. Loveday a répondu et elle a été convoquée. Cela s'est passé en fin de semaine, il y a une quinzaine de jours. Mais eux non plus ne l'ont pas engagée. Ils l'ont trouvée trop mal habillée. En plus, elle ignorait tout du type de standard de cette société.

— Elle voulait donc changer de travail? Tu sais pourquoi?

— Pour gagner plus d'argent, j'imagine. Je pense que cette Mrs Pope nous donnera plus de renseignements sur elle et sur la vie qu'elle menait.

— La femme qui l'a identifiée? La gardienne de l'immeuble?

— Exactement. Que veux-tu faire? Prendre un café ou filer immédiatement à Garmisch Terrace?

— Laissons tomber le café, dit Wexford.

4

Mais une fois cette région dépassée, le paysage se fait plus aimable, l'air plus doux et plus égal et le sol se couvre d'une fraîche verdure.

Garmisch Terrace était une rue droite et grise, d'aspect sinistre: une tranchée bordée de maisons de six étages, toutes semblables et collées les unes aux autres. La monotonie des façades n'était rompue que par les porches soutenus par des colonnes, mais comme pour le bâtiment du cimetière, leurs proportions étaient fausses. Décidément, question architecture, ce n'était pas une période glorieuse. À l'époque où ces maisons avaient été construites, ceux qui n'avaient pas choisi le néo-gothique avaient tenté d'améliorer le style géorgien.

Cela aurait été moins apparent si ces maisons avaient été mieux entretenues. Wexford les regardait, le cœur serré. Pas la moindre trace d'une façade fraîchement repeinte. Le plâtre se fissurait et l'eau qui dégoulinait des gouttières avait tracé des rigoles sur les colonnes poussiéreuses. Des détritus s'amassaient à hauteur du sous-sol et les balustrades qui les séparaient de la rue étaient rafistolées avec du fil de fer. En guise d'arbres, des parcmètres se succédaient en une longue file grise et conduisaient à une chapelle de brique rouge. La rue se terminait là en cul-de-sac.

Quelques rares piétons passaient : un Sikh enturbanné qui remontait du sous-sol en traînant une poubelle ; une vieille femme poussant une voiture d'enfant abîmée et remplie de vieilleries ; une jeune Noire enceinte dont l'imperméable bleu vif était la seule tache de couleur dans toute cette grisaille. Le vent éparpilla les bouts de papier de la poubelle du Sikh et ils se mirent à tourbillonner sous le ciel gris. Ils s'accrochèrent aux cheveux laineux de la jeune Noire qui dans un pathétique effort d'intégration s'efforçait de suivre la mode et de les laisser pousser jusqu'aux épaules. Wexford évoqua avec tristesse ces gens de couleur qui croyaient venir en Terre promise et finissaient dans ce lieu indécent qu'était Garmisch Terrace.

— Je me demande qui peut bien choisir de venir habiter ici, dit-il au sergent Clements qui était devenu son mentor et son guide pendant qu'Howard, installé dans la voiture, lisait un rapport.

— Je comprends votre étonnement, monsieur, fit le sergent d'un air satisfait.

Son attitude n'était pas tout à fait celle d'un maître s'adressant à un élève doué. L'âge et le grade de Wexford lui en imposaient, mais il n'en affichait pas moins son dédain de citadin envers un provincial. Le visage rond et plein de Clements avait gardé quelque chose d'enfantin, mais il arborait une expression à la fois suffisante et mécontente.

— Faut croire qu'ils s'y plaisent, reprit-il. Ils se complaisent dans la crasse ; ça leur plaît de vivre à quatre dans un taudis ; de gaspiller le peu de fric qu'ils se trouvent ; de rôder la nuit et de dormir le jour.

Il lança un regard de mépris à un garçon et une fille qui traversaient la rue en se tenant par la main. Ils s'assirent devant la chapelle, sur le trottoir, et se mirent à manger des chips qu'ils piochaient dans un sac de papier. Puis il ajouta :

— Ils s'amènent à l'improviste chez des copains en pleine nuit et couchent à même le sol, au milieu des mégots, parce qu'ils ont raté le dernier autobus. Questionnez-les et vous verrez que la plupart du temps ils sont sans domicile fixe, ils vivent une semaine ici, une semaine là et vont chercher fortune ailleurs. Ils ne vivent pas comme vous et moi. Ils me font penser à ces taupes qui, dans vos campagnes, tracent dans l'obscurité des galeries souterraines.

Wexford reconnut dans le sergent un type de policier qui n'était que trop répandu. Ces policiers qui, à force de ne voir que le côté sordide de la vie, se durcissaient. Il leur manquait l'entraînement particulier enseigné aux assistantes sociales. Ils devenaient cruellement cyniques au lieu de faire preuve de compréhension. Son propre subordonné, Mike Burdern, s'il n'avait été aussi intelligent, aurait eu tendance à se comporter de cette manière. Wexford qui ne se faisait pas d'illusions sur les qualités intellectuelles de Clements, n'en éprouvait pas moins pour lui une certaine sympathie.

— La pauvreté et le malheur ne sont guère favorables à une vie bien ordonnée, sergent, dit-il en adoucissant d'un sourire ce reproche voilé.

Clements ne prit pas cette remarque pour un reproche et se contenta de dire, en hochant la tête devant tant d'innocence :

— C'est aux jeunes que je faisais allusion, monsieur, à de jeunes voyous comme ces deux-là qui se vautrent sur le trottoir. Vous ne tarderez pas à vous en rendre compte vous-même. Une quinzaine de jours dans le quartier de Kenbourne Vale vous ouvrira les yeux. Moi-même, quand je suis arrivé à Londres je croyais que le hasch était du hachis de mouton et le L.S.D. un sigle téléphonique.

Connaissant parfaitement le signification de ces termes, Wexford se tut et lança un regard vers la voiture. Il commençait à avoir froid et, sur un signe de Howard, il alla s'abriter sous le porche du numéro 22. Il sentait que Clements était mûr pour lui faire une conférence sur le conflit des générations, ce qu'il espérait bien éviter. Mais le sergent le suivit sur les marches crasseuses et se lança dans la diatribe que Wexford craignait tant. Il le laissa parler pendant une ou deux minutes puis l'interrompit en lui demandant :

— Et à propos de Loveday Morgan...

— La prétendue Loveday Morgan, fit Clements d'un air sombre. Vous pouvez être sûr que ce n'était pas son véritable nom. Comment ça se pourrait-il. Nous avons d'ailleurs vérifié à l'état civil, à Somerset House. Il y a des quantités de filles Morgan, mais pas une seule qui s'appelle Loveday. C'est un prénom qu'elle s'est inventé de toutes pièces. Pourquoi ? Allez donc savoir ! De nos jours, les filles se choisissent de ces prénoms. Tenez... Laissez-moi vous citer un exemple...

Heureusement Howard arriva et réduisit Clements au silence par un regard inhabituellement sévère. Sur l'un des montants de la porte d'entrée une rangée de sonnettes s'alignaient. Elles comportaient des chiffres au lieu de noms.

— La gardienne habite au sous-sol, dit Howard, alors le mieux est de sonner au numéro 1.

Il appuya sur le bouton et dans l'interphone une voix aboya quelque chose qui ressemblait à : « Teal ».

— Pardon ?

— Ici Ivan Teal. Appartement numéro 1. Qui me demande ?

— Superintendant Fortune. Je désire parler à Mrs Pope.

— Dans ce cas, c'est sur le 15 qu'il faut appuyer, mais le ressort de la porte est cassé. Je descends vous ouvrir.

— Appartement ! ricana le sergent tandis qu'ils attendaient. Y a de quoi rire. Y en a pas un dans toute la maison. Rien que des chambres meublées avec un évier et un compteur à gaz. Quand je pense que cette fille payait sept livres pour habiter là et qu'il n'y a que deux chiottes pour toute la cambuse. C'est un monde ! (Il ajouta d'un air protecteur :) Préparez-vous au pire, monsieur. Je ne sais pas qui est ce Teal mais c'est sûrement un monstre.

Ce n'était pas le cas. Wexford vit surgir devant eux un homme qui avait à peu près son âge, pas très grand, bien musclé et qui portait ses épais cheveux gris plutôt longs.

— Excusez-moi de vous avoir fait attendre, dit-il. De là-haut ça prend un bout de temps pour descendre.

Il fixait les trois policiers d'un air impassible, mais avec une insolence calculée.

Wexford avait lu cette expression sur bien des visages, mais plus souvent chez des jeunes. Teal s'exprimait avec un accent assez distingué. Il portait un pull blanc impeccable et sentait l'eau de toilette de chez Fabergé.

— Je pense que vous vous préparez à persécuter tous les habitants de l'immeuble ? ajouta-t-il.

— Nous ne persécutons personne, Mr Teal.

— Tiens, tiens. Dans ce cas, vous avez changé. Parce qu'autrefois, vous me persécutiez.

Estimant que Howard lui avait donné carte blanche pour questionner les témoins, Wexford demanda :

— Connaissiez-vous Loveday Morgan ?

— Je connais tout le monde ici, fit Teal. Aussi bien les plus anciens locataires que ceux qui ne font que passer. J'y suis depuis la nuit des temps. (Brusquement il esquissa un sourire :) Appartement 1, pour vous servir.

Il les accompagna jusqu'à l'entrée de l'escalier qui menait au sous-sol, puis les quitta sans rien ajouter.

— Drôle de vieux pédé, fit Howard. Et dire qu'il habite ce meublé depuis quinze ans !... Venez. C'est là en bas.

L'escalier, étroit, était recouvert d'un tapis de corde usé. Ils débouchèrent dans un couloir haut de plafond, dont les murs avaient été peints autrefois dans une couleur cramoisie. La peinture écaillée laissait voir par endroits le plâtre blanchâtre qui formait des îles et des continents, la carte d'un monde inconnu, d'une quelconque Utopie. Des meubles qui paraissaient énormes encombraient ce couloir. C'était à se demander comment on avait pu les descendre par l'étroit escalier.

Devant trois portes fermées trônaient des poubelles débordantes de détritus qui dégageaient une odeur de pourriture.

Wexford n'avait jamais vu quelque chose d'aussi misérable. Par contre, l'intérieur de l'appartement 15 lui rappela certains pavillons de Kingsmarkham. Il y retrouvait la même crasse, le même mélange de vaisselle et de vêtements sales, de boîtes de conserve vides à côté de chaussettes dégoûtantes et, dans un landau cassé, un petit enfant au visage barbouillé comme on en trouve aussi bien à la ville qu'à la campagne. On pouvait trouver triste qu'une femme et son enfant vivent dans cet antre obscur, éclairé en permanence par la lumière électrique. Mais la lumière du jour aurait accentué plus cruellement encore les fauteuils aux bras cassés et le tapis élimé. Dans son genre, c'était une œuvre d'art. Une parente de la logeuse l'avait minutieusement rapiécé. Wexford ne pouvait dire s'il s'agissait d'un tapis bleu raccommodé avec un fil cramoisi, ou si à l'origine il était imprimé d'un tissage bleu Axminster. Il était couvert de taches de nourriture et d'épingles à cheveux de la concierge.

Seule la jeune femme qui habitait ce trou à rats aurait pu affronter avec succès la pleine lumière. Ses vêtements étaient aussi sales et déchirés que les housses des sièges, la poussière collait à ses cheveux noirs et gris, mais la fille était superbe. La plus belle qu'ait vue Wexford depuis son arrivée à Londres. Elle avait la beauté des stars de cinéma de sa jeunesse avant qu'elles ne deviennent quelconques. Il retrouvait dans ce merveilleux visage quelque chose d'une Carole Lombard ou d'une Loretta Young. Aussi maussade et crasseuse qu'elle fût, il ne pouvait la quitter du regard.

Howard et Clements, en revanche, ne semblaient nullement frappés. Ils étaient sans doute trop jeunes pour s'en souvenir ou trop affairés pour être sensibles à la beauté. D'ailleurs l'attitude de la fille ne correspondait guère à son physique. Perchée sur l'accoudoir d'un fauteuil, elle se rongeait les ongles et les regardait, les sourcils froncés et l'air maussade.

— Je voudrais vous poser quelques questions, Mrs Pope, dit Howard.

— Miss Pope, j'suis pas mariée, corrigea-t-elle d'une voix basse et rauque. Qu'est-ce que vous voulez savoir ? J'ai pas de temps à perdre, moi. Faut que je sorte ces poubelles si Johnny y se ramène pas.

— Johnny ?

— Oui, mon Jules qui habite ici avec moi. (Elle montra l'enfant d'un geste du pouce : le père de celle-là.) Il m'avait promis de rentrer dès qu'il aurait touché son allocation chômage, mais y en a pas un comme lui pour se défiler le jour des poubelles. Je m'demande bien pourquoi je tombe toujours sur des bons à rien.

— Loveday Morgan, elle, n'était pas une bonne à rien.

— Elle était pas fainéante, si c'est ça que vous voulez dire.

L'enfant commença à pleurnicher. Peggy Pope ramassa une tétine tombée sur le sol crasseux, l'essuya contre la manche de son cardigan et la lui fourra dans la bouche.

— Je m'demande bien comment elle s'y est prise pour qu'on la foute pas à la porte. Elle était tellement gourde ! En arrivant ici, elle savait même pas comment fonctionnait un compteur à gaz, ni où on achetait des ampoules électriques. J'ai même dû lui apprendre à se servir du téléphone. Ils me donnent tous du boulot dans cette cambuse, mais elle, alors, elle tenait le pompon ! Quand j'pense qu'elle a eu le culot d'essayer de me souffler mon Johnny.

— Vraiment ? fit Howard sur un ton engageant. Racontez-nous ça, Mrs Pope.

— *Miss* Pope. Loveday elle était toujours prête à venir rejoindre Johnny ici dès que j'avais le dos tourné. Les quinze derniers jours, ça a fait qu'empirer. Quand je rentrais je la trouvais assise là en train de dévorer le Johnny des yeux ou de faire semblant de s'occuper de la gosse. J'ai demandé une ou deux fois à Johnny de quoi y causaient tous les deux. « De rien, qu'il me répondait. Elle ouvre à peine la bouche. » C'était une pauv' fille.

Et Peggy Pope poussa un soupir comme si elle, qui n'était que vie et joie, méritait d'être entourée de gens aussi exubérants.

— Savez-vous pourquoi elle était si pitoyable ?

— Question fric, comme tous les autres. Ils n'font que me parler de ça, comme si moi j'roulais sur l'or. Elle m'a demandé une fois si je pourrais pas lui dénicher une chambre moins chère. Je lui ai répondu que j'en avais pas. Et c'est vrai, on a rien au-dessous de sept livres par semaine. J'ai cru qu'elle allait se mettre à chialer. Une vraie môme, j'vous dis.

— Parlez-nous de ce qui s'est passé vendredi dernier, Mrs Pope, suggéra Howard.

— *Miss* Pope. Le jour où je voudrai être Madame j'me trouverai un homme qui travaille et qui soit capable de m'sortir de c'trou à rats, c'est moi qui vous le dis. Et pour ce qui est de vendredi dernier, j'ai rien à dire. Je l'ai vue rentrer vers 1 h 10 et repartir vers 2 heures moins 10. Ah ! si, elle a donné un coup de fil. Mais à part ça, je peux rien vous dire de plus.

Wexford saisit le regard d'Howard et se pencha en avant :

— Miss Pope, nous aimerions que vous nous racontiez tout cela avec plus de détails. Ce que vous faisiez à ce moment-là ; l'endroit où elle était quand vous l'avez vue, ce qu'elle vous a dit ; tout enfin.

— C'est bon, j'vais essayer, fit Peggy Pope qui, sortant son pouce de sa bouche, le considéra d'un air dégoûté. Mais quand j'aurai fini, faudra que vous me laissiez monter mes poubelles.

Il ne faisait pas chaud dans la pièce. Peggy Pope appuya sur un bouton du radiateur électrique avec son pied et une seconde rampe s'alluma. Elle devait rarement servir, car lorsqu'elle passa au rouge elle dégagea une odeur de poussière brûlée.

— Ben, c'était un peu après 1 heure, peut-être 1 h 10.

Johnny avait mis les voiles, comme d'habitude, pour chercher du travail, qu'il a dit, mais j'parie qu'il était au bistrot. Moi j'étais dans le couloir, au rez-de-chaussée, en train de donner un coup de balai quand Loveday s'est amenée. On s'est dit bonjour et elle est montée chez elle. Je sortais l'aspirateur quand elle est redescendue et elle m'a demandé si je pouvais lui faire la monnaie de dix pence. Il lui fallait deux pièces parce qu'elle avait un coup de fil à donner. Elle devait bien savoir, cette gourde, que j'ai jamais d'argent sur moi quand je fais le ménage, mais je suis quand même descendue chercher mon sac. J'avais pas de monnaie. Juste une pièce de deux pence que je lui ai donnée et elle est allée droit à la cabine téléphonique.

— Qui se trouve où ?

— Sous l'escalier. Vous avez passé devant en descendant ici.

— Vous ne savez pas à qui elle téléphonait ?

Elle réchauffa ses doigts aux ongles rongés sur le radiateur et une expression renfrognée et féroce vint plisser les traits de son beau visage :

— Comment que j'le saurais ? Y a une porte à cette cabine. Elle m'a pas dit qu'elle allait appeler sa mère ou son petit ami, si c'est ça que vous voulez dire. Elle parlait pas beaucoup, Loveday. Faut lui rendre cette justice, elle était pas bavarde. Elle est sortie de la cabine, elle est remontée, et moi je suis descendue pour voir si ma gosse avait besoin de rien, et quand je suis remontée avec le landau pour porter mon linge à la laverie automatique, elle sortait juste de la maison. Elle portait son ensemble-pantalon vert. Ça m'a frappée parce que c'est le seul truc à peu près convenable qu'elle avait. Elle m'a rien dit... Alors maintenant est-ce que je peux oui ou non m'occuper de mes poubelles ?

Howard fit un signe d'acquiescement. Lui et Clements la remercièrent brièvement et s'engagèrent dans l'escalier. Wexford s'attarda. Il regarda la fille — à la silhouette frêle et aux épaules un peu voûtées — soulever une des poubelles et lui dit spontanément :

— Laissez-moi vous donner un coup de main.

Elle parut stupéfaite. Le milieu où elle vivait ne lui avait pas enseigné à accepter une offre de ce genre avec grâce et pour toute réponse elle haussa les épaules en déformant sa bouche d'une moue hideuse.

— C'est un homme qu'ils auraient dû engager pour faire ce travail, ajouta Wexford.

— Possible, mais en attendant c'est moi qui le fais. Jamais un homme se contenterait, pour gagner huit livres par semaine, d'être gardien de l'immeuble et de vivre dans cette piaule. Vous accepteriez, vous ?

— Pas si je pouvais faire autrement. Vous ne pourriez pas trouver un travail mieux payé ?

— Dites donc, mon vieux, j'ai une gosse, moi. Et il faut que mon boulot me permette d'avoir l'œil sur elle. Mais vous en faites pas pour moi. Un jour un prince viendra, il m'sortira de là, et ce sera au tour de Johnny de s'occuper des poubelles.

Elle sourit pour la première fois d'un sourire qui illumina son visage. À nouveau Wexford se souvint des salles obscures du temps de sa jeunesse et des écrans aux fascinantes images.

— Ouf, je suis contente d'en avoir fini, reprit-elle, et je vous remercie bien.

— Il n'y a pas de quoi, fit Wexford.

Cet effort inhabituel lui avait fait monter le sang à la tête. C'était idiot de sa part de faire une chose pareille. La veine qui battait à sa tempe fit redoubler sa nervosité. Howard et le sergent avaient disparu. Pour se rafraîchir les idées en les attendant, Wexford marcha jusqu'au bout de Garmisch Terrace. Un fin crachin commençait à tomber. Il déboucha dans ce qui aurait été, dans son patelin, la grand-rue. Il y avait un centre commercial minable et, coincé entre un bistrot et un salon de coiffure, une petite boutique appelée « Loveday ». C'était donc de là que la morte avait tiré son nom. Le sien devait être sans doute plus terne, plus quelconque et, en outre, trop identifiable au point d'en être pénible, d'où sa volonté de le garder secret.

— Vous avez été respirer un peu d'air frais, monsieur, fit le sergent comme il revenait auprès d'eux. Ou du moins ce qui passe ici pour de l'air frais. Bon Dieu, ce que ces poubelles peuvent puer !

— Nous allons ramener le sergent au commissariat, fit Howard en souriant, puis je te montrerai de ce quartier un aspect totalement différent. Je ne voudrais pas que tu gardes de Kenbourne l'image d'un trou à rats.

Ils déposèrent Clements au commissariat de police, à la façade noircie de suie, en pleine grand-rue de Kenbourne Vale.

Éclairant un imposant escalier, une lampe bleue se balançait, fixée au centre d'une arche. Howard se mit au volant et s'engagea dans un quartier misérable où d'étroites rues sinuaient entre des bistrots et des échoppes, avec ici et là ce qui avait été autrefois de vastes jardins, et qui n'était plus que terrains vagues jonchés de vieux vélos abandonnés et de bidons d'essence rouillés.

— Clements habite là-haut, fit Howard, en indiquant un point au-dessus du toit de la voiture. Wexford, en se penchant à la portière, vit un immeuble locatif en forme de tour qui avait bien trente étages de hauteur.

— Il doit avoir une sacrée vue, continua Howard. Il paraît que par temps clair il peut voir la Tamise et une bonne partie de son estuaire.

Ils roulaient maintenant entre de hauts immeubles, de véritables monolithes qui jaillissaient de terrains vagues pleins de détritus. Wexford se demanda si c'était ce que voulait lui faire admirer son neveu, quand après un virage, ils débouchèrent sur un espace découvert. Le contraste était presque choquant. Une seconde auparavant il se trouvait dans le quartier le plus misérable qu'il ait jamais vu et maintenant, comme si des machinistes avaient rapidement changé de décor, une place ombragée de platanes et bordée de maisons de style géorgien s'étalait devant lui. Telle devait être Londres toujours variée et constamment surprenante, songea-t-il.

Howard arrêta la voiture devant la plus importante de ces demeures, dont la façade était de couleur crème, les hautes fenêtres étincelantes et le porche soutenu par d'élégantes colonnes. Sur le devant, des plates-bandes fleuries et sur chaque côté, des cyprès et des ifs soigneusement taillés. Sur une plaque fixée au mur on pouvait lire : *Vale Park, propriété privée. Parking exclusivement réservé aux résidents. Société foncière Notbourne Limited.*

— L'ancienne résidence des Montfort, expliqua Howard. Actuellement c'est la propriété de la société foncière où Loveday s'est présentée pour un poste de réceptionniste.

— Les chemins de la gloire, dit son oncle, mènent au tombeau. Et que sont devenus les Montfort, mis à part leur mausolée ?

— Je l'ignore. Stephen Dearborn, le président du conseil d'administration de la Notbourne, pourrait te donner tous les renseignements que tu désires. Il fait, paraît-il, autorité sur tout ce qui concerne Kenbourne Vale et son histoire. Cette société a racheté nombre de vieux immeubles dans Kenbourne et les retape avec goût et succès.

« Dommage, pensa Wexford, qu'ils n'en aient pas fait autant avec le commissariat de police de Kenbourne Vale. » Sa rénovation s'avérait plus que nécessaire. Un coup de peinture claire aurait transformé ses sinistres murs vert bouteille, ses boiseries acajou et ses couloirs obscurs. L'un de ces couloirs voûtés menait au bureau de Howard, une grande pièce à la moquette lie-de-vin, aux classeurs métalliques, avec vue sur une brasserie. Le seul rayon de soleil de cette pièce lugubre était une fille aux cheveux de cuivre, qui avait les jambes les plus longues que Wexford eût jamais vues.

Elle leva les yeux du classeur qu'elle étudiait et dit :

— Mrs Fortune a téléphoné, monsieur. Elle vous prie de la rappeler le plus rapidement possible. Ça a l'air d'être urgent.

— Urgent, Pamela ? Qu'est-ce qui ne va pas ? fit Howard s'approchant du téléphone.

— Si j'ai bien compris, fit la jeune secrétaire après un instant d'hésitation, il semblerait que votre oncle, celui qui séjourne chez vous, ait disparu. Il est parti il y a cinq heures et il n'est toujours pas rentré. Mrs Fortune m'a semblé très inquiète.

— Seigneur ! s'exclama Wexford. J'étais censé me rendre à la gare Victoria. Me voilà dans de beaux draps !

— Tu veux dire, *nous* voilà dans de beaux draps !

Et les deux hommes éclatèrent de rire.

5

Ils écoutent volontiers les jeunes hommes et les incitent même à parler...

— Tante Dora se repose, dit Denise d'un ton glacial. Quand sa migraine se sera dissipée nous irons faire un bridge chez mon frère.

— Je suis navré de ce qui s'est passé, mon petit, dit Wexford en cherchant une fois de plus à l'apaiser. Je ne voulais pas l'inquiéter, mais j'avoue que ça m'est complètement sorti de la tête de te prévenir.

— Il ne s'agit pas de moi mais de tante Dora : elle est toute retournée.

— Les hommes sont faits pour travailler et les femmes pour pleurer, lança Howard d'un ton plutôt blessant. Bon, et qu'en est-il de mon dîner et de l'en-cas d'oncle Reg ?

— Nous n'avons rien préparé de spécial pour oncle Reg. Puisqu'il ne tient aucun compte des conseils de son médecin...-

— ... vous avez décidé de le punir en lui faisant partager mon repas. Pauvre vieux Reg ! Le voilà réduit, tout comme les enfants dans *L'Utopie* de Thomas More, à se nourrir des miettes qui tombent de la table du maître.

Lorsque Dora descendit de sa chambre, elle se montra offusquée, mais Wexford, après trente ans de mariage, tolérait rarement l'autorité matriarcale.

Quand elle vit son air décidé, elle se contenta de dire d'un air piteux, avant de sortir gaiement jouer au bridge :

— Chéri, comment as-tu pu me faire une chose pareille !

— Allons dans mon bureau, dit Howard lorsque les deux hommes eurent terminé leur riz pilaf. Il faut que je parle avec toi de ce fameux coup de téléphone.

Le bureau de Howard était bien plus plaisant que celui de Kenbourne Vale. Ses bibelots semblaient moins fragiles que ceux choisis par Denise pour décorer le reste de la maison. Wexford s'installa près de la fenêtre d'où il pouvait voir, entre deux immeubles, les phares des voitures circulant sans interruption dans King's Road. Il ne s'était pas encore habitué à ces lieux où l'obscurité n'était jamais complète et où le ciel était constamment éclairé d'une lueur rougeâtre.

— Tu as l'air d'aller cent fois mieux, Reg, fit Howard en souriant. Ma parole, tu as rajeuni de dix ans en un après-midi.

— Ça ne m'étonne pas. Rien de plus déprimant que d'être relégué à l'arrière-plan et de vivre au ralenti.

— « La tragédie de la vieillesse n'est pas d'être vieux mais de rester jeune. » J'ai toujours pensé que *Le Portrait de Dorian Gray* était un livre stupide, mais que cette épigramme, entre autres, le rachetait. Et dire qu'elle se situait presque à la dernière page.

— Bavardage littéraire, Howard?

Son neveu se mit à rire:

— C'est le dernier, dit-il.

— Bien. Au sujet de cet appel téléphonique qu'a donné Loveday depuis Garmisch Terrace...

— À l'agence Sytansound, c'est bien ça? Elle leur a téléphoné pour leur dire qu'elle était souffrante?

— Oui, c'est cela, mais ce coup de téléphone-là, elle l'a donné à 2 heures, alors qu'elle a appelé à 1 heure et quart de Garmisch Terrace. À qui pouvait-elle bien téléphoner?

— Qu'est-ce que j'en sais? À sa mère. À une vieille tante. À une amie. Ou peut-être répondait-elle à une autre offre d'emploi. Et, alors qu'Howard secouait la tête, il remarqua: Tu es sûr qu'elle n'a pas appelé l'agence Sytansound plus tôt?

— Le directeur, un certain Gold, a répondu lui-même et il m'a affirmé que Loveday n'avait pas téléphoné avant 2 heures. Elle était très ponctuelle et il commençait à se demander ce qui se passait quand le téléphone a sonné.

— Je me demande pourquoi elle a appelé une fois de Garmisch Terrace, et ensuite, d'une cabine publique.

— Tout simplement parce qu'elle n'avait plus de monnaie. Rappelle-toi qu'elle a demandé à la mère Pope de lui en faire et que celle-ci lui a dit qu'elle n'avait qu'une pièce de deux pence, qu'elle lui a d'ailleurs donnée. Loveday a dû sortir acheter des cigarettes ou du chocolat pour faire de la monnaie, puis elle est allée téléphoner dans la cabine la plus proche.

— Dans ce cas, c'est le premier coup de fil qui est important, et même décisif, puisque c'est après l'avoir donné que Loveday a décidé de prévenir l'agence pour dire qu'elle n'irait pas travailler cet après-midi-là. On peut donc en déduire qu'elle a dû téléphoner à son assassin.

Wexford se surprit à se frotter les yeux et se détendit. À présent il lui était facile de se détendre, puisqu'il était admis dans la retraite secrète d'Howard. Mieux encore: il était reçu dans le sanctuaire de ses pensées. Parle-moi un peu de cette agence Sytansound, reprit-il.

Pensant que le reflet des phares des voitures dans King's Road dérangeait son oncle, Howard alla tirer les doubles rideaux.

— Gold est un homme d'une soixantaine d'années. Il habite au-dessus du magasin qu'il n'a pas quitté le vendredi après-midi. À 5 heures et demie, il s'est fait inscrire aux abonnés absents, puis est monté chez lui d'où il n'a pas bougé de toute la soirée. Cela correspond à ce que nous avons vérifié. À part lui, le personnel de l'agence se compose de deux représentants et de deux mécaniciens. Les deux représentants et un des mécaniciens sont mariés et habitent hors de Kenbourne. L'unique célibataire est un garçon de vingt et un ans. Toutes leurs allées et venues ont été contrôlées, mais si nous partons de l'idée que c'est à son assassin qu'a téléphoné Loveday, cela exclut les employés les plus âgés. D'ailleurs, ils ont déjeuné à Lammas Arms de 1 heure à 2 heures moins 10 et aucun d'eux ne s'est levé de table pour répondre à un coup de fil. Le garçon de vingt et un ans était allé réparer un poste de télévision dans un immeuble de Copeland Road. Cela vaudrait peut-être la peine de s'assurer que personne ne l'a appelé là-bas, mais c'est peu probable. D'après ce que nous savons, Loveday n'échangeait que de rares paroles avec les mécaniciens et les représentants. Je vais te lire un passage de la déposition de Gold.

Howard avait pris avec lui son porte-documents. Il l'ouvrit et tira une feuille de papier d'une petite pile :

— « Une fille tranquille et polie. Les clients l'aimaient bien parce qu'elle se montrait toujours polie et patiente. Ce n'était pas une fille qui se mettait en avant. Elle était plutôt à l'ancienne mode. Quand elle est venue se présenter elle n'était absolument pas maquillée et j'ai dû la prier de s'arranger un peu. » Selon toute vraisemblance, il a également dû lui demander de raccourcir ses jupes et de ne pas porter tous les jours les mêmes vêtements, ajouta Howard.

— Combien gagnait-elle ?

— Douze livres par semaine. C'est bien peu quand on pense que sa chambre lui en coûtait sept. Mais son travail n'exigeait aucune qualification. Tout ce qu'elle avait à faire, c'était de montrer aux clients deux ou trois postes de télévision de marques différentes, et de prendre leurs nom et adresse. C'est aux représentants qu'incombait le soin de remplir les formulaires de location et de toucher l'argent.

Wexford se mordilla la lèvre. Cela lui était pénible de penser que cette fille tranquille, cette enfant, avait vécu parmi des

Peggy Pope et que sa chambre, à Garmisch Terrace, lui coûtait plus de la moitié de son salaire. Il se demanda à quoi elle occupait ses soirées, après avoir, en rentrant de son travail, traversé ce lugubre cimetière pour s'enfermer dans une cellule de quatre mètres carrés. Pas d'amies, pas d'argent de poche, pas d'amoureux, pas grand-chose à se mettre probablement...-

— Qu'a-t-on trouvé dans sa chambre? demanda-t-il.

— Presque rien. Deux chandails, un jeans, une robe et un pardessus. Je crois bien n'avoir jamais vu une chambre où une fille ait laissé si peu de traces de son passage. Quant aux quelques produits de beauté qu'elle pouvait avoir, ils devaient être dans son sac. On a aussi trouvé dans sa chambre une savonnette, un flacon de shampooing, deux ou trois magazines féminins et une bible.

— Une *Bible* !

— Elle n'était peut-être pas à elle, Reg, fit Howard en haussant les épaules. Son nom n'y figurait pas et n'oublie pas que c'était une chambre meublée. Il est possible que cette bible ait été laissée là par le locataire précédent, ou qu'elle ait provenu d'un tas de vieux bouquins. Tu as dû voir une bibliothèque au sous-sol. Peggy Pope a été incapable de me dire à qui cette bible pouvait bien être.

— Allez-vous essayer de retrouver ses parents?

— C'est ce que nous sommes en train de faire. Nous n'avons d'elle qu'une mauvaise photo, mais les journaux en ont donné une description détaillée. Ils devraient se manifester dans les deux jours à venir s'ils sont toujours vivants. Ils ne doivent pas avoir plus d'une quarantaine d'années.

— Verrais-tu un inconvénient à ce que j'aille fouiner un peu dans Garmisch Terrace et questionner les gens de l'immeuble et du voisinage?

— Fouine autant que tu le voudras, fit Howard avec chaleur. J'ai besoin de ton aide, Reg.

Wexford se leva à 7 heures et demie, prêt à partir avec Howard, et cet acte de défi mit les deux femmes dans tous leurs états. Dora, qui venait juste de descendre, n'avait pas eu le temps de lui préparer un petit déjeuner de régime.

— Fais-moi donc un œuf à la coque, ma petite Denise, pendant ce temps-là, je me verserai une tasse de café, lui dit Wexford comme si de rien n'était.

— Si tu ne nous avais pas causé une telle frayeur hier, lui dit sa nièce, nous serions allées t'acheter du muesli. C'est plein de vitamines.

Wexford haussa les épaules et prit subrepticement une tranche de pain blanc.

— Tes pilules, lui dit sa femme froidement, pour adopter juste après un ton implorant : Reg, emporte-les avec toi. Je t'en supplie, n'oublie pas de les prendre.

— Je n'oublierai pas, promit Wexford en empochant le flacon.

La circulation était déjà dense et près de trois quarts d'heure s'écoulèrent avant que Howard ne le dépose devant le 22 de Garmisch Terrace. Les trottoirs étaient humides et luisants. En claquant la portière de la voiture, il vit une silhouette vêtue de noir sortir de la chapelle et se diriger avec hâte vers les magasins.

À part un chat qui se glissait entre les barreaux d'une grille d'égout, la seule créature visible était un garçon affalé sur la plus haute marche du perron du n° 22, plongé dans la lecture d'un magazine de cinéma.

— L'interphone de la porte d'entrée ne marche pas, dit-il en voyant Wexford s'en approcher.

— Oui, je le sais.

— Mais si vous voulez, je peux vous ouvrir, reprit le garçon avec l'air nonchalant d'un valet de pied.

On le sentait capable de rester assis là jusqu'au lendemain comme s'il ne lui était pas possible d'entrer dans l'immeuble. Mais il avait la clef, ou du moins il l'affirmait. Il se mit à fouiller dans les poches de sa veste afghane, qui sentait particulièrement mauvais. Il devait faire partie de la faune très spéciale qui grouillait dans le quartier et il y avait gros à parier que c'était le fameux Johnny.

— Je crois savoir que vous étiez en bons termes avec la fille qu'on a retrouvée morte, dit Wexford.

— En bons termes... Ça veut dire quoi, ça ? Tout ce que j'peux dire c'est que je la connaissais... Vous êtes de la police ?

Wexford hocha la tête, puis reprit :

— Vous vous appelez bien Johnny ? Mais quel est votre nom de famille ?

— Lamont.

Johnny n'était visiblement pas d'humeur bavarde. Il sortit enfin la clef d'une de ses poches, ouvrit la porte et suivit Wexford. Une fois dans le couloir, il le regarda, d'un air maussade. Avec sa mèche de cheveux châtains lui barrant le front, il avait la beauté romantique d'un Byron, mais d'un Byron mal lavé et mal nourri.

— Avec qui était-elle liée, dans la maison ?

— Ça, j'en sais rien, fit Johnny. Elle m'a dit une fois qu'elle avait pas d'amis. (Il était plus maussade et indifférent, moins disposé encore à répondre que Peggy Pope.) Y a qu'à Peggy et moi qu'elle parlait, reprit-il. (Puis il ajouta, comme s'il y avait pris un malin plaisir :) Personne dans cette cambuse pourra rien vous dire sur elle. Et d'ailleurs, à c'te heure-ci, ils sont tous au boulot.

Sur ce, il haussa les épaules, fourra le magazine dans sa poche et se dirigea vers l'escalier qui menait au sous-sol.

Wexford s'engagea dans celui qui montait aux étages. Johnny avait vu juste en disant que la plupart des locataires seraient à leur travail. Il s'attendait à voir les scellés apposés sur la porte de la chambre de Loveday. Il la trouva grande ouverte. Deux agents de police en civil et un troisième, en uniforme, se tenaient près de la lucarne et discutaient à voix basse. Wexford s'arrêta sur le palier pour jeter un regard dans la pièce. Petite et nue, elle se composait simplement d'un lit étroit, d'une commode et d'une chaise de rotin. Dans un angle, un rideau de cretonne jaune avait été tendu pour faire office d'armoire. La vue se limitait à un affreux mur de briques construit en un seul bloc. Il s'agissait d'une tour de cheminée située entre l'immeuble et le bâtiment voisin. La cheminée faisait caisse de résonance et le roucoulement d'un pigeon, perché un peu plus haut, parvint aux oreilles de Wexford comme un son rauque et caverneux.

Un des agents de police, prenant Wexford pour un curieux, lui claqua la porte au nez. L'inspecteur-chef continua de monter l'escalier. Une fois au troisième, il trouva deux locataires chez eux. Un Indien dont la chambre sentait le curry et l'encens, et une fille qui disait travailler dans une boîte de nuit. Ni l'un ni l'autre n'avaient jamais adressé la parole à Loveday Morgan, mais ils se souvenaient parfaitement de cette fille effacée, tranquille et triste. Essoufflé, Wexford arriva au quatrième étage et tomba sur Peggy Pope qui portait une pile de draps et s'entretenait avec une fille plutôt laide, mais vive.

— Ah ! c'est vous, s'exclama Peggy. Qui vous a fait entrer ?

— Votre ami Johnny.

— Bon Dieu ! Et dire qu'il devrait être en train de toucher son allocation de chômage ! Il va se vautrer sur son lit jusqu'à l'ouverture des bistrots. Je sais pas ce qu'il a en ce moment, mais ça tourne pas rond.

L'autre fille se mit à glousser et Wexford lui demanda sèchement :

— Vous connaissiez Loveday Morgan ?

— On s'disait bonjour en passant. Mais c'était pas mon genre. La seule fois où je lui ai vraiment parlé c'était pour l'inviter à venir chez moi boire un verre avec des copains. Pas vrai, Peggy ?

— Exact, fit Peggy. (Puis elle se tourna vers Wexford, l'air plus maussade que jamais :) Oui, ils rappliquent tous les samedis soir, et ils font un tel chahut que ma môme gueule toute la nuit.

— Allez, Peggy, tu exagères ! Johnny et toi vous vous en payez une sacrée tranche quand vous venez chez moi.

— Loveday a-t-elle accepté votre invitation ? demanda Wexford.

— Bien sûr que non ! Elle a pris un air pincé comme si je l'avais invitée à une partouze. Mais faut reconnaître que c'était une brave fille. Elle s'est jamais plainte du raffut qu'on faisait. Au contraire, ça lui plaisait que les autres s'amusent, mais vrai elle avait plutôt l'air d'une vieille bonne femme que d'une fille de vingt ans.

— Elle est plus rien du tout maintenant, fit Peggy en poussant un profond soupir.

Arrivé au dernier étage, Wexford ressentit le choc qu'il avait éprouvé lorsqu'en quittant les misérables ruelles de Kenbourne, ils avaient débouché sur la lumineuse place où se dressait l'ancienne résidence des Montfort. Des plantes d'appartement étaient suspendues à une treille blanche fixée à l'encadrement de la porte. L'ensemble était si bien arrangé, si bien entretenu qu'il aurait même satisfait Denise.

L'air était plus pur et plus frais. Wexford resta là un bon moment pour reprendre son souffle, puis appuya sur une sonnette placée au-dessus d'une petite plaque de cuivre où était simplement gravé : « Chez Teal ».

6

Leurs religions varient non seulement d'une partie de l'île à l'autre mais d'un quartier de ville à l'autre.

— J'étais sûr que vous viendriez me voir, lui dit Ivan Teal en lançant à Wexford un regard qui n'était pas insolent comme celui de la veille, mais légèrement moqueur et secrètement amusé. Entrez ! Vous semblez essoufflé. Sans doute reteniez-vous votre respiration de peur d'avaler des microbes. Il faut avouer que cet escalier est une infection. Cela doit être un véritable bouillon de culture dans ces fissures. Je suis sûr qu'un bactériologiste y trouverait son bonheur. (Il referma la porte et reprit sur le même ton amusé :) Vous devez vous demander pourquoi diable j'habite un endroit pareil. En fait, il présente certains avantages. La vue, par exemple. En plus, l'appartement est grand et le loyer modique. Enfin, et je pense que vous serez de mon avis, je l'ai rendu très agréable à vivre.

En effet, cet appartement n'aurait pas déparé l'immeuble le plus luxueux. C'était une perle parmi les cailloux. Admirablement entretenu, il était décoré avec un goût exquis : des couleurs claires mais vibrantes ; d'épaisses moquettes et des tableaux abstraits aux murs. Teal fit entrer Wexford dans une longue pièce qui s'étendait sur tout l'arrière de la maison. Les fenêtres à guillotine avaient été remplacées par une immense baie d'environ cinq mètres de long d'où l'on plongeait sans aucune décence sur le cimetière de Kenbourne, balayé par les vents. Wexford, surpris, fit un pas en arrière et vit se dessiner sur les lèvres de Teal un petit sourire ironique.

— Notre invité semble penser que nous avons un goût malsain pour ce qui est macabre, fit-il. Peut-être, mon petit, devrions-nous voiler cette baie d'un rideau de dentelle ?

Wexford, frappé par le panorama qui s'offrait à sa vue, n'avait pas remarqué le garçon agenouillé au pied d'une bibliothèque qui couvrait tout un mur. Alors que Teal s'adressait à lui, il se releva et resta planté là, maladroit, à jouer avec la ceinture de son peignoir de bain. Mince, blond, il avait de grands yeux mais un regard morne. Il pouvait avoir dans les vingt-deux ans.

— Permettez-moi de vous présenter Philip Chell, l'autre adulte consentant de ces lieux. (Il poursuivit en souriant :) Vous ne pouvez imaginer le plaisir que j'éprouve à dire cela ouvertement à un officier de police.

— Oh ! Ivan, s'exclama le garçon.

— Oh ! Ivan, fit Teal, l'imitant. Il n'y a pas de quoi avoir peur. Nous ne faisons rien de mal. Tu es trop jeune pour te souvenir d'une époque où *c'était* mal. (Toujours souriant, mais sur un ton nettement moins agréable, il ajouta, en se tournant vers Wexford :) Je ne peux en dire autant en ce qui me concerne car moi, la police m'a beaucoup fait souffrir. (Il haussa les épaules en regardant en direction du jeune homme :) Laissons le passé enterrer le passé et offrons une tasse de café à notre invité. Va le préparer, petit.

Philip Chell sortit de la pièce, l'air plus boudeur que jamais. Teal fixait le cimetière, la tête légèrement penchée sur le côté :

— J'ai une nature méchamment complexe, n'est-ce pas ? Puis-je vous raconter une histoire drôle ? Elle n'a rien de salace, même si le début le laisse croire.

Il tourna ses yeux gris pâle et insolents vers le visage de Wexford :

— Trois hommes, un Anglais, un Français et un Russe. Chacun raconte aux autres ce qui lui procure le plaisir le plus intense. L'Anglais parle de cricket, de se mettre au vert dans un village, un beau samedi après-midi de juin. Le Français, lui, préfère un grand plat de bouillabaisse préparé par une vraie Marseillaise. Quant au Russe, il dit : « C'est la nuit ; je suis dans mon appartement. On frappe à ma porte. C'est la police secrète. Ils portent des chapeaux mous et, sous leur imperméable, des revolvers. Mon plus grand plaisir, c'est lorsqu'ils demandent Ivan Ivanovitch et que je leur dis que c'est la porte d'à côté. »

Wexford se mit à rire.

— Voyez-vous, mon cher, reprit Teal, ce plaisir-là je ne l'ai jamais éprouvé, car Ivan n'était pas le voisin d'à-côté. Mais par deux fois des policiers ont fait irruption chez moi et m'ont obligé à les suivre. (Sa voix changea et il dit d'un ton léger :) C'est pourquoi il m'est agréable d'offrir le café à l'un d'eux. Vous savez, entre nous, le seul avantage qu'aient les hommes dits normaux sur les homosexuels, c'est qu'ils ont une femme à la maison et qu'elle s'entend mieux que nous aux travaux ménagers. Ce gosse est tout simplement impossible. Installez-vous, je vais aller l'aider.

Comme Wexford s'y attendait, la bibliothèque contenait des ouvrages de Proust, de Gide et de Wilde. Il y avait, en plus, des livres assez inattendus. Si Teal les avait tous lus, il était vraiment un homme cultivé. Alors qu'il prenait sur un rayon un volume relié plein veau, il entendit son hôte, qui était revenu près de lui, lui demander :

— John Addington Symonds. Il était plutôt ultra conservateur. Pauvre vieux ! Vous saviez que Swinburn l'appelait M. Sottington Symonds ?

— Je ne le savais pas, dit Wexford en riant, mais Symonds ne m'intéresse pas. Je vois que vous avez *L'Utopie* dans la traduction de Ralph Robinson ?

— Je vous le prête avec plaisir, fit Teal en le lui tendant. Voulez-vous de la crème avec votre café ?... Non ?... Mon jeune ami s'est retiré dans notre chambre à coucher. Il redoute, je crois, les révélations que je pourrais vous faire.

— Je les attends avec impatience, Mr Teal, mais pas celles qui pourraient mettre Mr Chell mal à l'aise. J'aimerais que vous me parliez de Loveday Morgan.

Teal s'assit sur la banquette placée sous la grande baie et allongea son bras sur le rebord. De sa place, Wexford ne pouvait distinguer le cimetière. Le visage de Teal, un de ces visages hâlés et distingués, auquel on ne pouvait donner d'âge, se détachait sur le ciel d'un blanc laiteux.

— Je la connaissais fort peu, dit-il. C'était une curieuse enfant, très renfermée. Elle donnait l'impression d'avoir été élevée par des parents très stricts à l'ancienne mode. Je l'ai vue une ou deux fois, un dimanche matin, se rendre à l'église comme si elle commettait un acte à la fois répréhensible mais irrésistible.

— À l'église ? fit Wexford qui se souvint de la bible qu'on avait trouvée dans sa chambre, et se dit qu'elle lui appartenait probablement.

— Pourquoi pas? rétorqua Teal. Même en ce siècle de lumière, il y a encore des gens qui vont à l'église.

— De quelle église s'agit-il?

— De celle qui se trouve au bout de la rue, bien entendu. Si elle était allée à la cathédrale St. Paul je n'en aurais rien su.

— Ne vous énervez pas, dit doucement Wexford. C'est une chapelle anglicane? Non, je ne le pense pas.

— Ils s'appellent eux-mêmes *les Enfants de la Révélation*. Ils s'apparentent plutôt aux « Exclusifs » et aux « Frères de Plymouth ». Ils ont cette chapelle — ce temple, comme ils disent —, ils en ont une autre dans le Nord, et encore une dans un quartier Sud de Londres. Vous qui êtes officier de police, vous devez vous souvenir du scandale qui a éclaté il y a environ deux ans, quand l'un de leurs pasteurs est passé en jugement pour attentat aux mœurs. Pauvre type! Tous les journaux ne parlaient que de ça. (Et il ajouta d'un air pensif:) Comme toujours.

— Et Loveday, elle faisait partie de la congrégation des... euh... Enfants de la Révélation?

— Je n'en ai pas l'impression. Elle travaillait dans une agence de location de postes de télévision et pour ces gens-là, télévision, journaux et cinéma sont synonymes de péché. Peut-être y allait-elle parce que c'était l'église la plus proche et qu'elle cherchait du réconfort. Je ne lui en ai jamais parlé.

— De quoi parliez-vous donc avec elle, Mr Teal?

— J'y viens. Encore un peu de café? (Il remplit de nouveau la tasse de Wexford, étendit ses jambes, bâilla et reprit:) C'était une drôle de gamine, effacée, triste même, comme on a probablement dû vous le dire. Je ne l'ai jamais vue sourire, ni avoir l'air enjoué, sauf une fois, il y a environ deux semaines. C'était très exactement le 14 février, si cela peut vous être de quelque utilité. Si je me souviens bien — et il sourit amèrement — c'est parce que cet idiot de Philip a jugé bon de m'envoyer une « Valentine », ce qui nous a valu une dispute. J'ai horreur de ces sentimentalités sirupeuses. Au lieu de sortir avec lui comme prévu, je suis allé tranquillement boire un verre au *Queen's Arms* et c'est sur le chemin que j'ai rencontré Loveday qui arrivait de Queen's Lane, la rue d'en bas, si vous ne le savez pas. Elle semblait avoir touché le gros lot. C'était peu avant 6 heures et elle rentrait de son travail. Jamais je ne l'avais vue comme ce soir-là. Elle riait comme une enfant, un vrai rire de joie.

Wexford acquiesça :

— Continuez.

— Elle a failli me rentrer dedans. Elle avait l'air de ne pas savoir où elle allait. Je lui ai demandé si elle se sentait bien. Elle n'a plus souri du tout et m'a regardé d'un air ahuri. Pendant un instant j'ai cru qu'elle allait s'évanouir. Je lui ai de nouveau demandé si elle se sentait bien et elle m'a répondu : « Je ne sais pas. Je me sens toute drôle. Je ne sais pas ce que j'ai, Mr Teal. J'aimerais m'asseoir. » Alors je l'ai emmenée au *Queen's Arms* et je lui ai fait boire un cognac. Elle n'a même pas voulu tremper les lèvres, mais elle n'avait pas la force de résister. À mon avis, elle n'avait jamais bu une goutte d'alcool avant cela. Ses joues ont repris couleur, si tant est qu'elles en aient jamais eu, et j'ai cru un instant qu'elle allait se confier à moi.

— Et elle l'a fait ?

— Non. Je sentais qu'elle en avait envie, mais qu'elle en était incapable. À force de se replier sur elle-même elle ne pouvait plus se confier à qui que ce soit. Au lieu de ça elle s'est mise à me poser des questions sur Johnny et Peggy Pope. Pouvait-on leur faire confiance ? Elle voulait savoir si Johnny resterait avec Peggy. Que pouvais-je lui répondre ? Ils n'étaient là que depuis quatre mois, pas depuis beaucoup plus longtemps que Loveday. Je lui ai demandé ce qu'elle voulait dire par « faire confiance », mais elle se contenta de me dire qu'elle ne savait pas. Nous sommes rentrés ensemble et je ne lui ai reparlé que la semaine dernière. Elle m'a à nouveau questionné sur Johnny et Peggy. Elle voulait savoir s'ils étaient vraiment très pauvres.

— Curieuse question. Elle n'était certainement pas en mesure de les aider.

— Certainement pas. Elle n'avait pas un sou.

— Quel est le métier de Lamont ?

— Peggy m'a raconté qu'il avait une formation de maçon. Mais c'est un métier où l'on s'abîme les mains et notre Johnny a d'autres ambitions. Il veut être comédien. Il a fait du modelage pendant un certain temps et ça lui a donné la folie des grandeurs. Il a peur que Peggy le quitte et parte avec l'enfant. Mais ces craintes ne sont pas suffisantes pour le pousser à chercher un travail régulier. J'ai l'impression que

Loveday était vaguement amoureuse de lui. Mais lui, il ne la regardait même pas. Il faut reconnaître que, sous sa crasse, Peggy est d'une beauté extraordinaire, vous ne trouvez pas ?

Wexford était tout à fait d'accord. Il le remercia pour le café et les renseignements qu'il lui avait fournis. Mais en réalité, cela ne lui servait pas à grand-chose.

Quand ils furent dans l'entrée, la porte de la chambre s'entrebâilla légèrement.

— Elle n'avait pas d'amis, pas de visiteurs ? demanda encore Wexford.

— Ça, je l'ignore, fit Teal. (Il jeta un regard vers la porte de la chambre à coucher et l'ouvrit toute grande en disant :) Viens donc, petit ! Je ne vois pas pourquoi tu écouterais aux portes.

— Je n'en faisais rien, Ivan, fit le garçon, qui entre-temps avait passé un pantalon de velours et un pull rouge, et sentait bon l'eau de toilette. Après tout, moi aussi, j'habite ici, ajouta-t-il d'un ton boudeur, et je ne vois pas pourquoi je devrais toujours me taire quand tu reçois.

— Mr Chell pourrait peut-être nous aider, fit Wexford en ayant toutes les peines du monde à conserver son sérieux.

— Absolument, dit Philip en haussant les épaules à l'attention de Teal et en adressant à l'inspecteur-chef son sourire le plus séduisant. Une fille est venue voir Loveday.

— Quand cela, Mr Chell ?

— Oh ! je ne sais pas au juste, mais il n'y a pas très longtemps. Elle était jeune et conduisait une Mini rouge. Je sortais justement au moment où elle regardait les sonnettes. Elle m'a dit qu'elle avait sonné à l'appartement 8 mais que la jeune dame semblait absente. C'est quand même drôle qu'une fille jeune appelle sa copine : « jeune dame »... Puis Loveday est apparue, lui a dit bonjour et l'a entraînée dans l'escalier.

Teal eut l'air irrité à l'idée que le jeune Philip en ait plus dit à Wexford que lui-même.

— Eh bien, petit, décris-la donc, cette fille, fit-il d'un ton maussade. Donne des détails. Dites-vous bien, Mr Wexford, que nous avons là un témoin de premier ordre dont le regard va bien au-delà des apparences.

— Comment était-elle ? dit Wexford en ignorant l'intervention de Teal.

— Elle n'était pas exactement « dans le vent », si vous voyez ce que je veux dire, fit le jeune Philip en gloussant. Elle portait les cheveux courts, un manteau bleu marine... et... des gants !

Il prononça ce mot comme s'il s'était agi d'un attirail tribal sans précédent.

— Vous avez là ce que j'appellerais un portrait exhaustif et détaillé, ricana Teal. Nous ignorons la couleur de ses yeux et nous ne savons pas si elle était grande ou petite, mais elle portait des *gants*. Il ne vous reste plus qu'à découvrir dans Londres une jeune femme portant des gants, et vous aurez trouvé l'assassin. Retourne à ton miroir, mon chou. Contente-toi d'être mignon et laisse aux autres le soin d'être intelligents.

Une fois dans la rue, Wexford s'aperçut qu'il avait laissé *L'Utopie* sur la table de Teal. Après tout, elle n'avait qu'à rester chez Teal, cette *Utopie*. Il n'avait aucune envie de remonter tous ces étages pour atterrir au beau milieu d'une scène de ménage. Il préféra marcher jusqu'au bout de l'impasse où deux grands poteaux en pierre se dressaient sur le trottoir, et semblaient surveiller cette église étrange et hideuse.

Comme les vêtements de Peggy Pope, chaque pièce qui formait cet ensemble peu avenant avait l'air d'avoir été choisie dans le but intentionnel d'être laide. Wexford se demanda quelle sorte ou quel groupe d'hommes avaient pu juger une telle horreur digne d'être leur lieu de culte. Il était impossible de dater la construction. Il n'y avait aucune trace d'influence classique ou gothique dans l'architecture, aucune ressemblance avec un style connu. C'était lourd, minable et mesquin. Peut-être qu'à l'arrière, les profondeurs étaient éclairées par une fenêtre. Mais la façade n'offrait qu'une rosace de verre rouge, pratiquée sous le pignon arrondi fait de briques couleur porto. Sur ce fond rouge se dessinait un jeu de morpion noir et jaune.

La porte ressemblait singulièrement à celle d'une cabane à outils. Wexford appuya sur le loquet, constata qu'elle était verrouillée. Une plaque de granit flanquait la porte : *Temple de la Révélation. Les Élus seront sauvés.*

Une main se posa brutalement sur son épaule et le fit pivoter sur lui-même.

— Allez-vous-en, lui dit un homme barbu vêtu de noir. Ici, on n'aime pas les intrus.

— Veuillez, s'il vous plaît, retirer votre main de sur mon épaule, aboya Wexford.

Sans doute peu habitué à être défié de la sorte, l'homme s'exécuta immédiatement. Il toisa Wexford de ses yeux clairs au regard fanatique et lui lança :

— Je ne vous connais pas.

— Cela ne vous donne pas le droit de m'agresser. Par contre, moi je vous connais. Vous êtes le pasteur de ce temple, n'est-ce pas ?

— Le berger. Qu'est-ce que vous me voulez ?

— Je suis officier de police et je mène une enquête sur l'assassinat de miss Loveday Morgan.

Le pasteur fourra les mains dans les poches de sa vaste soutane, puis dit :

— L'assassinat ? J'ignore tout d'un assassinat. Nous ne lisons pas les journaux et nous vivons entre nous.

— Comme de bons chrétiens, me semble-t-il, fit Wexford. Il se trouve que cette jeune fille venait parfois assister au culte dans votre temple. Donc vous la connaissiez certainement.

— Non, fit le pasteur en secouant violemment la tête. (Il avait l'air en colère, presque offensé.) J'ai été malade et un prêtre a dû me remplacer auprès de mon troupeau. Peut-être en a-t-elle profité pour se glisser parmi nous. Il l'aura probablement prise pour l'une des cinq cents.

— Les cinq cents ?

— Oui, c'est là notre nombre, le nombre des élus sur la surface de la Terre. Nous ne cherchons à convertir personne. Pour appartenir à la congrégation des Enfants de la Révélation il faut être né de parents déjà élus. Ainsi notre nombre s'équilibre à peu près selon les décès et les naissances. Cinq cents, répéta-t-il, sur un ton un peu moins condescendant. Enfin à peu de choses près. Il s'enveloppa dans les plis de sa longue soutane et marmonna : « Mon travail m'attend, bonne journée. »

Puis il se dirigea vers Queen's Lane. Wexford marcha vers l'entrée nord du cimetière. La fin du sentier était réservée aux tombes catholiques. Visiblement, un enterrement avait eu lieu la veille et les fleurs déposées par le cortège funèbre se flétrissaient sous le vent de mars.

Il s'engagea dans une allée qu'il n'avait pas encore explorée, bordée de tombes dont les occupants avaient vraisemblablement appartenu à la religion grecque orthodoxe. Il remarqua au passage l'épitaphe d'une princesse russe dont les nom et prénom lui évoquèrent les romans de Tolstoï, avec leurs listes « dramatis personae ». Il s'efforçait de déchiffrer les caractères cyrilliques lorsqu'une ombre se projeta sur la tombe. Une voix annonça :

— Tatiana Alexandrovna Kratov.

Pour la seconde fois de la journée, quelqu'un le surprenait à lire une inscription. Qui donc était ce nouveau venu ? Un nouveau prêtre penché sur lui, prêt à le corriger et à lui reprocher son ignorance ? Cette fois il se tourna et se trouva face à un grand type qui portait une veste de daim et lui souriait aimablement, les mains dans les poches.

— Savez-vous qui elle était ? demanda Wexford, et pourquoi elle a été inhumée ici ?

L'homme hocha la tête :

— Ce cimetière n'a guère de secrets pour moi, dit-il, pas plus que Kenbourne en général. (Il ajouta, comme un collégien effaçant toute arrogance dans son élan d'enthousiasme :) Je suis spécialisé dans l'étude de Kenbourne. En fait, je suis une mine vivante de renseignements. (Il se frappa la tempe :) J'ai là-dedans l'équivalent de nombreux manuels d'histoire et de géographie.

— Dans ce cas vous devez être... (Quel était donc le nom que lui avait donné Howard ?) Vous devez être la Société immobilière Notbourne ? demanda-t-il, ridicule.

— Son président. (Il serra avec vigueur la main de Wexford :) Stephen Dearborn. Ravi de vous connaître.

7

Il se croit assez sage pour se passer des conseils d'autrui.

Ils arrivèrent sur une petite esplanade battue par les vents. En l'observant de plus près, Wexford se rendit compte que Stephen Dearborn était un homme aisé. Jamais l'inspecteur n'aurait pu s'offrir un complet aussi bien coupé, des chaussures sur mesure et une montre au bracelet en or.

— Vous n'avez pas l'air d'être londonien, dit Dearborn.
— Non, je suis ici de passage.
— Et vous avez décidé de venir visiter le lieu d'un crime récent ?
La voix de Dearborn était toujours amicale et plaisante, mais Wexford crut discerner la nuance de mépris qu'il éprouvait lui aussi envers les voyeurs aux penchants morbides.
— Je suis au courant du meurtre auquel vous faites allusion, mais je trouve que ce cimetière est en soi assez fascinant.
— Vous n'êtes donc pas de ces gens qui aimeraient qu'il soit désaffecté au profit de lotissements ?
— J'ignorais qu'il en était question, dit Wexford. Puis, en voyant son interlocuteur froncer les sourcils, il ajouta : Seriez-vous opposé à un plan de rénovation de ce quartier ?
— Bien au contraire ! s'exclama Dearborn avec énergie. C'est en grande partie grâce à moi que des améliorations ont été apportées à Kenbourne Vale. Je ne sais pas ce que vous avez vu de ce secteur, mais Copeland Square, par exemple, est le fruit de mon travail. Et l'ancienne résidence des Montfort aussi. Le but de ma société est de préserver le plus possible les constructions géorgiennes et celles du début de l'époque victorienne de cette démolition constante et injustifiée. Je me refuse à voir des centres d'intérêt comme ce cimetière... (Il ouvrit les bras et continua sur un ton véhément) ... devenir des jungles de béton sans caractère.
— Vous habitez Kenbourne Vale ? demanda Wexford pendant qu'ils suivaient le sentier qui conduisait à St. Peter et aux entrées principales.
— J'y suis né. Et je suis attaché à chaque centimètre de terre de ce quartier, mais j'habite à Chelsea, à Laysbrook Place. Ma femme ne se plairait pas à Kenbourne Vale. Je ne désespère pas de lui faire aimer ce quartier une fois que je l'aurai transformé. Je vais en faire un nouvel Hampstead, qui est d'ailleurs en train de détrôner le quartier résidentiel de Chelsea. Et je suis sûr d'y arriver. Une fois de plus, Dearborn tendit un bras, qui alla frapper une branche de houx et fit voler des gouttes d'eau sale. Je vais montrer aux gens ces beautés cachées sous la crasse des siècles, ces magnifiques façades, ces vastes places. Je vous ferais volontiers visiter le cimetière mais j'imagine que vous n'en avez pas le temps et d'ailleurs, moi-même...

— Ce crime commis à l'intérieur de ce cimetière doit vous en ternir l'image... enfin momentanément, fit Wexford en devinant ce que ressentait Dearborn.

— Oui. Oui, il y a de cela. Il lança à Wexford un regard d'approbation. Je suis touché que vous l'ayez compris. Il y a aussi le fait que cette malheureuse fille soit venue se présenter dans mon bureau dans l'espoir d'être engagée et que je l'aie moi-même reçue et interrogée. Je trouve que c'est un véritable sacrilège qu'on ait déposé son cadavre dans ce caveau. Il haussa les épaules. Mais parlons d'autre chose. Que pensez-vous de ce bâtiment ? dit-il en montrant du doigt le dôme de grès. Il date de 1855 et on n'y trouve pas trace de l'influence gothique. En plus, durant cette période, on avait perdu l'art d'imiter l'époque antique. On expérimentait le style byzantin. Voyez la taille de ces colonnes, dit-il en posant sa grande main sur l'épaule de Wexford. Sur ce, il entama une véritable conférence sur les différents styles architecturaux, quasi incompréhensible pour un néophyte. Il vit l'air légèrement désorienté de son auditeur et s'arrêta brusquement pour s'exclamer :

— Mais je vous assomme !

— Pas le moins du monde. Seulement, je crains d'être trop ignorant dans ce domaine. En tout cas, ce quartier est fascinant.

— Vraiment ! s'écria le président de la Notbourne, visiblement peu habitué à être entouré d'un auditoire admiratif. Mais dites-moi, pourquoi ne viendriez-vous pas chez nous un de ces soirs ? proposa-t-il avec empressement. À Laysbrook House ? Je vous montrerai des cartes et des plans de ce quartier tel qu'il était il y a cent cinquante ans. J'ai même les actes notariés de certaines de ces anciennes maisons qui vous intéresseront certainement. Qu'en pensez-vous ?

— J'en serais ravi.

— Voyons. Aujourd'hui nous sommes jeudi. Que diriez-vous de samedi soir ? Venez après le dîner, vers 8 heures et demie. Nous boirons un verre et je vous montrerai tous ces documents. En attendant, puis-je vous déposer quelque part ?

Wexford déclina son offre. Cet homme s'était montré aimable et confiant. Lui avouer qu'il faisait partie de la police et qu'il allait au commissariat de Kenbourne Vale pouvait lui inspirer une certaine méfiance.

Pourtant, au lieu de se rendre directement au commissariat, Wexford se dirigea vers Lammas Grove pour y trouver l'agence de location Sytansound. La présence d'une voiture de police devant le magasin lui fit comprendre, sans qu'il en ait vu l'enseigne, qu'il était à la bonne adresse. Le sergent Clements était au volant. Il accueillit l'inspecteur-chef en disant joyeusement :

— Vous avez déjà déjeuné, monsieur ?

— Je pensais essayer votre cantine, fit Wexford montant dans la voiture et en s'installant à ses côtés. Vous me la recommandez ?

— Moi, chaque fois que je le peux, je rentre manger chez moi. J'habite là juste au coin. Et puis ça me donne l'occasion de voir le petit, parce que le soir, quand je reviens, il est déjà couché.

— Votre fils ?

Clements ne répondit pas tout de suite. Il observait un jeune gars qui déchargeait la camionnette de chez Sytansound. Wexford comprit que le sergent refusait de lui répondre et il répéta sa question. Clements se tourna vers lui. Son visage déjà naturellement coloré était écarlate. Il s'éclaircit la gorge avant de parler :

— Pour tout vous dire nous avons fait des démarches pour l'adopter. On nous l'a confié provisoirement pour trois mois. La mère a donné son consentement par écrit. D'ici une semaine on devrait recevoir la confirmation officielle. (Ses mains glissaient lentement sur le volant.) Mais si la mère, d'ici là, changeait d'avis, je crois que ma femme en mourrait.

Son incertitude avait fait place à de l'embarras. Wexford ne pouvait rien y faire.

— Mais puisqu'elle a donné son consentement par écrit...

— Oui, je sais bien. C'est ce que je me tue à dire à ma femme. Y a quatre-vingt-dix-neuf chances sur cent pour que ça se fasse. On a suivi tout le circuit habituel. Mais il arrive que la vraie mère change d'avis à la dernière minute, et bien entendu le tribunal lui rendra son enfant, même si elle a déjà donné son consentement par écrit.

— Cette femme, vous la connaissez ?

— Non. Et elle ne nous connaît pas non plus. Nous ne

sommes qu'un chiffre pour elle. Ça se fait à travers ce qu'on appelle un gardien *ad litem*, qui est réellement un agent de probation... Le jour venu, ma femme et moi on ira au tribunal. Elle tiendra le petit sur ses genoux. Ce n'est pas une belle image, ça? Le décret sera rendu et seulement... alors il sera à nous pour toujours. Mais j'peux pas m'empêcher de penser à cette sacrée et unique chance sur cent qu'on nous l'enlève.

Le volant était humide de sueur et la tempe gauche de Clements palpitait légèrement. Il était au bord des larmes quand il avait prononcé ces derniers mots. Wexford commençait à regretter d'avoir abordé ce sujet et pour changer de conversation, il demanda :

— Si je comprends bien, Mr Fortune est dans l'agence. Mais alors, qui est ce gars qui décharge la camionnette ?

— C'est Brian Gregson, monsieur. Vous avez sûrement entendu parler de lui. C'est ce type qui a des copains prêts à lui fournir un alibi à toute épreuve. Clements était plus calme à présent. Son attention n'était plus concentrée sur ses problèmes personnels mais sur l'affaire. C'est un des mécaniciens de chez Sytansound, le seul qui n'est pas marié.

Wexford se souvint alors que Howard avait fait allusion à Gregson, mais comme ça, en passant, sans le nommer.

— C'est quoi, cette histoire d'alibi ? Pourquoi en a-t-il besoin ?

— Parce qu'il est le seul, à l'agence à s'être un peu lié avec cette soi-disant Loveday Morgan. Tripper — c'est un des gardiens du cimetière — l'a vu un soir la ramener chez elle dans la camionnette. Et un des représentants a raconté qu'il arrivait à Gregson de bavarder de temps à autre avec elle.

— Ça me paraît bien mince, tout ça, objecta Wexford.

— Ben, son alibi du vendredi soir, il est mince, lui aussi. Il affirme avoir passé la soirée au *Psyché Club* de Notting Hill. C'est une sorte de pub. Dieu sait ce qui s'y passe... Et quatre petites frappes sont prêtes à jurer qu'il est resté avec eux de 7 à 11 heures du soir. Mais trois d'entre eux sont fichés à la police. Alors vous pensez ! Leur faire confiance !... Regardez-le, ce gars ! Vous ne trouvez pas qu'on sent qu'il a quelque chose sur la conscience ?

C'était un garçon mince et blond qui ne paraissait pas les vingt et un ans qu'Howard lui donnait et dont les bras maigres semblaient trop frêles pour transporter les lourdes caisses de la camionnette jusqu'à l'agence. Wexford lui trouva l'air de quelqu'un qui croit que s'affairer en donnant l'impression de s'investir permet de passer inaperçu et d'éviter toute intervention autoritaire. Que ce fût vrai ou faux, l'espoir l'encourageait à aller et venir avec les chargements. Mais son travail était destiné à être interrompu.

Il se dirigeait à nouveau vers l'arrière de la fourgonnette, en s'appliquant à ne pas regarder du côté de la voiture de police quand un type aux cheveux roux et au visage dur surgit sur le seuil de la boutique et lui fit signe en criant :

— Gregson ! Viens ici une minute !

— C'est l'inspecteur Baker, fit Clements. Il va de nouveau le mettre sur le gril et lui assener une ou deux de ces vérités que son propre père aurait dû lui dire il y a longtemps.

Wexford soupira. Il savait ce qui allait suivre et ne pourrait l'éviter, à moins de sortir de la voiture. Clements était intarissable :

— Vicieux comme tous les jeunes d'aujourd'hui. Comme ces gamines qui mettent des gosses au monde sans avoir plus conscience de leurs responsabilités que des lapines. Vous auriez dû voir le nôtre quand on nous l'a amené. Maigre, pâle, comme s'il n'avait jamais respiré une bouffée d'air pur depuis sa naissance... C'est pas juste ! (La voix de Clements devint passionnée.) Elles en veulent pas, elles se font avorter, seulement elles le font toujours trop tard. Alors qu'une femme comme la mienne, honnête, bonne et pieuse, fait fausse-couche sur fausse-couche et se ronge les sangs pendant des années. Ces filles, je les foutrais toutes en taule, moi...

— Voyons, sergent.

Wexford ne savait que dire pour le calmer. Mais au moment où il allait essayer de le raisonner, la portière s'ouvrit et Howard lui présenta l'inspecteur Baker.

Quand ils furent au *Grand Duc*, Wexford se rendit compte que l'inspecteur Baker était de ces hommes qui, comme certains philosophes et scientifiques ambitieux, forcent les faits à se plier à leurs théories. Tout ce qui pouvait contrarier un schéma initial devait être rejeté. Il préférait magnifier une donnée insignifiante plutôt que de souligner une information pertinente. Il garda ses réflexions pour lui, car pas une fois Baker ne lui adressa la parole. Après lui avoir serré la main et murmuré quelques banalités, Baker s'était arrangé pour l'exclure de toute discussion. Il l'avait adroitement placé à l'autre bout de la table, à l'opposé d'Howard et de lui-même.

Pour Baker, cela ne faisait aucun doute. Gregson était l'assassin. Il fondait son hypothèse sur un casier judiciaire — une condamnation pour cambriolage —, de mauvaises fréquentations et sur ce qu'il qualifiait de rapports avec Loveday.

— Il lui tournait autour à l'agence, chef. Il la ramenait chez elle dans la camionnette.

— Pour autant que nous le sachions, il ne l'a ramenée qu'une fois, lui fit observer Howard.

Baker avait une voix dure et désagréable. Il avait conservé l'accent cockney de son enfance, à l'exception des fautes de grammaire. Tout ce qu'il disait semblait amer.

— On peut pas s'attendre à trouver des témoins pour toutes les fois où ils étaient ensemble. C'étaient les deux seuls jeunes dans cette boutique. Vous n'allez pas me dire qu'une fille comme cette Morgan ne cherchait pas à l'aguicher ?

Wexford plongea le nez dans son assiette. Il détestait entendre appeler des femmes par leur nom de famille sans qu'on mentionne leur prénom ou leur titre, même s'il s'agissait de prostituées ou de criminelles. Loveday n'était certainement ni l'une ni l'autre. Il leva les yeux en entendant Howard demander :

— Et pour quel motif l'aurait-il assassinée ?

— Morgan l'a aguiché, comme je vous l'ai dit, fit Baker en haussant les épaules, ensuite elle l'a envoyé promener.

Wexford, qui s'était pourtant juré de ne pas se mêler à cette discussion, ne put s'empêcher de demander :

— Dans un cimetière ?

Baker lui lança un regard réprobateur et pénétrant et le pria de répéter ce qu'il venait de dire, ce que fit Wexford en ajoutant :

— Il existe donc des gens qui font l'amour dans les cimetières ?

Wexford pensa un moment que Baker allait faire une tirade à la Clements, dans le style : « Ils le feraient n'importe où. » Il semblait contrarié par l'allusion de Wexford mais ne s'y référa pas directement :

— Vous avez sans doute une meilleure suggestion à nous faire ?

— Ayant de vous faire des suggestions, j'aurais quelques questions à vous poser, répondit Wexford timidement. Si je ne me trompe pas, le cimetière ferme à 6 heures. Qu'a fait Gregson au cours de l'après-midi ?

Howard, visiblement gêné par l'attitude de Baker envers son oncle, était plein d'attentions envers ce dernier, allant au-devant de ses désirs et lui remplissant, dès qu'il était vide, son verre de jus de pomme.

— Il était chez une certaine Mrs Kirby, à Copeland Road, jusque vers 1 heure et demie puis il est revenu chez Sytansound. Ensuite il s'est rendu chez un client à Monmouth Street — c'est tout près de Vale Park, Reg —, et il a effectué dans Queen's Lane une réparation délicate qui l'a retenu jusqu'à 5 heures et demie. Après cela il est rentré chez ses parents, à Shepherd's Bush.

— Dans ce cas, je ne vois pas très bien comment...

Baker avait fait des boulettes avec la mie de son petit pain. Il avait l'air d'un homme préoccupé par ses pensées. Il leva la tête et dit, sur un ton empreint d'une patience qui dissimulait à peine son exaspération :

— Que le cimetière ferme à 6 heures ne veut pas dire qu'on ne puisse pas y entrer ou en sortir. Il y a des brèches dans les murs. Il y en a une belle au bout de Lammes Road, que les vandales s'appliquent à agrandir. Ce fichu lieu devrait être entièrement labouré et reconstruit.

Le point de vue de Baker s'opposait complètement à celui de Steve Dearborn. Après l'avoir exposé, il sirota son gin et toussota :

— Mais en passant, vous admettrez, Mr Wexford, que vous ne connaissez pas ce quartier comme nous. Et ce n'est pas une balade matinale qui vous le fera connaître !

— Voyons, Michaël, fit Howard l'air horriblement gêné, Mr Wexford ne demande qu'à se renseigner et c'est pour cela qu'il pose des questions.

Wexford était affligé d'entendre que sa nouvelle connaissance, ou plutôt son antagoniste, portait le même prénom que Burden. Cela le porta à imaginer combien la réaction de son inspecteur eût été différente. Baker semblait avoir à peine remarqué le doux reproche d'Howard, qui ne lui avait adressé qu'un faible haussement d'épaules.

— Donc, comme je viens de vous le dire, Gregson aurait pu

entrer dans le cimetière et en sortir avec autant de facilité que vous pour avaler cette... mixture, et il désigna le verre de jus de pomme.

Wexford, bien décidé à ne pas montrer devant Howard le moindre signe de vexation, avala une gorgée de cette « mixture » et demanda :

— Avez-vous le rapport d'autopsie ?

— J'y viendrai dans un instant. Bon. Gregson retrouve la fille dans Queen's Lane à 5 heures et demie. Ils se rendent ensemble dans un coin obscur du cimetière. Là, prise de peur, elle se met peut-être à crier, et pour la faire taire, il l'étrangle.

« Pourquoi ne sont-ils pas allés tout simplement dans la chambre de Loveday ? » se demanda Wexford. Dans cette baraque où jamais personne ne vous pose la moindre question ? Et pourquoi aurait-elle pris un après-midi de congé si elle ne devait retrouver Gregson qu'après ses heures de travail ? Ces questions, il les poserait à Howard quand ils seraient seuls. Il comprit que, pour Baker, l'idée de la discussion se résumait à s'entourer d'un auditoire de soi-disant participants, qui l'approuvaient et l'encourageaient dans ses opinions. Baker ayant reconstitué le crime à sa façon se tourna vers Howard et se mit à discuter d'une voix à peine audible du rapport du médecin légiste.

Mais Howard était bien décidé à ce que Baker n'exclue pas son oncle de la conversation. Wexford avait la réputation de bien analyser les comportements qui sortaient de la norme et le pressa de lui faire part de ce qu'il avait découvert le matin.

Wexford se sentait suffisamment à l'aise dans ce domaine pour ne pas laisser Baker prétendre connaître autant la morte que la géographie de Kenbourne Vale :

— C'était une jeune fille très innocente, très timide, dit-il. Elle avait peur d'aller à des soirées et il est fort probable qu'elle ne soit entrée dans un café qu'une seule fois dans sa vie.

Wexford vit avec satisfaction qu'un sourire d'approbation se dessinait sur les lèvres de Baker. Cela l'invita à aller plus loin et à poser une question à la Baker :

— Comment une telle fille aurait-elle pu faire marcher un homme et accompagner dans un endroit désert quelqu'un qu'elle connaissait à peine ? Elle aurait eu bien trop peur.

Baker l'écoutait, un rictus aux lèvres.

— Autre chose m'a frappé...

— Dis-le, Reg, ça peut sans doute nous aider.

— Il se trouve que le 29 février était un mardi. Je me suis demandé si l'assassin aurait laissé le corps de Loveday dans le caveau des Montfort parce qu'il savait que le gardien n'y passait que le dernier mardi du mois. Il a sûrement cru que ce dernier mardi était déjà passé.

Baker eut l'air incrédule, mais Howard plissa les yeux :

— Tu veux dire qu'il aurait oublié que cette année était bissextile et que le mois de février comptait donc un jour de plus ?

— C'est possible, non ? Mais je doute que le jeune Gregson ait connu les habitudes du gardien. J'en conclus que l'homme qui l'a tuée, il les connaissait, lui ! Et que s'il a caché le corps de Loveday dans le caveau des Montfort c'est parce qu'elle savait quelque chose qu'il ne voulait pas voir révéler avant quelques semaines.

— Intéressant, fit Howard. Qu'en pensez-vous, Michaël ?

L'homme qui n'était pas Burden mais qui partageait son prénom et son sens profond de la justice haussa les sourcils et dit d'une voix traînante : « Des déductions de votre... oncle, chef ? »

L'hésitation qu'il avait marquée avant de dire « oncle » soulignait juste assez le népotisme. Devant cette remarque, le visage habituellement doux d'Howard s'assombrit. Il tapota le verre à vin et Baker comprit qu'il s'agissait d'une mise en garde. Il haussa les épaules, sourit et adopta un ton calme et courtois.

— Vous prétendez que Morgan était une fille pure et timide, Mr Wexford, mais je suis sûr que vous savez combien les apparences peuvent être trompeuses. Par contre les découvertes post-mortem, elles, ne le sont jamais. Vous serez surpris d'apprendre que, selon le rapport d'autopsie, cette fille a donné naissance à un enfant, l'année dernière.

8

Ils s'en vont, dis-je, loin de leurs demeures où ils avaient leurs habitudes et ne trouvent aucun endroit où se fixer.

Après la gentillesse que lui avait témoignée Howard et l'accueil chaleureux de ses subordonnés, Wexford souffrit doublement de l'opposition de Baker à son égard, et il en fut étrangement démoralisé.

Sa première journée d'enquêteur privé avait été si prometteuse que l'hostilité de Baker lui fit l'effet d'un nuage noir en plein ciel bleu.

Il savait que s'il avait été en forme, vraiment bien dans sa peau, que si sa confiance n'avait pas été ébranlée par son vieux corps robuste qui le trahissait soudainement, ce petit revers ne l'aurait pas même effleuré. Après tout, ce n'était plus de son âge, d'être dérangé dans son jeu favori parce qu'un autre, plus fort et en meilleure santé que lui, débarquait et essayait de lui montrer comment on battait les cartes. Il se sentait comme un enfant. Une fois de plus, son identité intrépide et adulte était perturbée. En songeant à nouveau à son enquête, il trouva que c'était de l'amateurisme. Une idée terrifiante et dont il n'arrivait pas à se défaire le poursuivait : Howard l'avait envoyé sur son terrain de chasse pour l'occuper et lui faire plaisir.

Le petit bureau que Howard avait mis à sa disposition, et où venait de le conduire l'agent de police Dinchart, ne réussit pas à lui remonter le moral. Comme tous les autres bureaux de ce commissariat, c'était une pièce obscure et lugubre, au plafond démesurément haut. La moquette était grisâtre, les sièges recouverts de cuir brun et la fenêtre donnait sur l'usine à gaz de Kenbourne. Wexford ne put s'empêcher de penser avec nostalgie à son bureau de Kingsmarkham, si clair et si moderne.

En regardant la monstruosité en pitchpin qui était plantée devant lui, il songea à son bien-aimé bureau de bois de rose, rouge brun et toujours encombré de son petit fouillis personnel.

Une fois assis, il se demanda brusquement ce qui lui arrivait. La maison d'Howard était trop grande pour lui, ce bureau trop minable. Mais qu'avait-il donc cru ? Que Londres serait un

Kingsmarkham utopique et que les Londoniens dérouleraient le tapis rouge devant lui ?

Il posa son regard sur le gazomètre en se demandant comment il allait organiser son après-midi. « Fouine tant que tu voudras », lui avait dit Howard, mais jusqu'où pouvait-il fouiner et de quelle autorité était-il investi ? Il se demandait s'il était convenable d'aller consulter son neveu lorsque celui-ci frappa à la porte et entra.

Il avait l'air fatigué. Ses yeux gris avaient perdu leur éclat et son visage était légèrement bouffi.

— Il te plaît, ce bureau ?

— Il est parfait, merci.

— La vue est horrible, mais tu as le choix entre le gazomètre, la brasserie ou le terminus d'autobus. Je venais m'excuser pour l'attitude de Baker.

— N'y pense plus, Howard.

— Il s'est montré grossier envers toi, mais il a des circonstances atténuantes. Il vient de vivre de durs moments. Il a épousé une fille qui avait la moitié de son âge. Quand elle est tombée enceinte, il était fou de joie, mais un beau jour elle lui a appris que l'enfant n'était pas de lui et qu'elle le quittait pour aller vivre avec le père du gosse. À partir de ce moment-là, il a perdu confiance en lui, et s'est méfié de tout le monde. Il a une peur chronique de ne pas être à la hauteur dans son travail.

— Oui, je comprends. C'est une triste histoire.

Il y eut un temps de silence. Wexford craignait le moment où Howard s'en irait, le laisserait seul devant son usine à gaz et sa déprime.

Pour le retenir un peu plus longtemps il dit :

— À propos de l'enfant de Loveday Morgan...

— C'est justement de cela dont je venais te parler. Je ne sais qu'en penser. Je me demande même si cela joue un rôle dans cette affaire. J'avais besoin d'en discuter avec quelqu'un... avec toi.

— L'enfant est peut-être chez ses grands-parents paternels ou maternels. Wexford se détendit, soulagé. Son neveu avait l'air sincère. Peut-être qu'après tout... se dit Wexford qui, tout en parlant de l'affaire, commençait à s'apitoyer sur son propre sort. Vous ne savez toujours rien d'eux, au commissariat ?

— Nous faisons l'impossible pour remonter jusqu'à eux. Il est urgent que nous les retrouvions avant qu'on enterre cette malheureuse fille. Mais je commence à croire qu'ils sont morts eux aussi. Je sais que de nos jours il est fréquent que les filles se disputent avec leurs parents et quittent la maison. Mais comment des gens dont la fille blonde de vingt ans a disparu ou s'est absentée peuvent-ils lire tout ce qu'on a publié dernièrement sur ce crime et ne pas nous contacter ?

— Ce sont peut-être des gens très simples, sans imagination, Howard. Ou peut-être n'établissent-ils pas le lien entre leur fille et Loveday Morgan dont ce n'est pas le vrai nom et dont ils ignorent qu'elle habitait Kenbourne Vale ?

Howard haussa les épaules.

— On dirait vraiment, Reg, qu'elle est tombée du ciel, et qu'elle est arrivée à Kenbourne Vale, il y a deux mois, sans avoir de passé. Laisse-moi t'expliquer les choses plus en détail. Chez nous il n'y a pas de véritables cartes d'identité comme dans beaucoup de pays d'Europe, chaque citoyen britannique a au moins une carte d'assuré social et est inscrit chez un médecin de son quartier. Or, nous n'avons pas retrouvé de carte d'assuré social dans la chambre de Loveday Morgan et elle ne figure sur la liste d'aucun des médecins du quartier. Il est inconcevable qu'elle ait pu être la patiente particulière d'un médecin. Peut-être était-elle en si bonne santé qu'elle n'a jamais eu besoin de soins médicaux. Cependant elle a eu un enfant, Reg. Alors où a-t-elle accouché et qui l'a accouchée ?... Lorsqu'elle s'est présentée la première fois à l'agence Sytansound, Gold lui a demandé sa carte d'assuré social. Elle lui a répondu qu'elle n'en avait pas et il l'a envoyée s'en procurer une dans les bureaux de la Sécurité sociale. Elle l'a fait établir au nom de Loveday Morgan.

— Une minute, Howard, dit son oncle. Cela prouve que jusque-là elle n'avait jamais travaillé. Une fille de vingt ans, appartenant à la classe ouvrière, et qui jusque-là n'aurait jamais travaillé...

— Possible qu'elle ait travaillé auparavant et qu'elle ait eu une carte établie à son véritable nom. Tu sais tout comme moi qu'ils ne réclament pas d'extrait de naissance, qu'ils veulent simplement un nom et un lieu de naissance. Je ne pense pas qu'il soit possible d'arrêter les gens qui se procurent des douzaines de cartes et qui réclament frauduleusement les remboursements des frais de maladie et l'allocation chômage, jusqu'au jour où ils se font pincer. Il existe également certaines professions où cette carte n'est pas indispensable. Entre autres les femmes de ménage et les prostituées, les criminels et les trafiquants de drogue. Mais je suis sûr que Loveday Morgan n'appartenait à aucune de ces catégories.

Wexford hocha la tête :

— Elle paraissait bien être la dernière fille au monde à avoir un enfant naturel.

— Tu sais ce qu'on dit. Ce sont justement les braves filles qui mettent des enfants au monde. D'ailleurs nous ne recherchons pas seulement ses parents, mais aussi son enfant. Nous savons également qu'il n'a pas été mis en nourrice dans Kenbourne Vale. Il peut être n'importe où. Mais sais-tu ce que je trouve incompréhensible, Reg ?

Wexford le regarda avec intérêt.

— Je peux très bien imaginer qu'elle ait eu des raisons de brouiller ses traces et de vouloir garder l'anonymat plutôt que de se fondre dans la masse. Elle avait peut-être des parents possessifs, qui l'empêchaient de vivre sa vie. Elle tentait peut-être d'échapper à un homme qui la menaçait... Tiens ! Ça c'est un élément à retenir ! Mais ce que je n'arrive pas à comprendre c'est pourquoi elle s'est ainsi cachée pendant des années. On a l'impression qu'au cours de ces années, elle a évité d'aller chez le médecin ou d'obtenir sa carte d'assuré social. Mais un beau jour — maintenant qu'elle est morte violemment — cela lui donne l'identité de quelqu'un qui a un passé de deux mois, comme si elle venait d'une autre planète.

— Et cette adresse dans Fulham ? demanda Wexford.

— Celle qu'elle a donnée à Peggy Pope ? Comme je te l'ai dit c'est celle d'un immeuble de Belgrade Road, mais elle n'y a jamais habité.

— Et les propriétaires de cette maison ?...

— Ils peuvent mentir, évidemment, jouer un jeu, mais il y a les voisins. À mon avis, un jour, Loveday a dû passer en bus dans Belgrade Road et ce nom l'a frappée. Je me doute bien que lorsqu'on donne une fausse adresse ou qu'on falsifie son nom, l'adresse correspond à une rue qu'on a déjà entendu mentionner, et que pour d'obscures raisons elle nous reste en mémoire. Mais le cerveau est tellement complexe, Reg... De toute façon elle n'est plus là pour qu'on l'analyse, et même si elle était encore vivante, on ne le ferait pas et on ne parlerait pas d'elle de cette façon.

— À moins qu'elle n'ait connu quelqu'un qui habitait dans cette rue.

— Si je comprends bien, tu estimes que nous devrions faire du porte-à-porte dans l'espoir de tomber sur le quelqu'un en question ?

— Eh bien, je m'en charge, déclara Wexford.

Il se pesa avant d'aller se coucher : il avait perdu deux kilos. Mais au lieu de s'en réjouir, il se réveilla déprimé le lendemain. Il pleuvait. Et comme un simple stagiaire, il allait devoir battre le pavé dans Fulham sous la pluie. Denise avait disposé à l'étage une composition florale des plus étonnantes, une création qui était à la décoration ce qu'était Dali à la peinture. Il fut retenu par une branche de houx au moment de descendre les escaliers. Quand il s'en libéra, il éprouva une sensation désagréable à la main, comme s'il avait frôlé une *plante araignée*.

— Fulham c'est où ? demanda-t-il en mangeant à contrecœur son pamplemousse sans sucre. Pas à des kilomètres d'ici, j'espère ?

— Juste en bas de la rue, lui répondit Denise. (Et elle ajouta avec une tête d'enterrement :) Certains disent ce sale Fulham.

Elle ne lui demanda pas pourquoi il lui posait cette question. Dora et elle étaient persuadées qu'il allait faire sa promenade favorite le long des quais, n'ayant pas conscience qu'il détestait la Tamise quand sa surface était piquée et ridée sous l'effet de la pluie. Elle tombait régulièrement. Ce n'était pas une de ces pluies bienfaisantes qui, à la campagne, rafraîchissent la verdure et en avivent le parfum, mais une pluie londonienne saturée de suie et de poussière.

Il marcha vers l'ouest, traversa Stanford Bridge et dépassa les accès du stade pour aller jusqu'au terrain de football. Près de la gare, des supporters achetaient dans les boutiques de souvenirs des écharpes et des badges aux couleurs du club de Chelsea. De jeunes couples regardaient d'un air désolé des meubles d'occasion, un canapé et des fauteuils qui moisissaient sur le trottoir. Dans North End Road les voitures ralentissaient au milieu des éventaires, éclaboussant les passants qui faisaient leurs courses. Il avait l'habitude de ce genre de choses. C'était comme à Stanton. Ici il n'y avait pas cette sophistication blasée et sinistre qui régnait à Kenbourne Vale.

Les rues transversales rappelaient la banlieue. Les ménagères faisaient leurs courses un panier au bras. Wexford connaissait bien ce type de gens.

Cela l'amusait de se conduire en vieux chnock conventionnel. Il vit Belgrade Road se découper droit devant lui, donnant sur l'angle de la rue principale. Les maisons de trois étages et adjacentes dataient de soixante ou soixante-dix ans. Au bout, comme à Garmisch Terrace, il y avait une église mais elle était grise et avait une flèche, comme toute bonne église. Il referma son parapluie et commença le porte-à-porte.

Belgrade Road ne comportait pas moins de cent deux maisons. Il commença par celle où Loveday avait prétendu habiter, une maison bien entretenue dont la façade avait été ravalée. Les briques en avaient été repeintes d'un rose éclatant surprenant pour une maison anglaise dans cette rue grise. Il s'agissait du numéro 70. Son nom, Rosebank, figurait en blanc sur fond rose, dont l'enseigne se balançait sous la pluie. L'avait-elle choisie pour son numéro ? Pour son nom ? L'avait-elle seulement remarquée ?

Comme le lui avait dit Howard, un couple l'occupait, et ce fut une jeune femme qui répondit à son coup de sonnette. Il éprouva une certaine gêne à poser des questions sur une fille aux cheveux clairs, calme et réservée, qui aurait pu avoir un enfant, car la jeune femme qui lui avait ouvert était également blonde, et portait un enfant appuyé contre sa hanche.

— On est déjà venu me questionner à son sujet, lui déclara-t-elle. Je leur ai répondu que nous n'avions jamais loué de chambre ni d'appartement. (Elle ajouta avec une certaine fierté :) Nous occupons toute la maison.

Wexford alla frapper chez les voisins d'à-côté. Il revint dans la rue principale qui contournait Belgrade Road puis remonta vers l'église avant de redescendre par l'autre côté. Nombre de gens louaient des chambres dans Belgrade Road. Il parla avec une demi-douzaine de logeuses qui le renvoyèrent à d'autres logeuses. Un moment donné il crut tenir un indice. Un infirmier pakistanais, qui travaillait la nuit dans un hôpital, ne manifesta pas de mauvaise humeur à être réveillé ; il se souvenait d'une jeune femme, une certaine Mrs Maitland, qui avait vécu au dernier étage du numéro 59. Son mari les avait abandonnés, son bébé et elle, au mois de décembre, et elle avait déménagé une quinzaine de jours plus tard.

Wexford retourna au numéro 59 où il avait déjà été fraîchement accueilli et où il se heurta cette fois à une franche hostilité. « Je vous ai déjà dit que ma fille habitait ici. Combien de fois faudra-t-il vous le répéter ? Ça commence à bien faire ! Fichez-moi le camp et laissez-moi préparer mon déjeuner. Elle a déménagé au mois de décembre, et elle vit maintenant à Sheperd's Bush. Je l'ai vue hier soir et elle était tout ce qu'il y a de vivante. Ça vous va ? »

Wexford reprit sa route, découragé. À quoi bon donner le nom de la jeune morte qui, avant d'habiter Garmisch Terrace, ne s'appelait certainement pas Loveday Morgan ? Il pouvait juste la décrire et questionner les gens sur une jeune femme qui avait déménagé au mois de décembre.

Il lui restait encore une vingtaine de maisons à voir. Il sonna à toutes les portes, commença à grelotter et se demanda comment il expliquerait à Dora pourquoi il était trempé jusqu'aux os. Ils allaient tous le rendre hypocondriaque. Il commença à se sentir nerveux. Il se demanda quels effets aurait sur sa santé ce vagabondage sous la pluie. Son vieil ami le médecin Crocker aurait eu une attaque en le voyant émerger de la dernière maison de la rue, l'eau lui dégoulinant dans le cou. Mais Crocker ne saurait rien de cette journée, pas plus que de celle du lendemain. Il allait pouvoir passer une soirée tranquille.

Il se retourna pour regarder la rue dans toute sa longueur. Sous les rais argentés de la pluie et les épais nuages qui passaient au-dessus du clocher de l'église, Belgrade Road était une rue comme une autre.

L'église et la maison rose vif la différenciaient de sa rue jumelle, qui partait de l'avenue principale vers la direction opposée. Cette dernière était plus intéressante. Des bus y passaient et, quand il faisait beau, ses deux côtés étaient inondés de soleil pendant des heures.

Pourquoi Loveday Morgan avait-elle donné pour adresse Belgrade Road ?

Wexford se demanda comment il s'y serait pris pour donner une fausse adresse à Londres. Quelle rue choisirait-il. Évidemment pas une rue qu'il aurait habitée ou connue. Ça aurait été trop vite découvert. Il aurait dit Lammes Grove ou West Quinze, au 43. Il se demanda pourquoi et découvrit que cette rue lui était venue à l'esprit parce qu'il y était allé le jour où il avait attendu devant chez Sytansound avec le sergent Clements. Quant au numéro, il y avait pensé par hasard. C'était ça, la technique. Celle qu'avait trouvée Howard. Une fois de plus, il avait eu raison. Il était donc impossible de retrouver la trace de Loveday par ce moyen. Il lui fallait envisager la chose sous un autre angle.

9

Ils ont, dans ces jardins, mille sortes de fruits, de plantes aromatiques et de fleurs, si agréables à voir et si bien entretenus que nulle part je n'en vis d'un si bel éclat et en telle abondance.

Crocker lui avait formellement interdit de sortir le soir. Si Wexford avait perdu foi en Crocker, ce n'était pas le cas de Denise. Elle ne fut rassurée que lorsqu'il lui promit de prendre le taxi pour se rendre à Laysbrook Place, de ne pas boire d'alcool et de ne pas rentrer tard.

Il était impatient de faire cette visite. S'il le questionnait habilement, il obtiendrait sûrement de Dearborn des renseignements intéressants sur le cimetière. Était-il aussi simple d'y entrer et d'en sortir après les heures de fermeture que l'affirmait Baker ? Avant de rentrer chez eux, Tripper et ses hommes faisaient-ils une dernière ronde ? Loveday aurait-elle pu être assassinée avant six heures ? Si c'était le cas, Gregson qui était à son travail devait être innocenté. Dearborn ne savait-il pas lui aussi quelque chose sur Loveday ? Il avait eu un entretien avec elle, au cours duquel elle lui avait peut-être parlé de son passé.

Laysbrook Place était un de ces petits coins champêtres de Londres où l'air semblait plus doux, où l'on entendait encore chanter les oiseaux et où poussaient d'autres arbres que des platanes. Une arche, où courait une plante grimpante mauve, que Wexford supposa être de la glycine, dissimulait en partie la petite rue qui partait de Laysbrook Square. Wexford passa sous cette voûte éclairée par deux torches glissées dans des anneaux et se trouva en face d'une maison qui aurait pu être l'une de celles de la grand-rue de Kingsmarkham. Elle n'était pas ancienne, mais on l'avait construite avec de vieilles poutres et de vieilles briques.

Elle ne ressemblait à aucune des maisons de Londres que Wexford avait vues car elle était longue et se distinguait par ses mansardes et ses fenêtres à treillis. Elle avait également un véritable jardin avec des pommiers et des arbustes qui devaient être des lilas. Déjà en ce début du mois de mars, les buissons de forsythias égayaient de leur jaune éclatant le fond sombre.

Quand Wexford poussa le portail, il vit des touffes de perce-neige qui formaient sur la pelouse de vrais petits tas de neige.

Avant qu'il ne soit arrivé devant la porte d'entrée, celle-ci s'ouvrit et Stephen Dearborn descendit les marches du perron :

— Quel endroit adorable ! s'exclama Wexford.

— Vous seriez donc d'accord avec ma femme pour dire que c'est mieux que Kenbourne ?

Wexford sourit, puis soupira au fond de lui-même tant il ressentait la nostalgie de son Sussex. Il était sensible à la paix et au silence de cet endroit. Pas même dans la maison d'Howard il n'avait pu échapper au bruit incessant de la circulation, qui n'était qu'un faible bourdonnement. Les Londoniens l'appelaient le « hum ». Il était toujours là, dans la ville et dans ses banlieues, parfois si lointain qu'on pouvait le prendre pour un bruissement de son propre cerveau.

— Ma femme est en haut avec notre petite fille, dit Dearborn. Elle refuse de s'endormir. Et dans ces cas-là, il vaut mieux que je ne reste pas auprès d'elle, car je ne fais que la prendre dans mes bras pour jouer avec elle.

L'intérieur de la maison était tiède et aéré, juste assez chaud pour permettre de supporter les frimas de mars sans frissonner. C'était visiblement la demeure d'un homme aisé et plein de goût, mais Wexford remarqua qu'il n'y avait aucun signe de prétention, ni de désir d'étaler son argent pour impressionner les autres. Il y régnait même un certain désordre. Il y avait des miettes sous un guéridon, et au milieu du tapis, une petite couverture où traînait encore un anneau de bébé en ivoire.

— Que voulez-vous boire ?

— Avez-vous de la bière ? demanda Wexford, qui en avait assez de parler de sa santé et de son régime.

— Mais naturellement. Je ne pourrais pas passer un

week-end sans bière après tous les apéritifs que je suis obligé de boire le reste du temps. Je la bois même au goulot, ajouta Dearborn avec un sourire de gosse. Mais nous ferons mieux de prendre des verres sinon ma femme me passera un savon quand vous serez parti !

La bière se trouvait dans un réfrigérateur à la porte en bois plaqué que Wexford avait pris au premier coup d'œil pour un petit bar.

— C'est moi qui l'ai fait faire, lui expliqua Dearborn. C'est mon jouet favori. Quand Alexandra sera un peu plus grande je veillerai à ce qu'il soit toujours plein de glaces et de Coca-Cola. (Il continuait de sourire en servant les verres.) Je n'étais plus très jeune quand je suis devenu père, Mr Wexford — j'ai eu quarante-trois ans mardi dernier —, et ma femme prétend que je suis gâteux devant cette enfant. J'irais décrocher la lune et les étoiles pour ma petite fille si elle me le demandait, mais comme c'est impossible, je compenserai en lui donnant ce qu'il y a de mieux au monde.

— Vous n'avez pas peur de trop la gâter ?

— J'ai peur de beaucoup de choses, Mr Wexford, fit Dearborn dont le sourire s'effaça pour faire place à une expression extrêmement sérieuse. Entre autres, je crains d'être trop indulgent et trop possessif. Je me dis qu'elle n'est pas à moi, mais qu'elle s'appartient. Ce n'est pas facile d'être père, Mr Wexford.

— Non, ce n'est pas facile. Heureusement, peu de gens s'en rendent compte, sinon ils ne se risqueraient pas à faire des enfants.

Dearborn hocha la tête :

— Voilà un sentiment que je n'éprouverai jamais. Je suis un homme comblé. J'ai fait un mariage heureux et je suis de ces privilégiés qui peuvent vivre de leur passion.

« Pourtant, je ne savais pas ce qu'était réellement le bonheur avant d'avoir Alexandra. Si je devais la perdre, je... je me tuerais.

— Ne dites pas une chose pareille.

— C'est la vérité. Je le pense sincèrement. Vous ne me croyez pas ?

Wexford, qui avait souvent entendu des hommes exposer de pareilles intentions sans pour autant les prendre au sérieux, le crut. Il y avait chez son hôte une sorte de résolution ardente et il fut soulagé de voir entrer Mrs Dearborn qui dissipa la tension qui s'était créée.

Elle lui dit qu'elle était heureuse de le connaître et ajouta :

— À condition, bien entendu, que vous n'encouragiez pas Stephen à nous faire déménager dans quelque maison délabrée. Quand il n'y a plus d'améliorations à faire dans une maison, il se lasse.

— Il serait difficile d'améliorer Laysbrook, dit poliment Wexford.

Elle n'était pas une beauté et ne faisait rien pour paraître plus jeune que ses quarante ans. Ses cheveux châtains étaient striés de gris et son cou ridé. Il se demanda d'où provenait son charme. Était-il dû à sa souplesse — elle était très mince — à ses mains longues et fines, ou à son extrême féminité ? Oui, ce devait être cela, se dit-il. Ses ongles étaient vernis, elle portait une jupe courte, et venait de prendre une cigarette dans un coffret en cèdre. Poutant, elle avait la grâce d'une femme d'autrefois, d'un personnage d'un roman de Trollope, d'une châtelaine.

Il était évident que Dearborn était fou amoureux d'elle. Cela sauta aux yeux quand il la regarda s'asseoir et s'attarda sur sa femme quand elle croisa les jambes et lissa sa jupe. Les mains de Wexford légèrement caressantes devinrent celles de Dearborn l'espace d'un instant. Par ce transfert, il vint sentir la douceur de la soie et de sa peau.

Wexford était en train de se demander comment il pourrait aborder le thème du cimetière de Kenbourne lorsque Dearborn lui dit qu'il était temps de lui montrer les cartes.

— Excuse-moi chérie, dit-il à sa femme. Tu as déjà entendu cette histoire tellement de fois...

— Ça ne me dérange pas. Je vais prendre mon tricot.

— Bonne idée : j'aime te voir tricoter. Il est curieux, Mr Wexford, que ce qui nous attire chez une femme n'est généralement pas ce qu'elle imagine. Je pourrais voir miss Monde faire un strip-tease devant moi et rester de glace. Par contre, si je vois une femme en tablier blanc en train d'étendre de la pâte à tarte, je suis capable de m'en éprendre avant qu'elle n'ait eu le temps de refermer la porte de sa cuisine.

— C'est exactement ce qui s'est passé, dit Mrs Dearborn en riant.

« C'est donc ainsi qu'ils ont fait connaissance, se dit Wexford. C'est vraiment arrivé et il n'y a pas très longtemps. » Cela a dû se passer dans un intérieur hollandais, lui était invité et entrait dans la maison pour la première fois. Il apercevait cette femme aux cheveux châtains et à l'air doux par la porte entrebâillée de la cuisine. Elle levait la tête, confuse d'être surprise en train de faire des gâteaux, un tablier blanc noué à la taille, et ses bras nus couverts de farine.

Mrs Dearborn sembla deviner ce que pensait Wexford. Leurs regards se croisèrent un instant et elle réprima un sourire en pressant ses lèvres. Puis elle sortit d'un sac à ouvrage une grosse pelote de laine, un ouvrage à moitié commencé aussi blanc et léger que de la fleur de farine, et elle se mit à tricoter.

La regarder avait quelque chose d'étrangement apaisant. Tout homme d'affaires épuisé, songea-t-il, devrait avoir un aquarium de poissons tropicaux dans un coin de son bureau et une femme en train de tricoter dans un autre. Wexford, qui se sentait las, aurait aimé pouvoir la contempler toute la nuit, mais il fallait qu'il se concentre sur les plans, les reproductions et les extraits d'archives que Dearborn avait apportés et déployait devant lui.

L'enthousiasme d'un croisé faisait briller les yeux de l'architecte. Il se mit à parler : ici c'était le quartier de Kenbourne sous le règne de George IV. Là se dressait le château qu'un duc avait loué pour sa maîtresse actrice ; un peu au sud de Lammes Grove, s'étendait une magnifique allée d'ormes. Pourquoi ne pas tout raser et planter à nouveau des arbres ? Pourquoi ne pas transformer les terrains vagues en terrains de jeux ? Wexford n'eut même pas à le questionner sur le cimetière. Dearborn le devança, lui en indiqua la superficie, lui fit un bref historique des personnages célèbres qui y étaient enterrés, déplora l'état lamentable des murs d'enceinte, lui faisant remarquer la brèche qui s'y ouvrait à l'est et qui permettrait bientôt aux vandales d'y pénétrer et de piller à loisir.

Et un bon point pour Baker, se dit-il. Wexford essayait de se détendre et de se concentrer, mais il se sentit vite submergé. Il éprouvait une sensation qu'il avait déjà eue auparavant, quand quelqu'un d'obsédé par un thème lui donnait un cours. Tout était excessif. Normalement, il fallait y aller par petites étapes, mais l'obsédé ne pouvait pas s'en rendre compte. Il avait vécu jour et nuit avec sa passion, puis au moment d'éclairer un néophyte, il en était incapable. Il ne s'était jamais entraîné à enseigner et à résumer un contexte, à susciter l'intérêt et à renvoyer à plus tard les détails compliqués. Des faits restés jusque-là inconnus, des anecdotes historiques, de navrants exploits d'iconoclastes, coulaient à flots des lèvres de Dearborn. Il déployait une carte pour confirmer une chose, de vieux actes pour en vérifier une autre et Wexford fut bientôt pris de vertiges.

Il poussa un soupir de soulagement lorsque son hôte remplit à nouveau son verre et se retourna rapidement pour échanger un sourire avec Mrs Dearborn. Mais lorsqu'il lança un regard dans sa direction, s'attendant à voir le mouvement régulier de ses doigts, il s'aperçut qu'elle avait posé son ouvrage sur ses genoux, et que ses yeux, inexpressifs, fixaient un coin de la pièce. Elle griffait convulsivement l'accoudoir rembourré de son fauteuil.

Le tissu était tellement élimé qu'on voyait la doublure des deux accoudoirs. Ce n'était pas là le résultat d'une seule soirée de tension nerveuse, mais de beaucoup d'autres. D'autant plus qu'en parcourant du regard les cinq ou six autres fauteuils et le canapé, Wexford constata que tous étaient dans le même état. Tous les accoudoirs laissaient voir des fils qui dépassaient comme des lambeaux duveteux.

Ce spectacle le navra, car il détruisait l'idée qu'il s'était faite d'un couple harmonieux au bonheur serein. Il perçut une brusque tension. Par-dessus le plateau des alcools, Dearborn observait sa femme, l'air à la fois apitoyé et agacé.

Ils se turent. La sonnerie du téléphone brisa ce silence, les faisant tous trois sursauter, Mrs Dearborn plus que les deux hommes. Dès la deuxième sonnerie elle bondit et cria : « J'y vais. » Sa grâce avait disparu. Elle était comme une médium tirée d'une communion étrange et transcendentale, victime d'une angoisse mentale insupportable parce qu'elle doit rassembler les fils qui la relient au monde réel.

L'appareil se trouvait à l'autre bout de la pièce, sur un petit guéridon qu'avait longuement fixé Mrs Dearborn. Elle décrocha, dit « allô », toussota pour pouvoir répéter ce mot sans murmurer. Elle attendait visiblement cet appel et ne le redoutait nullement, mais en voyant ses épaules retomber Wexford comprit que ce n'était pas celui qu'elle attendait.

— Ce n'est rien, dit-elle dans l'appareil, puis se tournant vers son mari, elle ajouta : c'était une erreur.

— C'est fou ce qu'il y en a en ce moment, fit Dearborn en s'excusant comme s'il était responsable d'un coup de fil. Tu sembles fatiguée, Mélanie. Je vais te servir un verre.

— Oui, fit-elle en repoussant une mèche de cheveux qui retombait sur son front.

Wexford fut frappé par l'extrême minceur de ses poignets. Il s'agit de ma fille, reprit-elle, en bonne hôtesse qui ne laissait pas ses invités dans l'ignorance. Je me fais beaucoup de souci pour elle. Les enfants sont pour leurs parents un tel sujet de tourment à notre époque ! On ne sait jamais dans quelle mauvaise situation ils peuvent se mettre. Mais je ne veux pas vous ennuyer davantage avec cela.

Elle prit le verre de whisky que lui tendait son mari et dit : « Merci, chéri », en soupirant.

Le mari et la femme, debout l'un devant l'autre, s'effleurèrent brièvement la main. Wexford comprenait de moins en moins. Que voulait-elle dire au sujet de sa fille qui se trouvait peut-être dans une situation critique ? Ce bébé qui jouait encore avec un anneau, et que sa mère avait laissé une heure plus tôt, devait dormir tranquillement dans son berceau et ne pouvait être pour ses parents un sujet de tourment, à moins qu'il n'ait été malade et qu'ils attendent avec impatience un coup de fil de leur médecin...

Wexford avala son second verre de bière avec un sentiment de culpabilité. Il avait perdu l'habitude de boire de l'alcool et se sentait un peu somnolent et étourdi, aussi se réjouit-il quand Dearborn, en repliant ses documents, lui dit que cela suffisait pour un soir.

— Il vous faudra revenir. Ou mieux encore, je vous ferai visiter les endroits dont je viens de vous parler. J'emmène parfois Alexandra à Kenbourne Vale, reprit-il avec le plus grand sérieux. Elle est évidemment trop petite pour comprendre ce que je lui raconte, mais je lis dans ses yeux qu'elle commence à s'y intéresser. C'est une enfant très intelligente. Êtes-vous encore à Londres pour longtemps ?

— Non, je crains bien d'être obligé de repartir samedi prochain dans le Sussex pour mon travail.

— Quelle est votre profession ? demanda Mrs Dearborn.

— Je suis policier.

— C'est passionnant. Et je suis sûre que vous n'êtes pas un simple policier.

— Non, je suis inspecteur-chef.

Le visage de la jeune femme se contracta. Elle lança un bref regard à son mari, puis détourna les yeux et partit.

Il aurait été naturel que Dearborn parlât du meurtre à ce moment-là, mais il n'en fit rien. Il se contenta de dire :

— Je crois qu'il nous faudra renoncer à la balade que je projetais. Vous rentrez chez vous et je dois moi-même me rendre, à la fin de la semaine prochaine, à un congrès d'architectes dans le Yorkshire. Peut-être pourrons-nous faire cette visite la prochaine fois que vous reviendrez à Londres.

Wexford hocha la tête, mais un cri perçant venant de l'étage supérieur mit fin à toute conversation. Cette enfant adorée, précoce, supra-intelligente, était une fois de plus réveillée.

Mélanie Dearborn, qui avait été électrisée quand le téléphone avait sonné, se conduisit alors comme une femme qui aurait élevé au bas mot six enfants. « C'est encore Alexandra qui fait des siennes », dit-elle en se levant sans se presser.

Dearborn, par contre, était dans tous ses états. La petite serait-elle malade ? Fallait-il appeler le médecin ? Il l'avait trouvée bien rouge aujourd'hui. Sa femme avait beau dire qu'elle faisait ses dents, il ne trouvait pas cela naturel.

Wexford profita de ce petit incident pour prendre congé. Il donna à ses hôtes le numéro de téléphone de son neveu et les remercia de la charmante soirée qu'il venait de passer. Mrs Dearborn l'accompagna à la porte. Son mari était déjà à l'étage et criait à sa fille que papa venait, que papa allait tout arranger.

10

Car si l'amour est souvent conquis par la beauté, seules la vertu et la soumission le retiennent captif.

Tandis que Wexford était chez les Dearborn et Howard chez lui en train de jouer au bridge, il y eut un cambriolage dans

Kenbourne Vale. Un vol par effraction parmi tant d'autres qui entraînaient la disparition d'argenterie, de bijoux et d'argent liquide et avaient toujours lieu le vendredi ou le samedi soir.

— C'est grâce à ton ami, dit Howard à son oncle le lundi matin.

— À Dearborn ? s'exclama Wexford surpris.

— Kenbourne est en train de se transformer, Reg. J'approuve qu'on rase les taudis et qu'on rénove les maisons anciennes, mais l'argent appelle le crime. Il y a à peu près dix ans personne, à part les boutiquiers, ne possédait de quoi tenter un voleur. Maintenant, dans les quartiers refaits, des directeurs de société se sont installés grâce à leurs héritages. Ils ont des coffres-forts que même un enfant pourrait ouvrir. Aucun de ces cambriolages n'a encore eu lieu dans des immeubles appartenant à la société immobilière Notbourne, mais je ne serais pas étonné que la prochaine fois, ils s'attaquent à Vale Park.

— Qui ça, « ils » ? Tu as une idée ?

— On en a toujours une, tu le sais aussi bien que moi, fit Howard amèrement. J'ai passé le plus clair de la journée d'hier à questionner un certain Winter qui a, bien entendu, un alibi en or. Et tu sais qui le lui a fourni ?... Notre vieux copain, Harry Slade.

— Vieux copain ? Je n'ai jamais entendu ce nom-là.

— Excuse-moi, Reg. On ne t'a pas mis au courant ? Harry Slade est un des types qui nous a affirmé que Gregson était avec lui au *Psyché Club* le soir du vendredi 25 février. Il n'a pas de casier judiciaire, mais je commence à croire que c'est un professionnel du faux alibi.

— Mais...

— Mais ça n'a pas de valeur ? Pas devant un juge, Reg. C'est un citoyen irréprochable, un laitier aussi blanc que ce qu'il vend. Il a déclaré que Winter avait passé tout son samedi soir avec lui, avec sa chère vieille maman et sa fiancée dactylo. Ils ont joué au Monopoly chez la vieille mère en question, par-dessus le marché.

— Un alibi aussi véreux vous donne une arme de plus contre Gregson, fit Wexford au moment où Baker entrait dans la pièce. Il parlait calmement car il plaignait les gens qui perdaient leur contrôle. Baker le regardait d'un air poli et glacé. Son visage ressemble à celui d'un guépard, pensa-t-il. Il avait un nez camus, une petite bouche aux lèvres minces et un front fuyant. De petites pattes lui descendaient sur les joues.

— Si vous allez maintenant à l'agence Sytansound, Michaël, vous pourriez peut-être emmener mon oncle.

— Mais avec plaisir, chef, répondit Baker. Seulement j'ai déjà demandé au sergent Nolan de m'y accompagner et j'ai promis au jeune Dinehart de l'initier à la routine du métier. Emmener votre oncle, ce ne serait pas un peu prendre un marteau-pilon pour tuer une mouche ?

Wexford eut peine à se contenir. Il se souvint de l'histoire malheureuse de Baker, de sa jeune femme cruelle et de l'enfant qui n'était pas de lui. Tout comprendre, c'est tout pardonner. Il sourit et déclara dans l'intérêt d'Howard que son rôle d'observateur bien placé lui convenait parfaitement. Mais qu'allait-il faire toute la journée ? Bavarder avec Howard et l'empêcher de travailler ? Aller une fois de plus fouiner dans Kenbourne ? Il commençait à comprendre que si Howard avait bien voulu l'intégrer dans son équipe, c'était pour lui faire occuper un poste purement honorifique. Il ne faisait pas de mal, avait l'air de se distraire et énonçait des idées que des experts démolissaient. Il se sentait comme un ouvrier qui ne servait plus à rien, et dont le travail n'était qu'une redondance. Mais un gentil patron lui trouvait une occupation que n'importe quel ordinateur aurait pu remplir mieux que lui, si tant est qu'elle ait eu quelque utilité. Autant rentrer à Theresa Street et proposer à Dora de l'emmener au cinéma.

Dans l'entrée il tomba sur le sergent Clements.

— Vous avez passé un bon week-end, monsieur ?

— Excellent, je vous remercie. Comment va votre petit garçon ?

— Il est formidable. Cette nuit il a forcé ma femme à se lever, le petit voyou, tellement il braillait. Mais, quand elle a été dans sa chambre, il n'avait qu'une envie, c'était de jouer. Si vous le voyiez rire ! Il commence déjà à ramper sur le sol et à mon avis il marchera avant un an.

« Ces pères ! se dit Wexford. Tous les mêmes ! »

— Comment allez-vous l'appeler ?

— Ma foi, monsieur... Je crois que sa mère était une romantique. Elle devait aimer les noms fantaisistes car elle l'avait appelé Barnabé. Mais ma femme et moi on préfère quelque chose de plus simple, alors il s'appellera James, comme mon vieux père. Dès que nous aurons l'acte d'adoption nous le ferons baptiser.

— Plus que quatre jours à attendre, pas vrai ?

Clements acquiesça de la tête. Son visage s'était brusquement assombri. L'idée de ces quatre jours... quatre journées si longues et si courtes à la fois, au terme desquelles il obtiendrait (ou n'obtiendrait pas), le droit d'être père.

Devant le visage rougeaud de cet homme dont la sagesse restait immature et primaire, Wexford songea avec un petit frisson d'anxiété à ce fameux vendredi. Si cette femme si romantique, qui avait donné un prénom fantaisiste à son enfant, changeait d'avis et venait le réclamer à la Cour, que deviendrait la vie de Clements ? Celle de sa femme si patiente ? Celle de ce couple seul et désolé au sommet de sa tour ? Il était normal et juste que la loi considérât en premier lieu la mère naturelle. Mais cette loi était cruelle envers les couples stériles qui priaient et attendaient ardemment l'adoption :

— Vous avez montré tant d'intérêt pour le petit, monsieur, que ma femme et moi on s'est demandé si vous viendriez casser la croûte chez nous un jour à midi. Comme ça vous pourrez voir le petit James. Ça nous ferait vraiment plaisir. Demain ou mercredi par exemple. Ce sera un grand honneur pour nous.

— Demain, c'est parfait, dit Wexford touché.

C'était aussi pour lui une façon de passer le temps. Dans un élan, il tapa Clements sur l'épaule.

Denise et Dora venaient tout juste de finir de déjeuner. Ni l'une ni l'autre ne manifesta la moindre surprise en le voyant entrer et en constatant qu'il était toujours de ce monde. Cependant, il lut dans les yeux de Dora une expression qu'il ne lui avait pas vue depuis bien des années.

— Qu'est-ce que tu as encore fabriqué, oncle Reg ? lui demanda Denise.

Pour la première fois elle ne le regardait pas comme un vieil oncle impotent, mais comme un homme bien viril.

— Moi ? fit Wexford en remarquant une fois de plus à quel point un innocent peut se sentir coupable. Que veux-tu dire ?

— Une dame t'a appelé. Une certaine Mélanie je ne sais quoi. Je n'ai pas retenu son nom de famille. Elle veut que tu ailles la voir dans la journée, et, s'il te plaît, *en l'absence de son mari*. Elle veut que tu la rappelles. Il paraît que tu as son numéro de téléphone.

Wexford, bien qu'un peu surpris, éclata de rire.

— Qui est cette dame, Reg? demanda Dora, pas vraiment inquiète, mais pas complètement rassurée non plus.

— Mélanie? fit Wexford d'un ton dégagé. Oh! Mélanie c'est cette jeune femme avec qui j'ai une brûlante liaison. Chaque fois que tu me croyais à Kenbourne avec Howard, c'était avec elle que je passais mon temps. Rien de tel que les vieux violons pour filer la romance ma chère. (Devant l'expression réprobatrice et un peu attristée de sa femme, il s'exclama :) Dora, mais regarde-moi! Regarde-moi! Quelle femme sensée voudrait de moi?

— Moi.

— Toi? fit-il, curieusement troublé. (Il l'embrassa légèrement dans les cheveux.) C'est bien vrai que l'amour est aveugle. Excuse-moi, il faut que je passe un coup de fil à ma jeune maîtresse.

Il trouva le numéro de Stephen T. Dearborn dans les pages de l'annuaire consacrées aux architectes et composa le numéro. Mélanie décrocha à la seconde sonnerie. Était-ce là son habitude? Ou était-elle là à attendre, prête à bondir dès que la sonnerie retentirait?

— Je suis navrée de vous importuner, Mr Wexford. Mais je... je... Serait-ce trop vous demander que de venir me voir?

— Maintenant, Mrs Dearborn?

— Oui, maintenant, si vous le voulez bien.

— Pouvez-vous me dire en quelques mots de quoi il s'agit?

— Je préfère vous l'exposer de vive voix.

— Accordez-moi dix minutes, fit Wexford intrigué.

Il raccrocha, exposa de son mieux à Denise et à Dora pourquoi Mélanie Dearborn désirait le voir en l'absence de son mari. Mais en réalité lui-même ne le savait pas. S'inquiétait-elle de voir son mari obsédé par les travaux à effectuer dans Kenbourne Vale au point d'en négliger ses affaires ou même sa femme? Ou avait-elle des raisons de se préoccuper de l'état de santé de la petite Alexandra? Ni l'une ni l'autre de ces explications ne le contentait.

— La bibliothèque a fait sortir le livre que tu voulais, oncle Reg, lui dit Denise. Tu pourras passer le prendre en rentrant.

Wexford prit la carte d'abonné que lui tendait sa nièce.

Quand il sortit de la maison, il conclut que Mrs Dearborn l'avait appelé parce qu'il était officier de police.

Le taxi s'arrêta en double file et une Mini rouge venant de Laysbrook Square les dépassa. Wexford ne fit qu'entrevoir sa jeune conductrice au manteau foncé. Ses mains gantées lui évoquèrent quelque chose qu'il n'aurait pu préciser.

Il n'y pensait déjà plus lorsque le taxi s'arrêta devant le porche de Laysbrook House, où l'attendait Mélanie Dearborn.

Wexford s'appliqua à esquisser un sourire calme et rassurant qu'elle ne lui rendit pas. Lui prenant la main, elle se confondit en excuses pour avoir ainsi fait appel à quelqu'un qu'elle connaissait encore si peu. Il comprit qu'il avait vu juste.

— C'est à l'inspecteur de police que je m'adresse, lui dit-elle quand ils furent dans la maison, ou plutôt au détective, puisque vous n'exercez pas en ce moment, si vous voyez ce que je veux dire.

Non, Wexford ne voyait pas où elle voulait en venir.

— Peut-être pouvez-vous me conseiller, reprit-elle en se laissant tomber dans un fauteuil et en agrippant les accoudoirs.

— Je n'en suis pas si sûr, objecta-t-il.

C'était une femme si agréable, mais tellement désespérée qu'il se permit de la conseiller comme il l'aurait fait pour un ami intime : « Essayez de vous détendre... Vos mains... laissez-moi vous offrir une cigarette. »

Elle enleva ses mains des accoudoirs, les serra étroitement :

— Vous êtes quelqu'un d'apaisant, n'est-ce pas ? Je me sens un peu mieux.

— Parfait ! Alors, de quoi s'agit-il ?

— De ma fille, dit Mélanie Dearborn. Elle a disparu et j'ignore où elle peut être. Dois-je signaler sa disparition ?

— Votre bébé ? fit Wexford ouvrant de grands yeux. On a kidnappé votre bébé ?

— Non ! Bien sûr que non ! Alexandra est en haut. Je vous parle de ma fille aînée, Louise, qui a vingt et un ans.

Le regard qu'elle lui lança avait quelque chose de pathétique. Elle attendait visiblement un compliment que Wexford n'eut pas le cœur de formuler. Ce jour-là Mrs Dearborn paraissait suffisamment âgée pour être la mère d'une fille de vingt et un ans. Mais Dearborn en était-il le père? Wexford aurait juré que ce couple n'était marié que depuis trois ou quatre ans.

— Elle n'est pas la fille de Stephen, reprit Mrs Dearborn comme si elle avait lu dans ses pensées. Je l'ai eue d'un premier mariage. Je n'avais que dix-neuf ans quand Louise est née et elle en avait dix lorsque son père est mort.

— Qu'est-ce qui vous fait dire qu'elle a disparu? Habite-t-elle ici normalement?

— Non, elle n'a jamais vécu avec nous. Stephen et elle ne s'entendent pas très bien, je ne saurais vous dire pourquoi. Au début, oui, et c'est même Isa — c'est son surnom — qui m'a fait rencontrer Stephen. Je suppose qu'elle m'en a voulu de m'être remariée.

Toujours la même histoire. Une mère et une fille étroitement unies, puis l'intrus qui surgit, laissant la fille à sa solitude.

— Nous nous sommes mariés il y a trois ans, reprit Mélanie Dearborn. Isa, qui était encore au lycée, se préparait à entrer à Cambridge où elle était déjà inscrite. Mais quand elle a appris que Stephen et moi allions nous marier, elle a tout envoyé promener et est partie vivre avec une amie.

Mrs Dearborn se remit à griffer convulsivement les ganses des accoudoirs, laissant sa cigarette se consumer sur le bord du cendrier :

— Son père lui a légué par testament une rente de mille livres par an. J'ignore si elle travaille pour gagner sa vie.

— Pourquoi? Vous n'avez plus entendu parler d'elle?

— Oh! mais si. Nous avons fini par nous réconcilier, mais ça n'a plus jamais été comme avant. Elle qui était déjà secrète est devenue terriblement renfermée. C'est peut-être de ma faute. Je ne voudrais pas vous donner l'impression de m'apitoyer sur mon sort, Mr Wexford, mais j'ai dû subir beaucoup de choses lors de mon premier mariage. Et puis mon veuvage n'a pas été facile. J'ai appris à Isa à garder ses soucis pour elle et à ne jamais manifester ses sentiments.

Wexford hocha la tête :

— Mais elle restait en rapport avec vous. Elle vous téléphonait, vous écrivait? demanda Wexford.

— Elle me téléphonait de temps à autre, mais elle refusait de venir ici. Quand elle a quitté l'appartement qu'elle partageait avec une amie elle n'a jamais voulu me donner sa nouvelle adresse. Elle m'appelait chaque fois d'une cabine téléphonique. Stephen s'est aperçu que je souffrais beaucoup de cette situation et il a confié à un détective privé le soin de découvrir où elle habitait. Cela a été épouvantable ! Isa m'en a voulu à mort. Elle m'a dit que je n'entendrai plus jamais parler d'elle et que j'avais gâché sa vie. Depuis ce jour je fais de mon mieux pour ne pas montrer à Stephen à quel point je me tourmente... et voilà pourquoi je vous ai demandé de venir me voir en son absence.

— Quand vous a-t-elle donné signe de vie pour la dernière fois ?

Mrs Dearborn écrasa sa cigarette et en ralluma immédiatement une autre :

— Il faut que je vous en dise plus. Quand Stephen a remué ciel et terre pour la retrouver et qu'elle a téléphoné pour me dire que j'avais ruiné sa vie, je n'ai plus entendu parler d'elle pendant des mois. Mais depuis un an elle s'est remise à me téléphoner régulièrement. Pourtant elle n'a jamais voulu me dire où elle habitait, et d'après sa voix elle semblait toujours aussi malheureuse.

— N'avez-vous pas cherché à savoir pourquoi ?

— Si, bien entendu. Mais elle me répondait toujours : « Non, ça va. Mais la vie n'est pas ce qu'elle devrait être. D'ailleurs c'est ce que tu m'as toujours dit. » Si vous la connaissiez, Mr Wexford, vous vous rendriez compte à quel point il est difficile de la faire parler. À chaque fois elle me répond : « Parlons d'autre chose, tu veux bien ? » J'aurais voulu qu'elle vienne me voir ici, à Noël, pour lui parler de... (Wexford haussa les sourcils.) Elle reprit : Excusez-moi de ne pas vous dire de quoi il s'agit. Cela n'a d'ailleurs aucun rapport avec la disparition d'Isa. Je l'ai donc priée de venir, et elle est venue le lendemain de Noël, le 26 décembre. C'était la première fois que je revoyais ma fille depuis près de trois ans. Après cela elle est revenue deux ou trois fois, mais toujours en l'absence de Stephen.

— Le jour après Noël, elle l'a vu ?

— Non, fit Mélanie Dearborn en secouant la tête. Il a passé cette journée auprès de sa mère qui est dans une maison de repos. Isa était d'une maigreur et d'une pâleur à faire peur. Elle n'avait jamais été très enjouée, si vous voyez ce que je veux dire. Mais là, elle était sans vie. Puis elle m'a téléphoné régulièrement, environ une fois par semaine. La dernière fois qu'elle m'a donné signe de vie — c'est ce que vous voulez savoir, n'est-ce pas ? — c'était vendredi dernier, le 25 février.

Wexford se sentit blêmir et espérait que Mrs Dearborn ne s'en apercevrait pas.

— Vous dites qu'elle vous a téléphoné vendredi dernier ?

— Oui, à l'heure du déjeuner. Elle sait que Stephen ne rentre jamais à midi et elle m'appelle toujours vers 1 heure et quart.

11

D'autres rochers n'affleurent pas à la surface de l'eau et sont, de ce fait, dangereux.

Wexford s'efforça de rester impassible. Il savait que le regard scrutateur de Mélanie Dearborn discernerait chez lui le moindre malaise. Il entendait le tic-tac d'une pendule dans la pièce. Il ne l'avait pas remarqué auparavant car les doigts de Mrs Dearborn déchiquetant les accoudoirs des fauteuils couvraient tout autre bruit. Griffant toujours fiévreusement les accoudoirs de son fauteuil, elle reprit :

— Isa semblait follement heureuse. Il y avait quelque chose dans sa voix que je n'avais pas entendu depuis sa petite enfance. Elle me demanda comment nous allions Alexandra et moi. Puis elle me dit qu'elle pensait avoir bientôt quelque chose à m'apprendre qui me ferait certainement très plaisir. Bien entendu, j'ai voulu savoir de quoi il s'agissait. Mais elle m'a demandé de patienter encore une semaine ou deux, en me promettant de me rappeler dans quelques jours. Cela m'était insupportable de laisser ainsi les choses en suspens et je l'ai suppliée de m'en dire plus. Puis j'ai entendu le signal qui indiquait la fin de la communication. Je lui ai demandé de me donner son numéro de téléphone pour la rappeler, mais à ce moment-là, nous avons été coupées.

Tout cela collait ! Tout cela collait affreusement !

— Elle ne vous a pas rappelée ? demanda-t-il, connaissant d'avance la réponse.

— Non, et ça a été pour moi une terrible déception. J'étais dévorée par... je l'avoue... par la curiosité. J'en oubliai même que je m'étais juré de ne plus jamais la faire rechercher. J'essayai même de joindre Stephen pour lui demander de la retrouver s'il le pouvait... Mais il n'était pas à son bureau ce jour-là et quand il est rentré j'avais eu le temps de me calmer et j'avais décidé d'attendre que ma fille me rappelle. Mais elle ne l'a pas fait.

— Que redoutez-vous exactement ?

— Ce bonheur dont elle m'a parlé, fit Mrs Dearborn avec un petit rire nerveux. Cela vous paraîtra sans doute absurde, mais je ne peux pas m'empêcher de me demander si ce bonheur ne lui a pas fait prendre de terribles risques. (Elle frissonna et dit d'un ton implorant :) Que dois-je faire ? Dites-moi ce qu'il faut que je fasse !

« Vous rendre avec moi à Kenbourne Vale pour identifier un cadavre. » Si cela s'était passé à Kingsmarkham et s'il avait été chargé de l'affaire Morgan, il aurait dit quelque chose de semblable, de la manière la plus délicate, la plus détournée possible. Mais il n'était pas à Kingsmarkham. Et d'ailleurs, avant de prendre toute initiative, il devait en parler à Howard. Peut-être qu'entre-temps on découvrirait d'autres indices.

Mrs Dearborn avait beaucoup souffert au cours de ses quarante années. Si ses suppositions étaient fondées, toute la douleur qu'elle avait surmontée n'était rien en comparaison de ce qui l'attendait, de l'angoisse qu'elle allait éprouver. Pour rien au monde il ne l'aurait souhaité à son pire ennemi. Il aimait bien cette femme. Il était touché par sa féminité, par ses inquiétudes et ses bonnes manières.

Mieux valait, en somme, la rassurer et laisser les choses suivre leur cours. D'ailleurs il n'était pas officiellement chargé de l'affaire. Bien au contraire, il était en vacances.

— Cela ne fait qu'un peu plus d'une semaine, Mrs Dearborn. Rappelez-vous qu'il fut un temps où votre fille vous laissait des mois sans nouvelles.

— C'est vrai.

— Si vous le permettez, je vous téléphonerai mercredi, et si vous ne savez toujours rien, nous signalerons la disparition de votre fille à la police.

— En somme vous pensez que je fais une montagne d'une taupinière.

— Il y a de ça, fit Wexford mentant avec aplomb.

D'ailleurs il pouvait se tromper. Isa — quel était donc son nom de famille ? — était peut-être bien vivante et en train de parcourir l'Europe avec un garçon. Une telle aventure lui était déjà arrivée une fois. Il était persuadé que la fille était morte, tout contribuait à le prouver, et un beau jour elle avait reparu, bronzée et souriante, après un séjour en Italie en compagnie d'un jeune poète.

— Quel est le nom de famille de votre fille ?

— Sampson. Louise Sampson. Ou Isa, ou Lulu, ou Dieu sait quel diminutif elle a encore inventé.

« Ou Loveday... Non... » Il avait envie de crier. « Non. Ne me compliquez pas les choses », songea Wexford qui, d'habitude, se réjouissait lorsqu'il retrouvait l'identité des gens.

— Il faut que je m'en aille.

— Comment rentrez-vous ? En taxi ou en autobus ?

— L'un des deux, lui répondit-il en souriant.

— Laissez-moi vous ramener. C'était si gentil à vous de me consacrer un peu de votre temps. D'ailleurs j'ai des courses à faire.

Malgré son refus, Mrs Dearborn parvint à convaincre Wexford. Elle monta chercher l'enfant et, quand elle surgit sur le palier, Wexford monta à sa rencontre pour l'aider à tenir le couffin. La tête sur un coussin rose pâle, la petite Alexandra fixa sur lui ses grands yeux bleus. Elle était plutôt grassouillette, délicieusement habillée de beaux vêtements en angora rose. Mrs Dearborn posa une petite couverture de fourrure blanche sur elle :

— C'est la dernière extravagance de mon mari. Il achète presque tous les jours des cadeaux à cette enfant. Elle a bien plus de vêtements que moi.

— Bonjour, fit Wexford. Bonjour, Alexandra.

La petite se conduisit comme tous les bébés de son âge. Son visage se plissa comme si elle était sur le point de pleurer, puis s'illumina d'un ravissant sourire.

— Elle est superbe ! dit sincèrement Wexford.

Mrs Dearborn ne répondit rien. Elle cherchait quelque chose sous les manteaux suspendus au vestiaire.

— Je cherche une écharpe, dit-elle, à la fois pour elle et à l'égard de Wexford. Une écharpe de soie bleue que j'aime beaucoup. Je me demande bien où elle est passée. Au fait, j'y pense, cela fait des semaines que je ne l'ai pas vue. Je me demande si Stephen ne l'aurait pas donnée à notre ancienne femme de ménage. Quand elle est partie, il a insisté pour lui donner des tas de vieux vêtements. Il est tellement impulsif ! (Le bébé se mit à pleurer.) Ah ! non, Alexandra, ne commence pas ! Elle est comme les chiens, dit-elle, plutôt mécontente. Quand elle sent qu'on va sortir elle ne vous laisse pas une minute de tranquillité. Après tout, je vais enfiler la veste de Stephen. Mon manteau de fourrure est chez le teinturier et j'ai l'impression qu'il ne fait pas chaud.

Elle revêtit la veste de mouton de son mari, bien trop grande pour elle, et tous deux coururent jusqu'à la voiture sous une brusque averse. Le couffin et le bébé furent jetés sur la banquette arrière comme des bagages que l'on place en sécurité et qu'on oublie. Wexford avait pris Mrs Dearborn pour une femme très maternelle, uniquement préoccupée par son mari et ses filles. Elle n'était pas trop âgée pour être la mère d'un bébé, mais peut-être trop pour prendre plaisir à s'en occuper. Pourtant, elle devait avoir le même âge que la femme du sergent qui, elle, était contente de jouer avec son bébé alors qu'il la réveillait en pleine nuit. Peut-être aussi se faisait-elle tellement de souci au sujet de Louise qu'elle en oubliait le reste de la famille.

— Comment s'appelait l'amie avec laquelle Isa partageait l'appartement ?

— Verity Bate. Elles ont fait leurs études ensemble. Puis Verity s'est inscrite à l'université de St. Mark et St. John pour devenir professeur.

— Si je comprends bien c'est dans Londres même ?

— C'est à cinq cents mètres d'ici. Près de la maison où vous logez à King's Road. Je vous la montrerai en passant. Verity doit être en dernière année, mais j'ignore si elle habite toujours le même appartement, près de Holland Park. J'ai à plusieurs reprises appelé ce numéro, mais je n'ai jamais obtenu de réponse.

Ils avaient traversé King's Road et roulaient vers le nord.

Sur la banquette arrière, Alexandra gazouillait. Wexford regarda par-dessus son épaule et vit qu'Alexandra regardait la pluie qui tombait contre la fenêtre. Elle tendait sa petite main grassouillette comme pour saisir les gouttelettes brillantes. Ils arrivèrent dans Fulham Road par St. James Street. Quand ils eurent dépassé le cinéma, ils s'engagèrent dans une partie de la rue, étroite comme une rue de village. Mrs Dearborn demanda alors à Wexford la permission de l'abandonner quelques minutes.

— C'est toujours ici que j'achète mon pain et mes gâteaux, lui dit-elle. Croyez-vous pouvoir supporter pendant ce temps-là la compagnie d'Alexandra ?

Wexford l'assura qu'il la supporterait très volontiers. Elle se gara alors près d'un parcmètre à Gilston Road et poussa un cri de satisfaction en constatant qu'il y avait encore dix minutes à courir. Elle descendit de voiture et se dirigea vers la pâtisserie sans adresser le moindre petit mot tendre à son bébé. Wexford se retourna pour lui sourire. Nullement perturbée de rester seule avec un étranger, elle tendit ses petites mains vers son visage.

La pluie tambourinait sur le toit de la voiture et Alexandra se mit à rire aux éclats en repoussant sa couverture de fourrure blanche.

Wexford prit tant de plaisir à jouer avec ce bébé qu'il en oublia presque Mrs Dearborn et il constata avec surprise que dix minutes s'étaient écoulées. Alexandra, se désintéressant de lui, mordillait sa couverture. Il regarda par la portière. Mrs Dearborn était plongée dans une conversation animée avec une femme à l'air très simple. Toutes deux s'abritaient sous le même parapluie. Mélanie, croisa son regard et fit des lèvres : « J'arrive. » Elles s'approchèrent de la voiture.

Mrs Dearborn montra du doigt le bébé à son amie, si amie il y avait. De ce qu'il put voir de son visage pressé contre la vitre arrière dégoulinante de pluie, Wexford déduisit que ce n'était pas le genre d'amie qu'on imaginait à la femme d'un P.-D.G. Elle s'abritait sous un parapluie d'homme très ordinaire, et sous son manteau noir minable on apercevait sa blouse de travail. Un vieux feutre, enfoncé jusqu'aux sourcils dissimulait en partie son visage, mais pas le nævus qui s'étalait sur sa joue gauche et qui la défigurait. Wexford eut l'impression d'avoir déjà vu cette femme quelque part. Il se demandait jusqu'à quand elles pouvaient continuer de bavarder sous la pluie qui redoublait, la femme en noir s'éloigna et Mrs Dearborn remonta dans la voiture lissant ses cheveux humides d'une main mouillée.

— Désolée de vous avoir fait attendre. Vous devez regretter de n'être pas rentré en taxi. Mais vous savez ce que c'est quand on tombe sur quelqu'un qu'on connaît et qui est justement... (Elle se tut brusquement et reprit :) Maintenant, je vous ramène chez vous.

— Vous deviez me montrer au passage St. Mark et St. John.

— Ah ! oui, c'est vrai. Vous voyez cet édifice là-bas sur la gauche ? Juste avant d'arriver au Stamford Bridge. C'est la bibliothèque St. Mark. Le campus s'étend jusqu'à King's Road. Avez-vous l'intention de rencontrer Verity ?

— Oui, j'espère. Elle pourra au moins m'indiquer où est allée Isa lorsqu'elle a déménagé.

— Ça, je peux vous le dire, fit vivement Mélanie Dearborn. Car c'est là que Stephen l'a retrouvée. C'est dans le quartier d'Earls Court. Je vais vous donner le numéro de téléphone. Je téléphonerais volontiers moi-même à Verity, mais... (Elle hésita un instant, puis ajouta avec tristesse :) À moi, ses amis ou amies ne me diront rien.

Ils s'arrêtèrent devant la maison de Howard, Mrs Dearborn donna à Wexford le numéro de téléphone de Verity. Pendant la demi-heure qui venait de s'écouler, elle avait été distraite de ses préoccupations, mais Wexford remarqua que sa main qui tenait le stylo tremblait. Elle leva les yeux vers lui, à nouveau nerveuse, le front plissé par l'angoisse.

— Vous allez vraiment essayer de la retrouver ?... Je suis un peu... je ne peux pas oublier ce qui s'est passé lorsque Stephen...

— Soyez tranquille, j'agirai avec la plus grande discrétion, lui promit Wexford en prenant congé d'elle et en lui disant qu'il la reverrait sans faute le mercredi.

La maison était vide. Il trouva, appuyé contre un vase de cristal fleuri de freesias, un mot de Denise l'informant qu'elles étaient toutes deux sorties pour acheter un poncho prune. Wexford se demanda si ça se portait ou si ça se mangeait.

Il appela le numéro du quartier de Holland Park, mais personne ne répondit. Il composa alors celui d'Earls Court dans l'espoir d'y trouver qui avait répondu au détective engagé assez maladroitement par Dearborn.

Ce fut un garçon qui lui répondit.

— Qui occupait cet appartement avant vous ? lui demanda Wexford après s'être nommé et avoir expliqué qui il était.

— Ça, j'en sais rien. Ça fait quatre ans que j'habite ici.

— Quatre ans ? Je croyais que Louise Sampson y avait vécu il y a deux ans.

— C'est exact. Avec moi. Lulu et moi on a vécu ensemble, oh !... quatre ou cinq mois.

— Ah ! je vois, fit Wexford comprenant que Dearborn avait sans doute préféré ne pas en informer sa femme. Puis-je venir vous voir, monsieur...

— Adams. Vous venez si vous voulez. Mais pas aujourd'hui. Disons demain, vers 7 heures.

Wexford raccrocha et consulta sa montre. Il était un peu plus de 5 heures. La pluie s'était transformée en léger crachin. À quelle heure pouvaient bien finir les cours dans cette université ? Avec un peu de chance, Verity Bate serait juste sur le point de sortir. Mieux encore, elle était peut-être interne pour sa dernière année.

Il trouva sans difficulté le grand portail de l'université que les étudiants appelaient familièrement Marjohn. Quelques garçons et filles s'attardaient devant les bâtiments. Des embryons de professeurs... Ils lui lancèrent les regards que les gens de sa génération — sauf lui — leur accordaient habituellement. Le genre de regards qui disaient : « Pourquoi ces curieux vêtements ? Cette coupe de cheveux ? Pourquoi avez-vous ce drôle d'air ? » Cela le convainquit que personne à King's Road ne devait avoir son allure ou son âge avancé. Sans beaucoup d'espoir, Wexford entra dans le pavillon du concierge et lui demanda où il pourrait trouver miss Verity Bate.

— Vous l'avez manquée de peu. Elle est venue voir si elle avait du courrier et elle est rentrée chez elle. Vous êtes son père ?

Wexford se sentit plutôt flatté. Il se serait plutôt attendu à ce qu'on lui demande s'il était le grand-père de la jeune fille.

— Je vais vous laisser un mot pour elle.

Avant de poursuivre son enquête, il lui fallait en discuter avec Howard. Son neveu avait sous ses ordres des policiers expérimentés, capables de retrouver en quelques heures la trace de Louise Sampson, capables aussi de démontrer que Loveday Morgan et elle ne faisaient qu'une, ou étaient au contraire deux filles bien distinctes. Mais quelle satisfaction allait-il éprouver à le mettre devant le fait accompli, son enquête entreprise et aussitôt terminée.

12

La vérité se fait plus aisément jour lorsqu'un juge met en regard les paroles d'un homme au cœur simple et les artifices d'un être fourbe.

— Une autre de tes petites amies te demande au téléphone, fit Denise d'un ton désagréable.

Wexford venait tout juste d'avaler son petit déjeuner. Il fut soulagé que ni Howard, parti chercher son porte-documents dans son bureau, ni Dora, en train de faire les lits, n'aient entendu cette remarque. Il prit le combiné et entendit une fille lui déclarer d'une voix pleine de curiosité qu'elle s'appelait Verity Bate.

— On peut dire que vous n'avez pas perdu de temps, miss Bate, fit Wexford après avoir constaté à sa montre qu'il n'était que 8 heures et quart.

— J'ai dû retourner à Marjohn hier soir pour chercher quelque chose et le concierge m'a remis votre message. (Elle poursuivit sur un ton plein de suffisance :) J'ai jugé que ce devait être très important et comme j'ai beaucoup de civisme, je me suis mise en rapport avec vous le plus rapidement possible.

« C'est-à-dire que tu brûlais de curiosité et que tu ne pouvais pas attendre une minute de plus », se dit Wexford.

— Je suis à la recherche d'une personne que vous avez bien connue.

— Vraiment ? Je veux dire... qui pouvez-vous... ?

— Où et quand puis-je vous rencontrer, miss Bate? lui demanda-t-il.

— J'ai cours jusqu'à 11 heures et demie. Je regrette que vous ne me disiez pas de qui il s'agit. (Cette fille ne lui avait même pas demandé qui il était ni quelle profession il exerçait. Il aurait très bien pu être un sadique en train de lui tendre un piège.) Vous pourriez peut-être venir chez moi... Non, j'ai une meilleure idée. Rendez-vous au *Violet's Voice* à midi moins le quart. C'est juste en face de Marjohn.

Howard ne fit aucun commentaire et ne posa aucune question lorsque son oncle lui déclara qu'il ne retournerait au poste qu'après avoir déjeuné chez le sergent Clements. Peut-être était-il soulagé d'être débarrassé de lui pendant toute la matinée. Peut-être avait-il deviné que Wexford menait une enquête de son côté et qu'il faisait cavalier seul.

Wexford arriva au *Violet's Voice* avec dix minutes d'avance. La salle, petite et obscure, était presque vide. Le plafond, le sol et les meubles étaient violet foncé et les murs peints de dessins psychédéliques, bleu marine, argent et noir. Wexford s'installa à une table, commanda du thé qu'on lui servit dans un verre où flottaient une tranche de citron et des feuilles de menthe. De sa place, il pouvait voir le grand portail de St. Mark. Avant d'avoir bu une goutte de son thé, il vit une minuscule fille aux longs cheveux roux, le franchir et traverser la rue. Elle aussi arrivait avant l'heure.

Elle se dirigea vers lui sans hésiter et dit d'une voix claironnante :

— Il s'agit de Lou Sampson, pas vrai ? J'y ai bien réfléchi, et ça ne peut être que Lou.

— Miss Bate ? fit Wexford en se levant. Asseyez-vous je vous prie. Que puis-je vous offrir à boire ? Pourquoi êtes-vous si sûre qu'il s'agit de Louise ?

— Parce que c'est tout à fait son genre de disparaître. S'il y en a une, parmi les filles que je connais, qui soit capable d'avoir des ennuis ou d'être recherchée par la police, c'est bien Lou. (Verity Bate s'assit, posa ses coudes sur la table et reprit :) Merci. Je boirais bien un café. (Ses manières étaient agressives, presque théâtrales. Elle parlait si haut que tout le monde pouvait l'entendre.) Je ne sais absolument pas où se trouve Lou, et si je le savais, je ne vous le dirais pas. J'imagine que c'est encore Mrs Sampson qui la recherche. Ou plutôt

Mrs Dearborn. Cette femme est incroyable. Elle ne cède jamais.

— Vous n'avez pas l'air de beaucoup aimer Mrs Dearborn. « Cette fille est très jeune, très stricte et très intolérante », pensa-t-il.

— J'ai horreur des faux-jetons, lança-t-elle. Si ma mère me faisait ce qu'elle a fait à Lou, je ne lui adresserais plus la parole de ma vie.

— J'aimerais bien que vous m'en parliez.

— Je vais vous le dire. De toute façon, ce n'est pas un secret. (Verity Bate se tut un instant et reprit gravement :) Il est bien clair que si je savais où se trouve Lou, je ne vous le dirais pas. Je ne le sais pas, mais même si je le savais, je ne vous le dirais pas !

— Je ne peux que vous en féliciter, miss Bate, fit Wexford tout aussi gravement. Ce sont là des principes qui sont tout à votre honneur. Résumons-nous. Vous ignorez où se trouve Louise, mais même si vous le saviez, vous ne me le diriez pas parce que c'est contraire à vos principes.

— C'est bien ça, fit Verity en se demandant s'il la mettait en boîte ou non. Pour rien au monde je ne voudrais aider Mrs Samp... pardon, Mrs Dearborn ou *lui*.

— Mr Dearborn ?

Son visage à la peau blanche rougit légèrement, puis s'embrasa brusquement avec fougue et indignation.

— C'était le meilleur ami de mon père. Ils ont même été associés. J'estime que plus personne ne devrait lui adresser la parole. Vous ne trouvez pas que le monde irait mieux si on mettait en quarantaine les gens qui se conduisent mal ? Cela leur permettrait de comprendre que leur foutu comportement ne mène à rien parce que la société ne le tolère pas. Vous n'êtes pas d'accord avec moi ?

— Il nous arrive à tous de mal nous conduire, miss Bate, fit Wexford en se disant que cette fille de vingt et un ans avait la mentalité d'une adolescente.

— Vous êtes comme mon père ! Un résigné ! C'est parce que les vieux acceptent tous les compromis que nous sommes dans une telle mélasse ! C'est pas les voleurs qu'on devrait fourrer en prison, mais ceux qui gâchent la vie des autres, comme ce fichu Stephen Dearborn.

Wexford soupira. Quelle petite perruche...

— Il m'a fait l'effet d'un homme charmant, dit Wexford. Si je comprends bien, Louise ne l'aimait pas beaucoup.

— *L'aimer* ? fit Verity Bate en rejetant ses cheveux en arrière et en se penchant tout près de son visage, ses yeux bleus grands ouverts : l'aimer ? Vous n'êtes donc au courant de rien ? Lou adorait ce type. Elle était folle de ce Stephen Dearborn à un point inimaginable.

Cette déclaration eut sur Wexford l'effet qu'elle en attendait. D'abord profondément surpris, il se demanda, après y avoir réfléchi, comment il n'était pas arrivé par lui-même à cette conclusion. Cela expliquait tout, il n'en doutait plus. Une fille capable et intelligente ne quittait pas l'université à un moment crucial de ses études et ne renonçait pas à ses diplômes, à rompre presque tout rapport avec sa mère parce que celle-ci s'était remariée avec un homme des plus convenables que sa fille lui avait elle-même présenté.

— Elle était donc amoureuse de lui ?

— Et comment ! fit Verity Bate en secouant si violemment la tête que sa chevelure rousse voila entièrement son visage. (Il ne savait pas si cela faisait partie de son jeu ou si c'était une réaction à sa « stupidité ». Elle rejeta ses cheveux en arrière d'un mouvement brusque.) Je ferais mieux de vous raconter moi-même toute l'histoire. Et moi, je n'irai pas par quatre chemins. Inutile de vous adresser à Stephen Dearborn. Il ment comme il respire. Il vous dira, comme il l'a dit à mon père, qu'il n'éprouvait pour Lou que de l'amitié, et rien de plus ! *C'est un type dégueulasse !*

— Si nous en venions à votre version de cette malheureuse histoire, miss Bate ?

— Eh bien voilà, Lou et moi étions à l'école ensemble à Wimbledon. Mes parents y habitent encore et Mrs Sampson et Lou vivaient dans la rue d'à côté. Stephen Dearborn, lui, habitait cet horrible quartier de Kenbourne Vale et mon père, qui avait pitié de ce pauvre veuf solitaire, comme il disait, l'amenait parfois à la maison.

— Il avait donc été marié ?

— Oui, sa femme est morte et le bébé aussi. Ça s'est passé il y a des siècles. Stephen, qui disait adorer les enfants, m'emmenait parfois en promenade. Il me montrait la Tour de Londres, la relève de la Garde, des idioties de ce genre. Et il me traînait dans Kenbourne Vale pour que je m'extasie devant de vieilles maisons en ruines. C'était bien rasoir. Je me demande comment je n'ai pas attrapé quelque chose dans ce quartier miteux. Et quand on est devenues amies, Lou et moi, il a pris l'habitude de nous emmener toutes les deux.

— Quel âge aviez-vous à ce moment-là ?

— Seize, dix-sept ans. Et dire que je l'appelais oncle Steve ! J'en suis malade rien que d'y penser, physiquement malade ! Lou n'est pas comme moi. Elle ne montre jamais rien, mais ses sentiments bouillonnent en elle comme... (Sa voix enfantine tremblota :) comme dans un chaudron. Bref on sortait ensemble tous les trois, mais j'étais de trop. C'était comme autrefois quand les gens avaient leur chaperon. Je leur servais de chaperon. Et un soir qu'elle était restée coucher chez nous elle m'a avoué qu'elle était amoureuse de lui et elle m'a demandé si, à mon avis, il était lui aussi amoureux d'elle. J'en ai reçu un choc. C'était bien la première fois que Lou me faisait une confidence. Moi, je ne comprenais pas. Vous vous rendez compte ? Elle avait dix-sept ou dix-huit ans à l'époque et lui était un homme mûr. Une fille de dix-huit ans amoureuse d'un homme qui en avait bien quarante.

— Ce sont des choses qui arrivent.

— Moi, je trouve ça dingue, dit-elle d'une voix frissonnante de sincérité. Là-dessus, elle l'a invité chez elle pour qu'il fasse la connaissance de sa mère, ajouta-t-elle d'un air sombre.

Wexford avait presque oublié que le but de cette conversation était de retrouver la trace de Louise Sampson. Il revit une fois de plus l'image qu'il s'était faite de cette rencontre. Dearborn entrant seul pour la première fois dans la maison — parce qu'une fille sans façons le laissait se présenter lui-même — et apercevant, par la porte entrebâillée de la cuisine, une femme, un tablier blanc noué à la taille, les bras nus poudrés de farine, pétrissant de la pâte... La voix stridente de Verity le ramena sur terre.

— Lou et moi on devait passer notre baccalauréat mais une semaine avant les examens, Lou n'a plus mis les pieds au lycée. J'ai téléphoné chez elle et sa mère m'a dit qu'elle était malade. Puis un soir, en rentrant, mon père a dit à maman : « Qu'est-ce que tu penses de ça ? Steve épouse la fille Sampson. » Moi, j'ai immédiatement pensé à Lou. C'est drôle de dire « la fille Sampson » en parlant d'une femme de trente-sept ans. Lou n'a jamais passé son bac. Elle était vraiment malade et elle a fait une dépression.

— Le cas type de la *filia pulchra, mater pulchrior*, dit Wexford.

— C'est bien possible. Moi j'ai jamais fait de latin. Ils ont expédié Lou chez sa grand-mère et ils se sont mariés. J'ai quitté le lycée, je me suis inscrite à Marjohn et papa m'a dit qu'il me paierait la moitié de mon loyer si je trouvais une copine pour partager un appartement avec moi. Je cherchais vaguement quelqu'un lorsque Lou m'a téléphoné de chez sa grand-mère en me disant que pour rien au monde elle n'irait habiter avec sa mère et Steve à Chelsea, et qu'elle partagerait volontiers mon appartement.

— Combien de temps a-t-elle habité avec vous ?

— Environ un an. Elle était plus renfermée que jamais et on sentait qu'elle avait le cœur brisé. Sa fichue mère lui téléphonait et avait le front de me dire que Lou n'avait jamais été amoureuse de Stephen, que tout ça c'était des blagues. À la fin, Lou en avait plein le dos d'être relancée ainsi. Elle est partie partager l'appartement de quelqu'un d'autre, à Battersea. Mais ne comptez pas sur moi pour vous donner son adresse.

— Je ne songerais même pas à vous la demander, miss Bate.

— Après ça, on s'est pour ainsi dire perdues de vue.

— Vous ne pouviez plus supporter de la voir souffrir ?

— Oui, c'est bien ça, fit Verity soulagée de ne pas avoir à expliquer pourquoi elle ne s'était pas donné la peine de téléphoner ou d'écrire à son amie. (Et elle ajouta d'un ton dramatique :) C'est ainsi que Louise Sampson est sortie de ma vie. Peut-être a-t-elle trouvé le bonheur. Peut-être que non. Je ne le saurai jamais. (Elle haussa le menton et fixa intensément le percolateur, permettant ainsi à Wexford d'apprécier son profil délicat et légèrement frémissant. Il se demanda si elle avait vu certains films du festival Garbo, une aubaine selon Denise, qui passait tout près de chez eux, au *Classic*.) C'est tout ce que je peux vous dire, et si j'en savais davantage, je ne vous dirais pas un mot de plus.

La femme du sergent ne se donnait sûrement pas tant de mal

lorsque son mari passait rapidement manger un morceau. Mrs Clements avait mis les petits plats dans les grands, sorti sa nappe en lin et son beau service de table. Wexford se comporta comme si cette cérémonie était une chose naturelle et parvint même à oublier son régime.

Il savait que toute cette pompe était liée à la venue de l'enfant. Ils avaient attendu l'heure du café pour le lui présenter. C'était non seulement pour ménager une surprise, mais aussi pour montrer que Mrs Clements était à la fois une excellente maîtresse de maison et une bonne mère. La façon dont elle écoutait stoïquement la conversation tout en tendant l'oreille pour guetter le moindre pleur du bébé était touchante. Les thèmes de Clements portaient comme toujours sur la décadence du monde moderne. Enfin, Clements et Wexford se levèrent de table et se mirent à la fenêtre pour contempler Kenbourne Vale du haut du douzième étage. Mrs Clements entra dans la pièce, le bébé dans les bras :

— Il a deux dents, dit-elle. Et elles ont poussé sans problèmes.

— Quel beau petit ! s'exclama Wexford en le prenant dans ses bras et en lui faisant des mines comme il l'avait fait avec la petite Alexandra Dearborn. (Mais James était un bébé moins gras. Ses grands yeux sombres brillaient, mal à l'aise. Un enfant adopté, pensa-t-il, montre bien des signes d'insécurité. Il passe de bras en bras depuis que sa mère l'a abandonné.) Il est magnifique, et on voit que vous le choyez.

Il ressentit une certaine honte et sa voix se chargea d'une émotion qu'il n'avait pas recherchée. Il ne pouvait en dire davantage. Mais il en avait assez dit, ou son expression avait dit ce qu'il ne pouvait exprimer.

— J'ai attendu quinze ans pour l'avoir, dit Mrs Clements, rayonnante.

— Et vous avez maintenant devant vous quinze ans de dur travail, fit Wexford en lui rendant l'enfant.

— Des années et des années de bonheur, Mr Wexford... (Elle ne souriait plus. Son visage rond et plutôt inexpressif sembla plus mince.) Si on me le laisse définitivement.

— Tu sais bien que la mère a donné son accord par écrit, fit ouvertement Clements. Elle a promis de l'abandonner.

Sa femme lui lança un regard de bonne épouse, ni compatissant, ni réprobateur.

— Tu sais bien que tu es aussi inquiet que moi, mon chéri. Il était encore plus tourmenté que moi au début, Mr Wexford. Il voulait... eh bien... il voulait découvrir qui elle était et lui donner de l'argent. Vous voyez, c'était une manière d'acheter James.

— Je ne connais pas grand-chose aux lois sur l'adoption, dit Wexford, mais il est certainement illégal de mêler des questions d'argent à de telles transactions.

— Je le sais bien, fit Clements et je n'ai jamais envisagé la chose sérieusement. Mais, ajouta-t-il en se contredisant, j'ai toujours mis de l'argent de côté et j'aurais pu offrir une belle somme... Mais je... Vous ne pensez pas que je l'aurais fait, Mr Wexford...

— C'eût été trop risqué, fit Wexford en souriant.

— Vous voulez dire de contrevenir à la loi? De vivre avec cette idée qu'un jour ou l'autre on apprendra ce qui s'est passé? Vous gardez l'enfant mais vous vivez toujours dans la crainte qu'un jour ou l'autre on découvre ce qui s'est passé. (Clements n'avait pas l'esprit très vif, pensa Wexford.)

Il lui dit:

— Et qui vous dit qu'elle vous remettrait réellement l'enfant?

— Bien sûr, qu'elle le ferait, et même spontanément. C'est une façon de parler, même si ce n'est pas bien de le présenter comme ça. On lui offrirait mille livres pour qu'elle signe la renonciation.

— Et admettons qu'elle prenne l'argent et qu'ensuite elle refuse de signer. Quel recours auriez-vous? Aucun. Vous ne pouvez pas lui demander de signer un accord ou un contrat si de telles transactions sont illégales en matière d'adoption.

— Je n'avais pas pensé à ça. Évidemment une fille sans scrupules pourrait prendre l'argent, ne pas tenir sa promesse et s'en servir pour élever son enfant.

— Exactement, fit Wexford.

13

Mais en Utopie chacun plaide sa propre cause...

Ainsi elle aussi avait eu un enfant... Au cours de l'année précédente Loveday Morgan avait mis un enfant au monde. En admettant que Loveday Morgan fût Louise Sampson, elle avait donc eu un enfant. Une raison de plus, pour elle, de ne pas revoir sa mère avant Noël, lorsqu'elle aurait été complètement remise de ses couches.

Cependant cet enfant avait dû être déclaré, mais pas par une mère qui s'appelait Morgan. Louise n'aurait sûrement pas osé déclarer son enfant sous un faux nom. Wexford savait que les sanctions qu'entraînent de fausses déclarations étaient affichées dans toutes les mairies. Il y avait de quoi effrayer une fille jeune, se dit-il. Elle avait donc dû le déclarer sous son propre nom.

Avant d'aller plus loin, il lui fallait s'en assurer. Et peut-être n'aurait-il pas besoin d'aller plus loin. Mais il fut obligé de remettre cette démarche à plus tard car à peine était-il arrivé dans son bureau qu'Howard l'appelait pour lui demander de l'accompagner dans un immeuble de Copeland Road.

— Chez Mrs Kirby ? demanda Wexford. Qui est-ce ?

— C'est chez elle que, le 25 février, Gregson s'est rendu à l'heure du déjeuner pour réparer son poste de télévision. Elle a téléphoné pour me dire qu'elle se souvenait de quelque chose qui pouvait nous être utile.

— As-tu vraiment besoin de moi ?

Howard insista et se fit même pressant. Lorsque Wexford le rejoignit à la voiture, il remarqua la présence de l'inspecteur Baker. Il comprit que son neveu avait imposé avec diplomatie l'aide bénévole de Wexford. « Un marteau géant pour écraser une mouche... à moins que cette mouche ne se soit métamorphosée en un énorme insecte. »

De toute évidence, Baker n'appréciait guère sa présence. Il aurait préféré de beaucoup mener de son côté sa propre enquête. Howard ne voulait pour rien au monde blesser son oncle ; Wexford de son côté ne voulait faire aucune peine à son neveu. Tous deux avaient réussi à contrarier Baker profondément. Sa nuque hérissée de poils roux était rouge de colère.

Wexford essaya d'imaginer la vie solitaire que devait mener cet homme dans le pavillon de banlieue qu'il avait sans doute aménagé avec amour pour la jeune épouse qui l'avait quitté. Il ne pouvait imaginer plus grande humiliation pour un homme mûr que ce qu'avait dû subir Baker. Sa virilité avait dû en être profondément secouée et sa personnalité, qui aurait dû trouver son équilibre à cet âge, avait été perturbée par cette histoire.

Baker était assis à côté du chauffeur ; Wexford était à l'arrière avec son neveu. Depuis qu'ils avaient quitté le poste de police, aucun d'eux n'avait ouvert la bouche. Pour rompre la tension, Howard demanda à Baker quand il quitterait Wimbledon pour emménager dans le nouvel appartement qu'il s'était acheté dans le nord-ouest de Londres.

— Le mois prochain, j'espère, chef, dit brièvement Baker.

Il avait dit cela sans se retourner et une nouvelle rougeur était apparue sur son cou. Lorsqu'il parla de Wimbledon, l'inspecteur se souvint de Verity Bate, qui lui avait dit que ses parents, et à l'époque les Sampson, vivaient dans cette banlieue. De là venait son trouble.

Sans se laisser décourager, Howard le pressa de questions, mais Wexford eut l'impression que Baker ne lui répondait que parce qu'il était son supérieur. Et quand Howard lui dit que la semaine suivante c'était la fin du mois et lui fit remarquer qu'il avait annulé sa consultation chez son avocat et son rendez-vous avec les décorateurs, Baker haussa les épaules d'une façon qui frisait l'impolitesse.

— En somme, Michaël, reprit Howard d'un ton enjoué, vous êtes de ces gens qui sont incapables de prendre de véritables vacances. Même lorsque vous n'étiez pas de service, vous arpentiez tous les jours Kenbourne Vale. Trouvez-vous ce quartier si attrayant ?

— Un trou pourri ! lança hargneusement Baker. Qu'on puisse habiter un coin pareil, ça me dépasse !

En voyant le chauffeur se raidir, Wexford comprit qu'avec sa brutalité coutumière Baker avait une fois de plus rabaissé un de ses subalternes. Un lourd silence plana. Howard évita de croiser les yeux de son oncle qui, gêné, se mit à regarder par la portière.

Il faisait un temps humide et sombre, et en ce début d'après-midi des lumières s'allumaient déjà ici et là derrière les hautes fenêtres à guillotine, perçant des rectangles de lumière pâle dans les façades grises. Même l'air semblait gris, mais il n'était pas assez dense pour être brumeux, et les trottoirs étaient luisants d'humidité.

Kenbourne Vale avait la teinte d'une coquille d'escargot. Elle luisait faiblement et avait les reflets mornes et blafards d'un coquillage pâle. Le ciel cendré semblait l'envelopper et la maintenait dans l'obscurité. Les flèches des églises, un stade, des usines tentaculaires, surgissaient comme des masses sombres devant la voiture, en se matérialisant soudainement pour disparaître aussitôt. Les seules réalités de cette profonde obscurité étaient des bureaux en béton et des colonnes agressives de lumière.

Ils entrèrent dans Copeland Hill, ce quartier qui, il y avait presque une semaine, avait marqué l'arrivée de Wexford chez son neveu. Beaucoup de choses s'étaient passées depuis. Il se demanda ce qu'il aurait éprouvé dans le bus qu'il avait pris une semaine auparavant, s'il avait su que, peu de temps après, il serait aux côtés de Howard dans une voiture de police. Certes, sa présence était honorifique, mais Howard faisait grand cas de lui en l'emmenant interroger un témoin important. Cette pensée le mit de bonne humeur. Il regarda Copeland Road avec un intérêt soudain, bien résolu à ne pas laisser Baker le décourager ou lui baisser son enthousiasme.

Copeland Road était une des rues que Dearborn avait entrepris de rénover. Des échafaudages étaient dressés contre plusieurs immeubles et des peintres passaient sur les façades une épaisse couche de peinture couleur crème qui en faisait ressortir les moulures. Des grilles de fer forgé étaient posées contre les échafaudages avant d'être fixées aux balcons.

Les réfections en cours rendaient plus minables encore les maisons voisines. Mais les marques de décrépitude, pas plus que les signes de pauvreté des nouveaux locataires, n'enlevaient de sa majesté à ce lieu. Garmisch Terrace était à présent délabrée, mais elle avait été conçue dans un esprit qui l'était déjà. Ce lieu avait une beauté étrange et indestructible, tout comme une vieille femme qui a été belle dans sa jeunesse et conserve des traces de beauté.

Mrs Kirby, qui occupait une partie du rez-de-chaussée d'un immeuble à la façade particulièrement dégradée, conservait elle aussi des restes de beauté. Dans le Yorkshire de sa jeunesse, elle avait dû être jolie. Son accent trahissait ses origines de l'East Riding. Wexford se demanda dans quelles circonstances elle avait été amenée à connaître Kenbourne Vale.

Il s'étonna de la simplicité de son intérieur. Ce lieu était vraiment curieux. La grand-rue se composait de maisons ornementées, fascinantes et merveilleuses. Il pensa qu'elles devaient avoir le même nombre d'années que Mrs Kirby. Que pouvait-elle penser de ces gens aux vêtements exotiques, de ces visages, de ces marginaux qui vivaient dans des taupinières au-dessus d'elle ? D'après la description détaillée qu'elle leur fit de sa journée du 25 février, Wexford conclut qu'elle continuait de vivre comme dans sa demeure du Yorkshire.

Elle devait avoir dans les soixante ans. Elle avait sans doute loué la maison tout entière, mais n'occupait que trois pièces reluisantes de propreté.

Levée à 7 heures, elle avait fait le ménage et bavardé avec une voisine par-dessus le portail. Elle entraîna à sa suite, si l'on peut dire, les trois policiers dans toutes les boutiques où elle s'était rendue, leur énuméra les plats qu'elle avait préparés pour son déjeuner. Puis voyant que Baker, impatienté, battait du pied, elle en vint finalement à Gregson qui était arrivé à midi et demi exactement.

— Qu'c'était midi et demi, ça j'peux vous l'affirmer parce que j'allais me mettre à table et que j'me suis dit que d' nos jours les gens y ont pas de considération. J'lui ai demandé combien ça lui prendrait d'temps, cette réparation. Il m'a répondu « une demi-heure ». Alors j'ai remis mes plats au four parce que j'aime pas manger devant les gens.

— À quelle heure lui a-t-on téléphoné ? demanda Howard.

— Ça devait être après 1 heure. Même que j' me suis fait la réflexion que sa demi-heure durait drôlement longtemps. Quand le téléphone a sonné c'est moi qui ai répondu et la fille a dit : « Est-ce que je peux parler à Mr Gregson ? C'est le magasin. »

— Vous êtes sûre qu'elle a dit « le magasin » ?

— Non, j'en suis pas sûre. C'était peut-être bien l'agence Sytansound. J'ai appelé le jeune gars, mais il a juste dit oui, non, et au revoir. Puis il a terminé sa réparation et il est parti.

— Vous ne pourriez pas nous dire de façon plus précise, Mrs Kirby, à quelle heure on l'a appelé ?

Elle aimait qu'on lui demande de se montrer plus précise, mais Wexford, tout comme Howard, se rendit compte que pour elle, précision et exactitude n'avaient pas le même sens. Elle cilla des yeux, hésitante et cherchant à se faire valoir en disant n'importe quoi.

— Puisque vous avez trouvé cette demi-heure si longue, Mrs Kirby, lui lança Baker, il devait bien être 1 heure passée. Disons 1 h 5 ou 1 h 10.

Wexford aurait aimé dire, comme un juge à un avocat: « N'influencez pas le témoin, Mr Baker », mais il se retint. D'ailleurs le mal était fait.

— Eh oui, ça pouvait bien être 1 h 10, fit la vieille. Peut-être même 1 heure et quart.

Baker souriait d'un air triomphal, Wexford se dit: « Tu ne souriras pas longtemps, mon vieux. Ce n'est pas à Gregson que Loveday téléphonait, mais à sa mère. » Howard l'encouragea du regard à poser à son tour une question.

— Avez-vous reconnu la voix de cette fille?

— Comment que j'aurais pu la reconnaître?

— Vous avez bien dû téléphoner à l'agence pour qu'on vous envoie un réparateur?

— Ouais, bien sûr, et je les ai même rappelés, mais c'est jamais une fille qui m'a répondu. C'était toujours le gérant, ce Gold.

— Laissons-le mentir, on verra bien, fit Baker pendant qu'ils entraient dans l'agence de location, où sur une douzaine d'écrans, se déroulait le même film destiné aux moins de cinq ans. Derrière le comptoir où avait dû se tenir Loveday était assise une femme d'une cinquantaine d'années, qui portait des bottes et des jambières. Elle vint à leur rencontre, suivie de Gold, un petit bonhomme bedonnant.

— Ce vendredi-là, leur déclara Gold qui paraissait en avoir par-dessus la tête des fréquentes visites de la police, aucune fille n'est restée à l'agence entre 10 heures et 13 heures.

— Où est Gregson? demanda Baker.

— Dans l'arrière-cour, près de la camionnette.

Un haut mur de brique assombrissait la cour où était garée la camionnette. Au-delà, s'étendait le cimetière; on distinguait la cime des arbres. Décidément, dans Kenbourne Vale, le cimetière était toujours présent. L'âme et le cœur de ce lieu.

Gregson les avait entendus venir. Adossé au mur, les bras

croisés dans une attitude pleine de défi, on lisait cependant de la crainte sur son visage.

— Il refuse de parler, dit à voix basse Howard à son oncle, alors que Baker s'approchait du garçon. Il n'ouvre pas la bouche au sens propre du terme. Il a déclaré à Baker qu'il n'était pas sorti avec cette fille, lui a expliqué où il se trouvait le vendredi soir et depuis il n'a plus dit un mot.

— C'est la meilleure des défenses. Je me demande qui la lui a indiquée.

— Je donnerais gros pour le savoir, moi aussi. J'espère que son conseiller ne fera pas profiter de ses lumières toutes les petites frappes de Kenbourne.

Sur l'ordre de Baker, Gregson avait laissé retomber ses bras et s'était écarté du mur, mais il ne répondit aux questions de l'inspecteur que par des haussements d'épaules. Dans sa veste de treillis, il paraissait transi, traqué et très jeune.

— Puisque c'est comme ça, mon garçon, fit Baker, tu vas me suivre au poste et nous allons avoir une petite conversation.

Gregson haussa les épaules.

Au poste de police ils l'emmenèrent dans la pièce réservée aux interrogatoires. Wexford monta à son bureau et contempla tristement l'usine à gaz. Le gazomètre avait beaucoup baissé, laissant voir une conserverie, une église et ce qui devait être la mairie de Kenbourne Vale. Il songea aux filles qui aimaient les noms romantiques ; aux bébés qui ne ressemblent pas à leurs parents, puis à Peggy Pope et à son petit ami. Et il n'arriva à aucune conclusion.

Sur sa table, le téléphone sonna.

— Gregson crève de peur devant nous, lui dit Howard. Si tu essayais, toi, d'en tirer quelque chose ?

— Je ne vois pas pourquoi il se dévoilerait plus avec moi qu'avec vous.

— Moi non plus, mais qu'est-ce qu'on risque à essayer. Ça ne peut en tout cas pas faire de mal.

Cela ne fit pas de bien non plus. Gregson, qui fumait cigarette sur cigarette, opposa aux questions de Wexford un silence obstiné. Wexford lui demanda quelle sorte d'homme était Harry Slade. Il lui dit que ses paroles ne seraient pas retenues contre lui. Ce qui n'était pas tout à fait vrai. Il voulut savoir s'il était conscient de ce qu'impliquait l'appel téléphonique qu'il avait reçu chez Mrs Kirby. Mais Gregson ne dit pas un mot. C'était là une remarquable performance que des criminels endurcis, deux fois plus âgés que Gregson, n'auraient peut-être pas été capables d'accomplir.

Wexford usa alors de la manière forte bien que ce fût contre ses idées. Il dominait le garçon de toute sa taille, il le martela de questions qu'il lui hurlait dans l'oreille. Gregson suait de peur mais restait muet. Comme il n'avait plus de cigarettes, il se cramponnait à la table qu'il avait en face de lui.

« Il a l'étoffe d'un martyr, ce gars-là », se dit Wexford. Au temps de Thomas More on lui aurait infligé le supplice de la roue. Reprenant une voix normale, il en revint au coup de téléphone. Qui était la fille qui l'avait appelé ? Il n'y avait pas d'employée à l'agence à cette heure-là, et Gregson le savait, non ? Or, à cette heure précise, Loveday Morgan donnait un coup de fil. C'était donc bien elle qui lui téléphonait ?

Wexford se pencha par-dessus la table, les yeux fixés sur Gregson, l'obligeant à le regarder, et brusquement Gregson parla. Wexford entendait pour la première fois le son de voix geignarde à l'accent cockney.

— J'parlerai que d'vant un avocat.

Wexford sortit et demanda à Dinehart de le remplacer, alla raconter à Howard ce qui s'était passé.

— C'est ce qu'il nous fallait ! s'exclama Baker, plus sarcastique que jamais. Exactement ce que nous espérions.

— S'il demande un avocat, il en aura un, dit Howard. Quelqu'un a dû lui dicter sa conduite.

— Mr Wexford, peut-être, fit Baker, incapable de dissimuler sa rage. Il a dû lui indiquer quels étaient ses droits.

Arrachant un feuillet au bloc de Gregson, Wexford ne répondit rien. Tous trois se rendirent dans la pièce des interrogatoires et Howard demanda au garçon le nom de son avocat.

— J'en ai pas, fit Gregson. Mais j'en trouverai bien un dans l'annuaire.

14

Si un homme préfère consacrer ses heures de loisirs à son propre métier, on ne l'en détournera pas.

Il était 6 heures et demie passées quand Wexford quitta le poste de police. Howard était toujours enfermé avec un certain Mr de Traynor qui, pour parler de Gregson, disait d'un ton mielleux « mon jeune client ». Gregson l'avait choisi dans l'annuaire pour la sonorité de son nom.

Mais ce de Traynor n'avait pas qu'un nom à particule. Ses sourcils soyeux se haussèrent pour se confondre avec sa chevelure lorsqu'il apprit qu'aucune charge n'avait été retenue contre Gregson, que l'on n'envisageait même pas de l'inculper. Il se mit à donner à Howard un véritable cours de droit.

— Dois-je comprendre que mon jeune client est détenu dans vos locaux depuis plus de trois heures?...

Évitant Baker, Wexford sortit du poste par une porte dérobée qui débouchait sur une petite allée pavée. Sur un des côtés de l'allée se trouvait un immeuble qui avait l'air d'une annexe. De l'autre étaient alignées des rangées de garages nouvellement construits pour abriter les voitures et les cars de police. Ici, tout avait été conçu dans une échelle plus globale qu'à Kingsmarkham. Quelques jours auparavant, il se serait senti oppressé par cela. Mais à présent la dimension du lieu et l'attitude injuste de Baker ne le décourageaient pas. La nature humaine était partout la même, à la ville comme à la campagne. Il devait plus ses succès passés à l'étude de cette nature et des comportements qu'à la fiabilité des faits de circonstance. Tout en se dirigeant d'un bon pas vers Kenbourne Lane il se dit qu'il avait sur Baker l'avantage de ne jamais formuler une théorie, puis de forcer les faits et les gens à s'y plier. Il regretta de n'avoir pas eu le temps de se rendre à Somerset House pour consulter les registres de l'état civil.

Plutôt que d'attendre l'autobus qui le déposerait à Earls Court, Wexford préféra prendre le métro qu'il avait remarqué lorsqu'il avait été en voiture. La station ne s'appelait pas Kenbourne Vale mais Elm Green. Cela avait-il un rapport avec ces fameux arbres coupés dont Dearborn lui avait parlé? Les ormes avaient fait place à un large trottoir gris plein de gens qui se précipitaient vers le métro aux lumières fluorescentes et à l'intérieur labyrinthique aux couloirs carrelés. Mais lorsqu'il dut changer à Notting Hill Gate, il se trompa de direction et ce n'est qu'une demi-heure plus tard qu'il arriva à Earls Court. Comment les Londoniens pouvaient-ils s'y habituer? se demanda-t-il en luttant contre une sensation de claustrophobie qui le gagnait. Le sang lui battait les tempes.

Nevern Gardens était une vaste place entourée de hautes maisons, bordée de parcmètres et de platanes aux formes torturées. Lewis Adams habitait au troisième étage de l'un de ces immeubles.

Il le fit entrer dans une pièce ridiculement étroite et longue sur laquelle s'ouvrait une minuscule cuisine. Peu après, Wexford comprit en l'examinant que cette pièce à la forme bizarre devait autrefois faire partie d'un vaste appartement divisé maintenant en cinq ou six boîtes à chaussures.

Adams était en train de dîner. Il s'était préparé une espèce de mixture chinoise composée de pousses de soja et de bambou, et d'étranges petits os rouges. Il tenait une assiette creuse entre ses genoux. À portée de sa main, sur un guéridon, il y avait un verre d'eau, un flacon de sauce au soja et une assiette dee beignets qui ressemblaient étrangement à de la mousse en caoutchouc de couleur rosâtre. Mais s'il se nourrissait de façon bizarre, la pièce qu'il avait à un moment partagée avec Louise Sampson était parfaitement tenue : une moquette rouge où l'on devait passer souvent l'aspirateur, des rayonnages pleins de livres de poche en parfait état, un poste de télévision flanqué de deux fauteuils et des fenêtres s'ouvrant sur la cime des platanes.

— Posez-moi des questions, lui dit Adams, car je ne sais pas ce que vous attendez de moi.

Il parlait en économisant ses mots. Il contrôlait sa voix comme un garçon cultivé, un peu comme un futur avocat ou un étudiant en médecine sûr de réussir les examens de sa dernière année. Mais il paraissait très jeune pour cela, aussi jeune que Gregson. Mais il ne lui ressemblait pas. Il était petit, soigné et ses cheveux châtain clair s'arrêtaient au niveau de ses oreilles. « Il ne me dira que ce qu'il voudra bien me dire », pensa Wexford. Ni plus ni moins. Avec lui, il n'y aurait pas la réitération de principes grandiloquents ni de drames juvéniles.

— Comment avez-vous connu Louise Sampson ? demanda-t-il.

— Au restaurant où je travaillais comme serveur, fit Adams sans même songer à expliquer pourquoi il avait occupé ou occupait encore un poste si modeste. (Il termina ses pousses de soja, repoussa son assiette et poursuivit :) Nous avons commencé à discuter. Elle m'a dit qu'elle partageait un studio avec une fille dans Battersea, mais qu'elle ne s'y plaisait pas parce qu'elles n'avaient qu'une chambre et que son amie recevait son petit ami à peu près chaque nuit. Je lui ai alors proposé de venir partager mon appartement... (Et, sans sourire, il ajouta :) Le loyer était un peu cher pour moi.

— Et elle a accepté ?

— Sur-le-champ. Elle a été chercher ses affaires et elle a emménagé le soir-même.

Wexford, éberlué, se demanda si tous les jeunes se conduisaient ainsi.

— N'était-ce pas un peu... subit ?

— Subit ? fit Adams qui, comprenant enfin ce que sous-entendait Wexford, eut l'air plus choqué que lui. (Son visage était blême et dégoûté.) Vous vous imaginez qu'on a couché ensemble ? Les gens de votre génération, je ne les comprendrai jamais ! Vous nous accusez d'être immoraux, désinvoltes, et c'est vous qui voyez le mal partout. Honnêtement, je me fiche bien de savoir si vous me croyez ou non. Lulu a vécu ici pendant quatre mois et on n'a jamais couché ensemble. Jamais ! Vous vous demandez pourquoi ? Eh bien, la réponse c'est qu'à notre époque — et peu importe ce qui se passait pendant la vôtre — on peut dormir dans la même pièce qu'une fille sans faire l'amour, parce que nous ne sommes pas frustrés, nous ! Personne n'a plus le pouvoir de nous imposer un célibat contre nature. On est libre d'avoir les filles qu'on désire. Lulu et moi, on n'était pas attirés l'un par l'autre, c'est tout. Et on n'était pas dans la situation de vouloir faire l'amour à tout prix. (Il leva la main :) Je suis pas pédé. J'avais des petites copines mais j'allais chez elles. Et Lulu devait en faire autant de son côté.

— Je vous crois, Mr Adams.

Le garçon daigna enfin sourire ; ça l'avait détendu de débiter son petit discours. Wexford ne fut pas surpris de l'entendre lui demander :

— Ne m'appelez pas Adams. Mon prénom c'est Lewis. Tous nos copains nous appelaient Lew et Lulu.

— Lulu travaillait-elle ?

— Elle avait une petite rente mais elle travaillait, à l'occasion. Elle faisait des ménages. Pourquoi pas après tout ? Ce que vous pouvez être conventionnels ! C'est bien payé, dans le coin, et on ne déclare rien. Pas de syndicat, pas de cotisations, pas d'impôts.

— Comment était-elle ? Quelle sorte de fille était-ce ?

— Je l'aimais bien, fit Adams. C'était une fille tranquille, raisonnable, réservée. Moi ça me plaît. « Le bruit et la fureur » nous, on en a plein le dos. Mais son beau-père, il aimait ça lui, « le bruit et la fureur ».

— Il est donc venu ici ?

— Oui, ça faisait quatre mois qu'elle habitait avec moi, fit Adams en prenant un verre d'eau sur le plateau. C'est elle qui a ouvert la porte et je l'ai entendue pousser un cri. Quand il est entré — moi j'étais dans la cuisine — elle s'est exclamée : « Stephen, mon chéri, je savais que tu me reviendrais un jour ! » C'était pas son genre de se déchaîner comme ça. J'en étais retourné.

Il hocha la tête pour marquer sa désapprobation, pensa Wexford, à l'égard de cette hystérie et du fait d'avoir à en parler.

— Il était venu pour savoir où elle vivait ?

— Oui, c'est ce qu'il lui a dit. Et là-dessus il s'est lancé dans toutes sortes d'explications. Il m'a pas plu, ce type. Un gros prétentieux. Un extravagant. Lulu, elle, ne disait pas grand-chose. Elle m'a dit, après, qu'en le voyant elle avait réellement cru qu'il lui revenait, et lorsqu'elle a compris que pour la seconde fois il se défilait, elle ne l'a pas supporté. Bien entendu il a cru tout comme vous que nous couchions ensemble. Il en a fait tout un plat. Je n'ai même pas cherché à crier ou à me défendre. C'est là-dessus qu'a éclaté une scène horrible dont je préfère ne pas parler, puis il est parti.

— C'était à quel sujet, cette scène ?

— Comment savoir ce qui peut véritablement vous être utile ?

— Tout ce que vous m'apprendrez sur Louise peut m'être utile. Bien entendu, je ne peux pas vous y obliger, mais je pense que ce serait mieux de me le dire.

— J'imagine que vous connaissez votre boulot, fit Adams en haussant les épaules. Donc son beau-père — je ne sais même pas son nom, un Stephen quelque chose — s'est mis à raconter à Lulu, sans beaucoup de tact, à quel point ils étaient heureux, sa mère et lui, et alors Lulu lui a demandé : « Tu aimes les enfants, hein, Stephen ? » et comme il lui répondait que oui et qu'il espérait bien en avoir un, Lulu s'est transformée en une véritable centrale électrique. Je ne veux pas dramatiser, mais elle avait l'air de dégager une tension violente, clouant au sol une force impressionnante.

« Centrales électriques », songea Wexford, « chaudron »... un type de filles effrayant, intimidant comme le sont ces créatures passionnées et turbulentes sans le moindre exutoire à leur fièvre.

— Lui a-t-elle dit quelque chose, demanda Wexford.

— Ah oui, je vous l'ai dit, c'était répugnant.

Elle lui a lancé : « C'est pas avec ma mère que tu en auras, Stephen. Aurait-elle oublié de te dire qu'elle a eu une hystérectomie quand j'avais quinze ans ? » (Le visage d'Adams grimaçait de dégoût.) Je les ai quittés et me suis réfugié à la cuisine. Je les ai encore entendus hurler, s'insulter, mais Lulu ne m'a pas dit comment ça s'est terminé et elle a déménagé une semaine plus tard.

— Où est-elle allée habiter ?

— Elle ne me l'a pas dit. Quand on s'est séparés on n'était plus en très bons termes. Dommage, parce qu'on avait confiance l'un en l'autre. Mais Lulu ne me croyait plus. Je lui reprochais d'avoir raconté ces horreurs à ce Stephen et elle a cru que je prenais le parti de ses parents et que s'ils me demandaient son adresse, je risquais de leur donner.

— Vous devez quand même avoir une idée ? insista Wexford.

— D'après le peu de choses qu'elle m'a dit, j'ai déduit qu'elle avait été s'installer à Notting Hill. Chez son petit ami, probablement.

— Vous ne connaissez pas son nom ?

— Y a un gars qui l'appelait assez souvent. Un dénommé John. Il demandait à lui parler et disait simplement : « De la part de John. »

Le lendemain matin, au commissariat, Wexford demanda à voir tout ce que Loveday portait sur elle le jour de sa mort. On lui apporta un soutien-gorge, et un slip visiblement achetés dans une grande surface, des chaussures noires, un sac à main en plastique noir, un pull jaune citron en crylor, et un ensemble-pantalon vert cendré. Il examina également le contenu de son sac et les quelques objets personnels qu'on avait trouvés dans sa chambre.

— Elle n'avait pas de chéquier ? demanda-t-il.

— Un chéquier ! s'exclama le sergent Clements, lançant un regard indulgent à ce naïf inspecteur de province qui s'imaginait qu'une fille trouvée morte appartenait fatalement à la bonne société. À part le salaire qu'elle avait touché, elle n'avait pas un sou.

— Je me demande ce qu'est devenu l'acte de naissance de son bébé.

— Chez la grand-mère, avec le bébé, fit Clements d'un ton catégorique. Elle doit être aveugle ou internée, sinon elle serait venue nous voir. C'est tout ce que vous vouliez voir, monsieur ?

— Non, j'aimerais que vous me montriez également le foulard qui a servi à l'étrangler.

Clements l'apporta sur une sorte de petit plateau.

— Elle portait ça ? fit Wexford stupéfait. Il est luxueux. Une fille qui gagne douze livres par semaine ne peut pas s'offrir ça !

— Elles sont capables de toutes les extravagances, monsieur. Elles se privent de dîner pendant trois ou quatre jours pour s'acheter un foulard d'une livre.

Wexford déplia le carré de soie et lui montra la griffe.

— C'est un Gucci, sergent. Ce n'est pas une livre qu'il a coûté, mais pour le moins huit ou dix.

Clements en resta bouche bée. Qui donc, lié de près ou de loin à cette affaire, se dit Wexford, peut s'offrir une écharpe de ce prix, sinon Mrs Dearborn. Ne l'avait-elle pas cherché, ce foulard, lorsqu'ils étaient sortis ensemble le lundi après-midi ? Elle ne l'avait pas retrouvé parce que sa fille le lui avait probablement « emprunté », la dernière fois qu'elle était allée la voir à Laysbrook House.

15

La noble gravité des vieillards incite les jeunes gens à se montrer modérés aussi bien en actes qu'en paroles.

Howard assistait, à Scotland Yard, à une conférence au sommet réunie sans doute pour décider du cours des opérations, maintenant que Gregson, sur les instances de l'astucieux Traynor, avait été relâché. Si Harold paraissait tout-puissant, il n'en dépendait pas moins du chef de la Brigade criminelle qui ignorait certainement qu'un inspecteur de province participait à l'enquête.

L'usine à gaz paraissait plus sinistre que jamais sous un voile de crachin. Wexford se mit à arpenter son petit bureau, attendant avec impatience que Pamela, la secrétaire de Howard, lui téléphone quand son neveu serait de retour. Il tenait absolument à lui parler avant de se rendre à Laysbrook House, mais en même temps, il ne voulait pas tout lui dire. En ce qui concernait Louise Sampson, il éprouvait des impressions mélangées. Il avait de la sympathie masculine pour Mrs Dearborn et il souhaitait qu'elle reparte de la morgue en pleurant de soulagement et non de désespoir.

Mais il était aussi un policier dont l'orgueil avait été blessé. Seule une grande expérience et un dur travail lui avaient permis d'établir un lien entre la disparue et la morte. Il reconnaissait combien son désir était mesquin qu'elles soient une seule et même personne, mais quelle fierté allait-il éprouver en triomphant devant Baker et en lisant de l'admiration dans les yeux de Howard. Après tout, il fallait bien qu'elle soit la fille de quelqu'un. Quand il entendit la sonnerie du téléphone, il sursauta comme l'avait fait Mélanie Dearborn quelques jours auparavant. Au bout du fil, ce n'était pas Pamela qui parlait, mais un homme dont il ne lui sembla pas reconnaître la voix :

— C'est Philip Chell.

— Ah ! oui, Mr Chell, fit Wexford après une seconde d'hésitation.

— Ivan m'a chargé de vous dire qu'il avait quelque chose à vous remettre. (Ce doit être ce sacré bouquin, *L'Utopie*, se dit

Wexford en se trompant.) Quelque chose qu'il a découvert. Doit-il aller vous voir ou préférez-vous venir vous-même ?

— De quoi s'agit-il ? demanda Wexford, agacé.

— Je n'en sais rien. Il ne me l'a pas dit. Il ne me dit jamais rien.

— Demain matin vers dix heures chez vous... c'est possible ?

— Disons 11 heures, fit Chell. S'il apprend que nous avons une visite à 10 heures, il est capable de me faire lever à l'aube.

Pamela passa la tête par l'entrebâillement de la porte et dit :

— Mr Fortune sera de retour à midi, monsieur.

Encore une heure à tuer. Pourquoi n'irait-il pas tout de suite à Garmisch Terrace au lieu d'attendre jusqu'au lendemain ? Le renseignement que devait lui donner Teal lui permettrait peut-être d'établir un lien supplémentaire entre Loveday et Louise. « Et si je venais... », fit-il dans le micro. Mais Chell avait déjà raccroché.

La porte de l'immeuble était grande ouverte et il entra directement. Pour une fois, le couloir était plein de monde. Chell, en jambières et en treillis, était adossé à la rampe de l'escalier et lisait une carte postale en gloussant de plaisir. Peggy Pope, perchée sur le bord de la table jonchée de vieux journaux et de bouteilles de lait, discutait d'une voix criarde avec un étudiant indien et la fille qui donnait des soirées. Quant à Lamont, le bébé dans les bras, il se tenait à l'écart l'air abattu.

Wexford leur dit bonjour à tous, puis se dirigea vers Chell qui, le reconnaissant, s'assombrit.

— Ivan est parti pour toute la journée, et moi je peux rien vous dire. Tout ce que je sais c'est qu'il est tombé sur une de ces coupures de journaux qu'il collectionne, qu'il s'est exclamé « Oh ! mon Dieu ! » et qu'il m'a chargé de vous téléphoner.

— Quelles coupures ? demanda Wexford.

— Teal est styliste. Je croyais que vous le saviez. Tout ce qui paraît sur lui dans les journaux, il le découpe et le conserve dans un album.

Se rendant compte que Peggy s'était tue et que tous écoutaient, Wexford demanda à voix basse :

— Si nous montions chez vous ? Je pourrais jeter un coup d'œil sur cet album.

— Impossible ! Qu'est-ce que vous me demandez là ? Ivan me tuerait ! Il m'a fait une scène épouvantable, avant de partir, parce que je n'avais pas fait la vaisselle de la veille. Est-ce ma faute si je souffre de terribles migraines ? (La fille des soirées gloussa.) Je suis tellement déprimé que je vais aller dépenser mes allocations du mois en m'achetant de nouvelles frusques. Ça me remontera le moral.

Sur ce, relevant la tête, il partit en claquant la porte derrière lui.

— Y en a qui s'en font pas, fit Peggy en passant une main crasseuse sur son visage et en laissant des traces noirâtres sur son beau front. C'est agréable, hein, Johnny, de se faire entretenir ?

— Qui c'est qui s'occupe de la môme si c'est pas moi ? fit Lamont en serrant le bébé contre lui pour bien montrer de quoi il parlait. Je fais presque tout pour elle depuis qu'elle est née.

— Sauf quand tu es en bas, au bistrot.

— Ben quoi ? Si j'y passe trois malheureuses heures au moment du déjeuner... Et le soir, c'est pas moi qui reste avec elle pendant que tu sors ? Oh ! et puis j'en ai assez. Je retourne me coucher.

Il prit l'enfant sur son épaule et se dirigea vers le sous-sol en lançant au passage à Peggy un regard qui, selon Wexford, exprimait plus d'amour blessé que de ressentiment.

— Dites-moi, Mr J'sais-plus-qui, fit Peggy, quand c'est que vous débarrasserez la chambre de Loveday, qu'on puisse de nouveau la louer ? Le proprio a déjà perdu au moins quatorze livres et il en dort plus.

— Vous avez un locataire en vue ?

— Et comment ! fit Peggy.

Elle fit un signe à la fille des soirées qui acquiesça.

— C'est marrant, hein ?

Elles éclatèrent de rire.

— Un type comme vous payerait sept livres par semaine pour ne pas occuper un appartement ?

— C'est deux livres de moins que moi, dit la fille des soirées.

— Moi, je ne suis pas là pour discuter en public des affaires du proprio, dit Peggy avec humeur. (Elle sauta de la table, une bouteille de lait sous chaque bras :) Descendez donc avec moi dans mon trou à rats.

Wexford la suivit tout en lui expliquant que ce qu'elle lui demandait n'était pas de son ressort. Ils trouvèrent Lamont étendu sur le lit, les yeux fixés au plafond. Peggy ne lui accorda même pas un regard et se mit à fouiller parmi les lettres et les prospectus qui étaient empilés sur la cheminée.

— Je cherche un bout de papier où vous m'écrirez à qui je dois m'adresser pour qu'on nous la rende cette chambre.

— Ceci fera l'affaire ? lui demanda Wexford en lui tendant une feuille de papier qu'il avait prise parmi toutes celles qui jonchaient le pied du lit.

En la lui tendant, il eut le temps de voir qu'il s'agissait de la lettre d'un agent immobilier décrivant une maison à vendre, dans Brixton, pour quatre mille neuf cent quatre-vingt-dix-neuf livres.

— Non, ça fera pas l'affaire ! s'exclama Lamont qui, lui arrachant le feuillet des mains, le froissa et le jeta dans l'âtre plein de suie, derrière le radiateur électrique.

— Tu m'avais dit que tu voulais aller la visiter, fit Peggy en riant avec un certain mépris. Y a au moins dix jours de ça. Au lieu de te vautrer sur ce lit toute la journée, tu ferais mieux de mettre un peu d'ordre dans ce foutoir. Et tu ferais bien aussi de te préparer au cas où le type de la télé te téléphonerait. Tu lui as donné le numéro du *Grand Duc* au moins ?

Lamont hocha la tête, puis se laissant glisser du lit s'approcha de Peggy et la prit par les épaules.

— T'es vraiment impossible, lui dit-elle. (Mais elle ne le repoussa pas. Puis elle se tourna vers Wexford :) Tenez, écrivez-moi le numéro au dos de cette enveloppe.

Wexford y inscrivit le numéro de téléphone du commissariat et celui de la ligne directe de Howard, puis il consulta sa montre et s'aperçut que l'heure s'était écoulée.

Il trouva son neveu en train d'étaler sur son bureau les photos de Loveday Morgan, prises après sa mort, mais soigneusement retouchées et même rehaussées de couleur. Les yeux étaient bleus, les cheveux blonds, la bouche et les joues roses. Mais pour quelqu'un qui avait vu la morte, il s'agissait de la version moderne d'un masque mortuaire : « Les lèvres sont depuis longtemps séparées de la vie. »

— Vous n'allez pas montrer ces photos à sa mère ! s'exclama Wexford.

— Il faudrait d'abord trouver la mère.

— Je l'ai trouvée, déclara Wexford — et là-dessus il lui expliqua tout.

Howard l'écouta attentivement, hochant de temps à autre la tête d'un air dubitatif.

— Il faut qu'elle identifie le corps, dit-il enfin. Le mieux c'est que tu ailles la chercher toi-même. Tu l'amèneras ici. Prends Clements avec toi. Je crois que tu ferais bien d'y aller tout de suite, Reg.

— Moi ! fit Wexford, suffoqué. Tu ne t'attends tout de même pas à ce que j'aille là-bas et à ce que ?...

Il éprouva la même chose qu'Hassan qui, dans un conte, admet que l'on puisse torturer deux amants jusqu'à ce que mort s'ensuive, à condition de ne rien voir. En revanche, il se montra horrifié lorsque Haroun Al Rachid lui dit que le supplice se fera dans sa propre maison et s'offrira à sa vue. Howard n'était pas un sadique oriental. Il avait l'air affligé et son visage maigre était blême.

— Je n'ai pas d'ordres à te donner, dit-il. Tu es mon oncle, mais...

— Assez de « mais » et assez d'« oncle », fit Wexford. J'y vais.

Il lui téléphona auparavant. N'avait-il pas d'ailleurs promis de l'appeler. Un mince espoir lui fit demander d'abord : « Vous n'avez pas de nouvelles de Louise ? » Il regarda sa montre. Il était plus d'une heure : le moment où le téléphone sonnait et qu'elle l'appelait.

— Pas la moindre.

« Annonce-le délicatement, prépare le terrain », se dit-il :

— Je crois que je...

Sa respiration inquiète le rendait lâche :

— J'aimerais discuter avec vous de certaines personnes. Puis-je vous voir tout de suite ?

Elle accepta et il raccrocha.

— Il y en a un qui va faire une drôle de tête, lui dit Howard. Baker était persuadé qu'on ne l'identifierait jamais. Ne prends pas l'air si malheureux, Reg. Il faut bien que cette pauvre gosse soit la fille de quelqu'un.

Clements se mit au volant. Ils traversèrent Hyde Park où déjà les jonquilles sortaient de terre.

— Un peu tôt, non ? demanda Wexford, la gorge sèche.

— On trafique les bulbes, monsieur. On les traite pour que les fleurs s'épanouissent avant leur floraison naturelle.

Wexford, de mauvaise humeur, se dit que Clements savait toujours tout sur tout. Ce qu'il affirmait était toujours désagréable à entendre. « Je ne sais pas pourquoi on laisse pas pousser les choses au lieu d'aller contre la nature. La prochaine fois, on trafiquera les coucous pour les importer en décembre. »

Dans King's Road, tous les feux étaient passés au rouge. Cela ralentissait la circulation. Clements décida de prendre par l'arche pour se rendre à Laysbrook Place. Wexford se sentait aussi mal que lorsqu'il avait passé ses examens d'inspecteur, trente ans auparavant. La brique de Laysbrook House ressemblait à de l'ambre pâle sous l'effet du soleil. Les arbres avaient conservé leurs reflets gris-argent, épargnés par la brume printanière. Les forsythias étaient d'un jaune d'or éblouissant et les petites grappes d'argent qu'il avait remarquées parmi les perce-neige sortaient comme des buissons de daphnés. Des bouquets roses parsemaient la pelouse. Tout était calme et reposant. La maison se dorait sous les fins et timides rayons de soleil et l'air frais sentait bon et n'était chargé d'aucune odeur d'essence, à laquelle Wexford avait commencé à s'habituer.

Une jeune femme de ménage, plutôt élégante, l'accueillit :

— Elle m'a prévenue de votre arrivée. Voulez-vous me suivre au salon ? Elle est là-haut avec le bébé, mais elle va descendre d'une minute à l'autre. Était-ce elle qui volait des affaires ? qui aurait pu — mais qui n'avait pas — filé avec le foulard de chez Gucci ? (Elle vit la voiture de police et dit en ouvrant de grands yeux :) Et eux ?

— Ils m'attendront, fit Wexford en entrant dans la pièce où Dearborn lui avait montré chartes et documents et où sa femme lui avait ouvert son cœur.

16

Si je n'avais vu la chose de mes propres yeux j'aurais eu grand-peine à l'admettre sur la foi d'un témoin.

Il ne s'assit pas et se mit à arpenter la pièce, espérant qu'elle ne le ferait pas attendre trop longtemps. Et soudain malgré tout le souci qu'il se faisait pour elle, il pensa qu'une fois la fille identifiée, l'affaire serait résolue. Mais les choses se présentaient mal pour Stephen Dearborn. Louise Sampson avait été assassinée et qui d'autre à part Dearborn, son beau-père, pouvait l'avoir tuée ?

Pourquoi ? Wexford ferait bien de l'éclaircir. Et ce n'étaient pas les motifs qui manquaient. Depuis qu'il avait parlé avec Verity Bate, Wexford n'avait pas douté une seconde de l'amour de Louise pour Dearborn. Peut-être, ainsi qu'il l'avait dit au père de Verity, Dearborn ne lui avait-il pas rendu cet amour. Peut-être qu'il avait aimé Louise au début, ou du moins éprouvé pour elle un attrait physique et que cet amour s'était évanoui lorsqu'il avait connu la mère. Il était évidemment peu habituel qu'un homme préfère une femme d'un certain âge à une jeune fille mais Wexford pouvait le concevoir aisément. De toute façon, un homme pouvait aimer deux femmes à la fois. Dearborn avait peut-être épousé la mère parce qu'elle lui correspondait mieux, et il avait gardé la fille comme maîtresse car il était incapable de renoncer à elle. Ou bien leur histoire avait plutôt commencé après que Dearborn l'eut retrouvée dans l'appartement d'Adams. S'était-il peu à peu lassé de la mère ?

Dans ce cas, Dearborn était sûrement le père de l'enfant qu'avait eu Louise. En songeant brusquement que cette enfant pouvait être Alexandra, Wexford se laissa lourdement tomber dans un fauteuil. Jusqu'à présent, il n'avait pas repensé à ce qu'Adams lui avait dit sur les propos que Louise avait tenus sur sa mère, qui ne pouvait pas avoir d'enfant. Mais après tout, Louise lui avait dit qu'elle n'avait que 15 ans à l'époque. Elle avait pu se tromper et prendre une opération bénigne pour quelque chose de sérieux et de définitif.

Si elle avait dit vrai, Mélanie Dearborn n'était donc pas la mère d'Alexandra. Par contre, Dearborn avait peut-être amené chez lui son propre enfant, pour l'adopter avec la mère de Louise. Il n'était pas forcément obligatoire, pour adopter un enfant, de passer par une institution. Mélanie pouvait parfaitement tout ignorer, ou juste savoir qu'il s'agissait d'une adoption à travers un tiers.

Alexandra serait donc une enfant adoptée... par son propre père. Cela aurait expliqué l'indifférence de la part de Mélanie Dearborn, et l'amour passionné du père — du véritable père — pour ce bébé.

Mais que fabriquait-elle ? Pourquoi ne descendait-elle pas ? Il l'entendait marcher rapidement en haut mais ne percevait pas d'autre bruit. Louise avait pu faire du chantage à Dearborn, surtout lorsqu'il s'était montré plus indifférent à son égard. Elle l'avait menacé de révéler à sa mère leur liaison, et par conséquent l'identité de l'enfant. « Un véritable chantage », songea Wexford. Louise n'avait pas seulement été sa jeune maîtresse, elle était aussi sa belle-fille. Mélanie l'aurait probablement quitté si elle avait tout découvert. C'était une excellente raison pour l'assassiner.

Il était arrivé à cette brillante déduction grâce au numéro de téléphone du bureau de Dearborn, qu'il avait trouvé dans le sac à main de Louise. Il était plus plausible qu'elle l'ait toujours eu sur elle parce qu'elle avait pris l'habitude de l'appeler à son travail ! Peut-être ainsi était-ce lui qu'elle avait appelé le 25 février... Mais non ! C'était impossible car ce jour-là, à la même heure, elle avait téléphoné à sa mère.

Il avait encore du pain sur la planche. Peut-être Mrs Dearborn pouvait-elle l'aider... Si elle se décidait à descendre. Il pressentit une nouvelle crise d'angoisse, qui allait être aggravée par les soupçons sur la culpabilité de son mari.

Les bruits de pas cessèrent et Alexandra commença à pleurer, plus maussade que malade. Il regarda sa montre et constata que cela faisait près d'un quart d'heure qu'il était là. Peut-être pouvait-il aller voir la femme de ménage et lui demander si...

La porte s'ouvrit et Mrs Dearborn entra. Elle était plus élégamment vêtue que les fois précédentes, les cheveux coiffés et laqués, le visage soigneusement maquillé. Elle tenait le bébé dans ses bras.

— Je suis vraiment navrée de vous avoir fait attendre, Mr Wexford ! Elle dégagea une main qu'elle lui tendit : ma pauvre petite fille fait ses dents. Je me suis changée et en même temps, j'ai essayé de la consoler. Je vois que vous avez amené du renfort... Je vous aurais suivi, ajouta-t-elle en plaisantant.

« Aurais » ? Que voulait-elle dire par là ? Il eut le cœur serré à la voir si heureuse et inconsciente, berçant son bébé et lui caressant la tête avec une tendresse dont il l'avait crue incapable.

— Mrs Dearborn, commença-t-il, il faut que je vous...

— Asseyez-vous, Mr Wexford. Vous avez bien une minute à me consacrer ?

Gêné, il s'assit au bord d'un des fauteuils déchirés. Il était déjà difficile d'annoncer de mauvaises nouvelles à quelqu'un. Mais avec Mrs Dearborn, qui était si joyeuse, si heureuse, c'était...

— Nous ne devons pas tarder, dit-il. La voiture de police nous attend...

— Mais nous ne devons aller nulle part !

« *Tout* va bien. Ma fille a téléphoné. Vous veniez à peine de raccrocher qu'elle m'appelait.

Wexford en eut l'estomac retourné, comme cela lui arrivait quand il prenait l'ascenseur, et ses paumes devinrent humides de sueur. Incapable d'articuler un mot, il se contentait de regarder d'un air stupide Mélanie Dearborn qui, la tête un peu penchée, lui souriait d'un air ravi. Un peu de sa joie gagna Alexandra, qui s'arrêta de pleurer, se retourna sur le dos, sur le coussin du sofa, et éclata de rire.

— Êtes-vous sûre ? demanda-t-il d'une voix étranglée. Vous êtes sûre que c'était bien votre fille qui vous appelait ?

— Évidemment que j'en suis sûre ! D'ailleurs si vous restez encore un instant vous la verrez. Elle vient cet après-midi. N'est-ce pas merveilleux ?

— Merveilleux, en effet.

— Quand le téléphone a sonné j'ai cru que c'était vous qui rappeliez. (Elle parlait vite et jacassait, inconsciente du choc qu'elle venait de produire sur lui.) J'ai décroché et j'ai entendu la ligne. Je savais que c'était elle. Puis elle a dit : « C'est toi, maman ? » C'était merveilleux. J'ai essayé de vous joindre mais vous étiez déjà parti. Je me suis assise et pour la première fois depuis des jours, j'ai mangé comme un ogre, puis je suis montée me faire belle. Je ne sais trop pourquoi.

Wexford tenta d'esquisser un sourire raidi. Alexandra riait et agitait ses petites jambes.

— Vous ne voulez pas l'attendre et faire sa connaissance ? reprit Mélanie Dearborn.

— Non, je vous crois sur parole Mrs Dearborn. Je vais aller dire au sergent de ne pas nous attendre, mais je souhaiterais que vous me donniez quelques détails.

Clements était en train de faire un sermon et de pontifier avec la jeune femme agent de police, déplorant une fois de plus le relâchement des mœurs de la jeunesse actuelle et la décadence du monde moderne, déclamant force Utopies et Dystopies.

Wexford se pencha à la portière :

— Dites à Mr Fortune que cela n'a rien donné. La jeune fille a téléphoné.

— Tant mieux ! s'exclama la jeune agente avec sincérité.

Clements hocha la tête d'un air entendu et mit la voiture en marche :

— Dieu sait ce qu'elle va raconter à sa mère ! Ses parents n'ont pas fini d'en voir !

— Vous ne pouvez pas la boucler ! s'exclama Wexford comme une furie en sachant parfaitement qu'il avait tort de parler ainsi à un homme qui s'était montré confiant, hospitalier et qui l'aimait bien. Mais il était incapable de maîtriser sa colère. Il vit que le visage de Clements avait rougi, fâché et blessé. Wexford retourna auprès de Mrs Dearborn. Alexandra mordait voracement son anneau. Mrs Dearborn avait mis sur un petit plateau un en-cas de saumon fumé et d'asti mousseux qu'elle avait pris dans le réfrigérateur du salon. « On tue le veau gras pour l'enfant prodigue », se dit-il. « Tu es toujours ma fille et tout ce que j'ai t'appartient. »

— Où était-elle ? Et pourquoi a-t-elle disparu de cette manière ?

— Elle va se marier. Avec ce garçon, ce John avec qui elle vivait, je pense, dit Mrs Dearborn en soupirant. Ils ont eu des hauts et des bas, mais je crois qu'ils s'aiment sincèrement. Il est marié mais séparé de sa femme. C'est terrible, n'est-ce pas, d'être marié et de divorcer avant d'avoir 25 ans ? Il est en train de divorcer. Isa le savait déjà quand elle m'a téléphoné la dernière fois, mais elle a préféré en être sûre avant de m'en parler. C'est tout à fait Isa. Elle est prudente et secrète. Elle a l'air si heureuse, maintenant.

Wexford eut un sourire forcé. Elle devait penser qu'il n'était pas d'accord avec elle. Mais cela ne le regardait pas. Il se rendit compte qu'il s'était affreusement trompé et le choc de sa découverte commençait tout juste à le travailler. Il avait terriblement envie d'être loin, de courir à la gare de Victoria et de prendre le premier train qui le ramènerait chez lui. Il ne se souvenait pas, au cours de toute sa carrière, s'être trompé à ce point-là. Quand il se rappela l'aplomb avec lequel il avait exposé ses vues à Howard, il rougit de honte. Il l'avait presque convaincu en le saoûlant de ses démonstrations.

En y repensant, il se rendit compte que s'il existait une certaine similitude dans la vie de ces deux filles, comparer Loveday à Louise était pure folie. Comment Louise, cette fille appartenant à un milieu aisé et élevé aurait-elle repoussé craintivement l'idée de se mêler à une bande de jeunes, ou hésité à se laisser entraîner dans un bar? Et pourquoi aurait-elle cherché du réconfort dans une secte bizarre? De plus, si Louise, comme tout portait à le croire, avait été la maîtresse de Dearborn avant que celui-ci épouse sa mère, pourquoi aurait-elle eu dans son sac le numéro de téléphone du bureau de l'architecte, qu'elle aurait dû connaître par cœur? Il savait que c'était impossible. Pourquoi n'y avait-il pas réfléchi plus tôt? En voulant désespérément montrer de quoi il était capable, il avait délibérément sacrifié la réalité à la théorie. Autrement dit, il avait fait exactement ce qu'il reprochait à Baker. Il avait forcé des faits et bâti une théorie. Il avait plus cherché à s'assurer un succès personnel qu'à faire éclater la vérité.

— Au revoir, Mrs Dearborn, dit-il et il ajouta d'une voix rauque: Je suis très content pour vous.

Elle lui serra la main sur le perron, mais ne le regardait plus. Déjà, ses yeux se perdaient au loin, sous l'arche. Elle n'eut pas longtemps à attendre. En traversant Laysbrook Square, Wexford croisa une fille mince et blonde qui venait de King's Road et passa sous la voûte. Elle ne ressemblait pas aux photographies qu'Howard lui avait montrées.

Furieux contre lui-même et se traitant d'idiot, il arpenta Chelsea. Bientôt il allait devoir affronter son neveu. Entre-temps Clements lui aurait certainement parlé. Howard devait déjà se reprocher amèrement d'avoir mêlé un membre de la famille à la résolution de cette affaire. Il voyait d'ici Baker hocher la tête et le railler intérieurement.

Il finit quand même par rentrer à Theresa Street avec l'espoir de trouver la maison vide. Mais les deux femmes y étaient, en compagnie d'une troisième, la belle-sœur de Denise. Après s'être informée de son état de santé, elle lui dit que de tels problèmes étaient normaux à son âge et l'assura qu'il trouverait dans sa librairie autant d'exemplaires de *L'Utopie* qu'il le désirait.

— Nous commettons tous des erreurs, Reg, lui dit gentiment Howard lorsqu'ils passèrent à table... Et il ne s'agit pas d'une compétition pour gagner une médaille nationale, mais d'un simple boulot.

— C'est une phrase que j'ai bien souvent répétée à mes hommes, dit Wexford en soupirant et en essayant de sourire. Moque-toi de moi si tu veux, mais la semaine passée j'ai vraiment cru que j'avais trouvé, comme le vieux Lord Peter Wimsey, la solution d'un problème qui vous déroutait. Je vous voyais déjà bâiller d'admiration devant mes explications.

— J'espère bien que la police et le travail de policier ne sont pas comme ça.

Il aurait pu ajouter, pensa Wexford, que son oncle lui avait quand même donné de bons tuyaux. Mais comme ce n'avait pas été le cas, Howard n'avait aucune raison de dire une chose pareille. Au lieu de cela, il fit :

— J'aurais eu le même sentiment si j'avais travaillé pour toi.

— C'est curieux comme j'ai pu être sûr à propos de cette fille.

— Tu es même arrivé à me convaincre, mais Baker, lui, n'a pas marché. Je sais que tu ne l'aimes pas et je reconnais qu'il a un caractère impossible, mais le fait est qu'il se trompe rarement. Même quand sa femme est partie et qu'il a su pour le bébé, il était complètement abattu mais son travail n'en a jamais souffert. S'il dit que Gregson est coupable, il y a toutes les chances pour que cette petite frappe le soit réellement.

— En attendant, il n'y a pas assez de preuves contre lui, dit Wexford avec humeur.

— Il en a plus que tu ne le penses. Il a, par exemple, complètement démoli l'alibi du *Psyché Club*. Deux des types qui s'y trouvaient avec Harry Slade ont craqué et ont avoué que Gregson n'était pas avec eux après 8 heures du soir. Autre chose : la petite amie de Slade, qui, paraît-il, jouait au Monopoly avec eux samedi dernier, est fichée à la police. Baker va de nouveau interroger Gregson. J'espère qu'il le fera sans la présence du brillant de Traynor.

Wexford avala deux de ses comprimés et remarqua que le niveau du flacon avait drôlement baissé. Dans ce domaine en tout cas, personne ne pouvait dire qu'il avait échoué.

— Je ne pense pas t'accompagner demain, Howard. Nous partons samedi, il y a les bagages à faire et...

Howard scruta le visage grassouillet de son oncle :

— Ne me raconte pas d'histoires. Tu sais très bien que Dora s'en occupera. La seule chose que tu pourrais te préparer, c'est un bon coup de poing !

Wexford songea à Johnny Lamont. Aurait-il renoncé à le questionner parce qu'il avait eu peur de sa violence ? Il comprit alors à quel point sa maladie l'avait démoralisé. Il avait eu peur de se fatiguer, peur de se mouiller, peur de se blesser. Toutes ces craintes avaient contribué à son échec. Était-ce pour se ménager qu'il avait perdu la matinée à Garmisch Terrace au lieu d'aller consulter les registres à Somerset House, ce qui lui aurait peut-être évité un faux pas ? Non, décidément, il n'avait rien à faire au commissariat de police de Kenbourne Vale et Howard, malgré toute sa gentillesse, en était parfaitement conscient.

— Eh bien, Reg, pour une fois que j'ai un peu de temps devant moi, je vais aller bouquiner et me plonger dans des nouvelles russes que ma belle-sœur m'a rapportées. C'est étrange mais intéressant, tu ne trouves pas ? Un de ces jours, j'aimerais bien que tu me donnes ton avis.

Là-dessus, ils se mirent à parler littérature.

Quatre nouvelles plus loin et deux heures plus tard, Howard alla répondre au téléphone. Gregson a avoué, se dit Wexford. L'impitoyable Baker, à force de s'acharner, a fini par avoir raison de lui.

Mais quand Howard revint dans la pièce, Wexford, d'après son expression, se rendit compte que ça n'allait pas être aussi simple que ça.

— Gregson a pris la fuite, lui dit Howard, d'un air mécontent. Baker le cuisinait au *Psyché Club*, et Gregson continuait à la boucler, lorsque ce n'est pas sa langue qu'il a retrouvée, mais ses poings. Il a envoyé valser Baker et s'est enfui dans une voiture volée. Baker est tombé de son tabouret et s'est ouvert le front contre un verre de liqueur d'*avocat*.

— Oh ! pauvre Mr Baker ! s'exclama Denise, qui arrivait de la cuisine, avec une lourde vasque blanche pleine de violettes du Cap.

— Tu n'es pas censée écouter aux portes. Donne-moi ça ou passe-le à Reg. C'est beaucoup trop lourd pour toi.

— Vous ne tarderez pas à remettre la main sur Gregson, fit Wexford qui suivait son idée.

— Seigneur, non ! D'ici demain il sera sous les verrous.

— Vas-tu devoir retourner à Kenbourne, chéri ? lui demanda Denise qui avait toujours la vasque dans ses bras.

— Non, pas moi. Je vais me coucher. J'ai passé l'âge de me mettre à la poursuite de jeunes voyous. Tu me passes ce truc, oui ou non ?

Les deux hommes tendirent les mains vers cette coupe qui semblait peser une tonne au moins.

Parce qu'il croyait que Howard la tenait déjà, et qu'il redoutait de porter quelque chose d'aussi lourd, Wexford retira sa main au dernier moment. La coupe tomba sur le tapis en faisant un bruit sourd. La terre, les feuilles brisées et les pétales mauves et roses volèrent contre les murs et sur une tapisserie de chez Wilton qui avait été d'un blanc de neige jusque-là.

Denise poussa un tel cri que Wexford n'entendit pas le gémissement de douleur de Howard. Il se confondit en excuses qui ne servirent pas à grand-chose, s'agenouilla et s'efforça tant bien que mal de réparer les dégâts. Mais il ne fit qu'aggraver les choses.

— La coupe, au moins, n'est pas cassée, dit-il assez sottement.

— Au diable cette foutue coupe ! s'exclama Howard. Et moi alors ! Elle m'est tombé sur le pied ! (Il se laissa choir dans un fauteuil et examina son pied droit.) En plein sur les orteils !

Denise, effondrée parmi les plantes et les mottes de terre, fondit en larmes.

— Je suis vraiment désolé, fit Wexford d'un air dépité. Je voudrais... Je veux dire. Y a-t-il quelque chose que je puisse faire ?

— Laisse ça, fit Denise en s'essuyant les yeux. Laisse ça, oncle Reg, et va donc te coucher.

Howard, pâle de douleur mais toujours courtois, intervint en disant :

— Ne te fais pas de souci, Reg. Ce n'est pas ta faute. Tu n'es pas encore assez solide pour porter des poids pareils. C'est normal que cette vasque te soit tombée des mains... Mon pied me fait horriblement mal ! J'espère que je n'ai rien de cassé.

Il enleva sa chaussure et sortit de la pièce en boitillant. Denise alla chercher pelle et balayette et se mit à voir ce qu'elle pourrait sauver des plantes. Dora, alertée par le bruit, entreprit d'enlever les bouts de terre qui s'étaient collés à la tapisserie.

Wexford, tout en les regardant faire, d'un air désolé, resongea aux dernières remarques de son neveu et à leur double signification.

17

On n'abandonne pas le navire dans la tempête sous prétexte qu'on ne peut maîtriser et apaiser les vents.

Le lendemain matin, l'état du pied de Howard avait encore empiré, mais il refusa de voir un médecin tant il était pressé d'arriver à temps à Kenbourne Vale.

— Mais tu ne peux pas conduire, mon chéri, lui dit Denise qui avait nettoyé la tapisserie jusqu'au petit matin et avait l'air épuisé. Tu ne peux même pas poser le pied par terre.

— Peu importe. Je téléphonerai pour qu'on m'envoie un chauffeur.

— Oncle Reg pourrait peut-être...

Ils regardèrent tous les trois Wexford. Denise le fixait comme si elle pensait que quelqu'un qui avait assez de santé pour préférer les œufs au bacon aux yaourts était parfaitement en mesure de conduire dans la circulation londonienne. Wexford ne voulait pas y aller.

Un sentiment de lâcheté l'envahit à l'idée de revoir Baker et Clements qui étaient sûrement au courant de son retentissant échec. Pourquoi avait-il été assez stupide pour aller fureter dans le tombeau des Montfort en se plaçant au premier rang ? Howard n'avait qu'à demander un chauffeur.

Il allait invoquer la douleur qu'il ressentait à l'œil. D'ailleurs, pour la première fois depuis bien longtemps, il ressentait des brûlures et des picotements. Dora répondit à sa place de façon inattendue :

— Mais bien entendu, Howard, que Reg va t'emmener. C'est la moindre des choses, après avoir laissé tomber cette chose sur ton pauvre pied. Rien ne l'empêche de rentrer rapidement et de se reposer, n'est-ce pas mon chéri ?

— Donne-moi les clefs, dit Wexford, résigné. Mais je ne sais si tu te rends compte que je n'ai jamais conduit dans Londres quand il y a de la circulation.

Cependant, il s'en tira mieux qu'il ne le craignait. Il se mit dans une file, s'appliqua à klaxonner, se fondit dans le troupeau de voitures et fonça sur de féroces conducteurs. Il avait l'impression qu'en comparaison, les motos de Kingsmarkham étaient des moutons dociles et en oublia son œil et ses élancements. Une fois au poste, ils apprirent que Gregson, qu'on avait cueilli chez sa sœur, chez qui il s'était réfugié, était sous les verrous. Howard, sûr de lui car à présent il pouvait l'impliquer de voies de fait sur un officier de police et d'« emprunt » de voiture — délits que de Traynor lui-même ne pouvait contester —, partit dans sa cellule, toujours en boitillant, pour l'interroger.

Wexford décida de s'éclipser et de rentrer avant que la pluie qui menaçait ne reprenne. Il se dirigea vers une sortie dérobée, qu'il y avait sous le porche. Cela se passa sans problèmes. La blessure d'Howard était insuffisante pour l'empêcher de travailler. Baker n'était pas dans les locaux. Mais, alors qu'il marchait dans les couloirs sombres, il fut soudain déconcerté quand il tomba nez à nez avec Baker, la tête tout entourée de bandages.

Il fut bien obligé de s'arrêter et de lui demander comment il se sentait.

— Ça pourrait être pire, dit Baker sur un ton coupant.

La seule chose qu'il pouvait dire après une réponse aussi fruste était de marmonner : « Tant mieux. » Wexford ajouta qu'il était heureux qu'il ne lui soit pas arrivé pire et partit. Baker eut un toussotement :

— Ah, Mr Wexford... vous avez encore un peu de temps avant la fin de vos vacances, n'est-ce pas ?

Ces mots sonnaient comme l'annonce d'une trêve. Wexford

était tellement démoralisé qu'il fut touché par cette cordialité :

— Oui. Je suis à Londres jusqu'à samedi.

— Dans ce cas, vous devriez essayer de visiter Billingsgate. C'est plein de pistes brouillées et à Smithfieds, il y a encore des oies sauvages, comme dans votre campagne.

Et, comme une oie, Baker gloussa de son jeu de mots et donna une tape sur l'épaule de Wexford pour qu'il ne prenne pas son humour comme une injure. Son attitude était très condescendante. Mais il était impossible que Wexford se vexe. Manifestement très content de lui, il se dirigea vers l'ascenseur. Les portes se refermèrent avec un bruit métallique. Wexford descendit les escaliers. À présent, il n'avait plus aucune raison d'éviter la porte d'entrée.

Brusquement, Wexford se dit qu'il était également idiot d'éviter Clements. Lui au moins respecterait son rang et ne se permettrait pas un jeu de mots sur la campagne comme Baker. Il descendit les dernières marches et vit son propre reflet dans une fenêtre que le mur de briques qui était derrière avait transformée en un énorme et sinistre miroir. Il y vit un gros homme âgé, un homme ridé dans un imperméable froissé, au visage où certains avaient pu voir de la sagesse et de l'esprit. À présent, chacun de ses traits exprimait à la fois la bouderie d'un enfant gâté et insatisfait, et l'amertume des ans. Il se redressa et arrêta de froncer les sourcils. Que lui arrivait-il pour qu'il se laisse abattre par un simple revers ? Et comment pouvait-il s'abaisser à se rassurer avec son rang ? Non seulement il devait ne pas éviter Clements, mais il fallait qu'il aille le trouver pour s'excuser de son comportement de l'autre jour et, ce qui s'imposait le plus, pour lui dire au revoir. Avait-il sérieusement songé à quitter Kenbourne Vale sans aller saluer l'aimable sergent ?

Le grand hall était désert, sauf deux agents de service installés derrière le long comptoir du bureau des renseignements. L'un d'entre eux lui proposa poliment d'aller voir si Clements était dans les locaux, et Wexford s'installa dans un fauteuil peu confortable en cuir noir. Il était à peine 10 heures et la pluie ruisselait déjà sur les fenêtres qui flanquaient l'entrée. Ils ne s'étaient pas trompés à la météo, quand ils avaient annoncé que tout le Sud-Est de l'Angleterre serait plongé dans une profonde dépression. Si le temps avait été plus favorable, Wexford aurait téléphoné à Stephen Dearborn pour lui rappeler son offre de lui faire visiter Kenbourne. Il savait qu'en agissant ainsi il lui ferait plaisir. Wexford sentait qu'il lui devait quelque chose. Pas des excuses — on ne s'excusait pas d'avoir soupçonné quelqu'un de meurtre — mais un petit geste amical pour se faire pardonner ses suspicions absurdes et si peu fondées. Wexford était conscient de la honte que l'on pouvait ressentir quand on avait pensé du mal de quelqu'un, même si ces pensées n'avaient pas été clairement exprimées par des paroles.

Était-ce le souvenir de ses aberrations, ou la brusque apparition de Clements à son côté qui le fit rougir de la sorte ? Il se leva d'un bond, oubliant son auto-compassion et les sermons qu'il se faisait à lui-même. Dans quelques heures, Clements allait manger avec sa femme et James. Ce serait son dernier déjeuner en tant que père éventuel avec le petit. Ou ce serait son dernier déjeuner avec le petit.

— Sergent, je voulais absolument m'excuser pour ma brusquerie d'hier.

— N'y pensez plus, monsieur. Je l'avais déjà oubliée.

« Bien sûr qu'il a oublié. Il a bien d'autres soucis en tête », se dit Wexford qui reprit aimablement :

— Demain est un grand jour pour vous, n'est-ce pas ?

Dès qu'il eut lâché ces mots, il regretta de les avoir prononcés. Jusqu'à présent, il ne s'était pas rendu compte de l'état de tension dans lequel Clements vivait et travaillait, de la pression qui augmentait tous les jours un peu plus. Il fit un effort énorme pour paraître normal, bien élevé et ouvert. Mais il ne parvint qu'à former un rictus grimaçant avec sa bouche. Wexford vit qu'il ne pouvait pas parler. L'anxiété qui occupait chaque recoin de son esprit et de ses pensées avait tari le flot des critiques moralisatrices et sévères qu'il formulait habituellement. Il était à présent vide de toutes choses, excepté du désir animal qu'il avait d'obtenir la garde du bébé.

Ils se regardèrent. Wexford était de plus en plus embarrassé. Le sergent avait perdu sa loquacité. Sa panique et son appréhension du lendemain le rendaient muet. Il parla d'une voix sèche et étranglée :

— Je prends une matinée de congé, peut-être même toute la journée. Tout dépendra de ma femme... de ce qu'ils décideront...

— Nous ne nous reverrons pas, dit Wexford en tendant la main à Clements qui la pressa fortement comme pour s'accrocher à une bouée de sauvetage. Au revoir, sergent. Et j'espère que demain tout se passera le mieux du monde.

— Au revoir, fit Clements, qui, lâchant la main de l'inspecteur, sortit sous la pluie sans même se soucier de relever le col de son manteau. Une voiture qui passait l'éclaboussa mais il ne parut pas s'en rendre compte. Ce petit incident lui aurait inspiré une violente diatribe s'il avait eu toute sa tête à ce moment-là.

Wexford, du haut des marches, le regarda s'éloigner. Il était temps, pour lui aussi, de quitter Kenbourne Vale et d'oublier, s'il le pouvait, Loveday Morgan. Quelle étrange obstination il avait mise à découvrir qui elle était, errant dans Fulham, bâtissant tout un roman ! Il fit le bilan de la semaine qui venait de s'écouler et constata qu'il ne savait pas davantage qui elle était, ni qui l'avait assassinée, que le jour où Howard l'avait surpris dans le caveau des Montfort. Il lui semblait pourtant avoir eu quelques idées intéressantes et même être arrivé à certaines conclusions que sa gaffe ne remettait pas en cause. Mais elles étaient vagues à présent et il les avait presque oubliées.

L'eau accumulée sur les panneaux de verre bleu de la lanterne qui pendait au-dessus de sa tête se déversa sur lui d'un seul coup. Il descendit lentement les marches de l'escalier mais fut encore éclaboussé. Une grosse flaque avait inondé son pantalon. Il fronça les sourcils et leva les yeux. Un taxi — cause de l'incident — était passée à quelques mètres de lui et venait de s'arrêter devant le commissariat. La porte arrière s'ouvrit et une silhouette en costume de soie violette, une orchidée blanche à la boutonnière, en descendit.

— Quel temps pour le jour du mariage de l'Honorable Diana ! s'exclama Ivan Teal en réglant sa course. Une fille si gaie, si enjouée ! Où sont donc les chasseurs prêts à m'abriter sous leurs vastes parapluies ?

— Vous vous croyez au *Dorchester* ? fit Wexford.

— Mon Dieu non ! Je garde un amer souvenir de certains postes de police, et surtout de celui de West End Central. Vous vous prépariez à venir me voir ?

— Moi... Dans son état d'esprit du moment, Garmisch

Terrace et toute l'affaire étaient loin. J'étais censé venir vous voir?

— Certainement. J'avais bien dit à Philip de vous demander de venir à 10 heures. Il savait que j'avais un mariage à l'église St. George. C'est moi qui ai dessiné la robe de la mariée et je ne voudrais manquer cela pour rien au monde. Comme je ne vous voyais pas arriver, je suis venu à vous. Le mariage est à 11 heures et demie.

— Ah! oui, fit Wexford se rappelant soudain que Chell lui avait parlé de coupures de journaux. Tout cela n'a plus d'importance à présent et je ne voudrais pas vous faire perdre votre temps.

Teal le fixa. Ses cheveux étaient soigneusement crantés et il baignait dans des effluves d'Aphrodisia.

— Vous voulez dire que vous avez enfin découvert qui elle était? fit Teal.

Wexford fut sur le point de lui demander à qui il faisait allusion, puis il se rappela qu'aux yeux de certains la mort de Loveday Morgan était importante.

— Si vous avez quelques renseignements à donner, mieux vaut vous adresser au superintendant Fortune ou à l'inspecteur Baker.

— Non, c'est à vous que je veux parler.

— L'affaire n'a jamais été vraiment entre mes mains. Je suis ici en vacances et je rentre chez moi samedi... Vous êtes en train de vous mouiller, vous savez?

— Oui, mon tussor n'est pas vraiment imperméable, dit Teal en s'abritant sous la marquise à la lampe bleue. J'aurais mieux fait de me rendre directement à Hanover Square. C'est infernal pour trouver un taxi à Kenbourne. Vous n'en voyez pas un de libre, par hasard?

Wexford ne chercha même pas à regarder.

— Vous avez dit que vous vouliez parler au superintendant.

— Non, c'est vous qui avez dit ça. Je n'apprécie pas trop la police. Vous, c'est différent. Mais puisque vous ne voulez pas m'écouter, je m'en vais. Il tendit un bras moiré de soie violette et cria: Taxi!

Le taxi n'allait pas dans sa direction; attendant que les feux passent au vert et, négligeant le code de la route, il fit demi-tour et vint s'arrêter devant le perron.

— J'ai été enchanté de faire votre connaissance, fit Teal en descendant les marches. Je n'aurais jamais cru pouvoir dire une chose pareille à un...

Le taxi passa, le bus aussi.

— Remontez, fit Wexford en soupirant. Je peux vous consacrer une demi-heure.

— Pas moi, fit Teal, qui ne pouvait pas rester aimable plus de cinq minutes. Vous manquez de suite dans les idées. Quel endroit affreux ! Pas étonnant que les policiers en veuillent à toute l'humanité. C'est quoi, cette pièce ? Une annexe de la morgue ?

— Non, c'est la salle des interrogatoires.

Wexford le regarda épousseter le siège où il allait s'asseoir. Il aurait dû se sentir flatté. Quelle que soit la profession que l'on exerce, il est toujours agréable de s'entendre dire que l'on est plus humain, plus sympathique et moins conventionnel que ses collègues. Mais Wexford était trop fatigué de toute cette affaire pour être encore sensible à la flatterie.

— Ça va ? Vous êtes à votre aise ? lui demanda-t-il, sarcastique.

— Ah ! non, pas vous ! lui lança Teal. Ne le prenez pas sur ce ton. Vous n'êtes pas de ces horribles flics qui pensent que lorsqu'on est gay, on a une mentalité de midinette. Je vais à un mariage. Il est donc tout naturel que j'évite le plus possible de me salir ou de me froisser. Et vous feriez de même.

Wexford le regarda avec mépris :

— Alors, Mr Teal, que vouliez-vous me dire ?

— Ce pasteur dont je vous ai parlé... vous vous en souvenez ? Il s'appelle Morgan.

18

Aux prêtres qui mènent une vie dissolue ils interdisent d'exercer leur sacerdoce.

C'était comme d'arrêter de fumer, pensa Wexford, qui y avait difficilement renoncé il y avait longtemps. Cette fichue affaire vous rendait malade. Vous lui résistiez, elle vous ennuyait, mais lorsque quelqu'un en allumait une ou vous l'agitait sous le nez, vous retombiez dans le piège et aviez le désir ardent, l'envie poignante de revenir aux bonnes vieilles habitudes. Teal avait provoqué cet effet sur lui, même s'il ne lui avait encore rien dit.

Wexford s'efforça de réprimer l'excitation, énervante et odieuse, qu'il sentait monter en lui et demanda :

— Quel pasteur ?

Teal détourna la question d'une manière exaspérante.

— Bien sûr, ce n'est qu'une simple impression. Elle avait quelque chose de bizarre. Je l'ai tout de suite remarqué. Elle n'avait aucun accent. Si vous voyez ce que je veux dire.

— Moi non plus, je n'ai pas d'accent, lui dit Wexford sans réfléchir.

— Vous croyez n'en pas avoir. Vous n'entendez pas votre façon de rouler les r, comme dans le Sussex. Moi non plus je n'ai pas conscience de parler comme dans la confection, sauf quand j'y prête attention. Pensez-y. Johnny a pris des cours d'art dramatique, cela se sent. Peggy a l'accent du sud de Londres. Phil s'efforce de masquer son accent cockney sous son vernis gay et votre commissaire principal a visiblement fait ses études à Trinity College. On n'a pas besoin de s'appeler Larry Higgins pour remarquer cela. Chacun a un accent, qu'il le tienne de ses parents, de l'école, de l'université qu'il a fréquentée ou du milieu où il évolue. Loveday n'en avait aucun.

— Quel rapport cela a-t-il avec ce pasteur ?

— J'y arrive. J'y ai longuement réfléchi. Je me suis demandé quels étaient ces rares spécimens qui s'exprimaient dans un anglais sans accent. Par exemple, les domestiques de la vieille école. Avant, ils parlaient tous comme ça : un anglais neutre, sans aucune inflexion ou intonation. Leurs parents le leur enseignaient. Eux-mêmes avaient été domestiques et savaient que le cockney n'était pas accepté dans les bonnes maisons. Quoi d'autre ? Peut-être les enfants élevés dans des institutions. Les gens qui ont passé des années dans des hôpitaux, ou encore ceux qui ont vécu tout le temps dans des communautés fermées. Wexford commençait à s'impatienter :

— Élevée dans une institution ?...

— Voyons, c'est vous, le détective, non ? Vous ne vous

souvenez pas que je vous ai dit qu'elle allait parfois à la chapelle des Enfants de la Révélation ?

— Mais elle ne pouvait pas en faire partie. Elle travaillait dans une agence de location de télévisions. Vous savez bien que ces gens-là ne regardent pas la télé et ne lisent pas les journaux.

— C'est bien pour cela que ses parents ne se sont pas manifestés. Vous n'y avez donc pas pensé ? De plus son père, lui, ne pouvait pas donner signe de vie. C'est ce fameux Morgan, leur pasteur. Il est passé en jugement, et est actuellement en prison.

Il y eut un silence assez pesant. Wexford, qui se pensait incapable de se passionner à nouveau pour cette affaire, était sur les charbons ardents. Un frisson lui parcourut l'épine dorsale et il éprouva la même sensation qu'un chasseur dont la proie est au bout du fusil.

— J'ai constitué un album avec des coupures de presse, reprit Teal. Enfin... je garde tous les journaux où il y a un article sur moi. Mais souvent j'oublie de le faire pendant un an et les papiers s'accumulent. L'autre soir, j'avais un peu de temps, alors je m'y suis mis et derrière la photo d'une de mes robes j'ai trouvé un article sur la comparution de ce Morgan devant les tribunaux.

— Avez-vous cette coupure sur vous ?

— Mon ami !... Je vais à un mariage très élégant. Et comme le disait Oscar Wilde, (Teal adopta une voix de fausset, un ton très affecté. Wexford pensa qu'il le faisait exprès pour l'agacer.) un costume vraiment bien coupé n'a pas de poches ! (Il gloussa devant la mine déconfite de l'inspecteur-chef.) Mais ne vous en faites pas. J'ai gardé la coupure dans mon book. Et les renseignements sur le procès sont au verso, bien entendu. Cela vous donne matière à faire du bon boulot, maintenant.

— Quand est-il passé en jugement, Mr Teal ? demanda Wexford en s'efforçant de garder son calme.

— En mars dernier. Il a été accusé de bigamie, d'avoir entretenu des relations sexuelles avec *cinq* femmes — il faut du courage ! cinq ! — et d'avoir eu des contacts charnels avec une fille de quatorze ans. Je ne sais pas ce qu'ils ont voulu dire par là. Peut-être que vous, vous comprenez. (Il consulta sa montre :) Oh ! mon Dieu, je vais être en retard et me retrouver au dernier rang ! Or, je tiens absolument à contempler l'Honorable Diana dans toute *ma* gloire !

— Mr Teal, vous m'avez apporté une aide précieuse et je vous en suis reconnaissant. Juste une petite chose : vous m'avez dit que Loveday Morgan vous avait demandé si l'on pouvait faire confiance à Johnny et à Peggy. Que voulait-elle leur confier ?

— *Lui* confier. Elle-même, j'imagine, puisqu'elle en était amoureuse.

— (Wexford eut l'air sceptique.) Une femme de cinquante ans agissait ainsi, mais pas une jeune fille. Je me demande ce qu'elle pouvait bien avoir de si précieux à confier à quelqu'un.

— Alors continuez de vous le demander, Mr Wexford, car moi il faut que je file.

— Oui, bien sûr. Merci encore d'être venu.

La pièce parut à Wexford singulièrement nue et sombre lorsque Teal fut parti. Il traversa le corridor et commença à monter l'escalier. Il constata qu'il pouvait le faire sans s'essouffler. C'était une chance que Teal lui ait apporté cette information. S'il la leur communiquait immédiatement, il se rachèterait aux yeux de Howard et de Baker. Évidemment, il n'avait pas eu grand mérite à écouter le modéliste. D'autant plus qu'il l'avait fait sans grand enthousiasme. Mais lui avoir inspiré confiance était tout en sa faveur. Peu importait. Il leur dirait simplement ce qu'il venait d'apprendre et les laisserait se débrouiller, à moins... À moins qu'il n'attende une demi-heure et qu'il l'occupe à consulter les archives du commissariat.

S'il y en avait... En haut des escaliers, il croisa un homme dont il pensa qu'il était le sergent Nolan et lui posa la question. Il existait des archives : elles étaient à l'étage du dessous. « Troisième porte à droite, monsieur. »

Dans la salle des archives, il rencontra Pamela et D.C. Dinehart plongés dans une pile de dossiers, avec sur leur jeune visage la même expression sérieuse et absorbée que des étudiants du British Museum. Tous deux lui adressèrent un petit signe de tête, et se replongèrent dans leur travail, sans lui prêter plus d'attention. Il ne lui fallut pas plus de dix minutes pour trouver ce qu'il cherchait : les articles sur la comparution de Morgan devant les assises.

The News of the World donnait les détails les plus scabreux, sur le ton moralisateur qui le caractérisait. *The People* avait saisi l'occasion se livrer à une véritable diatribe sur la corruption de certains ministres du culte ; *The Observer*, pas très sérieux, avait inclus l'article dans l'histoire d'un notable maître chanteur. Pour les articles plus détaillés et les meilleures photos, Wexford relut *The Sunday Times* et *The Sunday Express*.

Alexander William Morgan s'était séparé de sa femme depuis plusieurs années et vivait dans la maison voisine du temple d'Artois Road-Camberwell, alors que son épouse habitait leur maison toute proche d'Ivey Street. La séparation avait dû avoir lieu lorsque Morgan, à la suite d'un « appel » du Seigneur, était devenu le pasteur du temple de Camberwell. Il s'était visiblement efforcé d'adoucir les lois sévères des Enfants de la Révélation, mais s'était heurté à la ferme opposition des Anciens. Il était seulement parvenu à persuader un petit nombre de ses ouailles que regarder la télévision ou écouter la radio dans son propre foyer n'était pas un péché mortel. En ce qui concernait la sexualité, son succès avait été fulgurant. Beaucoup de jeunes femmes étaient venues témoigner en sa faveur, dont une certaine miss Hannah Peters qu'il avait épousée (illégalement bien entendu) selon un cérémonial qui lui était tout personnel, où il avait été à la fois le prêtre officiant et le jeune marié. Toutes les autres filles, y compris celle de quatorze ans, se considéraient comme ses épouses légitimes et appliquaient la curieuse philosophie qu'il leur avait enseignée. Il leur avait témoigné à toutes de l'affection et était parvenu à les persuader qu'en devenant ses épouses elles s'assuraient une forme de vie éternelle plus que celle des Enfants privilégiés. Les choses avaient mal tourné, quand il avait fait des avances à des femmes plus âgées et moins naïves. Il eut beau répéter qu'il avait assuré aux femmes qui jouissaient de ses faveurs une grâce toute spéciale, il fut tout de même condamné à trois ans de prison.

Wexford releva les noms de toutes les femmes qui avaient témoigné. Puis il examina les photos, mais une seule retint son attention, celle du temple d'Artois Road. Relevant la tête, il constata que Pamela avait refermé son dossier. Il lui fit signe d'approcher et lui demanda :

— Vous retournez dans le bureau de Mr Fortune? (Elle acquiesça.) Il a une photo de Loveday Morgan...

— Oui. Je vois celle dont vous voulez parler.

— Pourriez-vous lui demander s'il veut bien me la faire porter ?

C'était cela. C'était la seule façon. Howard, bien sûr, viendrait lui-même apporter la photo. Il découvrirait dans les journaux que Morgan avait eu deux filles. Cela éviterait à Wexford de s'occuper de l'affaire. Il se sentit un peu abattu de l'avoir retrouvée d'une façon aussi banale.

Pendant qu'il attendait son neveu, Wexford examina les autres photos : Morgan à quarante-six ans, son visage rond, son nez chaussé de lunettes, un satyre de banlieue ; Morgan entouré de sa femme et de deux petites filles grassouillettes, dont l'une ou l'autre devait être Loveday ; Hannah Peters, son visage ingrat souriant, en jeune mariée au milieu des demoiselles d'honneur, ses cheveux frisés retenus par un bandeau.

Il respira le parfum fleuri de Pamela, leva les yeux et la vit s'approcher :

— Mr Fortune a dû se rendre au tribunal, Mr Wexford. Il a laissé un mot en disant qu'il irait ensuite à l'hôpital de St. Bidulph pour se faire radiographier le pied.

— Mais vous m'avez apporté la photo ? lui demanda lentement Wexford.

— Elle était sur son bureau, mais puisque vous en aviez besoin, je suis sûre qu'il n'y verra aucun inconvénient.

— Merci beaucoup, Pamela.

D'une main qui tremblait légèrement, Wexford prit la photo et la posa à côté de celle du *Sunday Express* qui représentait le temple de Morgan, dans Artois Road. Oui, c'était bien ce qu'il pensait. Sur le cliché du journal on voyait la chapelle tout entière. L'instantané ne montrait qu'un pan de ce temple mais c'était bien les mêmes buissons poussiéreux qui se détachaient du mur de brique à chaperon. Ce qu'il avait pris, sur l'instantané, pour un poteau, était en fait le montant de la porte.

Sur la photo du journal, il n'y avait aucune fille devant le temple. Wexford était persuadé que Morgan avait dû faire poser la fille — était-ce sa propre fille ou l'une des « épouses » ? — devant le temple et prendre l'instantané lui-même. Il la rendit à Pamela, et quitta la salle des archives, plongé dans ses réflexions.

Et maintenant ? Sa raison lui conseillait de suivre Pamela et de laisser un message à Howard, ou d'aller voir Baker. Il s'était trompé, la dernière fois. Il n'allait pas tarder à rentrer du tribunal. Il était dégoûté par la perspective de lui faire une révélation et de voir sa fine bouche se retrousser dans une expression qui semblait dire « Mais vous n'apprendrez donc jamais rien, vieux chnock ! » À présent, il était sur la bonne voie. Personne n'aurait été au courant de sa stupidité s'il n'en avait pas parlé à Howard avant d'avoir des preuves. Et même s'il se trompait, personne à part lui, n'en saurait rien. Ils penseraient qu'il était allé faire un tour vers Smithfield ou vers Billingsgate peut-être, qu'il avait suivi les conseils de Baker.

Il était un détective privé, comme certains policiers à la retraite le deviennent. Cette pensée avait un goût amer et il la chassa de son esprit. Il n'était pas retraité, il n'était pas vieux, mais libre de suivre son enquête comme il l'entendait, sans être lié à quoi que ce soit. Il n'avait pas de chauffeur pour le conduire, pas de sergent pour l'accompagner, pas de chef à qui rendre des comptes. Il n'allait pas détenir l'information plus longtemps. S'il n'arrivait à rien ce soir, il se contenterait d'en parler à Howard et laisserait tomber.

11 heures et demie. C'était un de ces jours où la pluie ne semblait pas près de s'arrêter de tomber. Il avait laissé son parapluie à Theresa Street. N'en étant plus à une folie près, il en acheta un et se dirigea d'un pas décidé vers la station de métro d'Elm Green.

19

Mais si les indigènes... refusent de cohabiter avec eux et de se plier à leurs lois, ils les chassent des territoires qu'ils se sont librement choisis.

Le quartier de Wilman Park rappelait un peu Kenbourne Vale. Il y régnait la même grisaille, le même manque d'arbres, mais à Wilman Park, les maisons étaient basses et serrées les unes contre les autres le long de rues qui se coupaient à angle droit. Wexford ne s'en étonna pas. Ce n'est pas parmi les riches qu'on trouve d'étranges sectes, car ceux qui font leur paradis sur terre n'éprouvent pas le besoin d'être rassurés quant à leur vie future.

Wexford imagina que le troisième temple des Enfants de la Révélation devait s'élever dans un quartier semblable, dans une ville industrielle du nord de l'Angleterre. Il trouva Artois Road, qui traversait Wilman Park, et marcha d'un bon pas entre les flaques, les passants qui faisaient leurs courses avant que les magasins ne ferment. C'étaient surtout des mères avec leur fille, ou les enfants de leur fille, protégés dans leur landau. Il trouva qu'elles représentaient bien la classe ouvrière : mère et fille toujours ensemble jusque dans les magasins, toujours soudées au-delà du mariage de la fille. Il devait tout de même y avoir, dans ce parc, une mère qui marchait toute seule. Les Enfants de la Révélation sortaient-ils de ce monde ? Ils s'en différenciaient tellement par ailleurs, en se fabriquant leurs propres coutumes et en niant la société.

Le temple était si petit et la pluie si forte qu'il faillit passer sans le voir. Il revint en arrière pour le contempler, heureux d'être sous son parapluie. C'était vraiment la réplique parfaite de celui de Garmisch Terrace. La rosace de verre rouge était un peu plus petite, le faîtage du mur plus étroit, la porte peinte dans un vilain vert. Mais la même plaque avait été cimentée dans la façade de briques d'un rouge vineux. Les buissons devant lesquels avait posé Loveday n'avaient pas de feuilles et laissaient ruisseler la pluie sur le trottoir.

Tout comme à Garmisch Terrace, le temple se dressait entre deux rangées de maisons de briques peintes en jaune. Morgan avait dû habiter l'une d'elles. Laquelle ? Les journaux donnaient le nom de rues où les accusés et les témoins vivaient mais pas les numéros. Ce n'était pas difficile de deviner. À l'une, des jonquilles en bouton ornaient des fenêtres aux rideaux rouge et jaune, et l'on distinguait sur le toit une antenne de télévision. Les persiennes de l'autre, vert foncé, étaient solidement fermées et la minuscule pelouse remplacée par une dalle de béton.

Lorsqu'il frappa à la porte — il n'y avait ni sonnette ni heurtoir, juste une boîte à lettres — il sentit que l'une des persiennes se soulevait imperceptiblement pour retomber aussitôt. Le travail d'un détective privé était limité. Il ne pouvait pas obtenir de mandats d'arrêt ou de perquisition. Il frappa de nouveau et cette fois rien ne bougea. Dans le silence qui régnait il sentait de l'hostilité, comme si les gens qui étaient à l'intérieur ne voulaient pas de lui. Étrange ! Même si ces gens avaient quelque chose à cacher, ils ne pouvaient savoir qui il était. Il aurait pu être l'employé du gaz, ou un livreur. Une voix s'éleva derrière lui et le força à se retourner. Un facteur sortait des paquets d'une camionnette rouge.

— Vous n'entrerez pas, mon vieux. Ils n'ouvrent jamais à personne.

— Mais mon Dieu, pourquoi donc ?

— Justement, fit le facteur en riant avec une grimace. Au nom de Dieu ! Ils sont bien trop bigots pour parler à des gens comme vous et moi. Ils se font appeler les Enfants de la Révélation. Y en a beaucoup qui habitent le coin, et aucun d'eux ne laisse entrer qui que ce soit chez lui.

— Ils n'ouvrent même pas leur porte ?

— Certains le font, reconnut le postier, mais ils ne vous font pas entrer.

— Savez-vous où habitent les autres ?

— Au 56 et aussi au 92. Au 56, faut le reconnaître, ils vous parleront.

Le refus de recevoir des habitants de la maison près du temple n'était pas forcément un mauvais signe.

Wexford alla frapper au 56, un pavillon lugubre où la mauvaise herbe remplaçait la dalle de béton. La porte s'entrouvrit devant un vieil homme au costume noir tout lustré.

— Je suis désolé. Je sais qu'il pleut, mais je ne peux pas vous laisser entrer. Que désirez-vous ?

Il parlait d'une voix plate, neutre, presque mécanique. Wexford songea que les mots étaient nécessaires pour vivre, mais pas pour être touché par la Grâce, pas pour être choisi pour suivre une voie plus facile, pas pour exprimer des sentiments ou faire plaisir à un auditeur.

— J'écris un livre sur différentes sectes chrétiennes, mentit Wexford sans rougir. Et je me demandais si vous pourriez me donner...

Toujours avec la même monotonie, le vieil homme énuméra des dates, cita les trois temples et finit en lui disant que les « élus » étaient cinq cents sur terre.

— Et votre pasteur ? l'interrompit Wexford.

— Il a une chambre dans la maison qui touche le temple, mais là-bas ils ne vous ouvriront pas. (Il soupira comme quelqu'un qui a lutté en vain contre les tentations de ce bas monde.) Ils ont suivi une voie plus pure et plus droite que moi qui ai épousé une femme *du dehors*.

— Et au numéro 92 ? demanda Wexford.

Mais il n'obtint pas de réponse. L'homme lui ferma la porte au nez. Il ne lui restait plus qu'à se rendre à Ivy Street, et s'il échouait, à recommencer le porte-à-porte pour essayer de découvrir une des « épouses ».

Il mangea un sandwich dans un bar, et se sentant presque aussi coupable que l'Enfant de la Révélation qui aurait ouvert sa porte à un abandonné du Seigneur, il l'arrosa d'une pinte de bière brune. Puis il téléphona à Dora pour lui dire de ne pas s'inquiéter, qu'il visitait Kenbourne Vale avec Dearborn et qu'il ne savait pas à quelle heure il allait rentrer. La pluie avait peu à peu cessé. Il demanda au barman le chemin d'Ivy Street et s'engagea dans Artois Road. C'était un petit pavillon à l'ouest qui paraissait fermé. Dans le jardin il y avait des nains et un bassin à oiseaux fleuri. Il sonna mais personne ne lui répondit. Il fit demi-tour et se retrouva nez à nez avec l'obligeant facteur.

— Mrs Morgan est absente, lui expliqua-t-il. Sa fille est malade et elle est allée aider son gendre. Donnez-moi une seconde. Le temps de déposer ce colis à la maison d'à côté.

Bien décidé à le faire parler, Wexford attendit avec impatience le retour du facteur. Les secondes étaient en fait dix minutes de bavardage, mais il revint enfin, en sifflotant gaiement, en compagnie du destinataire du paquet.

— Et son autre fille ? demanda Wexford.

— C'est son jour de congé. Je l'ai vue sortir y a environ une demi-heure.

— Ah !

— Ah ! (Wexford était une fois de plus déçu, si l'on pouvait qualifier de déception le fait de constater qu'une fille qu'on croyait morte était bien vivante.) Et Morgan, vous le connaissiez ?

— Pas vraiment. Mais j'en ai souvent entendu parler. Et puis je le voyais passer, dans le coin.

— Vous l'avez déjà vu avec une fille ?

Le facteur éclata de rire. Il ne paraissait pas chercher à savoir qui était Wexford, ni pourquoi il l'interrogeait. Il reprit :

— Morgan, c'était un chaud lapin ! Ses paroissiens ne s'en doutaient pas jusqu'à ce que le scandale éclate. Sauf les filles, évidemment. Une ou deux d'entre elles se faisaient appeler Mrs Morgan et avaient le culot de se faire adresser leur courrier sous ce nom-là.

— Vous vous souvenez desquelles ?

— Oui, je me souviens bien de Hannah Peters. C'est celle qu'il avait « épousée » à sa façon. C'est à cause de ces petits jeux qu'il a eu des problèmes. La jeune Hannah se faisait envoyer des lettres au nom de Mrs Morgan, son père s'en est aperçu et la bombe a éclaté. Les autres filles ont elles aussi revendiqué leurs droits. Avec tout ça, sa femme l'a quitté ça fait des années, mais ils sont pas divorcés. Elle est bien décidée à pas lui accorder le divorce. C'est une femme rancunière, Mrs Morgan, mais faut la comprendre.

— Pouvez-vous me dire où habite miss Peters ?

— Travaillez pour un journal, hein ?

— Quelque chose de ce genre, fit Wexford.

— Je demandais comme ça, fit le facteur. C'est moche de leur part d'envoyer un type de votre âge faire du porte-à-porte surtout par un temps pareil. C'est toujours aux vieux chevaux qu'on demande le plus de travail, pas vrai ?

Wexford avala son humiliation sans broncher et esquissa péniblement un sourire. Quand le facteur lui donna l'adresse demandée, il dit :

— À cette heure-là, elle ne doit pas encore être rentrée de son travail.

— Elle si. Ces gens-là ne laissent pas leurs filles travailler dehors. Mais de toute façon, vous la verrez pas. Ils vous laisseront pas entrer.

Mais peut-être qu'Hannah viendrait elle-même ouvrir la porte. Il lui fallait un peu de chance. Ou un de ces miracles, comme il en avait eu dans le temps, illuminant la voie qu'il avait à suivre. Quand il s'engagea dans Stockholm Street, il pensa que ce miracle avait eu lieu. Il vit la même fille aux cheveux frisés que sur la photo du journal sortir de la maison de Peters.

Elle avait dans sa main une lettre qu'elle glissa, pour la

protéger de la pluie, dans le long imperméable foncé qu'elle portait. Elle s'arrêta et jeta des regards furtifs autour d'elle avant de s'engager timidement dans la rue. C'était une rue peu passante, déserte à part lui, et où elle avait sans doute vécu toute sa vie. Pourtant, elle semblait craintive et hésitante, comme une petite fille. Puis elle marcha plus vite et se dirigea vers une boîte à lettres. Elle regardait ses pieds, les yeux baissés comme une religieuse.

Wexford la suivit et se sentit brusquement intimidé, lui aussi. Il pensa, même si ce n'était pas fondé, que la lettre était destinée à Morgan. Lorsqu'il lui adressa la parole, elle tressaillit violemment, eut le souffle coupé et porta sa main à sa bouche.

— Miss Peters, je suis officier de police, et si je vous aborde dans la rue c'est que je crains qu'on ne me laisse pas entrer chez vous.

Où allaient-elles à l'école, ces filles? Les Révélationnistes avaient-ils des écoles spéciales pour leurs enfants? Ne rencontraient-ils jamais d'étrangers? Il se demanda s'il était la première personne qu'elle voyait depuis le moment horrible qu'elle avait vécu lors du procès. Cette expérience avait dû la torturer suffisamment pour ébranler sa raison. Parler? S'apprêtait-elle à parler?

C'était une fille aux traits ingrats et imprécis qu'elle dissimulait à moitié de sa main. Elle n'avait pas le moindre maquillage, pas une bague. Et sous son lourd manteau informe, son corps était raide et sans grâce.

— Miss Peters...

Rapidement, maladroitement, car elle ne l'aidait en rien, Wexford lui expliqua ce qu'il attendait d'elle et pour quelle raison il l'avait accostée ainsi.

Il ne lui sembla pas qu'elle avait peur de lui, mais peut-être redoutait-elle la colère d'un Dieu sévère. Elle regardait la rue, sa main sous le manteau. Avant de lui parler elle baissa la tête. Elle ne voulait pas croiser son regard.

— Mon père me chasserait s'il me voyait. Il voulait me chasser quand... quand... C'est ma mère qui est intervenue pour que je reste.

Le plus étrange de ces bizarreries, songea Wexford, c'est qu'elle ait tenu à rester. Après tout, ce n'était peut-être pas si étrange. Si on libère un oiseau sauvage qu'on a attrapé et mis dans une cage, il périt ou est massacré par ses semblables. L'abritant de son parapluie, il se mit à lui parler d'un ton apaisant, s'excusant de l'importuner, lui expliquant combien il avait besoin de ces renseignements. Il ne pouvait cesser de songer à ce monde qui la privait d'expérience, à des filles comme Louise Sampson ou Verity Bate, qui faisaient des pieds de nez à leurs parents, vivaient là où elles le voulaient et avec qui elles voulaient, pour qui un père tyrannique à la forte autorité n'était qu'un monstre fictif qu'on ne trouvait plus que dans les vieux livres. Il était difficilement concevable que des filles ainsi différentes aient coexisté dans la même ville, dans le même siècle.

— Je n'ai jamais entendu parler d'une Loveday, dit-elle enfin sans le regarder. (Elle frissonna.) Elle n'était pas au tribunal. Quel est son véritable nom ?

— Wexford secoua la tête, paralysé par sa voix morne et lente, sa résignation bovine.

— Peut-être a-t-elle quitté votre congrégation cette dernière année ?

— Mary est partie pour enseigner, Sarah et Rachel aussi. Edna s'est mariée. Elles sont toutes parties ! (On la sentait horrifiée par une aussi scandaleuse conduite.) Mon père me punira si je ne rentre pas tout de suite à la maison.

— Donnez-moi au moins leurs adresses, implora Wexford.

— Oh ! non ! Non, non ! Mary était aux assises. Visiblement, il lui était difficile de dire ça. Mary aussi avait été l'une des femmes de Morgan. Elle luttait contre une émotion dont elle ne savait rien et qu'on ne lui avait donc jamais appris à contrôler. (Elle leva vers lui un visage mouillé de larmes, ou peut-être de pluie, et dit très vite, avant de s'échapper :) Adressez-vous au pasteur !

— Ils ne me laisseront pas entrer, lui lança Wexford.

Elle lui cria quelque chose au sujet d'une réunion de prière, puis courut sous la pluie, échappant aux prédateurs, à l'humain qui l'aurait libérée. Elle fila dans sa cage, où elle allait retrouver la même sécurité qu'une morte-vivante.

Ce court entretien avait bouleversé Wexford. Hannah Peters ne ressemblait pas à Loveday Morgan et cependant il avait l'impression que c'était à Loveday qu'il venait de parler. La morte était là, vivante, dans une peau différente. La fille timide et craintive qui s'habillait mal, ne savait pas se faire des amis ni se trouver une situation. Il l'imaginait enfin, traversant chaque jour le cimetière de Kenbourne Vale et plongée dans la lecture de la bible. Teal, qui l'avait connue, avait été frappé par son rare et merveilleux sourire ; Lamont avait peut-être deviné ce que cachaient ses silences angoissés ; Dearborn, qui l'avait trouvée gauche et empruntée, l'avait congédiée dans un haussement d'épaule. Et maintenant, lui aussi l'avait vue, ou peut-être était-ce son fantôme.

La rue était de nouveau déserte. Le fantôme s'était évanoui. Mais il lui avait laissé un message. Il devait saisir l'occasion qui s'offrait à lui pour sortir ces gens hors de leur prison.

20

Une faible et souffrante lumière leur permet de mieux se livrer à leurs rites et à leurs dévotions.

La nuit tomba vite par cette journée essentielle. Il se réfugia dans un bar pour routiers, son imperméable fumant à la chaleur d'un radiateur électrique rougeoyant. Les trottoirs mouillés renvoyaient dans le ciel les lumières écarlates, bleues et oranges des néons. Le ciel était rouge et vaporeux, et son éclat aveuglant aurait éclipsé celui de n'importe quelle étoile. Wexford regarda s'allumer les réverbères fluorescents d'Artois Road. Il se demanda quand commencerait la prière. Probablement pas avant 7 heures. Affamé, même après un thé et des toasts, il commanda une platée de saucisses, d'œufs au plat, de frites et envoya son régime par-dessus les roses.

D'après Crocker, Dora et leurs sinistres disciples, il aurait dû se sentir au plus mal puisqu'il avait enfreint leur règlement. Il avait travaillé au lieu de se reposer, mangé tout ce qui lui était défendu, était sorti le soir, s'était fait du souci et ce soir-là, il avait même oublié de prendre ses pilules. Or, jamais il ne s'était senti aussi bien. Alors, autant ne pas se priver.

Pour couronner le tout, il se rendit au bar où il avait déjeuné et se fit servir un double whisky. Loin de lui couper les jambes, l'alcool l'envahit de chaleur et de bien-être et il se sentit de taille à défier tout le monde. Personne, sauf un fou, ne se serait amusé à suivre ce régime qui l'affaiblissait, alors que quelques écarts modérés lui faisaient le plus grand bien.

Entre-temps, la pluie avait cessé de tomber. Il renifla l'odeur de Londres après la pluie. On sentait la fumée, le gaz, avec ici et là des relents de friture, de plats orientaux et des cigarettes françaises. Elles se dissipèrent lorsque Wexford s'engagea dans Artois Road où les réverbères d'un bleu électrique détonnaient dans cette rue misérable. Une autre lumière brillait un peu plus loin, une lumière rouge et ronde comme un œil de cyclope, et il constata qu'il arrivait trop tard. La prière avait déjà commencé. Il resta un moment devant la porte de la chapelle, à écouter les voix des fidèles qui chantaient parfois ensemble. Par moments une voix solitaire s'élevait dans une prière spontanée. Combien d'heures allait-il s'écouler avant qu'ils ne sortent ? Allaient-ils bien vouloir répondre à ses questions ?

La maison du pasteur, où Morgan avait logé, semblait déserte à présent, sans aucun rai de lumière au coin des jalousies. Le jardin de béton était couvert d'une mare d'eau noire parce qu'aucune lumière ne s'y reflétait. Il y avait peut-être cinquante maisons comme celle-là à Wilham Park, cinquante tombeaux dans lesquels vivre. Rachel, Mary et Sarah étaient parties... Il souhaitait qu'à présent, elles puissent se parfumer, mettre des faux cils, porter des plumes et des fleurs, qu'elles puissent s'asseoir avec leur petit ami sur les marches d'un escalier et manger des chips en les piochant dans un sac en papier. Morgan avait dû rencontrer ces femmes quelque part, ailleurs que sous ces toits sévères. Se promenait-il avec elles, s'esquivant pour consommer ses amours clandestines dans le temple ? Wexford plissa le nez de dégoût. Certains voisins l'avaient sûrement vu, peut-être même en train de se promener avec l'élue du moment.

Toutes les fenêtres du pavillon qui était à côté du temple étaient éclairées et les rideaux n'étaient pas tirés. Wexford sonna, déclenchant tout un carillon, mais quand la porte s'ouvrit, il sentit le cœur lui manquer. La vieille dame qui lui ouvrit et lui souriait en posant sur lui un regard vide et bleu s'appuyait sur une canne blanche.

C'était une très vieille dame qui ne devait pas avoir loin de quatre-vingts ans. Elle voyait juste assez, pensa-t-il, pour distinguer sa silhouette sur le pas de la porte. Il ne voulait pas l'alarmer et, avant de se retirer, il lui expliqua qui il était et pourquoi il était là. Il ne pouvait pas l'affirmer, mais, aveugle, elle ne serait sûrement d'aucune utilité.

— J'allais justement me faire une tasse de thé, lui dit-elle. Ne voulez-vous pas entrer ? Mon mari était dans la police. Wally Lyle. Peut-être avez-vous entendu parler de lui.

Wexford secoua la tête, puis se rappelant qu'elle ne le voyait pas :

— Je ne suis pas d'ici. Et je ne voudrais pas vous déranger, Mrs Lyle. Pourriez-vous simplement me dire qui habite dans la maison à côté ?

— Les Vickers, fit la vieille dame avec un petit rire. Mais ils ne vous laisseront pas entrer. Le seul homme qui pénètre chez eux est le releveur du compteur électrique, car ils n'ont pas le gaz. Sa bonne humeur le toucha. Cette femme seule, aveugle et très âgée savait encore plaisanter et éprouver du plaisir à vivre.

— Entrez tout de même boire une tasse de thé. Ce n'est pas drôle de battre le pavé par un temps pareil.

Il accepta dans un élan impulsif.

Elle le croyait sans doute en uniforme et éprouvait probablement le désir de parler avec lui du temps passé et de son mari défunt. Après tout, pourquoi ne pas accepter ? Il avait de toute façon du temps à perdre avant que les fidèles ne sortent du temple.

Tout était allumé dans la maison, l'entrée, les chambres. Elle doit distinguer de vagues lueurs, se dit Wexford, en la voyant se diriger vers la cuisine. Mais finalement, ce fut lui qui prépara le thé et qui apporta leurs deux tasses dans le salon. Elle restait tout le temps près de lui et quand il s'installa près de la fenêtre afin de guetter la sortie des fidèles, la vieille dame vint s'asseoir à ses côtés en appuyant sa canne sur le bras de son fauteuil. Le living-room regorgeait de meubles et de tout un bric-à-brac. Il la regarda bouger sans se faire mal et ramasser des objets et se rappela sa propre maladresse dans la maison d'Howard. Pendant qu'elle lui racontait des anecdotes sur la carrière de son mari, il admira l'adresse avec laquelle elle tenait sa tasse à thé.

— Depuis combien de temps habitez-vous ici, Mrs Lyle ? lui demanda-t-il doucement.

— Depuis quarante ans. Mais les Vickers étaient là avant nous.

— Dans ce cas, ils doivent être très âgés.

— Non, non, je parlais des parents. Le jeune Vickers vous paraîtra peut-être vieux, lui aussi. Il a dans les cinquante ans et je vous jure qu'il est comme un vieux débris.

— Et vous n'êtes jamais entrée chez eux ?

— Mon mari a essayé, il y a bien des années. Le jeune Vickers et sa sœur étaient alors des écoliers et l'école leur a envoyé son médecin parce que Rebecca, la sœur, avait la scarlatine. Mais ils ont refusé de le recevoir. Les Enfants de la Révélation se méfient des médecins et ils laisseraient leurs enfants mourir plutôt que d'en consulter un.

— Votre mari s'y est alors rendu en qualité d'officier de police ? dit Wexford intéressé en dépit du caractère décousu de la conversation. L'ont-ils laissé entrer ?

— Bien sûr que non ! Il a tambouriné, tambouriné. À la fin le vieux Vickers a surgi sur le seuil et l'a injurié. Ça vous aurait retourné les sangs rien que de le voir. Mon mari avait juré de ne plus s'y frotter et il tint parole.

— Et c'est le seul contact que vous ayez jamais eu avec eux.

— Que mon mari ait eu avec eux, fit la vieille dame d'un ton contrit. Mais moi j'ai aidé Rebecca à s'enfuir de chez elle pour se marier. Heureusement, mon mari n'en a jamais rien su. Il m'aurait passé un savon.

Rebecca, la fille qui s'était enfuie...

— Quand cela s'est-il passé, Mrs Lyle ? demanda Wexford vivement.

Mais tous ses espoirs s'effondrèrent lorsqu'il l'entendit lui répondre :

— Il y a une trentaine d'années. Son frère s'est installé ici. Il s'est marié, il a eu des enfants, mais tous l'ont quitté. Dieu sait où ils sont maintenant.

Elle soupira et se tut. Wexford regarda le trottoir sombre. Il sentit l'impatience le gagner. Mrs Lyle termina son histoire, sa tasse de thé, et la posa adroitement sur ses genoux. Les yeux bleus et voilés se tournèrent vers lui et il sentit qu'elle voulait lui faire une confidence :

— Ce que j'ai fait, dit-elle, malicieuse et espiègle, je me suis sûrement dit que c'était contraire à la loi, mais je n'ai jamais osé le demander à mon mari. Je ne lui en ai pas soufflé un mot !

— Qu'avez-vous fait ? lui demanda Wexford en s'efforçant d'adopter un ton enjoué et encourageant puisqu'elle ne pouvait pas distinguer ses traits.

— La pauvre petite Rebecca voulait se marier avec un garçon, un certain Foster, qui n'appartenait pas à leur secte. Son père refusait absolument ce mariage et la retenait prisonnière dans sa chambre. Elle écrivait à son amoureux de petits mots qu'elle me lançait depuis sa fenêtre. En ce temps-là, je pouvais encore lire. Je ne demandais qu'à mettre des bâtons dans les roues de ces Révélationnistes. Mais le jeune Foster était toujours chez moi à faire le joli cœur. Un beau jour, alors qu'ils étaient tous au temple, nous avons dressé une échelle et c'est ainsi qu'elle s'est enfuie. Comme dans une pièce de théâtre.

— En effet, fit Wexford amusé.

— J'ai souvent ri en y repensant mais voyez-vous... j'aurais bien voulu savoir ce qu'ils en avaient pensé et j'aurais aimé voir la tête du vieux Vickers lorsqu'il s'est aperçu que l'oiseau s'était envolé. Rebecca s'est mariée et au début elle m'écrivait pour me donner de leurs nouvelles. Mais c'est fini maintenant. D'ailleurs, à quoi cela servirait de recevoir des lettres quand on est incapable de les lire et qu'on n'a personne à qui demander de l'aide (Mrs Lyle rit joyeusement en songeant à la situation qu'elle venait de décrire.) Le jeune Vickers — je veux dire le fils — s'est marié lui aussi, et a eu des enfants, mais ils sont tous partis l'un après l'autre. Ils ne pouvaient plus supporter la maison. À présent ils ne sont plus que deux. Je dis ça... mais il y a au moins cinquante ans. Il ne me parle jamais. Je crois qu'il est au courant pour Rebecca. Je ris souvent quand je pense à elle, à l'échelle et au jeune Foxer qui ressemblait à un Roméo heureux. Une chance que Rebecca ait trouvé chaussure à son pied, car elle n'était pas bien belle, avec cette tache de vin qui lui mangeait la joue.

La porte du temple avait dû s'ouvrir car un flot pâle de lumière se répandait sur les pièces humides et les gens commençaient à apparaître sur les trottoirs. Wexford, qui attendait ce moment depuis un certain temps, n'y prêta aucune attention. Il se tourna vers Mrs Lyle tout en sachant qu'elle ne pouvait le voir :

— Une tache de vin qui lui mangeait la joue ?

— Oui, de là à là, fit Mrs Lyle montrant l'emplacement sur sa pommette encore rose.

— Et où est-elle allée vivre ?

— Dans un quartier du sud-ouest de Londres. J'ai son adresse quelque part, avec de vieilles lettres, mais il faudra que vous cherchiez vous-même. Mais je vais vous dire une chose. Rebecca ne vous fera jamais entrer chez les voisins. Pour ça, il vous faudrait un bulldozer.

Posté devant la fenêtre, Wexford regarda les adeptes de cette étrange secte se disperser. Les femmes portaient des manteaux sombres et informes et des chapeaux de feutre gris ou noirs qui leur cachaient en partie le visage ; les hommes, même les plus jeunes, des imperméables foncés sur des complets noirs.

Au milieu d'eux, leur pasteur, entièrement vêtu de noir, avait l'air d'une corneille. Il serra quelques mains, murmura quelques paroles d'au-revoir, jusqu'à ce qu'il ne reste plus qu'un couple, marié de toute évidence, qui l'attendait.

Tous les trois marchèrent lentement en file indienne vers la maison voisine de celle de Mrs Lyle. Wexford regarda rapidement leurs reflets dans une flaque d'eau, comme s'ils étaient trois étranges personnages traversant le Styx pour aller aux Enfers. La porte d'entrée claqua derrière eux.

— Vous regardez le jeune Vickers ? demanda Mrs Lyle avec l'hypersensibilité des aveugles. Je regrette que mon petit-fils ne soit pas là pour lui faire des grimaces. Tous les gamins du quartier lui en font et ils ont bien raison.

— Si nous nous occupions de ces lettres, Mrs Lyle ?

Ils montèrent au premier étage, la vieille dame le devançait. Elle le fit entrer dans sa chambre à coucher, qui ressemblait au dépôt d'une vente de charité. C'était le type de chambre qu'occupent les gens âgés et dans laquelle ils ont vieilli. En plus des meubles habituels, il y avait des corbeilles à ouvrage en bois et en osier, de vieilles malles glissées sous le lit ou recouvertes de draps poussiéreux, où étaient empilés de vieux magazines et des albums. Deux échiquiers miniatures, qui avaient fait la joie des victoriens étaient posés sur une imposante commode. Au-dessus, était fixée une étagère murale couverte de lettres, de papiers, de petites boîtes, de vieux stylos et de pots remplis d'épingles à cheveux.

— C'est soit ici, soit dans la chambre d'à côté, lui déclara Mrs Lyle.

Wexford regarda dans les autres pièces. Elles n'étaient pas mal entretenues, mais personne n'aurait pu y vivre. C'étaient les entrepôts de cinquante ans d'accumulations. L'œil exercé de Wexford reconnut là le système de rangement précaire qu'appliquait Mrs Lyle quand elle voyait encore. Elle sembla sentir la déconvenue de Wexford. Sa voix ne se teinta pas de malveillance, mais d'un ton légèrement revanchard. Elle lui dit :

— Vous avez du pain sur la planche.

Mais elle voulait dire par là qu'elle, n'y voyant rien, le laissait se débrouiller tout seul.

C'est ce qu'il fit. Il commença par la chambre. C'était peut-être le goût de ses souvenirs — qui pour Wexford sentaient le moisi mais qui pour elle devaient être chargés d'émotions — qui donnait à son visage cette expression étrange et rêveuse, mais non malheureuse. Ses mains tremblotèrent quand elle effleura les cartes et les photographies qu'il sortait des tiroirs. Il alla chercher sa vieille lampe de chevet en cuivre couverte de poussière et la posa sur la commode pour qu'elle l'éclaire de sa lueur jaune. Puis il explora les archives de la longue vie de Mrs Lyle.

Elle avait été une grande épistolière. Elle avait soigneusement conservé chaque lettre, chaque carte de vœux. Elle avait sûrement un parent philatéliste car elle avait gardé les enveloppes. Mais le collectionneur n'était jamais venu chercher ses timbres qui étaient là, accumulés par matière sur des enveloppes ou des bouts d'enveloppes déchirés.

Quant aux lettres d'amour que lui avait adressées, il y avait bien longtemps, son mari, elles formaient toute une liasse nouée par le ruban de leur gâteau de mariage. De vieux morceaux de glaçage s'y étaient pétrifiés. Il lui avait souhaité la Sainte-Valentin tous les ans. Il découvrit cinq cartes sur l'étagère et sept autres dans les boîtes à ouvrage.

— Je ne jette rien, dit joyeusement Mrs Lyle.

Il ne pouvait être cruel et dire tout haut ce qu'il pensait tout bas. Pourquoi ? Pourquoi garder ces cartes ? ces boîtes à gâteaux, ces mèches de bébé, ces télégrammes de vœux et ces coupures de journaux ? Elle ne pourrait jamais plus les regarder. Mais il se doutait qu'elle les conservait pour d'autres raisons. Était-ce si important de ne plus pouvoir lire l'écriture d'un policier ou de regarder sa photo ? C'étaient les garants de son identité, les matériaux du mur qui la protégeait et les fenêtres à travers lesquelles on pouvait encore regarder son univers. L'identité de Wexford avait été suffisamment secouée ces dernières semaines pour que lui-même n'aille pas reprocher à quelqu'un de préserver la sienne en accumulant ses souvenirs. Lui, en tout cas, il voyait. Son œil ne lui faisait plus mal ; même sous cet éclairage blafard et poussiéreux, il pouvait lire cette écriture tremblée et voir les visages des photographies sépia. À force de parcourir tout cela, Wexford eut l'impression qu'il pourrait écrire sa biographie. Et dire qu'un jour, quelque petit-fils jetterait tout cela au feu... Tout était là, chaque jour de sa vie, ses souvenirs qui laissaient intacte cette personnalité unique.

Ils passèrent dans la chambre à coucher. Wexford n'osait plus regarder sa montre. Il devait exister des moyens plus rapides de retrouver Rebecca Foster. Si seulement il pouvait se rappeler quand il l'avait vue pour la dernière fois !...

Il regretta de ne pas avoir commencé par la plus petite chambre, car c'est là qu'il trouva ce qu'il cherchait. Il ouvrit une vieille valise, qui ne contenait que des lettres, certaines encore dans leurs enveloppes, d'autres dont les feuilles s'étaient éparpillées et mélangées. Il ouvrit l'une d'elles et lut enfin : « 36, Biretta Street, le 26 juin 1954. Chère Mary, je suis navrée d'apprendre que vous avez des ennuis avec vos yeux... »

— Eh bien cela n'a pas pris trop longtemps, dit Mrs Lyle. J'espère que vous avez bien remis les choses à leur place. J'aime bien savoir où elles sont. Si c'est fait je vais vous raccompagner. Après, je crois que j'irai me coucher.

21

Il ne fait pas mentir le proverbe, celui qui dit : à force de lancer les fléchettes, on finit par frapper dans le mille.

Le dernier jour... Il n'y pensait pas comme au dernier jour de ses vacances, mais comme à la dernière occasion de résoudre l'énigme.

Pour la première fois, il se sentait limité par le temps. À Kingsmarkham, il était arrivé qu'on le menace de faire appel au Yard, mais jamais personne ne lui avait dit qu'il disposait seulement de vingt-quatre heures et qu'après l'affaire lui était retirée. Eh oui ! personne ne pensait comme ça, à présent, sinon lui-même.

Howard avait cessé de considérer que son oncle était mêlé à l'affaire. Il ne lui demandait même plus ses conseils ou son avis. Il n'avait pas montré de signes de déception mais désormais, il avait placé tous ses espoirs en Baker. D'ailleurs, c'était avec Baker qu'il s'était entretenu le soir précédent.

Wexford était trop las à présent pour essayer de saisir quelque chose. Il savait simplement que Gregson était retourné en prison pour s'être livré à des voies de fait sur un officier de police. Baker, s'il continuait à le considérer comme le suspect numéro un, n'en poursuivait pas moins son enquête dans d'autres directions. Il s'intéressait tout spécialement au foulard de soie et était retourné interroger certains locataires de Garmisch Terrace. Wexford était trop fatigué pour poser des questions et Howard souffrait trop de son pied pour s'étendre sur l'affaire. En souhaitant une bonne nuit à son oncle, il émit le vœu, plutôt optimiste, que le problème soit résolu avant leur départ arrêté au samedi.

« Cela se pourrait bien », se dit Wexford le matin de son départ. Mais pas par Baker.

Les femmes avaient depuis longtemps renoncé à l'attendre au pied de l'escalier, et au petit déjeuner il mangeait ce qu'il voulait. Il se sentait parfaitement bien. Les exercices de la veille lui avaient fait perdre du poids et ses repas ne lui en avaient pas fait prendre. Dora elle-même se voyait obligée d'avouer que ses vacances lui avaient fait le plus grand bien. C'était dur pour lui de se dire que ce vendredi était leur dernier jour à Londres.

Pour elle, il était temps de faire leurs valises et de sortir acheter les cadeaux de dernière minute. Sa seule préoccupation était de savoir si elle avait commandé du lait pour le lendemain et si on lui garderait du pain dans la petite boutique du coin.

— Que dis-tu ? demanda Wexford.

— Le pain, Reg. J'espère que Dixon pensera à me le garder.

— Mais tu as parlé de la boutique du coin ! (C'est là qu'il l'avait vue !) Pourquoi diable ne me l'as-tu pas dit plus tôt ? dit-il sur un ton agressif.

Les deux femmes le regardèrent en se demandant s'il perdait la raison. Chez Denise, c'était une habitude. Elle lui demanda :

— Que vas-tu faire pour t'amuser aujourd'hui, oncle Reg ? Vas-tu aller voir saint Thomas More une dernière fois ?

— Sir Thomas More, corrigea Wexford en souriant. (Il aimait sa joliesse parfumée mais était heureux de s'éloigner de sa maison impeccablement tenue et de ses plantes dangereuses.) Ne t'inquiète pas pour moi, j'ai des choses à faire. Howard a pu partir sans problèmes ?

— On est venu le chercher en voiture.

Il attendit qu'elles soient parties toutes les deux acheter des jouets pour ses petits-enfants. Puis il descendit en passant derrière St. Mark et St. John. Il entrevit une chevelure rousse, qui était peut-être celle de Verity Bate. Elle lui rappela son dernier échec. Mais cette fois-ci, il ne se tromperait pas. Tout collait trop bien.

Il savait exactement où il allait et il savait même, maintenant, pourquoi Loveday avait donné à Peggy Pope une adresse dans Belgrade Road. Il y allait tout droit. Pourquoi s'embêter à passer par Biretta Street, qui n'était pas sur son chemin mais à la frontière de cette péninsule de Chelsea, et qui ressemblait à Wilham Park ou à Kenbourne Vale ?

Il était en face du magasin. Des promotions étaient gribouillées sur la vitrine, des légumes étaient exposés à l'étalage et un chien bâtard attendait, attaché au pied d'un réverbère. Il entra. La boutique était pleine. Il y avait une longue file de ménagères, avec de longues listes d'achats à la main. Une jeune employée et une femme au nez légèrement déformé par une tache de vin les servaient.

Il ne lui restait qu'à attendre que le magasin soit vide. Si toutefois cela était possible un vendredi, jour où les gens faisaient leurs courses du week-end. Il sortit du magasin et se mit à arpenter le trottoir. Le temps s'écoulait avec une lenteur exaspérante. Des années auparavant, lorsqu'il était jeune, il eut ressenti la même chose en arrivant à un rendez-vous galant. La brise froide le faisait frissonner et ses doigts étaient engourdis. Dommage qu'il n'ait pas pensé à prendre des gants. Des gants... Pendant toute son enquête, il n'avait pas oublié la fille aux gants.

Lorsqu'il revint pour la quatrième fois il ne restait plus qu'une cliente dont s'occupait la jeune fille. Il s'approcha de la femme qui montait dans la vitrine une pyramide de savons.

— Mrs Foster ? demanda-t-il, la gorge sèche.

Elle se retourna, surprise, et hocha la tête. Cette envie, qui autrefois avait peut-être gâché un joli visage, accentuait à présent sa laideur de femme usée. Elle pouvait avoir dans les cinquante ans.

— Je suis officier de police. Je voudrais vous poser quelques questions.

— À quel sujet ? fit-elle — et Wexford reconnut la voix plate, sans accent ni inflexions des Enfants de la Révélation.

— C'est au sujet de votre nièce. La fille de votre frère.

Elle ne chercha pas à discuter, ne se déroba pas. Elle dit à son employée de s'occuper du magasin et conduisit l'inspecteur dans une petite pièce qui se trouvait à l'arrière.

— J'ai parlé à Mrs Lyle, dit Wexford.

La femme s'empourpra et joignit ses mains usées par les travaux. Impossible d'imaginer qu'il s'agissait de la jeune fille qui, comme Juliette, avait descendu l'échelle pour tomber dans les bras de son amoureux.

— Mrs Lyle ? Elle vit toujours là-bas ? À côté de chez mon frère ?

— Oui. Elle est aveugle, maintenant. C'est elle qui m'a donné votre adresse.

— Aveugle ! dit Mrs Foster. Aveugle ! Et moi, je suis veuve. Et Rachel... (Au grand déplaisir de Wexford, elle commença à pleurer, comme si elle avait honte de ses larmes, les effaçant pendant qu'elles s'échappaient.) Le monde est mal fait ! Il faudrait le changer.

— Sans doute. Pouvez-vous me parler de Rachel ?

— Je lui ai promis...

— Votre promesse ne signifie plus rien, Mrs Foster. Rachel est morte.

Il avait dit cela de manière abrupte mais il ne le regretta pas car il sentit que Mrs Foster ne pleurait pas pour Rachel. Elle pleurait sur son propre sort, peut-être un peu sur celui de Mrs Lyle. Qui avait jamais versé une larme sur Loveday Morgan ?

— Morte ! répéta-t-elle, comme elle avait dit « aveugle ». Mais de quoi est-elle morte ?

Il le lui dit et pendant qu'il parlait elle garda un visage de pierre.

— Maintenant, c'est à votre tour de parler, lui dit-il.

— Elle a débarqué chez moi au mois de juillet de l'année dernière. (La voix toujours monotone lui tapait sur les nerfs.) Mon frère l'a chassée quand il s'est aperçu qu'elle était enceinte. Elle était petite, ne mangeait pas beaucoup et ça ne s'est vu que tout à la fin. Et c'est à ce moment que mon frère lui a dit de partir. Il s'en était douté mais avait peine à le croire. (À notre époque ? Dans le Londres des années soixante-dix ? Bien qu'elle-même se fût libérée de son éducation, Mrs Foster avait gardé quelque chose de victorien. Même cette situation était victorienne. Elle avait été décrite dans des milliers de romans.) Vous avez peine à le croire, hein ? Vous n'imaginez pas comment ils sont, les Enfants. Elle est venue se réfugier chez moi parce qu'elle ne connaissait personne d'autre. Elle n'avait jamais entendu parler de gens ou d'associations qui s'occupaient de filles dans son état. Je l'aurais crue un peu simple si je ne m'étais rappelé que j'étais comme elle à son âge.

— Et le bébé ?

— Elle n'avait pas vu de docteur. Elle n'en avait jamais vu de sa vie. Les Enfants n'ont pas de docteur. Elle n'a pas voulu non plus aller à l'Assistance. Alors je l'ai gardée. En plus du magasin, je faisais des ménages. Un soir, je suis rentrée, l'enfant était là. Elle avait accouché toute seule dans la chambre à coucher.

— Sans aucune aide ?

— Sans aucune aide. Mais là j'ai appelé le docteur, le mien. Il n'était pas content, mais moi j'y pouvais rien. Après il a envoyé la sage-femme tous les jours et j'ai déclaré l'enfant à Chelsea, tout en haut de King's Road.

— Morgan était le père ?

— Oui. Elle disait qu'elle était sa femme, que quand il sortirait de prison il l'épouserait pour de bon. Mais moi je savais qu'il était marié, que sa femme vivait toujours. On s'occupait du bébé de notre mieux et quand elle allait, elle aussi, faire des ménages, l'une ou l'autre le prenait avec elle.

— Et alors ?

Mrs Foster eut un moment d'hésitation :

— J'arrive ! j'arrive ! cria-t-elle à l'employée qui l'appelait. Son visage se tourna avec lassitude vers Wexford. Alors l'enfant a été adopté. Rachel l'aimait mais elle s'est rendu compte qu'elle pouvait pas le garder. On devait toutes les deux travailler. Les dames n'aiment pas qu'on vienne chez elles avec un bébé. De toute façon, Rachel n'était pas une travailleuse. Elle n'y était pas habituée. Elle adorait la télévision. C'était nouveau pour elle. Tout ce qu'elle souhaitait c'était s'asseoir du matin au soir devant la télé avec le bébé sur les genoux. Elle disait qu'elle aurait voulu être quelque part où elle aurait pu la regarder toute la journée. Et quand le bébé n'a plus été là, elle n'a plus supporté de rester chez moi. Alors elle s'est loué une chambre et j'ai plus jamais entendu parler d'elle. J'ai même pensé que mon frère l'avait reprise. Au fond, elle n'avait peut-être jamais cessé d'être une des Enfants...

La voix de Mrs Foster baissa peu à peu avec tristesse.

— Qui a adopté le bébé ? Cela s'est fait par une institution ?

— Ça, je peux pas le dire. J'ai promis. Rachel l'a jamais su. On trouvait que c'était mieux qu'elle sache rien.

— J'ai absolument besoin de le savoir.

— Pas par moi. J'ai promis.

— Dans ce cas, il faut que je me rende à l'état civil, dit Wexford.

Il prit un taxi pour se faire conduire à Holland Park. Mais il connaissait déjà la réponse, toute la réponse. Il commença mentalement à reconstituer le parcours de Rachel depuis son arrivée à Biretta Street jusqu'à sa mort dans le cimetière de Kenbourne Vale, sous le nom de Loveday Morgan.

Pauvre Baker. Pour une fois il allait être privé de succès, devancé par le vieux chnock sorti tout droit de sa campagne. Wexford riait doucement en pensant à eux tous qui, là-bas, à Kenbourne, suivaient de fausses pistes, partaient en digressions et s'acharnaient à pincer à tout prix un petit chauffeur de camionnette. Tous sauf Clements — qui devait être au tribunal pour la garde de l'enfant. Peut-être l'avait-il obtenue. Peut-être était-on en train de la lui refuser.

Howard et Baker étaient au Yard. Tout le monde savait pourquoi Clements avait pris un jour de disponibilité. Pamela dit à Wexford que le superintendant n'allait sûrement pas repasser au bureau dans la journée.

Le cliché qu'elle avait trouvé sur le bureau d'Howard n'était plus là. Quelqu'un l'avait pris ou rangé ailleurs. À la place, il vit le foulard bleu de Mrs Dearborn dans une boîte en plastique transparent. On aurait dit un cadeau de Noël pré-emballé, mais sur un des côtés de la boîte était tamponné le cachet officiel de la police.

Wexford haussa les épaules, remercia Pamela et sortit. Avant de prendre le métro à Elm Green, il fit un détour par le cimetière. Dans le brouillard de plus en plus épais, la Victoire ailée était fantomatique. À demi voilés par la brume, les chevaux noirs s'élançaient dans l'air comme s'ils n'étaient soutenus par aucun support. Au dessous d'eux, les tombes monumentales avaient perdu leur matérialité, tout comme les arbres, qui avaient l'air de spectres flottants, sans racines, tout gris. Des gouttes d'eau et de brouillard condensé perlaient sur les ronces. Des obélisques, des colonnes brisées, des anges portant des épées, un chasseur avec deux lions à ses pieds...

Celui qui pose des questions est un fou
Celui qui y répond est plus fou encore...

Wexford sourit.

22

Le meurtre une fois accompli, il se prend à espérer que son acte restera impuni, sa victime n'étant plus là pour en témoigner.

Une dernière journée bien remplie. Wexford, qui tapait fort mal à la machine, aurait pourtant aimer en avoir une. Il écrivit donc à la main, feuillet après feuillet avec le stylo à encre de

Dora. Il était 7 heures passées lorsqu'il eut terminé. Puis il descendit attendre le retour de Howard.

Son intention était de lui remettre son compte rendu après le dîner puis d'en discuter avec lui, mais son neveu téléphona qu'il ne fallait pas l'attendre, qu'il ignorait à quelle heure il rentrerait, et il raccrocha avant que Wexford ait pu lui parler.

— Tu devrais aller te coucher, mon chéri, lui dit Dora vers 10 heures.

— Pourquoi ? Pour prendre des forces pour notre voyage en train ? J'ai bien envie, au contraire, de ne pas me coucher de la nuit.

Il ouvrit le livre que Denise était allée finalement lui chercher, désespérée par sa lenteur. « Au très Honorable et à son bon Maistre très remarquable, Maistre William Cecil Esquire. » Ralph Robinson lui souhaitait une longue et agréable vie, favorable au développement quotidien de la vertu et de l'honneur. Cette dédicace, en y substituant les noms, aurait aussi bien pu servir d'introduction à son compte rendu qu'au chef-d'œuvre de Thomas More. Il venait à peine de commencer le premier paragraphe lorsque le téléphone sonna :

— Howard veut te parler, oncle Reg, lui dit Denise. Je lui ai dit que tu étais sur le point d'aller te coucher.

— Howard ? fit Wexford en prenant le combiné d'une main qui tremblait légèrement.

— Si tu étais vraiment sur le point de monter te coucher, inutile de te déranger, lui dit son neveu sur un ton vaguement dédaigneux.

— Absolument pas. J'attendais ton coup de téléphone. Il y a quelques points... (À présent le moment était venu. Mais Wexford se trouvait curieusement peu enthousiaste. Sa voix était incertaine.) J'ai rédigé une espèce de compte rendu... Cela t'intéresserait peut-être de... Je suis arrivé à certaines conclusions...

— Les mêmes que les nôtres, probablement. Le foulard ?... Oui, c'est bien ce que je pensais. Baker et moi venons d'interroger une personne de ta connaissance, mais nous avons encore besoin de quelques éclaircissements que toi seul peux nous donner. Ne quitte pas. Je te passe Baker.

— Attends Howard. Je préfère venir.

— Maintenant ? À Kenbourne Vale ?

Wexford décida d'être ferme et de ne pas discuter. Il se voyait clairement et froidement en train d'échouer une seconde fois. Mais il allait se défendre. Il ne laisserait pas Baker donner le coup de théâtre final.

— Je prendrai un taxi.

— Chéri ! À une heure pareille ! gémit Dora, ainsi qu'il fallait s'y attendre.

— Je t'avais bien dit que je ne me coucherais pas de la nuit.

Il fut surpris de voir des magasins encore ouverts peu avant minuit, et des gens faire des courses pour quelque étrange festin nocturne. Dans les laveries, les lumières bleuâtres étaient encore allumées et les machines continuaient à tourner.

Le taxi l'emmena vers Kensington Nord où les passants affluaient, bavardant gaiement comme en plein jour. À Kingsmarkham, n'importe qui encore dehors se serait dépêché d'aller se coucher. Ici, le ciel était embrasé et sans étoiles, au-dessus de la lumière flottante et de la cité sans sommeil. Ils pénétrèrent dans Kenbourne Vale. Le cimetière formait une masse noire que l'on ne pouvait distinguer parce qu'elle était plus sombre que le ciel. Wexford sentit les muscles de sa poitrine se contracter au fur et à mesure qu'ils s'approchaient du poste de police. Bientôt, il allait devoir faire face à Baker. Si seulement Howard pouvait être le premier à lire son rapport...

Wexford avait nourri l'espoir absurde qu'il serait attendu, mais il n'y avait dans le hall que les agents de service. Lorsqu'il essaya de se conduire comme si le lieu lui était familier en allant d'un pas désinvolte vers l'ascenseur, un des agents de service l'interpella. Cependant, lorsqu'il eut décliné ses nom et qualité, il lui dit aussitôt :

— Ah ! Mr Wexford ? Le commissaire principal vous attend, monsieur.

Cela lui mit un peu de baume au cœur et il fut plus réconforté encore lorsqu'en sortant de l'ascenseur, il vit Howard venir à ses devants en s'exclamant :

— Tu as été rapide !

— Howard, je tenais à te dire...

— Tu voulais savoir ce qu'il en était de Gregson, j'imagine. Devine où il se trouvait le 25. Je te le donne en mille. En train d'effectuer un cambriolage. La fille qui lui a téléphoné chez Mrs Kirby était tout simplement la petite amie de Harry Slade chargée de lui annoncer que le casse était pour le soir même et de le mettre au courant. Et maintenant, entrons dans mon bureau et discutons de tout cela avec Baker. Que dirais-tu d'une tasse de café ?

Wexford ne répondit pas. Il entra dans le bureau, croisa le regard de Baker et sortit silencieusement son rapport de sa poche. Les feuilles manuscrites faisaient très amateur.

— Il nous manque simplement quelques détails, et si tu veux bien répondre à quelques questions... dit Howard maladroitement.

— Tout est là. Ça ne vous prendra pas plus de dix minutes.

Wexford savait qu'il était dans un état d'hypersensibilité. Mais il fallait avoir perdu toute perception pour ne pas voir le regard résigné et indulgent qui passait entre Baker et Howard. Il s'assit, sortit ses bras des manches de son imperméable en le laissant tomber sur son dossier. Puis il regarda, par la fenêtre sans rideaux, le ciel rouge et épais et le bulbe noir d'une plante qui poussait dans un bocal. Tandis que Howard téléphonait qu'on leur monte du café, Baker jeta un œil sur les dix feuillets de Wexford, mais sans vraiment les lire. Arrivé au cinquième, il grommela :

— Toute cette histoire sur le passé de la fille, c'est sûrement très intéressant, sans doute... (Il cherchait ses mots...) Sans grand rapport avec notre enquête...

— Un instant, fit Howard qui, posté derrière Baker, lisait rapidement. Tu as fait un travail remarquable, Reg. Je te félicite. Et je vois que tu es arrivé aux mêmes conclusions que nous.

— J'ai réuni toutes les preuves. Ce sont les seules conclusions possibles.

— Dans un sens, oui... fit Howard lui lançant un rapide coup d'œil. Je crois que le mieux serait, Michaël, que vous nous fassiez un rapide exposé de l'affaire.

Les feuilles de papier bleu étaient froissées. Baker les plia et les lança avec mépris sur le bureau. Mais quand il parla, sa voix n'était pas méprisante. Il s'éclaircit la gorge et dit, sur le ton gêné d'un homme peu habitué à reconnaître ses torts :

— Avant tout, Mr Wexford, je tiens à m'excuser pour vous

avoir parlé comme je l'ai fait. Je n'aurais pas dû dire ce que j'ai dit sur les poursuites d'oies sauvages et les pistes brouillées. Mais ça ressemblait vraiment à une fausse piste, vous ne trouvez pas ?

Wexford sourit :

— C'était se compliquer inutilement.

— Sans toi, Reg, fit Howard, nous n'aurions jamais retrouvé la propriétaire du foulard. Ah ! voilà notre café... Merci, sergent, posez-le. Michaël, nous vous écoutons.

— Pendant un certain temps, expliqua Baker, nous sommes partis sur une mauvaise piste en raison de la confusion que nous avions faite entre Rachel Vickers et la belle-fille de Dearborn. Nous avons négligé certains détails et nous ignorions encore que la petite Alexandra n'était pas sa fille.

Wexford remuait son café, même s'il était noir et sans sucre.

— Comment l'avez-vous appris ?

— Mrs Dearborn nous l'a dit elle-même ce soir. Elle s'est montrée très franche, très ouverte. Lorsqu'elle a compris l'importance que cela avait pour l'enquête, elle nous a dit en toute franchise qu'Alexandra — prénommée ainsi probablement par son véritable père — avait été adoptée par son mari et elle par l'entremise d'une personne privée. En effet deux associations avaient refusé leur demande en raison de leur âge, et lorsque l'occasion s'est présentée, un peu avant Noël, d'adopter cette enfant, ils l'ont saisie au vol. Dearborn a agi honnêtement. Il était bien décidé à procéder légalement selon les réseaux habituels. Quand ils ont accueilli l'enfant, fin décembre, il a informé l'autorité intéressée de son intention d'adopter légalement Alexandra... Vous alliez dire quelque chose, Mr Wexford ?

— Simplement que vous présentez tout cela très froidement. En réalité, Dearborn adore cette enfant.

— Je ne pense pas que nous devions nous impliquer émotionnellement.

— Oui, bien entendu, toute cette histoire est très pénible... Où en étais-je ? Ah ! oui. Mrs Dearborn elle-même n'a jamais rencontré Rachel Vickers. Pas plus que Loveday Morgan. Jusqu'au 14 février, Dearborn ne la connaissait que sous sa véritable identité. Il ne l'avait jamais vue et pensait que tout marcherait comme prévu. Ce jour-là, en rentrant chez lui, il a dit à sa femme que pendant qu'il montrait à Alexandra une propriété qu'il avait l'intention d'acheter à Lammas Grove, Rachel Vickers était sortie d'un magasin et avait reconnu son enfant. (Baker s'arrêta un moment.) Je dois admettre que je ne comprends vraiment pas pourquoi un homme montre une maison à un bébé qui est dans ses bras. Je trouve ça absurde. (Il jeta un coup d'œil à Wexford, qui ne réagit pas.) Selon Mrs Dearborn, poursuivit-il, Rachel lui aurait demandé si elle pouvait voir Alexandra et il aurait accepté à contrecœur en lui donnant le numéro de téléphone de son bureau. Mrs Dearborn prétend, et je crois qu'elle dit la vérité, qu'elle n'en sait pas plus sur les rendez-vous entre Rachel et son mari. Toujours d'après elle, la fille n'avait pas montré plus d'intérêt pour l'enfant par la suite.

— Mais nous avions appris au cours de l'enquête, fit Howard, que Rachel avait été reçue par Dearborn à son bureau après le 14 février, et nous pouvons sans risque de nous tromper affirmer que leur entretien n'eut pas pour objet un poste à pourvoir. Qu'en penses-tu, Reg ?

— Dearborn, dit Wexford lentement, désirait passionnément garder cette enfant, et Rachel désirait tout aussi passionnément la reprendre. Au cours de leur entretien, elle dut lui dire qu'elle s'opposerait à l'adoption légale, et il commit la folie de lui offrir cinq mille livres pour qu'elle renonce définitivement à tous droits sur son enfant.

— Comment le savez-vous ? fit Baker.

— Achevez de lire mon rapport et vous le comprendrez, fit Wexford en haussant les épaules. Et voilà pourquoi Dearborn n'en a pas parlé à sa femme qui est certainement beaucoup plus scrupuleuse que lui et qui n'aurait jamais admis qu'il veuille acheter cette enfant. Quand devaient-ils recevoir l'accord final des tribunaux ?

— Le 24 mars, fit Baker d'un ton triomphant. Si vous l'ignoriez, Mr Wexford, je ne vois pas comment... Mais laissez-moi vous exposer ce qui, à mon idée, a dû se passer. Rachel a accepté de recevoir cet argent — pour ce qui est du montant de la somme, nous l'ignorons — et a promis de téléphoner à Dearborn pour fixer la date de cette transaction. Elle a choisi le 25 février, lui a téléphoné ce jour-là, à 1 heure et quart, de Garmisch Terrace. Ils se sont rencontrés une heure plus tard environ, au cimetière.

— Vous savez maintenant que l'écharpe appartenait à Mrs Dearborn, dit Wexford.

— Évidemment. C'est même pour cela que nous sommes allés la voir. Elle nous a dit qu'elle mettait souvent la veste de mouton de son mari et qu'elle avait dû laisser le foulard dans une des poches... Donc Dearborn rencontre la fille, comme convenu, mais au moment de lui remettre l'argent, il a dû se dire qu'il serait infiniment plus facile et plus sûr pour lui de tuer la fille et de garder l'argent. Il l'a étranglée avec le foulard qu'il avait trouvé dans la poche de sa veste et il a déposé le corps dans le caveau des Montfort.

— Là encore tu nous a aidés, Reg, fit Howard. C'est toi qui as attiré notre attention sur le fait que cette année est une année bissextile. Dearborn n'y a pas pensé. Il a dû supposer que le dernier mardi du mois s'était déjà écoulé, que le gardien ne descendrait dans le caveau qu'après le 24 mars, date à laquelle l'enfant serait légalement adoptée.

Wexford prit son rapport, le feuilleta d'un air hésitant, puis le reposa sur la table.

— Il a avoué? Vous l'avez questionné et... vous l'avez inculpé?

— Il n'est pas à Londres, dit Baker. Il est allé quelque part dans le nord assister à un congrès d'architectes.

— Nous tenions à avoir ton opinion, Reg, dit vivement Howard. Jusqu'à présent nous n'en sommes qu'aux conjectures. Comme tu l'as dit toi-même, c'est la seule conclusion possible, mais il nous faudrait quelque chose de plus concret pour l'appuyer.

— J'ai dit ça, moi?

— Mais... oui. J'avais cru comprendre que toi aussi...

Wexford se leva brusquement et repoussa sa chaise, qui faillit tomber. Il fut soudainement effrayé, mais pas de lui-même ni d'un nouvel échec.

— Sa femme va certainement se mettre en rapport avec lui! s'exclama-t-il.

— Sans aucun doute, fit Howard. Qu'elle le fasse! Il doit de toute façon rentrer demain matin. Aussitôt qu'il saura que l'acte d'adoption risque de n'être pas signé — sa femme lui aura certainement dit que le tribunal suspendra toute décision avant que l'affaire soit éclaircie — il se hâtera de rentrer. Bon

Dieu ! Reg, elle ne se doute pas un instant que nous le soupçonnons de meurtre.

— Mais il doit savoir, maintenant, qu'il n'a plus aucun espoir de se voir confier la petite Alexandra. Crois-tu que sa femme le lui ait dit ?

Wexford agrippa le dossier de sa chaise en tremblant.

— À moins qu'elle ne soit plus flegmatique que je l'imagine, oui.

Wexford s'efforçait de rester calme, mais il avait pâli et était agité d'un tremblement. Baker le regardait avec dédain. Howard, avec surprise.

— Je vous donne un conseil puisque vous ne voulez pas de mon avis, reprit Wexford, téléphonez immédiatement à l'hôtel où est descendu Dearborn.

Wexford s'assit et tourna son visage vers le mur.

— Il est dans sa chambre, fit Baker en reposant le combiné. Je ne vois pas à quoi rime tout ce mélodrame. Il est certainement en train de dormir, mais ils vont quand même monter s'en assurer et ils nous rappellent. Mr Wexford s'imagine, je pense, qu'ils vont trouver un paquet de vêtements sous les draps et l'oiseau envolé.

Wexford ne se donna pas la peine de répondre. Il serrait convulsivement les mains, à en faire blanchir ses phalanges. Il n'était pas du tout détendu, il demanda d'un ton qu'il voulait dégagé :

— Et Clements ?

— Il a eu la garde de l'enfant. Il nous a téléphoné pour nous l'annoncer. Cela n'a pas fait la moindre difficulté.

— Rappelle-moi d'envoyer des fleurs à sa femme, dit Wexford.

Il remplit de nouveau sa tasse de café, mais sa main tremblait et un peu de liquide se répandit sur la table. Howard ne fit aucune remarque.

Ils perçurent dans l'appareil ce léger déclic qui précédait la sonnerie. Wexford bondit et reçut un choc en retour. Trois mains se tendirent vers le combiné tant il avait communiqué son angoisse aux deux autres hommes. Ce fut Howard qui décrocha, Howard qui dit : « Je vois... Oui... Vous avez appelé un médecin ? La police ? » Il couvrit le combiné de la main et dit, très pâle :

— Il y avait un médecin parmi les clients de l'hôtel. Il est déjà auprès de Dearborn.

— Il s'est suicidé, dit Wexford — et ce n'était pas une question, mais une affirmation.

— Ils le croient perdu. Mais ils ne peuvent rien affirmer encore. Une dose trop forte de somnifères, d'après eux.

— C'est peut-être ce qui pouvait lui arriver de mieux, fit Baker en s'efforçant de prendre un air de circonstance. C'est très triste, évidemment, mais quand on pense à ce qui l'attendait... Dans sa situation, j'en aurais fait autant.

Howard parlait de nouveau au téléphone, bombardant son interlocuteur de questions.

— Sa situation ? fit Wexford. Quelle situation ? Vous ne pensez tout de même pas que c'est lui le coupable ?

23

Wexford n'avait encore jamais vu le jour se lever à Londres. Il écarta les rideaux, dans le bureau de Howard, et regarda, dans le ciel pâle une lumière verdâtre filtrer entre de lourds nuages gris. Un souffle de vent, trop léger pour agiter la cime des arbres, dans le cimetière, fit flotter un drapeau sur un immeuble lointain. Des pigeons roucoulants prenaient paresseusement leur envol du haut des façades des grands ensembles. Ils devaient encore les confondre, créatures stupides et lentes à comprendre, avec des immeubles de l'Italie du Sud, d'où les Romains les avaient amenés deux mille ans plus tôt. Et le bruit sourd de la circulation qui s'était tu aux petites heures de la nuit recommença de s'amplifier.

À part lui, le bureau était vide. Comme le disque du soleil, d'un rouge sang, se levait à l'horizon, les réverbères s'éteignirent dans Kenbourne Vale. Wexford, traversant la pièce, alla éteindre la lumière pour se retrouver dans la semi-obscurité qu'il recherchait. Mais au même moment elle se ralluma et Howard entra en boitillant en compagnie de Mélanie Dearborn.

Elle avait le visage hagard, les paupières rougies par la fatigue et les larmes. Elle portait, sur un chandail et un pantalon, la veste de mouton de son mari. Mais malgré sa douleur et son angoisse elle restait la femme parfaitement bien élevée que connaissait Wexford. Elle vint vers lui, main tendue, et dit en cillant un peu contre la lumière :

— Je regrette de vous rencontrer à nouveau dans de si terribles circonstances...

Wexford lui serra la main, lui avança une chaise, consulta du regard Howard qui acquiesça imperceptiblement de la tête, en se pinçant les lèvres, et demanda :

— Votre mari ?

— Il s'en tirera, fit Howard la devançant. Il est à l'hôpital. Il est encore très faible, mais il a repris conscience. Ses jours ne sont plus en danger.

— Dieu soit loué ! s'exclama Wexford, sincère.

— J'ai agi de façon stupide en lui téléphonant hier soir, dit Mrs Dearborn en lui adressant un pâle sourire. Mais j'étais paniquée. Je le voyais déjà rentrer à la maison et ne pas retrouver Alexandra. Il m'a avoué n'avoir agi que dans un seul et unique but, ne pas se voir retirer l'enfant.

— Qu'a-t-il fait, Mrs Dearborn ? demanda Wexford en venant s'asseoir auprès d'elle.

— J'ai honte de vous le dire, chuchota Mélanie. S'ils l'apprennent... ils pourraient nous reprendre Alexandra, ne pas nous confier le soin de...

— Vous feriez mieux de tout nous dire, fit Wexford après avoir à nouveau consulté Howard du regard. Il vaut toujours mieux, dans un cas pareil, dire la vérité. Et si la somme proposée n'a pas été acceptée...

Howard toussota comme pour décourager Wexford d'aller plus loin, et Mélanie Dearborn exhala un profond soupir.

— La somme a été offerte, dit-elle en se pelotonnant dans la veste de mouton de son mari comme pour y retrouver un peu de sa chaleur.

— Combien ? demanda succinctement Howard.

— Cinq mille livres.

— Et à la remise de cette somme elle s'engageait à ne pas faire opposition à l'acte d'adoption légalisé ?

— Oui, elle s'y est engagée. Lorsqu'elle est venue voir mon mari dans son bureau. Et c'est là qu'ils ont pris rendez-vous dans le cimetière de Kenbourne Vale le 25 février à 2 heures et quart.

— À la suite de quoi a-t-elle changé d'avis ?

— Elle n'a pas exactement changé d'avis. D'après ce que m'a dit Stephen, c'était une fille un peu simple. Lorsqu'ils se sont retrouvés, au cimetière, elle s'est mise à lui expliquer que cet argent lui permettrait de confier Alexandra à une nourrice pendant qu'elle travaillait. Elle n'avait visiblement rien compris. « Mais vous n'aurez plus Alexandra, lui a expliqué patiemment mon mari. Si je vous donne cette somme d'argent, c'est justement pour que vous renonciez à elle. » Elle a porté alors la main à sa bouche — vous imaginez — et s'est exclamée : « Mais, Mr Dearborn, je tiens absolument à la garder ! Elle est tout ce que j'ai au monde et cet argent ne vous fera pas défaut. » Comme je viens de vous le dire, elle n'avait visiblement rien compris.

Wexford fit un signe de la tête mais ne dit rien. Il avait vu la fille, son fantôme ou son double, ou son « Doppelgänger ». Tous deux avaient été élevés dans un esprit de moralité stricte, mais dépourvue de ce que tout être humain appelle l'éthique.

— Stephen était... pétrifié, reprit Mrs Dearborn. Il lui a proposé une somme plus importante. Il était prêt à aller — que sais-je — jusqu'à cinquante mille livres, j'imagine. Mais une telle somme ne devait rien représenter pour elle.

— Et pour finir, il ne lui a rien donné du tout.

— Exactement. Elle continuait de lui dire qu'elle donnerait un millier de livres à la femme qui s'occuperait de l'enfant et qu'elle mettrait de côté les quatre mille qui lui resteraient en prévision de l'avenir. Mon mari s'est rendu compte qu'il n'y avait rien à faire pour la convaincre. Il l'a laissée et est parti. Ce soir-là, il s'est montré très calme et versatile. J'ai cru qu'il était fatigué de me voir m'inquiéter pour Louise. Mais au milieu de la semaine suivante il était à nouveau en forme. J'ai compris pourquoi. Il avait deviné l'identité de la jeune morte retrouvée dans le caveau.

Howard, qui l'avait écoutée sans intervenir une seule fois, dit simplement d'une voix mesurée :

— Vous désirez, je pense, vous rendre auprès de votre mari, Mrs Dearborn. Je vais voir comment nous pouvons nous organiser pour vous faire conduire à son chevet.

— Merci. Je suis confuse de vous donner toute cette peine. (Mélanie Dearborn hésita, puis lança d'un seul trait :) Que dois-je lui dire au sujet de... d'Alexandra ?

— Tout dépend de l'aboutissement de cette affaire et de la décision du tribunal.

— Mais nous aimons cette enfant ! Nous sommes en mesure de lui offrir un vrai foyer. Stephen... a préféré mourir plutôt que la perdre. Et la fille n'a pas pris l'argent. Elle croyait que c'était un simple cadeau, tout comme les vêtements que je donnais à sa tante.

— Qu'en penses-tu ? demanda Wexford à son neveu lorsque Mrs Dearborn se fut retirée en leur jetant un dernier regard implorant.

— Le tribunal peut en effet statuer dans ce sens, dit Howard, mais quand Dearborn comparaîtra...

— Pourquoi le poursuivre en justice, Howard ? Pour avoir offert une somme d'argent à une malheureuse fille sans ressources, la nièce de leur ancienne femme de ménage, afin qu'elle puisse élever décemment cette enfant qu'il aimait, puis avoir retiré son offre parce qu'elle ne lui paraissait pas capable de s'en occuper convenablement ?

— Les choses ne se sont nullement passées ainsi, Reg. Ne joue pas au jésuite. Dearborn l'a tuée. Il l'a étranglée avec le foulard que sa femme avait laissé dans la poche de sa veste de mouton. Les motifs de son acte ne manquaient pas. Puis il l'a dissimulée dans ce caveau, qui, il le croyait, ne serait pas ouvert avant qu'il ait pu légaliser l'adoption de la petite Alexandra.

— Non, dit Wexford. Il ne pouvait pas ignorer que cette année était une année bissextile. Et ceci pour une raison très simple. Son anniversaire tombait le 29 février.

— Je ne vous comprends pas, Mr Wexford, dit Baker qui surgit à cet instant et avait entendu ses derniers mots. D'après votre rapport, je croyais que nous étions d'accord sur tous les points.

— Mon rapport ? Vous ne vous êtes même pas donné la peine de le lire jusqu'au bout.

Howard, un léger sourire aux lèvres, comme s'il comprenait qu'ils touchaient au but, qu'il allait obtenir plus qu'il n'attendait, et plus que son oncle n'avait osé espérer, tendit les deux derniers feuillets à Baker en lui enjoignant de les parcourir rapidement et ajouta :

— Ce n'est pas ici que nous devrions être, mais à Garmisch Terrace.

— En effet, approuva Wexford. (Il consulta sa montre :) J'ai un train à prendre à 10 heures, ce matin.

Baker fit un pas vers lui et lui tendit la main. Il ne lui accorda même pas un sourire :

— Je ne sais ce qu'éprouve Mr Fortune, dit Baker en faisant un pas vers lui, mais je considérerais comme une faveur de votre part si vous vouliez bien nous accompagner — et Wexford comprit que c'était sa manière à lui de formuler des excuses.

— Bah, il y a d'autres trains, fit-il en enfilant son pardessus.

À Garmisch Terrace, dans le jour blême de ce petit matin, les maisons semblaient plus décrépies et plus lézardées encore. Quelqu'un avait griffonné « Dieu est mort ». Le pasteur était en train de l'effacer avec une brosse à chiendent et un baquet d'eau. Devant le numéro 22, Peggy Pope, les cheveux retenus par un foulard, entassait dans une camionnette ses maigres biens.

— Vous partez ? lui demanda Wexford.

— La semaine prochaine. J'ai bien été obligée de donner une semaine de dédit au gérant. Je me débarrasse de quelques-unes de mes affaires.

Son visage, ni lavé ni maquillé, était pourtant d'une étrange beauté spirituelle, comme celui d'une jeune sainte.

— C'est avec lui que vous partez ? demanda encore Wexford en désignant du regard le jeune locataire indien installé au volant de la camionnette.

— Non, je pars seule, avec ma gosse. Il met sa bagnole à ma disposition, voilà tout. Je retourne chez moi, chez ma mère. Je n'ai nulle part où aller.

Elle jeta un vieux tourne-disque à l'arrière de la camionnette, essuya ses mains maculées sur son jean et remonta les marches du perron, suivie des trois policiers. La pile de vieux livres était toujours là, ainsi que le meuble encombrant et minable.

Lamont était couché, le bébé dans le creux de son bras. Peggy ne prit pas l'attitude des policiers comme une atteinte à la propriété, ce que toute bonne ménagère responsable aurait ressenti en de telles circonstances. Elle n'était pas une femme au foyer responsable, mais une fille errante sur le point de quitter son amant. Elle se souvint peut-être du jour où Wexford l'avait aidée à déplacer de lourds objets et sembla considérer sa présence comme un signe. Il réapparaissait de la même manière. Elle lui lança dans les bras un panier plein d'ustensiles de cuisine. Wexford secoua la tête. Il s'approcha de Lamont et le regarda fixement. Lamont enfonça sa tête dans l'oreiller, puis lentement, désespérément, il se redressa.

Howard et Baker s'approchèrent du lit à leur tour. Peggy les observait. Elle sentait que quelque chose de grave se préparait, et qu'ils n'étaient pas ici pour lui poser de simples questions, mais elle ne dit rien. Elle quittait Garmisch Terrace et tout ce qu'elle impliquait. Peut-être n'éprouvait-elle qu'indifférence.

— Levez-vous, Lamont, dit Baker. Levez-vous et habillez-vous.

Lamont ne lui répondit pas. Sous le drap sale, il était nu. Son regard vide exprimait l'échec et la pauvreté absolus, l'absence d'amour, d'appuis, d'imagination et de biens.

— Suivez-nous, dit Wexford. Vous savez pourquoi nous sommes ici.

— Je n'ai pas touché un sou, murmura Lamont. (Il laissa tomber le drap, prit l'enfant dans ses bras et la tendit à Peggy. C'était le renoncement final :) À toi de t'en occuper, maintenant. C'est pour toi que je l'ai fait. Pour toi et pour elle. Si j'avais eu de l'argent, tu serais restée avec moi ?

— Je ne sais pas, dit Peggy en fondant en larmes. Je ne sais pas.

— Je souhaiterais, dit Howard qui semblait très las, être en aussi bonne forme que tu me le parais. On dit que le changement est aussi bon que le repos. Tu n'a eu ni l'un, ni l'autre, mais tu sembles aller bien.

— En effet, reconnut Wexford qui se garda d'ajouter qu'il se réjouissait néanmoins de rentrer chez lui. Et c'est bien agréable de se remettre à lire sans craindre de perdre la vue.

— Ce qui me fait penser que j'ai quelque chose pour toi, un cadeau d'adieu à lire dans le train — Pamela est allée dans le West End et l'a trouvé — et il lui tendit un très bel exemplaire de *L'Utopie*, relié plein veau et doré sur tranche.

— Oh ! merci infiniment. Si nous passons par Chelsea crois-tu que j'aurai le temps d'aller lui dire au revoir ?

— Pourquoi pas, Reg ? Et pendant le trajet tu pourras

m'expliquer certains points qui pour moi sont encore obscurs.

La journée s'annonçait resplendissante. C'était le seul jour agréable de ses vacances, maintenant qu'elles étaient terminées. Il demanda à Wexford de baisser la vitre pour sentir l'air doux sur son visage.

— Après être parti sur une fausse piste, commença Wexford, je me suis rendu compte que jamais Dearborn n'aurait commis un meurtre dans ce cimetière qu'il aimait et respectait. Je me suis rappelé également que son anniversaire tombait le 29 février. Or, un homme n'oublie pas la date de son anniversaire, surtout quand il n'a lieu que tous les quatre ans. Lamont a traîné le corps de la malheureuse fille dans ce caveau parce que c'est là qu'il l'a rencontrée et là qu'il l'a tuée.

— Qu'est-ce donc qui t'a mis sur la piste ?

— Le fait que Loveday — je continue à l'évoquer sous ce nom-là — descendait parfois au sous-sol pour discuter avec Lamont, le fait aussi qu'elle voulait lui *confier* quelque chose. Or, elle n'avait rien à confier si ce n'était Alexandra. Si elle s'est plutôt adressée à lui, c'est que Peggy l'effrayait et qu'il lui semblait que Lamont aimait tendrement son propre enfant. Elle lui a raconté qu'elle allait toucher cinq mille livres et il dut la croire puisqu'il se mit en rapport avec des agences immobilières. J'ai vu une lettre qu'il avait gardée proposant un pavillon pour un peu moins de cinq mille livres.

— En fait, elle avait l'intention de ne lui en donner que mille.

— Je le sais bien. Je ne pense pas qu'il aurait eu recours à la violence pour lui soutirer le reste. Il aurait plutôt essayé de le lui extorquer peu à peu.

— Elle a donc téléphoné à Dearborn, dit Howard, en passant devant les musées bondés de touristes en ce samedi matin, le 25 février, pour lui donner rendez-vous ?

— Non, ils avaient déjà pris rendez-vous dans son bureau. C'est à Lamont qu'elle a téléphoné, au bar du *Grand Duc*. Elle lui a dit qu'elle allait toucher l'argent l'après-midi même au cimetière. Il a dû la guetter, la voir discuter avec Dearborn qui s'est ensuite éloigné, et il en a conclu qu'elle avait l'argent.

— C'est alors qu'il l'a étranglée, dit tristement Howard. Il a commencé par lui demander mille livres, et comme elle ne voulait même pas les lui donner, il l'a tuée. Et en réalité, elle n'avait rien à lui donner.

— Oui, dit Wexford, en hochant la tête. Il voulait désespérément garder Peggy et l'enfant. Plus rien ne pouvait l'arrêter. Il a étranglé Loveday avec son propre foulard.

— Alors là je t'arrête, Reg. Ce foulard appartenait à Mrs Dearborn.

— Il lui avait appartenu. En réalité Dearborn en avait fait cadeau à leur ancienne femme de ménage, la propre tante de Loveday.

Le fleuve avait des reflets brun et or. Il était comme un frère plus grand, plus sale et plus fort que le Kingsbrook. Ce soir, songea Wexford, quand nous aurons déballé nos valises et que les petits auront eu leur cadeau, ce soir je descendrai regarder mon fleuve. Il sortit de la voiture et marcha vers Sir Thomas. Ce matin-là, son chapeau et sa chaîne en or étaient presque trop étincelants pour qu'on les regarde. Wexford se tourna vers Howard qui boitait derrière lui. Il tapota la poche dans laquelle était son nouveau livre : « Ça fait plus de quatre cents ans qu'il a écrit cela, se dit-il. Mais je ne sais pas si les choses ont changé en mieux...

« ... du moins pas dans le sens qu'il avait espéré. Après tout, c'est mieux qu'il ne le sache pas. Il quitterait son socle et rentrerait à la Tour. »

— N'as-tu pas envie de te plonger dans ton nouveau livre ? demanda Dora pendant que le train roulait en grande banlieue, et que les rues grises, les vastes ensembles, les hautes tours et les arbres, comme des bouffées infinies de fumée dans la brume dorée, défilaient devant la fenêtre.

— Dans un instant, dit Wexford. Qu'as-tu là ? Encore des cadeaux ?

— Oh ! j'allais oublier de te les remettre. Ils sont arrivés ce matin.

Deux paquets, l'un épais et l'autre mince. Qui donc pouvait bien lui envoyer ces paquets ? Il ouvrit le plus mince et il en tomba une édition de poche de *L'Utopie*, avec, en couverture, un lapin dans un décor champêtre et, glissée à l'intérieur, une carte de visite de la belle-sœur de Denise lui souhaitant un heureux retour.

— Tu ne te sens pas bien, mon chéri ? lui demanda Dora, inquiète.

— Bien sûr que si, grommela Wexford. Tu ne vas pas recommencer.

Le second paquet renfermait également un livre et Wexford ne fut nullement surpris d'y découvrir un autre exemplaire de *L'Utopie*, pas neuf, mais en très bon état. Il était accompagné d'une carte de visite à la bordure violette, au nom imprimé en lettres d'or.

Vous aviez oublié ceci, lut Wexford. *Quelque chose à lire dans le train. Gardez-le en souvenir de moi. Ce n'est pas tous les jours qu'on a la chance de tomber sur un policier humain. Ivan Teal.*

Quelque chose à lire dans le train... La fatigue tomba sur lui comme un véritable coup d'assommoir. Il lutta pour rester éveillé, serrant les trois livres entre ses mains, regardant défiler le paysage par la fenêtre du compartiment.

La banlieue avait fait place maintenant à la campagne. Des rangées d'arbres se dressaient çà et là entre des pavillons de brique. Bientôt ils rouleraient vers la hanche de l'Angleterre parmi les collines doucement ondulées. Il allait enfin atteindre l'*Utopie*.

Dora se baissa et ramassa sans bruit les trois volumes qui avaient glissé sur le sol du wagon. Son mari dormait.

Postface

« J'ai choisi de situer ce roman à Londres parce que je venais de m'y installer moi-même, vivant de nouveau au cœur de cette ville, ce qui ne s'était plus produit depuis des années. J'avais élu domicile dans un studio d'artiste, situé dans la partie la plus reculée de Chelsea — dans ce qu'on appelle le World's End *(le bout du monde). Je ne suis pas restée plus de six mois dans ce quartier, après quoi j'ai émigré vers* Hyde Park Gardens. *Mais durant cette période de ma vie, j'étais en train d'écrire un Wexford et c'est la raison pour laquelle j'ai décidé de le faire venir à Londres, imaginant qu'il était en convalescence après avoir subi une opération. »*

L'œuvre référencielle choisie conjointement, pourrait-on dire, par l'auteur et son personnage pour « verrouiller » le roman est L'Utopie *de sir Thomas More. La statue de More se dresse au bord de la Tamise — ainsi que Rendell le précise dès le début de l'histoire — non loin de l'Albert Bridge que la romancière empruntait régulièrement lorsque ses pas de marcheuse infatigable l'emmenaient vers le parc de Battersea. Wexford est lui aussi bon marcheur et nous avons assisté, au long de cette sixième enquête, à sa propre découverte de Londres. Ou, plus précisément, d'un territoire qui va de Chelsea (« tout ce qui s'y rapporte suit scrupuleusement la topographie du quartier ») jusqu'au district imaginaire de Kenbourne Vale. À propos de cette partie de Londres qu'elle a tenu à faire surgir, quelque part au nord de North Kensington, Ruth précise aujourd'hui : « Je suis beaucoup moins disposée à présent à inventer des lieux pour y situer l'action de mes livres. Je préfère ceux qui existent. Je suppose que je pensais alors que je pouvais plus librement faire fonctionner mon imagination et lui laisser totalement libre cours dans un cadre fictif.* »

C'est en Terra incognita *que Wexford, une fois passé de l'autre côté du miroir de la fiction, se retrouve, dans ce cimetière qui aurait pu servir de cadre à un récit gothique du genre de ceux dont l'écrivain raffole. Comme un havre de paix, paradoxal, au cœur de la vie grouillante de cette capitale dont la rumeur lui donne le vertige — une émotion qu'il dompte très vite..*

Les existences évoquées dans le roman sont celles d'êtres pour la plupart jeunes, à peines sortis des « Roaring Sixties » sur lesquelles l'auteur reviendra plus tard. Wexford a pour eux le regard d'un père, voire d'un confident. « Il est un peu mon porte-parole », dira plus tard de lui sa créatrice. Et nul doute que celle-ci en mettant en scène la patiente et cruelle reconstitution de la vie de « Loveday Morgan », a eu recours au miroir de sorcière pour y refléter ses propres impressions de la vie londonienne, tumultueuse, de ses contemporains.

En matière de réflexion sociale et morale, ce roman paraît infiniment plus proche du film de John Schlesinger, Un dimanche comme les autres *(1971) que de toute la production anglaise de l'époque en matière de littérature policière...*

BIBLIOGRAPHIE

Cette bibliographie présente les diverses éditions françaises. Une bibliographie complète des premières éditions anglaises et américaines sera disponible dans un des volumes ultérieurs des Intégrales Rendell.

UN AMOUR IMPORTUN (1964)
From Doon with Death.
Le Masque, n° 1640, *1981.*

LE PASTEUR DÉTECTIVE (1967)
A New Lease of Death.
Le Masque, n° 1521, *1978.*

LA POLICE CONDUIT LE DEUIL (1967)
Wolf to the Slaughter.
Super Crime-Club, Denoël, *1972.*
Club des Masques, n° 523, *1984.*
Le Masque, n° 1978, *1989.*

LE MEILLEUR DES TÉMOINS (1969)
The Best Man to Die.
Le Masque, n° 1451, *1976*, sous le titre « Qui a tué Charlie Hatton ? »
Club des Masques, n° 451, *1982*, sous le titre « Qui a tué Charlie Hatton ? »

ET TOUT ÇA EN FAMILLE... (1970)
A Guilty Thing Surprised.
Le Masque, n° 1851, *1986.*

LE PETIT ÉTÉ DE LA SAINT-LUC (1971)
No More Dying Then.
Le Masque, n° 1601, *1980.*
Club des Masques, n° 551, *1985.*

UNE FILLE DANS UN CAVEAU (1972)
Murder Being Once Done.
Super Crime-Club, Denoël, n° 335, *1973.*
Le Masque, n° 1834, *1986.*

Table

ET TOUT ÇA EN FAMILLE

LE PETIT ÉTÉ DE LA SAINT-LUC

UNE FILLE DANS UN CAVEAU

Composition réalisée par COMPOFAC - Paris

R. RENDELL

2

LA DANSE DE SALOMÉ

FANTASMES

LA MAISON
DE LA MORT

MORTS CROISÉES

LE JEUNE HOMME
ET LA MORT

L'ANALPHABÈTE

LA BANQUE FERME
A MIDI

(à paraître)

J.D. CARR

1

DR FELL
1933-1935

LE GOUFFRE AUX SORCIÈRES

LE CHAPELIER FOU

LE HUIT D'ÉPÉES

LE BARBIER AVEUGLE

L'ARME À GAUCHE

(Déjà paru)

A. CHRISTIE

1

LES ANNÉES 1920-1925

LA MYSTÉRIEUSE AFFAIRE DE STYLES

MR BROWN

LE CRIME DU GOLF

L'HOMME AU COMPLET MARRON

LES ENQUÊTES D'HERCULE POIROT

LE SECRET DE CHIMNEYS

2

LES ANNÉES 1926-1930

LE MEURTRE DE ROGER ACKROYD

LES QUATRE

LE TRAIN BLEU

LES SEPT CADRANS

LE CRIME EST NOTRE AFFAIRE

L'AFFAIRE PROTHEROE

3

LES ANNÉES 1930-1933

LE MYSTÉRIEUX MR QUINN

CINQ HEURES VINGT-CINQ

LA MAISON DU PÉRIL

MISS MARPLE AU CLUB DU MARDI

LE COUTEAU SUR LA NUQUE

LE FLAMBEAU

4

LES ANNÉES 1934-1935

MR PARKER PYNE

LE CRIME DE L'ORIENT-EXPRESS

POURQUOI PAS EVANS ?

LE MYSTÈRE DE LISTERDALE

DRAME EN TROIS ACTES

LA MORT DANS LES NUAGES

5

LES ANNÉES 1936-1937

ABC CONTRE POIROT

CARTES SUR TABLE

MEURTRE EN MÉSOPOTAMIE

MORT SUR LE NIL

LE MIROIR DU MORT

TÉMOIN MUET

6

LES ANNÉES 1938-1940

RENDEZ-VOUS AVEC LA MORT

LE NOËL D'HERCULE POIROT

UN MEURTRE EST-IL FACILE ?

DIX PETITS NÈGRES

UN, DEUX, TROIS

JE NE SUIS PAS COUPABLE

(à paraître)

EXBRAYAT

1

LES IMOGÈNE

NE VOUS FÂCHEZ PAS, IMOGÈNE !

IMOGÈNE EST DE RETOUR

ENCORE VOUS, IMOGÈNE ?

IMOGÈNE, VOUS ÊTES IMPOSSIBLE !

NOTRE IMOGÈNE

LES FIANÇAILLES D'IMOGÈNE

IMOGÈNE ET LA VEUVE BLANCHE

(Déjà paru)

2

LES TARCHININI

CHEWING-GUM ET SPAGHETTI

LE PLUS BEAU DES BERSAGLIERS

CHIANTI ET COCA-COLA

LE QUINTETTE DE BERGAME

CES SACRÉES FLORENTINES

LA BELLE VÉRONAISE

DES AMOURS COMPLIQUÉES

METS TES PANTOUFLES, ROMÉO

(Déjà paru)

STEEMAN

1

PÉRIL

ZÉRO

LE DOIGT VOLÉ

SIX HOMMES MORTS

LA NUIT
DU 12 AU 13

LE DÉMON
DE SAINTE-CROIX

UN DANS TROIS

LE MANNEQUIN
ASSASSINÉ

(Déjà paru)

2

LES ATOUTS
DE MONSIEUR WENS

LE TRAJET
DE LA FOUDRE

LE YOYO DE VERRE

L'ENNEMI
SANS VISAGE

LES FILS DE BALAOO

LE LÉVRIER BLEU

FEU LADY ANNE

LA MAISON
DES VEILLES

(à paraître)

P. VÉRY

1

LES DISPARUS
DE SAINT-AGIL

LES ANCIENS
DE SAINT-LOUP

LES HÉRITIERS D'AVRIL

LE THÉ
DES VIEILLES DAMES

LES MÉTAMORPHOSES

LE MENEUR DE JEU

Achevé d'imprimer
Collection 17 / N° Édition 01
Dépôt légal 0715-9/92
ISBN 2-7024-2213-6
Imprimé en Italie par G. Canale & C. S.p.A. - Borgaro T.se - Torino

52/0404/5